让 我 们 一 起 追 寻

Mémoires (édition intégrale inédite)

By Raymond Aron

©Editions Robert Laffont, S.A., Paris, 2010

Chinese translation rights arranged through Divas International, Paris 迪法国际版权代理

（www.divas-books.com）

增订本

Raymond Aron

Mémoires 雷蒙·阿隆回忆录

édition intégrale inédite

【上】 〔法〕雷蒙·阿隆 著 杨祖功 王甦 译

社会科学文献出版社
SOCIAL SCIENCES ACADEMIC PRESS (CHINA)

出版说明

　　《雷蒙·阿隆回忆录》的简体中文版于 1992 年首次出版，并于 2006 年再版，两个版本依据的都是 Julliard 出版社 1983 年的版本。1983 年法文版的出版者因嫌书稿过于"臃肿"删掉了第二十八章、第二十九章、第三十章这三章。Robert Laffont 出版社于 2010 年出版了"增订本"，收录了初版中删去的三章。读者眼前的这本书正是对应这一法文版的中文"增订本"。中文版"增订本"由杨祖功先生对原译文做了文字上的修订完善，王甦女士翻译了新收录的三章内容。

　　雷蒙·阿隆是 20 世纪法国著名的政治哲学家、社会学家和政治评论家，他的回忆录有助于读者理解偏重现实主义的这位思想家的思想特质及生活细节。但是，需要指出的是，阿隆对共产主义和马克思主义是有偏见的，这种偏见也体现在他的回忆录中。我们并不认同书中的有关论断，但为了让读者能够全面地了解阿隆的思想，我们对于相关内容不做删减，也请读者在阅读时予以甄别。

　　以上种种，敬请读者了解。我们期盼读者的批评指正。

社会科学文献出版社

2017 年 7 月

目　录

上　册

第一部　政治教育（1905～1939）

第二部　政治愿望（1939～1955）

第五部 死缓阶段 （1977～1982）

序言　雷蒙·阿隆和普世史 的时代

尼古拉·巴弗雷*

雷蒙·阿隆的一生及他的著作都与 20 世纪历史相交织。他 1 生于第一次世界大战前夕的 1905 年，卒于 1983 年，这一年，以"欧洲导弹危机"为终极标志的冷战正愈演愈烈，六年后，苏联帝国随着柏林墙的倒塌而垮台。阿隆在 1930 年确定思考计划时所依赖的基础是他对尼采预言的"以意识形态名义开展大型战争"时代的种种理解。当时的他在德国居住过一段时间，魏玛共和国的没落给他留下了深刻印象。以后的他也从未偏离过这一思考计划："在马克思主义的帮助下思考 20 世纪，并尝试阐明现代社会的所有领域：经济、社会关系、阶级关系、政治体制、国家间关系和意识形态论争。"[1]

尽管阿隆无法亲眼见证 1989 年发生的结局，他的《回忆录》依然是对 20 世纪历史的最好介绍。在这本书中，阿隆不但对自己作为学者进行了分析——为了以哲学、历史、社会学和战略的观点进行交叉分析，他从学科间传统藩篱中解放了出来——而且还对自己作为一位自由战士的介入参与，进行了批判性评价和严格慎独的双重把关。民族和帝国之间、民主和极权之间的殊死斗争由一页页书稿编织而出。第一次

---

* Nicolas Baverez，法国当代史学家、经济评论员。——编者注

[1] Raymond Aron, *Le Spectateur engagé*, Paris, Julliard, 1981, pp. 299 – 300.

2　世界大战标志着自由欧洲的文明的自我毁灭，大战让思想真空的豁口大开，各种关于阶级和种族的意识形态纷纷乘虚涌入，而这些意识形态又都将内战和对外战争当成统治的原则。与此同时，随着产业的倒闭、失业、赤字和债务而来的大型经济危机，自由国家的根基被动摇。然而，历史从来就不是预先写就或早已确定了的；是人民在决定历史。最后迎来的会是暴力还是和平，是自由还是压迫，这完全取决于人民的智慧、意愿和勇气。尽管他们也有脆弱的一面，尽管他们依然四分五裂，但就三次世界战争而言——第三次世界大战是由 1989 年天鹅绒革命和平完成的——最后依然是民主战胜了帝国和极权制。

　　但是，《回忆录》是否会因此而只属于过去呢？它揭示的是否仅仅是一个时期的真相以及一个已然过时的知识分子——即便他十分独特且具有重大影响力？提出这样的问题是合理的，因为这里讨论的是一个试图以最为实际的方式阐明历史诞生的人物及其思想。而且我们不得不指出，21 世纪的格局和历史进程与阿隆那本遗作——《本世纪的最后这些年》① 描述的情景大相径庭。在那本书中，阿隆讨论了苏维埃主义的未来和民族主权的位置，并以此得出了国际体系中两极世界具有稳定性和国家至上的结论。

　　苏维埃帝国在 1989 年崩塌；民主制虽不再受到极权主义意识形态的威胁，但依然因为宗教、种族或民族认同在与大规模恐怖主义的联合中重新复兴而受到威胁。世俗宗教的瓦解让修会宗教和政治神学恢复了地位。随着以 2001 年 9 月 11 日袭击为

① Raymond Aron, *Les Dernières Années du siècle*, Paris, Julliard, 1984.

开端的一连串冲突的发生，昔日的冷战重新演变成热战。一个传统维度和多个不对称的方面交织于这些冲突中，而且冲突还侵入了诸如太空或网络空间这些新领域。由于大规模杀伤性武器和弹道运载工具的扩散，核威慑已经被架空。在服务和新技术的发展面前，在不同领土和不同社会体系之间的竞争面前，工业社会日益消失。在那场差点导致汇率和国际收支崩溃的大危机来临之前，全球化通过让政治自由与资本主义脱钩，就已经将一种普世维度赋予了资本主义。这一变化首先导致的是经济调控方式的一次新转变，公共干预的强力回归和以二十国集团为中心的全球性治理的崛起便是其中最引人注目的亮点。这一变化还导致了美国的相对衰落和世界经济重心向亚洲偏移。美中共治因此替代了 20 世纪后半叶由美国、欧洲、日本组织并稳定世界市场的三足鼎立之局面。

3

因此，21 世纪呈现为一个混乱的过渡时期，它是以充满变数且不稳定的多极格局为特征的。在这个新局面中，一切似乎都与阿隆毕生研究的那种 20 世纪的刚硬且稳定的两极结构截然相反。然而，这一表象并非事实。阿隆为了成为意识形态时代的分析家和阐释者，一向坚决拒绝决定论，也从来不认为意识形态的时代就是历史的终点。自 1960 年开始，他就已经在以"普世史之黎明"——"普世史之黎明"可以理解为一个经历着相同的唯一历史的人类社会的诞生①——为主题的讲座中勾画了我们时代的原则。确切而言，全球化建

---

① Raymond Aron, «L'Aube de l'histoire universelle», conférence donnée à Londres le 18 février 1960 sous l'égide de la Société des amis de l'Université hébraïque de Jérusalem et publiée dans *Dimensions de la conscience historique*, Paris, Plon, 1961, pp. 260 – 295.

立在一种紧张关系上，一边是市场统一和技术进步带来的世界－社会的崛起，另一边则是身份诉求的加剧和暴力的激进化。正是这种对人类自由、历史消逝和认知局限的强烈意识，让阿隆的思想在 21 世纪的冲突与危机面前反倒具有了现代性。如果想从他的《回忆录》中找出一种学说、一个预言或一个被揭示的真相，那只会是徒劳无功的。在这本书中，我们能找到的是一种知识分子的姿态和一种公民的情操，这让我们得以理解那些让历史加速的关键时刻，让我们选择投入自由事业之中。同样，如果把《回忆录》当成一部叙述民主如何战胜极权主义且让自身得以存续的教材来读，也不会有什么收益。与此正相反，它给我们上了一堂自由主义应用课，展现了在各种危机、战争和革命还在继续编织人类历史纷乱经纬的情况下，自由主义是如何应对这些危机、战争和革命的。

"历史，再度面临重大的转折"

"历史，再度面临重大的转折"，这是阿隆喜欢引用的汤因比的说法，它提醒我们，历史既非线性的也不具有连续性。构成现代世界的各种动力——民主运动、资本主义、民族和帝国、战争——都不具备永恒不变的要素。它们都是历史现象，是变化不息的。对这些历史的转向时刻加以解释并从其后果中得出教益，这极其重要，却也十分困难。实际上，这些变化并不仅仅意味着势力等级的改变，它们也是在对各种价值、思考模式和人类生活的管理制度重新提出质疑。

阿隆的独创性在于他将反思与行动结合起来，这种结合符合他曾在《历史哲学导论》[1] 这篇论文中探索研究过的人类历史命运——让·卡瓦耶斯（Jean Cavaillès）曾强调，正是这篇论文将历史哲学引入了法国哲学史中。这也解释了为何阿隆会对 20 世纪节奏性发生的大动荡有超前而且准确的理解。第一次世界大战期间，阿隆还是一名少年。当时的他完全赞同社会主义与和平主义。但在德国逗留时，他目睹了魏玛共和国的没落，明白了纳粹主义的性质及其危险，从而成了第一批站在埃利·哈莱维（Elie Halévy）一边的人，且早在 1930 年代后半期，他就开始将斯大林主义与希特勒主义做比较。1939 年，他响应号召到伦敦，并于 1940 年 6 月加入了自由法国。从 1945 年起，他阐述了必然导致世界两极化的苏联极权主义和扩张主义的性质，随后又分析了冷战——其所有内容都可以表达为"无法实现的和平，不大可能的战争"——并像教师一样为世人讲解了核威慑带来的战略革命。[2] 与此同时，第二次世界大战导致了欧洲殖民帝国的解体，这让阿隆成了第一批赞同阿尔及利亚独立的人。[3] 而且他在反抗极权主义、捍卫自由方面的积极努力没有妨碍他分析斯大林去世后苏维埃政体的演变，也没有妨碍他设想作为后冷战世界关键事件的意识形态之争的终结将会产生怎样的后果。最后，他还在经济方面捍卫了战后市场经济——从管制封闭的生产体系的重新开放到共同市场的建设，再到布雷顿森林体系的演进。

5

---

[1] Raymond Aron, *Introduction à la philosophie de l'histoire. Essai sur les limites de l'objectivité historique*, Paris, Gallimard, coll. «Bibliothèque des idées», 1938.

[2] Raymond Aron, *Le Grand Schisme*, Paris, Gallimard, 1948 ; Id. , *Les Guerres en chaîne*, Paris, Gallimard, 1951.

[3] Raymond Aron, *La Tragédie algérienne*, Paris, Plon, 1957.

毫无疑问，自雷蒙·阿隆辞世以来，历史加速发展，出人意料的事件层出不穷。1989 年柏林墙的倒塌导致了苏维埃帝国意想不到的骤然倾覆，而且这一切还是在和平情况下发生的。拆除柏林墙并非一个军事决定，而是一个政治和精神的决定。这一决定的产生更多不是西方民主国家的功劳，而是因为被东方势力奴役的人民发动了起义，他们一方面反抗谎言和恐怖的联手，另一方面还反抗着变得无法自我革新、只能靠武力维持统治的腐朽的苏维埃体系。而 2001 年 9 月 11 日的袭击则标志着大规模恐怖主义的来临，使宗教被重新推向历史的最前沿，还为新一轮的尚武好战打响了起跑枪。世界资本主义不断制造出泡沫和破产，直到发生了资本主义发展史上的"珍珠港事件"：2008 年 9 月 15 日雷曼兄弟公司倒闭，这差点儿导致了一场范围和强度都超过 1930 年代的世界性通货紧缩。

全球化处于这些事件的中心。它的起源可以追溯到 1979 年：在这关键的一年中，阿富汗被苏联入侵，约翰·保罗二世当选教皇，这两个事件会对将来苏联解体起关键作用；邓小平发起的四个现代化建设为中国的经济奇迹奠定了基础；标志着穆斯林觉醒且导致了神权政治复兴的伊朗革命发生了；保罗·沃尔克领导下的美联储也在这一年推动货币政策的转向；撒切尔夫人在这一年成为首相，她为一种更加倾向于自由主义的资本主义调控标准开辟了道路。影响并塑造 21 世纪的重大因素在 1970 年代末现出端倪：一为资本主义世界化和信息技术革命，二为民族主义及在种族或宗教上的认同感对（旧有）意识形态的报复，三为发展中国家对发达国家的追赶。只是即便到了苏联解体时，这些演变在很大程度上既未在知识层面上被理解，也未在政治层面上受到关注。

人们曾提出过对冷战之后的世界的两种解释。一种是弗朗西斯·福山推崇的乌托邦，它是一种与市场民主的全球崛起相连的历史结局，却在双子塔的废墟中化为了灰烬。另一种是萨缪尔·亨廷顿关于文明冲突的预言，他认为西方民主国家同亚洲专制政权与阿拉伯－伊斯兰世界形成的同盟之间会不可避免地出现文明冲突。事实证明亨廷顿与弗朗西斯·福山的观点都是错误的，不过鉴于亨廷顿的观点有助于让美国新保守主义这条歧路合理化，它又比弗朗西斯·福山的观点更加危险。自1970年代后半期以来，新保守主义让美国势力在战略和经济上遭遇了前所未有的削弱，由超级大国的假定所衍生的战略泡沫的破灭便是例证——美国在伊拉克和阿富汗都陷入了困境。认为银行和市场理应自我监管，这让房地产和信贷产生了经济泡沫，这类泡沫的破裂又是另一例证。

与1945年发生的事情相反，民主国家领导人在1989年后便仅满足于发放和平的虚假红利，并对世界和资本主义放任自流，且不再试图为21世纪设想原则、制度和规则。这是一种对冷战后体系与世界资本主义思考和构建的双重失败，2000年以来发生的战争、危机和冲突都直接源于这种失败。那些关于历史终极样貌的梦想，不论它们是以市场民主还是以欧洲式的永久和平为标志，不论它们是以新保守主义的过度滋长还是以对两极性加以延续的其他方式——诸如反恐战争或反对邪恶轴心的战争——为标志，都同样源自对全球化时代的不理解。

雷蒙·阿隆的思想遗产能帮助我们更好地面对世界的这种巨大转变。历史决定论之所以荒谬，是因为它否定了人的自

7

由：历史既没有方向也没有目的；它完全取决于人，人既能够不断推动历史，使之朝向同属一个人类，甚至同属一个星球的归属感方向发展，又或让暴力在获得科技帮助而威力倍增的同时向极端升级。基于同样的原因，简单的想法——尽管它们的诱人之处也是它们的力量所在——会经常显露出错误和危险来：无论是力求和解的模式还是撒旦模式，无论是悲观模式还是乐观模式，一旦考虑到我们正在经历的这个过渡时期所具有的复杂性、消解性和不确定性，这些模式就会统统失败。最后还有一点，出现于历史断裂时期的新问题是不能用过去的概念或以往的解决办法加以思考和对待的。简言之，21 世纪的人必须在全球化本身所具的独特性中去思考全球化，这样才能在其中谋划行动，而不能将 20 世纪的甚至 19 世纪的种种类型或战略运用到全球化进程中。

美国已经无法再单独预见或操纵多极世界的风险与压力，中国抑或软弱无力的联合国多边主义也同样无法做到——哥本哈根世界气候大会便为此提供了一个残酷的新例证。同样，以前还可以用欧文·费雪在 1933 年、约翰·梅纳德·凯恩斯在 1936 年建立的原则——通过拯救银行、以公共开支来维持经济活力和支持就业、控制保护主义的影响力——来对抗通货紧缩和阻止经济衰退，但世界资本主义在走出危机这一阶段所面临的问题却已无法运用这些原则来解决了。如何协调依然属于各国自身权限的经济政策的规范化？如何调节金融领域、稳定汇率市场并重新平衡世界收支？如何减少商业、金融业和货币市场中的不均衡现象？如何让合适的全球性风险的治理方式浮出水面——不论这些风险是金融的还是工业的，是环境的还是气候的，抑或鉴于大规模杀伤性武器、恐怖主义和网络世界的扩大而是地缘政治的？既然就调控和监督而言，拥有特别强大的专制势力的发展中国家让资本主义从政治自由和开放竞争中解脱出来，那么民主国家如何才能应对这样一种资本主义的挑战？

全球化的辩证逻辑

21 世纪的开端是以世界局势和民主状况的重新定义为标志的。试图将阿隆为了理解冷战两极秩序及工业社会而构建的概念类别应用到这一全新环境的做法是无用的。本·拉登既非列宁也非希特勒；即便只对宗教激进主义的宗教性质和其源自西方之外这两点加以考虑，也能明白宗教激进主义是不能与20 世纪的那些意识形态混同的；与处于美苏关系核心位置的核力量均衡相比，发生在伊拉克和阿富汗的冲突与非殖民化引起的冲突有着更多相似点；处于开放经济核心的系统性风险和通货紧缩风险与凯恩斯的增长机制正好相反——通货膨胀与失业率一起上升，增值价值的分配方案不利于资本增长——这让利润和投资也受到了阻滞。

阿隆用以分析 20 世纪历史的那种概念和思想脉络受到了启蒙思想和德国历史哲学的影响。公民化国家支配一国的内部生活，而丛林体系则超越国家继续支配了国际关系，地缘政治学就是以二者的区分为基础的；国家不但是公民享有和平的保障者，也是面对外部危险时国家主权的捍卫者。我们就此可以认为存在某种三元结构，纵横交织其中的三元分别是：国际体系——民主制和极权制之间、民族和帝国之间的殊死斗争支配着它；国家——政治和文化身份的载体，各国之间为了自身势力的增长而相互对抗；社会——它受到了工业社会自身紧张关

9

系及参与者从政治权威下日渐解放这一事实的影响。民族国家自 17 世纪以来就作为政治形式存在，且孵化发展出了民主公民制度、市场经济和社会联系等要素，在这一格局中，民族国家成为地缘政治格局及其内涵的关键因素。20 世纪是西方自17 世纪就主宰自己命运的历史的延伸。各种极权主义意识形态是民主制的畸枝，世界冲突则是由支配力扩张至全球规模的西方所开展的内战的畸枝。

全球化标志着与具有这种政治思想的世界的根本决裂。随着法外之地和完全处于国家控制之外的灰色地带的倍增，随着移民流控制中种种困难的出现，各种原始形态又重新进入各国内部，连最富裕的国家也不例外。与此同时，国际公民身份的萌芽迹象也大大增加。就区域层次而言，欧盟便是例证，它是人类历史上第一次以法律、市场和自由而非以武力、征服和支配为基础达成的一个大陆的一体化。就世界范围而言，全球化政治治理的孕育便是例证，从二十国集团及其金融稳定委员会，到世界贸易组织及其多哈回合贸易谈判，再到关于气候的艰难协商，都是其体现。在全球化背景下，社会处于竞争的环境中；各个国家受到了位于自己实力之上及之下的其他国家的挤压，已经无法再在行使合法暴力和操控国家关系上实施垄断；一种以社会信息网为基础的全球性公共舆论也间或被调动，伊朗人对抗毛拉政权的暴动便是例证。在这种竞争中，由于将发展放在绝对优先位置的发展中国家对西方的追赶——正如人们在哥本哈根大会上指出的，这些国家为了发展甚至不惜损害环境——加之经济和金融危机已让西方在资本主义调控的合法性上破产，西方因此失去了平衡。美国依然是世界第一强国，但它的这种强大不是一种绝对的强大，而是相对的；欧洲则因为各国对货币、预算、税收、社会和环境的各种规定形成了敌视生产和革新的环境，而被困于经济增长低迷和大规模失业的境遇中；日本因为20年的通货紧缩而无法前进，已经不再是世界第二大国，它在亚洲反倒受了新兴势力——中国在经济上的赶超和在政治上的排挤。

全球化危机让世界资本主义向东方和南方加速倾斜。自此，新兴世界占据了工业生产的52%，而不再是20年前的30%，它还持有80%的世界外汇储备。亚洲创造了世界财富的21%，并拥有32%的世界资本，而美国和欧洲所占比例分别才到30%和20%。与1990年代末亚洲金融危机的情况相反，现在是欧洲集中承受了2008年信贷崩溃带来的压力。欧洲国家的债务危机反映的是一个大陆的衰落及为其一体化所掩盖的适应全球化新局面上的失败。欧洲大陆的人口持续减少，据预测，从现在到2050年欧洲人口还会减少五千多万；这也是一个过度负债且缺乏竞争力的大陆，这点体现为它在世界国民生产总值中的比重从20%锐减到了15%，而且自2000年起，它在国际贸易中的比重也从28%减少到了22%。尤为重要的是，自希腊危机发生后，欧洲显露了它在处理内外打击上的无能，这与美国或中国在宏观经济调控上的卓有成效形成了鲜明对比。金融和货币上的各种压力并没有强化欧盟的制度，也没有迫使它实现经济政策上的协调或是对具有连带性的预算政策或积极的财政政策有所鼓励，因此这些压力不但没有再次促进欧陆的一体化进程，反而导致了各国转向本国战略，普遍采用了紧缩性财政政策——就连那些贸易顺差的国家也不例外——而对这种政策的普遍采用又对欧洲经济复苏构成了严重威胁。这些问题除了关系到欧元的存续，还对欧洲的独立以及欧洲在 21 世纪世界中的位置有着至关重要的意义。柏林墙的倒塌摧毁了东西藩篱，全球化取消了南北藩篱，但也消解了美国和欧洲因资本主义垄断权而取得的红利。曾主导过世界经济 20 个世纪之久——最近这两个世纪除外——的亚洲强势回归世界舞台，拉丁美洲和非洲也紧随其后；特别是非洲因其充满

11 活力的人口因素（2050 年将有 18 亿人）、丰富的原材料（能源和可耕地资源储备）、正在崛起的企业家阶层、带来了每年 6% 的增长的大陆资本主义而成了一个发展的新天地。

　　与 1990 年代人们抱有的天下无国界的幻想相反，国家远远没有消失，正如我们在以中国为首的发展中大国谋求强大的战略以及在这些国家于 2008 年金融危机中所发挥的重要角色中见到的一样。不过，21 世纪的格局由于更多参与者之间存在互相依赖的关系而明显愈加复杂。当今国家体系是多极的，其中不光混杂了为了争夺领导权而相互对立的两个超级势力——美国和中国，还包括了各个次级极点——比如印度、巴西、俄罗斯、欧洲和南非（如果它能够成功逃脱与津巴布韦相似的变故的话），那些拒绝服从国际社会的国家——比如伊朗、委内瑞拉或朝鲜，最后还有一些向外输出暴力的危机横行之地——从近东途经巴尔干或高加索，直到巴基斯坦。一些新的全球化参与者也与国家一起存在于国际活动领域中：全球化企业、市场运营商、非政府组织、各种活动分子，除此之外，还有各种犯罪组织或恐怖主义团体。在某些领域中，比如人权领域、人道主义紧急情况或环境保护领域中，国家不但承受着国内舆论的压力，而且承受着不定时被调动的全球性公民社会的压力。与此同时，国家还越发经常地处于与个体参与者的竞争中，尤其是

在对网络空间的控制权的争夺中。

在 21 世纪，被阿隆置于现代社会核心部位的三个辩证逻辑——平等、社会化和普遍性依然发挥着作用；然而，全球化——阿隆从 1969 年开始使用这一概念①——已经改变了这些辩证逻辑的利害关系且赋予了它们一种全球维度。在普世史的时代，只剩下位于亚马孙或大西洋的某些民族还属于列维－斯特劳斯所谓的冷社会，而几乎全部人类都已生活在各种热社会中，市场和技术的发展加快了这些社会持续变化的节奏。

经济发展和平等之间的辩证逻辑也不再是以发达国家和第三世界之间的阶级斗争或交锋来定义的。全球化因为让发展中国家经济起飞且让十多亿人脱离贫困，所以大大缩小了国家之间的差距。而与此同时，在最贫困的国家中以及各民族内部，各种不平等也加剧了。法国就是众所周知的一个特例：伴随着发达国家金融领域的膨胀，发达国家的增值价值分配转向了有利于资本收入、不利于工作收入的方向。此外，在服务型经济及充斥着个人主义的复杂社会中，社会阶层变得模糊不清，各种不平等也发生了转化：基于出身、性别、社会地位和学历的不公正待遇，与财富和收入水平上的不平等具有了同等重要性。发达国家在经济结构上的多处不稳定让就业主力军对可能失去既有社会地位心生忧惧，从而形成了一种缺乏安全感的社会氛围。新兴国家的超速增长表现出财产和收入差距的急剧扩大，这一指标水平在中国和俄罗斯都达到了顶点。尤其是在各

① Raymond Aron, *Les désillusions du progrès*, Paris, Calmann-Lévy, coll. «Liberté de l'esprit», 1969, p. 231.

国内部——与各国之间的状况相似——身份认同的冲突，尤其是宗教身份的冲突，趋于创造出比收入或发展不平等更为严重的隔阂。

社会化依然以家庭、教育和工作为基本动力，不过方式已迥然不同。开放社会通过信息的、各种人类学体系的，尤其是种类繁杂的家庭结构的市场和技术，让直接且即时的关系得以形成。家庭没有遭遇预言中的衰落，相反，它似乎成了亚洲资本主义成功的关键要素。与此同时，在发达国家中，人们在面对失去原有社会地位和遭遇社会排斥的风险时，家庭能提供最好的保护。家庭不但没有被全球化削弱，还得到了进一步的加强。随着知识经济的发展，教育成为国家竞争力的关键之一，正如它也是漫漫生命历程中个人安全和活动能力的关键因素之一。工作也远没有消失，它依然是建立社会联系、实现社会融合和获取公民身份的第一媒介。与此相反，结构性失业体现的则是人口或领土整体朝着完全失序的方向转变，社会排挤也因此替代贫困成为发达世界中社会的头等大敌。社会异化不再是不平等工作的后果，而是放任失业的后果。

普遍性的发展动力与全球化有着同样的源头。一面是市场的相互融合和社会之间的相互依赖，另一面则是身份认同感的强化和价值观的极端异质性，全球化被这两面左右拉扯着。就经济方面而言，资本主义只受到马尔萨斯递减理论的质疑，即便在它受到重大冲击的时候也是如此。这个奢侈理论是由正在老龄化的欧洲富裕国家提出的，在北美和新兴世界中反响微弱。全球化遭受的风险尤其来源于经济民族主义和保护主义，而发达国家中长期存在的经济增长缓慢问题和失业问题，以及发展中国家为了在人口老龄化冲击来临之前获得更高生活水平

而加快追赶步伐的愿望，都在不断对经济民族主义和保护主义
推波助澜。这与 20 世纪初的情况相似。其时，19 世纪的自由
主义秩序正是因为欧洲谋求强大才被挫败，同理，全球化也可
能会在民族主义（在经济领域表现为保护主义）和宗教（继
续作为人类最深层的激情）的联手之下而粉碎。暴力对人的
蛊惑始终如初、丝毫未变，随时都可能让开放社会暴露于狂热
崇拜和恐怖主义、战士和大规模杀伤性武器、非法盗用和网络
卫士的交叉攻击之下：在欧洲以外的其他任何地方，"不论是
人还是国家，都还没有'永别武器'"。①

　　因此，我们时代的最艰难挑战乃是如何从各个势力的野
心、不同价值观、多样化的甚至处于公开对立状态的各种文化
出发，制定出维稳所需的全球性原则、规则以及相关机构，还
在于如何能够以此将全球化维持下去。从多哈回合谈判和世贸
组织谈判的举步维艰，到后来哥本哈根国际大会的流产，这些
都充分表明，由于两百来个国家因主权问题而相互猜忌，全球
性秩序的建立依然困难重重。欧洲大陆的一体化会因为各国在
欧元启用后重新获得了力量而受阻，这本身就是主权强大的证
据，它也说明了以各国人民及其合法政府自由加入为基础而建
立的超国家机构和超国家政治是多么脆弱。

　　历史格局已经翻转，处于 21 世纪如此开端下的人们因此
也遇到了阿隆穷尽一生去研究的那些问题。首先是现代自由的
自相矛盾问题。一边是一直在对技术、行为和机构精益求精的
理性，另一边是燃烧着的集体激情，现代自由在这两者之间无

14

---

① Raymond Aron, *Penser la guerre, Clausewitz*, t. II, *L'Âge planétaire*, Paris,
　Gallimard, 1976, p. 286.

所适从。民主政体也存在矛盾之处，它们要么在个人主义、社会主体原子化和公民的政治冷漠的作用下变得再无理想与活力，要么就是在非理性和惧怕中遭到动荡的威胁。战争还是和平，这一基本选择现在面对的是恐怖主义的威胁、大规模杀伤性武器的扩散、对立势力的雄心勃勃、狂热崇拜的压力以及逃脱了国家全套监控之空间的增多所带来的风险。还有，世界资本主义的调控既无法以市场自我调节为原则——这种放任是2008年的崩溃之所以会发生的根源所在——也无法将重新回到管制经济模式作为解决办法。最后，将发展中国家的发展与保护环境的要求相结合，这符合全人类的共同利益。寻求地方、国家、大陆及世界层面上不同层级的公民权的结合，是一个敏感而必需的问题。

投身自由事业

阿隆是一位秉持启蒙思想的人，他在意识形态斗争和世界大战的世纪中为了捍卫自由和理性而斗争。就思想层面而言，他注意到了新康德主义实证论的失败，这种思想因为第一次世界大战的极端暴力及大战导致的欧洲社会粗暴化而失去了影响力。与此同时，他没有在马克思主义对阶级斗争和革命的极度推崇面前，或是在马克斯·韦伯所预言的无法避免的价值观战争引起的晕眩面前退却。阿隆像揭露虚无主义的危险那样揭露了阶级狂热和种族狂热制造的谎言，他捍卫的是自由之多元开放的定义。不过，阿隆没有放弃对康德意义上的那种理性抱有希望，这种理性是人性的基础，且让人类重拾和平变得可能。就政治方面而言，阿隆自1930年代直到辞世，一直都站在了支持多元政体、反对极权主义战斗的最前端：面对纳粹主义的抬头，他批评和平主义；他是现代马基雅维利主义和世俗宗教的分析家；在伦敦，他是《自由法兰西》的总编；他是唯一一站在安德烈·马尔罗一边对冷战初期共产主义知识分子在法国思想界获得垄断地位提出异议的人；他是《知识分子的鸦片》① 的作者，这本书不但在第一次法共与路人浪潮和斯大林主义保持距离中发挥了重大作用，还在人民民主政权中以"萨密兹达"② 形式被广泛传播；他还是一位坚持不懈的哨兵，为那些与苏联展开殊死斗争的自由国家执行警戒。

因此，阿隆是 20 世纪法国自由主义政治的一位伟人，与孟德斯鸠、孔多塞、贡斯当（Benjamin Constant）、托克维尔和埃利·哈莱维的思想一脉相承。只要自由没有扎根于宗教性质的上帝、意识形态的骗人学说或传统中，它就会深植于政治与历史之中。自由处于首位，但这一首要地位也具历史性，且与任何形式的超验性都没有关系。自由强调的是偶然性，而不是作用于人类发展的必然性或法则。事实上，弗里德里希·冯·哈耶克本人也不记得他这样说过："在自由主义原则中，并不存在任何能让自由主义成为不变学说的东西，不存在任何既稳定又固定的一劳永逸的规则。我们在行事中只需要知道一个基本原则，那就是应当最大限度地运用自发之力，尽可能少地使用强制力；不过这一原则本身又在运用中包含着无穷变化。" 16

有鉴于此，自由是以蕴于人民历史文化之中的公民意愿、

---

① Raymond Aron, *L'Opium des intellectuels*, Paris, Calmann-Lévy, coll. «Liberté de l'esprit», 1955.

② 萨密兹达（Samizdat）是苏联时期为当局禁止但在社会上流传的秘密出版物。——译者注

领导人的明智以及体制的稳定性为基础的。现代自由不但多元而且异质性强，它与多种原则和权利并立而行：源自人身保护令（Habeas corpus）和启蒙思想的公共自由；国家主权和权力分立；普选制；社会和经济权利；环境保护。现代自由虽然脆弱——因为它建立在公民美德和抽象规定之上，集体的冲动随时能将它夺走——但也拥有毋庸置疑的耐受力。如果说在权力、生产、知识、信息和真理的种种秩序之间必然存在相互作用的话，那么在自由国度中，它们是、也必须是维持了自主性的。依照适度原则和权力分立原则，自由因此也必须"提防自身的狂热盲信"——用卡尔·波普尔的话来说。

阿隆的自由主义有异于功利主义或自由主义思潮，因为对他而言，自由首先是政治的，而不是经济的。政治不应该被缩限或混淆为经济（即市场），或是社会结构，又或是一种手段而非目的的技术发展。阿隆对人类能力打了个帕斯卡尔式的赌，他相信人们会为了肩负自己的自由责任以及在必要时能够自卫而开展自我教育。人并非生而自由，而是变得自由。但是，人并非通过萨特那样的反抗变得自由，而是通过教育和参与城邦生活才变得自由的。国家在城邦生活中发挥了决定性作用，却没有对公民（即值得享有自由的个人）的塑造实行垄断。民主制度的价值永远不是现成的：公民必须不断对其重新定义，使之与时俱进，具有时代价值。这尤其让我们能够超越马克思指出的那种存在于劳动者联合、工作权利和社会保障系统之中的形式自由和实际自由之间的矛盾。因此在自由和理性之间存在一种基本联系，这种联系是克服集体冲动和意识形态欺骗性学说的最好药剂，就像它同时也是公民解放的动力一样。为了避开实证主义那种一味和解的乐观主义以及为了辨识技术可能导致的歧路，阿隆一直让自己作为进步的——尤其是科学进步的——坚定辩护者，只要这种进步是有益于人类解放的，而不是会导致人类的堕落甚至导致种族灭绝式的人类大屠杀。理性，这一人性的最终黏合剂，它本身也还需要我们认识和思考其局限性，而这种认识和思考有可能与自由对立。当我们面对21世纪的各种冲击和挑战的时候，这种政治自由主义更是前所未有地适用于当下的现实情形。

首先，在政治自由和经济自由之间，日益加剧的不对等确实存在。事实上，20世纪的极权主义已经表明，在没有多元政体和市场经济的情况下，资本主义仍然可以——至少在短时期内可以——在民主制之外发展，正如昔日佛朗哥的西班牙和皮诺切特的智利，又如今日处于另一个层次上的中国。《知识分子的鸦片》一书中"自由是西方文化的本质，是其成功的基础，是其扩张和具有影响力的秘密所在"这一总结完全没有丧失其价值。只不过，这种体现自由意愿的经济理念此后在全球范围内均适用。资本主义和技术应用的普及远远没有自动导致民主降临或让谋求强大的意愿消失，它反而加剧了自由国家与专制或集权体制之间的竞争。就连新兴大国阵营也显现出分裂，一方面是中国和俄国之间的对立，另一方面则是印度和巴西之间的对抗。如果民主国家对纳粹主义的胜利属于军事胜利的话，那么在东方处于经济停滞、日益贫困的情况下，西方在社会和经济上取得的进步就在苏联及其帝国的崩溃中起到了重大作用。今天，民主国家遭到由某些发展中国家发起的挑战，后者试图对那些曾经殖民过自己的殖民者施行报复，所采取的办法就是在提升自己在经济和技术领域的等级的同时拒绝政治多元主义，并继续维持对社会的严密控制。

显然，民主国家在这场考验中并没有处于有利地位。美国虽继续保持了自己的领导地位，但仍由于在苏维埃主义陷落后的行事过分而遭到持续削弱。这种过分体现在美利坚帝国和美国军事的过度扩张上，最终导致美国陷入了伊拉克战争和阿富汗战争的泥潭；这种过分还体现在那场可算是 1929 年以来最严重的经济危机中，其后果就是削减债务的要求和大规模失业持续阻滞着经济增长；它还体现为已经对法治国家造成重大打击的安全问题——前有《美国爱国者法案》与中央情报局的绑架和秘密监狱，后有关塔那摩监狱。欧洲则因缺乏合理有效的决策体系而无法在全球化中获得影响力，并因此陷入可能被边缘化的危险中。对实施反通货紧缩措施的动员加大了国家从欧盟手中重新取回控制权的力度，欧洲诸国将共同体政治重新本国化的做法使得连这些国家中最强大的德国都达到了不再遭受整体风险的程度。欧洲大陆的一体化及其经济发展在人口老龄化、竞争力缺乏、过度负债、欧元估值过高及缺乏有效率的政治决策体系（这一点在 2010 年国家负债危机中表现得尤为突出）的综合影响下受到了阻滞。

在整个发达世界中，增长疲软、持续失业以及大经济部门因新兴国家的竞争而状况不稳的情况使保护主义和民众主义抬头。全球化不但让西方的资本主义优势受到质疑，而且还逼迫西方不得不在经济和社会模式上有所创新。面对这样的全球化，面对恐怖主义的顽固威胁，民主国家内部以安全名义牺牲自由的想法很强烈。1940 年 6 月法国溃败及随后法兰西第三共和国的垮台，显示了民主原则及其制度在重大打击面前何其脆弱，这让雷蒙·阿隆终身印象深刻。他及时对21世纪的人们发出了警告：因外部危险而牺牲自由的做法就是在为自由之敌助势，而且谨慎和节制本身并非就意味着公共权威的瓦解，也不代表要主动与武力或那些与民主制为敌的国家妥协。

全球化危机远没有让政治自由主义信誉扫地，相反，它显示了政治自由主义是一种多么迫切的需要。世界资本主义之所以严重偏航，其根源可以在集体不理智中找到，这种不理智存在于投机泡沫中，存在于关于市场自我调节的神话中，还存在于在既无限制也无牵制的情况下对经济和企业领导权实施的吞并中。在与危机解决办法相连的主要风险中，我们看到的是围绕公共债务、发达世界中央银行和原材料产生的泡沫经济的复苏，以及由于环境所迫而产生的向不受任何控制的国家资本主义的回归。与此同时，这些国家在面对全球化危机时也显现出了其管理和财政方面的行动力不足等问题。经济领域的崩溃以及由此孕育的社会灾祸助长了政治暴力，而政治暴力虽是一种摆脱危机的天然办法，却充满危险。因为极端主义只会通过扩大政治危机来达到降低经济危机的目的。

我们在解决危机时所遇到的关键选择在于是继续坚持全球化还是任由全球化崩溃。如果缺了坚持不懈的理性教育，如果缺了坚定不移的改革，如果与个人主义策略反道而行的合作观念没能战胜民族主义和人人为己所产生的各种诱惑，世界资本主义和开放社会是无法超越21世纪第一个十年中的这场危机的。因此，自由主义不是危机的根源，而是危机的解决办法，它保障个体权利得到尊重，保证集体决策的优先地位——只要集体决策依旧是自由选择达成一致的结果，而且它还使存在于企业、市场、民族、大陆或全球各层面上的所有权力均衡有度。对危机及其恶性连锁反应的解决，体现的不是天数，而是人愿。

介入的旁观者的方法和伦理

20　　阿隆同法国大多数自由主义者一样，通过拒绝一切封闭思想体系、一切刚性学说和一切建立学派的企图，一直坚守着他秉承的自由的多元开放概念。他毫无建立学说的念头，他定义了一种让人们能够不再被动承受历史，而是可以理解历史且在历史中行动的精神状态和思想方法。他为我们提供的不是一个永远固定的框架，而是一种持久有效的方法，这种方法既是现实的，也是比较的、或然的和辩证的。之所以说它是现实的，那是因为"最严重的错误乃是无法以世界之本来面目去看待世界"，确立事实是分析、解释和判断事实之前必不可少的一步。之所以说它是比较的，那是因为观点的增多能启发理解：正如孟德斯鸠、托克维尔或哈莱维通过描绘英国或美国来论述法国，阿隆从工业社会的结构出发，强调了民主和极权之间的绝对对立。之所以说它是或然的，那是因为历史从来就未事先写成，它于各种深层力量的交汇处结成，而这些力量又都是对经济、技术、地缘政治格局及人民和国家执政者的行为——尤其是他们在危机或战争时期的行为——具有影响的。最后，之所以说它是辩证的，那是因为人及其历史处于一种持久紧张关系中，一边是偶然性和瞬时性，另一边则是普遍性和永恒性。

　　有鉴于此，阿隆坚定地选择了与乌托邦及暴力阵营都不同的阵营，站在了负责任的一方。乌托邦通向的最好前景乃是本身的软弱无力，最坏前景则是以创造新人类的空想制造恐怖，这种新人类因为把某个种族、某个民族或某个社会阶级视作优等而证明了自身的存在。毋庸置疑，暴力是历史的助产士，但这需要以尊严、自由和人的生命这等血腥牺牲为代价，而人类的激情又只会对诉诸武力推波助澜。历史前进的速度越快，冲击越是让人措手不及，选择改革还是选择暴动就越是生死攸关。因此，知识分子的角色和伦理不在于对集体冲动阿谀奉承，也不在于激化仇恨和不满或鼓励人们诉诸武力，他们应该为了平息紧张和冲突而去帮助阐明现代性的困境。

教育人们热爱自由、呼唤责任感及以讨论为优先，这些都不应该被混同成某种与存在或政治脱节的冰冷概念。节制同疏懒毫不相干；谨慎也是不介入的反面。阿隆采取的是一种混合了学者的方法和为了自由而战的姿态："尽可能老老实实地理解和认识我们的时代，永志勿忘自己的知识的局限性；从现时中超脱出来，但又不满足于当旁观者。"①《回忆录》是这种修行的忠实体现，从这种修行可以看出，与自我辩护相反，阿隆毫无宽宥地反思了自己的介入行动和各种分析。 21

对客观性的执着追求，于既不因循守旧、也不离经叛道的批判性和公民性中扎根，但没有阻止他在评论上散发活力、甘冒风险。阿隆因而不但站在了反法西斯主义和反共产主义的第一线，还站出来支持阿尔及利亚独立——尽管他无法在《费加罗报》的字里行间为此斗争——并揭发了"五月风暴"的伪革命性质：他认为这场革命不但没给第五共和国带来解决问题的另一种办法，还导致了法国大学的衰落。从 1930 年代初

---

① Raymond Aron, *Mémoires*, Paris, Julliard, 1983, p. 53.

期隐秘地帮助德国反纳粹人士离境，到 1940 年去伦敦坚持斗争，再到在冷战期间被大学冷落和他对戴高乐派原教旨主义分子的揭发，最后还有对东欧异见人士与越南船民的支持，这些都体现出阿隆身心所具的卓尔不群的勇气。他的人生和思想不但超越了语言，而且也完全有异于那种毫无建树的思想炫技。它们证明了自由主义只适合于强大的灵魂而非胆小鼠辈，只适合拥有批判精神的人而非软弱求同之辈，只适合英勇的公民而非胆怯的懦夫。

阿隆是要求严格的爱国者，是对欧洲信服有加的欧洲人，还是大西洋联盟的坚定支持者。正因如此，他才对法国、欧洲和西方的弱点做出了无情的批评，他以孟德斯鸠的格言作为自己的准则："在一切面前都诚实如故，即便对自己的祖国也如此。每个公民都必须为祖国而死；没有任何人为国撒谎。"这种清晰的逻辑和面对放弃民主制等歧流时所生的愤慨，在这个西方受到公开质疑、美国处于相对衰落阶段的时期，在民主国家的诸多歧路和遁世面前，具有前所未有的现时性。这是一个欧洲在摒弃了武器且放弃了如此多的谋求势力的工具和意愿之后又去尝试放弃生产和革新的时期。这是一个法国因为有了脱离现代的可能而倍受威胁的时期，而这种状况之所以会形成，又是因为围绕极端集中的权力组织而成的机构的存在以及社会经济模式对发展的阻滞——这是一种以过度负债、生产力低下、极端冗复的公有领域、狭窄且缺乏竞争力的私有领域、持续性大规模失业，以及在移民融入方面的长期失败为特征的社会经济模式。

这种对民主国家的弱点的批判以及对民主之脆弱怀有的忧虑之情，完全不能与听天由命的宿命论或失败主义相提并论。阿隆呼吁的是，用公民的美德和领导者的明智来采取措施应对困难，为了应对危机形势而重新提出质疑并推进必要的改革。确切说来，冷战后时代和全球化危机要求民主国家做的也正是这种自我审视、自我反思和自我建设的工作。美国已数次成功证明了自己具备革新能力，贝拉克·奥巴马的当选证明美国社会和政治主体意识到了必须采取激进改革——即便这些改革也有缺点且结果难测。美国民主及其吸引力始终历久弥新；美国即便在被削弱的情况下也依然会在往后几十年中继续成为唯一拥有所有实力手段且唯一势及全球的国家。相反，如果欧洲最终没有实现政治统一，那么我们就只能对欧洲能否在那些建构21世纪历史的各大极点中算得上一极而忧心忡忡。身处于正在衰落的欧洲之中，法国尤其受到了威胁，法国的现代化努力已经因为这场社会经济危机而深受打击。这场危机远没有让伪法国模式再次焕发青春，却反倒使封闭社会和管制经济在法国死灰复燃，让奉行向后看和对法国昔日强大的那种"民族－追念"崇拜再次启动，它还让本质上属于非自由主义的思想——正是这种思想让我们明白法国的路途何以挫折重重，也正是这种思想让国家得以脱离全球化进程——重新获得了合法性，而这一切又都加大了法国国家地位降级的风险。

阿隆没有为我们的时代提供任何现成的应对方法。不过，他及时提醒了我们，欧洲和西方先后取得的现代世界领导权，并不是靠经济和技术上的领先或某种天生的优越性来维持的，而是靠能够明确自身困难和弱点的才能、能够得出新解决办法的想象力以及能将公民动员起来实施举措的能力。简而言之，靠的是质疑自己的能力，这种质疑为的是自我革新和自我创造，而不是灰心气馁。他的行动伦理要求每一代人都不去一味重复既有模式，而是要弄明白自己所属历史时代的动力——每

23

一代人都深陷于自己的时代中，需要由自身去找到适应时代所需的意愿和方法，而不能将自己的命运交到虚幻上帝的手中。全球化既非福佑也非邪恶。它是一种史无前例的历史格局，而身处其中的民主国家必须找到关键，才能让全球化在进步方面所具有的可观潜力增值并成功操控全球化所包含的各种风险。对全球化一味追捧与否认全球化一样，都是轻率冒失之举。我们必须在思考全球化的同时行动起来，这样才能让全球化为人类捍卫自身的自由与尊严所用。

* * *

雷蒙·阿隆，这位被克洛德·列维－斯特劳斯誉为 20 世纪法国人民的"思想保健师"的人也是一名全球化公民，而全球化在初期就呈现出了陷世界历史于困境的混乱局面。这一点列维－斯特劳斯已用下面这段话解释过了："人们史无前例地拥有了如此多的理由不再自相残杀。他们史无前例地拥有了如此多的理由感到人类被相同且唯一的事业所联结。但我不会就此认为，普世史的时代将和平盛行。我们知道人类是理性的存在，然而，每个人都是理性的存在吗？"[1]

以柏林墙的倒塌为开端的普世史时代依然有待书写，它的进程从未如此不确定。世界资本主义和开放社会在让大部分人享受其成果的同时，自身也得到了充分的发展。二十国集团的体制化便可被视作全球化治理奠定了第一块基石。伊斯兰世界并非命中注定只能被仇恨和暴力所困，温和力量是有能力最终取胜的，伊朗人民在反抗毛拉独裁的起义中探索出来的新道路便是一例。

---

[1] Raymond Aron, 《L'Aube de l'histoire universelle》, art. cit. , p. 295.

不过，身份认同和价值观冲突也有可能会因为诸如巴基斯坦这类已陷崩溃的国家，或因为伊朗这种不服从的国家，甚至因为恐怖主义团体对大规模杀伤性武器的使用，而发展到灾难性的规模。被殖民过的人们所发起的报复也有可能从经济领域转移到战略领域，并在武力交锋中改变方向。世界贸易和支付体系也可能会在保护主义和竞争性货币贬值的压力下坍塌。

决定权属于 21 世纪的人们，他们虽从传统和意识形态中解放了出来，却又再次面临着民族主义和宗教原教旨主义。他们的情况前所未有地充满了戏剧性，因为他们的命运完全取决于他们自己，他们可以利用自己在行动、知识和技术上所拥有的出色手段自由地造就极好或极坏。这是一些数目更加庞大且处于老龄化社会中的人，他们必须就如何管理一个无法再为他们提供无限资源的星球达成一致。这是一些既变得更加统一又更加孤独、距离既变得更近又变得更远的人，他们必须确立一些原则、制度和规则来维护人类的共同利益。这还是一些在变得更加强大的同时也比以前更加脆弱的人，他们的活动已经延伸到了网络世界这个处女地，与此同时，信息技术和生物技术的结合还让他们能够通过改变遗传基因来干预自己的本性，从而为新疗法及令人生畏的优生学开辟了道路。

安德烈·马尔罗曾写道："伟大的知识分子是注重细微差别、讲究尺度、追求品质、直面真理本身及复杂性的人。就定义和本质而言，他们是反善恶二元论的。"阿隆就属于这一小群知识分子中的一员，他们拒绝那些虽能快速得出却实属错误的确定性，拒绝那些虽具决定性但确实存在偏差的评价，拒绝那些形式上完美无缺却与事实脱节的思想构建。与此相反，他们倾向于在依然残缺不全、捉摸不定的知识面前，在总是有着

25

比人类想象力更加丰富惊奇之处的历史面前保持谦虚。

没什么比以为这体现的是一种悲观的本质或放弃的形式错得更离谱的看法了。意识到知识或行为的局限性并非就是在抹灭人类能够通过自身努力及对真理的寻求而赢得自由这一事实。正如极权主义遭遇的失败以及 2009 年伊拉克起义表明的那样，自由从来就不是镜花水月。历史之所以充满悲剧性，仅仅是因为人说到底还是在自由地塑造历史，除了依靠自身意识，人在其中别无所依，历史的悲剧和灾祸如同历史的成功一样，都只能由人一肩承担。这种情况并没有使退缩或漠然变得合理，反而构成了一种对行动的呼唤，它对公民和领导人发出了有益的邀请，邀请他们将自己的命运以及他们民族、大陆或星球的命运掌握在自己手中。

阿隆的最后启示因此而充满了乐观与希望。没有任何宿命可以证明仇恨和暴力会重新主宰一切。没有任何理由让我们在全球化时代对民主或自由之未来感到绝望。与盲目狂热和玩世不恭相反，最好的解剂是保持理性。正是理性让阿隆的人生和他相继写成的那些既哲学又论战、既社会学又历史学、既学术又社论的丰硕成果获得了统一。作为一位法国爱国者和世界公民，作为一位共和派与自由主义者，作为一位政治思想中心人物和自由战士，阿隆对行走于 21 世纪历史之陡峭道路上的人而言是最好的旅伴。而 21 世纪历史的关键已经在《回忆录》中被清楚阐明："如果那些既雄心勃勃又不牢固稳定的文明必须在遥远的未来实现先知们的梦想，那么除了理性，还有什么普遍使命能够将它们统一起来呢？"[1]

---

① Raymond Aron, *Mémoires*, *op. cit.*, p. 729.

增订本出版说明

　　本书为《雷蒙·阿隆回忆录》首次出版的增订本。书中包括 1983 年版的出版者认为过于臃肿而撤掉的几章，即"社会主义插曲"（本书第 994 页）、"受到考验的人权：卡特总统和中东冲突"（第 1015 页）和"走向苏联霸权主义?"（第 1027 页）。

前言　雷蒙·阿隆和他的《回忆录》

　　再回首，人们就会发现，雷蒙·阿隆（1905—1983）
似乎是 20 世纪法国最清醒的政治评论家。而这本《回忆
录》则比他的其他任何著作更近乎集知识和经验之大成的巨
著。作为政治评论家，他才华横溢，涉猎广泛，从为日报撰
写社论到出哲学文集，还写了历史研究专著和论战小册子。
今天，他的主要论点已经被一切热爱民主和自由的人士所接
受。从他的正式传记中我们可以得出这样的印象：他的成就
并非始于今日。他生前发表了四十余本著作，同时定期为
《战斗报》、《快报》周刊和《费加罗报》等大报刊撰写文
章。他先后在巴黎大学、高等研究实践学院和法兰西学院授
课。他在美国、英国和德国的最高学府做过无数次学术报
告。他得到过许多最负盛名的奖项和名誉博士称号。他会见
过当时法国、欧洲和美国最著名的政治家，他们都愿意倾听
他的意见。

　　他是个思想得到公认的胜者，但这种表象容易让人误解，
这是因为阿隆思想在形成时期与其说是非主流的，毋宁说是反
潮流的，是反对成见和约定俗成的。《回忆录》的细心读者还

---

　　* Tzvetan Todorov（1937—2017），原籍保加利亚，法国著名批评家、符号学
　　家，结构主义大师，叙事学理论奠基者之一，主要作品有《符号学研究》
　　《什么是结构主义》《巴赫金与对话理论》《我们与他人》等。——编者注

会发现，作者不仅分析精到，而且是一个随时准备怀疑一切，　2
尤其是怀疑自己的人。他敢于揭自己的疮疤，袒露自己的忧虑
和不足。因此，人们看到其传记的杰出作者尼古拉·巴弗雷提
到"这个无限复杂的忧患灵魂"[①]时也就不会诧异了。

　　要更好地了解雷蒙·阿隆，仅仅归纳和概括一下他的理论
是不够的——当然，只注重其个人命运而忽视其理论也不对。
思想的活力和人性的脆弱不是对立的，而是互为补充的。

重大选择

　　像阿隆一样生于第一次世界大战前夕、因年幼未能参加战
争的 20 世纪的欧洲人，必须对国家社会主义、共产主义、殖
民主义等重大政治问题表明自己的立场。阿隆每次都坚定地选
择了个人立场。

　　他发现了国家社会主义，但不是从书本知识中发现的：他
从 1930 年 3 月到 1933 年 8 月在德国工作和学习，先在科隆，
后到柏林；他目睹了民主制度的垮台和希特勒夺取政权的危
机。这些事件改变了他对政治生活的观察方式：阿隆与当时在
法国青年知识分子中盛行的和平主义决裂了，他还为不同报刊
撰写文章，发出警告说希特勒的威胁已经暴露无遗。但那时，
他还是个无名小辈，他的警告没有得到任何反响。随后几年，
他尝试着更好地了解这种新的政治秩序，并引进了"世俗宗
教"概念，后来的国家社会主义即属于此类。他在战争初期
应征入伍，1940 年 6 月撤退到法国南方。他听说有些法国人

　　[①]　N. Baverez, Raymond Aron, Flammarion-Champs, 1993, p. 381. 关于阿隆
的另一部分丰富资料来自：*Commentaire*（n°s 28–29, février 1995）。

3　以伦敦为基地继续抵抗侵略者时立即做出抉择，把妻儿留在法国，于6月23日成功登上驶往英国的船。在英国，他参加了自由法国抵抗运动，经历了战争，直到1944年9月回到巴黎。

早在战前，阿隆就对共产主义这另一种"世俗宗教"持批评态度。尽管1942年俄国人与西方人结成了反对共同敌人的联盟，他还是对"这种超越地球的信仰"（巴弗雷《历史的见证——雷蒙·阿隆传》，第210页）提出质疑。他感到因站对了队而得到回报的时候，特别是战胜纳粹之后，便投入一场反对共产主义意识形态的无情斗争中。"铁幕"一词出现在他1945年7月以后写的文章中。为了这场斗争，1947年他选择去《费加罗报》而不去宽容共产主义的《世界报》当社论撰稿人。和平主义再次不合时宜。出于同样的想法，1950年他成为一个反对极权主义的组织——"保卫文化自由大会"的发起人之一，该组织的委员包括莱昂·勃鲁姆（Léon Blum）、大卫·鲁塞（David Rousset）、弗朗索瓦·莫里亚克和阿尔贝·加缪等法国人（由于有人揭露该组织的部分基金来自美国中央情报局，成员们于1966年终止了活动，但其言论自由与行动自由从未受到限制）。阿隆经常在这个组织的刊物《论证》上发表文章；1955年他出版了《知识分子的鸦片》一书，精辟地分析了为什么共产主义能够吸引西方知识分子。他还有其他著作，是研究苏联社会结构和意识形态问题的。1970年代中期，借索尔仁尼琴的《古拉格群岛》出版之际，他进一步揭示了法国左派抱有的执拗幻想。在法国左派看来，只要是为了崇高的理想，集中营也就不残酷。诚然，阿隆并不是第一个，也不是唯一一个起来反对共产主义的人，但至少，他是法国坚持时间最久和为战友提供最有力论据的人。

尽管在共产主义与国家社会主义之间存在显而易见的差异，但是人们是否有权把它们同"世俗宗教"或"意识形态专制"，甚至极权主义归于同一类别呢？对于这个问题，阿隆的回答是肯定的。他认为，公众看到的整个情况就是这样。但应不应该同样严厉地谴责二者呢？在很长一段时间里，阿隆认为不该如此对待，因为尽管它们的实践有些近似，但计划目标是对立的。他解释道，国家社会主义的罪恶在于已将纳粹计划付诸实施，而"共产主义的罪恶"则是对共产主义目标的一种背叛。他还是从这种意识形态论证出发，认定斯大林消灭农民尚且有合理性，希特勒灭绝犹太人则绝非如此。然而，阿隆撰写《回忆录》的时候又得出结论，这种差异实际上是一种幻象，因为共产主义纲领只起一种掩盖作用。于是，他对这两种制度的评判又趋向接近了。"我认为，共产主义的可憎程度不亚于纳粹主义。为了区分阶级救世与种族救世，我多次使用过的论据已经几乎不会再触动我了。阶级救世论的那种表面的普遍性最终变成了一种装饰门面的东西。"

殖民地问题往往不大引起阿隆的注意，但从中也可以看到其观点的连续性：他始终认为应该同法兰西民族保持团结，但赞成最好让殖民地独立。在伦敦期间，他支持放弃印度支那。当 1946 年越南起义爆发时，他不愿公开谴责投入战争的法国军队，但他看出了法国政府的实践有悖于其声称的普世原则与平等原则。"用暴力来维持，而不是维护法兰西。"他满怀激情地热爱他的祖国，但这种热爱要求国家忠实于自己的理念。1951 年，他重申自己的愿望：印度支那应该独立。然而，他后来不再经常发言支持政府的那种非殖民化政策。

他确实直到 1957 年 6 月才通过一本名为《阿尔及利亚的

悲剧》的小册子真正介入了阿尔及利亚战争，这本小册子立
即引起爆炸性影响。此时，法国已经有人为他辩护，赞同他支
持阿尔及利亚独立。但他与别人不同，他支持的不是他们要达
到的目标，而是支持他们提出的理由。他反对维持殖民统治，
因为殖民统治意味着维持人类族群之间的不平等，这是与法国
的理想背道而驰的。结果，维持殖民统治几乎把他的国家引向
内战。他不仅向坚定地反对殖民主义的人，而且向政府和议会
里的政治家们补充了一条与他们的利益密切相关的理由：维持
一个殖民地——尤其是在冲突期间——太得不偿失了。从这一
点上也可以看出，阿隆并没有走到拥护民族解放阵线和号召新
兵开小差的地步：在一个民主国家里，服从法律要高于顺从
民意。

阿隆反对国家社会主义、共产主义和殖民主义，是因为他
实际上认定了自由民主制度。后者意味着在两种要求之间实现
一种妥协，尽管这种妥协往往是脆弱的："把自主权交给个
人，但国家要为弱势群体提供一些生存手段，帮助其行使本应
享有的权利。"一方面要有建立在权力多元化基础上的自由，
另一方面也要进行反对不平等的斗争。这种妥协不仅是脆弱
的，而且始终是不完善的。因此，不能只想着如何批判各种民
主制度；即使出于留恋过去或对未来的美好社会抱有幻想，这
种批判也不能成立。人们是用民主理想本身来批判民主的。阿
隆尽管从总体框架上接受和支持民主制度，但也指责这个社会
中个人利益排斥总体利益，压力集团使国家瘫痪，公民变成了
单纯的消费者，只关心如何满足自己的欲望。这种辩论似乎永
无止境。

对民主制度的另一个威胁是：民主国家认为自己是完美无

缺的化身，企图用实力来把自己的理想强加给世界其他国家。
阿隆写道："不能也不应当用十字军东征的办法来推广自己的
制度。"让国际关系服从于国内原则，纯属一种危险的幻想。　6
"人权不能成为一种政策"，这是他的访谈录《介入的旁观
者》① 中的一个小标题。在同样的背景下，阿隆对后来试图要
建立超越国家之上的国际公正也表示怀疑。"在国际关系中没
有法庭。"纽伦堡法庭在这一点上不能成为反证。纳粹国家的
领导人首先被判处"反和平罪"，这是一个战胜国唯一有权判
处的罪行。"谁赢了战争，谁就可以指定由战败者对战争负
责。"（参见《介入的旁观者》第 299 页）换句话说，所谓行
使权利，实际上就是强者为王。

为什么和怎么办

　　上述就是阿隆的基本政治立场。今天，我们不得不承认，
在他的同代人之中，能够为这种明智的选择而自豪的知识分子
为数并不多。阿隆本人也是一位知识分子。中学毕业时他接触
到哲学，这促使他采取了这种"思考我们的存在而不是忍受
存在"的立场。然而，他是怎样摆脱知识分子的陋习的？是
由于他受过高等教育？还是因为他得到过名师指点？这些问题
的答案是出人意料的：他并非在巴黎高等师范学院的板凳上，
而是在柏林的大街上度过了求学生涯的关键阶段。决定其政治
方向的关键人物不是康德或黑格尔，而是斯大林和希特勒。
1932～1933 年，他亲眼看到了纳粹在德国的崛起，于是他自
愿选择了这条罕见而艰难的道路：面对周围世界，不要闭起自

---

① 参见 Julliard, 1981；Presses – Pocket, 1983, p. 294。

己的眼睛，不要用幻想和抽象来代替现实，而要把亲身经验当作理论的试金石。阿隆留给后代最重要的教训是：拒绝把生活与思考割裂开来，始终"把理念同这些理念所反映的、所改变的、所扭曲的事实加以比照"。他在生命走向终点的时刻强调的不是他的智慧超群，而恰恰是其独特的个人反应能力与学术建设之间的连续性，他说："我从来不会为辩证而辩证，为不能辩解而辩解。"

他在旅居德国的时候决定了自己将要采取的行为方式。在那里，他不仅发现了非理性力量的强大和群体暴力，也发现了可以应对政治弊病的某些规则。规则之一来自伟大的德国社会学家马克斯·韦伯。这条规则就是：在公共行动领域中，少看行为人的意图，多看他们的行为带来的后果。另一条规则来自一次偶然路遇，他在巴黎碰到了某位法国政治家。阿隆向其陈述在德国日益升级的危险，后者反诘道："你说的当然很在理，但具体一点，如果你坐在总理的位置上，你会怎么办？"不要只看到那些正当的抱怨，要把自己放在行为人的位置上。不要仅仅以高尚原则的名义去批评他们，不要仅仅从愿望出发，要想想有无可能性，不要被美丽的形式所陶醉，要将其付诸实践来检验。这对一个知识分子来讲是一个难得的教益，也是阿隆旅居德国几年得到的教益。

与此同时，他也从中找到了未来优先研究的对象。他不满足于纯粹的哲学思辨——尽管他为此做了几年的研究准备——而更愿意认识和解读卷入历史运动和纷繁社会的人。他漫步在莱茵河畔或施普雷河畔，想出了一个终生不渝的课题："思考正在形成的大写的历史"。（1965 年的论文，转引自巴弗雷《历史的见证——雷蒙·阿隆传》，第 338 页）马克斯·韦伯又成为他的楷模，在这一点上甚至胜过其他哲学家或学者。他善于把研究对象引入正在前进的历史中——让世界震撼的历史。他懂得如何"把持续和瞬间的含义"连接在一起。这次轮到阿隆自己来全身心地投入身边的世界了，成为"倾听其声、关注其怒和探究其意"的同代人了。

生存与思想之间的连续性有一种初看有些矛盾的必然结果，那就是阿隆经常重申的"不要把善与真混为一谈"。回过头来，他自责在来德国转变观念之前的早期著作中就把两者混淆了，以作者的良好愿望代替了对事实的明确分析。凡是想了解政治的人，都会对他的判断感叹不已。他的判断是，要弄清行为人的本来面目，而不要看他们是否符合自己的想法。阿隆于1937年写道，政客本人应该不讲"人性和仁慈，但要果敢而严厉"（巴弗雷《历史的见证——雷蒙·阿隆传》，第125页）。发现和捍卫真理，需要勇气。当多数同代知识分子缺乏这种勇气时，他具备了：阿隆早在1933年就看清了希特勒的威胁，早在1945年就看到了斯大林的危险。

当然，明确区分真与善，拒绝用道德抽象代替对世界的客观认识，并不意味着可以消灭其中某个观念或偏好某个观念。恰恰相反，不把二者混淆使得我们可以厘清它们的关系。阿隆的贡献在于，他批判了把二者对立起来的传统观点，将其纳入了新的价值结构之中。在政治上，把"现实主义者"同"理想主义者"对立起来是不对的。后者，那些怀抱愿景的人，与只满足于记录现状的纯粹看客是对立的。而现实主义者们还要做出抉择：他们在试图按照自己的意愿改造世界之前，首先要对世界有精确认知。现实主义者的行动既反对安于现状，把现实当作愿景；也反对陷入自我陶醉的梦乡，把愿景当作现

8

实。现实主义者既不是保守派，也不是乌托邦。同样，信念伦理与责任伦理不是对立的，但与纯粹的实用主义和急功近利水火不容。责任伦理本身需要有信念，需要了解客观情况。行动要取得成效，这是必不可少的。阿隆主张的是一种现实主义的负责任的政治，既不是安于现状也不是犬儒主义。他没有放弃自己的理想，但拒绝把这种理想当作认识现实的一个工具。

阿隆本人不会成为一个政治家。他在《回忆录》中讲到他在德国看到纳粹分子夺取政权之时如何明确了自己面临的选择。一位学德语的朋友决定倒向新潮，那位朋友对他这样讲："你将永远是个旁观者，一个持批评态度的旁观者。你没有勇气投入群众和历史潮流的实际行动。"阿隆回应道："他说对了。"人们不会同意这个德国人的判断。阿隆旋即勇敢地付诸行动，无论是 1940 年还是 1945 年，抑或 1957 年。不错，除了投奔伦敦那一次，他的行动主要是在知识领域，而并非政治行动。而且，只要他能呼吸到学术独立的空气，就永远不会再对等级制权力感兴趣。历代著作家深得他的推崇，从修昔底德到韦伯（包括孟德斯鸠），他们都是追求了解世界胜于改造世界的伟人。这种选择注定将使阿隆处于某种孤独状态，远离战友之间那种热烈的兄弟情谊。

同样，由于他没有明确地介入党派斗争，也就无须坚持这些党派的基本信念。但他可以对这些信念进行细致的分析。阿隆宣称："我对社会深层力量的态度是明确的。我始终觉得自己被分割了，我对事态的发展，无论是远期发展还是近期发展，都感到没有把握。"当然，要想对世界有一个尽可能深刻的认识，并把这种认识当作进行判断的必要前提，就不能不明确这一点：人与社会是异常复杂的，一些良好的意愿却可能产生灾难性的后果（反之亦然）。尽管伟大的原则可以是坚定的和无可争辩的，但具体情况很难符合恶善二元论的判断。世界并不是非黑即白，只有两种颜色。阿隆在《介入的旁观者》一书中写道："永远没有善与恶之争，只有可取与可憎之争。"

　　因此，探索知识的研究工作绝不会是封闭的。对人类世界的阐释一定是多样化的，是相互补充而不是互相排斥的。阿隆从来没有自诩掌握了最终真理和完整的阐释体系。因此，他提出的判断不是说一不二的，而是留有可供争论的余地。1940年，他在伦敦为《自由法兰西》——一份抵抗纳粹德国的法国流亡者办的杂志——撰写社论时，一方面对正在进行的战争采取鲜明的立场，同时申明杂志的目标是维护"自由和尊重各种信仰"（巴弗雷著作，第 173 页）。1955 年，他为《知识分子的鸦片》这本论战小册子作序时，描述他的思想伙伴是"懂得战斗但不记仇的人"[1]。他对一些敏感问题——如停火与合作，维希与贝当——也提出了巧妙而平衡的判断。在他的身上，找不到任何要求残酷清洗的思想。萨特在谈到他这位同学时怒气冲冲，与之相比，阿隆在《回忆录》中对萨特的描绘则显得宽宏大度。阿隆对其他昔日论敌的态度也是如此。他始终坚持要从他所批判的理念中看到好的一面，从他为之辩护的理念中看到不足的一面，这种倾向在某些人看来就是小骂大帮忙，说他好出惊人之语，语焉不详，每次下个断语又加上许多限定词，最终也不知道他到底要坚持什么。他自己在《回忆录》中也不禁怀疑起自己是不是反对恶善二元论反对过头了……

　　但并非如此。阿隆摆脱了恶善二元论和相对论的羁绊。恶

10

---

[1]　Hachette-Pluriel, 2002, p. 11.

善混合说虽然曾滥觞一时，但并不妨碍他明确揭示出世纪性的政治弊端。他于 1956 年写道："估量恰如其分并不等于真实，20 世纪的专制暴行是无法估量的。"阿隆对恶的谴责毫不含糊，对善的前景则没有把握。

边缘化的阿隆

11 　　阿隆的思想今天已经得到公认，几位同代的思想界大家对他倍加赞赏，这可能会误导我们以为他是那个时代的中心人物，是公众舆论的代言人。其实根本不是这样。一个如此关切真理的人物，不可能长久地适合任一政党或任一机构的口味。阿隆始终处于边缘化状态，他为自己作为知识分子的选择付出了代价——尽管他种种荣誉加身。卢梭深谙其中奥妙，他曾指出，"党同伐异，仅凭这一点，就会成为真理的敌人"①。阿隆对此也有自知之明，1965 年的这幅自画像就是证明："怪人一个，过分关心行为中的真理，过分关心思想中的行为。[……] 这就是我，许久以来，无论在哪里，我都是一个边缘人。[……] 一个无党派人士，他的意见不是冲撞这些人就是顶撞那些人，尽管他想竭力保持温和，仍然令人难以忍受。"（巴弗雷《雷蒙·阿隆传》，第 338～339 页）

　　阿隆首先是一个始终被政权边缘化的人。有人可能以为他是"君主的顾问"，因为他与第五共和国的各位总统（如夏尔·戴高乐、乔治·蓬皮杜、瓦莱里·吉斯卡尔·德斯坦）都保持着良好的私交。他与第四共和国的政界人物也很熟。但他从来没有当过一位国家领导人的官方顾问或半官方顾问。因

---

① *Oeuvres complètes*, Gallimard-Pléiade, t. I, 1964, p. 965.

为在他看来，为任何权力效劳都是可耻的，他坚决秉持其独立性，对各个政党的态度也是如此。1926～1927年他还是大学生的时候就加入了社会党。但自从他在德国思想发生转变以后，这种党派归属就不再延续了。在伦敦，从1940年起，他本来可能变成戴高乐派，但围绕在将军身边的个人崇拜和强迫追随者非黑即白地看待世界的做法把他激怒了。于是，他与之拉开了距离。"解放"以后，当戴高乐成为政府首脑时，他继续持保留态度。而一旦戴高乐远离政权，阿隆便决定向他表示忠诚，加入了他创建的法兰西人民联盟（RPF）。1948～1952年，他多少有点勉为其难地参加了这个党的几次活动。当将军重返国家领导人的职位时，他又远离了将军，甚至严厉地批评了他的某些决策。他在《回忆录》中不无讽刺意味地写道："当他的事业——法兰西人民联盟受挫的时候，我追随过他。" 12

　　他对重大意识形态问题的选择也是如此。战前，阿隆的精神家园属于非共产党左派，该派别中的多数人支持和平主义。他本人曾不断发出警告，反对纳粹德国所代表的军事危险。1945年，阿隆理应为他拒绝与敌方的任何合作和旋即投入抵抗运动而自豪，但他对此没有任何炫耀。恰恰相反，他参加的战斗鲜为人知，这就是把苏联及其代表的共产主义意识形态请下神坛。苏联以牺牲2500万人为代价换来了抗击纳粹德国的胜利，胜利的光环曾经使苏联人民的声望升到顶点。法国共产党令人尊敬和畏惧。巴黎知识分子在各种反法西斯声明中，在采取左派立场（实际上往往是中间派立场）的时候加大了自己的筹码，却忘记了他们在战争中的消极态度。左派在选举中并不占多数，但在大学中是多数。在那里，同情共产党的声音得到宣扬。阿隆成为教授以后，遭到来自学生和同事们或沉默或明显的敌意。因为在他们看来，马克思主义已经属于明白无误的真理。萨特主导了这场公众辩论，他已经不再搭理高等师范学院的这位老同学，而是大声宣告："一个反共的家伙，就是一条狗。我不会带出来，永远也不会。"① 在这种情况下，毫不动摇地坚持自己的信念需要一定的勇气。整整一个时期，阿隆都形单影只。

人们可能会想，被左派抛弃了，右派一定会张开双臂欢迎他。但这种传统也没有在他的身上应验。《回忆录》中最可怜的画像之一，画的是右派官僚。"我在法兰西行动派中又发现了一个叫我恼火的家伙，他让我再一次感到，这些民族主义者或反动派属于另一个我根本无法生存的世界。"戴高乐派对他并不比对别人更信任。阿隆在阿尔及利亚战争时期所持的立场招致右派中不少人的刻骨仇恨。他反对殖民主义的立场也没有赢得左派的好感。

阿隆对现行体制的认同来得晚了点儿，而且并非毫无困难，显然也绝非偶然。1948 年，他向巴黎大学申请一个教授职位，别人却宁愿给他一个离马克思主义不算太远又无须在报纸上撰写太多（歌功颂德）文章的候补职位。1955 年他再次提出申请，刚好通过。然而，他并不适宜在大学里当官的生活，而且这种情况在教授的职业生涯中也不多见。1967 年他辞去这个职务，仅仅在高等实验研究学校教书。他同巴黎政治学院也保持距离，只是偶尔参加一些国家科研中心（CNRS）的研究项目。1961 年，法兰西学院的候补教席生变，出现了空缺。直到 1970 年，阿隆才得以入选法兰西学院，而别人到

---

① *Situations IV*, Gailimard, 1961, pp. 248 – 249.

了这个年龄已经考虑退休了（米歇尔·福柯与他同时入选，而年龄只有 43 岁）。他从来没有当上法兰西学术院院士。他尝试着为这些失意自我解嘲："我不会循规蹈矩，任何行当都会藐视边缘人物。"

大学完全有理由藐视他，因为他不断在报刊上著文批评大学。他不是批评大学被左倾意识形态控制了，而是指责其考试徒具形式和经院气息，譬如资格考试。他指出，教授们的神圣自主权利只限于教授个人独享，他们的学生和同事则沾不上边；学校对科研缺乏兴趣。对于一个于 1939 ~ 1945 年亲身体验了战争的人，一个于 1945 ~ 1955 年在报刊上从事政治战斗的人，大学并不是一个非常理想的职场。"大学教员里的多数人完成他们的学业后只能从事教学工作。这是一个聚满孩子或青年人的柔弱世界，有可能一直维持某种稚气。"1968 14
年 5 月造反的大学生们再次引用了他的许多批评。但是，阿隆已经得不到他们的认同，他只能在学校官员和资格考试委员会代表中活动。他听到身边有各种拒绝承认知识价值的言论，这些言论往往很能蛊惑人心；革命幼稚病也与他格格不入。"五月风暴"没有使他接近大学生，反而有点使他更加孤独。

人们可以批判阿隆的各种立场，但不能指责他循规蹈矩，也不能指责他随波逐流，追赶巴黎知识界一波又一波的新潮。他经常会对新思潮有所反应，只要这些思潮与自己的心灵一致。他甚至超脱了不按常规办事的常规行为，也就是说，他不挑战公众舆论，不根本反对社会共识，不标新立异。他参演的是一幕社会喜剧，但他自己对此也不太相信。但需要冒险时，他也在所不惜。

阿隆：西西弗式的人物

阿隆放弃了建立一个完整哲学体系的打算，放弃寻找一把可以打开各种锁具的万能钥匙。他为每个问题提供的答案都是部分的或临时的，从不认为自己的解释是最终的和排他的。他的行为至少是源于同一种精神，奔向同一个方向。他事先提出了必须尽可能地了解情况。当你雄心勃勃地要指导别人的时候，对世界的现实视而不见就变成了一个道德错误。他在答复1957年的一份评论时这样写道："视而不见是软弱而不是勇气的代名词。"（巴弗雷《雷蒙·阿隆传》，第350页）人们随后强调，只有援引合理的论据，才是推动具有不同信念的个人之间的对话和表面上相互冲突的文明之间的对话的唯一手段。只要人类愿意寻求自身和解，理性观念就是人类的最高境界。因为理性观念与真理一道，具有普世意义。

15 在一篇评论列维－斯特劳斯论马克斯·韦伯思想的文章中，阿隆提出了以道德与科学为共同基础的普世观。阿隆写道，"即使我们承认'2×2＝4'从逻辑上讲是真理，这也不等于'你永远不会杀人'是真理，数学平等的最后一个含义是面向所有的人，而禁止杀人的普世性属于另一种问题。理性主义道德的正式规则……是人文理想和人类大同社会的符合逻辑的发展，这是一个同科学真理的深刻含义不可分割的理念。"[1] 光凭经验，无法看到道德和科学的普世性。但这可以引起争论，甚至可以丰富争论，这是一个屡试不爽的法宝。

---

[1] 参见列维－斯特劳斯为马克斯·韦伯文选《学者与政治家》（10/18 版本）所写的序言，1982 年，第40页。

这一事实即使不是完全悲观的，也没有带来什么巨大希望。任何人只要选择了服从理性，就注定要面对西西弗一样的苦工。诚然，你可以用理性来分析最不理性的行为，但你很难改变这些行为。理性是诊断疾病的一个好方法，但要治疗疾病就略显不足了。我们把宝押在理性上，就要无尽无休地劳作，而且不要抱多大期望。清醒的斗士应该是一个没有奢望的斗士。1961年阿隆就曾说过："我对理性的演说能够产生什么效果不抱幻想。"（巴弗雷《雷蒙·阿隆传》，第369页）为什么如此悲观？因为在最好的情况下，言辞也只能对言辞发生作用；而人本身是怎样的，并不能完全体现在他所坚持的言辞之中。阿隆谈到，他在"五月风暴"时郁闷地发现，"由于经历不同，很难有真正的对话"，为交流而交流的个人，谁也不可能动摇对方的信念。一个人可以撇开另一个人的论据不管，但这并不意味着一个人能够改变另一个人的行为。"感性经常抗拒理念上的辩驳，而人正是通过理念来表达自己的思想，使自己变得理性起来。"

把人类的行为归结于非理性，就会导致一种对人类历史不说悲惨至少也是令人泄气的看法。我们可以期待暴力在某个地方某个时段被阻止，但不能指望它被根除。在每个国家的内部，暴力可以被掌控，但不能被消除。在国际关系中，暴力将始终存在，可能掩盖在幕后。为了战胜暴力，有时必须使用暴力。阿隆在伦敦时有位战友，叫罗曼·加里（Romain Gary），他谈到自己在德国上空的飞行使命时说："是希特勒逼迫我们杀人的。即使有完全正当的理由，也不能说是无可指责的。"①

16

---

① 《抵抗与流放》展示目录，1980年。

为了防卫他人的进攻，必须生产杀伤性武器。甚至在和平时代，任何技术进步的代价，都是摧毁旧的生活形式。因此，阿隆虽然善于揭露贩卖梦幻的商人许下的空头支票，但他没法扮演满怀希望的供应商的角色。他所捍卫的自由民主不是地上天堂，只是两害相权取其轻的一种妥协。

不仅是整个人类的未来不会服从理性，个人也不会服从理性，不论他如何忠实于自己的信仰。阿隆始终明白并且承认每个人的一生中都会有这样的时刻——正如1933年他写道——总有"客观努力必须让位于必要的义愤"（巴弗雷《雷蒙·阿隆传》，第88页）之时，即使他本人也不能例外。因此，他也不敢奢望自己的判断完全客观。1965年，阿隆在他的自画像中说，他把"他的激情掩盖在论据之下"（巴弗雷《雷蒙·阿隆传》，第339页）。下面这句话可能有点言过其实了：在大多数时间里，他的论据不是用理性掩饰感性。但这种情况可能发生。最令人吃惊的是阿隆对以色列与阿拉伯邻国之间"六日战争"的反应。他在1967年6月的一篇文章中谈到了他亲以色列的立场，他说，这是一场"不可抗拒的运动，来自何方无关紧要"。

16年后，阿隆提到这篇文章时曾自责"忘记或无视了力量对比"。可见，他忘记了他的第一条行为准则，即做事前要尽可能先了解情况。"即使在这个时刻，我也本应保持头脑冷静。"作为一个不偏不倚的旁观者，态势是明朗的：以色列的军事力量明显高于邻国的，以色列国家的生存并没有受到威胁。

有人以为法国的情况恰好相反，很大程度上是因为受到一家大报社的影响，这家报社的犹太裔作者们竭力为以色列的利益辩护。就此阿隆有机会同列维－斯特劳斯通信，阿隆本着严谨的习惯，把信件收入了《回忆录》。面对史学家阿隆，这位大人类学家采取了普世主义立场。那些在报纸上散布假消息的人动机不纯，不能被原谅。但阿隆认为："没有客观真理，只有个人或群体观察形势和事件的不同方法。"他们缺乏必要的"尊重事实"之态度，而这是知识分子的首要信条。列维－斯特劳斯对周围的社区十分熟悉，他从中得出了对两个人都有意义的教训："迫害红皮肤的人①时，我真的没有感到肋上添了新伤口，而巴勒斯坦的阿拉伯人出事时，我的反应就大不相同了。"的确，在人类历史上这并不是第一次，一些"被迫害的和被压迫的人来到几千年来被弱小民族占据的土地上安家。因此，他们急不可耐地要取得胜利"。

这正是阿隆的想法——一般如此，但下述情况除外。例如，在阿尔及利亚战争期间他对加缪的态度之严厉，实在令人惊讶。由于加缪不能忘却他的独特决定，"尽管阿尔贝·加缪想要主持正义，并表现得宽宏大度，也不能超越他那殖民者的立场"。加缪拒绝在他的母亲与公正之间做出抉择，在他看来，（1957年的）这个著名事件只是作者一句毫无意义的空话。然而，到了1967年，当法国的犹太裔知识分子选择了无条件维护以色列的立场时，他却这样解释："他们与加缪有同样的经历。在某些情况下，知识分子左思右想，拿不准该反对还是赞成。他们对比材料，参照一些抽象的公正规则，即便如此，有时仍难以采取明确立场。他们要么噤若寒蝉，要么向妖魔伏首。"这里举个例子，面对阿尔及利亚，加缪选择了保持

18

---

① 泛指印第安人。——译者注

沉默，其他人则宁愿追随妖魔。

在世界进程或自己的思想进程中，要引入一点儿理性的确不是一件轻松的事。阿隆从来不想掩饰这一点。"由于有人把我看成一部智能机器，最后可能大家都会忘记我也是个普通人。"但是，他并没有放弃推西西弗的石头。

阿隆：约伯式的人物

约伯的故事是《圣经》中一个正直而幸福的人的故事，上帝为此甚至决定对他进行最严酷的考验。

阿隆的生活是在最好的庇护下开始的。他在一个友爱的家庭里长大，拥有出类拔萃的智力，走的是法兰西共和国青年的光辉道路。他于 1924 年进入高等师范学院，1928 年以第一名的成绩通过了哲学教师资格考试。但历史给了他早期的打击。首先是 1928 年经济危机摧毁了他的家庭，他的父亲不得不放弃一个光彩的职业，被迫去一家小食品企业打工，不久便病故了。随后，阿隆便决心要完成父亲想努力实现却无力实现的梦想。

阿隆在德国遭受到第二次打击，这就是国家社会主义的崛起。直到这个时候，他感到自己有时追随康德，有时追随普鲁斯特，但绝不会跟着政治跑："对我来说，爱好政治等于有个弱点。"希特勒打乱了他的价值排列次序。此后，阿隆坚决把文学爱好撇到一边（他只是在 1928 年做过一次有关普鲁斯特的发言）。他虽然做过一篇历史哲学的论文，但在文中引入了对当代悲剧的认识，以致冲撞了他的一些导师，这些导师对大学安静的教室里出现的政治混乱感到诧异。在这次事件中，他言之有理，但只是得到小小的安慰。停战把他动员起来，也使

19

他受到冲击，他必须离开自己的亲朋好友，去伦敦继续战斗。他在枪林弹雨中经历了希特勒对英国发动的闪电战。

战争的结束本来可以使他安静下来，而情况并非如此。回到巴黎，他在《回忆录》中追述道："我的情绪时好时坏。"他与别人不同，他从一开始就投入了战斗，那为什么他还会情绪恶劣呢？因为他对自己的要求比对其他人更严格。在战前他在服兵役的时候就参加了一个气象学班。在"奇怪的战争"期间，他应征入伍，进了这个气象兵部队。他曾经要求转为坦克兵，这是一个现代化兵种，更符合他那争强好胜的性格。但很快就停战了，他的要求不了了之。再度回到伦敦，他以为自己的梦想可以实现了。流亡者可以选择进入他服过役的部队。阿隆毫不犹豫，要求当坦克兵。他的请求通过了，但一个倒霉的消息等着他：他已 35 岁，作为入伍新兵的老大哥，年龄超过了坦克兵的年龄上限。于是他被介绍到部队的后勤管理部……重返伦敦却当了个会计，没有任何英勇可言。当有人推荐他担任法国人在伦敦办的《自由法兰西》杂志主编时，他马上就接受了。

抽象地讲，毫无疑问，对于法兰西的事业来说，阿隆作为杰出的温和派记者当然比当个会计更有用。但面对本人的良心法庭，他无法安下心来。他是不是在逃避行动？他可以找出各种正当的理由为自己辩解，他选择当记者并不是害怕子弹。"这样做既无损名誉，也没有什么不光彩的。"同飞行员每次出勤都要冒生命危险相比，比如罗曼·加里，阿隆感到自己"远离火线"。"解放"的时候，他也曾责备自己过于追求超越"混战"，没有以更热烈的态度为戴高乐主义辩护。

出于一种为祖国法兰西尽义务的情感，阿隆激情满怀，情

绪高到在今天看来难以理解的地步。国家的需要——他所理解
20 的那种需要——远远超过了他个人的欲望。1945 年他曾自忖
的这些愧疚、遗憾和自责，导致他做出了一个惊人的决定：他
选择了不仅放弃文学和哲学，而且放弃了知识分子的慎独。阿
隆结束了长达 10 年（直到 1955 年）的大学教师生涯，基本
上把自己献给了新闻事业。在他看来，这是为国家效劳的最好
方式。他为昔日限于纯粹的知识分子的无所作为而惩罚自己。
他首先是在《战斗报》，接着在《费加罗报》奋笔疾书。出于
同样的考虑，他于 1947 年加入了戴高乐派的法兰西人民联盟。

　　但是，他立即对此深感怀疑。他担心自己会精疲力竭，他
父亲就是积劳成疾的。他也担心自己沉沦于这种急就章式的写
作而不顾明天的短命生涯。1948 年以后，他觉得难以承受这
种职业记者生活了，试图进入巴黎大学。然而，那些"亲爱
的同行"拒绝了他。后来，阿隆把这几年看作一种虚度光阴
或一段幕间插曲。他在《回忆录》中称之为"十年虚度"。此
外，他又遭遇了个人的不幸：1950 年，一个染色体有问题的
婴儿出生了。1 个月以后，1944 年出生的次女又因病夭折。阿
隆遭到沉重打击。为了保持平衡，他更加疯狂地投身于工作，
投身于他称为"魔鬼缠身的新闻工作"（巴弗雷《雷蒙·阿隆
传》，第 264 页）。这两次冲击使他认识到，人是多么难以掌
握自己的命运。"一个人眼睁睁地看着自己的孩子死去却无能
为力，就不会再去追求普罗米修斯式的荣耀了。"[1]

　　由于出了下面两件事，阿隆很快走出了这个后来被认为是
一事无成的时期。一件事是 1955 年他再次成为巴黎大学教授

---

[1] *Les Guerres en chaîne*, Gallimard, 1951, p. 490.

候选者。这次成功入选，把他同做学问连接在一起，而不再是
以行动为主。另一件事是同年他出版了《知识分子的鸦片》
一书。诚然，这是一本论战的小册子，但它帮助他超越短期争
论而再次进行更深刻的思考。此书引起了巨大反响。友人的关
爱帮助他从个人悲剧造成的沮丧中脱出身了。"我从黑暗中走
出来，可能预示着我将与生命和解。"

21

此后直到1977年，他的生活展开了一个新时期。他的许
多大作都是在这段时间写成的。现在，也轮到他在公众中的声
誉如日中天了。

这个时期，他继续同《费加罗报》合作，无论文章的数
量还是质量，都是大众有目共睹的。在这段新闻生涯中，他写
了约4000篇社论；他心里明白，他已经成为法国最优秀的社
论撰稿人。然而，《费加罗报》社长皮埃尔·布里松（Pierre
Brisson）于1965年逝世。在阿隆看来，报纸从此走上缓缓的
下坡路（1977年，路终于走到尽头了）。而且，记者活动本身
对阿隆也失去了吸引力。他虽然得到了补偿，但丝毫没有减轻
他的怀疑：成就来得是不是太容易了？人们是否接受他的文
章，是不是只看是否签署了雷蒙·阿隆的大名，而不是看文章
本身的好坏？他后来承认，他曾试图像罗曼·加里那样采用一
个笔名，然后隐姓埋名。他向这位因悲观失望而以自杀方式了
却生命的人靠拢，这不令人困惑吗？

布里松留下了对记者阿隆的描写。他说，他平生很少见到
"如此满腔热忱又不时充满忧患意识"（巴弗雷《雷蒙·阿隆
传》，第445页）的人。尽管阿隆比其他人看问题更透彻，但
日复一日地写政治评论总会碰到让人头痛的事情，因为历史是
无法预测的，今天肯定的东西，明天可能就是错误的。阿隆逝

世 20 年了，作为事后诸葛亮，我们可以看到，阿隆对其主要观察对象之一——苏联的判断稍显不足。不管怎么说，他对共产主义制度的无情批判，反成了共产主义宣传的牺牲品。首先，阿隆在相当长的时间内一直认为，共产主义意识形态继承了西方人文主义。其次，他以为苏维埃国家利用这个意识形态不仅是为了行使政权，更是为了要符合一种理论蓝图。直到生命终结的时候，他仍然强调苏联对欧洲，甚至对美国的军事优势。他曾设想，在一个最近的将来，苏维埃的权力将控制欧洲，因为"美国已经失去了军事优势"。20 世纪末的事件揭示了这些预测尽管有充分依据，但仍然是很脆弱的。

　　正常的教学任务使阿隆个人平和下来。他以极其严肃的态度投入了教学。然而，正如他曾自责在战争中未能成为一名真正的战士，现在他又担心不能成为一个真正的学者了。他担忧自己再也不能进行深层次的研究，于是给自己设定了一个新的考验：他于 1962 年发表了第二篇"博士论文"《国家间的和平与战争》，尽管没有人要求他这样做。接着，他于 1963 年又发表了第三篇论文《克劳塞维茨论战争》。这些博大精深的论著确立了他在大学中的声望，却未能让他感到心安理得。他不停地扪心自问："我的教学对青年真的有用吗？"

　　这个时期，阿隆发表了许多著作，但这些著作都没有达到他的期望。他在《回忆录》中写道："我的著作中的任何一本都不能使我完全满意，甚至达不到我希望的水准。"除去几篇"博士论文"，确切地说，他发表的不是专著，而往往是文章汇编，或由第三者根据讲义改编或编著而成。但在他看来，这些都标志着他的写作历程，他将不再写书。著书立说，即使是非文学类的，对阿隆来说也是形同陌路。他对此缺乏自信或缺乏自我估价能力。他付出许多时间和精力去寻求一种思想的最好表达方式就是证明。阿隆用词准确，表达有力。他写的书一般都是独创的。阿隆杜绝任何口头归纳演绎、任何晦涩隐喻、任何引经据典以及任何窃取个人隐私的行为。可能正因如此，他在 1967 年的一次访谈中解释说，他甚至不敢过于贴近事实，"由于害怕自己搞错，我不敢动手了。我对想象力，无论是哲学的还是政治的想象力，都持怀疑态度"（巴弗雷《雷蒙·阿隆传》，第 423 页）。诚然，天马行空的"想象力"可能给政治带来很大害处，但对于作家来说，难道不需要想象力吗？

23

从阿隆这种所谓"我的愿望是能够使终言之有理"中我们可以发现，他的著作——包括这本《回忆录》——都显示出，这位作者对自己也经常持怀疑态度：他担心自己流于草率，把激情当作论据，还担心自己缺乏勇气。他把这些心底的担忧掩藏在埋头工作和搜集理性论据之中。但最后，他还是认为："我怀疑自己没有理性地度过职业生涯和研究工作。"

平和

阿隆在青年时代就决定自己要身随心愿，也就是说，他的身家性命来源于他的思考。他在 1928 年写给一位当年最亲密的朋友的信中，为只用非常空泛一般的词句来谈论自己表示歉意："这并不意味着我拒绝相信自己，而是说凡是应该遗忘的东西，就应该用批评和意志来拒绝或摧毁它。"（巴弗雷《雷蒙·阿隆传》，第 72 页）两年以后，他又写给这位朋友："我拒绝慎独和自省，因为我不愿再次陷入愚蠢的怀疑之中。这种怀疑就是一直向后看，不会有任何结果。而我仍然相当健壮，不能让怀疑支配自己。"（巴弗雷《雷蒙·阿隆传》，第77页）年轻人有超越自我的尊严，1930年代发生的事件多少制约了他的生存状态。随后，个人意志和外部环境结合在一起，塑造了他的公共人物形象。

1977年，当轮到阿隆与死亡擦肩而过的时候，事态发生了变化。心肌梗死——血栓进入了心脏——把他压垮了。患病初期，他的肢体不能动，他也不能说话了。另一次致命打击是1950年女儿病逝，这使他陷于极度悲痛和绝望之中。他从中悟到，任何控制命运的企图都是徒劳的。什么都比不上一位至亲的性命。血栓几乎宣告了他本人的死亡，却产生了意想不到的效果：使他从一切恐惧中解脱出来，他放弃了任何控制的欲望，庄严地认了命。他停止了向世界或向自己印证什么。阿隆在生命的最后几年，理解了什么叫平和。

他曾因心肌梗死被送进抢救室，被救过来以后吐出的第一句话——不是用嘴说出来而是用左手笨拙地比划出来——是"死亡不可怕"。阿隆从来不缺乏勇气，但他没有面对死亡之前对自己不敢肯定。"我不知道，当我面对子弹呼啸和炸弹横飞时能否挺得住。"事实证明，阿隆一下子撇开了各种杂念，实现了身心合一。

发生的这些事情，首先改变了他与其他人的关系。他近半个世纪以来进行的不懈战斗，现在都失去了意义。"对我来说，论战的时代结束了。"他也不再没完没了地思虑其他人对他有什么看法。"我很敏锐，二十多岁时曾过于敏锐，现在已降到低于普通人的水准。"反之，他承认，亲朋至爱所占的地位应该是主要的。阿隆并非始终不承认这一点，只是现在当众承认了，并以某种方式顺其自然地流露出了对家庭、子孙、老年朋友或青年朋友的挚爱。《回忆录》的最后几行是留给这些人的：依靠他们，他才找到了平和。

　　阿隆与自身的关系也发生了同样的变化。心肌梗死痊愈以后，力量有所恢复。他曾自忖，利用自己的余热，先干点儿什么。现在他终于明白了，对他而言，时间已经所剩无几了。他提到过三项计划：一本关于马克思的书；一本关于历史哲学的书——这两本书都已列入撰写计划；最后是写一本回忆录。他很快不再犹豫："至少要对自身，或从反对自己的角度，特别下一番功夫。第三本是我必须选择的。不是出于自觉意识，而是出于本能，顺其自然。我希望回忆一下我的过去。"意志不再决定一切。个体的人是复杂的，不完美的。此前一直服从理性，现在，个体自身可以扮演头等角色了：阿隆全身心地投入撰写《回忆录》这项事业中。

　　在最终完成这本《回忆录》之前，阿隆先做了一个简写本和谈话录音。这就是他与两位年轻大学教师的访谈录，后来发表时用的书名是《介入的旁观者》。这具有时代的象征意义，阿隆与两位青年对话者本不属于同一政治家族；这两位青年对话者都参加过"五月风暴"，显然属于左派。但论战的时代已经结束了，即使是左派与右派的对立也有所易位。批判共产主义的恐怖，维护民主制度与人权，几乎所有政治参与都必须通过这个途径。阿隆已经不再是"右派"，他从此代表了一种民主共识。这本书深受欢迎也证明了思想方面的这种变化：与大众及不同政治流派的代表共聚同论，才取得了如此成就。

　　《回忆录》于 1983 年阿隆逝世几周前付梓问世，更为详尽地追述了访谈录中提到的各种事件和思想。因此，阿隆成

25

了他生前出版的这两本书的中心人物。他这样一个人，曾长期把个人放在一边，甚至在得了心肌梗死以后，我们也不能期望他写出像卢梭的《忏悔录》那样一部宗教戒律。一个50年来不屑内省的人，不会轻易改变主张。但他现在愿意成为自我探索的中心。书一页一页翻过去，他的形象也得以一点一点树立起来。《回忆录》扮演了双重角色。一方面，阿隆追述了20世纪法国发生的重大历史事件，细致地描绘了各种行为人的面貌。他把自身生活以及公共生活的周边环境都写了进去，而内心波动和事件起伏只是稍有触及。另一方面，他把自己的著述全部收集和归纳到书中，每篇著作的核心内容，他用几页提要加以说明。阿隆还补充了对其评论的各种反应，收入了赞同和反对的信件，以及他自己写的回顾性评论。从某种程度上讲，《回忆录》归纳了他的整个人生和全部著述。

他为了驳斥诽谤和表明无辜，说了最后一句话："我相信，我已经说出了基本事实。"（巴弗雷《雷蒙·阿隆传》，第13页）几分钟以后，他的心脏停止了跳动。用这句话说明他的《回忆录》最好不过了。这本《回忆录》说出了他在20世纪经历的基本事实。他没有担任"君主顾问"，而是成为一个公众的服务员和解说员，一个带来光明的使者。他放弃充当贩卖幻想的商人，推动每个人去了解身边的世界并公正地评判世界，从而完成了自己的使命。他做出了表率，但不愿意带领人们直达目的地，因为应该让每个人行使自己的自由和做出自己的选择。他没有带来一个可以解释一切的思想体系，也没有提出一条真理，因此，没有任何阿隆主义可言，尽管有不少人认同阿隆的行为方式。与其说他要激励人心，不如说他要启蒙思想。而且，他所带来的光明，不是一闪而过的闪电，而是不断点燃蜡烛时迸出的闪烁火花。人们经常赞赏阿隆看问题明晰而清醒；人们将记住，这个喜欢实话实说、厌弃善意谎言的人，从来不是为了解世界而了解世界。这表明，阿隆超越了任何悲观主义，对人类有崇高的信念，有深沉的热爱。

第一部

※

政治教育
（1905～1939）

第一章 父亲的遗嘱

我出生在田园圣母大街的一幢房子里，对出生地的印象已经荡然无存。我出生后不久，父母亲就迁居到蒙帕纳斯大街。我还能回想起那所房屋的若干情景：一条宽敞的门廊隐约地出现在我眼前，我们兄弟几人常在那里溜滑嬉闹；沿着墙壁并排放着三个巨大的书柜，上层装满书，下层堆放着纸张及小册子，柜门紧闭。将近10岁时，我就是在那里发现了父亲杂乱地堆积着的关于德雷福斯事件的史料。

我们兄弟三人——"三个小淘气"——年龄相差无几。老大出生于1902年4月，老二出生于1903年12月，老三出生于1905年3月。无论从哪个方面看，阿德里昂都堪称一个真正的老大。我们兄弟三人中，最早离开家庭的——更确切地说，最早反抗家庭的——是他，而起初母亲最疼爱的孩子可能也是他。因为在阿德里昂出生的前一年，她的第一个儿子因她难产而死亡。她为此常常抱怨那个接生医生，认为那个孩子本来可以存活。要讲疼爱，阿德里昂也不见得比别人得到的更多。不过，父母亲长期供他吃住，由着他游手好闲，养尊处优。一提起他来，母亲就眼泪汪汪，父亲则为自己的示弱放纵而辩解。若不然，他可能会走上另一条道路。

我未出生时，母亲认定我将会是她热切盼望的女儿。于是，正像阿德里昂享受着老大的优遇一样，我被看作老幺。母亲有时感到"大家伙们"（母亲这样称呼阿隆父子）态度生

硬。她经常拉着我的手，而我呢，也喜欢减轻她的孤独，与她

30 在一片柔情中达成默契。至于父亲，则对我委以另一种使命，这对我整整一生的影响，超过了我在生命的最初几年中初步体验到的来自母亲的抚爱与温暖。

在写我的回忆时，首先应该详尽地谈谈阿德里昂。然而，无论是从我大学毕业到战争开始，还是从1944年我从伦敦回国直至他于1969年去世，他在我的生活中始终未占据什么位置。那么，为什么首先要谈到他呢？约在1950年，我的一个表兄曾这样说过："在1940年以前，每当别人问我'你是阿隆的亲戚吗？'，他问的是我同那个网球或桥牌运动员的关系。如今，别人再问起这句话时，他关心的却是我同你的关系。"的确，在体育界，尤其是在巴黎体育界，阿德里昂颇有名气，至少也算得上是个有名人物。在1920年代末"四个火枪手"时期，他在网球运动员中名列第九，并且在法国四五名最佳牌手之中，可能也应该首推他与P. 阿尔巴朗两人。他曾参加居尔贝特松队与法国国家队的比赛，那是他最为显耀的时期。他虽然不是这些比赛中的职业选手，却以此为生，尤其是靠打桥牌赢钱。1945年以后，他放弃了球拍和纸牌，转而倒卖邮票——当然，这也算业余职业。他鄙视这个伪善虚假的社会，渐渐滑上玩世不恭的道路。直至离世，他都生活在社会的边缘。

1960年代，我们极少再见面。他在动过一次手术（绞窄性疝）之后，曾经表示希望能够到位于肯尼迪总统路的我们的家里来住。我们犹豫不决，未能及时答复，这使他勃然大怒，不再与我们来往。我记得曾与他于1968年5月短促地见过一面；他对世态的反应依然如故，愤世嫉俗，孤芳自赏。

1969 年 11 月，我突然接到他的电话，他的口气与其说是焦虑或悲伤，不如说是自嘲调侃，他告诉我说："这回可跑不掉了。我觉得腹部有个硬块，可能是癌。"他没有弄错，癌症已经扩散了。在最后的十多天里，他变得暴躁不安。他一天要抽两三包香烟，咳嗽不止，即使是外行人听到那种声音，也会猜到这是吸烟过度所致。

他住在一家美国医院里，我天天去看望他，只有他还省人事的最后一天没能去。当时，我正在为竞选法兰西学院教授的职位而活动。阿德里昂的死与这种社会喜剧形成鲜明对比，因之我更加感到自己的活动的滑稽可笑。阿德里昂从未在这种社会喜剧中扮演角色，也不为其种种浮华而悔恨。他以自己惯有的态度等待着生命的终结。他面无惧色，甚至焦急不耐，但他害怕挨受痛苦。他恳求我帮助他免除这种痛苦，还向医生要来一瓶阿司匹林药片，但没有吃。他并没有提前离开我们。痛苦煎熬着他，那种模样，惨不忍睹。他本人则敢于面对这样的结局，始终把持住自己，没有自责，而是以某种超脱的客观的态度对他的 68 年岁月做了总结。 31

他以满意的心情回顾了 1940 年以前他人生的第一阶段，但这种满足不是由于尽了某种义务或完成了某个使命，而是只关乎他自己：女人、金钱和体育上的成功，他想得到的，都得到了。在那个年代，他经常驾驶着一辆蓝旗亚轿车（曾多次借给我用），风度翩翩地出入于一些最豪华的网球场或桥牌俱乐部。他是一个典型的享乐派，从我的人生哲学出发，我对这类人蔑然视之。但是另一方面，他们那么轻佻自负，举止从容，我不免在心底又隐约感到一丝自卑，暗自对他们颇为欣赏甚至是羡慕。

　　法国的战败结束了他的青年时代。他突然间开始强调自己是一个犹太人。这并不是由于他在亲人中发现有仇视犹太人的事，因而寻找机会发泄受压抑的感情。后来，他在医院的床头才向我倾诉了深埋心底的感受：他在体育界或娱乐界的朋友们（我从他那里了解到，这是几个真正的忠实的朋友）对犹太人的命运视若无睹（持这种态度最为有利），这使他感到吃惊，感到受到冒犯。

　　在一场疝病之后，他中止了网球运动。又有一天，他在牌桌边突然感到疲惫不堪，于是放弃了桥牌。德国人占领法国时期，他开初在戛纳居住，随后迁居瑞士，在那里迷上了集邮。他对我说，他感到战后那些年的生活不如战前那么美满如意。的确，这个懒汉终日沉湎在整理邮票之中，以不亚于打桥牌的才能数小时不停歇地埋头苦干。他说，如果没有战争，他本可以通过这些"朋友"中的某位寻求到一种"地位"。这些朋友原来与他亲密无间，由于连年不断出现变故，他们分道扬镳了。

32　　在最后那段时间，他没有或者几乎没有什么遗憾。他叹惜不以自己意愿为转移的客观现状，使他失去了生命最后几年中的某些乐趣。尽管如此，他认为自己已经活得够长了。总之，他还是保持了"能为人所理解的性格"。正如他生平的为人处世，对他来说，衰老并无所谓。这并非由于他远离亲人，才故意做出这种表示。实际上，就某种意义来说，家庭仍旧对他保持着吸引力。1934年，当父亲故世后，我们三个人一起在父亲的遗体前痛哭不止（我想，这是我第一次看到这种情景）。他边哭边问罗伯特和我："你们说，我有罪过吗？"因为1929年，我父亲曾由于交易所行情暴跌而失去了所有财产，而在我们三兄弟中，只有阿德里昂有足够的钱来帮助父母亲。于是，我提议他这么做。他回答说，他仅仅是由于生活方式所迫，才维持着一种表面的阔绰。另外，即使他答应提供帮助，也无法预测父亲会怎样来对待。罗伯特和我尽一切所能来减轻他内疚的心情。

　　我遗漏了一个细节，可能这一个还非常重要：阿德里昂生来聪慧过人。但是，他将自己的才能都用在了桥牌和集邮方面。他在奥舍中学结束正规学习以后，进入初级数学专科班。几个星期之后，他表示对那里的学习感到厌烦。父亲赞成他攻读法学学士学位和数学学士学位。他果真攻读法学学士学位。在考试前的三个星期中，他几乎背熟了所有必学的课本内容，并用这种方法通过了三个年级的全部考试。但是，由于没有通过普通数学那门考试，他便放弃了数学。他对网球的兴致远远胜过数学。直至1930年代初，他一直随家庭生活。后来，他搬到马里尼安大街一幢楼房的一楼。那套小小的公寓是他的一个朋友布置的，其陈饰体现着1924年博览会时代流行的风格。自他搬去后，屋子被搞得杂乱无章，肮脏不堪，地毯和壁纸破破烂烂，处处表现出主人的马虎大意，但并非因为囊中羞涩。他在那里一直住到临终。

　　桥牌和网球。我们家在凡尔赛的那座房子，是双亲在1913～1915年建成的。花园里有一个网球场。我们每个星期都要在那里打几次球。在这方面，阿德里昂最有天赋，罗伯特虽然年龄居中，但天赋最差。另外，我在近10岁时，同大家一样也迷上了桥牌。有好几年，几乎每天晚上父亲与我们三个儿子一起打桥牌。父母规定，晚饭后的时间不必"用功"。直到阿德里昂在外边找到了别的消遣方法，家里晚间的牌局才停

33

止了。至于我，自从发现了哲学和思想世界的新天地之后，对网球和桥牌的热情也逐渐冷淡下来。

首先涌入我脑海的一些回忆——阿德里昂与他的"生存选择"——可能让我对我的家庭做了错误的描述。以今天的眼光来看，我感到自己的家庭是一个平凡的传统家庭，属于法国犹太人中等资产阶级。我从未见过面的祖父在洛林一个叫朗贝维莱的村镇里办起过一家纺织品批发商店，据说，18世纪末先辈就在那里定居下来。他和堂兄弟保罗（斯特拉斯堡著名生物学家马克斯·阿隆的父亲）合作经营，生意十分兴隆，后来商店被迁到了南锡。

关于祖父的事，我知之甚少，仅仅从父母亲以及一个曾在祖父手下做过事、后来移居墨西哥的洛林人那里了解到一点儿情形。我的祖父费迪南本来要让我这个继承其姓氏的小娃娃干一番大事业。[①] 1961年，我在墨西哥城遇见一位八十多岁的老人，他曾在"阿隆兄弟"批发店里做过几年事。他说起从老板那里得到的教训："有一天晚上，已将近半夜了，费迪南突然表示要出门。他说，大家快去睡觉吧，还不算晚，明天早点起床。"我的祖父母是东部地区的犹太教徒，表现出一种毫不通融的爱国主义。我不信他们从来没有扪心自问过今天已经风行一时的问题：你首先是法国人还是犹太人？即使是我父亲，就我记忆所及，尽管从未有任何历史事件能像德雷福斯事件那样使他震撼，他的立场却始终如一。他年轻时是共济会会员，没有宗教方面的顾虑，从不践行或基本不践行犹太教教规教义，与那些出身天主教家庭或没有宗教信仰的勉强算得上左派

---

① 他们曾叫我雷蒙·克洛德·费迪南。

的大学同人相比，至少在表面上没有不同之处。

据说，我的祖父母和外祖父母都是"有钱人家"，但也不 34
是大富大贵。外祖父在北方地区拥有一座小纺织厂，母亲带来
一份嫁妆。祖母家里在1914年以前有一辆大汽车，并有一个
戴鸭舌帽的司机，这种排场倒并不是虚有其表。的确，我的父
母从双方的家庭里都获得了几十万法郎。祖母去世后，父母亲
继承了她的一笔遗产，便决定离开巴黎，迁到凡尔赛，先在马
延大街租了一幢房子住。之后，他们又请一个搞建筑的朋友设
计建造了一幢房子，然后搬进去住。这幢磨石粗砂岩的房屋位
于哥拉第尼公园路，当时是那条街上最边上的一所房子，花园
的墙外有一个足球场。

我的父亲依照犹太家庭的习惯，从年轻时起就不打算继承
父业。他的学习成绩相当出色，在里昂学校名列全班第一。同
学中间曾有一人是他的竞争对手，此人后来在巴黎大学教授法
国文学。许多年之后，我曾见到父亲保存下来的当时的一些哲
学课作文、讲演练习稿以及拉丁诗文稿。他在法科一年级时曾
参加巴黎（也可能是全国）优秀大学生竞赛，并获得一等奖。
但是，出于某些原因，父亲并未成功进入司法界。这些原因是
后来我用尽心思才发现的。他改为参加预备教师资格考试，先
报考罗马法和法律史。考试每两年举行一次，他在考试中取得
了第二名。但是，那次考试只提供一个职位。一堂大课需要准
备整整24小时，根据规定和惯例，他得到著名历史学家依西
多尔·莱维（Isidor Lévy）的指导。他先在卡昂法学院任课，
随之又决定放弃获取教师资格回到巴黎，在巴黎法律学院获得
一个低于正式教师资格获得者的职位（这种职位在几年后被
取消）。从此，他一直从事教学，并执教于高等商业学院和高

等技术师范学院。他大材小用，抱负付诸东流。本来，他应当进司法界。但是，他进了教育界，并且自以为找到了合乎禀赋的工作。他常说，这是世上最美好的职业。

35　　难道他甘心如此吗？直至1929年以及大萧条时期，在我的记忆中，他仿佛一直是一个愉快坦然、境遇顺利的人。但是，我渐渐萌生了疑问。在准备参加教师资格考试之前，他已有一些法律作品问世。自从结婚并有了三个孩子之后，他停止了"奋斗"，仅仅发表过一本无足轻重的小书《战争与法律教育》。他离开了巴黎，据说是为了躲避"现代化生活方式"。在凡尔赛，他也没有更好地利用闲暇，而是随波逐流，一无所求地打发着日子。当然，失意和压抑的感觉时不时地在他的意念中闪过。但是，在更多的时间里，他对自己和别人都这样说：他将希望完全寄托在孩子们身上了。我随着年龄的不断增长，渐渐了解父亲。在我的眼中，他强有力的形象已被受到挫败的形象取代了。我感觉到在自己的身上寄托着父亲青年时代的希望与追求，因此，我有责任使他重新振作起来。我要以自己的成功来消除他的失意感。我的女儿多米尼克的出世，给他的生活带来了最后的快乐。可是，只过了几个星期，他就与世长辞了。

回忆的思潮不断涌来，再次将我带回1929年至父亲去世的艰难岁月。那期间，他失去了一切，包括自己的财产和我母亲的嫁资。这时，父亲已是花甲之年，自从结婚以来，第一次不得不依靠自己的薪金收入生活。父亲本来属于时代转折时期的资产阶级，他的生活支出超过工资收入。这并不表明他花钱随便。那么，为什么不把资本收入花掉呢？但我担心父亲早已养成习惯，支出不会超出自己的薪金和补贴。我记得，早在噩运降临以前，在凡尔赛时，母亲曾经提醒父亲说："我认为我们的开支不再超过我们的收入。"父亲却答道："不，我们超支了。"

我母亲不是一个花钱大手大脚的妇人；全家老小已经习惯于这种生活方式——像个厨娘或女仆一样。1920年代，由于三个儿子要靠家庭补助金生活，担子更加沉重不堪。在战后通货膨胀时期，父亲养成在股市里投机的习惯。说"投机"未免言过其实，可能他先期买进，如果行情看跌就存放起来。渐渐地，他越陷越深，自己已无力负担。1929年各国有价证券市场崩盘，他同许多人一样遭受到打击。但是，他所受到的打击更为沉重，因为他认为自己罪孽深重，也因为他30年来，除了家庭幸福和孩子的前途，再无任何雄心壮志。

我们的父子关系依旧如前，我很少向他提什么问题。有一次，当我稍稍触及实质问题时，他回答道："如果我把证券脱手，我就要破产。"其实，他早已破产，不过，他不甘心接受这个事实。于是，他留着证券，亏损加上税费，越亏越多。当时，罗伯特已进入巴黎荷兰银行做事，本来应该替父亲出出主意，但是他什么也没做。父子二人始终没有换位思考，摆正自己的位置。

我忆及父亲在生命最后几年中的情景时，总觉得自己有罪，并且感到莫大的悲伤。他尽管咎由自取，但毕竟不该吃这样的苦头。任何一个"小散户"的几句花言巧语就可以轻而易举地使他动心（我记得，一个投机经纪人曾把他拖进一笔交易，那一次他损失了几千法郎）。他完全不像一个身遭不幸的人，总是勇气百倍地出去兼课，当家庭教师或辅导应试。有

36

一次，我试图同他谈谈，他说："我这是挣饭吃。"

我自小就有负罪感。战争期间，母亲收集了一套铅制玩具兵。如果我的记忆准确无误，她还特别喜爱收集各国同盟军人的军帽——我担心这项爱好花费太大。1922 年，部分出于我的缘故，父母亲重新返回巴黎居住。随后，他们又移居凡尔赛，最终卖掉了房子（当时售价 50 万法郎），做了最后一次蠢事。当然，我未曾参与过父母的决定。但是，既然我们的意见能够对父母的决定起相当的作用，所以，我并非毫无过失。此外，罗伯特和我在读书期间都接受了父母的供养。有时，我向父亲要支票，交纳室内网球俱乐部的会费，他忍不住提醒我说："搞这项运动太费钱了。"

"资产阶级"和"犹太人"这两个词，同样频繁地出现于我的笔尖。我的家是犹太家庭，但是否可以说它更称得上是一个典型的资产阶级家庭呢？我无法回答。也许，这个问题意义不大。母亲同两个姨母关系密切，父亲却同大姨母不太融洽（他对此有充分的理由），钱财的纠纷（涉及外祖父名下的小纺织厂）导致了他们关系的最终破裂。父亲与姑母之间也有"龃龉"，关系时好时坏，但这恐怕不应归咎于父亲，因为父亲一向为人大方。

如果我想扮演社会学家，我将会说，父母亲还都属于一种大家庭（在祖父母那一代，一家有 6 个孩子并不稀罕），兄弟姐妹都舍不得离开，彼此感情太深，绝不肯以路人相待。尽管他们有时也会"吵架"，但充其量是共同生活中的另一种表现形式而已。至于我们这一代，似乎已前进了一步。除父母亲，我们在表兄妹之间，甚至在亲兄妹之间，仅仅选择合得来的彼此来往。

　　在钱的问题上，我只想在此略提几句。大学毕业之后，我在一生绝大部分时间里没有任何财产，仅仅依靠薪金度日。偶有一次，在与阿兰交谈之中，我将老式的资产阶级童年与现在的状况，即齐格弗里德所说的一位毫无储蓄的资产阶级状况做了一番比较；我向他表示，我是自得其乐，更确切地说，是感到一身轻松；我无须为钱操劳，同工薪阶层一样，挣多少花多少，但毕竟利用了在学校积累的智力资本。阿兰接过来说，我的运气不错，先享受了一个富裕家庭提供的有保障的生活，然后得到了每个人都可以从生身父母那里得到的遗产，别无其他。这是人品的遗传，不是财产。也许，我从来没有像其他经历过真正的贫寒生活的人那样，终日因"担忧缺吃少穿"而惴惴不安。同时，我也不至于念念不忘美国人所说的"跟穷人家的人一样阔气"。

　　阿兰确实言之有理。1944年，我从英国返国，身无分文。波尔多大学校长给我提供了一个社会学教席，并且向我保证，全体同事都将乐于与我共事。我未多加考虑，拒绝了这个好意。这使我推迟10年才返回大学，让我悔之不及。但这也反映出我惯有的既轻率（自然是有其父必有其子）又自信的性格。除了教学，我还能找到什么职务呢？当然是做报社记者了。但是，我在战前没有写出任何一篇日常报道，虽然写有几本关于哲学的书，却晦涩难懂，显示不出任何社论作家的才华。

　　或许，我对钱财模棱两可的态度是从父亲那里继承来的。可是，对于父亲，我还欠有一笔永远无法清偿的债务。我在巴黎高等师范学院准备教师资格考试时，以为能不辜负父亲的期望，为父亲出一口闷气。因此，每当我朦胧地意识到，或是担

38

心自己将在生活道路上遭受失败，抑或未能尽己所能时，我就会想到父亲，似乎这将使他在生活中又遭受一次失败。父亲把平生愿望托付给儿子，要他为自己争气。然而，儿子出于性格上同样的弱点，再一次走上轻率之路、失败之路，这更加不可原谅。重复一遍，就更加不可原谅。这是因为，父亲尽管不成功，还能长期过着心安理得的生活，而我却办不到。

数年前，我在耶路撒冷接受了大学名誉博士学位。事前，我忘记了应当答复以色列教授向我表示的祝贺。头天，我在魏茨曼科学院发表讲演。那日上午，在乘车前往耶路撒冷之前，我匆匆忙忙地执笔作答（这是我最无准备而又最受欢迎的讲话之一）。我在最后一段谈到向自己的父亲致意，如果他在九泉之下得知我参加竞选法兰西学院教授，以及获得耶路撒冷大学授予的博士学位，他会感到欣慰。我的朋友丹·阿夫尼（巴黎的记者们不会忘记此人）在给我的信中说，我上了一堂充满犹太精神之课，将授予儿子的荣誉奉献予父亲。犹太精神？可能精神分析家会对此做出另一种解释。在此情此景之中，我可能忆及50年来身上所负有的债务，并想使自己确信，我终于还清了债。

我是个典型的好学生。八年级时，我才进凡尔赛中学读书。在此之前，一个小学女教师拉朗德小姐教会了我读和写。关于这个教师，我只记得她曾在我参加竞选法兰西学院教授时给我写过一封信，除此之外再无其他印象了。虽然我从私人教师那里学到的知识达不到八年级的水平，但是，我很快就追赶上去了。特别是从六年级开始，我总是雄心勃勃地盯着全班第一名的位置，似乎这个位置只应归我所有。简而言之，极端的自尊心终日折磨着我，使我至今回忆起来，不禁感到羞惭。

我喜爱新的知识，愉快地学习着。但是，直至进入哲学班以前，我还未曾真正体会到知识的非凡魅力。拉丁文、希腊文、数学、历史、地理，所有这些课程中没有哪一门能够占据我的内心世界，激发我的个人兴趣，让我感到愉悦。比起拉丁文或历史，自行车（我一直梦想当自行车赛冠军）和网球拍（为何不能得个网球赛冠军？）更能吸引我。可能正是由于我们居住在凡尔赛，所以我们不常出入剧院、博物馆和音乐厅，不过学校设有钢琴必修课。大致上快到15岁时，我才成为班级第一名（这里的中学，水平比巴黎市区要低一些），但课外知识比未来的巴黎高等师范学院的学生少一些。我进入孔多塞中学高等师范文科预备班时，才体验到自己的落后和无知。

除了必修课，我是否读了很多书？在我十一二岁时或许如此。我记得曾读过《战争与和平》，当读到其中的一段描述安德烈王子躺在大地上，双眼盯着蔚蓝色的天空时，我有一种强烈的感受。此后，我曾多次试图重新体验，却再也不能够获得。那段极其引人入胜的文字所具有的魅力一闪即逝。我对这一段期待太高，一旦落空，整部书都失掉了魅力。其实，怔忡焦灼的期待，一次又一次的失望，我平生经历过不知多少次。我曾经私下朗诵奥拉斯和居里亚斯的对白，感觉到自己的精神不断升华，达到一种崇高壮丽的境界。在法兰西话剧院上演这出悲剧之前的许多天里，我终日憧憬着即将到来的时刻，想象着剧中那些角色美妙无比的音调，体验着无可言喻的快乐。我仿佛已经耳闻目睹剧中主角的表演，情不自禁地模仿他们巧妙的对白："我再不和您来往了……现在还和您来往……"然而，神妙的境遇并未出现。也可能是由于导演不好，演员不行

（我想着保罗·穆内、埃斯康德还都健在）？大概不是这个原因。多年之后，我拜读了普鲁斯特的著作，才懂得自己的失望是多么平淡无奇。生活不可能凭意志来完美无缺地享受。普鲁斯特给过我若干完美的时刻，然而，我现在怀着忐忑不安的心情，不敢轻易重读《追忆逝水年华》之中的某些段落，生怕不能够再一次体验当初那种感受，甚至糟蹋了原有的美好记忆。

40 　　少年时期，我除了贪婪地阅读《三个火枪手》《战争与和平》以及其他诸如此类的小说，还从父亲的藏书中，也就是从那些柜门紧闭的书柜里面，寻找到各种各样的书、传单、有关德雷福斯事件的报纸以及左拉写的小册子《我控诉》。我只顾沉湎在研究德雷福斯事件的来龙去脉之中，却没有注意到其中提出的关于犹太人及其在法国所处的地位的问题。在战争期间，父母亲同所有人一样，表现出强烈的爱国激情。能称之为激情吗？能，因为我的姑表亲长辈全都为国家贡献出大量钱财。战争爆发时，年已43岁的父亲应征加入了本土保卫军。他在图尔一个兵营中度过了几个月，1914～1915年冬季复员后才重操旧业。我不无羞愧地回忆起彼时的自己，那时，我对他人的苦难遭遇和战场上的血腥情景漠不关心。我当时真的是不闻不问吗？回答是肯定的。在这个意义上来说，我对学业和娱乐（在凡尔赛公园里的小河上滑冰）的兴趣超过对政府公报和新闻报道的。但是，当学校的教师对学生发起动员时，我也出于自然的民族主义感情，报名加入"海洋与殖民地同盟"。至于法国有殖民地，还负有在那里传播法兰西文化的使命，这个我就管不着了。有一次，老师布置了一篇作文，要求每个小学生谈谈自己将来愿意选择何种职业，我便在作文中讴歌"小船长"的豪情壮举。

德雷福斯事件并没有扰乱我这个法国小人物的情感。父亲曾将战争和德雷福斯事件联系起来，很出乎我的意料。他认为德雷福斯事件较之于战争，更能检验和判断人性和人的个性。当然，我十分清楚，我是一个犹太人。我常常听到犹太教资产阶级口中的一句话："就是那些人在制造排犹主义。"哪些人？就是所谓的普通人，他们在公众场所大声喧哗，放声大笑，举止无节，引人侧目。我有个姑姑，她就特别喜欢在我父母亲的亲戚朋友中侦查有无煽动排犹主义的人。我看在眼中，常常暗地为此感到气愤和难过。我到了懂事的年龄之后，甚至对此感到难以容忍。因此，1933 年以后，德国犹太人大批来到法国，我对许多法国犹太人——所谓的以色列精英——的态度感到气愤，但不惊讶。无论如何，这是事实：他们是"德国佬"，其中大多数人曾经与他们的人民——他们认同的人民——共同生活在一起，同时又喋喋不休地说"让上帝惩罚英国人"。大多数法国的以色列精英对德国犹太人没有丝毫同情。他们并未认识到，也不愿意认识到自己的时代正在到来，因为他们已经被同化，丧失了自我选择的能力。

在尚未接触到希特勒统治以前的德国时，我仅仅感到自己是个公正而无偏见的法国公民，几乎从未想到自己是犹太人。也可能我在谈到那个时期的情况时，往往将自己形容得过分天真幼稚。然而……当时有个历史学教授，他的思想右倾，接近法兰西行动派。在高年级哲学课上，他谈论第三共和国，他说：人们在事后许久，仍然不了解德雷福斯是否确有罪过。这个问题实际上无足轻重，重要之处在于，该事件为那些敌视军队或宗教的人兴风作浪提供了良机或借口。接踵而来的是激进

41

派和"富豪"组成的"卑鄙"政府。我竭力同这个在战争中负过伤的教授争论，举出所有的实际情况："蓝色电报"、爱国者伪造文书、雷恩诉讼案以及最高法院终审判决。教授用他惯用的话来回答我："事情比你所说的远为复杂。"他还说假话："最高法院无权审理案子的本质，它只是为了结束这场分裂我们民族的论战才受理了此案。"我记得，在我们的谈话过程中谁都没有提到，或者始终未强调指出德雷福斯是犹太人，而我同样也是犹太人。在 1920 年或 1921 年的欧战时期，同仇敌忾的神圣联盟还有点余音绕梁。

自然，同学们不会不知道我是一个犹太人。对此，他们有何想法？当时我不得而知，或许，我也不想知道他们的想法。我十一二岁时，才开始对此有所体会。那一天，在放学后我正走出校门，突然听到背后有同学冲着我大声喊叫："臭犹太！犹太鬼！"我受到突如其来的刺激，惊恐万分，回家后向父母哭诉。第二天，一个"大人"——我的哥哥阿德里昂把那些小家伙赶跑了。

《凡尔赛条约》签订那一年，我 14 岁，爱和家人大谈俄国革命、占领莱茵区等世界大事。父母亲让我们参加大人们的谈话，哪怕有著名学者在场。他们爱说："我将孩子们视为平等的人对待。"他们天真地认为，这样就可以使孩子们"摆脱拘束"。其实，这使我们更加拘束。父母亲的一些朋友戏称我为"律师"，因为我能言善辩。至于在 1918～1921 年，即从 13 岁至 16 岁，我辩解了什么，现在却全然记不得了。经过了很长一段时间，我的心智才实现了转折：以前，我仿佛处于一片漫漫黑暗之中，是哲学带给我理智之光。1921 年 10 月，我进入哲学班学习。那时，国内的爱国主义激情逐渐回落，左派正在重整力量和思想。胜利后幻想的破灭，冲击着天蓝色的议会。父亲又恢复了他以前的温和左倾观点。据我判断，他在1919年曾投票支持国民阵线，但在1924年，他确实投了左派联合阵线的票。那时节，他还订阅《国民进步报》（这家周刊曾在1924年的选举中引导着左派联盟的竞选活动）。他重新成为年轻时代的德雷福斯派，可是从来没有投奔雷蒙·庞加莱（Raymond Poincaré），因为后者迟迟不能"帮他解放思想"。父亲逐渐摆脱了战争年代的影响，小心翼翼地采纳与敌人和解的主张。

1921～1922年那个学年，是我生活道路上一个决定性时期，最突出的历史事件是大危机、大战和大革命的最后震荡。尽管我对政治、经济、布尔什维克主义以及卡尔·马克思等一窍不通，但仍然第一次隐约地窥见哲学思辨，或者更简单地说，窥见思想的奇妙天地。在此之前，我曾选择了A专业①，这与其说是出于对古典语言的兴趣，倒不如说是怕学数学。在我上四年级时，有一次，我对一道数学题根本回答不出所以然。老师在我的作业上用红笔批改道：如此简单的问题，为何回答不出？那件事在我的精神上刻下了一道伤痕，永远难以忘却。我在障碍面前退却了，换了其他情况，我可能同样如此，知难而退。发表一些短评，写作一些无足轻重的书，这难道不是另一种形式的躲避吗？

父母让我自己去选择应走的道路，甚至不想与我提及这方面的话题（轮到我对待自己的女儿时，也并未更好地引导

---

① 在法国学校中，全部专业被分为四类：A专业即哲学，B专业即人文科学，C专业即数学，D专业即自然科学。——译者注

她）。我的哥哥和弟弟走的是一条标准的拾级而上的道路。他们选择了 C 专业，学习拉丁文和自然科学，既可以进哲学班，也可以进初等数学班学习，最后通过中学毕业会考。通常，那些优秀学生能够在同一年里同时通过这两门考试，获得两张文凭。选择 A 专业，则只能攻读哲学文凭，学习拉丁文和希腊文，数学的比重很小。通常，我的各门文学课成绩都很出色。此外，几何、代数以及其他基本科目对我来说也非难事。当然，有些时候我也会被一些作业难住。我感到自己运用概念比运用符号、数字或代号更为得心应手。

时至今日，我一直在思忖，为什么上法文课（即文学课）与上哲学课二者之间有一种中断的感觉。心理学在哲学班的课程中占相当大的比重。这种心理学十分奇特，它一方面继承了推理学的传统，因而属于半形而上学，另一方面又吸收了初期的科学心理学的内容，从而又属于经验主义。从 30 年前我父亲做学生时起一直至我为止，它的内容始终未发生变化。然而，就是这种模糊不清的心理学，就是这些从一个普普通通的老师那里学到的传统心理学的残骸剩屑，却已经足以使我明白，自己为何选择了这个专业，为何乐于去体验冥思苦索时清苦的感受。

艾莱特教授用一生的时间写作一篇关于法律哲学的论文，但始终未能完成（有一篇与他的论文主题相近的博士论文通过了答辩，使他信心受挫）。他参照《形而上学与道德杂志》上一篇文章的内容，力图根据审判哲学而不是概念哲学①来解析和阐明法庭实践。因此，从某种意义上来看，他可以算作莱

---

① 即根据案情的特点来断案，而不是依照主观观念做出符合案情的推断。

昂·布伦什维格（Léon Brunschvicg）的信徒。艾莱特老师是
一个善于深思的人，他在课堂上，当着我们的面思考问题。他
不为某一套理论体系所禁锢，而是孜孜不倦地寻求更高的目
标，艰难地探索着真理。有时，他讲解的内容模糊不明，学生
们几乎听不懂，因而失去了信心。因此，有时我得为我的朋友
列奥纳尔·里斯特和雅克·海玻（后来成为一个令人敬佩的
外科医生）转述老师的讲解。然而，这种真正开动脑筋、努
力探索的行动，提供给我们二十多个十七八岁的男孩的不是一
种表演，而是人类的经验，它对我们之中的几个人具有独特的
无可比拟的价值。在讲解问题时，起初，老师本人也不见得胸
有成竹，他只是细心地探索问题的答案，他运用的是启发思考
真理而不是灌输真理的方式。名副其实的学者们都是如此，他   44
们传授业已获得的真理，但更注重传授获取真理的手段和方
法。在中小学各学科教师之中，即便是最优秀的教师，也很少
有人能够真正引导学生接近未来科学的领域，或者向学生展示
发现真理所需要经历的曲折过程。

　　艾莱特老师通过以上教学方式来启动学生思维的运转，推
动学生不断完善思想。这种做法不无风险。哲学家们在探求真
理时一般形成一种不良习惯，他们不做调查和检验，单单依靠
思维这个工具；其他人不做科学分析和论证。但是，不管怎么
说，在我们这些年轻人与这个名副其实的哲学教授共同度过的
数月中，他将柏拉图的哲学思想、亚里士多德的三段论、笛卡
儿的《第一哲学沉思集》、康德的先验推断法深深地铭刻于学
生的思想中，并且传播给我们无法取代的知识。也许我对那个
阶段做出如此评价有些为时过早。我将那一年的中学生活与以
后四年的巴黎高等师范学院的生活混为一谈了。报考高等师范

学院的决定，自然而然产生于哲学班。在这里能够称之为"决定"吗？我既然选了 A 专业，便进不了名牌理工大学，我也不知道可以同时在私立政治学院攻读法学学位。虽然那时我开始对公众事务发生兴趣，但是并不想一生从政。后来，我在高等师范学院曾不止一次试想走这条道路，但那更多的只是因为受到一种诱惑，尽管会遭受失败，也想要冒险尝试。其实对我来说，选择新闻职业同选择政治职业并无不同，甚至有过之而无不及，是认输的道路，是没出息的人匿身避难的场所。

实践使我懂得掌握分寸，因而少年的自尊心得到升华和纯化。我在孔多塞中学上预备班，准备报考高等师范学院，还没想到要跻身于名列前茅的优等生之列。我只求能够踏入这座高等学府，便感到心满意足了。但是四年之后，在取得教师资格的毕业会考预测中，我已能够与萨特并列榜首。然而，当我在正式考试中真正获得第一名时（位于埃玛纽埃尔·穆尼埃和达尼埃尔·拉加什之前），我清醒而伤感地看出，自己的成功不过是学业上有点成效，不论笔头还是口头都没有任何独特之处。在那时节，教师资格考试一成未变，考生只显示一些哲学水平和舌辩才能而已。

45   是否可以说，我在哲学班的学习为我奠定了基础，使我得以自然而然地拾级而上，步入高等师范学院，最后终于通过教师资格考试呢？我致力于智力运用，看来只是因为我在这方面的天赋比在其他方面高些。我觉得这样看待自己未免苛刻。我在读哲学班时就已懂得一条道理：掌握了思索这个武器，就可以摆脱在生活中的被动性，就能充实、丰富生活，并与大思想家琢磨、切磋。我用一年的时间潜心研读康德的著述。我从中受益匪浅，一劳永逸地（起码是从内心深处）去除了虚荣心和自负感。在这一点上，我至今仍然感到自己同莱昂·布伦什维格的感受十分相近。1892 年 9 月 22 日这一天，他在记事本上写道："我幻想自己正从万能的哲学圣殿中被驱逐出来。"50 年后，他对自己做出如下回答："看来，我这个人可能没有过于违背这个警句：瞄准最高目标，精确估计自己。"在一封写给女儿阿德里安娜的信中，他引用了这一"亚历山大体诗"，并评注道："这句话可以作为我的座右铭：对自己不存幻想，努力思考和解释人类最高的才华。"我不想为自己辩护，也不敢自诩如此专一，但是我确实花了很多时间去"维护和高度评价"那些比我伟大的人。我心甘情愿地承认，我的某些思想尽管不是从他们那儿学来的，但在我看来是暗含在他们身上的，所以这些思想就该属于他们。

此外，为何哲学班使我转向左倾？1921 ~ 1922 年，一直被民族激情压抑着的学院派与资产阶级左派不期而遇，重新振兴。可是我认为，哲学本身就教人懂得世界主义。人要思考，所有人都有能力思考。因此，应当教育他们，说服他们。战争否定人性，因为战争的获胜者除了拥有占压倒优势的力量和善于施用诡计，再也显示不出任何价值。所以，不管教师的看法如何，在一般情况下哲学班里的气氛滋养着左倾情感。

哲学课确实向我展示了思想的广阔，尽管课上讲到了笛卡儿，但没有教我掌握方法论，后来高师的"哲学家"讲的方法论弥足珍贵。要思考，首先应该学习和研究。巴什拉尔（Bachelard）曾在某本书中写道：哲学家先思考，后研究。我曾在 10 年时间中表明过一定的政治观点，我确实喜欢某些人而不喜欢另一些人。我对卑贱者、被压迫者深感同情，反对那些滥用手中权力的豪强。但是，在哲学思想和我的情感之间存

46

在一段真空，这就是对社会的现实——可能实现的社会和不可能实现的社会——不甚了解。大多数我的同代人也如此，他们未能填补，甚至没有意识到应当填补这段真空。

我记得，我的第一篇"马基雅维利式"[①] 文章用兰德豪斯街名署名，法兰西学院（德国）就坐落在那条街上。[②] 萨特对这篇文章的反应简单明了，有一个与我们两人都相识的朋友告诉我，萨特说："莫非我当年的小同学现在成了一个坏蛋？"就在那时，我发现，用哲学术语来讲，政治有其独立性。政治就是政治，与道德有本质的不同。我的读者看到此处将会说："真是了不起的发现！"不错，这本是众所周知的事。然而，我从小学直至大学所接受的教育始终没有培养我去了解政治，了解欧洲和世界。在此之前，我出于学院式的唯心主义，谴责《凡尔赛条约》、反对占领鲁尔区、支持德国方面提出的要求，我倾向于左派政党，因为其言辞和意愿符合我的感情。也许这种感情来自我对哲学的爱好。但是，自那之后，我的感情是否发生了变化？我不太有把握，尽管我的理性——或我自认为的理性——逐渐支配了我的感情。

这样重构往事，记忆在其中占多少成分？我从自己经历中得出的思想或只是依样画葫芦，这占多大比重？我从 17 岁起改而接受哲学思想和左倾思想，思想有了定见，政治态度鲜明（我为左派联合阵线于 1924 年获胜而欢呼雀跃），对于有关法

---

① 一个朋友曾向我肯定，外行人不了解"马基雅维利式"这个形容词的词意。大家都知道"马基雅维利的"这个词的通俗词义为玩弄权术，不择手段。马基雅维利式即马基雅维利的，但没有贬义。它的词意为：只做现实世界上应当做的事。

② 这篇文章我找不到。题目也许叫《谈谈现实政治》，发表在"自由谈"上。

国议会和世界史的各种事件，都在感情上以局内人自居。在这些方面，我不认为脑海中的记忆可以改变或者歪曲现实中的经历。然而，在此要得出结论尚为时过早。我只不过讲到哲学班、奥舍中学，以及出于避难就易、兴趣、学业水平和哲学上的启示，我怎样选择生活道路。那时，我是否梦想终身做一名中学教师？是否已经跃跃欲试想著述成名？抑或是按照常规，通过教师资格考试之后再写论文？我现在无法说清，在17岁时可能更不清楚。在凡尔赛时，我更像那些最优秀的外省学生，来到巴黎只为参加考试，争取进入高等师范学院，最后通过教师资格考试，除此之外，别无他愿。只有在我补习备考高等师范学院以及在更后的时间里，通过与他人的竞争，我才渐渐懂得将来自己会有些什么机会。不管有多少同学对我怎样赞许，我却害怕参加考试和竞赛，即使取得某些成功，仍然无法树立真正的自信心，即对于自己的创造力的信心。我十分羡慕萨特，因为他始终表现得信心十足。我在心底里认为，他的把握是有根据的，我的狐疑不决、怀疑自己，也是有根据的。可是，他却难以相信我真的怀疑自己。

在上述几段回忆中，我很少谈到母亲和兄弟罗伯特。怎样描述我的母亲呢？只谈些依稀记得的童年小事情，我不会，也不想那么做。

在我眼中，我的父母亲虽然是依父母之命成亲，却是一对白头偕老的和睦夫妻。母亲从小没有接受过文化教育（她常常提到，一个年轻姑娘若是念到高中毕业，就会被大家称作孚日地区的"女业士"）。她难舍难分地离开了自己的母亲和姐妹，一生当贤妻良母。但是，她对父亲的工作和事业无力相助。我曾听说，她不习惯远离家乡，住在卡昂，一心只想重返巴黎，因此劝说父亲随遇而安，从事边缘性教学工作（那时候，边缘化比现在更厉害）。

旧时代的习俗决定了母亲只能成为命运的牺牲品。她小小年纪就泪眼汪汪地嫁到了一个陌生男人的家里，从此，她一生中最大的幸福就是希望孩子们太太平平地待在由她含辛茹苦地织就的茧窝中。可是，阿德里昂捣乱反抗，冷酷无情，家产又亏折殆尽，这一切都使得她十分痛心。她对父亲从无怨言，卖掉自己的首饰和戒指，倾尽囊中所有来帮助父亲。父亲于1934年去世之后，母亲没有收入，随儿子们过活，还想一如既往地"溺爱"孩子。她本希望从唯一的小孙女身上享受到应有的快乐，却未能如愿以偿。母亲按照旧有的生活观念，满心希望能够尽到一个祖母的职责。无奈她身单力薄，不能再为家庭尽更多的力量。母亲回到瓦纳，1940年6月孤独地与世长辞。

我常常思索我们三个"小淘气"的命运。在我看来，两个兄长具有与我相差无几的天资。阿德里昂本来有条件进入巴黎综合工科学院。至于罗伯特，他才思敏捷，文笔优美。但是，阿德里昂将自己全部的聪明才智仅仅用于打桥牌和收集邮票。他随意浪费着这笔珍稀的财富，我为此感到十分难过和惋惜。战前，我总是抑制不住从道德上责备他的生活方式。然而，他的行为并未违背法律，而那些经常同他打牌的人，并非不了解他出众的牌艺，所以，日子长了，总归是他赢钱。这些话交代过了，尽管阿德里昂所走的道路不符合道德规范，我一方面为他伤心难过，但另一方面仍旧当他是自己的同胞手足。他也手足情深，遇事殷勤相帮。在他弥留的日子里，我伴着他平静地等待死神的降临。

罗伯特胸怀两种抱负，既想在体育事业上奋斗一番，又想在学业上取得优异成绩。他左右为难，始终没有勇气去迎战起步时遇到的全部艰难险阻。他同时取得了法学学士学位和哲学学士学位。当时，他本应当做出决定：或者准备参加哲学教师资格考试，或者就离开大学，等服过兵役，寻求一个工作。他没有足够的勇气当机立断。他继续学习了一年，取得哲学专业文凭。论文倒很有价值：他对笛卡儿和帕斯卡尔两人进行比较分析，最后独抒己见，做了独到的解释。这篇文章后来发表于《形而上学与道德杂志》（署名为罗伯特·阿隆，但该文时而被认为出自《维希史》作者之手，时而被认为出自我手，第三个阿隆却没人知道）。

罗伯特服完了兵役，在巴黎荷兰银行行长的帮助下进入该行任职。这个行长是我在该行的"巴黎巴"网球俱乐部结识的球友。他终生在这家银行里工作，仅仅在德国人占领时期一度被解雇，解放后他很快又重新回到那里。他的职务逐级上升，直至成为研究部门的负责人。在这条道路上，可以说他还是成功的。他一直未婚，我也不知道他是否有长久的女友。我不清楚他内心对自己选择和承受的这种命运有何种感受。他在同行中倍受尊重和敬佩（有些人告诉我，说是很感谢他），用个专业说法，他堪称法国第一流的金融分析师。

在如此庞大的机构中，人事关系复杂，尔虞我诈成风，要想站稳脚跟绝非易事，罗伯特是否应付有方，我不敢肯定。尽管埃玛纽埃尔·莫尼克（Emmanuel Monick）很赏识他的工作能力，多次委托他起草给股东大会的年度报告，但他感到自己只是被领导者使用，被盘剥，没有得到相应的报酬。他希望得

49

到的，不完全是金钱，而是地位。至于他与同事发生的某些纠纷，他对阿德里昂比对我讲得多。在某种意义上可以说，他是办公室的人才，忠于职守，可是一生不得出头。本来，他自以为能够担任分行经理，但老被别人捷足先登。他没有打通董事长的门路。他原本可以成为一个出色的教师，因此，他总是以一个教授的身份对待本部门的同事。

埃玛纽埃尔·莫尼克离职以后，罗伯特多次遭受疾病袭击，日见虚弱，脑力大不如前。他在银行中的地位每况愈下，脾气也变得乖戾反常。我们越来越难得同他见面。当初，他也许是不想与我竞争，才放弃参加哲学教师资格考试的打算。倘若一发中试，他应比我早一年通过考试。只是口试中要求翻译和评述一篇希腊语文章，他却从未学过希腊文。也许，我崭露头角，使他难堪。其实，他在金融分析方面显示的才能，并不亚于我之所长。一个人默默无闻，另一个人则颇有名气，这算不了什么。问题是他赤手空拳，在这个弱肉强食的世界上挣扎谋生，成功很少向他微笑，而失败却常常光顾他。

在生命的最后几年中，罗伯特是在郁悒的岁月中度过的。很长时期中，甚至直至战后 10 年或 15 年中，他好像一直同青年时代的朋友保持着往来，对我们兄弟三人唯一的后代多米尼克也十分钟爱。但是，渐渐地，他开始离群索居，像阿德里昂一样陷入孤独之中。他写了几本侦探小说，但是我在他死后一直未找到这些书。他还研究过 1944 年盟军登陆那段历史的真实始末，纠正官方某些错误的说法。他对生活和事业都感到失望，意志日见消退，精神日见萎靡。他越来越衰老，行动失灵，记忆恍惚，最后连意识也没有了。

我父亲的逝世，是由于心情内疚，加之工作上劳累过度，因此受到致命打击。1934 年 1 月，他的心脏病在短期内第二次发作，终于夺走了他的生命。我守在他的遗体边，欲哭无泪，一遍遍地喃喃自语："他死得真惨。"我说的差不多是事实。而罗伯特的一生看起来似乎比父亲顺利，但实际上他们的遭遇相同。从表面上看来，罗伯特好像过得很正常、很平静。其实，他的精神很早之前就已死亡了。他那潜在的、不易为人窥察的内心处境与父亲那一览无余地袒露人前的生活情景并无两样。

　　阿德里昂死得其所。一切快乐已成过去之事。他形单影只，只想一个人孤独地待着，焦躁难耐地等候着最后时刻，只有他的三弟陪伴在旁。此时此刻，这个玩世不恭的人，尽管曾为邪恶所诱惑，却对弟弟流露出真挚的、略带敬重色彩的友爱之情。而我也同样如此，对哥哥感到无尽的依恋。

第二章　学习与友谊

　　1922 年 10 月，我这个来到首都的外省青年，腼腆羞怯而又雄心勃勃地进入孔多塞中学，预备报考高等师范学院。为什么我没有选择路易大帝中学或者亨利四世中学呢？每年，那里培养出的学生，有很多考取高等师范学院。父亲是根据一些大学里的朋友的建议，才决定让我进这个中学的预备班的。不过最主要的原因，恐怕是当时我们家还住在凡尔赛，父母亲不愿意让我在外寄宿，我自己也不情愿，而这个中学距离圣拉扎火车站很近，便于往返。

　　在入校的头几个月中，我开始真正体验到预备班的生活。这对我来说，既是难受的，又是有益的。预备班里，一部分学生刚从哲学班毕业出来，另一部分学生则已经读了两年。在塞纳河左岸市区那些规模较大的中学里，低级预备班和预备班已经分为两个班；而孔多塞中学的预备班只有二十来个学生，大家在一起学习。通常，老生坐在前面，他们年底将去高等师范学院应试，新生只好坐在后面。虽然如此，我毕竟还能意识到自己在文化知识上的缺陷，拉丁文和希腊文十分生疏，但在哲学课方面，我很快就取得了不错的成绩。

　　在任课教师中，我对伊波利特·帕里戈深怀感激之情。他在《时代报》上撰写专栏文章，坚定不移地支持莱昂·贝拉尔的改革措施，主张加大人文科学在中等教育中的比重。他为此常常与那些左倾文章的作者展开激烈争论。尽管爱德华·赫里欧完全出身于文学，但是在人们心目中人文科学还是越来越显得右倾，甚至趋向反动。

当时，修辞班里有一个教师，他拥护和支持政府确定的有关中学毕业会考的安排和科目内容。我对这个老师自然不抱好感。但是，当时的中学几乎处于与外界隔绝的状态，因此，1922～1924 年的那种激情留给我的印象非常浅，似如一层薄膜上的花纹。1936 年、1940 年、1944 年、1968 年以及其他一些年份中激烈的气氛，在我的记忆中则大为不同。

H. 帕里戈老师教训过我一次，不知是告诫还是处罚，其内容已记不清楚。可惜我当时没有十分在意，后来才时常回忆起来。他说：要掌握写作方法，尊重语言规则，力求准确表达，不可粗心大意，在众作家中选择一个，坚持每天读其著作一页，并随读随做笔记。在那之前，我作文不太考虑写作风格，笔下缺乏才气。我过分控制自己的感情，以至于不能流畅自如地表达。此后，我在写作中仍旧控制自己的感情，借口只想与读者进行理性交流来宽恕自己文笔的冷峭朴质。

谈到 H. 帕里戈，我还记得两件事。第一学年第一学期中，有一次，他当堂宣读我写的一段作文，时不时停下来，对其中某些字词的用法、啰唆的句子、笨拙的表达方式、牵强附会的语句以及一些我记不起来的地方加以尖酸的批评。我哑口无言地听着，羞愧万分。第二次是在第二学年第三学期，我写的一篇作文（内容论及拉·布吕耶尔）受到赞扬，被冠以"天才苗子"的美称。H. 帕里戈要求我到讲台前去，给全班同学朗读其中一段。不过，他这次除指出两处拼写错误外，再未多加评论。以我今天的眼光来看，死抠拼写显得很荒唐。大概，皮埃尔·加克索特将会反驳我说，当时预备班要求严格，

52

学生不许犯拼写错误。

必须说，另有一个教师，他留给我的印象更为深刻。这个教师名叫夏尔·萨洛蒙，教授拉丁文。他曾是让·饶勒斯（Jean Jaurès）的朋友，其夫人是塞维涅学校校长，阿兰就在该校任教。在今天，已经越来越难于见到他那种类型的人了。他毕业于高等师范学院，并获得教师资格，此后，终生任劳任怨地在中学任教，并且在这种被人认为枯燥乏味的职业中寻得小小的愉快和满足。他学识高，讲课既生动又丰富。他文思敏捷，非凡出众，聆听他讲解拉丁文，能令人感到获得了一种精神享受。他极善体会原文与译文之间的区别所在，在此方面，他同帕里戈一样出色，甚至还略胜一筹。他耐心寻找准确的词语，假如没有，就代之以词义十分贴近的词。他对我很信任，但从未在我面前流露过这种感情（我是通过他的一些同事方才得知）。在我考取高等师范学院的那年夏天，他曾与我谈过一次话，这是我们之间唯一的谈话。我们谈论着文学，特别谈论到保罗·瓦莱里。马塞尔·莫斯（Marcel Mauss）曾经问过我几个老师的情况。他对夏尔·萨洛蒙的评价是："他会让你领略真正的才华。"夏尔·萨洛蒙在退休仅仅几个月之后即与世长辞。

在孔多塞中学的同学之中，我还记得几个人的姓名，这可能是由于他们日后的事业不同凡响。这几个同学是：雅克·厄尔贡、达尼埃尔·拉加什、让·莫格、奥利维尔·拉孔伯、雅克·沃莱尔斯和埃德蒙·拉尼埃。埃德蒙·拉尼埃后来在巴黎大学获得文学学士学位，年纪轻轻即进入大西洋轮船公司做事，大约35年之后升任该公司总经理。在上述同学当中，有两人一直同我保持着长久的从未间断的友谊。一个是达尼埃尔·拉加什，他年长我一岁，与人交往时风度高雅，随和可亲。我生怕自己会做出什么笨拙举止，表现出愚昧无知，使他感到扫兴或者好笑。1923年，他报考高等师范学院落榜，于是进入路易大帝中学预备班再次预备应试。1924年，他与我同时考入该校，并于1928年同时通过教师资格考试。入学第一年中，萨特、尼赞（Nizan）、拉加什和我四人，定期前往圣安娜听仲马教授讲课。拉加什就是从中发现了自己爱好的事业，从此，他一边学习哲学，一边学习医学。我们分开多年之后，才在巴黎大学再次重逢。我从未忘记与他结识之初自己对他怀有的钦佩之感——我们的友谊是相互的，但是，至少在最开始时是由我首先对他主动表示出热情的。

另一个人是让·莫格，他的名字现在只为少数人所知。F. 布罗代尔（Fernan Braudel）曾回忆说道，他身材高大，风度翩翩，好似一个"王子"，与巴西的圣保罗大学中那一大批最优秀的教员相比毫不逊色。他在高等师范学院时，比其他同学多花费几年时间才得通过哲学教师资格考试。大家一致认为，他不顺利的唯一原因在于他的思想独特，反对学校的旧例习俗。毕业之后，他在卡诺中学教过一段时间，然后辞职。当时正值第二次世界大战期间，他被遣往巴西，参加了1944～1945年的战争。战争结束后，他在外交部供职，曾多次出任驻外领事一职。后来，不知何种缘故他又返回国内，回到卡诺中学教授哲学。如果他能看到以上我所做的这些叙述，一定会从中感受到孔多塞预备班中友谊的回音，无论时间多么长久，无论彼此相距多么遥远，这种友谊将永恒不变。①

①　在写了这些往事之后，我看到了莫格写的《牙痛》，恍若与他重逢。此书十分精彩，他在其中述评了自己的生涯、失望和失败。这本自传中许多章节仿佛属于自我分析，作者从中寻求自我解脱。

学生时代中，在孔多塞中学度过的两年给我留下了最美好的记忆。生活虽说不上过得多么舒适惬意，但我在知识的世界里采得累累硕果。其实，这种说法也不确切。那时候，我学到的是求知，而不是采得累累硕果。我学习的课程中有拉丁文、希腊文以及历史等。在法国学校里，必须学好以上课程，才能顺利通过从高中毕业会考直至教师资格考试的一系列考试。这样说，会间接贬低我曾就学的奥舍中学的教学水平。但是，我这样说并不是毫无根据的。当然，据我所知，奥舍中学的教师都具有教师资格。而相比之下，如果说我感到自己入预备班之前孤陋寡闻，知识库藏甚少，那么其中缘故可能不在中学教师而在我自己。也许我是根据考试的成绩来估计学习的成绩。进入预备班后，情况就迥然不同，考试好坏一不刺激我，我便放松学习，专搞体育和其他活动了。

在我的印象中，凡尔赛的教师们大多很称职。他们所教的学生几乎全部是富家子弟。学校沿袭了拿破仑时代的某些作风。在课堂上，学生必须一连数小时一动不动，全神贯注听讲。课间休息时，他们列队鱼贯而出，去室外活动。记得有一次上德文课，老师进入教室时，看到全班肃静而坐，双臂交叉放在课桌上，于是表示非常满意，给每个学生都打了好分数。中学毕业时，同学们大多在 17 岁上下，19 岁的为数不多。

在多年之后的今天，我想对自己当时所接受的教育做一个尽量公正的评价。在现在的一代人，即我的孙子那一代的眼里，那一切已经非常遥远了。在 A 专业（拉丁文－希腊文）里，数学课所占比重小到荒谬的程度。不过，依然有许多出色的学生对这个专业感兴趣，这些学生理解问题和解答问题的能力同其他专业的相比毫不逊色。而今天的情况已经迥然不同。
A 专业被看作一条死胡同，C 专业一枝独秀，高居于其他专业
之上，几乎所有年轻有为、前程远大的人都出自那里。数学成
为考察、选拔人才最重要的标准，传统的人文科学教育则降到
可有可无，甚至是无足轻重的地位。

　　除去历史课和毫无意思的公民教育课，我们对自己所处的
这个世界简直一无所知。当时，学校里的教学内容和科目主要
直接来自耶稣会学校的传统。名噪一时的莱昂·贝拉尔改革，
倾向于让时光倒转，恢复 19 世纪中学的最佳教学方式。我青
年时代，也包括我女儿青年时代的传统中学，是否应该受到彻
底否定？在近 20 年来发生的"文化革命"中，古数学或现代
数学取拉丁文和修辞学的王位而代之。这场革命有合乎情理的
一面：数学是一种用符号表达的语言，应当尽早掌握这种语言
的基础知识。然而，所有人，包括数学家，在表达、交流思
想时，需要运用一种甚至多种语言。文学语言和形象语言具
有同等重要的作用，对形成思维缺一不可。当时中学与外界
隔绝，我往往自忖，这是否利弊相等。教师应该以身作则，
超然以仲裁人和中证人自居，根据真情实况做出评论和判断。
在解释说明恺撒大帝关于高卢战争的评论时他可能毫不费力，
而在谈论政治时，他却有些捉襟见肘。

56

　　在这个问题上，也有两种极端主张是互相对立的：要么把
学生圈在他们感兴趣的那些问题当中；要么引导学生去阅读他
们不会自发阅读的一些著述，我甚至可以说，即邀请他们做一
次文化苦旅。我们每一个人都有不少理由支持这个或那个主
张。但第二种主张可能并不适用于中等学校，至少不适用于
大部分中等学校。有一天埃玛纽埃尔·贝尔（E. Berl）对我

说，这好比把诗人马拉美介绍给比扬古汽车制造厂的工人。反过来说，在一年多的哲学课程中，如果教师用绝大部分时间讲解性，或讲解马克思主义，他必须有异常的才能，否则，他的讲授就变成胡言乱语，既无助于获得知识，也无助于训练思维和判断力。

1920年代中期（1924~1928）的高等师范学院给我留下何种印象？这个坐落于古旧的圣灵修道院里的学府，虽然住宿条件很差，但在当时仍然保持着无可比拟的声誉。那时，国家行政学院尚不存在。学生中间的某些人，例如纪尧姆·金戴、多米尼克·勒卡，正在谋求财政部视察员的职务。阿尔曼·贝拉尔则除了准备历史教师资格考试，还打算进入外交界。但是，我们大多数人满怀高等师范生的爱校精神（抑或称之为同行业的虚荣心），不认为教大学以前先教中学是一条倒霉和落魄之路。至于要完成父亲生前对我寄托的遗愿，去巴黎大学教书就足够了。30年前，我还想象不到，高等师范学院将会走向颓败，一蹶不振。

我来到乌尔姆大街之后，第一个反应说来几乎令人发笑：我是瞠目结舌，五体投地。时至今日，如果有人问我为什么，我仍然会天真地讲出心里话：因为我想都未曾想过，在这弹丸之地，竟然聚集着如此众多的才智非凡的人物。就算这样，我仍然认为这些获得优等奖的好学生，将来并不一定全都能够在思想领域有作为。其中有些年轻人，我们当时不太瞧得起，但是，他们才学兼优，年轻有为。可能这些年轻人的才智，并不见得总能够经得住课堂上常规旧习和课下批改作业那一套办法，从而受到抑制。我不愿损坏他们在我记忆中的形象，因而回避同他们再见面。实际上，较之那些在自己专业中成就斐然的人物，他们也不见得怎样逊色。

当我翻阅高师时期的照片时，许多同学的名字已经不大记得起来了。不去管它。让我们看看同一届毕业的两位高师人，我们大家都对他们寄予厚望，他们也确实没有让崇拜者们失望。其中的一个已经谢世，未能完成他的事业；另一个虽然失明了，但在我写这些话的时候，仍然在黑暗中继续探索自己的道路，一条更多是精神的而非政治的道路。我并不隐瞒自己可能会做出错误的结论，萨特的形象有可能重叠在一起：一是大学生，二是教授（从毕业到成名），三是存在主义的祖师爷，四是共产主义的同路人，五是左倾分子的庇护者。最终，他成为衰弱的老人，在格鲁克斯曼（Glucksmann）的搀扶下，来到爱丽舍，在我的身旁坐下。

萨特和尼赞，两个人都毕业于亨利四世中学，他们之间的友谊即便是在青年人中间也是罕见的。他俩志趣相投，都热衷文学和哲学，被同学们公认为出类拔萃之辈。他们对自己的天赋也深信不疑，早就踏上了各自的征途（萨特比较自信，尼赞可能不太一样）。尽管这样，他们仍然愉快地参加师范学院的活动，丝毫没有把自己同其他同学分开。萨特很爱领头"嘲弄"新生，态度之粗暴，有时使我吃惊。在校期末会演中，萨特既是编剧，又是演员。有一次，他还扮演辅导教师默维埃先生，后来这个先生成了大家的笑料。无论是萨特，还是尼赞，尽管学习成绩出众，但始终不曾自异于众人。当时我们就推测，这两个人都会干一番事业，前途无量。

当我从别人那里得知，他们两人把我列为强者，而没有把我弃置于卑微之列，我的自尊心得到了极大满足。对此我至今记忆犹新。① 他们时不时重新审视同窗，并加以评定。我觉得他们之间的情谊，同萨特与吉耶（Pierre Guille）、萨特与我，或我们这些人与尼赞的友谊相比，性质大不相同。但同窗两年之后，尼赞就离开学校到亚丁当了一个英国富豪的家庭教师（他在那里写了一本书并带了回来）。他没有结束自己的学业，就与昂丽艾特·阿尔芬结了婚。就这样，在大学最后一年，也就是参加教师资格考试那年，我和萨特、吉耶住进同一个宿舍。从那时起，我们成了亲密无间的朋友。在这之前，上大三时，我就和尼赞成了知交。

关于保罗－伊夫·尼赞的传记已经出了好几本，我并不认为自己还能提供任何新的东西。除了一些不足挂齿的私事，我能写的，也仅仅是自己的某些回忆。

我同其他几个同学一样，参加了他的"磋商会"，议题是：我是否应该接受英国实业家的建议，以他儿子的家庭教师身份，到亚丁去做长期的停留？尼赞大概拿不定主意。停止学业、推迟一年参加教师资格考试，这在他父母看来，可谓是一个缺乏理智的决定，恐怕就连他自己也是这样想的。尼赞提笔给某些颇有名气的文人写信，到他们家中拜访，征求他们的意见。他并不把长辈的话当回事。他以嘲讽的口气，反复引用乔治·杜阿梅尔的话对我们说："如果你向一家之主询问你该做的事，那么我就会对你说：先去完成你的学业。但是，如果你向某个大人物请教，那么他就会对你说：出发吧，青年人，去大开眼界吧！在那里你将学到比书本中更多的知识。"尼赞在

---

① 得到萨特和尼赞的"承认"使我大为感动，也许超过了 L. 布伦什维格在我陈述圣安瑟伦（saint Anselme）与康德之间的本体论争论时对我的夸奖。

内心深处即刻独自做出了决定。

拜访作家，虽然还是师范生的行事作风，但也预示了一个文学家的出现。在这些颇有捉弄味道的交谈中，与其说这个年轻人向成年人请教的是良心问题，倒不如说是个人的抉择问题。然而，这个师范生是以文学家的方式从这种捉弄中得到乐趣的。当时，我并不怀疑尼赞会成为一名作家。我认为，他在智力和哲学素养方面不如萨特，但在写作才能上略胜萨特一筹。

1927年夏天，尼赞请我去基伯龙住几个星期，为尼赞和阿尔芬两家的会面作陪。我们是一起乘汽车去的（如果我没说错的话，我们乘的是他的私家车）。油箱的指针指到零或快到零了，我几次要求他给汽车加油，他都拒绝了，这使我很恼火。好几次我以为油箱空了，而这种情况从没有发生。在基伯龙，我觉得很孤单，我对他们毫无用处。保罗和丽艾特①，尼赞和阿尔芬两家的事我都派不上用场。

他们两个家庭的社会地位相距甚远。丽艾特的父亲是个银行家，或者在银行中享有相当体面的地位，但从兴趣和爱好方面来说，他又是个音乐家，他尤其喜欢莫扎特的音乐。在战争中，他负了伤，失去几个手指，继而转向金融业，可能干得还不错。而他使用的唯一的运算工具是三率法（他对此非常得意）。丽艾特的母亲和丽艾特一样，精力充沛，对生活和他人充满热情与信任。阿尔芬和尼赞两家之间大概不会有什么共同语言，然而，阿尔芬家族接纳了尼赞家族，或者说同他们建立了融洽的关系，这是因为他们看中了尼赞家的儿子。

59

———————————

①　昂丽艾特的昵称。

保罗－伊夫的父亲是不是很像安托万·布卢瓦依①？我很难给予肯定的回答。我不能仅仅根据几次谈话，就断言掌握了这个表面上逆来顺受、没有憧憬的人的秘密。身为铁路部门的一个中等水平的技师，他出身于一个小资产阶级家庭，大概由于家境比较贫困，在某些方面更接近于工人阶层，但是，他完全具有在一个假日旅馆中同一个殷实的犹太家庭交往的本事。

一两年后，保罗觉得他父亲由于他的激进主义观点而受到迫害。我父母认识一个在铁路公司工作的高级官员，他们设法为他说情。这个官员告诉他们说，这个技师是由于在工作中犯了错误而受到处分的。我当然无法断定这两种说法哪种更符合实际。

保罗－伊夫身上最使我们感兴趣的是他那神秘的个性。他在一头扎进共产主义之前，曾迷恋过法兰西行动派和乔治·瓦鲁瓦的蓝衣社。但在1926年或1927年，政治观点是否一致对我们的关系并没有什么影响。在他那种与生俱来的优雅气质、幽默感和异乎寻常的敏捷思维之外，有着令人不可捉摸的东西。人们猜测他有他的烦恼，然而，在他那不断表现出来的欢乐后面，隐藏着一种以实际行动或严肃的思想来克服这些烦恼的决心。

就在他结婚那天，他得了急性阑尾炎，差点儿送了命。当时抗生素还没有被发明，他的阑尾炎很快转为腹膜炎。我和丽艾特在他生命垂危的那些日子里，轮流守护在他的身边。此后，我们便走上了不同的道路。他毫无保留地加入了共产主义

① Antoine Bloyé，尼赞一本小说中的主角，也是这本书的书名。大家认为他是以他父亲为原型来塑造书中人物的。

的行列。在 1930 年代，我们很少见面，我喜欢并欣赏他的
《亚丁·阿拉伯》这本书，但《看门狗》（我不能确定从头至
尾地读过这本书）使我扫兴，或更确切地说，使我看不惯。
我们的老师们不应该仅仅因为犯了不革命的罪而受到这些谩
骂。为什么他们就一定得革命呢？

我常常想，为什么在萨特和尼赞还没写什么东西，或者说
还没发表什么东西时，我们就对他们另眼相待呢？我对这个问
题的回答同后来我就大学生的运气问题所做的回答是相同的。
不管有无道理，人们是按"大估摸"来估量一个年轻人的能
量的，预测他能否顺利地通过教师资格考试，或者相反，他得
使出大气力。然后要看他们能否有一天发表一些东西。从这个
意义上讲，无论我们怎样强调先天与后天相互影响的理论，我
们至少对遗传学的因果关系是持否定态度的。一个人无论做出
多大的努力，也不可能超越他的基因限制的范围。我听说，数
学家自己就能够看出自己的限度。

当初我是否看准了萨特会成为哲学家、小说家、剧作家、
存在主义的创始人和诺贝尔奖获得者？如果有人这样提问，我
会毫不犹豫地回答：没看准。即便换一种方式提问；他会不会
成为一个大哲学家、一个大作家？我的回答既不会完全相同，
也不会十分明确。一方面，我佩服他（现在依然如此）才思
横溢、妙笔生花（那时我写东西很吃力，望着眼前空无一字
的稿纸和笨拙难移的笔，经常心神不定）。我们常拿他落笔成
章来开玩笑。不消三个星期，他就写出整整 350 页的手稿。我
们常问这个小同学："这是怎么做到的？"除了下笔如有神，
他在思想上富于想象力和构思敏捷，这也使我眼花缭乱（如

61

今这种眼花缭乱的感觉仍不减当年）。我也不是没有对他产生过一丝怀疑。有时，只是由于不能全面地把握住一个观点，找不到恰当的表达方式，他往往要用很长时间才能说明或写清这个概念。他构架的一些理论，很容易被人抓住破绽。

我羡慕他的自信心。记得一次我们在离陆军部不远的圣日耳曼大街上散步闲谈。他既不炫耀，又不故作谦虚地谈了对自己的看法。他承认自己有天赋，认为要同黑格尔齐名，攀登的道路不会太艰苦，时间也不会太长，但要超过黑格尔，就要颇费些气力。他对我说："对我来说，抱负可以具体表现为两幅景象。一种是青年男子，身穿白色法兰绒长裤和翻领衬衫，在海滩上，迈着轻盈的步伐，在如花似锦的妙龄女郎中间周旋。另一种是作家的形象，他举杯向站在餐桌周围身穿礼服的人们祝酒致谢。"

萨特想成为一名大作家，他实现了这一夙愿。然而，在这期间，他不再对晚礼服、宴会和虚荣浮华感兴趣了。那时，他虽然很少谈论政治，但他蔑视特权阶层，对利用权势和地位炫耀自己的"坏蛋"极为反感。他认为在勒阿弗尔的有产阶级中碰到的那伙人，就属于这一类。从1933年到1934年，我替萨特代了一年课，也曾有所耳闻目睹。在那里的网球俱乐部，专有两个球场是供那些"股票交易所的先生"消遣的。

美男子的形象，也是我们谈论很多的话题之一。他自己却其貌不扬，怎么办呢？萨特常常提起他长相丑陋（我也这么说自己）。可事实上，一旦谈起话来，他才气横溢，冲淡了脸上的粉刺和浮肿，丑相也随之消失。而且，他短小精悍，体格强壮，臂力过人，能以两条腿成直角的姿势爬到绳子顶端。他爬绳迅速，轻松自如，使在场的人目瞪口呆。

　　不久前，在一次记者采访中，萨特声明自己没受过任何人 62
的影响，或者严格地说，最多只受到尼赞的少许影响，但绝未
受过阿隆的影响。这倒是实话。有两三年的时间，他乐于听我
评论他的观点。从我们的交谈中，他大概有所受益，但这与影
响是两码事。举例来说，有很长一段时间，精神分析法成了我
们辩论的主题之一。萨特自始至终对它持否定态度，因为精神
分析法与无意识混淆在一起。在萨特看来，无意识概念等于一
个有棱角的圆，心理现象与意识是不可分割的。我终于放弃
了辩论，不指望就概念问题能讨论出什么结果。但是我建议
他，尽管可以撇开无意识论，也要撷取精神分析法中所包含
的具体材料。萨特借用"恶意"这个概念来解释这种现象。
这是他自己创造的一个概念，或许是意识到有必要把精神分
析法的某一部分纳入他的研究领域，而不必将其一股脑地彻
底排除。

　　萨特的另一个概念在某种程度上也与我们的谈话有关。我
在大学的学位考试题目是《论康德哲学思想中的永恒性》。这
个选题既包括可理解的选择，又含有随时能发生的转化，人们
因而能够自由地弥补过去的存在或者一下子改变这个存在。死
亡排除了自由，使存在从此凝结为完命，在《存在与虚无》
和萨特的戏剧作品中，多少有点这方面的内容。老实说，萨特
是以他自己的方式把可理解的选择和转化的自由这两种概念结
合在一起。尽管他自己已经做了存在的选择，但仍然吹嘘自己
每时每刻都在从头开始。他似乎拒绝成为自己过去经历的俘
虏，拒绝对自己的行动和完成的著作承担责任。

　　我想起了另一件事，多少也能印证萨特从不求助于任何人
的说法。那是在一次由莱昂·布伦什维格主持的讨论课上，萨

特在发言中初次表达了他对世界的看法，这些看法后来成为萨特自己的世界观。萨特回答的是一个有关尼采的问题。当时，莱昂·布伦什维格正在撰写《西方思想中意识的发展》一书，对其中有关尼采的一章不太有把握。他提出：应该把尼采看作一个严格的技术性的哲学家，抑或一个文学家？萨特选择了前一种说法。然后，不知道他怎样一拐，一下子把话题转到了"自在"与"自为"的对立概念上。他还说：各种事物，例如这些树，这些桌子，本身没有什么意义。它们长在这儿，放在那儿，没有原因，也没有目的。但是，意识无时无刻不有其含义，无时无刻不在使这些盲目的大量的现实具有属性。这些现实否定意识赋予它们的属性，而就是因为有了属性，它们才得以存在。

萨特的世界观只能属于他自己，但他显然从胡塞尔和海德格尔那里受益匪浅。他从前者那里得到的不只是一些语汇；他利用胡塞尔的现象学，分析亲身的经验，分析意识对客体的开放，分析自我的超验性。这样一来，"自为"转变为瞬间存在的主体，而不是我自己了。萨特借鉴了海德格尔对时间、烦恼和客体世界的阐释。可能通过梅洛－庞蒂的介绍，他也通晓了黑格尔的某些观点，例如，亚历山大·科耶夫（Alexandre Kojève）评述过的关于爱情幻想获得自由的观点，主人企图得到奴隶的承认——但这不可能是真正的承认，因为奴隶被剥夺了人身自由——的观点。毋庸置疑，只要这些观点能够为他所用，他就会信手拈来。梅洛－庞蒂在 1945 年曾私下对我讲过，他不愿向萨特透露自己的观点。

萨特在《词语》一书中，说他没有父亲（我的一个同学微笑地补充说：他没有父亲，母亲是处女，他是罗格斯式的人物）。他断言自己没受任何人的影响，但同时并不否认自己对胡塞尔和海德格尔有负债之感。萨特借鉴、汲取和融合了以往的、同时代的哲学家们的许多观点、命题和论证方法。他否认"影响"这一概念，是因为它使人联想到受影响者处于被动地位，即使是部分的或短暂的也不行。

1928 年，萨特在教师资格考试中名落孙山，这对他没有任何影响，正如我在这次考试中金榜题名并没有使我改变对他或对我自己的评价。那次考试我名列第一，比获得第二名的埃玛纽埃尔·穆尼埃领先十多分（7 门功课的口试、笔试加起来总分为 110 分）。当然我对考试的成功也并非无动于衷，如果我今天否认这一点，那可不是真话。我身上还有一些优秀生的味道，知道自己的成绩只不过说明我是一个好学生，说得好听一些，是一个会学习的大学生。我的第三篇关于哲学史的论文（论亚里士多德和孔德）是我三篇论文中最出色的。前两篇都没有任何独创性。口试时，我抽签抽到的是亚里士多德《物理学》的选段。口试还要评论斯宾诺沙的一篇拉丁文文章，我弄错了一个词的意思，在论证过程中，我逐渐意识到了这个错误。但在考场上，我是如此坚定地为我的错误辩护，致使考试委员会也被我说服了。翌日，他们查找了这个词的含义和解释后，扣了我一分（我在预备班的老师安德烈·克雷松参加了考试委员会，他后来对我讲述了这段插曲）。

我要说明一点：作为一种选拔方式，其实哲学教师资格考试的难易程度同其他学科是一样的。大多数合格的考生都取得了文凭。第二年，萨特终于为这次考试的失败雪耻了，他以高于我的成绩获得第一名。在 1928 年的考试中，他还没摸清考试的路子，一上来就首先阐述自己的哲学观点。第二年的考试，他听了我的劝告①，知道应该首先按主考教师的要求回答问题，然后再自己发挥。

尽管我一帆风顺地通过了大、中学教师资格考试，但并不感到值得炫耀。过了几个星期，我便去服兵役。18 个月之后再回顾几年的高师生活，我未免感到一丝灰心失意。1928 年那年，我 23 岁，到 1930 年春天，我已 25 岁。在此期间，我究竟添了多少知识？提升了多少能力？入学头两年，我是在随波逐流之中度过的。由于进入高师之前我未曾在巴黎大学学习过，因此我必须首先用两年时间攻读学士学位。我时间有富余，可以打打网球，浏览各种题材的小说，从历史名著到流行小说，无所不读，卢浮宫中时常留有我的足迹。我开始去法兰西学院听 E. 勒·鲁瓦（E. Le Roy）的分析课，但浅尝辄止。我找来几本大部头民法书，只读了几个星期就弃置一旁。我又想研读数学方面的著作，终不免半途而废。现在看来，我在学校里后两年的学习较有成果。但在 1928 年或 1930 年，我的评价不一定如此。由于我选择了那样一个大学毕业论文题目，所以必须系统地研究康德的一系列著述，从他写作《纯粹理性批判》之前的作品，直至《纯然理性界限内的宗教》。每天，我用 8～10 小时读他的《批判集》。我读了不少书，但心中茫茫然。我努力理解康德的哲学，却不知道到底理解了多少。后来，我把留下的一份自己考文凭的论文拿给萨特和尼赞看（下一年教师资格考试题目涉及康德），结果论文下落不明。对此我并不感到十分遗憾，只是好奇心使我偶尔想到，大概这

①　他佩服我的考试技巧，前来向我求教。

份考文凭的论文只配由耗子猛加咀嚼批判了。①

　　我同这位哲学家相处了一年，每忆及此，总觉得既清苦又兴奋。我始终认为，康德让我汲取到的知识，远远胜过（当时被奉为经典的）德尔波（Delbos）的著作，也胜过其他一些教师教授的课。当教师向学生传授知识时，如果仅仅追求能使学生通过各种考试或会考，他自然会把成套哲学概念、摘要灌输给学生，从而大大节省学生的时间和精力。学生拿到手就可以用，犹如成衣铺里的衣服，立刻可以穿上身。然而，这绝对代替不了学生自己去细细钻研不易理解的文章。而即使对于那些将来不打算从事艰巨的哲学研究的学生来说，钻研也是有必要的。我感觉到，我研读过康德哲学之后，再读其他书时就不吃力了。我认为，书的水平越高，读它就越发需要集中精力。

　　为准备大、中学教师资格考试，我不得不研习亚里士多德、卢梭和奥古斯特·孔德。约在 30 年之后，为了帮助我的学生应试，我把奥古斯特·孔德的著作几乎从头至尾重读了一遍，因为这一年的试题里又列了孔德。哲学史在我们所从事的研究中占有重要一席，而且至少在这个时代，这种状况不会发生什么改变。

　　在哲学考试的四门科目中，只有对其中一门——"逻辑学和普通哲学"——还存在争议。另外两门——"心理学""伦理学和社会学"——已被列入人文科学或社会科学范畴。因此，哲学史较之逻辑学和普通哲学更能使我们接近于"长青哲学"。况且，还应当说，当时还没有"新哲学家"一说，

---

　　①　后来，洛特曼夫人在她的一堆旧纸中发现了另一份未被批改过的论文原稿，但我一直未见到此件。

否则，何以那些最优秀的教师很少出现在各大报刊显要的栏目

66　　中（柏格森是例外）？何以他们成为勒内·本杰明一系列讽刺
文章的攻击对象？当我们要援引一位大师之言，当我们力图否
定或者继承他的业绩时，我们除了莱昂·布伦什维格、阿兰和
柏格森（他已不属于教育界）之外再无选择。莱昂·布伦什
维格是巴黎大学领导教育官员的官员。这并非由于他身上有这
些官员惯有的毛病，而是因为他比其他人行事更加"哲学
化"。当我们拜读他的著作《数学思想发展各阶段》《人类经
验和物质因果性》《西方思想中意识的发展》时，敬佩之心油
然而生。虽然我们无法评价他在数学和物理学方面展示的才
能，但是我们（尤其是我）仍然能够感觉到他兼有科学修养
和哲学修养。他通过当时的数学和物理学来阐明当时的西方哲
学。一方面，他并未与传统的思想学说分道扬镳，另一方面，
他又避免陷入平庸刻板的唯心论或唯灵论。他不以伟人自诩，
但始终与伟人们保持着频繁不断的往来。

如此说来，他到底向我们传授了哪些思想？为了尽可能少
说行话和术语，我想这样说：他解释康德的哲学思想，力图将
哲学拉回一种认识论。《纯粹理性批判》一书做出了决定性的
论证，我们通过感觉、理解等过程，才能够认识现实。我们所
认识的世界，不过是由我们的思想建造起来的世界，绝没有任
何感知方式能够超越物质。从这个意义上说，根本没有什么形
而上学。哲学研究的对象只能是科学本身，而不可能是其他。
分析派哲学家以另一种语言提出一个相似的论点：哲学思考的
对象是科学或语言，所反映的是人类的全部活动。它不会脱离
科学或超过科学来向现实提供知识。

以这种方式所体现出来的布伦什维格的思想可以被认为是

启发性的实证主义。但是，这种新康德哲学还具有我尚未提到的另一方面：它的依据是唯心主义，最终表现形式则是伦理学，它既不采纳康德在《纯粹理性批判》一书中对各个认识过程所做的概述，也不接受二律背反的第三种结论（即内在决定论，超验性中的独立部分）。布伦什维格可被称为一个柏拉图学派哲学家、反亚里士多德学说的信奉者，他希望消除一切阻碍科学发展的羁绊，消除所谓"概念是永恒不变的"这一错误论断。爱因斯坦对空间和时间概念所做的新的论述，与康德哲学中关于感觉形式的概念毫不抵触，反而进一步论证了康德的思想：精神通过科学创建出实在，而科学的实质不在于制定概念，或是对概念进行推论，而在于识别和判断。

67

我做上述粗略概述，唯一的目的是想指出，初入哲学之门的人要避免被引导进死胡同。在凡尔赛时，我的哲学教师汲取了布伦什维格的思想，用以贬低法律概念而推崇判断力。布伦什维格的信奉者们在其他领域内，几乎也必然要将科学发展同哲学联系起来加以思考，或者进而研究认识论最根本的问题。

尽管莱昂·布伦什维格不赞同传统的形而上学，但他仍然常常使用宗教词汇，他的晚期著作之一《真假转变辩》即为一例。据此不禁令人发问：他到底是一个无神论者，还是一个笃信宗教者？说他是无神论者，我是很确定的：他对于亚伯拉罕、以撒、雅各以及基督教上帝和三位一体一概不相信，也不考虑死后灵魂如何得到拯救的问题。他对天主教教义以及犹太人同他们的上帝的姻亲关系毫不在乎。

那么，他为何使用"真正的转变"一词呢？或许因为他认为，"信仰"或"转变"不应为教会独家占有。我这样说，也许会把他的思想简单化和庸俗化。真正的转变之意义在于，从私心和自我中心论中把每个人的思想超度出来，对每个人进行教导并劝人做这样的转变。由此可以解释为何布伦什维格如此坚持不懈地研读帕斯卡尔和斯宾诺莎的著述。真正的转变并不靠上帝的决定，而在于个人不断努力，超脱于自我之上，在某种程度上克抑本身的个性。斯宾诺莎提出永生的信念，归根结底，不就是掌握真理的信念吗？真正的转变不希望得到拯救，转变就是救星。

68

人类终于获知，地球不是太阳系的中心，从而放弃了主观专断地观察事物，即全然不顾自己所处的位置而去衡量时间空间。同样，人类只有超脱自我，才能实现人与人之间真正的对话：每一个人都能够设身处地为他人着想，才能促进精神境界不断升华。学者的道德能够启发精神的转变，名副其实的学者态度能够导致公正平允。

亚历山大·柯瓦雷（Alexandre Koyré）曾对我说过：哲学严峻而淡泊，近乎苦行清修，如能以另一种语言表达见解，大可当"伟大"二字而无愧。莱昂·布伦什维格在法国哲学协会回答加布里埃尔·马塞尔（Gabriel Marcel）的提问时说道："我不像马塞尔先生那样对自身的命运和前途怀有如此浓厚的兴趣。"我也许可以说，他说这话时，已经宣布他要写《反回忆录》了。他在某种意义上说是信奉宗教的，但他信奉的不是已被创立的宗教，他对形而上学持否定态度。尽管他反对极端的刻板和偏执，他仍然是一种类型的哲学家的代表。只有思想能够做出判断，而种种概念只不过是掌握真理、建造实在的各个预备阶段。正是这样的思想，织出了人与人的关系；人人以恕道相待。有些人将这项巨大的工作看得过于简单，我应当向这样的人指出，布伦什维克的著作和言论毫不夸张地暗含着过去的全部哲学。

在两次大战期间，正当莱昂·布伦什维格在巴黎大学称孤道寡之时，胡塞尔的现象学和海德格尔的思想却已经"超越"或转移了德国的新康德哲学。当时，法国哲学家们与德国同行之间几乎不互通信息，在今天看来，这是大为令人惊奇的。早在胡塞尔在法国发表题为"笛卡儿哲学沉思录"的著名讲演之前，乔治·古尔维奇（Georges Gurvitch）已写出《当代德国的哲学流派》，莱昂·布伦什维格作了序。此外，除让·瓦尔（Jean Wahl）之外，现代英、美哲学在法国几乎同样鲜为人知。直至今天，这种情形难道已有所改善吗？为何所有的哲学家都要自设沟堑，对国外情况耳目闭塞？

雷吉斯·德布雷（Régis Debray）在其《理智的能量》一书中，既夸奖宗师官长，也赞扬痛斥宗师官长的保罗·尼桑。69后来，在反法西斯时期，尼桑又同官长们言归于好。雷吉斯·德布雷写道，在德雷福斯事件时期、反法西斯时期以及德国人占领法国时期，大学人士始终不为外界所动，捍卫了全人类的准则。各大学以漠然的态度对待马克思主义，这确实不假，但是它们至少避免了陷入反理性主义，而且学校里从未出现过那些歇斯底里的笔战和玄奥晦涩的文章。对于我们这一代人所接受的大、中学哲学教育，我们有必要采取保留态度。康德学派之后的费希特和黑格尔学派虽然不算完全受到蔑视，但从未被列入教师资格考试纲要，借口是他们的主要著作没有被译成法文。马克思、尼采和弗洛伊德在战后几乎被奉为半仙半神的星宿下凡，但他们终未能够进入先贤祠，那里安息着为哲学班和教师资格会考编写教材的先师们。但在当时，至少一般的哲学教师仍知道尊重原著，要求学生严肃对待。这三位半神半仙都才华横溢，无所不谈，也允许别人谈论一切。对学生讲解意识形态、无尽轮回、毁灭的本能等，确实很容易激发他们的兴趣。但是，这些概念出奇地含混，人们无法为之下个准确的定义。他们提出了一些别人无法驳倒的理念，或者像今天分析派哲学家用现代英语所说的，无法被"证伪"的理念（他们的真伪是无法被验证的）。讲解《纯粹理性批判》一书的要旨仍有教育价值，有助于培养思想，而评述《权力意志》中的一些警句可以刺激思想，但无助于青年人运用理智进行思维。

除了莱昂·布伦什维格，我在学校时还同另一个哲学家阿兰常相往来。我曾多次前往亨利四世中学校门口等他，一路陪他回到雷恩大街的寓所。如果问我是怎样同他建立私人关系的，恐怕最初是他的学生介绍我们相识的。

我记得，阿兰的人品、性格，较之他的哲学思想，更能令我折服。战事方启，他便自愿从军。但是，他从第一天起就厌恶战争，只有与战士们在一起，才能够勉强忍受。在此之前，他从未背叛初衷，跟着别人叫嚣反德（柏格森却没有逃脱不理智的行动）。不过在当时，我们大多反对战争，不服前辈。在高等师范学院里，学生中信仰共产主义的寥寥无几，思想左倾的人或是参加社会党或是向其靠拢。天主教徒"塔拉"① 则属于右派。阿兰同他的学生自成一伙，既非共产党，也非社会党，而是永恒的左派，永世不会掌权，因为他们的本色就是抵制权力，认为权力的本质就是滥用权力和腐蚀掌权的人。

---

① "塔拉"（talas），高师学生的习惯用语，即天主教徒。—译者注

我想，对于他的思想和政治态度，尤其对于他拒绝军衔，我从来未能心悦诚服。如果我在这方面没有自己独特的看法，我本可通过军训结业考试。那时，我对《战神或受到审判的战争》一书很为欣赏，此书文采斐然，但是，如果严格地说，作者的观点很不公正，至少可以说带有偏见。战争充满危难和风险，极其严厉残酷。尽管可能有某些军官认为在战争中可以满足发号施令、行使权威的欲望，从而使自己得到补偿，但那些步兵少尉、中尉和上尉却在同一条战壕中和士兵同甘共苦，在枪林弹雨下并肩冲锋陷阵。以今天的眼光来看，从发号施令的欲望出发来批判战争是不合理的，更直白地说，甚至是卑鄙的。在某些情况下，有些士兵喜爱作战，而有些军官虽然说不上喜爱，却能够认真尽责地履行自己的职责。从 1914 年 9 月至 1918 年战线冻结，战局僵持，前方部队与后方参谋部之间的空间距离和思想距离空前遥远。这种作战特点并不足以作为战争哲学的依据和基础。实质上，战争哲学的依据和基础是军事心理学。

我们凭什么对军人的威望如此心折？军人和我们全体教师不同，既拒绝加入救国神圣大同盟，又不反战。1920 年代，我们在高师重新讨论结束不久的战时问题。某些异端分子提出异议，否认德国应当对战争起源担负全部或者主要责任。① 左

---

① 在这个问题上，莱昂·布伦什维格的态度始终坚定不移。他指出，奥地利向塞尔维亚提出无理的最后通牒之后，塞尔维亚答以表现出很大克制的复文。奥地利拒绝考虑，并开始轰炸贝尔格莱德。自那开始，除非出现奇迹，否则各国联盟连锁反应，必然引起大战。那时，我读了阿尔弗雷德·法布尔－鲁斯（Alfred Fabre-Luce）的第一本书《胜利》，作者竭力将战争责任分摊给两个阵营，结果舆论大哗，指摘该书为离经叛道之作。

71 派舆论谴责法国和比利时军队占领鲁尔区，大声疾呼双方弃旧怨、结新好。先辈中某些享有盛名的人物在几年前发表的关于德国和德国人的言论，再也得不到青年一代的理解。在众人的一片狂热之中，阿兰至少保持了缄默。

阿兰以"反权力人士"自居，他这种政治观点我在心底里从未赞同，并在后来给了严厉的批判；他的观点与我的知识分子气质也不合拍。但是，曾有一段时间，我对社会情况和国家经济情况毫无透彻的了解，仅从自己的某些感情出发盲目地观察和判断外界事物。我倾向于和平主义，厌恶战争，赞同左派观点，用世界主义来抵制前辈的民族主义。我对有产者和强权势力深恶痛绝，赞同朦胧的社会主义（激进党越来越不成模样）。作为一个知识分子，而且是犹太知识分子，我应当对地位卑微之人的不幸和尊严感同身受。阿兰的政治观点能够吸引我，那是因为我从中找到借口，免得煞费苦心去认识现实，去设身处地为当政者寻求解决问题的办法。身为公民而反对一切权力，等于自己推却掉一切责任。当我一旦战胜了年轻时期左右着我的犹豫彷徨，摆脱了学院式教育的羁绊，我又立即改取另一种极端立场：我几乎时时刻刻意识到自己的责任，始终要求自己能够扪心自问"假如我是当政者，我将如何行动"。

战后，我对过去的自己，较之对阿兰，更感到不满和愤慨。因此，我写了两篇评述阿兰政治思想的文章，一篇发表于《新法兰西评论》，另一篇发表于《形而上学与道德杂志》。我的错处在于未曾注意到阿兰对所经历的实战生活的感受。无数青年人渴望生活，但又命在旦夕，这种处境激怒阿兰，让他几乎没法再活下去，可是再生气也没有用。我在自己的法兰西学院院士佩剑的剑身上刻下古希腊人希罗多德之言："明智之士绝不会拒绝和平而选择战争，因为和平环境下由儿子安葬其父，而在战火之中却由父亲掩埋其子。"1914～1918年战争的惨烈超过了人类世世代代的悲剧，目击者中很少有人能以阿兰那样高尚的情操和深沉的同情来悲天悯人。时至今日，每当我重温阿兰1917年志愿参军以前对敌人发出的呼吁的最后几段，我仍会敬畏地向他的浩然之气拜倒。

阿兰除他的政治思想，还向我们提供了什么？萨特也曾对感知、印象、意象进行思索和探研，得出与阿兰相同的观点，认为感知和意象有着本质的不同。他重新提起阿兰提过的一个问题，阿兰曾问那些从未正面观察却自诩看到了先贤祠的人："您看到先贤祠的正面有几根圆柱？"在《印象》①或《意象》中也可以找到有关感知和意象的另类激进表述。

阿兰给过我什么帮助呢？他帮助我去阅读伟大作家的作品，尽管我并不赞同他的读书方式，也不欣赏这种方式的结果。他本人，或许是他的门生，曾这样说过：柏拉图、笛卡儿这样名副其实的哲学家从不犯错；他们在每件事上都或多或少抱有相同的认识。再以康德和奥古斯特·孔德为例，康德对权贵的礼遇仅限于脱帽，精神上连腰也没有弯。奥古斯特·孔德虽然承认实力统治，但力图通过公众舆论和妇女的精神力量来压制实力统治。这样，他织出了一条细带，发现了深刻的姻亲关系。他们各自思索、宣扬和传授的，归根结底，都是阿兰本人的哲学思想。

有一次，莱昂·布伦什维格带着一种与其说是奚落，不如

---

① 为萨特所著，篇幅不长，与《当代德国社会学》同载于《小百科全书》系列丛书。

72

说是恼怒的口吻，向我叙述阿兰的门生在考场上答辩的情形。试题为评述笛卡儿的一篇文章。他描述道："阿兰的门生回答说，还是以不搞这一套烦琐的注解和评论为好，因为这样的做法会离文本越来越远。不如认真阅读原文，体会其中的实质内容。接着，这些学生还向我们背诵阿兰曾经教导过他们的话。"阿兰喜爱对历史采取蔑视的态度，并且影响到一批平庸无才的学生，助长了他们的蒙昧与无知。

其实，阿兰并不是不知道自己爱说俏皮话，爱说话过火，动不动把人逐出教门。大概在1931～1932年，当我向他谈到我有意研究政治时，他答道："我那些关于政治的话，你不要看得太认真。我对某些人深恶痛绝，所以故意说给他们听听。"他也不是不知道，由于他"缺乏"广阔的历史知识，才老爱谈什么人性是永恒的，主要特征是不变的。他对爱因斯坦的相对论以及精神分析学持否定态度。难道是出于无知？或是出于不理解？我不这样认为。他否定相对论，主要原因确实是出于不甚了解，但还在于他力图维护自己的精神信念：理智这座圣殿的根基绝不可动摇。精神分析学被他称为"猴子心理学"，这个词无论如何不能算用得适当。只是因为他不愿意拿低级东西来解释人类。他可能与安德烈·马尔罗的《反回忆录》的思想一致（但绝不同意马尔罗对英雄人物顶礼膜拜），他还可能对每个人内心深处可怜的"小小"隐秘嗤之以鼻。这个伦理学家著述的对象，仍然是数世纪以来的法国伦理学家。他还担任高等师范文科预备班的哲学教师，并且成为第三共和国时期的思想宗师。

马塞尔·莫斯曾在私下评价他为"诡辩者"。这种评价并不带敌意、偏见和讥讽的意味。他确实是一个与学者，甚至可能还与哲学家不太相同的诡辩者。他从可能性出发论述一切事物；他抛弃社会学，以便按照自己的一套方式来评价公共事业。他向青年人传授知识，启发他们去认识世界。在 1940 年代前夕，D. 布罗根（Dennis Brogan）曾经更为严厉地评价道："阿兰这样的诡辩者所施展的魔力能使一个国家走向毁灭。"我在一篇关于阿兰的文章的题词中引用了这句话，该文刊载于《自由法兰西》杂志。然而，阿兰的同事埃利·哈莱维等人以及阿兰的学生安德烈·莫洛亚（André Maurois）等人则觉察到他身上具有天才的闪光点。我记得埃利·哈莱维常常说："阿兰确实有点天才，但我不能肯定他是否运用好了他的天才之处。"还有其他许多直接与他相识的人或通过他的门生与他相识的人坚持他们的看法，对阿兰的才华深信不疑。我曾被邀请在电视台介绍阿兰的专题节目中做即席演说，我评价道："这位预备班教师几乎是天才。"为此，那些专门研究阿兰的人对我啧有烦言，正如他们现在责备我曾经强调，阿兰的作品相对来说在国外翻译出版不多，读者较少。至今，我也不敢妄下结论。

我可以断定，他不愿接受那个时代某些新开辟的知识领域；他的思想同法国所有大、中学哲学教师一样，恋恋不舍地逗留在"永恒哲学"之中。然而，他写出了《美术体系分类》《思想与时代》《漫谈》（内容涉及修养与幸福）等作品，另外还写了好些书，谈他喜爱的小说家。尽管他的文笔在久读之后会使人产生厌烦之感，但是，这类具有哲理性的专题著作难道没有显示出一个作家所具有的素养吗？尽管他杂学旁收，以至于不能被视为一个具有独特见解的哲学家，但仍不失为一个伦理学家、一个有创见的作家，难道不是吗？

或许，乔治·康居朗称得上是阿兰与我之间的调停人。他

74

与我保持着牢不可破的友谊。虽然我与尼赞、萨特等人同样有着颇为深厚的友谊，但这两种友谊不尽相同。他曾在亨利四世中学接受过阿兰的教导，因此，他在那个时期有着与阿兰相同的信念。他尤其信奉和平主义。我正是通过他结识了阿兰的一些学生，这些学生师从阿兰，他们受老师的影响比其他同学受自己的老师的影响深远得多。1939 年，我们在图卢兹重逢。当我因故外出时，他尽心尽意地关怀、照顾我那孤独的妻子，殷勤亲切，感人至深。他总是以严厉的总视察员的身份出现于大庭广众之中，只有此时此刻，他才显露出自己真正的性格和为人。1955 年，我在巴黎大学再一次见到他。有时，他使学生们感到极其威严慑人，但他始终博得学生们的爱戴与敬重。他是一个医学博士，研究医学与生物学思想史。他从事研究、教学和编写工作（他的讲义全都是先写好的）。他出版的作品远不能包括所有成果。尽管他十分谦虚，但真正的读者仍然估量得出他所具有的价值，从而将他置于应有的位置之上。我这样讲较为恰当：如果我试图对他画一幅文学肖像，那将违背我们之间长达半个世纪之久的挚友情谊，并将使他感到恼火和不快。

我在前面曾提到皮埃尔·吉耶的名字，不过仅限于一笔带过，这倒并非由于他后来走上宦途，当了众议院和国民议会的秘书。西蒙娜·德·波伏娃略略谈到过他，因为萨特正是经他介绍才得以与莫雷尔夫人①建立亲密的友谊。吉耶对大家颇具吸引力，这并非由于他有独到的哲学思想或政治见解，而是因

---

① P. 吉耶，其后 J.-P. 萨特，都亲自辅导过这位我们称呼为"夫人"的女士的儿子。莫雷尔夫人很有魅力，"夫人"的含义不同于今天人们使用的这个词。她的魅力在于聪颖多智，善与人交，亲切盛情。

为他本身极富魅力。同样，大家都喜爱他，也是因为他是个讨人喜欢的人。如果处在另一时期，他很可能成为一名富有声望的文科预备班教师，一个地地道道的文学教师。我们的友谊随着时间的推移日见淡薄；各自成立家庭之后，两对夫妇难得相聚。战后，我偶尔在拉丁区碰见他，在南方我们还相遇过一次。旧日亲密无间的气氛一去再不能复返。他在一封答复我的邀请的回信中写道："如果你有雅兴，我们聚餐一次，但可能没有什么重要事需要交谈。"他这样复信并非想故意刺激我，只不过证实彼此疏远了而已。他去世前几年，我们一直再未见面。

高师人在政治见解方面划分为两个明确的群体：一方是社会主义者和倾向社会主义的人，另一方是"塔拉"——天主教徒。前一个小团体是在吕西安·埃尔（在我上大一、大二时，他是学校图书馆的负责人）的鼓动之下结成的。该团体的活动分子中有乔治·勒弗朗克①，他后来在非共产党的法国总工会以及总工会干部培训学院中发挥过重要作用，并且著有大量关于工人运动以及人民阵线的书；此外，还有让·勒贝尔，他后来成为第四共和国时期众议会议员。皮埃尔－亨利·西蒙则属于另一团体，即"塔拉"，天主教团体，该团体的成员右倾，也许仅从一定意义上才可以这样说，因为他们并不反对在法国被占领时期曾流行一时的道德观念和思想看法。

在那个时代，同萨特、吉耶等人相比，我身上的政治色彩更浓厚一些。我不时对议会中发生的事件表现出极大兴趣。在家里，我高谈阔论，发表对赫里欧（Herriot）以及法郎危机等

①　他发起组织了校友聚餐会。

75

问题的看法。一次，我的一个当证券经纪代理人的叔叔打断我的话说："你如果谈论哲学问题，我愿意洗耳恭听，但谈到财政金融，你一窍不通，所以还是闭嘴为好。"讲到如此种种大失脸面的情节，我不禁联想起普鲁斯特的玛德莱娜蛋糕；旧日丢脸的场面再次浮现于眼前，或者可以说，我对过去的我产生了同情。可是，过去得意的事情，却从未引起这么浓烈的回味。

谈到我对政治的兴趣，可以零零碎碎举几件事为例：约在1925年或1926年，我报名加入一个拥护国际联盟的协会。通过协会安排，我在日内瓦住了两个星期，旁听国联的年会。我聆听了保罗－邦库尔（Paul-Boncour）的发言，他为人类共同的和平事业大声疾呼。这个遐迩闻名的演说家的口才使我折服不已。我在那里结识了贝特朗·德·儒弗内尔（Bertrand de Jouvenel），他仅仅比我大几岁，但已是一个出名的报社记者了。

1926年，我还参加过众议院的一次大型会议。当时，约瑟夫·凯洛在白里安（Aristide Briand）内阁任财政部部长，爱德华·赫里欧从议长台上走下来，推翻政府，另组新内阁。但是新内阁立即又被推翻。会场中气氛既热烈又嘈杂，而外汇行情是1英镑已超过200法郎，大街上人群云集，反对议会的口号声此起彼伏。

白里安在议会上发言，提请议会注意一个常识问题：外汇市场上法郎贬值的原因，不仅仅在于大资本家的阴险操纵，还应当归咎于内阁危机。他对现任财政部部长 A. 德·蒙吉的辩驳给我留下了深刻印象：这并非完全由于白里安那有名的大提琴式的嗓门，而是他善于运用言辞掩盖事实和思想——作为一个政治家，可能必须具备这种演说和辩论的特长——然而对我来说，这与我的性格格格不入。埃德加·富尔的嗓门与白里安完全不同，可是，他也具有白里安的那种本领，擅长必要时巧妙地运用言辞将自己真实的思想包含在五里雾之中。

时常有一些政治家和作家到高师来举办讲座。我记得莱昂·勃鲁姆即为其中之一。他详尽地论述"执政"与"夺取政权"二者之间的区别，这是他最感兴趣的问题之一，也是第二国际的特有论题。他认为，既不要资本主义制度内部的最坏政策，也不放弃大革命；终将有那么一天，资本主义这棵大树将会衰老、破败、蛀空、崩溃，而大革命和夺取政权的钟声将会响彻天际。听众们公认莱昂·勃鲁姆的讲演极富诱惑力。我反复思忖，为何上台执政可促使资本主义更快走向灭亡。直至战后，勃鲁姆在为詹姆斯·伯纳姆（James Burnham）的《组织者的时代》（即《管理革命》）一书撰写的序言中承认，书中的假设使他感到震惊，他主张的人道社会主义竟然不能在资本主义寿终正寝时接下它的班。

爱德华·赫里欧曾于1925年与我们共同度过一个晚上。当时，公共教育部部长弗朗索瓦·阿尔伯特办公厅的 G. 塞尔被任命为法学院院长，取代了该院投票通过的人选勒·富尔，这引起了持续几周之久的大学生骚乱。那天，赫里欧同我们一起唱歌、谈笑，无拘无束，随和可亲（乔治·勒弗朗克对我肯定地说，赫里欧来学校一事与弗朗索瓦·阿尔伯特事件毫无关联。他来的那一天是视察日）。 77

我还记得，阿尔弗雷德·法布尔－鲁斯也曾来校做过报告，向我们介绍国联的情况。他在演说中尽力为国联辩护，大多数听众虽然心存疑惑，但并没有表现出敌对情绪。来宾中还有朱利安·班达（Julien Benda），他是《知识分子的背叛》一

书的作者。我在"自由谈"杂志上发表了一篇与他针锋相对
的文章。有一个获得教师资格的青年专门研究高等师范学院文
科预备班学生的发展情况，据他说，这是我公开发表的第一篇
文章。我之所以对朱利安·班达的文章提出异议，主要在于我
认为种种历史原因并不都像德雷福斯事件那样简单明了、泾渭
分明：一方是一个无辜受难者，另一方则是军队参谋部的声
誉。知识分子有权参与是非未明的争执。当时我还不会使用这
种词语，但意思已然流露于文中。①

　　至于应邀来校做客的人中那些当时声名显赫的作家，我却
记不大清了。这并非因为我们对政治比对文学更感兴趣，而是
因为负责组织此类讲座的人可能存在这种情况。

　　那时，政治在我对未来的考虑中占据何种位置？我在议会
旁听席上亲眼看到赫里欧垮台的那一天，我是否幻想过某一天
我也荣登主席台？我认为不是如此。恰恰相反，那些演说家的
舌战打动了我，使我开始对那些活动家、积极分子、群众和党
派人士产生某种程度的理解。保罗-邦库尔、爱德华·赫里欧
以及后来的德阿（Marcel Déat），他们慷慨陈词，辩才无碍，
很能感染我。我一边倾听着他们对对手的高声斥责，一边激动
得不能自已，同演说者一样义愤填膺。E. 赫里欧在我眼中仿
佛是一个被关入狮笼之中的无辜受害者。数年之后，我对金融
机构有了一定的了解，才完全换以另一种眼光去评价赫里欧，
评价当时的事件以及我本人的观点。

78　　约在 1925 年或 1926 年，我报名加入工人国际法国支部第

------

①　重读我在该文篇末对他的攻击和挖苦，我未免感到羞愧，因为我影射他
新近在荣誉勋位团中的提升。说羞愧有些过分，说我自己觉得好笑更为
妥帖。

五区小组①。要问当时的动机何在？我的回答足以引人发笑：
我觉得自己应当为人民大众或为工人们干些事。为改善劳苦阶
层现状而做出自己的一份贡献，我就不能不加入这个组织。我
清楚地记得，我曾在日内瓦碰到一个叫布朗歇的同学，彼此很
投机。我给他写过一封信，谈到我思想上的踌躇以及某种责任
感——用今天的话来说，就是有参与的义务。在信末，我告知
他我已参加工人国际法国支部。

我曾在发表于《现代》杂志创刊号的一篇文章（短文，
无足挂齿）中分析了社会主义的愿景。一个犹太知识分子，
心肠善良，选择了以文字为生，与那些仍然从事纺织品贸易或
货币交易的亲友格格不入，几乎不可能不想成为、不自认为是
左派。我对同行埃斯卡尔毕德进行上述分析时，受社会心理学
因素左右，几乎脱口而出，我出身于左派。我一直留在左派当
中，至少在我尚未获得自己的独立思想之前。我是否坚持到底
了？

现在，我很少同社会要人、当权者、国有公司或跨国公司
的经理往来。偶尔，我也去拜访其中某人，或者其中某人也来
看我（这需视哪一方有此需求为定）。他们同普通人相比也没
什么不同，依我看，他们身上的人情味不比其他人多，但也不
比其他人少。大资本家不愿意别人一边为资本主义制度辩护，
又一边批判他们的某些做法。当然，也不乏有些老板或政府人
士自我感觉良好或庆幸我写的专著和文章所产生的影响。然

---

① 乔治·勒弗朗克向我肯定说，我从不曾被接受加入工人国际法国支部，
我加入的只是"社会主义大学生"组织。但是，在一次上年纪的人的聚
会时，我经过核查之后判定，我当时确曾经常出入该支部，只是从未有
过党员证。

而，在这些掌握（政府与经济）权力的人物与一个自由知识分子之间，仍旧存在不可避免的无法逾越的沟壑。

79　　我与"真正"的左派在某一方面（而且是极其重要的方面）有着共同感受。我对那些自以为天生高人一等的人物极其憎恶。记得在阿尔及利亚战争期间，我曾两次与人发生争执，直至白热化程度。一次是与一个银行家，另一次是与一个诺帕型①的外交官。银行家说："这些阿尔及利亚人，我非得亲自拿起猎枪，让他们重新老实下来。"那个大使在一次朋友聚餐时，当着 P. H. 斯巴克的面说道："这些阿尔及利亚人，根本就不能将他们视为同我们一样的人。"他们说这些话时，既不在银行里，也不在会客厅中，不知我是否模仿出了这些巴黎人当时的语调。

我对体育的迷恋与热情始终未曾消退。足球队对我有极大的诱惑力。但是，我很快醒悟过来，我不但得从头学起，而且绝无成功的希望。于是，我又重新对网球产生兴趣。在乌尔姆大街度过的四年时间里，我经常活跃在网球场上。我的球技不断取得进步，一直达到二级运动员前半数的 2/6。法国所有运动员，即参加联赛者，都向往着能够使自己的姓名载入这张全国统计表，并且名次不断上升。然而，我在哥哥阿德里昂出色的运动成就面前不免相形见绌，原有的种种空想不禁烟消云散。阿德里昂从一开始就显示出比我高的天赋，他对打法做过细致研究，而且还接受过我从未获得的系统训练。在巴黎小小的网球界里，有所谓"棒"（bon）阿隆与"笨"（mauvais）

---

① M. de Norpois，普鲁斯特的小说《追忆似水年华》中的人物。——译者注

阿隆之说。这种称呼不无道理；我的打法基本上与阿德里昂属于同一球路，而水平却比他差得多。

今天，我回顾那些岁月时，应该做出严厉的自我批评；网球运动过多地耗去了我的精力和时间。我没有利用度假机会在法国各地或者去外国考察，却匆匆奔赴诺曼底海滩参加夏季网球联赛。乔治·格拉泽是巴黎综合工科学院的毕业生，曾任阿尔斯通公司总经理兼董事长，他与我配对打双打，我们合作长达数年之久。这足以证明他是一个宽容随和的人，因为发球和截击一向是我的弱点，所以我无法成为一名优秀的双打运动员。然而，这种遗憾对我来说毫无意义，因为我在网球运动中求得的是极大的乐趣，对等级分类则漠然视之。据说，沙邦·戴尔马虽然身居波尔多市市长之位，却仍然十分计较他的网球等级。

第三章　发现德国

　　从 1928 年 10 月到 1930 年 3 月，我服兵役的时间达 18 个月。这一段时光，我就略过去吧。这段时间主要是在圣西尔炮台度过的，当时炮台被空军用来搞气象训练。我在麦茨的工兵团里待了几个星期后便被调去圣西尔军校学一些气象的基础知识。大部分学员出身良好，由教官传授知识。萨特到这儿来服役，也是我替他想的办法。中间我曾被派到大学街民防局当电话员，这工作没意思。我又回到圣西尔炮台，把我仅有的一点儿气象知识传授给两届新兵，课题是关于云彩的体系。我想方设法教学员分辨各式各样的云，如积云、卷云。

　　这段读书和普通生活之间的插曲，在我的记忆中是一段空白，一段名副其实的空白。我在高师上军训课，考试不及格。如果及格，作为高师毕业生，我便能进军官学校，兵役减为 6 个月。当时，我受了阿兰的影响，既不想考好，又没有下决心考坏；我看军用地图看错了好几处，当班长又当得糟糕，这就够了。

　　是不是紧接着教师考试，或者在服兵役以后，我才觉得——头一次觉得，肯定不是最后一次——自己在虚掷光阴呢？我是否要对不住自己，背弃自己的诺言呢？我早就在肚子里盘算：人必有为，方能自为（这句话大概是从某个哲学家那儿看来的）。当然，当学生的时候，我每年暑假一味逍遥， 网球赛一串接一串，等到开学，内疚的心情总是压倒猛玩的趣味。然而，从 1928 年秋天到 1930 年春天，我毕竟还能扪心自问，文凭不少，真知灼见却贫乏得可怜，我到底算个什么？

假定我把志向局限于到中学教一辈子哲学，我就再也没有什么需要克服的障碍了。开头几年，我会当一名好老师，很可能是非常好的教师。我热爱哲学，表达也不吃力，讲比写还强。那时候，我有本事讲解哲学家最艰深幽晦的争论，连那些对此满不在乎，甚至厌倦腻味的听众都能弄懂。老师、同学和父母都认定我该走另一条路，当大学教授，或者当一名哲学家。可是，我年已 23 岁、25 岁，高中毕业后又读了 6 年书，到底学到了些什么？也许学习能力有所提高；这样看来，我用来阅读哲学名著的时间还不算全无收获。但是，自己到底该思考哪方面的问题？选什么论文题目？选好选坏，可能决定人的一生。

我为什么先选中生物学，后来又独出心裁呢？我不愿意学许多同窗，甚至最出色的师兄弟，如雅克列维奇（W. Jankélévitch），去写一些风险小的哲学史文章。也许我会写出一本好书，谈谈康德或费希特。我在巴黎大学的唯一导师莱昂·布伦什维格是不爱搞什么形而上学，什么永恒哲学的。他的哲学虽然向往特定的真理，但与自然科学揭示的真理并不相符。这种真理的条件、方法和限度，都是自然科学揭示的。哲学到底凭仗什么仙法，竟能得出形而上的真理，基本上不同于科学知识，而且高于科学知识呢？

在中学课程里，心理学占主要位置。这是遗留下来的旧习。既然心理学还没有达到物理学那样精密的程度，而且可能永远也达不到，那么哲学是否应该全力以赴，填补科学知识暂时存在的一些漏洞呢？

82 柏格森也没有为哲学新进之辈打开门路。他自己也援引科学的真理，从批判某些科学成果出发，推演出一种形而上学。当时我们弄不太清楚什么叫现象学，什么叫分析哲学。大概我被精神分析家的作风所吸引。这种作风在我们这个圈子里可以说是见不着的。

  既然哲学思维必须落实于一门科学，我便选中了生物学。其实，我并没有什么生物学方面的知识，而是因为生物学不需要数学素养。我不懂数学真是遗憾终身。这是在我服兵役以前还是以后呢？大概在以前，不过我没把握。我战前的全部稿件都在战争中不知去向。今天，我已经不太相信自己记忆中的事，而比较信赖思想的记忆力或者别人的记忆力。

  有时候，我去高师的实验室；我读了好些书，结果碰上了遗传学。那时候，艾蒂安·拉博还在巴黎大学主讲生物学总论。他一举向几门学说同时宣了战：一向孟德尔主义，二向遗传学，三向醋蝇试验——这种试验得出了四种染色体的基因卡片。全世界已经承认孟德尔主义是学术成果的一部分，为什么法国人还要那么固执地反对？法国的科学家，如吕西安·居诺，早就做出贡献，重新发现了遗传规律。这到底是为什么？要回答这个问题，没有必要去找深入的解释，T. S. 库恩的著名学说很能说明问题：染色体的结构、遗传体的结构以及组成基因的遗传原子，都与拉博的范例不相符合，与总的生命范例不符，与全部机体——环境的范例也不相符合。有一天，在卢浮宫门和塞纳河之间的公共汽车环形站台上，马塞尔·莫斯对我说："我不信孟德尔主义。"可他一向是以精通科学自居的。至于 C. 布隆戴尔（Charles Blondel）和 C. 布格勒（Célestin Bouglé），他们都不相信精神分析学说，而且不屑讨论，根本不承认这门科学。

　　在 1930 年，根本不消什么先见之明，谁都看得出遗传学为分析有生命的物体，为操纵——不管是福还是祸——人、动物、植物的遗传因素开辟了一条康庄大道。然而，我越羡慕生物学的光辉前途，对于自己工作的信心越一扫而光。有朝一日，遗传学家会反思自己的工作，讲得肯定比我好，对他的做法我还能说些什么呢？生物学教我们认识，或者将继续教会我们认识生物学上的人，我还能多说些什么呢？我也许可以走乔治·康居朗的路，而且走得相当出色：搞搞生物学思想史，制定一些概念，改变一些范例。但是，我都没有认真试一试便放弃了。理由有两个，这两个理由既大异其趣，又融会贯通。

　　1930 年春天，经过法国外交部负责对外推广法语著作的让·马克斯的推荐，我在德国科隆大学谋到一个法文助教的讲席，为名教授莱奥·施皮策当助手。我要完成分内工作，讲课和参加研讨会，分量不轻，给自己剩下的时间有限，不够用来消化为完成个人课题所需要的知识。另外还有一个原因，倒是起决定作用的原因，那就是我选择了存在主义的生活方式，这是 1945 年以后很时髦的说法。自从我上了哲学班，我学的并不限于学校规定的课程。先验推理要花费的智力劳动，远非翻译一篇拉丁文可比。不管怎么说，反正阅读名著，谈论唯心主义和现实主义，都只能激活我的思想而不能拓宽我的心胸。我对布伦什维格的不平之气相当影响我做第二次抉择，而第二次抉择却影响了我一辈子。布伦什维格的伦理观，就是苏格拉底的伦理观，也就是他和埃利·哈莱维讲解的那种伦理观：一要无所不包，二要来而有往。这是我毫不费劲就能接受的。直到今天，我仍然同意。然而，拿学者在实验室里的态度作为榜样，作为立身之本，那可没法满足我。学者只能在实验室里实践他的伦理（而社会学家却戳穿了这种表述，这样来看待学者，实在太恭维他们了）。更进一步说，我们每一个人都是人而不是什么学者；"真正的转变"不过是连环画中的传说。所以我才想找到一个思考的题目，能使我的情操和思想都感兴趣，同时又能叫我立志遵从严谨的科学态度，全身心投入研究。有一天，我在莱茵河畔，自己做出了决定。

84　　我时常回想起这一番思考的过程，最后反而担心是否把对整个过程的重建同自己真正的切身经历混淆在一起了。可是我记得，我有了新发现，高兴得不行，便写了一封热情洋溢而又不易看得懂的信给我的二哥罗伯特。大体上说，我天真地幻想和发现的，不过是公民的历史命运，或者是人本身。作为法国人，作为犹太人，处在发展的过程中，我怎么能够认识全局呢？我不过是几万万人里面的一粒原子。无论多么想认识全局，我也只能从某一观点出发，而其他观点又是无穷无尽的。于是我引出了概然判断，几乎是康德的学说：我到底有多大能耐去客观认识大写的历史——国家、政党、理念（它们之间的斗争连绵了多个世纪）——和"我的"时代呢？要回答这个问题，只得求教于历史知识或政治知识的批判。这种概然判断具有另一个范畴：主观追求客观真理，而主观世界却淹没在物质里面，它想考查物质，而物质却渗透了它。主观世界也淹没在现实里面，由历史学家或经济学家从现实中提取科学对象。我逐渐揣度到自己有两项任务：尽可能老老实实地理解和认识我们的时代，永志勿忘自己知识的局限性；自我要从现时中超脱出来，但又不能满足于当个旁观者。后来，我成了日报的评论员，一味向往从长远处观察时局，指出世界的本来面目，而不指出改变世界的办法。尽管如此，我还是激怒了好些读者。关于我新闻记者的职业，我后文还要谈。1931年春天，事情还早得很，我还在为德国的男女大学生们讲解《爱的荒漠》《给麻风病人的吻》《萨拉万的日记》。

1930年和1931年，莱奥·施皮策在科隆大学主持罗曼语系的工作，一些风华正茂的姑娘如同众星拱月一般围着他转，可说是热情洋溢、光彩夺目的年代。昂里科·德·内格里，尽管我们多年不见，却不失为我的知己；那时候他担任着意大利语讲师。他也是搞哲学出身，每天很早起床，翻译黑格尔的《现象学》。我脾气不好，小时候就爱发火，大了有时还忍不住，因此得罪了施皮策，错误完全在我。但总的来说，我很喜欢德国大学里的气氛。听讲的人（在教室听课的，特别是参加学术讨论会的）很是热情，比较开朗，不像法国学生那样腼腆。因为我是犹太人而出了点儿状况，但具体的我想不起来了。其实，施皮策也是犹太人，就像人家说的那种被同化了的犹太人。希特勒上了台，他夸奖我在《欧洲》月刊上发表的一篇关于国家社会主义的态度比较温和的文章，但又怪我没有足够强调他和国家社会主义带来的"新文化"。

1930～1931学年，我在课堂上讲解法国的反革命派约瑟夫·德·梅斯特和路易·德博纳尔。我和学生们一道读克洛岱尔和莫里亚克的诗文，大多数学生都读得像我一样激动。尽管当时国家主义激奋强烈，但我在和这些青年的接触中只留下了持久的印象和对德国人的好感。国家社会主义压倒了这种感情，但1945年这种感情又袭上心头。1953年，我去图宾根当了几个星期的客座教师，觉得德国大学生跟从前大不一样，但

85

又十分相似。至于希特勒的残迹，国家主义的余音，那是一点儿也感觉不出来了。我即兴为世界史下了"世界史是英雄行为与混账行为的混合物"这么一个定义，他们都热烈地表示赞同。

就是在科隆度过的这一年，我头一次读《资本论》。我也曾在巴黎大学讲过历史唯物主义，受到 C. 布格勒的责怪。也许他是有道理的。他大概怪我冲淡了马克思的思想，因为我引用了恩格斯并以他的概念为准。我也读了意大利作家蒙多尔佛（Mondolfo）和拉勃利欧拉（Labriola）的作品，我不情愿把"整体"的人类历史决定论的解释硬派给马克思。当时，我对马克思青年时期的文章和他的《政治经济学批判》还没有足够的认识，无法重构马克思的马克思主义，正如近半个世纪前，即 1976～1977 年，我在法兰西学院所尝试的那样。

1931 年，我在经济学方面的知识还不足以理解和评估《资本论》的价值。但在阅读的过程中，我经常注意两个问题。其一，大体上是经济问题：马克思的思想能否帮助我们解释经济大危机？其二，算是哲学问题：马克思的马克思主义作为历史的哲学，能否使我们摆脱在各党各派之中进行"选择"的负担，这个负担虽然沉重，却是我们人类的组成部分？如果未来已经注定、不可避免和必定得救，那么只有瞎子，只有利令智昏的俘虏，才会反对这种命运的到来。解读马克思主义时，通常最吸引我同时又最令我乏味的是他的历史哲学。资本主义的各种矛盾是否一定会通过革命或逐渐改良，把人类引向社会主义？经济大萧条泛滥全世界，德国受害尤为惨重，这是否证实了马克思有先见之明呢？这样是否一下子就证明了共产主义运动是有道理的，甚至苏联也是对的呢？请大家不要弄错，我并没有到《资本论》里去寻找论据，证明我反对苏维埃主义是对的。恰恰相反，我希望能够证实，社会主义确实注定是即将到来的历史阶段。

今天的读者会觉得我提的那些问题相当粗浅。这是有道理的。可是在那时候，我才刚刚致力于社会科学。我们眼中的职业经济学家对于经济危机既得不出一致的诊断，也开不出大家同意的治疗方案。他们想靠平衡预算来避免通货紧缩和经济紧缩，今天的历史学家一致认为这是头脑发昏，失掉了理性。可当时的旁观者倒并不都反对。罗斯福1933年当选总统，他的竞选纲领中就有平衡预算这一条。我在德国读了关于经济危机的文献，作者大都是评论家而不是专家。他们责怪德国的经济"体制""过度工业化"和德国东部的农业。我在1931年和1932年谈论德国的文章登在"自由谈"和《欧洲》月刊上面，这两篇文章暴露了我在经济上的无知。为了写这一章，我把它们找出来重新读了一遍，既不觉得它们有趣，也不觉得为此而羞愧。既然想当一名正在形成的历史的评论家，我在那时候实在还有许多东西需要学习。

我说不清这些文章在何种程度上忠实地反映了我当时的想法和我当时的心情。我给"自由谈"写文章的时候比较倾向于阿兰派的思想，尤其倾向于米歇尔·亚历山大和他的夫人雅娜，我欣赏他俩对自己的老师及其理念的信服、无私、忠诚和始终不渝。不管怎么说，这些政治文章反正称不上有远见，随时都把道义上的评价同逻辑分析混淆在一起。

这些文章都贯穿着一种忧虑——担心德国的国家主义抬头。这不能说没有道理。我在科隆和柏林都预感到国家主义会不可抗拒地突飞猛进，国家主义的政党兼收并蓄传统的右派和

87

国家社会主义，这个政党一旦获胜，战争便如魔影幢幢，显示出不祥之兆。正如我在别处已经写过的，1930年春天，我刚到科隆便感到了冲击。就像汤因比说的："历史会重演"。在1930年或1931年我直觉地感到，在大多数法国人里面我是比较清醒的。我比较能够意识到，狂风暴雨即将袭击整个世界。然而，这种正确的预感并没有让我马上去研究一种外交政策，来应付可能面临的滔天大祸。这种预感只启发我写了几篇议论战争与和平的文章。这些文章可以表明，我的思想正在进步，感性的反对逐渐为政治反思所取代。

我到德国最早写的几篇文章中，有一篇发表在"自由谈"（1931年2月第三期）上，试图纠正我今天所痛恨的、也是自从希特勒掌权以后我一直痛恨的各种现象和谬误。文章标题为《关于和平主义的几条简单建议》。比如拿第八条来说："德国的和平主义者有权利，有时候也许有义务，敦劝战败者逆来顺受，凡事忍耐。而一个法国的和平主义者，却永远不会有这种权利。"想法当然不错，可从中又能得出什么来？我有理由设法抛弃这种宣传口号。法国和德国彼此对立，并非文明与野蛮的对立，而是胜与败的对立。胜利者要保持胜利果实，而战败者则要雪耻。说到这里，理论上的和平主义还没有叫我干蠢事。可是一谈到赔偿问题、裁军问题，我就只好摆论据，就每一个问题权衡必要与可能，而不能再说德国人的要求是被压迫的人对富有的人提出的要求，所以要求本身就有道理，因为是弱者提出的要求（尽管德国人不过只是暂时还算弱者）。

关于《凡尔赛条约》，情况也是如此。我只提些一般的说法。这些说法或许不错，可很难叫人信服。"就法国的政策来说，维持条约也不能作为必不可少的手段。"如果说"改约等于战争"，如果说"从来没有不打仗而修改的条约"，那就等于承认战争注定要爆发。不改变便不能生活，今后要的是，不打仗也能有所改变。1931年，希特勒执政的前两年，不打仗又能改变什么？任何领土疆界是没法改变的。赔偿和不歧视政策构成了大家讨论的议题，这将关系德国是否有权重整军备。如果主动放弃赔款，也许比较合适。同意暂停缴纳赔款也是个办法，总比一味听从美国为妙。我们如果采取主动，就能在道义上失之东隅收之桑榆。史学家事后回顾，都非常怀疑当时要搭救魏玛共和国、阻止纳粹得胜，恐怕除了法国采取这一行动，再不会有其他办法。然而，从1930年到1933年这几个决定性的年头里，第三共和国什么也没做，一味听凭局势发展。不管怎样，"自由谈"的影响有限，我的文章本来也起不了任何作用。我之所以要回顾一下早期所写的报刊文章，无非想指出我的政治教育前后经历了什么阶段。

1933年2月，我又在这家杂志上发表了一篇题为《关于全面和平主义的思考》的文章，因为费利西安·夏莱出版了一本小册子，叫作《无任何保留的和平》。接着，F.夏莱本人跟泰奥多尔·鲁森、G.康居朗与让·马达夫等人讨论了这本小册子以及伯特兰·罗素和阿兰的文章。我在文章里区分了信徒的和平主义、哲学家的和平主义、革命者的和平主义。第一种人跟反对服兵役的人一脉相承。基督徒和康德派信奉绝对的信条：绝不杀人。不是逃避危险，而是拒绝违背自己至高无上的信念。第二种人是相信和平主义的哲学家：真抵抗和假抵抗。我用罗素的话加以概括，他说："任何想用战争来避免的灾难，绝比不上战争本身的灾难。"今天看起来有点古怪的是，为什么我当时没有用非常浅显的道理来驳倒罗素的说法。

第二次世界大战使我们意识到，有时候战败者的惨遇竟会超过
战争的灾难。可是，我在那时候只用了一条抽象的论据加以反
89 驳。我说："还有必要提一提这样浅近的道理吗？像名节或自
由那样的好东西，是既不能出价钱买也不能用尺子量的。问题
在于向人们指明，国与国之间争夺的东西与真正的价值毫无关
系。"我接着又说："……人们不肯多想想战争的祸害，也不
肯多想想遭受侵略的苦难……"我尽力不去直接冒犯阿兰，
但我毕竟让人觉得，阿兰的和平主义是漂浮在皇天后土之间
的。我从中看到一种"理智的反对"。我承认他的想法完全合
乎逻辑（在这一点上，我搞错了），同时也认为他的主张起不
了任何作用（这里我却看对了）。

　　至于（费利西安·夏莱和乔治·康居朗所标榜的）"革命
者的和平主义"，我反对它。首先因为它是形而上学的，战争
就是绝对的罪恶，内战外战都一样。"革命的和平主义者"如
果仅因为战争是暴力而反对战争，那就是自相矛盾。他们该回
过头来，做一番政治和历史的分析。然后说，内战和外战不一
样。如果内战是为了正义，那也许是可以允许的。对外战争总
是为了维护一种社会秩序、一种等级制，因此，集体的正当自
卫从来不等于个人的正当自卫。而且，在国家冲突的丛林法则
中，谁能准确无误地判断孰是孰非？战争中哪一方是完全出于
自卫？说到头，任何战争都可以说是自卫（让邻国充当自己
的缓冲国，难道不是防范的措施吗？）。

　　"也许要回到古时候，政治集体跟个人还相差不远，所以
集体自卫和个人自卫还可以混为一谈。今天可无论如何不一样
了。谁要提出这样一个问题：个人甘冒莫大的牺牲，到底为什
么，为了些什么集体准则？别人就很不好回答。不好回答尤其

是因为说不出到底是为了祖国还是为了阶级？到底是为了人人生活得公平合理，还是为了国家独立？人们到底朝哪一方面才能看到公平合理的前景？今天有哪一个集体肩负着历史使命？政治问题不是道德问题。所以，鲁森和康居朗都在困难面前犯了根本性的错误：鲁森将任何战争都算作自卫战争，势必把非正义的战争也当作可以被允许的战争；康居朗既然说了杀人是绝对的罪恶，可是又允许打内战。"G. 康居朗是一个抗敌英雄。只有夏莱始终不渝地信奉自己的和平主义，但不能说没有危险的偏向。

　　1933 年 2 月发表的这篇文章是在 1 月 30 日以前写的，仅仅略微谈了一些想法。过了不久，我又在《形而上学与道德杂志》上发表了一篇文章，题目叫作《关于拒绝服兵役的几点思考》，此文重新把上面讲的那些想法解释清楚。1972 年，这篇文章被收进了我的文集《政治研究》。我处心积虑想把战争问题在思想里搞清楚，在今天的读者看来，这也许有点天真。我这种心情来自当代思想，来自时代精神，来自阿兰对于伦理的想法，这里面既有服从权力的一面，又有内心的不恭。

　　什么战争能像 1914～1918 年的第一次世界大战那样长，那样残酷，那样无聊和无效？但人们的狂热让这场战争合理化了。1925 年，我作为刚满 20 岁的年轻人，却没有那种激情，有时候简直没法想象他们上一辈的心情。我们这些年轻人，大多数只远远地经历了这场战争，没有吃到什么苦头。至于自己打过仗的人，或者是阵亡将士的儿女，他们都痛恨战争，特别认为战争是得不偿失的。胜利没有带给他们任何足以抵偿那样惨重的牺牲的东西。愤愤不平之气渐渐演变为反对军国主义的情绪，而阿兰正好用哲学来提炼这种反对军国主义的心情。这

90

种心情在某种程度上导致了军队士气的低落。

　　怀有这种心情的人要么走向共产主义，走向革命，要么奉行与德国和解的政策（反对占领鲁尔区，减少赔款，到1930年代初提前撤出莱茵区），要么干脆拒绝服兵役。拒绝服兵役有几种形式：一种是内心上反对打仗，一种是阿兰的方式（拒绝晋升军衔），还有一种是无政府主义。至于我，我的态度接近第二类，确切地说是阿里斯蒂德·白里安的态度，因为这样合乎我的性格。阿兰的态度能打动我，但说服不了我。我写的一些文章都透露出思想上的混乱和感情上的迷惘。但这种茫然若失的心情在我1933年2月讨论和平主义的文章里便开始拨开云雾见青天。文章里有一句话说得相当动人："政治问题不是道德问题。"到了今天，我仍然会这么说。

　　当然，这句话也不免过于简单。在哲学上，政治作为问题，作为判断和行动，自成一个特殊领域。也许，归根结底，政治行为只有同广义的道德联系起来才有意义。我痛恨极权主义，那是因为极权主义能使一切邪恶的东西肆意得逞，大张凶焰，而其根苗则深埋在人的本性里面。任何政治，尤其是任何战争，都必须具有合乎道义的目标，或者有由道德准则规定的目标。但是，目的也罢，手段也罢，都不是考虑了道德然后得出来的，或者说，不完全根据道德而得出来的。权利平等意味着德国将重整军备。国家之间不能有歧视，在正常情况下，这是合乎公平正义的。但是，德国不接受《凡尔赛条约》划定的领土边界现状而要重振军威，那么和平将得到巩固还是受到损害？

　　1932年，爱德华·赫里欧重返外交部以后，埃玛纽埃尔·阿拉戈——他的兄弟跟我的兄长阿德里昂很有交情——经常在官场走动，他带我去见外交部的一个副部长，名叫约瑟夫·帕加农。我曾经对阿拉戈倾诉过，我对德国的政治动向忧心忡忡。德国全体人民都狂热地感染上了国家主义。希特勒获得了权力，战云弥漫，欧洲岌岌可危。那个副部长请我谈下去，我便发了一通议论，纯粹是高师的派头，或许讲得有声有色。他听得很认真，看来我所说的还有点意思。等到我发完议论，他才回答："根本问题在于思考。我一有工夫便爱思考，所以感谢您给了我那么些思考的题目。我们的总理兼外交部部长，威望过人，人品出众。任何建树，此其时矣。您谈德国问题，实在精辟，谈到天边升起的危机，也着实动听，但请问如果您是总理，您怎么办？"他的话听起来一忽儿可笑，一忽儿相当中肯。我怎样回答他的，已经记不清了，反正，肯定是结结巴巴，不然就是张口结舌。该对他说什么呢？

这个部长给未来的评论员上的这一课，后来才开花结果。15 年后，我有一天在《战斗报》报社向阿尔贝·奥里维埃（Albert Ollivier）提出一个问题。他刚刚写了一篇社论批评政府。我说："如果你处于政府的位置，你怎么办？"他大概是这样回答我的："这不是我的事情。该怎么做，由政府去想。我只管批评。"我经常想抱着另一种心情，来充当这个评论员的角色，老想向政府暗示，该怎么做，或者可以怎么做。有时候，我知道我的建议在短期内是无法实施的。但它至少能对舆论起一点儿影响，这也可以使我期待的事情更容易办一些（比方说，在阿尔及利亚战争时期，我就是那么做的）。92

从 1931 年写的文章中，还看得出我胸无成竹，在理想和现实情况分析中间摇摆不定。可是，重读 1932 年写的文章，就没什么难堪了。那时候已经是魏玛政权的最后一年。在几个关键性问题上我看对了，我不仅洞见当时的情况，而且预料到不久以后发生的事情。

德国受了经济危机的创伤，国民情绪激昂。布鲁宁当总理，依靠社会民主党，同时向右派求援，试图同希特勒谈判，希望他满足于送几个同伙进政府。仅仅谈一次话，就足够让布鲁宁总理破除自己的幻想：希特勒要的是政权，对其余一切都不感兴趣。我在1932年2月号的《欧洲》月刊上写了一篇文章，先谈了德国总理秘密会见纳粹领袖的事，然后说："有一件事情是肯定的：希特勒忘不了他在1923年的失败，不会再搞一次武装政变（除非事前得到军队同意）。他最清楚不过，国家防卫军和警察不费吹灰之力就能击败他那一帮人马。社会民主党求之不得想让他发动武装政变，只有这样，社民党才能得救，才能为自己辩护。等到建立起新秩序，希特勒将信守合法性的诺言。"随后，我对中间势力和纳粹的关系做出结论，我判断希特勒是个"不错的策略家，不会为了马上分得部分权力而牺牲党的统一。他即便加入布鲁宁政府，也不会放弃行动自由，我的意思是说，不会放弃他横行无忌的权利"。

在1932年年初发表的这篇文章中，我既不小瞧社民党和共产党等左派政党的没落情况，也不低估各种所谓国家党的得势，其中，希特勒的国社党人数最多，最凶狠，最可怕。我说："首先，政权差不多已经到手，历届当政者急不可耐地与有国际主义（当然是十分温和的国际主义）嫌疑的社会民主党人达成一致，至少是表面上一致……"我列举了占主导地位的国家主义的不少事例："据哈勒－维腾贝格大学的教师们说，学生起哄，斥责一个教授犯了和平主义错误，那是因为大学生都被国家意识浸透了……革命者、和平主义者已经遭到法院追究。国家社会党人成了法官。"我在那时便这样讲也许有点过火，但颇能说明一个不太能够被否认的事实：魏玛共和国的领导阶层中缺乏共和派人士，这势必使它走向"国民大联合"，直至把政权的大门向所谓群众的党打开，以便对付代表无产阶级的政党。

兴登堡总统打发布鲁宁总理解政还乡，我不曾低估此事的严重性。我说："兴登堡元帅是社会民主党、天主教以及资产阶级温和派选举出来当总统并抵制法西斯势力的，现在兴登堡元帅却粗暴地撵走布鲁宁总理而启用冯·巴本，以致胜利已在纳粹掌握之中……"（1932 年 6 月"自由谈"）只此一次，我居然发了火，我说："一帮不中用的贵族，觉得国家大计威胁到他们的家私产业，一帮将军，自以为要当拿破仑那样的角色，利用他们的影响力，拆掉了暂时抵挡纳粹冲击的最后一道堤坝。这些落后于时代的特权分子，无能无用，自私自利，睁眼瞎子，已亡的社会和已逝的时代的未亡人，幸存者，竟夺取了德意志共和国的政权。这些人大有可能作法自毙，让自己释放出来的魔力把自己砸烂。到了明天，纳粹党人会不会回过头来，整治这帮浅薄愚昧的反动分子？大家可以存疑，但这并非没有可能。可是，有一件事是错不了的：如果现在纳粹党人不来处决他们，日后终将处决他们……"

1932 年 7 月，我在《欧洲》月刊上发表一篇文章，口气不像以往那样激动，我说："德国已经差不多没法用民主方式加以治理了。"然后我又预言："专制政体"已经无法避免，但还不能说一定是国社党掌权。当时还有取舍抉择的余地：可以是施莱歇尔，也可以是希特勒，前者搞国家主义，后者搞国家社会主义。

94   1932 年 11 月，国社党选举失败（该党丢掉 200 万张选
票），莱昂·勃鲁姆认为这使希特勒失去了上台执政的一切希
望，而我对此的评论却要含蓄得多。我说："《柏林日报》用
大字标题'巴本和希特勒一败涂地'。不错，巴本没搞出多
数派，希特勒丢掉 200 万选票，但我们不能不说，他们尽管
吃了败仗，但仍将继续控制德国。理论上，共产党得胜了，
但取得政权还遥遥无期，也就是说，革命还遥遥无期。"
1932 年 11 月的选举基本上没有改变局势中的主要条件。既
然德国非由右派来治理不可，那么真正的问题只有一个，而
且非常简单：是国家主义，还是国家社会主义？是巴本或施
莱歇尔，还是希特勒？到底鹿死谁手？难道还看不出国社党
的前途吗？

          然而，我的文章也有几个缺点。我本来应该分析分析魏玛
共和国的宪法。这个宪法跟第五共和国的宪法不乏一些姻亲关
系。直到 1930 年代和经济大危机，大家总把它当作议会制的
东西。总理依靠议会多数的支持治理国家。他一旦失掉了议会
多数的支持，便只得完全听命于总统。根据宪法某些条款，总
统在必要时可以颁布政令（Notverord-nungen），跟我国的法令
相仿。这么一来，总统便成了真正的行政首脑，左右国内的政
治斗争。兴登堡老元帅长久以来抵制住了希特勒的种种要求。
在他的心目中，希特勒不过是上一次战争中的小班长、一个危
险的革命党徒。他不肯背叛保卫宪法的誓言。他的左右亲信、
他的儿子和冯·巴本都劝他先在春天打发布鲁宁，然后在秋天
送走冯·施莱歇尔。到这时候，同国社党结成"国民联盟"，
已经只此一着，别无他途。照宪法办事也只有这一条路了。

          在总统府里，一个年迈的元帅一向信奉君主制。右边是

"国家主义者"，他们深得（政府和经济部门）统治阶级中绝大多数人的同情。再往右去，便是国家社会主义党，这是一个新型的倡导群众运动的党，它有民兵组织，民兵大部分没有武器，该党赢得了几百万张选票。如果共产党不加入保卫宪法的行列，与中间派和社会民主党联合行动，魏玛共和国政府在议会便得不到多数代表的支持。1932 年 7 月，巴本清算了普鲁士的布朗政府，拆毁了社会民主党仅存的最后一座堡垒。不管是演戏的还是看戏的，他们面前还有什么出路？要么依靠国防军，由传统的右派取得政权，一举歼灭魏玛共和国各政党与国社党（如果还有可能来这么一次大清算的话）；要么来一个所谓的"国民联盟"，把国社党包括在内，结果如何，谁也没法预测。至于在这个联盟内部谁会取得压倒性优势，那倒是谁也不会怀疑。然而，到了 1933 年，希特勒已经当上总理，法国人和德国人还在柏林你问我、我问你：1 月达成妥协的意义何在？我还记得，我那时候在法国大使馆跟记者们谈过一次话。其中有一个新闻老手严肃认真地说："墨索里尼绝对不会同意这样限制自己的权力。"我不相信从 1933 年 1 月 31 日开始我还会犯什么盲目乐观的毛病。

我们这一帮学院派的寓公，就是不理解或者不够理解布鲁宁在经济政策上犯的错误。[①] 他只顾收缩通货，平衡预算。我缺乏经济学素养，怎能掌握好些部长、好些工业头头都掌握不住的东西？后来回到法国，我才添了些知识，责怪赖伐尔（Pierre Laval）只顾收缩通货而不让货币贬值，从而促成了人

---

① 我们也不理解，布鲁宁一心只想证明赔款无法缴纳，非取消不可。这一点，他倒的确做到了。

民阵线的胜利。

　　我们大家大概都犯了另一个错误：低估了希特勒。当然，我从心底里痛恨这个家伙，因为他是个反犹分子，而我是犹太人。这得算在账上，但不如想象的那么厉害。听他演说，我便毛骨悚然。他的嗓音能够叫某些人着魔，而我却一听就难受，几乎听不下去。我讨厌透了他那种伧俗粗野的语言。瞧着几百万德国人欢欣鼓舞，我只是目瞪口呆。希特勒浑身杀气腾腾，真是罪恶的化身。对我来说，他就是战争。

96

　　然而，谁能想到，不到 3 年，他便使 600 万失业者重新就业。到了 1934 年 6 月，危机在长刀之夜达到顶点，连素来具备远见卓识的人都认为希特勒的寿命长不了。6 月 30 日，大血案第二天，我的朋友埃里克·韦尔（Eric Weil）偶然对我说：墨索里尼跟希特勒不一样，希特勒是个"混蛋"。我们那时候还没看惯"元首"那种忽而无声无臭，毫无动静，忽而活蹦乱跳，精力充沛。1934 年春天，他的好些右派盟友发起愁来。他们本想靠希特勒建立一个保守的国家主义的政权，强迫英法两国给德国平等的权利，也就是说让德国重整军备。他们不相信帝国能活一千岁，或许也怕帝国能够活一千岁。

　　1933 年秋天，我在《欧洲》月刊上发表的文章叫我不太好受，尽管这篇文章已经不像前几篇那样，同我在 1945 年以后写文章的笔法格格不入。对于德国危机暂时的结局，我的分析还算不错。我说："布鲁宁下台以后，国家主义的革命已经没法避免。问题不过是，谁将取得领导权，谁将从中获得好处？"接着我又写道："体育宫和威廉大街象征着两个敌对的世界：一方面是气势汹汹的群众，另一方面是旧秩序的代表。

等到体育宫的演说家被请到威廉大街去，决定性的事件便发生了。1月31日晚，希特勒的拥护者手舞足蹈，列队游行。在队伍后面，一个是他们的领袖，另一个是纹丝不动的幽灵。这个幽灵代表古老的德国刚刚为明天的德国让开了路。"

关于冯·巴本起的作用，关于"国家主义派"所抱的幻想，今天再来谈论已经没有什么意思了。我当年似乎相信过，国民联合也许不一定会使希特勒称雄称霸。今天的史学家对此还有所怀疑。至少对我来说，国家主义或保守派革命跟国社党毕竟不是一码事。国社党革的是一切现代道德准则的命。1933年5月10日，我跟我的朋友戈洛·曼（Golo Mann）——戈洛·曼是托马斯·曼的儿子，今天已成为一位出色的历史学家——目睹了一件怪事：戈培尔命令大学生把禁书往火堆里扔。我没有描述当时的情况，但上面所说的毁灭道德准则就是指此而言。我看到的现场情景并不发生在冲锋队的巢穴里，而是发生在离大学只有几步远的地方，而且场面十分寒碜，既没有人群，也没有热烈的气氛。也许有百把个穿制服的希特勒分子在听戈培尔讲话。他说："我烧掉弗洛伊德的书（因为他夸大性的作用），托马斯·曼的书，穆齐尔（Musil）的书，还有好些作家的作品，不管他是不是犹太人。"戈洛·曼和我都不讲话，各自沉思默想。一个有文化的国家，一个有高度文明的国家，上一届统治阶级竟把复兴德国的使命交给这帮恶棍匪徒。焚书于菩提树大街，活像当年把亚历山大港图书馆里的藏书付之一炬。熊熊火焰象征着掌权者的蛮横无理。

对于这一场丑剧，我保留了原来的描写。1982年5月10日，《世界报》增版登载亚历山大·宗巴蒂叙述这件事的文章，我那时候还没有拜读。声讨颓废没落的作品或"非德国"

的作品，檄文是戈培尔写的，由大学生们宣读。现在我回想清楚了。我之前把大学生们的宣读和戈培尔本人的演说混在一起了。被焚书的许多作家里，我又把亨利希·曼（Heinrich Mann）错记为托马斯·曼。在这些细节上面，宗巴蒂显然是对的。总的来说，关于整个场面，我仍然坚持认为自己没有记错，当时的气氛全无宏伟壮阔的味道。这跟宗巴蒂记的就不一样。

大概有不走运的作家的 5 万本书和一些手稿成为灰烬。书是毁于一炬了，可并不会在公共图书馆和私人图书馆里绝迹。也许，大学生们会在火焰的照耀下行进，黑夜里红光闪闪，颇为壮观，火焰熄灭时也可能好看，可惜戈洛·曼和我都没有亲历目睹。熊熊的火焰，大学生的宣读，戈培尔慷慨陈词，口若悬河，都苦在没人欣赏。柏林人没有到歌剧院门口凑热闹。我们站的地方离火堆不远，走开的时候也没有碰到很多过路人。在希特勒上台前后，我时常听到狂热的人群咆哮呼号，而这一次，这样的人群却没有来，或者是没有接到召唤。这一场火灾缺了观众，只能使我们对它的象征意义心寒齿冷，对这个寒碜无聊的场面嗤之以鼻。

极权体制建立起来了。我列举这一体制运作的主要方式时力求客观，直到过火的程度。谈到仇视犹太主义，我一口气写了 5 页。文章写得离奇，我今天倒很想对它做一番心理分析。我自己是犹太人，要向法国读者——不管他们是犹太人或者不是犹太人——谈希特勒的反犹主义，所以我几乎从头到尾用了旁观者的口气，而当旁观者采取介入的立场时，他会保持几乎同样的冷静。我说："不去谴责无益的暴行，当然不在话下，但是受人招募去向德国的野蛮举动发动'道义的'或者爱国的圣

战，也不在话下。"我的亲德思想，连希特勒加上他的反犹主义
也压制不住，我下意识地想作为法国人而不是作为犹太人来写
这篇文章。关于残酷的暴行，关于集中营，我只间接说到。有
时候，我也弄错。我说，纳粹分子要使犹太人沦为无产者，要
把他们置于社会集体之外……我还没有说他们已经决计把犹太
人撵出德国。我还在反复思考，还有没有可能制止纳粹分子消
灭犹太部族。文章发表于 1933 年 9 月，大概写在我做客柏林的
最后几天。那时候，希特勒上台已有半年。我谴责"合法的暴
行"，"冷静的残酷，像集体屠杀犹太人一样令人发指"。

　　好几段关于仇犹的话都不中我的意。我就算不想替德国人
开脱罪责，至少也想解释德国人为什么竟这样消极被动。我说：
"德国人习惯于人祸，不再动情于道德声讨……"后来，历史却
证明了，不再动情于道德声讨的不仅是德国人，还有叫我难堪
的偏好超出常情的唯理主义。我说："希特勒撵走犹太人使科学
蒙受损失，到头来会懊悔的。"我还认识不到，希特勒的反犹主
义是不会理睬这种论点的。然而，我至少还比另外许多人少犯
一些错误，我敦劝犹太朋友赶快出国。他们在纳粹德国已经不
可能有像样的生活。我没能预见到"最终解决方案"。谁又能在
1933 年就想象得到这个方案？

　　叫我难堪的还有一件事，即德国和法国在犹太问题上大相
径庭："对一个德国人来说，民族中存在种族问题是正常的，
而在一个法国人看来却不是这样。谁接受了法国文化谁便能成
为法国人，这是理所当然的。迪亚涅①老说保卫'咱们的文
明'。在很多德国人，也许在大多数德国人的心目中，一个人

---

　　① 迪亚涅是塞内加尔的黑人，法国议会议员。

生下来就是德国人，不能后来才成为德国人。"这样泛泛而论，其中也许有点儿真情，但是我不会被流行的思想意识搞糊涂。其实最叫我为难的是，勉强忍住了不去痛斥我最厌恶的现实：既想"什么都能理解"，又不肯"什么都能原谅"，而且老在两者之间摇摆不定。塞尔日·卡德律帕尼在1981年出版了一本书，名叫《真理的不幸》。他批评了我写的这篇文章。他责备我在1933年春天在《纽伦堡法令》以前竟用那种口气评论希特勒的反犹主义。可是在那时候，我虽然没有预言最终解决方案，但至少还是确认第三帝国绝不会给犹太人留任何活路。我说："国社党的居心是十分清楚的，国社党不仅要消灭犹太人的经济势力和政治势力，不仅要禁止他们担任公职，从事自由职业，而且非得把他们变成无产者不可。"从事后来看，我把希特勒的计划解释为"犹太人的无产化"显得乐观得很天真，可是在那时候，犹太人听了已经毛骨悚然，有人还会嫌我太悲观。

S. 卡德律帕尼责怪我写了一篇为犹太人辩护的"蹩脚辩护词"，还责备我写了这样的东西："当然，犹太人不够谨慎。"今天，研究德国犹太部族的史学家，包括犹太裔史学家，例如 F. 弗里德兰德，比我走得更远。他们深入探讨犹太人到底为什么会变成替罪羊，变成德国人怨恨的靶子。也许那时候的环境不允许我保持"客观"。那时候，我根本不该探讨猖狂反犹的原因。要是这样的话，每逢分析时事，就非得善恶分明，只能口诛笔伐，而不该致力于理解。可是，我自己就指出了理解的局限性。我说："我们不必想方设法去预测，我只想帮助大家去理解。可是，有些东西，读者也许不愿意去理解……追求客观不该排斥必要的义愤。"

这个作家责怪我写的另外一些东西，今天我一定不会再写那些了。我注意到希特勒毕竟找到了"解决政治问题的方案"。在那时候，在1933年以前，任何评论家，或者说差不多任何评论家，不管是德国人还是法国人，都观察到了德国社会的分裂，因此把"团结全国"的功劳记在了希特勒头上。但是，只要读读通篇而不局限于一句两句，我的意思还是清楚明了的。我说："通过把暴力和意识形态结合在一起使用，他重新教会了德国人俯首帖耳：鼓舞与愚弄、责任感与无奈混杂在一起，叫人只得屈服于命令。"下文又说："'主体'起死回生。""他在椴树下蓬勃吐艳，襟佩卐字徽，堂挂新圣像，卓别林式的小胡子取代了帝君的翘须。"

有一段话比较容易被挑出毛病，也许是因为我对时代风气让了步："健康的生命力鄙视风雅与怀疑，它不应受人鄙薄与揶揄。集体的信仰往往粗犷简单，摘其谬误并非难事，历史却不偏爱讲道理的文人学士。"不错，历史并不认为爱讲道理的文人学士最有道理，而更不幸的是，至少在20世纪，集体的信仰大多十分粗暴。我是在观察，并没有赞同。到了1935年，我又写了一篇相当严厉的文章，批判日耳曼人在"希特勒万岁"的叫嚣声中完成了表面上的统一。

反正从1933年起，我就再没有受希特勒和平主义宣言的愚弄了。我说：几个月来，尽管和平主义的论调甚嚣尘上，但是头头们并没有放弃其野心。我认为托洛茨基对纳粹政策的解释是正确的，但我有一个异议。我认为，独裁者的计划并不是那么明确。不管怎样，我们的任务十分清楚：不论我们个人的感情倾向如何，我们必须帮助（和强迫）国家社会主义（和法西斯主义）选择和平解决的途径。托洛茨基的文章分析了1933年5月17日希特勒在国会发表的演说。他在和平的言辞

101

以外看出新政权重整德国军备的决心。这一决心必然引起德国和法国的冲突。希特勒有了实力，便将公开他的野心：向东方发展。"纳粹反对同化，但不反对兼并，劣等民族被日耳曼主义压服以后，最好就此灭亡。"

我就这样接受了托洛茨基的观点：纳粹是既针对西方也针对东方的帝国主义。这位苏联红军创始人考虑到希特勒在争取英国同意德国重整军备时才如是说。我毫不怀疑"元首"的野心，但是怀疑他还没有确定实现"大战略"的每个阶段的详细计划。

我在《欧洲》月刊上发表了文章以后，再也没有写文章谈论希特勒，谈论德国和国际政治。直到战争爆发前，只有三次例外。一次是在《汇编》上登过一篇。《汇编》专门登载C. 布格勒主持高师社会文献中心召开各次会议的论文。一次是讨论埃利·哈莱维发表的著作《专制的时代》，文章被刊登在《形而上学与道德杂志》上面。最后一篇讨论"民主制度与极权制度"，是在法国哲学学会年会上的论文。

我本来把这一章的内容命名为"发现德国与发现政治"。这本来是同时发现的。我念念不忘的是和平主义、道德主义，这都是从阿兰那里接过来的。其中也有我自己的历史观念。我说："我们国家对德国危机的特别关心来源于……一种深刻的本能，不管是否愿意，德国的命运就是欧洲的命运。"1945 年，第三帝国一垮台，我就重新提出了这种看法。我接受歌德奖①的时候，

---

① 法兰克福市每三年颁发一次歌德奖。我在 1979 年获奖。1982 年，恩斯特·荣格获奖。

拉尔夫·达朗多夫在颁奖时致贺词说："德国是我的命运。"
他这句话没有讲错。

今天，我想回顾一下，当年初次接触德国文化的时候，我 102
到底有过什么样的感受。1930 年春天，我一到科隆市便去钻
研报刊，因为我不太听得懂施皮策教授、助教和学生讲的德
语。读哲学著作还相当困难。从 1930 年到 1931 年，我在科隆
度过了一个学年，在语言交流方面有了一些进步，跟人家交谈
已经没有什么障碍。德国青年一代的苦恼，人与人之间的热
情，都感动了我。哪怕是多多少少倾向国社党的大学生也不拒
绝和我交谈。当时我在科隆和柏林接触的德国人，并不像今天
所描绘的那种妖魔鬼怪。我们在莱茵河畔喝酒，或者在施普雷
河边酬唱，蓦地友爱之情油然而生，江山暮色，为之改观。然
而，倒不全是德国的青年就此吸引了我，而是德国的文化发挥
了魅力。

这种震动乍看颇为使人惊叹。我和康德的作品整整一年形
影不离。我对休谟研究得不深不透，限制了我理解康德的三部
《批判》。尽管如此，我仍然消化了德国哲学中可贵的东西，
也许是最可贵的东西。我永远忘不了，形势迫人乃是道德的精
髓。这跟宗教差不离，不是理性能限制得住的。可是，我是在
莱昂·布伦什维格的新康德主义中解释康德。康德的学说与法
国非历史的世界主义（至少是巴黎大学标榜的世界主义）不
难融为一体。

我阅读东西时很少认真考虑，往往摇摆在两极之间。一方
面是社会学家胡塞尔和海德格尔，另一方面是西南德国的新
康德学派的李凯尔特和马克斯·韦伯。我觉得两方面都蕴蓄
着无穷的宝藏。法国作家一下子便相形见绌，几乎显得有点

贫乏了。半个世纪以后，我至少该说，自己还是保守一些为妙。德语中极其富有概念性的词句，加上德国的哲学传统，很容易叫人产生错觉。德文"有意义的整体"（Sinnhafte Zusammenhänge）译成法语"感觉系统"（réseaux de sens）便会失掉一部分妙处。当时，我十分佩服卡尔·曼海姆（Karl Mannheim）。今天，我自己都觉得奇怪。几年前，我为"意识形态和空想"举办一次学术讨论会，因而重新读了曼海姆的书，我心里纳闷，他为什么会有这么大的名气。还是追溯一下过去吧。

西蒙娜·德·波伏娃说，我跟萨特谈过胡塞尔的学说，引起了萨特火烧火燎的好奇心。其实我同他一样。我学到了现象学，觉得自己仿佛从新康德派的体系中解脱了出来。可以说，那时候我已经克制住自己身上形而上学的脉搏。真正触动我的，倒不是形而上的现象学，而是这种学派的思维方法，几乎可以说，是现象学的观察方式。我潜心思考历史和人类现实的内在意义——人类现实是可以参悟的。我觉得威廉·狄尔泰缺乏胡塞尔那样的哲学思维，所以没能把他的预感表达清楚。我弄懂了发展中历史的各种意义，从而拿起或者重新拿起马克斯·韦伯的学说。我逐渐意识到韦伯学说的伟大，同时发现自己同韦伯存在一种心意相通。

为什么我一接触德国人，特别是马克斯·韦伯，便对社会学大感兴趣，而涂尔干却使我对社会学起了反感呢？若要回答这个问题，我得重新使用已经用过的说法：出发去追寻我自己的过去，而同别人的过去比起来，我对自己的过去几乎同样生疏，同样缺乏客观性。

从1924年到1928年，保罗·福科内和塞勒斯汀·布格勒在巴黎大学教授社会学。一个是涂尔干正统的门人，另一个虽也出自同一师门，但思想比较自由，不那么像社会学家，两个教授都启发不出什么志向来。他们俩没有助教。高师同学自以为高人一等，不屑去巴黎大学听课。我时不时去听听布格勒先生的课，上文已经交代过，我在巴黎大学讲过一次历史唯物论。

当然，我拜读过涂尔干及其门生子弟的巨著，但学术的火花并没有迸发出来。我在高师，时而大受康德的感染（受笛卡儿的影响也不小），时而醉心于普鲁斯特（但对陀思妥耶夫斯基是否也那样醉心就不好说了）。就这样，我摆脱自己，摆脱心里的疑虑，摆脱受别人的判断的影响，单纯顺从自己的悟性或道理。我在《追忆似水年华》一书中，重新感到生活的艰难、由于念念不忘别人的看法而自己成为俘虏的事实，以及命中注定的种种令人丧气失意的事情。我虽然很多年没有重读普鲁斯特的《追忆逝水年华》，但对他仍然十分崇拜。康德或者普鲁斯特，形而上的推理，除了这两方面的感受，《社会分工论》《自杀论》《宗教生活的基本形式》都没有拨动我的心弦，它们只不过是一般的研究对象，我于必要时拿来谈论谈论。我那时代的哲学良师什么都谈。

我担心自己又在简化内容。除了康德和普鲁斯特，还有政治。我几乎从来不跟萨特谈政治，跟尼赞，跟拉加什，甚至跟康居朗也不谈政治。我跟不太知己的朋友——比如时不时见到的罗贝尔的朋友——还稍微谈谈政治。可是，我酷爱政治。我从德国接受了政治教育，归来以后的很长时间里，每逢公共集会，我仍然同群众的激情有着深切的共鸣。我还记得 1924 年的一次集会，那时候，左派联盟刚冒头。保罗-邦库尔一出场

104

便是一片欢呼声。轮到赫里欧，"等他讲完了话，全场还在悉心恭听"，然后才欢声雷动。我很惭愧，但不能不承认，我后来居然对马塞尔·德阿的口才佩服得五体投地。他的派头和保罗－邦库尔或赫里欧不一样，他论证多，感情用事少，而且口吐莲花，引人入胜。① 话虽如此，我酷爱政治，其实对我来说是一种避难就易的恶习，阿隆一家人都有这种避重就轻的习气。

涂尔干搞的社会学，既打动不了我这个一心想充当形而上学者的人，也打动不了我这个普鲁斯特的读者。普鲁斯特的作品能帮我意识到人在社会里上演的喜剧和悲剧。涂尔干的警句"上帝或社会"，叫我反感或生气。联系统计数字来解释自杀，实在没法叫我满意。从社会出发，或者以社会的名义来搞道德教育，似乎是天主教教育的翻版。这是脆弱的，理由很简单：今天的社会已经不是严密一致的集体了。

105　　目前，新涂尔干主义与某种马克思主义夹杂在一起：统治阶级的意识形态，作为最高决策者，代替了社会。这种社会学主张对集体生活进行解读，在某种程度上更接近于涂尔干。涂尔干认为社会是一元的，同样的价值观被强制于各个阶级。那些运用"统治的意识形态"这一概念的人，他们描绘的是一个阶级社会。他们强调统治的意识形态无所不能，同时贬低道义的威望，说它是特权分子和统治者的东西。涂尔干恰恰相反，他希望恢复道德对思想的影响，因为道德已经失去了这种影响力。谴责统治的意识形态往往叫我出神，而神化社会也同样叫我向往。同一个理论不能同时适用于极权体制和自由体制。

---

① 让－里查德·布洛克（Jaen-Richard Bloch）也佩服他的雄辩。

　　马克斯·韦伯跟涂尔干不一样，为什么韦伯有时候能够激起我强烈的感情呢？在1931年或1932年，我还没有一定的见解，而从1924年到1928年，我已经懂了一些事情。在高师上学时，我不过是个学生，对家庭，对法国，对大学的一些老生常谈还没有自己的看法。马克斯·韦伯也要客观对待人在社会里亲身经历的现实。客观对待这种现实，并不是"物化"这种现实。他按照方法论的原则，绝不忽略合理化，而合理化是人从自己的实践中，从自己所处的制度环境中体会出来的（事实上，涂尔干并不像他的方法论所暗示的那样忽略当事人的目的和动机）。他身上光彩逼人的东西，正是他的世界史观，他阐明了现代科学的特性以及他对人的历史命运和政治条件的思考。

　　他对各大宗教的研究真叫我着魔。这样来理解社会学，就保持了其哲学源流里最宝贵的东西。这样的社会学致力于恢复人给生活的意义，致力于恢复一些体制，而这些体制维护宗教的使命，把这些使命传下去或者变为仪式。历来的先知曾经动摇过这些使命，然后又加以刷新和改革。也许韦伯的宗教社会学并不像我在半个世纪以前觉得的那样，跟涂尔干的社会学背道而驰。但是，阅读马克斯·韦伯的书，我仿佛听见人声嘈杂，听见我们的文明嘎吱嘎吱的崩裂声、犹太先知的声音、可笑地回荡着的希特勒的鬼哭狼嚎。世世代代来，官僚制度和哗众取宠的天授权威轮流坐庄。1932年和1933年，我首次觉察出良心的交锋和怀抱的希望，这都是一个社会学家兼哲学家启发我的。

　　涂尔干并没有帮我在社会学的启示下去搞哲学。他自己肩负起公民的职责，提倡以世俗的伦理来克服日趋衰微的天主教

106

伦理。把话说得婉转一些，这对我来说是无足轻重的。他为人严谨整饬，道义上一丝不苟，为人行事，一派康德作风，自然叫人肃然起敬。他认为，革命不能从深处改造社会就不过是雷声大，好处少。在这一点上，他也许有道理。1930年代，马克思主义和苏联扰乱了我的心。国家社会主义威胁着法国和全世界的犹太人。不肯把革命当作悲剧的社会学，笼罩着我们的人生。马克斯·韦伯则既没有低估社会制度，也没有轻视决定命运之人，做出不可逆转和祸国殃民的决定。他凭仗自己的哲学意识，把持久的意义和短暂的意义结合起来，把社会学家和实干家的特质结合起来。多亏了他，我在莱茵河畔预感到的计划才得以孕育成形。

社会现实的内在意义和呼之欲出的政治关怀，是我亲附马克斯·韦伯的两条理由。另外还有一条理由是，他关心社会科学或人文科学专用的认识论。他也是从新康德学派里走过来的。他追求一种普世真理，即追求一种对所有追求这种真理之人有价值的知识。与此同时，他敏锐地意识到人类现实的暧昧性，意识到史学家理应向别人——向古人或今人——提出各式各样的问题。问题的多样化说明随历史做出的解释日新月异，而马克斯·韦伯则很想限制这么多光怪陆离的问题。因此，意义相当（Sinnadäquation）和原因相当（Causaladäquation）的双重性得以产生。单靠意义相当满足不了思想，必须证明意义相当的真实性。德国人（哪些德国人？）投了国社党的票，动机何在？各种动机中，哪些是决定性的？这些动机是由什么引起的？这样，一方面是以公众可信的方式解释百家争鸣，另一方面则需得出一条真正的解释，思想家在二者之间摇摆不定。我猜想，这种摇摆便是马克斯·韦伯思想的中心。我自己的学术著作，

107

我的两本论文，都是在这种摇摆中产生出来的。

我就这样意识到了自己为什么对涂尔干的社会学竟如此反感，而且发现了自己为什么对德国的社会学又如此钦佩。可是，当时的背景是，德国人民左右为难，无所适从，而与此同时，纳粹蒸蒸日上。在这样的多难之秋侈谈社会学，要在我们高师设公民教育课，岂非太不合时宜？柏林的体育宫里，啤酒馆里，一场滔天浩劫正在白热化的群众集会中酝酿成熟。多么悲惨的讽刺！连马塞尔·莫斯也是这样想的。涂尔干的论点：宗教信仰产生于集体的中邪着魔，产生于火炬的闪烁红光。成千上万德国青年赤心膜拜他们的部族和领袖，而涂尔干的学说却不得不在纽伦堡低头服输。①

马克斯·韦伯创立了天授真命领袖的概念，而且以价值中立的名义，把这一概念同时应用于犹太先知和美国的哗众取宠分子，如休伊·朗之辈。他会不会反对把希特勒和佛祖归入一类？我在那时候，会不会抨击有些人不肯区分价值和个人？我可不敢肯定。我在一段时间里曾经佩服过曼海姆，因此对于唯

---

① 马塞尔·莫斯于1936年11月6日写信给一个丹麦同人拉努尔夫先生说："涂尔干和我们这些后辈，大概都是集体代表权力论的创始人。至于多多少少已经走出了封建社会的现代大国，竟像澳洲原住民那样跳着舞着就会着魔中邪，像小孩那样手牵手团团转，这实在是我们没有预料到的。这样的恢复原始状态，从未让我们深思熟虑。我们满足于聊聊人群的情态，而现实完全是另外一码事。

　　我们也只满足于证明，个人是在集体精神中为自己的自由、独立、个性和批判找到基础和养料的。其实，我们没有估计到新手段非同小可的作用。"

　　他在1939年5月8日又写了一封信，允许把前面一封信公开发表，并且补充说："我认为，这一切都是我们的悲剧。我们从前指出的东西后来完全得到证实。这也证明了，我们本来应该料想得到，证实我们看法的将会是祸而不是福。"

社会学论发生过兴趣。我先追随莱昂·布伦什维格，把思想者与超验的我混在一起，后来又急于用人所处的社会条件来解释某人的思想。为了彻底摆脱布伦什维格对我的影响，我写了一篇一百多页的长文向他请教。文章里，我提出了犹太的起源、法国环境和资产阶级生涯。他让我自己决定是否发表这篇文章。其中阐述他思想的部分，他表示赞同，至于对他提出批评的部分，他认为既蹩脚又讨人嫌。我没有发表，而文章在战争中不见了。他去世后，我在伦敦的法国研究之家悼念他，向他致敬。《形而上学与道德杂志》登载了我的悼词。

我在柏林大学并不常去听课或者参加学术讨论会。同窗赫伯特·罗辛斯基是头一个和我谈克劳塞维茨的人。通过他，我认识了一个怀有哲学思想的经济学家，名叫戈特－奥特里兰费尔德。我鼓起勇气，读了他两册的巨著《经济与科学》，但收益有限。

1931 年和 1932 年，我往往扪心自问：我漫无边际的阅读是否分散了精力？后来回到法国，我才觉得学到了不少东西。

最后几年，我眼看着魏玛共和国在做垂死挣扎。我在科隆向一个德国中产阶级家庭租了一间屋子住下。我还约略记得，房东爱谈德国败于世界各国大联盟之手。房东太太则认识几家"相当得体的"犹太人家。第二次到德国，我租的房子很糟糕，房东有时候会半夜里酩酊回家（房东太太事前倒是告诉了我的）。随后，我租了个两居室，十分舒适，只是不跟房东一起用餐。我结识的是大学生和助教，并不是房东。

我在科隆结交了一个青年大学生，名叫鲁迪·施罗德。此人蕴藉风流，令我神往。他的父亲做雨衣雨伞买卖。他和我在

侨居期间，一直颇为亲密。他对国家社会主义深恶痛绝。两年
后，他来到巴黎，生活拮据，一直待到大战爆发。他投效了外
籍军团。战后，我才从他妻子那里得知，那时候，他们夫妻俩
早已离异，他到印度支那加入了胡志明阵营。有一天，我在
《费加罗报》上读到多米尼克·奥克莱尔写的一篇文章，题为
《党卫军上校鲁迪·施罗德》（题目里还有别的内容，我记不
得了）。文章说鲁迪已经成了胡志明的亲信。我想方设法跟他
通信，但尽属徒劳。1946 年，他的父母亲向我打听他的消息，
一直到 1960 年，我才从德国人那里听说，他在莱比锡大学任
教。要是他还在东德的话，我倒很想见见他。我怀疑生活会让
他变成一个优秀的共产党员。至于他从外籍军团开了小差，脱
离了西贡或河内的法国统治，我一点儿也不觉得诧异。我凭什
么去责怪他？我一直天真地相信，我们俩终能重修旧好。

　　在科隆寄居时，我要上课、备课、读《资本论》、与学生
谈话、经常光顾网球俱乐部（我名列第二第三）、参观丰富多
彩的莱茵派画院，实在剩不下什么时间去观察失业工人或贫困
现象。我在柏林的时候，大部分时间消耗在国立图书馆里。但
在浩劫发生的前两年，我仍然亲身体会了魏玛文化。在思想方
面，我认识了最根本的东西。一方面是胡塞尔和海德格尔的学
说，另一方面则是第二国际的劫后余生——法兰克福学派和卡
尔·曼海姆构成了政治哲学界的两极。1945 年以后，法国思
想界延续了现象学、存在主义哲学和黑格尔化的马克思主义，
而在 1930 年代，它们统治了德国思想界。1923 年，卢卡奇发
表的《历史与阶级意识》，成了马克思主义者追随黑格尔的胚
芽作品。到了 1950 年代，梅洛－庞蒂重新发现了这部作品，
稀奇古怪地称其为"西方马克思主义"。

我们也亲身经历了当时电影和戏剧的耀眼光彩。我给名导演雷纳德上法语课。我们对歌剧《三枚银币》心驰神往，为《穿制服的姑娘》而动情。《布尔什维克文化》还在风行。宫堡府邸、古画展览以及克里和科·什卡的作品任凭欣赏。这是末世的气氛吗？狰狞的死神飘荡在魏玛这个没有共和人士的共和国上空，徘徊在左派知识分子的头顶上，这些同情马克思主义的知识分子痛恨资本主义，却对纳粹不够警惕，从而不肯断然起来保卫魏玛政权。再过了几年，死神便降落在了法兰西。

我们晚上时常在法国研究之家聚会。我在那儿认识了很多人：帕斯卡尔·科博和让·阿尔诺，他俩都当了文化专员或参赞，周历各大使馆；还有皮埃尔·贝尔特朗（Pierre Bertrand），后来于1943年我们在伦敦重新相会，他是《费加罗报》的特派记者，常驻伦敦一直到退休；安德烈·马尔蒂内，他学外语的才能叫我羡慕钦佩；让·勒雷，他是大名鼎鼎的数学家；罗日·埃罗，当代出色的日耳曼学家；还有朗之万（Langevin）的亲戚 C. 萨洛蒙。

当然，我们都是同气相求，一致反对国家社会主义。大选那天晚上，我们都安静地倾听选票报数。我们也参加大型的公共集会：我听过好几次戈培尔和希特勒的演说。对于我的学生和许多相知好友，我的记忆已经属于历史，除了旧事陈迹，我还能带些什么给他们？聚在体育宫向希特勒欢呼的德国人，到底是些什么人？大概各个阶级都有。其中好些人从衣着容貌看来都像是富有的资产阶级。有些还像知识分子。他们都点头赞成希特勒怒骂犹太人、法国人和资本家。有一次，我在这样的群众大会上碰见一个才华出众的大学生，名叫舒尔，他一向痛恨希特勒。旗手队伍穿过会场到主席台下集合时，他不肯起立。他的周围掀起一片叫骂责令声，他昂然不动，倒也没有遭到殴打。1941年，他在德国驻苏联大使馆当随员，被征入伍后，阵亡于东战场。有一个外交官告诉我，他一直心口如一，直言不讳。大约在1958年，或者在1959年，我在巴黎大学讲完一堂课后，有一个德国学生上来和我攀谈。原来他是舒尔的儿子。他的母亲还保存着我写给他父亲的信。我碰巧也找出了舒尔在1933年以后写给我的信。原来舒尔也像成千上万人一样，为第三帝国效过忠，落了个不该落的下场。

我经常去洪堡大厦。那是大学生聚会的地方。就在那里，我生平第一次，也是最后一次演了一出戏：《克诺克》剧中的一场。我扮的就是克诺克，演得非常带劲。演戏是我梦寐以求的，但又从来没有当真。我就是在洪堡学院见了赫伯特·罗辛斯基，并且和各国大学生切磋交流。 111

1933年1月，我们还在法国研究之家寄宿包饭。对我们来说，生活似乎没有什么变化。反犹示威从来没有殃及我本身。我长着黄头发、蓝眼睛，不像纳粹心目中的犹太人。我的朋友苏西尼是科西嘉人，肤色较深，富有地中海风度，有时候当街遭人凌辱，我反而老是脱身事外。有一次，火车里一个女客告诉我说，我们是同道，因为她不喜欢希特勒的口号，说什么女人只能围着"教堂、厨房、孩子"转，可我是个犹太人。最使我震动的是，纳粹掌权后几个星期，人们几乎不觉得历史上发生了大事情。成百万柏林人一点儿也瞧不出有什么新东西。可兆头或迹象却不是没有：仅仅三天工夫，都城里大街小巷全都是穿制服的人。在学生会里，原先比较保守的同学忽然也穿上了制服。我瞧着倒并不觉得太稀罕。好些大学生从一开始便加入了国社党。其中有一个学生一直没有加入国社党，甚至表示过反对，到这时候也声称要"跟着走"。他对我说，你将永远是个旁观者，一个持批评态度的旁观者。你没有勇气参加将给历史和群众带来胜利的行动。他说得不错。不过，面对希特勒，或者面对斯大林，那就非说一个"不"字不可。我们这一代人中，有些人写了一些不体面的东西，干了一些不光彩的勾当。我是靠了自己的脾性，才没有上这些东西的当，而有些人却着了历史的魔，上了历史的当。

还有一件事震动了我。反对派或嫌疑分子还没有成百成千地被送进监狱或集中营，而恐怖就已经弥漫开来。纳粹掌权的半年之间，新主子当然残害了一些人。千年的帝国搞些集中营

112 来庆贺建国典礼。而集中营里也只是关了多于六七万的共产党人、自由派人士、犹太人和盗贼匪徒，但已足够形成恐怖的气氛。可是，魏玛共和国的政治人物之中，尤其犹太人之中，还有广大群众中间，已经泛滥着无处不在、横死凶终的恐惧。银铛缧绁之灾，人人为之自危。我们呼吸的空气变了。1933 年春天，库达姆大街咖啡馆露天座上风和日暖。我的犹太朋友和自由派朋友都说："他们可抢不走春天。"

那时候，我的朋友马奈·斯佩尔伯（Manès Sperber）还在共产党内。他在后来写的回忆录里说，不管怎么样，他总在期待着工人党起来抵抗。不久以前，德国无产阶级还对第二国际引以为豪。至于我们这帮法国人，还有大使馆的那些人，却没有一个能想象得出老百姓会起来造反。希特勒当上总理 3 个月以后便是五一劳动节，工人、职员都在卐字旗下列队游行。在几个月前，就是这些人还高举红旗，结队游行，不管红旗上是镰刀铁锤，还是钢铁战线的三支箭。查科丁在他写的《强奸群众》这本书里说，这个钢铁战线还曾一度相当吃香。德国

的无产阶级究竟为什么这样一触即溃、一败涂地？几百万选民自始至终投社会民主党和共产党的票，这些人怎么一下子都销声匿迹了？

事后探讨是不费周章的：共产党员奉斯大林之命，打击"社会叛徒"比打击纳粹还要紧，那么马克思主义运动的这两派力量，怎能团结起来一道搞地下斗争，一道采取武装行动？希特勒却不客气，一朝权在手，便把共产党人和社会民主党人一律送进集中营。既然在希特勒掌权以前就没能预先防止，后来又能干什么？人民大众解除了精神动员，人人觉得自己无能为力，只好听天由命，这种思潮一时充塞弥漫，势不可当。这些经典的论据本身当然说得通，除此以外，还有一个显而易见的事实：社会党也罢，共产党也罢，领导也罢，群众也罢，谁也没想对警察和国防军发动武装起义。他们为什么不想？没有办法，没有武器。可是还有一条，社会党的选民，甚至共产党的选民，都是良民百姓，习惯敬重执政者，也就归顺了新朝。大概也有一些人，想等纳粹尝试失败后采取行动。然而，有一个事实是无法动摇的，也是当时最叫我们触目惊心的：纳粹的胜利竟然获得德国全体人民的认可，尽管在国会纵火、禁绝共产党以前，大多数选民一直没有赞成过希特勒。

今天，对于这一次集体投降，许多德国人，特别是年轻人，都理解不了，更不用说谅解了。1月31日之后，尤其是纳粹火烧国会大厦后，我就有一种气数将尽之感，觉得历史在动，而短期内是势不可挡的。当然，褐色制服到处蠢动，恐怖活动盛行，危机四伏，反犹活动泛滥猖獗，胜利者趾高气扬，这一切都叫我极端厌恶。按说，仔细观察起来，革命是很少讲仁义道德的；在希特勒身上，我就嗅到了妖魔鬼怪的味道。许多德国

113

人还存着幻想。在领导阶级、贵族、经济界的领导阶层看来，上一次大战中的一名班长不过是一个工具，一个应急的办法。然而，德国人的思想状况，广大群众的情绪，可以用一句德国俚语来概括："与其天天害怕，不如一个恐怖的结局了事。"

是不是应该说，德国人民就这样认可了反犹主义？我怀疑，骂骂犹太人就能感染德国人民，把纳粹演说家的叫嚣丑诋统统当作货真价实的东西。我在一些明事理的人嘴里听到一些说法。在当时听起来，那些话倒也不见得没有道理："他奈何不了普天之下的犹太人……他会激怒美国人……他没法撵走搞化学物理工作的犹太人。没有他们，威廉帝国在盟国的封锁下撑不过 4 年。"事后看来，这些说法显得有点天真幼稚，可是，谁也驳不倒它们。其实，任何旁观者都应该清楚地认识到，那种反犹主义已经不是什么宣传手段，不是什么竞选的理论。从 1942 年开始，"最终解决方案"中发表的极端反犹主义的观点，竟然没有马上引起任何人的注意。怎能相信不可思议的东西！

在寓居德国的岁月中，我结识了好些作家和塞纳河左岸《新法兰西评论》杂志社的人物。我在《欧洲》月刊发表文章，从而认识了让·格安诺（Jean Guéhenno）。他是我的朋友杜瓦尔（Jean Duval）伉俪的知心好友。莱奥·施皮策会请些名家到科隆做报告，其中有乔治·杜阿梅尔、安德烈·尚松（André Chamson）、安德烈·马尔罗。杜阿梅尔打动了听众，甚至得到了当地一家大报纸的欢心。他简直不带什么诙谐味儿地严肃地说，失去一种动词时态对一种语言来说比一个国家丢掉一个省份还要严重。马尔罗做的报告，题目我已经记不得了，大致是谈各种文化的命运。听众对报告的印象很深。我对他说，他的话也许从听众的脑子滑过去了。他说，听众自始至终倾听不懈。他说得对。的确，马尔罗居然抓住了、征服了、震慑了他的听众。报告会讲到最后一句，沙漠里刮起了风，只剩下亡故的天神，圣洁的石碑在风沙里埋没了。

克拉拉（Clara）陪着她丈夫安德烈一道来，很有一股子挑衅的劲儿。她跟莱奥·施皮策聊天，开口就说：他自己愿意娶个犹太小女人。如果去掉这句话里的自反代词，意思很简单，就是："他娶了个犹太小女人。"如果保留这个自反代词，那么话就说得有点粗俗了。意思是：他费了很大劲或下血本娶了个犹太小女人当老婆。施皮策把原话告诉我，我不只是觉得刺耳，更多是感到惊讶。这句话表明，那时候克拉拉半开玩笑半当真，故意在安德烈面前退避三舍，而实际上越发显得明慧动人。

我结识当时知识界的佼佼者倒不是在科隆演讲会上，而是在蓬蒂尼市举行的"十日会"上。1928 年，我刚刚通过了教师考试，保罗·德雅尔丹（Paul Desjardins）便邀请我参加一次"十日会"。我做了一次关于普鲁斯特的报告，有幸得到安娜·赫尔龚的青睐。我很喜欢这些"十日会"，它们谈论的东西都相当有意思，并且每天只消花费几个小时。开会期间，社交活跃，大家聊得海阔天空，有时不免涉及一些闲言碎语。五十来个知识分子，名气有大有小。可以说他们平常都是闭门索居，而今彼此观察观察，恭维恭维，批评批评，仿佛在什么宫廷之中，朝堂之上，不同的只不过是缺一个君主。直到最后几年，保罗·德雅尔丹一直是群贤的中坚，其居所也是名流的聚会场所。大家都不知疲倦地欣赏意涵各异的艺术，既有真心实

115

意的，也有装模作样的，反正他都一一结识，而且也让大家彼此结识。

如果没有蓬蒂尼的"十日会"，我怎能跟安德烈·马尔罗相叙十天，从而结下长期深厚的友谊？罗杰·马丁·杜加尔每会必到，但从不参加辩论，只说："他们一个个都那么聪明……"可是，他的慷慨大度，平易近人，吸引了女子高等师范学院的高才生——尽管她们已不再年轻——同时也吸引了一些心神不宁而又雄心勃勃的青年教师。我对阿瑟·芳丹也记得很清楚，他是高级官员，同阿尔贝·托马斯和保罗·德雅尔丹有交情，同时熟识许多政治家和诗人。他既关心企业经营，也关注工人的生活。他和安德烈·菲利普大概在1928年的一次谈话，我一直铭记在心，我指的当然不是谈话细节，而是主要内容——芳丹把他青年时代的工厂同现时的工厂做了一番比较。

正是在1932年一次出色的"十日会"上，我认识了苏珊·高松，并与她结为终身伴侣。那时候，她在维克多·杜吕伊中学读书，没有任何理由和这个知识分子的退隐场所来往。她的父亲出身农家，他家在村里经营一家旅店。他读过一点儿书，这有点偶然。他在海军当过机修军官，战事一结束便退伍，到一家工业公司担任相当重要的职务。这家公司是液态集团的分支。苏珊在中学有两个同窗好友。一个是罗杰·马丁·杜加尔的女儿克莉丝蒂安，一个叫艾蒂·戈博。苏珊和艾蒂十分亲密。后来艾蒂到马达加斯加当了修女。杜加尔因为苏珊是他爱女的同窗好友，一直推爱于她。1933年9月，他首肯当了我们的证婚人。

苏珊跟西蒙娜·韦伊关系也很好，她们在中学同班3年。关于西蒙娜·韦伊，我拿不定主意写些什么。她是一个出类拔

萃的女性，是人们崇拜的对象。钦佩她是理所当然，她确实值
得钦佩。如果说些两样的话，人家一定会说是不成体统，是大
不敬。我头一次在高师碰见她，大概是在 1928 年，当时我正116
在参加教师统考，而她是来参加入学考试的。我们最多谈过一
些关于学生生活的话题。一直到苏珊告诉她我们就要结婚了，
她跟我没有什么个人往来。她对我俩的婚事并不热心。虽然不
认识我，她却已经把我列入一批她撇开的人的名单中，因为我
虽然通过教师统考，名列第一，但平日喜欢交际，思想要求不
严。她拼凑一些印象，给我贴上一个形象。她答应苏珊消除对
我的成见，因为她的至交已经选中了我。

　　我们的女儿多米尼克出世，她非常高兴，仿佛是她自己的
孩子出世。后来我们也见了几次，苏珊和她青年时代建立起的
友谊一直很深厚。当时，我非常钦佩她发表的一篇谈工人生活
的长文章。还有一篇谈罗马帝国的文章，尽管史学家啧有烦
言，但我仍然十分佩服。然而，无论如何，和她进行交流思想
却几乎是办不到的。她似乎不知道什么叫作怀疑。虽然她的意
见并非一成不变，但变了仍然是铁板一块，毫无商榷的余地。
她本来是赞成慕尼黑会议达成的协议的，倒不是基于力量对比
的考量，而是认为在欧洲抵抗德国称霸不值得牺牲一代人的性
命。德军开进布拉格以后，她改变了立场，仍然坚如磐石：既
然纳粹不满足于欧洲霸权的传统形式，既然他们要把欧洲当作
非洲那样的殖民地，那就非抵抗不可了，代价如何，在所不
惜。在 1938 年、1939 年说这样的话，也许是有道理的，但其
中不无可以訾议的东西。纳粹分子在 1939 年的所作所为，难
道在 1938 年还瞧不出来？

　　那时候，关于她的宗教生活和信仰，她是讳莫如深的。而

有一天，在卢森堡公园里我看出了她的宗教气质。那是一个艳阳天，我们漫步园中，也许是带多米尼克散散心。园中景色明媚，真可以说叫人心旷神怡。西蒙娜·韦伊走过来，神色异常，竟要黯然泪下。我们问她为什么，她回答说："上海罢工①军队向工人开了枪。"我对苏珊说，西蒙娜应该是超凡圣人；痛天下之所痛，这只有对信徒来说才有意义，甚至说得确切些，只有对基督徒。

1943 年我们在伦敦重逢。那时她刚到伦敦，头一次谈了两个小时对各种事情的真实看法，谈的是战争、占领、伦敦、国外法国人的特优地位。这大概是她的本来面目。她的言谈中透露出一种"扎根"思想。

再回过头去谈谈 1933 年吧。1932 年 7 月，苏珊到柏林来找我，我们返回法国，边走边停，顺路游览了班贝格、维尔茨堡。导游讲解历史古迹的壮丽动人之处，老把眼睛瞄着苏珊。苏珊也盯着导游，就是一句德语也听不懂。我向导游点明一下，导游说："天下尽是漂亮姑娘。"

从德国方面来看，在 1932 年以前，法国似乎还能对时局有点影响。从 1934 年 2 月开始，局势发生逆转。德国有了一个新政府，十分可恶，毋庸讳言，但是稳定又强盛。法国虽然迟了一步，终究还是卷进了恶性循环的圈里：经济危机、社会矛盾加剧、革命政党强大（左右两派，彼此彼此），此外，温和派仿佛水土流失，空剩下嶙峋瘦骨，政权麻痹瘫痪。2 月 6 日的事变把一个流亡国外的共和国前总统召了回来。议员共和国时不时会需要一个救世主，来平息此种共和国自己搞出来的

---

① 是不是上海，我没有绝对把握，也许是另外一个城市。

纷争不和，来克服由此产生的种种问题。

至于我，我正在自己的政治教育中跨出一步，这种教育将终生伴随我。我已经理解并且同意，政治就是政治，绝不受道义的压制。我无论说什么，写什么，再也不想表明自己的清白和高尚。考虑政治，就是考虑行为人，也就是分析他们的决策、目的、手段、精神世界。国家社会主义告诉了我，非理性力量的强权厉害无比。马克斯·韦伯教给我，每个人都有责 118 任，但责任不在于他的意愿，而在于他的抉择的后果。

我曾经憧憬过自己能在法德和解中起一点儿作用，现在来不及了，将来这种追求仍会卷土重来。这时候，法国只该把火药晒干，让侵略者不敢贸然行动。一个法国犹太人提醒同胞们要警惕希特勒的祸患，免不了引起人家怀疑。这家伙到底是为法国人，还是为他的犹太同胞讲话？1933～1939 年，近在咫尺的第三帝国使我国的整个气氛变得压抑。难民大批涌来。与此同时，我终于摆脱了疑虑，克制了我对眼前一张白纸的踟蹰志忑。在 1933～1939 年这 6 年中，在既怕打仗又知道一定会打的心情下，我经历了也许是一生中最有成果的 6 年。作为人，我是幸福的，作为公民，我只有心灰绝望。

第四章　在拉丁区中心

　　我的思想一直处于战后状态，直至我第一次旅德。从 1930 年 9 月 14 日纳粹党首次在议会选举中获胜，至 1933 年 1 月 30 日这一时期，我的思想渐渐由对过去的不平转变为对未来的预感，从战后状态中脱出，进入战前状态。尽管同样的思想准则仍然在深刻地影响和支配着我，但已不仅仅限于左派思想和反法西斯意识，使我日夜萦怀的已经主要是法国及其命运了。

　　到 1933 年 10 月我们在勒阿弗尔定居时，我的思想转变已基本完成。哲学班的教育以及战后气氛的熏陶曾使我倾向于和平主义以及定义模糊的社会主义，然而，自童年时代起就孕育着的、由家庭和所有先辈不断向我灌输的爱国主义思想开始重新占据上风。但是，我仍然以"左派"自居，不敢犯右派的嫌疑，免得被反对者们抓住把柄。这种胆怯心理来自一种抗拒政治逻辑的心情，这种心情与其说是思想上的，毋宁说是社会性的。比那更晚些，相距较长时间之后，每当有人指责我结交有问题的朋友时，我就回答道：对手可以选择，而盟友却无法选择。尽管如此，我还是很快摆脱了萨特至死不疑的那个信条："右派，全属无耻之辈。"用更学院派的话来说就是，党派的不同取决于各自成员和领导者的人性或道德水平的差别。或许，左派党派更注重吸收理想主义者（这里指该词的通常词义）。然而，当革命者成了过河卒子，还能不能长久保持其

高尚品德？每一个阵营都拥有品德高尚者，不过，每一个阵营 120
中到底能有几个这样的人？

让－保罗·萨特在《恶心》中曾经描述过勒阿弗尔城之
景象，我也发现它深受经济危机的祸害。资产阶级基督徒垄断
着此地的棉花和咖啡交易所，在社会上占据显赫地位。由于他
们的别墅都建筑在地势高的地方，因此人们称他们为"高坡"
（côte）。这里的社会等级制度一直渗透到中学校园，深入校长
的办公室。学校教师和行政部门对所有学生的家庭情况了如指
掌。我同"交易所先生们"一样被接纳为网球俱乐部的成员，
这并非由于我在中学教授哲学，而是由于我是出色的网球运动
员。在此地，法国二级网球球员的资格胜过大学颁发的毕业
文凭。

关于毕业文凭，该城教育界里那种冷酷无情的等级制度也
使我十分震惊。并非所有中学教师都通过了教师资格考试。与
成功跨越了这道最后难关的人相比，那些落选者只得痛苦地永
远处于低人一等的地位。我与一个历史教员常有来往，他曾两
次获准参加考试，但两次落第，于是不得不年复一年地遭受同
样的耻辱：不能参加中学毕业会考判卷，也不能与我们一同去
卡昂旅游。在来到勒阿弗尔之前，我从未十分看重我的教师资
格，而只是对那一年备考生活怀有美好的记忆。在那个时期，
我几乎认真阅读了让－雅克·卢梭和奥古斯特·孔德的全部著
作。到勒阿弗尔之后，我开始同情那些"落第者"，他们出于
这样或者那样的原因而未能获得教师资格，但担得起这个称
号，并且理应获得相应利益。约在30年之后，我主要根据对
勒阿弗尔的有关回忆，在《费加罗报》上发表了若干文章，
以致我一度成为"教师资格获得者协会"的头号敌人。在今

天，形势已经不同于前。人文科学在中等教育中已经沦落到无足轻重的地位，持有哲学教师资格证者在未来的中学里也将面临被"流放"去遥远的高等师范学院的危险。教师之间由于青年时代的考试和竞赛结果所导致的不平等现象虽然依然存在，但从许多方面来看已经大为减弱。竞赛结果已不再具有一考定终身的作用，一部分教师可以凭借自己的教学水平和资历获得教师资格。

121

1933～1934年那一年，是我一生中最用功的一年。我完成了《当代德国社会学》一书的主要章节，以及综述有关德国哲学家的汇编《历史原因考证》的大部分内容。同时，我平生第一次教授有关传统问题的哲学课。由于对这些问题已经多年未做研究，我必须认真备课。至于讲义的质量有高有低，自不待言。那时，我并没有察觉出贝尔纳·吉尔曼的天赋和才干。今天他已成为哲学教授，著有不少评价颇高的教科书，特别是写出了引人注目的《马基雅维利式的政治家》一文（这是一篇国家级博士论文，我是该论文评委会成员之一）。雅克–劳伦·波斯德（Jacques-Laurent Bost）、阿尔贝·帕尔（Albert Palle）和让·普荣（Jean Pouillon）三个同事与他交往甚密。波斯德于次年成为萨特的好友。数年前，他曾给我写过一封信，就一篇关于智利政变问题的文章对我横加辱骂。我与帕尔至今保持着友好关系。他写过数篇小说，其中一篇获得了勒诺多奖。普荣如今在国民议会任职。他在列维–斯特劳斯的影响下开始钻研人种学，但始终是一名让–保罗·萨特的忠实信徒。

我在中学里仅仅教了一年书。其间，我无忧无虑，与学生们的交往甚至给我带来愉快的感受。但谈到整个教学安排，可供研究的课题则十分有限，而教学所要求掌握的知识却像百科全书那样广泛；这种矛盾使我感到倍受约束，甚至感到教书职业几乎让人无法忍受。正像我们杰出的先辈人物亨利·柏格森或莱昂·布伦什维格一样，萨特曾经在学校讲台上待了十几年，阿兰从未离开过他的高等师范文科预备班，并且睥睨所谓的高等教育。那么现在，我又应当怎样做？

1934 年 10 月，我们重返巴黎。在那之后的几年中，我们的生活由于女儿多米尼克来到世间而紧张忙乱又充满光明，由于与杰出人物的亲密交往而色彩缤纷，又由于法国经济和政治上的衰败、对无法避免的战争的恐怖心情和无论如何不肯屈服的意志而显得暗淡忧郁。

我在巴黎高等师范学院社会文献中心的工作并不繁忙，有不少闲暇。院长塞勒斯汀·布格勒是一个布列塔尼人，观点与西南部激进社会党一致。他颇能博得同事们的尊敬和我们这些依然在世的人的忠心。他天资聪颖，见解独到，思维敏捷。但是，他滥用了自己的时间和才能，成果平平。他的关于印度种姓制度的著作至今仍为有关专家所推崇，他在这本书中表现出的分析能力在他的其他著作中很少见。他的经济学基础比大部分涂尔干派更为薄弱。他常常将党派纠纷与民族利益纠缠在一起。但他真诚而乐观，善良而勇敢，使人没法怀恨。埃利·哈莱维和莱昂·布伦什维格是他的同学，后来成为他始终不渝的密友。埃利只愿意当热情的局外旁观者，塞勒斯汀却曾经数次以候选人身份参加议会选举。然而，两人彼此之间的往来信件透露出浓厚的人情味。在他们那一代人中，友谊往往经受得住政治上的分歧。像于贝尔·布尔甘

（Hubert Bourgin）那样的事例几乎绝无仅有：他起初持左派观点，战后，开始转向保守主义和民族主义，并且与旧日朋友展开激烈论战。我们这一代人的命运却不同，私人友谊被政治分歧破坏殆尽。这是否由于每代人先天不同？抑或由于所面临的历史挑战不同？我可能是出于社会学家的偏见，更倾向于第二种假设。

我是由布格勒推荐而担任社会文献中心的秘书的，但同他并不熟。这个中心已成立若干年，收有维克多·孔西德朗（Victor Considérant）的私人藏书，包括他遗赠的关于19世纪初法国社会主义者的重要书籍。布格勒后来又亲自购进一批书，进一步充实了中心的藏书，为师范学院的学生们提供了适于他们阅读的当代经济和社会问题的专著。中心也举办一些讲座（有3期讲座的内容被收编入三卷本《汇编》中）。有一年，我和罗贝尔·马若兰（Robert Marjolin）一道举办政治经济学基础知识讲座，但是，坚持听完全部课程的人寥寥无几。

相反，晚间讲座全都获得了至少是差强人意的成功。记得最为清楚的是，我曾举办过一期关于国家社会主义的德国的讲座，后来，它以《一场反无产阶级革命：国家社会主义之理论与实践》为题被收入《汇编》。我在讲课时首先介绍了自己对希特勒排犹主义的看法和我的犹太教观点。波雷夫人是学院里不可或缺又令人难忘的秘书，她告诉我，学生们对我发表的宗教信仰声明极为赞赏。但是，布格勒认为我的开场白过于冗长，几乎毫无意义，甚至令人反感。布格勒从未触及排犹主义问题，因此，他听到一个法国犹太人谈论排犹主义状况时，感到为难又恼火。这个题目在他眼中几乎是不正当和出格的。

对于我来说，这是我第一次在巴黎高等师范学院公开自己的犹太人血统。从1933年开始，甚至可能从我了解国家社会主义开始，我意识到，德国的排犹主义正在阻挠法国犹太人的正常生存。从此，我便永远选定自己认为恰当的姿态：毫不隐瞒自己的身份，不卑不亢，保持适度的自尊。

1936年，在讲座的后一年，我的关于反无产阶级革命的文章公开发表。这篇文章终于摆脱了情感冲动和阿兰思想的影响，代之以一种简练、冷静的政治和社会分析的文笔。我在文章开头醒目地向读者写道："希特勒主义一贯仇视犹太人，现在，它正在加剧战争的危险。我，怎样才能坦率如实地向你们表明自己的公正不偏呢？如果我对你们说，我将不做判断而首先力图理解和分析，那么请你们相信，我这个讲话的人批判国家社会主义时是十分严厉的。"

在末尾一段中，我重新点明文章的主题：

在1933年，一些专门研究德国问题的法国人曾经确认，国家社会主义有助于振兴德国，这对我们欧洲大家庭不失为一件幸事。但在我看来，国家社会主义是欧洲的严重灾祸，因为它复活了各国人民之间近乎宗教式的敌意，因为它使德国重新回到旧日梦幻和以往罪孽之中：它口头上狂妄自大地宣称自己非凡独特，实际已经沉入关于自己和敌对世界的种种虚构之中……诚然，我们应当懂得并且寻求建立睦邻友好，然而，和睦相处要求两国具有共同语言并且相互信赖。我们能够找到这种语言，并给予这种信赖吗？若是不能，那么在强权和恐惧之上建立起来的和平，只能是一种脆弱的和平。

124

这里的"恐惧"，我是指对战争本身的惶然。

在开头段落与以上结论之间，我对国家社会主义的信徒和非无产阶级或反对无产阶级的群众所做的分析尚为有理有据（但没有独到之处）。至于1935年的德国人民为什么对于新政权毫不失望，反而想去投靠新主子，我对此所做的分析也还有些道理。但是，对沙赫特①掌管财政以及失业人数下降的原因（当时已下降50%），我所做的分析很不充分。当时我只看到，建设高速公路的唯一目的是备战。我夸大了重整军备对经济恢复的作用。我当时尚未完全理解在一个由于有多种汇率制而与外界隔离的经济体内，"点火"与"倍增"②机制有什么作用。

C. 布格勒曾经接管过法兰克福大学社会研究所法国室以及所刊《社会研究杂志》的工作。该杂志在法国由阿尔康出版社出版，而法兰克福学派的主要成员都在美国活动。在某次旅途中，我结识了马克斯·霍克海默、T. W. 阿多诺和弗雷德里克·波洛克。他们想扩充法国书评栏目，邀我加入（在此以前，他们已邀请了另外几个可能是评介"论文"的合作者参加）。我欣然允诺，更何况，我刚刚获得教师学衔，文献中心付给我这个新手的工资并不可观，不允许我做任何不切实际的空想。

① 沙赫特（Schacht，1877—1970）：德国金融家和政治家，曾为希特勒理财，因参加谋杀希特勒而被关进集中营，1950年以后任叙利亚、印尼、伊朗等国财经顾问。——译者注
② 基本建设和大型工程直接使用劳动力，因此使得购买力上升。但是，就业和购买力的直接效果不断"倍增"，是由参加大型工程的企业订货所导致的额外就业决定的。"倍增"被称为大型工程或预算赤字的直接效果与经济整体的总效益之间的桥梁。

我与《社会研究杂志》合作，但是，我既没有转向马克思主义，也没有转向法兰克福学派。我写的书评铁面无情，往往不同于学院派的做法。当有些学术界的官老爷试图教训我懂得年轻人应当怎样做才对时，我也很不恭顺。我曾经直率地同历史学家亨利·奥塞（Henri Hauser）展开过辩论。后来，他在没有提出更多论据的情况下，撰文对《引论》进行全盘否定。几个星期以后，C. 布格勒在文献中心的一次行政理事会议上责备他没有介绍此书内容就急于加以驳斥。亨利·豪塞尔在某种内疚心理的驱使下，之后又为我说好话。科耶夫、柯瓦雷和韦尔这三人是我敬重的朋友，他们都不认为霍克海默和阿多诺在哲学上有精深的造诣。我倾向于他们的评价。此外，我还要承认，我在 30 年之后对马尔库塞的才华也并不心悦诚服。当然，要补充一点，在我眼中，马尔库塞始终不失为一个"正派人士"，他彬彬有礼，从不咄咄逼人。下面就是一个例子。

1968 年 5 月初，值马克思 150 周年诞辰之际，联合国教科文组织召开了一次关于马克思的讨论会。在让·多麦颂（Jean d'Ormesson）的巧妙安排下，我被邀请首次在正式会议上发言。我引用曾在论文里使用过的两个形容词作为发言题目：模棱两可（Équivoque）和用之不竭（Inépuisable）。三言两语后，我就单刀直入地宣布：马克思如果今天还健在，一定会反对类似教科文组织这样的机构。在听众席上就座的苏联代表团带着掩饰不住的恼怒听我发言。勒内·马厄（René Maheu）一直不能对我的那些言论表示原谅，因为这与他为之献身的机构所进行的伪善的、教派合一的大会是格格不入的。马尔库塞却对我——或不如说对听众——说，我鲁莽直率的言论是唯一能与他追求的目标相吻合的。

　　我同霍克海默、阿多诺和波洛克虽有社交往来，但没有在思想和学术上做过深入的交流探讨。1950 年，我再次见到霍克海默时，他已成为法兰克福大学校长，赫赫有名。显而易见，他在命运的恩赐下曾经荣幸地接待过到该市视察的阿登纳总理。在同一个日子里，我应邀在这个大学做了题为"致德国大学生"的演说。

126　　现在，法兰克福学派在英美世界享有相当名气，可以说富有声望。这种情形是不是在尊崇知识的社会风尚之下才形成的？1933 年以前，法兰克福学派尚未走红，现在它是否值得推崇呢？或许是值得的。无论是由于佳运还是厄运的安排，作为魏玛共和国最后几年的目击者，又是法兰克福学派当今在公众之中享有影响的目击者，我倒想知道这个学派今日功成名就的原因，同时还想研究它在希特勒上台之前在德国的地位。

　　马克斯·霍克海默出身于法兰克福一个富有的资产阶级家庭。波洛克和阿多诺两人也来自这一阶层，前者执掌研究所的经济大权，后者以学识渊博、精通音乐和文笔晦涩而闻名遐迩。所有这些人，包括当时尚未成为该学派头号人物的马尔库塞，都以不同的方式自我标榜为马克思主义信徒。从政治上讲，他们既不拥护社会民主党，也不拥护共产党。他们没有做出任何努力去设法挽救共和国，并且毫无抗拒地接受了被迫流放的命运。他们在美国重建社会研究所，并且进行社会学方面的调查研究，其中最为有名的两次调查是关于家庭和"权威人物"的。霍克海默和阿多诺两人并不是社会学家，而是哲学家，他们把资本主义社会的经济考证和文化考证混为一谈。后来，马尔库塞也步了他们的后尘，并被 1960 年代的大学生奉为尊师，名噪一时。

　　无论是马克斯·霍克海默还是他的朋友，都没有任何一部著作能够与卢卡奇的《历史与阶级意识》和卡尔·曼海姆的《意识形态与乌托邦》所引起的反响相比拟。曼海姆和霍克海默同在法兰克福大学任教，但彼此形同陌路，或者至少，彼此不抱倾慕之情。或许由于他们的思想隶属于相近的流派，或许由于他们信奉的理论始源于同一创始人，他们在同样意图的支配下，都运用马克思主义的观点去解释当时的社会现象，而结论又往往截然不同。曼海姆的关系论———一种认识论，建立在从阶级立场出发的、对社会难免有根深蒂固的认识的基础上——在今天已被人们遗忘，尽管关于社会意识的观点，关于知识的社会学（文化产品的社会学）依然像 50 年前那样具有现实意义。法兰克福学派总结的"批判理论"，很难用简单的几句话概括。可以说，批判来自被各种矛盾搞得支离破碎的现实本身。阿多诺在同实证主义进行论战时，承认在来源于矛盾世界的认识论中存在矛盾。实证主义社会学希望根据经验和客观来解释世界，从而意识不到矛盾能够迫使他们的科学设想走向失败。

127

　　总的来说，批判理论有如《资本论》的副标题，同样以资本主义社会和它本身具有的完全错误的意识形态为研究对象。它可以被称为一种借助新的认识论重新思考而成的马克思主义。H. 马尔库塞对马克思关于生产力社会化的论点始终坚信不疑，但他指出，在东方，这场经济革命没有引起理应随之而来的文化革命或人文革命。

　　1960 年代，霍克海默对马尔库塞赞颂的学生运动持反对态度。这场运动由于缺少革命的无产阶级的参加而遭到"普遍拒绝"。在法兰克福大学任教的阿多诺也因学生对他采取敌对行动而伤心。

今天，尽管 J. 哈贝马斯仍然属于法兰克福学派，但他是新一代的代表。他曾经用"红色法西斯"这个词形容过造反的学生，从而同样招致愤怒的指责。在我看来，批判理论在今日德国仅发挥着有限的影响。而在英美世界，对马克思主义日益增长的兴趣已经扩展到无产阶级运动的斜枝旁蔓之中。较之纯粹的马克思主义者，经济剖析结合思想批判的方式更适合激进的美国人。

承蒙布格勒的再次推荐，我到巴黎高等师范学院基础部教授哲学；这所学校的别名圣克鲁高等师范学院更为众人所知。我接替了纪德的内弟德鲁安的工作。他的名字在纪德的《日记》和书信中曾经不止一次出现过。这是一个出色的日耳曼学家，他呕心沥血，以毕生精力献身于教育事业。我只见过他两三次，不清楚他当时是否正在构思一部作品，或是由于教学繁忙和生活拮据已经半途而废。

该校校长叫奥克塔夫·奥里亚克。他同我刚一接触，就以纯粹基督徒式的品德感动了我。善良、谦虚、仁爱和诚实的美德在这个自由思想家和无神论者的身上闪闪发光。他的前任是在那个时代显赫一时的佩科（Pécaut）。我和佩科仅仅有过一次交谈。他坦率地告诉我，他以前对我的文章有所反感（大概指《当代德国社会学》这部书），但现在对我本人不同。奥里亚克对我表示热情欢迎。但是，在任教一年之后，我觉得自己的讲学并没有像我应当能够做到的那样引起学生的兴趣，于是提出辞职。奥里亚克没有接受。他安慰我说，学生们从未对我有过怨言，无论如何，如果有人不能从我的教学中获益，那么责任更多在于他们自己，而不在我这边。

　　战后，我多次收到奥里亚克的来信。他的一个儿子在抵抗运动中牺牲了，他本人也双目失明。他虽然屡遭厄运，但并不低头屈服，依然故我，信心充沛，泰然自若。后来，他辞世了。我想，他也并不希冀在另一个世界里将会得到合理报偿。为了纪念这个世俗圣者和他的儿子，人们在阿里埃日省的小村庄圣西龙建起一座简朴而又庄严的纪念碑。那些不认识佩科、奥里亚克（Auriac）和列维－布留尔（Lévy-Bruhl）的人，永远不会知道这些创业者曾给教育界带来多么大的荣誉。

　　学生时代结束了，大家各奔东西；联系虽然没有断绝，但毕竟不像过去那样密切了。学生时代的自由自在，让位于职业上的约束，家庭生活也占去了一部分时间。在我的一生中，1930年代的友谊所占的地位丝毫也不亚于1920年代的，只是情况已经不同以往了。

　　保罗－伊夫·尼赞已经成为一名作家和记者，完全献身于共产主义事业。尽管我认为无论是他还是我，都没有忘记或者否认我们在基伯龙一起度过的那几个星期，也就是他婚后的那些日子，但学生时代的友谊一去不复返了。我们从来不讨论共产主义，偶尔谈到法西斯主义，而在法西斯主义上，我们的观点是相同的。我记得有一次他从苏联回来之后，在保罗·德雅尔丹的"真理联合会"上做了一次报告。报告的内容是介绍当时盛行的一个马克思主义或者近似于马克思主义的观点，即整体人或整体性的观点，这是一个哲学内容多于历史的报告。朱利安·班达当时坐在听众席上，十分欣赏这个报告。三十多年后萨特在他的《辩证理性批判》一书中，对这个主题进行了多方面的论述。

129

从西蒙娜·德·波伏娃闯入萨特的生活那天起，我同萨特的关系就起了变化。她在书中谈起过我们之间的哲学讨论，西蒙娜比我能说会道，我甘拜下风；她的记忆力也比我强。拿起她的书，许多往事又浮现在眼前。例如，在一家咖啡馆的露天座位上，我们曾围绕现象学和胡塞尔高谈阔论。其实，她认识萨特和我，是在高等师范学院毕业后的事了。但她说，她有印象我们一有机会总是陷入无止境的争论中，最后，通常是我以惯用的方式对萨特说："我的小同学，两者必居其一，或者……"也许她说得有道理，因为有她在场时，我们的辩论往往是以这种方式告终的。在萨特病倒和失明之前拍摄的一部影片中，萨特自己承认，他一向仅仅和"使他为难"的阿隆讨论哲学。但在学校时，我、萨特和皮埃尔·吉耶之间的友情更近似于其他同学之间的那种友情，并未预示我们中年以后的论战。有很长一段时间，萨特在探索自我，他很乐意告诉我他在当天或那个星期产生的想法。如果我把他的观点批得体无完肤，或者更多的情况是，指出他的概念的暧昧或自相矛盾，他总是接受我的批评，因为他那时的观点还只是处于酝酿过程中，没有成形。西蒙娜·德·波伏娃谈到的那个时期，可能萨特同她交谈时就已经验证过自己的观点了。总之，他为这些观点辩护，是因为他已经把它们看成真正是他自己的观点，而非偶然间从看到的一篇东西中获得的或者是心血来潮时产生的假设了。

认识西蒙娜·德·波伏娃的第二年，萨特在巴黎大学城准备参加教师资格考试。我那时正在军队服役。我们偶尔会面时，倒是像西蒙娜·德·波伏娃说的，常常乐于讨论哲学问题。后来我们在圣西尔炮台又见过面，当时我在那里任教导员。不知为什么，那几个月并没给我留下什么愉快的回忆。虽然没有发生什么事情，但同大学时代的友谊相比，我们之间的关系每况愈下。

在1930年代，我们四个人见面不止一两次。关系是好还是坏？这要看怎么说。我们放弃了哲学争吵，在一起随便聊聊，不拘内容，时而提到西蒙娜和苏珊。我记得会面也有成功的时候。例如在慕尼黑事件后，有一次我和萨特、西蒙娜一起吃午饭，虽然我们之间出现了分歧，但由于处在历史悲剧时期，谈话的气氛仍很友好。我还记得1939年7月初的一个晚上，我们坐在离巴黎圣母院不远的河岸边的一个餐厅，暮色渐浓，壮丽的巴黎圣母院笼罩着圣洁的气氛。我们在等候尼赞夫妇共进晚餐，但他们失约了。在我的记忆中，那个夜晚是我们相处得最好的时光之一。真是机遇难得，但这种缘分也使我们无谓地消磨了不少时间，或者不欢而散。离开高师后，我们的关系也就停留在这种偶然的巧遇上了。

我和马尔罗的友谊同我和高师其他同学——包括很要好的同学——的不一样。我对1930年（或1931年）我们在科隆的初次会面记忆犹新。那天，我冒着倾盆大雨伴送马尔罗回旅馆。路上又湿又滑，我们一边跳过一个个水洼，一边热烈地讨论。两年之后，当我们在蓬蒂尼重新相聚时，他用幽默的口吻讲起那次雨中漫步和时断时续的谈话。

1932年，马尔罗已经发表了《西方的诱惑》《征服者》《王家大道》三部小说，而我还在面对白纸挥笔苦战。他仅仅年长我四岁，但是，我总觉得他属于另外一代人，特别是觉得他属于"高等级别"（这里的"级别"指体育比赛级别）。我感觉到他确实比我强。我承认这一点，但马尔罗很少谈论自己，很少揭开他那"藏满秘密的小盒"。他已经将自己在《反回忆录》中表现的思想付诸实际生活中了。

131　　萨特从未与苏珊有过任何来往，或者至少，他对苏珊始终不感兴趣。马尔罗却不同，他在蓬蒂尼初次同她见面，立刻对她产生了好感。直至西班牙战争时期，我们两对夫妇经常在友好的气氛中共进晚餐，或者共度良宵。谁也没有预料到安德烈和克拉拉之间会产生深刻的裂痕。克拉拉把"赌注"下在我身上（她后来这样告诉我），相信我（在社交界和知识界）会取得成功。她也非常喜欢苏珊。那时，无论是她们俩，还是我们四人，甚至还有我们两家的两个年龄相仿的女儿佛罗伦斯和多米尼克，都相处得非常融洽。自从1936年以后，安德烈越来越无法忍受克拉拉了。克拉拉对这方面的事有过大量记述，安德烈却谈得很少。所以，局外人很难对此发表意见。但是，必须坦率地说——这是本书不成文的规定——我们同情安德烈。这并不是为了证明谁有理或谁无理（在两人关系破裂的时候，"摆理由"毫无意义）。不过，我们在场时，常常看到的是克拉拉变得令人难以忍受。她是有意这么做的吗？是对关系行将破裂有所预感，希望如此或是表示抗拒？还是由于痛苦心情的驱使？唉，我现在这样白纸黑字地寻求解答又有何用？

J. L. 米西卡（J. L. Missika）和 D. 沃尔顿（D. Wolton）在"介入的旁观者"节目的采访中曾询问我，如何与一个和自己截然不同的人结为挚友。实际上，他们了解的只是1945年以后的马尔罗。那时，他为法兰西人民联盟大声疾呼，后来成为戴高乐将军手下的内阁部长，宽裕舒适地住在布洛涅一座小型官邸中。然而，当他还在巴克街居住时，他待人和善，语言幽默，不大热衷于权势和地位。可能在1945年以后，他才逐渐对官宦之道产生浓厚兴趣。我们两人，或者两对夫妇相聚时，常常谈论政治、文学和其他这样那样的问题。同马尔罗谈话，我永远不会感到拘束。但在大部分时间里，都是我听着他口若悬河，侃侃而谈。他所谈的一切总是使我赞叹和着迷。尽管我不一定全部信服，但在他的那种神态举止面前很快就会打消讨论和争辩的念头。在我与萨特之间，这种争论却是家常便饭。我不认为马尔罗在哲学方面受过正规教育，甚至怀疑他是否曾翻阅过《纯粹理性批判》和《精神现象学》，是否读过海德格尔的《存在与时间》，尽管他在战前或战后有几次谈起过海德格尔。他在 1945 年或 1946 年，常常对《存在与虚无》一书（他果真读过此书？）大加评论。他经常读尼采和斯宾格勒的著作，对康德和黑格尔的著作则研究得不多。我也无法证实他是否熟知梵文和亚洲语言。可是，每当旁人对他是否具有真才实学争论不休时，我总是充当他的辩护人而不是审查官。每当我遇到机会可以对他的才学进行验证时，我几乎总是对他的文学和历史知识的准确和细致而惊叹不已。在那个时期，他并不像后来在《沉默之声》或电视演讲《世纪的传说》中那样热衷于做文字游戏（例如，是非洲黑人艺术呼唤着毕加索，还是相反，是毕加索在呼唤着非洲黑人艺术）。

他虽然不是共产党人，但直至战争时期，他的语言和行动都表明他是共产党的同路人。后来，我碰到一些曾在莫斯科待过的法国人（其中一些人在驻苏大使馆待过），他们都不满马尔罗在莫斯科访问期间对斯大林那种毕恭毕敬完全赞同的派头。然而，克拉拉却当着马尔罗的面向我说过，在一次盛大的晚宴（或一场辩论）将要结束时，在苏联官员在场的情况下，马尔罗慷慨激昂地为托洛茨基以及他在 1917 年革命之后流亡

132

海外期间的所作所为大声辩护。

为什么我们在 1930 年代的友谊能够不为政治观点的分歧所动摇？这其中不乏原因。希特勒上台之后，左派在反对法西斯这一共同信念的基础上结成一种神圣同盟。希特勒使我们将斯大林属下的共产党视为同一阵营的盟友。马尔罗私下里从不以共产党人或共产党同路人的口吻讲话。他并不对自己和别人隐瞒那个制度的残暴和罪恶，但同时又为它所取得的社会成就歌功颂德。他对莫斯科"肃反"运动表示不能理解，也不愿放弃对托洛茨基的支持。约在 1935 年或 1936 年，我在马尔罗家里结识了马奈·斯佩尔伯。这个前共产党人曾在该党常设机构工作，拒绝公开背弃斯大林主义。他说，希特勒对我们形成了眼前的威胁，因此也是首要的威胁。我不认为我们可以决定或者听任有选择地保持沉默：1936 年的沉默为 1945 年的沉默铺了路。

1930 年代，马尔罗对共产主义的看法和评价如何，我对此只保留有一些零零碎碎的记忆。有时，他担心资本主义国家、民主国家和法西斯主义国家联合起来结成反苏同盟。又有一次，他对我说，苏联人让来访者参观他们国家的托儿所和学校，这种做法是失策的。我们这里的托儿所要讲究、豪华得多。不过，他们的托儿所数量大，有数千个。我想，纪德的《访苏联归来》一书并未激起他的反感。也许他只不过认为，在反法西斯时期开展反苏论战不太适宜罢了。

133　　如果我们希望认真了解而不是盲目判断马尔罗的话，不妨再来看看《征服者》中的几页。在其中，作者对两种人进行了对比。一种人怀抱信仰，自认肩负着崇高使命，信奉宗教信条；另一种人则是实干家、"征服者"。他们不遵从任何学说和教义，但与名副其实怀抱信仰的人一道共同奋斗。作者从不谋取党派身份，从不放弃判断的自由。然而，他促使众多的年轻人参与党派活动，以便寻找他们能够为之献身的事业。

直至1939年，安德烈·马尔罗始终将自己的命运同遍布五洲四海的革命运动（主要是马克思主义或类似马克思主义的革命运动）紧密相连。后来，他将马克思主义留给那些被他称为"罗马人"的真正信徒。他并没有产生信仰危机。他想的只是脱离革命运动，逍遥自在、无拘无束地生活。他并没有经历那些前共产主义者或前毛泽东主义者所经历过的思想转变过程，因为他从未被马克思主义征服。所以，他无须一位喀琅施塔得人或布达佩斯人来提醒他。

我甚至认为，比起他接近马克思主义思想来，他的民族主义思想和戴高乐主义思想要深刻和坚定得多。当然，他对民族英雄戴高乐本人的赞赏远远胜过法兰西人民联盟，甚至胜过戴高乐主义。战后最初几年，他仍然受到共产主义思想的纠缠和困扰。1945年年底，他在国民议会里曾说过一句被反共分子多次引用来反对他的话："自由首先①属于那些赢得了自由的人。"他指的是共产党。他的通篇发言谈的都是共产党，仿佛其他党都不存在。1947年、1948年和1949年这三年中，他不止一次地认为，共产党能够用暴力取得政权。然而，他所向往的并不是做共产党的亲密战友或同路人，而是做它的反对者。

1945年以后，共产主义已经与苏联甚至苏联红军混为一体。而这支军队把一个与纳粹制度同样恶劣的制度强加给被它

---

① 引用这句话的人往往忽略了"首先"这个词。他是否确实说过？马尔罗几次三番向我肯定他曾说过。以我个人而言，我虽记不清实际情形，但我相信他的话。

134 　解放的国家。同样的集中营关押的往往是同样一些"罪犯"。在斯大林和希特勒的统治之下，民主主义者和自由主义者遭受着相同的厄运。马尔罗根据自己对历史演进的预感，比萨特更迅速和更深刻地意识到，革命的神灵将不会只存在于遥远的鞑靼，让波兰人、匈牙利人和罗马尼亚人服服帖帖已成为"现实政治"。斯大林置一亿欧洲人的意愿于不顾，将他的疆界向西推移，并强化和巩固这块前沿阵地。只有失去理智、受到强力诱惑的人，才会歌颂 1945~1946 年斯大林统治下的苏联。安德烈·马尔罗推敲过，美国是欧洲的继承人和保护者，它到底该起什么作用。他认为，如同曾经繁荣昌盛于地中海沿岸的古希腊文明一样，大西洋区域将开始盛行另一种文明。无论旁人有何评价，他的思考比梅洛－庞蒂的分析更具有价值。后者是到斯大林帝国的内部去探寻真正的现实性和历史原因。

　　受真正的自我意愿驱使，马尔罗返回法国。议会民主制使他厌倦了，而戴高乐将军却在平庸的民主制和充满诗意的历史之间架起一座桥梁。在他首次与戴高乐会面之前，他一反常态，询问我对他加入戴高乐派有什么看法：他是否应该成为将军忠诚的拥护者，但不必在君臣之间假手于什么党派说项？我想，他在准备同这位解放者进行首次会面时，已联想到歌德和拿破仑的会面了。25 年之后，当他拜访回到科隆贝双教堂的戴高乐将军时，他同样联想到了夏多布里昂拜访流放在布拉格的查理十世的情景。在一千年来缔造伟大的法兰西的历代帝王中，查理十世是最后一位。

　　在他看来，戴高乐将军使法国和法国的政治生活大为改动。他不厌其烦地一再强调，第五共和国不等于第四共和国加

戴高乐。他在某种意义上确实言之有理。新宪法已经改变了共
和国的特征乃至实质。总统通过直接普选产生，大权在握。他
亲自任命总理和行使政权，并且受到在这种制度下协商一致的
绝大多数人民的广泛支持。同第三共和国以及第四共和国的议
会制相比，第五共和国更像一个由选举产生的自由而民主的君
主政体。但是，当阿尔及利亚战争结束之后，从 1962 年至
1969 年，戴高乐的第五共和国已经与不在他领导之下的第五
共和国别无二致。或许，将军意在使他的内阁部长们意识到，
他们生活在历史里，过一天算一天的想法是错误的。法非共同
体并非牢不可破，非洲国家已经纷纷独立。其中一些仍然同法
国维持领属关系，另一些则自我标榜已经归附马克思列宁主
义。法国正在按着时代的脉搏迈步向前。它不再是欧洲的病
夫。在一个令人尊敬的政体终于形成之后，法国开始向世界揭
起面纱，展示自己的成就。在此之前，这些成就一直被海外殖
民战争以及政府官员走马灯似的换任所掩盖。戴高乐通过新闻
界，以他独具特色的语言，将法国历史上这一光辉夺目的时期
载入世界历史史册。

现在，让我们将话题转回 1930 年代的安德烈·马尔罗身
上。这个和蔼可亲又令人着迷的伙伴常向我和苏珊讲述一些被
阿兰称为"无足轻重"的轶事趣闻。他始终对我们表示出不
同寻常的好感。我和苏珊也将安德烈和克拉拉视为挚友。我们
向来不赞同罗杰·马丁·杜加尔的看法："只有走投无路的人
才会同克拉拉结婚。"（安德烈也多次讽刺挖苦罗杰的婚姻。）
克拉拉在与安德烈情投意合时，曾给人留下很好的印象，完全
不同于她后来在回忆录中记述的反目时的情景。直至 1940 年，
甚至那之后更长时间，安德烈始终同我和苏珊保持着当初在蓬

135

蒂尼相遇时结下的亲密友情。

　　除高等师范学院和伽利玛出版社之外，我还经常出入高等研究实践学院。我对亚历山大·柯瓦雷、亚历山大·科耶夫和和埃里克·韦尔这三个才子十分钦佩，不敢班门弄斧。在三人中，可能只有科耶夫的声誉已经超出大学教授和专家的窄小圈子。尽管他的个性和后期思想对我来说高深莫测，我仍然认为，在三人中他最有才华。

　　那时，我并不常听科耶夫的课，如今他已成为研究黑格尔
136　《现象学》的名人。但在最后一年，我已经变成或几乎成为他的一个忠诚听众。这个听课圈子有二十多个学生，其中还有R. 格诺（R. Queneau）、J. 拉康、M. 梅洛－庞蒂、韦尔。G. 费萨尔·科耶夫在上课时，总是先对《现象学》中若干段内容进行解释，一个一个音节地说出其中某些词，接着开始讲授，不需讲稿，一气呵成。他的一口法语，文法完美无缺，斯拉夫腔调独具特色，颇能引人入胜。在座的高才生们一向以异议和批评著称，但听他讲课能听到入迷。这其中奥妙何在？在于他出众的才华和精湛的论证技艺。最后一年的讲课内容曾被收编成册，我不知道这本书是否完整无缺地再现出讲授者的艺术。这种艺术不是取决于雄辩的口才，而是取决于讲授的主题和讲授者本人。讲授的主题有时是广泛意义上的历史，有时是《现象学》中的内容。历史通过用《现象学》来解释而变得清楚无误。所有听众都沿着他的思路走，甚至那些不信历史气数的人，那些怀疑故弄玄虚的人，也抵挡不住这个魔术师的魔力。在听他讲课的时候，那些历史时期和历史事件一目了然，一听便懂，正足以证明他的方式对头。

我在这里不可能对科耶夫的思想做出全面介绍，从而使读者信服它具有重要价值。研究黑格尔的专家学者经常引用和使用他的《黑格尔导读》。他们称赞他指出了"认识"这一概念在黑格尔的人类学中的重要作用，但很少谈论他对《现象学》的全部阐述，这种阐述表达出所谓的解释者本人具有的哲学思想。

厌烦某种哲学推理的读者可以看看《导读》中有代表性且集中重要论点的几页：

当人不再行动时，即不再通过生死斗争、创造性劳动来否定和改变自然以及社会现状时，历史也就停止了。而当现实完全符合人类意愿（德文 Bebierde，对人来讲，就是要世界普遍承认其独特个性的意愿，即德文的 Anerkennen 或 Anerkennung），使他心满意足（Begierdigung）时，人也就不再行动了。如果人真正地完全满足于现有状况，就不再存在任何实际意愿，从而不再去改造现实，同时也不再真正改造自己。他的唯一"意愿"——如果他是一个哲学家——将是懂得知其然也知其所以然，并通过言语加以揭示。"智者的科学"就是要对整体的现实做出恰如其分的描述，从而最终满足人（即使是哲学家）的需要：他将永远不会再反对智者过去的言说，正如智者也从来不会反对自己描述过的现实。这样，智者不带辩证性（即不带惯于否定的方式）的描述就成为绝对真理，这个真理不再形成任何哲学的"辩证性"，永远不会成为必定引出一个反题的"正题"。

但是，怎样才能得知人是否真正地、完全地对知其然

137

心满意足了？

根据黑格尔的观点，人除了认识的意愿之外别无其他（der Mensch ist Anenkennen，参见原著第20卷，第206页，1.26），历史就是使这一意愿逐渐得到满足的过程，最终的满足则须在征服全世界的国家中实现（黑格尔认为这就是拿破仑帝国）。但是，黑格尔首先必须预测历史的"未来"（历史的未来在本质上是无法预见的，因为未来是自由的；换言之，就是产生对现状的"否定"），因为他所企望的国家仅仅处于形成过程之中。即使在今天，我们依然清楚地知道，它距一个"经验实体"（Dasein）或"客观实在"（Wirklichkeit），甚至一个"现存实在"（Gegenwart）仍很遥远。接下来就是意义重大得多的第二步：怎样才能知道在国家中获得或由国家给定的满足确实是作为人本身的最终满足，而不仅仅是满足其各种意愿之一？怎样才能知道帝国中历史"运动"的稳定，并不是因暂时乏力而稍有停顿呢？根据什么才可以证明，这个帝国使人除了认识的意愿之外不再产生新的意愿，因此，它也不会在某一天被斗争和劳动之外的某种否定行动或创新行动所推翻？

唯有通过一种假设，即认识的意愿将耗尽人类的"全部潜力"，来对此进行证明。但是，只有等到人类具有了全面的完善的认识，也就是有了普遍适用和最终（"必定"）适用的认识，也就是"绝对真实"的认识之后，我们才有权利做此假设。然而，只有在历史终结时才能获得绝对真理。而需要加以明确的，正是历史的终结之时。

138

于是，我们被牵连进一个"恶性循环"之中。黑格尔对此已做过充分和详尽的阐述。但是，他认为，在通过说明现实来获得绝对真理（在现实的准确和全面的特征中）时，在现实"进程"的终期（在人类历史最终停顿），他已经发现了一个准则。奇特的是，这个准则正是他所描述的循环，即"科学体系"。

再稍后一段：

　　这就是说，在黑格尔的论证面前，"所有的思维能力"已经枯竭。其他任何论证都无法同"科学体系"相抗衡，都只能是他已经论证过的内容之一，都只能是对前面所述体系某一部分的重新总结，这个体系是全部思维的构成要素。

让我们姑且搁下这个关于循环体系的最困难的论断，谈谈另外一个关于历史终结的论断。这两个论断密切关联，缺一不可。第二个关于世界帝国的论断让所有人都一目了然。一目了然却又出人意料！黑格尔是否在 1806 年的拿破仑帝国中看到了世界帝国的雏形，看到了可能实现这种帝国的尝试？因为这种帝国尚未成熟，哲学家应当对它的未来进行预测。可以看出，这将不是拿破仑式的帝国，拿破仑宣称要，或者已着手建造历史终期。应当促使这个体系逐渐完善和不断运行，从而体现出它的总体性。

我在《历史哲学导论》一书中探索的理论同科耶夫（或黑格尔）的思想存在相当大的距离。然而，威廉·狄尔泰和马克斯·韦伯尽管属于黑格尔思想的直接继承者，却仍然解决不了自己提出的问题，解决不了自以为已经解决的问题。我这个晚辈只好目瞪口呆、疑虑满腹地聆听先师和创始者的教诲。

有一个问题我不能回避。科耶夫在1938年或1939年自称"地道的斯大林主义者"，此话是否真诚？更确切地说，是在什么意义上的真诚？历史将引出一个和好的世界帝国，既然没有拿破仑，那就斯大林吧。这个帝国既不是俄国式的也不是马克思主义式的，它将囊括相互了解之下团结和好的全体人类。至于赤色俄国被丧失理性者统治，语言被庸俗化，文化被毁坏，他私下并不否认。恰恰相反，他一有机会就这样说，事情早已大白于天下，只有下愚不移的家伙才能无所知觉，也只有同傻瓜说话的人才感到有必要重复第二遍。他身上是否留有潜在的、合理的、热爱俄国的感情？我对此并不怀疑。当然，他一片忠贞，心甘情愿地做出选择，为祖国法兰西效劳，这同样毫无疑问。他不喜欢美国人，这个哲人将美国视为世上最彻头彻尾不重哲理的国家。当然，在他眼里，哲学已经与希腊人（前苏格拉底派、柏拉图、亚里士多德）、德国人（康德、黑格尔）和两者之间的笛卡儿主义者混为一体。他抵抗来自美国的压力，维护建立共同市场的《关税与贸易总协定》①的条款，从而捍卫了法国和欧洲的独立自主。他在国际会议中被认为是一个令人生畏的谈判者。1971年，我曾同香港政府财政部部长交谈。他是一个英国官员，毕业于牛津或剑桥，以前是研究古希腊的学者。他一直不能原谅科耶夫这个诡辩家或辩证

---

① 这个国际法规制定于战后初期，《关税与贸易总协定》负责协调贸易往来，是制定贸易规则和成立共同市场或自由贸易区的必需条件。

论者对这片英国最后领地之一所表现的敌意。他从未明白科耶夫的真实动机。

1946 年或 1947 年，在一次午餐中，科耶夫简略地谈到了自己的历史哲学研究和个人经历。他说，他为法国和欧洲的利益着想，才在一个时期转向斯大林主义。在黑格尔之后，再也没有重要的思想出现。在这个意义上说，历史已经停止了。哲学论证的环已经形成。但是，还要发生一些事件；在实现世界帝国之前将存在一些地区性帝国（或共同市场）的阶段。西欧联合组织就是这个阶段的产物。

1945 年之后，他为什么决定进入政府机构，成为财政部中负责国际关系部门的一名官员？有一次他对我说："我想知道它（历史）将如何演进。"说实在的，我很难想象，他如果去法国某大学任教将是什么样子。他必须首先做一篇博士论文。审查委员可能会对他的某一成果，例如《论无神论哲学推理史》，做出尖刻辛辣的评价。在内心深处，他可能认为自己已经说出所有应当说的话，并且这正好符合他所主张的哲学的全部内容和结果。他想学柏拉图当专制君主的军师。他希望暗中能对奥利维埃·沃姆塞（Olivier Wormser）或瓦莱里·吉斯卡尔·德斯坦这样的头面人物施加某种影响。前者在《评论》杂志上的一篇文章①中夸奖他的朋友科耶夫。说到科耶夫，我还记得他曾向我说，吉斯卡尔·德斯坦很尊重知识分子，特别是当他受科耶夫的启发而发表某篇演讲后，他竟然会问："怎么样，科耶夫，你还满意吧？"我还想说一点：他十分看重自己的职务，当他的某个建议未被采纳时，他有时会大

①　《评论》杂志第九期，1980 年春天。

发雷霆。他尤其热衷于争辩国际经济问题。对于他来说，比起政治或军事问题（至少是当代的）来，贸易外交更能准确地体现黑格尔－马克思主义理论。

1982 年春天，我有一次同瓦莱里·吉斯卡尔·德斯坦谈话时提到科耶夫的名字，讲到对他的钦佩之情以及他在我心目中的位置。总统颇为惊奇，然而，他对这个说话曲里拐弯的谈判家留有清晰的印象，并且用十几个字来评论他的谈判手段。总统说：他总是选择一些迂回道路，但最终能达到目的。科耶夫尽管已经离开高等研究实践学院而从事外交工作，但并未抛弃他的辩证法。

我是否证明了我对科耶夫的天才判断确有道理？是否使读者信服了？我不敢肯定。他的著作《黑格尔导读》并不能作为证据，他以前发表的类似作品也同样不能。而且，这些书尚未被认真评论过，甚至未被认真阅读过。我应当向大家介绍这些书，它们代表了作者的一部分思想，我也应当再回忆一些内容。

141　　我大胆做一个别人可能认为大不敬的比较，我认为科耶夫在某种意义上比萨特聪明。萨特的才智表现在大胆、丰富的想象力上，但他的道德观念重于他的激情，这限制了他观察事物的眼界。

苏联镇压匈牙利暴动一事暴露了苏联式统治的实质。但是，国际政治本就是那么回事儿，有什么大惊小怪？集中营制度引起人们的憎恶，苏联为维护至高无上的统治地位，就必须在匈牙利恢复秩序。对苏联干涉匈牙利事件，科耶夫用寥寥数语就阐明了自己的看法，萨特却连篇累牍地加以评论，似乎他的世界观全被打乱。实际上，事件本身已经揭示出一个萨特早就应当明白，并且能够明白的真理。科耶夫的拥护者可能会指责说，你举例不当，怎么能把他说成一个现实主义者，再跨出一步就要超过无赖的界线，说他不懂《精神现象学》，对芸芸众生的痛苦和愤怒无动于衷？然而，事实确是如此。科耶夫主动采取了一种白俄对待人民群众的态度。至少，这种态度受到哲人意志支配，自以为高人一等，对芸芸众生赐以宽恕。科耶夫从不说蠢话，我很少印象需要教他搞明白什么事情。尽管他不同于大部分知识分子，但当交谈者首先提出某一看法并获得他的认可时，他会以尊敬的态度听取对方的叙述。这是因为他自认已经掌握了黑格尔思想体系所包含的全部哲学和历史，可以带着哲人的超脱态度和高级官员关心下情的姿态对待当代思潮和事件。每当谈到政治和经济（这是我们的主要话题）时，他总是以权威性的口吻发表意见。他也多次询问我的看法，例如对1958年5月以及1968年5月形势的看法。这些事件涉及法国政治；也许，他缺少生长在这个国家的人特有的直觉和迅速理解的能力（至少他自己这样认为）。

我很难准确地说明科耶夫在法国政治生活中到底发挥了多大影响。他时常写些供部长和司局长参考的文件，并将其中许多份寄给我看。总的来说，他的意见都有所指，也有一些故弄玄虚。我记得有一份文件是这样写的：不是经济学家，而是福特曾经对马克思的贫困化理论进行驳斥，而现在相反，经济学家正在劝告实业家，为了自身利益应当援助第三世界，以促进自身发展。142

这个曾指导法国一代知识分子研究黑格尔理论的哲学家，在1945～1968年这23年间，却扮演起内阁部长和司局长的约瑟夫神父①。虽然他只能在业余时间研究哲学，但著述甚丰，他的著作尽管没有全部发表，却显示出他的不懈努力。在一篇转载于《评论》上的文章里，他对亚历山大·柯瓦雷、马丁·海德格尔、雅各布·克莱因和埃里克·韦尔表达了感激之情，认为自己从他们身上获益匪浅。但是，他又用蔑视的口吻，斥责其中一些人后来偏离了唯一的正确道路，即《精神现象学》。只有他，科耶夫，说的才是定论，他重新审视了在他之前就已经预感到了这种结局的黑格尔。

我至今还摸不清他的把戏有多少是知识性的，有多少是存在主义的。他一劳永逸地抛弃了自然辩证法之后，是否还真正保留着黑格尔的全部哲学思想体系？他到日本旅游时经历了一次爱情奇遇之后，曾将两页关于茶典的内容加进了再版的《黑格尔导读》中。或许他认为，二者必居其一：要么这种哲学所揭示的真理千真万确，我是这种哲学的代言人而不是创始者；要么人类正在经历一场嘲弄人的喜剧，尽管不时被同样嘲弄人的悲剧所打断。很久以前，雷蒙·巴尔（Raymond Barre）曾向我谈起科耶夫说过的一句话："人生是一幕喜剧，应当态度严肃地演好它。"我还记得，他在无意中这样说过："人类毕竟不会永无止境地自相残杀下去。"

埃里克·韦尔②生于1932年，同我在柏林结识。他在希特勒上台后不久便离开了德国。因为他很快明白了等待犹太人的将是何种命运。战前，我们两人、两个家庭的关系十分亲密

---

① 17世纪路易十三世时代的人物，为红衣大主教兼宰相黎歇留出主意的参谋，又名灰衣大主教。——译者注

② 1938年或1939年，科耶夫、韦尔、波林（Polin）和我一同阅读康德的著作。科耶夫和韦尔时常开展漫无边际的辩论，双方都不知疲劳地据理力争。

友好。当然，由于极度的自尊心或政治观点的分歧，我们之间也曾出现过一些波折。有时，出于一些混杂的哲学和现实的原因，他倾向共产主义一边。例如，《苏德条约》缔结之后，哲学之神非但没有防护他免铸大错，反而促使他走向歧途，我为此颇为气恼。战后，他从战俘营回来，重新宣称（尽管为时不久）自己是共产主义者（那时，科耶夫认为一个刚刚加入法国国籍的人持这种观点不太适宜）。

他的亲共思想很快消退了。他不喜欢巴黎，夫人又在布鲁塞尔欧洲共同体常设机构工作，因此便在里尔住下来。他很少来巴黎，喜欢别人去里尔，后来去尼斯做客。由于相距遥远，加上家庭中又出现悲剧，我们中止了会面。我们最后一次交谈是在电话里，他感谢我为他竞选伦理和政治科学院通讯院士所做的努力。

我更喜欢回忆这个曾使我为之奉献自己主要论文的人。他也常去听科耶夫的课，尽管他对《现象学》的理解与讲演者相差无几。他讲话不如后者吸引人，同他交谈也并不总能感到轻松愉快。然而，在很大程度上，正是他引导我走上了哲学思辨之路，至少应该说，是他使我开始对哲学产生兴趣。他对著名哲学家的思想有着深入透彻的理解，这给我留下了深刻的印象。我认为，他跟科耶夫和柯瓦雷比起来毫不逊色。他在《论证》上发表的文章主题繁多，显示出作者具有惊人的学识。对这些领域内的问题，他都堪称专家，甚至有过之而无不及。他的主要著作《哲学逻辑》《政治哲学》《康德理论问题》在一些小圈子里享有相当声誉。到处都有他的狂热崇拜者。但在某种程度上，科耶夫的名望比他要高。是不是命运不公？他也写过黑格尔导读之类的书，不过或许是为了返回康德学派。

柯瓦雷是我们这群人中最受尊敬的长者。他曾参加第一次世界大战（他本人从未谈过此事）。作为一个杰出的哲学和科学方面的历史学家，他涉猎极广，从德国的神秘主义一直到俄国 19 世纪思潮，以及各国对加利利学派的研究情况。他不爱高谈阔论，讲话轻声慢语，却能对所谈事件和人物做出准确和权威性的判断。他曾经提醒我警惕阿兰的反军国主义倾向。他也从不为共产主义思想所诱惑，尽管经济大萧条的形势似乎能够证实马克思的预言。在这些杰出的思想家之中，他不是以他的才华，而是以他的谦虚，以他一丝不苟和坚韧不拔地追求真理的精神，以他认真严谨的思维方式而引人注目。他对大学的工作认真负责，并且希望能在法兰西学院任教。而马夏尔·盖鲁（Martial Guéroult）却先他入选法兰西学院。其实，他们两人进入这座光辉的学府都是当之无愧的。

这个团体中还有一名成员叫马若兰。他是社会地位颇高，却没有受过中等教育、没有获得业士学位证书的十分少见的法国人之一。他年纪尚轻就为生活所迫到一个交易所谋事，攒钱继续完成学业。他在高等研究实践学院取得了同业士学位水平相等的毕业证书。在受到 C. 布格勒和夏尔·利斯特（Charles Rist）的赏识后，他才得以享受助学金，在美国一所大学继续深造。此后，他到夏尔·利斯特领导下的经济研究所担任秘书，在那里拾级而上，不费气力就取得了硕士学位和博士学位。他的论文探讨西米安（Simiand）长期计划的实施结果，见解独特，同当时研究法国经济的专著迥然不同。战后，他又获得了政治经济学教师的学衔。

此时，他已身居官方要职，不再从事科学研究，将全部精

144

力倾注于国际组织的工作之中。初步工作成果表明，他是一个有水平的经济学家。他更喜爱当活动家。我认为，他的选择有道理。高等学府中并不缺少政治经济学教授，而在经济合作和发展组织以及欧洲委员会里，经济学家的任务与教师的任务相比，同样崇高，同样有价值，而且更少令人失望。

我阅读泽夫·斯特内尔的著作①时曾经自忖，当时自己是否对 1940 年借国家战败之机出现的民族革命的端倪有所觉察？我是否低估了排犹主义的力量和法西斯主义的威胁？法国是否如同作者所描述的那样，"充满了法西斯主义意识"？ 145

我对《我无所不在》《格兰瓜尔》《天真汉》等极右派报刊并未不屑一顾。不过，我也不按时看这些东西，看了让我如十指钻心。奥古斯特·孔德曾说，为保持清醒的头脑，少受刺激，就必须在阅读时自觉遵守一种纪律。这些报刊并非毫无才华，但充满仇恨，宣扬某些资产阶级思想，包括以著名口号"宁要希特勒，不要勃鲁姆"为特征的思想。我同这种右派毫无共同之处。当然，该派成员相互之间也常常各执己见。即使我们在某一个特定的问题上看法一致，我同该派也不可能有任何来往。

1930 年代，夏尔·莫拉斯（Charles Maurras）每天上午为他的忠实听众讲授政治，听众中包括乡间贵族、海军军官以及一部分巴黎知识界人士。我多次试图对这个热衷君主制的空论家产生兴趣，但不能如愿。诚然，他在 20 世纪上半叶的法国

---

① 泽夫·斯特内尔（Zeev Sternhell）：《不左不右，法国之法西斯意识》，瑟伊出版社，1983 年 1 月。

知识界中占有重要地位。但是，他取得这种地位，更多要归因于同他对立的观点平庸无聊，而不是他本人的思想有多么丰富。他也不止一次对形势做过透彻的分析。据我观察，他既不拥戴君主制，也不拥戴自己的祖国。

尽管他（不无保留地）对萨拉查和墨索里尼表示过赞同，但对国家社会主义无丝毫好感，作为日耳曼人和浪漫派，他反对任何违背旧有秩序的东西。在他看来，旧秩序才是智慧和美的不朽典范。

文人墨客的政治主张飘忽不定，时而转向法西斯主义，时而转向共产主义。这既使我好奇和关注，也更引起我的蔑视。安德烈·纪德拥护共产主义事业，后来又发表了《访苏联归来》一书。这一切使我感到，他是一个更注意自身形象而不关心世界历史的作家。

我认识埃玛纽埃尔·穆尼埃，也不时拜读他编的《精神》杂志，不过受益平平。在我的记忆中，我在这份杂志上仅仅发表过一篇文章，题为《一个法国青年致德国的一封公开信》。这篇文章写于1933年1月，即希特勒上台前夕，表述了我在旅德结束时的心情。"请原谅，我不知道我应以何种身份代表法国青年讲话。我，既不是左派，也不是右派，既不是共产主义者，也不是国家主义者，更不是激进分子或社会主义者。我不知是否能够找到自己的同伴……或许，为了对抗德国的国家主义，我会成为一个法国国家主义者……"接着，我进一步阐述道：德国将受到右派党派的统治。我们两个国家具有截然不同的文化（秩序与专制不同，理性与虔诚不同），再对此进行讨论已经毫无意义，任何一方祈求理想和道德的努力都是虚伪的行动。除了强大的国家各自本着自家利益达成协议，已经别无他择。

《精神》杂志让我生气，主要是因为它的写作方法而不是它的价值观。我在杂志中发现一种地道的意识形态文学。这种文学不直接涉及政治问题，但它的文笔能使读者领略其中提示的答案或选择。无论是它的指导思想，还是对普遍性问题的多方面阐述，都使我感到这是德国文学，一种偶尔被国家社会主义所利用的德国文学。当时代的考验到来之时，当人们必须对重大事件明确表态之时，《精神》杂志派便于 1938 年和 1940 年 7 月相继发生分裂，第一次分裂是可以理解的，第二次分裂却引人深思。

我对阿尔诺·当迪厄（Arnaud Dandieu）和罗伯特·阿隆的著作没怎么当回事。他们都严厉批判议会民主和资本主义民主，但否认自己与法西斯主义存在某种联系。至于马塞尔·比卡尔（Marcel Bucard）、乔治·瓦鲁瓦和雅克·多里奥（Jacques Doriot），他们在作品中公然自称推崇意大利或德国的经验，他们搞的是宣传，我看他们的文章只当看党派的报纸。

斯特内尔说，战争前夕的法国"充满了法西斯意识"。不管怎样，此话是否有道理？如果重新回忆当时议会和选举的形势，我并不否定自己对当时局势做出的诊断。共和国并没有受到形形色色的被人民阵线政府解散的团体的严重威胁。1934年 2 月的骚乱由多种意外事件构成，而不存在什么预谋。警察接到政府命令之后，立即不分左派右派对游行队伍开枪。那个政府虽然疲软无力，但依然合法。那些团体虽然发出挑战，但并没有使共和国陷入危机。 147

有人会向我指出，尽管第三共和国当时的处境已大不同于1930 年代初的魏玛共和国，但是领导阶层也许确实"充满"

了法西斯意识。无疑，我将会认真考虑这种观点。不过，国民议会席位上许多右派议员并没有充满法西斯意识，至多只有极右派中的寥寥数人如此。因此，没有必要动员共产党、工人群众以及业已四分五裂的左派团结起来拯救共和国。虽然与资本主义紧密勾结的议会民主正在越来越广泛的领域内失去信誉，但是这并不意味着它将让位于法西斯主义。

试图将借鉴于社会主义的观点与借鉴于国家主义的观点相互结合起来的人确实四处可见。但是，这种或多或少取得成功的结合也不等于法西斯主义。一些脱离工人国际法国支部的社会党右派从莱昂·勃鲁姆那里接过"我害怕了"（Je suis terrifié）这句话，在不同程度上成为政府的合作者（如马塞尔·德阿、阿德里安·马尔盖）。在 1930 年代，社会主义者已经看到社会党国际一事无成。除非视而不见，否则他们就应当自动解散或者将行动局限于本国范围内。那些自称属于亨利·德·曼①的"计划经济派"的团体，不认为自己是、也不愿成为法西斯主义者或国家社会主义者，它们致力于寻找某种能够解决世界危机和议会无能的出路。

毋庸置疑，1930 年代末，来自莱茵河彼岸的思想开始在法国传播蔓延。19 世纪曾经毒化法国和德国的排犹主义从希特勒的行动中得到精神支持，找到了某种合法性。特别是对德意志第三帝国外交政策上的纷争，使我们国家陷入严重的分裂。力主抵抗的一派被对立面斥为"好战分子"，希望与希特勒签订和约的一派则被怀疑是法西斯主义的同情者。不过，在

---

① 亨利·德·曼（Henri de Man, 1885—1953），比利时理论家和政治家，曾任比工党副主席、政府内阁部长。——译者注

一片相互谴责声中，双方都有说对的东西，也有说错的东西：拥护一党制的人士不同意名曰"保卫民主"的战争。墨索里尼和希特勒政权的坚定反对者很可能忽视了战争时期至关重要的因素：力量对比。许多右派人士对法国的军事劣势有准确的估计，许多左派人士则对希特勒的野心有清楚的认识。 148

第三共和国信誉扫地，这不仅使民族革命应运而生，还使惶恐的民众、领导阶层和法定社团不得不接受维希政权为了消灭共和国，为了在某些方面模仿希特勒而采取的法制化措施。维希的改革政策并未令我吃惊。1940 年 6 月我即将离开法国时在图卢兹对妻子说过："这些人起先拒绝战争，后又祈求停战。德国人占领法国之后，他们还会慢慢地被迫做更多事。"我的判断还过于乐观，没想到他们竟主动迎合纳粹的意愿。

继 1930 年代的意识形态论战之后，法国的战败进一步加速了维希政权的形成和民族革命的爆发。当然，共和国的宿敌法兰西行动派为这个政权的成立提供了部分人员和思想基础。某些其他人物和思想流派也与这个政权同流合污。皮埃尔·赖戈尔到底早就是法西斯分子，还是受了法国知识界论战的影响，这还不好说。法国知识界早已传播着一种专制哲学，既汲取了法国的传统思想，又借鉴了外国的经验。

我与一些团体（它们彼此之间几乎互不往来）常有接触，但并没有完全属于其中的任何一派。当萨特还在为发表《恶心》寻找出版商时，马尔罗已经颇有名望。教授和作家平时主要在"真理联合会"和"蓬蒂尼十日会"等会议上相逢。我从这两种活动中获益匪浅。今天，我时常为没有一个像保罗·德雅尔丹创建的那种活动团体而倍感遗憾。

149   在我们之中，只有《今晚报》外交栏的责任编辑保罗－伊夫·尼赞参加了震荡左岸的意识形态论战，这场论战始于1933年塞纳河左岸，一年后进入高潮阶段。其余那些在战后统治了巴黎哲学界的人物当时都在潜心写作。他们的首批著作于1930年代末问世。卷帙浩繁的《哲学研究》杂志同1920年代的学术氛围，同我们那一代人曾经接受的教育截然不同。战后的哲学成熟于1930年代，置身于文化人之间的时代论争之外；今天，这种哲学似乎已接近尾声。

第五章　灰心丧气或幸灾乐祸……

　　本章题目用的这两个形容词取自保罗·福科内的一句话。那句话是1938年3月26日我在里雅尔大厅进行论文答辩时福科内当面跟我说的。事前几天，我照例先去拜会他，他既冒失又善意地问我，是不是家里出了什么事情，影响了我的论文。我忍笑对他说，局势岌岌可危，国家危机四伏，战争迫在眉睫，法国衰微没落……我请他对我的家务事放心，他叫我对国家大事放心。对的，法国的全盛时代当然已经过去，没落完全是相对的，任何国家都有这种经历，这既不足以为之辩解，也不足以说明我那种巨大的悲观绝望。这个社会学家无条件服膺埃米尔·涂尔干，只顾瞭望远方，搞科学搞得心安理得，对于大祸临头，几乎满不在乎。我虽然知道大祸已经临头，但也还搞不清楚大祸究竟有多大。而当时学术界里当官的都怪我杞人忧天，把什么都看得一团漆黑。

　　我在论文答辩的会上刚发言完毕，保罗·福科内便根据《形而上学与道德杂志》登载的摘要开言道："我完成了一件慈悲为怀的事情，一件有信仰的事情，一件有希望的事情。我发慈悲，仍然向你表示钦佩和同情。我坚持我的信仰，信仰你所谴责的东西。我希望，希望同学们不跟你走。"场内听众的反应各不相同。

　　作为巴黎大学的纯种产物，实证主义唯理论的产物，或者说是新康德思想的产物，我在福科内的心目中——还不只是他

的心目中——似乎否定一切，不是革命者而是虚无主义者。过
151 了几年，《存在与虚无》一书倒没有引起这些睡眼惺忪的学术
大师同样的惊讶和气愤。

　　其实，福科内的反应虽然表达的方式近乎漫画式，但其实
和论文答辩会上的其他评审委员的并无二致。一般来讲，1930
年代的学术泰斗都大同小异。我的三本书《当代德国社会学》
《历史批判哲学：论史学中的一个德国学派》《历史哲学导
论》，第一本在 1935 年出版，另外两本在 1938 年问世。那时
候，好几个德国哲学家住在巴黎，有的是被驱逐出来的，有的
是逃出来的。《哲学研究》杂志登载了这些流亡者的文章。可
是，这种和平的入侵却遭到了白眼。我既从中得利又感到难
受。我的那几本书介绍了一种或几种概然判断，都取材于莱茵
河彼岸。福科内觉得我批评历史的客观性的行为触犯了他。反
正大家都诧异，怎么在我身上居然找不出他们从前的学生的影
子。可是，他们在事前就把我当作他们学术家庭中的一员。更
不用说，布格勒出于友情，其余的人忠于他们的道德观念，他
们连一刹那也没有想要拒绝我返回母校。

　　为什么我那几本书充满了灰心丧气或幸灾乐祸的气息？

　　我在为获得高等文凭而研究康德（1926～1927）和寓居勒
阿弗尔这两个时期，漫无边际地读了许多书。除了《自由论坛》
和《欧洲》月刊，我没有在别处发表过任何文章。从 1933 年 10
月至 1937 年 4 月，我居然写出了上面提到的三本书。

　　我说"居然"并没有自负的意思，不是完成了什么业绩，
而是感慨我曾眼瞧着一张白纸而惶惑无措的心情。我写文章本
来是很吃力的。我不得不用好几年的时光，学会写读结合，在

阅读时酝酿写作，在写作中反复阅读。我通常在撰写一个章节、研究一个作家时并不去读作家的原著，只根据我以前阅读原著时的想法把作家的思想重新呈现出来，然后再引用他的词句补充文章。

《当代德国社会学》究竟有什么价值？不是自夸自吹，我敢说这本小书还是有点用处的，哪怕今天已经没什么用了。书中谈到的某些社会学家已经无人问津，而另一些人，如马克斯·韦伯，几乎占了全书篇幅的 1/3，今天已经无须我来做什么介绍了。几代莘莘学子从书中汲取了知识，书的内容可能有些肤浅，但大体上正确地反映了德国社会学的几种倾向。可惜这门欣欣向荣的学问当时就遭国社党扼杀了。默顿（R. Merton）在国际社会学大会的一次学术讨论会上说，这本小书出自无名氏之手，曾深深打动了他。这本书后来被译成西班牙文和日文，战后又被译成英文和德文。最近不知为什么①它又被译成意大利文，并在美国和日本再版。

1935 年，我研究的德国社会学家大多还不出名。《社会学年鉴》报道过马克斯·韦伯的一些研究成果，特别是关于清教思想和资本主义思想的两篇论文。在马克斯·韦伯方面，他从未引用过涂尔干的话，然而据马塞尔·莫斯说，韦伯家的藏书室里有全套的《社会学年鉴》。1935 年，还没有一部书全面研究韦伯的政治人格和社会学人格。马克思以后的概然判断，比方说卡尔·曼海姆的概然判断，几乎没有触及法国的一些社会学家的思想。我的书是接着 C. 布格勒的《法国社会学小

152

---

① 《社会学主要思潮》在意大利出版后，篇帙较繁，降低了《当代德国社会学》这本书的用处。

结》写的。出书时候的形势比较有利，这本书仿佛打开了一个人迹未到的新天地，多亏这本书，我结识了 A. 布罗岱尔森（A. Brodersen）和爱德华·希尔斯（E. Shils），并且彼此交好直至今日。而最叫我感动的则是 25 年以后，一个原籍波兰的社会学家安德烈斯基（Stalislav Andreski）公开承认我那本书启发了他。

我写这本小书是受布格勒之托。他答应我，第二年给我在高师的社会文献中心谋一个差事。这个岗位报酬不多，不能养家糊口，但似乎与教学有关。我本来还在写一篇论文，是他叫我不要写了。我在他的督促下写了这本小书。事后想153 起来，我自己是否乐意呢？我想是乐意的。一直到今天，我还觉得用这本书来总结我在德国取经问道的收获，终究是值得庆幸的。

我不过延长了一段短短的传统：涂尔干和布格勒都访问过德国的一些大学，也都写了文章带回国，汇编成册。我没有周游各大学，只在科隆略为观察了一下冯·维瑞（L. von Wiese）一派的人物，在柏林瞧见过桑巴特（W. Sombart）。跟那几个前辈先生一样，我只集中研究了狭义的社会学。我没有提交过什么研究报告或访学印象记，而是借助了"系统社会学"和"历史社会学"的对比，挥洒出一幅系统的草图。这样的对比除了实用和方便，还有其他价值吗？奥本海姆（Fr. Oppenheimer）、阿尔弗雷德·韦伯（A. Weber）和 K. 曼海姆三个人无疑是一脉相承的。前面两位主张对历史有一个整体的观念，而后面一位则反复思考社会学家扎根于社会的作用。他们三位都深受卡尔·马克思的影响，而各人却都选中了自己的专题。奥本海姆选的课题是"社会等级制的起源：牧民压倒农民导致人剥削

人"。阿尔弗雷德·韦伯则研究文明与文化、技术与精神的二
元论。卡尔·曼海姆研究的是一门新的科学，叫作科学社会
学，他发展马克思的思想，认为各个阶级无不根据自己本身的
观点、立场来观察社会现实。

　　在三个作家中，要算卡尔·曼海姆在 1932 年的名气最大。
我在柏林写了一篇关于他的文章寄给他，又到法兰克福去看
他，并且结识了埃利亚斯（N. Elias）。埃利亚斯批判文明的一
些著作①最近在法国刊行，并受到热烈的欢迎。K. 曼海姆把
我寄给他的文章弄丢了。大概那篇东西也只配这种下场。我写
《当代德国社会学》时，已经摆脱了"意识形态和空想"的魅
力。我评论他的那一章不够宽宏大量。1935 年，我又在巴黎
看见他。他风度翩翩，带点俏皮地向我道喜，说他"非常欣
赏"我的大作，然后微微一笑，加上一句："只有直接关于他
的那章内容不在其内。"后生初出茅庐，刚写头一本书，便把
名扬欧美的一个学术长官批得体无完肤，而这个长官非但不生
气，还夸奖了这头初生之犊，正如英国人所说的，曼海姆是一
个得体的人。大战期间，我在伦敦又见过他几次。

　　我这本书的第一章罗列了四个作家，也就是四个学派，每
个学派都确有代表性、典型性。一派是格奥尔格·齐美尔和
冯·维瑞，基点建立在形式与内容的对立上。一派是 F. 滕尼
斯，强调"社会性"的主要典型，特别是著名的社会－公社
的交替选择。第三派是菲尔坎特（A. Vierkandt），引用现象学
说明社会关系和社会团体的意义。最后一派是奥特玛尔·斯潘
（Othmar Spann），他推广一项哲学和科学的决定，主张世界主

154

---

　　① *La Civilisation des moeurs et la Dynamique de l'Occident*，Calmann - Lévy.

义，反对个人主义。总体先于局部而存在，更不必说个人只有在加入总体以后，才上升为人类。

这四个作家或学派并不限于搞一般的所谓微观社会学，而是在一起说明两个永远有意义的论点：一方面是"社会性"的主要典型（社会与共同体），另一方面则是探讨接近社会现实的方式或哲学模式。直到今天，我还不相信有人能用同样的篇幅说得更好一些、更多一些。然而，我给四个学派冠以"系统社会学"这一称号，今天看来，弄巧胜于说服。形式社会学、现象学、世界主义，这三者可以有逻辑地加以贯通。三者代表了三种哲学启示和诊断社会症结的三种作风。但是，滕尼斯的社会－公社对比论并没有指出特效的探讨手段，而其他三个作家则各自显了神通。所谓"系统"，无非是对社会性的各个变种或社会总体的不同部分严格规定形式，并尽可能一个不漏。这四个作家的确做了分类工作，但这种分类只能算一份清单、一种概念的工具，可以用来理解一切观察到的现象。系统学－历史学的对立在半个世纪以前是有用和方便的，但我怀疑这在今天是否还有用处。宏观社会学和微观社会学、共时分析和历时分析都掩盖了这种对立，或者抑制了这种对立。

探讨德国社会学的特征，探讨法国社会学和德国社会学的区别，在今天看来还是有意思的，但已经不准确。在1930年代初，把德国社会学"唯灵论"的气质（至少是最典型的）同法国社会学实验和科学的气质做一番对比，那是有道理的，哪怕这两种社会学在程序上虽有不同，在实践中却没有什么两样。的确，德国人对于文明－文化对比的用法和法国人不一样。最后，社会学家的"自我社会学"来自马克思主义思想，对此，德国的社会学家比法国同行更为担忧。

今天，这种对比几乎已经销声匿迹。战前的法国并没有见过准马克思主义者，比如像 G. 卢卡奇和 K. 曼海姆那样的作家。法国现在却大有人在。虽然法国没有法兰克福那样的学派，但 L. 阿尔都塞和 N. 普兰查斯（N. Poulantzas）重新解释了马克思主义，而且借他们的马克思主义的光解释了现在。最后，1945 年以后的社会学越来越超出国界，尽管在实践中也许仍然保留着一定的民族色彩。共同的方式、研究课题、解释办法，似乎已是既成事实。倒不是说社会学家受的是同一哲学的启示，或者是同样地指出现实，而是说大多数学派都在各国内部出现，反对法兰克福批判论的人在德国则跟在别国一样多，或者也许更多。甚至对唯理社会的谴责，我在希特勒上台以前的德国便已经觉察出来，现在又由左派和极左派重弹旧调，在法国是这样，在别国也一样。

1953 年，这本书以德文出版，我写了一篇短序：《谈谈社会学概然判断现况》。我还预告了德国社会学的复兴：德国社会学从此将成为跨国社会学不可分割的一部分，但也能为这门学科做出自己的贡献，并以自己的传统丰富其内容。

这本小书会不会得罪涂尔干的门徒？我不太相信。德国社会学家很可能让涂尔干生气，如卡尔·曼海姆，我是为了驳倒他而提出来的。福科内相信，埃米尔·涂尔干想建立起来的社会学是一门正在形成的仍然新颖的科学。他宁愿承认这门学科未臻完善，还比较嫩，但用今天流行的话说，他不想由自己来把一个名叫涂尔干的社会个人变成社会学家的进程具体化。对社会学家做社会学分析是暗含在马克思主义里面的，而在涂尔干派的社会学里面则是不存在的。同样，涂尔干在表面上用方

156

法论中"把社会事实当作实物"的规则来排除对象的人性。事实上，这条规则主要旨在放下成见，通过社会学家解释的社会人来辨明各种制度的自然解释。我再说一遍，各种社会学在实质上并不像社会学家自己倚仗的各种哲学那样彼此间大有区别。今天，一个社会学家不必太费事便可以同时引用马克思和涂尔干。保留归保留，反正我没法不想起一个循规蹈矩而又视野有限的涂尔干派人士带来的冲击。社会学的进步，正如任何科学（如实证主义者当时设想的科学），是用一块一块石头砌起来的，一面把各式各样的事实和关系累积起来，一面改正错误，但仍把获得的知识纳入更广阔的全局。这是一种看法。另一种看法则如马克斯·韦伯想象的社会学，不断对永不枯竭的题材提出问题来自我革新。这两种看法的差别很大。发展中的人类世界不停地创造崭新的作品，从而引发史学家和社会学家崭新的问题。这和第一种看法也差别很大。经过反复思考，我一下子动摇了，这就是科学进步的庸俗哲学。

历史理性的批判这一概念来自威廉·狄尔泰，我觉得后来它也引导萨特写出《辩证理性批判》。我现在暂时不予评论，只谈其中一个意义：为"精神科学"或"人文科学"制出一种理论，堪与另外一种理论相比拟，那就是为自然科学制出的"纯粹理性批判"。这一门理论如同康德的批判，具有两种功能：一在证实科学的真实性，二在限制科学真理的作用范围。对历史批判哲学家来说，重新研究康德并不意味着做另一种先验论的分析，而是反对黑格尔的体系。这些哲学家中没有一个自称反对马克思主义。严格地说，只有马克斯·韦伯在钦佩马克思主义的同时，在某些情况下也明确表示反对。狄尔泰用历史解释哲学，认为哲学和"世界观"（Weltanschauunger）① 没有什么不同。所以，他并不在"批判"里寻找代替整个体系的东西，而是寻找一种客观知识的基础，尽管历史学家（或社会学家）都扎根在一个特定的社会里，也就是在许多社会之一里。

我把威廉·狄尔泰同格奥尔格· 齐美尔、海因里希·李凯尔特和马克斯·韦伯这三位作家排在一起，是不是人为的专断？或者是有一定道理的？三家的概然判断互相近似，三家提出的问题也仿佛彼此有姻亲关系。狄尔泰出世时，黑格尔才谢世两年，所以他和其余三位并非同一代人。其余三位都诞生于1860 年代光景。第一个在 1858 年，第二位在 1863 年，第三位在 1865 年。四个学者中，谁都没有花毕生精力和大量著书来研究我提出的问题。狄尔泰本来是历史学家，后来才"批判"他自己的专业。格奥尔格·齐美尔的《历史哲学问题》② 在他的著作中并不占多大的位置。李凯尔特的巨著《自然科学概念形成的界限》③ 大概在他的全部作品里最享盛名，但放进研究新康德思想的全部作品中，还只能算其中一个部分。两种科学的对比，本来不过是新康德思想的一个部分。最后，韦伯虽然一向关心他学术的模式不亚于关心他的学术本身，但他的威望毕竟还得归功于他作为社会学家的业绩。

我今天仍然觉得，把这四个学者列在一起还是说得通的。问题在于先明确研究对象的范围。我们要阐明的，不是狄尔泰

---

① 通常把这个德文词翻译为"世界观"（conception）或"对世界的看法"（vision du monde），我附上的德文原词比相应的法文词更通用更有含义。

② *Philosophie de l'Histoire.*

③ *Les Limites de la conceptualisation des sciences de la nature.*

或韦伯的全部思想，而是比较他们对同一问题提供的答案。问
158 题是否完全雷同？大概不是的，因为提问题的人各自都用某
一种哲学的语言及背景来表达自己的思想。然而，过了那么
多年，重读这本艰深的小书，我懂得了为什么我不管对还是
不对非得说它有价值，为什么公众又对它有那么多不同的看
法。

我首先认为《历史批判哲学》一书概括了我的主要见解。
莱昂·布伦什维格读了这本书的手稿（我还没有加上后来改
动的地方），对论文的批评十分严厉。他说得很对：如果我一
心想做晦涩的哲学解释，我"会徒劳无功"，而且哲学解释本
来是次要的。过了几个月，读了我的《当代德国社会学》，他
又给我写了一封友好的信，部分否定了他以前讲的话，并且懊
悔过去对我给他看的手稿批评得那么严厉。 ［而哈布瓦赫
（Maurice Halbwachs）则恰恰相反，他对《当代德国社会学》
批评得更加厉害。］1935 年暑假期间，我把《历史批判哲学》
重新修订一遍，并且下决心再写一本书，阐述我对历史理性批
判的个人见解，这本书将包含我的主要论点。

布伦什维格给我帮了忙，我应该感谢他，可是我当时却十分
恼火，并且做了些可笑的事。我把手稿拿给安德烈·马尔罗看，
尽管明知道他不太善于评判学院式的著作，然后又拿给让·杜瓦
尔看，他只指出了几处他中意的词句（如"智慧是意愿的眼
睛"）。我在真理联合会中曾反对过布伦什维格一两次，责备
他不关心人类的命运，除了学者的道德，对其他道德一无所
知。我从此摆脱了某种形式的新康德学派。社会学家和历史学
家都属于一个变动时期的社会。尽管他们想成为或应该成为学
者，他们也必然留有自身的历史局限性。

　　《历史批判哲学》还应该有第二卷，讨论历史主义或唯史论，二者在过去比现在更加缺少区别。卡尔·波普尔爵士写的《历史决定论的贫困》在英美世界传播一种观点，说马克思主义是历史决定论最完善的典范，自称能够预见——说得更恰切一些能够先知整个人类历史的前途。这本书创作于战争年代，跟《开放社会及其敌人》一样，都想把历史的各种哲学作为各种革命政策的基础和佐证。在《开放社会及其敌人》的第3页，波普尔概述他的首要目标说："这本书致力于阐明先知的明鉴是有害的，历史的形而上学阻挠了将科学方法——应用于社会改革的诸多问题。而这本书也努力阐明，我们只要不再以先知自居，便能自己缔造自己的命运。"① 《历史决定论的贫困》为历史主义下了定义：这是各种信仰、各式各样生活和思想方式都以各个社会和各个时代为根据的相对性学说。这一定义在意大利、德国和法国都没有被人采纳。P. 罗西（P. Rossi）写的关于德国历史决定论的书称道并引用了我的书，并研究了我在《历史批判哲学》一书中分析过的四个作家，同时也研究了我打算在续编中探讨的另外几个作家。

　　我本来打算在第二卷中列入恩斯特·特洛尔奇（Ernst Troeltsch）、马克斯·舍勒（Max Scheler）、卡尔·曼海姆，也许还有奥斯瓦尔德·斯宾格勒。这四个作家彼此很不一样，并不像批判哲学家那样回答同一个问题。他们处在或自己觉得处

159

---

① "This book tries to show that this prophetic wisdom is harmful, that the metaphysics of history impede the application of the piecemeal methods of science to the problems of social reformes. And it further tries to show how we may become the makers of our fate when we have ceased to pose as its prophets."

在一个类似的历史环境之中，各自用不同的语言，申说同一个危机，而朝着完全没有出路的方向寻找出路。特洛尔奇把历史主义理解为价值的历史性，所以可能导致人类精神统一的破裂和思想的无政府状态。战后德国知识分子的迷惘失措，比他们的忐忑不安更加受到特洛尔奇学说的影响。曼海姆的科学社会学标志着一种思想方法的结果。这一结果正是"历史主义"一词的一种含义所指出的，也就是说，人及其思想都是社会背景所决定的。

160　　马克斯·舍勒叫我感兴趣的是他构思出一门总的理论，指出思想和社会二者之间的关系。他的两个论点都需要探讨，至少需要对它们采取一些保留，这两个论点也都值得在这里提一下。其一是关于社会的三种典型，它们先后相承，规定了人类历史的次序。头一种以血缘和亲属关系为主。第二种叫作历史社会，以政权为主。第三种叫作现代社会，以经济关系为主。此外，根据舍勒的说法，物质因素决定不了思想，只能引导思想。经济－社会组织开通或堵塞渠道，而适应人的需要或符合人的憧憬的思想，都得从这些渠道通过。

斯宾格勒原该在解释这些著作中代表最高阶段，倒不像曼海姆那样是出于他出色的水平，而是像狄尔泰那样出于他的学识，或所呈现的社会全貌。古代数学与现代数学的对比提供了一个极好的例子：科学本身从属于一种文化的精神。

在第一卷里——其实我也只写了这一本——我采取的研究方法在论文答辩时受到责难。这个研究方法从历史的角度进行的阐述不足，而从哲学的角度进行的阐述有余。我努力想从四个作家的作品中得出他们所提问题的答案，而且那些问题都是我认为具有关键性的问题。选择这些问题，是否理所当然？是不是作家自己规定的？是不是他们的概然判断所规定的？我很想做肯定的回答，也许今天还想做肯定的回答，但是，这些问题和答案并不是他们中至少是某几个所提出的东西的关键。我说这话，心里想的是狄尔泰和格奥尔格·齐美尔。

狄尔泰是错不了的，他一辈子想的是历史理性的批判。他用两种完全不同的方式来设想这种批判。首先，他想到一种独创的心理学，这与当时占主导地位的实证主义心理学，甚至与当时占主导地位的唯物主义心理学相反，也与史学家、语文学家、传记作家最爱用的工具——心理学相反。这一尝试以失败告终。狄尔泰和格奥尔格·齐美尔也曾犹豫不决，终于发现绝不能"心理学化"对作品、事件和人物的理解。

狄尔泰的第二个尝试，（据他本人对外讲）是受了伯纳德·格罗修森（Bernard Groethuysen）的影响。这一尝试见于一些片段的表述中，汇集在全集的第七卷里。

狄尔泰寻求一种历史理性的批判，到底得到了什么结果？他重新采用了康德的思想：人的思想构成自己的宇宙，但放到历史的宇宙中去，这个想法便不再具有同样的范畴和作用。感觉的各种形式、理解的各种类别，使科学认识和因果的解释成为可能。狄尔泰提出另外一种完全不同的世界观，因为他关注的不是自然界而是人类世界。随着时间的推移，人建设起社会事业和精神事业。这些事业包括建立一种社会、一种生活、一种时代，构成许多整体。要理解并渗透这些整体，就得反复往来，从个体到整体，再从整体到个体。个体被纳入整体方有意义，整体只有通过分析个体才能够发现自己。但是，人们一旦承认了连续不断的创造力正是根本的历史事实，那么再怎样去跨越我们历史命运的特性？

H. 李凯尔特写的书尚不为人所知（尽管他写过一本叫作《自然哲学与历史哲学》的小书，此书20年前已被译成英文，并由弗里德里希·冯·哈耶克作序，哈耶克对其赞扬备至）①，他不想只是另创一种批判，而是想借用康德的思想进行分析，然后根据分析，严格制定一项包含两种科学的学说。一种科学是在一套规律的体系内完成的，另一种科学则是在世界史的范畴内完成的。从尚未定型的材料中提取对象，并进行加工或选择，乃是一切科学的前提。选择或加工有两项原则：一是通则，二是价值。所以，抽象的最高水平是科学目的的二重性。②

162　　实际上，莱昂·布伦什维格对于狄尔泰一点儿也不理解，对于西南德国学派也一样。对他来说，历史和科学不过是哲学的实验所，但他又不太关心模拟重演历史的方式方法。我的书并不以介绍一门外国学派见长，而是把分析与讨论结合起来，用我提出的一些问题组织讨论。在讨论狄尔泰和格奥尔格·齐美尔的两章内容里，我细述两个作家所处的不同时期、他们的犹豫和自我批评。凡是不关心这两个思想家的人，不关心他们心中存在的问题的人，绝不会发现这本书的价值。价值固然有限，但倒是实打实的。

---

① Science and History, A Critique of positivist epistemology, D. Van Nostrand Company, Princeton, 1962.

② 李凯尔特的论点——或者说其中某些论点——的传播与普及，全仗马克斯·韦伯曾经予以采用。韦伯是不是以李凯尔特的门人自居，想考验考验这位哲学家的想法，或者是把《自然科学概念形成的界限》作为起点？我在这里不下定论。我认为韦伯本人并不以搞哲学的专业人士自居，而喜欢倚仗一个像自己一样继承康德的哲学家。至于他是否深深地改变了李凯尔特的思想，那是没有疑问的。说他不当着李凯尔特的面宣扬其学说，那是可能的，但不容易证实。

罗西的书①不仅得益于过去，而且比我更加具备真正的历史目的。我的论文评审委员会中的一个委员责怪我不尊重历史的经典方法。他提供的证据是，我在参考书的目录里引用了韦伯的全集而没有列举他在某处某日第一次发表的诸篇文章。他是有道理的，但可以给出更好的理由。我没有像罗西那样试图写一部思想运动史，而只分析了四个作家的哲学见解，并且阐明了他们挣扎着想解决而解决不了的疑难问题。有时候，我忽然狂妄起来，觉得自己竟能够表达他们的思想胜过他们自己。不管怎样，我没有低估他们的中心思想：价值的相对性和历史认识的客观性。

莱昂·布伦什维格对《历史批判哲学》持有保留的欢迎态度，我预感到战争日益临近，这两方面促使我马上着手写这一本书。这是自从我在莱茵河畔构思以来，便盘算了几年要写的书。我既然以介入的旁观者自居，自当把历史学家与行动家之间的关系搞清楚，把认识形成中的历史与历史人物不得不做出的决定这二者之间的关系搞清楚。于是我放弃了再写《历史的理论》第二卷的打算，并且把第一卷的手稿加工了一番，便于 1935 年 10 月或 11 月着手写作《历史哲学导论》。1937年复活节过后，写作事竣。

163

我不觉得这个计划是事前就设想好的。《导论》是我一面写一面定型的。今天我对这样的定型很不满意。《导论》一共有四个部分，其中三个部分有三章，每一章又分成四节。这种

---

① *Le Storicismo tedesco contemporaneo.* 1956 et 1971. （W. Dithey, W. Windelband, H. Richert, G. Simmel. M. Weber, O. Spengler, E. Troeltsch – S. Meunecke. ）

烦琐的安排被论文评审委员埃米尔·布雷依埃指出，他责备我把文气弄得支离破碎，把题材割裂成一连串的问题，让读者去弥合碎片。我不乏傲气地回答说，文气的概念不属于哲学，哲学只消尽量把问题分析得清清楚楚就行了。今天，我很想肯定布雷依埃的见解。此外，我这本书还犯了另外一个毛病，那就是念念不忘骈骊对称。某些段落、某些部分和章节的结论，在我看来都是必不可少的。也许是阿兰的某些作品还在影响我的思想。

我既不想否定这本书，也不想为它辩护。书是在差不多半个世纪以前写的。至少在法国，这本书的历程也许还没有到头。以哲学为专业的人是这样看的。以大学里通用的称呼来说，我本来可以算作以哲学为专业的人。

介绍一本没法写出摘要的书，介绍它的要点，确实是吃力不讨好的差事，不过现在已经告竣。我从《导论》（第60页）中摘一段谈到"自传"的话，作为我这本书的题词：

> ……我没法再像20年前那样想问题，至少，我只好探索前进，仿佛去打听另外一个人而不是我自己。有时候，为了找到从前的我，我还不得不借重自己的著作、自己说过的话。我们平时不太关心我们思想的发展过程，因为我们已经积累了我们经历中最好的东西。我们过去的智慧和思想，仿佛已经没有多大意思。如果还感兴趣的话，那也不过为现在着想。只有在反躬自问和自我反省时不是这样。

我倒很愿意把"反躬自问"改成自传式反省。至于其余，我的经验却倾向于保持这种分析。我屡次重提《导论》中讨论的某些问题，比方说"历史意识的纬度"，但从不引用我在战前写过的东西。我估计自己心里保留着以往研究的主要成果。我之所以重读《导论》，那是出于写自传的好奇心，这才去寻找书里的东西。我今天再去回忆编撰的经过，已经十分吃力。若要再写这样的文章，那真是强人所难了。

我先找几个曾使保罗·福科内发脾气的段落，其中有些判断如今已经不会再冒犯任何人：

……一种进步的哲学……在于承认各种社会的整体和人类生存境况正在逐步得到改善。有时候，这种有规则的和经常不断的改善会无休止地进行下去。这种改善主要是知识层面的，从科学到人和集体组织都会得到改善，值得乐观其成，因为论法论事，道德总是和智慧并行不悖。今天，对于这一学说，可以说什么反应都有。有人怀疑其真实性，至少是怀疑其进步的规律性。已经有太多的事实，指出所谓文明的不可靠。表面上最靠得住的成果，为集体的神话牺牲了。政治扯下了面具，便向天真汉暴露了本质。因此，有人论法论事，批评那种从科学到人再到社会而总结出的推论。实证科学的活动是分块分片的，其发展有它自己的节奏，无论思想还是操行，都跟不上其发展速度……何况，所谓进步，究竟意味着什么？一个公共社会自封为绝对的价值，自由社会追求扩大个人自主的范围，二者之间没有共同的评价尺度。这两种交替的社会是没法比出高下的，除非引用一种高于历史多样性的标准。但是，这样的标准永远是一种实质化了的投影，是特定的集体，本来就是那样，或者想成为那样的投影。我们这个时代太多样化了。时代本身便显然带着多样性，不至于陷入闭关集团的那种幼稚和天真，也不至于自信到自以为比过去、比别人都优越、都高明……

在第二次世界大战前夕，认为进步的哲学大有问题，大概不会引起任何人太大的反感，甚至沉湎在社会学的信念之中的涂尔干派学者也不会对此产生太大反感。何况这篇文章并非《导论》的结论。文章反对的是相信进步的那种庸俗的方式，因为这种方式建立在错误的事实之上，因为整个社会的改变既不基于科学认识的速度，也不基于科学认识的风格。其次，这种方式是建立在天真的想法上的，因为衡量进步只能根据超历史的标准。知识的增加有待观察。文化的提高有待判断。而谁又是不偏不倚的裁判员？

文化（或者是文明）的多元性在 1938 年已经属于时代精神。各家沙龙都念诵瓦莱里的一句话："我们另外的文明，我们现在知道，我们是终有一死了。"反对纯理性的进步论，不管怎样，终究招致乐观主义和唯心主义哲学的反感。当时，这种哲学还在巴黎大学占统治地位。顺便提一提，今天，世界性历史显得平淡无奇，大概要算在"绝望"的账上。

我们的时代，表面上赞同这样一种尝试［书写世界性历史］，因为全球共命运，还是破天荒第一遭。有人会反对积累个人智慧没法消化的各种知识。有人会反对谴责胡思乱想的科学严谨。人们将会指出，不同国家和地区的人民之间的关系今天还很松弛，人民之间共同的东西还较贫乏，在内外团结方面也还做得不怎么样。这些提法都有价值，但都未击中要害。假如今天西方还相信自己的使命，人们便会这样写——集体写或者个人写——一部世界性历史，指出从各自单打独斗出发，任何社会都会逐渐达到当今的文明程度。

这样一部历史没法写，那是因为欧洲已经不知道究竟应该喜欢它所立还是它所破的东西。当欧洲威胁要摧毁单一价值观念时，它又承认各种创造和人生的独特性。

当时，温和的左派还相信法国或西方国家负有"传播文明的使命"。我当然是边缘人物中间的一员，至少在法国如此。在魏玛时期的德国，历史主义具有一些这样的含义：意识到文化的多元性，意识到价值观的历史性，这就滋养了知识分子的悲观和惶惑。P. 福科内于 1938 年 3 月 26 日重新表明了他对于一些想法所持有的信念，而这些想法却没有经受住后来几年的考验。

涂尔干学派的一个社会学家大概会觉得这种分析特别咄咄逼人，因为这种分析直接针对涂尔干本人的奢望，想把教师的道德建立在新科学的基础之上。我有一段讨论历史的相对性（历史主义）的文字，其中阐述不同社会与其道德观之间的关系（黑格尔派的道德观）、道德义务的多样性，以及由此而来的生活方式的多样性。我还接着说：

恰恰相反，道德与社会相互依存，证实我们个体的要求是有理的，如果从法律和事实上说，社会乃是一切义务的根源和基础。涂尔干的用意不就在于重振道德吗？而照他的说法，自从宗教信仰消逝，道德便发生了动摇······社会学家、民主人士、自由思想家和主张个体自由的人，他们靠自己的学识证实了他们自动接受的一些价值观的合理性。在他们看来，现在他们所处的文明结构（考虑到其密度或有机的一致性）都要求有某些平等理念、个人自主权。个人的价值判断将占上风，不再像过去那样被推崇的集体判断所取代。人们满怀信心地用社会代替了上帝。其实，"社会"这个词含义并不清楚，因为它有时候指的是具体的集体，有时候指的却是这些集体的理念或理想。说实话，社会这个词只适用于一些特定的集团，自己把自己关在里面，但是，同祖国或国家比起来，毕竟不那么直接让人联想起明争暗斗，兵戎相见（人们很难想象，一个社会能够扩大到全人类）。"社会"这个概念隐藏着撕裂一切人类群体的种种冲突。这个词能使对立的阶级服从社会的团结一致，并设想一种社会学意义上的而不是政治意义上的国民道德。但是，如果这个概念剥离了一切外沿的威望，指的是一套并不协调一致的各种社会现实，那么岂不显得社会学至上主义贬低了一种无限相对性的价值，使之成为一种自然现实多于精神现实的存在，只服从决定论，而并不向自由打开大门吗？

这样以寥寥数语推翻涂尔干珍视的想法，也就是说，用社会学来革新师范学校里的伦理学教程，那无疑会亵渎师门信徒，弄得他们精神恍惚。然而，我认为，总的来说这本书和其他几本书都冒犯了他们。我让这本书给人一种印象：仿佛我已经放弃了唯理论（日后我的行为却证明事实恰恰相反），又仿佛放弃了对进步的乐观主义，放弃了对科学的信念。在这方面，评论者并没有搞错，但也不算全对。这本书本身的意义就不清楚，如果不说它暧昧不明的话。每一项分析本身也许是明白的，但是，总的意图和结论大可争议。书的形式对此负有部分责任，但我觉得还有其他原因。

我在序言中是这样概要地说出我的意图的："就较高抽象层次而言，我们的书趋向一种历史哲学，既不同于科学的唯理论，也不同于实证论。"亨利·马鲁（Henri I. Marrou）在《精神》杂志上著文，首先强调反实证论，对一些历史学家做了无情的批判，因为这些历史学家抱有幻想，企图得出一种幼稚的真理，想复制出"符合过去发生过的"现实。这是利奥波德·冯·兰克（L. von Ranke）说过的一句名言。我在下文接着说明我的意图："历史哲学从某种意义来讲也是历史的哲学，只要不下定义说是人类的全景，而说是联系存在的哲学观念，解释现在或过去。"或者说："哲学在运动中发展，不断更新，从生活到意识，从意识到自由思想，从思想到意志。"尽管这本书汲取了唯理论，但在 1938 年，总的来说惊动了巴黎大学的老师们，因为他们从中嗅出了一种思维方式、一些考虑、一些思考题，这些对他们来说是陌生的。

我不打算就两种理论谈论太多，一是理解的理论，二是因果关系的理论。这本书的绝大部分在谈这两种理论，但都属于认识论的范畴。我一开头便区分了两种认识方式，并以简单化的事例来加以说明。在我使用的词汇里，确定一个行为的动机并不是说明其原委。当事人的理解力，是人们通过环境的逻辑和当事人的感情冲动来估计的。这种理解力与普通含义的说明并不相抵触。发生抵触的是对原委的解释。理解一种作风、一项工作、一种制度，都有一个共同点，那便是探索对象内

168

在的各种意义及其可以理解的各种相互关系。我大概可以同意一个挪威哲学家"工作手册"里面的列举方式。他说：理解的对象是人、人的行为、人的言语、行为与言语的某些产物，一般来说，是人的精神表现（艺术、绘画、雕刻等），然后是人们称为有意义的对象、手段、工具等。我一开头便阐明的理论，同出了名的不合理的理解观简直是天南地北，各不相干。也就是说，一个人的意识能够从感情上进入另一个人的意识。我是指理解是认识一种解释，从内在到现实，这种解释曾经或者可能是由身历其境、亲自动手做过的人思考过的。

为了说明我的因果观念，不妨重新用我在上文已经用过的例子，即1914年大战的根源。对我来说，探索1914年大战的原因，不仅要找出当事人的意图——这些人由于弗朗茨·斐迪南大公遇刺身亡，而希望或者愿意打一场局部的或全面的战争——而且要确定是哪些事情，使战争在1914年8月非爆发不可，或者弄出了或多或少的可能性。从某种意义上来讲，确定战争的原因，好比分析一场车祸的种种原因，如发动机抛锚、雪崩等。发动机停转，雪岩崩塌，服从的是自然规律，而专家则在事前的因素中，选用直接引起和立即引起事故的原因。或者，专家只引用一个事前的因素，这个因素完全可以预见到，以至于事故的责任应该由事前的全部因素来担负，不能只归罪于最后一个因素，归罪于雷管。专家也可以恰恰相反，引用一个没法预见的事前因素，因而事故似乎与环境无关。环境并没有使事故非发生不可，甚至没有弄出事故的可能性。事故不过是几种所谓的巧合聚在一起的结果。

　　至于 1914 年大战的根源，我觉得追寻探索是容易的，也
是困难的。我们认为，毫无疑问，当时的危机以及人们害怕即
将发生战争，都是由奥匈帝国对塞尔维亚发出最后通牒引起
的。但人们当然不能把这说成是起因，说成是引爆战争的雷
管。然而，人们可以说，维也纳政府采取的行动有造成战争的
可能性。事后盘算可能性永远得不出严格的结论，但可以通过
比较做一些估计。比方说，比较一下，发生了事故情况是怎样
的，不发生事故情况又会怎样。人们可以对每一个行动（此
处说的是战争的事前因素）提出问题：当事人能够和应该预
见的后果是些什么？此外，正如在人类事务中一样，因果关系
与责任或罪责是分不开的。人们思考到什么程度，行为才成为
主动的行动？这一主动的行动，是否符合外交世界的习惯和道
德规范？当事人的用意何在？在我看来，最要紧的是通过动机
或环境的逻辑为一方，通过分析因果关系为另一方，来区别对
于人类行为的理解。如果事件是唯一的、独一无二的，问题或
者在于历史的因果关系，或者在于社会学的因果关系，用今天
我爱用的词汇来说：或者努力确定能够解释事件的规则或规律
（规律确定 X 事件发生在 A、B、C 环境之中，如果我们认为
A、B、C 已经确定，我们便认为 X 事件已经得到了解释），或
者通过事后计算可能性，既不忽略规律，也不忽略一般，来努
力衡量各种事前因素各自的因果关系。

　　分析 1914 年大战的根源困难不少，尤其因为危机仅仅在
几天之内展开，而各种行动前呼后应。有些行动历经了专案调
查，比方说奥匈帝国政府拒绝答复塞尔维亚，俄国总动员等。
并不像有些读者想的那样，我的书探索的是第一次世界大战
的根源，而根本的相对性影响了探索。我反而认为这并不影

响，但是，明确的、证实了的结果是探索不出来的。俄国既然以南斯拉夫人的保护人自居，那么根据当时的结盟体系，奥匈帝国势必会引起全面战争。但是，战争的危险性（或可能性）到底达到什么程度？维也纳的部长们究竟用心何在？维也纳的要求到底正当到什么程度？当事人绝不会公正不偏。史学家能做到不偏不倚，但他们无法像预审法官那样对这些问题给出明确的回答。

这个简单的例子可以说明具有普遍性的命题，而我正想展开我的研究来加以证实。我说："理解联系着动机和思想的内在的可悟性。因果关系，首先旨在观察各种正常性而确定必要的关系。社会学家致力于发现因果关系，在这个范围内，他有正当的理由不去理睬，而且应该不理睬合理连续性的真实性。他对待历史现象，如同客体，或者用传统的说法来说，如同对待一些物体。"在不远的上文，我区分了三种意向性：裁判的意向性、学者的意向性、哲学家的意向性。裁判的意向性，可以这样来问：谁错了？什么错了？学者的意向性是，确定并存或接班的经常关系。哲学家的意向性在于，拉拢和联合上面两种研究，在整个历史决定论中把它们放在它们应有的位置上。

唯一值得重提的，只有讨论因果关系那一章的结论，也就是历史天地里的内在多元性。一个社会，一种发展，都算不了总体。同样，我们都抓不住一个人的最后意图，一个人的意向（或他的悟性），也不能够一眼便看透宏观世界、一种文化的全貌，甚至看不透像法国大革命那样一桩宏观事件。这种多元性，来自人本身的多元性，来自生活，来自意识，来自思想，来自决定论的碎片性（决定论如果用来解释一桩事件就带有短暂性；如果用来重构规律就带有片面性）。但是，任何叙述、任何解释，都同时使用理解认识和因果分析。片段的决定论挂在一种结构上面，这是事实和各种大局的结构，而因果关系则由可以理解的关系加以阐明。依据马克斯·韦伯的公式，也依据一切社会学家和史学家的实践，因果一致化和理解一致化是互相得力、互相证实的，尽管二者各自有其本身的意义。

我觉得拙作第二章论述的理解问题是没法概括的。然而，我仍然想试一试：根据亲身经历或者根据文献资料，描述构造对象的各种现象、自我认识、对他人的认识、对一场战役的认识或对各种思想的认识。我想弄清楚亲身经历和从中得出的认识二者之间的距离，也想搞清楚解释的多元性、来自人物对象的本性。我写道：

> 历史科学是一个族群自动采纳的意识的一种形式，是集体生活的一种因素，如同自我认识，是个人意识的一个方面，是个人命运的一个要素。历史科学的发展与当前形势有关，而当前形势本来就是随着时间的变化而变化，历史科学的发展与学者的意愿有关，而学者既不能超脱自我，也不能超脱自己的对象……此外，史学家对历史人物来说是外人。作为心理学家、战略家、哲学家，他总是从外面观察一切。他既不能想他的英雄，一如英雄自己所想，也不能观看一场战役，一如一个指挥官所亲身经历、所亲眼见到。他也不能够理解一门学说，一如创始人所理解……反正，解释行为，或解释作品，我们都得从观念上重新加以构造。而我们却永远有权在各种体系中进行选择，因为思想是生活中固有的，同时又是生活的升华。在精神天地中，自在和自为的一切杰作伟业、法律的逻辑、经济

的逻辑，都存在于社会现实的内部，而高于个人的意识。

这种理解的多元性并不等于相对论。一部宏伟的杰作、一件艺术品，或者一部思想的作品，如果很含糊不清，谁也不能竭尽其全义，那就会引起各种各样的解释。解释的多样化象征着人类创作的丰富，而不是我们的学识靠不住。当然，实证主义的史学家可以反驳说，解释这些作品超过了真正的历史认识。然而，我觉得，绘画史或思想史不可避免地包含了一部分解释，而这与解释者的为人是分不开的，但不会因此而贬低解释的价值。同样，历史事件的解释可以被一种新的概念体系或史学家研究时没有意识到的问题不断更新。有了新的观念体系，或者后来的史学家意识到了当时没有意识到的一些问题，原来的解释就该更新。一部《法国革命的社会主义史》并不一定歪曲现实，哪怕许许多多当事人并没有意识到这个史学家从中涉猎的一些问题。布尔什维克派史学家帮助我们从另一个时期来看待雅各宾党人。反正，人生的意义只有到了最后一天才能下定论。一部国史的某段插曲，同样通过其较长的发展而最终改变形象。

建造历史天地，一如我所描绘的那样，并不意味着搞相对论，而别人老说我搞相对论（其实也由于我自己的过错）。比方说"对象的溶解"这样的说法，今天看起来显然咄咄逼人，而且自相矛盾。但是，只消重新看看一个概括性的段落，印象就变得完全不再是一码事了：

在科学之前，没有现成的历史现实，只消一成不变地搞个翻版。正因为历史现实是关于人的，所以是模糊的和无法穷尽的。为什么是模糊的，因为精神世界的多元性反映了人的生存状况，各种思想和初级行为在体系的多样性中占有重要地位。为什么是无法穷尽的，因为人对于人，作品对于阐释者，过去的事情对于连绵不断的现在，等等，这些意义是挖掘不完的。在每一种情况下，我们都观察到，必须努力超脱，趋向客观。按照自己的主观爱好，选中一个体系，那么认识便是片面的（用合理性助其成长，用动机论去打压），就会忽视重建一个可以对行为人抱同情态度的价值体系或学识体系。同样，对于各种思想的理解，如果完全摆脱作者的心理，以至于借口把生命"还给"过去，或者从作品中得出永恒的真理，把各个时代跟宇宙混同起来，那么理解就将是专断的。

然后，作为结论，我说："这种超脱和占有的辩证论，要肯定的不是解释的不可靠，而是思想的自由。"我认为拙作的开头解释克劳塞维茨的一章内容，谈的就是这个而不是其他任何东西，但同时强调另一方面：做解释的人若要忠实于作者的意图，就会受到种种束缚自身的压力。

我自己寻思，哪怕像"理论先于历史"这样的说法也不见得像看起来那样离奇。如何解释一部哲学著作，取决于史学家自己的哲学观念。对于宗教史学家也是一样。当然，理论先于历史是逻辑问题，而不是心理问题。史学家解释一部作品，同时发现哲学的意义和作品的意义。但是，哲学的意义决定作品的意义。

同样，某些思想其实平淡无奇，仅仅因表达方式而显得离

173

奇：“在人生的历史中，青年时期对宗教的惶惑不安随着日后的演变而将具有不同的意义。我没有宗教信仰，事后认为这是青春期的偶发症状，至多只值得在回忆时，在记述中一笔带过。一旦有了宗教信仰，旧日的不安便会被排除，获得一种征兆或证据的价值。”虽然萨特在他的《存在与虚无》一书中重新摆出这一思想和例子，但并不意味这种思想有什么出奇，有什么别致。再举一个例子，这和政治史实有关：

> 自从希特勒取得政权以后，布朗热将军得势，便跟希特勒得势不一样了。第三帝国改变了 1923 年政变未遂的形象。魏玛共和国也成了旁的东西，因为国社党独裁①暂时给了魏玛共和国一种感觉，仿佛它就是两个帝国之间的一个过渡阶段。人民阵线的经验逐渐向后来的史学家揭示出它的重要意义。后来，它被引向新的社会制度，或者被引向反动，它的形象将会真正地不一样，而正因如此，所以没有现在的历史。同时代的人不偏即盲，一如当事人或受害人不偏即盲。科学所期待的不偏不倚并不那样要求感情的冲动应逐渐平息下来，也不那样要求文献材料应堆积如山，而是要求看结果。

我在上述引文里把一些有争议的话标为黑体，这些话也许是辩论的焦点。人民阵线的重要意义必然取决于它的结果，但这种意义难道不在事实本身以外吗？该不该说，魏玛共和国之

---

① 很久以来，我不再用“独裁”一词的这种含义。我用它来指古罗马的制度：绝对的、合法的、短期的政权。

所以真正成为另外一码事也是取决于它的结果？简而言之，我曾经间接肯定，史实的意义同史实本身是分不开的。40 年后，我写了一本书，名叫《像帝国一样的共和国：世界中的美国，1945～1972 年》。我在写这本书的时候碰到了麻烦，拿不定主意，倒不是作为理论家拿不定主意，而是作为实践家拿不定主意。我一心想确实搞清楚怎样恢复史实的原状，就像当年的当事人和旁观者所亲身经历的那样，然后，搞清楚这些史实在共时的和历时的背景中所占的地位，最后搞清楚史实的意义。举个例子来说：我在书中陆续叙述一系列外交和军事决策，这些政策造成了 1956 年（或 1961 年）至 1973 年（巴黎协定）或 1975 年（美国撤军）的越南战争，并成了这场战争的里程碑。叙述本身就算不一定强迫别人接受某种解释，但至少提出了某种解释，暗示答复以下问题：美国的干涉是否出于实施其遏制学说？战争越拖越长，是否由于官僚主义的惰性？是否由于骄傲？是否由于无能，没有本事采取一项战略，没有本事锲而不舍？是不是因为帝国主义妄想控制全世界？最后，这一仗是否造成了美国历史的断裂？是不是同时造成了国与国关系的断裂？是不是美国世纪从此结束？是不是苏联就将上升至首位？

　　这个例子使我不能不改正上文强调过的话。史实的历史意义和作用会随其结果而改变。史学家则经常把这种解释插在叙事里面。但是，我认为史实及其结果在逻辑上是分得开的。何必再说什么过去变成另外一码事，我本来可以说：能从事后来看的人，在他们心目中过去会具有另外一种意义。而且，就大革命来说，任何革命史都离不开解释，因为不论是选择事实，或是选择概念，都要求恢复真相。所以，我愿意删去原来说的话，免得被误会，说我否定写现在的历史。今天有那么一种派头，可以称为即时历史，或者叫现在历史，这类历史大体上只能为将来的史学家提供原料，但我并不拒绝给它存在的权利。

175 　　拙作不单为历史知识的认识论做一些贡献，同时也合乎我向读者表明的意图："1930 年[①]，我下决心研究马克思主义，为的是从哲学上对我的政治理念做一次修正。"分析历史的因果关系可以为一种理论（或者说一种理论的草图）——行动的理论和政治的理论提供基础或介绍。整整这一部书说明的是，我从那时候起就在用的政治思维方式。剩下的我要到暮年来加以说明了。我不免有点经院文风，把阶段一分为三：选择阶段，决定阶段，寻求真理阶段。

　　按逻辑说，最要紧的莫过于接受还是不接受现行的秩序，即赞成或反对存在的东西，这乃是第一次抉择。改良主义者，或者改革家，与革命家是对立的，革命家不愿改善资本主义，而要消灭资本主义。革命家摧毁自己的环境，争取调解自己的矛盾，因为不管是否愿意，人总是社会关系的俘虏。人和社会关系不协调，就没法跟自己协调……革命者没有纲领，要有也不过是哗众取宠的纲领。说他有主义，也就是说，想象出另外一种体系，把现时变得一片神光，而且很可能无法实现。话虽如此，若要看清楚一场革命究竟是先见还是空想，还非等到这场革命完成以后才行。所以，如果一定要讲主义，那就会自然而然加入革命行列，因为革命家答应承诺的东西通常比别人多。想象的妙用必然胜过现实，甚至胜过使用谎骗手段歪曲或

---

① 我觉得说是 1931 年大概更确切。

神化过的现实。这就说明了为什么知识分子胸怀偏见，总喜欢那些号称先进的党派。

在这一方面，我没有变。我之所以没有选择革命事业（在1937年，后来在1981年，这个事业是与共产主义事业，或与马克思列宁主义事业混在一起的），那是由于别人所说的我的悲观主义："不必怀疑，直到今日，我们知道的任何社会都不公平（衡量的尺度是当今的公平观）。需要知道的是，如果有一个可以定义并能实现的公正社会，那么这是怎样一个社会？"我在法兰西学院讲授头一课时就自己承认，或者说得更好些，就宣布了一切社会种类之划分的失败。我今天还要补充说，我们生活在现代社会里的人觉得社会不公平，甚于旧社会里的人对于旧社会的感受。理由很简单：现代民主社会提出的理想大体上都没法实现，而现代民主社会期望通过治国者之口来掌握自己掌握不了的命运。

优先选择拥护革命或反对革命，究竟意味着什么？最首要的便是要求尽可能严肃认真地研究现实，研究有可能取代现行制度的是什么样的制度。在我所理解的历史政治中，做出合理的选择不仅仅靠伦理原则或意识形态，而且靠研究分析，且越科学越好。研究永远不可能得出一个让人无法置疑的结论。研究固然不能以科学的名义强迫别人接受一种选择，却可以叫人警惕，避免陷入唯心主义的或者一厢情愿的陷阱。反过来，当然也不能说政治抉择不考虑价值观或道德。说到头，人们选择自由的和资本主义的民主，而不选择共产主义的方案，并不仅仅因为人们认为市场机制比中央计划更为有效（经济机制是否相对有效，当然是判断制度优劣的标准之

176

一）。但选择的标准还有很多：机构的效率，个人的自由，分配的公平，也许最重要的标准是，一个制度将会造就怎样的人。

当时，我对通达政治和理性政治做了区分——在此之后，我有好几次引用过这种区分方式。

> 通达政治家——马克斯·韦伯和阿兰——主张维护某些利人之举，如和平与自由，或者追求达到唯一的目标，即在杂乱无章不断更新的形势下保持国家伟大富强。他像一个领港员，心中无数，不知道该去的港口是什么模样。奉行手段与目的，现实与价值的二元论，既不把握现时的整体，也没有最终的前途，对他来说，每时每刻都是新情况。理性政治家则恰恰相反，他至少能预见短期的演变。马克思主义者知道，资本主义的消亡是不可避免的。唯一的问题在于使战术适应战略，让为未来制度所做的准备与现行制度相调和。

177

我提出通达政治和理性政治两种类型作为理想的类型，它们在现实中彼此不相排斥："绝没有不服从长远打算的一刹那间的行动，绝没有无意的知心人，不去窥伺一些唯一的机会……政治艺术在于既能做出无可挽回的选择，又能制定出长期的谋略。"最后一句话几乎不加修改，便可适用于新闻记者或评论家：解释时事有价值，仅仅在于既能抓住事件的独特性，又能知道事件在总的体系和前途中的地位。

行动的第二步，我把它叫作决定，也就是个人在政治选择中的担当。

对一个真正的人，选择不是一种外在行为，而是决定性的行为。通过这一行为，我介入并且判断我认为是我自己所处的那个社会环境。在历史中的选择，其实同对我自己做出的决定是混在一起的，因为这个决定的根源和目的都在于我本身的存在。

我把拙作中的这一节内容命题为"历史的人：决定"，可以说是提高了政治的身价。政治的历史的决定，也就是各人对自己做出决定。

在罕有的太平时期，私人生活在公共事务的边界外进行。各人搞各人的职业，对政权既无所期待，也无所畏惧，或者说，差不多无所期待，无所畏惧。政治似乎是一门专业，由以政治为职业的人去研究。这一门工作不过是各种工作中的一种，可以使人激动，但并没人太认真对待。非得要打起仗来，人们才会重新认识到自己是一名公民，不单单是个人。不管是阶级还是政党，集体有权要求每一个人献身于一项事业，献身于国防，或献身于革命。个人是属于历史的，一定要冒最高的风险。

我在 1937 年写了这几句话。当时，人民阵线政府正在叫法国人互相对立，而第三帝国的战争魔影正在移向并逐步笼罩法国。法西斯还是共产主义？抵抗希特勒还是向他屈服？固然"政治选择有可能引出某种死亡的选择，但也总意味着某种生存的选择"。既然有希特勒和斯大林，我就有理由一再肯定，政治抉择会引出对整个社会的选择，而且决定不仅关系到当

178

事人，同时关系到他的处境："人们在追求某种社会秩序的时候，也在追求一种生活方式……我发现了我的处境，但是只有接受或反对这一处境，我才承认这真是自己的处境。换言之，在确定我所要求的处境时，我才承认它是我的处境。选择处境是对自己做出决定……决定与选择具有同样深度的历史性。决定创造出我的精神天地，同时也确定我在集体生活中要求的位置。"不管政治的悲剧性如何使我念念不忘，但我已经意识到了政治彩头的局限性。我说："革命不会把什么都打乱。事物的一贯性总归超过了着魔着迷的人的想象。思想不会完完全全当共同命运的俘虏。"同时，我又指出那种不可避免的悖论，或者应该说是担当的绝对性与事业的不确定性之间的矛盾。我说："在我们这个盲目信仰的时代，人们比较希望人人能记得自己追求的具体目标不是别人揭示的，而是根据大的可能性拟订的，而且不应该像形而上的宗教那样把世界分为两个对立的治体。人们想强调舆论的不可靠，而不怎么强调站定立场的绝对性。只要还有讨论的余地，那就最好记住，若无宽容忍让，便不可能有人类。人们还得记住，任何人都无法掌握完完全全的真理。"然而，"为了一项历史任务，每个人都应该担起风险，而对他来说，风险胜过一切"。

拙作的最后四节中阐释的哲学暗示了关于人的某种理念，这个人首先是要主动介入，通过他对已然融会贯通的客观精神的判断自行其是，努力使自己的处境符合自己的选择，从而做出自己的决定。我写道：

人意识到了自己是有尽头的，认识到了自己只活一次，而且生命是有限的，那么如果他不放弃生活的话，就该全心全意致力于自己为之献身，从而为之增添价值的事业……所以，这不是向流行一时的悲情哲学之风让步，不是把某个动荡时期的恐慌同一种常态混为一谈，也不是沉浸在虚无主义里面，而是提醒人们怎样确定自己，提醒人们人的使命是与虚无拼搏。所以，恰恰相反，这是肯定一个人有力量创造自己，判断自己的处境，并且选择自己的道路。只有这样，个人才把自己承担的历史变成自己的历史，而后纳入真正的自身。

179

还剩下一个主要问题：如何理解历史——现实？各种人类社会算在一起，成不成一个统一体？能不能把成千上万种人类群体汇集起来，从旧石器时代的群体和新石器时代的部落，到当代的帝国和民族，都纳入历史这一概念？我只谈七千年中发展和繁殖起来的各种集体单位和精神宇宙。我可以肯定——当然有点大言不惭——人有一部历史，或者说有"一部没有写完的历史"。这样的提法大概含有对康德的怀念。

我觉得，最后几页内容显得有些紧张，两个方面之间的关系的紧张。一方面是我的思辨，另一方面则是我对历史经验直接的和感性的反应。"每一个人都是独一无二的，对自己是无法替代的，对有些人也是无法替代的，有时候，对人类本身也是无法替代的。然而，历史给人们带来可怕的末日。只要不用暴力便没法改变社会，那就看不出有什么办法可以避免这种情况。"为历史的终止而牺牲人，而历史终止在人间。"历史之高，直拔魔域，欲凭道义来裁判当事人及其作为，未免肤浅可笑。如凭爱的规律或凭善心的要求来衡量历史，那么历史便该被全盘否定。当领袖的人或当主子的人，该不该按常理来要求他们？领袖也罢，主子也罢，既然是众人里面的一个人，那又怎能说不该？如果说这样的人要对事业成就负责，对后世负责，而不必对自己的行为负责，那就只能说不该按常情来要求他们。"

人的命运既然是历史性的——人生有尽，而功业不朽，人生立志，超越人生，超越白驹过隙的年华——那又怎能不问问，历史的终结何在？不是人类宇宙论的终结，也不是生理学意义上的终结。人类已经没法在大陆上生存，自然势力或人的丧心病狂已经把大陆弄得没法住人。所以我指的是康德或黑格尔设想的终结。就是说，人类会达成他们的使命，也可以说，会实现人人所追求的真理。

180

这个真理应该超越活动和价值的多元性，否则，真理便会重新堕落到与个人意志互相矛盾的水平。真理应当是具体的，不然一如伦理准则，将处于行动以外。真理既是理论，又是实践，有如马克思主义设想的目的。人取得了应对自然的力量，也逐渐取得了相等的力量，来应对社会秩序。有赖于参加这两项集体事业，国家把个人变成公民，文化使人人都能接触到共同的收获，人才有可能运用自己的禀赋和履行自己的天职：调和人类与自然界、本质以及存在的关系。

我还补充说：

理想大概是不明确的，因为对于参加与和解，人们的想法很不一致，但至少，理想不是天使式的，也不是抽象的。

我在后来的一些著作里尽管还保留一些怀恋的情绪，但很少提起这种对于理性的想法，也较少提及历史的终结。战后，我责备萨特和梅洛－庞蒂混淆了个别的目的与历史的终结。因为这样一混淆，就助长了狂热主义，这样一混淆，便神化了阶级斗争、党派斗争，而这种斗争是有穷尽的，不是永恒的善和恶的斗争。也许最后几句话的笔调在今天看来太过凄怆："存在是辩证的，也就是说，是戏剧性的，因为存在活跃于矛盾的世界之中，不顾时间长短，投身世务，寻求真理，而真理却逃之夭夭，除了片段的知识、形式的思考，别无其他保证。"我既不幸灾乐祸，也不灰心丧气，我只不过提前体验世界大战，而在里雅尔大厅里审判我的人，却不觉得战祸正在逼近。

伯纳德·格罗修森却清醒得多。他在《新法兰西评论》上写道：

> 雷蒙·阿隆及其同代人的历史观，是不是比较接近狄尔泰的历史现实主义，而不怎么接近齐美尔、李凯尔特和韦伯……他要揭示历史的奥秘……这是整整一代人要通过了解历史的奥秘来探究历史的命运，或者说得恰当一些，克服其命运。阿隆的书体现了新一代人的慷慨悲歌。有些事情在发生，而我们却不知道是什么事情。今后到底会出些什么事？阿隆是有作为的，所以跟他的时代连在一起。对于这个时代的事情，他担有责任。这就是为什么他的作

181

品往往显得感情冲动。表面上，感情冲动是知识性的，但其中总让人觉察出一种公民的忧思和不安。

那时候的我离战后的我已经相当近似了。莱昂·布伦什维格在一次博士论文评审会上对我说："这本书包含一个要耗一生的计划大纲。"他说的是真话。这个计划大纲是无限的，永远完不成。

战争在即，我要赶在战前把书写出来。我恰好收到了两封信，这两封信不仅感动了我，而且给了我写书的信心。一封是亨利·柏格森写来的：

> 我亲爱的同寅，我的健康情况迫使我停止通信达几个星期。这就说明了为什么我没能及早向您道谢，感谢您惠寄大作《历史哲学导论》。我一接到书便倾心拜读，只觉妙绪泉涌，大获启迪。若必欲加以责难，只能说它迫使读者思考的问题过于广博。当然，这不过是"快乐的过失"。职是之故，若不拜读再三，实难窥其全豹。只消一有可能，我定要重新拜读一遍，并以尊见与鄙意不谋而合之处作为索引，特别是探讨交切对证与时后回顾的效果。此是后话，现在，我首先要向您写出此大作一事道贺，并向您表达我的友情。

亨利·柏格森每逢接到作者赠书，无不作答，而且对于作品，总是十分宽容。所以，这封信不一定体现出这个哲学家对于这本书的真正评价。我的堂兄埃米尔·阿隆医生在战时曾护理过柏格森。他向我保证说，柏格森对我这个青年哲学家确曾寄予厚望。

另外一封信是让·卡瓦耶斯写给我的。他是高师全体师生一致敬佩的对象。几年后，这个卡奥尔区抗敌领导人来到伦敦，在我家住了几个星期，从此我们成为莫逆之交。他书中说：

> 蒙惠书，多谢。暑假奉读，精彩异常，不胜钦佩。大作分析精辟，笔力面临全局，始终如一，捧读之余，乐不可支，尤于诸多变局，揭示真谛，察微烛幽，而悉心务求真实，令我益深感佩。至于种种区分（首先是理解与因果的总体区别），对韦伯决定论的批判，对于概率的阐述，可谓光华夺目，诚为学术中盛举，意欲把晤详谈，故未及早奉复，继思如无真知灼见，晤谈亦无大益。及今之计，首在拜读之余，先表感激之情……至于书中第一节，认识自己与认识别人几段，尤为哲学的中心，多年所读法文著作中，当推此为魁首。

吕西安·列维－布留尔和我本不相识，居然表明渴望同我约见。与他的长谈使我肃然起敬。他本来致力于哲学，后来虽然改行研究社会学，仍不失为哲学家。许多年间，法国哲学教席大多由他决定任命。他公正不偏，不论是亲故知交，或是学杰同气，哲学观点近似他的实证唯理观点，从来一视同仁，绝无厚薄，这是任何人都深信不疑的。我们的谈话内容大部分关于战争。他虽然是和平主义者，痛恨战争，但对于战争临近，既不怀幻想，也不至绝望，明知惨祸即将来临，但仍保持了精神上的信念。不幸几星期后他便谢世。我觉得他留心世务，待

182

人接物，友好而并不吐露衷曲，蕴藉含蓄，绝无丝毫凌人之气。他年事虽高，但容颜未变，只觉粹气凝然。他毕生治学，功业已就，但自知学无止境，求知依然孜孜不倦。这一次晤谈，我得益匪浅，终身永记。他气度非凡，不愧学术泰斗。可惜，当时我错误地认为他和我的意见时常相左。

第六章 浩劫之路

从 1934 年到 1939 年，我没有参加任何政治讨论或学术讨
论，但对于时局非常关心，可以说忧心如焚，寝食以之，所以
我觉得有必要追记一下这些患难深重的岁月。我内心上感到国
家被撕裂的痛楚，预感到滔天大祸正在窥伺着法国人，而法国
人互相对立，哪怕国难当头也不肯凝聚在一起。

这一时期的伙伴大都已经不在人世。今天的知交又都属于
另一世代。他们对于战前的东西都是从书本上认识的，他们不
容易懂得法国的衰败没落。年纪轻一些的，连冷战年代的巴黎
气氛都不甚了了。我有一些朋友比我晚二三十年才去思考一些
政治问题，这几章内容就是为他们写的。

从 1929 年到 1931 年，法国没有太受经济危机的影响，不
像英国和德国那样饱受大规模失业之苦。1931 年，英国国民
联合政府不得不决定开放并挽救本国的经济，一面同意让英镑
贬值，一面听凭币值随市场涨落。当时，绝大部分原料都以英
镑作价，所以各国的原料价格都随之下跌。举法国为例：法国
还没有改变本国货币与黄金平价的情况，或者说，还没有改变
与世界市场上主要货币的汇兑平价的情况，其实两种平价本是
一码事。

雷蒙·庞加莱在 1926 年没有算准稳定法郎的汇兑率，把
汇率定得太低，以至于国家存积了许多黄金。从 1931 年开始，

又起了倒流的势头，货币增值，黄金外逸，其恶果为害迅速。受到保护的部门，也就是说与世界经济没有竞争的部门，维持住了本部门的价格，而对外开放的部门却失掉了市场，只好到帝国内部寻找市场，代替失去的世界市场，从而不得不降低产品的成本和售价。从1931年到1936年，历任政府，从温和的左派（1932年）、中间派到右派，不管风向如何，潮汐如何，无不坚持这一政策。等到赖伐尔上台执政，他仍然彻底推行旧政策，断然下令全面削减公职人员的俸给、预算支出、生产成本等。他的顾问，首先是雅克·吕埃夫（Jacques Rueff），劝他把法郎贬值，作为辅助措施，但是他不肯采纳。历任政府——杜梅格政府、弗朗丹政府、赖伐尔政府都对法国的经济惨剧负有责任。1931年，法国坐在黄金堆上，逃过了经济大危机。1936年，总罢工震撼全国，国家似乎正濒于内战。在所有工业国中，只有法国没有从1936年的危机中解脱出来，而生产再也没能恢复到1929年的水平。历任政府，除保罗·雷诺一任外，始终没有明白这种货币政策上的爱国主义是多么荒唐。

这便是罗贝尔·马若兰、好几个朋友和我自己心目中的时代背景。世界经济危机的发生，以及历任政府——政府部长和负责国家经济的人不肯做出决策来应对英镑与美元的贬值，弄得我国的经济长时期在物价低落中挣扎，使得国力日益不振。通货紧缩影响工人生活。劳动者经常受压，不得不拼命生产廉价商品，这种压力愈来愈大，问题不尽在老板不人道，而在币值过高所产生的压力。我们眼看着这种自杀性的错误却无能为力，焦急气愤全不顶事。

前台上演的是党派竞争不绝，报纸上大事渲染财政丑闻，使党派仇恨白热化。1934 年的暴动并看不出有什么真正的法西斯党在鼓捣煽动。斯塔维斯基的丑闻，警察厅高级官员调任法兰西话剧院的怪现象，拉·罗克上校铁十字党游行示威，治安人员时而袖手旁观，时而大打出手，这些事共同造成了 2 月 6 日的历史事件。这真是法国的拿手好戏。1968 年 5 月事件再一次证明法国在这方面大有可为。我当时在勒阿弗尔市，远远观察这些戏文一幕幕上演，而日夜为之不安的，已经是外患日迫的凶兆。我当然反对法西斯，但是如果政府单单依靠半个法国，那又怎能抵挡希特勒的气焰？

1930 年代，我拒绝参加反法西斯知识分子的防范委员会，主要的理由一共有两条。其一，按意大利和德国两个先例来说，法国并不存在这样的法西斯祸乱。拉·罗克上校只像一个退伍军官的头头，并不像能哗众取宠、煽动群众的愤怒的人。其二，反法西斯知识分子的组织聚拢了阿兰派（首先是和平主义者）、共产党人或者是共产党的同路人、不褪色的社会党人。这些人都反对法西斯，反对战争，但在关键问题上，即对于第三帝国的态度，意见却不一致。从 1935 年起，赖伐尔访问莫斯科，两国政府发表共同宣言（斯大林在其中肯定说他理解法国在国防上的要求），法共取消了《人道报》的"牛嘴"栏，清算了原始的反军主义，高高挂起三色旗，加入了反法西斯联盟。如果重新用莱昂·勃鲁姆的字眼，我们早已领教过这种"外国国家主义"了。对其盟友的意图持怀疑态度的不只是阿兰的拥护者：他们的用心所在，究竟是防止战争，还是把战争推向西方？苏联同德国并没有共同的国界。波兰和罗马尼亚固然怕西方的潜在侵略者，但也怕东方的所谓保护人。

我对任何党派都不赞成，对它们的建议也不赞成。每一件时事，诸如德国恢复兵役，阿比西尼亚战争①，德国军队开进莱茵区、1938年开进维也纳，《慕尼黑协定》，都引起了大辩论，正中法国知识分子的嗜好。这里面既有国家利益的考虑，也有意识形态的激情。

186   1935年年底，墨索里尼远征埃塞俄比亚，迫使法国外交做出惨痛的抉择，象征了政治的伟大与屈辱。赞成或宽恕意大利的侵略，势必动摇法国对外活动一贯主张的道德原则，否定国家领导人在日内瓦的发言和声明，否定为国家与和平事业发表的种种言论。而采取有效措施，制裁意大利的侵略罪行，又会打破1934年形成的统一战线。那时候，陶尔斐斯总理在维也纳遇刺，从而促成了这一战线。同时，对意大利的制裁也会把意大利的法西斯推向德国的纳粹势力。而英国政府忽然信奉起了集体安全说，要动员国际联盟声讨意大利，维护国际公法。法国政府也怕跟英国分道扬镳。

不管怎样，反正这一次危机引发不了战争。意大利法西斯没有本事反击石油封锁或英国皇家海军的干涉，后来的大战证实了这一点。如果英、法联合起来成功鼓动国际联盟声讨意大利，法西斯能否幸免？大家争论了半个世纪，都认为很有可能，但毕竟没法证实，道理是，法西斯丢不起脸。

所以，知识界的争论还早于外交界。意大利的军队一开进埃塞俄比亚，《当代》杂志便在1935年10月4日刊登法国知识分子的宣言：《保卫西方与欧洲的和平》。这里摘录数语如下：

---

① 即埃塞俄比亚抗意战争。——编者注

> 目前以制裁威胁意大利，足以发动空前战祸，我等法兰西知识分子，执意向全体舆论宣布：我等既不要制裁，也不要战争。

换言之，宣言上署名的人，以亨利·马西斯（Henri Massis）为首，居然把制裁与战争等同起来，而至少战争是不太可能的。

> 肩负国家命运的人，当其行为危及文明的前途时，凡是致力于精神思想的人，理应大声疾呼，呼吁理智。有人要鼓动欧洲各国人民起来反对罗马，不惜借口去非洲支持一伙野蛮部落的独立，而把意大利当作罪犯，从而鼓动大国自相残杀。这样的联盟冒天下之大不韪，势必败坏西方世界的正当利益，而使整个文明世界同受挫折。能作此想，已显得精神有病，同时暴露出传播文明精神者竟甘心自暴自弃……

187

下文又说什么"文明成果"，"一切无政府主义，一切乱党，结成联盟，打击一个国家，而这个国家 15 年来肯定了、提高了、组织了并壮大了高级人类德行的精华"。这样吹捧法西斯德行和西方传播文明的使命，这样的文章假定还有余孽幸存到今天，那也只能躲藏在边缘的阴暗角落里，而在那时候，却表达了右派的思想感情，加布里埃尔·马塞尔、让·德·法布雷格（Jean de Fabrègue）等人，都在黑名单之中。

左派天主教徒或基督教民主人士发起另一号召，反驳上面那个宣言。引用的论点不一样，结论却如出一辙，反正是不应采取一些加剧战争危机的措施：“……应当指出这样一个事实，世界没有力量以武力干涉埃塞俄比亚的战争，如果硬要去做，势必惹起祸事，比这场战争有过之而无不及。”因此可以说，他们已经承认，不用武力，制止不住意大利，而对意大利用兵，必将燃起欧洲的战火。基督教左派也说什么传播文明事业的完成“不是没有犯过重大错误”。又说：“人们应当认为这是精神上的大失败，因为西方殖民事业的恩惠在殖民地人民看起来情况再清楚不过，破坏手段的优势只为暴力服务，而人们居然还说，这一场违法的战争不过是轻微的过失，因为这是殖民事业……也有必要揭发种族不平等的诡论。如果人们要说，某些民族的文化不如另外一些民族那样先进①，这只不过是指出了一个有目共睹的事实。但是，由此而暗暗肯定，一种本质上的不平等决定了某些种族或民族必须向另外一些种族或民族称臣效忠，改变了公正与不公正的准则……”他们对于马西斯宣言做出的道义上的谴责确实毫不含糊，可惜没有提出明确的政治行动，与右派所提出的泾渭分明。文章只排除武力，而制裁两字，连提都不提，根本没说若不动用海陆军，制裁或许也能生效。反正，全体基督教知识分子众口一词，拒绝使用武力，拒绝打仗，甚至拒绝冒战争的风险，因此异口同声，写些虚无缥缈的妙文。

至于左派的反驳宣言，则有《争取尊重国际法》。文中言道：

署名人……不禁十分诧异，在法国人的笔下居然会读

---

① 这种说法暴露出历史的“进步论”哲学。

到，人类种族的不平等是天经地义的。这种想法完全违背我们的传统，在我们知识界绝大多数人的心目中，显得那样不齿于人……署名人一致认为，法国政府有责任同各国政府通力合作，争取和平，争取尊重国际法……

防范法西斯委员会的成员们赞成最后这一项建议，因为这只要求尊重国际法，以保障和平，同时小心翼翼地规避反驳另一方面的论点：是否应该运用威胁或武力，迫使人们尊重国际法？大概是在拥护真理联盟的一次讨论会上，我分析了集体安全所要求的各项条件，让·瓦尔马上敬而远之：武力之物，他不管三七二十一，一概拒之于千里之外。在这一点上，一切知识分子都是人以群分，既不能在采定立场之后，服从立场的逻辑发展，又不能承认每每承担眼前的风险都可以预防几个月以后或几年以后严重得无可比拟的风险。

埃塞俄比亚的危机尚未结束，德国军队又开进了莱茵区。希特勒不顾军师们的意见，派出几支国防军，开进非军事区，同时不免对指挥员做了保证，只要法国军队以保卫《洛迦诺公约》的名义做出反应，德军立即撤退。这时候，萨罗政府离大选只有几个星期。陆军部长摩兰将军声称，法军干涉莱茵区，必须先行动员。一个号称大国的执政者，很少有这样的机会影响祖国和世界的命运。希特勒在1935年已经恢复了征兵制。不到一年工夫，一支小小的精锐部队要改变成国防军，显然不大可能一蹴而就，德军总部也不可能同意仓促相并。当然，莱茵区本来属于德国，希特勒再次援引排除歧视的原则，而原来的战胜国已经再也不敢反对。然而，公约是德国自愿签订的，重新占领莱茵区乃是破坏公约的行为。莱茵区的

189

非军事化并不等于割掉帝国的一个省份，也不剥夺居民的自由权，其用意只在于预防万一。德国总理在执政前不是早已宣布过他的种种计划吗？

知识分子对此是怎样做出反应的？德军开始行动后一两天，我在圣米歇尔大街遇见莱昂·布伦什维格，我们谈到了时局。他说："这一次，还算好，英国人使劲叫我们别太冲动。"（那时，外交部部长弗朗丹正在伦敦。）我尽力想向他说明莱茵区重新军事化的重要意义：我国结盟政策全部落空，从此不能再救援捷克和波兰，暴露出我国军事体制的矛盾，也就是说，军队旨在防御，而结盟政策却要求进击。这种矛盾是我们小组的人谈论最多的。布伦什维格听罢，将信将疑，有点心灰意懒地取笑自己说："幸而我的政见根本无足轻重。"30年后，在一次博士论文评议会上，朱利安·弗伦德（Julien Freund）和让·伊波利特（Jean Hyppolite）也这样自我嘲讽。做政治思考并不难，但有一个条件，必须从中得出规律，而后服从这些规律。我可以同意思想家让别人去吃力不讨好，去思考行动，但是，他们又不甘心弃权。

法国知识界的正式代言人做出的反应，是不是具有较高的思想质量？E. 贝尔于3月11日在《玛丽安娜》上发表的文章颇不乏常识常情。文章的题目叫作《独裁者与讼师》，说的是希特勒的过河卒子已到了法国，而法国则还在斤斤计较如何打官司。他说："希特勒先生一面向我国边境进兵，一面却向我们提出和谈。我们也应该一面提出和谈，一面部署兵力，要求盟国履行诺言，出兵相助。最坏的情况就是，一面刺激德国人的好战情绪，一面御之以浅沟低垒。"

而最下功夫、最有代表性，同时也最叫人惊愕的，要算里维（Rivet）、朗之万和阿兰共同主持的反法西斯知识分子防范委员会发表的文章了。我不想照录全文，讨读者的厌恶。文章一开头说："片面废止《洛迦诺公约》，不管用什么理由来为自己开脱，反正在政治、法律和道义上，都是没法开脱的。"下文又说："当前的争执并非德、法两国之争，事实上一方是德国，另一方却是《洛迦诺公约》的全体签约国和国际联盟。"文章从第一点到第七点提出："几任政府对事态的发展负有特别重大的责任，乃至形成目前的局面。"文章劝告法国"以最坚决的态度，一改长期因循苟安的错误习惯，而其为害最烈的，就是占领鲁尔区"。那么，结论是什么？"唯一的解决办法，既能维持各方面的尊严，又有利于和平，只有让德国在权利义务绝对平等的基础上，重返国际联盟……"接着，文章的第九点，为了顾全共产党的要求，明确提出："……即使民主的法国能够克制自己对希特勒政权的深恶痛绝，为和平的大局着想而同意在国际联盟的范围内与第三帝国进行谈判，也不能承认第三帝国有权以西方文明的捍卫者自居，并拒绝与国际联盟的成员国苏联进行接触。"

这篇宣言文笔出色，论点充实，让·格安诺说它是"绝妙"佳作。而正是这篇宣言说明，反法西斯知识分子面对时局是何等天真。1936年3月7日，法国政府必须表明态度了：是或否，行动或容忍。除此之外，尽是空话，空话，空话。什么"第三帝国重返国际联盟"，空话连篇，毫无意思。思想运转空对空，无非是下意识地想掩饰自暴自弃。除了法国，各国政府官员大都理解局势的关键性。我以为，波兰政府已经表示，只要我们开进莱茵区，波兰军队就立即开进德国。然而，左派知识分子就是不懂，或者假装不懂。大家不妨再读一读让·格

191

安诺 3 月 13 日在《玛丽安娜》上发表的那篇文章。他说："第一次警报过后，全国重新恢复了理智……这样一篇宣言（防范委员会的宣言），只要法国终于有人能够起来代表发言，只要法国真的要，那么这篇宣言就能使这一次危机，使（希特勒的）倒行逆施，使这些暴行有可能产生和平，最终产生真正的和平，产生'欧洲'。"多亏祖国儿女献出了 130 万条生命才取得的唯一和平保障，居然被唾手断送，根本没人想加以捍卫，而知识分子却齐声赞美，说这个国家的人民在警报过后一个星期居然恢复了"理智"。

也许应当引用一下莱昂·勃鲁姆的话。我当然绝不低估他的勇气和德望，但为他树碑立传的人往往掩盖了他视而不见的东西。他在 4 月 7 日的《民众报》上写了些什么？我们不妨来读一读：

> 《洛迦诺公约》的条文是毫无疑义的。德国军事占领莱茵区，等于没遭人挑衅而进行侵略，等于入侵一国的领土。法国政府完全有权认为，德国正规军开过莱茵河就是现行的暴力行为，就是战争行为，而且我要再说一遍，就是入侵。然而，法国政府没有这样做。我不相信法国政府曾有片刻想这样做。① 我没听说任何政党、任何负责民意的机构，曾经责备政府没有这样做。政府不发护照给德国大使，不下动员令，不正式要求担保国立即履行它们无可推卸的军事义务，而只去向国际联盟提出申诉。到底该用武力直接解决问题，还是通过国际行动，按

---

① 这话不对。内阁会议曾考虑过军事反击。

照程序，和平解决？法国政府成竹在胸，毫不犹豫。法国舆论也如出一辙。我们在这一问题上不必稍存幻想，这是时代的特征。这证明了一个巨大的变化，而社会党可以自豪地为自己请功。

莱昂·勃鲁姆难道从未意识到自己的错误吗？他身为一名国家领导人，却牺牲本国的利益，甚至牺牲本国的安全，来成全自己的幻想，把自暴自弃当作新世界的特征，难道他竟然没有意识到自己犯了错误？战败后，他被捕入狱，在1941年也只承认了一半的错误。他说：

192

> 因为法国具有和平的气质，所以但求能够相信，"平安相处"是可能的，也就是说，欧洲的民主国家与在那里扎下根的战争专制制度是可以相安无事的。法国为了这种可能性做出了越来越昂贵的牺牲，结果只能降低自己在国外的信誉，破坏国内的团结，从而越发加剧了国家的危难。

我不止一次听说，夏尔·莫拉斯和《法兰西行动报》的人，都属于马上看出1936年3月7日事变的严重性的少数人。但是，只消读读德军开进莱茵区以后的几期《法兰西行动报》登载的文章就可以知道，事实恰恰相反。这家报纸继续谴责对意制裁，谴责政府批准法苏协定。于是，这家报纸在8日的报上对法国人发出号召，文章标题为《你们想以假乱真吗?》。文中写道：

> 他们要为了一件与我们毫不相干的事，干涉盟友意大

利。他们要为共济会出气解恨，打击他们痛恨的法西斯。要为英国出力。要俯首听命于苏联，帮助苏联，利用战争，发动世界革命。为此，共产党人、社会党人、激进党人，心甘情愿让法国去冒一切风险……他们刚刚投票通过法苏条约，让和平听凭莫斯科的摆布，听凭莫斯科的利益的摆布，听凭莫斯科的争吵的摆布。只消 8 天工夫，头一批恶果就已见分晓。希特勒撕毁《洛迦诺公约》，违背了《凡尔赛条约》最后的条款，莱茵区恢复军事化，德军直逼我国边境。

《法兰西行动报》和左派报纸异口同声"捍卫和平"。前者反对国际联盟投票表决对意制裁，后者反对用武力解决德国破坏《洛迦诺公约》一事。这些论战体现出了倒运年代的气氛。英国的舆论则迫使政府破天荒地认真对待集体安全论，甚至想193　拿来对付意大利搞的殖民战争。可是，殖民时代已经完结，而蒸蒸日上的是德国的威力。法国不肯跟英国走。等到希特勒撕毁自愿签订的《洛迦诺公约》，一下子打乱了欧洲的均势后，英国人也就立即以其人之道还治其人之身，应对莱茵区恢复军事化，既不采取军事手段，也不采取经济制裁，只声称对于法国在中欧和东欧缔结的联盟不感兴趣。3 年过后，英国却为了救援波兰而投入战争。其实，1936 年 3 月 7 日以后，西方民主国家已经没法保护波兰。英国的外交并不比法国的外交值得宽恕。

3 月 9 日《法兰西行动报》上有一段莫拉斯的文章，可以说是一种动员令："整整两个星期，先是班维尔（Bainville），后是《法兰西行动报》，向共和国政府表示，时刻迟早总要到来，面对德国的得寸进尺、步步侵犯，应该说'不'。这一时刻果然到来了。这种残酷命运在劫难逃。"文章接着历数往日所犯的"错误和罪行",特别是败走美因茨,并且初步总结说:"劫数是惨痛的,而且有可能非常惨痛,这是因为,职责愈重,尽职尽责的手段愈少,要用有效的行动,足够有效的行动来对抗昔日的战败国对战胜国的肆无忌惮变得困难了。"莫拉斯跟政府部长们一样,根本想象不到希特勒虚张声势,只想唬人,只消法国一出兵,他便鸣金收兵。除此以外,文章剩下的篇幅只表示国难当头,法国人仍然不可能精诚团结,同仇敌忾。文章说:"……政府要求法国人做出政治上的牺牲,而政府血淋淋的胡作妄为,所犯的血淋淋的错误,老百姓是从未沾边的,既然如此,政府就该以身作则,做出该做出的牺牲,走它的清秋大路:萨罗滚蛋!弗朗丹滚蛋!邦库尔滚蛋!凡是在法兰西皮肉上蠕动的蛆虫,像肖当(Chautemps)、让·扎伊(Jean Zay)那帮狗才,都滚蛋!"

3月10日,莫拉斯把话说得越发明确。他一开头就说:"首先,不要打仗。首先,我们不想打仗。不得不说这样的话,写这样的文章,特别是发表这样的文章,实在太令人伤心……"

随后几句话,说的是可能和应当发生的事情:"……星期六下午,希特勒的决定才刚刚发表,一个稳定的、协作的国家政府绝不会觉得事情棘手,因为这样一个政府手里肯定有军队,有装备,也有军火。凭合法的权利,凭公约,凭条约,这样一个政府肯定会在事态留给它的极短期限内,占领鹅步师团还没有来得及侵占的莱茵区各个要地……"莫拉斯接着又问,政府为什么不动,然后总结说:"48小时过后,事已至此,呜呼!呜呼!三呜呼!只剩下一句公开的劝告,奉献共和国政府:首先不要打仗……然后请诸公整顿军备。我们武装起来!

194

武装起来！武装起来吧！"从这一天起，莫拉斯站稳立场，反对"好战分子"，反对"抗敌分子"，因为他已经预见到，法国必败。当然，在这一点上，他确实没有搞错。

我又援引两份报纸，一份是《秩序报》，另一份是《巴黎回声报》。在前一家报上写文章的是埃米尔·布雷（Emile Buré），在后一家报纸上写文章的是亨利·德·凯利里斯（Henri de Kerillis）。他们两位都以对希特勒的祸害认识得最为清醒而出名。前面一位正确地分析了局势，1936年3月8日，星期天，他写道："领袖说，他背弃在凡尔赛和洛迦诺许下的诺言，是因为法国与苏联签订了协定。这个借口是毫无道理的。不幸的是，法国的一部分舆论被党派之争弄得对其视而不见，竟然同意这种说法……这是一场实力的较量，现在的问题只在于知道谁能成功。各国面临臣服德国的危险，会不会让领袖求之不得地从东方腾出手来。果真这样，我们就真的回到了1866年。"有人说，布雷跟苏联大使馆有往来。可是，他主张的不是进行军事反击，而是国家团结。他对前途已经有所预感。"今天破坏《洛迦诺公约》，明天搞奥匈帝国，然后这里来个突然袭击，那里来个突然袭击。他何乐而不为呢？一方面是拳师挥拳，另一方面却是讼师挨揍。"（1936年3月11日）

凯利里斯于1936年3月9日写了一篇文章，标题为《人民阵线的罪状》。他说："最荒唐的政策莫过于依靠莫斯科的共产主义，不管莫斯科在法国的代理人怎样阻挠军事拨款的通过，怎样破坏国家的防务……这样荒唐的政策只能把国家弄到今天这条绝路上来，国家还要蒙受历史罕见的奇耻大辱，直到滔天大祸的边缘。因此，我们前天曾苦苦哀求议员、爱国人士，万勿投票通过协约……"然后，他又谴责"可憎的制裁政策"，"为了一桩殖民小事而破坏斯特雷萨阵线"。他又号召反对萨罗政府，成立国民联合政府，"摆脱共产党的精神和压力"。过了几天，他又在一篇文章的末尾说："外御敌患，内肃奸谍，神圣联盟万岁！"

在事变以前，阿尔弗雷德·法布尔-鲁斯曾发表文章，饶有见地，我至今记忆犹新。他告诉我发表文章的日期和地点（1936 年 1 月 25 日，《新欧洲》杂志）。文中有些段落见解中肯，事后为历史和史家所证实，我摘录几段如下：

维持莱茵区的条约地位对我们而言性命攸关，而且是《洛迦诺公约》的根本所在。战后的英法合作关系体现在公约里面，而建立欧洲体系的其他方面也都越来越倾向于把这个公约作为基础。所以，在这一点上，我们必须表现出坚忍不拔的精神。只有坚忍不拔，方能保证和平……废止《凡尔赛条约》中第四十二条和第四十四条，对于战后的德国来说，等于在 1914 年把图尔和凡尔登送给德国。不过也有不同之处。德国在今天如愿以偿，要比以往容易得多，因为它要拿的东西本来就在它的国土上。所以，它觉得要干就干，不必征求我们的意见。其实，这是一种姿态，意在问问法国，如果东欧发生战争，法国将会采取什么态度？军事上毫无反应，将被认作足够清楚的表态。从此，德国在没有新情况时，可以不必再理睬我们而去准备东进战争。大概它还有这样的把握：有鉴于战争条件的改变，法国舆论竟会起来反对干涉。所以，我们随时都有可能要赌一赌国运。最有害的幻想，就是一面妥协让步，一面妄想仍然对欧洲的现状起保证人的作用。最荒谬的东

196

西，莫过于自己情愿吃亏受屈，坐视莱茵区重新军事化，却还想在东方发生战争时进行干涉。莱茵区重新军事化，当然就是东进战争的序曲。再说，我们既然不能干涉，就不该再让欧洲各国人民仍然以为我们会进行干涉……

法布尔－鲁斯在 1936 年就采取了这个立场，那么，他在 1938 年赞成《慕尼黑协定》也就不足深究了。

德国国防军开进莱茵区几个月以后，人民阵线政府上台执政，不久便爆发西班牙内战。再一次，采取外交立场总是离不开意识形态之偏好；国家利益的概念在狂热的叫嚣声中销声匿迹。

我跟西班牙共和派人士心心相印。在我周围的人，做抉择是不成问题的。安德烈·马尔罗和爱德华·科尼格里翁－莫里尼埃（Edouard Corniglion-Molinier）马上动身前往西班牙共和国首都马德里。我在大学里的朋友罗贝尔·马若兰、埃里克·韦尔、亚历山大·柯瓦雷、亚历山大·科耶夫，他们做出抉择也都是不成问题的。将军们发动一场未遂的政变，然后进行内战，并从法西斯的意大利和希特勒的德国获得援助。乔治·贝尔纳诺斯（Georges Bernanos）是爱德华·德律蒙（Edouard Drumont）的门生，他曾写过一本狂热反犹的书，名叫《思想纯正者的大恐怖》，这时候，他又写了《月下大坟地》，控诉西班牙共和派。马尔罗和贝尔纳诺斯把各自亲历过的罪行做了比较。萨尔瓦多·德·马达里亚加（Salvador de Madariaga）后来跟我相熟，这时候，他超然居于论战之上，深信无论哪一个阵营取得胜利，反正在西班牙将没法生活。在佛朗哥的西班牙没法生活，在共和派的西班牙照样没法生活，因为共和派已经感染了共产病。在佛朗哥背后，出现了希特勒和墨索里尼的身影。共和派背后则是斯大林和他的内务人民委员部，他在战争的后方很活跃，而且已经在搞清洗了。

不干涉外交把人民阵线分为两派。一派是社会党人和激进党人，另一派是共产党人。安德烈·马尔罗那一帮人对于莱昂·勃鲁姆的政策固然批评多于谅解，但我得益于约瑟夫·帕加农（Joseph Paganon）的教导，设身处地为政府总理着想，从而得出与他相同的结论。一个民主政府的首脑能不能替国家采取包含战争危险的行动？何况半个国家都认为，这样做是不符合国家利益的。科耶夫在布伦什维格家（布伦什维格家每星期天上午接待客人）曾经谈到过，苏联人有所顾虑，不太愿意在地中海活动，怕引起伦敦政府不安，惹它向柏林靠拢。这个辩证家既打不过学术权威的怀疑论，也打不过结帮成伙的青年哲学家。但在关键性的一点上，他的确没有看错：张伯伦政府确实不愿意共和派得胜，因为共和派吃亏在受共产党的控制，从而也受苏联的控制。

最近，我的朋友戈洛·曼告诉我说，他跟好几个右派朋友翻了脸，因为他认为，在那时候，在1936年，西班牙还不够条件搞议会民主。佛朗哥临御久长，是出于悲惨的劫数。内战后40年，佛朗哥扶保胡安·卡洛斯（Juan Carlos）国王践祚登基。佛朗哥自己是一刀一枪杀出天下来的，偏偏由他立嫡正位的储君，为西班牙建立了议会民主。民主制还相当脆弱，这不假，但患难的原因不在军人，而在巴斯克（Victor Basch）的恐怖主义。然而，不管怎样，西班牙即将加入欧洲共同体，与自由欧洲相依为命。

我不熟悉西班牙的情况，过去的情况不熟悉，现在的情况

197

也不熟悉，所以没法判断当年西班牙的内战，也没法评论我当时的想法。哪怕事后发发空议论也不行。西蒙娜·韦伊曾经就近体验和咒骂内务人民委员部的行为。抵抗力量的最后堡垒——加泰罗尼亚便实行过这种莫斯科式的手段。单凭这一手，我们就算对于共和阵营抱过幻想，也会被它一扫而空。然而，佛朗哥投靠了法西斯阵营，完成了对法国的包围。对法国的第三条战线有可能形成。事实上，佛朗哥的西班牙没有帮法国打胜仗，但也没有帮德国打胜仗。想想看，如果西班牙共和国成了事，它在 1940 年会采取什么态度？不错，西班牙内战是欧战的序曲，但它是 1941 年战争的序曲，而不是 1939 年 9 月战争的序曲。

1936 年，人民阵线得胜。几个月后，莱茵区便恢复了军事化。这是通货紧缩政策合乎逻辑的后果。1932 年选举出来的议会支持皮埃尔·赖伐尔大胆盲目地把这一政策执行到底。2 月 6 日民变，爱德华·达拉第被逐出政府，随即与多列士（Maurice Thorez）的党结成联盟，出力促成人民阵线。我和我的朋友们，如罗贝尔·马若兰，对双方的计划都不同意。

马若兰和我都知道，另外几个小团体（比方说"X 危机"①）也知道，人民阵线如果突然之间立刻实行它的计划，那么事前就可以预见，尝试必归失败。增加计时工资，限制每周工作时间为 40 小时，拒绝货币贬值，这些事调成了一杯鸡尾酒，但国家经济喝不下去。莱昂·勃鲁姆原以为 40 小时工作制能解

---

① 这是一个经济研究小组，发起人是一批巴黎综合理工学院毕业生，如 J. 古特罗（J. Coutrot）、J. 俞尔谟（J. Ulmo）、A. 索维（Alfred Sauvy）等。

决几十万人的失业问题。政府一方面推行经济增长政策，另一方面却削弱生产的物质能力，因为连年收缩通货，投资不足，产业设备老化。赖伐尔的政策确实曾引起物价跌落，其实，只消稍微把法郎贬值，就可以把物价抬高到国际水平，从而加速在人民阵线执政以前便开始的经济复苏。勃鲁姆对于世界物价和国内物价一无所知。对于世界物价和国内物价的关系，他也不甚了了。他不知道，可能他的顾问们也不怎么知道，40 万到 50 万的失业者中到底有多少人能够重新就业。马若兰提了些建议给总理办公厅，同时也在《新欧洲》杂志上写文章，支持保罗·雷诺。塞勒斯汀·布格勒十分恼火，说这是一位年轻人对他的背叛，因为社会党人张开臂膀欢迎马若兰，并把希望寄托在他身上。布格勒说这话完全是出于诚意，他对经济的无知可以为他开脱。他在这方面对别人的意见的判断不是根据现实，而是根据党派之见。我把他弄得太生气的时候，他便预言我在《辩论报》当经济评论员就要当不下去了。这话是波雷夫人①告诉我的。也许是这份报纸中途夭折，才使我幸免于难。

几个月以前，弗朗索瓦·果格尔（François Goguel）对我提起我在《形而上学与道德杂志》1937 年第四期上发表的文章，名叫《探考法国经济问题》。他对我说，他当时读了便觉得文章分析得入情入理，而且论理十分坚定。我找出来重新读了一遍，觉得有点失望。这是我头一次练习评论时事，可是跟我在"自由谈"上发表的一些通信比起来，这篇文章却还略胜一筹。

---

① 波雷夫人是高等师范学院校长的秘书。她 1914 年以前就从事打字工作，为高师的学生打过数不清的论文或学习证书。她对高师无所不知。大家都认得她，她几乎成了知名人士。

文章开头谈知识分子，今天看来，也还不怎么不入眼：

> 知识分子当然有道理干预政治斗争。但可以看得出，干涉分两种方式：一些人的行为（或主张这样的行为）像教士，一味护卫神圣的价值；另一些人则加入一个党派，宁可由此而受种种役使。我觉得两者都有合法性，但必须是自觉的。但实际上，像教士一样的反法西斯知识分子或人权的阐释者的举动仍然有派性。这种偏向是不可避免的，因为绝不能老有德雷福斯那样的事件让大家都能够明辨是非、去伪存真。知识分子如果要作为知识分子每天发表自己的意见，那就一定要在经济、外交、政治上是内行……要通货紧缩，还是要通货膨胀？要同俄国联盟，还是要英法协商？要集体合同，还是要有利的工资？反正，要紧的是效率，而不全是公平。此外，在任何党派里面，作家、教授仿佛都是宣传员。要他们做的，不是去启发思想，而是去煽动感情。他们煽动了激情，然后为它辩护，但是，罕有致力于净化激情的人。他们是集体意志的号手。群众信任他们，可是不知道，某某物理学泰斗、某某大手笔、某某大名鼎鼎的人种学家①，这些人对于经济复苏的条件并不比路上行人懂得多一些。搞一门科学并自诩为实证论者，还不足以让人不再相信神话。

其余的探讨，都是当时大家爱议论的东西，不过已是明日黄花，没有什么现实意义。阿尔弗雷德·索维写的《两次大

---

① 指的是保罗·朗之万、安德烈·纪德、保罗·里维。

200

战间的法国经济史》比我在 1937 年写的东西更能为读者说明问题。然而，拙作也可以说有个优点，即着重指出了莱昂·勃鲁姆尝试失败的两个主要原因：首先是不肯让法郎贬值，其次是坚持 40 小时工作制。

> 1933 年有所好转，而到了 1934 年、1935 年，法国的经济情况重又恶化，其根本原因——经过认真研究——归根结底仍在于法国的物价与世界物价差别过大。这不仅影响输出，而且使整个经济受到通货紧缩的压力……下面一个事实到了今天已经是无可争辩的了：货币一贬值，所有维持金本位的国家的情况很快就有实质性的好转。批发价格迅速而有力地上涨，超过零售价格，这有助于消除国内价格失衡，也有助于减小国内价格与世界价格之间的差别……

政府不肯让货币贬值，至少部分是由于共产党的反对。至于 40 小时工作制的法律，我把它算在人民阵线的账上，那是不对的。人民阵线的纲领中本来没有这一条，而是共产党的纲领中有这一条。我当时对这一措施的论断，时至今日已为大多数史学家所赞同。

> 人民阵线在纲领中载入了新规则（40 小时工作制），但事前未做任何必要的研究，也没有采取任何必不可少的预防措施……而法律便雷厉风行到每一个经济部门。人们过高估计了法国工业的生产能力，毫无凭证便下断语，说法国工业能够用 40 小时生产出以往用 48 小时生产出来的东西。而事实上，是经济复苏受到了限制。

受普查的工业中，劳动时间平均在 45 小时左右。勃鲁姆在里昂受审时才听到这个数字，而像我这样的老百姓，也还能知道每周大体上的工作时间。

当然，这篇文章今日再来重读，一定有些地方需要修正。我低估了货币贬值的初步后果和对恢复经济的重要作用。如果没有执行既削弱了经济生产力，同时又加快增加工资速度的 40 小时工作制，经济本来是可以复苏的。不仅如此，文章虽然只谈勃鲁姆在经济方面的尝试，但我仍然应该强调指出，改革的精神作用还胜过社会作用：半个世纪过去了，左派不改初衷，仍然歌颂勃鲁姆的经验，歌颂他的惨败，歌颂带薪度假。

当然，我说服不了那些大学人士，尽管他们论理应该懂得这些道理。莫里斯·哈布瓦赫虽然是涂尔干派团队里的经济专家，却和我进行了友好的讨论。我的论点仍然没能使他动摇。只有莱昂·布伦什维格——他的夫人还是政府成员——在勃鲁姆下台后的一个星期天对我说："没有一个聪明人相信他会成功。"

后来，莱昂·勃鲁姆的人格逐渐被神化，成了有如饶勒斯在两次大战中间那样的超凡圣人。他在里翁受审判时表现出的浩然之气，审判官的不齿于人，他从德国回国时受到的人民的一致爱戴，弄得没有经历过 1930 年代的人几乎不可能平心静气地对第一次人民阵线政府的内阁总理做出论断。那时候，右派对这个大资产阶级的社会主义犹太人恨之切骨，这种仇恨的心情是战后年代的年轻人没法理解的。因此可以说，我们简直没法就事论事，白白地为右派提供论据。而我们和那帮人或那些党派是毫无共同之处的。所以，我才把批评人民阵线经济政策的论文托付给内部刊物《形而上学与道德杂志》。

　　左派只记得，而且只想记得那些有历史意义和存活下来的一些改革：带薪度假，集体合同，还有现在已经成为习惯的工会跟厂主的谈判。而事实上，法国的劳工法和社会设施还落后于欧洲其他民主国家。资本家和大资产阶级分子给工人占据厂房一事吓破了胆子，切齿痛恨那个虽然替他们避免了一场革命，但不免动摇了企业主帝王般的权力的人。勃鲁姆的错误抵消不了他的功劳。他的错误是不可否认的，他的功劳也是没法否认的，而他的伟大人格也同样是无可争辩的。

　　好些情况不能全怪他。法国在那时候还没有商情研究所。失业统计数据可以由大家各取所需。在人民阵线纲领的委员会里，"防范委员会"所起的作用也许跟党派代表不相上下。不明情况的人并不都是搞政治的人，经济领导人也不见得更加清醒。不管怎样，保罗·雷诺听信了伊斯代尔（Istel）的劝告，揭发了历任政府的谬误。伊斯代尔是在美国执业的法国银行家。只有保罗·雷诺一个人说出了简单的实情。勃鲁姆的学问和判断力都不见得比领导阶层中别的人更加高明。一年之后，参议院结束了这一番尝试，而社会党虽然留在政府里面，但不再掌握领导权了。

　　人民阵线首次执政失败，局势的发展并不出乎我们的意料。激进党的卡米耶·肖当起而代替社会党执政。通货继续膨胀，第一次贬值来得太晚，接着又来一次贬值。共产党趁两家工会联合会合并的机会，占了总工会的各个要津。在国外，墨索里尼的意大利同第三帝国结下了不解之缘。1938年春天，希特勒决定吞并奥地利，除掉许士尼格（Schuschnigg）总理。1934年，陶尔斐斯总理遇刺殒命，许士尼格便接任了总理。

202

这时，法国没有政府。墨索里尼虽然在几年以前出力防止发生这样的事件，但是这一次他忍下了。德军开进维也纳那一天，捷克的问题便浮出水面。过了几个月，便是慕尼黑。

巴伐利亚这个都城名在全世界的政治词汇中已经不是一个地名，而是一个普通用语，一个象征。慕尼黑指的是在实力较量面前为了苟全性命而牺牲盟友，是幻想侵略者会满足于不战而取得的胜利，是不讲抵抗而讲委曲求全。所谓慕尼黑政策在今天意味着，既是道义上的错误，又是知识上的蠢举，意味着贪生怕死，想推迟一下战争，结果被打得更惨，越发在劫难逃。我不想修正这种说法。反正，不管事实是多么清楚，历史学家至今没能排除雅尔塔会议瓜分世界的神话。

从1936年到1939年，大多数法国人，或者说搞政治的人和知识分子，都加入了这个或那个阵营：赞成或反对意大利法西斯，赞成或反对征服埃塞俄比亚，赞成西班牙将军造反或者赞成保卫西班牙共和国。总的来说，左派不理解重占莱茵区从根本上改变了欧洲的均势。我们的军队守在马其诺防线后，没办法去救援德意志帝国东面的盟国。从1933年到1936年，左派不提倡整军，反而宣称军备竞赛必然输给别人。从西班牙内战开始，左派转而信奉抵抗希特勒，甚至是军事抵抗。在1936年3月，抵抗希特勒还不冒什么大风险。今天，我们知道一点儿风险也没有，而在那时候，我们也该知道风险不大。干涉西班牙内战不是没有危险，至少对于国家的团结不是没有危险。1938年9月，如果德国出兵攻袭波希米亚四境，我们就会不得不履行盟约义务，向德宣战。而这一次，进行抵抗只会导致打仗。如果不抵抗，那就只好强迫布拉格投降，也就是说，割让苏台德区，同时放弃当地的要塞和物资。希特勒向全世界表示，他兵不血刃，大获全胜，战利品丰硕无比。

　　从国家领导人到小老百姓，人人都问：希特勒到底是虚张声势，吓唬人，还是真下了决心，捷克如不屈服就马上出兵？如果希特勒确是虚张声势，那么抵抗也是和平。如果不是虚张声势，那么抵抗就会引起战争，引起局部战争是肯定的，引起全面大战也是很有可能的。凡是虚张声势论者，都问心无愧：壮壮胆气，不战便得和平，何乐而不为？这种说法当然十分巧妙，但在我看来，很不正当。慕尼黑事件的第二天，我在圣克鲁高等师范学院讲课，先用半小时谈了我对危机的想法。我评论了勃鲁姆所说"懦夫的宽慰"，同时声斥阿兰所说的那些"安眠贩子"。这些人一面鼓动法国人坚毅不屈，一面又叫他们放心，当这种英雄好汉，花不了多少代价。204

　　我那阵子常跟赫尔曼·劳施宁（Hermann Rauschning）交往。他跟德国军队里的一些人和反对元首冒险的一些保守派人物还保持着联系。他好几次告诉我，有几个将军密谋推翻希特勒；如果希特勒下令进攻"捷鸡"（Tchéquie）——这是希特勒称呼捷克的用词①——德军各司令员将实行倒戈。《慕尼黑协定》签署以后，我领了劳施宁去见保罗·雷诺的办公厅主任加斯东·帕列维斯基（Gaston Palewski）。帕列维斯基听了这个前但泽市市长讲的话，显得不太相信。确有密谋之事，哈尔德（Halder）事后谈起过。但直到今天，史学家还争论不休。军事首脑们都曾向希特勒宣誓效忠，事到临头，他们会反抗命令吗？他们会推翻领袖吗？

　　反正，谁也不能断言希特勒是在虚张声势，而我们今天已

---

　　①　在慕尼黑会议以前，希特勒是否已经用这样的称呼，我可不敢肯定。

经知道，他确实不是虚张声势。他甚至还表示遗憾，悔不该误听墨索里尼的劝告，没有血洗捷克。作为一个国家的领导人，他既然承认了战争来临的威胁，并且对盟邦许下的诺言有待履行，那么他就应该同人民一道，掂掂战争的代价，掂掂缓兵之计的好处。如果说战争已经不可避免，希特勒不管自己所做的庄严的宣言（《最后的要求》）而一意孤行，非要落实他的《我的奋斗》一书中的各项计划，实现他在1937年向全军将领宣布的方案，那岂不该盘算盘算，到底在1938年打合算，还是在1939年打合算？这种理性的考量被过激的情绪排除在外。

205　　　知识分子受到了这样的批判，我自己也在这些知识分子之列。我在那时候倒并不认为希特勒是在虚声恫吓。我也反对慕尼黑，就像别人说的那样，我是个反慕尼黑分子，但我不过是感情用事，既没有太认清当时的力量对比，也没有认真考虑过"缓兵"也许是一条妙计。英国在德军开进布拉格以后改变了外交政策，反慕尼黑派击掌欢呼，这也是感情胜过理智的表现。这是任何外交家当时就该明白的，然而我到后来才懂得。英国同波兰缔结互助条约，等于毫无补偿、平白无故地给苏联下了保证。

　　历史会开玩笑，情绪激动会叫人疯傻：慕尼黑分子成为罪人，而1936年3月赞美法国人"明智"的人，却从未遭过责备。人云亦云之风，促使萨特都在《缓刑》一书中把慕尼黑分子当作"王八蛋"。而他自己，出于和平主义，赞成四国协定。1939年3月，英国改变政策，谁都不对此加以讨论，仿佛这不算劫数里面前前后后起决定性作用的因素之一。

　　谁都能按自己的方式编写并未实现的史事，并且总结说不

如在 1938 年就打，或者做出相反的结论。捷克的军队优于波
兰，但希特勒是引苏台德的案子来打官司。既然法国人一向主
张民族自决，那么苏台德区的德国人就有权实行自决。那时候
大家还说不准，到底仅仅是德国居民回归祖国的问题，还是别
有帝国主义野心？而且，当时英国的喷火式战斗机还不能够提
早一年就打英伦的保卫战。不错，在慕尼黑派里面，后来肯定
有许多赞成停战、拥护贝当元帅的人，但也许其中有些人认
为，1938 年抵抗希特勒已经太晚（因为莱茵区已经让他占领
了）。也有人认为，抵抗希特勒为时尚早，因为苏联与第三帝
国并不接壤，西方争战，苏联大可擐甲执兵，坐观成败，然后
伺机一击，开疆拓土，称王称霸。

我撰写本章内容之际，刚刚读了《本世纪的游客》，作者
是贝特朗·德·儒弗内尔。在 1939 年以前，我几乎还不认识
他。他从事新闻和写作比我早得多。我还在吃力地摆脱阿兰的
教诲时，他已经周游欧洲和全世界，常跟法国和英国的政治人
物打交道。由于他父亲和他叔叔罗伯特的关系，他一出生便属
于第三共和国那一辈人。他在母亲的沙龙里认识了那些创建
"凡尔赛欧洲"的人。1919 年签订《凡尔赛条约》的时候，
我也住在凡尔赛，只不过混在人群里瞧热闹，看着那些战后建
设世界的人招摇过市。而他，大约已经在凡尔赛宫殿的明镜廊
里走动了。

我们在霍什中学读书，相差两岁，他 16 岁，我 14 岁，差
别还不算小。但过了五年，两岁的差别就不算什么了，反正是
同辈。然而，他已经当了记者，接触到了造就历史的政治。而
我还在大学里，或者在德国，继续传统的求学。他在回忆录里
叙述过的人——佩服过的人，跟他同辈的朋友——我差不多都

206

不认识。我只遇见过一次《现实主义一代人》的作者让·吕塞尔。当时谈的话，我恍惚还记得。我告诉他我正在操心的几个哲学问题。他回答说，从未听说像我这样年轻的人会关心这些哲学问题。贝特朗说他很有才华，可是我倒没有对他佩服得五体投地。也许贝特朗的夸奖是出于慷慨大方吧？1930年代，我见过法布尔－鲁斯好几次。我经常读他同让·普鲁沃斯特（Jean Prévost）和皮埃尔·多米尼克（Pierre Dominique）合办一年的《活页》杂志，后来又读路易丝·韦斯办的《新欧洲》，他在那里当总编辑，叫我去帮忙。就是在他那里，我有一次见到了德里厄·拉罗歇尔（Derieu La Rochelle）。此人的才华是我一向钦佩的。安德烈·马尔罗曾对我说："在我们所有这些人里面，真有作家才能的只数他，那是天赋。"他们两人虽然在政治上南辕北辙，但始终以朋友相交。德里厄跟儒弗内尔是朋友，但儒弗内尔跟马尔罗不是朋友（在敌占期间，他们二人曾在科雷兹省跟贝尔相处过）。

我跟这一代人一样，痛恨战争，反对庞加莱的政策，主张与魏玛共和国释怨言和。儒弗内尔提起这代人，总是十分难受，认为他们是堕落深渊的一代人。我同他不一样，与捷克并无瓜葛，与《凡尔赛条约》建立的欧洲，与国际联盟，都没有什么渊源。原则上我本来认可这个国际组织，但去了一趟日内瓦，正当国联在开大会，我的心情就复杂起来了。德国还没有参加，美国也躲在一旁，国与国之间这种议会式的关系，似乎表现得有点夸夸其谈，装腔作势，矫揉造作。

一直到1930年春天，我的感情、我的看法，基本上还跟儒弗内尔的朋友们差不多。我们谁也不讳言，欧战战胜国建立起来的秩序十分脆弱，昔日盟友，随即龃龉，法国对待战败国的外交办法也叫人看不惯。就在 1930 年这一年，我在德国狠狠地接受了教训：经济恐慌冲击德国，美国取消了给德国的贷款，德国受了侮辱，心怀不满，抱怨法国。这次教训震动了我，并且引起预感：祸患又将露头。次年，即 1931 年，法国躲过了经济危机，仿佛在欧洲享有主导地位。而美、英、德等国的人异口同声谴责法国，说法国赖在黄金堆上一动不动，一应罪责都该由它负担。也就是在这一年，国社党蒸蒸日上，历史的风暴正在酝酿，不祥之兆也越来越多。从 1931 年到 1938 年，7 年之间，整个体制崩塌无遗。法国成了孤家寡人，空剩下自己的人口和工业。就人口数而论，法国只占欧洲的 7%。法布尔 – 鲁斯写文章指出这点，居然弄得舆论大哗。法国已经别无选择，要么打一仗，可是法国人不愿意打，要么俯首屈从，却又不知道要屈服到何年何月。

在这些没落年代，我们忧心忡忡，老惦记着怎样能使法国得救。只有在这种国事蜩螗而党争不息的气氛中，人们才能理解，为什么儒弗内尔和德里厄·拉罗歇尔居然会与雅克·多里奥之流为伍。后者是圣德尼市市长，其演说很得人心。他的主张虽然后来成了法共的主张，可是在那时却不被接受；他被开除出党。他本人，我从未见过，他的话，我也从未听过。反正在共产党里，话说对了，若是时候不对，就会犯弥天大罪。多里奥和他手下的人宁可脱离党也要跟他走。他便创建了一个法兰西人民党（PPF），这个党成为当时各种小组织里面唯一可能走法西斯道路的组织。结果，他在德国被盟军的飞机炸死了。 208

1930 年代的作家们，哪怕是不问政治的前辈先生，也逃不脱历史的浪涛。几乎谁都想引用这句话：政治是命运。据说这句话是拿破仑说过的。问题已经不再在于在两位爱德华之间进行选择①，也不是要白里安还是要庞加莱的问题。从 1933 年开始，也许从 1929 年开始，法国人已经没法逍遥自在了。国外起了风，刮东风，也刮西风。好些大知识分子对于列宁、希特勒、现代经济都不太熟悉，也弄不明白美国有多大能耐。安德烈·弗朗索瓦－庞赛跟另外许多人，都还把意大利当作强国。有足够的理由使我们震惊的是，民主政体瘫痪疲软，而希特勒的德国则兴旺发达，有如风起云涌。苏联公布的增长率也着实惊人，相形之下，触目惊心。哪一国的政府顶得住这样一番较量呢？除非这个国家的政党在议会里要把戏，要得晕头涨脑，长了眼睛也不肯张开来看看。出生率越来越低，生产萎缩，国民意志消沉。我有时候不免要想，也许不免大声说：如果只有专制才能救法国，那么就来它个专制，尽管大家心里极不愿意。

我和德里厄·拉罗歇尔或儒弗内尔不一样。我绝不会由于失望而做一些荒谬举动。这倒不完全是我的犹太教情结、我周围的人、我的思想方式和我坚持拒绝一党制统治下的两种制度在保护我。

显而易见，我从来没有产生过让法国走上法西斯道路的念头，而另一方面的诱惑，倒是有一定可能性的。亚历山大·科耶夫不是自称"紧跟斯大林"吗？安德烈·马尔罗不也以共产党的同路人自居吗？但是，在我的眼里，不管怎样，科耶夫终究是个白俄罗斯人。他也许抱着世界史的动机当了共产党员，但跟党毕竟有很大的距离。至于马尔罗，他从来没有游说我，也许他认为我这个人，天性只会主张温和。

209

---

① 指爱德华·赫里欧和爱德华·达拉第。

我自己呢？自从留学德国回来，我已断定，只要希特勒掌握着政权，那么搞什么法德和解，不仅是徒劳的，而且会祸国殃民。而我在 1933 年 1 月以前，本来是一向主张法德和解的。1934 年 2 月，国内冷战开始，我只从旁观察，没有参与进去。我曾经这样写过：我不信法国有什么法西斯危险，因为一无哗众取宠的魁首，二无涣散解体的民众，三无喜功称霸的热欲，简言之，不具备任何构成法西斯危机的因素。反法西斯人士追逐一个摸不着的敌人，而对待真正的敌人希特勒，却抓不住要害，在采取什么手段的问题上，意见不一致。

我对德国的情况记忆犹新。体育宫的演说使我深信，第三帝国的领袖有本事冒天下之大不韪，做出伤天害理的事情来。历史证明我是对的，但我得承认，我的判断只是根据一种心理的或历史的直觉，要证据却没有。1938 年 9 月，绝大部分德国人都投靠纳粹政权，因为这个政权已经做成了几件大事：解决了失业问题，重整了军备，创建了大帝国，不战屈人就吞并了奥地利和苏台德——表面上的丰功伟绩，超过了俾斯麦。[①]如果在签订《慕尼黑协定》以后，奄然物故，他不就成了名垂青史的德国伟人了吗？当然只是风光一时，因为他身后既没有留下一个制度，也没有创建一个法治国家。魏玛共和国的宪法已不复存在，而第三帝国的宪法还没有出世。而且，希特勒已经颁布了《纽伦堡法令》，号召人民起来反对一个看得见的但毫无力量的少数民族。就是在慕尼黑会议以后，戈培尔发起了全国性的仇犹运动，名叫"水晶之夜"，借口是德国驻巴黎

---

① 塞巴斯蒂安·哈弗内尔（Sébastien Haffner）写了一本出色的书，叫作《希特勒评传》，书中以生花妙笔谈了这个问题。

大使馆秘书遇刺，德国予以反击。任何人出来接希特勒的班，都不必费劲就可以克服政治上的混乱局面。行政机关原封不动，正规军将兵权在握，非纳粹军官所能敌对。1938年以后，如果没了希特勒，第三帝国会怎么样？谁也没法知道。但起码可以说，在1938年10月，如果没有希特勒，德国便不一定会发动欧洲战争，后来再发动世界大战。

210

1937年春天我写好了论文，居然问心无愧地松了口气，打算逍遥一番。我们两口子尽管觉得战祸不远，仍然决定生活到最后关头，仿佛前途依旧还可以做长远打算。我盘算着要写一篇社会科学的导言，修正我原来的《导论》，因为别人指责它过火地引用了相对论。同时，在时局的启示下，我爱上了马基雅维利和他的权术论。战争爆发时，我正在写些研究凯恩斯总论的东西。幸而什么都没有剩下，否则，至多不过是些老生常谈。同时，我也写些研究马基雅维利的东西，留下了三十来页文字，但这些文字没有多大价值。我对马基雅维利的事业，认识还不够深入。

1937年到1938年，我往来于巴黎与波尔多之间。教育部部长（皮埃尔·贝尔多在部长办公厅工作）任命我到波尔多大学执教，代替马克斯·博纳弗斯（他也像德阿一样，是布格勒的高足）。他后来在维希政府当了一阵子供给部部长。当时我写的三篇东西在今天看起来倒还有点意思。不是文章本身有什么意思，而是三篇东西足以说明我那时候的心情。一篇论帕累托，登载在法兰克福学院的校刊《社会研究杂志》上面。一篇论埃利·哈莱维的选集《专制时代》，这部选集是我和布格勒跟弗洛伦斯·哈莱维一道整理出来的。还有一篇法国哲学会公报提要发表于 1939 年 6 月，那之后几个星期便爆发了第二次世界大战。

我在一篇评论《专制时代》一书的文章里，发现好些对极权制的分析，与我在 1945 年以后做的分析颇有些相似。这些分析总不免有点拐弯抹角，因为不管怎样，我对苏联毕竟怀有宽恕的心情。我说：

> 法西斯主义和共产主义，同样地排除一切自由。首先是政治自由：公民投票只不过是象征性的闹剧，借此叫人民群众把自己的主权托付给总揽大权的主子大人。其次是个人自由：德国公民、意大利公民和俄国公民，都没有任何办法对滥用权力的行为提出申诉。公职人员、共产党党员、地方上的纳粹头头、法西斯支部书记，都是上级的奴仆，可是对老百姓却如豺狼虎豹。再就是思想自由、新闻自由、言论自由、科研自由，一切自由都销声匿迹。在英国的民主生活中，有这么一句值得钦佩的话：反对派是为公众服务的，而在极权国家，反对派则犯了罪。

这样做对比虽说得过去，但太过火了。意大利的极权制，甚至希特勒的极权制，在那时候还远不如苏联的极权制。这可以从极权的两种意义来讲：一是国家吃掉公民社会，二是把国家的意识形态变成教条，强迫知识分子和大学信奉。不仅如此，我在文章中稍前几行，指出了苏联制度的优越性。我说：

> 就无所不为的现实主义来说，共产党与法西斯相比毫不逊色，至于引以为荣，则还有点程度上的差别。共产党

211

竭力让大家都读书，而这些人将来就不会仅仅满足于读《资本论》。何况，单一的意识形态不是仅有一种含义：共产主义是模仿救世的宗教，而法西斯则不知道什么叫人类。

我怎么会做出这种错误的判断呢？是不是因为我们需要借重苏联来对付第三帝国？也许是的，也许还有更加深刻的动机左右着我的笔锋。我们这帮人深受黑格尔和马克思学说的浸润，加入共产党没什么大不了的，而加入法西斯或法民党，那简直是不可思议的事情。在这帮人中间，我反共最坚决，信奉自由主义也最坚决。从1945年起，我才摆脱了一切左派的偏见。

我讨论战争都引用埃利·哈莱维的话，可惜我认识他太迟了。我们俩真叫一见如故；在他去世之后，我继续把弗洛伦斯当作知心朋友。哈莱维真正主张自由，所以热爱和平（他有一天对我说，只有贸易自由论者才有权以爱好和平自居）。然而，他却不是和平主义者，既不像阿兰，也不像法学家，既不想靠条约，也不想靠个人反对。他是作为历史学家兼哲学家来思考战争问题的。战争有不变的条件，那就是："人并不总是由共同体验和个人利益构成的。人有这么一种本性，如果没有值得他献身的东西，他就觉得活着没意思。"有人问他将来的局势如何，他也是用史学家的身份作答，而不是采用伦理学家的观点。1935年年初，他在一次报告会上说，战祸似乎尚未临近，但再过六七年，危险就迫在眉睫了。又过了一年，我对他谈起他的预言，他回答得很简单："我太乐观了。"从此以后，时局越来越证明他的忧虑是有道理的。如果我的文章写到此处为止，那就没什么好说的，可是我又添了这么一段话："时局也显示出，和平的力量是强大的：任何资产阶级都勾结反动专制势力。在民主国家，精神腐烂坏过物质腐烂，而欧洲各国人民眼见大祸临头，覆巢之中绝无完卵，争取和平的决心越发增强。”

我已经觉得战争无法避免，但总说不出口，正如身患不治之症，却依然怀有希望。为什么不准希望诊断错误，不准希望有灵丹妙药？

法国哲学会上讨论的情况，我至今记忆犹新。提要列举的八点，有几点在今天和在 40 年前一样，似乎是根据确凿，无可争辩的。比方说，今天人人都承认，即使法国和英国当时在经济上向德国让步，也绝对不足以平息希特勒。然而，在那时候这样说说也不无好处。因为很多好心人相信或者自己要相信，德意两国缺乏空间和殖民地，外贸困难，不得不向外扩张，只消慷慨解囊，就可以化干戈为玉帛。同样，瓦莱里·吉斯卡尔·德斯坦在几年前为一本书①作序时，也抱有类似的幻想。他认为，苏联同西方通商，时间长了就能使苏联起变化，转而信奉我们的价值标准。反马克思主义的重商派民主人士，情愿借重庸俗的马克思主义为自己解嘲，对真情实况却一窍不通，根本不知道希特勒、墨索里尼和斯大林三人想的都是一样东西，尽管各人具体的想法不一样，但终究想的都是政治。勃列日涅夫和安德罗波夫也是一样，国防预算占国民总收入的 15%，难道还不足以证明他们到底是怎样分主次的吗？

我再说说第八点：共产主义或法西斯主义，二者必居其一，这绝不是命中注定的。我和大部分知识分子不一样，从来没有认为在劫难逃。我对此进行评论的话，今天仍然要写。我

213

———

① 书为比萨尔（S. Pisar）所著，题为《和平的武器》。

说："大得不合理的、漫无限制的权力，加上系统的技巧，哗众取宠的宣传，不过是以漫画的笔法，刻画出一幅可能出现的、没有人味儿的社会肖像。"

至于提要的其他各点，我都在旁边注上"对的，不过……"。我曾经决定拿帕累托的精英论作为起点，来说明那些我称为极权主义的制度，也就是墨索里尼的意大利、希特勒的德国。基本上，我好像是说对了，至少对第三帝国是说对了。不说最根本的事实，只说根本事实之一，就是："由精英组成新的领导班子……这些人生性暴烈，有半吊子知识分子，有冒险家，有玩世不恭无所不为的人，有精明强干、擅长权诈的人物。"莫博朗是共产党干部，他反对我说，这些新精英都为大资本家服务，希特勒始终受命于克虏伯家族。也许至今还有共产党人有此想法。除了他们，今天谁也不信这种调子了。而我不太能区分希特勒的德国和墨索里尼的意大利。原先的经济领导阶层、教会、王朝，仍然在意大利保持着有实力的地位。墨索里尼很像拉丁美洲的武将临朝，并不怎样像历史上的魔王，如希特勒之流。

关于第二点，我说："极权制度首先敌对民主制度，而不是共产主义。"言下之意是批评共产党或马克思主义的理论，说什么法西斯或民主，都不过是上层的政治建筑，背后都隐藏着同一的大资产阶级统治。我要说的是，国家社会主义发动的是一场真正的革命，革了价值准则的命，革了体制的命（对意大利来说，这种提法就值得商榷了）。1933 年我在柏林的时候，法国研究之家的法国人都在讨论，希特勒如果当上了总理会不会发动革命？我当时就冒冒失失地提出了上面那个论点。

我说得还要过头一些，好些人听了很不乐意。我说："极权制度真是革命的，民主制度本质上便是保守的。法国和英国，富有餍足，自然只想维持原状。"我指出这种情况，是想扫除这种幻想：以为一无所有的人，只想闹根骨头啃啃便心满意足。但从另一意义上讲，问题比较深刻，可惜我讲得不够透彻。我说："民主制和议会制保存了价值准则，保存了欧洲文明的原则。"而纳粹党则"摧毁了旧秩序的道德和社会基础"。我今天仍然这么想，因为民主政体的保守主义并不排斥改革。哪怕是下面这句话，只消换个方式写一写，仍然可以说得通："就此而言，再没有任何东西更加古怪：法国和英国的保守派，竟会那么长时间地同情国家社会主义。"其实，这伙人不懂得，希特勒的雄心壮志并不限于消灭社民党和共产党，他也威胁着英法保守派，甚至威胁德国的保守派。1945 年以后西欧领导阶级一致投效民主政体正足以说明，右派革命的教训使他们懂得了怎样正确估计代议制。

有一种说法是，外交冲突并不产生于意识形态的冲突，今天看来，这种说法更值得争论。其实，我要说的是，希特勒饶不过民主的法国，哪怕是法西斯的法国，他照样饶不过。在这一点上，我是对的。纳粹政权，本质上就是要侵略扩张。相形之下，墨索里尼也许缓和一些。就这个意义来讲，这种政权体现的就是战争。艾蒂安·曼图（Etienne Mantoux）是苏珊和我两口子一向爱重的。他的智慧足以做大事，他阔大的胸襟赢得了老师和同学们的友情。他写给我们一封很有道理的信，现在照录一段如下：

可以正确地说，相反的意识形态如果纯粹限于本国，那是可以并肩相处，不至于弄到诉诸武力的。而苏联的极　　215

权主义却不是那么回事儿，它在本质上以往是、将来也许仍然是要向全世界传道的，所以是要侵略全世界的。

如果避而不谈苏联，势必歪曲对形势的分析。

有些话冒犯了我的读者或听众，这倒不是没有道理的。我曾说："不幸的是，反法西斯运动一直在加剧民主制度的缺点，政治缺点和精神缺点，这些缺点正足以把最妙的论据奉送给各种专制政权。"下文又说："进步论、抽象的道德论，或者是1789年大革命时期的一些想法，应该拿出来重新考虑。极端不合理的现象并不足以取消这种考虑，而且恰恰相反。民主保守派和唯理论一样，只有自新才能自救。"

针对反法西斯运动的那句话，反映出我对人民阵线政府所采取的政策的批评。我把双方应负的责任很不公平地归罪于一方。我说进步派和民主保守派的问题应该重新讨论，与其说是我经过深思熟虑才产生的想法，毋宁说是主要出于感情冲动。事实上，我想的只是战争已经临近。在我的思想里，既然要战斗，就得掌握战斗的本领，这正是极权国家所独擅长而民主国家所应掌握的。

我在会议一开始所做的报告中又谈起一些想法，后来，历史研究对这些想法的印证多于否定。我曾说，我们对革命的看法不对头。我们认为革命的本质是解放人类，而20世纪的历次革命，似乎不是奴役人的革命，便是推行专制的革命。革命建立的政权比旧政权更加管得宽，更加严厉，专业官僚组织越发壮大。我本来可以引用托克维尔的话，同时修正并缓和19世纪的革命与20世纪的革命之间的矛盾。18世纪的革命确实怀有自由哲学与个人哲学，但是，从大革命中产生的国家比君主国家更加强大。君主国家一直沉陷在各色各样的特权和豁免之中，挣扎不脱。不仅如此，我还得强调指出另一相似之处，指出一个"新的现象"。我说："从人民群众里招募来的领袖，可以跟着旧领导阶级代表人物的脚印走……"好些史学家最近坚持指出，纳粹政权推动了人与人之间关系的民主化。我也许夸大了一些，但我说这话并没错，我说："纳粹执政六年，做到了社会民主党用半个世纪没有做到的事情：消除人们对传统权威的敬畏。" 216

报告结束后大家进行了讨论。维克多·巴斯克的发言引起了青年一代的恼火和讥讽。而与我不同辈的雅克·马利丹（Jacques Maritain）和夏尔·利斯特倒同意我的看法。今天，根据后来发生的事情，我发现这个善良的人的话里有些可歌可泣的东西。他说：

> 我倾心细听了先生您讲的话。正因为您讲的话我一句也不赞成，所以我听得越发用心……我要说，您的悲观主义不算英雄气概。我要说，在我看来，民主国家注定要胜利，而且一定会胜利，过去是这样，今后还是这样……今天恰逢低潮，我们正处在两峰之间，深谷之底，是不是？那么，我们又要往上升了，一直上升到顶峰。然而，正唯其如此，才越发需要加强对民主的信念，而绝不该用您那样雄辩而强有力的论点来摧毁信念。

直到最后一天，到伪治安队逮捕了他和他的老伴并且杀害了他们之时，他始终还是坚信不疑，民主国家必定胜利。

艾蒂安·曼图驾驶飞机，于1944年向起义中的巴黎散发传单："挺住，我们来了。"他又到德国的高速公路上空执行任务，在胜利的曙光中为国捐躯。他当时回答维克多·巴斯克说："只有肤浅地理解历史，才能那样漫不经心地对待民主制胜利后的那些年代……我要反对的是我们前辈的那种盲目乐观，正因为我不肯辜负青出于蓝这条规律。"然后，他用一句至今仍然有力量并且十分动人的话赞成我说："我和您一样，我也相信，只有自由派才能保存我说的那些价值标准，但绝不是那种抬不起头来的、自惭形秽的自由派。能成功的自由派有决心捍卫自由，不仅是政治上的自由，而且是经济上的自由。"

217

希特勒和斯大林达成协议，把共产党人搞得手足无措。凡是跟共产党合作反对法西斯的左派人士，也被弄得六神无主。就我个人来说，我的想法以及我采取的立场，倒也没有什么需要从根本上加以更改的地方。但是我的反共立场，一度由于朋友们的关系，由于需要苏联支持抵抗第三帝国，曾略见松懈，这下子可向外爆发出来了。谁要不肯谴责斯大林，不肯声讨《苏德条约》，我便深恶痛绝。有一次，我从部队休假回来，我们两口子和马尔罗两口子一起用餐，我整整花了3个钟头，想劝马尔罗同共产党绝交，并且公开发表声明。

当然，局势的演变使西方民主国家与苏联重建联盟。1939～1941年的那段插曲不再有人提起。可是我却始终耿耿于怀。倒不是说"外交上这一手"特别体现得出斯大林主义的本质，农业集体化和大清洗告诉我们的东西远远不止这些。但是，我想把思想逻辑追索到底的念头，从此一去不复返。科耶夫所谓的"正统斯大林主义"（他在1945年以后也不再表示出来），在一段时间里竟叫我迁怒到哲学本身。

第二部

※

政治愿望

（1939 ~ 1955）

第七章 战争

希特勒和斯大林订条约的消息，我们是在瓦昂德雷得知
的。瓦昂德雷是阿摩尔滨海省的一个村子，布格勒家在那里有
一座紧靠大海的大房子，布格勒在经历过癌症扩散的难以忍受
的痛苦之后，就是在这座房子里去世的。我们向一个渔民——
退休的海员租了一所小别墅，远远地注视着法英代表团和苏联
当局的谈判。① 当一个朋友惊慌不安地给我们带来了德国外交
部部长约阿希姆·冯·里宾特洛甫（Joachim von Ribbentrop）
赴莫斯科签订互不侵犯条约的电讯时（当时秘密条约只是受到
猜疑，但并不为人所知），面对这种对我们来说意味着战争的无
耻交易，我最初的反应是惊愕不已，随即感到有点幼稚的愤怒，
接着，我对此进行了思索。两个强邻对波兰的瓜分重演了历史
的悲剧。1939 年 6 月，我在法国哲学会上提到两个极权制度有
可能成立联盟，但我判断它不可能即时实现。然而，我错了，
我很快就明白了这是"两种革命碰到一起的"必然结果。

苏联并没有与第三帝国的共同边境；罗马尼亚、波兰则拒
绝同意红军为与德国武装部队作战而进入它们的领土；它们对

---

① 在休假前，我曾会见过马克·布洛克（Marc Bloch）和马塞尔·莫斯。前
　　者极为严肃地指出，战争将在数月后爆发，这给我留下很深的印象。莫
　　斯则悄悄对我说："总参谋部预期在秋收以后。"我们当时真应该关注莫
　　斯科外交发生变化的复杂信号：利特维诺夫（Litvinov）被莫洛托夫
　　（Molotov）取代，以及一些细微的言辞变化（"我们不会为他人火中取
　　栗"）。

222　来自东方的"援"军和来自西方的入侵者都同样抱有疑忌。至于斯大林，他尤其害怕希特勒和德国人。伦敦和华沙结为联盟，让斯大林廉价获得了他本来想以高价换取的保证。法国和英国对波兰承担了为之作战的义务，等于默认了对苏联也承担同样的义务。斯大林一味利己的如意算盘是按战争将在西方持久进行的假设筹划的，但是，法国的迅速战败使斯大林的打算落了空。

　　1939 年 8 月，我已无心再去探讨这幕外交上的戏剧性突变的下文；像大部分法国人一样，我充满了对斯大林的愤恨，是他给我们带来了无法避免的战争，同时又撒手不管，听任整个负担压在我们民主国家身上。今后我再没有任何理由规避对苏联的制度做出自由的、无保留的解释。9 月初，我到兰斯的动员中心报到，几天以后，我就动身去比利时边境了，因为国际气象组织必须在那里建立气象台。

　　1939 年 9 月，这个气象台有二十来个人，这个数字与我们所承担的任务是不相称的。领导气象台的是一个空军上尉，原业航空工程师，当了几个星期后，他作为后备役军官接受了新的任命。接着，便轮到继任他的中尉得到了新的任命。于是，我作为中士，就成了气象台台长，但我并没有因此而成为依靠经纬仪追踪气球的专家。

　　直到第二年的 5 月 10 日，我空闲的时间并不少；我对马基雅维利进行研究，校订埃利·哈莱维的《社会主义史》一书，这是与弗洛伦斯·哈莱维联系后早就定下来的。这部遗著的编辑工作①是由雷蒙·阿隆、让－玛丽·让纳内（Jean-

---

　　①　我们仅有哈莱维本人所写的概要及一些学生的笔记。

Marie Jeanneney）、皮埃尔·拉罗克、艾蒂安·曼图、罗贝尔·马若兰等旧日门人或朋友承担的。

　　我经常在星期天去沙勒维尔吃饭，在那里多次遇见吕西安·维达尔－纳盖。他是希腊史学家的父亲，我们住在凡尔赛时，他曾多次住在我们家。在德军占领期间，他把自己送给刽子手，表现出近乎过火的勇气。当维希政府的法律禁止他从事律师职业时，他公开表示抗议。人们告诉我，他在法院里对他的同行中被迫执行维希法令的人表示了蔑视。在马赛——他岳父住在那儿——他住在一幢被德国军官占领的房子里。他既不隐瞒他的出身，也不隐瞒他的观点；一天，盖世太保来人把他和夫人抓走了。他的两个孩子由于母亲的勇敢和冷静而得以逃脱，另外两个孩子则多亏了他们的女厨的忠心和机智而得救，并多亏女厨通知了他的朋友而得到了朋友们的保护。

　　只要奇怪的战争还在继续，我就能因我享有的独特条件而不受干扰。但自战斗正式爆发以后，情况就全然不同了。依靠工具观察天象，用电话，必要时还可以用无线电来传送天气预报，这种活动——如果我可以这么说的话——变得可笑和不值一提。我曾天真地给让·卡瓦耶斯写信说，我相信这是在为陆军部提供数据；事实上，从战争一开始，它就始终是为一个战斗部队服务的。我问卡瓦耶斯，我怎么才能脱离气象台而被编入另一支部队，哪怕是坦克部队也好。我没有料到几周以后，或更精确地讲是几天之后，仗就要打输，法国军队就要被摧毁。

　　在沙勒维尔附近，我看到一些北非骑兵，骑在矮种马上向东方驰去。几天之后，他们衣冠不整，狼狈而回。漂泊不定的生活就要开始了，从5月13日（或是14日）起，撤退的命令就下达了，我们立即被淹没在科拉普部队的乱军之中。从这一天起，左拉描写过的 1870 年大溃退的情景就常在我眼前浮现。我听不到新闻，无法按时看到报纸，一两个星期之后，我全部的希望都破灭了。事实上，我不可能逐日地回忆起我们从沙勒维尔到波尔多途中的情况。我想起从敦刻尔克撤退到索姆河战役的间隙，在布利贡特－罗伯特度过的几天。我母亲是 6 月初在瓦纳市去世的。在这之前，我曾经给领导过气象台、后在空军参谋部任职的莱格利斯上尉打过电话。他先是拒绝批准我回瓦纳市。但几分钟后，他又给我打来电话，交给我一个任务，使我能在已经处于昏迷状态的母亲去世之前赶回去。我的妻子经过长途跋涉，终于从图卢兹赶回瓦纳市，并在那儿见到了我。从 5 月 12 日（或 13 日）起，我就赶回气象台，但已纯属徒劳。我们运走已经没有探测目标的探测工具，以及剩下的几支破枪——只有在德军飞机低空掠过时才用得上它们。

224

我们渡过卢瓦尔河到了日安小镇，目睹敌机轰炸大桥，但至少在那一天，桥并没有受到破坏。我看到，人们在某种程度上对空袭已经习以为常了。那些当初在沙勒维尔一看到德国斯图卡轰炸机出现就拼命向防空洞跑去的人，现在平静地坐在卢瓦尔河陡峭的河岸上，几乎是带着好奇的心情注视着在目标周围爆炸的炸弹。

将近 6 月 20 日，我们来到了靠近波尔多城南的一个地方。我穿越城区，去波尔多大学拜会文学院院长达尔邦。我在为马克斯·博纳福教授代课的几个月里就熟识了这个院长。我们都被这突然降临的灾难弄得惊慌失措。安德烈·达尔邦院长，是代表着波尔多大学荣誉和信仰的老派教授之一，尽管与祖国生死与共，且惨心伤，但执行起任务来仍然鞠躬尽瘁。

　　我听过贝当元帅的讲话，并且在很长时间里都认为所听的原话是"应该努力制止战斗……"。但是，按历史学家的说法，原文并没有"努力"这个词。我周围的人听了贝当的讲话，都松了一口气，认为这一决定体现了人心所向。在日安，混乱中我们弄失了被炮弹片炸伤的无线电士官。我们从北往南穿越法国，生怕成为德国人的俘虏。人们总是在说，德国人距离我们宿营的村庄只有几公里。我和我的战友们谈论着两种可能：或者是军队投降，法国政府转移到北非，或者停战。第二种可能是符合我周围人的感情的。当我到达图卢兹，就一夜，我就感到了这儿的气氛和别处完全不一样。

　　尽管难民蜂拥而至，图卢兹仍然保持着往常的面貌。在我眼前，仍然是一派逃难的场面，成千上万的平民和士兵混杂在一起。富人们的汽车，农民们的小木车，老百姓，溃军的士兵，在公路上混杂在一起，就像没头没尾的毛虫在法国的各条路上蠕动。我在图卢兹的朋友们由于这样或那样的理由没有应征入伍，却已经冷静地选定了立场：反对元帅，拥护将军。他们已经听到他的号召。在这些人当中的某些人，如我的朋友乔治·康吉汉（Georges Canguilhem），已经准备秘密地参加不起眼的抵抗运动。虽说不起眼，其实它达成了辉煌的业绩。

　　从感情上讲，我和他们是一致的，但是，我的政治判断迟迟未决。我并不肯定法国政府迁到北非和军队为停止战斗而投降是不是最好的解决办法。当时，在我头脑里萦绕的是两个问题。一个是由于军队投降，几百万士兵就要成为战俘。假如战争再延续几年，国家失去这么多成年男子将会怎么样？另一个是关于北非的资源，那儿没有军火工业。如果没有了英国，美国能够给地中海另一侧的法国军队提供军需给养吗？

我和我的妻子对将要做出的决定进行了讨论：或者留在法国，或者去英国（我们认为英国会继续打下去的）。停战的决定虽然还没有做出，但可能性很大，这对我们的考虑没有太大影响。正在与第三帝国谈判的政府处在仆从国地位和独立国家地位的两种选择之间。曾经谴责过"好战分子"的人物和政党一一上台，他们想干什么已经不言而喻。虽然贝当元帅也好，皮埃尔·赖伐尔也好，并没有转而信奉纳粹主义，但是，战败了的、与第三帝国和好的或者屈从于它的法国不会再有犹太人的位置了。我们面临两种可行的选择：或者和我们的分队一起留在我的岗位上，直至随着停战而很可能出现的遣散复员，然后回到图卢兹去，等待时局发生变化；或者马上去英国，在那儿参加戴高乐将军的部队。我的妻子懂得，联合王国不会放弃斗争，而我虽然微不足道，却一定要参加这一斗争。和某些军政大员的想法不一样，我并不认为丘吉尔会和希特勒缔结和约，也不认为他甚至会在可预见的登陆企图被挫败之前就承认战败。要想胜利侵入 11 世纪以来从未遭侵略的英伦三岛，非得采取一种与在斯图卡轰炸机的支援下，依靠大规模装甲师突破的闪电战完全不同的手段。

我坐在诺尔省一个原业机械师的士兵所驾驶的摩托车后面，从波尔多南面回到了图卢兹。我跟这个战友的关系不错。① 回到分队后，我就向战友们告别（他们中有些人在等着德国人到来之时还换上了新制服），向巴荣纳和圣让德吕出发

---

① 战后他来看过我一次。他经营着一个小小的阀门厂，给我看了他生产的许许多多多类型的阀门。在 20 世纪六七十年代实行标准化前，他好不容易才摆脱了困境。

了。我躺在一辆和装着巴黎交易所证券的火车挂在一起的货车上。我只带了一个帆布挎包，里面装着盥洗用具、剃须刀、肥皂，（我想）还有一本书，我体会到了一种轻松的奇怪感觉。多少重要的东西，家具，甚至书，所有一切都被抛在九霄云外。在国难当头的时候，我剩下的只有我的妻子、女儿和朋友们了。凭着对他们的眷恋，我使自己活下去。只要这些都还在，灾难本身也就算不得什么了。

第二天，大约是6月23日，我和其他一些人在圣让德吕港口东奔西走地寻找一艘去英国的轮船。我听说有一师波兰兵要搭一艘"埃特里克号"客轮渡过海去，这艘船停在离港口几公里的地方。我脱掉了空军的蓝大衣，穿上了步兵的黄大衣，最后找到了一条小船，它把我带到了"埃特里克号"上。在我们这些或者仓皇出走或者自愿离开的人当中，有一个是福煦元帅的远亲。假如我没记错的话，他谈起过犹太人，当然他把我算作例外。

在船上我遇到了勒内·卡森（René Cassin）；我还和一些波兰军官聊天，其中有一个奉劝我：要随遇而安，要高高兴兴地接受失去家庭的孤单未来。战争将是艰苦的，谁知道要进行几年？但总有一天，我们将回到自己的祖国。而现在这段时间里，我们应来一个花开堪折直须折。

在这次渡海旅行中，有两件事值得回忆一下。我站在一张桌子边收拾餐具，擦洗着漆布和餐具。我已经记不起来一个上了些年纪的英国人是怎么和我谈起话来的了。他问我当老百姓的时候干什么工作。我告诉他，如果不是军队征召我的话，我还在图卢兹大学教授哲学。他突然愤怒地斥责了法国和英国的政府，他好像是冲他夫人说的："我早就对你说过，执行这种

227

愚蠢的政策，我们就会失掉一切。距上次战争胜利已20年，我们居然弄到这种模样。"大学教授成为洗碗工人，在他看来是社会颠倒的象征，也是法国人和英国人自作自受。

船上的组织给我留下了深刻印象。几千名士兵轮流掌勺做饭。没有"票证"，也不用查账，大家互相信任，不用提防营私舞弊或揩油的人……在"埃特里克号"上，我第一次呼吸到了英国式的空气，立刻感到了安宁和自在，尽管我过去对英国的海员、士兵，甚至几乎可以说对英国的知识分子都毫无了解。

我们所有人都来自一个兵荒马乱、成千上万人在路上逃亡、到处是全线崩溃和轰炸景象的国家。使我们感到震惊的是英国的和平气氛、农村的优美风光。战争一下子被忘却了！那茵茵草坪丝毫没有因为战争而辜负它的美名。和女皇陛下的臣民们一开始交谈，我们便无言对答而唯有一腔感激之情。我住在一个可爱的村舍小屋里，一个个子不高的汉子对我说，圣诞节时你们就能回到祖国了。英国的上层人物并非不知道危机四伏。人民也同样知道。他们等着敌人空袭和可能的登陆。工厂全力以赴地加紧生产，民兵也组织起来支援军队，而这支军队的干部已被遣返回国，但重型武器都丢了。这里给人的印象相当离奇：国家信心十足，而有些地方又几乎毫无行动。我们在船上就已得知停战协议已经签署。我们看到一个几乎就要遭到暴力侵害而尚未遭受破坏的国家（这种暴力刚刚打翻了一个强国纸糊的城堡）；死亡的威胁在向它压来，而太阳——1940年春天的太阳——却依然照耀着这一片充满安宁、奢华和快活的田园。

在伦敦，我在奥林匹亚厅碰到几千名法国士兵。我们除了吃饭、(徒劳地) 收拾我们的破屋子和聊天，没有其他任何事情可做。为了分析当时的时局变化，我们经常展开讨论。奥林匹亚厅的法国人来自社会各个阶层和各个政治派别。停战，还是政府转移到北非去？同样的讨论在海峡两岸展开。大部分法国人已经采取了一种比较简单化的立场：要么认为元帅及其追随者出卖了法国和同盟国，要么是将军及其追随者脱离了民族。而我个人则不止一次在与偶然碰到的一些人的谈话中，试图验证一下我那表面上似乎矛盾的观点。我当时谈到，只要英国人赢得战争，元帅的决定就未尝没有好处。其矛盾在于，在波尔多的人押德国胜利的宝，在伦敦的人则押英国胜利的宝。事实上，英国人的胜利会导致戴高乐将军掌权。但是，停战使几百万法国人免进俘虏营；非占领区的存在改善了剩下一半的法国人的处境。为了避免法国人再流血牺牲，这是能够合乎情理地对国家领导人的思想产生影响的。1980年6月底，我见到一个老先生，姓名已经记不起来了。他对我追叙了在奥林匹亚厅的谈话。他当时对我的论点十分吃惊，随即问我何许人也。他得知我的学历和职业之后，意外之情也随之消失了。

在伦敦的最初日子里，我又遇见了罗贝尔·马若兰，他是让·莫内 (Jean Monnet) 班子里的一个成员。① 他刚在水深火热的敦刻尔克过了两天，并陪着未来的"欧洲先生"去过波尔多。现在他打算回法国，这并非因为他对自己的阵营抱有怀疑，而是他真心认为在那样一个时刻，首先必须要找到他的家

229

---

① 我这时才知道，关于建立法英共同体的建议已经提交给撤退到波尔多的法国政府，因而我没有机会马上思考其可能性。

人，他的母亲。

通过他的介绍，我认识了改革俱乐部的自由派经济学家莱昂内尔·罗宾斯（现在成了罗宾斯爵士）、弗里德里希·冯·哈耶克和其他一些人。在战争年代里，我几乎每个星期四都和他们一起吃晚饭。我们最初谈论的是关于英国的命运。罗宾斯比我乐观，他坚持认为只要在未来几个月里登陆的企图被打破，西方就有希望了。只要度过目前这个最危险的时期，英国——在美国的援助下——就会变得不可攻取了。其他各种力量也会起来反对第三帝国。这样借用戴高乐将军的号召做出分析是无可非议的，并且这种分析为时局的发展所证实：假如英国拒绝希特勒的甜言蜜语，假如希特勒不给被占领的欧洲国家可接受的和平，那么仗就必将继续打下去。在 1940 年年底，人们还在提问：希特勒或者是利用苏联的中立企图粉碎英国，或者是利用美国的中立，让他的军队向共产主义发起冲锋。在这两种情况下，法国的战败便只能算一段波折。在一个扩大到全球范围的世界体系里，法国已不再是强国俱乐部的成员了。

我访问了一个我在瓦朗热维尔认识的英国人的家庭，他就是 A. P. 厄尔贝特，他很幽默，是小说家、剧作家和航海家。1931 年我在瓦朗热维尔度假期间，尤其和他夫人有过十分友好的往来。那时我坐在海滨的峭壁上读着《存在与时间》，她在旁边梳头；我们建立了友谊。在以后的几年当中，我曾不止一次读《存在与时间》。

230　　有一次，我到奥尔德霍特的一个军营里，向一个由两三个英国军官组成的委员会报到。该委员会为每个人提供下列选择：重返法国，加入自由法国力量，或者仍然留在英国。绝大多数士兵都选择了回法国。① 至于我，则选择加入自由法国力量的坦克部队。我在那里已经显得老了：不算军官，大部分士兵都是刚过 20 岁不到 30 岁。

我没能进入坦克部队，而负责起管理一支部队的账目来。我成了计算镑、先令、便士的内行。关于兵营的生活，有一个插曲至今还留在我的记忆中。在一个星期天，刚过中午，来了一个准尉军官。我的房间里有张空床，他就被安置在那儿。我们闲聊了一个下午加一个晚上。第二天早上，他用尚未睡醒的声音问我钟点，我告诉他"7 点差 20 分"。我听到他答应了一句："已经 7 点差 20 了！"我离开房间去盥洗室；等我回来，他已经死了，一支左轮手枪搁在他床边。他可能是事先决定好 7 点钟的限期的。他从摩洛哥来到英国是为了继续战斗，为什么会自杀呢？调查是当着验尸官的面进行的。我由一个助理医生——医学专业的大学生弗朗奈瓦·雅克陪同做了证词。验尸官的结论是自杀，准尉军官的自杀行为是在精神分裂的状况下做出来的。

在我们登船出征达喀尔的前几天（计划已是公开的秘密，因此我对消息灵通的维希当局及时向达喀尔派遣军舰并不感到意外），我去了一趟伦敦，到卡尔顿花园自由法国力量总部去。安德烈·拉巴特（André Labarthe）约我到那儿去见他。这次访问改变了我的整个人生道路。它对我是福兮祸兮？

在卡尔顿花园，我见到了安德烈·拉巴特和他的两名合作者：勒顾特尔夫人和斯达尼斯拉·西芝兹克（我们叫他斯塔罗）。勒顾特尔夫人是华沙的犹太人，斯塔罗是泰申地区的波

---

① 他们都是从敦刻尔克撤回的。

兰人（这个地区是在 1938 年慕尼黑期间并入波兰的）。拉巴特自我介绍说他曾在巴黎大学讲授过力学。三人都向我疾步走来，充分展示了他们的友好热情和说服才能。拉巴特领导着参谋部底下一个尚有名无实的部门；他接近将军，将军从一开始就对他有好感并让他负责创办一份月刊杂志。他向我表示他曾读过《历史哲学导论》，他恳求我放弃在坦克部队计算军饷的工作。他的理由，读者也能猜到。很多人都能够替我做会计工作，但眼下在英国，有多少人能够撰写文章呢？斯塔罗带着嘲讽的口吻对我喊道："如果你想要英雄般地死去，你有的是时间，战争是不会马上结束的。"拉巴特是属于戴高乐主义运动组织的；军人们没有阻止他把雷蒙·阿隆中士调入参谋部。

在整整三天里，我一直在考虑这个问题。我在头脑里嘲讽地责骂自己。我离开家庭和法国，不是为了避难（从这一点看，美国是最安全的），而是为了和继续战斗的人们共同战斗。法国战败，令人感到耻辱的经历现在还留在我的头脑里。我不知道能否经得住枪林弹雨的考验。第一次世界大战期间，我只是个孩子，参加第二次世界大战从体力上说我还年轻，那么我为什么要接受拉巴特的提议？我只能想起给自己找到的理由。我希望当一名坦克兵，人们却让我去做文书工作。今后我将和真正的战士在一起，但不算他们当中的一员。此外，拉巴特催我做出的决定，并不是不可改变的。杂志也许不会维持多久，或者会不再需要我了。我犹豫不决，是因为担心这个选择今后无法逆转。

对于一个犹太知识分子而言，领导一个流亡法国的代表性杂志的编辑部并不可耻，也没有什么光荣。1943～1944 年，和那些在每次任务中浴血奋战的飞行员〔如于勒·鲁瓦

（Jules Roy）或罗曼·加里〕比较起来，我觉得自己是"远离火线的军人"；那些视死如归的人的目光每天都使我感到不安。但在1940年夏天，甚至在1940年秋天和冬天，我并没有感到这种内疚。可能是因为当时激烈的战斗正在英国进行着，伦敦已是德国空军袭击的目标。

不管是人们已习惯的所谓闪电战——1940年与1941年之交的冬天，每天夜里伦敦都要遭到轰炸——还是1944年V1飞弹的袭击，都算不上是战火的考验，V1甚至更不是。在闪电袭击时，除了一两个夜里，我都照常躺在床上睡觉。按丹尼斯·布罗根的话说，我们是"处在概率论的保护之下"。在那个时候，至少在表面上，在图卢兹的法国人作为旁观者远远地注视着战局的起伏变化，而伦敦的志愿军却忍受着敌人的猛烈攻击。由于我问心无愧，我比往常睡得更香。一天夜里，为了保持人民的斗志，英国人加强了防空炮火的力量，高射炮震耳欲聋的声响，超过了敌机炸弹的爆炸声，弄得我好几个小时睡不着觉，但我还是平静地半醒半睡地入眠了。当时我住在女王门区的法兰西学院的一所房子里，这个学校是由克雷先生领导的。克雷在一些著作中努力澄清第一次世界大战的真实情况，他描写了战斗场面，如步兵在战斗中的真实遭遇，还澄清了一些错误的传言（比如说关于肉搏战的情况）。这些书使他闻名遐迩。在空袭警报响起的时候，他组织人轮流守护着学院里的寄宿生。1943年，在俄国战役爆发后不久德国飞机对伦敦的几次罕见的疯狂轰炸中，学校的房屋被摧毁了，他也在一次轰炸中被炸死。

1944年V1飞弹的袭击只吓坏了那些神经脆弱的人。飞弹的威力只限于它引起的气浪。甚至房屋为气浪震垮，一张桌子

232

便能使人免遭纷纷落下的木头石块或者玻璃铁片的伤害。飞弹推进器越近越响，但快慢不一。当声音戛然而止时，人们能够知道飞弹着点的大概位置。在最严重的时候，仅一天之内就有120枚V1袭击伦敦：头脑冷静，甚至满不在乎，都不足以测验一个人肉体的勇气。

在1940～1941年的冬天，伦敦在世界人民的目光里似乎成了抵抗希特勒的象征。如果只是强调一种象征，这个说法是名副其实的。其实，伦敦从来没有被破坏得像后来的德国城市那样。

233   我对安德烈·拉巴特有了浓厚兴趣。他无话不谈，出口成章，很有魅力。他时常提到他演奏小提琴的才能，他8岁时就已是演奏高手了。他的母亲很贫穷（是个女佣），父亲则可能很有名望（人们私下议论说是梅特林克），他往往为自己科学家的称号申辩。他曾经供职于人民阵线政府的航空部部长皮埃尔·科特的办公厅，被人认为是个左派人物。在1940年投奔将军的人当中，他显露出了一流的人品，在戴高乐主义运动中，他将会前途无量。但由于他志向太高，由于一些我可以指出的不正常的地方，由于他有偏执狂的倾向，所以他的打算很少有对的时候，几乎总有些地方摇摆在对与错之间，这使他浪费了很多机会。

当我认识拉巴特时，他与将军还保持着很好的关系。在第一次和英国人发生的严重的不愉快事件中，即米塞利埃海军上将因泄露了远征达喀尔的秘密而被英国警察逮捕，拉巴特表示坚决反对，态度不乏浩然之气。他去觐见戴高乐并为他的朋友米塞利埃提出担保；将军对其态度很是赞赏，因为他居然有这么一次没有什么政治上的盘算的行动。

事情过去很久以后，可能是 1979 年或是 1980 年，亨利·弗里内（Henri Frenay）向我证实说，拉巴特在临死之前曾经承认他是苏联情报机关的人员。我始终不相信这一点。如果他是苏联谍报人员，为什么放过在自由法国力量中收集情报的机会呢？他那马马虎虎的工作方式，经常发脾气，在沙龙里高谈阔论，爱好幻想胜于说谎，所有这一切没有任何地方符合苏联谍报人员的举止行为。①

既然让·穆兰（Jean Moulin）和共产党的关系的问题被提了出来，特别是亨利·弗里内提出了这个问题，那么我就不能不提一下让·穆兰和拉巴特过去的友谊（他们两人过去同时在皮埃尔·科特的部长办公厅里任过职）。在斯塔罗这一方面，他常常夸耀自己曾向皮埃尔·科特求过援并从那儿得到过大量的资助，作为报答，他利用早饭和晚饭的时间，向他提供各种意见。让·穆兰来到伦敦时，一直避免碰到拉巴特。后者以为穆兰是不愿意受他的牵连，因为那时候大家认为他已经在戴高乐那里失了宠。

234

拉巴特的"参谋部"包括斯塔罗和马尔塔（Martha），两个都是个性鲜明并且因脾气古怪而接近边缘的人物。第一次世界大战期间，斯塔罗在 1918 年后参加波兰军队之前，当过奥匈帝国军队的炮兵军官。他长期参加共产党（是波兰的还是德国的，我不知道），在苏联住过，并在魏玛德国开展过积极的活动；他和著名的芒曾伯格②很熟悉。他在国际共产主义运动里起什么作用？他什么时候和它脱离关系的？这些我从来都

---

① 除非他在战后因郁郁不得志而做了苏联间谍，但我对此也是怀疑的。

② 芒曾伯格（Münzenberg）是共产党的活跃分子，在苏联宣传组织和受共产党操纵的左派运动中，在西方起着非常重要的作用。

不知道。但当我认识他时，我肯定他已经摆脱了一切关系，至今我对此仍确信不疑。他喜欢卖弄一种激进的、玩世不恭的派头。他说过，共产主义就是下级军官式的法西斯主义；而法西斯主义也就等于军人执政。不管怎样，他是一个非常聪明的人，尽管有时他在语言表达上很吃力，甚至讲德语，讲他所受文化的语言也是这样。在我们刚开始合作的时候，他往往给我五十多页不成模样的原稿，由我打字加工成二十多页。关于法国战斗的文章经过这样的修改，再送给戴高乐将军阅读，将军会在边上写下他的评论。渐渐地，他的德文原稿开始接近一篇文章所要求的篇幅和文笔了；而我的工作则近于翻译。应英国新闻部门的要求，我们一起写了一本名叫《关键的一年》的小册子。这次他只是简单地写了一些想法，大部分都是我写的，因为自 1940 年以来，我已经开始研究起战争问题来了。我对我们所有人过去对战略和战术的无知感到气愤，如同我对人们对经济的无知感到气愤一样。

斯塔罗尽管也很聪明，但并不具有我的法国朋友们那样的水平。他读过许多克劳塞维茨的书，这是肯定无疑的，但他没有读过多少哲学著作。可能是出于傲慢，他看不起谨小慎微的人和搞烦琐哲学的人。在他看来，将军从 1958 年到 1969 年的执政，与其说是否定了他的断语，倒不如说是证实了他的断语。他曾说："将军是个法西斯分子。"不论是在共产党党内的时候还是反对共产党的时候，他都积极参加政治活动，他给许多报纸撰稿，获得了广泛的知识。尽管他脾气暴躁爱发火，尽管他玩世不恭，我还是觉得——至今仍然觉得——他是三个人当中最好的一个人，这不仅仅是从智力上来看。

　　勒顾特尔夫人——勒顾特尔在法国某地生活过，她就在那儿入了法国国籍——当然也不乏机灵、活力、才干和智慧。在编辑部里，她负责审稿工作，她细心地审阅所有文章，并认真地提出需要修改的地方或者是改进意见。此外，她还管拉巴特和杂志社的交际工作。她对校对工作的喜爱程度，超过了这门工作应该受到的重视程度。可是，话说回来，她那些鼓舞人心的活动大概是必不可少的。

　　在杂志周围还聚集着一些上流社会的人物和边缘人物。其中为首的是巴葆格男爵夫人，她出身于爱沙尼亚的一个日耳曼贵族家庭，年轻时候非常美丽，很有魅力，为某些重要人物所崇拜，其中便有威尔斯（H. G. Wells）。后者我见过两三次，临死之前还在与疾病做着顽强的斗争。我还记得他说过关于巴葆格男爵夫人的一句话："人人都喜欢她，因为她是如此的可爱。"英国政府的部长布鲁斯·洛卡德（Bruce Lockard）在俄国革命发生后的最初几个月里曾在那儿待过，他在他的回忆录里曾经提到过"穆拉"怎样闯进了他的生活。对她的崇拜者来说，她脸部的线条能燃起他们还不曾完全熄灭的爱情。她家每天晚上都有沙龙小叙，在那儿，人们可以碰到许多上流社会的成员，但最高阶层的人是难得光临一次的。

　　《自由法兰西》杂志的创刊和成功，应该归功于它的四名"专职人员"，其中有两个还不是法国人。斯塔罗和我一样，也是不可少的人物，因为他负责构思和撰写每个月的军事形势分析和战略分析。这些文章比其他所有文章更能为刊物在知识分子圈里赢得声誉和权威。然而斯塔罗不能没有我。而我们两个，斯塔罗和我，又不能没有马尔塔，她负责鼓舞人心和对外联系。我们也不能没有安德烈·拉巴特，他不乏慷慨忘我的气质，而其雄心壮志却有点天真幼稚。没有他，杂志便不可能存在，虽然他署名发表的文章不一定是他自己写的，杂志也由于他的过失而失了方向。

我很难在强调杂志的成就时避免自我吹嘘的嫌疑。现在已时过40年之久，我对杂志的感情已经比较淡了，再不至于回想当年，得意到发笑的程度。我斗胆引用亚历山大·柯瓦雷的评价，他在战争快要结束时给我的信中写道，在国外的法国人出版的东西不多，只有《自由法兰西》是流亡国外者编得最好的刊物。

我曾经送给萨特一本六个月的杂志合订本，他在《战斗报》上写了一篇颂扬文章（应该考虑到当时的环境和我们的友谊）。我在这里摘录一段如下：

　　《自由法兰西》表现得最为沉着、最为冷静和最为平稳。首先，在时局捉摸不定，火热的发展本身难以预料的时候，这份刊物似乎是始终与历史保持一定的距离来看问题。这些人被流放国外，离开了他们的家庭，在法国被人咒骂，而内心又受到希望和悔恨的折磨，他们怎能保持这种不带偏见的客观态度整整四年之久呢？四年前写的军事文章，事过境迁，到了四年之后，读起来照样令人感兴趣，这样的文章多吗？各种关于维希政权、法国局势、意大利舆论或德国的报刊、国际法以及军官或士兵叙述战况的报道，可以分成三个均衡的专栏。所有这三类文章都显示出惊人的才华胆识：雷蒙·阿隆（署名勒内·阿沃尔）的专栏文章为我们分析国家社会主义，他的分析像光谱那样层次分明，光彩夺目。一个匿名作者的军事评论文章，善于从世界角度来分析这场全球战争的各个战役和战略问题，并说明军事的成败与经济斗争是多么息息相关。最后是经济学家勒内·瓦歇（罗贝尔·马若兰）的文章，他研究的是战争和战后的各种问题。[①]

我每月为"法国专栏"写一篇关于法国时局的变化和现状的文章，以及一篇关于政治或意识形态的分析文章，我还将斯塔罗的文章译成或改编成法语的。有时候，我还写一篇以拉巴特署名的编辑部文章。在文学方面，我们发表过茹勒·罗瓦和阿尔贝·科恩的作品，但这些文学作品往往不太出色。萨特有一次读了科恩的一篇文章，大为光火，对其文笔感到厌恶。他对我说："这个阿尔贝·科恩是谁？"这是一篇关于德国军队遭遇俄国的冬天而无法动弹的文章。茹勒·罗瓦也写过一些质量较高的文章。我在伦敦还看到过罗曼·加里《欧洲的教育》一文的手稿，当时我就看出他要有辉煌的文学生涯。在我回到法国以后，1946年，吕西安·费弗尔（Lucien Febvre）的一篇文章使我深为感动，尤其因为他从前曾在私下严厉地批评过拙作《导论》。他评论了我的两本书，在这两本书里，我收录了"法国专栏"和意识形态方面的文章。[②]

他评论说：

> ……交代过了这一点，雷蒙·阿隆的这两本书对我们

---

① 萨特读的是1941年下半年六个月文章的汇编。罗贝尔·马若兰在这一时期定期为杂志撰写稿件，只是在海军上将米塞利埃事件后，才有理有据地与杂志脱离关系（米塞利埃当时在海军参谋部）。

② 即《反抗暴君的人》和《从投降到全民举义》。

历史学家来说更加值得一读。文章写于英国；作者全面论述了动乱时期的法国、法国的反应和责任。这些文章甚至并没有借用分居两区的法国人好歹还有的那些少得可怜、以各种方式和出于各种动机而被断章取义和弄虚作假的消息。但正因如此，雷蒙·阿隆更多地面向外国，特别是向盟国的读者解释他的祖国，而不太管那些不可能弄到手的详细资料。他的意图就是使国外能理解"法国的全部现实"。那么，我们留在法国的人，身临其境，经历过那些时而使我们激奋，时而又使我们消沉的重大事件，我们的理解是否与他们的解释始终一致呢？如果不是，那我们在哪一点上不同呢？这儿有一个杰出的历史心理比较研究的问题。我希望人们不要错过机会，也希望有人会想到为我们提供这个机会。若要认识法国人（因为有各色各样的法国人），这项工作是最关紧要的。对于同样一件事情，处境大不同的法国人做出的反应是，感情根本一致，而在感觉上却显然有差别。

我无须说，执行这项棘手而又诱人的任务是不会徒劳的，而且事前便从兴趣中得到报酬……雷蒙·阿隆的研究工作是非常成功的，他的研究是透彻的、细腻的和具有罕见洞察力的……他既是经济学家、社会学家，又是政治评论家，并且都取得了同样的成功。打开这些赤诚之作，人人都会一口气把它们读完，并且像作者所希望的那样去进行思考。

35 年以后，让 - 路易·米西卡——国家电视二台的两个制作节目的年轻人中的一个——对我的"法国专栏"的文章的口气和我们对犹太问题的含蓄表示惊异。利用这些访谈的机会，我又翻阅了40年前的几篇旧作。

对于今天的历史学家来说，这些文章只是一种明证，或者是一种资料。我掌握着两个地区的法国新闻。在被钳制言论的报刊中，消息仍然是有的，但德国档案部门提供了许多其他消息；或许，法国档案部门还有许多我们不知道的东西。时过多年来看，使我不安的是，这是一个三十来岁信仰犹太教但又不是严格教徒的法国人提出的隐约批评：为什么这么冷酷？为什么只有一两节中的三段内容谈到了犹太人的地位或冬季赛车场中大举搜捕犹太人的事？

关于这些专栏文章的口气，我是可以辩解的。《自由法兰西》的价值和成功之处，恰恰就在于它不是战争文学。某些近似战争文学的文章，反而受到我们最好的朋友的批评。前不久，在我在牛津大学做完讲演后的午餐会上，研究法国大革命的历史学家理查德·戈贝提醒我说，他曾经见过我两次，第一次是他到《自由法兰西》编辑部来拜访我。他说：《自由法兰西》是他当时能读到的唯一的法国刊物，它着重文化，不做宣传，不做过激的论战，真是一份法国式的杂志。

确实，我们避免使用那些为今天的"哲学家们"所喜爱的形容词。把反犹太主义叫作"下流的蠢货"，这似乎十分可笑。对我们来说，反犹太主义并不是残酷的回忆或无所不在的威胁，而是现实。我们是否必须在我们的"法国专栏"中予以更多的论述？今天，我当然会说"是的"。但在1940年和1943年之间，甚至可能到解放的时候，我更多地关心的是维希人物亲德或反德的心情，而不是他们在内政上的主张。在戴高乐派里面，也有反犹的。1940年秋天，一个第四共和国的

239

部长——我不想说出他的姓名——对我说过："只要德国人不侵占我们的国家，我就不会那样反对维希的国家革命。"

我不需要在一个坚持不懈地捍卫民主的法国杂志上增加对维希分子的痛斥，以证明我不是他们中的一员。维希分子，至少在上层班子里，确实并不一直是按德国人的指令行事的，他们在实践他们的某些理论；我知道，他们是靠战败掌握政权的，但是，我也知道他们的某些思想是在战败之前就已经有的，而在胜利之后还在坚持着的。为了重建法国，当然就应该尽可能地少把"叛徒"清除出去。作为敌伪的叛徒应该清除，作为国家革命的追随者而成为叛徒的，显然不该清除。冷静地想起来，今天后悔清洗没有打击到所有拥护国家革命的人是想挑起内战的人。哪怕在 1941 年，我都没有沉溺于这种卑鄙的情感。

我们再来看看另外一种指责：我在专栏中没有用足够的篇幅来谈迫害犹太人的问题。我对于维希政府的法律（但不指它的实施）比较冷漠，理由很简单。假如德国赢得了战争，犹太人在法国和欧洲就将会消失。假如德国输掉了这场战争，维希政府给犹太人规定的地位也不会得以维持，而是随着战争而消逝。剩下的就是法国警察根据德国占领当局的命令所进行的大搜捕，还有犹太人从德朗西集中营到奥斯维辛集中营里的命运。我们知道，占领体制从一个国家到另一个国家，从西方到东方，是有很大差别的。希特勒的种族观念大体上决定了占领的模式。在整个西方，尤其是在法国，小学、中学、大学的工作几乎是正常进行的。在波兰，占领者禁止办高等教育，仿佛斯拉夫人是劣等民族，必须把他们的土地奉送给优等民族，或者在那儿为他们的主人的荣誉，按命令出力效忠。我们不是不知道抵抗者的活动，也不是不知道盖世太保的镇压和犹太人的流放。但是，在伦敦，自由法国的机关组织在多大程度上懂得犹太人被遣送到东方与抵抗战士被捕后的流放有着不同的含义呢？在伦敦，人们窃窃私语，含含糊糊地提到大社党①的两个领导人自杀的事件。他们结束自己的生命是为了提醒世人，正视欧洲东部正在进行的种族灭绝，而除教皇外，能够发表讲话的两个人物温斯顿·丘吉尔和富兰克林·罗斯福却一言不发。

假如我们掌握了这些必要的材料，我们能在《自由法兰西》的刊物上加以利用吗？我们不受什么新闻审查的约束，我们实行的是文责自负。我们的杂志不能陷入德国人在1914年为了诋毁协约国控诉他们暴行的宣传而编造出来的德国式反宣传。我们认为，希特勒政权、盖世太保及其暴行已为举世公认。其余就不用细说了。1944年法国解放后，我就不再参加杂志的编辑工作了。例如，现在被人们视为经典著作的《最后的秘密》②，我却一点儿也不知道，或者说是一点儿也不想知道。我说"一点儿也不想知道"，是自己的良心问题。我还记得，当时人们在报纸上曾隐约提到那些不愿回国的苏联人。

有一个疑问至今仍使我费解。我们在伦敦是怎么知道种族灭绝③的？英国报纸提到过吗？假如它们提起过，那么是假设的，还是肯定的？扪心自问，当时我知道的差不多只有这些：

---

①　波兰犹太人组织的社会党。

②　这本书是一个美国外交官写的，其中谈到，所有留在西方的苏联士兵与平民应一律送交苏联当局。英美两国为此在雅尔塔会议上做出了承诺。

③　人们习惯用"宰牲"（holocauste）这个具有宗教色彩的词，但我觉得"种族灭绝"（génocide）这个词更为准确一些。

241　集中营是残酷的，牢头禁子不是政治犯，而是从犯了刑事罪的罪犯中招募来的。在那里死去的人的数量是惊人的，但是我承认，对于煤气室，对于屠杀工业化，我并没有想到过，因为我无法想象，我对此便无法知晓。

　　几年前，雅克·阿塔利（Jacques Attali）在一次电视节目里谴责了战前的年代，人们视而不见，听而不闻，毫无预见，没有做任何努力去创造自己的命运，去避免纳粹党为他们安排的命运。这种谴责虽然不是针对我而是针对一代人的，却也使我感到不快。虽然因为缺少个人财产和结交势要，我没能为德国犹太人做很多事情，但是我还是帮助过他们中间的若干人。汉娜·阿伦特没有忘记过我对她所能做出的微薄帮助。我的朋友和我都明白，自1933年以后，希特勒德国就不再有犹太人的立足之地了。尽管我自己也是个"被同化了的"犹太人，但我仍然憎恨那些"以色列子民"把逃难来的犹太人看作"德国佬"，看作新反犹主义的机会（或原因）。我曾给法国研究之家的一个同事写过一封措辞严厉的信，因为当时他写道：用法律约束刚从波兰来的尚未同化的难民倒是可以接受，因为这样可以使几十年甚至几个世纪以来就已定居的犹太团体幸免于难。法国的以色列子民努力将他们的命运和"波兰佬"的命运分开的做法使我感到恶心。但是我不认为，哪怕是希特勒分子，竟然有"最终解决方案"的想法：冷酷地将几百万男女和儿童宰尽杀绝，一个高度文明的民族如此残忍地屠杀同类，谁敢预想得到呢？据说，苏联的土地集体化造成了更多死亡。一个暴君出于狂热，坚持用暴力把一个农业国家改造成庞大的帝国，农业集体化作为一个意识形态政党的方案尚能有幸得到一位普通人，一位1930年代的欧洲人的理解，那么，种族灭绝计划的实行，也不能使我责备自己没有预见到它会实施，并责备自己没有在《自由法兰西》杂志上写过一点儿有关的东西。

一旦停战协议签订，法兰西的部长们（包括最反对德国的人）就只能等待着重新拿起武器的有利机会，等待着盟国可能会向他们提供的机会。但是，他们当中大部分人首先是对这场全球战争的性质判断错了；他们在战争结束之前，就打算与希特勒德国缔结和约。同样，他们对时局的发展也做了错误的估计，他们对希特勒的计划存有幻想，并且在战争进行当中或是战争后期都对法国的分量做出了错误的判断。

法德停战并不叫他们非喊国家革命的口号不可，更不必主动去制定犹太条例。我远在伦敦，宁可相信维希政府最丑恶的言辞行动都是因为"战胜者"的逼迫，而并非出于法兰西国家主子们的意愿。今天的材料已不再能允许做出这种解释，至少在大部分情况下是这样。反英、反盟国和反犹太的宣传表明，海军将领们、反革命知识分子、法西斯分子或准法西斯分子的偏见与情绪使他们由于打了败仗而互相接近起来，尽管各人的志向不尽相同，但是共同的仇恨使他们成为一丘之貉。维希分子通过这种宣传，完全不去号召法国人重新起来斗争，反而自己把自己孤立起来。他们在土伦港炸毁自己的舰队便是一例，可谓荒谬绝伦。

当叙利亚、北非和其他殖民地遭到英国所谓的"侵略"时，维希政府居然命令那里的政府或军队司令官抵抗到底。事后，他们又解嘲说，他们之所以下这样的命令，那是害怕海外的法国人过于轻而易举地投奔英美，会致使德国人报复国内的

242

法国人。只有奥弗昂（Auphan）海军上将拍拍胸脯，给达尔朗（Darlan）海军上将一份电报，肯定元帅本人心里是愿意和英美"入侵者"达成协议的。我怀疑对德国报复的畏惧会使维希分子认为，把在叙利亚打的一场面子仗变成决一死战才是最好的出路（假设打面子仗是不可避免的）。1943年，马达加斯加仍然抵抗了英国人达几个星期。维希历任政府没有一个把停战的代价压缩到最低限度。

政治生活并不只限于被占领的半个法国，在此之外，政治生活仍然继续进行着。在维希，等待派和合作派争权夺利，彼此都在努力赢得元帅的宠信，而元帅的威望对它们来说始终是必不可少的。不论是达尔朗海军上将还是皮埃尔·赖伐尔，都始终不想深深陷进希特勒的冒险事业。不过后者在等待派中最为亲德，然而二者都经常与战胜者进行谈判，时而因设想德国的胜利而想争取领袖希特勒的宠爱，时而是为了减轻占领当局的严厉镇压。维希人物来自各个阶层，有第三共和国的追随者、极右的空论家、专家治国论者及亲法西斯知识分子。巴黎的人攻击维希人物，指责他们停留在两个阵营之间。1944年有德阿或多里奥参加的维希政府，与1940年有诸如拉斐尔·阿利贝尔（Raphaël Allibert）那种保皇分子参加的维希政府相比，已经大不相同。

虽然让·莫内或安德烈·莫洛亚去了美国，但在伦敦的大多数法国人决定返回法国。他们各有各的想法，却往往是值得尊敬的。某些人对盟国事业的信心永不衰弱，但愿与家人同担未来岁月的艰辛。另一些人则认为，尽管勒内·卡森在《自由法兰西》第一期上发表文章谴责，不过与一个目前几乎拥有一切合法地位（是否有合法性则仍将让人争论不休）的政府断绝关系的时刻尚未到来。被委派到法国政府来的苏联和美国大使就驻在维希。6 月 18 日，戴高乐将军的举动在道义上和政治上具有同等重要的意义。或许是时势造就，他在战后得以主持共和国的临时政府，即使他没有马上激烈地要求一种与流亡政府极为相似的地位（许多被占领国家的政府的地位）。

1940 年在将军亲自授意下创刊的《自由法兰西》杂志，从来都不是一个戴高乐主义者的刊物，而是属于自由法国人的运动。它的第一期就使将军感到失望，并且还可能使他有点儿恼怒，因为他的名字仅在括号里出现一次。① 他曾微笑着向拉巴特提到这一点。几个月后，他给杂志写了一封信，在信中，他表示了对他的老首长保罗·雷诺的尊敬。1941 年年初，拉巴特还没有打算和将军断绝关系：他希望将军承认他自己加给自己的功劳。

244

对夏尔·戴高乐的个人崇拜是与运动本身同时产生的。停战协议成为所有的维希人物最终丧失威信的原罪。当时，戴高乐派立即宣传攻击这个向敌人出卖我们部队、武器装备和我国港口的"偶然产生的政府"（仿佛军队投降后，德国人会什么都拿走）。戴高乐在他最初的某次演讲中，曾指责或怀疑维希政府想把舰队出卖给敌人。

当时，我并没有掌握所有必要的材料，来对停战协议加以裁判。但是，我倾向于相信，停战是无法避免的。不管怎样，我并没有觉得这些签署或承认停战协议的人因此就声名狼藉。法国政府能在北非接收些什么部队、什么装备呢？元帅和赖伐

---

① 在第一期中，勒内·卡森谴责了停战，并对贝当元帅政府的合法性和正统性提出了异议。

尔宣布他们不会离开法国，如果去北非，多半是要组织政府的。但是飞行员和水兵们会听从什么样的政府呢？有多少身着军服的人要被送到德国人的集中营里去呢？法国政府迁至北非的事情最迟也必须在5月底定下来，在6月初就组织好。临时仓促组成的政府，对同盟国的事业是有利还是不利呢？当然，这些最后在波尔多执掌权柄的人物是出于其他方面的考虑，而并没有认真盘算军事投降和停战协议两者之间的利弊得失及其严重后果：他们对民主感到灰心，对法国感到失望，他们寄希望于一种"复辟"或一种专制制度。将停战协议强加于人的是一个政治派别，因此，在停战协议签署的同时，戴高乐派便揭露他们是"法西斯分子"（这个停战，人们称为"投降"，而另一个真正意义上的投降，即军队投降的决定，却被魏刚将军坚决拒绝了）。

时至今日，争论并未结束。对贝当元帅的案件进行预审的法官们，并不接受起诉要点中的停战问题。戴高乐将军在他的
245 《回忆录》里对法官们拒绝受理对停战的起诉一事并不原谅。既然将军自1940年6月18日以后就要求权力的合法性，而在1946年1月又带走这种合法性而隐退科隆贝双教堂，那么停战就应该是桩罪行，而将军的号召才真正表达了法国的意志，不过当时法国还没有意识到这一点。事后时局的演变也证实了这种合法性的传说，但是在1940年年末，整个法国，包括法定社团、军队、海军、空军，都是奉元帅之令行事的。不应该排斥一切维希分子，而应该把他们当中的大部分人引到法国和盟国的事业上来。

在清除了第三共和国的遗老之后，第一任维希政府——如果我可以这么说的话，以拉斐尔·阿利贝尔为代表的第一批维

希分子，就明确地宣布了他们的反革命立场。这批人接受了莫拉斯的思想。这种反动可以与 1871 年保王党在国民议会取得多数相比。从 1940 年 6 月起，维希和伦敦两地的广播——直接受德国人控制的巴黎电台不算在内——便以一种不可调和的敌对语言相互攻击。但是，法国人并没有全体参加这场殊死的搏斗（许多人一直认为贝当元帅和戴高乐将军是在唱双簧）。直到 1942 年 11 月，法国还保持着避免发生内战的局面。

在伦敦时，我们经常讨论北非的命运。与我争论的人当中，大部分人引用的论据都非常简单，他们认为："既然德国人允许维希保持其在非洲的权力，这就说明他们从中得到了好处。"这种论据是以希特勒分子无所不知、无所不晓的观点为基础的。我反驳的理由是，战争双方都从这种中立中得到了好处：德国人省去了为直接控制北非而必须派遣的占领军；盟国则可以等待它们能够拥有登陆工具的时刻。后来我在克劳塞维茨的书里读到过关于敌人之间存在默契的英明论断：占优势的一方本应进攻，但优势尚不足以抵消守势内在的好处。北非的情况在某种程度上证明了这一论断。最强的一方，德国，对它而言，去担负这块领土的责任还无利可图，因为战争胜负全取决于俄国战场。和法国的停战协议一签订，德国和盟国便都乐于维持现状了。按照这种分析，维持现状是有利于能够动员法属北非的那一方的，也就是说，有利于盟国。正如丘吉尔 1942 年 11 月在阿尔及尔对 J. 乔治将军所说的："归根结底，这样是最好不过了，因为在 1940 年我们什么也干不了，既缺少军队，也没有装备。"当然，这句话遭到了辟谣，但我相信是得到验证了的。

在 1941 年和 1942 年，我们经常猜测，盟军一旦登陆，局势将会是什么模样。我不止一次和加拿大大使皮埃尔·迪皮伊

246

谈到这个问题，他经常来往于维希与伦敦之间，就算不是正式兼任，但实际上，他既是驻维希政府的大使，也是驻自由法国的大使。他分析了维希的不同集团，虽然没有肯定维希分子终究会归顺盟国的事业，但也并不认为这有什么不可思议。1942年11月，魏刚将军①、一些部长以及 J. 博罗特拉（J. Borotra）哀求元帅去阿尔及尔。我们知道，劝告并无结果。元帅绝对不肯离开祖国；他自以为，只要有他在，就能够保护法国人民不受占领者特别严重的迫害。因为元帅不在，北非的官兵最终就会承认将军的权力。维希的反英宣传特别使得海军向盟国的倒戈推迟了。而在1940年至1942年，戴高乐派的政策和宣传也不利于推动海外两个法国的联合。

我希望——但不认为能成真——盟国在非洲登陆的时候，法国人团结起来，剥夺维希政府最后的武器、军队、舰队和帝国，并剥掉其合法外衣。在叙利亚，听从元帅的部队曾顽强地对自由法国和英国军队作战。在战斗结束后，大部分士兵宁愿被遣返回国，也不愿归顺自由法国。美国人和英国人在北非登陆，是对戴高乐将军保密的。或许是因为他们怕守军抵抗自由法国更甚于抵抗盟军，或许是因为出于对将军本人的敌意。美国人寄希望于吉罗将军，错误地认为他能够使北非的力量归顺到盟国方面来。"权宜之计"——按罗斯福的话来说——即海军上将达尔朗所扮演的角色，倒并没有引起我太大的反感，因为他结束了法国人和盟国的交战。他在元帅和将军之间起了过渡作用。我不喜欢内战，并且不太赞成双方中任何一方的偏激情绪。

---

① 至少是在最初的日子里。

不管停战协议是否可以避免，维希与伦敦之间的冲突却是不可避免的，因为双方都有人以法国正统政府的化身自居。正如在1941年的一个晚上，勒内·普利文（René Pleven）和我单独在一起吃饭时对我说的，从一开始，戴高乐将军便面临着两条选择道路：或者建立一支志愿军，在这种情况下，他什么也不能代表，与这场全球战争比起来，这些兵力是微不足道和作用有限的；或者建立一个负有将来成为法国政府使命的政治组织。在这两条道路面前，他并不犹豫，而且，在戴高乐将军与英国政府在温斯顿·丘吉尔指使下达成的协议也是无可怀疑的：这些协议保证了自由法国的独特地位，对外代表了法国的利益，并使戴高乐将军成为愿意继续战斗的法国人的领袖。而戴高乐则应谴责贝当元帅的"骗局"。1942年11月，从某些戴高乐派拉长了的不高兴的脸上可以看出，一些维希分子半归顺的举动，已使他们害怕失去在抵抗运动中的垄断地位了。

我想，在1940年7月，将军不可能选择别的道路，但是，他有可能降低反维希政治斗争的调门。他没有必要劝英国人打叙利亚：局势的演变只能对他有利。即使元帅在1942年11月迁都阿尔及尔，戴高乐将军大概也是会作为元帅的继承者登上权位的。然而，将军却不愿意，说是为了法国，其实也是为了他自己。

从1940年6月起，他就认为自己是合法权力的执掌者。在他自己看来，他的使命一下子变得神光焕发。表面上看来，他好像是为他自己，其实他所追求的是为了法国。如果说他把在英国军队中进行战斗的法国人看作逃兵，那是因为只有他代表了法国，因为在他看来，对付盟国的外交斗争和反对敌人的战争同样重要。他"不顾一切"争得人们对他的地位的承认，

248

这对法国是有利的，而正是由于他并通过他，法国才始终没有离开自由和胜利的阵营。史诗般的英雄形象，历史传奇，他都并非不可推辞。

自从海军上将米塞利埃和戴高乐将军发生争吵以后，不属于戴高乐派但接近戴高乐运动的《自由法兰西》杂志便被认为是反戴高乐主义的了。与海军上将关系密切的安德烈·拉巴特必然在这场严重的危机中占有重要地位。米塞利埃海军上将用他的口气谈过这个事件，将军在著作中也谈过这件事，这都足以说清事件的来龙去脉。我没有本领再添新东西。

A. 拉巴特没有对我讲过他所做的一切，而他所说的也并不总是准确无误的。1941年12月，根据将军的命令，海军上将米塞利埃夺取了圣皮埃尔和密克隆群岛，如果人们喜欢更正统的说法，他在这块法国领土上挂起了洛林十字的三色旗，并赶走了维希政府的代表。这次行动是秘密进行的，没有通知英国人或美国人。按照将军的说法，美国人和加拿大人本来计划要夺取这些岛屿上的电台。

美国人的反应极为粗暴，当然还只限于口头上。他们反对自由法国插手该地区，因为这是美国人与元帅默契达成的规定。在某种条件下，法国在西半球领地上服从维希政府的行政当局，不应遭到损害。表面上，圣皮埃尔和密克隆群岛事件破坏了这个协议。美国国务卿科德尔·赫尔满怨恨地称呼这些人为"所谓的自由法国人"。这个称呼在新闻界和美国国会的某些阶层当中引起了轩然大波。其实，他倒帮了将军的忙。即使国务卿不乏抱怨的理由，但他却把自己放在理亏的位置上，并得罪了美国的亲法舆论。

至于戴高乐，正如他当时的来往电报及他后来的《回忆录》所证明的，他丝毫没有怀疑他的行动是正当的。在其《回忆录》的《书信、批示和笔记（1941 年 7 月～1945 年 5 月）》一卷中，我发现了一句话，流露了他当时的思想："如果我们的盟国出于一些权宜之计的理由，接受法国全面的或局部的中立，我们是不会同意的。无论在什么情况下，我们都会尽一切努力来阻止这种不管我们愿意与否的中立，我们将在各个方面采取力所能及的、或文或武的措施，来制止这种中立。"他又补充道："此外，我们认为这是出于对共同利益的考虑。"换句话说，对维希当局的斗争（包括使用武力），乃是原则问题。①

美国人的愤怒并没有动摇将军。更确切地说，倒是后者带着艺术大师的神色，津津有味地欣赏着这场他掀动起来的风波。英国人并不埋怨自由法国的领袖把石头投进池静蛙鸣的水塘里，也不埋怨他捉弄这个国务卿，因为他一直搞他的"维希赌博"。"维希赌博"是一个美国的历史学家②说的。

对于海军上将执行将军的命令，完成使这些岛屿归顺自由法国的任务的方式，将军表示了赞扬。但是，海军上将本人并不赞成将军强迫他对美国人采取的咄咄逼人的做法。当他回到伦敦后，岛上的民政事务由阿兰·萨瓦里负责，军事指挥则由路易·德·维尔福斯负责，他这么做，似乎试图改变国民委员会的运行方式，以避免将来重大的决定只由一个人做出而不经过协商。（在这种条件下，是否能做出与圣皮埃尔和密克隆群岛

___

① 1940 年，他向志愿人员所做的不与法国人交战的承诺，已经成了明日黄花。

② W. 兰杰。

有关的决定呢?）通过将军的《书信集》和《回忆录》，人们可以看到危机的几个阶段。海军上将辞去他的国民委员会委员的职务，同时希望保留自由法国海军部队的指挥官职务。但是，几天后，将军撤销了他的指挥权，而任命海军中将奥博瓦努接替他的职务。海军做出的表示是与海军上将米塞利埃站在一起，尤其是在参谋部里。英国政府也向将军施加了压力，首先，将军不应该辞退海军上将，其次，如果将军坚决不改主意，也应该为海军上将保留与他军衔和功勋相符合的地位。在被邀请离开伦敦去外地休假之后，海军上将拒绝了将军的召见，并与之断绝了关系。他拒不接受自由法国军事力量监察员的头衔和职位。

在这整件事情中，在这桩往往被人叫作"阴谋"的事情当中，安德烈·拉巴特经常起的真正作用是什么？无疑，他推动了海军上将起来反对"权柄独掌"，但是，照我看来，他从来没有想过要造成海军的"分离"或"分裂"。不管许多军官对海军上将个人有多么爱戴，这也是不可能的。追溯以往，米塞利埃和拉巴特的企图显得幼稚可笑，在国民委员会内，海军上将孤掌难鸣。英国的支持，他们倒是并不缺少，或许他们就指望着英国的支持，但是将军傲慢地拒绝了这种对自由法国内部事务的干预，这完全是法国的内政。在事情平息下去之后，将军对英国政府做了个让步——我已经提到过——他建议给海军上将一个没有实权的荣誉职务，但人家宁愿挂甲归田。

路易·德·维尔福斯（Louis de Villefosse）素有贵族气质和无私精神，依然如故地效忠于海军上将。海军上校莫雷（他的真名叫穆莱克）同样如此，而且和拉巴特一道搞了些小动作。至于米塞利埃和拉巴特，归根结底是希望扩大在运动内

250

的地位，限制将军的无限权力，但是他们最终还是被排除在外了。这次危机在《自由法兰西》编辑部几乎没有引起任何反响。《自由法兰西》由于主编的政治活动，照样被认为是反对戴高乐的。

到了1942年11月，戴高乐派政府与《自由法兰西》之间的距离更远了，当时，英美部队已经在北非登陆，那儿的维希当局打了一阵子面子仗而归顺了盟国的事业。杂志的一篇社论措辞暧昧，号召全体法国人联合起来，结果遭到将军御用机构的严厉批评。雅克·苏斯戴尔给我写了一封信，这封信我没有保存下来，他在信里指责我们没有起到鼓舞人心的作用，并且破坏了战斗法国的原则。

如果不是海军上将米塞利埃和安德烈·拉巴特到北非去投奔吉罗将军，听他调遣，这次决裂很可能不至于弄得不可挽回。根据我的记忆所及，当时杂志并没有追踪将军们内讧的全部曲折发展，但是，总编采取的立场使《自由法兰西》站在吉罗将军一边，至少表面上是这样的。吉罗将军下台后，杂志就置身于非戴高乐主义或反戴高乐主义者之中了。特别是我在1943年发表的文章《波拿巴的阴影》，引起了人们的议论纷纷，因为这篇文章一方面将波拿巴主义与布朗热主义做了比较，另一方面又与法西斯主义做了比较。我列举了公民投票的恺撒政体的各种特征。我写道：公民投票体制可以提供机会，使得一个人，或者简单的一个人名独揽民心，资产阶级归顺恺撒，议会威信扫地，共和派分裂，人民群众莫知适从。从布朗热事件的根源中，我发现了一种相同现象之间的联系："共和国反对议会，在资产阶级的恩准下鼓动群众。将军既是共和派，又是复仇派，凝聚在他名字周围的是由于战败而感到蒙受

251

耻辱的爱国主义激情，以及对民主浪漫主义的期望。"

我反驳了反对将 19 世纪的波拿巴主义和 20 世纪的法西斯主义做比较的两种不同意见：一是在 19 个世纪是农民起决定性作用，二是国家社会主义的根源在于经济危机。我认为：

> 农民的作用是法国波拿巴主义的特点之一，但除此之外，也存在城市的波拿巴主义，即小资产阶级、小手工业者，甚至工人的波拿巴主义者，还有易于受征兵号召感动的激进分子、民族主义者、投石党分子，他们既是共和分子，同时又希望建立强有力的政权。此外，一种对民族英雄的幻想所形成的各种极端分子的结合，一个维护秩序的政党报效群众所爱戴的冒险家，对真命天子的热情的爆发，游移不定的人群挺身而起，所有这些构成了法西斯主义和波拿巴主义的共同特征，并证明这种比较是对的。

至于第二点异议，即 19 世纪和 20 世纪的社会经济情况根本不同，我可以用一个问题来反驳：

> 为什么法国在其他所有欧洲国家之前，便有了人民的恺撒主义的特殊形式？……由于对"财产均分"的恐惧，在农民群众当中形成了一支恺撒主义的后备军。农民因为有了家业，已经变成了保守派。1930 年后，对无产阶级化的恐惧也使德国的小资产阶级群众当中形成了同样的恺撒主义的后备军。

分析的结论如下：

252

波拿巴主义既是法西斯主义的前身，又是法国模式的法西斯主义。说它是法西斯主义的法国前身，是因为政局不稳、国家受辱而激起的爱国心、对社会福利的追求——其中夹杂着对用革命手段争取政治待遇的不关心——在资本主义上升时期，在一个国家里多次形成了一种全民投票的局势。说它是法国模式的法西斯主义，是因为一旦时机合适，总有成千上万的法国人聚集在一个时势造就的人物周围，以补偿他们平时因感情冲动而对当政者采取敌视态度的行为。还因为在法国，一个专制制度不可避免地要借重第一次革命，要口头上歌颂民众的意愿，采用左派的语言，自称超乎党派而面向全体人民。

文章的意义在于号召读者提防再出现这种情况，这几乎是不存在疑问的。"无论全国人民如何一致渴望自由，但只要制度没被改变，总有铤而走险的可能。饱受屈辱的国民将会易受一种敏感的爱国主义的鼓动。"我的分析之所以演变为论战，是因为我用路易－拿破仑住在伦敦，确切地讲是住在卡尔顿花园时写的一句话作为文章的铭文，那句话就是："民主的实质在于由一个人来体现民主。"莫里斯·舒曼认为这是"做坏事"，丹尼斯·布罗根则对文章大为赞赏。一个专门研究第二帝国的英国历史学家对文章的肯定，证明我的分析是有道理的。今天，我有所后悔的是文章里的某些影射，而不是文章本身。

我所后悔的过错在于什么地方呢？将军、路易－拿破仑以及所有谋求最高权力的人，都有着明显的相同之处。阿历克西·德·托克维尔认为，路易－拿破仑"相信他比法国诸王的后裔更有合法性"。将军则赋予自己一种他在流亡期间和隐退时都极为小心地维持着的不可剥夺的合法性。他在 1958 年重新执政时是根据他 6 月 18 日的行动，尽管法国人民当时并非都谴责停战协议，也没有全部接受 6 月 18 日的号召，把他当作法国复兴后仍然继续存在下去的个人合法性的创造者。戴高乐和波拿巴叔侄俩一样，讨厌政党和派别；他是直接向全体国民进行对话的，并且像路易 - 拿破仑所做的那样，利用全民投票的方式。与那些吹捧者所肯定的事实相反，他从来没有把自己的使命局限于军事上的胜利；他设计的蓝图（为什么因此而对他苛求呢？）是为法国提供"完美的制度"。

但是，出于民主的信念，他事先就对他的权力进行了限制，或许这也是为了使英国人和美国人相信他的共和国的正统性。他拒绝了抵抗运动的某些成员——如亨利·费雷内、皮埃尔·布罗索莱特——提出的建议，即为了防止旧政党卷土重来，将各抵抗运动团体组织成一个政党，或至少是暂时的一党掌权。然而，他回到法国时带来了一个协商会议，一个洗刷了1939～1940 年错误的合法的共产党。当然，他并不希望恢复第三共和国。出版《法兰西日报》的激进党人和社会党人有理由认为，戴高乐主义者的共和国同议员的共和国并无相似之处。当人们已经意识到后者的种种缺陷时，凭什么事先就拒绝这种前景？

我今天重读《波拿巴的阴影》这篇文章，感到毛病在于它的遗漏，而不是它已提出的问题本身。戴高乐将军既不是蒙克（Monck）将军，也不是政变将军，他希望制定一部按他的设想制定的，并且在他以后能继续存在下去的宪法。1958 年，他实现了这个目标。

在美国，如同在英国，反对维希制度的法国人并不都支持戴高乐。在纽约，安托万·德·圣艾克絮佩里便招致戴高乐主义者的愤怒，把他视为卖国贼，而他本人则认为后者的宗派主义是无法容忍的。在英美联军登陆北非以后，他为一切诚心抗敌的法国人的和解感到十分高兴。但是，雅克·马里坦给他写了一封严厉责备他的信，使他大为伤心。① 一个不是戴高乐派（就算不是反戴高乐主义者），另一个则是戴高乐主义者。前者看到的是维希政府被占领军掐住了喉咙，为了保住"孩子们的奶"而不得不向占领当局妥协让步；后者则不遗余力地声讨停战协议，根本不能想象自己这派人竟可与曾在维希政府中担任过职务的人和解。一个是拒绝谈任何政治，只希望重新战斗；另一个则号召战争必须是要有领导的，而此任非将军本人莫属（在这一点上，马里坦言之有理）。这样，旅美法国人的两种主要的思想，两个卓越的思想家，便发生了冲突。圣艾克絮佩里虽然去了非洲，但并没有参加抵抗运动，他认为阿尔及尔的宗派分子与纽约的宗派分子都是一丘之貉。他颇费周折，不顾规章制度，获准驾驶一架闪电式飞机。后来他在法国上空执行侦察任务时殉国。

另一个法国知名人士圣琼·佩斯（亚历克西·莱热），也坚持着他在一开始就声明过的主张：任何在国外成立的政府，即使是临时政府，他一概绝不参加。他拒绝了将军向他提供的重要职务，继续靠美国国会图书馆文学顾问一职给他的薪水，过着拮据的生活。当时图书馆是他的朋友——诗人阿奇博尔

---

① 我在1982年为圣艾克絮佩里的《战争期间作品选》所写的序言里，力图让人理解这个把一生献给祖国的飞行员兼作家的态度。

德·麦克·利什（Archibald Mac Leish）在负责。

　　拒绝参加戴高乐主义运动的法国人，大多数——比如在伦敦用法语出版的日报《法兰西日报》的编辑们——是出于和亚历克西·莱热不同的理由。他们完全同意戴高乐主义者的历史观点。他们把贝当元帅和莫拉斯当作叛徒。他们情绪偏激，经常指责维希人物，用词尖锐，以至于他们的宣传染上了反法色彩。我想起了一次午餐会，一名报社编辑邀请了几名捷克人，其中有里普卡。谈话涉及哈查（Hacha）总统，他签署了一份捷克向德国请求"保护"的文件。里普卡（Ripka）小心谨慎地用一句含糊其辞的话回答道："他尽了最大的努力。"过了一会儿，那个法国记者激烈地攻击元帅及其内阁部长和党徒，仿佛他们之中没有一人尽了最大努力，都是心甘情愿、诚惶诚恐地为占领当局效劳的。

255　　编撰《法兰西日报》的那一批人，皮埃尔·科曼、夏尔·贡博、路易·莱维，都来自第三共和国的政治阶级；他们始终对戴高乐将军不信任，以致他的举止、他与法兰西行动派类似的行为以及他对已被废除制度的严厉言论都遭到怀疑。

　　电台上"法国人说给法国人"节目组的人则分为几派。让·马兰被认为是严守教规的戴高乐主义者，皮埃尔·布尔丹就其派别正统性而言则还有一定差距。领导这个小组的是雅克·迪歇纳，专业演员雅克·孔波的侄子。如同许多《法兰西日报》记者，他对第三共和国绝无怀旧之情，他不喜欢将军周围盛行的宗教气氛。所有这些人当中，最有天赋的是皮埃尔·布尔丹。1947年他才刚开始辉煌的政治生涯，便毫无意义地溺水而死了。

　　盟军在北非登陆之后，北非、英国和被占领的法国之间的航班增加了，伦敦的法国侨民也增多了。自由法国的抵抗战士、政治家和高级官员也多了起来。然而，戴高乐将军在1941 年还当着我的面感叹优秀人才的缺乏。

罗贝尔·马若兰原在摩洛哥担任埃玛纽埃尔·莫尼克所在的留守处的主任。在德国人的要求下，莫尼克被召回法国，马若兰便于1941 年来到伦敦。他认识魏刚将军，并对他深感钦佩。但是，他很快就明白这种感情是不利于那些担保他的人的。来自维希的外交家或政治家大都支持戴高乐，他们是对的。从此便出现了两个法国，每一个法国都体现为一个在自己看来是代表法国的集团。不再有第三者，除非是些游兵散勇。此外，新加入的人也很快得知，前维希分子只要被戴高乐主义者正式承认，便比那些在戴高乐主义范围之外为盟国事业效过力的人更容易受到重用。

当时，我对戴高乐派洗礼的功用很为反感。戴高乐派排斥英军中的法国军人或抵抗运动中与英国部门有直接联系的人，这使我感到不快。今天，我多受了一些政治教育，已经比较宽容这种（我始终能够理解的）内战逻辑了——如果有人愿意，也可以说是绝对民族主义的逻辑。法国的事业不能与盟国的事业分开，但也不能混为一谈。只要法国的军队被击败，法国被占领，法国对胜利的物质贡献就只能是次要的。重要的是尽最大可能增加这种贡献。一切为盟国事业所做的努力，如果不能对法国本身有贡献，特别是不能对戴高乐主义有贡献，那就是对国家民族失职。

对于我来说，根本谈不上是否支持戴高乐主义，因为这个运动已是胜利的运动。政治从伦敦转移到了阿尔及尔。安德烈·拉巴特去了美国。面对维希政权的衰败，戴高乐将军无可争辩

256

地成了合法领袖。然而，政治生命并未就此结束，相反，它走出了流亡时期的浓雾，重新进入了现实。

战争期间，各个被占领国的流亡政府都汇集在伦敦这个未被占领的欧洲首都来了。自从希特勒入侵苏联以后，第三帝国的战败已在预料之中，对于以后的形势的展望，这是人们谈论的主要内容，各国的政治家已在洽商谈判之中。我们的杂志一直与在伦敦的波兰人有着友好关系，我们曾多次发表作家们在波兰流亡政府授意下撰写的文章。

对波兰人未来的考虑，是在一个不现实的氛围里进行的。他们设想一个组织能把中小国家联合起来反对苏联和德国。因此，他们不但要防止两个大国结盟，也要防止它们的冲突。这个设想纯属乌托邦，因为它等于是地理学家 H. J. 麦金德在 1919 年设想的《凡尔赛条约》的翻版。在苏联和德国之间设立缓冲地带的想法，在付诸实践时会碰到各种各样的障碍。被指定的国家要一道建立这个不参与各帝国之间冲突的缓冲地带，那就必须是充分团结的，以确保在一场与其某一邻国的冲突中，它们当中的任何一国都不会求助于某一大国，让其出面做仲裁。这种团结在两次世界大战中从未实现过。罗马尼亚和匈牙利都要求收回特兰西瓦尼亚；波兰在《慕尼黑协定》签订以后也加入了角逐；不论是波兰还是捷克斯洛伐克，都有少数民族抗议或诉求。此外，尤其是欧洲领土的划分要取决于苏联。假想中的缓冲地带，各成员国并没有足够的力量使别人尊重它们不参与冲突的立场，来履行它们作为东西方之间双重栅栏的使命。

波兰人和捷克人尽管已达成协议，但并不同心协力。波兰人并不掩饰他们的担心。毕竟他们还没有忘记"希特勒 - 斯大林"条约，没有忘记两个帝国的军队瓜分了他们的领土，也没有忘记苏联军队在卡廷（Katyn）森林杀死约 1.2 万名波兰军官的暴行。这个暴行，他们是通过几个大屠杀的幸存者提供的情况、可靠的情报以及难民的报告而得知的。接近西科尔斯基（Sikorsky）政府的知名人士还得知：几千名被关在苏联战俘营里的波兰军官在希特勒军队到来之前就已经失踪了。德国武装部队官方公布发现万人坑，波兰流亡政府便呼吁成立一个包括中立人士在内的调查委员会，所获证据是任何一个国家政府也否认不了的。结果如何，大家都知道。

在私下的交谈中，捷克人——至少是经常与我来往的所有捷克人——都对波兰的所作所为持批评态度。他们都同意贝奈斯（Benès）的论点。苏联将控制东欧，这实际上是毋庸置疑的。因此，布拉格将要成立的政府，首先必须和莫斯科保持友好关系。在慕尼黑事件上，贝奈斯及其全体人民体验了因他们的盟友的软弱无力而导致的悲剧。由此他们得出教训，西方永远也不能保证他们的安全。从此，他们将要依靠莫斯科的友谊了。乍一看，这种推论是合情合理的，但是他仍然有弄巧成拙的危险。如同在 1919 ~ 1939 年，贝奈斯一直受到奥匈帝国的幽灵的纠缠，而危险却来自第三帝国。同样，在战争期间，他采取了预防德国帝国主义复活和西方背信弃义的措施，但他寻求的是一个新的帝国主义国家的保护。

贝奈斯并不相信这个帝国。可以说，他向大盟国拍了胸脯，保证苏联的用心。苏联在其西部边境容忍怀有敌意的国家，一旦面临来自西方的入侵，类似 1941 年 6 月的入侵，就有可能加入侵略军。但是，除了波兰东部居住着不同民族特别

258

是俄罗斯人或乌克兰人的几个省份，莫斯科政府，按他的说法，既不打算侵占领土，也不打算用武力将其制度强加于人。这个日内瓦美好季节里的明星，这个睁眼瞎的国家领导人，继续做着他已经开始的传播假消息的工作，如在 1936 年他通过自己的情报部门，把从德国特务那里获得的"情报"告诉斯大林，致使图哈切夫斯基（Toukhatchevski）被处决，其他将军也在大清洗时期被枪决。

捷克人私下里对波兰人的议论，不免叫我感到不快。当然，捷克人再一次表现出他们是有道理的。既然苏联已经控制东欧，那么决定与苏联合作当然是明智的。战争结束后第二天，贝奈斯高踞于布拉格王宫的城楼上，慷慨地环指全城，对来访者说："请看，这就是我拯救下来的。"布拉格，就其物质的存在来说，是由于 1938 年 9 月的投降而得以幸存下来的。他当时曾口诛笔伐，不过内心可能也存有希望，特别是可以把责任推到盟国身上。

捷克人的话最使我生气，他们往往采用高波兰人一等的腔调，总是那么天真烂漫，总是不能估计力量的对比，从而采取相应的行动。何必还要死灰复燃，老提过去的事？当然，许多波兰军官已被处死，但是，每一天也有和卡廷俘虏营里的尸体一样多的成千上万的苏联人倒在战场上。应该考虑未来，特别是考虑莫斯科。我们能说些什么呢？我们能相信斯大林吗？能相信苏联吗？苏联变成和其他国家一样了吗？它的帝国主义既没有超过沙皇俄国的限度，也没采取甚于沙皇俄国采取的手段吗？实际上，捷克人和波兰人一样，都没逃脱苏联的控制。苏联第一次借助共产党在布拉格掌握了权力，而一兵一卒都没越过边界。20 年后是第二次，这就是当捷克共产党领导人本身试图搞自由化时，华沙条约组织的军队便使一个制度恢复了"正常化"。

在这些年里，我是生活在法国人当中的，但也深入了英国社会。改革俱乐部和自由主义者团体，莱昂内尔·罗宾斯和弗里德里希·冯·哈耶克都曾慷慨地接待我，对此，我想起来仍然深表感激。在伦敦政治经济学院任教的卡尔·曼海姆不止一次地邀请过我。同一学校的著名社会学家莫里斯·金斯伯格（Morris Ginsberg）在战争快要结束时问我是否愿意接受一个职位，而且告诉我说我可以很快成为一个正教授。我没有认真考虑过这个建议。尽管在那些年里，我基本上都是说法语，总是和法国人交谈，但是我还是取得不少进步，足以使用英语演讲和教课，用英语演讲和教课不再叫我感到害怕了。关于我做出这种选择的理由，可以这样说：我从来不想换祖国，如果我不当法国人，我就失去了祖国。

当然，我可以生活在另一个国家里，英国或美国，并且也会成为一个好公民。但是，祖国是不能被代替的。语言、各种象征、各种情感、各种回忆，所有这些使个人从属于一个共同体的联系，都是在这个人生下来的最初几年里就建立起来的。一旦这些联系被破坏了，我们就会感到我们人生不可分割的一部分被割裂了。许多法国犹太人对法国犹太人条例并不予以原谅；或者更好的说法是，这个条例把他们从他们的法国，从他们如此熟悉如此向往的法国离间开了。至于我，可能是想避免使我心碎的思考，我相信这个犹太人条例是德国人直接或间接地强加于维希政府的。后来，我断然宣称，维希政府不过是法国历史上的一个插曲，一个战争的插曲。

我认识许多住在伦敦的法国人，其中有一个是法兰西学院

的，他叫路易·维利埃，我和他有很深的、美好的友谊。在许
多曾在非洲工作过的、后来又来伦敦的抵抗战士当中，我又见
到了爱德华·科尼格里翁－莫里尼埃将军。他是安德烈·马尔
260 罗向萨巴（Saba）王后的首都进行空中远征时的驾驶员。他
是尼斯人，常常讲一些"惊心动魄的奇闻轶事"，但从来都不
是瞎吹牛的。与多数法国人相反，只有他一个人在两次大战中
（1914~1918年和1939~1940年）担任过歼击机驾驶员，而
从来不谈他的功绩，不谈他击毁的敌机。他更不愿提及他的音
乐家和小提琴手的天赋。他对自己的优点缄默不语，而对别人
的成就则大加赞赏。他对我和苏珊来说是一个不可多得的朋
友——忠诚，热心助人，公正无私。

有幸的是，多亏了安德烈·拉巴特和美国人的关系，苏珊
和多米尼克在1943年7月14日来到了伦敦。1944年6月18日，
我们的女儿埃玛纽埃尔出世了。爱德华做了她的教父。我们租
了两间邻近的小别墅。一间是科尔尼利翁和他当时的女朋友住，
另一座给苏珊和她的宝贝住。解放并没有使我们就此分手，他
在第四共和国时期多次出任部长时，仍然是我们的好朋友。

几个参加过第一批登陆的自由法国部队突击队的法国青
年，经常到克温斯蓓丽旅馆的小房间来。在我们被迫搬离克伦
威尔旅馆的套房后，苏珊住到乡下去时，我便单独一人住在那
个小房间里。在那些青年人当中，有两人给我留下了深刻印
象，我至今记忆犹新，这便是居伊·哈图（Guy Hattu）和居
伊·富歇（Guy Vourch）。后者现在已是著名的麻醉专家。我
们难得见面，但是我永远忘不了那几年里结下的深厚友谊。

正是在克温斯蓓丽旅馆的这个小房间里，我和让·卡瓦耶
斯一起度过了好几个星期。我在高师时便认识了这个"统考

状元"（最早期的第一名）。我们对他都十分钦佩，因为他是
准备攻读数学学士学位的，与他来往的都是科学家。关于在学
校的那几年生活，我记得最清楚的是关于他的事：他跟爱弥
尔·布雷伊埃（Emile Bréhier）交涉，叫后者不要辞职。爱弥
尔·布雷伊埃由于某些学生没有正常参加他为学校的哲学老师
们举办的学术讨论会，得罪了学校的哲学老师（主要"罪魁
祸首"是萨特和尼赞）。卡瓦耶斯试图说服教授重新考虑他的
决定时那种慷慨热情的口气，给我留下了很深的印象。几年以
后，他通过了执教考试，辅导应试的学员。他邀请我给他的一
个研究班讲历史课。他给我写了一封信，盛赞我的学术观点。
在战争爆发前，我们一起在埃尔曼科学出版社出版了一套丛书。
这套书其实只有一本书，即让－保罗·萨特的《激动的理论》
（*Théorie des émotions*）。

　　在伦敦期间，我们成了很好的朋友。他给我讲了他的家
庭、他的姐姐加布里埃尔·费丽埃思。我无保留地赞赏他的数
学哲学成就、他的精神力量和坚定的道德观念。我们在一起制
订计划、憧憬未来。但是，他在被盖世太保逮捕后惨遭枪杀。
如果他还活着的话，法国的哲学界和知识界就会大不一样，我
也可能少犯些错误。

　　在伦敦，我意识到自己是犹太人，别人也知道我是犹太
人。但是，尽管传说在戴高乐主义者中间有一些人有反犹主义
倾向，我却从未发现有来自上层人物的微小迹象。从我个人来
说，我不想在电台上谈论这个问题，以免为反犹宣传提供原
料，除非有特殊情况，例如在柏格森去世的时候。我宁愿默默
无闻、一贫如洗地回到法国，一如我从法国来时一样。从这一

261

点来看，我是做到了。

1944 年夏天，法国已经解放。在回国以前，我的精神状况怎样呢？我如何做一总结呢？我既感到内疚又感到问心无愧。我虽然没有在一个战斗部队里出生入死，但我为一项必不可少的事业做出了贡献：在法国的呼声受到压抑，或者说更糟的是遭到了歪曲的时候，我们创办了一份向全世界发行的法国文化杂志。按某些人的意见，这份杂志必须证实戴高乐主义最为正统。我没有这样做，今天我仍然坚信这是正确的。不论是在国内还是在国外，法国人并不是无条件地分成元帅派或将军派。这份杂志对整个戴高乐主义立了功，至少到 1943 年。杂志如果照将军的信徒们那种笔调和口气写文章，就起不了这样好的作用。

同时，我也审视我自己，审视我深居简出的习性。我是否有必要永远找到根据，或多或少巧妙地避开芸芸众生，超脱于所有党派运动之外？我记得一个德国大学生曾在 1933 年指责我无能"参与"（mitmachen），无能投入运动。

流亡生活越发突出了搞政治最令人不快的特征：阴谋诡计层出不穷，长篇大论喋喋不休，口蜜腹剑明争暗斗。对前途和各种可能性的争论没完没了。伦敦的经历已经成为我的政治教育的最后一课。在某种意义上，它尽管是第一次，但使我接触了许多搞政治的人物。我是由浅入深地学习这一课的。我对正在形成的历史中的所有神秘观点都有些过敏，这就决定了战后 37 年来我自己的命运。当一脚踏上法国的土地，心房怦怦跳动时，我才懂得这一点，但仍不及今天明确。我还需要若干年的时间来认知自己，或者更准确地说，来分清楚在我身上做研究分析工作和介入实际行动各占多大比例。

第八章 没有抒情的幻想

我用这个标题命名本章是讨论大战告终以及战后最初几年
的情况。"没有抒情的幻想"是反其意借用了马尔罗的一句话
（"抒情的幻想"），他指的是一场革命的初级阶段。当时，法
国刚解放不久，侈谈革命成风。《战斗报》头版标题下面，赫
然印着一条口号："从抵抗运动到大革命"。乔治·皮杜尔
（G. Bidault）也提出了"依法革命"的口号。这些文字游戏毫
无意义。

戴高乐将军本人在战争期间已决定支持各党重建。直到今
天，我仍然认为这是英明的决策，也是大势所趋。反正，共产
党转入地下后从未停止活动。从 1941 年 6 月开始，它便积极
参加对占领军的斗争。戴高乐将军既然许下诺言，把发言权交
给全国人民，换句话说，就是要举行选举，那么面对共产党，
自然有必要让其他党派及其代表人物也能够公开活动。莱昂·
勃鲁姆和社会党（工人国际法国支部）劫后余生，绝不甘心
把自己融入以抵抗运动或共和国为名的总体中。法国注定要陷
入即使不是制度对立也是党派对立之中。这种斗争被共产党采
取的策略所掩盖和扭曲了。当敌对战争继续进行时，共产党一
直支持戴高乐政府，一面动员工人忘我劳动，一面利用肃逆运
动，清洗工会联合会内部反对总工会的旧共产党积极分子或者
工团分子。共产党人当上了部长，便起用自己人充任要职，有
的至今还身居要津（如马塞尔·保罗一直主宰着法国电力总

公司）。

在我看来，抵抗运动的团结一致是骗人的。占领罗马尼亚、波兰和德国部分地区的苏联当局的所作所为，叫人对斯大林的用心不再有片刻怀疑。他和吉拉斯（Djilas）谈话时，用过这样一条公式：每一支军队都有自己的意识形态。从 1945 年 5 月开始，共产党与其他政党决裂已经不过是时间问题。戴高乐将军拒绝把关键性的部长席位交给共产党人，表明他对共产党和其他党抱有根本不同的看法。三党制——共产党、人民共和党以及社会党三大党联合执政——绝不能持久；三大党联盟一旦瓦解，这个三党执政的体制必然难以幸存。

党派斗争与肃逆运动，同样把刚刚恢复的民主时期的气氛搞得乌烟瘴气。在战争年代，不甚猖獗的通货膨胀突然抬头，仿佛脱缰之马。侵略者虽然被逐出国土，国家被肢解的创伤却未能豁然痊愈。恰恰相反，旧怨新仇，不同阶级、不同党派的不同倾向，越发泛滥成灾。普普通通的法国人在黑暗年代抱着种种希望，越是如此，等到现实不符人愿，人们心情便越发忧郁。5 月 8 日、9 日两日，首都气氛阴沉，我对此至今记忆犹新。如果没有记错的话，我和于勒·鲁瓦谈到过这种古怪的氛围：到处见不到丝毫奔放的激情。至少对欧洲来说，大屠杀业已终止，法国居然厕身胜利者之列，可是人民并没有团结起来，我们已经对前途充满了问号。1918 年 11 月 11 日，我只有 13 岁，父母带我们三兄弟到巴黎去。停战协定才刚刚签订，巴黎市民欢欣鼓舞，这场面使我毕生难忘。住宅、工厂、机关里的人一齐涌上街头，大街小巷挤得水泄不通。市民和工人混在一起，男男女女彼此拥抱，四面八方都高叫着"我们胜利了！""他们被打垮了！"。这样的国民大团结不过是昙花一现，可是至少表现出人们为法国人的英勇献身感到自豪，而对屠杀的终止感到宽心。我参加过不少示威活动，没有一次比得上1918年11月12日那一次在巴黎举行的示威，没有一次能把身份不同的法国人全体团结起来。这一天，他们并没有游行，只不过走在一起，生活在一起。

265

该不该补充这么一句话，虽然法国人在1914～1918年经过超群绝伦的大考验而奋发图强，但1940年兵败之后的崛起则更让人欣慰？

1940年7月，我在卡尔登公园遇见安德烈·拉巴特，这决定了我在战争岁月中如何生活。

另外一个决定是在既未反省又几乎没有认真考虑的情况下做出的。这个决定也影响了我一辈子。波尔多大学文学院院长劝我申请担任社会学教授，因为当时有空缺的教席。他保证让我获得全体同人的一致支持。我本来已经当选为图卢兹大学文学院讲师。后来，我失踪，从1940年到1943年，我的薪金都由妻子领取。其实，院长并非不知道事情真相。那么，我早就该去图卢兹，向院长和老师们表示感谢，感谢他们对我的家属的照顾。然而，我却没有这样做。原因何在，只有天知道。

1938年，我替波拿夫教授代课。整整一个学年，大部分时间，我都在图卢兹和波尔多两市之间来往奔波。这种做法如果没有特殊理由（比方说，夫妻二人分居两个城市），至少在纸面上是不允许的。可是，院长和行政部门都视若无睹。回想起来，这个院长约我任教，并没有提及任何关于居住条件的问题。也许是1938年我在波尔多任教时给他留下的印象不算太差，也有可能是因为犹太人受够了迫害，在某一时期，居然在某些阶层中获得优遇。在大学里，同情敌伪的人屈指可数。可是，在别处可不一样。哪怕在德国的战俘营里，好些信奉天主教的大学人士都或久或短地拥戴过贝当元帅。让·吉东（Jean Guitton）便是此辈中人。

1939 年 8 月，我受命在图卢兹正式任教，颇为踌躇满志。1944 年，我本来可以在图卢兹和波尔多两市中选择一处。我以往由于犹太人的身份曾被除名。这时候，我如果提出申请，理当恢复原职。但是，我自我剖白，把问题归于居所。因为我和巴黎的友好相知中断联系已有五年之久，担心远去波尔多近乎流放，新交同人，除极少数，几乎素昧平生。1938 年，我对院长安德烈·达尔蓬是敬重的。1940 年 6 月，我乘船去英国以前，曾简短地和他谈过话。罗马史学家威廉·赛斯顿（William Seston）和我经常来往。他信奉基督教，跟我谈得来。我之所以不愿意在波尔多定居，也因为生活与教学分在两地，来往奔波，未免腻味。每星期拿一天半用于教学，够吗？合适吗？

这些道理，到底是否体现了我主要的动机？说得粗暴一些，我是否感染了政治病毒？不能说我一回到法国，便做梦也想从政。我平生所学，本该任教于大学。自己的向往，父亲的遗教，也都使我倾向教学，然而，我却决计改行，之所以如此，无非是我这个人变了。在伦敦的年月，我从事新闻工作，常与大人物接触。这逐渐改变了我的性格。其实，我所认识的大学生活，以及预先猜想得出的大学生活，都让我感到厌倦，这是我对自己也不肯承认的。向几十名大学生讲解《自杀论》与《宗教生活的基本形式》，这在 1938 年的时候的感受和后来的回忆迥然不同。在 1938 年，我在之前的四年写了三本书，完工以后，休息休息，并不亏心，好比电池需要充电。成果虽然微不足道，可是，父亲如果多活四年，肯定会十分高兴。1944～1945年这两年，我另有雄心，暂时放弃了今天我所谓的天然归宿。我是想参加全国性的辩论，为祖国效力，免得国家再度没落，徒增愤激。国家方获解放，正当百废待举。

我在伦敦曾经力主建立自由的民主体制，而这是我在法国哲学会猛烈抨击过的。新建的共和国能否摆脱遗传的顽症，免蹈前车的覆辙？对于经济的无知，会不会再使执政诸公重犯类似1930年代的错误呢？法国怎样才能适应帝国时代，适应新的国际关系，使这种关系不再局限于欧洲，而将以世界为范畴？我不认为事隔37年，我还是在吹嘘自己。我当时立志积极参加祖国的建设，绝不是写一本《社会科学导言》，或者写一篇论马基雅维利的文章。今天正值盛年的三四十岁的朋友们，很难想象我这一代人胸中夹杂着的羞愧和民族志气。戴高乐时代并没能洗净1940年的亡国遗恨以及从前的败落年代。第三帝国的败灭给了法国一个机会：这个机会，绝不可与之失之交臂。

该不该再归罪于新闻工作的诱惑力呢？伦敦和"自由法国"年代，给我尝到了新闻工作不太费力的甜头。写一本严肃认真的书，需要花几年的工夫。公众的反应，要过好几个月才能传到作者的耳朵里。尽管我真正的雄心壮志尽属知识方面，可是在一个时期中，毕竟敌不过为国效力的梦想和政治的感染。

我很少自问，如果在波尔多任教，然后调到巴黎，不在1955年而在1948年就调来，那么我的一生和事业又会是怎样的？凡是我写的书，几乎全都体现出我对时事的关注。《大分

267

裂》一书之所以问世，无非因为在评论国际政治时必须纵观世界，才能有那么一种背景认识。《大分裂》一书，继之以《连锁战争》，一方面回答批评，另一方面更深入地研究世界局势给我提出的某些问题。我比较喜欢另外几本书，如《知识分子的鸦片》《国家间的和平与战争》，但这些书仍然离不开正在形成中的历史，尽管我在写这些书的时候，老想超然遐举，不甘心局促于亲身的经验和嗫嚅趑趄、反反复复的时运和世道。

交代过了这些情况，我也并不能肯定假如 1945 年仍回大学任教，我就会单纯地重操旧业，捡起战前最后几年的研究工作，仿佛战争仅仅是一个括号内的内容，并没有对我本身起到什么改造作用。到了 1944~1945 年的我，很难想象再会写什么社会科学导言了。1939 年我喜爱的，也许会酷嗜的科学认识论，到了 1945 年几乎再也引不起我的任何兴趣了。激发我的哲学好奇心的，不再是接触现实的方式方法，而是现实本身。在战后年代，要我摆脱时事动态，非得下一些自我强制的工夫不可。时历 10 年，到了 1955 年，事情就不一样了。这时候，我想重回大学，已经不是贪什么在巴黎大学任教的名望，而在于借此摆脱全部或部分的新闻工作。我在《费加罗报》搞了几年，又觉得和父亲一样，自己正在分散精力，走向绝路。

在我看来，我从事新闻事业，要到 1946 年 3 月加入《战斗报》才算开始。《战斗报》产生于抵抗运动，社长是帕斯卡尔·皮雅（Pascal Pia）。1944 年秋天，我回到法国，过了 18 个月才到该报工作。这 18 个月只给我留下一些杂乱无章的回忆，很难清理，回想起来，我甚至有一种虚度了光阴的感觉。最初几个月，重归故土的乐趣以及"自由幻觉的破灭"都给了我浓厚的感觉，因而我向《现代》杂志投稿，重新用了原先的标题。

西蒙娜·德·波伏娃记叙了萨特跟我重新交谈时双方是多么激动。从此以后，我们不再谈论哲学，但气氛总是充满了友情，真是久别重逢，一见依然亲密无间……

萨特为《自由法兰西》写了一篇美不胜收的文章，题为《占领下的巴黎》。因为我限期很紧，他便服了兴奋剂，把文章一夜写成。就在那当口，限期放宽了一两天，可我没来得及告诉他。等到他来交稿，我才跟他说了。他回应了一句："混蛋！"当然，是我的不是（也许那时候，我没法跟他通话）。可我也不免为之一震——倒不一定全为这件事——觉得他的反应多么像个道学先生。他仿佛天生的康德派，老计较人的动机，却不怎么考虑事情本身。他把别有用心派给别人，不管对或不对，老是一语定谳。

另一件快意事是故交重逢，我在前几章里还没有提过这一番友谊。这绝不是说在我心坎里和生活中，它并不怎么重要，我该说恰恰相反。科莱特和让·杜瓦尔二人都同我的研究工作没有多大关系。科莱特在跟让·杜瓦尔结婚以前，便和我在夏蒙尼山的普拉兹村初次相逢。通过她，我才结识了让·杜瓦尔。我在孔多塞中学的同学菲力普·希沃勃（Philippe Schwob）跟科莱特的哥哥有交情。他叫米歇尔·勒热纳（Michel Lejeune），研究希腊文化。菲力普也许跟勒热纳的另一个兄弟——让·艾菲尔（Jean Effel）也有交情。让·杜瓦尔和让·艾菲尔既是同事又是朋友，而比一切都重要的是，他为人十分可亲。他那样蕴藉风流，如果不用幽默的风度把内心

269

的情意和对人的胸怀悄悄地掩盖起来，那我一定会自惭形秽，觉得不如多瑙河畔的一名耕夫。让·杜瓦尔和科莱特真是天生的一对。只消跟两人中的一个成了朋友，必然也会跟另外一个结为知交。那一年，我家住在勒阿弗尔，他们两位来住了两天。有时候四个人一起谈，不过常常是两两攀谈：让·杜瓦尔和科莱特中的一人和我们夫妻中的一人谈天。

战争期间，他俩一直住在原来定居的太子街，现在他们的儿子安德烈住在那儿。他俩都参加了人文博物馆的抗敌组织。他们幸免于难，纯属奇迹。盖世太保探听到太子街有约会的场所，便叫一个嫌疑犯沿街走过，只要这人稍露声色，神情稍异寻常，约会地方便马上露馅。可是，那个被俘的嫌疑犯经住了考验，救了他的同志们。

马尔罗也认识杜瓦尔一家，并对他们很为看重。有一天，他跟我从杜瓦尔家出来，他议论他们说：这两人人品高尚，职业必定也高尚。他俩学识优长，洁身自好，不陷入政治或文学的丛林法则、世俗斗争，而只想把文化遗产一代一代传下去。他们的儿子安德烈是"文化革命"和人文品格扫地的牺牲品，他不再像他的父亲那样热衷于这件默默无闻而又必不可少的传世工作。他父亲虽然以文化积累为己任，但也不肯把身心全部投入。他谈诗绝妙，门生子弟爱他，佩服他。而他呢？他念念不忘写一本书论维克多·雨果，可是，赍志而殁。他去世后，人们发现他经常写心得笔记，但不是每天都写。马尔罗认为，心得笔记慢慢地吞噬了作家。但这不足以解释杜瓦尔的情况。他与妻子情深义重到极致，工作顺心，与知交往来密切，虽然苦于内心矛盾，却连自己都不肯承认，既乐此不倦，又暗中肠断，矢志不渝，毕其一生。科莱特为儿童写作，引人入胜，国外传译，不可胜数。她孀居多年，始终心曲相通，青春常在，好与孙辈为伍。我时常责怪自己最后几年与他们谋面不多，然而，每逢叙旧，时间呀，远道呀，顷刻烟消云散，叙旧倾吐积愫，交谊愈深。

萨特发表了《恶心》一书，文名鹊起，但在1938年，声誉还限于文学界。到了1944年，他的思想、生活依然如故，但已名扬天下。《存在与虚无》问世，继《苍蝇》之后，《禁闭》剧本得以发表了，戏剧受到了观众的大加赞赏。存在主义红运开始，圣日耳曼德普雷的咖啡馆也应运而生。萨特非但不唾弃政治，而且断然投身其间。他想结识共产主义，但又有点保留。他虽然投之以桃，对方却很少报之以李。安德烈·马尔罗变了，但对知交未改故态，反正对我一如既往，情谊蕴藉，态度坦率，但他对于共产主义的反感，叫我十分惊讶。这种反感简直可以说是仇恨，而他却从来不肯说明是因什么"改变信仰"。

在战争期间，我只接到过他的一封短信。那时候，他住在法国南方，在写《斗天使》。记得信里面有这么一句话，当然是意思而不是原字原句："有人说我要加入巴黎的《新法兰西评论》，这事连谈都谈不上。"他到1944年才参加抵抗运动，但从未受到合作派或维希派的诱惑。1944～1945年冬天，他时不时来巴黎，劝告抵抗运动的联合组织要对共产党的策略提高警惕。他那时候还没有决定拥护戴高乐将军，或者应该说，还没有选中戴高乐作为自己的领袖。他有点鄙视文坛扰攘、刊物蜂起（萨特筹划创办《现代》杂志，他知道得一清二楚）。

我自愿脱离大学，继续与《自由法兰西》杂志合作，一直到1945年年中。只要还需要我，安德烈·拉巴特便想拉拢

271

我，甚至向我表露情谊。他能演戏，断断续续也有些真心实意的时候，他对我的情谊，充其量是在他力所能及的范围之内罢了。我不过是企业里拿工资的人。在他没法不答应我的要求的时候，我并没提出要什么特殊待遇。1943 年年底，我和他在政治和个人方面的分歧愈演愈烈，拂袖而去已是我唯一的出路。那时候，吉罗将军彻底失败，想沐猴而冠，模仿《自由法兰西》杂志在美国办一份英文杂志。我为《自由法兰西》杂志出过不少气力，对这个刊物很有感情，一旦离去，心中很不是滋味。在今天看来，那时候的牢骚未免可笑。负责一家杂志社，分量可不轻。事业虽然昙花一现，我却付出了许多时间与精力，其实，我本可以而且应该腾出时间，搞一些更有内容的工作。

就政治而言，在这期间，我是局外人，或者是边缘人物，已经没有什么反不反对戴高乐主义的问题。戴高乐上台执政，得到了重建起来的党派和各个抵抗运动的支持，所以，联盟内部最占优势的是左派的思想和组织。戴高乐以双重面目出现：一是能把法国人民团聚起来的人，一如四年前，在 1940 年法国大多数人也曾团聚在贝当元帅的周围；二是顺应民心，重建国家，抵制共产党人。那时候，共产党利用肃逆肃反，借口执法申冤，清除异己。

我当时似乎已经认定，一旦搞起选举的把戏来，抵抗运动不会有多大影响。各个政党却将很快扮演其传统角色。我在两篇题为《革命与革新》的文章里①表达了我的这种看法。"革命"这个词 1944～1945 年在巴黎十分时髦，可我却撇开了这

---

① 见 1944 年 10 月号和 1945 年 8 月号的《自由法兰西》杂志。

个词，因为在我看来，根据法国的历史和地理位置，这个词是
没有意义的。关于抵抗运动，我在 1944 年 10 月号的《自由法　272
兰西》中写道：

　　在开始阶段，抗战运动正起着或者将要起第一流的作
用，它将支持政府，正如政府也将依靠它。但一旦举行选
举，它就将碰上各党各派……把"战斗组"和"解放组"
变成政党，这是走方便的道路，大概会搞得一塌糊涂。把
抵抗运动搞成独一的政党，那是纯属幻想，因为同心同德
为法国战斗的人，在政治上并不一致……抵抗运动不会带
来新的政党，只会生出新的人员……

1945 年 8 月，我说明了为什么法国并不是处在革命的前
夕。至于共产党呢？

　　我深信在西欧当前的历史阶段，共产党的时刻还没有
到来，它只能够利用重新争得的合法地位以及各种形势，
提升自己的地位，保持队伍的热情，安定队伍急切的心
情。至于抵抗运动呢？某些成员往往爱讲些极端的话，旦
夕之间，他们会不得不把赞成和反对翻一个个儿。昨天最
关心的是隐蔽和神秘，今后却需要在光天化日之下做宣
传。地下活动的规矩是神不知鬼不觉；搞政治的规矩则是
越出名越好，姓名不能经常见报的人便不是从政人物。

此外，我大致勾勒出必不可少的革新的轮廓，不用革命，
只在议会制度的范围内进行。

正是在一份画刊《观点》周刊上，我发表了试搞新闻工作的处女作。只要一回想，我便觉得不好意思，甚至感到羞愧。我为什么肯在这样一份刊物上写社论呢？必须回忆一下解放几个月以后的巴黎，然后是第三帝国的投降。除了《费加罗报》，战前一切报纸都已经停刊。新报名称一一出现，有的把原先有名的报名割开来，保留一部分（例如《解放了的巴黎人》《法兰西晚报》等）。《战斗报》原来是抗敌组织的一份地下刊物，这时候公开成为日报。在这时候，报纸的销路极好，不少抗敌人士也出来办报。就是科尼格里翁－莫里尼埃和马塞尔·布路斯坦（Marcel Bleustein），他们两人劝我为《观点》周刊写文章。这家刊物的东家叫吕西安·拉希林（Lucien
273 Rachline）。他原以制造床垫、床褥为业，后来在地下斗争中担任过指挥员。皮埃尔·戴卡佛（Pierre Descaves）担任总编辑。不管他们给了我什么名义，反正我扮演的角色很快就只剩下写文章。文章的规模和性质，大致跟我后来在《费加罗报》上写的没有什么大差别。

我重新看了一些自己写的而且已完全忘掉的文章。其中有些想法在今天已经平淡无奇，也许不如说，在今天已经家喻户晓，可在当年却与舆论有抵触。首先，我屡次致力于说服法国人，别再对德国老是那么梦魂不安。因此，我在1945年4月4日写道："咱们法国人仍然一提到德国问题便梦魂不安，仿佛世界仍然在绕着欧洲转。弗拉季米尔·多麦颂（Wladimir d'Ormesson）先生劝我们不要再犯1919年的错误，他建议退后三个世纪，重新瓜分德国。1945年将成为德国的1815年。"停战几个星期后，我便揭发占领军当局禁止士兵跟当地居民讲亲善。我说："西方态度严厉，变本加厉，特别是在口头上。

荒谬绝伦的反亲善禁令竟想保持下去。戈林（Goering）也罢，罗森堡（Rosenberg）也罢，都还没有被审判，而英军、美军的小伙子们却不许向 5 岁的娃娃笑一笑……"

惩罚德国吗？这正中了希特勒的下怀。面对残破的城市、毁灭的经济、成百万的难民，胜利者肩上有历史赋予的重任。不管愿不愿意，必须把打倒的敌人扶起来，并且承诺给他们一个前途。"疯狂至极的希特勒比一个强硬的'范西塔特男爵'式人物更残酷地重创了本国人民。据《新苏黎世报》，轰炸德累斯顿造成了 20 万伤亡①。"（1945 年 5 月 4 日）从此以后，我再也不信谁能恢复德国的统一。"每个人所等待的，不是统一，而是旁的东西。英美希望分界线上关闭了两个多月的铁幕终将有一天能被揭开。可是，俄国人却认为有机可乘——正可以借此机会，把自己的观念、自己代表们的行动推行到西德。是谁的收获大呢？"这时候，"铁幕"一词尚未流行，我认为，丘吉尔尚未使用这个说法。 274

我觉得，德国的分裂为期必长，故而法国与西德接近，势所必至。这种想法尽管出于最基本的理性与常识，可在当时却听起来近乎诡辩，或者是故作惊人之笔。绝对的反德情绪至少在表面上还在鼓动着法国舆论界。所以，戴高乐将军和他的发言人都要求仿照苏联在东境的所为，对德国的西境再来一次瓜分。过了几年，戴高乐当上了法兰西人民联盟的主席，还照旧拾起"永无帝国"这个口号。安德烈·马尔罗也拥护这一观点，并在与詹姆斯·伯纳姆的公开谈话中接过了这个口号。

---

① 实数高达 30 万。后来，英国人也谴责这一不人道的举动，认为这一举动在军事上无法辩解。

我在《现代》杂志上写了三篇文章：《自由幻觉的破灭》《事态以后，历史以前》《社会主义的机会》。最后一篇为法国社会党指出了一种远景，或多或少有点类似英国工党选举获胜后的前景。我在这篇文章里提出了一个想法，尽管在当时是真的，而且在今天仍然是真的，我却宁可把它忘掉。社会主义在法国没有真正的机会，除非它一厢情愿，不与共产党结成联盟，宁可成为社会民主党。在《自由幻觉的破灭》一文中，我重新回顾了对戴高乐将军外交政策的头一次评论："在物质上，我们将主要依靠我们的美国盟友。所以，对我国的独立的'外来'威胁，来自西方而不是东方。由于这种感情上的逻辑，法国政府标榜自己有绝对的主权，厌恶妥协让步，尤其对于自己最需要依靠的人。"这些话吞吞吐吐，亦写得别别扭扭，针对的是法国外交政策的反美立场，而这种立场正是受戴高乐将军启发授意的。

时当1945年10月，我从此发表的想法便遭到各方谴责，并以有亲美之嫌出了名。我说："我们真正的独立自主和行动自由，首先要求振兴祖国，而不是什么主权问题，因为不管怎么样，我国的主权在法律上是完整无缺的。对于国家前途来说，国家的振兴比一些外交上的成就更加重要。"

可是，在当时，只有美国才具有必要的资源能提供我们奇缺的原料和机器。我说，在这个意义上，美国的友谊对我们起决定性的作用。然而，在千疮百孔的法国，反对美国的"侵害"的宣传却已经掀起。今天，大家都已经明白，到底是谁说对了。正是美国的"侵害"加快了法国和欧洲的经济复苏。

算我有造化，所谓"清洗"运动，我一点儿也没沾边，或几乎一点儿也没沾边。教育部成立一个委员会处理大学教师的案子，我奉命参加，但发下来的案情文件很少。我只记得有一桩莫里斯·巴尔戴希（Maurice Bardèche）的案子，可又转到中等教育委员会去了。① 然而，我仍然写了两篇文章，论说清洗运动的原则与矛盾。一篇文章论贝当的审判案，登载在《现代》杂志上。另外一篇则作为《法国纪事》的结论，以《末记》为名，登在《自由法兰西》杂志上面。

贝当审判案的几页文字却在先期挑起了论战，从战后一直持续到现在。

第一种说法：审判和清洗运动，一并属于"革命公正"，不同于一般意义的公正。"临时政府产生于起义，并非人民选举出来的。临时政府所控告的人，却掌握了由法国人民选举出来的最后一批代表授予他的立宪权，这是至高无上的权力。"下面又说："当国土沦陷之际，侈谈一国元首与敌人斗智，可谓纯属空谈法律。"

第二种说法：要么在起诉方面，谴责维希政府的政策有损名节；要么指控这项政策违反了国家的利益。起诉人选用了后一种理由，辩护人便大做文章，渲染被告贝当元帅如何尽心竭力保护法国人民。要不是颠倒是非，谁能相信贝当元帅投靠纳粹，为的是残害百姓？

第三种说法：起诉人虽然没有把停战议和作为罪状，但是，证人证词却谈得很多。他们中间某些人企图证明这样一种说法：当时有一种阴谋，即乘丧师覆国之机，拥立贝当元帅掌握政权。可是，这些人只能提出一些泛泛的猜想。老人默不作

276

----

① 我很想查看清洗运动的档案，结果白费气力，因为这些档案还没有向研究人员开放。

声，"与其说他负有战败的责任，倒不如说他是战败后让人推举出来的头面人物"。第三共和国的政治人物则提出一些缺乏说服力的自我辩解。

第四种说法：到了1945年，赞成与反对停战议和的不同论点还像1940年那样继续交锋。军事投降坐使全军沦为俘虏。北非几乎全无装备，那它有无力量进行自卫？相反的论点则强调，海军、空军和帝国属地还可以参加斗争。而我提出的论点，今天往往已为人们所遗忘。我说："人们根本没法知道希特勒会不会通过西班牙往北非进军（如果法国政府退守到那里）。也没有人能知道，在这种情况下，我们能否'坚持守住'。就算守住了，希特勒到1941年能否放手让英法联军控制地中海而去进攻俄国，也大可怀疑。如果停战议和间接使红军的介入提早了，那么对于盟国的大局来说倒是有利的。"我还大胆提出了这样一个公式："就事实而言，决定停战议和在事后看来是可以辩解的，因为后果是良好的。"但是，我毕竟补充了这么一句话："……法国的声誉和精神团结受到停战议和的打击，却始终没有完全恢复。"

第五种说法：关于犹太人问题，贝当元帅的辩护人都主张两害相权取其轻。"当然，非占领区曾经庇护了许多以色列精英……如不停战议和，犹太人大概会吃更大的苦头。但是谁敢说这是札维埃·瓦拉（Xavier Vallat）、夏尔·莫拉斯或达尔吉埃·德·贝尔布瓦（Darquier de Pellepoix）等人的用心所在呢？"人们又碰上了动机与后果之间的暧昧关系。

277　　　　第六种说法：关键时刻不在1940年6月，而在1942年11月。如果贝当元帅在1942年驻节阿尔及尔，那么许多惑于他的威望而误入歧途的善良法国人就会重归祖国，抵抗敌人。可是他逗留在法国，不断向政见不同、从事抗敌之人发出谴责，这就断送了全国人民的大团结。他骗德国人已经不行，骗法国却余焰未烬。

我在《末记》一文中，进一步详论"从停战议和到全民起义"，指出有必要将对悲惨年代的当事人的两种判决区别开来：一是历史的判决，二是法庭的判决。不论停战议和是不可避免的还是十恶不赦的，拯救海军和海外属地终究是当务之急。爱国志士理应坚守岗位，以便阻挠通敌合作之事，促使法国重整旗鼓，投入战斗。犯罪的是那些从1940年到1942年11月为通敌合作特别卖力的人。至于追随一个显然具有合法性的政府的人，却不能一概而论。

我只想顺便提一提我和阿尔弗雷德·法布尔－鲁斯彼此通过的信。因为我在两篇文章里点了他的名。我在伦敦的时候写过三篇文章，一篇有关亨利·德·蒙太朗，一篇关于雅克·夏尔多，一篇关于法布尔－鲁斯。

到今天冷静下来，这三篇文章我是一篇也不会写的。这几篇文章收在美国出版的一部文集上，文集叫作《人类反对暴君》，由雅克·马利丹主编，解放后在巴黎出版。后来，法布尔－鲁斯一再阐明他从1940年到1944年采取的立场，先后出了三卷《法国笔记》。当时，第三卷尚未问世，我只议论了前两卷。至于1941年年底出版的《新欧洲文选》的序言，我如果在伦敦的时候就能拜读，不免会义愤填膺。后来，我俩经常在同一阵营中相会，我觉得大可不必重提往日的论争。勒南（Ernest Renan）认为善于忘记是政治上必不可少的美德。我希望鲁斯的善于忘记和我一样不费气力。

毫无疑问，我在《观点》杂志上发表的几篇拙作，没有

在巴黎的文坛与政界引起任何注意。安德烈·马尔罗把我从误入的死胡同里拉出来，约我去他的办公厅主持工作。这是

278 1945 年 12 月戴高乐将军在制宪会议选举以后设立起来的新闻部。这是我平生第一次，也是最后一次做官。这官职也没有什么了不起的。新闻部职权有限，办公厅主任更不足道。可是，必须补充一句，该部的秘书长是沙邦·戴尔马。用这样三个人搭班子有什么意义，真算得上是以牛刀杀鸡！

这个部的寿命不过两个月。12 个月后，马尔罗制定的计划一个也没有来得及实施。1945 年年底，中心问题仍然是：批准刊物出版，分配纸张，处理被勒令停刊的刊物以及解放后被封闭的印刷厂。对于那些以敲诈为业的报馆，特别是在外省营生的，我是毫无好感的。旧东家被抄了家，抗敌分子接管过去，旧东家也许是咎由自取，不过其中好些人并没有过堂吃官司；抗敌分子难道就该借此发迹，只消把战前独霸一方的报纸稍微改一改名，便坐享其成吗？地方大报本来是法国报业中办得最兴旺的，新东家接管过去，只把原名略加改动。有时候，抗敌组织把企业的股份一分了之，并没有从中得到实效。也有另外一些情况：抗敌分子将原来的业主取而代之。

安德烈·马尔罗来到弗利埃朗街的办公处，乱哄哄的报馆易主已为既成事实。除去少数例外，战前的报纸都已经换了人，改了名。《巴黎晚报》改为《法兰西晚报》，产权不归让·普鲁沃斯特而归了该报的头号人物皮埃尔·拉扎雷夫（Pierre Lazareff）。让·普鲁沃斯特则经《法兰西晚报》驻伦敦社长柯迈尔（Comert）的批准，创办了《巴黎竞赛报》。新刊物出版伊始，度日维艰，后来蓬勃发展过一阵子仍归没落。这个雄狮般的报业巨子，临终时不得不把他的宝贝卖掉。买主

悉心经营，重新做成了一笔好买卖。这件事并不怎样中我的意，也和我毫不相干。有几个吃过亏的人来找过我，其中有雅克·沙斯德奈（Jacques Chastenet）。我毫不含糊地对他说，《现代》杂志已经不复存在，《世界报》搬进前者的办公场所，取代了它的位置。我不想对这个取代本身做什么判断，我只是肯定，这事已成定局。 279

办报刊需拥有出版许可证和配给纸张，这马上引起了论战。有人说，办报刊要得到批准，这是退回到第二帝国时代，也许会后退得更远。有一天，总理办公厅指示我们，准备取消这项规定。动机当然值得赞扬，但并不能为恢复正常的自由制度而排除真正的障碍，这个障碍就是纸荒。只要纸张仍由官方配给，取消出版许可证就是没有意义的，除非新的刊物一领到出版许可证，便自动有权领到一定数量的纸张。我就是在新闻部的办公室里认识了路易·加布里埃尔-罗比内（Louis Gabriel-Robinet）。当我提前一天告诉他戴高乐将军决定引退，他显得十分吃惊。马尔罗和我商量好了，准许《费加罗文学报》重新出版。

我在新闻部宛如过客，只做出过一个比较重要的且我认为是对大家都有好处的决定。当时，马尔罗并没有过问，可是决定已经太晚。加斯东·德费尔（Gaston Defferre）接任新闻部部长，推翻了我的决定，另采取解决办法而我认为这些办法不合情理。其后果可想而知。几百家印刷厂被公家没收了，有的就眼睁睁地被一些或真或假的抗敌组织没收了。新闻部一个法律专家主管新闻法，他倾向社会主义，拟了一项计划，由我审批，可我认为，他的办法非常简单，但也十分不合时宜。他的主张是，把这些印刷厂一律收归国家所有，组织一家公司独自经营。我反对说，这家准国有公司恐怕完成不好交给它的任务。它需要维修和更新复杂多样的设备，由独家经营，相隔太远，消息不灵。我建议制定一条完全不同的法律，把印刷厂都卖给新的报业公司，国家逐渐卸下这副担子。我们既然要恢复新闻自由，那么把印刷厂收归国有，就是和我们计划的精神不相符合的。新闻部的那个法律专家的意见和我的相左，却在德费尔那里得到了支持。

280　　这短短几个星期给我留下些什么印象呢？首先是我每天不得不接见那么多人。也许，求情请托的人那么多是因为新闻部的权力过滥？其实，说这些人求情请托，未免冤枉，因为他们要求的往往不是什么恩宠，而是一些方便。在正常情况下，这些方便本来是用不着恳求乞讨的。可不可以再补充一句：我觉得在部里工作 10 小时，反不如读 4 小时《纯粹理性批判》。另一个印象也许比较平凡，然而我却难以忘怀：机关衙门或者部长办公厅里，不同成员之间，彼此倾轧，争面子，争办公室，争汽车。新闻部匆匆成立，机构臃肿，大概是漫画式地刻画了一般政府机关的常态。是否还得补充一句，部长办公厅在两个月的时间里也膨胀起来？曾经在抵抗运动中领导过情报二处的阿隆 - 勃吕纳梯尔（Aron-Brunetière），跟我们相处几个星期以后便回去重操医业。在戴高乐将军辞职的前儿天，让·勒卡努艾（Jean Lecanuet）来此就任或就任未成。

　　关于新闻部部长，我还有一句话要讲。从 1958 年开始跟他一起工作的人，对他的认识比我清楚得多。但是我的一些简短见闻，也还可以引起某些人的兴趣。马尔罗走马上任时，对于运用公共权力的知识还不如我，大概连法律与法令和部令的区别都一无所知。才短短几天，他便懂得了自己该知道些什么，于是便同样飞快地熟悉了文件，尤其是那些新闻记者最爱探听的文件。他为自己规定了严格的时间表，照预约接见记者，分秒不差。他有根有据地答复记者提出的精细而明确的问题。一般的记者都感到吃惊，而像乔治·奥尔特曼（Georges Altman）那样的记者，却为马尔罗只掌握无关紧要之事而感到遗憾。尽管他有点神经质，但对于部下从不发急。有时候，他也不免叫我为难，因为他答应给这个人安排工作，给那个人好处，然后让我负责执行，不至食言。可是，办得到办不到却不尽在我。

　　这便是我和罗曼·加里"反目"的缘故。我在伦敦认识了加里的才华，与他有了交情，而马尔罗和我一样，想请他担任法国驻伦敦大使馆的文化参赞。按照马尔罗的习惯作风，他告诉加里说："事情已经办妥。"殊不知此事尚待征求戴高乐将军办公厅的同意。主任加斯东·帕列维斯基认为加里过于轻率，或年纪太轻，不宜担任这个职位，而由我去通知他本人。一天上午，我的工作特别烦琐，我拿起电话来，口气生硬，很不应该。我对他说，伦敦的事不用打算了，还是同意给你另做安排吧。好几年来，他一直错怪了我。罗杰·马丁·杜加尔在几封书信里提到加里讲的关于我的一些话，但在加里去世前好些年，这个误会早已烟消云散。

281

　　戴高乐将军第一次执政结束后一个月，我进了《战斗报》，它在当时是巴黎文坛和政界最负盛名的报刊。阿尔贝·加缪写的社论声誉鹊起：此乃一个真正的作家在评论时事。编辑部里聚集了知识界名流，抗敌甫终，大家还没有重返各人的自然岗位。比方说，阿尔贝·奥里维埃。还有雅克·马尔洛-

邦蒂（Jaques-Merlean-Ponty），他是莫里斯的堂兄弟。他写了《20世纪宇宙论》以后，在南代尔大学教哲学。又如皮埃尔·考夫曼（Pierre Kaufman），也在同一大学教哲学。还有亚历山大·阿斯特吕克（Alexandre Astruc）及罗杰·格尔尼埃（Roger Grenier）等作家和哲学家。编辑部一隅之地，居然容下了这么些人杰，真是人地太不相称！我对新闻部也有同感。大概这些作家教授都怀着和我类似的心情，一时不肯回大学任教。

至于这班人马的头头，却与流行的看法相反，从来也没有轮到阿尔贝·加缪，而是帕斯卡尔·皮雅，一位不同凡响的人物，就其外在形象和公开行踪来看，谁也猜不透他曾经干过些什么，将来还能干些什么。他和马尔罗交好，马尔罗曾将一部少年作品题赠给他。他的文学修养深厚，虽不善于创作，评论之才却罕有伦比。大家都敬重他，可正如雅克列维奇所说的"不知为什么"。要说他在抵抗运动中的资历吗？别人并不比他浅。是谦虚吗？也许。他是报社社长，理论上是，实际上也是。他正如我们大家所说的，从早到晚，孜孜矻矻，一个标点符号和错别字也不放过。是不愿意"发迹"吗？尽管《战斗报》给人那么多机会来露头角、显身手，而他却一味只想隐姓埋名。为什么那样留恋幽谷？我们这班人马对此颇有议论。有人说，他擅长史学，深知盛名不足为凭。他见过一个作家，身后萧条，而其作品精髓却为另一名家剽窃成书。这种解释过于言之成理，反而不太可信。我实在对其难测高深，而许多人对他比我熟悉得多，也不见得比我看得更透。

加缪比他年轻，曾得到他的保护。1947年年初，《战斗报》度日维艰，加缪却回来了。他俩的关系逐渐紧张起来。

加缪励精图治，对报社的前途发表意见，仿佛他是社长或创办人。这不算侵犯皮雅的权力，因为皮雅根本不用他的权力。后来，报馆的产业一半转让给一个突尼斯商人，名叫斯马贾，由克洛德·布尔岱（Claude Bourdet）担任政治领导，他俩便一同离去。帕斯卡尔·皮雅先走戴高乐主义道路，然后在《十字街头》上写文章。这是阿摩利办的一家周刊，一天一天地靠拢极右派。他在加缪接受诺贝尔奖时，跟一些人大加指摘加缪，也和别人一道指责我，说我想把"黑脚"（阿尔及利亚的法国居民）打进集中营，因为我主张阿尔及利亚独立。也许，他在自己选择的幽谷中日子过久了，不甘被冷落。也许他痛感自己的才能未能充分发挥，从而把对自己的怨气向别人发泄。今天，我想重新提一下帕斯卡尔·皮雅在 1946 年 3 月的情况。在那时候，群英云集的一套班子公认他是社长，而他却欣然致力于吃力不讨好的工作，让别人露头角，自己则躲避名声且唯恐不及。

正因为帕斯卡尔·皮雅的邀请——可能出于马尔罗授意——我才开始经常为《战斗报》写文章。[①] 我为该报写的开头几篇文章谈论了 1946 年的各党各派。我也不太知道为什么这几篇文章居然引起了注意。阿尔贝·奥里维埃和另外许多人向我祝贺，意中不无惊讶，于是在新闻界的小圈子里，他们一下子便给了我地位，而战前我写过的书却不为多数记者所知悉，所以也不可能为我在新闻界取得什么地位。我成了名副其实的社论作家，而不再是什么"专栏作家"。社论由奥里维埃和我轮流着写。还有一个记者也写，但不如我们俩多，他署名

283

————————

①　由于帕斯卡尔·皮雅的邀请，我从 1944 年 10 月起为《战斗报》写文章。

为马塞尔·吉蒙。我写的社论登在头版左行。

1946 年春天，围绕制宪会议起草的宪法、共产党与其他党的关系、经济的困难、跟胡志明的谈判以及大到本土和法兰西帝国——那时已被称作法兰西联盟——的关系这样的话题，辩论展开了。

关于宪法问题，我为 P. 维亚奈的法国防务出版社写了一篇论文，题名《法国人面对宪法》。论文的前一部分由一个青年法学家——我并不太认识他——简单地叙述了 1789 年以后法国历次制定的宪法。第二部分则由我更加简短地谈谈即将制定的新宪法。我对这篇东西十分不满，所以最近 20 年来，我的这个或那个助手都没有把它列入著作清单。几天前我找出来重新读了一遍，感觉还不错，有点儿出乎意料。

我倒不是说这篇文字有什么独到之处。一些见解不外乎空中楼阁，在当时相当流行，而且制宪诸公也未加采纳，例如：通过选举的方式，加强共和国总统的权力，总统不需要获得参议院同意，有权解散议会，政府有权终止议会讨论，并且有权加强对议会工作的监督。对于两轮制记名投票，我虽然赞成，但并不坚决，想不到后来居然成功了。我还借用了一些贾吉埃－布吕耶尔的建议，也就是米歇尔·德勃雷（Michel Debré）和埃玛纽埃尔·莫尼克他们俩的建议。

我犯了一个根本性的错误：没有开宗明义地指出制宪时期的政治背景，即一返回法国便展开的三角战斗，以及战争年代和敌占时期的后遗症。表面上，从解放到选举一届制宪会议，戴高乐将军是在三大党——共产党、社会党、保卫新共和联盟（MRP）的支持下治理国家的。保卫新共和联盟得到了温和派与激进党的多数选票。第三共和国时代的中间派和右派从未插足其间。在抗敌运动全国理事会内，还曾有右派人物的席位，但民选以后，保卫新共和联盟独握最好的一些王牌并以将军的部曲自居，捧出不可争辩的抗敌功臣为党魁。若要抵挡社会党和共产党两党的冲击，仿佛非它不可。

这一新的星群掩盖了两大根本性的矛盾：共产党反对其他一切政党，几乎也反对戴高乐，而戴高乐则从未认为全国解放和选出制宪会议后他的使命便告完成。他抱有雄心壮志，想为法国建立各种坚实的制度，并至少用几年的时间加以治理。1946年年初他辞职解政时，本来打算过几个月便重新上台。我记得马尔罗见过将军，回来说："六个月后，我们再回来。"

为什么辞职要在1946年1月？他觉得政党治国行不通，制定出来的宪法也不会让他在共和国内获得令他满意的地位。所有的政党，连保卫新共和联盟也不例外，都多多少少地看得很清楚，将军不会不让政党存在，但绝不肯从政党手中领取政权。他不肯以总理的身份治理国家。不是不能，恰恰相反，他天生就有在议会内纵横捭阖的才能。我有一次在议会亲聆他发言，辩论安德烈·菲力普提出的建议[1]，让人预感到他去意已定。他的发言虽然没能改变议会的态度，但仍给我留下很深的印象。从1947年开始，各党各派便分成共产和非共产两大阵营，但归根结底，未来投票通过宪法时，还是会团结一致的。而这部宪法却是戴高乐认定与国家的利益和本人的雄心无法并存的。

前期的《战斗报》只办到1947年春天，在殖民地问题上

285

---

[1]　大概是削减国防预算。

采取左派立场，用的也是左派言辞，但有几个编辑，如皮雅和奥里维埃，在1946～1947年越来越以戴高乐派自居。在我写的社论里，我主张反对共产党人和社会党人，支持制宪会议所通过的宪法条文。等到第二次修正的宪法条文交给国民议会审议时，我才勉强建议赞成。第二天，奥里维埃就反问我，为什么不再反对？

1946年12月，印度支那战争爆发，越盟突然袭击河内的法军。我写了一篇论文。萨特认为我言语"支吾"。我后来重读了一遍，倒不觉得太惭愧，也不太懊悔。在伦敦时，我早就主张放弃印度支那。经过战争年代和敌人占领，法国民穷财尽，无力再经管散在世界各地的海外属地。但到了1946年12月，我国士兵幸免于难，我在社论里不能不支持莱昂·勃鲁姆的社会党政府，该政府决定派遣援军。我的文章之所以写得那么别扭，是因为我的立场别扭。

我先说：

> ……我们的军队遭到对方蓄意的和奉命的突然袭击而进行自卫，我们对于在远方作战和牺牲的法国人感到关切和心连心。

但是，我马上又改正说：

> 满足于此，毕竟难免被人视为怯懦。在目前情况下，诉诸武力，甚恐无法避免。即便为了今后的谈判，眼下也无法不拿起武器。但又怎能不承认，真到这一步，终究标志着辛酸的失望和失败，打击了我们大家在解放翌日所抱

的希望。刚刚通过的宪法隆重宣称，法国绝不采取任何行动侵犯任何国家民族的自由。我们承认越南在法兰西联盟的范围内独立自主。我们没有任何理由认为我们的代表们打算推翻这项原则，所以，目前的战斗越发显得可悲，因为我们不成心也不能成心用武力重新征服越南，而时至今日，越南也从未否认我们的权益。

286

我并不区分越南和越盟，因为胡志明代表的是越南。既然河内事件的前因并不清楚，我就不肯把责任分加于各方面的当事人。我在结尾处呼吁议会重申法国的理论：

> 我们并不怀疑人民选举出来的代表会肯定"维持"的决心，但是法国真正的立场绝不可与低微蠕嚅的利益混为一谈。国家下决心要拯救的立场绝不是单凭武力所能保持的。用暴力来维持，而不是维护法兰西。

尽管文字别扭，意思却不见得含糊。用武力重新征服是不可能的：我们既力不足，也心不从；只好履行诺言，让越南独立自主；法国所要保持的并不是旧日的殖民制度。第二天，奥里维埃社论的口气和我的不同，但引用了勃鲁姆在议会上的发言。其主要观点直接引用了这个社会党总理的话，他说："目前，人们只能记取，在武装的压力下拒绝谈判，或者，有如勃鲁姆所正确指出的'在和平秩序尚未恢复以前（拒绝谈判）'，因为和平秩序是履行契约的基础。"

作为过渡政府的首脑，勃鲁姆不能不担起这一局势的责任，也许他心里并不情愿，同时也很清楚责任的严重性。然而，他终究用了"恢复和平秩序"这一表达法，给连年战祸种下了祸根。恢复这个秩序等于用武力重新征服，而在其他场合，他却又自称绝无此意。国内的民族意识——姑且不用"国家主义"这一暧昧的字眼——十分强烈，又看不清力量的对比，故而做出的一些决定使法国渐渐陷入越南这一陷阱，这可以作为解释，但绝不意味着原谅。我在1947年1月29日写287 的社论里评论马刘斯·穆岱从越南回来后的发言，在今天看来，我的口气未免过于温和，但毕竟提到了不应出兵而应谈判，不应仅仅跟我们卵翼下的人谈判，而应首先和民众信任的人谈判①。

除了经济时事文章，我写得最多，或许也是最重要的社论，都不外乎是德国问题和宪法问题。1947年1月26日至27日的社论标题为《还有没有德国危机?》，在这篇文章里，我再一次分析了新的事态：整个欧洲在全球政治层面上没落；国家处于两大阵营之间，势单力薄，情势危急，一方面是苏联，另一方面是其他西方民主国家。过了几天，我又强调，德国重振经济和工业乃是势所必至，同时批评了一些限制德国某些工业部门生产的"天花板"。最后，在1947年2月7日，我曾提到"另一类德国"，"如果德帝国或者另外一个德国不回到一个和平的集体中来的话，欧洲的复兴，也就是说介于俄国和大西洋之间的民族国家的复兴是无法想象的"。至于法国的政策，我说，在接受欧洲的经济一元化的同时，还得接受某种形式的政治一元化。"没有任何东西反对法国论点的成立，这一

---

① 1947年3月20日，在议会讨论印度支那局势以后，当天的社论并没有增添任何东西，只坚持指出拉马迪埃政府政策的暧昧模糊：到底要跟谁谈判?"绥靖"还要推行多久?

论点既积极具体，又有建设性，目的在于在和平的欧洲重建德国……我认为，如果由于我们自己的错误，重建德国不由我们，那就将不利于我们。"

我重新读了以往写的关于宪法的文章，倒不如说，关于先后交给人民表决的两份文本。对于头一个文本，我们的意见是一致的：我们都反对第一个宪法草案，因为它在我们看来十分可憎，只有两个"马克思主义"的政党——共产党和社会党支持它，而且社会党是舍了命、咬着牙才支持它的。草案被否决后的第二天，我写了一篇社论，标题为《因失败而得救》，指的当然是社会党人。

由于戴高乐将军的干预，讨论第二个宪法草案的情况完全不一样了。1946 年 6 月 16 日，将军在巴约市发表了有名的演说，从中不难看出后来 1958 年宪法的主要思想。关键性的公式前后未变：权力分开，所以执行权并不授自于立法权；总统（由扩大了的选举团体选举）选任总理。并无明文规定政府需向议会负责。戴高乐在后来发表的演说中澄清了这一基本要点的模糊之处。

戴高乐心目中国家元首的形象在下面这段文字里比任何文章都描绘得清楚。他说：

因此，执行权只能授自于国家元首，因为他处于各党各派之上，由扩大了的选举团选出。这个选举团包括议会在内，但广泛性远胜议会。其组成方式应使国家元首成为法兰西联盟的主席，同时又是共和国总统，拥有共和国的执行权。在选人用人上，国家元首负责使普遍利益与议会推行的方针相协调。国家元首负责任命政府部长，当然，

288

首先是任命政府总理，由他来领导政府的政策和工作。国家元首的职责在于颁布法律和决定法令，因为法律和法令是面向整个国家的，是对全体公民负责的。国家元首有责任主持国务会议并施加影响，保证持续性，这是一个国家必不可少的。国家元首被赋予超越各种政治力量的仲裁服务，或者在正常情况下出之于劝告的方式，或者在严重混乱时，邀请全国通过选举表达人民的最高决定。如遇祖国垂危，元首有责任保证国家独立和履行法国缔结的条约。

波旁宫的议论和将军的方案，二者之间，颇难折中。在巴约市勾画出的制度并未对议会民主判决死刑，而是对议员治国（或政党治国）判了死刑。共产党和社会党从未同意在戴高乐理论的影响下制定的宪法，由此导致了一个共产党人跟其他一切人等之间的"大分裂"，以及所有政党跟戴高乐将军之间的
289 "小分裂"。短期内，我不相信将军能战胜所有政党。莱昂·勃鲁姆针对他在巴约市的发言立即进行反驳，社会党对于将军的立宪思想所采取的立场是明确的、无可怀疑的。

6月18日，将军在巴约市发表演说后两天，我写的社论的结尾是这样的："从此以后，在现行的体制以外，至少还存在另一种可能，而没有任何人对现行体制表示满意，连领导这个体制的人也不满意。戴高乐将军规划的总统制和英国的议会制，二者折中，制定出来的宪法看来在太平时期是不能成活的。但至少会有一天，人们可以看到各党各派迫于形势虽然不愿意，但他们中间的某些人士仍会勉强同意尝试一次。"我不该说这样的政体在太平时期不能成活，而应该说，它只有在不

太平的岁月才能起作用。到那一天，各个政党迫于形势，不得不退位。12 年后，阿尔及利亚战争唤来了这么一天。

在埃皮纳勒发表演说以后，戴高乐立场明确，反对第二号宪法草案，我当即声称，各党派在即将举行的公民表决中将会获得胜利。"如果发生较量……结果大概毋庸置疑。各党派的宣传不提宪法的优点，而提个人专权的危险。参加表决的人数见少。第一次表决，赞成票仅占 48%，到了第二次表决，便会变成多数赞成。"

1946 年 9 月 10 日，我问道，怎么办？跟 5 月的情况比起来，基本上没有什么变化。"政府依然是国民议会委派的。第二议院连要求延期的否决权都没有。法律是否符合宪法，也没有部门监督……共和国总统实际上没有选任总理和解散议会的权力。根本没有规定说某个重要措施可以于必要时推迟几个月实施，或者由新的投票加以修正。没有任何掌握实权的机构能够超脱党派博弈，也就是说，能够超脱各党参谋本部的意志。"

我总结说："对公民来说，弃权大概是唯一的手段，只有这样才能表示自己要求摆脱临时状态，而对别人强加的宪法表示不满。"就在 1/3 登记选民通过宪法的同时，一个"修正派"的政党——法兰西人民联盟出世了。

共产党联合其他党反对戴高乐所主张的宪法，甚至加码抬价，要求一个强大的单一的国民议会主宰政府，使之充当议会的仆从，执行议会的意志。甚至在共产党退为反对党以后，"解放者"与政党之间的分裂依然十分明显地持续着。一直等到阿尔及利亚战争爆发，戴高乐才得到了他一回国就盼望的机会：议员们的共和国退位，由一个"立法者"毕其功于一役，

290

创建了一个共和国，无以名之，只好叫作"执政官"的共和国。保卫新共和联盟是一个讲究忠诚的党，如果始终不渝，也不会通过第三次制宪会议投票赞成将军所主张的宪法。事实是，将军首先要求的是，共和国总统不向议会负责而掌握高于议会的权力。1958 年的宪法是战后时期任何一届议会都不会投票通过的。

出版界和大学的好些相知友好曾经向我探询当了 37 年记者的经验。我没有把在《观点》周刊的经验算在内，因为我在那里什么也没学到，根本谈不上在本行中登堂入室。到了《战斗报》社，大家对我开诚相见，我记得顶多只出过两三次毛病。自从阿尔贝·加缪抱着挽救报纸的希望重新回到报社，分工写社论便比较困难了。此外，有一个记者在当时还是"没有职称的小记者"，而今天已经成为高级的自由从业的记者。他名叫勒内·达贝尔拿，用独擅的方式描绘当时有些人对我的不快，因为我写社论、评论都特别快，所以议论起来的态度不是都那么包容。与其说是针对我的文章，毋宁说是针对我这个人。我听了将信将疑。《战斗报》的编辑部有点叫我回想起当年乌尔姆街的师范学院：同学们不谈政治、文学，便互相议论品性。在这方面，我大概在这个团队里并没有什么与众不同。

291　　1947 年，财政情况逆转，我跟编辑、领导、印刷工人参加过许多次会议。经理让·布洛克－米歇尔既不算职业记者，也不算企业家，只能归入作家知识分子一类。他学过法律，比别人更加宜于担任报社经理。印刷工人跟他（和皮雅）照例争得十分厉害。他们并不怎样同情这伙爱好社会主义管理的新手。他们对抗敌知识分子和对剽悍资本家提出的要求完全一样。我还记得，一个工会干部在冗长的讨论后说了这么一句话："快来一个真正的老板吧！"

为什么初期的《战斗报》尽管拥有皮雅、加缪、奥里维埃、格尔尼埃、纳多（Maurice Nadeau）这么些人才，仍会夭折得这么快呢？我们彼此间谈论过这个问题。人们在巴黎说：大家都看《战斗报》嘛！我回答说："可惜所谓的大家只不过4万人呀！"那些享有战前名称的报纸都逐渐脱颖而出，而《战斗报》却正是人们在1939年以前所说的那种舆论报。舆论报的发行量是永远不会大的。如果我没有记错，在一个时期里，《战斗报》曾经发行过20万份，1946年便渐渐少下去。有些编辑抱怨奥里维埃，说他的戴高乐色彩不合左派读者的口味。我们做出这样的判断并没有经过民意测验。大概也有另外一些人讨厌我写的社论。今天和37年前一样，我的诊断从不归罪于一个人。《战斗报》是一份抗敌的报纸，在党派治国的新闻界，它是没有地位的。

1944~1945年，战争还在进行，纸荒严重，报纸只印正反两页。文章的质量和抗敌的团结气氛吸引了形形色色的读者，但不过是应时凑集的报纸。战争结束后，随着法国人重新走向选票箱，政治分野重新出现，因此，一家没法归类的报纸便陷入了致命的危机，因为它不可能完全满足任何一个特定阶层的读者。各栏目的编辑各抒己见，往往彼此矛盾。最具有象征性的插曲，可算是对宪法草案第二稿的民意测验。

当然，一部分读者允许一家报纸的编辑彼此之间进行自由讨论，报纸的努力方向在于报道而不在于灌输学说。在政治不稳定甚至上演悲剧的时候，谁敢吹牛说自己掌握了真理呢？把

292

自己的真理说成绝对真理，到底算不算不太老实呢?[①] 这种说法不可菲薄。大多数读者会回答说："我们可不需要我们读惯的报纸，它们把人弄得莫名其妙。记者对自己搞不太清楚的事，不如免开尊口。"不仅如此，根据《费加罗报》从 1947 年到 1977 年这 30 年的经验，许多读者所期待的，不仅是些新闻消息，而且是一种安全感，也就是说，期待报纸能够证实读者自己做出的判断。罗伯特·拉叙利克（Robert Lazurick）办《震旦报》，一直办到他失事遇难，他很情愿出一期专刊，谈谈新闻自由。他说："我差不多整整一辈子都在'卖身投靠'的报纸上写文章，就是说，报社的东家——金融家和工业家一碰到直接关系到他们事业的时候，便显得十分敏感。除此以外，他们像仁君一样让我们过太平日子。现在，我办的报不依靠任何人，只依靠读者。如果我写这写那，他们就要停止订阅，或者不再买来看。"换句话说，每一家报纸都觉得自己是读者的俘虏。皮埃尔·布里松停止了弗朗索瓦·莫里亚克为摩洛哥苏丹发起的运动，因为读者的抗议信多得超过了决裂的界线。只有《世界报》依赖本身的特殊地位，竟敢触犯这个或那个思想派系。[②]

293 　　据我所知道的情况，皮雅主持的《战斗报》至少从 1946 年 3 月到斯马贾接办为止，搭配了反对共产主义、反对殖民主义和半截戴高乐主义（或者可以说，隔一天搞一次戴高乐主义）。社会党人嫌它戴高乐色彩太浓，温和派嫌它过于反对殖民主义，保卫新共和联盟嫌它的措辞太左。各党派的边缘人物

---

① 有一个朋友反对说："那该怎么办?"
② 《世界报》的特殊地位来自好几个方面：公认的裁判权；为一切政治人物开设的自由论坛；大学师生赋予它的作用。

都很中意该报，但是，报纸就是找不到一个中心，找不到一个核心的忠实读者群。不错，忠实的读者是有的，对一份舆论报来说，人数不算少，但对一份全国性的报纸来说却不够。也许由专业人士来办，该报能不顾一切地打一场胜仗。

在第一班人决定放弃的前几个星期，问题在于寻找财源。我跟两三个银行家谈过。他们就这一点或那一点批评报纸的路线，特别是路线中的反殖民主义。其实，我很怀疑原来的班子是否会容忍我当领导，至少是当部门领导。在这一点上，布洛克·米歇尔不容我置疑。他也许说得不错，尽管他和我的关系比其他许多人都好。

在斯马贾和克洛德·布尔岱接管《战斗报》的时候，我也跟于贝尔·伯夫－梅里（Hubert Beuve-Méry）和皮埃尔·布里松两人接过头。我在战前并不认识他们二位，只听说过前者是如何在慕尼黑时期辞职脱离了《时代报》。至于布里松，是我在新闻部的头两个月结识的。我在《战斗报》做过一年，在巴黎政界心目中成了记者或社论作家。这时候，我又得进行抉择：不是进大学或者进新闻界，而是进《世界报》还是进《费加罗报》。

两家报纸的经济条件都差不多。问题在于一家是早报，一家是晚报；一家是战后更新的历史性报纸，一家是战后办起来的报纸。我跟伯夫－梅里的关系很好，而在1947年，中立主义和大西洋主义的全国性争论还没有展开。那时候我还看不清楚，这两家聘请我的报纸会在两年以后成为法国非共产主义思潮中的两个极端。

我听从了马尔罗的意见。他说，你跟皮埃尔·布里松比跟于贝尔·伯夫－梅里更相处得来。我也是那么想的。我看不出 294

《世界报》会给我什么样的职位。《费加罗报》的社长有着坚定的信念：反共，捍卫议会民主和欧洲统一。他的信念和我相同。所以我无法预见，该报的路线和我个人的主张会发生严重的分歧。总的来说，这种先见后来都为事态所证实。只有几个例外：法兰西人民联盟，非殖民化，安托万·比内（Antoine Pinay）管理经济的功绩。

布里松在解放时是戴高乐派，他于 1958 年正式加入戴高乐派，后来居然狂热地反对法兰西人民联盟。1960 年代初，他勉强接受阿尔及利亚独立，追随了将军本人的政策。

1977 年春天，我心脏病发作，在科香医院病床上接到伯夫－梅里的来信，这封信深深感动了我。我们俩的年纪都使我们能比较超脱地来回顾往事。他重提 1944~1945 年的梦想，并且总是怀着念旧的心情写道："初期的《战斗报》失败后，我原想见到你参加《世界报》这一奇遇。而我这一番希望又怎么样了呢？撇开一切分歧和小买卖人的争吵，当时可能发生的困难，其性质会和今天完全不一样。"也许会这样。我不敢肯定。参加《世界报》的奇遇能维持长久，但争论了那么多年，他这样表示友情，实在感人至深。

第九章 记者和活动家

我差点儿在这页纸的上端写下"十年虚度"。战争爆发时，我才34岁。自从服完兵役，我很是下了些工夫，觉得还可以用十一二年的时光来丰富知识，甚至从事发明创造。从1939年到1945年的6年中，我认识了另外一些人、另外一些事情、另外一种思想和生活方式。大多数大学教师都是读完书便教书。他们的天地软绵绵如棉花，其中只有儿童和青年，弄不好他们会脱不了稚气。我比大多数政治学家更近地看到了实际政治，这是我引以为幸的。可是，现场分析活生生的政治，非但无助于哲学思考，反而会使之麻痹瘫痪。哲学家碰到了议员和新闻记者会有这样一种感觉：自己会受奚落，或者掉进井里。

我当了10年职业记者，而不是大学教授，在报上写文章，归根结底是我自己做出的选择；甚至1948年我在巴黎大学遭受的挫折，我自己也应该承担一部分责任，因为我给好些未来的同事这样一种印象，仿佛我关心《费加罗报》胜过巴黎大学。倘若二者不可兼得，我也不会放弃新闻业。乔治·达维就是这样解释我在申请教席时说过的一句话。不知他是单纯还是怀有恶意，他在教授会议上重新说了一遍，因而决定了一场紧锣密鼓的选举。①

---

① 我不太愿意回忆大学生活中的片段。事实上，当时有三个候选人：G. 古尔维奇、J. 斯多蔡尔和我。J. 斯多蔡尔明确指出，他不和我竞选，但是哲学系主任 J. 拉包尔德中意他。在正常情况下，斯多蔡尔在第一轮选举中所得的票本来应该归我。可是，大概由于达维的一番话，有几票便投给了古尔维奇，把他选了出来。

296   我记得跟勒·塞纳（Le Senne）的一次谈话。他是学院派唯灵论的典型代表，为人彬彬有礼，乐于助人，一点儿也不反对我从事政治活动，也不反对我去《费加罗报》。他对我说，我的做法是光荣的、必要的，他不怪我，但在他看来，大学教授不宜搞新闻工作。大学教授应该自甘寂寞，置身于纷扰的世事之外，以传经授业为毕生的使命和生活的全部意义。他又十分坦率地说：他和我已经不同道①，但无论如何，他仍然会投我一票。因为古尔维奇不仅法文不行，更不配接替前任阿尔伯特·巴耶。巴耶也是当记者胜于当教授的人物，他刚刚离任不久。

1947 年春天，我进了《费加罗报》。那时是皮埃尔·布里松在办报，和 1977 年我脱离它的时候迥然不同。在第四共和国时期，该报也许在国外还不是声誉最高的，但在国内则肯定对政治界具有最大的影响。皮埃尔·布里松对政治人物施加的影响，甚至可以说具有的威力，远胜过于贝尔·伯夫 - 梅里。表面上这是怪论，然而这是事实。《世界报》一向是反对派的喉舌，反对大西洋同盟，反对德国重整军备，赞成欧洲的统一显得软弱无力这一说法；它对舆论有影响，尤其对青年有影响。至少在表面上，《世界报》反美甚于反苏，它变成左派知识界的《圣经》，左派人士喜爱它的批判态度，不管它对时事是否有直接影响。当权的政治人物不得不照顾"海五星"② 的论断，因为这是铁面社长的御旨。皮埃尔·布里松则大体上适

297 应第四共和国的政策，经常与部长议员们往来，所以大家有点

---

① 我肯定是把原话简化了。

② 伯夫 - 梅里的笔名。——译者注

怕他。有时候，反而是他召见政府部长。等到戴高乐将军重新执政，情况当然就不一样了。《费加罗报》反对过法兰西人民联盟，因而从此沦为遗老的报纸。但是，我必须向布里松表示敬意，他从来没有对他的统治感到后悔。作为正直的法国公民，他和我一样欢庆祖国终于有了像样的政府。法国原来充当了欧洲病夫，忍气吞声，日子久了，他和我一样感到这是自己的耻辱。

我为《战斗报》写的一些文章，以及我在共进午餐时做的分析（比方说，我在几个月以前曾对他讲过，大家应当准备迎接一个不再有共产党参加的政府）打动了他。于是，他在1947年春天友好地坚请并且说服了我每月为他写几篇文章。在他生前，我一直按字数领稿酬。

皮埃尔·布里松生活在他的报社里，为他的报社而生活。他不愿脱离报社老板戈德拿雷努夫人。她是高蒂的前妻。她离婚分家时，分到了《费加罗报》的股份。布里松一方面尊重老板的权利，另一方面坚持全权管理报社。他在承认业主的一切权利的同时，懂得完全自主地管理报社。他的主张（"对资本既一致又独立"），戈德拿雷努夫人——确切地说，是她的小叔子——不同意。这个人在美国主持高蒂公司，劝他的嫂子要求行使业主的全部权力，也就是说，不仅要过问报社的行政，而且要干预报社的政治方向。皮埃尔·布里松拒绝这些要求，理由是，政府批准的出版权是给他本人和他的团队的，不是给《费加罗报》报社的。国民议会通过一条法律，叫作《布里松法》，这条法律完全针对《费加罗报》，并且把经营报社的权利交给获得许可证的人。1947年，官司还没有打完，直到1949年双方才做出让步，定出了一个妥协的办法，有效期为 20 年。这个办法是马塞尔·布路斯坦想出来的。

布里松找了些朋友出钱组织一家承包公司，经营《费加罗报》这个招牌报社。让·普鲁沃斯特取得股本的半数，皮埃尔·布里松掌握 1/4。承包公司和报社的两个董事会，都由他一个人兼任董事长。办法非常特殊，比《世界报》的地位显得脆弱。但是，只要满足两个条件，倒不会出现大的波折：头一个条件是报社兴旺发达，第二个条件是布里松长命百岁。可是不到 20 年，布里松去世。25 年后，另外一个条件也似乎消失了。

在战前，《费加罗报》的发行量很小（大约 8 万），之前办得十分出色，也出过一次丑闻。[①] 当时，主持报社的是吕西安·罗米埃和皮埃尔·布里松两人。罗米埃在 1943 年当上了贝当元帅的部长，战争还没有结束便去世了。布里松在德国人占领非占领区以后，便毁掉报社，投入地下斗争。解放后，他被批准重新出版《费加罗报》（《时代报》则被拒绝，尽管它也自己拆了台，只不过晚了两天）。由于战前的报纸都已经销声匿迹，学院派的《费加罗报》见赏于上流社会，数月之间便一跃而为全国性的早报。皮埃尔·布里松立了非凡之功，确可引以为豪。他放手行使社长的职权，外边对他和他的编辑部流传这样一句评语：独裁治下，乱得有趣，编辑放任，冲淡专制。他的威权是无可争辩的，也没有人争辩。他向安德烈·希尔巴赫请教，跟弗朗索瓦·莫里亚克商讨问题，新闻记者都认他是自己人。

---

① 1914 年，报社社长被卡约的妻子谋杀。报社采取了不齿于人的手段，公布了这个夫人的私信，结果法院判她无罪。

他是个地地道道的巴黎人，也是老派的法国人，除法语以外不懂任何语言，也没有去过外国。他的修养和事业纯在文学方面。在革命大动荡时期，由他来领导一家全国性的而且秉有国际气质的大报，为它制定路线方针，本来是不适宜的，幸而，他采取的一些立场事后证明是正确的和明智的。然而，大部分知识界人物对于宏大政治比他精通得多，都强烈批评他：反共，对德和解，倾向大西洋同盟和欧洲一元化。不错，他有时候为了反共发表过一些无益而可笑的东西。在国民议会投票反对欧洲共同防务后的第二天，他写了一篇措辞激烈到不可思议的社论（标题为《我惭愧》）。

我费了大气力，好不容易才说服他，《费加罗报》驻美特派记者应该住在华盛顿而不该住在纽约。他跟让·普鲁沃斯特不一样，后者让雷蒙·卡杰每年环游世界一次，而他却从来也没有想到让我出国走走。我每次出国都不是《费加罗报》派的。只有一次例外，那就是派我去采访旧金山会议，商谈对日和约。我屡次劝他采用民意测验，可始终是白费气力。后来，民意测验泛滥成灾，周刊也罢，日报也罢，类似起哄。不仅如此，新闻记者评论民意测验的结果并不都讲规矩。每一次都得一再劝告他们不要越出理性常识：如果去问别人几个月以后想干什么，或者在某种未来的情况下将干什么，他们的回答必须十分慎重地对待。在卡特和肯尼迪竞选总统的时候，肯尼迪刚正式宣布竞选，几乎朝夕之间，卡特的比分便一落千丈。而卡特还没有正式当候选人的时候，记者访问的人之中有好些都说对卡特不满意而倾向肯尼迪。一旦当真要投票选举，选民们便马上想起，查帕奎迪克事件是令人无法忘怀的而且是不可饶恕的。

　　1965 年，布里松去世，《费加罗报》已经在走下坡路。在报社的收入中，广告费占 85%，这造成了报纸内容上的不足。读者人数见少，但发行量掩盖了不景气，靠的是免费赠阅，赠送旅馆过客。主要的问题在于，报纸没能更新换代。订户还有十来万，老主顾、社交新闻里的人物、学院院士大体上依然忠于该报，逝者却缺乏接班人。1960 年代的资产阶级已经是战后成长起来的，他们有时候看看《费加罗报》，但已经找不到各人想看的东西。慢慢地，《世界报》取代了《费加罗报》的地位，哪怕不能作为社会地位的象征，起码要算知识界地位的象征。

　　一些人酷爱自己的事业，简直不设想，如果没有了自己，其事业会怎么样，所以根本没有培养接班人。布里松就属于这类。他曾经对普鲁沃斯特说，他想任命 L. G. 罗比内为副社长，可是他又说，日常的助手不能提拔得过高。后来，弗拉季米尔·多麦颂写信告诉我说，布里松认为他去世后，我将是最有资格接任社长的。但是，布里松从未向我露过口风，也没有跟他的儿子让 - 弗朗索瓦说过。不管怎样，我想我是不会答应的。如果他把对多麦颂讲的话当面告诉我或者写信告诉我，情况一定会大不一样。1965 年，我不敢存此雄心，原因之一是怕报社的领导班子抵制此举（布里松本人当然不在其内）。编辑部也有一部分人不会同意。如果布里松公开指定我当他的接班人，那么反对派至少不得不为之缄口。

　　古怪的是，这个巴黎佬不存幻想地放眼首都的人物及其风尚，竟不肯考虑普鲁沃斯特的正当期望。我屡次跟他谈起这个问题，他只有一句话，就是让我不用操心。他说："普鲁沃斯特对《费加罗报》不感兴趣，他会保持现状的。"我觉得不可思议。普鲁沃斯特对自己新闻记者的身份的认同胜过资本家身份，怎么肯掌握了报社资本的半数而永远不想过问报社的事情？报社和编辑部拒绝了普鲁沃斯特，便接受了罗伯特·艾尔桑。我在这出荒谬剧里，无法否认我的部分责任，可这是另外一回事儿了。

1947 年，有三大名人在报纸上写文章：安德烈·希尔巴赫、弗朗索瓦·莫里亚克和安德烈·弗朗索瓦－庞赛。就内容而言，莫里亚克写文章没有任何界线，希尔巴赫也是这样。只有庞赛不大爱谈经济时事，我是指通货膨胀、物价、工资等需要引用理论或方案的问题。他大概没有读过凯恩斯的著作。他是地理学家出身，善于描绘国家及其风景，也会分析它们的兴衰升沉。他会说明英国在 20 世纪的危机或严重的不景气，但口气像社会学家、人种学家，而不用经济理论的工具。弗朗索瓦－庞赛希望包揽国际关系——这是可以理解的——而我却不肯不管。这种专业之争，不调自解。庞赛去德国接任科尼格将军的职位（当了占领军主任，后来又调任驻联邦德国的大使）。

我在皮埃尔·布里松的领导下在报社工作了 18 年，从未跟他发生争执。但是，我采取的立场并不总是和报社的路线相符。有两件事关系最大：先是法兰西人民联盟，后来是非殖民化。我虽然加入了法兰西人民联盟，但并不因此而完全服膺将军的论点。我照常用自己的笔调分析经济问题和外交事务，并没有转变立场接受戴高乐将军的观点。关于法兰西人民联盟的论战，以及奥里维埃对《费加罗报》的攻击，弄得报社成员中加入人民联盟的克洛德·莫里亚克和我十分尴尬。人民联盟在战争年代的《费加罗报》里发掘出了几篇麻烦的文章。

301

1940 年年底，有一篇文章肯定会牵连布里松本人。这篇文章列举出已经实行或者正在筹划的各项改革，其中有一项犹太人待遇法。我读了也不禁一阵心酸。维希政府检查新闻，大概会禁止批评犹太人待遇法，但也不见得会强迫别人去加以歌颂。①

302　　布里松是否一贯反对犹太人？当然不是。《费加罗报》呢？在某种程度上，也许是。但不过是一种沙龙式的、学院式的反犹风气，远不像希特勒分子那样仇视犹太人。哪怕跟莫拉斯相比，也是小巫见大巫。布里松本人一向憎恶莫拉斯，并且从 1940 年到 1942 年，不断和他舌剑唇枪，交绥不绝。我们今天已经知道，犹太人待遇法完全是维希政府一手炮制出来的。这一举动并未引起什么抗议，可在当时的情况下，并不是绝对不可抗议的。甚至好些受过共和国的大惠、对占领者抱有敌意

---

①　1940 年 12 月 19 日版，以整整一版贡献给标题为《法国史中的六个月：贝当元帅的政治、经济和社会成就》的文章。摘要如下：国家改革，法院，公职人员，共济会和秘密结社，民族工业，救治失业，农业，管理法国国籍，职业规章，股份公司及法兰西银行，经济与货币政策，保护种族，教学改革，遗产，家庭，经济纪律，电影，救济战俘，战士联盟，青年与体育。在"管理法国国籍"这一章，对犹太人待遇法的主要条文简述如下："除曾为国家效力者外，犹太人不得从事行政，教学，军队，新闻，广播，演出工作。犹太族外国人得送进特殊营地（10 月 18 日）。剥夺阿尔及利亚土著犹太人的政治权利。"

　　当然，这不过是一个综述。但是，皮埃尔·布里松署了名，这就无可置疑地揭示了《费加罗报》报社社长当时的心情。

　　"1940 年 6 月 17 日，贝当元帅执政，我们认为，将 10 个月来在他启发下完成的各项改革列单举出其名称，不无裨益。凡此改革莫不出于必要性的现实感觉，而证明整顿和重振精神的决心，这种决心的力度不愧为我国历史上最关键的考验。180 天以来，元帅日夜操劳，顶风冒雨，毫不示弱，悉心致力于救国大业。歌功颂德似属多余。元帅深知，与胜利者协作，必须互相尊重，而协作之首要保证，厥唯精诚团结，信任全体法国人民。"

的作家也会写关于犹太人的文章，而且这些文章使我深信，从战前到战时，反对犹太人的风气已经泛滥到了我在当时没有想到的地步。倒不是我对维希特别宽厚，而是为了自己精神上的宽慰，所以我才不肯承认某一个法国政府会把我逐出法国社会。我在伦敦猜测贝当元帅是在釜底抽薪，预防德方的压力。这种幻想聊以自慰。维希的法律与《纽伦堡法令》不相上下，其穿凿附会、搜寻先河的水平与《纽伦堡法令》不相上下，其排斥搜逐、唯恐不尽的能耐，同样与《纽伦堡法令》不相上下。

　　我在 1945～1946 年认识布里松的时候，不觉得他对犹太人怀有任何特殊的同情或反感。他的相知友好中，一向不乏犹太人。其中一人还为他立传。我在流亡国外时读《费加罗报》，特别欣赏文学栏目，因为这里蕴蓄着自由思想和抗敌情怀。对莫拉斯进行不懈的论战，捍卫和发扬法国文学，抨击合作派的作品，这是任何读者都不会弄错的。我曾经在《自由法兰西》上一再向《费加罗报》致敬①，加入皮埃尔·布里松的班子，我完全问心无愧。伊佛娜·萨尔赛和阿道夫·布里松等一帮"年鉴派"与 19 世纪末期的共和国有着千丝万缕的关系，有时候中间偏右，有时候中间偏左，看情势而定。

　　1956 年，出征苏伊士运河导致了一塌糊涂，我指责举动本身，于是皮埃尔·布里松引用陈腐的道理责难我采取的态度，一开口便是："既然你是犹太人……"我严厉地说："我不是以色列人，我是法国人。"在不同的情况下，也有读者会

303

----

① 《从投降到全国起义》一书中，第 91～102 页的《文化与社会》一文中写道："……费加罗报作为流放贬逐中的知识界的喉舌，光荣地针对种种威胁进行不懈的宣传。"1941 年 6 月 15 日文。

责备我帮以色列说话。

1947～1951年（或1953年），皮埃尔·布里松大举攻击法兰西人民联盟。在辩论中，我说将军出山执政是指日可待的，在温和合法的气氛中上台，比在混乱中被拥立要强得多。他就是不信法兰西人民联盟能够获胜。后来的事实证明是他看对了。1958年，将军乘兵变之机，黄袍加身，布里松兴高采烈，比我高兴得多。

我们俩在非殖民化问题上，特别在摩洛哥和阿尔及利亚问题上争争吵吵，但这并没有使我们彼此疏远。我重读他写给我的一封信，谈的问题是蒂埃里·莫勒尼的调查报告。他说阿尔及利亚等于法国的西伯利亚、美国的中西部或加利福尼亚。信上的日期是1957年5月4日，其中反映出我们两人的关系以及他对我的看法。至少，他绝不相信我心胸枯狭，唯利是图，牺牲阿尔及利亚只不过是因为代价过高。他写道：

> 亲爱的朋友，蒂埃里·莫勒尼调查报告的结尾使我很感动，尤其是他下的结论。他谈问题，动了真感情，动感情当然不够，但没感情更将一事无成。这你比谁都清楚。有时候，你简直是一团烈火。纯粹从政治上算计，只盘算利害是错误的。人的因素，感情的因素，会把算盘打乱，甚至打碎。想想看，贞德从出生地栋雷米动身，甚至梅加拉跑向马拉松，照专家估计，他们能有多大的希望获得成功呢？不错，拿例外作根据是发疯。但排除由信仰而产生的决心，排除信仰的部分作用，等于自己抛弃了人身上毕竟是最美好的东西。我可不是在这里说经济学家的坏话。其实，你也不见得比我更加醉心于经济学。我并不打算到

巴黎大学去接你的班。但由于你思维敏捷而严谨，你是一个绝对派，一个火辣辣的绝对派。干嘛跟你唠叨这些呢？亲爱的朋友。我这里，周围都是意大利的蔷薇玫瑰，角落里满是回忆和遗忘。为什么呢？要怪，就怪我对朋友的情谊吧。正因为出于友情，连我自己都不敢承认，我只想向你说一声：同意，我便可以放心地认为自己看对了。

304

皮埃尔·布里松依然相信神话：几百个雅典人居然打败了蜂屯蚁附的波斯人。这是细节，无关宏旨。当然，没有信仰是什么也搞不成的。但此外，还有一种信仰：阿尔及利亚驻军军官发起叛乱时，人们抱着信仰对数据揭示的胜败消息打了一场赌。也就是说，几百名战士奋起打击表面上还很稳固的政权。1954 年 11 月的暴乱导致阿尔及利亚火势蔓延，其速度远非 7 个历史领袖始料所及。即便我同意皮埃尔·布里松，也谈信仰，谈灵魂，我的结论却是不会变的。在 20 世纪中叶，几百万穆斯林为独立而战斗，他们是必定能取胜的。不靠勇气，也可凭仗自己的耐力。因为对方已经不再相信自己有什么传播文化的使命，也不再相信自己有什么权利把自己的主权强加于一个寻求身份认同的民族。

1947 年或 1948 年，我加入法兰西人民联盟，惊动了当年在伦敦看过我写的《波拿巴的阴影》、听过我一些更加强烈的言辞的人。他们回想起来，非但觉得出乎意料，甚至怀有共愤。我揭发过的潜在危机，难道事到临头，我自己居然忘得一干二净？从 1945 年到 1982 年，整整 37 年，为什么中间夹的一段时间，我当起了活动家、积极分子？在其余的岁月里，我尽管不算纯粹的旁观者，至少是个不投靠任何党派的旁观者。与此同时，马奈·斯佩尔伯对我加入这样一个运动表示遗憾，因为这个运动不管怎样表明心迹，它的作风和宗旨在他看来毕竟不太民主。

人们一般将我的反常行为归咎于我和马尔罗的交情。连马尔罗自己也这样想。不能说他错，但没有触及主要问题。一方面是对伦敦年代的怀念，另一方面则是第四共和国的无能。

请大家理解我，我绝不背叛自己而去追悔自己曾经拒不接受戴高乐的神话，拒不接受他从1940年6月18日起取得的合法正统，拒不接受他归隐科隆贝双教堂村以后仍旧保持着的合法正统。我并不追悔，直到1942年11月，我一直没有排除维希政府迁往阿尔及利亚的可能性。如果真迁了都，后来的除奸肃反运动至少不会搞得那样激烈。相反，自从盟军在北非登陆后，吉罗将军缺乏命世之才便为世所公认，那么，由戴高乐将军出任临时政府首脑便是众望所归、不可避免的了。至于法国解放后将军毫无解政归山的志向，而且策划了一个与第三共和国全然不一样的共和国，当时，我们就是这样想的，而且并没有看错。然而，即便不加入戴高乐运动，最晚也该从1943年年底开始，便把戴高乐看作国家命运的无可争辩的临时负责人。

1946年或1947年的戴高乐派，与1941年或1942年的戴高乐派已经不大相似。除了将军本人大概依然故我，领袖周围的人以及追随他的人，与当年几十个从1940年就对他崇拜得五体投地的忠实追随者，已经相去甚远。在伦敦，将军偶尔邀请我赴宴，有一次他亲口评论自由法国。他既无恶意，也不随和，只认为自由法国人才稀少。不是说《自由法兰西》那份刊物，而是说在伦敦的法国人。他不是不知道，我把一些人叫作"向上脱离阶级的人"。在巴黎，戴高乐分子和抗敌分子融为一体。安德烈·马尔罗和爱德华·科尼格里翁－莫里尼埃都成了他的"亲信"，这个神秘的团体在本质上便是可憎的，因为说领袖的毛病都落在它身上，还不如说正是它在为虎作伥。

我在几个重要问题上不同意将军所交代的政策，特别是对待德国的态度。我记得相当清楚，1945 年在拉·都尔－摩堡街多明，即我会修士那里，我和莫里斯·舒曼发生过一次相当激烈的争论，主题是：法国对于世仇的外交政策到底目的何在。俄国人——我偶尔用一次将军常用的称呼——割走了德国的东疆，自己割据了东普鲁士，把奥德－尼斯河以东的疆土划归波兰。法国人为了维持平衡（什么平衡?），也得照样割下莱茵河左岸（不予归并），建立一个鲁尔区高级行政专署来管理生产。同时，法国人必须在柏林①和在西方范围内，反对有 **306** 利于重建德帝国的一切体制。这种成堆的保障在我看来未免可笑，而且是德国人无法接受的，因此绝对不利于法德两国的和解。而戴高乐呢，他既要保障，又要和解。莫里斯·舒曼为戴高乐派的论点辩护，其激烈与雄辩一如既往。然而我没有太费气力便说服了大多数听众。以埃蒂安·吉尔森为首，他们认为法国方面的野心必将为英美断然否决。西方战胜者对于苏联的军事进展以及红军解放的地方立即苏维埃化早已怀着戒心，所以要重建一个德国，它将既具有生命力，又能够挡住东方卷来的狂澜。可是，莫里斯·舒曼断然说，戴高乐派绝不让自己的计划与行动听命于盟邦。可是，讨论会的判断不取决于雄辩而

---

①　四国占领军代表在柏林开会，试图创建一个总辖四区的中央行政总署。法国代表对一应类似的企图使用了否决权。在这种情况下，法国代表也许是为整个西方的利益出了力。

取决于力量的对比。将军的态度经过战斗法国的代言人的加码，引起了法国和英美的尖锐冲突，不无令人懊丧之处。对英国，是叙利亚问题，对美国，则是斯图加特问题和阿奥斯特河谷问题。

将军回到法国，仍坚持自己的哲学，将对外政策列为首要。这种外交优先权并没有什么特色，不过是 19 世纪的历史学家，主要是德国史学家搞出来的教条和硬信条。从某种意义来讲我也同意，因为"首先要生存"，这是常识。无论如何，民族的安全或国家的独立是否将附属于私人和集体利益而不论这利益到底如何呢？然而，外交的优先地位如果只限于改变一些无足轻重的国界线，那就会把宏大的政治降为恶棍打官司。法国刚刚解放就迫不及待忙于恢复与俄国的联盟，这是头一次表现出戴高乐派外交的一贯主张，或者说是戴高乐将军的世界观。这位将军看不出，或者不愿看出欧洲刚刚自拔于狂风暴雨便分割为两个对立的政治文明区域，然后又分裂为两个军事集团，而戴高乐却经常跟苏联人一样斥骂集团政策，仿佛不知道东欧苏维埃化等于形成了共产集团，从而促成了对等的西方集团。视而不见，岂不怪哉！可是必须补充一句，在法兰西人民联盟时代，即 1948～1952 年，他反苏、反共之激烈程度却远远超过执政的各党派。

假如 1946 年以后将军继续执政，他会不会赞成英美的政策，正如第四共和国的部长们，特别是像乔治·皮杜尔那样咬着牙逆来顺受呢？将军大概不会无限期地反对成立波恩共和国。但是我很怀疑，在他的统治下，让·莫内能够说服部长们，并通过他们发起煤钢联营，由国民议会投票赞成《罗马条约》。今天的法国人已经不记得让·莫内和罗伯特·舒曼，将军及其追随者所反对的体制为法德和解扫清了道路。这种体制以权利平等为基础，莫内他们并不通过这种体制反对法德和解这一目的，而只反对戴高乐派政策所用的手段。再也谈不上模仿俄国的政策，分割西德人保持下来的领土。1958 年，第四共和国人士留下了既成事实，将军也没法再走回头路，反而补充了共同市场，尽管他自己是不会发起的。理性的狡黠帮助了我们。不然，将军不会签署该条约，而第四共和国则不会有力量付诸实施。

使我接近法兰西人民联盟的，当然不是将军的对德政策，而是因为他拒不接受"政党政体"（或者说得确切一些，是使重新恢复起来的民主制，再次陷入曾经让第三共和国惨遭灭顶之灾的实践中而垮台）。在战后第一个阶段恢复起来的比例选举制有利于三大政党——共产党、社会党及保卫新共和联盟在选举中获胜。1947 年，三党制经受不住国内的紧张局势和苏美冲突在国内的反响。不久，共产党人便成为碰不得的人。联合政府越来越像第三共和国的历任政府。连最坚决拥护民主制的评论家也不会不权衡一下，在完成国家的任务与部长们手中的权力二者之间存在的差距是否根本无法保障他们的仕途。

在戴高乐主义的种种化身中，法兰西人民联盟受环境的支配最尊重议会，也最坚决反共。正是戴高乐将军提出了这样一个说法，苏联的军队离我们只有"环法自行车赛两个阶段"之遥了。也是他自称反共反苏最为彻底，但在他的心目中，"第三种势力"，执政的政党，都像当年的维希政府一样介于亲善派和抗敌派之间（这种说法显然说不通）。

作为人民联盟的活动家，我到底有些什么活动？克洛

308

德·莫里亚克在巴黎五区的一家礼堂里主持会议，由我演讲国际局势。一小帮高师学生决定不让我讲（我错怪了安德烈·杜瓦尔①，他是好友科莱特和让·杜瓦尔夫妇的儿子，我还以为他和那些人混在一起）。他们不用费劲便达到了目的。会场没有维持秩序的人，十来个小伙子一定要打断发言人的每一句话，任何发言人终归会忍耐不住的。克洛德·莫里亚克不住地低声叫我："讲下去，讲下去。"讲了三刻钟或一小时，会务处取得我的同意，认了输，宣布休会。

　　领导党的宣传工作的安德烈·马尔罗照理做出了反应。他组织了一次规模更大的会，预先布置好纠察队，但纠察队并没有派上用场。社会党和共产党内反对我的人在事前通知会务处，说绝不扰乱会场。我刚从一场大病中康复，回想起来，那时我体力不怎么样，讲的也不怎么符合法兰西人民联盟的特殊理念，安德烈·马尔罗却对这一次报复行动表示满意：我们坚持发言，证明有力量迫使对方尊重我们，并且只要我们想，我们就可以随时随地举行集会。但是他心里真的不满意，我的演讲很少体现戴高乐派的特有思想。我大谈自己的主张，谈西方或欧洲联盟，却没怎么表达将军的意见。

　　另有一次，我出席人民联盟在互济大厦礼堂举办的演讲大会，到场好几百人，是一次联盟内知识分子和支持知识分子的集会。与会者有的是同情者，有的是出于好奇。伽利玛出版社的人马坐在第一排。皮雅首先发言，没有掀起风暴，连一阵轻风也没有吹起。接着是儒勒·摩纳罗发言，确切地说是念了一

309

---

① 他告诉我说，他并没有加入这一帮人，而且对老两口讲过。而我却误以为他和捣乱分子混在一起。

篇稿子。稿子写得很好，但是太文绉绉，在这种场合不大吃得开。四面八方都有人打断他的话，尤其是楼上包厢角落里的一小批人。我接着他讲话，仍然有人打断我。幸而我驳斥了《狙击手报》，甚至指摘我的朋友 G. 奥尔特曼犯了中立主义。我责备他们不肯表明立场，固执地拒绝抉择，而共产党却旗帜鲜明，遵从他们"非友即敌"的原则。《狙击手报》在当时正充当《人道报》的理想靶子。我便转身向插话的人说："我还以为指摘《狙击手报》可以博得你们的宽恕。"一句话掀起哄堂大笑。随后，整个会场都平静下来。我自以为用了一句豪言壮语来结束我的发言。我说："戴高乐主义的奋斗，也就是法国的奋斗。"据统计，后来两个发言人——雅克·苏斯戴尔和安德烈·马尔罗所获得的掌声次数都没有超过我。

　　我定期参加每周举行一次的学习委员会。我在会上遇见了加斯东·帕列维斯基、阿尔宾·沙朗东、乔治·蓬皮杜。蓬皮杜的坦率、善良和无私深深打动了我。[①] 我跟沙朗东很谈得来（至少我这样想），他不无遗憾地提到，由于机缘不凑巧，没能进入高师。关于学习委员会的工作，我没有留下记载，但凭记忆所及，学习委员会主要研究的是时事问题，讨论还没完，所讨论的事已经是明日黄花。

　　将军指定我参加全国理事会。其成员只开过几次会。每次开会，将军都来分析国内和国际局势，十分出色。有一次在万

310

---

　　① 根据蓬皮杜的回忆录，我弄错了他对我的想法。他怪我预测失误，大概是有关 1948～1949 年克耶（Queuille）政府稳定经济方面的成就。我跟帕列维斯基打的赌却打赢了。我说将军上台既不会在 1950 年元旦，也不会在 1951 年元旦。苏斯戴尔不相信党派联合选举，我的看法跟他相反，但没能说服他。

森区议政厅开会，这是在 1952 年发生的第一次分裂。国民议会的人民联盟党团中的一部分人违反将军的意志，投票赞成安托万·比内。其实，不管怎么样，问题已经在 1951 年选举后有了定夺。因为从原则上便反对的只有共产党和戴高乐派，构不成多数。由于这两个反对派的威胁，第四共和国的各党各派不得不联合起来，拯救了共和国。

比较稀罕的是我在 1949 年奉命为人民联盟在里尔市举行的全国会议草拟了一份报告，讨论"协作"问题。当时是将军这样说的，后来才叫作"参与制"。将军真诚地相信在资本主义与社会主义之间，在野蛮竞争的丛林法则与章鱼式的官僚制度之间，在生产资料个人所有与企业国有化之间，可以找出一种中间模式，消除阶级斗争，而不需要给整个社会戴上一具国家至上的刑枷。他深知这条中间路线的头衔、用意和目的，但不知如何下手。我却尽我所能使"协作"思想具体化，并指出各种可能的方向：参加管理或分摊利润。30 年前已经有过尝试，但不如今天，成就有大有小，诸如工人参与劳动的组织工作、工会参与企业管理和雇员参与分红等。

我尽力而为，但没能使同伴们觉得我的信念和他们的一样强。我的悲观多疑受到指摘，但指摘未必得当。到底什么叫作"相信协作"？"协作"是不是一种学说，能与社会主义或自由主义并驾齐驱？是逐步改革，还是定出制度？如果协作能与社会主义争胜，我就不能算作协作的信徒。戴高乐派执政 11 年，只让议会投票通过了至多不过几条法律，提倡这种或那种参与方式，而且还都是我们在人民联盟时代所考虑过的那几种。

然而，我在两点上应该让人责备我悲观多疑。在过去与现在的法国，改革企业这一最优的生产单位往往撞上两种阻力、两种势力：一方面是工会，特别是与共产党联盟的职工组织，另一方面是资本家。前者不肯在资本主义制度下平息阶级斗争，后者则怀着戒心，不愿自上而下由官方强迫推行改革。我并不反对国家提倡，但不放心那些条条款款不经当事人同意便普遍实施于一切企业。

我的第二项保留意见则来自对当时法国经济正在经历的阶段的理解。时当 1940 年代末期，好多经济学家对那些该诅咒的年代心有余悸，唯恐法国经济再次衰落。可我却不一样，比较倾向乐观。尽管通货膨胀，政府不稳，马歇尔计划推动的基本建设却蒸蒸日上。可是，经济重建——也许已经可以称为经济增长——需要高投资率，也就是说需要企业的利润用于再投资的比率很高。雇员参与分红可能会减少再投资，同时也使利润受益者灰心失望。

那时候谁也不知道 15 年后一个名叫鲁瓦硕（M. Loichot）的巴黎综合理工学院的校友将要传播的学说：用来再投资的利润，应该公平对待产权与雇员，一并计入资本。如果每年的在投基金构成资本增长，这些资本要分归雇员，那么若干年后，雇员便自动成为本企业的业主。有人对我说，戴高乐将军十分高兴地说："这就是我多年来所追求的参与制！"

312

我的朋友路易·瓦隆也十分为之倾倒，并叫我想起了莱昂·布伦什维格最爱说的笑话："在阿隆家族中，有两个杰出的哲学家和两个网球高手，但他们只是三个人。我有个巴黎综合理工学院毕业的朋友从来都不曾找到答案。"在一个现代化企业里，资本的价值表现为股票的行情，首先要看生产的能力和销售获利的能力。还可以说，企业是生产最大值或增值——销售总额与投入总额之差——的机器。年度再投资不会自动增加最大值。除掉折旧费，再投资用来更新设备，并不自动保证增加资本的价值。只有综合理工学院的高才生才会出于信仰，认为利润再投资的价值会同样带来资本价值的增加。

现在再来说说法兰西人民联盟。在拉巴特与戴高乐将军的关系破裂以前，将军曾两次邀我吃饭。头一次，我记住了两件事：他称赞我在《自由法兰西》上写的文章。他夸奖我的话也许有人会说是普普通通的，但里面既有客气话，也有认真严肃的东西，这是他对待周围人的特点，他对任何来客都是如此。席间，他即兴分析了法国的敌占制度，分析得十分精彩。他说，德军想依照国际法，用传统方式占领法国，但是盖世太保偏用酷刑，另外还有像阿贝茨①那样或真或假赞成法德合作的人。这三种人一道决定了法国人的处境。而随着抵抗运动的发展，盖世太保的势力必然会越来越大。

在这次饭局中，也许是另一次，我们还谈到了维希政府。他说维希政府当时有所保留，不愿彻底合作，并且尽量改善居民的物质条件，而不给敌人以政治上的好处，否则就会激起华盛顿方面的强烈反对。我含糊其辞地说，贝当元帅和他的顾问参谋在他们的处境中没有其他办法。将军听出了我的话中之话，并且让我懂得，他不同意这种解释，或者说这种宽恕的想法。这天晚上，或者是另外一次，他分析了局势，仿佛顺便说了一句：维希的人终将在合作的道路上走到头。我根据常理提出反对：海军舰队和北非乃是世界政治中的一笔赌注，也是维希手中最后的王牌、最强的借口。失掉了它，元帅便只好束手听命于占领军了。他自己何苦要干这样的蠢事呢？显然，哪怕

---

① Otto Abetz，德国驻维希政府的大使。——译者注

是在非正式的谈话中，戴高乐将军也十分憎恶维希玩的那套把戏，仿佛他宁愿局面黑白分明。

又有一次，正是美国国务院发表那个大名鼎鼎的公报说什么"所谓的自由法国人"那天晚上，我们集会庆贺海军上将米瑟利耶率领舰队解放了圣皮埃尔岛和密克隆群岛，将军在客厅里怒气冲冲地来回踱步，嘴里一再说："好哇，我们这些盟友！"他是法国的化身，而这样称呼美国自然而然把自己提高到了天下第一强国的行列。他这样自言自语，给我留下了不可磨灭的印象。

在人民联盟年代，我见过将军好几次，即使我能够追述这几次接触，也并不能够为关于他的传说增添什么东西，他在传说中早已是一个"历史英雄"了。1950 年年底，我们夫妻俩正遭受丧女之痛：我们的幼女不幸死去。她是在 1944 年出生于伦敦的。我们接到将军寄来的一封悼唁信，措辞和口气远远超过一般的慰问。我马上请他接见，而过了几天，在谒见时，他对我讲起他的女儿安娜，说"孩子发育不正常"。他谈吐含蓄，仿佛不好意思表现出自己为孩子而伤心激动，同时又让人感受到他的感情，或者不如说他的脆弱。他并不怎样安慰我，但他在诉说自己的不幸时，对我更加感同身受了。

就在同一年，1950 年，朝鲜战争爆发，我跟他长谈了一次国内形势和世界形势。我在谈话中问他："您打算怎么办？"他回答说："我能怎么办呢？我手下没有亲兵，就算有，要派用场，你也不会跟着我干的。"接着，他便议论第八军匆匆忙忙从朝鲜退到三八线一事，同时回想起艾森豪威尔将军曾下令退兵，如果这个撤退令当真执行下去的话，这几乎会断送斯特拉斯堡，使得它听凭纳粹分子血腥报复。他说，美国人有这么

314

一种倾向：保留超出必要的距离。

这些细节的意义有限，但多少能说明在人民联盟期间我和将军本人的关系如何。1951年，我曾考虑参加人民联盟在巴黎的竞选。马尔罗在领导机关提出这个问题时，最重要的位置的人选早已内定。将军做了解释——他的理由是完全对的——说我从来没有向他表示我的意图。其实，与其说意图，还不如说犹豫。职业记者兼任不定期的教学工作，这种生活已使我感到厌倦。有时候倒觉得政治活动是条出路。但在逐鹿场中犹豫不决是不会有好下场的。要就要，不要就不要。夜长梦多，梦却更长。幸而，不用多久，我连梦也不做了。

不是我脱离人民联盟，而是人民联盟自己不存在了。我对它贡献多而收益少，却也足以自慰。1953年，我在上马恩省度假，离将军寓居的科隆贝双教堂村不远。我去将军私邸按了门铃，将军不在，我便留下了名片和住址，过了几天就接到他的请帖。我们夫妻俩居然有缘拜谒将军私邸，并且看到了那里的仪注习尚：用过了茶点，将军便把我带进书房，念了一段《回忆录》——那一段描绘了贝当元帅——然后我们到园中漫步。他提起一次演讲会，是他主持的，我在会上发了言。演讲会是谁组织的，我记不清，只记得将军在我发言之后讲的话。我谈了法国的经济情况，提出了相当平凡的想法。我说，法国人时不时来一场革命，可从来不会改革。将军很中肯地修正了我的说法，他说："法国人只是在一次革命时机到来时进行一些改革。"于是，他叙述了解放后完成的各项改革。

315　　我在1959年《论证》杂志上写过一篇文章，标题是《别了，戴高乐主义》。后来有人告诉我，将军曾对马尔罗说："他从来不是什么戴高乐主义者。"他说得有理。我从来没有像马尔罗那样与他维持一种君臣关系，也不像莫里斯·舒曼，尽管他在人民联盟年代并没有追随过将军。我和将军的关系一向暧昧不明，在人民联盟年代也是如此。动机如何？可说是既幽且深。

将军在《回忆录》中吹嘘自己毫不妥协，直至跟维希宣战，与盟国也弄到剑拔弩张的境地。他靠丘吉尔的支持取得英、美同意，在德国弄到一个占领区。而斯大林却认为法国不配。可他，一回法国便向斯大林大献殷勤。维希政府唆使法国舆论反对盟国，他也用他的方式，唆使战友反对英美。除去人民联盟那一时期，他从未终止与英美进行外交战。不错，他是捍卫了法国的利益，但在北非登陆时，他指摘英美没有让自由法国的队伍参加，那他捍卫的就不是法国的利益，而是他个人的正统了。在叙利亚事件中取得的经验证明，维希的军队宁可投奔盟军，也不愿投奔戴高乐。

我访问将军私邸，是最后一次和他谈话。直到 1958 年，也不知道为什么，我和他毫无接触，连信都没有通过。也许我逐渐疏远马尔罗，不知不觉影响了我对将军的态度。也许是人民联盟寿终正寝，我想从挤进去的党派政治中脱出身来。1955年，我重返大学任教，而第四共和国在最后几年，正受着非殖民化的冲击。在戴高乐派中跟我最亲近的，除了马尔罗，只有米歇尔·德勃雷。他不仅反对第四共和国，而且为法国保有阿尔及利亚作为殖民地发动了过于激烈的论战。1957 年，我表明立场，拥护阿尔及利亚独立，而绝大部分戴高乐派分子主张法国维持在阿尔及利亚的统治。我固然没有把戴高乐和他的追随者等同起来，但也不敢求他接见。

我的一些最知心的朋友宁可忘掉我加入人民联盟的那几个

316

年头，认为除开这一段曲折，我的经历是一条直线。另外一些朋友则很想忘掉我对1968年5月事件的态度。就这两件事来讲，我却不甘心认错，至少应该让我辩解一番。

将军创建法兰西人民联盟是错误的吗？他回到法国便碰上他在抗抗运动时期帮助重新建立起来的党派。第一次选举便标示出向左转的势头。这是一场战争以后的规律。共产党和社会党都反对将军的制宪思想，尽管后者是经过一番犹豫的。为他自己，同时也为法国，他要一位强有力的总统作为共和国的柱石。如果他肯当内阁总理，也许会把国家治理下来。然而，尽管他完全能够在议会斗争中战胜一切对手，却一分钟也没有考虑过玩玩这一套把戏，尝尝党派政治的毒药和甜头。他是法国的化身，绝不肯贬低身份，当一名党魁，浪费人民对他的信任这一笔莫大的资本。

他虽然在1946年辞职，但心里从没有向政治告别，也从没有认输。他以为各党派绝没有能力治理国家。它们彼此之间争吵得瘫痪不灵，终将请他出山，正如在1926年它们向庞加莱求救，在1934年向加斯东·杜梅格求救。这种盘算不久便为事实所推翻了。然而，将军精通战略，一向在炭盆上准备着两块烙铁。他自动引退，摆脱了党派之争而成为国民的靠山。他保持了自己的正统地位。他归隐不等于遭受遗弃。那么，他又该怎么办呢？他春秋鼎盛，年方五十有五，就将索居孤村，只写写《回忆录》，不参加任何活动了吗？还是以元老自居，口笔齐用，向当局不断提供高见呢？他就不该想想自己，考虑考虑自己的出路吗？他住在科隆贝双教堂村，心里却急得好似一匹千里骏马只想咬断嘴里的嚼子。既然各党派顽固地不肯登门敦请，他便只好移樽就教。当然不是出来纠正它们的不足之处，而是加重它们的病情，加快第四共和国本来就不可避免的断气身亡。

他一上擂台，便成了一党之魁，跟勃鲁姆、莫里斯·多列士、乔治·皮杜尔之流半斤八两，有可能失掉自己真命天子的神光。他不是不知道这种危险性，所以把自己的党叫作人民联盟，以修改宪法为国民交给自己的使命。他如果继续执政而不下野，这一场斗争也许会进行得更加顺利。宪法草案第一稿没等将军出面便遭否决。第二稿则不顾解放者的反对，居然通过，不过是以十分微弱的多数。其实构成多数的是故意弃权和反对的票。将军创建人民联盟的时候，内忧外患，不谋旦夕。在国内，共产党与其他党派剑拔弩张，在国外，苏联与西方世界的矛盾一触即发。

1948 年，戴高乐将军果真创造出条件，迫使各党各派屈从于他，同意改制，这是否算自己背叛自己呢？10 年以后，他的际遇让他得以"为所欲为"，我却非常看不顺眼。在 1947 年，既没有什么谋反的阴谋，也没有什么火箭炮，人民联盟批判的宪法，根本没有人为之辩护。至于议会搞的把戏更是有辱国体，而人民联盟的目标却很明确，无非是想在国民议会中掌握足够的议席，以便迫使各党派妥协让步，达成协议。这种做法不至于使共和国蒙耻含垢，像 1958 年那样弄得国民议会向叛军和贵族军屈膝投降。

至于我，甚至在 1930 年代，便一向主张自由政体，反对共产主义，也反对右派闹革命。但是，我和任何爱国者一样，痛心疾首于共和国的没落，以及祖国经历的那些该死的岁月。我参加过一次冷处理的修正运动，并不算违背自己一贯的主张，而面临热处理的修正运动，我便既不能参加，也不能反

317

对。那些捧将军上台的人，大多数都坚持阿尔及利亚属于法国，因而把我排除在外，因为我一向主张阿尔及利亚有权独立自主。不错，有人告诉我，将军在私下谈话时，说我是对的，而苏斯戴尔是不对的。但在这时候，我搞政治活动的念头已经烟消云散，一去不返。归根结底，我对当过人民联盟的活动分子一事并不感到惭愧，但这也不足以引以为豪。

318

从1948年到1952年，我当人民联盟的活动分子，同时也为欧洲共同体的团结奔走呼号。公共集会、座谈会、学术讨论会，蝉联不绝，不可胜数。冷战年头是这样，之后几年也是这样，我对这些都记忆犹新。

在这些既当记者又当政治活动家的年代，我有幸走出法国国界，不仅屡次访问欧洲共同体各成员国，而且几度横渡大西洋，还到日本和印度逗留过几个星期。不管怎样，反正我是个专栏作家，或者可以说是一名足不出户的评论家。

老实说，我觉得这种准政治活动相当有意思，有时候又觉得无聊。也许今天比在1940年代末、1950年代初更加觉得无聊一些。在战后几年，一直到斯大林逝世，我们进行了一场真正的战斗，其成败关系到人的心灵和思想。

今天，这类活动叫我想起"争取文化自由大会"，我既没法不追想它的作用和影响，也没法不提到它的丑史。我们认为，大会是由美国基金提供津贴的。《纽约时报》调查中央情报局，在报道中提到这个大名鼎鼎的情报局花钱搞的组织，并且说不是就此一家。基金不过是一种外衣。于是，我便脱离了这个大会。后来大会改了名，又由福特基金维持了几年。

我们面前摆着两个问题。丹尼·德·鲁格蒙、马奈·施佩尔伯、皮埃尔·埃玛纽埃尔和其他许多人，凡是以这样或那样的方式在大会的范围内搞过工作的人，都有这样两个问题：我们应不应该知道，至少应不应该猜想到？假如知道钱的来源，我们会不会完全拒绝合作？我对第一个问题的答复是：我们实在过于缺乏好奇心。许多迹象都应该唤起我们的警惕，但是基金资助是说得通的。无论如何，我参加座谈会也罢，为《论证》写文章也罢，都是想什么写什么，反正没有拿过大会的钱。大会只给了我发表意见的机会，而在当时，这些意见需要有人来表达和辩护。

319

第二个问题是：倘若我们知道，还会不会拿中央情报局的钱？大概不会，尽管说到头，不拿是不合情理的。我在《论证》里写过不少文章；我和在其他刊物上也一样，任意表达自己的看法。大会还在英国发行一份期刊，名叫《对垒》，此乃最好的英文月刊。前者和后者如果都像美国特务的喉舌，那就肯定不会吃得开。大会若要完成它的使命，便只好乔装打扮，或者用避而不谈的手段来骗人。可是，大会确实完成了它的使命。我一想起大会，便想到骗人。尽管我还情愿回想罗德斯的研讨会、莱茵费尔德的研讨会，以及很久以后大会改了名称、不再拿中央情报局的津贴后在威尼斯召开的研讨会。①

在今天看起来很古怪的是，凡是跟大会没有接触过的知识分子，提起大会来都没有什么敌意，有时候还公开赞成它，用它作为借口来反对类似的一个组织。这个组织是新近由《评

---

① 后面两次座谈会都发表过文件。最后一次文件题为《人类学与未来学之间的历史》，跟政治问题全不相干。

论》的总编辑诺曼·波道的夫人密奇·代克特创办的。我尽管有点犹豫不决，可仍然答应担任这个组织（"自由世界委员会"）的名誉主席。① 这个委员会完全是在另外一种背景下诞生的。大会 1950 年在柏林诞生时，正需要动员知识界而不是用武力来抵制苏联。到了 1982 年，至少在法国，高级知识分子和青年一代中最著名的人士都不会再受苏维埃主义的诱惑，也不会受 30 年前、20 年前甚至 10 年前同路人的进步主义的诱惑。当然，马克思主义或泛泛的马克思世界观仍然在法国影响着一、二级教师中的大多数人，大学助教中多数最活跃的人还没有放弃多少带有马克思主义色彩的信念。凡是经历过战后20 年的人，都能衡量出发展中的差距。

320

　　让别人去为大会做总结吧。我并不后悔曾经参加过这个组织，因为它曾对欧洲知识界起过不容忽视的影响。就我来说，我尤其记得几个人物。迈克尔·乔塞尔森（Michaël Josselson），原籍爱沙尼亚，既是大会的创始人，也是中央情报局和知识分子之间的介绍人。我们可以说他欺骗了我们，但是，如果向他追根问底，他也许会向我们承认这一点。不过，他很可能会补充一句：不然，怎么办？我至今仍然对他怀有敬意。他这么做是出于信念，也以此为生，但凭他出众的智慧，干别的也行。他胜过一个间谍，有别于一个间谍。从活动能力上讲，他是一个有天赋的知识分子，他肩上负有双重责任，一是把大会办好，二是搞他的原始骗局。他引退后写过一本书，讲一个帝俄将军，名叫巴克莱德托利，在侵俄战争中与拿破仑进行过较量。他长年患心脏病，已于几年前去世。

---

　　① 现在我后悔了。

我在大会的活动中屡次遇见乔治·凯南，我将在另外一章里叙述我和他在英国广播公司的年度讲座结束后的一段对话。1950年，我在普林斯顿头一次碰见他，和他一道参加关于法国的座谈会，该会的发起人是米得·厄尔（Meade Earle）。我们俩的私交良好而不深。如果我没有弄错，他看重我思想活跃，爱争辩，善于鼓励来自天涯海角的人彼此交谈。我在莱茵费尔德和他相处过短短几天，十分欣赏他的彬彬有礼，学问渊博，且全无虚骄之气。他为人含蓄，几乎近似冷漠，道学却不浅薄，与出众者为伍而自己不一定意识得到，对于美国的感情日趋淡薄，因为美国民众主义日益发展。他署名某某先生的文章，联系到他今天的立场，恐怕和他与祖国日见疏远有关。他在《外交》季刊上的文章对美国的外交影响久远，打下了"遏制论"的基础。之后，他不断追悔他一鸣惊人的时刻，一直为他所起的历史性作用自怨自艾。我在1978年写了一篇文章①，答复思想转变后的乔治·凯南，但至今没有机会和他当面探讨。

罗伯特·奥本海默也参加一些集会，如1960年纪念大会成立10周年在柏林举行的会议。他明净的蓝眼睛与他神经质的动作和谈吐形成强烈的对比。他内心烈焰燃烧，心灵交战，往往把平生任何片段不仅看得十分认真，而且当作悲剧。我记得，在他的屋子里我和他们夫妇俩一道进行的最后几次谈话中，我觉得他坐立不安，他还对谈话的平淡无奇感到抱歉。我跟他也超越不过初交的圈子。他和凯南相反，他给人的距离感不在于要求严格，而在于他明显的内心撕裂。他发明了原子

321

———————————

① 文章发表在1978年夏天第2期《评论》杂志上。

弹，反对制造氢弹，受了过去和不慎的累，精神上背上了沉重的包袱，哪怕不像他活剥了皮那样敏感的人也难以忍受。

有赖大会的机缘，我结识了好些大知识分子，最可敬仰和爱慕的要算迈克尔·波兰尼（Michael Polanyi）。他的经历不同凡响。他出身"硬"科学，是最高等级的物理化学家，目标是诺贝尔奖，而他却突然改行，请准大学让他教哲学。人世最需要的不是知识而是明智。与其不断积聚知识，不如认识自己。他写了许多书，讨论经济和科研的自由。作品中光辉而伟大的要数《个人的知识——迈向后批判哲学》，该书虽为少数人所赞赏，而绝大多数人却视而不见，满不在乎。他的认识论暗藏着一种哲学，甚至还有一个宗教性质的结论，这种认识论处于当时所有英美学派的边缘，不论是逻辑学派还是分析学派。他想象现实的不同水平，他的反还原论，他在接受真理中给予个人选择的意义，都在字里行间把读者引向一种信仰——信仰精神，也许是信仰神圣的精神。我曾经听见以赛亚·伯林挪揄波兰尼的经历说：真古怪，这些匈牙利人！一个大学者，放弃诺贝尔奖，而去搞一门蹩脚的哲学。到底蹩脚不蹩脚，尚待考证，哪怕是真蹩脚，贝林的话也忽视了也许是最主要的东西：人的纬度。

波兰尼放弃科学研究，为的是求道、得道、造福于人。他觉得为人为己，捍卫学者和普通人的自由，胜过取得一项科学发明。反正他不搞，迟早总会有人搞出来。他自身的成就不靠任何专家认可，不管是化学家还是哲学家。他靠意识和内心呼声的认可。所以跟他打交道，既叫人心平气和，也叫人觉得充实和丰富。这正是我们在他身上觉察到的精神存在。当然，他为人和蔼可亲，时时刻刻都不失态，其他高明人物也有这种品质，而他却别有天地。他的和蔼可亲，不是泛泛地对待随便什么人，而是只要对待某一个人，这个人就会感觉遇到了知己。我们俩谈心的次数比较多，交情见深。在庆贺他七十寿辰的文集中，我写了一篇文章，题为《马克斯·韦伯和迈克尔·波兰尼》。大概他喜欢这篇文章，特地写信道谢。这封信我还珍藏在家。我们在牛津大学进行了最后一次谈话，那是在我接受名誉博士的第二天。我拿到了证书便即席发言，根本没有讲稿，而且讲的是英语，讲得十分蹩脚。波兰尼夫人聪明贤惠，他俩真是天生一对。她夸奖我的演讲，而她的丈夫却默不作声。真情实意不容许凑合，尤其对朋友不能凑合。他告诉我，世人应该寻找什么，哪怕找不到也要找。我以为他说了：上帝。据我所知，他从来没有写过上帝这个词。

　　在一本谈论共产主义同路人的书中，一个英国作家①就"争取文化自由大会"同法共创建和操纵的知识分子组织做了比较。双方都由声名显赫的人物出面主持，一个是卡尔·雅斯贝尔斯（K. Jaspers），另一个是约里奥·居里，或者说，战前，一方是安德烈·纪德，有担当的作家和学者，另一方是党的活动家。形式上的类似掩盖了根本性的差别。我们在大会上从不系统地为美国的外交政策或美国社会辩护。1955 年在米兰，两种意见在我们中间交锋。一种意见强调并且差不多要热烈赞赏苏联的经济成就，而另一种意见则怀疑那种趾高气扬的统计数字。我们在《论证》杂志上写文章，也在别的刊物上发表作品。我们确实有某些共同点，即拒绝共产主义。但这是个多元的反共，其中包括社会民主党人，也有保守派，各趋极

323

---

①　大卫·柯德（David Caute），《共产主义同路人》的作者。

端。这就跟知识分子的亲苏组织有着本质上的区别：通过一种假意的反对，亲苏知识分子注定得粉饰真相。

　　现在再来谈谈我在《费加罗报》当记者的一些活动。同美国的专栏作家①比起来，我的旅行机会比较少，即便在当职业记者的 10 年中也是如此。我有一次提出这种情况，皮埃尔·布里松便叫我到现场去采访了一天的旧金山会议。那是在 1951 年，讨论对日和约。这场所谓的外交折冲作何下场，谁也不会怀疑。到会各国，除了苏联的卫星国，当时无不唯美国马首是瞻。苏联代表也不存任何幻想。美国报纸用头版整整六栏，横标出："100:3"。记者们互相询问，苏联人为什么要到这儿来讨败仗吃？我半开玩笑地对《纽约时报》的一名记者说："因为他们没有忘记列宁在《共产主义幼稚病》中的教导。"那名记者连笑都不笑，问道：在华盛顿，有没有什么地方可以找到这本宝贵的书？

324　　我很体面地通过了这场前所未有的现场报道考验，还算不错。主要的困难是我不太会打字。我的朋友尼古拉·沙德兰，常驻华盛顿的记者，一贯助人为乐，主动帮了我一把。说实话，三天的会议给我的感受，还不及我从旧金山飞往达拉斯途中所得印象之深。部分法国代表团飞回华盛顿，中途横遭风暴，整整几个小时，乘客都成了失魂落魄的残渣，难受得连害怕都顾不上。只有德·波旁·布赛一对伉俪，紧紧抱在一起，经受住了颠簸摇荡。飞机像洪波一叶，奇迹般坚持在天上。

　　前一年，1950 年 10 月到 11 月，我生平头一次踏上新大

---

　　①　李普曼除外。

陆，我的身份是双重的，既是新闻记者，又是大学教授。邀请我的是普林斯顿高等研究院（由 J. R. 奥本海默领导，我的访问为期几个星期）。皮埃尔·布里松劝我别离开报社那么久，时间短一些，由报社出钱。我同意了，在普林斯顿只待了几天，大部分时间都在华盛顿。我先在詹姆斯·伯纳姆家下榻，他是《管理革命》一书的作者。我后来又住在中学同学雷奥纳尔·李斯特家，他在世界银行工作。

我借这个机会结识了好些记者，如沃尔特·李普曼、约瑟夫·阿尔索普等人。我大大地长了见识吗？不大好回答。华盛顿真是个怪地方，我居然和它混熟了一些。这地方几乎完全沉湎在政治里面，传说和谣言无时无刻不在耳际嗡嗡。从总统到最普通的新闻记者（尼克松不是被两名年轻的采访记者打倒的吗？）成万人在东寻西觅，玩弄手段，交头接耳，钻空觅缝，打听参议员和远方君主的命运。这个乡土气的城市，从此与世界各地有了千丝万缕的联系。

我对和迪安·艾奇逊（Dean Acheson）的谈话的印象最深。时当 1950 年年初，关于"结束战争的攻势"① 的噩耗开始如雪片飞来。国务卿对我说，他本人和参谋长联席会议都不赞成麦克阿瑟的决定。但他又说，我们毫无办法，将在外君命有所不受乃是美国的传统（可是，他却不提参谋长联席会议对于仁川登陆也毫不赞成）。他并不怀疑，美国出兵朝鲜毕竟保全了美国的联盟体系。如果听任金日成的战车踏平韩国，那么谁还能相信美国的诺言呢？除此以外，他只好等着第八军打了败仗后撤退。

325

---

① 口号来自麦克阿瑟，意思是说，以攻势获得最后的胜利。

1953年，我去日本、香港、印度、印度支那的旅行，以完全不同的方式教育了我。这是破天荒头一次，我不靠书本，直接去考察与我们不同的文化，而其差别之大，远远超过法国文化与德国文化之间的差别。我在法兰西学院开课的第一讲曾举纳粹为例，说它是"另类"文化，治愈了我们幼稚的人类中心论。我说错了。纳粹不是另类文化，而是我们的文化害了病。在东京，在加尔各答，在新德里，这里是字体，那里是服装，都让我一眼便看出是外国。还有不止一次触动我，而且叫我不舒服的是，薄薄的一层西方表皮有可能把真正的现实掩盖起来，给我们造成错觉。

"争取文化自由大会"在日本有分会。在东京的会员们通常都讲西方语言，讨论政治都用美国词汇。我和日本大学生通常谈论民主和民主所必要的条件。日本首相吉田茂接见了我，我们的谈话时间相当长。他很有风度地跟我讲，传统的等级、安全意识以及前辈给后辈的教导是多么符合民主的真谛。他用新的字眼翻译日本的传统准则。在印度，最叫我不舒服的是，在一个什么"圣者"的嘴里听到关于"美帝国主义"的陈词滥调。在新德里，我认识了法国大使奥斯特洛劳格伯爵。我对他马上产生敬爱之情。他原籍波兰，人品高尚。我和尼赫鲁谈了半个小时，毫无所得，尽管我跟任何人一样，为他的人品所打动。历史给了他出类拔萃的命运。

在日本，美国人、德国人、法国人在不同领域代表着西方。1953年，美国一般占有统治地位。不过，法国文学也许最为人所熟悉，胜过其他国家的文学。有时候，在大学校园里，我用德语和一个现象学或海德格尔学派的哲学家谈话。可是在印度，西方就是英国或美国。我没法不佩服日本人，他们从根上保住了日本文化，在家庭里，在举止上，在信仰上，都是如此。日本人抱着雄心壮志，而黩武梦早已破碎，他们不得不采用现代的技术和经济，却又绝不松懈继承自己固有的文化。既然不想再用武力争取首席，那就在和平技艺中卓然自立。

我和日本的知识分子交谈，不觉得陌生。当时，他们对于美国优越论的反应使我产生一种感觉，仿佛那些反应都是我见过的和听过的。美国人相互之间关系比较松散，而在永恒的日本则恰恰相反，这里人与人的关系差不多是礼节性的。当然，日本儿童在很多方面上，行为举止就像美国孩子，他们喜欢打垒球。可是，我后来再去，便觉得传统的东西逐渐在压倒外来的影响，而我心里不能不盘算，日本大学生造反到底是为了什么。1960 年代，日本大学生闹事闹得特别凶猛。

至少在这一时期，在印度，赤贫的人群、苦难的惨状向刚到的旅客迎面扑来。我从香港到加尔各答，行装甫卸便在心中思忖，这里的特权分子怎能对别人的苦难习以为常。夜里，赤裸的身体横陈于街道之上；几十万男女老少挤在贫民区里，他们一无所有。我自己过了几天，也就见怪不怪了。只在偶然发生的一事中，我才发现了于我而言意想不到的乞丐们的规矩。我走出一座庙的山门，给了一个孩子几文钱，说时迟那时快，一群年轻的印度人马上号叫着把我围住，索取我该给他们的钱。倘若我一毛不拔，谁也没意见；但只要给了一个人，其余的人便觉得有权索取人人有份的东西。跟我一起游庙的人毕业于伦敦政治经济学院，他们向我解释这一现象，引用了费边社会主义的理论，这种理论实在跟印度的现实格格不入，也跟他们自己的行为大相径庭，尽管他们的行径是社会强加于他们，而不是他们自己选择的。

327

　　我在日本逗留期间，所见所闻，没有不是以往从书本里知道的。无论是和人交谈，欣赏风光景色，参观名胜古迹，还是和人群接触，加上自己的旧知新识，都使我们产生一种幻觉，仿佛这些都是本来就熟悉的。我们原来知道的东西，现在仍然知道，可是方式不一样了。我们不想再像孟德斯鸠那样发问："怎么能成为一个波斯人？"一个拉丁学家，为了回到纪元初年帝国时代的罗马去生活，哪怕只活一天，他有什么代价不肯付出呢？

　　除了常去美国，我历次的出外旅行，是否对我这个"不出门而能知天下事"的人大有裨益呢？我可不敢那么肯定。基本上，我手里的消息跟读者们掌握的没有两样，一概来自新闻社的电报。所以，一切要看怎样认识事件发生的环境及其来龙去脉。比方说，在1973年，埃及军队横渡苏伊士运河，《费加罗报》的几个同事居然中了以色列大使馆人员的毒。罗歇·马西普写了一篇文章，题目叫作《圈套》，说是埃及人中了以色列人的巧计。第二天，我做了一件从来不做的事：我写了一篇社论，直接反驳马西普。我坚信，倒是以色列人被人家出其不意，攻其不备。为什么呢？我知道，其实大家都该知道，巴列夫防线，守兵不过数百，而苏伊士河不难强渡。六百来名以色列国防军兵士，稀稀拉拉摆在几百公里的防线上，怎么能够抵挡一支大军渡河呢？至于消灭埃及人的桥头阵地，以色列还没有下令动员，又怎能马上办得到呢？以色列军队在平时人数不多（当时大约只有3万人），这些士兵分布在3条前线，绝不可能立刻采取行动对付主要的敌军，即埃及大军。我毕竟还是搞错了一部分。以色列人居然不等兵力集中，便向埃及部队的桥头堡派出一个机械化旅进行反扑，结果全旅覆没。那么我错在哪里呢？错就错在我没想到，以色列司令部竟能如此低估对方，铸此大错。

在另一次事件中，我闭户深思，倒比听华盛顿的谣言靠谱得多。报道朝鲜军队越过三八线的电报一到，我就肯定杜鲁门和他的班子绝不能坐视韩国覆灭。韩国不仅是在联合国的主持下成立的，而且还有美军驻在那里。那时候，在法国和欧洲，谁管他什么朝鲜呢？而朝鲜的举动等于向美利坚共和国挑衅。如何对待挑战，势将决定全世界对美国的看法。帝国挑不挑这副担子？我对此并不怀疑。我不仅表达了这种意见，而且在 6 月 27 日《实力较量》一文中①表示赞成。而让－雅克·赛尔旺－施莱贝尔（Jean-Jacques Servan-Schreiber）却从华盛顿发电报给《世界报》说：“美国不会跟朝鲜打起来，正如美国轰炸机被击落在波罗的海后双方也没有打起来……”我的文章则有根有据地强调美国对韩国做出的诺言。我说：“……韩国的安全与繁荣乃是亚洲各国人民的信心的最良好的基础。”（见杜鲁门宣言）“……我希望，在这里逗留的日子能进一步证明朝鲜并没有遭受遗弃。”（杜勒斯在侵略前一个星期的声明）。让－雅克·赛尔旺－施莱贝尔认为，美国不进行军事干涉是没有问题的，所以他总结说：“美国的外交政策，全盘都得从头改订，并予以明确。”如果美国没有奔援韩国，那就得从头重新制定它的外交政策，让－雅克·赛尔旺－施莱贝尔的话也就说对了。正是美国实行的外交政策，让我有理由预料到杜鲁门果真做出的决定，而在美国当地观察此事的人，反而还在狐疑不定。

　　在近东，我也在两种情况下，有机会衡量推理论断所冒的风险和言而有中的机会。1956 年春天，我第一次访问以色列，东道主是耶路撒冷大学。我发表演说，谈论以色列和阿拉伯的

329

---

① 读者可以在下一章里看到这篇文章的一些选段。

危机。边界武装冲突日益频繁，阿拉伯游击队不断袭击，以色列军队则频频反击报复。人们有的在害怕，有的在希望，反正都在等待大规模的军事行动。我却说，这些军事行动只消几天便将由大国出来制止。

问题马上就来了，阿克金教授问我，大国会留给交战双方多少日子，让他们停止交战，甚至强迫他们停战。我说最少三天，最多不过八九天。埃及把苏伊士运河收归国有，固然改变了以阿战争的背景，但总的来说，大国的做法果然不出我的预料，特别是美国。这并没什么了不起，当时，在1956年，美国正控制着国际局势，可以使用自己的势力叫人干这样，不干那样，特别是美国在可能的范围内，反对和防止使用武力。

1966年，10年过去了，我又到了以色列，东道主是国防学院。这是军方办的，旨在补充培养军官的战略和政治才能。在我之前，去讲过课的有托马斯·谢林、亨利·基辛格和H.卡恩。我去时恰逢以色列建国纪念日，以色列每年都在建国纪念日举行阅兵仪式。之后，我同几个将军共进午餐，和魏茨曼将军搭上了话。他时任空军司令，一年后离开了部队。我把10年前在大学答复问题的经过告诉了他。他说："您既然那样善于诊断，那就请您告诉我今后几年将会发生些什么事情。"我当时是这样回答他的："以常理而论，纳赛尔在没有大大地改变力量对比以前，不至于再发动一次战役。现在，埃及有一股兵力，陷在南也门的泥沼里。如果事态会按逻辑发展，那么以色列在今后几年中就不会遭到什么危险。"这位空军司令用英语回应道："这样的话，我们将会过一段沉闷的生活。"现在，司令员已变为和平鸽，参加了和萨达特的谈判。下一个年头，"六日战争"发生了。纳赛尔居然没有照常理办事。他的军事顾问隐瞒了埃及空军的脆弱，而他自己，也过高估计了自己的军事和政治资本。就我而言，我也低估了像近东那种爆炸性的地方到底有多少发生意外事故的危险。

我还记得另一次错误，这次错误比上一次更难以饶恕。1962年，中国人跟印度人在喜马拉雅山边境发生军事冲突。我一时认为这绝不会扩大为一场真正的战事。两国动兵，既无好处，又没有必要的手段。不仅如此，我如果研究过中国的军事和外交传统，我就能够马上抓住冲突的实质，抓住中国以讨伐为"教训"的实质，那么我就不会猜测，战事不久后即将停止，也自然想象不到中国军队竟然长驱直入。[①]　于是，我便下决心研究中国的外交和军事传统。

不用多说，在一家日报上分析内外政策，目的不在预测事态的演变，甚至短期的演变也不属分内之事。分析工作的任务在于把事态纳入较广较大的局面，然后加以理解。要搞清楚美国做出的一项决定，必须掌握华盛顿当局的想法，以及他们受到的种种拘束和压力。若要解释苏联干涉捷克这件事，就非得弄明白苏联的制度和世界观，以及克里姆林宫中人物的行动准则。尼采曾做预言：20世纪的大战将以不同哲学的交锋为借口，以统治世界为目的。半个世纪以来，这话在我们心目中已经得到了证实。世界政治的分析家，尤其是法国的政治家在1930年代犯了错误，正因为他们固执地把欧洲看作世界的中心，把第三帝国当作威廉帝国另一并无特色的模式。他们固执地不肯相信，苏联在本质上不同于沙俄。今天的新闻记者在新闻学校里学到的当记者的一些本领、窍门、技巧，都是只消实

331

---

① 见1962年11月21日《费加罗报》登载的文章。

践几个月，谁都能学会的。然而，这些学校教的都不是最要紧的东西，如各国人民的文化和历史，列宁和斯大林的理论和实践，美国宪法的职能。照黑格尔所说的，当代人以读报为早上的祈祷。而新闻记者则有沟通世界史的任务，尽管不敢以高水平自居。一个记者应该能够将一个事件置于全球大背景下，同时指出这一事件的含义及其作用。

戈洛·曼曾对我说——当时，我正于心有愧地沉湎在新闻事业中——马克斯·韦伯曾经训斥他的"教席教授"同事们，煞煞他们的傲气，提醒或教诲他们，说他们不见得都能够马上代替别人写社论，甚至代替不了一名普普通通的评论员。大学教授作为大学教授蔑视作为新闻记者的新闻记者，我看是没有道理的，甚至是可笑的。知识精深的学者不一定都是通才。甚至职业经济学家也不见得用四张纸就能分析一种形势，得出一项论断。能其大者，不一定能其小者。当然，一份哲学教师资格考试的考卷所需要的文化素养，要比写一篇《世界报》或《费加罗报》的社论更多。但是，大学教师不一定写得出好社论。可是，一个中等水平的记者尽管昂然对教师做睥睨之色，他心里却仍然不免觉得和大学教师比起来，自己还是吃势利眼的亏。有一天，我对拉扎雷夫说，第四共和国的政治太叫我恶心，我得回去重操旧业。他瞪着我，仿佛当我要去上吊，嘴里嘟囔说："哟！可别呀！别来这一手呀！"

在战前，罗杰·马丁·杜加尔为了我好，对我暗示，我有搞政治新闻的必要本领。我也向他暗示，哲学比新闻有意思。他没有再说什么，但仍觉得教师名微利薄，不如到社会里去占另一种位置。他觉得这样对我好一些，对苏珊也好些。

不用说，我一旦到了这个位置，便和大家一样雄心勃
勃——而我比别人更甚——要得高分。可是我在《战斗报》
和《费加罗报》都未能摘下这个桂冠。因为理所当然——
事实上也是如此——桂冠非阿尔贝·加缪和弗朗索瓦·莫里
亚克莫属。他们俩都文才出众，而我只能望洋兴叹。可是锦
心绣口的文采与经济、外交的严格分析，却又有点格格不
入。话虽如此，满足虚荣的机会倒不算少。我甚至可以说，
这一行业的诱惑力一部分在于，一篇文章问世，夸奖往往超
过其真实价值，而出一本书却是道路崎岖，强手四伏，数不
胜数。

第四共和国的一个部长（贝歇）在一次私人谈话中对我
说："在我认识的人里面，就只你一个人纯粹靠笔头获得政治
上的影响。"其实，这种影响是靠不住的、渺茫的、不好捉摸
的。我和拉扎雷夫是朋友，尽管我俩的友情是断断续续的。他
在1960年2月25日写给我一张小条子，上面说：

　　亲爱的雷蒙，我从不写信——这一恶习出于时间不够
用——为一篇我欣赏的文章向作者"叫好"。不然，你写
一篇文章，我就得给你写一封信。可是，今朝这篇文章，
既叫人信服，又有益有用，完全合于我的预感，我也觉得
实在是危机四伏。所以我忍不住要告诉你，钟要敲个不
停。思想斗争是可以的，但还得是自由的，否则，正如我
在电台上对阿德茹贝所说的，把"冷战"变成"冷和"，
名变而实不变，徒然加深危险，因为"冷和"不如"冷
战"那样叫人提心吊胆。幸而我们有一位雷蒙·阿隆先
生。我是这么说，也是这么想的，拥抱你！

　　沃纳·鲍姆加特纳不止一次告诉我，他差不多每一次都猜得中我当周的经济文章会谈什么问题。他经常阅读这种文章，并且看中我的一些分析和警句，比方说："苏维埃是电气化加上美国西部的小麦。"

　　这种浮光掠影的自我满足，不消几年便让我感到不安和酸辛。也许，从 1947 年进《费加罗报》到 1977 年离去，中间我有了些进步。也有可能，胸中的火焰逐渐灰冷，经验消磨了想象力。在我看来，毁掉记者行业的，是一鸣惊人容易，循序渐进很难，跟作家和学者不一样。当然，新闻记者也不能不自我更新，无论如何不能赶不上动态，不能死揪住过去的世界观。

　　我始终不怎么醉心于新闻，可新闻毕竟是记者的专长。我钦佩拉扎雷夫这个超群的鼓舞者，佩服他的才能与风度——这都是与我无缘的。如果不为耸人听闻，如果不急于比别人早几个小时采访到最新的消息，如果消息的确重要，推敲的时间总会有的。如不重要，又何必大惊小怪？何苦呢？

　　我是不是有点瞧不起职业记者呢？也许。可这肯定不对。为什么笼笼统统一股脑儿瞧不起这些男士和女士呢？我倒爱叫他们姑娘和小伙，因为在我看来，从行业的角度来看，他们显得那么年轻。在我常去的编辑部里，有人中我的意，也有人差一些，有人喜欢我，有人不喜欢我。我领导《费加罗报》小小的经济班子时，班子里的人倒不怎样嫌弃每周一次的碰头会。马西普主持外政栏，和我的班子每天都能发生摩擦，然而大家相处得很好，仿佛青天上竟没有一点儿云翳。在《费加罗报》报社里，我最不能容忍的是 M. 加比利和 J. 格利欧先生，我觉得，他们对我也无可指摘，除非责怪我为什么竟是这么一个人。

第十章　瓜分欧洲

第三帝国一投降，我就对欧洲局势有了总的看法，如果说
还不能对全世界的话。我在《观点》杂志社对别人说，德国
分裂将至少持续一代人的时间，听者都表示惊讶。20年后，
我仍然爱跟人打这个赌。不仅如此，法国人在1870年和1945
年所认识的德国危机已经属于过去。德帝国地处欧洲中心，强
大而又为欧洲之冠，老觉得自己处于包围圈中，同时又威胁着
东邻和西邻。这种威胁并非虚构。分开来对付，它完全可以压
倒每一个邻邦。因此，法国便不得不缔结反制联盟，以取得对
德的均势。可是由此而结成的法俄联盟，跟着与英国人、美国
人以及俄国人结成的大同盟，像钢箍一样，紧紧箍住了第二帝
国和第三帝国。1945年以后，德国在东面割让了一块土地，
并且部分人民被纳入苏维埃体制，其人力物力也就再也超不过
东邻斯拉夫了。苏联控制了昔日德苏之间的所有缓冲国。德国
已经不像在1940年那样能够压倒法国，甚至压倒英法联盟了。
不仅如此，从此以后，美国加入了西方联盟。德国成了西方的
尾闾，在新大陆的巨人面前已经不够分量。

就短期而言，至少20年左右，不管法国人愿不愿意，德
国必然和法国一道属于西方民主阵营。法国人和德国人将不可
避免地有着共同的命运。这将是理性与情感的交战。我在战争
年代难道写过什么文章，可以说是反对德国人而不仅仅限于反
对希特勒分子的吗？即使有也很少。我也许写过一些文章，事

后看来，不免无聊，说什么警惕先前的"德国祸患"。但是，一经解放，反正战争一结束，欧洲分裂，铁幕森严，波兰扩大到奥德－尼斯河一线，我便一下子摆脱干净了过去的陈旧观念。青年时代的梦想油然而生，法德两国又可以言归于好了。这是理智的狡黠又给了我们一次机会，可不能再坐失良机了。1946 年，我首次重访德国，十分憎恶占领制度，对于"分区轰炸"感到愧悔。这是违反战争规则的，城郭为墟，一片焦土，居民家破人亡，于军事却全无补益。

1946 年，我到法兰克福大学做了一次演讲，周围瓦砾遍地，居民食不果腹。我在那里遇见汉斯·迈耶（Hans Mayer），他还没有投奔东部地区（几年前又碰见他，他已经重新回到西部地区）。最触目惊心的，是集中在我身上的仇恨目光。那是在火车站，我利用占领军的特权，越过德国人排的队，到售票处门前买票。几年以后，我在突尼斯也以同样的直觉，痛恨殖民制度，而这里的殖民制度还不算是最坏的。

从这个原始而又根本的分析出发，我一贯支持美国人和英国人采取的措施：先分两个占领区，再分三个占领区，然后化零为整，建立德意志联邦共和国，由其重整军备，享受平等权利。事态的发展，一如我所预料，一如我所愿。法国虽然抵制抗拒，毕竟影响甚微。然而，我也应该扪心自问，假定情况不是这样，我该不该去推波助澜？

请大家回想一下戴高乐将军在 1945～1947 年的观念。法国代表在柏林投票否决任何措施，只要其用意在于把四个占领区合并为一个总的行政机关，1947 年公开宣布反对三国决定成立三国占领区，然后成立德意志联邦共和国。在这时节，将军对于恢复德国的想法，都拒之于千里之外。他向往一个各邦联合的邦联。他紧紧抱住班维尔和莫拉斯的论点，而在我看来，在战后的形势下，这些论点说得再轻，也得说是搞错了时代。至少在表面上，将军讲的道理——仿佛德国依旧是潜在的捣乱分子——再明显不过。在无法预定的时期内，捣乱分子这个角色将由苏联去扮演了。

我在 1947 年 11 月 12 日的一次记者招待会上，听到戴高乐将军对德国问题的主张。这个招待会是为了美国国务卿马歇尔将军的一次演说而召开的。现在摘录其中最关紧要的几个段落：

　　恢复欧洲经济，乃经世志士的当务之急。在这样经营起来的世界里，人人应能安居乐业，甚至享受世界和平。从这方面看，法国不能想象原来的德国竟不参加那必须倡建的经济协作。有一点完全可以肯定，法国从未怀仇记恨，想把德国人摈斥于欧洲经济之外。但这并不妨碍法国为己为人，绝不愿再看到德国重新成为威胁——尽管法国曾屡次遭其威胁，几近灭亡。德国人必须以参加人类复兴的共同努力，特别是参加欧洲共同努力的身份重获新生，而且永不振国力以致形成威胁。为使德国不再成为威胁，法国建议了一项切实可行并经受过历史考验、合乎事物本质的办法：德国不应重新成为帝国，也就是说成为力量集中的统一国家，否则，德国必然会使用一切手段进行扩张。我们不要德意志帝国。

将军考虑到两种可能性：一种是盟国达成协议重建一个德国，另一种是盟国达不成协议。但是，不管达成或达不成协议，

337　最高的原则仍然是绝对不能重建德意志帝国。"即便德国必须从此一分为二，西德也应以这种方式重新组建。"什么方式呢？"我们考虑的德国的前途，是由各邦组成德国，而不是德意志帝国。而且我们看不出各邦联合会有任何弊病。各邦的权利曾遭受帝国践踏，而今后各邦终于能享受各自的权利。联邦由'盟国联合监督，免得再出毛病'。特别需要对鲁尔区进行监督，并按条件为其供应煤炭。这样的联邦完全可以体现出德国的未来。法国将能毫无困难地和各邦缔结经济条约：这是事物的本质。"条约到底是同各邦缔结，还是与联邦缔结？反正将军请法国不要"放弃自己手里掌握的质押"，换句话说，不要答应三个占领区合并，如果德意志帝国还有复活的可能的话。

　　将军的高见显然类似班维尔和法兰西行动派的主张，可是，"永无德意志帝国"这个观念本身便是暧昧不明的。既然德国各邦可以成立联邦，那么这个联邦和帝国又有什么不同？不错，"帝国"这个词有它的历史反响，如此而已。到了1946~1947年，联邦也罢，帝国也罢，反正成立一个德国就是了。

　　将军反对德意志帝国，非常认真。马尔罗也时不时对我说："他们——第四共和国的人——要把什么都放弃了。"将军却绝不松口，1948年6月9日他发表的宣言就足以证明。宣言是对伦敦会议各项建议的答复，是对有关西方占领区的前途的建议，换言之，就是成立三国联合占领区，并于次年成立德意志联邦共和国。

　　将军预料到，俄国人也将以他们的方式建立德国。但是，他认为两个德国之间的争执对和平和法国都隐藏着致命危机。① 他说："只有一个问题势将笼罩德国和欧洲，那就是：338'两个德帝国里面，到底由哪一个来实现统一？'因为人们已经做出结论，并且公开宣布'统一是德国的前途'。"我们可以预料，在柏林与法兰克福之间将从此爆发怎样的国家主义的竞争，并将造成怎样的国际气氛。如果由于两个德帝国的争执而引起的德国人之间和列强之间的震荡还不至于很快导致战争，那么人们至少可以猜想出，两个德国阵营里面，谁在内部足够强硬、足够严厉，谁在国外得到足够强大的支持，从而会取得最后的胜利。甚至可以想象，有朝一日，德国会再一次依靠普鲁士实现统一。可是这一次将是怎样一个普鲁士呢？一个极权的普鲁士，像中欧和波罗的海那些人民国家一样，跟苏俄心心相印，息息相通。英美则疲于奔命，出于孤岛意识，或者幻想作祟，竟会把这种结局当作"绥靖"。

鲁尔区归了德国，赔款没有保障，军事占领的期限仅有泛泛的规定："法国便将经常处于险境。"下文又说："我们如临深渊。"宣言控诉完毕，便提出了目标："不能再有德意志帝国！因为德意志帝国将自然而然成为德国称霸本能的动机和工具，尤其是这种本能会同其他企图结合起来。"将军再一次竭力强调德国的各邦，说："各邦将有各自的制度、个性、主权，可以相互结成联邦，加入欧洲某一集团，只要能够从中得到有利于自身发展的环境和手段……"德国各邦的主权同联邦的概念，从词义上讲似乎是有抵触的。而将军的结论是：建议拒绝伦敦协议，重开谈判。

我既不同意控诉的状词，也不同意提出的建议，而坚信德

---

① 参见 1948 年 6 月 9 日宣言。

国分成苏联的德国和西方的德国势将成为长局。对一个肢解割
裂的德国要求安全保证，在我看来是不现实的。对一个孤苦伶
仃的西德这样做，则未免有点儿可笑。至于预测东德将不可避
免地赢过西德，我在当时就不以为然，直到现在这预测已为国
际事态所推翻。1958 年，戴高乐将军重新执政，才算英明地
放弃了他那些跟不上时势的主张。

339

1949 年，德意志联邦共和国宣布成立。国家根本法终于
得到占领军当局的批准。戴高乐将军在他的演说和宣言中，依
然坚持他的批评和意见。可是，这时候，关于大西洋同盟的争
论已经压倒了对重建德意志帝国的议论。在美国，公认的政治
评论泰斗沃尔特·李普曼揭露美国在欧洲推行的政策。他反对
以假设为基础的政策。两个德国，一归苏联，一归西方，这不
过是假想，德国人绝不肯让国土被劈成两半。李普曼做此论
时，自信心达到了不可思议的程度。

30 年后，我重读沃尔特·李普曼在 1914 年春天写的文
章，发现这文章倒可以作为教训：谁干那吃力不讨好的一行，
非得谨慎小心。对时事做出反应，并在事态继续发展以前立刻
指出其意义，真是吃力不讨好的差事。

我摘录这些文章中的几段，它们既可以追溯当时的议论，
又可以测定我当时的立场。1949 年 4 月 15 日，《纽约先驱论
坛报》怀着知识分子的傲气教导人说："在华盛顿达成的军事
协议等于结束了军事占领：这一切都说明，自主政府和军事占
领没法交融，如同水与油。只要西德继续被占领，我们便不必
指望德意志联邦共和国能治理西德。我们必须预见到，如果我
们没有能力依靠谈判解决终止占领的问题，那么我们业已授权
德国的议会和政党组织政府就会与东德谈判，终止占领。"W.

李普曼说得还要严重一些：军事协议连一个临时的解决办法都算不上。

　　10 天以后，W. 李普曼又以同样的语调断言："我们宁可不承认这样一桩根本性的事实：德国人不相信我们建立西德的主张。我们倘若把这样一个国家强加于他们，他们就会千方百计运用政府机器，摆脱我们的控制，而同东德和苏联政府一起按他们自己的方式解决问题……如果我们不能够获得四国的同意，解决德国问题，那么俄国人倒有另外一个办法，直接同德国人谈判来解决问题。"次月，W. 李普曼更加造次。不管思想大师怎样先知先觉，言必有中，德意志联邦共和国眼看着硬要诞生。评论家不动声色，居然想象出一些秘密的、未得到承认的原因，这些理由跟现实完全对不上口。"波恩会议进行的辩论是没法理解的，除非先懂得西德和东德同时也在进行秘密商讨，而东德则经常与苏联有联系。只有抛弃我们原来的想法，才能理解波恩会议的辩论。我们原来认为，苏联的主要目的是传播共产主义，现在应当回顾，过去俄国与德国的协调曾经建立在国家的利益上面，而今后的关系，也将建立在国家的利益上面，而不是建立在意识形态之上。"我们再引用一句话来结束我们的摘录，这句话摘自 1949 年 5 月 20 日文章中的某个段落："《波恩宪法》显然是一份暧昧的文献，目的在于同俄国人谈判……"

　　一个人这么有学问，这么聪明，怎能错到这等地步？为什么他执迷不悟，还要想出乌布利希跟阿登纳秘密谈判呢？当时，任何人不管怎样不认识这两个人物，也知道这种谈判是绝对不可能的。我倒觉得这些疑问不难解释：李普曼不肯看事实，也不肯看人，因为事实也罢，人也罢，都跟他的整体历史观格格不入。他的观点乃是国家重于意识形态。而我们呢？我们承认共产主义意识形态作为纽带的力量，但又犯了相反的错误：迟迟看不清苏中分裂，或者低估了事情的重要性。

W. 李普曼执迷不悟的事例直到今天，仍然几乎是不可思议的。只消到德国去看一看，就可以避免某些差错。1950 年，我在法兰克福给大学生做一次演讲，那时正当总理出访（这事我在上文已经提过）。我阐释我的论点说，德国分裂是和欧洲分裂分不开的。欧洲分裂多久，德国也将分裂多久。第二天，《法兰克福汇报》批评我，说我把东德人念念不忘的事情硬派给西德人。败仗打得那么彻底，生活那么困苦，西德人一心只想重建家园，国家统一问题，一时是谈不到的。也许有不少德国人怀疑无法在占领军的阴影下建立共和国，但是没有任何人，或者说几乎没有任何人会想到，东德统一工人党的书记会同基督教民主党的主席阿登纳进行什么秘密谈判。按理说，一个莱茵省的人担任党派的领袖，不会太热衷于普鲁士的传统，也许能使天主教徒与基督徒的势力相对均衡，以利于联邦共和国的成立。不管怎么样，四强在德国问题上的分歧木已成舟，英美除了建立西德，还有什么办法呢？30 年过去了，西德至今忠于大西洋同盟，绝不牺牲自由去搞合并统一，尽管社民党本来反对成立联邦共和国，而今又有点受到东方的诱惑。

我认识一些法国官员，他们在 1945~1946 年曾和俄国人打过交道，至今还认为分裂并非不可避免。另外一些历史学家则强调法国人的责任，因为法国人对实施雅尔塔和波茨坦决议原则的任何措施一概投票否决。这些措施就是在柏林成立总管四个占领区的中央机关。当然，法国人曾为苏联人提供方便，但是，事实是不容置疑的。苏联人把德国共产党人带来统治国

家，并马上尽力造成既成事实，其中两件事既有象征价值，又
有政治价值：一是社会党和共产党合并，二是进行农业集体
化。第一项措施预示了多党参与制被消灭，尽管非共党派在
法律上和书面上依然存在。第二项措施则开创了苏联模式的
社会秩序。而在奥地利的苏占区中，这些事情连一件也没有
发生过。所以我一直深信奥地利能重新统一，而德国则绝不
可能。

342

　　1947年，法国政府勉勉强强同意英美的对德政策，参与
创建三国占领区以及波恩共和国。回顾过去，有点令人诧异的
是，法国的决定竟然是受了斯大林的影响。斯大林拒绝接受法
国对萨尔区提出的要求，其中包括产煤区与法国经济搞联营，
（今天还有谁管它什么萨尔不萨尔呢？）也许是G.皮杜尔抓住
了这个机会，把法国从戴高乐推进去的死胡同里拉了出来。久
而久之，法国阻挠再建德国，自己却什么也捞不到，硬要什么
安全保障，什么惩处办法，而自己则没有任何力量来强制执
行。
　　战后第一次大辩论是在两种不同的意见中爆发的，一方主
张接受《北大西洋公约》，另一方则主张中立。两个问题互有
联系，但又不能混为一谈。拒绝《北大西洋公约》，并不等于
中立。在中立或中立主义上，埃蒂安·吉尔森跟《费加罗报》
（包括我本人在内）、于贝尔·伯夫－梅里和皮埃尔·布里松
展开了辩论，但这场辩论有点近乎一场混战。
　　战后时期的过来人都还记得那桩"吉尔森事件"。我被卷
了进去并且知道了一些内情，这实在不是我自己愿意的。首先
我只谈谈有关文章。吉尔森在《世界报》上发表了好几篇文

章，我只记得其中三篇。头一篇发表于 1948 年 12 月 25 日，标题为《公正的人民》。第二篇发表于 1949 年 3 月 2 日，标题为《抉择》。第三篇发表于 1949 年 3 月 6 日和 7 日两天，标题为《暧昧》。头一篇文章猛烈抨击美国报纸对待法国的态度。美国人扬扬得意、道貌岸然地遮盖它那些机会主义的决策。比方说关于中国："更加奇妙的是，报纸、杂志正在道义上判处中国以死刑，并且证明其理应以夷制夷。官司必败还不够，非得要说成是一场无理的官司。其实这么说，岂不省事得多：事情已经不可救药。可是人们不肯以此为满足，非要证明事情本来就不值得救药。特别是他们觉得自己也在里面搞了些名堂。这种心情是常见的。"类似的评论在越南战争后期也可以说得通。

343

吉尔森从美国报纸上觉察出类似的信号，美国要对法国和欧洲来一个"放手不管"。他说："他们可以放手不管我们，因为我们已经没有用处。但是，当他们开始向我们证明罪责原在我们时，那就是准备放弃我们的可靠信号。"在结论部分，这个哲学家自己也表达了法国人的怨气："1914 年和 1939 年，我们在前线待过。我们已经学得相当油滑了，不愿意别人再跟我们来 1939 年那一手。如果明天美国要打一场世界大战，那么打先锋的绝不会再是法国人和英国人，更不可能是德国人，只好轮到美国人去打了。"

这种怨气和这种结论是可以理解的，但是，美国地理位置的优越性是天然的，并非来自诡计或自私。美国也不该对 1914 年的战争承担什么责任。战争是欧洲人自己发动的，只不过战争是经过美国参战才得以决定胜负的。可是，无论在道义上，还是在政治上，美国人并没有义务参加战斗。我们到底应该责怪他们来得太晚，还是应该回想回想，没有他们，我们就可能吃败仗呢？1939 年，希特勒威胁法国和英国，可没有威胁到美国。所以谈不上什么"1939 年那一手"。1949 年的问题如出一辙。苏联到底先威胁到欧洲人，还是先威胁到美国？

第二篇文章谈《北大西洋公约》本身，并且用了一众人等反对该公约的论点，明明白白地表示反对：美国是守信的，但不会越过自己的诺言做善事。然而，约文颇为含糊，不然美国的参议院便通不过。这样的约文本身便没有任何价值，对苏联人也没有任何价值："范登堡先生天真到十分危险的程度，他说，只消正式承认这样一条约文，便足以保证打不起仗来。这条约文说'大西洋共同体遭到武装攻击时利害一致'。这是他的幻想，他以为俄国人不会和我们一样看透这条约文的含义。"

由此，文章便做了结论说："我们没有其他选择。要么美国做出必要的明确诺言，不是道义上的诺言，而是军事上的诺言。要么美国人拒绝到欧洲来打仗，这是他们的权利。而拒绝为美国人卖命，则是我们的权利。"《北大西洋公约》签订后一年，北大西洋公约组织成立，道义的诺言成了军事的诺言。无论如何，吉尔森说"美国出钱买我们的血"，在我看来，这种说法是过火的。对也好，不对也罢，反正欧洲觉得自己受着苏联的威胁；欧洲自己要求美国保护。是否只消和美国断绝往来，就可以保证我们的安全？

第三篇文章发表于 1949 年 3 月 6 日 ~ 7 日两天，再一次议论公约的确切内容。美国参议院不愿意让自己的国家受公约的约束而出兵反击北大西洋地区的武装侵略者。吉尔森便采用

344

了这样一个中立思想：我们不要西方再遭受第三次侵略，"其代价与前两次相比，前两次竟好比两场游赏取乐"。

中立论的代表固然是埃蒂安·吉尔森，但更突出的还是于贝尔·伯夫－梅里。与其说是中立论，也许不如说是反对《北大西洋公约》，更广泛地说，是反对法国加入英美集团。我们之间的分歧要追溯到大战告终之时。苏联占领东欧，包括德国的苏占区，所用的方式方法马上就使我确认，苏军将留在划界线上，除非被迫后退，而在我看来，这在当时是不大可能的。伯夫－梅里在第三帝国刚刚破灭的时候，便担心我所预见的事情，即两强各据一块德国。早在欧洲战事结束以前，还在敌占时期，伯夫－梅里便写文章透露了他的思想，成为他外交立场的先河。这些文章后来转刊在《1932～1952年政治思考录》中。

345

这部文选里载有一份报告，不是 H. 伯夫－梅里写的，而是他的一个朋友写的。这个人由他从敌占下的法国派去阿尔及利亚，然后又回到法国。我从这份报告中摘录几行如下：

> 对法国来讲最危险的是美国人，他们所带来的危险不像德国对我们构成的威胁，或是俄国将来可能形成的威胁。美国之患，患在经济和精神方面。美国人会阻挠我们进行必要的革命。他们的国家主义还不如极权的唯物主义，后者倒还有一些悲剧性的气魄。尽管美国人一向崇拜自由思想，但一时一刻也不觉得有必要摆脱资本主义的奴役。

于贝尔·伯夫－梅里评论这份报告说：

这是一篇证词，不需要我做任何补充，从中便可以看出今后政治的轮廓：国内非革命不可，因为只有这样，才能兼收并蓄民族主义革命和共产主义革命中有价值的东西。非得要有联邦式的国际大组织，各个集体才能够发扬光大，才能经历崎岖曲折、隐患重重、时时令人灰心丧气的道路，向前迈进，直到获得最大的自由，同时又是最大的统一，逐渐开辟20世纪人道主义之路。

这个观念受到基督教民主思想的启发，近似《精神》杂志的观念，讲的是意识形态而不是历史观念。因此，《世界报》的社长差不多一直只得在野当反对派，因为后来的事态走了全然不同的道路：德国分裂导致欧洲分裂，而中立论则过了时，失了效。

从1945年10月19日开始，H. 伯夫－梅里便在《现代周刊》上明白提出，为法国，也可以说是为欧洲规划的目标是："强大的西方协约组织，足以与美国和苏联抗衡。这一协会在地理、经济和政治上处于两大国之间，与它们维持相等的距离。打这么一个赌，论理是合乎逻辑的，是众望所归的，是对大家都有好处的，然而，必须具备一个条件，这个新组织必须独立自主，既不靠华盛顿，也不靠莫斯科。"H. 伯夫－梅里不久便看到自己反对的大西洋联盟逐渐形成，对此，他提出三条主要的反对意见。第一条，他不喜欢美国和美国的经济制度，尤其是"自由资本主义的矛盾和无能。许多欧洲人对此不可避免地感到厌恶"。第二条，他担心，法国在两大阵营中选择一个，这会破坏国家的统一。他说："欧洲分裂将使法国受制于一股肢解它的势力，而这股势力是绝对不容它进行任何真正的建设的。""法国既不能够，也不应该选美国的资本主义。它深知这种资本主义的毛病将来会使法国吃大亏，因为欧洲资本主义已经把它害得好苦了。"最后，伯夫－梅里认为，法国投靠一个阵营势必增加战争的危险。"也许，归根到底，欧洲仍然没法制止战争，但是，如果滑向这个或那个阵营，那就几乎可以肯定会加快战争的到来。"①

从1948年开始，伯夫－梅里已经不再存什么幻想："欧洲保持本真面目的可能性已经不大。相反，欧洲大有可能迅速美国化，大概由于美国人的活动，美国人的有钱有势，但也由于欧洲人自己往往急于乞讨那些本应抵制的东西，而且也是能够抵制的东西……"下文又说："美元赏给的自由是珍贵的……宗教、历史、爱享用、爱自由，促使岌岌可危的欧洲向美国靠拢……"算来算去，要说选择，《世界报》的社长终究是要选西方的，尽管他对美国害了过敏症，因而时常揭露美国资本主义的劣迹，而很少揭露苏联极权主义的残暴不仁。谁要提起斯大林的罪孽，他便不禁要说对方是"反共专家"，而过不了几年，倒轮到赫鲁晓夫起来揭发斯大林了。

1949年的事态演变，恰恰与伯夫－梅里的看法相反。欧洲中立看来已不可能。就在马歇尔计划一周年纪念日，《北大西洋公约》签订了。然而，评论文章不免在这里或那里夹进一些伯夫－梅里的观念。他认为，《北大西洋公约》既向苏联挑战，又措辞含糊，不肯保证美军立即介入欧洲。他说："《北大西洋公约》本身就是过失。它不承认会迅速导致德国重整军备，弄得俄国人悚栗不安，同时奉送俄国人一个极妙的宣

---

① 过了35年再来看这句话，我越发觉得比当时更加说不通。

传口实，真算得上在事实面前闭目摇头。"（1949年12月13日）

我屡次反驳吉尔森和伯夫－梅里，但总的来说，先是在《费加罗报》（1948年12月21日，1949年2月21日、2月23日、3月21日，1950年2月17日）上登载的几篇文章中，后来是在《精神自由》月刊（1949年4月和1950年9月）上登载的两篇文章中。我一直保持诚心诚意辩论的口气，没太露论战的锋芒。

本来，在1948年和1949年，我不太明白为什么《北大西洋公约》会掀起这么激烈的争论，更不明白为什么至少是那些对斯大林主义并无好感的法国人会对马歇尔计划那么反感。因此，在签约以前我就想减轻一些这种反感，倒不是出于策略，而是出于信念："局势不会在短时期内起大变化。特别是在莫斯科，没人不知道武装侵略欧洲将会招致美国的干涉。美军驻扎在德国，本身就是保证。"我说美国一胜利便会裁军是错的。马歇尔计划帮助并加快了西欧的复苏，《北大西洋公约》也起了类似的作用。我主张西欧有限度地重整军备，以便与苏联谈判，但不主张"无限"扩军。我说："主宰一个强大帝国，好大喜功，绝不可逼以扩张为信条的导师们铤而走险，也绝不可示弱招侮。"我在这篇文章里下的结论，在今天看起来不无可惊讶之处。我说："《北大西洋公约》和马歇尔计划一样，最终目的无非在于自趋无用。"马歇尔计划只消3年便没有用处了，而《北大西洋公约》则经历了三十多年且依然存在，其作用虽削弱了但还是少它不得。

1949年，吉尔森的文章——我在上文已经摘录过几段——掀起了法国人一向热衷的大辩论。我在《精神自由》月刊上写了一篇文章，据理立论，而该刊的戴高乐派编辑却有

348

点迟疑不决。但是，将军本人阅读后至少同意其中一部分。

我这篇文章是否说服了他不再反对《北大西洋公约》？照克洛德·莫里亚克在他写的《另一个戴高乐（1944~1945年日记）》中所叙述的，这倒是有可能的。

1949年3月17日，莫里亚克曾对将军说：

雷蒙·阿隆把他要在第三期上发表的关于《北大西洋公约》的文章送给我看，我只用几句话把文章的主要意思讲给将军听，因为我怕文章的意思违反将军的政策，也违反人民联盟的政策。因为这篇文章相当激烈地批评了吉尔森的两篇文章，说什么美国人出钱买法国人的血，并且责备《北大西洋公约》没有向法国人提供任何保证，即如果俄国侵略西欧，美国应在何时何地出兵干涉。

将军叫道：

当然是吉尔森先生说得对。我们必须懂得，美国基本上奉行孤立主义，原因很简单，美国是一个岛，从来不觉得跟欧洲有唇齿关系。说实话，欧美确实彼此远隔重洋。1914年和1940年一样，美国参战并非因为巴黎可危或者被敌人占领。如果伦敦在1940年沦陷、被占领，美国肯定会和巴黎沦陷时一样感到懊丧。这一次倘若伦敦或巴黎被苏军占领，美国也不会出兵解救，而将消消停停地选择对自己合适的时机。所以，美国在《北大西洋公约》中小心翼翼，不谈美军何时何地出兵干涉。问题的实质是，美国掌握了现代的武器，认为没有必要长途跋涉，仗可以安安稳稳地在家里打。只消用用空中堡垒，用用火箭就行了。苏联人占领巴黎和法国，在美国人看来当然十分遗憾，但是，单凭这件事不足以要求美军登陆。

过了几天，克洛德·莫里亚克深信将军看了文章还要大加　349
反对，于是写道：

　　这样把原文登载在《精神自由》杂志上是否合适？而将军一见我就说的话，却在我意料之外。他说："看来，这篇文章，倒真写得不错。"
　　事实是，几天内，将军似乎大大改变了他对《北大西洋公约》的看法。
　　他告诉我他要说明问题在哪里，我心想，他大概忘记了他已经把他的观点详详细细地告诉了我，也许我将大体上再听一遍。可是完全不是那么一回事儿。
　　"应该肯定，雷蒙·阿隆强调这一点是有道理的。就是说，哪怕诺言不够明确，毕竟将使斯大林三思而后行。我不是说斯大林从此就一定不出兵，反正，他现在已经知道，若要占领西欧，必然引起战争。我们可以确信，倘若1939年就有这么一个公约，希特勒大致不会到波兰去冒险。显然，阿隆如果强调，法国越强，战争的可能性越小，这样自然更好。克耶和他的政府班子为了切身利益自然要叫我们相信，公约以它现在的方式就已经完全解决问题了。可是，有这么一个公约，毕竟聊胜于无。正是在这一点上，雷蒙·阿隆说得很对，他揭示了吉尔森论据的弱点。"

谈到最后，将军下结论说："你现在已经知道我对问题的看法。文章登不登，当然随你的便，不过我不愿意让雷蒙·阿隆认为我不同意他的立场。"

将军不愿意让自己看起来像个新闻检查官，文章不对他的路便不能发表。但也得补充一句，他先前反对《北大西洋公约》，而所谓美国的孤立主义，显得那么不切实际，倘若有人用正理提出反对意见，大概他也不至于坚持这种说不通的东西。不管怎样，他一面接受《北大西洋公约》，一面又对约文不满。10 年后，他对约文也完全改变了看法。

这一次大辩论，我看是正当的。也如 H. 伯夫－梅里在1951 年一次演讲会上所说，人心深处，彼此是相近的，所谓人同此心，心同此理。分歧之处仅在于用什么办法最便于实现共同的目标。

至于反对共产党的人则倾向于赞成公约，道理很简单，就是因为共产党反对公约。所以，令人高兴的是，一个天主教哲学家居然写了一篇振聋发聩的文章，打响了真正辩论的第一炮。我与吉尔森先生的看法毫无共同之处，我把他的某些说法斥为失去了理智。然而，无论如何，我却乐于看到一个作家竟有勇气在万马齐喑时公开说出自己的忧虑和疑窦。

H. 吉尔森反对的一条主要理由——我在上文已经指出——是针对约文的。他认为约文不够明确，不足以对美国形成约束（戴高乐将军对此也提出过同样的批评）。我的答复则是，明文规定缔约国的义务到底重要不重要。只要美军还驻扎在德国，那么，事实的保证便优于任何约文条款。《北大西洋公约》既改变不了美国人的行为，也改变不了苏联人的行为。

　　就我来说，我认为《北大西洋公约》不会怎样改变现实的形势。西欧明天受到的美国力量的保护，将和今天一模一样。《北大西洋公约》不会在斯大林熟知的东西以外再告诉他任何新东西，也就是，武装侵略旧大陆就是启衅的理由。约文把互援的义务规定得越明确，美国越可能自动参战，克里姆林宫的现实主义者便越受到震动，在这一点上，我们情愿对吉尔森先生的论点做些让步。但问题的关键不在这里，也不可能写在约文里。近则有美军驻防德国为象征，远则有工业和原子弹的威力，目前正是这些东西在保证法国的安全。今后，只要近处的情况维持下去，远在大西洋彼岸的潜力超过假想的侵略者，那么，法国的安全仍将得到保证。

351

　　话虽如此，我得承认，一旦战争爆发，《北大西洋公约》并不足以保护我们免受侵占。那么，到底该采取什么样的政策才能万无一失呢？吉尔森主张武装中立。可惜西欧并没有武装，如果拒绝美国的援助，那就越发没有力量武装自己。西欧不会通过《北大西洋公约》投靠美国而刺激苏联，惹火苏联。西欧不中克里姆林宫的意，那是因为东欧国家在自称红色军队的监护下进行苏维埃化，而眼睛却老盯着西欧。

　　一年后，1950 年 9 月，我重唱对台戏，而口气不像以前那样客气了，因为反对《北大西洋公约》的人也对我们很不客气。《精神自由》1950年9月号登载了一篇文章，标题为《中立的骗局》，主要论点有二。其一，主张以另一种思想代替中立派的世界观。文章说：

> 苏联的宣传机器集中攻击美国，因为在苏联看来，美国是它的主要敌人。打倒了美国，称霸世界便不再有任何阻拦。但是，目前苏联的野心在于德国、法国和意大利。那些自觉不自觉的斯大林主义代理人向我们暗示，只消这些国家退出《北大西洋公约》，苏联对法国和意大利的敌意便会烟消云散，或者大为减轻。这是骗人的话。斯大林声讨马歇尔计划和《北大西洋公约》，以至于任何形式的欧美互助并非被认为威胁或挑衅，而只是苏联征服世界的妨碍。反之，如果美国不再关心欧洲，保留四分五裂虚弱无能的欧洲孤零零地面对苏联帝国，那么欧洲就将亡于渗透，亡于绝望，亡于讹诈。

第二条论点致力于阐述两强的对比：

> 人们先画一张艾比那尔式的民间画，画上两个巨人怒目相视，然后在两大蛮夷之间、两大唯物论之间做出种种比较。而作为第三势力的欧洲便成了文化中心，一方面遭受苏联秘密警察的威胁，另一方面可口可乐泛滥成灾……在我们看来，西方并不是什么力战黑暗魔王的光明天使……作为法国知识分子，我虽然主张齐心协力，同美国一道反对斯大林的勾当，但并不眉毛胡子一把抓，认为美国文明十全十美……此外，尽管我们对斯大林怀有戒心，

352

可是，上帝保佑，我们每一个人仍然有权表达自己对杜鲁门的为人处事的看法。

姑且放下这些辩论——尽管不幸得很，它们至今仍未有定论——而回过来看看，E. 吉尔森和 H. 伯夫－梅里到底出于怎样一种情感？我觉得前者的情感是强烈的、正当的、可以理解的，是对命运不公的愤愤不平。美国打了一仗又一仗，越战越强，欧洲人则越战越弱。1914～1918 年大战中法国付出了最惨重的代价，1939～1945 年大战中，英国继之，如果第三次世界大战爆发，就将轮到美国。迄今为止，H. 吉尔森的愿望实现了。在西方国家中，美国的国防开支在国民生产总值中所占的比例最高。朝鲜战争和越南战争都是美国打的，万一发生大战，仍将由它担任主角。而地理位置却不以人的意志为转移。在 1949 年或 1950 年，欧洲因与苏联帝国接境连壤，显得最为岌岌可危，战争一旦开始，欧洲将不可避免地遭受侵占。吉尔森以为，只要坚持要美国在白纸黑字上排除一切疑窦，做出明确的担保，就能逢凶化吉。然而，任何担保都不能有效地保护欧洲，防止苏军长驱直入。中立也保护不了什么。

至于伯夫－梅里的心情，则已经表露在我援引的几篇文章里面。我如果不把他的这种心情叫作反美主义，至少也得说是对美国社会的反感。不过，这是他想象的、不认识的美国社会。伯夫－梅里是天主教民主派，长期在中欧工作，一向憎嫌美利坚共和国所象征并传播的重商文化。

围绕大西洋联盟掀起的一场论战，今天还剩了些什么？谁也不再记得，当时由于约文不够确切，大家曾经批评、反对、议论得多么激烈。也许戴高乐派倒会说我有点先见之明，因为

353　我在 1949 年 3 月 23 日写了以下几句话："硬性的约文不会立即给我们什么好处，同时防止不了美国舆论出人意外地倒个个儿，当然，这是不大可能的。不仅如此，缺少这种自然而然的结果反而在某些情况下让我们有时间思考思考，来得及选择策略。"法国自从退出北大西洋公约组织，便暗自庆贺幸好约文不尽如戴高乐将军当时的要求。

　　我没有找到我和 H. 伯夫－梅里进行笔战时写的文章。而他在《政治思考》中选载的文章已经体现不出埃蒂安·吉尔森当年古怪的激情。比方说，在 1949 年 6 月 25 日的文章里，我读到这么一句话："所以，引起争论的主要点并非公约的正当性，而是其时宜性和方法的恰当性，其实就是它所导致的哄闹和蠢举倍受争论。"文章承认，"东方公约缔成已久"，然而又怕《北大西洋公约》显得意在挑衅，那么，为什么不尽力对老百姓说清楚呢？下一段文章里又说："就目前而言，订约以前是这样，订约以后也是这样，最可靠的和平保障依然在于欧洲人立志不让自己'斯大林化'，不为甜言蜜语所诱惑，同时在于美国的威力施加于未来侵略者的威胁。"这话说得没法再好。我在《费加罗报》上也没说别的。归根结底，《北大西洋公约》把当时理所当然的东西说得明明白白，既肯定了美国应该留在欧洲，也保证了美国将永远留下去。

　　在 1951 年 5 月 8 日的一次讲演会上，伯夫－梅里分析了积极的中立和大西洋主义。文章把两种态度写得十分近似。比方说："美国必须懂得，牺牲欧洲则美国迟早自身难保。欧洲也应该懂得，6 年以来未遭侵略主要靠、几乎单单靠美国的保护。欧美双方的辩论点，不在于目的——目的大致相同——而在于分工和手段的选择。就这一观点而言，我们可以认为，当

时最好不要签订那样立意和撰拟的《北大西洋公约》。今天，　354
公约已经存在并且开始发挥功用，再退出去很可能加剧混乱，
坐使对方获利。但是，欧洲人不是不可能保持一种即使没有
《北大西洋公约》也该采取的基本态度。"这么说来，联盟已
经获得认可，但并不排斥欧洲人团结起来肯定自己的固有文
化。"大西洋派想极力发展大西洋联盟，既肯定它的功用，又
不规避分内的牺牲，这和积极的中立十分接近，而积极中立则
更加强调欧洲的本位个性。"

　　我回应 E. 吉尔森的文章时，态度是客气的，我也许有点
激动，但从不涉及他的作风和动机。过了几个月，"吉尔森事
件"爆发了。我在美国逗留（1950 年秋天）时，接到圣母大
学（天主教学校）瓦尔德马尔·古利安（Waldemar Gurian）
教授的一封信，信中他对我不能去做约好的演讲表示遗憾。他
补充说："埃蒂安·吉尔森在圣母大学说您是美国收买的间
谍。有人可以证实他的指控……"这封信出乎意料，但并没
有使我特别激动。古利安并没有亲耳听见这些话，而且在冷战
气氛中，任何形式的论战都是可能的。几个星期以后，我的小
女儿去世，这些知识分子间的争论便减少到本来该有的分量。

　　1951 年 1 月 27 日的《费加罗文学报》发表了瓦尔德马尔·
古利安写给埃蒂安·吉尔森的一封公开信，古利安指摘吉尔
森"散布失败主义的阴暗经典"，"毫不含糊地指控一个声望
卓著、受人尊重的法国作家和学者，说他被美国人收买……
我很清楚您并不致力于帮助扩张共产主义，您不过根据当前
的力量对比，相信共产主义扩张是不可避免的。但是，您肯
定说没有美国的援助，欧洲的前途便会一片漆黑。您预言法
国不会作战。这一切只会帮世界共产主义的忙，哪怕您自己

并不情愿……"就在这时候，埃蒂安·吉尔森从法兰西学院

355　退休，到多伦多主持中世纪哲学研究所。人家就说他逃出法国，到大西洋彼岸去避难了。他获得荣誉称号本来是理所当然的，但是，教授大会没肯给他。

　　1951年2月17日，E. 吉尔森在《费加罗文学报》上发表了他的答函。他纠正了古利安的一些差错。他在圣母大学讲的是邓斯·司各特，而不是政治时事。他从来没有写过或公开讲过"中立主义"，自称受了一场诽谤运动的害，诽谤来自"美国某一阶层，幸亏他们人数有限，但仍然为害甚烈。他们痛恨稍有名望的天主教徒，只要他们不肯把讨伐俄国当作神圣职责。这里所谓的神圣，完全是就严格的宗教意义来说的。既然这是'上帝的谕旨'，那么，越是使一场战争成为不可避免的政策，这项政策就越是基督教的政策"。最后，他明确指出他在1949～1950年的想法："……（他）心想，在某一时期，也许可以重振法国，甚至重振军备，而不必受制于一种无法应对的对外政策，在准备不充分的情况下迟早被卷进一场战争……"

　　W. 古利安和 E. 吉尔森的论战继续进行，问题在于吉尔森在私人谈话时可能讲过的话，指控他的人却并没有亲耳听见。古利安便邀请传话的同寅出来作证。主要证人是柯尔贝特（J. Corbett）。他基本上并不否认谈话的内容，但猛烈谴责 W. 古利安用的手法，责备他利用吉尔森与朋友叙谈时表达的个人意见，居然发动了一场对吉尔森的公开攻击（1951年4月21日《费加罗文学报》）。这位圣母大学中世纪研究所所长无保留地支持 E. 吉尔森，反对 W. 古利安。

　　1951年2月22日，《世界报》上发表了 E. 吉尔森写的一

封信，又在 1951 年 3 月 4 日～5 日发表了 W. 古利安的反驳
信，这才结束了这一场论战。我自始至终没有参与这场天主教
徒之间的争执。《费加罗文学报》转载的 W. 古利安的公开信
到底是否受了天主教"好战分子"小集团的指使，后来又是
否为上级所制止，我确实一无所知。至于 W. 古利安不该把朋
友叙谈小题大做，搞成轩然大波，那倒是毫无疑问的。

356

E. 吉尔森退休脱离法兰西学院，是否因为害怕战争，害
怕法国再一次沦陷，我也一无所知，任何人也不能肯定，因为
他在法兰西学院任教，也在多伦多大学任教，完全有权选择
后者。

这些都已经交代清楚。好些与他和我都很熟识的相知好
友，都并不隐讳这个哲学家一向十分悲观的事实，也不隐讳从
他嘴里听到的一些话，不管是不是俏皮话。他预测苏联的战车
将长驱直入法国，如入无人之境，而美国人则将再一次抛弃法
国。之后美国人也许再来解救法国，但是精英人物一经斩尽杀
绝，法国还剩下些什么？简言之，在朝鲜战争引起的恐慌氛围
中，他跟好些人一样认为战争不可避免。从 1950 年 8 月开始，
他不再主张中立（中立主义则是他绝口不谈的），因为他认为
结果显而易见，大西洋主义已经得胜，他便在写给《费加罗
文学报》的头一封信里就谈到了"迟早将把我们投进战争"
的政策。

关于所谓 E. 吉尔森对我的指控，我几乎无法置信。我们
俩来往不密，但都是哲学教师圈子里的成员，尽管政见不同，
却从不在切磋异议时失礼。1945 年，他参加过我和莫里斯·
舒曼在拉·都尔－摩堡街多明我会修士座谈会上的辩论，他赞
成我的意见，并且说了些夸奖的话。过了几年，中立危机已经

过去，他主动对我说，他买《费加罗报》仅仅是为了读我的文章。W. 古利安传布一些并非本人亲耳听到的话未免轻率，因为吉尔森始终没有停止过辟谣。

我重新找到了亚历山大·柯瓦雷在 1950 年 7 月 15 日写给我的一封信。他从不过问政治，敬佩这位举世无双的中世纪哲学史学家。他来信说：

357

> 我给您写信，首先是向您道贺，因为您反驳了《世界报》和我们的大师吉尔森所宣传的失败主义。大体上，吉尔森号召我们不抵抗，只要面子上过得去，便免掉夸夸其谈而向斯大林屈膝投降。我觉得您最好反驳得更加决绝一些，戳穿他们那个荒谬的中立主义的气球。我不愿意冤枉吉尔森，说他哪怕在一刹那之间相信了"孤立的法国"能够保持武装的中立。至于解除了武装的中立，我认为《世界报》的先生们很知道这里面有些什么货色，无非是被占领和俄国化罢了。如果由民主德国指挥战斗，那就来个日耳曼化。如果他们认为占领无论如何不可避免，不战而屈优于战败而屈，那么就请他们把话说清楚好了。更何况，吉尔森已经说过：我国军队的政策只有投降。他有权这样想。任何人有权自杀。任何国家有权放弃独立，自甘灭亡，也许法国已经弄到这步田地，但话得当众说明。吉尔森和《世界报》是否已经成为天主教进步人士了？

我引用这封信，用意在于把惶惶不可终日的年代和当时那种氛围作为历史陈迹，向没有经历过冷战的读者呈现出来。

在安德烈·马尔罗同一时期（1950 年 7 月）写给我的一

封信里有这么一段话：

> 班维尔的话有道理，但如今对大家来说并不正确。有些人（比方说您和我）认为，国家陷于危亡的现象并不少。真是个古怪的国家，它相信要打仗，以至于大量囤积沙丁鱼罐头（这是巴黎人主要忙碌的事）①，却不去管国家防务。您谈时局的文章，那篇关于丘吉尔的文章，还有第二篇，都写得十分出色。但愿您是自己找了不自在而已。

1950 年 6 月朝鲜战争爆发，此后，关于大西洋联盟的辩论完全改了口气。不管怎样，《北大西洋公约》都会促成西德重整军备，而亚洲的热战至少缩短了旧敌对国重新建设和重新武装二者之间的时间。外交辩论扩大了范围，包括了美国的世界政策和欧亚之间的关系。

杜鲁门总统做出的决定还没有公开，我便主张美国出兵朝鲜，而且主张立即出兵。照我惯用的笔法，我先一一列举相反的论点："有人会说，北朝鲜打的不是邻国，而是本国的另一部分。"尽管南方的共和制保持了自由选举，我却并不保证它行事的道义性。我说："李承晚的统治是'反动的'，这是可能的，但是，阿登纳总理同样受到东德的恭维或谩骂。任何反共政权都该有这份荣耀。话已经交代清楚，这不是到世界良知裁判所去打官司②，给南北朝鲜算一本善恶功罪的总账，而是一场实力的较量。"

358

---

① 彼时，安德烈·马尔罗住在孔卡尔诺市。

② 这句话触犯了皮埃尔·布里松。

我不否认，南朝鲜并不容易抵抗住共产党的进攻，但在我看来，搭救南朝鲜在政治上是刻不容缓的："如果南朝鲜不出几天便沦陷，如果美国当局不出兵，或者只让安理会采取一些不起作用的决议，美国便将把脸面丢尽。远东地区已经广泛认定实力在于它们一方，今后这更将成为普遍的信念。"我并不低估抉择的严重性："要么到遥远而邻近敌方根据地的国家去介入内战，要么含耻忍辱，弄得群众丧气，盟国灰心。"我的结论完全说明了我的判断："有一个同行在他文章的结尾中用一句话概括了 1933～1939 年的法国外交。这句话便是：'最迫切的是等待。'但愿美国外交反其道而行之，来一个'最迫切的是行动'。如果在 1950 年容忍了这样一种侵略行为，到了1952 年或 1953 年，就会招来新的侵略。到那时候，和平将绝无希望。"同年 12 月，在我和国务卿迪安·艾奇逊的一次谈话中，他为他给杜鲁门出的主意辩解，用的论点正是我在文章里阐释的道理。

359

时间逝如流水，根据后来得到的情报，该不该修正我当时的看法呢？我们今天已经知道，几乎可以肯定，中国人出兵时并不完全清楚金日成的打算，斯大林也不知道他的计划，但很可能是斯大林批准了而不是建议或挑动金日成这样干。同样，我们今天已经知道，中国人事前曾两次警告华盛顿政府，叫美国军队不要向鸭绿江进军，警告无果之后中国人只能遗憾地参加这场战争。[1] 我们大家都曾倾向于赋予这一事件一种世界意义。其实，当事人在一开始并没有这样打算。

———————

[1]　请读者参看我写的《像帝国一样的共和国：世界中的美国，1945～1972年》，1973 年由卡尔曼·莱维出版社出版。

　　当然，从这一时期开始，我就觉察出苏联与中国之间有分歧。苏联人硬要联合国承认中华人民共和国，而所用的手段却似乎要达到相反的效果。我感到遗憾，美国出于军事考虑，竟然去保护台湾，宁可去维持一个假象——一个被逐出大陆的国民党政府号称代表的中国——而不去和北京建立正常的关系。种种盘算都为历史所讥笑和推翻。表面上，美国逼得毛泽东的中国不得不去跟莫斯科联盟，然而从 1960 年开始，苏联人便撤回了派到中国的技术人员，扔下了 160 项开始施工的工业计划。

　　除了共产党，美国出兵并没有在法国引起谴责。^① 至少在短期内是这样。而对中立重开论战，或者使论战重趋激烈的，则是美国人一定要欧洲重整军备。这就引起了顾虑，唯恐军备会给美国以无可争辩的优势，会引起美国"好战"的欲望。反对《北大西洋公约》的人，昨天还在悲叹约文的约束力不够强，今天又在害怕被火暴急躁的美国拖进一场跟自己不相干的战争。

360

　　我把《大分裂》这本书的头一章命题为"和平不可能，战争不太可能"。直到 1950 年 6 月 25 日，这句话仍然表达了我许多评论文章的指导思想。6 月 25 日以后，我曾将这句话写进《连锁战争》这本书里。但在之后几个月里，我一直担心爆发战争的不大的可能性变得越来越小（这得看什么日子，看我当时的心情，我便怎样去估计另一种形式的"不太可能"）。我跟某些美国评论家不一样，从来没有把朝鲜战争当

---

　　① 有人责怪艾奇逊怂恿侵略，却不提南朝鲜是美国必须保卫的亚洲基地之一。

作斯大林和毛泽东共同拟定的全盘征略计划的第一步。美国人的反击驳斥了反对《北大西洋公约》者的一个论据：美国人在朝鲜履行了自己的诺言，超过了白纸黑字所规定的义务。美国最初几个星期的军事失利，11月中国"志愿军"出动后继续失利，这在欧洲引起了失败主义，有时候甚至弄得人心惶惶，不可终日。

东德和苏联报纸威胁阿登纳总理，说他将与李承晚落个同样的下场。德意志民主共和国的共产党当局已经组织了警察队，警察队往兵营里一住，简直就是一支军队。南北朝鲜两支军队力量悬殊，不得不将东德西德的两支"警察队"也做一番比较。美国、欧洲和德国三方重整军备问题几乎同时被提上日程。

美国重整军备的道理，无须费力便为全体法国人认为是理所当然的。共产党人当然不在其内。在1950年，美国只有寥寥无几的几颗原子弹，而经验证明，一个紧跟莫斯科的共产主义小国，单靠核威慑是不足以迫使其放弃发动任何形式的侵略的。科幻小说描写一种从恐怖中及庞大军队退出舞台中得来的和平，可是历史只消一次就把小说里的主人公搞得惊慌失措。大战结束后5个年头，美国兵又到远离祖国几千公里的地方，去打他们原来的盟友装备起来的半个国家。华盛顿当局从中汲取了教训：原来自己一直是在错觉中过生活的。几枚原子弹加上美国的工业潜力，并不足以在世界各地维持和平。美国这才发现自己的帝国地位有其当尽的义务。美国不能不放弃自己的传统：平时少养兵，一旦战争爆发便实行全民总动员。剑拔弩张的和平，部分从英帝国那里接手过来的国际义务，都迫使美国不得不维持强大的军事机器的常态。

欧洲重整军备一事所提出的问题，却掀起了另外一些争执。欧洲各国恢复经济，该不该享受优先权？大规模扩军势必拆建设的台。象征性整军在未来的战争中起不了作用。有些批评家重新亮出了参议员塔夫脱的论调：美国无须订互助条约，只需单方面宣布保证欧洲的安全。这样一来，欧洲人在美国的卵翼之下，便可以先不致力于防务而马上搞好经济建设。这一番道理得到反对《北大西洋公约》的某些人的支持，但在1950 年 6 月以后，便再也没有人听这一套了。本来，反对《北大西洋公约》的主要理由无非是：美国也许会解救我们，但防止不了我们被侵占。现在有了朝鲜战争为实例，塔夫脱提出的办法便越发吃不开了。

欧洲国家政府曾经发起缔结《北大西洋公约》，至少可以说，曾经要求美国当局搞一个类似的条约，同时也和美国人一样，希望成立北大西洋公约组织，包括总指挥部在内。这就提出了欧洲重整军备的问题，同时也提出了德意志联邦共和国重整军备的问题。

1950 年秋天，迪安·艾奇逊亮出了西德重整军备的计划。那时候，美军正对苏联装备起来的朝鲜军队艰苦作战。勒内·普利文和罗伯特·舒曼先后领导的法国两任政府，在面临这一紧急关头时都千方百计地规避说一句响亮话，规避直截了当地说一声行还是不行。他们有理由认为，法国舆论不会同意德国重建国防军。盟军以雷霆万钧之势打败德国才不过 5 年。此外，他们又犹豫不决，不想拒绝一项合乎形势、合乎逻辑的举措，这可不是美国当局心血来潮。成立欧洲军的建议曾引起华盛顿当局的疑惑，后经西方外交一致采纳，杜勒斯甚至在

362

1954年威胁法国说，如果国民议会拒绝批准《欧洲防务集团条约》，势将引起"痛苦的变局"，而我们的友邦政府都已经批准了这个条约。

由让·莫内倡导并为之不懈奋斗的欧洲统一运动在1950年5月正式启动，那时候朝鲜战争还没有爆发。德国重整军备问题被提上议程时，气氛和同年9月完全不一样。艾迪安·希尔赫（Etienne Hirsch）对几个新闻记者说的话我记得很清楚。他绝口不提苏联的威胁，也不提西欧的防务，只强调美苏争胜必然将把全世界引向战争，只有欧洲人起来插在两大国之间，才能防止两大强国惑于冲动，直奔深渊。莫内的这个僚友既不提第三势力，也不提确切的中立，只说建设欧洲旨在缓冲两大国的对抗，并不加强任何一方。他说的话看起来是诚恳的。这样把计划摆明，肯定会消弭一些可以预料的反对。这样的讲法可以揭示计划可能起的作用。

统一欧洲的想法和宣传并不诞生于煤钢联营。马歇尔计划迫使欧洲人（包括德国人）齐心协力分用美国人赠送的或借给的资金。1948年的海牙会议开了欧洲议会的先河。议会厅内，战前战后的政治巨子比比皆是，令人印象深刻。有一些细节我至今记忆犹新。

早上，我在街上闲逛，看见爱德华·达拉第踽踽独行。出席会议的代表们似乎忘记了他，或不愿理睬他。可他在1938～1939年曾叱咤风云，肩负左右乾坤的重任。我走过去跟他攀谈。这时候我只代表《费加罗报》，是一个与他几乎不相识的记者，他对于我的这一举动也不无感触。大战中的名人如温斯顿·丘吉尔、保罗·雷诺等参加讨论，似乎相当有热情。保罗·雷诺主张以普选方式产生欧洲议会。英国人则以邓肯·桑

363

迪斯为首反驳说，哪怕议会毫无职权，他们也不干哗众取宠的事。他们不会赞成这种办法，因为绝无成功之望。保罗·雷诺不动声色，把斗争进行到底。结果不出所料，他只得了少数票。最后一天，一小批联邦主义者拒绝投票通过最后的动议。W. 丘吉尔出面讲话，语气竟到慷慨激昂的程度，议案方获一致通过。

我虽然到场，却不参加讨论，因为这样以舌辩争雄实在没劲。我们没有得到任何人的委任，至于那些由什么运动、什么党派来的人，也只能代表他们自己。各委员会里，得多数，得少数，全无意义。整场会议尽是宣传，说漂亮点，就是"非地下的劝说艺术"。

这是即将实现的、理想中的、统一的欧洲的明媚春天。哪怕最不喜爱乌托邦的人，也不禁满怀热望。谁还记得米歇尔·德勃雷的小册子？里面号召建立欧洲共和国，又提出了宪法条文，规定欧洲合众国主席当然由戴高乐将军担任。这是诚心诚意的信念，还是给在野党加码？小册子是米歇尔·德勃雷在抗敌时期与 E. 莫尼克合作写成的，把大西洋的团结一致放在首位。

这个提倡欧洲共和国的人到底转了些什么弯子，又出来反对欧洲共同体呢？而当时这个共同体还只涉及煤钢联营，只在这上面出让一丁点儿国家主权。1950 年问世的小册子今天读来叫人目瞪口呆。小册子谴责欧洲迟迟不得统一，责任该归执政诸公。该不该说，黑变白，白变黑，就看戴高乐掌不掌权呢？德勃雷满怀激情，爱把一时的主张推向极端。他毫不犹豫主张欧洲各国组成一个联邦共和国，尽管后来又鸣金收兵，因为需要国家出让一部分主权，尽管自己对大西洋和欧洲一时的

364

主张终究是迁就了他的雅各宾派思想。①

国民议会批准了煤钢共同体，但法兰西人民联盟的议员们却没有同意。然而，戴高乐将军并没有像前两次那样向舆论发出警报。前两次，第一次是为了伦敦会议的最后宣言，宣布成立三国占领区，也就是成立德意志联邦共和国，第二次是为了创建欧洲防务共同体的条约，也就是通常所说的欧洲军队。

让·莫内和勒内·普利文都不主张把欧洲统一跟德国整军结合在一起。他们俩迫于形势终于不得不这样做，但仍衷心希望推迟有关德国整军的决定，以便在拥护欧洲统一的人士中选出一些议员作为生力军，在国民议会内投票批准德国重整军备。但是，事与愿违。反对整军的人反而添了一支生力军，一支反对超国家机构的队伍。他们认为，超国家机构会剥夺法国国家独掌的军队指挥权，而把"欧洲"武装置于一个美国将军的麾下。

我个人却从 1952 年 11 月 22 日开始，便提醒我的一些"欧洲派"朋友说，照我看来，德国重整军备势在必行，但是选用的方式显然不无可以訾议之处。既然搞不成一个欧洲政府，军队就得听命于一个非欧洲人的司令，事实上当然是美国人。法国怎么能够同时拥有两支军队，一支听命于欧洲委员

365

---

① 戴高乐将军于 1950 年 8 月 17 日宣称："我们必须让欧洲联合起来。现在的斯特拉斯堡理事会是办不到的，因为它没有得到欧洲的有效委任。必须以法德协调为基础，因为一切战略的和经济的可能性都基本上存在于欧洲。欧洲的体制也应该由欧洲公民直接选举产生，在经济和防务方面，掌握成员国托付它的一部分主权。最后应有一项共同的防务制度，正常地由法国拟订方案并指定领袖。正如这个卓越的地位，在太平洋地区属于美国，在东方则属于英国……"

会，而另一支则完全由法国指挥从事海外活动呢？只顾提心吊胆，生怕德国重建军队，那么什么时候欧洲防务共同体才能团结一致，形成一个具有战斗力的整体呢？

在私下交谈时，我用的言辞要激烈得多。显而易见，外交局势决定了德国整军势在必行，但德国整军既可以纳入欧洲范畴，也可以纳入大西洋范畴。我老对美国朋友说，与其无保留地力主欧洲防务共同体，毋宁公开宣称，应由欧洲人自己在欧洲防务共同体或德军归属北大西洋公约组织这二者之间做出抉择。第一个办法很有可能通不过，因为反对超国家欧洲的人将会同反对德国整军的人联合起来去反对。至于第二种办法如果在第一种办法以前提到国民议会，那就也有可能通不过。如果议员们先否决了欧洲防务共同体，那么也许会勉强通过第二个方案。

欧洲的紧跟派对我的满不在乎感到奇怪，其中有一个说我采取的立场不可捉摸。戴高乐将军于1953年2月25日抨击欧洲防务共同体，说它不能不触动老百姓，上至议员。他说："要有欧洲军，也就是说要有欧洲的军队，首先必须存在一个欧洲，它是政治的、经济的、财政的、行政的，尤其是精神的实体，并且必须是生气勃勃的、公认的、稳固的，这样才能获得百姓由衷的爱戴，才能有自己特有的政策，才能于必要时有成百万人为之捐躯效命。现在的情况是这样吗？没有一个严肃的人敢说一声'是'。"将军追述他在战时所完成的一切，无不凭仗一个能指挥军队的政府。他说："科尼格将军不会出现在比尔－哈克姆（Bir-Hakeim）；朱安（Juin）将军不会在意大利起人所共知的作用；勒克莱尔（Leclerc）既拿不下费赞，也不会在节骨眼上冲向巴黎；德·拉特尔（de Lattre）不会守

366

住阿尔萨斯，也不会强渡莱茵河和多瑙河；拉米纳（Larminat）不会消灭德军在大西洋边固守的袋形阵地；杜阿彦（Doyen）不会拿下腾德和拉·布利格；远征军永远不会被派去印度支那……"

关于欧洲防务共同体的争议在两年多内悬而未决。从公布约文，一直到国民议会投票表决，整整两年有余，而国民议会连方案的实质都不肯讨论。由于几乎瘫痪了的爱德华·赫里欧的慷慨陈词，多数派总算通过了一项先决问题的议案。欧洲防务共同体从此盖棺入土，拥护它的人再也没有机会起来为它辩护了。

《费加罗报》在皮埃尔·布里松的亲自指挥下发动圣战，要求欧洲统一，要求维持欧洲防务共同体，要求实现让·莫内的主张。我跟后者的个人关系非常好，但并不讳言我不赞成欧洲防务共同体，不赞成欧洲军的方案，因为这个方案大概起不了什么作用，而在目前反而会分化大西洋的多数派。我有一天对罗伯特·舒曼说，恰恰也是为了欧洲防务共同体问题，"您不要德国人当盟友，偏偏要他们当同胞"。他听了愣一愣，说："为什么不可以？"

这次大辩论再一次激起了某些法国人的反德情绪。从阿米尼乌斯（Arminius）到俾斯麦，从俾斯麦到希特勒，历史的遗恨重新表面化了。戴高乐派以雅克·苏斯戴尔和米歇尔·德勃雷为首，对欧防体发动猛烈攻击。听说苏斯戴尔是跟共产党人一道举行公众集会的，德勃雷则发明了耸动人心的论战口号：欧防体重建德军，拆散法军。

可以说，这场辩论倒成了一帖发散剂，发泄了法国人胸中的浊气邪气，清除了几百年的争吵所累积起来的"世仇"怨气。等到国民议会通过赞成建立德国军队，将其纳入北大西洋公约组织时，政治阶层和公众舆论都不再争辩了。归根结底，法国人宁可让德国建军，也不愿意让法国军队并入欧洲军。如果这两个方案同时提出，或者把提出的先后次序倒一个个儿，你说能通得过吗？

1950 年代的论战到了 1980 年代，还剩下些什么触动法国人的东西呢？除了欧洲军，争论的还有"德国之患"。就算不至于立见分晓，起码也是长久的隐患。论点虽然五花八门，中心思想却只有一个：德意志联邦共和国与其他西欧国家不一样，它是一个"贪得无厌"的国家，既不满意，也不满足。一方面要求统一，同时又要求收回波兰在奥德 – 尼斯河一线以东占去的疆土。雅克·苏斯戴尔在反对欧防体运动中发现并强调指出，布雷斯劳市本属波兰，几百年来日耳曼化了，直到 1945 年才重新成为弗罗茨瓦市。

剧本有两套，时至 25 年后的今天，一套看起来难让人信以为真。据说，联邦德国要把法国拖进战争，唯一用意在于收复 1945 年失去的国土。西德就算有了点儿军队，可算不上强国，更谈不上超级大国。要说波恩共和国的念想，就其 1954 年表现出来那副模样（哪怕它到了 1982 年），要凭武力收复失地，那真叫异想天开。

相反，另一套剧本却发人深思。联邦德国出于民族利益，与莫斯科渐行渐近，在 1953 年，祸患还未迫在眉睫，但从长远来看，却不算说不通。历任波恩政府，除了莫斯科，还能指望谁来改善东西两德之间的关系？反对欧防体的人提出来的理由，真叫异想天开。不是来一个新的《拉帕洛条约》，便是再来一个德苏联盟，或者再来一次瓜分波兰。我可不敢苟同。我

367

认为占总数 1/3 的德国人在民主德国受着苏维埃式的统治，这既能保护莫斯科不受西方的袭击，又可以将莫斯科作为出击西方的难能可贵的基地。克里姆林宫若非万不得已，绝不会牺牲潘科区，正如波恩绝不肯牺牲自己的自由。有些史学家认为，斯大林刚死，贝利亚和其他一些政治局委员曾经考虑过建立一个统一的中立化的德国。1982 年，联邦德国并不想脱离大西洋联盟，但因不想得罪苏联而犹豫不决。苏联手里抓着几百万人质。再者，1955 年重整军备，无论在哪方面都丝毫不影响波恩的外交，也不影响莫斯科的外交。

368　　　关于《北大西洋公约》、欧洲整军（包括联邦德国重整军备），一场争吵在 1954～1955 年已告结束，而印度支那战争和北非乱事则一跃而登前台。孟戴斯·弗朗斯在奠边府的阴影下谈判《日内瓦协议》，立了一功。欧防体被否决，他又设法搞了一个替代方案。

　　我重新读了我在孟戴斯当政的几个月里在《费加罗报》上发表的一些文章，看看是应该肯定还是消除当时有关我尖锐批评孟戴斯的传言。事实是，我大体上是赞成他的。皮埃尔·布里松动笔赞赏皮埃尔·孟戴斯·弗朗斯洋洋大观的突尼斯之行，说这预告了突尼斯内部自主。我自己也一直赞同当时的"开明"路线，即对北非几个保护国推行新的政策。《日内瓦协议》签订时我写了一篇文章，题为《打赌赢得好》，向孟戴斯道贺，赞扬他获得成功。按当时的军事政治形势，协定各款委实好得不能再好了。① 不仅如此，1954 年 10 月 28 日，我认

---

　　① 赫鲁晓夫在他的《回忆录》中说，孟戴斯的提议使他愉快地感到惊讶，因为他没有预料到提议会这样好。这样来谈当时的局势，很叫我心服。

为欧防体在议会遭否决一事，孟戴斯的责任有限。而政府多方活动，争取议会通过替代方案，同意德国在北大西洋公约组织的范畴内组建军队，我对此完全赞同。

至于我的保留意见和批评，那都是针对所谓 30 天的打赌（孟戴斯说，《日内瓦协议》将于 30 天内达成，否则，我回来向诸位辞职，或者派兵去印度支那）。孟戴斯若是不打这个赌，也许就得不到议会授予谈判的全权。当然，打赌是危险的。法国政府的去留，就得取决于北越人，或者取决于苏联人和中国人。赢了，孟戴斯就会受大西洋派或欧洲派的猜忌，说苏联人会助他成功，让他搞垮欧防体。事实是，而且特别是，否决了欧防体，他就失去了阿登纳、莫内派以及保卫共和运动的信任。我当时也责备他在议会讨论欧防体的时候置身事外。我的批评是不太公平的，但我很快就于 1954 年 9 月 3 日写了一篇文章来弥补我的过错。我说："孟戴斯出任总理时，欧防体已经奄奄一息，危在旦夕，如果他求之甚切，大概可以起死回生……"今天，我可不敢再这么说了。当他试图争取五方的答应再对条文做一些修正时，欧洲派群起而攻之，从而把最后一点儿希望也扑灭了。孟戴斯最坚决的拥护者都反对欧防体，甚至反对德国建军。别人也没法要求他无保留地为公约奋斗。何况，在他的思想深处，他大概根本不赞成这个公约。我责备他的另外一件事，就是他亲英疏德。

孟戴斯下台后，我写了一篇文章，标题为《联合的失败》，当然不是对他个人，也不是对他这个政治家表示不满。我说："孟戴斯为国立了功。他缔结了《印度支那停战协定》，深孚众望。他主动与新立宪党谈判——确实是壮举，这是没法回头的，因为舍此别无出路。但是，关于法苏关系，关于欧洲

369

政策，这都和非洲一样，左右着我们的国运，人们却不知道他是否胸有成竹。人们根据实际经验，仍不知道他有些什么深谋远虑。"我从来没有向任何一个第四共和国的总理表示过这样的敬意。我后来解释说，他做了"一伙政治狂热乌合之众"的牺牲品。我写道："在他周围聚集了各式各样的反对派，其中有的要印度支那和平，有的要改革北非，有的要跟莫斯科谈判，有的要清算欧洲一体化，有的要加强政府的权力。各有各的主张，彼此毫无合理的联系。大西洋派和中立主义者都没有理由赞成关于摩洛哥苏丹的办法。"我指出了孟戴斯是自己庞杂的多数派的牺牲品，然后做结论说："叫人伤心的是，他再也没有机会发挥他过人的才华了。"孟戴斯一蹶不振，只能怪他自己，而不能怪他的对手。他始终不同意戴高乐通过一次疑似政变重掌政权。他始终不肯承认第五共和国的宪法。《费加罗报》无可奈何，我也无可奈何。

到了 1955 年，以 1944 年马歇尔计划为开端，以 1949 年《北大西洋公约》为发轫的局面已经结束。西德恢复了主权和军备，并且加入了北大西洋公约组织。而东德则根据《华沙公约》，在苏联的政治和军事领导下正式组织东欧各国军队的统一指挥部……27 年以后，两大集团依然对峙称雄。我们是否错过了机会？我尽力支持的政策是不是唯一的政策，是不是最好的政策？

今天还有人怀念欧洲防务共同体。欧洲人反对成立自己的军队，反对欧洲军，而看中了美国的军队来保护欧洲，由此一举而长期出让了自主权。可是，当时的争论意并不在此，因为让·莫内和勒内·普利文主张的欧防体意在一箭双雕，既可以推迟德国整军，又可以使法国舆论同意欧防体。再者，市场和莫内派人士认为，这个办法可以推广几个月以前由煤钢联营体现的欧洲观念。结果，欧防体落空了，原因在于反对德国建军的人和痛恨欧洲军的人结成了联盟。当时，法国军队还在印度支那打仗，阿尔及利亚和摩洛哥的乱事即将爆发。我国的主力既然不在本土，那么怎样能够和德国的军队结成共同体呢？

拥护欧防体的人如何作答，我是知道的。比方说赫尔维·阿尔芳（Hervé Alphand），他的经历和脾性都使他不会向往乌托邦。要紧的是思想、原则、方案，而不是琐碎的条文。条文是可以在实践中逐渐修正的。纯粹的德国军队的大小强弱不是条约的条款所能长期限制的。军队的效率终将战胜外交官的折中妥协。在纸面上，欧防体仿佛是大西洋部队的一部分，而大西洋部队则由美国人指挥。从事后来看，谁会臆想欧防体会是欧洲防务的根苗，会一点一点地摆脱美国的指挥？直到现在我还难以承认，欧防体的失败是历史性事件，标志着欧洲人自暴自弃，情愿无限期地受美国人保护。

至于欧洲两个军事集团是否会凝聚起来，我倒不敢那么肯定。最好先回忆一下1958年1月争取文化自由大会所组织的一次辩论会。根据乔治·凯南的《回忆录》①，丹尼士·希利、约瑟夫·阿尔索普、悉尼·胡克、理查德·罗文塔尔、卡罗·施密德（Carlo Schmid）、丹尼·德·鲁格蒙和我都参加了会议。我还记得这一次圆桌会议，但还应以凯南的说法为依归，因为他肯定有会议记录。

G. 凯南在英国广播公司主持过一次里斯讲座。讲座每年

_____

① 参看本章末尾的《回忆录》节选。

举行一次，主讲人都是声望卓越的人物。他发表了一个离经叛道的主张，声称驻德美军撤出德国的条件是苏军撤出东欧。美苏双方同时撤兵，便是这一次讲座的中心议题。除了宣读论文，他还提出建议，所提建议往往不无可以訾议之处。比方说，欧洲人不把军备扩充到苏联那样的水平，而准备游击抗敌，劝阻苏联人放弃任何侵略的念头。

凯南在他的《回忆录》里，摘录了我提出反对的两项主要理由。我当时说，局势的确不正常，甚至是荒谬的，但界线分明：谁都知道界线在哪里，当铁幕那一边有什么动静，这一边却风平浪静。欧洲清清楚楚地一分为二，看来不管对或不对，总比其他任何办法少一些危险。换句话说，含混不清的局面比不正常的局面更加危险。

372   当时，G.凯南还在从事外交工作，他抱怨波恩和华盛顿当局言行虚伪，口头上自称以统一德国为宗旨，而事实上则很愿意维持现状。凯南的气愤直到今天还使我诧异。西方政治家没有任何办法能强迫苏联人容忍在民主德国的国土上举行自由选举。同时，他们认为从法律或政治上正式承认维持现状，就是承认苏联在离莱茵河250公里处驻兵既无必要，也没有好处。他们在原则上反对分裂德国和欧洲，但并不是不知道反对分裂恰好有助于保持分裂。几年以后，戴高乐将军极力想终止这种保守主义。我写道，维持现状一经承认，局势便会发生动摇，失去稳定。西德东方政策和《赫尔辛基协议》的后果，充分证实了我的分析。自从战后的欧洲疆土规划正式确定下来，德国人和施密特总理便把目光转向东方。

我和凯南辩论时，只说在两患之间取其轻：其一是分裂之患，其二是克服分裂的政策。我又说，我对于危险的估计，

"只这一次，竟然站在当局一边，而不站在凯南一边。真是十分意外，十分遗憾"。

我的第二条反对理由关乎苏军撤退的意义与美军撤退的代价。根据1956年匈牙利革命的教训，我觉得显而易见，苏联军队从一个社会主义国家撤出后，如果这个与自己有共同信仰的国家的政体危在旦夕，那么重新出兵是绝不犹豫的。凯南写道："这条道理尽管与我的发言相反，对我触动却不大。因为就个人而言，我也不会同意双方撤兵，而事前没有确保不会发生这样的事情，以及万一出事，应该采取什么制裁手段。但是，从事后来看，我不能不承认阿隆有了不起的先见之明。他提出的看法比事态早了10年。他所提出的正是勃列日涅夫的传统提法。1968年捷克局势十分紧张的时候，勃列日涅夫自己也公开说过。阿隆说：'我把俄国人的新学说，叫作神圣同盟。'"神圣同盟的含义是有权"无私援助"任何面临"反革命"危机的共产党政府。我在1958年讲过的话不太值得凯南的夸奖。有了匈牙利的经验，已经不需要什么料事如神的先见之明，就可以料到苏联的决心。叫我动容的倒是凯南竟会那么信赖美苏达成的双方撤兵的协定。协定绝对不会正式遭到破坏，因为总会有一个"工农政府"出来向《华沙公约》的同盟国求救。

尽管如此，但我今天重读在"里斯讲座"上的发言，发现还有一个问题没有解决：1949～1955年的美国的全部政策是受了欧洲人的启示。既然缔结了大西洋联盟，自然就要组织欧洲的防务，然后由联邦德国重整军备，最后形成两大军事集团的长期对峙，并保持德国的分裂和欧洲的分裂局面。抉择已定，绝无回头的余地，那么还有什么其他政策可以采取呢？

不妨再想一想1949年《北大西洋公约》签订的日子：西

欧各国，有的战败，有的筋疲力尽，剩下一片真空。苏联也是战祸惨重，论理不会再冒险对美国发动一次大战。交战国中只有美国一国，不仅元气未伤，而且越发强大。这些道理虽然在当时很有说服力，但未能消除一切疑虑。苏联人强迫东欧各国采用苏联的制度，接受它的威权。既然这些国家望风披靡，为什么苏联人自己裹足不前？美国单方面正式宣布，并经国会批准给西欧以保证，难道还不足以让欧洲人放心，还不足以劝阻苏联人进行任何形式的侵略吗？事后的反对不太有说服力。我们可以想一想吉尔森的文章、戴高乐将军的讲话，它们都责怪《北大西洋公约》签字国的义务，特别是美国的义务，没有被足够明确地载入约文。请问批评公约的人，假如当时不签公约而发表一项正式宣言，那么诸公又会说些什么？

这些都是咀嚼过去，而起码的理性常识却往往被人遗忘：马歇尔计划和《北大西洋公约》政策，都是西欧人的光辉业绩。至于法国，尽管老打殖民地战争，但也参加了旧大陆波澜壮阔的经济复兴。能不能说这样一条欧洲政策是牺牲东欧各国，听任它们自生自灭呢？1956年匈牙利革命时，欧洲人的消极被动不能归罪于《北大西洋公约》，而是因为美国当局不肯过问。正当匈牙利人以身作则，破天荒地进行一场反极权的革命时，法、英两国却去征讨苏伊士运河，这当然不会有助于美国的外交。然而，就算法英两国没有上演这么一出荒谬绝伦的闹剧，美国也八成不会采取另外一种态度。从1956年开始，美国当局尽管一味夸夸其谈，讲什么"解放"而不谈"遏制"，却已不考虑使用军事手段，支持在东欧反对苏维埃统治、持异议或揭竿而起的义民了。正如历次宗教战争后期一样，政治与信仰弄得难解难分：分界线以东，马列称王；以西，则自由民主居尊。

我选中 1955 年作为形成两大军事联盟的关键年份。我也可以选 1956 年。在这一年里，匈牙利举事，法英出征，苏美勾结，至少在表面上勾结，两强各自整顿盟友。匈牙利人通过武力实现解放的希望完全破灭，英国则大梦方醒，从此不能再跻身于大国之列。

1/4 个多世纪以后，西方人是否追悔自己在 1949 年和 1955 年做出的决定呢？由此而形成的世界，至今还是我们生活的世界。如果再想一想"光辉的 30 年"，经济扩张空前，何苦还盲目地自怨自艾呢？30 年的成就，证明政治决策有当。两大军事集团在欧洲冻结 1/4 世纪以后，大西洋联盟的情况和西方的情况，都不会埋怨当时缔造者的功业。在大西洋彼岸是杜鲁门、艾奇逊、艾森豪威尔，在我们这边则是让·莫内、罗伯特·舒曼、阿登纳和加斯贝利。

有人会责备美国人，说他们在军事上占绝对优势的时候丝毫未设法"解放"东欧。但是，当时欧洲怕的不是自己的保护人消极被动，而是怕其穷兵黩武。除此之外，当前叫人悲观失望的事情绝不缘于冷战时期做出的抉择。越南战争、水门事件、苏联扩军无度、美国放松国防，都与马歇尔计划、《北大西洋公约》和联邦德国重整军备全不相干。

在英国广播公司"里斯讲座"的节目播出不久，我收到了 G. 凯南的一封十分友好的来信（是手书，他很可能已经忘记了），在此摘录几段：

我刚收到从国会转来的您对"里斯讲座"节目的回应，赶忙给您写信以表达深切的感激之情。我的几次演讲

375

有不少反响，您的评论思考最深，最为理性，最有渗透力；在我的相知好友中，只有您体察到了我演讲中的精髓；您探讨问题的方式也是我衷心期待的。

我不认为俄国人会从一次协同撤军中比西方得到更多的东西。从政治上讲，这是肯定的，至于军事力量，无论如何，他们是最强大的。

我认为，有一点应该达成一致，即作为协议的一部分，任何一方的军事力量，每次进入部分领土换防地区，并不意味着将其过去建立军事基地的权利也加以转让，就像今天这种状况。因此，我还设想，一旦发生苏联对波兰或匈牙利的军事干涉，美国必将立即返回西德。

我认为，西方很多人十分不了解俄国人，从他们对匈牙利的决策来看，这受到三个因素的影响。

其一，美国在西班牙驻军和美军近在咫尺。

其二，危险不在于匈牙利人脱离了《华沙公约》，而是因为他们最终会申请加入大西洋联盟。

376 其三，对他们来说，事实是，俄国人已经有效地占领了国家，有一个合法的基础，而西方列强从未对其缘由提出质疑。因此，俄国人认为，威胁要脱离华沙条约组织就是对其占领权和政治军事威望的直接而公开的挑战。

为了达成一项协同撤军协议，这些因素至少要被大大压缩，大家可以想象到，在东欧拥有众多保护国的俄国人对这一地区出现的事变可能采取更为缓和的立场。

凯南随后承认，他给西欧人提供了一个军事组织的错误理念。错误之处不是关乎用游击队代替正规军，而是建议把民众抵抗力量和预备役军人补充进正规军。

这封信的一段内容过去令我惊讶，现在仍令我惊讶不已。信中写到，俄国人将得到一些东欧国家的保护。欧洲没有美国军队，苏联人就不会对其卫星国的正统性持同等程度的担忧。在这一点上，凯南与我的根本分歧显示出来了。我认为，苏联领导人坚持马克思列宁主义，基于此，他们的外交政策不可能不是扩张主义的。不言而喻，匈牙利（1956 年）或波兰（1980 年）出现的歧义，对克里姆林宫来说没有华沙联盟的军事部署受到质疑那么难以接受。但请设想一下，如果没有美国军队进驻欧洲，苏联人会适应其保护国出现异端邪说。依照我们对莫斯科寡头政治家的了解，我认为，这与他们的现实思想状态似乎相矛盾。

第十一章 20 世纪的战争

　　1944～1945 年，我选择了新闻业，但并没有放弃教学。我在国家行政管理学院和政治学院教授一些课程，还到外国大学讲学，特别是曼彻斯特大学和图宾根大学，这都说明我对教学的怀念和遗憾。在 10 年流亡或者 10 年逍遥的岁月中，我总是想方设法不要跟哲学和社会学失去联系，而时局和自己的职业都不断鼓动着我的激情。法国和欧洲在纷纭汹涌的宣传声中的重建对于我而言是首要的。因此，我没有做到把《费加罗报》上的文章和"学术"著作彻底分开。我放任自己，流于浅易。我写了两本书，一本叫《大分裂》，另一本叫《连锁战争》。这是一种尝试，我想为正在形成中的历史搭配一门应用哲学，作为我每日每周写评论和表明立场时的背景和基础。

　　每逢重读或翻阅这些书的时候，我总不免有不快之感。我心想，我为什么听凭自己去写这样的东西呢？说实话，在那时候，这样的文章还不像现在那么洋洋大观。《大分裂》一书于 1948 年出版，在知识界和政界引起了一些反响，因为这本书粗略勾画出了世界政治和法国政治的轮廓。批评家罗杰·凯洛瓦（Roger Caillois）说，《大分裂》是三本书，或者说包括了三本书的内容，一是两强的全球对抗，二是马克思主义堕落为苏维埃主义，三是法国民主制的危机。从某种意义上讲，著作本身便是教育。法国政局是借外交形势和思想分裂之光来照亮自己的。我想叫法国人懂得，法国虽与外界隔绝 4 年之久，归根结底仍属于西欧这个整体，而西欧则属于安德烈·马尔罗说的大西洋文明。法国在世界史中扮演的角色，从本质上与它在欧洲事务中的重要角色不同，但我们的外交并不因此而变得无足轻重。欧洲不能没有法国，也不能没有德国，或者说得确切些，不能没有这两个就重振国力而言重归于好的国家。

我的警句"和平不可能，战争不大可能"击中了要害，尽管西方还有不少政治家至今不太搞得清楚这句话的意思。或者可以说，由于"缓和"，他们认识不到长远的真相，我试引自己的话："已经没有欧洲协调，只有世界协调。"（第14页）"政治舞台扩大了，国力所占的比例也就改变了。一个国家在欧洲是大国，在世界上只算小国。"（第15页）"德国哪怕能在几年内，在废墟上重建家园，恢复统一，毕竟仍将是二流国家。"故而我把对德和解政策建立在理性上，并写文章为此呼吁。

外交领域已经扩大到全球，外交政策变成全面外交。"和平的传统观念意味着外交受两个方面的限制：一方面是国家逐鹿，筹码需有限度；另一方面是炮火声息，手段需有限制。今天，一切都成了问题。经济体制、政治制度、精神信念以及统治阶级的存亡都成了问题。一枪不发，一个国家可能由于共产党得胜而遭受失败的考验……今后，真正的国界划在原本团结一致的人民的正中间，一分二为美国派和俄国派。选举图和战略图难分彼此。"（第19页）这个形式把30年前已经复杂化的局面简单化了，但仍表达了部分真相：正是在各个国家内部，并不一定通过选票，共产主义与其敌对势力的斗争进行着。斗争蔓延至全世界，尽管世界上有些地区似乎比较稳定

379

（例如欧洲），国家之间的冲突，国家内部的争斗，当然并不能全都归咎于两大国的对抗。1947～1948 年，两大国在欧洲的较量可以说包括了其他一切争执。

"和平不可能"这句话，并非仅仅因为有了全面外交："不管有没有（共产）国际，也不管有没有共产党和工人党情报局，共产党都代表了一种旨在开辟苏俄帝国主义道路的不断谋反。目标无限，战争不断，用这两个特征来定义莫斯科帝国主义，本质上是指苏维埃，不是指俄罗斯。只要俄国人民还被禁锢在愚弄谎骗和内务人民委员部的牢房里，只要他们还像围城中人那样忍饥挨饿，行动不得自由，那么冷战尽管有起有落，和平则仍然是毫无希望的。"

我又补充说："没有和平，不等于战争。每逢发现了从来无人知晓、从未派上用场的新能源，照例会开辟一个军事艺术的新时代，同时也就开辟整个文明的新时代。但从试验新武器到可以应用，中间有一段距离……谁也说不清原子弹是不是绝对武器，什么时候才算绝对武器，也就是说，单单用上它，敌人就不得不投降。这便是为什么均势虽然靠不住但又不排斥长期拖下去的可能。"

这本书的最后两部分"法国的分裂"和"改革"比较容易引起宗派争执，因为我明白，表示拥护法兰西人民联盟也就是表示拥护戴高乐派。莫里斯·迪韦尔热（Maurice Duverger）在《世界报》上发表一篇文章，想从根本上证明我不是真正的戴高乐分子。他倒没有看错。我在这本书的序言里就申明，作者党同伐异，不是学者。迪韦尔热却说，他认为《大分裂》是一部学术著作，是一本当代政治社会学教科书。他又说：

"在阿隆身上，党派气息远不如学者气息浓厚。他是杰出的社会学家、蹩脚的党徒……他不仅缺乏要赖的本领，而且缺乏信仰。"

这是批评还是恭维呢？我说不好。我什么时候向往过党派活动家的本领呢？事后来看，能不能说事态的演变已经证实了迪韦尔热主要反对的东西？他问道：民主的戴高乐主义有没有可能？在他看来，我写的书无非想证明，温和的戴高乐主义是有可能的，但他否定了这种可能性。在有一点上他是对的：一个政治运动的风格比什么纲领都更能体现这个运动的真实性质。将军本人的戴高乐主义和《大分裂》一书中的戴高乐主义，中间就那样隔着一条鸿沟吗？也许是的。但从定义上讲，享有特殊威信的领袖的风格与评论家分析的风格并不一样。法兰西人民联盟垮了台，争议仍无定论。然而，1958年将军上台时已没有人民联盟，以后的体制倒很像温和的戴高乐主义，而政治学家迪韦尔热却预先将它断定为不可能，并且认为戴高乐主义只会步步升级，直到威权主义的极端。

我在书的末尾"知识改革"一章的最后一页上写道：

经历过［1948～1950］危机，人们将重新发现法国问题的基本前提：法国不会屈从于一种威权制度，尽管在我们这个时代，威权主义制度多少会蜕变为极权主义制度①，但是，法国如果自甘陷入多党制的无能和混乱之中，那么国家将一蹶而不能再振。国家的复兴、政府的稳

① 这种说法有必要采取各式各样的保留，顾及细微的差别。

定、行业机构的限制、行政技术的改良、经济的专业化管理，凡此种种改革，尽管没有一项能叫人耳目一新，也没有一项能够单枪匹马，却把我们向目标推进，去实现一种温和而有威权的政体。[①] 国家应该强大，但不能没有限度。政党和工会应该自由，但不能掌握大权。议会应该立法和监督，但应该放弃行政。经济应该有方向，但不应当是管制经济。

381

直到 1981 年，第五共和国倒有点像这个"乌托邦"了。如果法兰西人民联盟得胜了，会不会得到相同的结果？谁也无法得知。但在 1948 年，我们就可以想到，有一种温和的戴高乐主义起来接替第四共和国，"它在它现在的形式下……有长生不老的本领，而没有除旧布新的能力"。我们还该说，1958 年的宪法经过 1962 年的修正比我原来想象的宪法要彻底得多。可以说宪法本身就带动了我指望的某些社会改革和经济改革。将军一执政，再没有一个人说怕一党专政了。

我在伦敦的《自由法兰西》上表达过担忧，甚至将人民联盟与波拿巴主义相提并论。我说：

> 法兰西人民联盟是属于波拿巴运动类型的。从拿破仑一世，经过拿破仑三世，一直到布朗热将军，法国在 19 世纪，每当议会制弄得国乱民愁而又没有可能恢复帝制时，便会出现这种波拿巴运动。现在又一次看到，人

[①] 不知是我还是排字工人，在书中把"温和"写成阴性，那就变成了温和的威权。其实在我的思想里，温和是形容政体，而不是形容威权的。

民围绕着一个人联合起来，而这个人的政治轨迹是从左到右，先恢复共和国，然后集合自己的队伍，组成议会内右派的多数。但是，人民联盟和19世纪的波拿巴运动不一样。人民联盟有一个非同小可的人物当领袖。戴高乐将军已经执过一次政，尽管犯过些错误，管理经济和后任比起来，既不见强也不见差，但他对法与权，等量齐观，一并关心，不分轩轾。他没有议会活动家的嗜好，不爱他们那股钻牛角尖的劲头，也不喜欢无限度、无定规的权力。他设想的制度是近似总统制的民主制度而不像专制制度。

A. 法布尔－鲁斯责备我是伪君子，投靠伪装的法西斯。我认为这样来责备我，至少应该说是过火的。我的书中有一段，归纳和简化了我对当代史中关键问题的看法。我说：

　　针对共产极权主义的威胁，法西斯分子除了采用反共极权主义以外别无他法。他们用伸张国威来代替解放无产者的神话。帝国的幻梦做得把世界抛进血渊火海。嘴里说要团结欧洲，而实际上却分裂欧洲，将其弄成一堆断垣残砾。就算戴高乐派也想来这么一手，他们也不可能再搞一次法西斯，因为各国人民已经不会再受民族激情的鼓动了。可是，问题并没有解决。1945～1946年，整个西欧都在发问：能跟共产党人一道治理国家吗？到了1947年，大家又问：能不跟共产党人一道治理国家吗？到了1948年，大家提出：怎样才能在和他们对立的情况下治理国家？

382

戴高乐将军和他的后任执政者都在表面上反对共产党，而对苏联则不免有点迁就。由于一阵一阵地吹反美风，迁就苏联便显得格外突出，再者与此同时，共产党正在西欧的冷战中吃败仗，至少可以说，在意识形态的战线上吃败仗。

《大分裂》一书于1948年出版，那时候，反对第三帝国的大同盟还没有最终破裂，关于《北大西洋公约》和中立主义的争吵还没有开始。《世界报》由莫里斯·迪韦尔热署名，发表了一篇书评，对我赞扬备至。[①] 我不胜惊讶，而疑虑并未打消，真不知道这种新闻哲学还有此等功劳。他说："……所有困扰当代人的基本问题——不论是政治问题、社会问题，还是经济问题——都在这里被赤裸裸地提出了。一团乱麻般的前因后果，以严格到几乎苛刻的清醒明晰都给理顺疏通了。但愿公共舆论最终会经常引用我们对时代的总结，真正地解解毒，开开眼界。因为在说法上自相矛盾、在骨子里也同样荒谬不通的口号，已经蒙蔽了公众的双眼。"

我冒昧再摘录两封信，因为它们都来自当今的两位思想泰斗。他们两人各自在信中表达了法国知识界两种对立的反应。一封出自亚历山大·柯瓦雷的大手笔，他的精神威权和知识威权并驾齐驱。我从这封信里，摘录一段如下：

> 多谢您的大作《大分裂》。我们俩都读得兴趣盎然，不忍释手。趣味纯粹是知识性的，因为您对欧洲局势的分析，尤其是对法国局势的分析实在不怎么有趣。人们不禁要问，（欧洲）战役是否已经不战而败？在苏联的

383

---

① 赞扬的是学者而不是党派活动家。

欧洲面前，我们可怜的欧洲是否还有一线生机？为什么欧洲是苏联的？因为人们不能不看到，20年后，所有卫星国都将成为苏联整体的一部分。正因为想抵制这个计划，所以季米特洛夫才沦落为离经叛道，铁托才走向分裂。我们这个可怜的"大欧洲"，本来应该同仇敌忾，锲而不舍，发挥人力物力无穷无尽的优势，而结果居然弄得四分五裂，畏首畏尾。内则让共产党第五纵队钻进心脏，兴妖作怪；外则兵戎相见，国事瘫痪，大中小国彼此明争暗斗。国之"俊彦"，疲软荒唐，愚昧浅薄，这样的欧洲难道还有什么幸存之望？我欣然看到您对我们的朋友说了几句真话，对《精神》杂志社的朋友，对《现代》杂志社的朋友，对亲爱的梅洛－庞蒂说了几句真话，他是要一举而百废齐举。您对一帮蠢材也说了几句真话。这帮人，叫他们蠢材可以，叫他们"善人"也可以，反正，他们那本《选择之际》①倒给我们提供了有点意思的选择……

有人分析，知识分子加入共产党或充当同路人到底动机何在。在他们看来，"入教要入走红的教，好处大得很。走红的教门，既能降福布施，又能赏赐神俸神禄。还有……人是一种有信仰的动物，尽管如此，亚里士多德除了思考，什么都不厌恶。正如我们的朋友约里奥·居里曾经对我的另一个朋友说过：'入了党真妙，再也不用思考了……'除此之外上帝也好，开天辟地的英雄也好，历史也好，难道不是都

---

① 《选择之际》论文集最近才问世，署名的人有 L. Aveline、G. Friedmann 等人。

站在斯大林一边（上帝是永远站在芸芸众生一边）？因为从1918年起，就有人千方百计地用最辩证的手段来挽救他，推崇他"。

吕西安·费弗尔没有看过我的书便写信给我，据他告诉我说，这是因为第8页上有一句话伤透了他的心：

> 您说，美国的影响，既不包含同化问题，也不包含帝国统治问题。哎！我们的"法国文化"可怜哪！"美国的影响"那样蹂躏它，围攻它，追击它，我们多么想跟您一道行动。还需不需要申明，这是出于信仰还是出于希望？

> 数到今天，已经3个年头，不管教科文组织召开什么国际会议，我们法国人都不能不抵制"我们的美国朋友"横蛮的旨意。在科学方面是这样，在文化和教育方面也是这样。现在已经三年了，我们一直让美国的政策挡住去路。这种政策前后一贯，有条不紊，要消灭我们的语言文字，扼杀我们的思想见解……当然，您讲的摩尼教那种善恶分明、水火不相容的想法，在我的心目中才是今天最危险的东西。正是它把世界弄得岌岌可危。若要有效克服这种偏见，那就一定得正视这两种祸水，它们归根结底是不分轩轾的。只要是法国人，只要能够意识到什么是法国，那就应该同心同德，起来同这两种祸患搏斗。我说这些可没怀什么政治偏见……尽管很不幸，但我不能不深信，绝不是在一条战线上，而是在两条战线上进行斗争——如果还来得及的话——方才能够在世界上救出一些精神自由和有批判力的智慧。

吕西安·费弗尔早年服膺蒲鲁东的无政府主义，也就是巴枯宁和克鲁泡特金搞的茹拉联盟所标榜的东西。他的为人处事恰恰与斯大林分子相反。像他这样的人说"这两种祸害，归根到底不分轩轾"，那就有了重大意义，起了象征作用。在许多法国人看来，"美国的因循守旧"和"斯大林主义"彼此彼此，不相上下。教科文组织在战后头几年的确唤起过并且培养过反美情绪。我在1950年参加过一次教科文大会。一个知识分子眼看着法语和法国文化每况愈下，不免凄惶痛心，而这样走下坡路，哪怕没有"美帝国主义"，也在劫难逃。吕西安·费弗尔的反应体现出大部分知识分子的心情。这到底是肤浅的反应，还是深信不疑呢？反正，我国大部分学者和科学家都是战后在美国进修或转业的。一年之内就发生布拉格事件和马歇尔计划两件大事，难道还能把两个超级大国或把两条战线视为一丘之貉吗？

上面摘录的两封信各自提出了要害问题。一个是外交问题，另一个是文化问题。除此之外，我还接到了许许多多称道赞许的信和文章。所有拙作都从未受过这样的重视。我至今还在思忖，这样过火的夸奖到底理由何在。部分理由在于当时出这样的书，越走运，就越红不了太久。有人说这本书是长达347页的"政治总和"，有人说是"哲学家和新闻记者的鸿文巨著"。这些评语也许说明了这部书潜在的雄心壮志。在1948年，这样的综论正好满足了读者的好奇心，因为当时的公众还不太理解第二次世界大战的种种后果。到了今天，我谈过的那些问题都还有人重新论述，作品之多，浩如烟海，拙作被挤了下来，成为一本时政读物。

我在《大分裂》一书的序言中写道："书中既没有20世

385

纪战争的理论，也没有极权政体的学说，既没有议会民主的理论，也没有资本主义演变的学说。"我还补充说，希望另用比较严谨的方式阐释这些理论。果然，过了几年我就进行了尝试。1951年出版的《连锁战争》，就包括了我在1948年预告的那些理论的轮廓。

这部书的头两部分被命题为"从萨拉热窝到广岛"和"历史的十字路口"，用意无非在于借用孔德和库尔诺（Cournot）的笔法，对20世纪过去的50年做一番哲学上的评解。为什么1914年的欧战在开始时和历次欧洲大陆上发生的战争没什么两样，而后来却发展成为一种超级战争，正如费雷罗（G. Ferrero）说的那样？新的科技怎样出其不意地把文官武将搞得手足无措？在自由资产阶级时代，现代社会竟在国家的领导下把自己全体动员起来，整整好几年，把武器和军火供给几百万战士。1914～1918年，欧洲逐渐经历了总体战争和物资战争。马恩河之败，德国人深入国境，双方对等的兵力，凭借战壕，长期对峙，杀戮之惨，罕与伦比。仅为几公里地的得失，甚至一里地的争夺，往往在枪林弹雨下，杀人如蝇如蚁。

第二次世界大战越打越大，却遵循了另一进程。从1939年到1945年，希特勒初期的战果使战火蔓延到全世界。1918年，是战车帮助盟军取得胜利。1945年，则是原子弹迫使日本投降。尽管20世纪两次大战的发展进程不一样，战略战术作风不一样，但结果很有相同之处：一是穷兵失控，二是踏平战败国，三是累积结果即改写世界地图。

A. 汤因比和A. 蒂博代把第一次世界大战与古希腊的伯罗奔尼撒战争做过比较，第一次世界大战动摇了欧洲各国的共和制结构。第二次世界大战则结束了欧洲的优越地位。欧洲以外的国家则跃居首位。其中一国自称信奉19世纪的一种意识形态，师尊为德国一个知识分子，此人出生于一个改变了信仰的犹太家庭。另一国却忠于启蒙时代具有英美色彩的哲理。苏联与美国都要求继承欧洲的遗产。这两个国家之间的冲突越来越显得难以避免。它们一道在旧大陆国家的尸体上取得了胜利，虽然大规模毁灭性武器的研制成功，深刻地改变了战争的实质和国与国之间的关系。

386

　　这本书的其他部分讨论现在的局势，也讨论前景。我致力于分析将会发生的情况，汲取了以往用来说明前半个世纪的研究方式。这一尝试是有雄心的，可惜很难成功。观察了过去，我尽己所能，想辨明哪些是必然的，哪些是偶然的。我转而观察未来，同样的区分一律变成了问号。主要的问题是在第19章提出来的：冷战到底在准备打总体战，还是可以代替总体战？我倾向"代替说"。迄今为止，历次事实都证实了我的看法。不幸的是，我没有满足于分析冷战的规律和西方采取守势的战略，偏偏用百来页的篇幅，谈论欧洲能否重新振作起来，团结自卫。我分析来分析去，搞得尽是些深浅浓淡上的微妙差异，对未来则不厌其烦地强调缺乏把握，把读者弄得相当失望。

　　在这本书的末尾，我又添了几章，其中一章（讨论"极权主义"）深得汉娜·阿伦特的欣赏，这一章内容也许正是她启发我写的。反正，书越写越厚。有几章内容被我命题为"中原之鹿"，更加突出了这种感觉：书是一篇篇文章凑出来的，编排得既不明白，也让人不大看得清其中的一致性。所以，我今天可以不太保留地同意我的朋友马奈·斯佩尔伯在一

封信中对我做出的批评，也可以同意莫里斯·迪韦尔热发表在
《世界报》的一篇文章对我的批评。他说："说实话，这不是
一本书，而是按编年体汇集拢来的文章集。可是，这里用编年
体并不合适，而且和你的主要论点是矛盾的。① 不然的话，你
绝不会这样重复……我的好朋友，你的傲气几乎赶上了我，可
是这一次，你简直低估了自己，屈从了新闻记者的规矩。你讨
论的东西，都是新闻记者最多只能报道而不能拿来教导人
的……"这样严厉的批评却另有补偿。宽容的话比批评的话
多得多："书中第一部分（共 497 页），特别是第 250 页，以
及第三部分第二节（'欧洲束手'），都十分精彩，用德文来
讲，真是一个时代认识了自己。还有第 247 页，那真是出色的
报纸文章、今天的杰作，但显然是老调重弹，强调过头了。"

　　莫里斯·迪韦尔热的文章在当时很叫我不高兴，今天看来
却显得很有道理。他说："从技巧上说，《连锁战争》这部书
叫人联想起克洛德·莫奈画的那幅《睡莲》。莫奈拼了命想把
光的浓淡深浅全都表现出来，分析光的五光十色，如晚霞，如
彩虹，瞬息千变的光和彩，连难以捉摸的反射也不放过，结果
只见金光闪闪的雾气，事物的基本状貌反而融化于其中，被冲
淡了、隐没了。雷蒙·阿隆始终坚持削弱原始的肯定，一而
再，再而三，拿一条又一条知识的带子，把原先肯定的也捆绑
起来，结果弄出类似的效果。"② 他对有些章节讲的恭维话，
我就不谈了。

　　这本书在美国不仅受到了重视，而且还相当受欢迎。1980

---

① 我不同意这一点。
② 文载于 1951 年 10 月 21 日和 22 日的《世界报》。

年秋天，我听说美国一家出版社打算于再版时换一个书名，叫作《总体战的世纪》，这倒大大出乎我意料。这也许比法文的书名稍微通俗一些。亨利·古耶（Henri Gouhier）一向对我很有感情，这一次仍然十分友好地写信给我说："我觉得《连锁战争》更加具体地说明了尊作《历史哲学导论》一书的内容。论述必然性和偶然性的篇章以及书尾几个段落，体现出前后两部著作是一脉相承的。"他又说："我阅读孔德的书，弄懂了'历史分析'一词背后的全部含义。这就是我在大作中学到的东西，可是笔下精辟，不受三阶段法则的约束而怀先入之见。"

　　我们从30年战争中得出的理论概括，与《帝国主义是资本主义的最高阶段》中表述的列宁主义理论是对立的。我书中的第一部分，标题为"从萨拉热窝到广岛"，我并没有把这两种对立的理论作为讨论的中心，也没有作为写书的目的，而只想就一桩特定的事例，说明我在《历史哲学导论》中阐发过的一些想法，一些关于历史决定论的想法。反驳列宁主义的论点是在分析过程中逐渐搞清楚的。20世纪的两次大战都刻上了交战国社会本质的烙印，而战争又反过来改变了社会。然而，两次大战的内在原因、发动战争的导火线，以及两次大战的赌注和彩头，都不在于资本主义大国在经济上的争逐。

　　我在这部书的第一部分和第二部分中，都阐明了事实经过的偶然性。日期、形式、细节一概都有其偶然性。同时，我推论出"内在的原因"或者"全盘条件"，会使事件大有可能发生，但不是非发生不可。至于在什么时候发生，那是无法预见的。这种事件与已经发生的事件，是可以比拟的。"外交失

388

误"导致了第一次世界大战的爆发，因为当时的国家执政者没有一个人直接地、有意识地要打仗。而科技方面的意外因素又延长了战争。原来，交战国双方一直认为，战事几个月就会结束。没想到守势方对攻势方取得了暂时的优越性，战况变得胶着，工业动员和全民动员竟把仗越打越大，革命运动由此产生，欧洲各国人民也全都打得筋疲力尽。

如果考虑到两次世界大战不过是一整套东西里一些不同的成分、同一斗争中的不同片段，那么人们便不会只援引"永恒的德国"，而会考虑这场悲剧的因果关系，也会考虑暴力本身具备的能动性。任何一元论，比如片面责怪德国人民、谴责资本主义，都是幼稚的。从历史观点出发，这种理论很像古代以神话代替科学，因为那时候人类还弄不懂自然界力量的作用……历史的意义充其量是根据当时自然界不可抗拒的力量，事后指出最主要的概况，但从来无权宣称事件的结局是可预见的。一场局部战争由于对均势外交的运用，变成了一场欧洲战争，又由于工业、民主及双方兵力大致相等，越打越大，直到绷断欧洲这根链条上最弱的一环。革命冲进了帝俄。欧洲君主的宝座，连同由许多民族组成的最后几个帝国一齐崩颓。资产阶级民主的欧洲，还有好些独立的欧洲国家，身旁贴着一个布尔什维克的俄国，竟想回到1914年以前的世界，并且硬说那才是正常的世界。1929年的危机炸崩了经过惨淡经营、勉强恢复过来的货币经济体系。失业打开了闸门，革命运动激起了德国群众的狂热。于是，欧洲成了三种对立思想的逐鹿场所，加上国与国之间传统的明争暗斗，事态只得很快滑向一场滔天浩劫。德苏同盟于 1939 年打响了浩劫的头一炮，接着便瓜分波兰。这一次，战火席卷全球，同时煽旺并且扩大了另外一场从 1931 年起，或者说，从 1937 年起便在进行的中日战争。6 年后，战火熄灭，而欧亚两洲已成焦土。第一颗原子弹震天动地的巨响还没有完全静下来，两家真正的胜利者已经各自腰佩横剑，准备算一算总账了。这一段历史如此一目了然，而当时竟没有人料想到，事后回顾，倒仿佛有点不可思议。然而，今天更要紧的是，要根除那种把事情当作命中注定的幻想。30 年来，已经有过好几次，人类的命运仿佛悬在空中，可以朝完全不同的方向发展。马恩河一战，几个兵团之差便会改变战局。法国覆灭后，不管俄国和英国采取什么政策，如果德国完全战胜了西方，二战大概会缩短。欧洲在 1870 年和 1871 年还不知道打超级仗。如果上面的假设成事实，欧洲就会依然不懂得什么叫超级战争。

更加清楚的是，如果在俄国革命前夕，一种折中的和平得以实现，就会体现出双重的远见：一是德国认识到，单靠奥匈臂助，以兵力制服全欧洲是办不到的，二是盟国也意识到自己无力压服德国。第一次世界大战也就不再注定要走向第二次世界大战。这种局面之所以显得命中注定，在劫难逃，那是因为各式各样的蠢事和坏运气都凑在一起，到了令人难以置信的程度。英国人抬出拿破仑的阴影，其实晚了一百年，那是因为庞加莱恶狠狠地捍卫法国的权利而不重视制裁的经济后果。法国外交对于魏玛共和国，既爱吹毛求疵，又显得专横粗暴。如果能够肚量大一点儿，大家一道把破碎的欧洲重新建设起来，那

390

就会合算得多。面对一个只懂得武力，只下决心使用武力的德国，欧洲又显得软弱懦怯，甘心逆来顺受，尽管希特勒执政以后，仍然有好些机会可以转变命运。1936年3月，如果动兵制止德国军队开进莱茵区，至少也会使事态不至于那样急转直下，弄得好，甚至能促使希特勒政府倒台。英法两国如果在1938年进行了抵抗，德国反希特勒的将领也许会付诸行动。可能性不是没有，但我不太相信。在战争期间，英美不妨和反希特勒的势力维持联系或取得联系，设法打败德国而不予毁灭，不要把仗打到头，把战败国完全消灭。因为灭掉了战败国，盟国之间就不可避免地要发生冲突。盟国既然靠不住，宽恕敌人从来都是最英明、最稳当的手段。这是马基雅维利给我们上的最出色的一课。

我用同样的笔法，粗描出一系列史实之间的内在联系。（借用库尔诺的话）这就产生了《历史的十字路口》这部拙作。书中说："繁星般的时局结成星座，正处在三道交叉点上。第一道通向全球统一和外交两极制；第二道走向世俗宗教，传播到亚洲和欧洲，而两强之一自封为这门宗教的发祥地；第三道通向大规模毁灭性武器的制成投产和总体战争。鼓舞总体战的，既是现代科学，又是原始人的狂暴本性。冷枪手和原子弹，都像是无限暴力的极端形式。"我又说，上面讲的三条道，都包含了一部分逻辑和一部分偶然。若要解释，就得采取克洛德·莫奈的手法——这是迪韦尔热的话。我能明确社会的深层力量，但对于或远或近的事态演变，我就左右为难，举棋不定。

安德烈·卡安（André Kaan）向我书面提出一连串完全属　391
于哲学的问题，这些问题涉及的是怎样解释历史决定论。这些
问题旨在阐明事后思考和事前查勘二者之间存在差距。我把信
中的话摘录几段，因为值得摘录，同时也出于对一个当代最纯
正的人物的怀念。安德烈身材不高，外表瘦弱，并且有点病恹
恹，动作和言辞都有点笨拙。他参加抗敌运动，被盖世太保逮
捕并押往集中营。他的哥哥是抗敌积极分子，也落得同样的下
场。盟国胜利后，安德烈幸免于难，而他的长兄却死于伤寒
症。他们兄弟两人根本不知道打什么政治算盘，心里只有道
义，自私、卑鄙的念头连影子也没有，真是哲学在战斗中的理
想化身和典范。他们兄弟二人中，我和安德烈比较熟识，觉得
他有一股子圣贤气息。我在这里引他一段话：

> 我觉得在贵作中发现的东西，就是对历史的必然性这
> 个问题不能做统一的答复。因为要看从什么角度对待这个
> 问题：是从现实出发，还是从形式出发。您也许不一定同
> 意我这种看法。从现实出发，毫无疑问，任何必然性都是
> 具体思想抓不住的，稍微有点理智的思想也抓不住它。而
> 历史的目的和宗旨——如果这两个词还有点意义的话——
> 对我们来说和在开天辟地时一模一样，仍然可望而不可
> 即。然而，人们没法不认为，冲突的方式从相当早的时候
> 开始，已经遵从不可避免的必要性，向着总体战的结局发
> 展下去。如果像您说的那样，马恩河战役促生了总体战
> 争，但马恩河战役如果结局相反，那就会推迟总体战的到
> 来，而国防政府试图舍命抵抗，却可把总体战提早几
> 十年。

安德烈·卡安在这一段话中似乎把偶然性限制于日期上，换句话说，限制在事态发展到必然结局的日期之上。

然后，他不认为偶然性是许多系列历史的产物。当然，科技进步是一个系列，西方社会民主化是另外一个系列，二者不相为谋。他说：

> ……上文有了交代，剩下还有这个问题：如果两个系列原因朝同一方向起作用，如果两个系列中的一个系列能够单独导致两个系列配合起来所能达到的结局，那么，不相为谋的原因的独立性并不能确定偶然性的结局。事实上，科技的进步似乎确实具备足够的自主权，以致人们完全可预见它的发展方向，肯定它从总的来说是不可逆转的。此外，两个系列是相互助长的……简言之，从大作中可以看出，尽管每一特定事件的偶然性使结局的迟早和程度深浅都没法确定，但是，国际争端都朝着更广更深的方向发展，则是服从总的必然性支配的……我想征求足下同意的是，20世纪初，凡是能够限制使用暴力的因素，是否很可能被看作过去仅存的一些残余，迟早要被完全消灭。

卡安信中最后一段话是面向未来说的：

> 面向未来，如果没有把握，那就很难限制总体战争。在这里，我还是担心再一次碰上一对矛盾，一方面是我的哲学意识启示我做肯定的答复，另一方面则是目前星座般繁杂的各种现实条件。

接着，安德烈便一清二楚地指出，我的书到底叫他担心些什么：

> 人们能不能让绝对意志为相对真理服务？……我寻思，我们这个时代如果在发展过程中越来越多地接受社会主义，会不会越发冲淡希望，越发冲淡对于自由事业的信念……实际上，最理想的是把社会主义和世俗宗教拆开来。社会主义只算一整套专门管理经济的技术。这种理想的可能性已经由英、苏对立予以证实。但是，我仍然担心，极权主义竟然对相信社会主义学说的人具有这么大的吸引力，这是否别有深刻的原因，是否因为这种学说在思想上和在感情上特别引人入胜？

他写道：没有社会等级的多元化，就没有价值观的多元化。他的结论是：

> 穷苦无告的无产阶级，不平则鸣，向奴隶世界发出号召，而就在这时候，哲学家却力图把两件事合在一起，这真叫我百思莫解：一方面是要求在无穷无尽的生存方式中进行选择；另一方面则是拒绝异化，仿佛异化不是从对生存方式的选择中产生出来的……不管怎么样，只要社会主义忘记了自己是社会先于国家的产物，那么，社会党就会一直束手束脚，在反对共产主义的斗争中感到自卑。

这些想法很有道理，可以说指出了我这本书的主要缺点，正如上文已加分析。各系列的原因与事件的偶然性二者之间的区别，是否同样可以用于事前的勘察和事后的思考？这到底行不行？反正我办不到。而批评家没有重视全文，只评论某些章节，并且各有弃取，莫里斯·迪韦尔热抽出几章内容，说是"非常出色的分析"。这几章内容是：论共产主义的改变，论工党的演变，论国家社会主义的发展。马奈·斯佩尔伯则喜欢另一部分，论"欧洲束手"。我都不同意。在我看来，开头两章"出人意料的技术"和"战争的能动性"远远胜过其他章节。有一个出色的读者是同意我的，名叫让·杜瓦尔。

差不多就在那时候，我为《原子科学家通报》写了一篇文章，题为《半个世纪的有限战争》。发展到了极限，冷战便出世了，两个超级大国明争暗斗，同时把一个历史性问题提了出来：核武器的革新（正如安德烈·卡安在他信中提出的）会不会在最低限度引起一种突变，使极端的暴力下降为有限的暴力？而下降的代价是，暴力的扩散和经常化。传统的和平消失了，总体战争也没有了。

历史哲学启发了两本书。其实，历史哲学在马克思和斯宾格勒之间徘徊不定。这里与其说马克思，还不如说圣西门。战争固然是由国家的激情引起的，这种激情搞垮了奥匈帝国，煽动了日耳曼群众和希特勒本人。但是，养成1914～1918年战争的妖魔的，毕竟是工业动员出来的生产力。正是这种生产力保证了美国在日本帝国和希特勒帝国崩溃之后掌握了世界霸权。科学本身是技术的基础，正是科学，在国与国的关系中插进了一个新的影响因素。

全球技术化这一论点，既来自圣西门和马克思，也来自斯宾格勒和海德格尔。这个问题战后就被提出了，现在仍然是一个问题：技术革命的前途如何，技术革命将如何决定西方的命运？在马克思的思想里，科学本身便是生产力。一旦资本主义为它自身的矛盾所毁灭，科学便将开创一个没有人剥削人的社会。斯宾格勒的想法则是，技术勃兴将使城市增多，民主发达，群众或盲从之辈数量增加，同时，文化形式解体。我对这两种哲学观点一个也不同意，并于30年后，针对它们写了《为衰落的欧洲辩护》一书。开明的哲学，谦虚而有自知之明，既不会像普罗米修斯那样骄傲，也不会陷入生物命定论；既不会认为有了胜利的把握便万事大吉，也不会发出一声绝望的嚎叫，就此盖棺论定。所以，在科技革命问题上，既不能凭推理而一味乐观，也不能一味悲观。

书中有一章内容谈欧洲的前途。我在这章的末尾几行，预测欧洲的各个帝国都到了末日。我写道：

> 缺乏为集体创造的空间，有如人缺乏氧气。只要俄国军队的驻地只离莱茵河200来公里，西欧就觉得自己有窒息的危险……不论是经济进步，还是思想交流，西方人是不怕在这些方面无所作为的，因为西方人人数虽少，可是地位优越，手里掌握的生产资料和技术知识远远超过其他人……欧洲人要卓立千秋，完成自己的历史使命，完全不需要统治什么殖民地，划分什么势力范围……欧洲人该害怕的，不是帝国解体，而是新独立的国家仇视它们的旧主子。

我毫不留情地谴责法国在印度支那的政策。我说：

> 我们引起了（或者说没有能够避免）我们最该担心

的事情，即对共产党在印度支那领导的抵抗运动打了一场没完没了的战争。越共不仅领导抗敌，而且联合了绝大多数的民族主义者。从一开始，我们便有两种办法可供选择：一种办法是痛痛快快答应胡志明提出的主要要求，即同意印度支那独立，三国联合，大体上参加法兰西联盟；另一种办法是，如果我们认为没法跟胡志明打交道，那就促成一个国民政府，把我们不肯给斯大林代理人的东西基本上交给这个政府。可是，我们并没有下决心选择一项政策贯彻到底，而是一味地犹豫不决，首鼠两端。我们承认胡志明是民族抵抗运动的领袖，并于 1946 年和他进行谈判。我们正式接待他，但是，一方面由此提高了他的威望，另一方面却给人一种印象，仿佛我们在玩弄两面派手法。我们应该希望印度支那独立友好……也许这是根本不可能的。印度支那获得了独立，也许会由共产党统治。但从法国本身的利害得失来看，无论怎么样，总比打仗所失要少。

下文又说：

> 法国连保卫国土的本领都没有，却去浪费国力，铤而走险。严格地说，就全世界的反共外交而言，也许可以解嘲说说，但拿法国的国家利益来说，那是无论如何说不通的。

我在伦敦发表过言论，毫无保留地议论印度支那问题：我希望法国同意半岛三国一律独立。1946 年 12 月 16 日，战争爆发，我在《战斗报》上写的一篇文章丝毫没有隐瞒我对这场战争的看法。书中另有一章就引用了这篇文章。

从1949年起，主要从朝鲜战争开始，法国陷进了罗网。昨天，美国人还在批评法国，现在忽然又支持法国。法国与属国和保大结下了不解之缘。除非迎头一棒，一战而溃，否则，我们已经没法扔下越南的军队不管，因为这支军队本来是我们创建、组织和装备起来的。从1950年边境兵败开始，第四共和国的历任政府便没法再存幻想，而只想寻找机会撤兵。政府派让·德·拉特尔·塔西尼到印度支那去，本来想他打一个报告回来，让政府彻底转变政策，如果做不到，至少也可以稍做改变。

可是，戴高乐将军却没有让政府的事情好办一些。他派了一个神父兼海军上将乔治·蒂埃里·达尚留去印度支那当总督。这位仁兄抱怨将军们"不肯打仗"，并秉承巴黎的指令，成立交趾支那政府，而就在这时候，G. 皮杜尔正在枫丹白露与胡志明谈判。1949年11月14日，将军在记者招待会上说："法国应该留在印度支那。留下来是为了印度支那，因为没有法国的援助，印度支那便很难独立，很难安全，很难发展。而且，时间过得越久，越能看得出印度支那事件不过是全局的一部分。其实，问题在于亚洲能否保持自由。既然自由世界该跟自由的亚洲协作，我看不出法国凭什么不跟印度支那合作。"

1950年3月16日，他又表示，1945年就派远征军去印度支那，那是他决定的，应该归功于他。法国军队不去，胡志明就会得胜，"胡志明的印度支那就只能从属于众所周知的欧亚体系。所以，法国和法国军队必须在印度支那呆下去。为此，必须有行动的手段"。他甚至补充说，全仗法国军队

396

被派到了印度支那，"法兰西联盟才在全世界心目中成了实体"。

次年 6 月 22 日，戴高乐又列举了四种军事解决办法。他说："可以撤退，也可以仅仅守住几处防浪堤。这些都是失败的办法。至于我，我都不接受。"第三种办法是第四共和国采取的办法。第四种办法则是"增派人员和装备……只有具备这两种条件，我们才能用武力彻底解决印度支那问题"。戴高乐将军难道当真相信武力解决吗？真是这样，那他的错觉简直不可思议！

当然，在一切问题上，特别是在德国问题上，我从未犹豫反驳将军的论点。至于赞成"胡志明方案"，我更是不假思索。因为 1946 年我跟安德烈·马尔罗在新闻部共事的时候，老听他对我说："要用 10 年和 50 万人，才能恢复法国的统治。"勒克莱尔·奥特克洛克将军也同意这一看法。其实，马尔罗还太乐观，10 年远远不够。这是事实证明了的。再者，我也从来没有听见他宣传印度支那战争，而只用一些不用争辩、顺口溜式的词句来应付相关话题。例如："如果政府选择打仗，就该给远征军提供必要的物质手段。"

就在这个年代，我已经在酝酿一本书，后来名叫《国家间的和平与战争》。另外，我还写了好几篇文章，讨论国际关系的理论和方式，分别是：《历史社会学关于紧张与战争的观点》《对外交事务的分析》《若干历史比较》《论没有胜利的和平》《寻求一种对外政策的学说》《在原子时代，能限制战争吗?》。①

397

---

① 所有这些文章，都汇编在《政治研究》一书里面（伽利玛出版社）。

从《大分裂》和《连锁战争》两本书中的历史分析，到《国家间的和平与战争》一书中抽象的或一般的看法，这些想法可以说是做了桥梁。

头一种想法屡见于上述几本书中，本来是答复教科文组织的专家们，或者是以这方面问题的专家自居的人所发表的论点的。他们说："战争是在人的思想里开始的。"① 我不同意那些心理学家、精神分析家、马克思主义者和反马克思主义者的观点，而主张深入研究，应该以这样的战争作为起点，即战争是"两个政治上独立的单位之间的武装冲突，用的手段是有组织的军事力量，而目的则在于推行一项部落政策或民族政策"。这种特定的现象是任何文明中都有的，尽管形式很多，但都可以认得出来。换句话说，我是主张搞历史社会学的。

我列举了六个问题，答案则该由对外交事务的分析来提供。前三个问题属于一类，都是政治家随时该想到的：什么是外交的活动范畴？在这个范畴内，力量关系是什么模样？各国政府根据什么样的战争技术，来估计各种地位和各种关系的重要性？

我提第一个问题，显然是出于20世纪上半叶的经验。执 398 政者或军事领袖把人民带进1914～1918年的大战，但并没有想到美国会变成主角之一，更想不到它会是全剧的主角。法国在欧洲及其属地的有限范畴内是一个大国，但在全球范围内，却算不上大国了。

第二个问题来自外交范畴的两极化。这是第三帝国灭亡以

---

① 从某种意义上说，这种说法的道理是显而易见的，然而也会叫人误入迷途，认为心理作用和教育能够消灭战争。

及日本"共荣圈"被消灭后才产生的两极化。19世纪的欧洲集体，或者是1914年以前的20世纪欧洲集体是建立在大国多元之上的，彼此的实力不相上下，合纵连横便可防止一国独霸天下。回想当年的欧洲集体，我们就可以看出力量对比的理想典型。美苏为一方，其他一切政治单位为另一方，双方的差距标志出另一典型，即两极化的典型。

能否扩大外交范畴取决于两项因素：一是国家的大小，二是军事技术的高低。正由于行动手段，或者说，交通运输的发展，美国才能够在1917～1918年决计到欧洲参加战争。麦金德已经对20世纪初在南非和满洲发生的两次战争感到吃惊。帝俄在一万公里以外，凭仗仅有的一条铁路为作战部队提供给养。英国也是一样。它掌握了制海权，向效命海域的远征军运送军需。那么，革命性的武器革新——核弹的使用又将怎样改变国际关系？

这三个问题基本上都是政治战略问题，所以我还得加上三个政治意识问题。第一个问题是：交战国到底能在何种程度上体会到对方跟自己差不了许多，所以，逐鹿不过是为了解决一些疆界问题，谈不上亡人国，灭人种？第二个问题是：内政的作用与执政者的决策二者之间，到底有什么关系？第三个是：执政者怎样理解和平、战争，以及国与国之间的关系？

399　　　　第一个问题针对帝国战争和民族战争的抉择。克劳塞维茨曾经写道，在拿破仑以前，君主不相信在欧洲能搞什么兴邦灭国的大名堂。可是出了拿破仑，又出了希特勒，打仗简直要决定某些国家的存亡绝续问题。一些国家不被承认的事例在不同的情况下都发生过。如果胜利者要战败国臣服于自己，认为一个国家的人民不配享受独立，或者交战国认为对方的制度和意识形态都跟自己无法相容，那就要消灭对方的制度，清除敌人的意识形态。

第二个问题关系到内政的研究。美国总统主持国外的活动跟共产党政治局主持苏联的国外活动，方式并不一样。美国的社会学越来越研究利益集团、压力集团、新闻界和议会的作用。这些势力限制了总统和幕友们的活动自由姑且不说，国家各种组织之间明争暗斗，对于外交决策他们都有各自的发言权。

最后一个问题也是受了局势的启发。克里姆林宫中的马克思列宁主义者谈时事，不用华盛顿领导人惯用的词汇。照莫斯科的看法，卡斯特罗在古巴建立政权是人民摆脱美帝迫害的一个里程碑。苏联的外交奉行革命的理论和实践，成为历史全景中的一部分。美国外交则拿法制和道义的理想主义搭配一些现实主义，而这种现实主义往往连自己也没有意识到。

过了几年，我又在另一部著作中重新提出这六个问题，作品名为《对外交事务的分析》。这六个问题是我用来弄清楚战后局势的。我特别注意区分各色各样的不承认主义。1950年代初，西方国家不承认德意志民主共和国。美国甚至不承认苏联兼并波罗的海三小国。在苏联心目中，不存在大韩民国，而在西方国家心目中，不存在朝鲜人民民主共和国。我在第三个问题里面补充了对外交技巧的研究，这势必引起对国际关系新模式的研究，例如联合国组织、《关税与贸易总协定》等。正如研究了兵器技术，就势必接下去研究核武器的历史后果。德尔布鲁克的概然判断论比任何时候都来得时新：战争的历史只有在政治关系史的范畴内才可以理解。

400

在任何情况下，我们都可以看出实力关系——范畴的界限，力量结构，军事技术——与国家之间和平或武力交往的意识形态含义。这种意义同时来自多种因素：内政与外交之间的联系，国家彼此承认或不承认，不同国家信奉的外交哲学。一方面是实力关系，另一方面是意识形态含义，这便是国际外交的两种形象。如果一切国家都给外交以同样的意义，外交便会趋向一种历史的典型：在意识形态上保持中立，使国与国在交往和抗衡时不给对方制造内乱。在党派斗争或教会斗争的时代，这种斗争同国家之间的冲突交织在一起，把事情弄得格外复杂。欧洲打完了宗教战争，找到了一条出路——搞密室外交，迫使教会和宗教信仰服从国家大计。在革命战争结束后，欧洲再一次恢复了一种国家正统，作为传统外交的支柱。自从1917年以后，欧洲进入了意识形态的一个新阶段，直到现在还没有走出来，而且还把全世界都拖了进去。我在日内瓦参加一场博士论文答辩时发现了一些我寻找的概念。我本来想用这些概念来界定国际关系的两种典型：一种是同质关系，另一种是异质关系。同质关系是各国奉行同一正统的关系。异质关系则是各国各自信奉对抗性的正统，服从各自意识形态和宗教，不作实力的盘算。这篇博士论文的作者帕帕利古拉斯几年前曾在希腊政府担任部长，该政府的总理是卡拉曼利斯。

20世纪的两次战争也叫我再三思考"越打越大的战争"——这个名词是费尔罗起的——思考那种一打到底的决心，为的是强迫对方接受命令式的，但也不一定是迦太基式的和平。同时，我觉得朝鲜战争是一个转折点。这是美国有史以来头一次放弃毁灭性的胜利。总体战打了半个世纪，开创了下半个世纪的有限战争。我就使用这个意思作为题目，在《原子科学家通报》上发表了一篇文章。

文章命名为《没有胜利的战争》，于1951年秋天发表。那时候，中国出兵朝鲜，已经把战线在1945年划定的分界线附近稳定了下来。折中妥协、不分胜负的局面业已在望。我把这篇分析文章重读一遍，发现它并非毫无新意。就华盛顿而言，"通过协商实现和平，乃是大国为自己规定的最低限度的目标。不管代价如何，仗必须打下去，一直打到敌人让步，也就是说，打到敌人放弃大获全胜的野心"。对方又怎么样呢？"按理说，只消克里姆林宫的人认为，中国已经打得够吃力了，以后要听话一些，那么中苏便将结束朝鲜战争。"从这时候开始，我已经不相信苏联与中国会和好无间。我还得补充一句，我写这篇文章的时候，马立克①还没有代表苏联在联合国提出建议，促成板门店谈判。

于是，交战国双方没有一方再想取得决定性胜利。谈判和平或者谈判停火，已经势在必行。而折中妥协的结果，无非维持两个朝鲜的现状。"当前的事实和思想似乎仍然叫人认为，打了一年多仗，完全恢复了过去的地位，这样的结局实在太过荒唐可笑了。"可是，朝鲜战争已经打了两年多。美国人一开始谈判，便停止了军事活动。中苏方面的意图则至今搞不清楚，它们在战俘问题上拒绝让步：战俘无法选择自己的去向，归韩国，还是归朝鲜，归北京，还是归台湾？斯大林死后几个星期，它们便让步了。这起码会让人联想起一些东西。

在我看来，朝鲜战争的结局成了东西冲突全局的象征： 402

---

① 时任苏联驻联合国代表。

"冷战等于有限战争，双方都只使用一部分力量，但是，一双想的是大获全胜，而另一方只想局部获胜。西方阵营若要打第三次世界大战，只想取得在朝鲜取得的那种胜利，既不想灭掉苏联，也不想推翻斯大林政权，而只要苏联放弃向全世界扩张。"我看对了没有呢？当然，我不主张黩武战略，这是对的，但是，美国在当时显然处于优势，那么该不该满足于打个平局？该不该坐视欧洲被分割？可不可以说，斯大林假装决心要征服西欧给美国造成错觉，仿佛让民主自由国家在分界线以西稳住阵脚便是胜利？其实倒是斯大林达到了自己的目的。他的目的不就是让在苏军强迫下成立的诸国人民民主制度获得稳定吗？

我还要谈一谈另外两篇文章，它们都是在朝鲜战争以后，在《没有胜利的战争》发表以后写的。一篇文章登在 1953 年的《论证》上。我在文中问道："人们在原子时代，能不能打有限战争？"我主张在地理上限制战争，主张执政的人克制一些，免得各趋极端，尤其是主持战局的人和主持国政的人，千万别为自己规定一些不灭他国便达不到目的的规矩。然后，我谈到全面战争。在这上面，限制的可能性也不能在事前就被排除。当然，"在欧洲打仗，两个阵营全面交战，不可能不用原子武器，但也不见得交战双方一定要抛出全部的毁灭手段。论理，双方都想毁掉对方的反击手段。原子武器越来越多，在军事上的用途和花样也越来越多，火箭也在发展，这些都促使人们不能不设想，一仗打开了头就会一直打下去。但是，这并改变不了我们认为是最关键的想法"。"两个阵营都有相等的能力向城市进行核轰炸，而理智却禁止它们这样做。核力量的对比达到了平衡，自然会重新把敌军作为头号目标。"这样的推

403

论全未失掉价值，也许还越来越有说服力。然而，古怪得很，美国人在 1970 年采取了一种名叫"保证同归于尽"的原则。换言之，美国人把威慑政策局限于两大国互相毁灭敌我双方的城市。这样的威慑政策无法解决问题，对于本国国土遭受的任何攻击，只要没有使用核武器，便毫无办法。美国人的这门学说，前提便是我在这篇文章里所批判的：只要一跨过核门槛，必然会发展到总体战争的顶点。

也许，我登在《原子科学家通报》上的文章概括了我在当时的解释，这篇文章的题目就是《半个世纪的有限战争》。文中并不列举限制战争的手段，甚至一些已经使用了某些核武器的战争也不在其内。文章只集中谈两大国之间关系的变化，首先向美国公众说明一些相当清楚的道理：为什么苏联人没法接受巴鲁克－利连撒尔的计划——把核武器和核工业国际化？我心想，现在或将来，两大国在核武器和运载工具方面若实现了均势，那么将会怎么样？威慑政策可以概括为这样一句话："住手，不然我就叫你化为灰烬。"这个方式比另外一个更能触动那个假想的侵略者。另外一句警言是："住手，不然咱俩就同归于尽。"1956 年，美国还掌握着可观的优势，其水平就是今天大家说的"中央平衡"。这些话，我说得太早了。我讨论的是今天所谓"保证同归于尽"这一学说能牵连的东西。第一次攻击过后，交战双方各自保留着反击的工具，足够给侵略者以毁灭性的打击。尽管毁灭的程度不完全相等，至少在大体上差不多。就是从这里出发，我提出问题：哪些地位，如若没有核反击的威胁，便没法保卫？哪些地位，应该在地方上进行局部保卫？因为对方不会认为核威胁确有弄假成真的可能。我接着谈到两种争议，它们现在越来越流行：到底该不该保留 404

威慑的极端形式、原始形式，抑或恰恰相反，把威慑（也就是说把威胁）分清层次，与彩头的大小成正比？我主张后者，也主张加强常规力量，以应付大规模报复的威胁不易取信对方的情况。

结论相当正确地反映了局势。热核武器不仅用于相互制约抵消，而且用于防止侵略一些特别重要的地区。热核武器不是随时随地都能用的外交工具。至少对于下一历史阶段，政治观察家与物理学家的看法并不完全一致。而物理学家则追悔，科学家竟把这种恶魔般的武器交给政治人物支配。当然，谁也不能排除，错误或疯狂会引起一场滔天大祸，其残酷残暴将远远超过有史以来的任何战争。然而我说，在可以预见的将来，全面的和总体的战争大概不至于发生。

萨拉热窝一枪打响，发动的连锁反应直到对广岛、长崎进行原子弹轰炸才算结束。今天，我们难道不正面临一场相反的经历吗？从空间上限制冲突，放弃用一切武器来取得绝对胜利，这种倾向不也是我们今天都看到的吗？所以，这些有限战争加起来，便成为一场无限制的赌博，总有可能引起一场自杀性爆炸。

我时而咀嚼上半个世纪，时而推测下半个世纪。自从回到大学任教，我便想写一部书，把新近的教训，把对于当前局势的分析，把对执政者的忠告，一概结合起来。我既是旁观者，而又介入其间，所以一定要拿一门行动的理论来做结论。

第十二章 "知识分子的鸦片"

如果 19 世纪俄国军队在中欧长期驻扎，定然会使英国 人和法国人感到惊慌，卡尔·马克思也一定会更加尖锐地揭露沙皇的帝国主义和西方的怯弱被动。面对如同沙俄那样的传统政权，美国人和欧洲人也会做出迟钝而温和的反应，成立唯一不可缺少实力机制的北大西洋公约组织。而俄国已经成为苏维埃社会主义共和国联盟，外交辩论的范畴就完全不同了。

重读冷战时期许多极有责任心的作家写的文章或著作，不免叫人觉得茫然不见头绪：为什么这些才智超群的人，尽管既不信仰马克思主义，也不信仰马克思列宁主义，但谈到苏联问题时，便会讲那些失掉理性的话呢？简单得犹如 "2＋2＝4" 那样的真相、道理、常识常理，所有这些检验标准，尽管并不夹杂意识形态上的偏激心情，难道都那么脆弱无力和不堪一击吗？

我想起《费加罗报》的一个学识渊博、躬于实践的经济专栏作家，他曾严肃地评述过苏联要实现免费供应面包的可能性。为什么他没有考虑过——即使不提苏联的农业危机——免费面包，也就是小麦，会因为被作为动物饲料浪费掉而稀少起来呢？我并非想说那些作家的文章是受恐惧心理的驱使，我想说的是，这样的形势分析是他们在不自觉地试 图证明他们的思想解放和 "进步观念"。他们一味要承认一个社会组织的功效。而出于其他原因，他们又反对这样的社会组织。

　　进步人士和大西洋派之间的论战，是围绕着苏联制度和美国式民主的优劣展开的。关于这个问题的文章浩如烟海，我们实难选择。我不想引述共产党人的著作——他们要尽他们的责任——我只想引述那些从未加入共产党，并且今天和我站在一边的人的文章。

　　我曾在1950年1月的《现代》杂志上读到过关于联合国讨论强迫劳动的文章。上面写道：

　　　　……在世界上任何一个国家，劳动的尊严都不如在苏联那样受到尊重。在那里，强迫劳动已不复存在，因为人剥削人的现象早已被消灭了。工人们享受他们自己的劳动果实，而不是被迫为某些资本家剥削者卖命。强迫劳动是资本主义制度所特有的，因为在资本主义国家里，劳动者被他们的资本家雇主当作奴隶对待……法国和黎巴嫩的代表不知道，在苏联制度下，劳动者能够做到自觉地工作，而不需要有严厉的纪律来管制他们。在苏联，每个人都有工作的愿望，劳动英雄和战斗英雄具有同样高的地位……

另一处写道：

　　　　美国监狱里对这个国家的黑人民族所实施的各种非人道的措施，与苏联集体劳动法的公正和合理的规定形成了鲜明对照；这个劳动法是本着人道主义精神，而不是镇压的观念来制定的,其目的是要把刑事犯罪分子改造成遵纪守法的公民。

这篇文章的作者是罗歇·斯丹芬纳。[①] 1953 年 4 月,我在《精神》杂志上读到的一篇文章说:

> 我们的战斗和 1938 年、1940 年、1942 年的战斗有着 407
> 同样的意义,这就是穆尼埃在慕尼黑之后所说的"欧洲反
> 对霸权"。当初,欧洲反对的是德国种族主义的霸权,而今
> 天,欧洲反对的是两大集团的双重霸权。首先,我们西欧
> 反对美国及其中继者德国的霸权……

其文作者是 J. – M. 多梅纳克(Jean-Marie Domenach),今天他显然不会再坚持这种类比了。

人们在阿尔伯特·贝甘(Albert Béguin)的文章里读到:"人们鼓吹一种反共论调,这种论调恰巧掩盖了一种不理睬主义,不理睬社会正义的呼声,它不择手段地将社会正义的呼声一概斥为苏联授意的诡计。"紧接着,他在提到法国和意大利的工人时又承认:"刻板的斯大林正统观念就像一个西方劳动者披上一件制服,他的姿态动作变得十分僵硬,他不再像具有古老文化的人。"然而,当"我们的古老文明对他无所作为,在法国的环境内给不了他精神和物质食粮"时,我们怎能抱怨他呢?

---

① 我想补充一点,罗歇·斯丹芬纳很快就从这种是非莫辨的思想混乱中摆脱出来。他后来在法国关于非殖民化的辩论得到了人们的尊重。我明确指出这点,是因为这篇文章不像他的为人。

在进步人士笔下，北大西洋联盟的拥护者，不管是不是天主教徒，都变成了通敌分子（假如他从前不是通敌分子的话）。《北大西洋公约》和德国的重新武装就意味着战争。一个美国教授说，美国人制订马歇尔计划是"心甘情愿地破坏自己的优势"。阿尔伯特·贝甘断言，这种结论是荒谬的。然而，20 年之后，美国事实上已经感到了欧洲（尤其是日本）的竞争力。

在此，我引述一篇萨特致美国人的文章，该文章发表在1953 年 6 月 22 日的《解放报》上。他说：

> 你们只在一点上是赢家，这是因为我们不愿意以恶报恶。你们鼓动人们对我们蔑视和厌恶，而我们却不想制造仇恨。但是，你们无法使我们同意把判处罗森堡夫妇死刑，说成是一桩"令人遗憾的事"，也不能说成是"审判错误"。这是一次合法的谋杀，它使整个民族沾满了鲜血，同时也明白地宣告了《北大西洋公约》的破产和你们无力担任西方世界的"领导者"……但是，如果你们陷入这种罪恶的狂想，同样的疯狂还会在明天把我们抛入一场混乱的毁灭性战争中……是不是这个国家的领导人不得不犯一些宗教仪节式的罪行，以求人们原谅他们结束了一场战争……你们还记得纽伦堡审判战犯和你们的集体负责制理论吗？好啊，这就是你们今天应该践行的理论。你们对罗森堡夫妇之死都是有责任的，一部分人是因为怂恿了谋杀，另一部分人是因为对这种罪行听之任之，你们容忍美国成为新法西斯主义的摇篮；而你们辩解说，这种个别的谋杀是不能与希特勒的大屠杀相提并论的，这种辩解是徒劳的。法西斯主义不是由受害者的人数来确定的，而

是看它的杀人方式……你们杀害罗森堡夫妇，仅仅是企图通过人类的牺牲来阻止科学的进步。仙术、降妖镇魔、火刑、祭品：我们看清了，你们的国家得了恐吓症……等着瞧吧，如果我们欧洲从这一端到那一端齐声吼叫，请你们不必诧异：注意，美国让疯狗咬了。我们要断绝与它的一切联系，否则就会轮到我们被咬而发疯。

此文尽管作于斯大林逝世之后，却仍然不失为超级斯大林主义的文献。什么也不缺，包括宗教仪式的谋杀。美国人在萨特的魔鬼学中的地位，如同犹太人在希特勒的魔鬼学中的地位。

我的朋友阿尔弗雷德·索维的某些见解——这些见解的大部分是关于苏联的，或更确切地说，是关于苏联的未来的（萨特的文章不属于"正规的"文学作品）——今天仍然使我们感到出乎意料。在《政权和舆论》（1949）一文中，他是这样阐述国家与人民的关系的：

> 没有必要歪曲事实和凭想象杜撰事实，只要选择一下就够了，就像经过彩色玻璃的过滤一样……苏联封锁新闻不仅出于感情，因为它目前不可能达到西方资本主义国家的生活水平，而苏联领导人决心通过最快的途径来接近这个水平。但这个速度本身就必然迫使人们节衣缩食。

为了加快资本的积累而节衣缩食，这种观点是司空见惯的；相反，斯大林的新闻政策就是"过滤"事实，而不是歪曲事实，我们的修辞学老教授肯定会把这叫作"妙手得之"。

我承认，引述某些句子是痛苦的：

409
> 正如为了保证明天的舒适生活，今天要让工业设备的投资超过福利的投资一样，在这让人不快的时期，今天对真相的隐瞒同样是为了明天能充分地展现真相……从这个角度来看，共产主义是一种广泛尝试，其真相将来才兑现，其自由也是赊欠着的……在通过暴力实现共产主义的各个国家里，整个舆论在下一代才会是共产主义的，宣布从现在开始就是共产主义，那仅是一种预言。

人们现在还期待着真相和自由兑现的结局。

几年之后，他又在《世界报》（1952年10月30日和31日）上撰文，提醒欧洲人注意苏联的经济发展。他这么说是有道理的。1952年苏联经济的发展快得使人喘不过气来，因为苏联将其国民生产中相当可观的部分用于投资。因此，我们担心苏联的国民生产可能会由于大量的投资而超过欧洲。但是，阿尔弗雷德·索维也未免说得过于轻率了。他说："就个人来说，我们相信目前苏联工人的生活水平还低于法国工人，但差距并不像人们以为的那么大，而且还在逐步缩小。再过几年，所谓的差距恐怕会颠倒过来。假如铁幕对工人、职员或知识分子的旅游团体打开，那会发生什么情况呢？是否需要在我们这一边再拉上铁幕呢？"事实上，直到1952年，苏联劳动者的生活水平还维持在1928年的。

我在1954年11月8日写了一篇文章，不是为了回答索维，而是为了回答那些大肆宣传"所谓苏联兴盛的威胁"的人。我的第一个论证是：反苏主义与生活水平没有关系，土耳其、韩国比苏联更穷，但它们对苏联比对西方更为敌视。第二个论证是：按不受限制的食物的质和量的标准来衡量，社会主义国家的生活水平要远远低于法国。在苏联，人们忽略了整个国家的工业设备、通讯体系和加工工业。"人们没有权利想象在另一种投资分配方式下得到同样的增长率；人们没有权利从按人头算的收入平等过渡到生活水平的平等。将煤、钢、坦克的生产能力……和满足人们日常生活需要的生产能力混为一谈是错误的……"

410

第三个论证是：假定苏联的生活水平实际上接近了欧洲。那么两者必居其一。或者铁幕依然存在，在这种情况下，能改变什么呢？宣传丝毫缩小不了现实与吹嘘的差距，"说大话改变不了事实"。或者铁幕揭起了，苏联人可以自由地来法国走走，法国人也可以自由地去苏联。到那个时候，苏联将会开放，冷战就会结束，和平也有可能了。

结论是：这些想象在不久的将来该轮到法国或西方放下它们的铁幕的人，患上了统计数字幻觉症。我不能不首先引用这些统计数字幻觉症患者的一本书来说明问题。这本书就是《革命是法国的最后机遇》，出版于1954年，时值斯大林去世不久，正是冷战最激烈的阶段。作者 A. 索维和 M. 卢勒是这样阐述的，苏维埃制度不是一种模式，而是一种威胁："假如我们的分析符合事实，即俄国的生活水平以每年接近10%的速度提高，那么到1960年代末，它就应该达到和我们同样的水平，并且能够很快超过我们的。那么，我们就将失去反对共产主义扩张的最有效的保护。"[1] 1954年，斯大林逝

---

[1] *Révolution, dernière chance de la France*, Paris, PUF, 1954, p. 48.

世不久，苏联人民的生活水平低于 1928 年土地集体化之前的。如果这些粗略的比较还有一定意义，那么在此书出版后的 1/4 世纪之后，苏联人民的生活水平仍为法国人民的 1/3～1/2。法国最有学问的学者之一 M. 卢勒认为，苏联购买力的增长对法国来说是一种现实的危险。作为巴黎综合理工学院的毕业生，他是长于计算的。在税后的全部纯收入当中，一个西方人用于储蓄的是 10%，而一个苏联人用于储蓄的则是 15%①，并且在集体储蓄的形式下，国家还要再从中收取 15% 的储蓄，另外，还有 10% 的纯收入因用于额外的军事支出而被榨走了。在可能的纯收入当中，一个苏联公民只能有 65% 用于自己的消费（一个西方公民则是 90%）。如果按人口生产水平相等来算的话，苏联生活水平将低于西方国家生活水平的 28%。要达到与西方国家相等的生活水平，苏联公民的纯收入必须超过西方公民的纯收入的 38.5%。即使苏联人均生产按每年 10% 的速度增长，而西欧的增长率不超过 2%，也得 5 年工夫才能得到这种结果。苏联的优势将为每年增长 7%（人民的额外增长为 1%）。"如果苏联在这期间继续维持与目前同样的装备和军事负担，那么在 1962 年或 1963 年，苏联的生活水平就能够赶上西方的。"（第 66 页）

为什么这些看来是非常精确的计算却得出了被事实证明是非常荒谬的结论呢？首先，M. 卢勒假设的苏联在 1953 年的生活水平是大大超过了当时的实际情况的。其次，他以人口平均生产作为出发点，采用的是官方统计数字，而没有进行核实；他似乎不太了解美国评论家对苏联统计的批评。他按 65% 来

---

① 他怎么知道的？

估计，过高地估计了国民收入中最终分配给苏联消费者的比例。就算在战后初期，苏联实现国民生产按每年 10% 的速度增长，卢勒却既不考虑产品的性质，也不考虑体制的特点。几十万辆拖拉机，出厂便算入国民生产的账目上，但是，假如它们成批成批地抛锚，那么它们给生产者的劳动究竟带来了什么好处？生产的增长首先是因为庞大的投资和重工业的膨胀发展。煤炭和钢铁并不是靠指挥棒就能转化为生活资料的，甚至也变不成工业资料。

最后一点，也是最主要的一个错误，M. 卢勒肯定，在工业部门，撇开战争期间和战后时期不说，苏联的生产率一直保持着一个特别高的增长速度：至少每年增长 10%（而在很长一个时期内，美国的增长率是 3%，法国在 1.5% 左右）。然而，卢勒对法国生产率的增长估计错了，在战后的几年当中，法国的生产率一直在 4% ~ 5%。他对苏联的增长率也同样估计错了。苏联工业生产的增长率是靠集中大量的投资和充足的劳动力来实现的。在第一个五年计划期间，工业的人均生产率是由于设备的现代化而取得进展的。①

当然，M. 卢勒也并不否认苏联的发展迅速慢也因起点比西方国家低。他承认，甚至在俄国生产率达到美国的水平之前，俄国的步子就会放慢。不管怎样，他在主要问题上产生了错觉。关于农业，他认为："苏联政府办事迅速敏捷，可以使它将特别强有力的计划经济手段运用于提高生活水平。这种强大的经济手段的效力业已在重工业的发展中得到证明。"他补

412

---

① 当时，另一个巴黎综合理工学院毕业生莫里斯·阿莱也研究了同样的苏联生产和生产率的问题，他的结论基本上是正确的，和 M. 卢勒的估计不可同日而语。

充道："……农业生产大幅度增长，尽管在很大程度上是依靠人力，但肯定会在不久的将来得到实现。"在斯大林逝世后的一些年里，农业生产确实有某些增长，但是，这是从非常低的水平上开始的增长。我们知道，今天的情况依然如此。

换句话说，他根据错误的数据进行推理，不承认苏联制度固有的弊病。他描述了工人们由于有了共同的思想观念而紧紧围绕在这个制度周围。对于法国，他也只看到解救的办法在于产生新的价值观念和共同的价值观念，认为这些观念将会治愈因回忆和意识形态而被撕裂的法国躯体上的伤疤。

莫里斯·卢勒并不因为我引用了这些过去的文章而责怪我，他知道我一直钦佩他"发明"了增值税。在 1/4 世纪过去之后，既然当年的思想泰斗竟能闹出这样的笑话，那么今天的年轻人就不难想象，当初有多么荒诞的东西充斥了被称为舆论的报纸。

413　　纯粹意识形态方面的辩论是否更有意义呢？读者自有公论。我不想再挑起争端——这将因为没有了辩论对手而显得十分可笑且令人不快——但是，这可以唤起我本人的回忆，同时，也使那些既未经历过这些事情又未得与这些辩论者谋面的人了解这些可能是 20 世纪特利索丹式①的论战。

我想，第一次冲突是在 1945 年，这次冲突使我与萨特和梅洛-庞蒂产生了隔阂，我们从此分道扬镳。当时，我在《费加罗报》——也许是《费加罗文学报》——上看到一篇文

---

①　特利索丹（Trissotin）是莫里哀喜剧《可笑的女才子》中的人物，头巾气十足，自以为才华横溢。——译者注

章。在这篇文章里，梅洛－庞蒂谈了萨特和存在主义。在谈这个问题的时候，他指出，同共产主义的意见分歧不过是"家庭内部的争吵"。他们很快就将懂得，同斯大林主义者搞"家庭内部的争吵"到底意味着什么。我第一次与梅洛－庞蒂的辩论，就是关于他的《人道主义与恐怖》（我先不谈我在让·瓦尔主持的哲学学会上做了题为"马克思主义与存在主义"的讲演之后他所说的一段话）。

使我自尊心受到伤害，或者更确切地说使我感到非常生气的，是梅洛－庞蒂在 1947 年发表的一篇评论。评论的中心便是亚瑟·库斯勒（Arthur Koestler）在《零与无限》一书中描述的莫斯科公审速记案卷。这是评论的对象，或者说是起因。罗巴科夫（Roubachov）简直就是布哈林，而后者成了存在主义者。我从不会读到下面的话而不感到愤怒："那种荒谬感、那种分裂、那种焦虑、那种决心，到处都有存在主义的痕迹。《莫斯科辩论速记记录稿》有之，库斯勒的全部著作中同样有'存在主义'。"奇怪的是，诉讼被叫作讨论，仿佛维辛斯基和布哈林是两个哲学教授，在讨论历史进程中的必然性和偶合性、合理性和偶然性的各个方面。作者和读者终于忘了这种诉讼是事先炮制的，角色是事先安排的，所有的一切，判决和起诉，都是事先写好再照本宣科的。我的感觉与那个多瑙河的农民差不多，他的本能反应如同赫鲁晓夫在苏联共产党二十大著名的报告中所表明的那样："如果没有拷打折磨，被告为什么会承认他们从未犯过的罪行？"也许梅洛－庞蒂是知道这一点的，但同样可能的是，这个哲学家认为，这些具体的因素丝毫不能消除他对讨论反对派的责任的兴趣。 414

此书使我感到反感的还在于它喋喋不休、白费口舌，去反驳辩论对手已不再坚持的观点。梅洛－庞蒂驳斥反共宣传的善恶二元论。从各个方面来说，暴力都是存在的。自由世界或自由化世界与共产主义世界，并不像真理与谎言、法律与暴力、尊重良知与宣传鼓动那样截然不同。就算如此，既然人们同意这样的论点，即所有的斗争在某种程度上都值得怀疑，那就该把这些程度区分一下。如果说任何外交政策当中都有计谋和暴力的成分，那也不能就此得出结论，认为希特勒或斯大林为一方，丘吉尔或罗斯福为另一方，二者之间不存在道德上的差别。梅洛－庞蒂写道："英国的道德文明和物质文明意味着殖民扩张。"他似乎认为，这已经是理所当然的定论。他轻易对一个还在打官司的问题下了结论。英国丢掉了它的帝国，并非丢掉了它的道德文化。对法律的尊重，或许可以为美国警察提供借口而对罢工进行镇压，但显然不能解释"美利坚帝国在中东发展帝国的势力"这一情形。

我本人非常愿意承认，合理性与偶然性纠缠在一起，给个人的决策留有余地，然后让个人冒被否定的风险，甚至冒被历史谴责的风险。当事者往往想不到自己的行动会产生这样或那样的后果，也弄不清楚他们的行动本身的意义。如果他们反对执政当局，结果却帮助了敌人的事业，那么事后看来他们便犹如背叛。使我反感的倒不是这种辩证逻辑，这种逻辑本不稀罕。所有反对派在事后看来都可能像是叛徒。但是，历史上的任何重大决策都应该放在它所处的时代和背景下来判断；假如历史学家有权力、有义务考虑到一个决策会带来无意的或无法预料到的后果，那么这些后果就不应当由道德学家来评判，更不应该由法庭来判决。

总之，在我看来，梅洛－庞蒂的历史哲学一方面是传统的观点（合理性与偶合性），另一方面则几乎是幼稚的："细想一下，马克思主义并非一种随意的、明天就可以被另一种假设所代替的假设。它只不过提出了一些条件，没有这些条件，就不会有人际关系意义上的人类，也不会有历史的合理性。从这个意义上说，它不是一种历史哲学，而是一门独一无二的历史哲学。如果抛弃了它，便是一笔勾销历史理性。抛弃了历史理性，便不会再有梦想，也不会再有什么奇遇了。"①

415

梅洛－庞蒂的非共产主义或等待主义的立场，是建立在怀疑之上的："在建设社会主义经济基础的同时，无产阶级意识形态随之倒退。以事物仍在发展为理由——革命仅仅在一个国家进行着，而在世界其他地方，革命则是停滞的，历史是倒退的——苏联并不表明，马克思曾经说过的无产阶级历史的伟大日子已经到来。"不久后他又写道："在一个似乎熟知世界历史的上帝看来，也许还有另外一种辩证法。一个人处在他所生活的时代，就像'处于一定世界历史的人'看不到执政的无产者。"

用通常的话来说，梅洛－庞蒂的思想并不算精妙得出奇。社会主义的经济基础是在一片喧闹和狂热当中建成的；世界大同之人——无产阶级掌握政权，仍然有待来日。如果历史断然肯定了马克思主义，历史的作用便将随之消失，剩下的只有一部分人治人，另一部分人治于人而已："重新回到这门独一无二的哲学来看，'历史的理性'似乎都是失败的。"但是，需要等待多长时间呢？就像神学家那样，对于不可知的未来，寄希望于最后的审判吗？

---

① 前引述第 156 页。

　　几年以后，梅洛－庞蒂对历史现实与马克思主义的前景二者之间的统一等得不耐烦了。朝鲜的侵略改变了他对形势的判断。他非常诚恳地做了自我批评，我将努力提纲挈领，谈一谈他的自我批评。

　　他对自己的大部分指责在于我曾非常激烈地批判过的各种观点中的一种，即马克思主义的绝对价值，尤其是作为历史哲学的马克思主义，只此一家能够给人类的存在以意义。可以说是超历史的标准，因为"所有历史的理性与马克思主义比较起来都是失败的"。然而，梅洛－庞蒂发现了他先前的思想方法本身并不符合马克思主义。怎样不超出马克思主义规定的范畴，保留它否定性的真理，而拒绝它行动性的真理呢？"如同我们所做的那样，说马克思主义作为一种批判的或否定的理论仍然是对的，而作为行动的或积极的理论则不然，这将把我们置身于行动之外，特别是置身于马克思主义之外，也就是用非马克思的理由来为马克思主义辩解，最终只能搞成一笔糊涂账。"人们不能只保持批判而放弃行动："不可能将共产主义一分为二，在否定的时候认为它是有理的，在肯定的时候又认为它没有道理，因为具体上，在它否定的方式中，已经存在肯定的方式了。"最后，他进行了彻底的忏悔。他回顾自己过去写的东西，当时，他认为马克思主义可能的失败和历史哲学本身的失败本是一码事。他在下列文字中对自己以前的马克思主义观做了评论："这种马克思主义，不管怎样，终归是真理，既不需要考验，也不需要检验，这并非历史哲学，而是一种经过改头换面的康德主义。在革命是绝对行动的概念中，我们最终发现康德。"我很懂得梅洛－庞蒂的意思。他事后认为，他过去的哲学是康德哲学。这种哲学把历史视为一种正在行动着的绝对真理，无产阶级是世界性的阶级。但是，康德本人在他的历史哲学中，在他的理性概念中，并没有犯梅洛－庞蒂在他《人道主义与恐怖》一书中所犯的那些错误。

一旦不再谈什么绝对的无产阶级，梅洛－庞蒂就重新拿起一些相当古典的社会学命题。任何革命消灭了一个领导阶级而把另一个阶级抬上了领导地位，新上台的阶级对人民搞民主，对外、对人民的敌人搞专政，这仅仅是一种空想。如同在社会民主和无产阶级专政中间寻找一条道路是困难的，"任何革命都是相对的，它只是一种进步"。"革命的特点便是认为自己是绝对的，而正因自认为绝对，所以不绝对。""今天的捷克无产阶级是否比战前更幸福了呢？"

梅洛－庞蒂甚至大胆提出"新自由主义"概念："如果人 417 们谈论自由主义，其含义在于共产主义的行动和革命运动只被当作可以利用的威胁，被当作不断的警告，但人们并不相信工人阶级或其代表的政权能够解决社会问题。人们期待的进步是一种有意识的行动，能同反对派的判断进行比较和对证。"关于这种自由主义，因为我和他的观点没有什么实质性的不同，所以不管他是怎么说的，也就很少展开论战，我很同意这个说法："议会是唯一既能够保障最低限度的反对派，又能保障真理存在的机构。"

在《人道主义与恐怖》和《辩证法的历险》两部著作之间，梅洛－庞蒂跨越了一个很大的距离，但是并没有到赞同我的地步，不过他同我的观点已经很接近了。公开地说，他的修正仅限于从向往苏联的偏见转变到非共产主义的立场上来。他的态度是完全中立的，没有暗含任何共产主义的痕迹。资本主义的弊病继续存在，他仍然揭露资本主义的弊病，但他承认，这种对资本主义毛病的片面批判，又会滑向暗含共产主义痕迹的形态。朝鲜战争也缩小了共产主义和非共产主义之间的距离。"马克思主义的等待主义对我们来说已经不过是一种空想，而且是一种沉重的空想。"简而言之，为了批判反共产主义，他明确表示，他在与共产主义的关系中是完全独立的，拒绝选择一方，变成了选择双方都拒绝。

梅洛－庞蒂的书几乎是和《知识分子的鸦片》同时出版的，当时的共产党作家（如克洛德·罗瓦）往往把它们混为一谈，对其口诛笔伐。梅洛－庞蒂和我本人的关系从未闹得很僵。相反，萨特则通过西蒙娜·德·波伏娃之笔对他的朋友大张挞伐。实际上，他们的分裂一方面是因对共产主义，同时也是对苏联所采取的态度不一致而引起的，另一方面，可能是更重要的一方面，他们的决裂基本上是在于对阶级和政党关系上的哲学观的争论——阶级和政党的关系包含着实际经历和建党、工人运动的经验和政治斗争的辩证关系。我接下来将先分析双方的政治立场，然后再谈这场哲学论战。

如同我在 1956 年写的一篇文章①所指出的那样：

> 人们有一种类似芭蕾舞或四组舞中男女交叉换位的感觉。1955 年梅洛－庞蒂的"新左派"就像 1948 年让－保罗·萨特的"革命民主联盟"。前者的马克思主义的等待

---

① 在《知识分子的鸦片》之后，我在《论证》杂志上发表了两篇文章来回答我认真对待的批评我的人。这两篇文章的题目分别是《辩证法的历险和不幸》和《盲目的崇拜、谨慎和信义》。

主义比起《辩证法的经历》一书所表现的非共产主义更接近共产主义观点。简言之，梅洛－庞蒂在写《人道主义与恐怖》时，对共产党一味歌功颂德，而在《经历》一书则予以摒弃了。相反，萨特在与大卫·鲁塞的谈话中严厉地斥责了共产党，后来在《共产党人与和平》一文中又接近了鲁塞的观点。

萨特与鲁塞的谈话公开地结束了我们之间青年时代的友谊。梅洛－庞蒂看过这些攻击我的谈话之后曾提醒萨特注意，这些攻击显然要导致我们两人关系的破裂。萨特几乎是立刻做出了回答："是的，但已无可挽回。"也许他言之有理。

我们之间第一次有异见，发生在拉马迪埃政府时期。当时萨特获得了在电台进行专题演讲的机会，他与他的一些朋友自由对话。在最初几次演讲的一次中，他谈到了戴高乐将军。和他一起谈话的人当中，有一个人长期拿戴高乐将军与希特勒相比（"眼皮下垂……"）。当然，这种比较激起了公愤。当晚，我被邀请参加萨特与他的对手在电台上的辩论。我置身于被激怒的戴高乐主义者之间，其中有亨利·托雷斯和贝努维勒将军，他们对萨特进行了粗暴的、近乎漫骂的指责。我一直沉默无语，因为我既不能据理支持萨特，更不能加入"咒骂者"的行列。几个星期以后，我才得知，萨特不能原谅我在他孤身一人被政敌包围的时候保持"沉默"。

1974 年，他在与西蒙娜·德·波伏娃的谈话中提到了这 419 个场面，他是这样向她描述的：

> 至于阿隆，就说来话长了，这涉及戴高乐主义和在电

台的一次对话。那时，我们每星期有一个小时在电台就政治形势进行讨论，当时我们都强烈反对戴高乐。一些戴高乐主义者希望我当面回答他们的提问，特别是贝努维勒，还有一个，我已经忘了他的名字。于是，我就来到了电台。在对话开始以前，我们是不能见面的。对话开始时，我突然发现阿隆也来了，我以为是我事先请他来为我们进行仲裁的，因为我相信他会和我站在一起。阿隆装着没看见我的样子，他和别人坐在一起；我想他可能是在观察别人，但没想到他会扔下我。从那时候起，我就明白了，阿隆是反对我的。我认为，他与戴高乐主义者站在一起反对我，就意味着在政治上我们一刀两断了。我跟别人绝交，总有重大的理由，但最后，每次都是我决心翻脸的。[1]

现在我们要回过头来指出几点。"我们都强烈反对戴高乐将军"，这么说是解释不了什么的，他们把戴高乐将军与希特勒乱加比拟，而且进行人身侮辱，我能因为友谊而同意他这样做吗？其实，在这几个月前，我还曾在他不在场的时候为他辩护过。当时，加布里埃尔·马塞尔指责他将法国占领印度支那与纳粹占领法国相提并论。根据我的回忆，我是应电台邀请去的，不是他个人发的邀请，这都无关紧要。在我到达时，贝努维勒和托雷斯正在滔滔不绝地大骂萨特，并且宣称，同这种进行卑鄙攻击的人没有什么可讨论的。萨特对这些责骂未做出回答，他向来不喜欢面对面的争吵。

当然，我本来也可以采取另一种态度，设法一方面表明

---

[1] *La Cérémonie des Adieux*, p. 354, Gallimard.

我对他的友情，而又不必支持他在头一天晚上的演讲。我回忆起这一短暂的场面时，确实感到是一个令人难以忍受的时刻：一方面是我对戴高乐主义者毫无好感，另一方面是萨特面对辱骂不动声色，而我本人则保持着沉默。然后，我们分手自去。

　　这些情况表明，萨特说对了，友谊之花不可避免地自己就凋谢了。在高师的最后两年，我们的友谊之所以得以发展，一方面是由于我们在精神上的默契，另一方面则是由于同窗之情。第一个因素随着时间的流逝而消失了，而对于第二个因素，萨特于1974年同西蒙娜·德·波伏娃的谈话则给出了最好的解释。从高师毕业以后，萨特越发喜欢与女性交朋友；对他来说，男人之间的谈话似乎是贫乏的，并且很快使人感到厌倦。我们那时只要不写书，便在一起讨论哲学。萨特读过《历史哲学导论》，他对我说，在写《存在与虚无》之前，他重读了我那本书。但他无意同我一起讨论《导论》一书，也不再请我评论他的"大作"了。至少有一次，我主动与他谈到虚无，指出他没有区别这个概念的两种不同含义。按照普通的词义，虚无，一方面表示不存在，另一方面，把为己，或者把意识与事物的密度、静止性相比，而称为虚无。他回答说，这两种含义归根到底是可以合二为一的。我们不谈论政治，因为我们各自生活在不同的圈子里；也不谈论哲学，因为他再不以辩论为趣事了。他本来可以像德桑蒂跟克拉维尔那样，要么两人之间什么都没有，要么就像最普通的朋友哪怕相对无言，仍以聚会为乐；可惜，这种幸福我们从来没有享受过。

　　当我得知我们之间出现了"龃龉"时，有一天，我和马奈·斯佩尔伯一起去萨特府上登门造访，我试图解释我的态

420

度，特别是想减小这段插曲的不良影响。他勉勉强强接受了我的解释，说："一言为定，过几天我们一块儿去吃饭。"谈话按惯例就这么结束了。然而，后来我们并没有一起吃饭。我后来参加了法兰西人民联盟，而他和大卫·鲁塞一起创建了革命民主联盟。两个朋友在他们的《政治谈话录》[①] 中把一些我从来没有公开主张过的观点强加在我身上，比方说，"阿隆的空想就是认为技术的进步必然导致社会的解放"。即使我真有过这种想法，苏联的例子也会使我打消这种幻想。萨特则从我们的谈话中，而不是从我的文章中，找出一些观点来挖苦讽刺我。我在《精神自由》中对他进行了反驳，但是我并不认为有再次进行争论的必要。

在他看来，最严重的问题是我的"不太明智的犬儒主义"，这表明我接受了战争"宿命论"的观点："如果认为和平仍然是有可能的，那就太浪漫了。宣布战争不可避免，人们就可以加速战争的爆发……"然而，我在《严重的分歧》一文中强调的恰巧相反。这是第一次，但不是最后一次，萨特感到有必要论述自己的政治立场，他便乘机揭露我的政治观点。确实，梅洛－庞蒂的"新左派"在1955年还没有丧失某些合理性，但我对革命民主联盟已很不以为然了。从这些词的一般意义上讲，民主和革命是矛盾的。[②] 想在法国鼓吹无产阶级革命不同于共产党象征的无产阶级革命，这与其说是革命浪漫主义，不如说是天真或无知（我曾谴责过鲁塞和萨特的革命浪漫主义）。况且，革命民主联盟的遭遇，是历史在事前就为之

----

① Gallimard, 1948.

② 我在行政师范学院所讲的课中，就有一讲的题目是"民主和革命"。

安排好了的。

最后指出一点：鲁塞和萨特逐渐对苏联和人民民主国家保持一定的距离。"我们不赞成这些人民共和国。我们不赞成它们是有明确的理由的，特别是因为我们不相信这些国家的制度符合劳动者的基本利益。我确信法国总工会在罢工中的大部分战略是出于长远的军事目的，而远非出于长远的社会目标。"①

革命民主联盟受到了来自各方面的攻击，共产党的、戴高乐主义者的攻击，甚至也没有得到执政的温和派的支持。据我确切的回忆，梅洛－庞蒂有一天曾经认真地对他自己提出这样一个问题：这伙人将来到底能不能像布尔什维克那样形成一个强大的运动？布尔什维克在当初也只是一小撮人。

1948～1955 年，我写了一些文章，它们多少还算成功之 422
作，其中一部分是论战性的，另一部分是分析性的，大都收入
《论战》汇编。其中有一篇是《历史和政治》，最初发表在
《形而上学与道德杂志》上，它较好地避免了岁月的侵蚀和知
识界讨论的枯竭。

与前面说的那本文集不同，《知识分子的鸦片》一书对我来说是意味深长的。我在 1952～1954 年花了很长时间撰写它，这并非轻而易举之事。也许是感染了新闻记者避难就易的毛病，但更主要的是个人在当时遭受的不幸，1951～1955 年，我在连续不断的、繁杂的活动中寻找一个清静的地方，以用功当作消遣来逃避现实，假定"用功"和"消遣"两个词语并不矛盾的话。我感到多亏了《知识分子的鸦片》我才得救，

---

① 此处引的这段话是鲁塞说的。*Entretiens sur la Politique*, J. – P. Sartre, David Rousset, Gérard Rosenthal.

才治好我的病，或许这不过是幻觉。对这本书的攻击，于我而言几乎不足以介意。我从黑暗中走了出来，也许我会同人生言归于好。

这本书分为三个部分，第一部分针对大部分知识分子感兴趣的问题，从而针对那些我更愿意面向的进步分子和准马克思主义者。第一部分包括"三个神话"，即"左派"的神话、"革命"的神话和"无产阶级"的神话。我并不否认人们在国民议会里可以分出右派和左派。但我否认一成不变的、贯穿不同历史阶段的、受同样的价值观点鼓舞的、为同样的愿望而团结在一起的左派。在法国，"左派统一"的神话抵消不了，也掩盖不了不可调和的争吵。自大革命以来，这种争吵使一派反对另一派，雅各宾派反对吉伦特派，自由资产阶级反对社会主义者，社会主义者反对共产主义者。从意识形态上看，左派从来就不是清一色的，它时而反对国家，时而讲组织性，时而又是平等主义的。当然，它也可能既希望自由，又有组织，而且是讲平等的，如果天真地相信这些目标可以很容易协调起来的话。

有些思想，如民族主义，曾从一个阵营转向另一个阵营，历史学家一般都承认这一点。也有一种悲观主义的左派，如阿兰，他为公民反抗一切权力的行为辩护，他从不相信治人者聪明过人，这还有什么问题吗？如果这种怀疑派的自由主义属于左派，那么这种左派与急于要把权贵或富人置于政权的监督之下的国家主义与计划经济派，还有什么共同之处呢？而这些国家主义者、计划经济派都没有意识到，治人者更需要受到监督。

同样，关于革命和无产阶级，我力图将意识形态的诗篇引向现实的散文。工人阶级是否成为"真正的主体"？它能成为领导阶级吗？当一个政党用工人阶级的名义实行专制，却剥夺了工人阶级在资产阶级民主制度下争取到的、相对的局部解放，特别是剥夺了保障这种解放的手段时，工人阶级还能算得到了解放吗？为什么这样的革命倒成了一种善行？"革命的神话成了乌托邦思想的藏身之处，成了现实与思想之间神秘莫测的调停者。暴力本身不是被摒弃，而是能吸引人，能叫人着迷。工党政纲和'没有阶级的斯堪的纳维亚式社会'在欧洲左派，尤其是法国左派的眼里从未享有俄国革命那样的声誉，尽管俄国革命有过内战、集体化的惨况和大清洗。应该说'尽管'，还是'正因为'呢？"

我无意充当以加缪为一方和以萨特与《现代》杂志社诸公为另一方之间的论战的仲裁人。但在关键的一点上，我同意加缪的观点，或不如说同意他的质问。他说："你们是否承认，革命的计划在苏联制度下已经得到执行？"对此，让松（Francis Jeanson）——我想他是萨特的代言人——回答说："在我们看来，波及世界的斯大林运动并非真正的革命，但是，尤其在我们国家里，它团结起了无产阶级中的绝大多数人；我们既反对它，因为我们不赞同它用的方式方法，同时我们又赞成它，因为我们不知道货真价实的革命是不是纯粹的黄粱梦，是否恰恰应该由革命事业首先通过这些道路夺取政权之后，再建立某些更为人道的社会秩序⋯⋯"答案莫名其妙：一个意识到自己处境而抱有历史观的人，不会认识不到他在采取立场的同时却又不知道他的行动或他所拥护的历史运动最终会得出什么结果；避而不谈对苏联的判断，或既表示拥护又表示反对，这显然违背了采取立场的必要条件。

424　　　我用有些傲慢的口气，表示同意加缪在和萨特及萨特主义的论战中的基本论点。我说："在激起《现代》杂志的愤怒的一些观点上，加缪的思想虽然不算独树一帜，却是有道理的。假如不平之气使我们发现了怜悯的必要性和对于苦难中的人的同情，那么斯大林式的革命事实上背叛了打抱不平的精神。他们深信自己顺应了历史规律，是为了一个既是不可抗拒又是有益的目的而工作的，因此，他们问心无愧地成为刽子手和专制暴君。"

　　萨特同样也没有明确回答加缪的质问。他用的是和弗朗西斯·让松类似的笔调。他既不说反对也不说同意。他自以为在批判斯大林运动，但跟斯大林运动又很接近。甚至在匈牙利革命被镇压之后，萨特也没有看到，除共产主义运动之外能体现革命的社会主义的计划。顺便提一句，让松曾经估计到，真正的革命可能是一种纯粹的空想。但他没有注意研究这种可能性，或者不管怎么说，他没有从中得出办法。至少到1970年，他仍然坚持基本上符合萨特思想的这种假说：也许革命的计划必须经过这些过程，才能结束史前原始社会，或至少达到比他们要打倒的社会更好一些的社会。梅洛－庞蒂把这种说法称为神学，从而加以驳斥。他说，历史将对今日当事人的功过做出最后的判决。

　　该书的第二部分讨论"崇拜历史"。在第一章里，我分析了"教士"和"信徒"之间的关系，换句话说，我分析了共产党人和亲共人士之间的关系。共产党人接受党的正统观念。亲共人士，或者进步的基督教徒（边做工边传教的教士），他们如同梅洛－庞蒂在《人道主义与恐怖》中所分析的，同意基本信条（无产者的使命，由无产者自己拯救自己），但不是字字句句都赞成党的正统信念。接下来的两章，我受到《历史哲学导论》的启发，讨论了人们对马克思主义的两种说法，一般来说就是两种对过去的解释模式：一方面是过去的意义，从人类行为的过去到人性的异化；另一方面是驭使世事之演变并能预见阶级之间和国家之间斗争的不可避免的后果的决定论。

425

　　最后一部分是比其他部分更为大胆的尝试，它试图将不同国家的知识分子做比较，比较他们对待祖国的态度，以及这些知识分子中每个人特有的争论。我决定不强迫自己限定知识分子的范畴；按照不同的国家和时间，这个范畴包括所有的，或几乎所有的非体力劳动者，或者说是以各种不同的方式从事思想、文化的创造或传播工作的人。在发展中国家，所有具有文凭的人都属于知识分子（知识分子这个概念在 19 世纪的沙皇俄国广为流行）。在工业国家，非体力的职业的数量增加得很快，但下层的职员——在以前的时代，人们称之为抄写员——则不再被认为是知识分子。举例说，在苏联，组成知识分子的是各种"专家和文人"。在西方，我们可能是倾向于限制知识分子范畴的扩大。难道不管什么样的小学教师或中学教员也要冠以知识分子的称谓吗？我们不能要求考虑他们的生存状况和行为吗？

　　至于法国的知识分子，我认为他们具有一种倾向，即把我国本身的问题变成全世界争论的问题。出于历史和社会的原因，工人的很大一部分（1/3～1/2）都投共产党的票。这样一来，共产党和无产阶级便结下了不解之缘。萨特、梅洛-庞蒂和勒福（Lefort）没完了地谈论阶级和政党的关系，政党是否有权自以为代表阶级，争论一旦脱离现实，就有滑向中世纪经院式的或神学式的争论的危险。在英国，几千名共产党活跃分子当然代表不了英国工人阶级。在法国，共产党只代表一部分工人阶级，党的对头并不就是工人的对头。东欧的情况本可以消除笼罩着的迷雾，把哲学带回平凡的现实。党的干部在夺取政权之后，变成了所谓无产阶级制度中的政治英豪。梅洛－庞蒂鲁莽到提出这样的问题：捷克工人留不留恋他们过去所受的资本主义的和他们工会的"奴役"。他简直在冒天下之大不韪。

《知识分子的鸦片》是一名知识分子为知识分子的处境而写的众多书中的一本，它引起了一定的反响。几个批评家把它与《知识分子的背叛》一书做了比较，有的借朱利安·班达的名著把它贬得一钱不值，有的则相反，不但加以赞赏，而且把它置于大作之列。

从某种意义上来说，评价表明了两大集团通常的竞技状态。除少数例外，自命为左派的人对我大张挞伐；自认是右派的人则赞成对"名士要人"进行论战。《快报》周刊在两大集团中采取了超脱的态度，它仅用一页篇幅介绍了此书的主要观点。编者按语是这么写的：

> 雷蒙·阿隆的新著《知识分子的鸦片》以其所提问题的现实意义、某些分析的精彩独到和作者的个性，而成为有必要引起我们读者注意的一本政治读物。在此，我们本着完全客观的立场，将此书的基本论点做一概述。对于书中的许多论点，我们并非完全赞同，例如，作者所谓的"左派的神话"。雷蒙·阿隆对进步知识分子做了很有意思的批评，但是，他是根据什么来解释他对左派的谴责

的？对于左派这个概念，他下不了定义，这就很说明问题。

《快报》的这个编者按语至今仍使我感到十分可笑。既然斯大林和共产党都算左派，那怎么还能给左派下定义呢？不过编者对书中的某些句子的引用，倒是十分恰当的：

> 左派的神话是 1789 年和 1848 年相继失败的虚假补偿……左派、革命、无产阶级等时髦的概念，是原先用来激励政治乐观主义的进步、理性、人民等伟大空想的复制品……左派的团结与其说是对政治现实的反映，不如说是对政治现实的掩饰。

自称为"中立者"的，还有一些天主教人士。吕西安·吉萨在《十字架报》上写道："我们只数数双方的胜招和败招，我们不持立场，但能以基督教的方式来认识只在以后的实践中表明出来的价值。雷蒙·阿隆的论著不仅仅是一部论战之作——尽管它始终没有摆脱论战的弱点——而且是年度重要著作之一。"

我的朋友杜巴勒在《精神生活》（1955 年 8 ~ 9 月号）上发表的文章，却不仅限于数数打击次数：这位神父感觉到了书中某些关于边做工边传教的教士和进步天主教人士的章节所提出的质询。《十字架报》的批评者宁可不听我向基督徒所提出的问题。杜巴勒神父抓住了基本点，或至少是抓住了他和基督教人士心目中的基本点。

杜巴勒神父写了一篇对深浅把握得很好的文章。他在文章的第一部分里认为我是对的，但接着在第二部分里，又部分同意那些说我错的人。我们首先来看一下他那大度包容的评价：

> 《知识分子的鸦片》是批判性论著，尽管被它冒犯的人会感到不快，但它仍是一部成功的论著。作者根据自己的观点，分析了所谓"左派"思想，指出这种思想被证实有不少神话，有相当多是故弄玄虚……其实他的观点是合情合理的，然而可以肯定，最近的一些知识分子却过于忽视它。我们必须承认，他在论战中获得了胜利。还可以肯定的是，"无产阶级""革命"等词（只要人类之间的倾轧还实际存在，只要"反动"现象也继续存在，那么这些名词就是名副其实的用语，随便说它们过了时未免太草率了）已变成了意识形态的英雄史诗中的象征，它们已不属于严肃的欧洲实用主义的范畴。最后可以肯定的是，历史——从人类经验和理智的高度，可以为人们所认识的、现实的、具体的历史——并不是以其梦幻般的传说来蛊惑那么多当代人的心的神灵的世俗代用品……

在这一段引文中有两点需要指出。……所谓"左派"的观点包含着许多神话和故弄玄虚，指的究竟是我的观点，还是观点本身，也就是杜巴勒神父的观点？他在引述"他的观点"时（虽然肯定其为合情合理），却给他自己的思想留下了不必要的疑云。对于一个精通语言学的人来说，使用"被证实"一词意味着根据"他的观点"做出的分析和批判是可靠的，然而他在括弧里的一段话里引述"无产阶级"和"革命"两词时，却又谨小慎微，叫人诧异，甚至似乎另有所指。我当然没有否认"人类之间的倾轧还实际存在",但用杜巴勒神父精彩的说法,这些词却变成了"意识形态的英雄史诗中的象征"。

更使我感到有趣而又莫名其妙和难以理解的是,杜巴勒神父先向基督教徒提出询问,在得到他们的答复以后,又向《知识分子的鸦片》一书的作者提出了询问。他承认历史不是神的代用品,基督教信仰和马克思主义信仰是水火不相容的。马克思主义者所设想的无产阶级的解放,与天国是不可混为一谈的——或者说是毫无共同之处的。真的毫无共同之处吗?对话就是在这一点上开始的。我从根本上区别了世俗历史和宗教历史——它们之间的区别乍一看是那么显而易见,似乎再加论证会显得庸俗多余。但是,反复思考之余,这种区别难道不是违背了一个基督教徒的历史命运的复杂性吗?"从信徒的意识来看,基督教的历史实际上就是永恒与现世的实际交往。"对于这种交往,非宗教人士是不理解的,但他根据基督教徒的观点,并不否认其重要性。杜巴勒神父并不推断,教会对人们的日常生活拥有绝对的权威,但这个基督教徒"不断呼吁,急需得到某种程度的同意,让永恒和神圣之说对世俗的躯壳具有某种影响"。"人们模模糊糊地感觉到了论战似乎的确不可避免的一面,这场论战关系到精神——如基督教——对人类命运的影响……基督教往历史里引进了神与人之间的复杂关系,如果人们愿意的话,可以说是暧昧关系,所以,承认这种规避不了的复杂关系会比生硬地取舍,硬把逻辑强加于一切事物,甚至强加于怀疑派来得有用一些。"

杜巴勒神父的结论里含有发问和纠正的意思:"一个基督徒是否可以向阿隆先生提问,问他是否同意,关于永恒的宗教说教同时可以赋予人类现世的未来，所以它对人来说有重要的意义？当然，这不过是次要的和相对的。"对这个问题，我并不感到难以回答，显然，这个基督徒并非不关心人类现世的未来。两千年来不乏种种历史的神学，但我不知道杜巴勒神父信奉的是哪一种。罗马教皇、教会、东正教徒和新教徒对现世的未来不是不感兴趣；他们的说教受到基督教教义之伦理原则的启发而不同于任何一种党派，尤其是不同于一种关于现世的未来的哲学，这种哲学竭力宣扬人类命运的最高真理与宗教的永恒没有任何关系。

我把这位开明派神父的质疑批评叫作纠正，而在前几页我曾认为这种批评是平庸的："基督教不是现世的宗教，但它含有现世的某种努力，并在这一层面上承认历史的一局。""历史的一局"，这是什么意思？下面的句子解释了这个说法：历史的一局和否认历史的结局，能否联系到一起而不相互抵触呢？通过"历史的一局"这个概念，杜巴勒又提到了历史的结局，而人们却不知道这个结局是属于宗教的，还是非宗教的。

接下来，这位进步的神父又来了几句美言："阿隆先生从进步基督徒中看到的是一个被世俗宗教所拐骗的永恒的人。他并非完全没有道理。进步基督徒也冒险参加了现世的一局，因为他觉得自己应该参加。他尽力而为，但是搞得不好，这是我们很愿意承认的（我略过了一句更为晦涩难懂的句子）……就这样，对人的精神提出了一项要求，马克思主义就是利用了这一点，而且进步基督徒的基督教相信能够同化教徒和令人满意，当然太快了一点，但是完全不会搞错。"这个要求就是历史结局的要求，既是世俗的要求，也是神圣的要求，同时也是一种我们的意识不得不接受的感受设想的要求。

杜巴勒神父的争论并没有过于"生硬"地规定取与舍。进步基督徒是搞错了，但是他们在自己的探索中是有理的。他们轻率地参与了历史的一局，但基督徒是应该参与历史的一局的。当我想到历史的一局使进步基督徒成为历史上最残酷的专制制度之一的同盟者或代理人时，我就想起了朱利安·班达的一句话：知识分子的最大背叛，就是愚蠢。我们说，应该是盲目。这不算原话，是我凭记忆引用的。

杜巴勒神父的结论很接近于在一次由天主教知识分子所组 430 织的关于《知识分子的鸦片》的讨论中一个发言人①的观点。按照他的意见，相信天国在人间的观念，是属于基督教的。仅一步之差，就回到了工人教士，或其中某些人的立场上来。我在《知识分子的鸦片》中，引用了《1940～1952 年的历史和信仰》中的一段话："假如有一天，工人们来跟我们谈论教会，甚至要求洗礼，我相信，我们首先要问问他们，是否考虑过工人贫困的原因，是否参加了他们的同志为了所有人的利益而进行的战斗。"我是这样评论这段话的："最后一步迈出去了：人们使福音服从于革命。进步教士自以为叫工人信基督教，而他们自己却信了马克思主义。"

除了《快报》，整个左派对《鸦片》一书射出炮弹，冲锋在前的是莫里斯·迪韦尔热。他在《世界报》上发表的文章与我在另一章里提到的他对我前两本书的分析截然不同。这一次，他像个死对头，并不满足于讨论一些思想，他从文章的题

---

① 勒诺布尔（Lenoble）神父。

目开始就对作者进行了指责，其文题曰《知识分子的鸦片还是文人的背叛》。

首先，我们来看一下该文的分析部分，或称为论战的部分。这一部分使用了两个主要证据，而这两大证据却是互相矛盾的。其一是将马克思主义者及进步人士的信仰比作基督徒的信仰，同时认为对左派神话的驳斥并不能咬住人们的思想，因为信仰是顽强的，即使在真理的反驳面前也不会动摇。他说："对马克思主义的阿隆式的驳斥，有点像盛行于1900年前后唯理论者对宗教的驳斥。阿隆先生会不会是一个共产主义的卢瓦齐①呢？他的雄辩很动人，但并不能说服人。这架奇妙的智力机器运转非常正常，但都是在打空转，跟实际挂不上钩。他跟卢瓦齐一样，卢瓦齐是没有触动宗教的要害，阿隆先生则是没有触动马克思主义的根本点。"在创造世俗宗教这一概念时，我暗自承认，高级知识分子中拥护马克思主义或法西斯主义的，出于感情用事者多，出于理性者少。我从未耽于幻想，认为"我的雄辩"能使信徒的信仰发生动摇，可是信徒们自己要使他们的信仰理性化。他们把信仰当作理性，甚至当作一种科学。正如帕累托②所说，驳倒分洪支流并不能致剩余物于死地，只能久而久之地使它们衰弱下去。③

此外，紧接上文，迪韦尔热先生发现了知识分子的进步思

---

① 卢瓦齐（Loisy，1857—1940），教士，因改革经典的解释而被逐出教门。——译者注
② 帕累托（Pareto，1848—1923），意大利经济学家和社会学家。他的学说中所谓"剩余物"，指的是经济、社会中的非理性现象，这些现象实际上是社会生活的基础。——译者注
③ 某些前共产党的知识分子承认，《知识分子的鸦片》一书曾经使他们产生过动摇。

想的理性基础，他说："阿隆先生所摧毁的——他说得很对——正是一种马克思主义的完整主义；但人们不能因为驳斥了《现代错误学说汇编》或废除了宗教裁判所，就认为基督教也随之消亡了。"迪韦尔热先生的进攻改换了阵地，因而我也会打不中真正的靶子。因为真正的靶子不再是知识分子的感情或激情，而是"马克思主义永恒的意义……马克思主义为当代这种不公平现象提供了唯一全面的理论。人们待遇的不平等，并不取决于才能或努力的差异，而取决于生产资料私有制中的世袭特权"。

讲到这里，我们已经立足于事实和推理，而不再指责那些对教条和讲义的批评空疏无聊，喋喋不休，侈谈神学。知识分子倾向于进步思想或马克思主义，是因为"知识分子——尤其是法国知识分子——并不认为他们的职业仅仅在于理解。他们必须判断曲直，然后根据自己的判断采取行动。他们总是或多或少地相信自己负有一种使命，或至少负有一种责任。他们目睹社会之不公道，觉得自己有责任同这种不正义进行战斗。他们天性倾向于扶弱锄强，站在牺牲者一面反对刽子手，站在被压迫者一面反对压迫者。左派有魅力，根本原因也在于此：因为左派是弱者派、被压迫者派、牺牲者派"。不幸的是，迪韦尔热继续写道："压迫并非单向的。""在政治警察、极权体制和流放营存在的同时，社会不公、资本主义统治和殖民主义也同样存在。"怎么办？

伦理学教授能给不负使命的知识分子提出什么办法呢？简言之，就是各人自扫门前雪，就各种情况确定自己最有效的态度。整天揭露集中营"并不能使流放犯的解放早一分钟到来（而且，在某种情况下，反而会加剧集中营和犯人之间的紧张关系。主张永远搞集中营的自成一个集团。这个集团势力跟犯人越对立，犯人便越吃苦头）。相反，毫不松懈地揭露社会的不公和资本主义在法国的统治，却能在某种程度上有助于结束社会不公和资本主义的统治"。这一次，迪韦尔热先生如果没有说谎，便是他弄错了。西方的抗议者曾经解救了苏联多少受迫害者。在两种制度的竞赛中——这种竞赛于1/4世纪以前已经展开，并且一直在进行着，今日不过也是依样画葫芦——西方知识分子不应该对自由民主制度的缺点缄默不语，更不应该闭口不谈极权制度内在的阴暗面。

该文以"阿隆先生的书沁人心脾，哀感顽艳"，即我这个文人的背叛，作为结束。我简直恨透了左派知识分子，据说，因为我已经是他们当中的一员，迪韦尔热先生又写道："他把思想演变跟他不一样的人，指摘得体无完肤，其实意在假借别人的罪孽，衬托自己的清白无辜，反正是为自己开脱，而且要在自己的心目中，为自己辩解。他想说服的，不仅是读者，主要是他自己。他之所以说服不了读者，是因为他没能说服自己……"在做精神分析的讨论之前，我忍不住要引用一下Z射线，即安德烈·弗罗萨尔（André Frossard）的表扬信，他是喜欢我的书的。他写道：

> 与其说迪韦尔热在《世界报》上撰文，是试图对《知识分子的鸦片》一书进行分析和驳斥，倒不如说是他满足于对作者打一场诛心的官司。在这一部辩证论的宏文巨制中，据说雷蒙·阿隆一味掩饰他的怨气，只怨自己竟不属于这伙天之骄子、这伙左派知识分子之列，仿佛左派知识分子一向只替弱者、受苦者、受欺凌的人打抱不平。1945

年的半吊子恐怖时期，左派知识分子当真几十个几十个地纵身钻到肃奸运动的车轮下，去阻止自封的抗敌分子，对莫须有的维希分子进行了报复。这可是真而又真的。在斯大林掌权时期，这个今日已为俄国人带着明显的宽慰而唾弃的青史留名的人物，我们的左派知识分子却依然装模作样地去顶礼膜拜，其崇高的目的只在于不要断掉被吃人魔王关在食品柜式集中营里的无数政治犯的最后活路。因为迪韦尔热和萨特教导人们，为了帮助牺牲者和被压迫者，就得对俄国的集中营保持沉默，要不断地揭露法国的资本主义统治。可见，热爱真理，就得靠故意遗漏而撒谎。在交易厅咖啡馆里，周末玩耍劳特纸牌的马基雅维利式的权术家，就这样舍车保帅。真是多么明智，多么仁义，多么完美！不幸的是，至少在迪韦尔热先生成为他们的代表之前，真正的左派人士都有或者曾经有过这样的迹象——他们是不会玩弄这一类权术的。或者是我大错特错，或者是迪韦尔热先生来自极右；但只有他一个孤家寡人能相信自己终于击中了左派的要害。他这条路还没有走到1/4。

1954 年，当我写《知识分子的鸦片》一书时，我是否感到内疚呢？自我剖析并不比恶意批评的剖析更能动摇信念。读者可以随其所愿相信我，或者不相信我。这一类的攻击触动不了我，尽管我比较敏感。理由很简单，因为我从我采取的知识分子的或政治的立场中不会捞到任何好处。相反，《里瓦罗尔》周刊或《法国面面观》杂志的恭维夸奖之中夹杂着逐出教门之意。就算有加布里埃尔·马塞尔和皮埃尔－亨利·西蒙的恭维表扬，在知识界中也抵消不了莫里斯·纳多、让·普荣

433

（在《现代》杂志）以及随便哪一个《法国观察家》杂志的编辑的大张挞伐、猛烈抨击带来的负面影响。我的思想的演变取决于事物的发展和我的思维。我自以为对自己是忠实的，与我的年轻时代，也是前后一贯的。

我再引述让·普荣在《现代》杂志上的文章中的一段话。照这个批评家说起来，我主张的改良主义道路在法国是不存在的。改善法国人的生活的必要改革，国家领导人一向拒不接受。他写道：

> 他（指阿隆）能将"真正的解放"和"理想的解放"做一比较吗？能将现实与幻想做一比较吗？而幻想又在哪里呢？而这些改革，由谁来建议呢？由谁来推行呢？人们从哪儿可以看到，这种可以改变我们命运的和平行动呢？问题无疑在于怎样付诸行动，但假如这问题存在的话，显然是因为阿隆所拥护的这个国家的领导人有意识地不愿意解决。他是他们的宫廷小丑，而不是他们的君主顾问，或只是自己的想象中的花样。事实上，一场革新经济的大事业必将引起社会和政治的严重后果，像这样一种大规模的改革，只有拥护革命性改革的人才会接受。这就是为什么要为左派的团结而努力。这不是躲在梦乡里，而是回到现实中来。

在这一时期，法国经济的重振在一些诚实的观察家看来已是显而易见的了。让·普荣重又拿出让-保罗·萨特爱谈的论点[1]：

---

[1] 他的论点是从阿尔弗雷德·索维那里借鉴来的，但是他并没有很好地理解后者的思想。

法国资本家的马尔萨斯主义使他们反对经济发展，因为这会使他们的权力和特权受到威胁。现在我们知道这到底是怎么一回事了。只消老老实实地将苏联工人和法国工人的条件做一比较，就可以知道什么叫"理想的解放"和"真正的解放"。我并未就此认为让·普荣和《现代》杂志会承认他们昔日的错误、无知和无赖。他们和真正的共产党人不同，共产党人醒悟过来后，就会公开承认错误，大多数人还懂得他们还得反戈一击，因为自己已经看清了真面目。面对一门整体学说，面对一种无所不包的世俗宗教，我感到只有两种态度是可取的：或者赞同，或者拒绝。参与但不赞同，同行但不受党员身份约束，简单地说，正是同路人的那些做法，最使我在思想上起反感。许多前共产党人，都是从他们的盲目性中汲取教训的。让－保罗·萨特式或让·普荣式的进步分子，总是在多少接近法国共产党的各种立场之间摇摆不定，从来没有任何可能用真正的思想考虑问题，也不会后悔自己的荒唐谬误。

在我所有的书中，这是唯一一本受到新闻界这样对待的，就是说严格从政治出发，或者不如说从偏见出发来对待我的这一本书。《快报》采取的半中立态度，标志着一条分水岭。P. H. 西蒙，一个有点左倾的天主教民主人士（按惯用的词来说），在《十字街头》（1955 年 6 月 22 日）上对我表示了赞成。他说：

　　从阿隆这一方面来讲，如果他倾向于改良主义，也无疑是出于现实主义，但我感到，更多的是出于人道的顾虑——正如加缪在《反抗者》的最后几章里表现的那样。毫无疑问，知识界对他和加缪的责难如出一辙：什么起不

435

了实效呀，什么无耻地与保卫资本家的势力合作呀，等等。在这一点上，问题就变成技术性的了。问题在于要知道真正解放的道路能否解放群众，遏制他们的贫困化，建立一种秩序，其代价低于无产阶级专政的神话。无论如何，在道德方面，不能不同意阿隆所说的："政治还没有发现避免暴力的秘诀。但是，暴力一旦自认为服务于历史的真理和绝对的真理，那么它就会成为更加惨无人道的东西。"

最通常的指责——甚至在善意的批评当中也是这样——是指责我的"怀疑主义"，指责这本书的全盘否定性。这部分是出于误会，可归咎于这本书的结论，在此，我不揣冒昧地引述如下：

> 狂信盲从的批评能教人学会理性信仰或怀疑主义吗？当人们不再打算用刀枪迫使教徒和犹太人改变其宗教信仰，不再重复"除了教会别无救星"时，人们并没有停止对上帝的热爱。如果人们拒绝神化一个阶级、一种斗争技术、一种意识形态体系，人们就会不再追求一个比较公正的社会和一个不那么令人痛苦的共同命运了吗？确实，无保留的比较是没有价值的。随着人们更好地识别伦理道德和对教会的服从，教会的经验就更加真实了。一旦人们放弃了教条，各种世俗宗教就会融化成各种不同的意见、舆论。然而，既不指望革命能带来奇迹性的变化，也不指望计划能带来奇迹性变化的人，却不甘心接受不能自圆其说的东西。他并不把他的灵魂交给抽象的人道，交给一个

暴虐专制的党、一种荒诞无稽的经院哲学，因为他热爱活生生的人，他参加活跃的团体，尊重真理。

也许事态会向另一个方向发展。也许有一天，知识分子发现了政治的种种局限性，因而对之失去了兴趣。我们乐意接受这种靠不住的前景。我们并不受到冷漠的威胁。人们还没有眼看着就要失去自相残杀的机会和动机。如果宽容来自怀疑，那么人们就该教人去怀疑各种模式和各种乌托邦，去请那些宣传救人升天的先知，连同那些预言天要塌下来的人。假如怀疑派能消除狂信盲从，我们衷心召唤怀疑派的降临。

436

最后一句话被人从上下文中抽了出来。其实，在我看来，怀疑主义并不意味着失掉一切信仰，或者说对公共事业漠不关心。我希望，有思想的人一旦摆脱了世俗宗教的束缚，就不要再去为无可辩解的东西辩解了。我承认，可能他们认识到政治的各种局限性以后，就会不关心政治了。在我们这个世界上，自相残杀的机会和动机日益增多，并且蠢蠢欲动，对各种模式或乌托邦的怀疑，至少能够减少以信仰的名义来残杀同类的人的数量。

即使误会消除了，这本书就不会遭受平庸的批判而一蹶不振吗？你们破是破了，但是你们又立了什么呢？

我很想再和杜巴勒神父对话。请看，照他的说法，我衷心向往的是："一个意识形态时期的结束。一种对技术进步的合理使用，目的在于建设目前可行的人类世界。到那时，自由将会在全世界尽可能成为现实的和真实的，即使它表现得相当平淡无奇。在杜巴勒神父看来，这大概是一个精神的激情已经消退的人，他会好好地利用历史，并且能够较好地从事政治活动。由此，批评在纠正不合理的东西时，又剔除了其中某些有价值的东西。"

我其实认为，根据经验，大地上的社会生活组织是相当平淡无奇的。苏联的模式是一场噩梦，美国的模式是不完善的和庸俗的。工业社会仍然将是我们时代的文明的主要特征。那些期待或希望人间天堂的人，他们神化了人和制度，再也看不到历史让我们认识的人和制度。小资产阶级满意了，劳动者因使用先进机器而减少了痛苦，纳税制度降低了一些人的傲气并满足了穷人的最低需求，所有这一切，事实上都被认为是平淡无奇的。成了畸形的怪物，苏联的现实就不那么平淡无奇了吗？

第三部

※

祸患之中的教师

(1955～1969)

第十三章　返回古老的巴黎大学

1955 年 6 月，我渴望入选巴黎大学，我难以掩饰自己这 439
个强烈的愿望。为什么呢？是不是战后被政治麻醉剂麻痹了的
在大学执教的雄心又苏醒了呢？我设想——或许是错误地设
想——新闻工作能够给予我的一切，我已经得到了。我再一次
感到了青年时代的那种焦虑不安：我是否避重就轻而被引诱上
了一条本不是或至少不一定是我该走的道路？战前我写的书并
没有预示着我会做《费加罗报》的专栏作家。我还记得当我
对莱昂·勃鲁姆政府的评论激怒了左派人士时，塞勒斯汀·布
格勒挖苦我，给我算了命。

巴黎大学的规矩我已经忘掉，这时候重捡起来，对此我抱
着期望。1950 年 7 月，一个先天愚型的女儿出生了，几个月
后，埃玛纽埃尔又被突如其来的白血病夺去了生命，这使我受
到无法言状的打击。厄运是不存在学徒期的。当它向我们袭来
时，我们还得从头学起。我在这方面是一个坏学生，迟钝而又
具有反抗意识。我本想以学消愁，躲避烦恼，可是，躲避不
成，反而愈加感到不知所措。由于意识到自己的迷惘，我越发
为时间没能治愈的创伤感到痛苦。我期望巴黎大学给予我帮
助，我的愿望没有落空。它并没有归还我在 1950 年被永远夺
走的东西，可是它却帮助我重新开始了生活，让我与其他人并
与我自己和解了。

选举包括两个阶段，各专业选出自己的候选人，学院正式 440

教授大会以绝对多数（第三轮以相对多数）推选出这些候选人当中的一名。学院并不总是听取各个专业自己的选择。在我年轻的时候，巴黎大学一共只有五十来个教授，也就是说只有五十来个人有投票权，所以这个制度还勉强行得通。各学科间的区分不像今天这样明显，并不妨碍大多数教授相互了解，他们还是同在一个狭小的社会环境中活动。他们大多数来自乌尔姆街（巴黎高师所在地），但归根结底，一般都服从学术小镇朗代尔诺（Landerneau）的主导舆论。（可能我给了尚不了解的巴黎大学很高的评价，其实它那时并不具备，至少没有达到这种程度。）不管怎样，随着教授大会的规模不断变大，乌合之众出现了，大多数有投票权者一点儿也不知道，或者说几乎不知道每个候选人的条件和著作，所以一个专家的当选变得越来越偶然。会议期间发生事故，教授们急于就餐而陆续离去，答辩词的质量有时比学术方面的因素更能决定选票的多少。

重大日子的那些答辩——或者说重大选举的日子——吸引着公众。那一天要选举的候选人越多，待补的教席越重要，出席会议的教授的人数也就随之增多。在学院大会就像在波旁宫一样，一些演说家能够吸引听众，很快就使会场静寂无声，而另外一些人的讲话则消失在听众窃窃私语的嘈杂声中。介绍和赞誉的方式简直能使一个不抱成见的听众目瞪口呆。夸耀一个巴黎大学候选人的教学优点，这实际上是把他更快地贬入冷宫，因为按照惯例，吹捧他作为教授的优点，往往使人联想到他作为学者的弱点。我参加过几次这种口才比赛，暗暗感到气愤：那些讲话就像悼念死者的赞颂文章，巴黎大学居然拥有这么多天才人物，我真佩服得五体投地。

丹尼斯·布罗根在评论选举我的那场活动时写道，这样的

选举在英国是难以想象的。这篇文章我后来没有找到。显然，
共产党员教授和亲共教授们都不希望我成功。依附左派的非共
产党人由于我在几个星期前发表了《知识分子的鸦片》而对
我怀恨在心。乔治·古尔维奇的优点之一是，擅长"大学活
动主义"（四处打电话，并且挨家挨户争取选票）。他鼓动乔
治·巴朗迪埃当候选人，还向那些愿意听信他的人断言，我的
著作和文章表明我不宜当一名社会学教授，而应该去当部长。

　　我的最终获胜，与我个人的意志和本领无关。我没有搞大
学里的那种竞选活动。我拜访了哲学专业的同事和其他专业的
负责人。巴黎大学中我的高师校友，甚至同一届的同学都不
少；与小我大约15岁的巴朗迪埃比起来，他们更了解我，他
们当中许多人并不考虑我的政治观点，而是投票给一个老同
学。后来，受众人爱戴的学院秘书博纳弗瓦小姐对我说："您
可能是因年龄而获胜的。"新闻记者居然靠年龄而战胜了"年
轻人"。为了不忘记我的朋友们的作用，为了避免把当时的情
况说得一团漆黑，除了哲学专业中我的那些支持者（亨利·古
伊埃、德·冈迪亚克、勒内·普瓦里埃、费迪南·阿尔奎、拉
加什），还应提到亨利·马鲁。听说，他在大会上提起最近选
举了一个共产党人，并且表示他是为《历史哲学导论》的作
者辩护，而不是为《知识分子的鸦片》的作者辩护。

　　以前在巴黎大学，人们装作不知道——有的时候忘记
了——教员们在讲坛之外宣扬的观点。说实话，有些教员对我
的敌意并不是由于我的政治观点。某个人，其职业是伦理学
家，激昂慷慨地宣称宁可投票选魔鬼也不选我。我的过错是什
么呢？我没有照规矩办事，不肯到一个外省的大学去"流放"
几年，我脱离了学院工作，并且投身新闻工作者的职业。这些

441

反应都是可以理解的。总之，巴朗迪埃的不利条件仅仅是年纪轻——但这与我的缺点相比，算是无足轻重。巴朗迪埃一直忠于古尔维奇——这并不妨碍我们之间友好的关系。一系列拜访之后的选举，相当于拜山门的仪式。一旦经受并战胜了考验，当选者就被所有人接受了，这里既有支持过他的人，也有打击过他的人。其他的争吵，其他的地下联系，取代了选举前或者为了选举而结成的联盟。

在另一章里，我曾思忖过报界的同行们是否会接纳我和怎样看待我；对于大学里的同事们，我也应提出同样的问题。他们是把我当作重返家庭的回头浪子，还是当作自称能同时从事两种活动的叛逆者？或者是把我看成试图在巴黎大学提升自己的声誉，并且在与大学尊严不大相容的笔战中连累母校的新闻记者？有时，在这个或那个大学同事那里，我感觉到了他们的种种看法，这些看法同我那些新闻界同行的观点是一样的。我背离了常规，而所有行业都不信任边缘人物。各种怀疑和不满可能因我过于敏感而显得严重，然而随着时间的推移，终于平息下来了。

我毫无困难地适应了这个表面看起来崭新的职业。1938年我接替过马克斯·博纳富（Max Bonnafous）先生的职位，他去当某部长办公室负责人，我因此在波尔多当了6个月的社会学教授。我在国家行政学院和政治学院讲授的那些课程，以及许多使用法文、英文和德文的讲座，可以说使我保持了良好的授课能力。我擅长口头表达，这一能力过去会考时曾给老师们留下深刻的印象，现在也没有丢掉。我掌握的马克思主义知识使我可以轻而易举地应对共产党大学生。哲学系图书馆馆长罗默先生是个众所周知的人，他告诉我，甚至共产党大学生都尊重我的教学。

阔别 27 年的巴黎大学，并没有什么使我感到出人意料的地方，它尚未发生很大的变化。巴黎大学的彻底变化发生在 1955～1968 年，那时我正在那里教书。哲学系拥有大约 12 名教师（在选举我的前两轮投票中，他们形成了人数相等的两派，第三轮时，12 个人中的一个人改变了立场，使我获得微弱多数）。学生的人数增加了，但还没有多到使管理人员受不了的程度。每个教授都配备一名助教，由助教来批改论文、指导大学生的实验课，同时也教授一些课程。

最使我震惊的，是学校建筑的破旧。与阶梯教室相连的狭窄的办公室中的椅子和旧货摊上的一样。所有的房间和教室都是阴暗的、肮脏的，一幅凄惨的景象。我不禁回想起一些我了解的美国和英国的大学。在我看来，学校建筑的破旧表明了制度的衰败。

443

从 1930 年代以来，几乎什么都没有变。最优秀的学生仍然参加获得高等教育合格证书的考试，而且不来巴黎大学上课。其他人，除了助教的帮助，就由他们自生自灭了。教授们主要讲授那些所谓的权威性的课程。我每周的授课时间是 3 个小时——这是一个沉重又轻松的差事，要根据每个人对教学的理解而定。在法兰西学院，课程每年都必须有创新。而在巴黎大学，一切都要服从教授的意愿，或者更新自己的教学法，或者完全相反，保留时间以从事自己的研究。与美国和英国的著名大学比起来，我觉得巴黎大学就像 19 世纪的残余。正教授，除了上帝，他是他讲坛的唯一主人，他亲自了解候选考生，这些人获得学士学位后在他的指导下撰写学术论文，以取得大学文凭，或者准备一篇国家级博士论文。教授很少接待本科生，因为他没有时间。

从 1955 年起，大多数大学生就必须在一个不同于中学的天地里应付局面了。年复一年，那些接受高等教育而又没有明确目标和特殊志向的男生女生，其人数越来越多。过去的做法愈来愈不符合时代要求。一些教授编写的讲义值得出版发行。由于免除了所有强制性的要求，教授们要么在工作的重负下被压弯了腰，要么全然相反，无须为备课或论文答辩花费气力、熬夜，只要遵守 3 个小时的教学规定就行了。

巴黎大学（或者仍像人们称呼的那样——索邦大学）文学院依然保持着它的统治地位。绝大多数国家级博士论文都在
444 巴黎通过答辩。那个不管有无道理都被当作某一学科的权威的教授，对于题目的选择，甚至对研究的方向总是具有过分的影响，往往弄得研究工作光开花，结不了果。1968 年 5 月事件中，一些学官大人的问题被揭露出来了，这并不全属于无稽之谈。欧内斯特·拉布鲁斯（Ernest Labrousse）在经济史方面，杜里（Durry）夫人在法国文学方面，对青年人和他们的职业拥有决定权。有时，一个巴黎大学的著名导师仅通过笔和纸，就能同时指导几十篇国家级博士论文和第三阶段博士论文，这还不包括大学里的论文。早在大学生上街游行之前，这种权力的集中而不是人才的集中就使我感到很气愤。

在《费加罗报》和一些社会学杂志（尤其是《密涅瓦》杂志和《欧洲社会学档案》杂志）上，我多次批评过法国的高等教育制度。批评首先针对的是大、中学教师资格会考（批评很猛烈，以至于像一个主管公职的部长告诉我的那样，我成了教师资格获得者协会的眼中钉）。我说过，这种教师资格会考从理论上讲保持了它的作用：招聘中学教员、公立中学

的教师。不同于德国和英国的是，教师（professeur）这个词既适用于大学的学官大人，也适用于大学教师资格获得者（或者是中学师资合格者）：他们有时在中学初中部给小孩子和青少年上语法课、数学课以及历史课。这种词汇上的特殊情况很容易解释：公立中学的教师一点儿也用不着羡慕大学学院里的同行们。在哲学界，亨利·柏格森和布伦什维格都在公立中学教过几年书。伊波利特亦是如此。阿兰也不想离开亨利四世中学的高师文科预备班。第二次世界大战以前，只有很少一部分青年人去公立中学读书。1938年，大学一年招收中学毕业生约1.5万人，而这一年适龄入学者有600至70万人。公立中学的学生们仅代表了少数幸运儿，他们由于拥有外国没有的高质量的师资而受益匪浅。整个教育制度仿佛都是以中等教育为重点，这损害了第三阶段的教育，即大学学院里的高等教育。大、中学教师资格会考象征着大学学院是隶属于公立中学的。这些教师资格获得者所受的培养和教育应归功于大学学院，而他们当中大多数人都要为公立中学服务。445

我对某些教师资格的会考（如哲学、语言）有亲身体验，而且通过间接的方式，我也了解了其他学科的教师资格会考（如古典文学、历史）。总之，对此我掌握了足够的情况来对这些考试进行评价，判断其利弊。所有的教师资格会考，无论是何种水平的，都要求具备修辞方面的才能，从中学毕业考试开始，这就是取得成功的条件。用法语或是用外语进行的哲学的和文学的写作，仍旧是最主要的考查点。当然，根据会考的不同，对自己知识的运用和发挥也不同，在这种会考中要表现你的哲学修养，在那种会考中则要发挥你的文学鉴赏力和识别力。所有这些传统的考试，与其说是着眼于考生的科学、教育水平，不如说是重在考生的表面优点。法语翻译成外语，或者外语翻译成法语，这的确需要并且可以衡量考生的各种语言知识，包括古文和现代文的知识。

未来的历史学家将从经济学和统计学的研究中获取比训练写作要多得多的好处。同样，那些研究德国或英国的人没有研究语言学，也不真正熟悉这些语言从属的文化，就"摘得"（或仍在摘得？）这种大、中学教师资格。如果说在我们的大学里有许多德语、英语和西班牙语教员，而真正的德国、英国或西班牙问题的专家却寥若晨星，那么从很大程度上讲，错误要归咎于这种教师资格会考制、考试提纲的内容和论文题目（论人，纪事）。

在具有教师资格会考制的所有学科里，准备考试耗尽了学生和教员们的精力，而一个人在考试中获得成功并不能保证他的教学质量。为此，我感到很可悲。对这种制度提出疑问的同时，我还要谈谈对形势的分析。1950年代末期开始的改革，试图取消初等和中等教育二元制。显而易见，等级的区别仍然继续存在着，但是各个等级的教育被统一起来了：各社会阶层的所有孩子都进同样的幼儿园，进同样的小学，然后进入同样的中学。如同公立中学的初级班已经消失了一样，中等教育的初中部也将从公立中学消失（现在它们正在被逐渐取消）。

单一的学校——如果我们可以借用半个世纪前爱德华·赫里欧喜欢的这个用语——将会搞乱我所了解的那种教育制度，维希政府的部长们也曾给这个制度宣判了死刑，然而，他们的动机与战后改革者们的动机截然不同。维希时代，部长们想要结束初等教育的隔离、封闭状态，因而要求高师的学生必须有中学毕业文凭。这也造成了初等和中等教育人员的融合。从那时起，人们就可以预见各个中学的人员编制势将扩大，同时也可以看到这些学校性质的变化。

中学教员逐渐失去了公立中学教师资格获得者所具有的威望（而1933年在勒阿弗尔，这些人还属于社会名流）。教师资格获得者慢慢感到自己陷入了一个陌生的、令人失望的世界，成了自己所获文凭和从事的工作互不相称的牺牲品。在1950年代和1960年代，各个等级的教育机构的扩充便于许多教师资格获得者很快进入大学学院。但是，这种扩充不可能按照同一速度无限制地继续下去。适龄考生的人数每年下降大约10万人，高中毕业生的升学率不再增长，从事中等教育的教员格外年轻。对于一个大学助教职位，有50名教师资格获得者来竞争。同时，大多数教师资格会考都有数百名候选人，而教育部确定的名单中往往只有几十人。

1960年代初，我对教师资格会考制的批评，首先针对的是由此而产生的高等教育的偏差。文学院把培养中等教育师资作为主要任务，而不是培养研究人员。此外，各种文凭的区别——如大、中学教师资格获得者，中学教师资格获得者和学士学位——造成了教育机构内部教师队伍的混乱，因为教师的义务和报酬不是依照他们现在的能力确定的，而是根据他们从事本职业以前通过的各种考试或会考而定的。

今天怎么样呢？各种教师资格会考继续存在，就我所知，没有多少改变。或许由于法国教学及研究单位的增多，这些会考不再具有那样权威的影响，这些单位是一些比较严密的组织，比较追求创新，受会考和考题汇编的束缚比过去少一些。但是，现在的教师资格会考还是保留着相同的局限性，这些考试既不注重学术水平，也不重视教学能力。由于候选人和当选者的人数之间存在差异，教师资格会考便成了一种选拔形式，既不比别的形式好，也不比别的形式坏。反过来讲，反对大学招生用的选拔制，就会引起一系列必然的和可以预料的严重后果。

与其他人一起，我揭露了业士学位概念的含混不清，它既是中等教育结业证书，又有大学第一阶段学习的资格。在我执教于巴黎大学的几年时间里，几经修改的业士学位逐渐变成了近似于中等教育结业证书的东西，然而有业士学位的人并未因此丧失了直接上大学的资格，换句话说，所有业士都拥有进入高等教育机构的权利。然而，这种制度令人奇怪的结果是：所有的高等教育机构，除去大学院系，都要进行入学考试。不管是商业学校，还是政治学院，任何一个业士如若没有其他证书，不经考试是不能入学的。甚至像法国大学科技学院（IUT）这样的两年制的短期高等教育机构也要在考生中进行选择，并为他们开辟就业之途。只有那些文学院或法学院是例外，由于没有更好的办法，它们保护了成千上万的无业青年。

拒绝挑选考生的结果，每个人都可以预料到，从我个人角度来讲，我赞成进行"筛选"。这个忌讳的字眼仅仅表示反对业士自由进入大学院系，这里主要是指文学院，其次是法学院和经济学院（1969 年又分出一个"教学和研究单位"）。根据统计数据，在几十万注册的大学生中，有多少人是在碰运气或是在享受给予大学生的好处却没有确定的计划，甚至当真不怎么想学下去？

最初，对于这种制度的不合理，即把为数不多的资金浪费在那些既拿不到文凭又得不到收益的假大学生身上，我感到很气愤。我的观点没有变，但我觉得自己比过去宽容多了。当然，保持一定比例的冒牌大学生，不就是间接削减国家用于真正的高等教育和真正的科学研究的基金吗？在我刚到巴黎大学的时候，所有的教师就已经看到从学期开始到期末，听课人数不断减少，最好的情况也要减少 20% ~ 25%。大学生不仅不见教授，而且不上课，不做作业，甚至不参加年终考试。社会学方面的种种调查并不总能发现这些"逃学者"的踪迹。

　　1955 ~ 1968 年，我目睹了古老的巴黎大学的变革。大学论文被取消了，第三阶段学位论文被采用了。1955 年，只有一名助教帮助我，而 10 年之后，大约有 10 名助教管理学生。学生和教师的人数在逐年增加。当我授课时，笛卡儿阶梯教室坐满了人，我向几百名素不相识的听众讲话。1967 年年底，我决定离开巴黎大学并且成为高等研究实践学院第六部的非兼职研究主任，这是因为我感到这个大学摇摇欲坠，一个气息奄奄的体制使我们陷于瘫痪和思想枯竭。

　　对于社会学来说，1955 ~ 1968 年从许多方面看都是一段吉利的日子。就我所知，1955 年在大学里的社会学教授职位并不比 1939 年（我已在图卢兹大学任教）多。就在 1955 年这一年，巴黎大学新增加了一个社会心理学教授席位，这给我的当选提供了便利。如果没有这个社会心理学教授职位，斯托佐尔（Jean Stoetzel）将成为乔治·达维的继承者候选人，这对他而言有如探囊取物，唾手可得。乔治·达维担任了文学院院长，乔治·古尔维奇也占据了关键性的职位，暗中掌握着学官的大权。大多数学位论文要经他审阅。如果不说是研究人员，那么至少大学生们必须服从他的命令。他常常控制不住自己而

突然发火，使得考生们非常恐慌。尽管乔治·古尔维奇进行了

449 不少活动，出版了许多东西，对知识界的权威有特别的爱好，但他从来没有获得（他的任何一个继承者也没有获得）无愧学官大人称号的权威。社会学与传统的学科比起来，仍然是一个二流学科。那些传统学科的地位由于进行教师资格会考而得到了质量上的保证。大战以来，在几个先驱者（乔治·弗里德曼等）的影响之下，社会学在大学以外，在全国科学研究中心，特别是在这个中心的实验室——社会学研究中心里发展起来了。在巴黎、图卢兹、波尔多、斯特拉斯堡进行的社会学教学，与我在 1/4 世纪以前所了解并接受的社会学教学（如果我可以这样说的话，但其实我没有上过这样的课）相比，并没有多少变化。课程的重点是介绍重要的创始人和教师们自己的理论，或者是某些重大课题，如阶级和阶级斗争、自杀问题、劳动分工等。此外，社会学家开始探索经验论的研究，他们并没有感觉到自己被卷入巴黎大学教授之间的空谈玄虚或明争暗斗。

我在巴黎大学执教期间，研究人员才开始与大学拉近距离。这纯粹是巧合，没有因果关系。专修社会学的大学生人数增加了，社会科学颇得人心，人文科学开始衰落，这一切都有利于社会学在大学院系里提高地位——这种地位的提高，事后看来似乎是 1968 年 5 月事件的起因之一。从我个人来讲，我愿意承担责任，承认我在两年内增设了社会学学士学位。是功是过，仁者见仁，智者见智。而就这样一次体制改革而言，成功之快，堪称罕有伦比。

社会学终于被列入了大学文学院的教学大纲。学位是自由选修的，等于半个哲学（伦理学和社会学）学士文凭。社会

学学士学位不是教学方面的学士学位（因为社会学并没有被
列入中学教学大纲），但与以前的状况相比，这已经是一个进
步。我坚持主张这个学士学位必须拥有三个考试合格证书
（社会学通论、社会心理学、政治经济学），第四个考试合格
证书由大学生们在课程表上自选课程（经济史、人种学等）。　450
我坚持这三个必备的证书各自以本身的概念来确定。在教师会
议里并不是没有人反对政治经济学证书。古尔维奇显然对此持
反对态度。有些人或许还记得涂尔干和他对经济学的批判。最
后，没有费多大劲儿，我终于说服了大多数人。这是由于我的
论据更充分，还是由于我的法语比古尔维奇更地道呢？我也不
知道。反正我的法语讲得比他好，那是理所当然的。

　　我那好胜的秉性驱使我与我所喜爱和尊重的艾蒂安布尔
（René Etiemble）进行了一场争论。我们讨论了社会学通论的
教学大纲，我们又提到了一些被列入伦理学和社会学教学大纲
的人物，如卢梭、孟德斯鸠，并且沿用了"先驱""奠基者"
等字眼。艾蒂安布尔嚷道："还有阿拉伯社会学、中国社会
学，这怎么办？总是局限在我们自己狭小的国土内，好像法国
包括了所有文化似的……"被这段话略微激怒的我，用一种
不大符合大学习惯的方式回答说："我完全同意我的朋友艾蒂
安布尔的意见，但是，我建议把阿拉伯社会学或中国社会学，
推迟到我的同事的学生们有能力教授这些课程时再列入教学大
纲。"一阵大笑结束了这场辩论。艾蒂安布尔很喜欢嘲弄别人，
而对别人笑话他就受不了……不过，我相信他早已原谅了我们
大学合作中的这段小插曲。

　　社会学学士学位没有存在多久，1968 年开始实行富歇改
革时它就消失了。这个改革本身很快也由于 1968 年 5 月事件

而被中断了。不管怎么样，社会学作为大学里的一门学科从此得到了承认，1960 年代的风潮幸亏没有再上涨，尽管如此，这门学科一直吸引着众多大学生。

1955 年，当我把"工业社会"作为第一堂公共课的主题时，我打破了常规：把五年计划、耕地集体化、莫斯科的诉讼案件都列入了我的研究之中。不这样做又能怎么办呢？因为苏联代表了当代社会制度的一种理想模式——它的目的是要赶上美国，在社会主义制度下发展生产力。在巴黎大学的一间阶梯教室里回忆那些集中营以及列宁战友的供词，使学院式的社会学与公众的议论声接近起来。乔治·古尔维奇的课程就像他撰写的书一样，充满了分类和定义，表现了完全相反的特点。这些课使学生们脱离了日常生活方式，把他们带到一个陌生的世界里，这个世界带有一点儿神秘色彩，挤满了各种"小集团"，它由于存在多种社交方式而显得颇有生气，同时又被分成了多种不同的层次。

我们两人谁有道理呢？这个问题可能并没什么意义。然而，社会学使大学生摆脱偏见，摆脱在过去亲历的现实中形成的自发意识，所以社会学倒是有好处的。同样，大学教师尽可能客观地探讨一般只有新闻界和宣传讲演才涉及的那些问题，这也并非无用。1955～1956 年、1956～1957 年、1957～1958 年，最初的那些课程——"工业社会十八讲""阶级斗争""民主制与极权主义"等没有吸引多少学生，第一学年只有几十个人，以后人数逐年增多，这未必就是成功的征兆，但说明注册听课的人的数量的确增加了。此外，这些课程虽然听众不多，但是很快就拥有了数千名读者（巴黎大学的课程讲义是公开发售的）。

这样的课题选择并不是没有风险的。渴望脱离新闻界的我差一点儿又重陷进去。但是，我还想通过讲这些课，准备我的一部代表作——《从马克思到帕累托》，对此我多年来一直在思考着，甚至动手写了一些东西。我想尝试一下分门别类阐释下列理论的可能性，这些理论是：增长论［科林·克拉克（Colin Clark）、让·富拉斯蒂埃（Jean Fourastié）］，政体论（资本主义－社会主义），社会阶级论，以及经济、社会和政治领域里的精英论。我没有把握说事前就构思好了这三本小册子。第一年，我听任自己下了这堂课又去上另一堂课，没有一个整体计划。而结果竟奇迹般地不那么差劲。

　　在以后的章节里，我还要谈到上述那些书的内容。我有必要说一说我在那个时期的思想状况和我对听众的关心。有些大学生或是马克思主义者，或是准马克思主义者，虎视眈眈，在转角处等着抓辫子。而我来时，甚至来之前就已经有了右翼记者的名声。我必须制服这些马克思主义者，用我的知识说服他们，让所有人认识到我是一名现任教师。在《工业社会十八讲》中，我不止一次对苏联采取含蓄态度。为了证明我态度的客观，我不得不给我反对的那个政治制度留下存疑的特权，对它表现出宽容的姿态。我感到自己的确达到了目的。请别忘记，赫鲁晓夫于1956年在二十大做了报告，而我正是在这一年在大学首次讲课。我在课堂上讲述的那些事实，苏联共产党的第一书记证实了它们的真实性。

　　很难说我与大学生们，至少是第一阶段（大一、大二）的大学生们到底关系如何。他们很少来找我，一般是请助教帮助解决问题。开始，鉴于他们人数不多，我还嘱咐他们做报告，也就是要求他们当着同学和老师的面做报告。可是，我很快就放弃了这种做法。因为学生们几乎不听他们同学讲话，他

452

们指望的只是老师的评语。我努力不伤害学生的自尊心，即使
是学习有困难的学生。我认为让学生们取笑他们当中的某个人
是可鄙的。我不能保证说我从未犯过我厌恶的这种错误，但至
少我能够说我从未故意这样做过。

不知在什么情况下，有时来听课的皮埃尔·哈斯内尔
（Pierre Hasser）就古希腊大史学家修昔底德做了一个出色惊人
的报告。我对他倍加赞赏，而这些赞扬之词对他来讲并不过
分。我对他说，无论是作为大学生还是教员，我从没有听到过
这样高质量的演讲（皮埃尔这时已获得大学教师资格[①]）。一
名学生在下课时对我说："如果您没有承认我们今天听到的演
讲是异乎寻常的，我就会讨厌您了。"第二个星期，我也写了
一篇关于修昔底德的论文，并决意不能比皮埃尔等而下之。

453　　我同那些准备获取高等教育毕业文凭或写作国家级博士论
文的学生的关系不存在什么问题。我宁可让他们自己选择论文
题目，尤其是国家级博士论文的题目："如果你们头脑里没有
一个题目，甚至连研究方面的兴趣和想法都没有，那么你们为
什么要写国家级博士论文呢？这篇论文不应当是学校里的功课
练习。你们要为这篇论文花费一生中的几年时间，不要把这几
年用来对付学校里的名流，或仅为应付职业方面的问题。"我
觉得这种态度在今天看来仍是比较端正的。而对某些导师，在
某种情况下，或许有些大学生屈从于强制性的命令或者职业的

---

① 让-克洛德·卡萨诺瓦（Jean-Claude Casanova）后来对我说，我当时是
这样说的："自从听过萨特当着布伦什维格的面做的报告，我再也没有听
见过像今天这样出色的报告。"我相信卡萨诺瓦记得对。其实，萨特讲的
话带来希望，但不叫人目眩神迷。我这么说，不过想强调我钦佩的心情
而已。

需要，对这种情况，双方都有责任。

　　我与研究生班的助教和指导他们写论文的前辈们之间的关系却非常难处。我的女儿多米尼克多次责备我在大学生面前把助教们弄得十分尴尬。所以，皮埃尔·布尔迪厄在1960年代初当我的助教时，在我主持的学术讨论会上可以说从不讲话。当我和皮埃尔·哈斯内尔被认为是共同主持一个国际关系学术讨论会时，有好几次我伤害了他（或者使他不快）。事实上，我与巴蒂斯特·杜罗塞尔（J. - B. Duroselle）两人配合主持一个学术讨论会的方式，对于阿隆与哈斯内尔这一对人是不合适的。在1960年代，我已经充分克服了讲话过多、与他人合作时认为自己一贯正确的恶习。皮埃尔·哈斯内尔讲话越无拘束，越能发挥其才华。他滔滔不绝地讲话，从自己的观点一直扯到他的对话者有可能产生的反对意见，包了整场戏。他的敏锐、他谈吐的分寸感使他比别人——自然也包括我——更占优势，以至于和他谈话变得很困难。在这种情况下，应当让他以自己的方式去引导讨论会，每个听众将偶然得到对自己合适的养料（或者说他口吐珠玑，奇思妙想联翩）。

　　话虽这样讲，那些学术讨论会，尤其是1960年我当选为兼职主任指导的第六专业学术讨论会，都给我留下了很深的印象：这是自由的讨论、共同的研究，没有咬文嚼字的争辩。当然，由于每次启发报告和随之进行的讨论质量不一，各次讨论会也就很能见高低。一些今天被同辈视为科学团体之精英的人曾在这里找到了乐趣，并汲取了某些东西（比如，我想到了乔恩·埃尔斯特，他在巴黎大学通过了一篇国家级博士论文，这是继50年前他的一个同胞之后第二个申请并获得了国家博士学位的挪威人）。我收到过这种学术讨论会的一个常客寄来

454

的信，他的观点接近极左，他在这封感人的信里对这种讨论方式表示谢意。

至于论文答辩，我的记忆比较复杂。首先，我要说：与我的某些同事不同，我认真地、完整地阅读了所有论文。正因为同事们怀疑我不肯服从职业所提出的要求，我才要与那些工作最认真的人见个高低，并将此视为名誉攸关的事。但是，这种职业责任心，同样也表现在讲话的坦率上面，而这种坦率被别人看成苛刻也有一定的道理。评审委员会的其他委员还指责我利用半天的答辩会上师生尊卑仍然悬殊的机会，压低别人，抬高自己，出尽风头。而评审委员会的委员使用或滥用他的地位捞取外快。

巴黎大学人人都有自己的风格。这个人喜欢挑剔拼写错误、细枝末节或英语洋腔毛病；那个人则愿意在论文送交后发表一些引人注目的讲演，而这些讲演既不能使听众了解论文的价值，也不能让十年寒窗的作者为自己的作品辩护。我一直采用坦率的办法：竭力就一部作品的主要思想和大家交换意见。为此，我得到了一个严厉甚至是残酷的名声。这个名声从某种程度上讲，对我也还合适。论文答辩时，不仅在审查委员会的成员之间，而且在审查委员会成员和学位申请者之间都展开了那种口才比赛。学位申请者常常有可能变成"亲密的同人"彼此之间竞争的牺牲品。

阿兰·图莱纳（Alain Touraine）在他写的一本书里讲述了乔治·弗里德曼、让·斯托佐尔和我对他进行的一次考试。对阿兰·图莱纳，我在过去，而且一直到现在，都确实怀有好感。在巴黎的社会学家团体里，他以优雅的风度、自然庄重的举止和绝对真诚而显得很出众。我对他没有丝毫不满和怨恨。

他要求我当他的论文指导教师，而这时他的论文已经做完了。
他希望我来评审他的论文，也许他把我看得比其他教师高，也
许我的出席可以给答辩仪式增加光彩。在欧内斯特·拉布鲁斯
和乔治·古尔维奇两人讨论了第二篇论文（《阶级意识的经验
研究》）之后——像往常一样，由于他们两人中的第一人对显
示口才表现出很大的兴趣，这个讨论会被延长了——阿兰·图
莱纳旁若无人地阐述了他的学位论文，并用一首西班牙语诗歌
作为结束语。答辩委员会主席让我发言，我开口就说："让我
们回到地球上来吧！"

　　在两篇学位论文的答辩中间有一段休息时间，阿兰·图莱
纳仿佛剑客冲刺前那样说："我害怕的只有阿隆。"这些话是
后来别人告诉我的。当时会场挤得水泄不通。我愈是使听众感
到我对他持友好态度，我对学位论文的评价就愈加使他难堪。
我批评图莱纳进行的分析与其说是社会学的，不如说是哲学
的，然而他并没有掌握好概念，没有哲学家的修养。我是错还
是对呢？这个问题没法查考。我可以替自己辩护的是：我反复
阅读了论文，并且征求了一个无可争议的专家的意见。如果弗
里德曼和斯托佐尔没有因为我的话而加倍显得苛求，那么，或
许我还不至于起这样的破坏作用。图莱纳十分窘迫，几乎要放
弃为自己辩护。那气氛简直令人窒息；拉布鲁斯低声对我说：
"这太过分了，这简直是不可能的。"雅克·勒高夫坐在那里
焦虑不安，想发言质问评审委员会的成员们：一下子变得严厉
起来的导师兼保护人乔治·弗里德曼和对第六部并不熟悉的斯
托佐尔。阿兰·图莱纳整整几个星期，在梦中或不如说在梦魇
中都会再次见到那天下午的情景。晚上，他接待了事先邀请的
全巴黎知识界和上流社会的头面人物。一个夫人对我说，那个

455

进山门的招待会开得叫人十分难受。拉扎费尔德却颇为欣赏对学位论文的公开讨论，他告诉我说，我的即席发言简直可以照原样发表（这不符合实际情况）。

尽管在其他场合我也用同样的坦率态度来讲话，但是从未有一场论文答辩达到这样的紧张程度。我同米歇尔·克罗吉埃（Michel Crozier）进行讨论；我的意见并不都是恰当的，听众不止一次对他的敏捷答辩报以掌声。我与弗朗索瓦·布里科（François Bourricaud）和亨利·孟德拉斯（Henri Mendras）的谈话一直是温和而友好的。

我特别记得有两篇学位论文，我对它们的主要观点提出了疑问，然而这并没有使论文的作者过于慌乱不安。皮埃尔·纳维尔（Pierre Naville）是全国科学研究中心的负责人，他希望获得国家博士学位。他的论文阐述了马克思的思想，题目是《从异化到享乐》。乔治·古尔维奇就马克思的青年时代、他的思想的各个阶段以及 1837～1848 年他所受的影响，与纳维尔讨论了两个多小时。古尔维奇倾向于圣西门和费希特，纳维尔则倾向于黑格尔和唯物主义者。当时钟已走过 7 点半，我才发了言。我只提了一条意见，而它却是一条触及实质的意见。照纳维尔的看法，卡尔·马克思把数量引进经济分析，他在经济学史方面的决定性贡献正在这里。然而，由于剩余价值观念在马克思主义的分析中占有重要地位，我便向他提了一个问题："一个世纪以来，人们是否计算了剩余价值？"显然，尽管马克思通过一些数据设想（而不是确定资本主义）积累了很可观的剩余价值，但人们并没有计算过剩余价值（通常，他设想剥削率为 100%；换句话说，剩余劳动——为生产与工资相等的价值而进行的超过必要劳动时间的劳动——在一天中要占半天）。纳维尔，如果我的记忆是准确的话，除了回应说马克思试图确定数量这一点，几乎无言对答。拉布鲁斯起来想替他解围，然而他的论据贫乏，或者毋宁说是毫无意义的。他对我说："人们还没有计算剩余价值，但这并不表明在下个世纪人们还不知道它。"明确指出剩余价值观念脱离了量化概念的理由，对我来讲是很容易的。唯一有价值的答辩是我的朋友乔恩·埃尔斯特做出的：另外一些概念，另外一些理论，没法用数量计算，但并不因此而没有意义（比方说机会的价值）。我本来会同意这个回答，但是纳维尔的论文不管怎样已站不住脚了。卡尔·马克思肯定是研究了他那个时代可使用的统计数字；如果那时有国家簿记资料，他也会赶去进行研究的。至于他的主要贡献，比如《资本论》第一卷，计算只是在推理时以数字说明的形式起作用。同样在那里，他对造成谵妄的幻想起了很大作用。如果剥削率达到100%，那么当人对人的剥削最终被消灭时，领取工资者积攒下来的收入应该有多少呢？

　　另一次论文答辩我也还记得，那是一个希腊人，名叫阿克赛洛斯，他既是一个马克思主义者，又是一个海德格尔主义者。他的研究名为《马克思，技术的思想家》。或许海德格尔的一篇论文启发了他，因而他把马克思的思想与技术在全球的传播联系起来。我的同事帕特里奥尼·德·冈迪亚克是科斯塔斯·阿克赛洛斯的朋友，他知道我对这项研究的保留态度，因而希望推迟我发言的时间。可以说，我只提出了一个问题：关于技术，马克思写了什么著作，他的技术哲学是什么？他回答我说："这也许是作者思考中缺少的主要对象。"对话没有再深入下去。

　　由于我已经下决心充分完成我作为社会学家的义务，因而就在第六部创建了一个研究中心，叫作"历史社会学欧洲中心"。皮埃尔·布尔迪厄是秘书长和鼓动者。直到 1968 年 5 月事件造成我和他的关系破裂前，他一直是实际上的领导人。在涂尔干直系门徒这一代人，与通过经验调查而由信奉哲学转向社会学的那一代人之间，我属于中间的一代。如果在 1945 年我去波尔多大学当了教授，我会不会做调查工作，并同大学生一起当学徒，或许会，但我不敢肯定。乔治·弗里德曼的转变不彻底。对我来说，返回巴黎大学太晚了。我已经 50 岁，又不愿意放弃新闻工作和在法国政治中的活动；国际关系（它很少需要经验调查）占去了我一半的注意力和时间。皮埃尔·布尔迪厄服完兵役回来，已经做了实地工作。他的确尽其所能，不负众望，成为他那一代人中的"大人物"之一。当时他还没有露出未来会变成这样一种人的苗头：宗派的头目，自信而又喜欢支配人，大学里搞阴谋的专家，对那些可能使他不愉快的人毫不留情。从比较人道的角度来说，我对他还有其他期待。

458   我在巴黎大学的职位使我加入了全国科学研究中心委员会。我在那里既体验到了官僚主义，也体验到了各个压力集团间的斗争。委员会要审查研究员候选人的资格，也要考察研究员的补缺和晋升问题。社会学家们——他们中的大多数在全国科学研究中心从事研究并取得了成就——不大重视文凭（比如大、中学教师资格会考证书），他们自己也没有这些文凭。除了文凭，候选人拟订的规划对选拔也起决定作用，至少从原则上说是这样的。委员会成员们全都真诚地力图找到最好的候选人，他们的意见不会一致，因为政治观点、派别关系、关注领域各不相同，相互交叉或者相互排斥。民主管理中的专断毛病，有目共睹。

做了四年的社会学委员会主席，我在某种程度上成功地影响并改善了我们的工作。当委员会的成员，甚至是委员会中的共产党员对我的耿直感到心悦诚服的时候，他们常常听从我的建议。最使我受震动的是，当委员们做出了公正的决定时，他们几乎所有人都露出某种满意的神情。这倒小小地证实了我对人之本性的那种根深蒂固的乐观态度。这些社会学家当机会来临的时候，也会叫自己的感情和派性给正义让路。

对我来讲，1955～1968 年是大学活动最多的几年，这几年的活动主要是对阿尔及利亚问题、1967 年戴高乐将军的记者招待会以及 1968 年 5 月事件分别做了一次引起轰动的表态。在这 13 年中，我根据笔记发表了我所讲授的课程中 5 门课程的讲义①；在课堂上我讲授了《和平与战争》中的一部分，但是后来我完全重写了；我给政治学院讲授了第一堂在法国从未开过的关于核战略的课，事后我用 3 个星期写了《大辩论》。1957 年，我汇集了 3 篇分别谈论右派、衰落、战争的论文，编成了《对本世纪的希望与忧虑》；1965 年，我为大不列颠百科全书出版社写了一篇文章，实际上是一本书，这本书等到1968 年才在法国出版，题目是《进步梦幻的破灭》。相反，我没有利用为时一年的关于孟德斯鸠的政治思想的那门课和关于斯宾诺莎的政治思想的课，我也没有利用为时一年的（每周两小时）关于马克思的课和关于平等的课（每周两小时）。这

459

① 《工业社会十八讲》《阶级斗争》《民主制与极权主义》《社会学主要思潮》（这门课的题目是：历史社会学的各个重要学说）。

样的教学从某个方面来讲是偏离了现实、偏离了时代给我们提出的问题的。

在我看来，这几年的教学——我再重复一遍——是一种幸运。它帮助我不是在遗忘中而是在接受中重新找到内心的平衡。对于大学生、巴黎大学以及社会学思想在法国的发展，这是否也是一种好的机遇呢？对此我不好做出答复。不管怎样，这里有一些意见是我的大多数同事会接受的。

通过讲授课程和撰写文章，我对发展社会学家团体做了贡献。涂尔干在他的第二篇论文里，把孟德斯鸠和卢梭当作社会学的先驱。我在解释《论法的精神》一书时，曾把它看成一本已经受到社会学中实际问题的影响的著作。如果仔细斟酌一下，那篇论文几乎是平庸之作，但它已被遗忘了。同样，我甚至提醒我的学生和同事们注意：托克维尔是属于他们的，《论美国的民主》一书的作者不是社会学思想的先驱，而是一个拓荒者。托克维尔过去被那些没有发现他是一个伟大作家的哲学家、文学史专家所忽视，而今后，他将被归入社会学家、研究美洲文化的专家和历史学家的行列。弗朗索瓦·富雷（François Furet）对《旧制度与大革命》一书是尊重的，并把这本杰出的著作列入了法国大革命的历史文献。当然，在丰富法国社会学家的历史意识这一点上，我并没有强调自己的功劳，去强调将是可笑的，而且与社会学的思想也是不协调的。我对这种意识的丰富所做出的贡献，就像战前我帮助人们理解马克斯·韦伯的伟大一样。

当然，在塑造我所描述的 7 个伟大人物中的孟德斯鸠和托克维尔的形象时，我同涂尔干派的正统观念决裂了。乔治·达维作为忠实的继承人，在一份批评报告中告诉了我这一点。一

个比较宽容的英国社会学家对我夸奖备至，但也没有忘记提醒
我说，涂尔干是杰出的社会学家。好吧，可是，他尤其是一个
唯社会学论者。我的意思是说，他的著作可能包含了唯社会学
的所有错误：认为社会学的解释方法比别的解释方法拥有更高
的权威；使用"社会"这个概念时，把它看成囊括一切的、
具体的、范畴分明的现实。在这个概念中，价值和现实的意义
混淆不清，以至于他因此做出判断：在社会与宗教信仰的对
象——上帝之间，他看不出有什么区别。涂尔干的天才不会让
人怀疑他胸襟狭隘，也不会让人怀疑他盲目狂信。

　　乔治·达维批评我从社会学滑向了政治学。除了学院对学
科所做的区分，这两个学科的区分有什么意义呢？在达维的反
对意见中有价值的是：孟德斯鸠和托克维尔都没有脱离古典哲
学的传统，即使他们两人都强调社会状况与政治制度的联系，
并因此揭示了政治制度的社会条件与社会后果。与孔德和涂尔
干不同的是，他们没有宣称社会因素统治政治因素，没有走向
极端，说与社会因素相比，政治因素微不足道。奥古斯特·孔
德和埃米尔·涂尔干①在政治方面都没有传世之作，特别是对
他们本来认为与现代社会精神和要求相符合的政体，没有留下
任何重要著作，这不是偶然。托克维尔归根结底还是研究政治
的，所以至今还能告诉我们一些东西。

　　孟德斯鸠与托克维尔探讨政治的社会条件和政治后果，孔
德与涂尔干则从社会整体性出发，只给政治以次要地位，那
么，该不该把两个学派对立起来呢？或许应该，但是社会学为

――――――

　　①　对于涂尔干的评论可能太严厉了。在"社会学课程"中，在中间团体的
　　　　问题上，他发展了带有浓厚托克维尔色彩的观点。

461 什么非要建立在一些假设的固定主张之上，非此，社会学就不可能成为一门科学了吗？在我看来，我的功绩是坚持认为社会学不包括唯社会学的哲学。我的错误是没有深入分析，没有在解释的方式和社会类型的争论中表态。我所写的关于历史的解释和理解、国际关系、法国社会或发展方式的著作，都绕开了决定论或功能主义的极端方式。在巴黎大学和法兰西学院，我本应对这些原则性争论表态的。

尽管我有点犹豫不决，但我自认为在巴黎大学的天地里，我对社会上的议论还是有一定影响的。在引用赫鲁晓夫的报告时，我提醒人们注意土地的集体化、莫斯科的诉讼案。关于"工业社会"的三门课给占统治地位的意识形态提供了一个工具，然而不幸的是这三门课令我惋惜，因为它们本来是可以写成一本书的。它们没有使那些来自马克思列宁主义的人感到人生地疏。它们划出一个范围，在这个范围内展开了意识形态的竞争。它们更多的是提出问题，而不是提供答案。不管怎样，它们给大学生和有文化的人提供了一个发达社会中所谓社会主义制度和自由民主制的景象。

除了这两个功绩，我忘了最主要的。我是否启发了一些人的思想？我是否帮助一些大学生度过了他们的青年时期并帮助他们克服了苦恼？他们当中有多少人还对我的课留有深刻的记忆，并感到从中学到的东西，超过了弄张文凭的本领，何况这种文凭已经相当贬值了？我不知道，而且永远也不会知道。当然，和我亲近的人，如皮埃尔·马南（Pierre Manent）、雷蒙德·穆兰（Raymonde Moulin）、让·巴什勒（Jean Baechler）等人——这里只提几个最知己的好友，他们各有特点，与我也有不同之处——肯定都不会否认，参加我的学术讨论会以及和我谈话都是有收获的。除了这些为数不多的人，我怎么会知道别处的情况呢？一名法国教授是在同默不作声、严阵以待的听众讲话。有时他思忖着是不是听众们没有听演讲者说的话，仿佛杂技演员在表演而观众却不赏光。法国公众，尤其是大学生们，在我看来一直是我在世界上遇到的最挑剔、最负心的听众。

462

我开了十几门课，也用英语、德语做过学术报告。除了一些特殊情况，我一向不难赢得听众，可以说我不难感到他们的实际存在。人们对听众讲话——我一直这样做——而不是照本宣科或背诵准备好的讲稿时就会猜测听众的反应，猜测什么时候话题使他们厌烦，什么时候唤起他们的好奇心，什么时候会引起听众的混乱骚动。英国、美国和德国的学生们，我几乎一直对他们抱有好感，特别是他们的知情达礼。他们那种善良的、发自内心的感激之情使来自巴黎大学的我心满意足，甚至受宠若惊。

在哈佛大学，我对一些出类拔萃的大学生做了一个即席讲话。散会后没有几分钟，他们当中的一个就过来对我讲："我刚给我的女朋友打了电话，告诉她今天晚上和您在一起，我是多么高兴。"另外，我还收到一封信，那是在一堂课上，面对几百名老成持重、自信而沉默的学生，我不禁流露出一种孤独感。事后一个大学生给我寄来一封令人感动的信，可以说它安慰了我，或者说使我安了心。

为什么法国大学生几乎从不表现出英国、美国或德国学生那种愉快和友好之情呢？考试或会考制度可能是一种因素。或许巴黎大学的学生们已经成了性情孤僻的人。他们了解助教，但是几乎不了解教授。他们不表露自己的感情，而这种感情或许他们也同其他国家的学生一样感受到了。几年后，一个学生——他现在是大学校长——对我讲起我开设的关于孟德斯鸠的课，就好像这门课在他的读书生涯中是一个重大事件。可以说，对于意识到自己的使命并希望完成它的教授来讲，法国听众的抵制情绪是一种挑战。在巴黎大学，一直到最后，我都在努力战胜那些课程，下决心要赢得这几百个人、这几百个年轻的头脑。他们中的一些人当然早就被我争取过来了，另一些人则难以对付，我梦想着用语言把他们团结到一个令人愉快的共同体中。

463 从 1955 年到 1968 年这一时期，在巴黎知识界和学术界，在法国和外国，我的处境逐渐发生了变化。1945～1955 年这个时期以《知识分子的鸦片》告终。这本书由于背叛知识分子而给我招来了滔天大罪，但并没有妨碍我入选巴黎大学教授。1955～1968 年又以轰动一时的《难觅的革命》而宣告结束。这本书使我得到更多人的承认，在国外可能比在法国还要多。非马克思主义的或前马克思主义的左派阅读了《工业社会十八讲》。编年史出版社围绕《和平与战争》组织了一次书面的圆桌会议。哈佛大学、巴塞尔大学、布鲁塞尔大学、牛津大学等大学授予我的名誉博士学位，证明了国外大学对我的欢迎。在英国，我被邀请去做了被称为引人入胜的演讲，在苏格兰（阿伯丁大学）出席了吉福德讲座，在牛津大学出席了萨哈罗夫演讲会，在剑桥大学出席了马歇尔演讲会的讲座，还在牛津大学出席了齐吉尔演讲会的讲座，在美国，在普林斯顿大学、哈佛大学、芝加哥大学、伯克利大学，我也同样开了讲座。1963 年关于托马斯·杰斐逊的演讲于 1965 年汇编成《论自由》一书，等等。

　　作为记者和教师，我没有理由指责公众和制度的不公正。我入选法兰西学院院士那天，甚至在开始上课的那天晚上，想起了我那在灾难中结束了生命的父亲和母亲。他们是会因为儿子的成功——他们会这样说的——而得到宽慰的。从个人来讲，我不能确定已经完成了自我实现。1970 年，我认为自己还年轻，或者毋宁说还没有感到年龄的负担；我没有计算怎样才能更好地使用我或许尚存的时间。也可能像那些评论常常写的那样，我是一个理性的作家；然而对于我的生涯和著述是否井井有条，我还是抱怀疑态度。

第十四章　阿尔及利亚的悲剧

　　1956 年，三件大事震撼了欧洲并扰乱了法国知识界：赫鲁晓夫在苏联共产党第二十次代表大会上的报告，纳赛尔把苏伊士运河国有化，几乎同时发生的匈牙利革命和法英远征。

　　赫鲁晓夫的讲话使西方的公众舆论、知识分子、共产党人和进步分子目瞪口呆。由于法国人是时间最长、最固执地拒绝承认古拉格劳改营的现实和苏联政体性质的人，所以这个震动就更加剧烈了。

　　从某种意义上讲，人们简直可以说这篇著名报告没有暴露任何秘密。大清洗、古拉格劳改营、整批居民迁移流放、莫斯科大审判，那些有心了解情况的人对此并非不知道。然而，甚至让 - 保罗·萨特和莫里斯·梅洛 - 庞蒂都在《现代》杂志（1949 年 5 月）中承认说："当 1/20 的公民被关在集中营里的时候，就没有什么社会主义可言。"但是关于这一点，他们的作品中只出现了一次，但通过哲学评论并非没有减轻这种对现实的让步，他们的评论我直接引用："我们的共产党人能接受集中营和压迫，是因为他们指望由此通过经济基础产生奇迹，出现一个没有阶级的社会。他们错了。但这正是他们所想的。"古拉格劳改营还不足以说服存在主义者：苏联站到了营垒的错误一方。"不管苏联现实社会的性质如何，在力量的平衡中，它大致站到了反对我们所知的剥削形式的斗争力量一边……"结论是（如果 可以下结论）："殖民地是各民主制国家的劳动营地……"

　　赫鲁晓夫的报告所"揭露"的大部分事情，法国人在前共产党人（鲍里斯·苏瓦林、安东·西里卡、维克多·谢尔盖、克拉夫琴科）或社会学家（大卫·鲁塞、米歇尔·科里内）的书中是不难找到的。苏联共产党总书记一下证实了，那些粗浅的或者执拗的"反共分子"的"宣传"原来都是真的。

　　说实在的，赫鲁晓夫并没有讲出"真相、所有的真相、唯一的真相"。关于党内大审判和大清洗，他讲的基本上是实话。关于斯大林本人，他还没有摆脱斯大林主义的影响，他并不放弃为了省心省事而编造谎言。他不满足于从根本上推翻斯大林元帅，他丑化斯大林，将其说成是一个可怜虫，没有能力领导战时的国家和军队。

　　共产党人和接近共产党的人，甚至非共产党人都必须在两种态度中做出选择：要么公开宣布过去我们什么都不知道；要么全然相反，抵赖自己写过的东西，硬充事后诸葛亮。法国共产党人迫不得已采取了第一种态度；或多或少赞成共产党的左派人物则宁可采取第二种态度。两种人里面绝大多数人对于真情实况都采取了轻率的态度。在苏联，我问过一名共产党知识分子，从他名叫奥拉伯·奥格鲁来看，他大概是土耳其裔，我和他有些私交。我问他："赫鲁晓夫报告使你了解了什么吗？"他犹豫了几秒钟后说："几乎什么也没有。"他属于共产党第二代，他的父亲领导过一个集体农庄。

　　环境促使我参加了一些论战。在《他们一向是这样说的》的题目下，我抨击了伊萨克·多伊彻（Isaac Deutscher）和莫里斯·迪韦尔热。在《法国观察家》杂志中，前者曾这样写道："对于历史学家来讲，针对斯大林在第二次世界大战中的

作用、他的糟糕的估计和错误，赫鲁晓夫所做的那些揭露没有任何令人惊奇的地方。"我用他写的斯大林传记中的一段话来

466　反驳他："实际上他是自己的总司令、自己的国防部部长、自己的军需官、自己的后勤部部长、自己的外交部部长，甚至是自己的礼宾官……接着他采取了一个惊人的行动，他把西部俄罗斯和乌克兰的 1360 个工厂撤往伏尔加、乌拉尔和西伯利亚。在 4 年的战争中，他日复一日地、几乎无时无刻地保持着耐心、韧性和警惕。"我评论说："多伊彻在个人崇拜的时代是这样讲的。今天赫鲁晓夫揭露的事竟然一点儿也不使他感到惊讶，照赫鲁晓夫的话，斯大林一直在捧着一个地球仪指挥作战。我不相信赫鲁晓夫对战时斯大林的作用看得很对。他夸大其词，多伊彻亦如此。"接着，我和多伊彻两人展开了一场颇长的论战。我的对话者终于提出不要从狭义上去理解他对斯大林在战时的作用的评价：这些评价是讽刺性的，是说反话。论战逐渐涉及未来的景况，多伊彻考虑到各种场面，其中包括出现一位拿破仑，唯独没有考虑那可能性最大的正在发生着的情况：政体保持原来的建制，但排除了斯大林身上那种病态的过激行为。

　　我指责莫里斯·迪韦尔热针对赫鲁晓夫报告所写文章的措辞："与以前的大多数暴君比起来，斯大林既不好也不坏。"我让他想想他曾对法西斯一党制和共产党一党制做的比较："在俄国共产党内，社会等级的特点消失了：精英人物的定期流动成为可能；与群众的联系建立起来了。"进一步再谈到大清洗时，他说："俄国一党制仿佛是一个生气勃勃的机构，这个机构的各个支部连续不断地更换。对各种清洗的害怕使党员们一直处于紧张状态，不断地激起他们的热情。"我的评论如下："赫鲁晓

夫像一个庸俗的'一贯反共分子'，对那些毁掉军队、行政部门和共产党主要部分的大清洗很愤慨。莫里斯·迪韦尔热比这种庸俗的愤慨高明得多。清除党员对党的生命力就如同'更新细胞'一样，对有机体的健康大有好处。"

我在 1956 年 7 月 10 日写了一篇文章，结论是这样的："赫鲁晓夫的报告不能为斯大林时代盖棺论定。歌颂这个伟人的话，也同样不算盖棺论定。但是对共产党人和反共分子采取等距离的态度也是不公平的。当涉及大清洗、整批居民的流放和彻头彻尾捏造的供词时，反共分子是完全有理的。真理不会始终是中庸的。20 世纪的专制暴行就是无度的。"今后，我仍然会以同样的措辞坚持这个结论。

不幸的是，当我重读我为《费加罗报》写的关于苏伊士运河国有化和法英远征的文章时，我却不再感到满意了。在某种程度上，好战的气氛以及泛滥到巴黎的黩武思想毒化了我。我从不赞成军事行动；正当匈牙利发生革命时，以色列、法国和英国联合作战，这在我看来是荒诞的，而且使我很气愤。然而，我看到重新占据苏伊士运河的威胁可能促使纳赛尔上校与运河的用户进行谈判并能达成协议时，就听凭自己采取了模棱两可的立场。

事后，我自责没有果断地把自己的想法坚持到底。是的，纳赛尔上校进行国有化的方式是挑衅性的，但是对于英法运输石油的船来讲，国有化一事并不存在禁止它们自由通过运河的严重危险。关于领航员的作用"不可缺少"的说法，我本应立即揭露它，尽管我对运河的通航情况一无所知。[①] 安德烈·希尔巴赫在很大程度上对这个神话负有责任。

---

① 我记得一个船长的信曾讲过这个传说：在运河上航行没有任何困难。

幸好，尽管我中了毒，但还没有到发狂的地步；我从来不同意把 1936 年 3 月的事件与 1956 年 7 月的事件进行比较，也不同意说近东事件将会对阿尔及利亚战争产生决定性影响的如下论点："与 1936 年 3 月进行比较，错误体现在很多方面。德国军队一旦进驻莱茵区，除了战争以外再没有什么能把它们赶走，而且欧洲的力量对比肯定要发生变化。纳赛尔上校尚未最终掌握运河，即便他在后来的谈判中取胜——而这是不大可能的——他毕竟还没有成为一个军事强国的首领。"（1956 年 8 月 4～5 日）

1956 年 11 月 2 日，当法英远征开始时，我警告人们不要存什么幻想。我说：

> 暴力只不过是一种手段。在阿尔及利亚，几个月来，人们很不理解暴力是为何种对象服务的。今后有必要让那些目标不致引起人们的任何疑问，应当使我们的领导者和世界舆论清楚地了解这些目标。反对人们所称的阿拉伯或穆斯林的民族独立运动，简直是发疯，突尼斯和摩洛哥已经宣布并最终获得独立，对此提出疑问也同样是发疯。在北非，法国的目标只能有一个，那就是巩固并加强温和派的力量，这些温和派既向往民族独立，也同样渴望与法国保持友好合作关系……我们在苏伊士是找不到解决突尼斯、摩洛哥或阿尔及利亚问题的办法的。我们唯一的希望、唯一的机会，就是敲敲那些表现出泛伊斯兰主义的狂热的人的脑袋，给我们的谈判对手以最大的勇气……

今天，我们大家都很难理解，正当举世谴责殖民化历史的时候，英国人和法国人为什么要去冒这样的险。联合王国已经无偿放弃了它在亚洲的属地。印度一旦独立，保留印度的航道还有什么重要意义？埃及作为运河的负责人，为什么不会设法尽力满足用户，以增加它的收入？事实上，如同我那时多次写过的那样，苏伊士事件包含双重赌注：通行自由是一方面，另一方面是，向西方人挑战的纳赛尔上校取得威望在整个伊斯兰世界会造成的后果。面对纳赛尔的挑战，感情上的反应比政治上的估计更多地影响了英国内阁和居伊·摩勒政府的决议。英国人和法国人不愿意、也不应当忍受这种侮辱。因此，在巴黎和在伦敦一样，传闻四起，军事准备也开始了。从个人来讲，苏伊士运河国有化以后几个月，特别是秋季，我不再相信法英会采取行动；威胁是为了帮助谈判。在这种思想的支配下，我避免事先谴责对苏伊士运河的占领，毫无疑问，我错了；在香榭丽舍圆形广场的《费加罗报》报社群情激动，布里松尤为激动，但这不能成为我的借口，只能说明我的几篇文章为什么模棱两可。

以色列部队进攻西奈半岛时情况就不同了，伦敦政府和巴黎政府同时借口让交战国停止接触，向开罗发出了最后通牒。法国和以色列之间的勾结是毫无疑问的。反对实行了几个月的苏伊士运河国有化，看起来几乎只是一个打垮纳赛尔上校的借口。这件事从道义上讲是没法自圆其说的，而在军事上也不怎么妙。大家都知道，为了侥幸取胜，非得速战速决。然而，最后通牒发出以后，过了几天英法才开始登陆。欧洲各国的外交并没有取得美国政府的宽容。正置身于竞选连任活动中的艾森豪威尔将军勃然大怒。在伦敦，社会舆论对这种无赖的炮舰外交是很气不平的。英镑抵挡不住那些自发的或是受华盛顿影响的打击。英国首相与其说是向布尔加宁那封提到苏联导弹的恐

469

吓信屈服，不如说是屈服于美国的压力。

在这几个星期中，我的文章对美国也没采取宽容的态度。美国的外交政策惹恼了纳赛尔上校，这不仅仅是由于它拒绝给阿斯旺大坝提供资金，而且也由于它拒绝的方式。杜勒斯从这一个会议跑到那一个会议，多方活动，想劝阻英法不要干预。最后，在联合国，美国竟和苏联站在一起谴责它的同盟者。与此同时，它也在大会里纠集了大多数人，谴责苏联对匈牙利的干涉。

470　　近东和东欧同时发生的危机给我留下了深刻印象，而且也教育了我。大国之间的勾结在我看来可以说是很明显的了。两国都要求自己的卫星国或同盟国服从自己的命令；当然，匈牙利渴望自由，从本质上讲，不同于英国想保持自己的帝国地位这种徒劳意愿，也不同于法国想用侮辱纳赛尔来打垮阿尔及利亚的反抗者这种徒劳的意愿。然而，表面上仍有类似之处：东欧的"人民民主国家"不能依靠任何外援；曾经是强国的西欧民主国家没有美国的赞许，也不再拥有诉诸武力的能力。

在这几个月里，也就是 7 月至 11 月，我对谈判、军事准备，以及伦敦和华盛顿之间的争吵了解得不多。我没有料到，美国人明知法英两国集中了军队，却没有告知他们美国会做出怎样的反应。我更没有想到法英的计划在政治上荒谬到这种程度，如果稍微乖觉一点儿，登陆应在最后通牒发出后立即进行，造成既成事实。不管怎么样，结局仍会是一样的。英国人和法国人出于不同的理由，都想叫纳赛尔垮台。在苏联的支持下，纳赛尔居然不买这个账。最后，法国人和英国人只好空手而归，徒呼奈何。至少，这样毕竟免掉了一场弄巧成拙、丢人现眼、贻笑大方的丑剧。他们如果当真占领了运河地区，那才像唱经班的小和尚，耍手段碰一鼻子灰。

在这令人惊愕的失败之后，我感到需要毫无保留地表达自己的看法；我给《明日》周刊投了一篇《费加罗报》不会发表的文章。法国人和英国人把世界舆论从匈牙利悲剧转移开去，而且有可能鼓励了莫斯科的政治寡头去进行镇压。"既然同盟国想表现其独立性，美国就把自己的原则置于友谊之上。美国把它最亲密的盟友的失败变为自己的胜利。"我在下文提出：政治家拔出了剑，就得在台上一决胜负。我说："如果他们胜利了，还可以减罪。然而，他们失败了。"

居伊·摩勒政府投身于苏伊士冒险，因为埃及人支持阿尔及利亚的叛乱分子，并展开了一场狂热的反法宣传。法国在阿尔及利亚的政策显得更加危险了；我们成了阿拉伯民族独立运动的头号攻击目标。我要求共和国总统召见我——这种事我一生顶多做过两三次——想告诉他"绥靖主义"不可避免地要失败。勒内·科蒂友好地接见了我，他讲了话，在我们会面的 65 分钟或 70 分钟里，他几乎只给我留有 5～10 分钟的时间讲话。我告辞后，他没再说什么，似乎对我十分满意。

《阿尔及利亚的悲剧》一书于 1957 年 6 月初，即我返回大学两年后出版；这下我就被卷入了一场政治漩涡。此时，就连居伊·摩勒和布尔热·莫努里（第四共和国历届参议院主席中最被忽视的一个）的政治对手，即"自由派人士"，都不使用"独立"这个字眼。他们谴责镇压、酷刑，他们建议进行谈判。《世界报》和《快报》都是执政者的眼中钉，也都没有明确指出它们认为既合适又可行的解决办法。这样我就违反了外交方面那种或明或暗、捉迷藏的规则，或者说在从一个场面转入另一个场面时，我鲁莽行事了。进行谈判是理所当然的，但我们要有思想和行动的勇气：不承认阿尔及利亚人独立

471

的权利，就不会有谈判；而阿尔及利亚的独立意味着至少有一部分法国人不得不离开阿尔及利亚。

在这几个星期里，该书文字简练而激烈，加之我是作者，更引起众人的议论：《费加罗报》的评论员改变了立场。为什么？同行中竭力使我失去信誉的不乏其人，他们要么否认我有任何长处（你说的都已经人所共知），要么强加给我一些不同于"左派"的，因而也就不那么体面的动机。

472　　我的表态当然使那些不了解我的人，甚至那些自以为了解我的人感到惊讶。可这并不标志着我的思想出现了断裂，或许是由于我的过错而给人们造成了断裂的印象。事实上，1943~1944 年在伦敦与朋友谈话时，那时胜利已无疑问，我一直认为法国在战后不再拥有维持帝国的殖民统治的必备条件①；借自由的名义进行战争，将会激起殖民地人民的反抗意识，将使受奴役的人不再尊重他们的主子，使主子们想用武力来维持威信。立即放弃印度支那，或者更明确地讲，在法兰西共同体内立即给予印度支那三国独立自由，这在我看来是第一个必不可少的决定。这样，我们就可以把大部分的人力、物力投入北非和黑非洲，以便通过一代人的努力逐步解放我们的殖民地和保护国。这些观点在戴高乐紧跟派那里给我招来了可疑人物的名声，姑且不提"背叛"这个字眼——那些硬要垄断爱国主义的人喜欢用这个字眼来指控别人。

1945 年那段令我记忆犹新的插曲既表明抗敌人士的思想状况，也说明了我自己的观点。在《国际事务》杂志（1945年 10 月号）上，我发表了一篇文章，题为《对法国外交政策

---

① 如果我使用意识形态方面的理由，那就谁也说服不了。

的思考》。我在文章中提醒人们注意，保持法兰西帝国的完整构成了法国对外政策的主要目标之一。我还指出：

> 　　法国的殖民地并非全都位于兵力所及的地方。遥远的殖民地并不体现为一种物质利益。我们占有重要地位，并且有可能起重要作用的地区是地中海，尤其是西地中海。法兰西帝国中唯一能够有效地补充我国资源的是黑非洲。从1942年年底起，非洲就是法国复兴的摇篮，并且就我们的前途来讲占有极为重要的地位。为了坚持根本立场，在其他地方的让步是可以考虑的。应当补充说，保卫帝国在任何情况下都不意味着单纯简单地维持现行的殖民制度。相反，具有开明性质的改革可能是帝国继续存在的不可或缺的条件。

473

我的话说得何等谨慎！莱奥·哈蒙是当时一家刊物——好像是一家季刊的社长，这家刊物曾经出版抵抗运动研究委员会的著作，却拒绝接受我写的这篇约稿，原因是其中有"其他地方的让步"。在前一章里，读者已经在《连锁战争》中看到有关印度支那战争的几行论述。在《知识分子的鸦片》的序言里，我写道：

> 　　从个人来讲，我是对自由主义略感惋惜的凯恩斯主义者，赞同与突尼斯和摩洛哥的民族主义达成协议，确信大西洋联盟的巩固是和平的最好保障。根据人们对政治经济、北非或东西关系的看法，我可以被划为左派，也可以被划为右派。

我也没有参加关于1947～1954年的越南问题的讨论。让·路易·米西卡和多米尼克·沃尔顿在访谈我时批评了我的半沉默状态。我认为他们说得有理；事后，我很惋惜没有用白纸黑字记录下来我私下说的那些话。我本应多谈谈，特别是多写写。但是，当我回想起这一时期时，我并不感觉自己像那些年轻的审讯者所期望的那样有罪。在冲突的最初几年里，即1947～1950年，继冷战而来的有多种波折变故、对柏林的封锁、法国的多次罢工和暴动、欧洲的重建，因而，冷战成为最引人注目的事件。1947～1948年，法国民族主义者责怪敌视欧洲殖民帝国的美国人。社会党人在政府中占有席位，他们并没有替法兰西联盟讲话，这个政党与其他政党相比，拿不出更多解决办法。戴高乐将军和戴高乐派猛烈抨击那种与胡志明签订协议、只有愿望而无行动的做法。我与《费加罗报》开始合作时，那种微弱的政治和精神上的权威是逐步增长的。1949年，法国成功拉住美国来捍卫联盟国家。1949年北京建立了共产党政权以后，法军在1950年的边境冲突中接连失败，第四共和国的历届总理无须明示也明白了：他们希望结束这场没有出路的战争；他们不知怎样走出陷阱。美国人害怕法国人打退堂鼓；我用一种可悲的讽刺口气回答他们说："法国政府甚至软弱到了无法撤退的地步。"我本不应用"甚至"（even），而应用"特别"（surtout）。撤退是最困难的军事行动，要花费很大气力。

1953年访问日本后，我在越南待了一周，纳瓦尔将军向我简单地描述了他的计划：他打算在表面上不利于我国远征部队的情况下和越南人打一场仗，以消耗越南人在中国人的赞助下创建的几个师。法国军队虽然有些衰败，但仍然保持着对越军的某种优势，无论是在无防御工事的旷野作战还是传统的打法上都是这样。越军一旦被削弱或丧失了战斗力，它就有可能变成游击队，而游击队是军队在任何情况下都无法消灭的，只好由政治来加以克服或同它妥协。

纳瓦尔将军的讲话是那样清楚，含有一种使人信服的智慧。我没本事检验他的论据，虽然后来的事实驳倒了这些论据。以后法国炮兵的所谓优势、越南正规军进攻我们远征军精锐部队、所谓尖刀部队留守阵地所付出的代价等一系列事件，都驳倒了他的论点。毛泽东和列宁的忠实信徒武元甲在日内瓦会议前几个星期便确定了进攻日期，以便在谈判前或谈判期间取得胜利。为保卫老挝而选择坚守奠边府阵地，这在1953年春天似乎表现为一种政治上不理智的冒险。当日内瓦会议召开的时候，想从那里撤出，为时已晚。

不管怎样，从1954年起，我发誓不再像前几年那样谨小慎微了。1954年，皮埃尔·孟戴斯·弗朗斯采取轰动一时的行动，给予突尼斯内部自治权，显然这将导致它的独立。皮埃尔·布里松自己也表示同意这项具有历史意义的决定，由此导致了整个北非的变化。关于摩洛哥，我几乎什么都没写，但我尽全力帮助埃德加·富尔，努力把摩洛哥苏丹（穆罕默德五世）从马达加斯加请回拉巴特，这几乎肯定会导致摩洛哥王国的独立。我参加了那次午餐，席间，当时的内阁总理埃德加·富尔向皮埃尔·布里松试探性地提到让穆罕默德苏丹回国的想法。埃德加·富尔主持的是一个杂牌内阁，其中的戴高乐分子以科尼格将军为首，反对那种模仿孟戴斯·弗朗斯在突尼斯的做法的政策。皮埃尔·布里松受到相反的影响。我向他陈述非殖民化的势在必行，我认为这也符合民主主义的思想。从另一方面讲，那些老牌"非洲派"也反复对他说——他们是有道理的——穆罕默德回国，将导致摩洛哥的独立，搞垮法国在非洲的统治事业，有可能包括阿尔及利亚在内。

475

皮埃尔·布里松写了一篇社论，反对穆罕默德回国，题目是《永不》。我向他指出了发表这种政治主张的危险，后人会把这作为当事人和评论者之盲目性的例子。我从没有忘记阿尔伯特·萨罗在1936年3月说的"永不"：法国永不接受让斯特拉斯堡的大教堂置于德国的炮火下。法国有多少执政者明明心里知道某些事件必然要发生，而偏偏要用空话来拒绝呀！

阿尔及利亚的反抗开始于1954年11月，即法国在印度支那失败几个月以后，也是在孟戴斯·弗朗斯访问巴尔杜（突尼斯）几个月之后。这两个插曲并没有创造出瓦解法兰西帝国的力量，却为解放这种力量打开了闸门，由此涌入了民族解放的洪涛，民族解放得到了阿拉伯人、穆斯林、苏联人，甚至西方国家无数反殖民主义者的支持。

在共和阵线取得有限胜利以后，居伊·摩勒领导的而不是孟戴斯·弗朗斯领导的政府，再没有对突尼斯和摩洛哥的独立提出疑问，却在阿尔及利亚的法国人和本土"法国的阿尔及利亚"拥护者的压力下支持不住了。这届政府根本谈不上选择另一条路线，只能继续奉行前任政府的方针。由于居伊·摩勒在理论上代表左派，所以竟敢派兵去阿尔及利亚，使旨在维持帝国最后一块碎片的爱国主义复活起来，或者毋宁说是为了保持这三个省为法国领土的合法组成部分。

我对阿尔及利亚没有直接的了解，因为我没有去过那儿。在我的突尼斯朋友库泰亚的家待的几个星期，并没有使我对"殖民化"生出好感，尽管在1949年那里的气氛还是比较宽松的。我讨厌人口稠密的西贡，远征军的士兵充斥着那里的街道、酒馆和旅馆；"国民政府"的执政者们软弱无能，掩饰不了法国统治将持续下去。1946年，对德国的军事占领也使我感到厌恶。

我读到的和知道的让阿尔及利亚永归法国的主张没有引起我任何好感，我的判断和信念首先来自我的思考。凭什么阿尔及利亚人要接受一个在他们看来低于突尼斯或摩洛哥的地位的地位呢？为什么这些"文明人"，这些"法国化的人"不希望得到独立（就像一切殖民地国家的优秀分子已经获得或正在获得的独立）呢？

当然，正如人们所说，"阿尔及利亚问题"不同于东邻西舍的两个保护国，这首先是由于阿尔及利亚具有法国一个省的地位，其次是由于那里住着100万法国公民。在阿尔及利亚，国家的轮廓和踪迹已经没有了，而在两个邻近的保护国却保存过一段时间。至于建立在阿尔及利亚社会之中，尤其是在其边缘的法国社会，一旦阿尔及利亚政府替代了总督和总督衙门，那个法国社会就难以维持下去了。只要阿尔及利亚成了阿尔及利亚人的地方，那么部分法国人或全部法国人的离去，似乎是不可避免的。

我的唯一功劳（或者说我的过错）是，对许多开明人士不肯承认、更不愿写出来的事情做了彻底分析并将我的分析白纸黑字地写了出来。1955年，《费加罗报》容忍我发表了好几篇讲述局势、强调治理的文章。1956年年初，我上书共和阵线政府。1957年年初，由于担心法国再一次陷入没有出路的冒险，而且这次冒险可以同印度支那事件相比拟或者更为严重，我赶紧又写了一本小册子。国家制度经受不了战争的拖延，几年过去了，一场荒唐透顶的内战已经露出苗头。我长久地思考着，我不害怕意料之中的各种打击，我所关心的是我的职责；埃里克·德·丹皮埃尔和夏尔·奥伦戈，他们两位拿走了这本七拼八凑的小册子，但不管怎样，反正我的主要观点都在里面了。

477

《阿尔及利亚的悲剧》的内容是什么呢？一共有两篇文章，一篇写于 1956 年 4 月，这是写给共和阵线政府总理的，第二篇写于 1957 年 5 月 6 日，也就是一年之后，婉转的措辞不在我的考虑之内，对右派和左派论点的反驳在我看来是这篇文章的主要观点。

今天的法国不再是、也不可能再是 19 世纪那种帝国了：

> 法国的革命者在以自由的名义征服的欧洲多方敲诈勒索，而他们却问心无愧。苏联共产党人以解放人民的名义，在东欧用暴力把他们的制度强加于人，而他们也问心无愧。当我们在非洲使用武力时，我们却于心有愧，可是，我们每年都要在那里投资几百亿，有时甚至是几千亿。

可是法国，或至少是相当一部分法国舆论，不同意用帝国统治的严厉的强制手段。阿尔及利亚人，或至少相当一部分阿尔及利亚人渴望独立：

> 阿尔及利亚尽管没有与另外两个前保护国相同的民族传统，仍然不能不意识到自己的存在……它不能再作为法国的一部分，阿尔及利亚的政治的统一是不可避免的了……一体化，按照人们给予这个词的解释，已经是不可行的了。阿尔及利亚按照居民人数在国民议会中实行比例代表制，这将是搞垮现政权的最可靠的办法。地中海两岸的人口增长率过于不同，所以这些种族和信仰都不同的人民不可能成为同一国家的组成部分。承认阿尔及利亚不是法国的，承认阿尔及利亚的政治尊严，这实际上就是承认明天将有一个阿尔及利亚国家。这样，如果说明天将会有

一个阿尔及利亚国家，那么从理论上讲这个国家后天（如果不是明天）就将是独立的……在否认一体化的同时，人们正在经历一个将以独立告终的过程。 478

一体化还是独立？雅克·苏斯戴尔也从这个选择出发，最后得出了一体化的结论，因为他迎合当时的俗套，即所谓阿尔及利亚和法国之间有着不可分离的联系。至于我，我的结论倾向另一种选择，但我并没有建议居伊·摩勒政府在朝夕之间就放弃阿尔及利亚——而且，出于许多原因，这也不可能。我奉劝这个左派内阁清楚地思考一下自己的政策："法国可以合理地提出的唯一的战争目的应该是这样的：让阿尔及利亚走向独立，不要让法国人以自认为丢脸的政策使阿尔及利亚人蒙受难以承受的耻辱……"简言之，我请居伊·摩勒承认阿尔及利亚人建立国家的权利，而这个国家将是独立的。第一篇呈文是用一句古怪的、引起公愤的句子结束的："如果法国人只赞成为保持自己的统治而战斗……不如英勇地放弃和撤出，免得进行一种违心的战争，而这种战争既没有带来解决问题的办法，也没有带来成功的可能。""英勇地放弃"这句话在当时有多少戴高乐派对此大加讪笑，而几年以后，他们却自愿捡起这个说法来歌颂戴高乐将军的伟大！

第二篇呈文是批评居伊·摩勒的政策并预见其失败的。阿尔及利亚民族解放阵线从不接受"停火、选举、谈判"三部曲。绥靖并不能创造自由选举的必要条件，阿尔及利亚民族解放阵线不会把在法国军队保护下进行的选举看成自由的选举。最后我驳斥了几个法国的阿尔及利亚论的拥护者所引用的经济观点：今后阿尔及利亚对宗主国来讲，与其说是财富，不如说是负担。在一体化的口号下，这个负担将会越来越沉重，因为我们必须努力减少法国和阿尔及利亚生活水平的不平衡。

一段孟德斯鸠的语录充实了我的序言："到处都该说真话，祖国也一样。每个公民都不得不为他的祖国献身，而谁也没有义务为国家去骗人。"这两段从《法国知识和道德的改造》中引来的勒南的语录，使人们回想起 1870 年的失败的原因："我们所缺少的，不是勇气，而是头脑。"

对我的小册子的种种评论中，给我印象最深的或许是一张匿名的明信片上的话。几行字像是出自一个普通人而不是知识分子的手：

> 分析是客观的、清醒的和深入的，通篇都风采高华、令人尊敬，然而这些分析对于那些感性的、出自本能的、由条件反射引起的事情来说却是完全无效的。

在那些最有意思的信件中，有一封是伊夫·布蒂里埃（Yves Boutjilier）写的，他先是保罗·雷诺的财政部部长，后又于 1940 年给贝当元帅当财政部部长。我不认识他，他讲的并不是我那本关于阿尔及利亚问题的小册子，而是几个星期前出版的《对本世纪的希望与忧虑》。在这个集子的关于衰落的第二篇论文中，我阐述了关于非殖民化的论点。我摘录这封信的几个片段如下：

> 西欧的民族主义——以法国的民族主义为原型——是一种严重的病症，战争意识中的自豪感与可怕的虚荣心微妙地混合在一起，是恶毒与暴力之母。唉，这就是我们灌

输给阿尔及利亚人和其他北非穆斯林居民的民族主义。能
否使美国人明白，在阿拉伯国家中如此蔓延的革命民族主
义是"人权"之敌，而清教徒在道义上又如此珍惜人
权……美国能否和平地与苏联人分割阿拉伯世界呢？如果
它天真地以为自己可以在一个地区保持着无可争议的影
响，例如从阿拉伯半岛到卡萨布兰卡，那么它就重犯了罗
斯福的错误，罗斯福在贝奈斯的影响下，把斯大林当成了
一个民主主义者……如果法国、撒哈拉地区和阿尔及利亚
结为联邦，而这个联邦又同时与摩洛哥和突尼斯联合起
来，在经济上与欧洲共同体六国联合起来，军事上与北约
联合起来，那么这个联邦就会永远把整个马格里布地区笼
络在西方阵营里面……如果是这样的话，在阿尔及利亚流
血显然是毫无用处的……您写得太好了，以自由主义思想
的名义通过武力维持现状是荒谬的，引用那些认为对方有
理的原则是愚蠢的……人们应相信，在北非的最终失败将
导致第五共和国的产生，如果不是人民阵线的共和国，至　480
少是非常进步的共和国，而这个共和国早晚要陷入集体主
义的专政……所以，战争的目的非常清楚，并且互相依
存，缺一不可，也不能分什么主次。把马格里布地区维持
在西方阵营里，革新国内的政治制度，这就是当前的巨大
任务，而局势使完成这项任务成为可能。这项任务符合青
年们的意愿，也在军队的职责范围内。

这封信是用一些哲学思考来结尾的：

　　您写道，法国革命者以自由的名义不断进行敲诈勒

索，却感到问心无愧。这话极对，但是谁也不肯说，谁也不肯承认。我们甚至应当走得更远，我们应当承认，把普遍的和绝对的观念引进政治而不考虑历史的、具体的、特殊的前提，正是用大原则来让人们在罪恶中心安理得……这些观点是法西斯主义的吗？如果这样称呼他们的思想以迫使政治哲学家们保持沉默，那真是太容易了。幸运的是，西蒙娜·韦伊的著作，依然存在，您的著作，儒弗内尔、珍妮·赫希劳特（Jeanne Hersch）的著作，埃里克·韦尔的政治哲学论著，依然存在。这个具体化了的思想表明，从事本世纪最伟大事业的时刻已经到来了。让形式上的民主制过渡到真正的民主制，我赞成实行这样的民主制，这样，那些背叛人民利益和要求的人，便再也不能以人民的名义去搞把戏了……作为欧洲的空论家，您所主张的解决办法就是，欧洲要听从苏联的随意支配。您是政治哲学家，您选择要干的事，正是他们要让您干的事，正好帮了思想敌人的大忙。

其他寄信来的人提到了所谓"欧洲解决办法"和伊斯兰世界对西方人可能怀有的敌意。下文我还要谈谈那些没有变为现实的可能性。现在，我只指出几点：我们的欧洲伙伴没有一个愿意参与阿尔及利亚的事情；赞成法国的阿尔及利亚论的人是些盲目的国家主义者，他们想单独决定我们在北非那些省份的前途。所考虑到的具体情况，现实主义的政策，已经预见到他们的国家独立以后，阿尔及利亚的自由与阿尔及利亚人的自由可能发生矛盾，但是不能不承认阿尔及利亚独立的优先性，理由很简单：在一个处于战争状态的阿尔及利亚，既不会有国家的自由，也不会有个人的自由。

那些怀有敌意或荒谬的来信——把伊夫·布蒂里埃写的信算在里面是不对的——我举不胜举。一个医生——阿尔及尔医学院的教授这样写道：

> 阿尔及利亚人非常欣赏你乐意提供给他们的放弃这个国家的明智建议。他们希望在一部著作里，你能把这些建议扩展到以色列国家，这个国家的土地并不比阿尔及利亚的领土更为慷慨。如果你认为你不能考虑这个颇为重要的问题，你就会使我们相信，你现在的所作所为很少是出于法国和法国人的利益，而较多的是出于你们同教门的利益；事实上，我们知道，孟戴斯曾经想把整个北非送给东方国家，以便在那里欢迎所有的巴勒斯坦的阿拉伯难民，并使以色列国家摆脱一个永久性的烦恼。

这封信是由一个医学教授写给一个所谓"亲爱的同人"的，这就足以使人想象出其他更没有教养的来信者会写出什么样的信。

罗伯特·拉科斯特，当时住在阿尔及利亚的一个部长，仅仅读了《世界报》发表的那个小册子的几段节选，就把他"私下的一些想法"告诉了我：

> 谁告诉你现在实行的绥靖政策是我的唯一观点？当我的每一句话都会对我们的对手产生直接影响的时候，难道我有权利讲出我所有的想法吗？你知道，我的职责是在这里尽可能创造最好的条件，以便在政治上公正地解决阿尔及利亚问题。你知道得很清楚，暴力和恐怖是反叛政体的

组成部分，也是世界上支持叛乱分子的政治体系。对我来说，对任何人来说，却不可能脱离这些现实，除非想要进行可耻的谈判，使我们的国家处于一种由我们的敌人任意践踏的可笑地位，就如同床前踏脚毯一样。

抱有敌意的信件不太多；表示赞成和祝贺的信件却潮涌而至，有的来自大学的同事和朋友，有的来自官员以及经济界和政界的知名人士。在发表了这个小册子之后，第一次，也可能是一生中唯一一次，我被拖入"政界"。即使在 1946～1955 年，那时我尚未重操大学教师的旧业，可我仍然是像大学教师那样而不是像新闻记者那样生活。在各个部的邀请名单上是没有我的名字的，更不要说爱丽舍宫了（在第五共和国时亦如此）。1957 年的最后几个月，一些撰写关于阿尔及利亚报告的高级官员开始与我建立联系。吉斯卡尔·德斯坦的发言人皮埃尔·亨特在 1979 年对我提起，我们曾在那个时候相遇过。这个时期最使我震惊的，是那些统治法国的人的信念和他们出于对"舆论"的担心而在公开场合讲的话二者之间的差距，这些人认为自己是受了"舆论"的束缚。姑且不说乔治·皮杜尔、雅克·苏斯戴尔和米歇尔·德勃雷，他们的真诚是不会引起人们的怀疑的，我心里思忖着，第四共和国的头面人物中是否有一个人相信法国的阿尔及利亚论。

或许我应当补充说一下雅克·沙邦－戴尔马先生。在马塞尔·布路斯坦家吃午饭时，我曾与他进行过一次颇为激烈的辩论。埃德加·富尔"造就了"摩洛哥的独立，他把在阿尔及利亚完成同样业绩的不快使命留给了别人。在同一时期，我屡次向皮埃尔·布里松说，尽管在当权者中间我没有找到自告奋勇的人来完成这项净化精神和民族的使命，但是，"所有人"的想法却都和我一样。我不能说服他，也要使他动摇，于是就挑动他说："那么，你去问问路易·加布里埃尔－罗比内本人预料到的东西吧。"罗比内来会见了我们，皮埃尔·布里松首先说："你怎样预测阿尔及利亚事件的结局？"罗比内回答得很干脆，他说："所有这一切将以独立告终。"在经历了这些事情之后，很难再坚持那些幻想了。公正地说，安德烈·弗朗索瓦－蓬塞曾建议当局死守最后的阵地，守住最后一道战壕。而他的儿子，后来的外交部部长，与其说同意他父亲的意愿，不如说是赞成我的怀疑论观点。

　　新闻界——伯夫－梅里主持的《世界报》除外——是不会宽恕我的。我就不再提帕斯卡尔·皮雅那篇文章了，他在文章中责怪我提出让在阿尔及利亚的法国人撤回本土并将其安置在营地中的建议，而左派的报纸又不承认我有任何功劳可言。

483

　　《快报》周刊1957年4月5日号用整整一个版面刊登刚刚出版的《对本世纪的希望与忧虑》一书的节选。三篇论文中的第二篇《论衰落》，简要地论述了"阿尔及利亚僵局"。论文的按语再次提出了老问题："对于那些仍然记得他在《战斗报》上写过出色社论的人来说，他是一个左派人物；对于现在是《费加罗报》专栏文章的读者来说，他是一个右派人物；对于他在巴黎大学所授社会学的听众来讲，他是一个在政治上没法被归类的大学教师。那么雷蒙·阿隆到底是一个什么样的人呢？是一个左派偏爱的右翼人物，还是一个选择了与右派对话的左派人物呢？"编者随后立即补充说，我认为这样的讨论是无聊的——在这一点上他没有说错。

　　《快报》周刊编辑部从《论衰落》这篇文章中摘出来了如

下几个节选小题目：《帝国的毁灭在不久的将来是不可避免的，在 1945 年那虚假的胜利中就已经孕育了这种毁灭的萌芽》；《法国的扩张再不能与主权联系在一起，特别是在阿尔及利亚》；《帝国是亏本的买卖》；《没有法兰西联盟，法国仍可以生存》；《为什么不与阿尔及利亚民族解放阵线进行协商？》。如果在今天，这些建议会被多数法国人所接受。一些评论——可能是让·达尼埃尔（Jean Daniel）撰写的——以某种方式反对我对"自由主义者"和批评政府政策的人的指责，说他们不肯把他们的思想阐释透彻。

首先，《快报》拿"经济的失败主义"和"历史性的放弃"来指责我。"帝国是亏本的买卖"这种用语既没有被接受，也没有遭到驳斥；这种用语在殖民条约时代是错误的（不用谈 18 世纪了），但是，"在殖民条约失效而又未曾形成变局的情况下，这个用语毫无疑问是真实的"（我看不出这句话有什么意义）。不管怎么样，经济方面的计算不应当强加给政治方面的决定。由此而得出结论："至于丧失阿尔及利亚的不可避免性，及其可能给今天带来的悲剧性后果，那就越发显得这是十年来法国在阿尔及利亚实行的政策的必然结果，而不是一向包含在既成事实中的一个事件。"

这句话清楚地说明了面对一个历史悲剧所产生的偏见的幼稚。当然，阿尔及利亚的"丧失"并没有"一向"包含在一切既成事实之中，但是，到了 1957 年，法国十年来（最好说是一个世纪以来）奉行的政策造成了一种执政者应当承担责任的局面。在这种局面下，只能在两种决定中选择一种：要么与阿尔及利亚民族解放阵线进行谈判，要么拒绝这种对话。第一种决定至少要求承认阿尔及利亚有权独立，第二种决定则要求继续推行绥靖政策；其余的都是废话。两个月之后，让·达尼埃尔在 6 月 21 日的《快报》上信誓旦旦，在一篇署名文章里攻击我。在两个可选择的决定中，他再次放弃采纳其中任何一种，而企图在笔战中寻找避难所。他按照当时流行的方式开始了指责，把我从未想到过的计划（立即把住在阿尔及利亚的法国人遣返回国）算在我的账上。那么，在《对本世纪的希望与忧虑》一书中，我到底写了些什么？"依照各种可能性来看，阿尔及利亚民族解放阵线的胜利，将会迫使一部分居住在地中海对岸的法国人离去。"这是真实的还是错误的？达尼埃尔不回答。他宁可进行人身攻击："从保守主义过渡到失败主义，算来总是一码事。因为假如说 1955 年《费加罗报》曾经掀起一场运动，支持费拉特·阿巴斯先生提出的并得到阿尔及利亚民族解放阵线同意的计划，规定阿尔及利亚的内部自治，那么阿隆先生或许就不会被迫主张从阿尔及利亚遣送大量法国人回国了。"我那时不是《费加罗报》的社长；再说，阿尔及利亚的内部自治，就算阿尔及利亚民族解放阵线肯同意，也会导致阿尔及利亚的独立，或者用让·达尼埃尔先生自己的话来说，那就会导致阿尔及利亚的"丧失"。

我们要问这位"开明人士"，你提出了什么解决办法，能够让大家不像我一样陷入"失败主义"？他提出建立一个"生气勃勃的法国－北非联邦"。说实话，这是个有深刻含义的观点，但是，一个联邦必须以主权国家为前提。为了使阿尔及利亚加入这样一个联邦，就应当使它享有一个与其他伙伴国（如突尼斯、摩洛哥、法国）相似的地位，就是说必须享有主权或独立。我的争辩对手却忘记了这个明显的事实，他想与阿尔及利亚民族解放阵线的领导人进行谈判，制定一项"真正

485

的根本法"。至于经济失败主义，这对"阿尔及利亚与更糟糕的殖民主义都是同样严重的错误"。在这篇文章中，有一句高度概括的话："阿尔及利亚的悲剧，已经不再是人们不知道真相，而是人们不愿意讲出真相。"那时候我就想过，甚至今天我还在想：让·达尼埃尔是不知道真相，还是不愿说出真相？

在同一期《快报》上，弗朗索瓦·莫里亚克用另一种迂回方式攻击我："我看你们①指控雷蒙·阿隆先生，自己却成为笑柄。其实，他不过是整理整理别人的思想（我的意思是别人在他之前已经表达了这些思想），并且以冷若冰霜的洞察力进行逻辑推理。而这些道理本来不必郑重其事，谁都能一眼便看透。"不管是"冷若冰霜的洞察力"，还是"整理整理别人的思想"，莫里亚克和他在《快报》的一些同事，却没有拿出与我一样的分析；而且，通过他们之中一个祖籍是北非的人之笔，他们拒绝了这种分析。②

我的同事埃蒂安·伯尔纳多年来跟我友好相处，他的攻击使我吃惊和失望。不同于让·达尼埃尔的是，他首先诚实地概述了我在《对本世纪的希望与忧虑》一书中的思想（而不是《阿尔及利亚的悲剧》一书的）。他承认我"具备一种勇气去毫不犹豫地公开讲出并毫不含糊地写出一些别人不敢推论的结论。而另外一些人虽然无法克制自己倾向于这种观点，但认为有必要动用意志来摆脱诱惑"。接着他就开始了攻击："实证主义、抽象的智力是枯燥无情的，阻碍了他全面考虑现实，而有关使命和精神的东西，并不是没有实效的。"最妙的一段话

① 他在对执政者讲话。
② 有几次，弗朗索瓦·莫里亚克完全不是这样对待我的。

涉及我个人的结论。我同意给予阿尔及利亚人独立的权利，所以我就是一个右派人物，可以与赞成慕尼黑、赞成停战议和、赞成失败的人彼此彼此，结成难兄难弟。

> 雷蒙·阿隆是一切意识形态的敌人，他宣称，右派和左　486
> 派的概念是思考各种政治现实的幼稚方式。然而，这种急急
> 为昌盛者锦上添花、匆匆对衰落者落井下石的现实主义，这
> 种只承认天平和计算机的判决的实证主义，这种只想说明既
> 成事实的斯多葛学派宿命论，直至这种擅长以分解求理解的
> 巧妙分析才智，从中我不得不辨别出右派思想的各种特征。
> 这种右派思想的特征在思想发展史中可能是一成不变的。这
> 种右派思想有时会通过通情达理的委曲求全走向失败主义。

为了反对我这样"为命运做辩解"，埃蒂安·伯尔纳宁可按照皮埃尔·亨利·西蒙的话去"修改命运"。顺便指出一个细节，他忘了，法国在 1938 年、1939 年和 1940 年曾为本国的自由而战，而到了 1957 年，它却为反对阿尔及利亚人的自由而战。这种遗忘出自一个基督徒，实在叫人惊讶。

雅克·苏斯戴尔用性质相仿的小册子《阿尔及利亚的悲剧和法国的衰落——答雷蒙·阿隆》来答复我。让我们举出他论战中最出色的一个例子："如果说《快报》是拉丁区的《人道报》，那么阿隆先生就是财主们的赛尔旺－施莱贝尔，就是钢铁业的莫里亚克和金融界的克洛德·布尔岱。"苏斯戴尔几次三番提到的这个指责，实际上是针对一个敏感问题：在一场心理战中，谁顶得住，谁就赢，谁削弱自己的志气，谁就壮了敌人的威风。毫无疑问，阿尔及利亚民族解放阵线肯定从

我的著述中得到了好处。

在骨子里，阿尔及利亚前总督支持这样的论点，即阿尔及利亚不会提出殖民化问题："阿尔及利亚的法国人有权像其他所有人一样待在那里。"随后便是经济方面的论据："……撒哈拉的利益给我们提供了一个机会；对于今天和可预料的未来，这是唯一可望填补我们能源亏损而不用依赖阿拉伯人或美国人的机会……法国的经济独立现在已经唾手可得。今天要付出最大代价的事情肯定是放弃阿尔及利亚，因为这意味着失掉撒哈拉。"他同样也采用了日尔曼·蒂利翁（Germanie Tillion）书中的结论："对于阿尔及利亚来讲，法国不过是代表生死之别。"

至于"居民的迁移"——法国人从阿尔及利亚返回——他宣布这是不可行的，至少在民主制度下行不通："人们不能抛弃阿尔及利亚，这将是不体面的，同时也是不可能的。"除了这些争论，令人觉得奇怪的是苏斯戴尔在一些主要问题上的论点（如阿尔及利亚实行什么制度？）非常模糊，苏斯戴尔断言，放弃帝国就相当于自甘没落。法国本土将不再是法国。25年之后，他和我之间仍然没有闹个水落石出。但是，面对2000万穆斯林，法国怎么能把自己的主权强加给他们？

对于那些可以预料的来自《法国面面观》杂志——《法兰西行动报》的化身——的一般性攻击，我暂且放在一边。我要引用的是博·德·罗梅尼的一段话，这个人执拗地把自己的文章命名为《被金钱出卖的阿尔及利亚》。他说："从雷蒙·阿隆和他的大资本家朋友的态度中，人们可以看到他们阴谋放弃阿尔及利亚，并把阿尔及利亚的种种利益转移到其他国家，这个阴谋已经露出苗头……"我还记得6月26日的《十字架报》有两篇文章是关于我的，一篇是安德烈·斯蒂比奥（André Stibio）写的，另一篇是路易·泰尔努瓦（Louis Terrenoire）的。我这里摘录前面一篇文章的结论：

> 采取这种行为的人喜欢一个美国式的"小欧洲"的法国，胜过一个富有海外领地的世界强国法国。他把阿尔及利亚出卖给大陆，为了盟国间的关系而让我们失去那些忠实的穆斯林。这个论点值得讨论。它出自这样一个作家，当他谈到自己，笔下总是用"勇气"这个字眼，而当他影射别人时，他就搬出了"因循守旧"或"怯懦"这些词。这个论点妙在表明了他的亲欧和亲美色彩。因为这样一来，什么都清楚了，一切都向美国治下的和平看齐，而戴高乐在今天和过去，肯定是不愿意接受这种美国治下的和平的。

然而，安德烈·斯蒂比奥搞错了：戴高乐将军同样认为，法国若要重新推行一项世界政策，那就必须摆脱阿尔及利亚战争。我采取的立场是建立在阿尔及利亚所处的世界环境这一现实基础上的，根本不以小欧洲的政策或美国治下的和平之利益为依据。

特别应该提一提路易·泰尔努瓦的文章，因为就是这个泰尔努瓦成了法国－穆斯林友协的主席。在他曲意奉承我的许多话里面，有一句我至今还觉得蛮有味道："考虑到他的过去，人们很惋惜，雷蒙·阿隆先生不可抑制地使人想起'皮埃尔·赖伐尔'这个人，他认为各种事情在1940年就已经定局了。"参照荷兰的例子，他反驳说："你们想想，法国人，就连最不起眼的税狗子，血管里都流着行省总督的血液，他们会像荷兰人那样做吗？印度尼西亚不过是殖民地，而阿尔及利亚以及撒哈拉和撒哈拉以南的黑非洲，却完全是另一回事。"路易·泰尔努瓦作为戴高乐派，毕竟同意了我这一观点："现在这样的政权是没有能力这么做的，但是法国社会，如果它愿意，还来得及做到这一点。"当戴高乐将军在一些像路易·泰尔努瓦那样的人的召唤下重新上台执政时，他不愿意，也不能够立即与阿尔及利亚民族解放阵线谈判，更别提允许其独立了。他是3年后才这样做的。或许是由于秘密军队组织的过错，大批阿尔及利亚的法国人舍命逃回祖国。早在1957年6月的小册子里，我就对这个结局做了预言。当时法国政府奉行同一政策，5年之后这个结局证实了我的预见，对此我并没有什么可以骄傲的。在突尼斯和摩洛哥，大多数法国人都离去了，但是他们是逐步离去的，是否阿尔及利亚也可以这样呢？我不能确定。居住在阿尔及利亚的法国人和那些道德败坏的官员，还给那不可避免的悲剧添了一场不成其为内战的内战。

我从未觉得出版《阿尔及利亚的悲剧》一书需要什么特别的勇气。有人身危险吗？很小。除去来了两封匿名信外别无他事，这些信说我受到了地下"公安"法庭的审判。有精神上或政治上的危险吗？也没有。因为在知识界和政治界，大多数人是赞成我用白纸黑字写出论据和由此而得出的结论的。

我遭受的危险是在夫人街一个专给天主教知识分子讨论问题的大厅里经历的。莫里斯·舒曼、艾德蒙·米歇莱应当是在我之后发言的。我在比较安静的气氛中讲了几分钟话，接着逐渐从各个角落里发出一些声音打断我。其中一个插话者用假装温和的语气对我说，你给我讲讲美鲁萨（这是一个阿尔及利亚村庄，村民都被阿尔及利亚民族解放阵线杀害了）。当时由

489

于很厌烦，我错误地回答了他的话，我说："在我们这方面，也同样有一些我们并不能引以为豪的举动。"这句话一下子点燃了火药。舒曼站起来吼道："我不允许你侮辱法国官员。"由于得到大多数听众的喝彩，他取得了胜利。米歇莱也并没有比我更好地通过这次考验。演讲结束后，治安警察劝我等十分钟再出去；一群疯狂的人聚集在一起，可能并不是要猛烈抨击我，而是要羞辱我，以发泄他们的愤怒。让－吕克·巴罗迪（Jean-Luc Parodi）留下来，与苏珊和我待在一起，保护我们。雅克和罗伦斯·德·波旁－布赛审慎地表示他们对舒曼的口吻感到遗憾。安鲁士当时在场，他第二天给我寄来一张明信片，非常严厉地批评了舒曼，而且毫无保留地同意我的意见：

　　　　怎么能不同意您的论点呢？而且您不要以为我是作为一个阿尔及利亚人说这番话的，我是作为一个倾心严格的作风和主持真理的知识分子在讲话；而这正是人们应当要求知识分子具备的唯一的道德标准。当然对于您所处的状况，恐怕还需要更多的勇气。这给了我一个机会，向您再一次表达我对您早就抱有的好感和钦佩。公正是智者的仁爱表现。

　　许多年以后，戴高乐重返政坛，阿尔及利亚也独立了，我又向莫里斯·舒曼提到了夫人街的那个晚上。当时，从我内心来讲，我对舒曼的看法并不像安鲁士那样严厉。我知道他抵挡不住当演说家的诱惑，这个演说家被听众所陶醉，听众控制了他，即便他也想掌握听众，为自己得到虚幻的陶醉。他回答我说："既然第四共和国不能够完成这个使命，为什么我还去讲阿尔及利亚独立呢？"当然，我确实不是搞政治的料。他很愿意承认，为了使阿尔及利亚人的阿尔及利亚成为可能，必须有一些人首先打破沉默。那些写作并享有一定名望的人承担着某种责任。他们的言论对事态的发展是有影响的，尽管这种影响很小。正是为了这个理由，那时我就在内心思考着我是应当讲话，还是应当沉默。宣布法国人首先厌倦这场没有出路的战争，实际上就是长了敌人的威风，灭了我们自己的斗志。如果那时我认为法国的阿尔及利亚符合国家利益，认为它能够使爱国的阿尔及利亚人满意，而且是能够实现的，我就不会出版《阿尔及利亚的悲剧》这本书了。就我看来，我的分析得出的结论和任何一种政治判断相比，都是同样准确的。一个法国军队中的阿尔及利亚中尉找到了最恰当的措辞，他的话说到我心里去了："某些人认为，您的论点出于清醒的头脑和正直不苟的风格，加强了我们阿尔及利亚人的事业，所以您就没有权利摆出您的论点。真是荒唐！很遗憾，像您这样的法国人是少数……我希望您不要误解我，说我竟会把您当作我们民族独立运动的同谋者。"

小册子引起了一些议论，"放弃"的论点已经不再遭到各种沙龙和编辑部的排斥。怀着友好的热情，我们亲爱的朋友珍妮·亚历山大搞错了，她说："我立即就想到，这可与左拉的《我控诉》相比。我有机会向一些人提到过这个类比，他们一直都同意我这个观点。"不，这个比喻是不合适的。左拉站起来反对的是狂热的、盲目的偏激，而对法国的阿尔及利亚所抱的狂热却贯穿着疑虑。在食堂里，军官们都在讨论《阿尔及利亚的悲剧》。指挥官并不都同意那些颠覆战争论者，并不是所有人都认为，用心理技巧就可以把阿尔及利亚人改变成法国的爱国主义者。珍妮·亚历山大本人几个月后也认为议论已经平息了。最初，我的小册子在外面并非没有引起人们的注意。约翰·肯尼迪在参议院引用了我的话；《经济学家》杂志的一篇社论，从我采取的立场中看出思想观点转变的征兆。随着时间的推移，我开始给自己提出一些问题。对于那些荒谬而流行的指责——指责我唯唯诺诺——这本小册子宣告了我无罪。然而，它没有给我洗去另一个污点：我一直是铁石心肠的算计者和冷酷的思想家。我从没有感到应当答复这些话。在夫人街晚会后的第二天，亨利·毕洛给我写了一封令人钦佩的信，我希望其中一些句子并不是完全错误的："努力避免给我们所爱的人带来更大的不幸，是一种朴素的友情……为了不使过多的法国人和穆斯林无谓地死在这场没有胜算的战争中，他写出了《阿尔及利亚的悲剧》这本书……"这样，我自以为我的行动是对的。事后想想，我到底成功了没有呢？这就是用笔墨代替行动的人老要吃亏的地方。

　　1958 年夏天，也就是戴高乐将军返回政府执政后不久，我接到哈佛大学授予我的名誉博士学位，并被邀请在授予学位典礼上讲话（另一个发言人是美国的国防部部长麦克·艾尔罗伊）。第四共和国的垮台，至少从表面上看是由于害怕出现一个外交上的奠边府而引起的。那些冲击总督署和法国政府在阿尔及利亚地方机关的人群，在四面八方吼叫着"法国的阿尔及利亚"；那些法国－穆斯林友协的游行在几天、几个星期中造成了一种错觉，仿佛信念战胜了计数器。从个人来讲，我没有动摇过一分钟。但是，在哈佛，再次引起对我的小册子的辩论，并且在一些对法国不太友好的外国公众面前揭露出同胞的盲目性，

491

揭露他们固执地把阿尔及利亚暴乱算在第四共和国的账上，我认为是不合适的，这次暴乱与一个历史运动是不可分的，而这个历史运动没有放过任何一个欧洲宗主国的殖民地。法新社所转载的我讲话的节选使人们以为我已改变了观点，而且已转而支持——或者屈服于——1958年民众和国家的突然变化。为了澄清事实，同时也为了避免扩散那个关于机会主义转变的传说，我在《世界报》的"自由谈"栏里发表了我的演说的大段节选，同时我还发表了另一本小册子《阿尔及利亚与共和国》。

1957年，我应邀访问加拿大（法语区）公共事务学院，碰到了一大批政治家，他们中大多数还都是有头有脸的人物，如让·勒萨日（平静的革命者）、勒内·莱维斯克（R. Levesque）和皮埃尔·埃利奥特·特鲁多（P. E. Trudeau）。当时特鲁多还完全是个花花公子，老驾着一辆"美洲豹"兜风，如果我的记忆是准确的话。去加拿大之后，我又应哈佛大学的邀请办了三次讲座，讲座内容经过进一步阐释，形成了1958年第四共和国结束后出版的《不变的与可变的》。就在1957~1958年，我的公共课也是针对工业社会之政治制度的。10年之后出版的这门课的讲义，仍然保留着1958年事件的痕迹——我不愿抹掉它。其中一章的题目是"丝线与剑锋"，分别借用了古列尔莫·费雷罗和戴高乐将军的用语。

法制表面上被尊重，但是第四共和国向阿尔及利亚的法国人和军队的叛乱让步了，（至少可以说）戴高乐将军与这场叛乱并不是毫无关联的。他本人在5月15日之前什么也没讲，但他没有否定他最忠实的伙伴的狂热宣传。

在《愤怒通讯》报上，米歇尔·德勃雷甚至宣扬一种反叛政府的权利，我说错了，是反叛政府的义务，只要这个政府竟敢动摇法国在阿尔及利亚的主权的话。一些戴高乐分子被怀疑参与了导致 5 月 13 日事件的 13 个阴谋中的某个阴谋，而其中的一个阴谋是针对萨朗将军的。所有这一切都使我与戴高乐派于 1958 年分道扬镳。但是，我并不因此把戴高乐将军与他的追随者混为一谈，他本人是最不可能玷污自己的双手的，尽管他并非不知道某些阴谋者的动机和行动。评论家各有自己的爱憎，认为戴高乐将军挽救了一些议员，使他们没被人扔到窗外，或者说是他点燃了 5 月 13 日炸弹中的一枚。事实上，这两个角色，他都扮演了。

此外，一些流言传播着戴高乐将军的一些话，并且把他说成是比较接近自由主义者，而不怎么接近极端分子。有人向我证实说，戴高乐将军在一次谈话中表示我反对苏斯戴尔是有道理的。不管怎么样，可以这样说，由于他的权威和威望，戴高乐将军比其他所有人都更有可能找到出路，或者让法国人忍受战事拖下去。从 1957 年到 1958 年，我努力去说服人们；从 1958 年开始，我被遣去充当一个旁观者或评论者的角色。我怎么还能够去参加那个保卫共和联盟的戴高乐派政党呢？这个联盟是由米歇尔·德勃雷和雅克·苏斯戴尔匆匆忙忙为了应付选举而搞起来的，目的在于为阿尔及利亚属于法国的主张辩解。但是，反过来讲，当事情的发展趋势尚不清楚的时候，为什么采取反对的态度呢？每时每刻，不管官方的理论是什么，安德烈·马尔罗都毫不犹豫地投身去为将军服务。在我看来，一个自负为政治作家的知识分子参加到政府首脑的一些把戏、手腕乃至阴谋诡计中去，这是不妥当的，哪怕这些手腕或许是必要的。既然我已经清楚地申明了我自己的理论，我就应当继续保持独立，真实地解析将军的生平足迹，而不用一些措辞去改变其本来面目。

493

　　第二本小册子《阿尔及利亚与共和国》没有引起多少争论，尽管这本书论据充足，但严谨度同《阿尔及利亚的悲剧》相差很大。在第一章里，我用可靠的数据指出为什么一体化——让阿尔及利亚像巴黎大区和洛林那样变成法国的一个省——是不可能的。阿尔及利亚居民和法国居民文化不同，人口体制或经济体制也不一样，怎么能实行同一的社会法律呢？石油财富不足以填平地中海南北两岸在生活条件上的鸿沟。（20 年以后，尽管石油价格上涨了 19 倍左右，我的看法还是符合实际的。）为此，在日尔曼·蒂利翁的《1957 年的阿尔及利亚》发表后展开的一场奇怪的争论中，我表了态；这本书比《阿尔及利亚的悲剧》早发表几个星期。蒂埃里·莫勒尼是法国的阿尔及利亚论的无条件支持者，他引用日尔曼·蒂利翁的话下结论说："要么是法国，要么是饥荒。"他从人类学家的著作里汲取了作者本人尚未断言的东西。但蒂利翁毕竟说过这样一句话："反殖民主义是否正在变成贫困化的遁词呢？"

　　我承认：

　　　　形式上的自由主义可以是利己主义的伪装。在阿尔及利亚这件事上，这两种解释都是可以的：建议与阿尔及利亚民族主义者对话的人可能是一个理想主义者，他引用人民自决权的信条，幻想与穆斯林友好。他也可能是一个资本家，只想少花钱，而对阿尔及利亚独立后的悲惨局面无动于衷（当然，一切左派人士都属于前一个高尚的阶层，一切右翼分子都属于第二个可鄙的阶层……）。那个慈悲无边的阿尔及利亚前总督，令人惊讶地与罗热·杜歇先生、德·赛利尼先生以及《阿尔及尔回声报》的其他编辑这批出类拔萃之辈心心相印，那是完完全全出于对阿里和穆罕默德的爱，出于对卡比尔人和阿拉伯人的爱。如果说勒·勃伦·凯利斯先生和艾蒂安·包尔纳先生谴责我厚颜无耻，那么这是基督徒的情感迫使他们让阿尔及利亚人免于受民族解放阵线的祸患和暴政。

在题为"法国意识的危机"的第二章里，我试图说服我的同胞，帝国的丧失并不会使我们的国家走向衰亡：

> 失败主义，就是不再希望与民族主义者和解。放弃主义，就是拒绝与取得独立的国家合作。堵塞我们前途的难道不正是那种断言人民渴望自治与法国在非洲的使命不相容的人吗？衰亡的国家是那些拒绝适应变化中的世界的国家。祖国的掘墓人以预防衰亡为借口，把爱国主义引向绝路。

第三章题为"五月风暴"，简单叙述了对 1958 年 5 月事件的分析、戴高乐将军重掌政权以及第四共和国的失败。我顺便讨论了阿尔贝·加缪在一篇文章中①表述的观点："除了他对公正的渴望和他的慷慨，阿尔贝·加缪的态度并没有超出一个好心的殖民主义者的水平。他拒绝阿拉伯人要求的合法性：不管怎样，人们应当承认，关于阿尔及利亚，民族独立纯粹是感情用事的语言。从来就没有过阿尔及利亚民族。犹太人、土耳其人、希腊人、意大利人、柏柏尔人本来都有权利要求领导这个潜在的民族。"我对此反驳说："这些穆斯林在过去不是一个民族，但是他们当中最年轻的人愿意建立这样一个民族。

① Reproduit dans *Actuelles III*, Gallimard, 1958.

这个要求是感情用事吗？当然，就像所有革命的要求一样。"
阿尔贝·加缪推荐的措施与法国的阿尔及利亚论者主张的措施
495 是一样的，即"个人联邦制"（换句话说，就是穆斯林和法国
人在民事上和政治上平等）。他希望政府"在阿尔及利亚的法
国人问题上一点儿也不让步"。他认为："阿尔及利亚的民族
要求从某些方面来讲是阿拉伯新帝国主义的一种表现，埃及过
高地估计自己的力量，充当了这种新帝国主义的首领，而现在
俄国正利用这种新帝国主义来达到自己反西方的战略目的。"

这些文章已经被遗忘了；而人们还记得他在斯德哥尔摩发
表的声明，或者说还记得他回答一个记者的访问："我信仰正
义，但是在正义之前，我首先要保卫母亲。"[①] 这句话从根本
上讲毫无意义。阿尔及利亚的反抗向所有法国人，特别是向阿
尔及利亚的法国人提出了一个良心问题。为什么阿尔贝·加缪
在他对母亲的爱中找到了对这种意识问题的答案呢？我们明白，
在对阿尔及利亚的眷恋、儿子的爱和正义的关切中，他的心被
撕碎了，他拒绝在对立的两个阵营中表态。但是，把"母亲"
和"正义"放在一起做比较，在我看来似乎是书生语言，而不是
判断一个悲剧性的冲突。我丝毫不想攻击加缪应有的荣誉，我也
不怀疑他高尚的灵魂和他的诚意。对于那些没有经历过这些年代
的人来讲，仍然具有教育意义的是，为什么包括阿尔贝·加缪这
样的人，当时都拒绝阿尔及利亚的所谓"民族主义"，拒绝由少
数积极分子推动但可能得到大多数人支持的独立愿望。

关于戴高乐将军的制宪计划，我似乎没有搞错：

---

① 1982年《再作幻想》一书中，克洛德·布瓦依埃尔和雅克·布瓦依埃尔
（Claude et Jacques Broyelle）夫妇重新引用了这句话来说明加缪采取的立场。

毫无疑问，戴高乐将军真诚地希望复兴共和国，即使是一个议会制的共和国……第五共和国的体制并非险些变成总统制和议会制的妥协物，而是险些恢复到半议会式的君主制。内阁将对议会负责，但总理将由共和国总统选任，而总统本人却像君主那样，掌握着在我们这个世纪的议会制度下帝王自己都已丧失的一些特权。倒退或许并非完全没有益处。汲取巴约讲话精神的宪法，对法国的问题并没有给出持久性的答案，但它提供了一种制度，在这种制度下，戴高乐将军可以行使他那绝对而又有限的权力……（"绝对而又有限"是莫拉斯的用语。）

496

尽管在戴高乐将军重新执政后我受到了冲击（5 月 15 日，他从精神上保护了阿尔及尔的"叛乱者"），1958 年 7 月，即五月革命几个星期之后，我仍然认为他比其他任何人的机会都多："戴高乐将军比任何人都更拥有重建和平的手段，因为他既能够进行战争，又有宽宏大量的名声。"我没有把将军描写成五月事件中上校们或阴谋者的代表或首领，而是把他写成政治家，能使军队服从命令，或许他还能开始与阿尔及利亚民族主义者对话："极端分子和阴谋者所希望的，与历史的需要和绝大多数法国人的希望是背道而驰的。五月革命有可能成为法国政治革新的开端，条件是革命要赶快吃掉自己的孩子。"

在这个小册子之后，我定期给《论证》杂志写关于第五共和国，特别是关于将军的阿尔及利亚政策的文章。在 1958 年 11 月发表的第一篇文章里，我引证了《自由法兰西》1943 年的一篇文章，在文章中我分析了波拿巴当时的处境："国家处于危机之中，议会和议员们威信扫地，只有一个人拥有民心和威望。"我并非没有认识到造成国家危机的不同原因之间的区别（1848 年的社会冲突、1940 年的军事失败、1958 年帝国的丧失），也并非没有看到这些拥有民心的政治家的区别："波拿巴处境的受益者，不管他叫路易－拿破仑、布朗热、贝当，还是叫戴高乐，也不管他是一个冒险家、一个意志薄弱者、一个老军人，还是一个真正的伟人，反正都要拿出自己的本领，超越法国的争吵，既当右派又当左派，把 1789 年以前的法国和 1789 年以后的法国联合起来。"

497　　我重读了对 1958 年宪法的分析——可能与贝当元帅准备的宪法距离很远——没觉得太为难。乔治·维德尔在一封友好的信中祝贺我对局势和宪法所做的精彩分析，他对我做了颇有趣味的明确分析：

> 你想象的贝当宪法至少有可能存在过。在第 7 版杜居伊（Léon Duguit）和莫尼埃（Henry Monnier）宪法集中，你将找到原文（第 386 页）。你从第 10 页开始读："国家元首的权力来自一个代表大会，这个代表大会聚集了全国的当选人和各属地的代表。代表大会体现国家并承担起它的命运。作为国家最高利益的仲裁人，他保证机构的运转，同时，在必要的时候行使解散议会的权力来保持政府与国家间的相互信任。"

乔治·维德尔补充说，元帅的这些流产的计划与戴高乐将军的观点碰巧一致，既不能表明赞成 1958 年宪法，也不能表明反对 1958 年宪法。

我对第四共和国及 1958 年形势的判断，今天仍然往往为史学家们所引用：

> 对第四共和国的敌视就像 1940 年人们看到的对第三共和国的敌视一样。这种严厉态度虽然有时不太公平，但至少表露了一种健康的感情：法国人已经不再愿意因内阁不稳定而变成人们的笑柄了。不管这个不稳定状况的后果是什么，即使这些后果要比人们通常想的少，内阁的频繁危机还是使政权在法国人和外国人的眼里丧失了威信。从长久看，一个国家不能屈服于自己所蔑视的人。

相反，对这段时间外交方面的情况（大西洋联盟、与德国和解、欧洲组织）和超过了人们希望的经济状况（这种希望是解放时的乐观派所抱有的），我是持赞赏态度的。法国人是否指责第四共和国丧失了帝国，或者曾经想挽救它？法国人是否把帝国的丧失当作国家的灾难，或者没有认识到这件事的意义呢？"第四共和国在阿尔及利亚战争中碰壁，没法再打下去，既没本事打胜仗，又没本事用谈判来结束战争，只好另请高明。"

这时，我就把宪法看成一部议会制帝国的宪法——以后的 498 事件并没有否定我的判断——而且在这篇文章里，我并没有觉得自己在系统地反戴高乐主义，但人们把这一点归功于我了，并且找出了很好的论据："由于没有像英美那样，在民主体制中加入全民表决的因素，法国就在二流的无名议员和神明天授的领袖之间摇摆起来。戴高乐将军尤其是一个神明天授的领袖，但他的历史雄心则可与华盛顿相比拟。"1958 年秋天，雅克·谢瓦利埃的朋友鲍里斯·苏瓦林告诉我，戴高乐将军企图通过法雷斯和安鲁士与民族解放阵线谈判，但没有成功。

1959 年 5 月，我又写了一篇关于政府经济政策的文章。当时，让纳内当着部长，递给我一张明信片：

> 我刚读了您在《论证》杂志上写的关于我们经济政策的文章。这是最好的、唯一恰当的文章。谢谢，谢谢您注明我不是一个"自由派"。

借新政体成立一周年之际，我又在《论证》杂志上发表了一篇文章，题目是《一年之后，处于极端派和开明派之间的夏尔·戴高乐》。这篇文章仍然忠实于我自己的观点，以宽容的态度分析了将军的阿尔及利亚政策：

> 那些认为承认阿尔及利亚自决权是正确的人，那些认为通过武力维持殖民统治与 20 世纪法国的使命背道而驰的人，完全没有理由否定自己。共和国总统目前只能这样做，这并不意味着要赞成此前刚批判过的东西。否则就应当认错道歉，追悔对居伊·摩勒的批评。

至于我对将军本人的态度，用词必然比较微妙，甚至比较暧昧。我对内部移民的企图（比如孟戴斯－弗朗斯主张过的）感到悲哀：

> 第五共和国依然存在，在现在这样一个法国，戴高乐将军在一个尽可能不那么坏的制度中是一个最好的君主……他拥有个人权力，但他在 1945 年复兴了共和国。

499

他引导了 1958 年的革命，从中建立一个专制的但并不是法西斯主义的或军事独裁的共和国。他想挽救法兰西帝国的其他属地，但是他把独立权交给了黑非洲。他在阿尔及利亚进行战争，但并不排除一种演变。结论是：我们想帮助他，但是仍然相信，阿尔及利亚趋向独立的运动是不可抗拒的。我们在期待中姑且让他先干着吧。

以后《论证》上发表的一系列文章，直到 1962 年 4 月 20 日写的最后一篇，都反映了我在判断上的犹豫不决，或者说我秉性上的摇摆不定。1959 年秋天，在 5 月 16 日关于自治的讲话以后，我预见到——而且并没有弄错——民族解放阵线或阿尔及利亚共和国临时政府，将拒绝停止战斗和参加竞选战。将军建议走一条介于"法国的阿尔及利亚"和"放弃"之间的第三条路线，在这条路线的尽头，阿尔及利亚将紧密地与法国联系在一起，在法国的范围内自治。但是到底有没有这样一条中间道路呢？

1960 年 3 月，在街垒战危机之后，我在一篇题为《唯一的人，孤独的人》的文章中表达了对将军的钦佩，也没有忘记提醒人们，宣布自决的原则不足以终止对立。民族解放阵线的战士在政府没有明确执行原则的条件时，是不会把武器放置一旁的。没有与民族解放阵线或阿尔及利亚共和国临时政府达成协议，人们是不会从居伊·摩勒确定的那个著名的"停火、选举、谈判"三部曲中走出来的。与此同时，那篇赞扬《唯一的人，孤独的人》的文章，其题目便表明了我的疑虑和担心：用一个历史推举出来的伟人正统去代替民主正统，是否妥当呢？"将军愈是强调他个人掌握的正统，他就愈削弱他自己建立起来的宪政……戴高乐将军几乎时时被拉去做那些他不想做的事。他害怕叛乱，但他开始他的政治生涯时就像一个反叛者。他害怕军事政变，但 1958 年他重掌政权时，就是借助了一个政权受到威胁而发动的军事政变。他热望联合所有法国人，但他从未做到，因为这种联合是与 20 年来要完成的种种任务的性质相违背的。"由此，他那通过各种离奇古怪的波折而集中体现在一个人身上的国家正统的抱负产生了。

1960 年秋天，我的态度更加严厉。我写了一篇题为《自大》的文章，把戴高乐将军刚上台时的要求与两年后的形势做了比较：

> 如果人们把戴高乐将军当成这样一种人，他认为阿尔及利亚成为一个国家的趋势不可避免，同时也符合世纪的精神，而且与维护法国利益相适应，那么他就是一个开明人士。但如果人们把他看成一个拒绝与战斗着的人进行讨论的人，那么他就是一个极端主义者。只有那些客气礼貌地要求独立的人，才有权获得独立。

这篇文章不够公正，是我在美国哈佛大学短暂停留时写的。乔治·弗里德曼（正确地）指责了我的语气：

> 在现实环境中，我看不到任何人能像戴高乐那样保卫自由的主旨，而这是你一生都在捍卫的东西。将军还有机会达到目的。好些人已经懂了，并且为之庆幸。所以我很惊讶，你仿佛以你的名义和威望，为那些活着就想毁他的人提供担保……由于了解你，我相信，如果你在法国，自从写了《自大》一文，你一定会改变你的论战目标。

500

在下一篇文章里，我引用了乔治·弗里德曼的信，并且解释说："我从未怀疑过，在所有法国人中，戴高乐将军是最有能力为阿尔及利亚的肿瘤动手术的人。"唯一的人、孤独的人"保护着我们的自由，并在精神混乱和骚动之中居间调停。"将军在 1960 年 11 月的讲话，又跨出了一步："'阿尔及利亚共和国'将在'阿尔及利亚的阿尔及利亚'之后到来。而且这个共和国将有一个独立的外交。"这样，将军就给予了阿尔及利亚一种与法兰西联合体其他成员国相似的地位，但是他在关键的一点上还是没有讲清：谁将负责阿尔及利亚共和国？

我的不安始终集中在一点上：

一切最终都归结到旁观者们两年来不厌其烦地提出的问题上面：既然戴高乐将军作为历史哲学家，已经认识到法国的阿尔及利亚已经死了，独立的阿尔及利亚势在必行，可是，作为国家元首，戴高乐将军又将在多长时间里拒绝对话呢？如果拒绝对话，在他的战略与他的战术之间、在他所遇见的结果与他坚持的拒绝之间存在的悲剧式矛盾，还将持续多久呢？

501

在剑桥写的文章的末尾，作为对弗里德曼的答复，我下结论说：

我们大概起不了多少作用，没什么事可做。我们赞成他，也许会连累他；批评他，也许会削弱他……我们大声疾呼：我们的希望都寄托在戴高乐将军身上，我们对体面的和平最后所抱的希望——也就是说一种能使法国与阿尔及利亚民族主义者言归于好的和平，能使法国人不至于因此而拿起武器自相残杀的和平——全然在于将军身上。这样的大声疾呼，也许不会全无好处。

在"一小撮"将军的阴谋和 1961 年 4 月 11 日的记者招待会之后，我不再怀疑国家首脑是否已经属于"放弃派"，已经决定在预先承认阿尔及利亚独立的基础上，与民族解放阵线谈判。

在三年的犹豫和幻想之后，戴高乐将军只得委曲求全，并决定与民族解放阵线讨论阿尔及利亚的前途。这不仅违背了他自己多次许下的诺言，而且不考虑军队的情绪……如同以前人们讲的那样，难道这还不算"佛罗伦萨式"①的《君主论》吗？他派《愤怒通讯》报的社长当政府总理并负责接见布尔吉巴先生，难道还不算古人说的"佛罗伦萨式"权术吗？他把 1958 年 5 月 15 日"战斗部队的动乱"算在第四共和国的账上，而他自己却借重"兵变"做了"兵变"要做的事。这难道还不算"佛罗伦萨式"的统治术吗？

下文，我把自己摆在"受骗者"的位置上：

1960 年 1 月宣布自决，1961 年 4 月答应独立，5 月 13 日的胜利者感到被愚弄了。戴高乐派从他们那里窃取了一场革

---

① 佛罗伦萨是《君主论》的作者马基雅维利的故乡。"佛罗萨式"权术即"马基雅维利式"的政治主张和风格。——译者注

命。如果为了反对第四共和国的放弃派有权暴动，如果像前任总理说的那样，当政府考虑放弃一部分国土时，服从的义务就终止了，那么为什么四个将军，而不是失败了的英雄将成为罪犯呢？我个人毫不怀疑他们那时是罪犯……

不知道为什么我的脾气又变了，因此用了一个不恰当的题目，叫作《别了，戴高乐主义》。我说话为什么那样咄咄逼人？比塞大港事件的插曲使我感到愤怒；也许我错把这件事的全部责任推给了法国政府，但是给予伊斯兰国家的一名首脑、法国的一个真挚的朋友这样一个血的教训，在我看来是不公正的、残忍的，也是违背我们国家的利益的。同时，戴高乐将军通过单方面让步，逐渐让出冲突之焦点的战略，在我看来也是不合情理的。所以惹出了那些可能引起震动的但肯定是令人不快的俏皮挖苦话："人们不能用路易十四的方式搞非殖民化……皮杜尔为了挽救法兰西帝国，会把战争进行到底。戴高乐将军进行战争是为了挽救放弃政策的脸面。"这时，我批评了整个戴高乐派的战略："将军只是在一丝不苟地打完手里和口袋里所有的牌以后，才同意坐到谈判桌旁……这样，如果阿尔及利亚临时政府要求得到撒哈拉，那又怎么办呢？"

民族解放阵线作为获胜者参加了谈判："阿尔及利亚的民族主义者或许在战场上打了败仗，但是他们赢得了战争，因为法国政府承认他们的要求是正义的，声明准备满足他们的要求并祝愿'解脱'……"从 1957 年起，我就宣布这个结局是预料之中的："如果民族解放军能够在阿尔及利亚拖住 40 万法国士兵，它就会给予阿尔及利亚临时政府一个它所需要的'军事胜利'。因为可以预见到，法国人民对这样一场战争终

502

究会厌倦，这场战争打得越长，越暴露出不公正和虚荣心。"

至于文章的最后几行，读到那尖刻辛辣的文字，我也感到不好意思，但是这几行文字不管怎样却是说得通的："将军谈到了解脱，而不仅仅是非殖民化，他认为，完全放弃——即重新组织，然后遣返法国人和继续想当法国人的穆斯林——将是除了与阿尔及利亚临时政府达成协议外不可避免的解决办法。不管这个协议是否达成，显然，两三年前本来可以救得出的东西，一点儿也没有救出来。"今天，读者会反驳说：他难道能救出什么东西来吗？

后面那篇做结论的文章，我还是要签上名字，因为它可以说是对前几篇文章的自我批评。

503　　　　在这个杂志里，凡是关注第五共和国专栏的人，都不会不知道我在判断上犹豫不决。在我看来，只有为了结束阿尔及利亚战争，才能同意父道主义的君主制在 1958 年宪法的幌子下被引进来。只有与阿尔及利亚临时政府进行谈判，才有了一个达到目的的机会。因为自决这句话的作用，仅仅是掩盖阿尔及利亚命运早已注定这件事，这是由法国政府和阿尔及利亚临时政府商定的。戴高乐的骄傲自大似乎关闭了谈判的道路，愤慨胜过了希望。希望是伴随着 1961 年 1 月的公民投票而重新产生的。去年夏天，在荒谬的比塞大港悲剧后，希望又让位给了愤怒。

如果一个人"确信解脱符合法国的利益和使命，并为了把非殖民化（他们自己人曾称之为弃守）进行到底而冒生命和荣誉之险"，我绝不计较应当给予他什么样的荣誉。但是，"'佛罗伦萨式'权术在 20 世纪看来，同样是亏本的。指责活动家取得胜利代价过高，这是容易的。而隐瞒阴谋诡计和表里不一的代价，那就更加容易了"。

采取中间立场的人，以公平合理自居。我照录了极端派和自由派的指责，既不接受也不反对它们中的任何一派。一方面，"是否必须把'绥靖政策'拖三年半，才能实现不可避免和不可缺少的政治谈判呢？有没有必要为了撒哈拉问题而中断在埃维昂进行的初期谈判，然后突然在记者招待会上宣布，任何一届阿尔及利亚政府都不会放弃对沙漠和石油的主权？"另一方面，"如果已经决定不让他们信守誓言，为什么要走遍军官食堂？为什么要让这些军官向居民们庄严宣誓？从'我理解你们'到1962年4月的公民投票，有位泰尔努瓦先生只看到一条笔直的没有迂回曲折的路线——天真无邪。阿尔及利亚的法国人和军官从中看到了一系列丑恶的出尔反尔和厚颜无耻的阴谋诡计"。

我并不完全地简单地一笔勾销这些指责，理由非常简单，却是决定性的：这就是成功和现实。

当君主在他自己的罗网里挣扎的时候，批评家大有可为。可是一旦挣脱出罗网，君主便有了不可辩驳的理由： 504 道路虽然是漫长的，但毕竟把我引到了目的地。如果走了一条捷径，我会成功吗？马基雅维利信徒之所以取得成功，就在于去乞灵一种现实来对付敌人追念的各种可能性。内战、秘密军队组织的叛乱，如果这些事是结束法国人与阿尔及利亚民族主义者之间的战争必须付出的代价，那么人们还有理由为此而责备政府吗？

不止一次，我向这个阵营或那个阵营的极端分子讲明了我自己的观点：

> 无条件支持当局的人欢呼任何事件，即便这些事件取笑了他们昨天的誓言。对方只顾揭露戴高乐将军，哪怕事件的发展实现了他们昨天的希望。是不是戴高乐派或戴高乐的反对派，既不像前者，也不像后者？在引起 L. 泰尔努瓦先生、J. 苏斯戴尔先生和 M. 舒曼先生发火的《阿尔及利亚的悲剧》这本小册子里，我使用了"勇敢的放弃"这样的措辞……然而正是戴高乐将军把放弃的意愿搞成了英雄主义。省力的办法是推行"绥靖主义"，而法国的最高利益则是不要死赖在帝国的残余部分……戴高乐将军享有而且有理由继续享有历史功绩的美誉，因为他说服了他的国家：非殖民化意味着变化，而不是失败。这个事业并非他发起的，而且他那派人一直使这个事业处于瘫痪状态。但是他在阿尔及利亚终于完成了这个险些成为悲剧的事业。

《埃维昂协议》签字和法国人最终从阿尔及利亚匆匆撤走，至今已将近 20 年了。阿尔及利亚有 2000 万人，如果还有需要的话，这证实了反对一体化的人是有道理的。碳氢化合物的价格猛涨，基本上改变了我在《阿尔及利亚与共和国》中使用的计算数据。如果法国保留着在撒哈拉的主权，就可以用法郎支付部分石油，或者通过售出它剩余的其他种类的碳氢化合物来补偿用外汇购买石油的花费。不管一些史学家或论战者写些什么，我反对殖民主义，赞成阿尔及利亚独立，不是出于经济方面的考虑，而是出于人们不加区别地叫作道德的、政治的、历史的信念，或者说国家利益的信念。

　　我不知道，在两千年后，我们是否应当从道德上谴责罗马人征服凯尔特高卢人。至少，征服者应该经常想想孟德斯鸠的格言："应当由征服者来对他做的一部分坏事做出补偿。这样我就给征服权下了如下的定义：这是一个必要的、合法的而又不幸的权利，它留下一笔永远需要补偿的巨额债务，用以偿还对人性所欠的债。"19世纪征服阿尔及利亚，需要至少20年时间，一些高明的人那时就认为这是时代的错误，注定要失败。在他们取得表面胜利一个多世纪后，当征服者要拿起武器使他们不稳定的统治永久化时，原来可能得到的好处就全部消失了。阿尔及利亚人尽管人种混杂（阿拉伯人和柏柏尔人），缺乏像摩洛哥那样的国家传统，但照样有理由要求享有建立国家的权利，并肯定自己的本性。他们的要求符合思想的历史发展趋势和法国的真正利益：一体化政策是除了独立外的唯一选择，而人口和经济状况却使它成为不可能。

　　过去曾经批评过拙作《阿尔及利亚的悲剧》的一些"自由派"今天友好地对我说：事件的发展证实你有理，但是难道在1957年，事情就像你断言的那样确定了吗？埃蒂安·伯尔纳曾写道（我向他提起他写过关于《对本世纪的希望与忧虑》的一篇文章）：

　　　　关于阿尔及利亚事件——对此我已经写了不少文章——应当想想我是人民共和党一派，这一派祝愿并希望阿尔及利亚向开明的方向发展。我就不再谈论我在《人类的大地》一书中写的所有关于突尼斯和摩洛哥首先向内部自治演变……并反对殖民化的那些段落了。这或许是"第三势力"的幻想之一。对这种幻想的批判是极其严厉

506

的，而且并非没有一些强有力的理由。这并不仅仅是虔诚的祝愿。我加入了人民共和党执行委员会，1958年，这个委员会通过多数人拒绝给予皮杜尔以信任，并阻止他成立一个推行法国的阿尔及利亚论的内阁。等到普夫里姆林当上了总理，在阿尔萨斯的一家报纸上发表文章，提起"停火"，这就引起了兵变，搞垮了第四共和国。在我看来，那时候胜败尚未定局，你就做出完全独立的结论，你的立场就是没有站对，简单地说，没有站在中间派的立场上。根据某种现实主义的衡量，考虑实力与群众的比重，你肯定是有道理的，这正是我想用一句简短而恶毒的论战语言来形容的"典型的右派观点"。法国与阿尔及利亚结成联邦，在共同体内共存并合作的梦想，无疑是乌托邦。你头一个预见到这一点，为此我不得不向你认输……

让·达尼埃尔同样在最近的一次谈话中说道：阿尔及利亚事件并非不可避免地要按它现在的样子发展。叛方领袖并不希望所有法国人大批逃离，他们激烈地争吵着；他们当中的一些人考虑进行讨论，并不要求马上获得他们渴望的独立。至于我，对这些合乎人情的遗憾并不反对，我也不断言，在细节上，事件的发展一定不会是另一种情况。在与沙邦·戴尔马的谈话中，我也提到了在凡尔赛宫宣布的法国–马格里布邦联。1957年，我并没有建议立即独立并遣送法国人：我是为阿尔及利亚的独立权辩护，因为这项权利，在阿尔及利亚的法国人不打算予以承认。

我不认为由于20年来有关于阿尔及利亚战争的大量重要文章被发表，我就需要修改上一代人的那些判断。现在，我们对民族解放阵线与阿尔及利亚共和国临时政府的内部争执、一些领导人秘密访问爱丽舍宫、内部游击队的没落等，有了更多的了解。自从法国军队停止保护人身安全，地下军组织和对阿尔及利亚的法国人行凶加快了阿尔及利亚法国居民逃命般的离开——这是1955～1956年的决定所酿成的后果。1957年，我宣布，在数年战争后，国家终有一天将一无所得地罢手认输。事情就是这样；或许不能不这样。悲剧毫不留情地上演到底。可能是奉了戴高乐将军本人的命令，大部分本地保安队员被送给战胜者出气雪恨，而将军本人却用他的口才把失败说成胜利，把暴行遮盖得干干净净。

507

　　至于我，既不为发表两本小册子后悔，也不为1958年和1962年的两次表态内疚。就像1940～1944年那样，法国人再次互相指责，说对方叛变。绝大部分法国人当时都拥护政府的政策，奉行了动员令。赛尔旺－施莱贝尔反对阿尔及利亚战争，但仍应召去阿尔及利亚当中尉。其他一些法国人，如弗朗西斯·让松，在民族解放阵线里服役，或者确切地说，建立支持民族解放阵线的秘密组织。121名知识分子，其中包括 J.－P. 萨特，签署了一项声明鼓励法国青年改变主意。

　　121人声明发表时，我正在哈佛大学；顷刻间，一些美国教授干劲十足地去争取别人签名响应，并谴责对121人进行司法追究。几天内，我与几十个美国教授进行了讨论，并劝阻他们当中的许多人不要签署这篇声明：

　　　　让青年人改变观点，这对知识分子和 J.－P. 萨特没有危险，但对那些听从他们劝告的人是危险的。我理解那些拒绝打阿尔及利亚的青年，但是我讨厌坐在长椅上的知识分子代替应征入伍的青年去提高觉悟。应当让青年自己选择，而我们应当随他们选择。如果你们，你们插手这场论战，就将承担额外的责任：你们把法国人进一步推向内战，因为拒绝国家动员，就相当于取消国家公约。如果明天，我们法国人在你们政府发动一场我们认为不正义的战争时号召你们的青年人背弃正义，你们会怎么想，你们这些美国人？

我的论点打动了对话者。支持 121 人的提案被撤销了，或者说没有得到预计那么多的签名（对这一点我有点记不大清楚了）。

1960 年 10 月，当"提案战"打得火热时，我写了一篇关于卖国的文章，重新使用了我为安德烈·泰里夫的书所做的序言。这篇文章又一次成为反对内战的激烈辩词。论战首先针对弗朗西斯·让松建立的联络网。让松写了些什么呢？

> 我知道人们控告我们背叛。但我想：我们出卖了谁？出卖了什么？从法律上说，我们陷入了内战，因为阿尔及利亚人完全被正式看成了法国公民，所以我们没有出卖法国。实际上，国家共同体不复存在了。它的轴心在哪儿？它的主力线在哪儿？它的固定点在哪儿？……既然共和国总统本人——法国的救星——凭仗武力而掌了权，并且不实行他自己号召投票通过的宪法，充当篡窃的拥护者，那么，任何形式的公民责任感都不能使我承认还存在"合法行为"及共同的义务。

不用管第一条理由：阿尔及利亚战争从法律上说是一场内战，因为阿尔及利亚人在纸面上享有法国公民的资格。这样，让松是作为一个造反派而不是一个外国势力的代理人在采取行动（实际上，阿尔及利亚人不把这看成内战）。这里还有一个主要论点：逃兵。民族解放阵线的支持网仅仅承认并象征着共同体解体。1960年是不是就应当注意到这个共同体的瓦解，并从中得到结论呢？我的答复是：不是。"我和另外一些人，不支持第四共和国最后几届政府，也不支持第五共和国政府。然而，如果说有人愿意同那些主张独立的阿尔及利亚人在一起，或支持他们，那么我既没有感到应当，也没有想去同民族解放阵线一起战斗，或为它战斗。"

对各种极权制和民主制做一番比较，就能弄清楚当时的良心问题。"极权国家把反对派拒于共同体之外，把反对派当成叛逆，所以反对派就认为自己已经解除了对国家担负的一切义务。"在民主制国家则不一样：公民宣誓服从多数派法则，这是政治誓言而不是向国家宣誓，所以必须有不可抗拒的理由，才敢食言。

509

我发表异乎寻常的观点，甚至认为，1940年6月的法国的分裂还不及这一次厉害。当时，维希政府还是半自治的，它认为暂时的中立符合法国利益，而戴高乐派起来反对它，不是用一个法国反对另一个法国，而是用一种政策反对另一种政策。这点对我来说——一直到1942年11月——象征着贝当元帅和戴高乐将军两块招牌之间的冲突："那时和现在，我都相信，人民如此富于派性，所以法国人民只有一个机会来挽救自己的团结并继续生存下去。这就是不懈努力，克服自己身上的恶魔，克服各党各派唯我爱国、唯我算国家化身的那种野心。"

我列举了许多理由，认为在1961年公民并没有不可辩驳的道理取消国民公约：基本上，个人和政治的自由依然存在；政府并非不知道人民的意愿；当然战争在我看来是不公正的，而不是公正的，但在阿尔及利亚的少数法国人不应被遗忘。尊重少数也是民主制的传统。人们不能机械地、不顾环境地实施自决权："一个右派人物声明支持与民族解放阵线谈判，并支持向独立推进，有助于激起双方妥协的愿望。没有妥协精神，一场无休止的战祸、一次悲剧式的分裂就无法挽回。那些参加民族解放阵线的法国人是否也能产生这样的影响？"

我并不掩饰这场论战的含糊不清之处："人们是不会同外国民族主义者一起战斗的，即使人们认为他们的事业比自己国家的事业更合乎正义。相反，人们会说：消极地不赞成一种人们认为不正义的政策是不是够了呢？"这篇文章使我得到了梅洛－庞蒂先生的一封赞许信，他写了另一个提议，反对 121 人的提议，我签了字。在巴黎大学，在秘密军队组织的凶杀手段达到登峰造极的时候，在一次院长出席的全体教师会上，我主张超越那个并不威胁民主制的危机，共同维护国家统一（我没有把秘密军队组织看得了不起，因为法国民众都不要它）。

510

在 1958 年 5 月 13 日以后的日子里，许多演说家在阿尔及利亚绝不忘掉提我的名字来惹起愤怒，甚至激起仇恨的叫喊。1960 年，我的同姓人罗伯特·阿隆认定我是属于那些由于缺乏对法国的信任而想放弃阿尔及利亚的人。在有关"五月风暴"的一系列文章里，一个国家行政学院毕业生把我的小册子列入冒犯众怒、"令人可耻"的书的单子里，不过从那以后我与他的关系还是挺友好的。

从各方面投来的漫骂侮辱信件都是匿名的，它们几乎不能触动我。1960 年代末期，我好几次碰到一个从阿尔及利亚逃回来的夫人。最后，她相信了我，坦率地对我讲："当您发表《阿尔及利亚的悲剧》时，我们多么讨厌您；今天，我们想，那时我们怎么会那样盲目。实际上，只有您才关心我们。您对我们说，等到法国放弃阿尔及利亚的时候，它将没有钱给你们，这些钱都让徒劳无益的战争花掉了。"

让 我 们 一 起 追 寻

Mémoires (édition intégrale inédite)

By Raymond Aron

©Editions Robert Laffont, S.A., Paris, 2010

Chinese translation rights arranged through Divas International, Paris 迪法国际版权代理

（ www.divas-books.com ）

增订本

Raymond Aron

Mémoires 雷蒙·阿隆回忆录

édition intégrale inédite

【下】　　【法】雷蒙·阿隆 著　　杨祖功　王甦 译

社会科学文献出版社
SOCIAL SCIENCES ACADEMIC PRESS (CHINA)

目　录

上　册

第五部　死缓阶段（1977～1982）

第十五章 工业社会

从 1955 年到 1956 年，我在巴黎大学授课，以"工业社会"
为题。我在德国图宾根执教时也曾以此为课题，但比较简略。

我在几年以前便有这个想法，其实就是在战争刚结束的时候。统治阶级的理论和社会阶级的理论相反而又相似，叫我非常吃惊。意大利的法西斯很喜欢引用莫斯卡－帕累托的统治阶级观，而马克思主义者则只知道社会阶级。马克思主义者混淆了统治阶级与在社会里占统治地位的阶级。而布尔什维克党取得了政权，便不再代表工人阶级，而代表一个统治阶级，一个消灭了旧的统治阶级而登上前台的统治阶级。

当然，苏联的革命跟法西斯主义不一样，甚至跟国家社会主义也不一样，因为它在工农业方面，打乱了生产关系，消灭了工厂的业主，然后通过农业集体化，消灭了地主。然而，这个秉承马克思主义的革命并没有按照马克思主义的预见，实现无产阶级专政，而是按照帕累托悲观的学说，造就了一个新的统治阶级。于是，帕累托学派便轻而易举地根据他们自己的方案来解释布尔什维克的壮举。而马克思主义者也从自身的角度，根据自己的方案来解释法西斯主义，认为它是假革命，因为它并没有打乱生产关系，而仅仅是"金钱势力"派了另外一些人来管理国家，通过另外一种形式的政府来行使他们的治理权。

我从 1940 年代起就着手写一部书，此书将对照马克思和
帕累托两家的学说，比较分析 20 世纪的革命运动，包括右派

的革命、左派的革命、法西斯和共产党。几百页手稿还在书架上睡大觉。我结束在图宾根大学的授课后回到巴黎大学，便着手宣扬工业社会这一概念。

我在这个计划里仍然要提出几种想法。我跟其他一些人一样，都为科林·克拉克的《经济进步的条件》所触动。不管是苏联的经济，还是资本主义的经济，只消算一算国民收入，便可以肯定国民经济都顺着一条线上升。一切现代经济，不管政体多么不同，主义多么不同，大家都有一些共同之处，特别是经济增长的潜力。苏联通过五年计划，展示了国民增产率的辉煌成就，可以说是向西方发出了挑战。苏联要的是用行动证明自己制度的优越性。苏联国民增产迅猛，劳动生产率直线上升，都胜过资本主义国家。

我在法国看到让·富拉斯蒂埃笔下的经济增长论。这门理论本身——也许说得谦虚一些，这个概念本身——就是工业社会的概念。东欧和西欧一样，经济增长的标志是：劳动力从第一产业向第二、第三产业转移。还有其他标志，即资本积累和劳动生产率的提高。所以很正当，很有必要来分析现代经济的共同点，而苏联的模式也罢，西方的模式也罢，又都各具源于历史的特点。经济扩张都靠劳动生产率的提高，而千百年来，盛衰沧桑，循环不息，却又仿佛遵循一条规律，至少该说经济扩张是缓慢的。

三门课程 7 年后变成了《工业社会十八讲》《阶级斗争》《民主制与极权主义》①，包括十多年光景里萦环不息、耿耿于

---

① 还有第四门，是讲第三世界国家的。我觉得不值得发表，只保存了打字稿。

怀的许多问题，诸如欧洲两个方面经济与社会的对比、经济增 513
长体制与方式的多样性、经济增长的不同时期、随经济增长体
制与时期之不同而不同的社会结构、政治制度的相对独立性、
政治制度对于生活方式和阶级关系的影响，诸如此类。

这几本书里的看法大都经过详细研究，或者引起一些详细
的研究，其价值并不在于看法本身。我可不敢做什么概述让读
者讨厌，倒不如只说一说三门课程的主导思想。

我们先讲讲工业社会这个概念。大家知道，说法来自圣西
门和奥古斯特·孔德。19世纪初，爱搞历史和哲学的人，特
别是搞历史的，正走红运，都想知道法国大革命以后出世的社
会到底有什么意义，有什么特点。圣西门和他的同道都解释为
这是新时代到来了，而且风行全欧，影响久远。从此，工业化
便成了现代社会的特点，是一种劳动和生产体制。工业化的管
理者、银行家、工程师成了领导阶级。法官、公职人员、外交
官、军人不算寄生虫，也不能算不可缺少的人才。奥古斯特·
孔德继承圣西门派，提出完整的体系。工业社会模式与过去的
军事模式相反，开发自然资源代替了依靠侵略与掳掠发财。和
平劳动在过渡阶段结束以后便将代替战争，从而结束神学与军
事时代的传统。

尽管马克思常用一些黑格尔的语言，但把马克思说成是圣
西门的后人，倒也不见得全无道理。马克思也提出，公民社会
作为实质性现实，等于工业社会，国家不过是公民社会的体
现。公民社会的内在矛盾，名叫阶级斗争，乃是历史发展的原
动力。但跟圣西门的学说一样，正是工业体系成了整个集体的
躯体或结构。只有彻底改变工业体制，才能完成真正的革命。
那就不再是什么暴烈或不暴烈的危机了，过去这种危机，只不 514

过牵涉到掌握或行使国家权力的一些人罢了。

由于环境的推动，我重新提出了工业社会这个概念。当然，苏联人把自己的社会叫作社会主义社会，把西方社会叫作资本主义社会，然而这样的反衬对比是建立在一个公设上面的：经济社会制度的定义或特性，在于生产资料所有制的类别，在于提取剩余价值的方式，在于管理的方式是计划还是市场。将国家所有制与私人所有制对立起来有没有道理姑且不谈，把所谓社会主义经济的工业体系与所谓资本主义经济的工业体系彼此比较比较，我看也是有道理的。工业社会的概念，正是这部比较研究的作品用作指导思想或用来做出结论的。

"工业社会"一词虽然已经用得很普遍，但是这一概念本身还有争议。我上课时用它是如此，日常谈话中用它也是如此。所以应当说清楚工业社会的特点，而这些特点既存在于所谓资本主义社会之中，也存在于社会主义社会之中。只有给工业社会下了定义，才能说明该不该引用这个概念。

我用生产单位来下定义。在一个社会内，大企业作为劳动组织的特定形式，这个社会便是工业社会。由于这些企业的性质，家庭与劳动地点（即劳动单位）彼此分开了。企业引进了劳动分工，虽然不是什么全新的模式，但程度大大加深了。传统的分工是职工担任不同的工作，而现在又加上劳动的技术分工。企业必须累积一定的资本，不然没法竞争。组织与竞争必然引出经济核算。企业发展势必集中工人，而工人的集中几乎不可避免地引起劳资之间的紧张关系，于是有了工会，职工凭仗人数众多，能与企业领导谈判。

任何经济制度都得完成某些任务，如因工作而异地分配集体资源、处理生产者之间的关系。我在上文举出了工业社会的五种性质，用于为之下定义，暂时撇开了区分社会主义与资本主义的两大标志，即生产资料所有制与依靠计划或依靠市场来处理企业之间的关系。

历史学家追述了他们所谓工业革命经历的几个主要阶段；而19世纪初叶的社会学家则置身于时势之上。我本人是追随奥古斯特·孔德的路线的，而且常常支持科学用于生产和随之而来的经济增长，因为这是我们时代的特征。然而，我在第五讲里并没有强调科学与生产的关系，因为谈企业、谈集中、谈合理核算的时候，这已经不言而喻。我在很多场合，强调了工业精神的主导地位。现在人们已经把钢铁、汽车等大体上生产制成品的行业叫作第二产业，而工业精神并不仅仅在第二产业中表现出来。奥古斯特·孔德早就预见到，农业也将同狭义的工业一样实现工业化。

苏联人则用烧红了的炮弹轰击工业社会这个概念本身，因为在他们看来，这个概念与他们的马克思主义是水火不相容的。马克思本人会不会反对比较分析的原则呢？谁也不敢断言。事实上，马克思曾在一篇大名鼎鼎的文章中①提出，英国的前途具有典范的价值。而他在其他作品中却反而提出，资本主义过程本身就全人类而言是无法避免的，但可能按资本主义前期社会的多样性而采取不同的形式。不仅如此，所谓社会主义革命都发生在不怎么样的资本主义国家。所以，比较苏美两方相等的发展阶段，比较人均生产的方面，比较各产业部门劳力分配的方面，倒似乎并不见得违背马克思主义的精神。

苏联人却不用这副耳朵来听这些话。把社会主义与资本主　516

---

① 《资本论》序言。

义相提并论，或者把二者归入一种类型，那简直是对马克思犯下弥天大罪。理所当然，资本主义与社会主义之间，一定要掘一条不可逾越的深沟。两种制度若能放在一块板上看，各有各的优缺点。在马克思列宁主义者看来，社会主义能克服资本主义的种种矛盾，把人类带到历史前期的末尾，尽管今天苏联的社会主义还带领着一队工业国家，在美国的背后穷追猛赶。

《工业社会十八讲》是在 1955 年和 1956 年讲授的，到了1962 年方才在弗朗索瓦·艾尔伐尔主编的"思想"丛书中出版。巴黎大学打印的讲义，直录我讲的话，没有经过审阅，或者几乎没有经过审阅，已经卖掉好几千份。[①] 我不肯直接把这些讲义出版成书，认为这不过是雏形。真正的著作应该同时从历史与理论两个角度来研究两个主题：苏维埃主义与资本主义，马克思与帕累托。"思想"丛书的问世解决了问题，但我仍认为是暂时的，因为在廉价的丛书里发表的讲义，仍旧可以加工成我一直梦寐以求的真正著作。

这种事情一向如此：意外的成就往往出于偶然，所谓时势造英雄是也。匈牙利发生革命，赫鲁晓夫发表讲话，许多共产党人失望之余，退党如潮，行吟泽畔，追求一门可以替换的主义。我的《工业社会十八讲》一书恰好应景问世，解忧惶，息烦恼，并不能启发什么信念，或者纵观什么全景，但总可以把我们这个既一致又离析的世界照得清楚一些。事情却大大出于我的意料，至今居然还能遇见一些大知识分子，有时候遇见一些学者，告诉我说，这本小册子，这本近乎通俗读物的小册子，对他们有了大用场，教诲了他们。

---

① 我在巴黎大学用的讲义，由小女多米尼克·施纳佩尔修改了一遍。

　　第二门课程，从科学上讲，我认为是三门中最好的一门 517
（大部分内行读者都同意我的看法）。如果用马克思主义的词
汇，这门课程分析了生产关系。如果用中立的词汇，那就是
分析了社会阶级。这门课给一个主要问题提供了答案，这个
问题就是：在西方式的工业社会里，在苏联式的社会里，阶
级斗争分别意味着什么？要回答这个问题，必须一个阶段一
个阶段地搞清无穷尽的阶级论。任何现代工业社会都很复杂。
所以一眼就看得出，成百万的男男女女在劳动中各有各的工
作，有的在工厂，有的在田地，有的在店铺，有的在行政机
关。他们中间绝大部分人都拿工资。正因为国民生产不断发
展，这种人才越来越占多数。换言之，他们都在企业里，按
等级组织起来。在今天的法国，83%以上的劳动者都拿工资。
结果是区分社会的标准十分繁多。有体力劳动，有非体力劳
动，有拿工资的，有不拿工资的，有企业主（或者管理人
员），有雇佣人员，有工人，有农民，如此等等……在各种
类别里面，大多数观察者主要想的是生产资料的业主或经理
为一方，无产者为另一方。无产者拿工资，用不属于自己的
生产资料从事劳动。[1]

　　雇员和雇主之间展开或强或弱的对抗，实际上是分配企业
收入或剩余价值的问题。总的来说，为了分配国民收入而进行
或隐或显的斗争，搅动着西方式的工业社会。雇员和雇主之间
的斗争（现在雇主就是国家），乍一看很像是马克思想象的阶
级斗争，其实是另一码事。

---

　　[1]　今天的社会学家比较喜欢做三分法：高等阶级或统治阶级、中等阶级、
　　　　下等阶级。

518 　　各种社会团体为了分配国民收入而明争暗斗，若要成为真正的阶级斗争，必定具备两项条件：首先，工薪阶级或无产阶级要有阶级意识，其次，他们的要求必定不局限于对他们的物质与精神条件的改善。用直率的话描绘这两个条件就是：工人能不能意识到，自己形成了一个与这一社会内的其他集体截然不同的集体？这种区别于众的意识（或者说是自身的本色）是否含有对其他集体的敌意？或者对整个社会抱有敌意？工人们是否不爱祖国？反正，这个阶级由于成员的意识而成了现实，那么它是否有造反的决心？是否反对的不是现行制度的各种现象，而是政体本身？

　　在任何西方型的社会里，为分配国民生产而进行阶级斗争成为正常的前提。工会的普遍化引起了混乱的抗议和要求。雇佣人员与雇主间纵向的碰撞，还有不同部门生产者相互间横向的冲突，这种阶级斗争浮在现代民主制的表面，在东欧社会里是看不见的。不是说苏联式的社会已经和合一致达到了这种程度，利害冲突已经销声匿迹，而是说那里的政治社会制度本身提供了这种表面上的和合一致。压力集团已经不存在了，或者说，至少已经不再合法地存在了。工会不去表达工人的要求，而把工人群众框起来。浇上芥末蛋黄汁的社会主义，的确消灭了这种阶级斗争，倒不是由于和衷共济，而是由于压制各种团体本身不得不学金人缄口。至于雇佣人员与雇主之间纵向的阶级斗争，也被政权与主义掐死了。在东欧，罢工等于叛逆，因为罢工在那里是禁止的（只有波兰算例外）。这说明了一个平凡的真理：国家拥有企业的产业权和管理权，并不足以消除工人与领导之间的紧张关系。在苏联式的社会里，纵向的阶级斗争在表面上消失，并非由于和衷共济或阶级消亡，而是由于国家的威力无比，由于废除了自由，特别是废除了结社的自由。波兰团结工会崛起，把所谓无阶级社会的隐情暴露于光天化日之下。

第二门课程的主导思想也许是比较不平凡的思想，就是把社会结构与政体联系起来。这个想法是在研究马克思－帕累托学说时引申出来的。只要阶级斗争关系到阶级意识和阶级组织，一切便取决于国家与法制：阶级斗争能不能出现，甚至在某种程度上，阶级斗争能不能存在？苏联工人大概也会分什么"咱们""他们"，因为领导和特权分子的生活与工人不同，并且还要管工人的劳动。然而，由于既没有新闻自由，又没有结社自由，无产者没法从各自的身份感过渡到对立的意识、要求的意识或者造反的意识。

当然，"咱们"对"他们"的想法，关系很大。在西方社会里，"他们"是东家老板、企业主，被认作掌握生产资料的人，尽管在法律上也是领工资的人。如果苏联的制度实现了自己的理想，那么，"他们"便将从本质上区别于西方的企业主或东家老板。然而，一切都表明，事情完全不是这样。苏联的领导者在工人心目中就是企业主，就是特权分子，但又与西方的老板不一样，苏联的企业主并不脱离政权、国家和党。他们身在特权阶层，同工人的距离不见得小于法国工人与雷诺汽车厂老板或液化气公司老板之间的距离。

没有任何东西可以阻止我们用马克思主义的概念来解释苏联的制度。私人、法人、有骨有肉的老板、匿名股东公司，都在苏联失掉了生产资料的所有权，但是所有权并没有落到工人手里，除非象征性地说是通过党落入工人之手。因为党就是工人，工人就是党。国家也在党的掌握之中，几乎只此一家，别无分出，独自掌握着生产资料。党和国家的官僚机器"剥削"

劳动者，一如往日的私人老板。但是做如此解释可能叫人联想到，国家不一定总是体现为生产资料的所有者，然而，在这里，确实是国家，或者说得更恰当一点，是国家中掌握政权的少数人，拥有生产资料的所有权。

520   马克思列宁主义的革命，说明了帕累托学派关于领导阶级与革命的概念。少数人武装夺得政权，或者——比较罕见——用准合法的程序按自己的主义重新组织社会。法西斯革命别无二致，基本上，在关于取得政权的阶段上别无二致。新贵坐稳了宝座，接下来践行的理念却不一样。不用说，马克思列宁主义者痛恨莫斯卡 – 帕累托关于领导阶级的学说，一如他们拒绝工业社会这一概念本身。马克思列宁主义体制在信徒们看来，绝不成为一种一类的东西，或一种模式，而只能是历史的最终成就，人类的唯一功业。事实确是如此，只不过是在黑暗的王国里罢了。

根据国家由少数人主宰这一条来比较各种体制，也是对马克思列宁主义犯大不敬的弥天大罪。因为这样一来，一党专政的体制便会降为各种体制中的一种，就会取消它的绝对独创性，就会叫它跟其他一切体制落个平起平坐，同时揭示出各种体制的本来面目。马克思和帕累托的综合，并没有太大困难。任何现代的工业化社会都有领导阶层，我的意思是说少数人占领了战略要津，影响着别人的思想和社会的管理。在领导阶层中，我可以列举出生产力的业主或管理人员、狭义的政治阶级、高干、群众的带头人（职工会的头头、群众性党派的头头）、知识分子、教会权贵、军队领袖。在共产主义体制中，党内人物自认为既是政治阶级，又是国民经济的管理人，也是世俗宗教的教士。换句话说，他们想一手抓住世俗权和神权，一手行使政治权力和行政权力。东欧国家还有一种多党制，主要在波兰和匈牙利，而且这种多党制或多元论还在逐渐形成。相反，在苏联，党的统治维持如故，没有什么察觉得出的改变。

在西方式的体制中，不同的领导阶层并不联合起来成为一个政党。各国有各国的情况。管理生产资料的人与群众的带头人，相互之间的矛盾强弱因国而异。同样，管理生产资料的人与政治阶级之间的亲密程度，也是因国而异的。在激进党主持共和国的时代，政治人物与工业家和银行家来路不同，并不属于同一社会阶层。1981 年以前，第五共和国的政治阶级同高级行政机关没有什么区别，而高级行政机关又同经济方面的领导人物没有什么区别。从某种意义上讲，这些领导阶层倾向于——用通俗的话来说——联合起来，成为一个领导阶级。各个领导阶层由于出身相同、经常协作，意识到了他们自己的身份，意识到了共同利益。他们鼓动群众的领头人独立自主，加上宪法的条款，群众的个人自由权得到了保障。

把一党制或多党制作为分类的标准确有争辩的余地，但在我看来，目前还是说得通的。组织合法竞争，行使政权，确是现代民主的现实。现代民主不仅要求多党，而且要求获胜的党事先便容忍自己在下一次选举中失败。此外还要求暂时执政的党依照宪法行使政权，同时必须尊重普通的法律。这就是为什么我用一个不规范的词来称呼西方式的体制，我把它叫作"宪政多党制"，与之相对立的是各种一党制，其中苏联体制是最完美的代表形式，即一党包办世俗的最高权力、宗教的最高权力和意识形态的最高权力。

不少政体既非宪政多党制，又不是极权一党制。但是，我在工业社会的政治制度理论中举出反对派作为问题的中心，这

不仅反映了一个亲历的事实：正是基于一党垄断政权——自封
为国家唯一的主子——希特勒与斯大林的种种冒险行径才一发
不可收拾。多党制最适宜于象征民主价值观，即对话的准则。
马克思列宁主义的一党制把合法的发言权占为己有。相反，合

522　法的多党制允许论调不同，允许公民之间、公民与当权派之间
进行经常性对话。

　　三本小书与其说是文章，毋宁说是谈话，代替不了我多年
一直想写的一本书。哪怕把三本书汇编为一本予以出版，仍然
代替不了。由于听众的关系，我在一些情况下撇下了最艰涩的
学术问题，比方说做这样的区分：一方面是对历史的、特殊制
度具体形态的分析，另一方面是对理想典型的分析。同样，我
引用工业社会的概念时，不太注意明确指出工业社会的地位与
本质。我的课堂安排不是没有毛病的：社会精英与政党、政府
相互之间的关系，我谈得很简短，不是只有在一本讲义里，而
是在几本讲义里都有这种情况。在《工业社会十八讲》一书
里，我讲到并且描绘了经济增长，但没有细谈清楚经济增长的
机制，也没有说清楚经济增长的要素。在《民主制与极权主
义》一书中，缺了我在第四门课中谈的各种体制。这次课的
讲义也没有发表。第三门课的概念体系，尤其是引用孟德斯鸠
体制的"本质"与"原则"两项概念，同第一、第二两门课
的概念体系很不一样。

　　第三本讲义是我在 1957～1958 学年讲授的。我往往忍不
住提到法国当时的政局，提到第四共和国的危机。我说，宪政
多党制的原则，是以孟德斯鸠的两种感情、两项原则来规定
的，也就是：尊重法律和妥协意识。我们所说的民主体制倾向

折中妥协，哪怕仅仅为了争取多数选票也不能不如此。在内部事务中折中妥协会坏事，但很少弄到集体丧败。在外交上不肯做出抉择，却往往因为一而再，再而三，当断不断，深受其害。第三共和国面对希特勒，第四共和国面临阿尔及利亚危机，一再搪塞敷衍。1958 年年初，我用一节课讲述第四共和国的腐败，以下面一段话结束了讲课：

> 人们天天都在说改革宪法是法国性命攸关的问题，是不是真正如此？如果真的如此，那又意味着什么？法国正在经历一场政治危机。谁都知道危机的直接原因就是阿尔及利亚战争。梦寐以求改革宪法，不是想忘掉亟待解决的问题，便是想寻找一个能够解决这个问题的本质上不同的政府。

523

接下去的一讲题为"丝线与剑锋"，我推敲了各种可能的解决办法。作为一种弁言，我举出了第四共和国推行的政策。我说："我怀疑目前有可能推行一项不同于现行政策的政策。因为现行政策既反映了国家，也反映了议会和政体。"反映国家分裂的政策是注定要失败的。有没有解决办法呢？我举出三个：第一是专制，第二是古罗马式的独裁，第三是观望等待。反正事态发展终会有个结局。

我又说："用专制来解决问题，是我们每个人失眠时所梦想的办法，但有一个条件：起来掌权的人一定要想法跟我们一致……"我接着便谈古罗马式的独裁，其实是吁请戴高乐将军出山。我说："大家常常提出的第二个办法，就是呼吁一个合法的救星，也可以说，一个古罗马式的独裁者。这人姓甚名谁，今天已经家喻户晓。不管持有何种不同政见的新闻机关，都主张这个最后的手段。正因为那么多想到他的人意见各不相同，甚至矛盾对立，所以必须考虑两种可能性。一种是这个合法的救星如果做出仲裁，必然使各方面都感到失望，因为请他出山的乃是各阵营的代表人物。"于是我提出一项奇迹性的解决办法，这办法不太可能实施，但能调和对立的集团，不管它们怎样各持己见，自以为掌握了真理。我的最后一句话后来得到了证实。我说："就算对立的党派在救星的人选上达成协议，我们的对手却不会就此归顺他。"我讲的课由电台广播，不好公开陈述我个人的意见，所以主张"丝线"。这是引用 G. 费雷罗用过的话，意思是：合法性这条脆弱的防线可以保护城市免受内战之祸。

这一年的最后一课是在 1958 年 5 月 19 日讲授的，是戴高乐将军正式执政前几天。我虽然没有提他的名，可是在下课前524 说得清清楚楚：

宪治能否逃脱劫数？现行政体向另一政体过渡，能否合法进行？20 世纪的法国擅长搞合法的政变，或者我可以说，擅长给政变披上一件合法的外衣。目前的形势的特征是合法与非法混在一起，不可究诘。形势特别复杂，因为对于一个独一无二的人物，大家众说纷纭，各自看时候、看爱憎，说他意味着这样、意味着那样，而且说法矛盾百出。古罗马共和国曾实行过一种合乎法国国情的制度，叫作独裁制……独裁的候选人，也就是说合法掌握最高权力的候选人，不愿意延长现行的制度，而要改变这个制度。因此，他不仅应该是一个独裁者，而且应该重新引用古代的概念，他是一个立法者。

我再一次提出：

> 人民期待的独裁者，不能保证今天，1958 年 5 月 19 日欢呼支持他的人以后还会全都支持他。然而，独裁立法者的登龙奇遇是顺应形势的。当时执政诸公怎能在阿尔及利亚推行一项连自己都不相信的政策呢？作为结束语，我许一个愿，防止内讧内战只有一个办法，我在几个月以前就称之为丝线，或者叫合法手段。这条丝线还没有断，但愿苍天有灵，这条丝线永不扯断。

我原想不写这些讲义而写一本书，结果落空了。何苦再指出错误，填补空白？倒不如把有关的想法捡起来解释法国的、苏联的或世界的形势，让时间来批判，而时间的批判一般是最严厉的。最近 25 年来的事实到底否定了什么，证实了什么呢？

比较苏联体制与西方类型的各种体制，丝毫不意味着它们可以"趋同"，这个词概括了曾经风行一时的理论。尽管有种种传闻，我却从未赞成这种趋同论。《工业社会十八讲》一书的某些段落可能引起误解，例如：苏联的计划经济将来有可能多利用一些市场机制；在西方经济中，由国家转移的收入已经占总收入的一大部分；国有生产资料的部门可能在西方经济中逐渐扩大，这意味着经济中的某些矛盾有可能减弱。我并没有用这种结构的演变推断出二者大概会趋同，或者必然趋同。《工业社会十八讲》，尤其是接着出版的两本书，我从中一再肯定，这种经济上可能的趋同（其实至今并未实现），几乎缩小不了两种本质不同的社会类型之间的差距。

过了 25 年，我重读当年执教时的三册讲义，倒还不至于脸红。历史安下的许多圈套，我居然一个也没有钻进去。斯大林逝世，"解冻"一露苗头，许多评论家，最有名气的有伊萨克·多伊彻和莫里斯·迪韦尔热，都兴高采烈地一头钻进圈套，因为他们是由庸俗的马克思主义武装起来的。苏联的解冻引发出一个玫瑰色的未来学派。社会主义之所以背离自己的阳关大道，不是迫于急需原始积累，便是因为俄罗斯还太野蛮这一历史命运。现在好了，可以重走正道，逐渐实现自己的远大向往。斯大林与托洛茨基的传记作家多伊彻，是盛名之下的苏联学大师，头一个预测苏联的党和体制将会"复兴民主"。[①]他考虑到神化了的最高领袖逝世以后可能发生三种情况：重犯斯大林主义、军事专政和复兴民主。后者似乎最有可能。一党制摆脱了斯大林的过激行为，就会一点一点地稳定下来，但不会发展出多少民主。这一前景是多伊彻没有看到的，因为他充满了社会主义空想，始终坚信计划经济、集体所有制理应正常地伴随马克思主义者所谓的资产阶级的民主。

1964 年，即过了差不多 10 年，M. 迪韦尔热写了一本书，命名《政治社会学——政治学要素》，介绍了最浅近的趋同论。他说：

> 苏联和人民民主国家永远不会变成资本主义国家。美国和西欧也永远不会变成共产主义国家。然而，双方都似乎通过一种双重运动，一起走向社会主义。东方实行自由化，而西方则实行社会化。这种双重运动困难重重，所以需要很长很长的时间，要走许多回头路。很可能是这样，

536

---

① *Ruissia after Staline*, Londres, 1953.

但是看起来大有不可抗拒之势。

这种预测或这种预言的根据何在？福利本身能带来自由吗？

1972 年，迪韦尔热又出版了一本书，叫作《雅努斯，西方的两面人》，重新提起趋同论。他说："不同的体制趋同这一想法今天已经不时兴了，但从世界全局来看仍有一定的价值。至于快慢如何，何时实现，那倒很难肯定。公私科技结构，彼此渗透，更促使事物向这个方向发展……关键在于西方需要社会化，而工业化的社会主义国家则需要自由化。'需要'这个词不仅表达了人心和主观的要求，而且表达了物质的客观要求。"从世界全局来看，趋同论仍有一定的"价值"，不过"很难肯定快慢和什么时候实现"。这样便不能算预见了，因为谁也不知道，趋同要经历几年或几十年或几百年。这样的未卜先知，本身就建立在错误的见解之上。这种见解不是马克思主义的。公私科技结构相互渗透，苏联或西方都因而互相类似，从而强化趋同的倾向。科技结构决定社会的前途，这是假设，是没有经过证明的。这样的对称骈比，苏联要自由，西方要社会化，只能满足一些肤浅的读者。当然，东方等级森严，实验室被纳入专横的框框，整个社会也是如此，所以拖慢了科学进步。但并非因此就可以说苏联的体制"合理地需要"自由。若要现行体制活得下去，若要特权阶层继续统治，恰恰相反，就必须对自由严加限制，哪怕因此而不得不放慢科学进步。至于西方的社会化，那倒是怎样讲都可以。

斯大林主义缓和一些，我认为这并非不可能。只拿斯大林主义最骇人听闻的方面来说，大清党（如李森科那样的骗子）垄断思想，宣布遗传学罪大恶极格杀勿论，把遗传学家送进集

527 中营，这样的事大概不会再干。我在那时候写过，官方的意识形态一张一弛，随时而异。过了 1/4 世纪，这话似乎还搔到了痒处。然而，我仍旧坚持我的论点：苏联自由化是有限度的，超过限度，政权的存在就要受到质疑。党以主义的名义来统治，就是说：无产阶级等于党，党起主导作用，完成社会主义的历史使命。苏联的老百姓和领导人还相不相信这个主义，在这一点上，苏联的持不同政见者也争论不休，无法一致。然而，信也罢，不信也罢，没什么要紧，寡头统治者绝不能让人讨论正统的原则，因为这些原则是政权的基础，而这个政权是从本质上与众不同的，并且非向全世界传播不可。

现在的批评来自另一方面：撇开了趋同论，两个不同的社会典型，还有没有道理来比较呢？苏联社会就像季诺维耶夫或阿兰·贝桑松所描绘的那种社会，能否容许人拿来同西方社会比较，哪怕是要比出两家的对立性来？这样一来，工业社会这一概念便从两个方面受到威胁，一方面是后工业社会的概念，另一方面是强调苏联社会与众不同的独创性，从此再做什么比较，岂不完全失去意义了吗？

我不否认，圣西门的思想东山再起，恰逢东方与西方较量的决胜时刻。较量的内容是经济增长率与战后的经济扩张。这上面有两种说法，都很吃香。一种是英美方面科林·克拉克的增长阶段论。另一种是法国让·富拉斯蒂埃的论点。但是，我不想做经济分析，不想摆出东西方经济增长的统计数字。我想的是把阶级、政权体制与经济发展相互联系起来。正如托克维尔，一方面承认民主是天命所归，另一方面却又让人们自己选择自由或奴役。我认定，工业社会既不注定要苏联式的一党制，也不注定要西方引以为豪的意识形态和多党制。所以问题只在于苏联社会和西方社会之间，还有没有剩下一些共同点足以用来证明，进行比较仍然有道理，同时也就证明，概念本身也是有价值的。我觉得从正面回答这个问题是对的。

528

各行各业，劳力分配，在东西方大同小异，尽管在同一发展时期，美国和苏联不需要同样多的商人、银行雇员、法学家。苏联购买整套西方工厂，长期以来想追上并且超过美国（在这一点上，勃列日涅夫没有继承赫鲁晓夫，而把雄心壮志放在兵力的对比上）。这不能说没有成效，欧洲的两个部分属于同一类型，而又各自代表了这一类型的两种差距很大的版本。

圣西门派有理由预料，工业秩序将会波及农业与服务行业。在这个意义上，圣西门派观察现代社会的眼界比较宽广，比较深刻。而马克思则一心牵挂着雇主与雇工之间的冲突，同时受了英国经济学家的影响，最终得出一个贫乏而单调的乌托邦（借口是以物治代替人治，以社会主义来管理人，包括人的思想）。最杰出的圣西门派奥古斯特·孔德曾肯定说，（广义的）工业化发扬光大是不可抗拒的。但是，他没有流于幻想，认为工业化就足以实现人在社会中和谐无间的生活。

再回到比较通俗一些的水平上来说说。任何政府，不管在东方还是在西方，都担负着管理经济的责任，这不是显而易见的吗？选举那天，西方候选人拿生产和税收的统计数字往对方的脸上扔。在莫斯科，党的第一书记不知疲倦地做报告，列举数字，把这里的落后，那里的缺点，归罪于这个人或那个人。在东西两方，经济问题总在政治演说中占统治地位，尽管莫斯科的寡头统治者以行动证明，自己爱好大炮胜过黄油，爱好武力胜过人民的安乐。

与过去相比，关于我们知道的一切复杂的社会，我仍然相信圣西门派看对了。而马克思却歪曲了他们的哲理，以资本

529

（或资本主义）代替工业至上论，而今天的所谓后工业社会，应该解释为科学用于生产的独特阶段，而且，再放宽一些说，科学用于人类生活本身的独特阶段。

其实，这种概念之争无关宏旨，要紧的是历史眼光和从概念引申而来的理论。1/4 世纪以前，我认为苏联的发展属于世界工业化的大潮流，而且是别开生面的，有其生命力的一种模式。哪怕东方的生活水平已经接近西方，这种别开生面的模式仍然可以存在下去。换句话说，我认为——这是不成问题的——布尔什维克以自己的方式完成了资本的原始积累，但是人均收入达到几千美元，这在他们心目中不能算完成了任务。我当时这样想不能算错，但也许在一个基本点上低估了现实。当然，贫困化的理论，不管是绝对贫困化还是相对贫困化，都不适用于苏联的体制（不管代价如何，反正苏联的生活水平在最近 25 年确有提高），但是我低估了过度扩军的影响和苏联经济的低下效率。

《民主制与极权主义》的最后几章内容受了"解冻"（发生于 1957～1958 年）的影响，表现得很乐观，可惜过了 25 年，这种乐观显得过了头了。我重新检阅了斯大林死后发生的变化：极端的恐怖主义——大清党的恐怖主义没有了，思想生活从解冻中得到了好处，警察不与党员过不去了。可是，与变革相对称的是我指出了一成不变的东西：非斯大林化的作风，仍旧是斯大林的作风。斯大林并不是一个龙钟可笑的人物，连作战地图也看不懂。"这样把几年前奉为神明的人，转眼说得连人也不配做，仍然是搞新神话、新迷信。"大清党总算不搞了，但清洗依然经常进行。正统主义统治，一党垄断政治，依然如故。前总书记账上的怪脾气，过火的举动，算是清除了。我把自己的想法用一句话来说："直到现在，这个体制是有点改变，但体制本身并没有根本性的改变。"

概括我当时的想法，或者宁可说，当时向学生用婉转的言辞所表达的自己的想法，可以引用《民主制与极权主义》第17章里的一段话：

> 改变是可以预料的，这关系到工业建设，关系到生活水平和文化水平的提高，但这不意味着取消一党制，取消正统主义，也不意味着社会与国家共有的官僚等级制将消亡。资产阶级的稳定性难道前途无量吗？有什么不可以？经济合理化呢？为什么不可以？减轻恐怖吗？大有可能。放弃病态的暴虐作风呢？很有可能。引进西方式的多党制和自由制度？也有可能，但是没有可以证明的必要性，甚至没有太大的可能性，因为工业社会的发展并不一定带来我们希望的后果。

今天，我在这里首先要改掉"也有可能"那句话。当时说的是苏联会推行西方式的自由化。我倒不是要把"有可能"改成"不可能"（天底下的东西比我们哲学里的东西多得多……），我只想说，这样的自由化将会弄垮政权本身，不管是不是和平地垮台。这样稳定下来的政权，绝不容忍什么人来动摇自己的思想原则。马克思列宁主义——尽管绝大部分苏联人已经不再相信了——不能容忍我所说的经济合理化。李伯曼教授的尝试都不顶事。然而人民民主国家，特别是匈牙利，却大大地引用了西方的经济观念。

1958年春天，我还在盘算苏联的前途，赫鲁晓夫的时代刚开始，莫斯科的头头们还以美国的对手自居，吹嘘自己的增长率，指明何年何月何日，苏联的工业生产将要超过美国。我

531

是从来不上吹牛大王的当的。我从来不怕苏联的经济优势。正是在这样的背景中，我在1958年做出了上文举出的几点分析。

假如我对苏联社会的分析偏于乐观，那么我分析西方社会时，是否该受同样的责难呢？我是不是混同了"光辉的30年"与所谓资本主义经济的正常进程呢？所谓"意识形态的终结"，这句话曾引起众议纷纭，难道不是起源于高估经济增长，从而把工业化国家看得前途一片光明吗？从1974年开始的经济危机——全世界的人至今还在其中挣扎——难道不也戳穿了这种乐观吗？对我的责难，有一部分是对的，但只有一部分。

1950年代和1960年代，我跟别人一样，觉得欧洲国家的经济增长率引人注目（国民生产总值增长5%～6%），比美国经过长时期发展而爬到世界首位的增长率翻了一番。所以我认为，不正常的增长率是难以持久的。

"1985"委员会认为战后的经济增长率直到1985年不会下降。法国最杰出的经济学家马林沃德（M. Malinvaud）倾向于这样一个论点：战前和战后中间，发生了蜕变，原因众多（其中一个原因是管理经济的人进步了），新的经济增长率（5%～6%）可以代表新的指标。"1985"委员会请我去解答问题，我马上说我怀疑年增长率是否能够长期维持下去。根据假设，这个增长率可以维持到1985年。当时，我并没有决定性的论据，足以肯定我的怀疑。别人也就有礼貌而又满不在乎地对待我的疑虑。

我没能说服那个委员会，那是我咎由自取。我跟委员会一样，都没有提出廉价的能源能促成工业国的迅猛发展。我强调其他因素来解释"奇迹"：从美国引进生产技术、组织技术，追随这个开拓者得到了好处；西欧形成了大市场；运气好，从两次世界大战和两次世界大战之间的动荡造成的落后中奋起直追。但是，我仍然相信，当旧大陆即将接近新大陆时，欧洲的经济增长率便会随着生产力发展的放缓而慢慢降下来。

为什么委员会和我（如果没有记错）都没有提出石油和石油的价格呢？我们都知道，石油产品消耗每年递增 12%。很容易预料，远远不到 1985 年，世界年消耗量便将超过 30 亿吨。不到 1985 年，这条曲线延长下去，便将碰上不可逾越的障碍。至少，石油产品的价格将不可避免地上涨，从而这样或那样地改变实现欧洲奇迹的条件。1956 年苏伊士运河的危机过后，我为《对本世纪的希望与忧虑》一书写序，认为欧洲头一次控制不住欧洲工业的补给路线。我说："与苏美相比，西欧虽然是地球上第三个工业中心，但显然处于劣势。欧洲的大量食品靠输入（英国就买一半），原料也靠输入（有色金属、棉花、羊毛），战后的能源供应纯靠输入……所以苏伊士运河的危机，难道不是标志着欧洲进一步附庸化、进一步仆从化了吗？"自不待言，我宣称，今后数十年间，欧洲在能源和原材料上将越来越依赖别人。美国将越来越多地购买原材料，也许是自己的矿藏日趋枯竭（铁和铜），也许是想保持自己的储量（石油）。我并不预言什么绝对匮乏，但可以看到"尖锐的竞争，争取在政治上控制能源和原料生产"。[1] 我不管 1956 年戏剧性的变故，至今仍然坚持我的中心论点："法、英、德等国，一如荷兰失掉了殖民地，但仍能跟荷兰一样失掉了帝国而繁荣生存下去。"[2] 但我还是把上面肯定的话改为："欧洲人

---

[1] 《阿尔及利亚的悲剧》，第 384 页。

[2] 《阿尔及利亚的悲剧》，第 362 页。

失掉了帝国，丧失了对外行动的能力，只能听凭几种国家的摆布：一种是人民富有的强国，一种是人民贫困的强国，一种是人民赤贫的弱国。"

我对经济增长所抱的乐观主义，从未发展到认为可以消灭阶级斗争的程度。这不是马克思主义的阶级斗争，而是阶级或阶层之间的争执，为的是分配国民生产品，或者是为了改善劳动条件。我否定的是这个论点：工人阶级意识到自己的阶级，意识到自己的革命意志，向往着由无产阶级取代资产阶级进行统治的另外一种社会。从某种意义来讲，我认为这一观点基本没有搞错：经济发展并没有依赖彻底改变收入的分配方式。而将来大概会在争吵中求得满足，而不再搞造反或使用暴力。[①]《进步梦幻的破灭》一书，是我在 1964～1965 年写的。那时候，学潮还没有爆发，离 1974 年的石油危机还早得很。这本书也是应景的作品，是大英百科全书归美国人办了以后请我写的。这部享有盛名的百科全书庆贺双百周年，负责人，特别是芝加哥大学前校长 R. M. 赫芩斯教授，决定在成册的条目前面冠以长文，名唤"冠首文"，其实是一本长达几百页的书。

我抓住这个机会，弄清楚号称发达社会的阴暗面。我的三本讲义里都没有进一步阐述这个方面。我引用三个概念——平等、社会化和世界化，提出现代文明的三个方案。其中每一个方案本身都是辩证的，用通俗的话说就是包含着矛盾。向往自由会撞上许多不可摧毁的现实——社会僵化，不管是不是阶级社会；人人追求独特的、不可替代的个性，这与个人社会化是格格不入的。个人社会化是通过家庭、学校、同辈群体等社会

---

① 其实，这个分析不过是重新捡起半个世纪前列宁的说法。

设置来实现的。工业秩序必然分等级，比较一般的生产秩序，也是与对个性的向往格格不入的。人类团结的美梦，国家人民和谐相处的理想，还没有改变国与国之间传统的无政府关系。这种关系是建立在强权之上，而不是建立在法制之上的。

总之，《进步梦幻的破灭》一书并不否定经济增长论表面上的乐观主义，只不过限制其范围和作用而已。"光辉的 30 年"告诉我们，经济的进步和劳动生产率的提高是能够改善人们的生活的。共同的财富，一天多似一天，就可以不必挖东墙补西墙。但是，"光辉的 30 年"并没有告诉我们，经济增长并不消除不平等，甚至并不一定能减轻不平等，而且并不能和解人类，更不能和解各国人民和他们各自的思想意识。非斯大林化以后的苏联，依旧是西方的敌人。工人加入了工会，受到社会保险的庇护，可是依然要碰运气，看祸福，工作则往往是机械单调的。

人用技术操纵自然的力量，却操纵不了社会。历史奔流不息，一方面凭仗科学居然局部主宰了自然界，而另一方面则是搞社会计划的人无能为力，二者对比，日益明显。东方是这样，西方也是这样。

为什么分析工业社会，会得出"意识形态的终结"这样一句话来呢？或者说得确切一些，会得出"意识形态时代的末日"这句话来呢？（问号是必要的。）这就是《知识分子的鸦片》一书的结论所用的题目。我的朋友 E. 希尔斯在《国际先驱论坛报》上发表了一篇报道，题目就叫《意识形态的终结》。报道的是"文化自由大会"于 1955 年在米兰召开的会议。丹尼尔·贝尔（Daniel Bell）也用此题目作为一部文集的标题。这个问题在美国引起争论，长达几年之久。有一个作家　535

为此出了一本论文汇编①。1960年代学生闹事，搞了许多滑稽的主义，从表面上看是对政治思想生活的穿凿附会。

要讨论，必先对意识形态一词的含义取得一致的看法。帕累托把意识形态叫作派生物，也就是说，是演说家、积极分子、执政者用来讲道理的各种方式。不用说，各种意识形态会变格调，变内涵，但不会消亡。一个意识形态撵走另一个意识形态，各种意识形态永无尽期。我的意识形态观却比较明确，比较有限。也许可以把意识形态叫作对社会和社会历史的一种整体表述，既宣布有救，又规定从事解放的行动。我在1950年代中叶已经预感到马克思列宁主义将趋没落。1960年代和1970年代，没落加快。至少在法国是这样。尽管在1968年，表面上有所反复，没落之势却并未中止。我看不见任何新的意识形态能像马克思列宁主义那样无所不包。1960年代对工业社会的批评甚嚣尘上正足以证明，人的激情可以轻易取代系统的控诉方式。在美国、日本、德国、法国，学生造反，他们并没有怎样假借马克思列宁主义的名义，倒是以人的原始要求为名，也许甚至该说，由于厌恶消费社会而从感情上反对劳动者的异化，反对个人失真。1960年代的大学生，有时接近某种（马克思、毛泽东、马尔库塞的）准马克思主义。他们体现了反对工业理性的浪漫式造反，照马克思的说法，这种造反将伴随着资本主义社会的发展。而我要纠正一点，应该说是现代社会或工业社会的发展。

根据我对意识形态一词的理解，直到今天为止，我做出的分析似乎仍然是对的而不是错的。然而，对意识形态一词限定

---

① Chain Ⅰ. Waxman：The 《End of Ideology》 Debate，New York，1968.

的定义，本身就值得批评。国家主义，甚至自由主义，都不组织成为世界的总体系，甚至不成为历史世界的总体系，但二者并不是从根本上区别于社会主义或马克思列宁主义，尽管社会主义和马克思列宁主义都自称具有科学性，也就是说具有总体性。如果应该害怕真实信徒的狂热，随时准备不顾一切来拯救人类，那么，该怕的倒不是他们的思想，而是他们的信仰。共产党把不平则鸣的年轻人变成党的积极分子或官僚。其中有些人摆脱了党的纪律，受到了恐怖主义的引诱。

536

　　我为什么在1955年就提出意识形态时代的终结呢？我的判断有两条理由：马克思列宁主义与苏联的体制混淆在一起，只能跟随苏联的衰落而衰落。西方人终将放弃他们的幻想，同时对宣称信奉这种意识形态的学说和政党的幻想也随之破灭。不可能有另一种意识形态能达到同等程度的总体性。马克斯·舍勒写得很有道理，他说：在知识的灵霄宝殿里，主义寥寥无几。我们这个时代足以动员群众的主题，几乎都给马克思主义占去了：无产阶级的救世作用，凭仗技术而得到的富裕，资本主义不可救药的、导向决裂与死亡的矛盾。社会主义的其他版本，由于缺乏这样的系统性，相形之下，黯然失色，沦为一种改良主义。集体所有，计划经济，就事论事，本来没有什么了不起，拼在一起，也成不了整体，可让历史的原因弄得神乎其神，那么，为什么人们竟受到这些事物那么大的鼓舞呢？就算马克思列宁主义由于苏维埃主义的失败而受到连累，工业化的西方也不见得就此批评不得。湖泊污染，思想污染，财胜人败，商贾思想大发作，旧的不平等添上新的不平等，如此等等，已经足够激起青年一代的义愤。然而，这些题目却拼凑不出一门主义堪与马克思列宁主义相匹敌。

《知识分子的鸦片》问世后 10 年，我写过三篇文章，答复对我的批评。它们汇刊成一本小书，命名为《三论工业时代》①。
537 三篇文章都把对社会经济之前途的解释与意识形态的消沉联系起来，简言之，就是把 1962 年、1963 年、1964 年在巴黎大学出版的讲义与《知识分子的鸦片》联系起来。

我重新提起一个平凡的想法：社会问题跟着经济增长阶段发展而改变，同样的方式并不一定适应一切阶段的要求。我在 1964 年写道，东西方对话是在四个方面进行的。首先，传统的争论仍然在于市场经济与集中的计划经济孰优孰劣。苏联的宣传仍然照本宣科，谴责垄断资本主义。然而，如果问题只在生产和消费，那么人们不禁要问，西方人何苦牺牲自己的自由，仅仅为了加快可能的经济增长（我不是诋毁对方，远远不是，而是对他过于宽宏大量了）。

在较高的水平上，西方人与苏联人争论的是双方各自体制产生的政治－社会后果，或是人文后果。我以社会流动性为例。苏联制度是否比西方民主更善于提拔低微阶级的子弟呢？就算确是这样，那又应当怎样估计社会流动性的重要意义呢？家庭能够世世代代传继下去，该算是一个社会的积极面还是消极面呢？

在另一个层次上，对立着的两个草案其实都可以称为准马克思主义的，谈的都是历史的未来。一个草案是多少经过修正的马克思主义草案，预料资本主义将向社会主义过渡。另一个是科

---

① 头一篇叫作《发展论与现时代的意识形态》，写于 1962 年自巴西游历回来。第二篇名为《发展论与进化论哲学》，写于 1962 年教科文组织与巴黎高等研究实践学院合办的讨论会以后。第三篇叫作《意识形态的终结与理想的复兴》，写于 1964 年，引起了对于工业社会与意识形态终结的长时期争论。

林·克拉克与 W. W. 罗斯托（W. W. Rostow）的草案，谈经济增长各阶段，甚至可以算上比较原始的莫里斯·迪韦尔热的趋同民主社会主义论。

西方进化论的某些版本，认为生产力发展（按人均国民产品计算）会决定经济社会制度。苏联人大可加以驳斥。趋同论立论的基础是技术决定论，或者是生产决定论。但是，西方的理论家可以而且不能不满足于一种盖然进化论。经济增长的每一阶段，都有利于某一种体制。苏联体制比较容易在起飞阶段建立起来。在已经工业化的社会里就没那么容易了。提高技术水平，提高人民的生活水平，就会降低斯大林极端式的危险。但是，这种关系是靠不住的，作用也是有限的，而且不足以借此认识一切社会。把 18 世纪末和 19 世纪初的英国工业化，同 19 世纪最后 30 来年和 20 世纪初的日本工业化比较起来，相似性并不多，或者说，相似性少于差异性。

苏联关于历史未来的理论，不太容易符合现实。虽然苏联的社会主义"接替了"资本主义，且又要"追赶"美国，但是经济增长的阶段与体制交替之间并没有平行关系。为什么欠发达国家非得走苏联的道路呢？既然皈依马克思列宁主义并没有一种历史必要性，那么今后苏联人就得证明社会主义制度经过去芜存菁，洗净了个人崇拜的一切污点，确实优于西方体制，不管在经济效能上，还是在人的价值上，都比西方体制强。

这下子，我们就讲到了第四个方面：工业型社会是否都趋向同一个目标呢？我在《解读奥古斯特·孔德：工业社会与战争》一文中，指出实证论鼻祖的幼稚乐观主义。科学开发自然使人剥削人变得不合时代、毫无用处。战争随神权－军事政权的消亡而消亡。今天，我们都在寻思，生产到底是为了什

538

么？接下来，意识形态的教条主义就要让位于多种理念。

我觉得有必要参考苏联与西方的对话，以便指出美国和欧洲对意识形态终结这一问题的讨论有什么区别：

> 美国学者反对意识形态从一开始就跟加缪反对意识形态的性质不一样，加缪年轻时曾是共产主义者。跟我本人也不一样，我从来没有中断过与黑格尔－马克思主义思想进行对话。在美国，"自由主义"（就是左倾思想）并没有怎样受马克思主义的影响，很少系统化，难以形成一种历史哲学。1945 年以后，除少数例外，"自由人士"都坚决反共。美国人没有什么东西相当于伯克式的保守主义，也没有考茨基式的马克思主义或列宁式的马克思主义，连萨特式的进步主义都没有。美国人自由进取的学说，很少以米塞斯的方式或哈耶克的方式作为一种理论表达出来。美国的反意识形态派从意识形态那里回来，路并不远；某些人不过是从欧洲回来罢了……①

绝大部分和我辩论的人都不否认，在发达国家，对于意识形态或政治的激情比较平和，但是，乔治·利希海姆（Georges Lichtheim）反对我说，不发达国家采取改良主义的办法恐怕难以进步。社会工程师的技术完全解决不了它们的问题。"全面解释世界史"，对它们来说，是实际的和紧急的需要，如果它们不想同过去决裂，另搞一套别种形式的文化的话。这便是它们的

---

① 《三论工业时代》，第 200～201 页。

物质进步需要付出的代价。就在同一篇文章里①，我写了赞扬社会工程师的话，就是卡尔·波普尔爵士的"社会工程"：

> 当前的历史进程，既说明技术用得其所的威力，又说明人和社会的本性，是怎样抵制别人妄想"重建"社会秩序的。不仅如此，一切都好像人们越忍受他们的历史，也就越怀有普罗米修斯式的幻想，一心要制造自己的社会。相反，执政者处理一个一个的问题，很谦虚，出什么案子，处理什么案子，反而比较有可能获得如意的结果。正是社会工程师的实用主义与理性主义精神最合拍，并使人们最有可能去服从社会的本性，然后加以改善，而不是变成社会的主人和社会本质的占有者。

利希海姆的反对虽然并不怎么针对我个人，但不失为掌握了部分真理。别人往往引用《知识分子的鸦片》的末尾一章，责怪我的怀疑和悲观。我在那里写道："也许西方人梦想在政治上宽容忍让，正如他们在三个世纪以前为了选择真正的教会而以上帝的名义白白地互相残杀。他们当时对之已经心灰意冷。但是他们把前途光明的信念转送给了别的民族。无论在亚洲还是非洲，福利国家都没有广施福利，足以堵住那些空想妄想的冲动。"这就是说，我不想把缓和意识形态的诊断用于发展中国家。

利希海姆是否有理由走得更远一些，认为全面解释历史是现代化必不可少的，是与千百年民族传统一刀两断必不可少的？日本和中国台湾搞现代化最有成效，但并没有求教于什么

540

---

① 《意识形态的终结和思想的复活》。

全面解释历史，也没靠革命。也许，神话可以帮助从事战斗的少数人取得政权，把社会倒个个儿。雷吉斯·德布雷已经不相信马克思主义的历史观，但是他认为它对革命者有用处。乔治·索雷尔（Georges Sorel）在他以前已经做过解释。至于我，我仍然认可如下几句话：

> 不管我们赞不赞成，发展中国家就是要革命。新的精英人物夺得独立，应该让他们负起独立的责任。我们不能以审判员自居，不能扮演民主或革命的导师。其实，治理这些年轻国家的绝大多数人，很快就学会了行使绝对权力的本领，懂得了绞刑的必要性。何苦还去帮他们说服自己？他们出于历史的大道理，天职便是当刽子手，便是无所不为而于心无愧。

甚至对于西方问题，我也不肯随波逐流，表示乐观。我说："我当然不能瞎说，西方的现状体现出人的政治地位的特征，或者说得简单一些，体现出摩登时代的特征。我倒倾向于相信反面。按照汤因比的说法，至少在历史动荡时期，极端的情况在许多方面更加具有典型性。"我从不认为，人会长期踌躇满志，因为他们得到了二十多年前还是可望而不可即的东西：

> 我们有运气，不再像祖辈那样被逼到墙根底下，不得不在保守和狂信中间进行选择：要么匍匐蜷伏，死捧着既得的利益，要么瞎了眼睛，一会儿大仁大义，一会儿杀人如麻，血流成河。前几个世纪的自由派和社会主义者梦想实现科技进步，合理组织劳动，而我们知道这是现代化能够做到的。

541

西方发达国家已经拥有，或将会拥有必要的资源，保证每个人都有像样的生活水平。仅仅为了广施福利，他们并不需要牺牲个人自由。不错，这种富裕叫人失望。姑且不说占人类 2/3 的人盼望的小康还远在天边，就说已经合理化的社会，也还等级森严，一会儿让民族激情，一会儿让种族狂热，撕得四分五裂。等到激情平息下来，这个社会又将在布尔乔亚的享福生活中，睡眼惺忪，瞌睡沉沉。爱提意见的知识分子，也就是说差不多全体的知识分子，轮流不息，大声疾呼，揭发核战争的危机，责备电视观众消极被动，不受娱乐行业的操纵，便受极权国家的操纵……他们有理由不满意那种差劲的现实，批评那些缺德的制度和大多数人的生活的无聊。但是，不管愿不愿意，他们根本没有本领拿出一个决然不同的社会形象来把现存的社会比下去……

1968 年的前几年，我想跟赫伯特·马尔库塞[①]唱一出对台戏，用"历史里的批判"对付"批判论"及其最终成果"大拒绝"。马尔库塞的诊断可以归纳如下："批判社会的理论在发源时期已同各种现实的力量进行过对证（客观和主观）。在已经建立起来的社会内部，现实力量的运动有可能摧毁妨碍进步的现存制度而趋向比较合理、比较自由的制度。理论正是在这些实验的基础上建立起来的，并从这种基础上派生出一种理念，即解放那些发展所固有的可能性，否则，发展便受到封锁，生产力出现偏差，物质的和精神的能力与需要都受到扭曲。"[②] 但是，照马尔库塞

---

① 《三论工业时代》中第三篇文章。

② *On dimensional man*，p. 48，Boston，1964.

的说法，"解放固有的可能性"已经不能充分表达历史的交替取舍。美苏两种社会在骨子里都不合理，但是已经得到公认。
542 从马尔库塞的这部作品中，看不出那种理性足以引申出"现实所固有的种种潜力"，也看不出批判的武器和武器的批判。于是批判的理论沦落为"大拒绝"：完全拒绝人所共知的这两个社会，其中一个社会把生产力国有化，创造出解放人类所必要的下层建筑，但是解放的花朵又受到约束而不能开绽吐艳。另外一个社会较好地保障个人，但又把个人断送给人为的不合理的需求，断送给阴暗的谗言，断送给大权在握的官僚机器。这两个社会互相鞭策，发了疯似地搞核武器竞赛，直奔天崩地裂的战争。

我同意马尔库塞的一些批判，同意他对西方社会的口诛笔伐，但是有一个条件，批判不能一棍子打死，不能一股脑地拒绝西方社会。否定现实，远非产生于现实本身，倒很像一个知识分子离群索居，眼看着历史的进程而灰心丧气，但又念念不忘一些含义不明的价值，比方说，"自决权"。要是这样的话，还剩下些什么黑格尔－马克思主义的批判呢？

批判社会的理论在最后的形式下，苦于一对内在的矛盾："这门理论抱怨缺乏彻底的否定，同时又把调和人类关系当作至高无上的理想。'大拒绝'从来没有被人认作在号召和平。在当今的局势中，'大拒绝'之所以没有好战的性质，是因为它事实上置身于历史之外。"1968 年 5 月头脑发热的几个星期中，大学生往往自称信奉马尔库塞，那是因为他们大多数人都没有读过他的书。德国和意大利的恐怖分子当了"大拒绝"的化身，那是马尔库塞本人意想不到的，也是他绝对不会赞同的。

第十六章　将军的宏伟计划

安德烈·希尔巴赫很自然地对皮埃尔·布里松说："将军
重掌政权，就是大西洋联盟的结束。"对此，我回答说："不，
将军那么精明，那么关心力量对比，绝不会同联盟或同美国断
绝关系，绝不会把美国赶出欧洲。他清楚地知道，莫斯科的目
的是离间欧洲人和美国人；难道他会赋予自己同样的目的吗？"
这就是我在1958～1968年，特别是1962～1968年的大部分岁月
中的信念，而将军当时则通过其言行，动摇了在反对第三帝国
大联盟解体之后于1947年建立起来的外交结构的支柱。

就在阿尔及利亚战争结束前，法国外交遇到的一个重大问
题是：对英国加入共同市场的申请应采取什么态度？从1960
年至1963年，我写了不少关于英法争论的文章，这些文章更
多地表明了混杂和对立的感情，而不是思想上的变化不定。我
回想起1940年，英雄的英国只身为西方的共同事业做出了贡
献；我看到了傲慢的阿尔比恩（大不列颠）的衰落，它不得不
上门向共同体求助，要是在15年前，这个共同体就有可能置于
它的领导之下。在1962年12月22日和23日合版的《费加罗
报》中，我选择了《历史的不公正》这样一个题目作为我其中
一篇文章的标题。读者反应强烈：有的认为历史是不公正的，
有的则认为是公正的。前者提到了1940年英国只身抵抗希特
勒，后者则揭露了在两次世界大战期间背信弃义的英国外交。

按照几个世纪以来给修辞班学生讲课的那种风格，我首先

对英法两国进行了比较。联合王国方面：

> ……理解殖民地人民的愿望，并同意帝国从殖民地撤出。撤出与帝国时期一样是光荣体面的。英国在战争时期全民一致，同仇敌忾，从未经历过重建家园年代的那种身心分裂……几个世纪或几千年以来，为贤人所称颂的全部美德在英国人身上都表现出来了。可是，今天，他们却受到了年轻的美国总统的侮辱①，上门向欧洲共同体求助，他们对自己的命运和前途都没有把握。

而法国方面：

> 它经历了 1940 年的深重灾难，维希主义和戴高乐主义势不两立，内阁不稳定，它深陷于殖民战争的泥潭中，军队几乎造反，领导和各党派之间的冲突仍旧没有解决。总之，我们没有逃脱被诅咒的世纪编年史中所提到的每一个不幸……然而，法郎是坚挺的，英镑则失去了信誉，法国向布鲁塞尔提出了自己的条件，法国在完成了非殖民化之后以及在欧洲的统一正进行之际，似乎掌握了自己的命运。

这种明显的反常现象的起因是，英国拒绝充分理解战争不可避免的全部后果："……英国是其 1945 年之胜利的受害者，如同法国在两次世界大战期间是其 1918 年之胜利的受害者一

---

① 肯尼迪放弃了空对地导弹计划，英国人指望靠这一计划来保持他们的威慑力量，这一威慑力量当时由轰炸机组成。

样，因为这两次胜利有一个共同点：它们是军事上的胜利，而不是政治上的胜利，是虚幻的胜利，而不是真正的胜利。"全都衰败了的欧洲大陆国家被迫抛弃了它们的习惯和传统，走向了新的未来。英国则不认为有必要更新：它首先是与美国结盟，其次是维护英联邦，最后才是同欧洲人合作。丘吉尔和保守党人为法德的重新和解而辩护，但是，所有工党和保守党领袖都对实施《罗马条约》怀有戒心。他们没有把欧洲统一计划当回事。他们明白了自己的错误后，发出了建立自由贸易区的倡议，该倡议的性质显然是使共同市场组织瘫痪。在自由贸易区的倡议被否决之后，英国提出了加入共同市场的申请。我们不能把这一申请解释为英国转向了共同体，而应解释为英国摧毁共同体的一种微妙方式，或至少可以解释为它想按照自己的观念和利益来改造共同体。

1961 年年底，我在伦敦待了两个星期，以便探测英国领导阶级和舆论的动向。我拜见了哈罗德·麦克米伦首相，钦佩他能自己守口如瓶而让对手谈问题的那种艺术。希思（E. Heath）负责同布鲁塞尔进行谈判，他无疑改变了信仰，属于"欧洲派"（我在这里或那里碰到过一些"欧洲派"，但人数不多）。哈罗德·威尔逊不掩饰他反对英国加入共同体。他用了近似孟戴斯－弗朗斯曾提出的反对法国加入共同体的那些理由：英国经济没有能力顶住欧洲大陆国家的竞争，为了能从竞争中获利，它首先应该进行改革。我的朋友休·盖茨克尔属于第三种学派，在他悲惨地英年早逝的前几个星期，我与他在巴黎共进了午餐。我喜欢这个工党领导人的淳朴、诚实和坦率（所有这些优点在职业政治家身上相对来说是少见的），这样一个工党领导人对共同市场也只是给予次要的重视。他对我说过，如果我们能得到良好的条件，就赞成加入共同市场；如果六国把与预计的好处不相等的牺牲强加于我们头上，我们就留在共同市场之外。总之，对未来起较大决定作用的是远离古老大陆的地方，在印度，更确切地说，在亚洲、非洲。那里的原殖民地人民起来说话了，并向其原来的主子提出了挑战。

我这次调查回来，至少该说心中是没有把握的。英国人不是真心希望加入欧洲共同体，但又憎恨被排斥在外。我觉得共同市场还太脆弱，不能马上接受一个目标和利益肯定都与法国的目标和利益不一致的新成员。1962 年 9 月 4 日，我不客气地阐述道：

546

……视欧洲为祖国的那些人不能不看到，在英国人的眼里（极少数人除外），欧洲永远只不过是一种手段……我们的英国同行所做的那样，只要稍加挑动，人们就会说欧洲大陆的人认为英国是美国在共同市场内的特洛伊木马……人们大致可以知道六国的欧洲将是什么样（英国进入共同市场之后，六国的欧洲注定要扩大）……英国进入共同市场之后所带来的一切变化，都将与法国的构想背道而驰，我甚至可以说，与法国所有党派的观点都背道而驰。我们的代表对我们的英国朋友往往显得强硬，这有什么可惊讶的呢？

与此同时，我尽量不夸大冲突：

如果英国不进入共同市场，大西洋联盟也不至于垮台。说到底，在英国、澳大利亚和其他英联邦国家中，对布鲁塞尔谈判失败感到高兴的政治家大有人在。怎能仅仅以戴高乐将军或许赞成艾德礼勋爵的愿望为借口给他戴上反英的帽子呢？

不管怎样，我这篇文章的最后一句话，说它巧妙也好，圆滑也好，反正揭示了一个不容置疑的事实：英国的申请并不反映政界的共同意见和全民族明确而又坚定的意志。许多反对加入共同体的英国人在法国官员中找到了客观的盟友，法国官员把当时流行的一句美国话"有问题，就有解决办法"，用玩笑的方式颠倒过来说："有解决办法，就有问题。"①

实际上，尽管戴高乐将军在1963年1月8日举行的著名记者招待会上的风格，更引起了我们的共同市场的伙伴的不满、英国人的愤怒和肯尼迪班子的气愤，但是，戴高乐将军是在理的。1961~1962年，大西洋联盟被两场争吵闹得不安宁：共同市场应该向英国开放吗？法国建立一支战略核力量将带来什么后果？在1963年1月的记者招待会上，戴高乐将军向伦敦和华盛顿同时说出了两个惊人的"不"字。

肯尼迪班子有一个庞大的计划。在经济上，由于英国的加入而扩大的共同市场将向大西洋地区靠拢，并将削减在六国变成七国的边境上的关税，与此同时，对美国的关税也将削减，从而对美国起保护作用。在政治上，统一的欧洲与美利坚合众

547

---

① 1971年5月，还是在蓬皮杜-希思举行决定性的会谈前夕，我写了一篇文章，最后几句话是："英国加入共同市场的可能性为新开端提供了机会，但条件是我们的政治家们不要对我们未来的英国伙伴的利益抱有幻想，我们英国伙伴的利益比我们德国伙伴的利益，对于法国谈判者直至现在还维护的论点距离更远。"

国构成了大西洋联盟建设的两根支柱。肯尼迪犯的第一个错误是干预了只与欧洲人有关的辩论。第二个错误是为了补偿空对地导弹计划，向英国提供了北极星导弹用来装备由英国人建造的核动力潜艇。肯尼迪向法国政府提供了类似于与麦克米伦政府缔结的协议。戴高乐将军大有机会使用爆炸性语言，在预先布置好的场面有意扩大他两次否决的反响。除了政治上的理由，戴高乐将军拒绝了拿骚会议①提供的条件也是出于技术上的考虑。法国人已制订了一个核军备计划，北极星导弹在 1963 年不可能列入这个计划之中。再者，既然制造核武器和运载工具要耗资几十亿法郎，法国的核力量还是完全法国式的为好，由法国工程师设计，法国工人制造。出于感情和理论上的考虑，肯尼迪班子更注重美国在联盟内部的核战略垄断，而不是武器垄断。这种垄断，戴高乐将军不想让与美国。因此，法美签订协议是不可能的。安德烈·马尔罗在拿骚会议和戴高乐将军申明否决的这段时间内来到了华盛顿，向肯尼迪总统暗示法美对话将可进行。至少肯尼迪是这样理解马尔罗的话的（美国总统从中做出推断并顺便对我说，最接近将军的人也不总是了解他的意图）。

548 　　在将军说出了"不"字后的那几个月中，我有机会对他的政策进行解释和评论。在《费加罗报》中，我的评论的措辞是讲究的，有时是"不中听的"（用将军本人的话说）。

　　1963 年 1 月的著名记者招待会之后，我写了两篇文章（1963 年 1 月 19 日和 25 日）。在第一篇文章里，我解释了将军的决策，没有对决策的主要方面提出批评，因为戴高乐政策"如同戴高乐将军本人一样不可动摇"。两个不合乎逻辑的出

————————

① 英美在这次会议上缔结了关于北极星导弹的协定。

自国家元首的众所周知的观点："共和国总统反对常规武器一体化，不可能不反对原子武器一体化。再者，由于法国既不拥有热核弹，也不拥有北极星导弹的弹头及能够运载这些导弹的潜艇，《拿骚协议》对它来说不具有任何现实利益。戴高乐将军不是那种打算以许诺参加多边力量换取美国的技术援助来进行谈判的人。"在解释了为什么戴高乐将军的拒绝是在大家的预料之中之后，我对引起公愤的拍桌子外交提出了保留意见。"难道一定要提示说新成员的加入就意味着走向大西洋共同体，即走向重建美国的霸权和欧洲卫星国化吗？"文章的后面我又写道："我们可不可以对一项政策的有效性抱希望，是由它所触犯、伤害或侮辱的盟友的数量来衡量的……"我惋惜将军本人提出的那些论据，但没有批评创建一支法国核力量："在等待法国核力量建立起来之时，也许没有必要去怀疑自己最需要的美国决心……在柏林事件中，戴高乐将军正是依靠美国的威慑力量来保障自己一味强硬的外交……"

　　几天之后，我在一篇题为《将军的秘密》的文章中回答了读者的一些问题。我既没有批评将军反对英国提出的加入共同体的申请，也没有批评将军反对肯尼迪的庞大计划。我只惋惜将军采用那种与民主国家之间的永久联盟很不相称的作风，并对将军的最终意图进行了猜测。我认为有必要重提这篇文章中的某些段落，这是我对将军的外交所采取的比较典型的态度，这种态度对无条件拥护戴高乐的人来说是相当令人生气的，但在我看来是理智的：

549

　　　　人们给在第五共和国时期出现的这样一次记者招待会命名为玩政治——历史的高空杂技——它与美国记者和美

国总统所称的不大相同。戴高乐将军的每一次记者招待会都是一部艺术作品：演讲者浏览全球，追溯过去，放眼未来，鞭挞某些人，颂扬某些人，蔑视敌人，毫不掩饰对自己所塑造的法国感到满意。然而，这部艺术作品也是一种政治行动。在一句拐弯抹角的话中，阿尔及利亚部长本人获悉撒哈拉将属于民族解放阵线所要继承的遗产的一部分。这种政治行动最终是一种战略和自传的材料。讲话的确切意义依然捉摸不透。眼前争取的目标并不总是清晰可见的，长远的打算则被小心翼翼地保持在暧昧之中，这种暧昧充满了神秘，变成了一个不解之谜（温斯顿·丘吉尔语）。无论什么事件，戴高乐将军似乎都能预计到并且由他操纵指挥。在《回忆录》第三卷中，他建议重建几个德国（如同在红衣大主教黎塞留时期和帆船时期一样），并通过同德国人重新和解来实现欧洲统一，这样便保证了他的先见之明。对苏联（一般称俄国）也是一样，他在考虑对苏联采取完全强硬态度的同时，只待事过境迁又向苏联伸出手去。如果演讲者的思路没有遗漏任何可以设想到的前景，那么，先知先觉几乎不可能有差错……

接着在我的文章中，我提到了记者招待会上有关法国打击力量的那一大段话，法国是否可以更多地依靠几十架幻影Ⅳ型战斗机而不靠美国的巨大实力？我提醒说，对戴高乐将军的话始终需要做一番解释，需要猜测他的真实想法。因此，"当他声称希望对阿尔及利亚问题寻求最法国式的解决办法时，他真正想的是什么呢？"我指出了那既言之有理，又很可能为未来做了铺垫的两个短语："自然，美国的核军备依然是世界和平的保障……不言而喻，法国并不一股脑地反对这支力量和其盟国的类似或相同力量采取联合行动。"

关于英国加入共同市场和英美巴哈马协定这两个正在争论的具体问题，我重提了将军做出的决策是站得住脚的理由："共同市场同英国、英联邦和美国就共同市场签订一项协议，不管多么必要，这并不意味着欧洲共同体将会立即扩大，这一扩大本身包含着分化瓦解的危险。同样，法国已开始制造核武器，在已制定的计划产生初步成果之前，是难以抛弃这一计划的。"

这一实质上的赞同在我文章中所占的位置以及它所引起的注意，反而不及我对将军的风格和方式多少带点讽刺性的批评："英国被宣布为岛国，因而不是欧洲国家，难道 1940 年时它也不是欧洲国家吗？英国在欧洲主义的考试中首次落选，就该过几年在这方面取得某些进步后再应考……最终，大家不禁产生了疑问，因为将军把在阿尔及利亚事件中所运用的极其成功的方法用于世界外交上，隐瞒了他的真实想法并任凭每个人对他的真实想法进行猜测……"因此，我得出的结论是："我认为大西洋联盟已足够牢固，对一个关心个人地位和个人隐私的伟人可以宽宏大量，但是，如果他不幸收了徒弟，那么，联盟就会吃不消了。"

我记得在两个会议上，我为法国政府的论点进行了辩护。我想第一个会议是大西洋联盟所有成员国的军事首脑年会。我从未见到过这么多的陆海军大将佩戴着这么多的勋章。要是我没记错的话，在我发言后，英国大使 W. G. 海特爵士（我不时在巴黎见到的很有魅力的人物，后又在

551

牛津大学见到他在当某学院的院长）用阴沉的语调描述了危机将会造成的后果：被排斥于欧洲统一之外的英国，注定要走向经济衰落，最终只好闭关自守，离开大西洋联盟（这一推理当时在我看来更多的是出于感情上的冲动，无法令人信服）。

在香榭丽舍大街的英美俱乐部举行的一次晚宴上，这种情感爆发得更加强烈。在晚宴结束时，作为主宾，我发表了讲话，我尽力阐述将军的理由和意图。一反常规，我的讲话多次被该俱乐部的一些成员，特别是荷兰人所打断，我好不容易才结束了我的讲话。当联盟的秘书长迪克·斯蒂克讲话时，我也不顾礼节规定，多次打断他的讲话，使他无法把话讲完。主持晚宴的斯托克维尔将军站起来，把我拉到一个摆着烈性酒和雪茄烟的客厅。几天之后，美国大使托马斯·范莱特邀请我与他单独共进午餐，向我这个蒙受了前所未有的"挑衅"和无礼待遇的贵宾表示歉意。说实话，我们谈得更多的是古巴导弹危机，而不是欧洲内部和大西洋内部的争吵。

如果不是由将军独自向世界表态，申明法国反对英国加入共同体，仿佛除了我们，欧洲共同体里面的其他成员国都无权参与对话似的，那么，法国的否决也许不至于引起这么多的怨恨？不管怎样，将军在主要问题上没有搞错：共同体的五个成员国没有因为我们的总统曾经傲慢地对待它们而同巴黎断绝关系。其实，它们自己也不是不知道，伦敦的申请没有得到强大的舆论支持；多年来，英国人对共同市场只是改变了措辞，并没有改变感情。他们曾揭露"歧视性政策"，即在六国的边境建立了关税制，其他欧洲国家以及大西洋联盟的其他伙伴国都享受不到关税方面的好处。反对歧视性政策的论战在我看来是不值一提的：共同市场实质上意味着内外有别，这是完全合理的。在对歧视性政策进行了攻击之后，建立自由贸易区的计划出笼了，该计划想把欧洲共同体扼杀于摇篮之中。英国加入共同体的申请表明的是另一种思想，还是不过是另一种方式呢？无论如何，伦敦的谈判者向自己掩饰了其立场的脆弱性，因此，他们无权提出各种条件。共同体内部支持英国的人不能强迫法国人同意；如果没有记者招待会引起的轰动，谈判的失败不会掀起轩然大波，但将军是很欣赏暴风雨的。

将军拒绝《拿骚协议》提出的建议，更加剧了人们对其反对伦敦加入共同体的不满情绪。他的话既针对肯尼迪，也针对麦克米伦。他不仅拒绝在拿骚匆匆达成的英美协议，而且迎头痛击肯尼迪的庞大计划和由来自哈佛大学或兰德公司的人士带进白宫并灌输给总统的这个信条：在原子时代，应只有一个人掌握扳机。在一个联盟内部，在大西洋联盟内部，掌握武器和使用武器的决定权应归于一个人，因此应归于美国总统一个人。

1962 年 5 月，我写了一篇文章，批评美国的这一立场：在核方面同英国保持"特殊关系"，但拒绝同法国原子能署进行任何合作。我使用了多次被人援引的、给人留下深刻印象的一句话：为什么秘密会毫无危险地传过大西洋直达伦敦，而不能传过英吉利海峡直达巴黎呢？我要指出，这篇文章写于1962 年 5 月，那时，布鲁塞尔谈判正在举行，肯尼迪政府正想方设法使欧洲人理解并接受麦克纳马拉理论。我向麦克乔治·邦迪发了一封5 月 16 日写的信，邦迪当时任总统的国家安全事务特别顾问和国家安全委员会主席，总统的国家安全事务这一

553

职务后来由亨利·基辛格接任。他给我回了一封长信，这封信我一直保留了 20 年，但今天它已无任何秘密："您说得有道理，在很大程度上，我们的感情是来自我们的这种信念，即西方的核防务是根本不可分割的。事实上，在这一点上，我们对英国核能力的估价与我们对法国核能力的估价是一致的。"在接下来的那一段中，麦克乔治·邦迪解释了美国人和英国人是在什么情况下重新搞核合作的。1957～1958 年，苏联发射卫星的冲击促使美国人寻找前沿基地。况且，当时美国人还没有考虑到今天所考虑的问题："我赞赏您的论据的说服力：法国人对因为我们的思想变化而导致的区别对待是不会感到满意的。"

他的中心论点是用下述提法表述的："由于我们认为，集中控制和不可分割的反击对建立西方核防务来说是危险性最小的手段，因而我们认为只有出于异常重要的理由，我们才能改变我们的现行政策。在法国努力搞独立核防务的情况下，我们看不到这种迫不得已的需要。可以肯定，法国有权进行这方面的努力，我希望您不要认为肯尼迪政府会以敌视的眼光来看待这一决定。我们可以对这一决定表示遗憾，但不是由我们来反对它。"麦克乔治·邦迪就各国在核防务方面所做的努力有可能朝欧洲联合方向演变的问题讲了几句之后，又研究了德国和英国这两国的情况。眼下，他认为："德意志联邦共和国与核武器没有关系，不会因法美合作而感到受了侮辱。但从现在起至下一代还会是同样的情况吗？"

接着他谈到了英法截然不同的态度："在核方面，英国的特定目标不是要建立核自治，而是要保留提醒美国谨慎小心的建议权（cautionary counsel）。英国政策的目标是同美国保持密切关系，保持安全的磋商关系（advisory relation to the safety-

554

catch）。法国的政策则完全相反，倾向于对美国保持越来越大的独立性并倾向于直接掌握核主动权，这种说法难道是完全不正确的吗？"伦敦和巴黎之间彼此对立的意图触及了问题的实质。向一个自己提出要维护亲密联盟关系的国家提供援助，同向一个首先关心扩大自主范围的国家提供援助，所遭到的反对是不一样的。

　　麦克乔治·邦迪在信的结尾指出了一个事实，该事实以某种方式解决了问题。戴高乐将军从未就法美在核军备合作的问题接近过美国人，戴高乐将军也从未允许法国政府的代表去谈这个问题。他以提问的方式做结论说："我希望您就这一谅解的可能方式谈谈自己的看法。"可惜我没有找到我的回信。我很可能给他写了我不断对我的华盛顿朋友们所说的那些话：既然您不能阻止法国创建自己的战略核力量，而且您也承认这一事实，那就请您不要再斥之为无效的和危险的，再说，这种说法多少是矛盾的。就在这同一年，1962年，即1963年1月著名的记者招待会之前，沃尔特·李普曼访问欧洲回来之后，写了一本题为《西方团结与共同市场》①的小册子，他采取的立场是令人惊讶的，因为他以前常常表示出赞同他所钦佩的将军。

　　李普曼努力领会将军的论点。他认为，将军根本不怀疑美国的威慑价值，而是予以完全的信赖。在将军看来，东西方平衡已经确立，战争是不可想象的。在1963年能杀害2000万俄国人的这支"小力量"可以用来做什么呢？"可以用来防止被卷入在亚洲爆发的核战争，也就是说，不介入法国民族利益区

---

① *L'Unité occidentale et le Marché commun*, Paris, Julliard, 1962.

555 域以外的战争。"其次，"核打击力量是一种由美国担保的策略，同时，特别是要使欧洲大陆保留核主动"。李普曼从西方核力量的分散中看到了美国垄断的结束，同时也看到这对美国是一个致命的危险。

由于火箭极为昂贵，英国早已退出了火箭竞赛。英国的轰炸机在这10年内将过时。英国的努力从一开始就是一个错误。因此，法国不存在重犯这种错误的问题："西方联盟内部在核问题上的最后责任应该只属于一国首都，而不是属于两国或三国的首都。如果我们的核力量指挥棒不再掌握在华盛顿手里的话，那么这种局面对美国来说是无法支撑的。"在后面他又评论说："西方联盟内部若有另一支核力量，这支比较独立的力量足以发动一场世界大战，但由于它太弱以致不能打赢这场世界大战，那么，这支力量将对世界和平与我们自身的安全构成一种威胁。"

李普曼曾是戴高乐主义者，现在又重新成为戴高乐主义者，他在这时候揭露了"戴高乐主义好大喜功的梦想"，这些梦想与德国的真正利益有深刻的矛盾。① 更有甚者，他把肯尼迪政府的伟大思想及庞大计划同维护美国的原子垄断结合到一起了："……肯尼迪预计英国和其他几个欧洲国家将被接纳到共同市场中去。欧洲的中立国将同共同市场协作，将同英联邦国家达成友好的谅解，最后，美国将加入一个削减关税的广阔贸易区。"

我知道戴高乐将军的"宏伟计划"无论如何与肯尼迪的是不相容的，不管我多么热衷于大西洋共同体，我既不赞成李

---

① 他告诫德意志联邦共和国不要被卷入戴高乐主义的事业。

普曼关于美国核垄断的论点，也不赞成共同市场立即向英国以及其他欧洲国家（无论它们是不是大西洋联盟的成员国）开放。

为庆祝《纽约先驱论坛报》在法国出版 75 周年而举行的午餐会上，李普曼就法美关于核武器问题举行对话一事进行了引起轰动的讲话。就在 1963 年 1 月将军提出反对意见的前夕，1962 年 12 月 3 日我写了一篇文章回答他。这篇文章被法国驻华盛顿使馆采用了。我在文章中说，李普曼把"大西洋联盟比作一辆在盘山公路上行驶的汽车，美国总统驾驶大西洋汽车，乘客（即欧洲国家）应信任驾驶员。对乘客来说，这样的要求太过分了"。接着评论员从总的方面尽量明确地指出，在什么情况下，即"战略力量平衡发生危险时"，美国将冒打一场热核战争的风险。这一提法勉强可应用于古巴危机，人们很难看出它怎么能应用于柏林危机。李普曼没有在设置在古巴的苏联导弹和西柏林的具体自由这两者之间找到共同点。事实上，古巴危机和西柏林危机之间唯一的共同点，就是肯尼迪总统的庄严承诺，一方面他不能容忍古巴有进攻性武器，另一方面他则要维护西柏林的地位。

我不否认欧洲人需要多年的时间才能拥有一支名副其实的威慑力量。但是，如果美国人请欧洲人完全信赖驾驶员，那么"欧洲人将肯定会去做李普曼不愿他们做而客观上又逼迫他们去做的事。为了获得一支威慑力量，也许是无效的威慑力量，他们将不惜做出最大的牺牲"。

与那些传说相反，无论在第四共和国时期还是在第五共和国时期，我对法国关于制造原子武器的决定从未表示过反对。甚至在 1960 年 2 月法国在撒哈拉爆炸了第一颗原子弹之前，

556

我还在 1959 年 11 月 26 日写的一篇文章中列举了赞成政府论点的理由："不管人们怎么说，法国从现在起至 1965 年或 1970 年，并非不能依靠自己的科学技术资源建立起一支'小小的原子打击力量'。为达此目的，只要每年花费几千亿法郎①，法国从现在起至 1965 年将拥有几十颗原子弹和几十架超音速轰炸机。从现在起至 1970 年，有可能用美国的专利合作制造中程弹道导弹（IRBM）来替换达索轰炸机。"那时最好不要提美国的专利，最好用"补充"这个词来代替"替换"。

那时（1959 年 11 月），我没有谴责这支"小小的原子打击力量"，它"也许在为今后 25 年内建立起一支强大的力量做准备"（确实，早在 1985 年以前，法国就已使用装备有导弹的核潜艇，这些导弹能打击苏联的大部分城市）。可是，我列举了一些与严格的安全打算无关的理由：

> 打击力量具有某种威望……在同美国进行关于交换机密的谈判中，它具有无可争议的外交价值。它是一种最后的手段。假设这支打击力量躲得过突然袭击和地面摧毁，它将使可能的侵略者冒的风险大大超过其使法国失去战斗力的好处。最后，当大西洋联盟需要制定对付苏联的抵抗路线时，也许它会使法国的声音在联盟的各项建议中更具有权威。

几年以后，在小册子《大辩论》中，我重提了法国核力量问题，并以我的方式对此做了介绍：

---

① 我是用旧法郎计算的。

用完全是安全方面的语言来进行分析，会歪曲这场辩论的确切前提。应该给这场辩论至少加进另外三个方面的问题：对盟国的影响或联盟内部的自主；在世界舞台上的威望；最后，关于选定的经济发展计划的作用，特别是科学进步的作用。

在同一章的末尾，我介绍了法国的计划，并为该计划辩护：

> 法国不愿被排斥在核技术之外。它不愿整个欧洲大陆永远处于英美的保护之下。它考虑到中长期的前景，考虑到世界局势可能大变，因此采取了防备意外的措施。不管怎样，即使是一支有限的力量也会带来一些外交王牌，同时会对负有主要威慑责任的盟国战略，提供施加影响的机会。在威慑方面，即使人们不大相信以引爆核战相威胁的法国力量会对苏联领导人的思想产生影响，但在这些更多属于心理方面而不是逻辑方面的问题上，人们也不能断然否认，这支力量会给那些希望发动侵略的苏联指挥官们增添一个不得不考虑的因素……计划本身比它的辩护者更有说服力。

558

我赞同当时被称为"打击力量"的论点没有引起大多数读者的注意，因为我当时也提出了反对意见。我没有加入热烈欢呼法国第一颗原子弹爆炸的行列中去，不管这种欢呼是自发的还是有组织的。我认为属于第一代力量的幻影Ⅳ型战斗机不太能够代表第二次打击力量。我觉得这种飞机无论在地面还是在空中，都是易受攻击的。我永远不会赞同以弱对强的威慑理论，或更普遍地被称为"庇护所"的理论，而这种理论从此成为官方的理论：拥有核力量的国家将确保其国土具有"庇护所"的性质，该国的国土从此将享有绝对的安全。然而，由于小的打击力量只能打击敌方的城市，换句话说，它会招致大规模的报复，以弱对强的威胁的可信性至少是令人怀疑的：法国会首先采取对苏联使用核武器的主动行动吗？

就这样，1960～1963年，我成了负责公共关系的官员们的眼中钉。我有一个学生在该部门服兵役，他接受了一个特殊的使命：阅读我的文章，并撰写文章驳斥我。这场辩论到底留下些什么？没留下什么，尽管同样的辩论在今天又开始了，而实际上这场辩论比20年前的更为现实了。在1960年代初，法国因为拥有原子弹和幻影 IV 型战斗机，才勉强具备了第二次打击的能力，而美国的威慑能力则比我国的要强得多。戴高乐将军在一句拐弯抹角的话中居然甘心承认了这一点。在我的文章中，我尽力说服他不要把我们的战略核力量与北大西洋公约组织对立起来，相反，倒应该把这支力量加入到大西洋联盟中。我不大相信当时流行的"导火线"的想法：一国有了核力量会迫使美国使用核武器。事实上，将军想把核力量作为法国军事独立的象征，而那时，1961年，甚至肯尼迪新政府也在修改美国的官方理论。美国的逐级反应新理论与法国的概念不一致：只要脆弱的运载工具只能打击大规模目标，换句话说，只能用于打击城市而不能打击军队，那么一支小的打击力量注定要招致大规模的报复。

对于肯尼迪和戴高乐将军各自的宏伟计划所进行的任何磋商，不管是多么微妙，都没能创造奇迹，使这两个计划协调一致。我不抱任何幻想，对肯尼迪政府中的朋友说：请不要再宣传反对各国自己掌握的核力量，特别是法国的核力量；请不要用毫无意义的指责来加深大西洋两岸的误解了。在法国，尽管没多大成效，但我还是利用一切机会提醒说：法国的核力量不能代替美国的核力量；还是不要使美国的核力量丧失信用为好，没有美国的核力量，1960年代的法国核力量无足轻重。

1961～1963年展开的有关战略问题的辩论渐渐趋于平息，这倒不是因为缺乏对话者，而是因为人们对此已感到厌倦。这两个宏伟计划，还是将军的计划占了上风。他禁止英国进入共同市场。尽管遭到美国的指责，他仍然实施了建立本国打击力量的计划。这两个决策都是由他独自做出的。但是，戴高乐的宏伟计划能超过眼前能达到的目标吗？眼前能达到的目标指的是，法国加入原子能俱乐部，并拒美国最亲密的战友（英伦三岛）于共同市场的门外。

李普曼也对戴高乐的宏伟计划提出了疑问，该计划与"从大西洋到乌拉尔"的提法一样神秘。他怀疑将军想创建一个法德两国的欧洲：

肯尼迪总统是有道理的。他事先就告诉法国人和德国人，尽管美国不打算离开欧洲，但是有可能被迫这样做。如果美国人迫于形势，不得不起来保卫欧洲，进而导致战争，性命攸关的决策却不归华盛顿去做，而是由巴黎或波恩做出，那么，美国就不得不退出欧洲。如果戴高乐将军和阿登纳博士执意要创建他们梦想的所谓欧洲，一个把英国排斥在外、无视共同市场中的小国、给中立国泼冷水并傲慢地拒绝美国提供的协作的欧洲，那么，美国就有可能远离欧洲。

560

是形势逼人做出如此悲剧性的分析吗？是形势激起了如此强烈的情绪吗？由戴高乐将军和阿登纳总理设想和缔结的法德条约确立了两国的和解，难道这一条约为法德共同管理整个西欧从而为摆脱美国的领导做了准备吗？诚然，戴高乐将军把《北大西洋公约》和北大西洋公约组织看成导致欧洲附庸化的工具。但我不相信他曾希望美国军队撤走；他经常重复道，美国的核力量是世界和平的保障。但是，不管将军的最终意图是什么，从 1964 年 7 月起，在一次记者招待会上他已承认法德条约的失败，或至少他在提到以前所抱的希望时流露出失望的情绪。

然而，我们应该清楚地看到，即使法德条约已在某些领域取得了具体的成果，并已使两国政府以及它们的行政部门进行了接触，总的来说，我们认为这些接触是有益的和十分令人愉快的，但至今没有制定出一个共同的行动路线。我们可以肯定，在波恩和巴黎之间没有、也不可能存在真正的对立，但它关系到法德两国在防务方面的真正合作，关系到大西洋联盟的新结构，关系到对东方，首先是对莫斯科的卫星国应采取的态度和行动，关系到相互关联的中欧与东欧的边境和国籍问题，关系到承认中国以及欧洲对该国伟大的人民在外交和经济上所能做的事情，关系到亚洲的和平，特别是在印度支那和印度尼西亚的和平，关系到对非洲、亚洲和拉丁美洲的发展中国家需要提供的援助，关系到建立农业共同市场，因此关系到六国共同体的前途。人们不能说德国和法国仍然同意一道制定一项政策。人们不能否认，直到现在，波恩还不相信这一政策应该是欧洲的独立政策。

561

　　这篇文章所述内容是十分清楚的，但多少带点儿神秘色彩。将军是否曾认为德意志联邦共和国将毫无保留地加入有损于美国联盟的法国联盟？法德在防务方面的合作将采取何种形式呢？大西洋联盟的新结构是什么样的呢？不管怎样，在法德条约宣告失败之后，戴高乐的外交仍然具有真诚的潜在性，只不过变换了一种方式。它转向苏联和它的卫星国。在记者招待会上，将军提出了另一整套计划。

　　1964～1968 年——后来，"五月风暴"以及由此造成的后遗症，使将军不能够再将精力和时间用于制定重大的政策——将军的对外政策没有出现前后不连贯或转折，然而，法德的蜜月已属过去。将军和阿登纳总理签署的条约继续存在，但为欧洲摆脱"附庸地位"做出努力一事，将军已不再指望波恩了。根据他历次举行的记者招待会来判断，从此，他已把希望寄托在苏联身上，寄托在东西欧的和解上了。

　　在 1965 年 9 月 9 日的记者招待会上，戴高乐将军提出了欧洲独立的另一条道路。在提及了罗马尼亚总统毛雷尔前不久进行的访问和对波兰总理西伦凯维兹的即将来访表示欢迎之后，他声明说：

　　　　我们毫不迟疑地设想着这样一天的到来：为了达成从大西洋到乌拉尔的建设性谅解，全欧洲都愿意来解决自己的问题，首先是德国问题，而解决这些问题的唯一可行的途径是通过一项全面的协定。到那一天，我们的大陆可以为全人类的幸福在世界上重新发挥与其资源和能力相称的作用。

562   1966 年 10 月 28 日，将军以更加露骨的语气表达了自己的看法。他首先谈到的是法德条约：

> 在联邦共和国的要求下，我们甚至同它签订了一个条约，这个条约已签订快 4 年了，这个条约本可以作为两国在政治、经济、农业和防务方面进行特殊合作的基础。如果把我们排斥在外，由波恩和华盛顿缔结并不断加强的特殊关系使法德这一协议失去初衷和实质性的内容，这不是我们的过错。因此，我们莱茵河彼岸的邻人很可能在两国本来可以实现的共同行动上失去机会。因为他们实施的不是我们的双边条约，而是单方面的声明，从而改变了双边条约的整个意思，而由他们自己加进了在别处，特别是在东欧，也许甚至在华盛顿发生的事情，这就打破了事情最初规定的前提。

在同一次记者招待会上，在谈到英国申请加入共同市场时，他强调指出了大西洋联盟国之间的关系和欧洲一体化之间的矛盾：

> 就这样，我们不得不于 1963 年停止了在布鲁塞尔进行的关于英国进入共同市场的谈判，这诚然不是我们不希望看到有朝一日这个岛国的伟大人民真正地把其命运同大陆的命运连在一起，而是事实上它不能执行共同规定，并且不久前在拿骚表明，它在名副其实的欧洲以外，别有效忠之处……

接受美国的武器（更确切地说，是购买美国的武器），在戴高乐将军看来等于对外效忠。我们共同体的伙伴们怎么能追随这样一个向导：他似乎在两个巨人之间几乎做不出区分，姑且不用更重的字眼，他怎能把同美国达成任何协议都看成依附呢？

　　1966 年，戴高乐将军看得更远，已经不限于一个摆脱了美国的控制的统一的西欧。他认为欧洲的解放只能通过东西欧两方的协议来实现："此外，即使有朝一日，六国经济集团增添了政治上的协调，但只要东西欧人民不能和解，就依然做不出任何对欧洲有价值和牢靠的事。特别是，像德国的命运这样严重的问题是不可能设想用其他办法加以解决的。"后来，他补充说："人们知道所取得的进展有多快有多大，人们知道法国和苏联这两个国家签订的经济、文化和科学技术协定开辟了何种真正广阔和富有成果的前景……"

　　在法德条约告吹之后，将军多次谈到了德国问题。例如，在 1965 年 2 月 4 日的记者招待会上，他说："对法国来说，今天的一切都可以归纳为三个紧密相关的问题。我们所做的是为了使德国从此成为一个进步与和平的可靠成员。在这种条件下，可以帮助它实现统一。采取方式，并选择可以达到这一目的的环境。"将军在追溯了粉碎第三帝国以来所经历的几个阶段之后，概述了他的分析：

　　　　在世界上的这样一个地区，在这样一个时代，这样一种不确定的状态显然不可能被认为是一成不变的。噢！也许，人们可以设想，事情还将像它现在这样长期继续下去，明天和昨天一样不会爆发世界大战，因为彼此的原子威慑将成功地阻止滔天大祸。然而，很清楚，只要德国的不正常状态继续存在，只要这种不正常状态引起的不安和带来的考验继续存在，就不可能建立真正的和平，更不必说东西方之间富有

成果的关系……只有当过去一贯是、现在还是、将来仍然是
关心日耳曼邻邦命运的人民，简言之，即欧洲人民达成谅解
并采取共同行动时，那些应该做的事在某一天才有可能去做。
但愿欧洲人民首先考虑一起研究他们本大陆的问题的解决办
法，共同解决问题并联合起来为这一解决办法提供保证。这
是在大自然赋予欧洲的那整片土地上重新出现并保持平衡、
实现和平与合作的唯一途径和唯一纽带。

在戴高乐将军的想象中，欧洲的这种和平是即将来临，还
是仍然遥远呢？他列举了得到德国的所有邻国赞同的、实现德
564 国统一所必需的各种条件。在这些条件中，他举出："这就是
俄国在发展中不再把自己的前途放在自己和别人同受其害的极
权制度上，而是放在人类与自由的人民共同实现进步上。这就
是被苏联变为卫星国的那些国家可以在一个更新的欧洲发挥各
自的作用……"将军本人认为，从大西洋到乌拉尔的平衡或
协调，要求苏联改变其体制。他相信会出现这种改变吗？在什
么时候？在这两个问题上，"将军的秘密"（这是我多次使用
的表达方式）始终没有被揭开。

对这种模棱两可但又洋洋大观的全部政策，我从未表示过
赞同。（况且，当我是法兰西人民联盟的成员时，我也认为，将
军就德国问题的论点既不合时宜又不现实。）将军往往将两个超
级大国等量齐观，在同一次演讲中，他把苏联的极权主义同美
国的友谊相提并论。他似乎把解散各个集团和东西欧双方的接
近作为自己的目标，就好像美国的霸权同苏联帝国主义没有实
质性的区别；通过这些，他在本国散布了当前世界的一种假象，
挑起了法国人民潜在的反美情绪，并使法国人民忘记了，苏联

在军事上在欧洲中部扎下了根，对我们的民族独立构成了唯一真正的威胁。建立一个从大西洋到乌拉尔的和平欧洲纯属幻想，或者是在近期毫无希望实现的长远目标；它暗含了一种错误和危险的想法：把"欧洲派"和"大西洋派"完全对立起来。把"大西洋主义者"一词作为贬词是从戴高乐将军那里开始的。

法国逐渐退出北大西洋公约组织的一体化指挥系统，由此表明了其独立倾向。对于法国在这一过程中采用的措施，我平心静气但毫不宽容地进行了评论。与一体化指挥系统的最终决裂，标志着戴高乐将军上台后不久便宣布的并很快就付诸行动的一项政策已经可以功成身退了：地中海舰队最先退出了北大西洋公约组织的一体化指挥系统，然后是大西洋舰队；理所当然，战略核力量也立即归法国政府自己指挥。要求北大西洋公约组织的基地或美国的基地撤走，清除这些基地，使从一开始就定下的一项政策合乎逻辑地被逐步实施了。

有一点经常被公众忽视，但很有必要对此加以说明。在将军重新掌权之前，法国军队在和平时期名义上受北大西洋公约组织支配，实际上仍由法国指挥。"受北大西洋公约组织支配"这种表达方式在当时是很流行的，实际上，只有在发生冲突时才实行。当阿尔及利亚战争迫使法国政府从大陆调几个师到北非时，法国政府丝毫没费气力。所以，退出北大西洋公约组织在军事上并没有像观察家们所想象的那样引起什么变化，却具有立即引起轰动的意义。

将军和他的亲信们列举或提出了各种各样的论据来证明：把由法国军队参加的军事行动的指挥权交给一个外国将军是不合适的。1944年，艾森豪威尔将军轻率地考虑从斯特拉斯堡撤军时，没有估量纳粹分子重返城市，甚至旋即重返城市的政治后果。多亏戴高乐将军的干预，这场灾难才得以避免。在更高一级，特别是在高等军事研究院发表讲话时，将军多次强调说：若不幸发生战争，那么，战争应该是法国的战争，应该是为了法国的利益而战，并应该由法国当局来指挥。由于战争的危险在欧洲本土出现的可能性比在世界其他地区小，这条原则就变得更为紧要了：法国不愿因东南亚或中东这些遥远地区的冲突而卷入一场与其无直接关系的战争中。最后一条理由是：既然法国从此拥有一支纯属本国的战略核力量，那就必然会设想出一个关于防务的理论，这个理论同北大西洋公约组织的理论并不抵触，但并不从属于或者并入北大西洋公约组织的理论。

从 1962 年至 1966 年，同大西洋主义的决裂没有在法国引起一场大辩论。肯尼迪政府用"逐步升级"的理论代替了"大规模报复"的理论，这触及了欧洲安全的实质以及美国保护的价值。民族独立和防务自主的提法满足了法国人的自尊心。法国人不是不知道美国人保持着驻防欧洲的军队。因此，法国人在幻想着不欠任何人的账，对美国的保护视而不见。

将军本人是怎么想的呢？我在这几年间，多次提出了这个问题。我认为，很明显，意味着主权国家行动自由的"独立"，对他来说不只是一种手段，而本身便是一种目的。参加北大西洋公约组织，既然损害了或者说似乎损害了这种独立，他就根本无须另外什么理由来与该组织决裂。法国应该重新恢复它的"独立"，无论今后独立的目标是什么。对今后的目标，每个人都可以自由地想象。

1966 年，戴高乐将军展开了对东欧的全面外交攻势，他只谈欧洲从大西洋到乌拉尔一律享受和谐与保持平衡，但是根本不提美国；因此，评论家们对这个宏伟计划进行了猜测：是清除第二次世界大战的后遗症吗？是不再让旧大陆一分为二，彼此都组成军事集团，进行武器和决心的较量吗？将军利用每一次机会强调把欧洲人与欧洲人的关系同欧洲人与美国人的关系这二者从根本上区别开来。德国问题将由欧洲人来解决，特别是由地处"欧洲中心的国家"的邻国来解决。总之，将军为自己设定的目标是不是要把美国排除出旧大陆，把法国独立扩大到以同俄国结成"良好而传统的联盟"为基础的欧洲独立呢？将军已经尝试过同波恩结盟来动摇"美国的枷锁"，他是否想另辟蹊径，通过同俄国结盟来达到一样的目标呢？

也许，这就是戴高乐派所描绘的远景，那时候，欧洲才摆脱了两个集团的枷锁而获得了和平。然而，就像我在上面驳斥安德烈·希尔巴赫时所提到的那样，我从来不相信将军会希望——至少在眼下——解散大西洋联盟或北大西洋公约组织。 567 诚然，将军曾多次宣称两个大国的相互威慑取代了美国对苏联的单方面威慑，从而完全改变了世界局势。从此，谁也不可能知道美国的核武器是否会用来，以及何时会用来保护欧洲。他提到了两个大国在相互尊重它们自己的领土之际，有可能在第三国的国土上打一场仗，譬如在欧洲进行一场战争。但是我难以相信，第一代的战略核力量，即在地面和空中都易受攻击的幻影Ⅳ型战斗机，能填补美国"核保护伞"的漏洞。我认为，戴高乐将军意欲消除美国在战后那些年代里所取得的优势，取消对保护人任何形式或任何迹象的依附，大张声势地显示法国的独立，同时，保证法国的安全。由于苏联统治区和法国边境之间一支日耳曼－美国军队的存在，这种安全得到了保障。

这些对戴高乐外交政策的评论大大激怒了外交政策的制定者。我不采取一贯赞成或一贯反对的立场；我在多次赞成这种政策的同时，也批评政府发言人的论据。我举 1964 年 12 月 1 日的一篇文章为例，这是在议会就第二个军事纲领法进行辩论后写的：我看到了在核武器方面要做的优先努力，而到 1970 年，至多"有两三个师可以实现现代化"。我不批评这样分配军事开支，但我从这一分配中找出了不同于官方的辩解的另一种真正的含义。

> 在唯一的大国和法国边境之间，夹着联邦德国的国土。在这块国土上驻扎着美国和德国的师团。这就使得法国不需要有许多装备常规武器的师。正像多数派的一个议员所说的那样，并不是常规手段的缺乏让使用原子武器的威胁变得更加可信，而是我们的盟国提供了"盾牌"。法国即使明天正式退出北大西洋联盟，也将仍然得到美德军队的保护。

568　　接着是关于法国本身威慑力量的辩论：

> 当梅斯梅尔声明说，一有侵略，无愧于其名称的法国政府就将毫不迟疑地发动原子报复战，他不是在恐吓任何人，也不是在恐吓法国人，尽管不幸的命令若是下达了，无愧于其名称的政府就会促使法国人为国捐躯……无论如何，只要美国军队在古老大陆上表明自己信守诺言——尽管法国"专家"会对这种诺言表示怀疑，但克里姆林宫的人会明智地把它当真——苏联领导人仍将受到美国热核武器的威慑。

关于战略核力量的作用，我思忖着，苏联的何种主动行动会被法国的威胁所震慑，而不是被美国的实力所震慑？不可否认，法国的核力量增添了对方捉摸不定的因素，但我可以肯定，"需要许多年之后，法国的力量才能够代替美国的力量。当时，德意志联邦共和国正在努力加强某些欧洲人与美国的联系，这是符合法国的利益的，而法国的外交却给人一种仿佛要松懈这些关系的印象——当然是错误的"。

我这种说法不无讽刺的味道，因为当时法国极力反对多边力量和德国参与核事务。我说人们对法国外交的印象是错误的，其实是我把一些显而易见的看法强加给了戴高乐："我的确说了这是错误的。法国的安全应该建立在美国实力的基础上，这是事实，戴高乐将军不是不知道这个事实，但是，根据他对国与国之间关系的看法，却没有任何理由来偿还美国迫于形势而无偿地向他提供的东西。"我这篇文章的结论，会让人认为"当然是错误的"的这句话具有挑衅意味："既然承认没有任何战争危险，而我们的盟国，有的拥有常规武器，有的拥有主要的威慑力量，那么，严格用外交语言来解释法国的军事政策是完全说得通的。"（1964 年 12 月 3 日）

请不要忘记，这是 1964 年的分析，也不要忘记，当时，战略核力量只是由幻影 IV 型战斗机组成的。至少暂时地，这支力量主要是具有外交上的价值，并非一种反对祖国的罪行。当我把类似于我的看法说成是将军的看法时，这也不是一种亵渎君主罪。两年多之后，阿尔弗雷德·法布尔－鲁斯在《世界报》的"自由谈"专栏里以友好的态度，责备我过于随便地解释将军本人的话："如果人们没有理解错的话，对国家元首的深刻思想做出真实解释的要数雷蒙·阿隆先生本人了。通过他，戴高乐将军好像对我们说，'但愿我的宣传不会使你们感到不安：这不过是装饰品'。"

1966 年 9 月 15 日，我回答说：在阿尔及利亚事件中，最少搞

569

错将军意图的人不正是对他的这个或那个声明不按字面来解释的评论家吗？为什么在战略核力量问题上就不能这样呢？戴高乐将军不爱理睬美国分析家侈谈什么第一次打击、第二次打击，打击军队、打击城市。"只要大国拥有核武器，法国也应拥有核武器。否则，法国就不再是法国，就会丧失军事上的独立，在戴高乐将军眼里，军事独立是民族和国家的根本。戴高乐决计要原子武器，不是出于对当时形势的分析，也不是考虑核扩散的危险，而是出于一种纯属哲学的理论，可以说是出自一种对历史的看法。"

这是原则性的决策，并非应付时局，从这一决定出发，每个人都可以想象各自的论据或推论。能让成百万甚至成千万人死这种能力，不可能不起某种威慑作用。谁也不可能保证永远得到美国的保护，更何况美国的国土本身从此也变得易受攻击了。这一论据是站得住脚的，即使在目前，人们还可以怀疑法国的力量能否威慑苏联人，使他们不敢轻举妄动——而美国的力量反而还做不到这一点——但是，当中程导弹，尤其是核潜艇导弹可供实战使用时，可以用作外交工具的战略核力量就能够真正成为一种威慑武器。

1965~1967年，戴高乐的外交至少在表面上把重新取得法国的独立和反美主义混淆起来了（在戴高乐的语言中，大西洋联盟使法国成了美国的"附庸"）。戴高乐将军在金边和巴黎就越南战争问题毫无掩饰地阐明了这一看法。他把这场"无耻战争"的责任归咎于美国的干预。在1966年9月15日的同一篇文章里，我对金边讲话评论道：

由于讲话含糊不清，所以每时每刻都有进行解释的必要性。报界电台都把金边讲话称颂为戴高乐的史诗中最杰出的时刻之一。为了尽量少带偏见，我不想重谈冲突的发展史，也不想同阿尔及利亚战争做比较。我只想谈一点。戴高乐将军能否梦想在这样的场合做的这样一次演讲，竟会影响约翰逊总统或美国舆论倾向和平呢？显然，对这样一个问题的回答只能是否定的。这次演讲甚至会激怒最不赞成越南战争的领导人。如果戴高乐将军真担心冲突扩大，就像洗脑式的宣传试图灌输给我们的那样，那么，难道他首先关心的不该是阻止发生最糟糕的事情而择日发表宏论，以图名垂青史吗？

1966 年，法国军队从北大西洋公约组织的军事一体化系统中撤出，这一决定成为戴高乐外交的有标志性意义的一步，并使舆论大为震惊。1967 年，他对"六日战争"所采取的立场得罪了一部分舆论；魁北克之行也激起了各种各样的反响。

1966 年的这一决定是多么合乎戴高乐的思想，我几乎不需对此加以评论。法国军队指挥部和北大西洋公约组织参谋部之间达成的军事协议代替了军事一体化，这没有带来太多的不便。起草得比较含糊的《北大西洋公约》（戴高乐将军曾严厉地批评过该公约）倒为第五共和国总统的计划帮了忙。法国将独自决定对它受侵略的盟国之一提供援助。如果来自非洲或亚洲的敌对行动有可能在欧洲出现，那么法国将有最大的可能不卷入一场与它无关的战争。

我不打算评论戴高乐将军的魁北克之行，特别是他的"自由魁北克万岁！"这句口号。这件事并不出乎我的意料。如同我已经指出的那样，1957 年我应邀出席公共事务研究所的年会时，我在那里碰到了所有后来几年在魁北克和加拿大成为头面人物的人。让·勒萨日这个主张"平静革命"的人物，还有勒内·莱维斯克、皮埃尔·埃利奥特·特鲁多都在那里，而且许多已从政治舞台上消失的人也在。魁北克人的变化、杜普莱西政权垮台以及北美式的选举机器已在地平线出现。民族主义从防御转向进攻；操法语的人不再满足于维护他们的语言和法律，而是雄心勃勃地想掌握自己的命运。"美丽的省"（指魁北克）的操英语者掌握着经济及大企业和行政部门的高级职位。教育体制的革新是"平静革命"的要素，它使 1960 年代持文凭的人数或者说"知识分子"的人数大大增加了。这些人成为独立党的发言人和积极分子。

1957 年，我在圣阿黛尔逗留之后，继续观察加拿大的政治运动。我接受了英国公共事务研究所的邀请。法国公共事务研究所是按照英国公共事务研究所的模式建成的。我觉得诧异，操英语和操法语的人居然没有合成一体，而加拿大的统一竟会这样脆弱。在独立分子发动袭击之际，我为《费加罗报》写了一篇文章（1964 年 4 月 24 日），题为《魁北克省会独立吗？》。文章说：

> 法国人不会表态说魁北克成为独立邦是否可取……从某种意义上说，说法裔加拿大人一贯是民族主义者时，"民族主义者"这个概念是不清楚的。如果说决心捍卫自己独特的文化并管理自己的事务就是民族主义者，那么他们就是民族主义者。但只要法裔加拿大人依旧是农业人口，仍然受到教会的严格管教，与城市和工业文化隔绝，那么民族主义就处于守势。而且，即将庆祝成立 100 周年的联邦形式，将使两个族群即使在精神上达不到统一也将和平共处。

今天，操法语的加拿大人正在迅速发展并实现城市化。他们发现，从选民人数上讲，在他们占统治地位的省里，操英语者控制了经济部门甚至行政部门。

　　　　大多数英裔是"问心无愧的"，一个世纪以来，他们不是给操法语者保留了宗教、法律、习俗、语言的较大自主权吗？他们把独立分子看成可笑甚至危险的狂热分子或哗众取宠的人。然而，我担心他们忘记了主要的东西，他们没有给予操法语的同胞最不可缺少的东西：被人承认的心情……英裔加拿大人在反殖民主义方面是英国人中最正统的，他们甚至不能想象出法裔加拿大人会感到自己是"殖民主义"的受害者。然而，任何民族，甚至是获得自治的民族，假如在两个民族共处的国家中居于下等地位，就会觉得或者认为自己是殖民主义的受害者，那么法裔加拿大人怎么能没有一点儿被殖民的感觉呢？

　　由于他们进一步加入了现代生活，那种自卑感就更令人痛苦。我的朋友，特别是埃里克·德·丹皮埃尔嘲笑我，也嘲笑魁北克的独立。然而，我的文章却在大西洋彼岸引起了巨大的反响，并挑起了一场辩论。一家英语大报《蒙特利尔明星报》在头版从上至下用两栏的篇幅专为我写了一篇社论。它认为，我曾提到的独立分子发动的袭击是无足轻重的（法语报纸也这么认为）。它把我介绍成一个著名人物，以致肯尼迪总统也把我叫去咨询（并非真有其事），它指责我为一项不理智的事业提供了某种可能性或至少使得它可以被接受。因为雷蒙·阿隆认真看待独立分子，这些独立分子便达到了他们的首要目标之一；他们离开了自己的小圈子，变成了受人尊敬的人。我也收到了英裔加拿大人的许多来信，他们都感到气愤，并多少带

573

点粗暴地抨击我的文章（如果我没记错的话，这篇文章被一份名叫《义务报》的法文报纸全文转载了）。

一篇普普通通的文章竟使英裔加拿大人这样激动，那么谁都能理解将军的加拿大之行所引起的反响，以及将军在蒙特利尔市政府阳台上最后呼出的"自由魁北克万岁！"的口号所引起的轰动了。这个口号原来是极端独立党的口号。在1967年11月21日的记者招待会上，他重新描述了法裔加拿大人的业绩，在签订巴黎条约之际，他们总共有6万人，"都是农民出身，是耕地的小人物，后来他们的人数大大增加以抵抗不断增加的入侵者"。将军也追溯了第一个阶段，即为了保持他们的语言、传统、宗教以及法国人的团结而进行消极防御的阶段。因此现在他们跟其他所有人民一样，宣称要成为自己命运的主人："可以说，工业化是越过他们搞起来的。"盎格鲁－撒克逊人掌握了国家资源，"把法兰西人置于日益低下的地位"，由此产生了一个完全可以理解的解放运动。

将军接着用他最精彩的辞藻叙述了他的访问和他同主人的会谈以及登峰造极的时刻。他说："在世界上第二个法国城——蒙特利尔城争取解放的激情汹涌澎湃，法国自有神圣的义务来对这种激情做出直截了当并郑重其事的回答。"将军毫不犹豫地阐明了解决加拿大问题的必要条件："加拿大现有结构的改变将导致魁北克进入主宰自己民族生存的主权国的行列……"第二个条件"就是要形成大西洋两岸法兰西共同体的团结局面"。

我也曾被法裔加拿大人的毅力和觉醒所感动，然而，我不能肯定魁北克的独立和获得主权是一种解决办法。我的朋友杜普伊（P. Dupuy）于1940～1942年穿梭来往于维希和伦敦之间，他对我说："我不愿意在一个独立的魁北克生活，我宁可

回法国。"这次谈话是在 1967 年，当时，我去蒙特利尔是为世 574
界博览会做报告。回国后，我写了一系列的文章，尽可能客观
地介绍各党派的论点。

首先，我看到了总统之行产生的影响：

> 这次访问既没有促成魁北克的民族主义，也没有催生
> 独立党……民族联盟党和自由党这两个大党从此认真地考
> 虑"独立的选项"（我不过是转述我在各种场合看到和听
> 到的表达方式）……多么奇怪的魁北克人和法国人的关
> 系啊！被 1763 年的《巴黎条约》"抛弃的"法国人的后
> 裔今天已达 600 万人，他们对古老法国和现代法国的象征
> 人物热烈欢呼，表达他们对祖国的热烈致敬。勒萨日标榜
> 的"平静革命"，目的在于实现传统和现代的结合。在他
> 们眼里，戴高乐将军既是天主教徒又是共和主义者，恰好
> 是这种结合的化身。所以，法国人对国家元首的这次访问
> 所做出的反应，对大多数魁北克人来说是费解的。

尽管将军的访问被魁北克人看成一次胜利的访问，但受到
了法国本国新闻界的严厉批评，这一插曲提醒我们要防止可能
的误解。

在加拿大并没有形成一个能与在美国的美洲民族相比拟的
民族。正如那儿的人所说的："两个创建国家的人民在一起生
活，但不相混杂。""集中在魁北克的法国天主教徒要保持本
来面目，他们不知道法国不关心他们……教会支持法裔抵抗盎
格鲁－撒克逊人的压力，但同时也阻止了对现代化的适应，而
且在一代人的时间里，法裔加拿大人经历了既迅速又深刻的变

化。他们也城市化了，他们发现，在他们自己的省里，他们处于低下的地位，而该省在加拿大各省中也是落后的。"

接着，我提出了一个重大的问题："在勒萨日的'平静革命'之后，约翰逊先生领导的民族联盟党出其不意地夺取了勒萨日领导的自由党的胜利成果，法裔加拿大人在这些事件中到底意图何在？经济意图是：加快并领导本省的经济发展。文化意图是：捍卫魁北克省的法语，促使渥太华和其他各省同时使用两种语言。至于政治意图，则是辩论的中心议题……长期以来，魁北克人的口语被看成下等人才讲的一种方言：它要与通用语言竞争，只有在政府当局的帮助下才能顶得住。"我提及了形势的另一方面："法裔加拿大人从此应在美国人、新加拿大人和过去的宗主国英国人三种人之间确定自己的人格。这样才可以弄清楚，为什么在'特殊地位'和'分离主义'之间犹豫不决，为什么觉得这种或那种形式也许都不足以保障前途。如果加拿大联邦本身不保持其民族的真实性，如果新加拿大人既没有被英国人同化，也没有被法国人同化，而是被美国人同化的话，那么魁北克在加拿大联邦中还能保持它的民族认同感吗？"

在第三篇文章里，我阐述了这两种解决办法各自有其成功的可能和失败的危险："一种是分离主义，它意味着抛弃在魁北克省之外定居的 100 万法裔加拿大人，这冒有经济衰落或比理论上的独立更起作用的'相互依存'的危险。另一种是做出巨大的努力，给加拿大民族以实质性的内容，并加速推广双语言或'双文化'以保护魁北克省的法国特征。"无论是莱维斯克还是特鲁多，都没能在 1982 年获得成功。

法国应该尽力支持魁北克人保持北美法国人的特征的意志，而不应该去尽力瓦解加拿大联邦。魁北克的分裂，很有可能导致其他分裂。无论如何，决定应该由魁北克人来做出，而不是由欧洲的法国人。

1967 年，将军的讲话触犯了犹太人和以色列人。他预先声明说，他将谴责双方中首先诉诸武力的那一方，从而他毫不宽容地谴责了以色列人。更有甚者——我至今还弄不清楚到底为什么——他把"六日战争"的部分责任推到了美国的身上。他粗略地勾勒了解决办法，便以一种悲观的调子做了结论：

> 只要四大国之一不退出它在别处进行的可耻战争，人们就看不出怎样能够不是虚构地就某种形式，而是真正地就共同行动达成某项协议。因为当今世界的一切都是相互关联的，若是没有越南的悲剧，以色列和阿拉伯人之间的冲突就不会成为现在这种状态。但是，如果明天东南亚重新出现和平，那么中东很快也就会获得和平，这将有助于随之出现全面缓和。

576

这种分析在我看来都是穿凿和武断的，简言之，是错误的。埃及军队集结在西奈半岛或关闭蒂朗海峡与越南战争有何关系呢？今天我们都知道，美国人从印度支那半岛撤走不足以给近东带来和平。以色列 - 阿拉伯冲突始于美国干涉越南之前；在美国结束对越南的干涉后，以阿冲突继续存在。根据戴高乐将军在记者招待会上的讲话，他本人早就预料到了"六日战争"和以色列的胜利。就在"六日战争"和以色列获胜之后，法国在联合国投了与苏联和阿拉伯国家相同的票。在此之际，我写了一篇文章，题为《为什么？》，毫无保留地批评了将军的外交。

第一个批评是：法国的行动是否有助于该地区的和平？

"如果法国的外交目标是促进一项持久的解决办法，那么人们至少可以说，法国赞成苏联－阿拉伯的论点这一行为似乎是不可能达到这一目标的。"

第二个批评是："用纯现实主义的语言来讲，温和派掌权的那些黑非洲国家都感到不安或感到愤怒。苏联向阿尔及利亚运送武器和布迈丁先生的所谓革命政策，引起了突尼斯和拉巴特的不安。突尼斯和拉巴特的当权者理解法国的中立，但不理解法国亲苏的战斗精神，也不理解法国为什么有意识和自愿地支持第三世界中所有敌视美国人和西方人的人。"

我对逐渐转变的法国外交提出了异议：

1960 年，戴高乐将军把本·古里安（Ben Gourion）先生当作一个"友好"国家和"盟国"的代表来接见。1967 年，全靠法国武器的以色列却感到它被同一个戴高乐将军当作敌人来对待。美国的朋友就是法国的敌人吗？苏联或阿拉伯革命者的敌人同时就是法国的敌人吗？法国疏远了共同市场内的伙伴们，也疏远了大西洋地区的其他国家，同在经济、文化和理想上与法国关系最密切的国家也疏远了……

577

我用下面的话作为结束语："自中东危机开始以来，我就感到共和国总统将被他的外交逻辑拽入苏联的阵营。然而，今天我焦虑不安地思考的是：这是一种理智的逻辑，还是单单是一种感情冲动的逻辑？"我甚至故弄狡黠，援引了戴高乐将军 1949 年讲的一句话："我清楚地知道，可怜的人们，如同他们所说的那样，想要用政策代替实力。如果人们放弃力量，不愿自强，那么人们永远不可能制定出任何政策，尤其是一项宽宏大量的政策。在印度支那，某些人主张采取所谓胡志明的解决办法，实际上就是投降。"

当然，他可以回答说形势完全变了。在 1949～1951 年，他曾认为不久后会爆发第三次世界大战。不管怎样，他曾认为这是可能的，甚至是非常可能的。1967 年，防止共产主义不再使他感兴趣。但是，他当真有理由认为共产党的扩张主义不再构成持久的威胁，不再是 20 世纪后半叶，或许还要延续到下一世纪的全球危机的根源了吗？

针对《为什么？》这篇文章，让·珍孚（Jean Paulhan）于 1967 年 7 月 8 日用他那无法模仿的字体，给我回了一张简短的明信片，信中写道："我常常想给您写信。但说什么呢？您还有什么事情知道得不比我强呢？您最近在《费加罗报》上发表的那篇文章真叫人赞叹，因为它表达清楚，结构严密，充满智慧。可惜我的朋友格罗修森没福拜读。……"他在附言中补充说："戴高乐将军想要仿什么呢？我觉得他先当了个莫拉斯（这是一个有成就的先生）。后来想成为一个列宁式的人物，如果可能的话，是一个不大量杀人的列宁。马尔罗从未跟我谈起将军对他讲过的心里话。但他对马尔罗如此矛盾的友情，难道不是一种秘密吗？"

上文所述，到底对我们有些什么启示？我们对戴高乐的外交到底能有些什么看法？

我们先把战争年代搁一边吧。戴高乐还没有被公认为共和国临时政府的首脑时，他的行动既关乎内政也关乎外交。他达到了自己的目的，因为他首先要让自由法国正式成为法国。在进兵达喀尔、叙利亚和马达加斯加等忠于维希政府的据点时，他并不顺利。军人和官员抵抗自由法国人，比抵抗英国人或美国人还要来得顽强。那么，对贝当元帅的忠仆做另一种宣传，不那么咄咄逼人，是否会减轻甚至排除法国人的内战呢？没有人能这么说。所有的事件至少可使人做出这样的假设：一开头便采取非善即恶的态度来对待停战求和，甚至说不管风吹浪打都采取善恶分明的立场，始终不渝，这些都是传奇故事或武功歌。无论是解放时期的官员还是法国人民，都不同意这一史诗般的看法。6 月 18 日的宣言保持了精神和政治上的意义，但紧接着该号召之后发表的那些讲话已是一个政党领袖的讲话，而不再是一个缄口屏息、噤若寒蝉的国家中有人奋起发言的讲话。

现在我们来谈谈同英国人和美国人的争吵，特别是同美国人的争吵。1943 年年初的争吵险些引起西方盟国同自由法国首脑的决裂。我们来看看重返法国并成为他的祖国的领导人的戴高乐将军最初的外交吧。他的第一个实际的、具有象征性的姿态是，在谁都不大可能看不出战争的结果的时刻同苏联缔结反德条约。战争的结果是：苏联在欧洲中心的长期存在，德国的最终削弱。在这种情况下，法国同俄国缔结条约来对付第三帝国，或对付继承第三帝国的一个或两个国家，到底意味着什么呢？将军的辩护者们反驳说，通过这一条约，共和国临时政府的首脑对其强大的西方盟国表示出自己的独立性。我们可以接受这种反驳，但我们应该回想一下其他插曲。

在将军的军队同维希军队进行战斗之际，将军曾答应让叙利亚和黎巴嫩独立。在这两个国家的问题上，将军卷入了同英国的激烈争吵。根据他的《回忆录》，他甚至对英国大使迪夫·库珀（Duff Cooper）宣称："你们冒犯了法国；若是我有办法，我就要向你们宣战。"将军想同英国就领土问题打一仗吗？无论如何，这些领土总归是要获得独立的。这句雄赳赳的话——姑且不说是杀气腾腾的话——我宁愿不把它当真。布里格和当德事件获得了圆满解决。对阿奥斯特河谷的领土要求遭到了美国的否决，但它反映了戴高乐思想的传统一面：对边界的考虑优先于其他任何考虑。

最使我感到震惊的是对德国的态度，那是一种暧昧的态度，但他可能连这种态度的暧昧性都没有意识到。他邀请更新的德国进入新的欧洲，并粗略地勾画了一个在法国领导之下联合起来的西欧。但德国将是什么样呢？戴高乐将军提到的法德和解，是在形势已完全改变了的情况下重温了班维尔"几个德国"的老调。

三方委员会设在柏林。法国代表对所有可能促进恢复德国统一的措施都进行了否决。三个大国安排了一个由四个占领国共同选择的官员或机关组成四个占领区的行政机构。法国怀着对德帝国的传统敌意再一次行使否决权，坐使苏联人占了便宜。[①] 从 1945 年 9 月起，苏联人通过符合他们意识形态的措施（土地集体化）宣布了他们留驻的意愿。更有甚者，那时，即使法国的"几个德国"理论已经过时，但摆在面前的也是一个德国或两个德国的选择（一个是苏联的德国，另一个是西方的德国）。将军和安德烈·马尔罗继续弹他们的老调——"永远不再要德意志帝国"，就好像德意志帝国在 1945 年意味着另一种东西，而不是国家。面对被苏联占领了一大块领土的德国，将军仍然对德意志帝国，对建立三个占领区，对德意志联邦共和国咆哮如雷。对鲁尔的国际共管——苏联要求参与其中——以及划出莱茵地区，所有过去提防德国的办法构成了将

580

---

① 这一见解会引起争议。另一种政策也会有利于苏联在西德的影响。

军思想的主要方面，就好像他并不完全理解显而易见的大变化。从此，在可预见的将来，捣乱分子用在普天之下推行专制来威胁欧洲的，不再是德国，而是苏联了。

在将军重掌政权，尽力同英美"重建德国"的政策进行斗争之后，他发现他1945年的计划已所剩无几。他注意到了当时的形势，接受了既成事实，但重新提出了一个比对德帝国历史性的敌视更为紧要的想法，即拒绝将法国置于两个集团中美国所领导的那个集团。阿尔及利亚这个惨痛的、实质上不过是内政的事件一结束（非殖民化，或至少是欧洲帝国的解体已经完成），将军就致力于德国人过去说的重要政策。法国应该与这个世界上的所有大国进行较量，而不是同阿尔及利亚共和国临时政府或同布尔吉巴的突尼斯。同阿登纳的德国结成紧密联盟以及制造核武器（德意志联邦共和国可能从财政上参与制造核武器），将奠立欧洲自主的基础，这个欧洲不再沦落为西方集团中处于下等地位的部分。将军取得的成就有助于他的宏伟计划的实现，他反对英国进入共同市场，不让共同市场四分五裂；他建立一支战略核力量，以便将来进行"全方位"威慑，同时能对各个集团保持完全独立。德国人不同意他们所猜想的戴高乐计划。联邦议会在永久性的法德条约中加了一个前言，重申了大西洋联盟的优先性。自此，尽管"永久性条约"继续存在，法德合作依然继续，但将军不再对该条约感兴趣了。

从1963年至1967年，戴高乐的宏伟计划变换了手法。为了逃脱大西洋联盟的虎钳以及美国的"控制"，他转向了苏联。诚然，在柏林危机和古巴危机时，他表现出了同西方人的团结，但从1963年起他改变了调子。也许应该说，他重操了他保留着的调子："从大西洋到乌拉尔的欧洲"，"达成谅解、合作后，缓和也就到来了"。同苏联以及苏联化的东欧国家关系正常化，在大多数法国人看来是有道理的，无须参照戴高乐的"宏伟计划"。事实上，同德国"永久结盟"以及同苏联的"特殊关系"，这两者之间的共同点更多地是来自将军的心理状态而不是政治分析。同德国和共同体的其他大陆国家一起，法国可能获得一个大国的地位，由于同苏联保持长期的对话而又不离开大西洋联盟，法国抬高了它的世界地位。

由于退出北大西洋公约组织的一体化指挥系统，法国在防务这个始终是决定性的问题上拉开了同德意志联邦共和国的距离。将军在莫斯科没有签署任何会受牵累的协定。他也没有得到物质或精神上的好处。双方的贸易在发展，但也不只法国一家。尽管将军在访问莫斯科后的第二年访问了华沙，并鼓励东道主把眼光转向苏联世界以外的地方，但他遭到了哥穆尔卡的粗暴拒绝。戴高乐将军几乎是传奇式的历史英雄，到处受到热烈的欢迎，但他没能动摇苏联集团，却动摇了本来就比苏联集团更脆弱的西方集团。

阿登纳总理曾对第四共和国的一个部长说："如果你到莫斯科去朝圣，请你不要抱有幻想：在你到达的次日，甚至前夕，德国人也会去莫斯科朝圣。"将军的作风的缓和，意味着西方人终于勉强容忍了第二次世界大战的结果，根据苏联人的说法，这种容忍在将军去世几年后签署的《赫尔辛基协议》中已经表达出来了。将军的接班人有理由利用一切机会提醒说，戴高乐主义的法国在东西方缓和中起了决定性作用，所以激励德意志联邦共和国实行人们所称的"东方政策"，换句话说，就是同东方接近。法国有理由对此表示庆贺吗？

582　　建立战略核力量、法德结成联盟以及不参加北大西洋公约组织的军事一体化指挥系统这三项决策，只有最后一项决策不是在第四共和国时期做出的，其他两项都是将军的遗泽。鉴于显而易见的理由，对于这三项决策至今没有人提出异议，因为任何一届政府都不能将如此昂贵而又如此享有威望的武器扔进垃圾堆，任何一届政府都想将核力量现代化以保持核力量的可信性；法德联盟从此属于法国的正常外交不可分割的一部分，使乔治·蓬皮杜和维利·勃兰特的关系缺乏热情。最后，重返一体化指挥系统在可预见的将来是谈不上的，这个问题将会在政界，从而在整个国家挑起一场大辩论。

　　将军的遗产不只局限于这三项措施，大多数舆论都曾赞成而且现在继续赞成这些措施。正是戴高乐将军提高了反美主义的身价。在危机时刻，他表现出同西方的团结，但他也经常把法国说成受两个大国的威胁。他把"六日战争"的责任归咎于美国在越南搞的行动。他使法国人习惯于搞错敌人，把苏联当成盟友，把美利坚共和国当成危害法国独立的大国。在将军逝世12年后的今天，法国的外交由于这种敌友颠倒并对世界做出我认为与事实相反的看法而处于半瘫痪状态。

　　回过头来看历史，我们能够确切地说出将军的宏伟计划或揭破他的秘密吗？是否存在宏伟的计划或秘密呢？我从未接受过让·珍罕的假设，我从未想象过戴高乐将军在实现了莫拉斯的某些思想后，会渴望扮演列宁的角色。人们可以肯定，在法德条约宣告失败之后，将军自己制定的主要目标是尽可能地从大西洋联盟中解脱出来，但既不破坏大西洋联盟，也不抛弃大西洋联盟：他使用了与苏联人一样的语言来反对各种集团。由此产生了正当的疑问：他希望美国人撤走吗？他是否认为美国军队的撤走将有利于从缓和走向谅解与合作？他是否梦想法国的战略核力量将足以代替美国的力量呢？我无法明确地解答这些疑问。

从长远来看，将军指望苏联发生变化，这种看法我很愿意接受。他是在1914～1918年战争之前成长起来的。他往往重复斯大林的一句话：国家社会主义消失了，德国人民继续生活下去。他爱讲"俄国"，不怎么爱讲"苏联"。他很可能不了解苏联政权的特性，在他眼里，一个专制的政权也会和其他专制的政权一样消失。但是，从大西洋到乌拉尔，拉丁人、高卢人、日耳曼人和斯拉夫人彼此协调，在古老大陆重新恢复平衡，这到底是一种遥远的幻想，还是真正的政治目标呢？戴高乐梦想建立统一的欧洲，绝不依赖欧洲以外的大国（美国），这到底是经过认真考虑的，还是仅仅想使比较平凡的政策搞得有声有色呢？他怎能不知道没有美国的帮助，西欧就不可能与苏联帝国抗衡呢？解散两大集团，重搞主权国各自为政的外交，这是走向新的未来，还是回到过去呢？

让我们从思想上忘掉记者招待会吧，记住阿尔及利亚战争结束之后，1962～1969年戴高乐外交的那些重要日子吧。戴高乐本想拉德意志联邦共和国同法国结成紧密的联盟而疏远美国，但这个企图失败了。从此，将军不想以西方集团成员的身份，而是以与超级大国平起平坐的大国身份出现。与此同时，他保留着大西洋联盟的好处，因为德国和美国的军队横插在苏联军队和法国边境之间。可能将军曾打算离开大西洋联盟。可能他曾设想过"全方位"威慑，这是阿伊雷将军的论点，但这种导致中立的论点很快就被抛弃了。戴高乐将军的做法是，一方面，法国拥有自己的战略核力量，实行自主独立的防务；另一方面，同苏联继续对话。将军，还有乔治·蓬皮杜，都自

584　以为能够都自在苏联和西方之间担当中间人的角色，这是其他
　　　任何人都不能代替他们的。在将军辞职后的第二天，德意志联
　　　邦共和国自由－社会党联合政府揭开了"东方政策"的序幕。
　　　这一政策在 12 年后，损害了德美联盟并促使德国人民的感情
　　　和外交发生了深刻的变化。舆论把维持局势的缓和视为头等要
　　　事。将军对美国咄咄逼人——尽管口头上说的多于行动——是
　　　否可以解释说是因为他对美国过于强大怀有戒心呢？他是否为了
　　　恢复平衡而假装站在苏联一边呢？我认为我无法解答这些问题。

　　　　我不全盘否定将军的政策，我赞成建立一支战略核力量，
　　　我怀疑英国政府和人民是否对欧洲抱有信心。法国－以色列联
　　　盟随着阿尔及利亚战争的结束而丧失了基础。正是将军的作
　　　风，促使我提出了一些批评，而且这些批评或许还过了头。然
　　　而，正是这种作风使他获得了成功。积极的结果本可以不必哗
　　　众，不必激怒友邦和盟国而取得。

　　　　作风和内容最后混淆起来了。在全世界看来，特别是在第
　　　三世界国家看来，戴高乐将军是一个反对"美帝国主义"的
　　　国家的代表。我当时认为，现在仍然认为，只要欧洲人拒绝担
　　　负起自身的防务，那么大西洋联盟依旧是欧洲安全必不可少的
　　　条件。

　　　　我一直担心的不是美国的过分强大，而是某个美洲大陆国
　　　家的不稳定，该国由于战争的偶然性而投入全球政治，但其执
　　　政者大多没太意识到共和国的历史命运，所以被变化不定的舆
　　　论思潮所左右。将军今天还会担心美国过于强大吗？

　　　　在将军隐退之时，他可能还把深陷于越南泥潭之中的美利
　　　坚共和国看成唯一的超级大国。

第十七章　和平与战争

在伦敦的那几年，我以社会学家的身份开始关心战争。如同在其他许多情况下一样，内疚或至少是遗憾促使我做出这样的决定。战前，我们对军事问题、各种力量的关系、胜利的可能性和失败的危险性一无所知，或几乎一无所知，我们有什么权利对外交武断定论？我研究了经济，为的是对资本主义和社会主义的判断有理论根据。为什么忽略了德国人称为"国防科学"（Wehrwissenschaft）的东西呢？

战后不久，原子弹的出现使所有人害怕和惊慌失措；摆在文人和军人面前的问题是：如何把这种武器——这是一种毁灭性武器，它的威力是那些所谓常规武器无法相比的——用于国家间传统的活动中？作为《费加罗报》的国际事件评论员，我感到需要研究种种决策的军事和历史背景，作为记者，我应该弄懂这一切并应能做出解释，"威慑"，即"美国的威慑"，这个词成了常用语。在美国，这一概念引起了一系列问题，它使许多研究所应运而生，促成上百本书问世：谁能威慑谁？叫人不敢干什么？用什么威胁来威慑？在什么情况下威慑？

1945～1955年，我重新考虑了20世纪两次大战的后果，并在《连锁战争》中就冷战提出了这样的问题：它是能替代全面战争，还是在准备全面战争呢？国际舞台的特点大家一目了然：世界的协调代替了欧洲的协调；从前的大国，特别是从前的欧洲大国地位下降；超级大国与其他所有国家之间的差别；两个超级大国之间及东西欧之间在意识形态和政治上的明争暗斗；由于有了核武器，爆发一场全面战争变得不大可能。

在上一章中，我提到过我原先论述的对国家间关系的看法。我那时候的设想后来成为《国家间的和平与战争》一书，但我尚未构思《大辩论》这本小册子。但在一些文章中，我在一定程度上参加了大西洋彼岸称为"核战略"问题的辩论，这种命题不确切，因为人们很少讨论战略而是讨论对某种武器可能的或实际的使用。然而，像核武器这样革命性的武器尽管改变了整个国与国之间的关系，但仍包括不了全部战略思想，因为关于核武器的思考不过是战略思想的一部分。

在巴黎大学，讲完关于工业社会的三节公共课之后，我用接下来的两节课讲了国际关系。根据录音打印出来的这两课正好是《和平与战争》一书的前两部分，即"理论"与"社会学"。接着我向巴黎大学请了一年的假，以进修教师的身份在哈佛大学度过了一个学期。回国后，我写了最后两部分，分别命名为"历史"与"人类行为学"。（"人类行为学"这个词在法文、英文中都有，但很少见。它受到许多评论家的批评。）

这是本雄心勃勃的书，也许过于雄心勃勃了。这本书分理论、社会学、历史、人类行为学四个部分，这就促使我研究了主权国家之间产生的绝大部分问题。

在第一部分，克劳塞维茨给我提供了国与国之间关系的全部理论的思想萌芽：在和平与战争的交替过程中这些关系的延续性，外交与战略的相辅相成，各国为了达到它们的目的或保护它们的利益而使用的暴力和非暴力手段。从这儿开始，分析进一步成了论述，或发展成了国家定策的类型学和国家拥有的手段的类型学。我从个体转向体制，即在世界一个地区或整个地球上的国家所构成的整体。国与国的体制同其他社会体制相比有一个特点，那就是没有一个控制或管理国与国之间关系的上级机构。而且首要的特点是力量的分配：如果几个实力相当的国家相互对立、相互联合或相互反对，那么体制就趋向于19世纪的欧洲协调。反之，如果两个国家的实力远远超过其他所有国家，我们则称之为两极体制。多极体制和两极体制的运转是不一样的。另一个区分体制的特点是在各国建立的政权的相似性或完全相反的敌对性。在18世纪的欧洲共和国里，君主们并没完全忘掉他们的兄弟情谊。他们常常不支持起来反对合法政权的革命者，哪怕造反是发生在一个一时的敌对国中。相反，在多种多样的体制中，每个国家趋向于支持敌对国的造反派和持不同政见者。神圣同盟说明了第一种体制，冷战说明了第二种体制。我从体制的种类说到和平、平衡、恐怖以及满足的种类，为的是阐明当前的形势并引进"好战的和平"这一概念。我用的这个词是指第二次世界大战结束以来我们一直在其中生活的那种体制。

第二部分的标题是"社会学"，分为两个小部分。"空间"这一章使我重新捡起对地缘政治的研究，重新采用麦金德和一些德国理论家的模式。在"数量"这一章，我谈到了两种争论：数量对于战争胜败的影响以及对和平角逐胜败的影响。"资源"这一章论述了各种经济制度与战争（或帝国主义）之间的关系及其各种有关的理论。在第二个小部分中，我力图寻找政治制度与外交决策之间的相互关系，但没找到。于是，我心里有了疑问，历史学家是否能认清一切国家和文明各自前途所必然要遵循的秩序。

第三部分命名为"历史"，因为它分析了一种特殊的形势，即1960年代初国与国之间体制的状况。我对下述问题犹豫了好长时间：关于时事的这部分降低了整本书的作用，但费尔南·布罗代尔却比较喜欢这部分，而不太喜欢其他三部分。不可避免的是，对现代形势的许多分析很快就过时，而其他三部分的分析却想做到能够指出一种不太短暂的真理。而且，"历史"这个概念是有确切含义的。历史针对的是独一无二的形势，在时间上独一无二，在特点上也是独一无二的。但这种研究可以被认为是社会学，而不是历史学（根据大学的专业人员的意思）。这种研究并不追述一连串的史实，而恰恰相反，只致力于描绘一个事件群的主要特点，而这个事件群必然要发展变化，变化的快慢不一致，彻底的程度也不会一致。

历史这个部分阐明了许多背景情况，这些背景情况不是一成不变的，但在核时代中却是长期的。占统治地位的两个国家，尽管它们是对立的，但有一个共同利益，那就是不要同归于尽。为此我写了"敌对的兄弟"这一章，谈到美国与受保护的欧洲国家之间的紧张关系。欧洲国家一会儿担心被两个大国拖入一场殊死的战争，一会儿又担心莫斯科与华盛顿勾结，使自己丧失自主权。威慑、说服、颠覆这三个词展现了当前形势的三个主要方面：核武器、宣传竞争、群众或少数民族造反。

第四部分命题为"人类行为学"，总结了前三部分：寻找一种伦理，寻找一种战略，寻找和平。

引言的题目是"理解的概念水准"，它致力于说明这本书分成四部分的理由，以足球运动为比喻，也以经济为比喻。与其重复我在电视里用的比喻，还不如引用几段表明主导思想最清楚的段落：

国际关系的中心是我们曾称为国家与国家之间的关系，国家作为单位由这种关系联系起来。我把外交官和军人叫作象征性的人物，正是他们以特定的行为并在特定的行动中体现出国家与国家之间的关系。这两种人，只有这两种人，不像国家的普通成员，而是代表他们的国家进行活动：大使在任职期间是个政治实体，他以政治实体的名义讲话。军人在战场上是个政治实体，他以政治实体的名义杀死他的同类……大使和军人体验着并象征着国际关系，即国家与国家之间的关系，也就是外交与战争。国家与国家之间的关系有一个区别于其他所有社会关系的特点：它是在战争的阴影下进行和维系的，或者用一句更准确的话说，国家与国家之间的关系，本质上包括了战争与和平的交替。

589

这种观点没有独到之处，它继承了古典哲学的传统。只要人类没有在大同世界中完成统一，对内政策和外交政策便存在根本区别。对内政策倾向于由掌握合法权力的人垄断暴力，而不同意武装力量的多中心。凡是涉及集体内部组织的政治，它的内在目的总是要人服从法律。凡是涉及国与国之间关系的政治，它的理想和目标好像就意味着国家必须面对其他国家的存在所造成的潜在威胁而能够活得下去。这就是古典哲学中常见的一对矛盾：政治艺术教人在集体内部和平地生活，又教集体要么在和平中生活，要么在战争中生活。

由这个国与国之间的关系的定义，引出了在我看来是根本性的结果：外交行为（从国家对外行动的责任者来讲）没有内在目的，可以与赛场上的运动员或经济行为人相比拟。对于治理一个国家的人来说，他追求的东西完全不同于经济行为人所追求的和所有经济理论模式所要求的最大效益。"国际关系理论的出发点，在于多中心各自独立自主地做出决定，因此，要从战争的危险中推断出有必要对采用何种手段进行考虑。"

590 　　这些提法乍一看是明确的，不管怎么说，这里面包括了一个教训或真理，尽管这个教训或真理往往为人们所否定：国家的行为或军事上独立的政治实体的行为，即使人们假定它是合理的，也不只涉及一个目的。如果说国家根据本国利益行事，只要没有确定这种利益的内容，那就等于什么也没有说。在希特勒心中，德意志民族的国家利益既不同于他的前任，也不同于他的后任。但和平与战争的交替可以构思出国际关系的根本概念（战略与外交，方法与目的，国力与实力，荣誉与思想，等等）。

　　我用更具体的说法重申国家与国家之间关系的永久性的问题。每一个集体首先应依靠自己求生存，但也必须或者也应该为各国的共同任务做出一份贡献，国家互相残杀，势将同归于尽。在我们的时代，不只是一个国家，而是整个人类受到超级战争的威胁。防止这样一场战争已经是外交活动中所有角色的目标，其迫切性丝毫不亚于保护纯粹的国家利益。

　　这本书我思考了十来年。为了写这本书，我在哈佛大学度过了一学期。出版时，我十分重视，但我可能过高估计了它的价值。

　　同时，不出所料，我受到了新闻界的高度赞扬。《外交世界》称之为"宏文杰作"；《世界报》刊登了一篇由阿尔弗雷德·格罗瑟署名的文章，标题是《雷蒙·阿隆的一部伟大著作》。埃蒂安·伯尔尼称其为"政治修养和清醒思想的出色运用"。在《神灵》月刊中，对我以前写的著作不大宽容的雅克·朱利尔写了一篇非常善意的文章。就像一些评论家所说的那样，我用了几个月的时间才摆脱了这种欣快的感觉，认识到这本"论著"或"概论"的缺陷。

《和平与战争》超越了巴黎大学的选举，实现了大学与记者的和解。《年鉴》杂志组织了一种书面讨论会：P. 勒努万、A. 图莱纳和其他一些人就此书或此题写了一些文章。皮埃尔·诺拉友好地对我说：您坚持了您的第二种论断。在某种意义上，他是有道理的。许多应时的书不幸被著名的大学教授（比如亚历山大·柯瓦雷）视为新闻体裁的书。如果从 1947 年以来我不是一周一周地评论国际政治，《和平与战争》一书就永远不会写出来。然而，这次，这部作品超出了新闻体裁，尽管新闻体裁孕育了这部作品。

591

我收到了卡尔·施密特的一封信，便托我的朋友朱利安·弗洛因德给他送去一本《和平与战争》。我在这里借用他信中的几句话：

> 我钦佩您精辟的论证，它使不可究诘的矛盾现象真相大白。这种矛盾现象使两个敌对的世界大国同它们自己的盟国团结在一起。我觉得古巴危机的发展过程充分地证实了您的分析。要是列宁读了您的"我们不要摧毁，而要改造"（第 686 页），他很可能自然而然地在边上写下评注，就像他在 1915 年对克劳塞维茨的一句话（第 167 页）写评注一样。克劳塞维茨写道："征服者总是喜欢和平，他愿意太太平平地进入我们的国家。"列宁在边页上注了："伟大，啊哈！"

卡尔·施密特提到的那句话确切的是这样的："我们不

愿摧毁想要摧毁我们的人，而是要改造他们，使他们变得宽容和平。"这句话是接着下述论据说的："比如说，我们应在各个方面跟踪敌人，这不意味着我们应向他学习。相反，这是战略或战术问题、说服或颠覆问题，不对等是必然的。"换句话来表达这个思想：西方人不能够也不愿意采用苏联人所采用的那种方式，将他们的社会制度强加给所有国家，有如苏联人把他们的革命作为唯一的活路强加于人，并把他们的制度作为唯一的人道主义制度强加于人。难道我没有理由总结说，我们不愿摧毁想要摧毁我们的人？列宁可能会发笑，但他也许理解不了这个思想：如果我们能够改造苏联人，使他们接受我们的哲学，我们实际上就"摧毁"了共产主义的本质。

在我看重的外国文章中，我记得有戈洛·曼在西德的《时代》周刊发表的文章，他把我的书同克劳塞维茨的《战争论》做了比较。我还记得国际关系教授马丁·威格特的文章，他似乎不怎么信服自己的专业。

592 　　1967 年 4 月 23 日，《观察家》报登了一篇文章，首先把我描绘成一名欧洲骑士，进场比武，把美国人垄断的国际关系研究夺了过来，就像杜·盖克兰（Du Guesclin）在与黑太子（爱德华）争夺王位的内斗中取得了最后胜利。文章是这样结尾的：

> 在第 1 页，阿隆指出古典的政治思想作品是政治危机时期思考的成果……我有时想用这个论据，反对把国际关系研究作为自成一家的学科……阿隆这本典雅的适度的宏伟著作使我不能再使用这一论据了。

《纽约时报》请亨利·基辛格评价这本书，他评价此书"深刻、文明、杰出和晦涩"。我对"晦涩"这个形容词不感到意外，但我不认为它能成立，除非一本800页的书本身就是晦涩的。列奥·施特劳斯——我极为敬重的人，1933年我在柏林见过他一面，后来就再也没见过——读了《和平与战争》，便在一封私人信件中对我说：就他所知，这本书是现有关于这个问题的最好的一本书。

这些评价不管怎样可贵，却反映不出此书在美国受到的待遇。姑且不谈普林斯顿大学的一个教授（杨格）一棍子打死这本书的文章，大多数人的书评是褒贬参半，可以适用于任何一本书。各家报刊则强调指出，这部作品篇幅过长，艰深晦涩。在专业期刊中，评论家好像生了气，并且倾向于奚落，因为这本书居然以"总结"自居，而且胆敢创造"理论"。他们说：这是国际关系的社会学，其中对时事的分析太多，堵死了基本研究部分，或者说扼杀了基本研究的雄心。

这部作品译成英文需要好几年，出版商先请一个杰出的作家、著名的翻译家着手翻译，后来又请人修改三遍。我在第三部分中所描写的形势，与四五年后的形势存在的差别正好为批评家提供了很方便的靶子。好几章内容的结论，消极多于积极（特别是第二部分）。"人类行为学"表面上显得暧昧不明，许多读者对此不满。如同福克斯教授在他的分析中指出的那样，整本书都带有德国的影响，特别是韦伯的影响，也带有美国国际关系学派的影响。一个法国人以他自己的文笔、他自己的方法综合这两种影响，所以作品是复杂而晦涩的。

交代过了这一切，我渐渐地相信《和平与战争》一书在美国的相对失败①应归咎于该书本身的不足，同时也由于意外的形势以及专家之间惯于各不相下。在该书出版 20 年之后，要是我对评论员的评论做出回答——有的评论是赞扬的（我仅提一下在法国人中间有 J. B. 杜罗塞尔、法美双国籍的斯坦利·霍夫曼以及 J. D. 雷诺）——那么我就会使读者们感到厌烦。我只想说明，为什么我认为我的目的有一半没有达到。我曾经认为，并且仍然认为，我赋予这一"理论"的意义是有效的（我宁愿同意不用"理论"这个名称）。而第一部分"概念与制度"和第二部分"决定因素与规律性"，二者区分得不好，第二部分的某些章节有些薄弱。

尽管我强调过核武器带来的新问题，尽管我的目标是把这些武器放到日常的外交行动中去，但我是否已成功地在这些极端可怕的武器和因循平庸的国与国的关系之间建立起了必要的平衡呢？"幸存就是胜利"，尽管我很可能仍倾向于为这种提法辩解，至少是部分的辩解，但在我看来，现在这种提法比过去更为含糊不清了。

有人会指责我（有人已经这样做了）把今日世界带回昔日世界，并把自己的全部精力集中到国与国的关系问题上，而不顾跨国、国际和超国家的问题。诚然，我在某种程度上为区分这些问题做出了贡献，但我对此几乎没有进一步探讨和发挥。关于跨国问题（经济的、意识形态的和宗教的社会是不在乎什么国界的，而且往往贬低国界的价值），我从概念上做了鉴定，也多处提到过，但我没有对它做过深入的分析。是否

---

① 我说相对失败，是因为这本书在美国过去有人读，现在还有人读，还有受美国影响的拉美和亚洲的大学也有人读。

有人会说（但这是错误的）我这本书的主题——外交与战略　594
行为，在整个国际关系中竟变成比较不重要的因素？我习惯性
地把核武器作为外交的组成部分，但没有指明这种外交与跨国
问题相联系以及与世界经济相联系的地位。我曾想写一本书，
按"战争"与"和平"这两个词的一般含义，讨论战争与和
平问题；这种战争就是使用武器进行血腥屠杀的战争。我既不
否认广播战，不否认贸易战或货币战，也不否认意识形态的战
争。我甚至涉及过这些战争，或更确切地说，涉及这些斗争的
某些方面。但是，1961~1962年，东西方对抗在我眼里构成
了国与国关系问题的核心。今天，我仍坚持这一提法，但是，
我应该先证明我的选择是对的，并且缩短对其他问题的阐释，
以使对国与国体系的分析同对世界市场（或对资本主义和社
会主义两种经济制度）的分析结合起来。

　　我也牺牲了在外交现实中日益重要的一个方面，即外交家
（根据我给的这个词的意思，他是对外行动的决策者）所受政
界内部或社会本身的各种影响。G. A 阿里松在他的书中说：
尽管有保留，有深浅，最后我还是保留了"理性行为人"的
概念，换句话说，我同意把集体与"个体行为人"等同起来。
然而，美国对"决策"一词如此普遍的研究表明，美国总统
不同于一个不受任何约束或压力而根据既定目标自主地考虑自
己手段的战略家。历届美国总统（从某种程度来讲，甚至斯
大林或希特勒也是一样）都是从多少有点独立的情报部门获
得情报的，在做决策之前，他们先同顾问，特别是军事首长进
行讨论。然而，这些顾问或这些情报员并不是除了了解真情和
为了国家利益便毫无其他动机地完成任务的理性行为人。他们
属于一个组织，为中央情报局或空军服务。他们并不直接为美

595　国服务。他们滥提相互对立的建议，因为他们至少部分地根据本组织的切身利益行事。也许各组织之间的争吵在美国以外的任何地方都引不起同样的激情。这些争吵在别的国家不具有几乎是制度的性质。但在现时和过去，其他国家也有不同程度的类似事情。对 1914 年战争前夕的那些日子有过一点儿研究的人，就不会对乱作一团的舆论、利益和情感再产生什么错觉。一些造成几百万人死亡的决定，就是从这样的混乱中做出的。

当然，我不是不知道，当时法国、俄国、德国、奥匈帝国的"理性行为人"与在这些国家具体地创造历史的领导人之间的差距。我本应该（特别是在第二部分）对这一外交现象做深入的研究。这种现象并不新颖，但在我们的时代变得突出了。这样，我至少应该阐明属于社会学的一项任务，不是 P. A. 索罗金所运用的宏观社会学，而是适用于社会各个部门和社会人物各种行为的实践社会学分析。

我也责备自己没有写好第二部分的某些章节，特别是题为"交战制度的根源"这一章。我在所谓古代社会战争文献方面的知识肯定是欠缺的。

我只想做这些粗线条的自我批评。这本书不能说给法国以及其他国家提供了一个"大部头"或一座"里程碑"式著作，但至少提供了对不是全部也是大部分（特别是当代的）国际关系问题与现象的一种系统分析。大多数美国教授不认为他们从这个综述的尝试中受到教益。他们当中的许多人只记下了这本书的缺点和缺陷。在别处，教授和大学生倒不太挑剔地赞赏并继续赞赏这种尝试。通过这种回顾，人类行为学的结论比对作品的科学价值和过错的评价更为重要。

这里，我应该同时思考几篇文章：《对本世纪的希望与忧虑》一书中的《连锁战争》；《大辩论：核战略的启蒙》；《和平与战争》一书中关于"威慑"与欧洲的"平局"两章。这两章不如《大辩论》那样使我满意。

我和许多人一起从概念上研究过美国人说的核战略。第一阶段是单边威慑：只有美国一家搭配好了原子弹及其运载工具（战略空军司令部的重型轰炸机）。第二阶段：苏联人也拥有了原子弹和轰炸机，其续航里程可以抵达美国国土。第三阶段：美苏双方都以热核武器补充了或代替了核武器，除轰炸机外又增添了火箭。到了 1950 年代末 1960 年代初，正是我写《和平与战争》以及《大辩论》的时候，从那时起，核弹头［英语"弹头"（warhead）一词，法语译为"橄榄头"（ogive）。我把"橄榄头"一词专用于全部由导弹运载的核弹头］的数量有了大幅度的增加。由于有了分导式多弹头（MIRV）技术，加上导弹的精确度，陆基洲际弹道导弹（ICBM）越发难保易破。阿尔贝·沃尔斯泰特（Albert Wohlstetter）的著名文章《微妙的恐怖平衡》①重新成了时事问题。

大西洋联盟内部的大辩论始于 1950 年代末，从那时起，苏联人拥有了毁灭敌人的能力，大致与美国人相等。通过对苏联领土的轰炸来回击苏联对欧洲的侵略，这样的威慑政策还能叫人相信？美国核战略思想的关键概念就是威慑，总而言之是属于心理学的。这种威慑到底可不可靠，有必要在表面上给对它的推测提供一种严谨的论据，为此，所有作者都使用了"合理的"或"合理性"这样的词。为了反击苏联军队越过分

---

① 1959 年的《外交》季刊。

界线而由战略空军指挥部动用重型轰炸机，美国总统是在理智地行事吗？他肯为拯救汉堡和巴黎而牺牲纽约和华盛顿吗？这种争论无休无止：为了使美国的威慑失去信誉，某些战略家首先提出了威慑失败的假设，即苏联入侵欧洲；有的开始设想入侵前的状况，认为苏联人会在进攻欧洲时决定不使用核武器，坐视美国人拥有首次打击的优势，这种设想是不合理的。

我于 1960 年在哈佛列席参加了哈佛大学和麻省理工学院联合举办的讨论会，会上起草的意见后来成为肯尼迪政府的意见。根据 1950 年代的经验，这些教授得出结论说，美国不可能也不应该试图以诉诸核武器相威胁来制止苏联、苏联的盟国或卫星国发动任何侵略。从这个意义上讲，美国抛弃了所谓大规模报复的理论，而去寻找另一种理论，名曰灵活反应或逐级反应。这种理论专门适用于欧洲的情况。从广义上讲，它涉及美国的总体战略。核武器在美国的武库中已成为最后的手段。同时，不言而喻，美国人抛弃了可能的概念，根据这一概念，核武器是决定性的，而不只是威慑性的，是用于结束战争的，而不只是用于防止战争的。在这一点上，我曾追随过美国人；今天，我产生了疑问。

那时，讨论涉及三个主要问题。

（1）美国人既然肯定核战争是最大的危险，他们便制定一种战略：在发生敌对行为时，将升级的危险降至最低程度。他们通过推理和经验，断言并论证了最重要的区别是常规武器与核武器的区别，无须明确的协议，敌人也会自动尊重这种区别。从这个总论点出发，所谓麦克纳马拉的学说，主张加强欧洲的常规防务以尽可能推迟使用核武器。在艾森豪威尔总统的推动下，美国军队曾组织了第一个这样的师，进行有核武器或无核武器的战斗训练。等到 J. F. 肯尼迪采纳了教授们的意见时，这种尝试被抛弃了。J. F. 肯尼迪的意见是：战术核武器存库，使用这些武器的决定权从此属于美国总统一个人。[①] 根据美国人的看法，一旦核门槛被跨越，就不存在任何保险闸。向最后手段升级，虽然不能说完全不可避免，但已非常有可能。

（2）灵活反应论会削弱美国威慑的有效性吗？苏联人是否从这个理论中看出了征兆：美国以核战争为代价，来保卫欧洲的决心是否减弱了？或者，完全相反，西方人建立了常规防务，是否以另一威慑来加强原来的威慑？预先申明自己将立即招来世界末日，就是虚张声势。一面准备战斗，一面准备最后诉诸核武器，却是采取一种理智的态度，比虚张声势更能使对方认真对待（《止步，不然我就拼命》）。

（3）法国人于 1960 年爆炸了第一颗原子弹，戴高乐将军把建立一支打击力量（正式的提法为"战略核力量"）放在首位。战略家和军人不得不制定一种学说，证明一支小的核力量可以对付一支大的核力量。以弱对强的威慑就是这样产生的，并且成为法国的官方学说。

读者如对大辩论感兴趣，可以在《大辩论》一书中找到当时各种论点的交流情况。关于我采取的立场，我觉得就是我书中或文章中的立场。在第一个问题上，我接受麦克纳马拉的理论，或更笼统地说，我抛弃了大规模报复论。朝鲜战争表明，一个拥有庞大武库的超级大国既吓不倒朝鲜，也吓不倒中

598

---

① 或者在"两把钥匙"的制度中，使用这些武器的决定权属于美国总统和有战术核武器的欧洲国家的政府首脑。

华人民共和国。J. F. 杜勒斯的那些话在朝鲜停战之后似乎重新给了最初的大规模报复论以活力，却说服不了任何人。成为争论点的正是，在欧洲这种特殊情况下，作为负有威慑使命的这两种理论是否相对有效。

关于麦克纳马拉的理论，或至少是该理论在欧洲的实施，

599　我绝不接受战术核武器方面的教条主义。诚然，敌对双方在限制敌对行为问题上达成的默契，要求有一些双方都能理解的信息：核门槛就是各方能够立即理解的保险栓。除此之外，不存在其他如此显而易见的保险栓。根据这些推论便下结论说，使用战术核武器必然导致最坏的情况，各趋极端，换句话说，导致交战各方相互摧毁城市。对于这样的结论，我不认为是合乎情理的。

关于这两种理论是否各有其有效性，怎样有效，我从不采取教条主义的态度。我这样做的理由，在我看来显得越来越有力量。有关威慑的任何理论或文章，都只是建立在推测的基础上。它们不可能成为科学的理论，只因为它们是通过模式来论证的。外交斗争的得失与核交战的得失，二者大相径庭，以致数字模式失去了所有价值。再者，我几乎一直对抽象的威慑论表示反感。

赫尔曼·卡恩在他写的一本书里①引用了我的一句话："不应该抽象地讨论威慑，而应该知道谁威慑谁？威慑什么？用什么威胁来威慑？在什么情况下威慑？"进行抽象推理的人显然会得出这样的结论：美国对苏联以核轰炸相威胁是救不了西柏林的。就地自卫当然谈不上，那么西方难道就应该做结论

① *On Escalation*, 1965, Hudson Institute, p. 23.

说它事先就输了吗？柏林人自己从来没有真正担心过苏联军队会武装占领柏林。威慑已在发挥作用，但苏联人并不因此就相信，美国人会不顾死活，大动干戈，来对占领军进行报复。西柏林对美国人来说不只意味着200万德国人和原帝国首都的一个部分。西柏林象征性地代表着美利坚共和国生命攸关的利益。一个大国不能损害另一个大国生死攸关的利益，除非它肯冒大战的风险或冒局势长期极度紧张的风险。

现在，再来谈谈整个西欧防务问题。对北大西洋公约组织 600 的军队发动正面进攻，在当时，我觉得无论如何不大可能。这种进攻，无论过去或现在，都只有在美国参加战争的情况下，也就是全面战争的情况下才可设想。所以，1961～1963年，大西洋两岸之辩论的激烈具有人为的性质。所以，从1963年起，在古巴导弹危机之后，赫鲁晓夫的所谓最后通牒垮了台，这场辩论就自行平息了，过了15年才死灰复燃。

事实上，美国的灵活反应论已被北大西洋公约组织正式接受了；多边力量的奇怪计划则被抛弃了，主要盟国派代表参加一个专门委员会，负责制定核战略计划，至少负责向欧洲人通报这方面的情况。各方思想上都有保留：逐级反应的设想是不是最好的威慑？西方人是否拥有足以进行持久防御而不必动用战术核武器的常规力量呢？存放在几个武库里的这些武器，难道不会在使用之前就被摧毁吗？苏联会如北大西洋公约组织预测的那样发起进攻吗？

《大辩论》一书在美国很受欢迎，许多大学都使用它。麦克纳马拉在五角大楼接见我时，就已把我的书摆在他的办公桌上了。他对我说，在有关这一主题的大量书中，他喜欢我这一本（这是对一个记者的奉承吗？基辛格向我肯定麦克纳马拉曾跟他说过同样的话）。这无关紧要。我在政治学院讲完课，随即用三个星期在乡村撰写成的这本小册子，几乎没有提出独到的见解（这可能吗？），但是，它毫不教条地开导了一场争论，结果这场争论成了心理推论。有些细节提高了分析水平：苏联人是象棋大师，他们否定打有限战争的设想，那他们是不是不打扑克呢？美国人在纸上大谈不全有则全无，大谈末日与投降，实际上不断设想着中间方案，他们不是也梦想下一盘战略棋吗？美国人希望自己的对手精通战略的奥妙、熟悉狡猾的战略，还是正相反，希望自己的对手对于美国的想法一无所知？总之，美国人会不会邀请苏联政治局的一个委员去兰德公司听课？

我写的一句话对麦克纳马拉有所触动，他对这句话发表了评议。这句话是：在盟国之间，要避免发生误会，促进相互理解。相反，捉摸不定，甚至误解，应存在于敌人之间。具有合理思想的美国国防部部长，难以接受敌人之间含糊不清的关系。我觉得，一种虚张声势的成分在外交危机中则是不可避免的。诚然，看看历史，人们可以把战争爆发的部分责任归咎于缺少沟通，譬如 1914 年的战争。如果奥地利人早知道俄国人为了支持塞尔维亚会冒险或发动一场大战的话，他们就会采取别的行动了。但事实上，从一开始奥地利人就下了大赌注：正如他们所打算的那样，惩罚塞尔维亚，在柏林的全力支持下恫吓俄国并迫使它按兵不动。他们并非不知道有可能导致全面战争，但是，不入虎穴，焉得虎子。无论如何，在目前的危机中，在核末日的阴影下，当事人拿不稳、料不定对手是否会进行反击，因此他们可能得出比较有利于和平的结论。只要各大国相互对立，各自的目标无法调和，相互以诉诸武力相威胁来达到自己的目的，那么对话便不会变成讨论，也不会成为一盘棋：它依旧是一场斗争，虽然不一定会恶化成你死我活的战争，但会完全失去理性的控制，也会掩盖当事者的明显意图。

为什么 1961～1963 年会吹起那股狂热的风呢？而过了两三年，为什么又几乎若无其事了呢？欧洲的政治家和记者大都不了解美国思想在各大学和思想库的发展情况，肯尼迪是从大学顾问那里吸收了这些思想的。当大部分部长和评论家还在坚持早期的大规模报复论和简单的开战理由（越过分界线）时，新理论表面上的微妙性并没有很好地被人理解，或至少在这方面对美国人做出了最刻薄的解释。德国人的理解是，新的理论意味着同意别人占领一部分德国领土。法国人则怀疑美国威慑的价值，加卢瓦将军认为，"任何一国都不可能保护另一国"。他的论点一时很流行：美国不会为了拯救盟国的城市而牺牲本国的城市。

602

法国的威慑力量及其有效性这一论点构成了《大辩论》一书的最后主题。在前一章，我援用《费加罗报》发表的文章谈论了这个问题。在《大辩论》一书中，这方面的讨论比较抽象。

核武器的性质是否证明，以弱对强的威慑概念本身是对的？可以肯定，有了这么一种武器，只消用上一个，就能酿成滔天大祸，那么平等或平衡的概念就变了意义。在某些情况下，一个小国可以威慑一个大国，尽管它所造成的损失与它所遭受的损失不成比例。但不应该把这一说得通的思想发挥到荒谬的地步。弱国也应该使敌人确信，它已下定决心，宁死不屈。要证明这种可能的威慑合乎情理并不困难：小国所代表的利益不值得侵略者冒风险。但是，小国的"价值"是什么呢？大国估计的"风险"又是什么呢？还有，哪一个法国总统会用幻影 IV 型战斗机向莫斯科发动进攻而不使法国遭到核攻击呢？

一旦以弱对强的威慑论被抽象地接受，就有必要研究历史情况，我在 1961 年至 1963 年这么做了。但不要用概念来研究，不要虚无缥缈地计算赌注的代价，而要用具体的资料来进行研究。从地理上看，法国与苏联没有共同边界；从政治上看，它属于大西洋联盟。在 1960 年代初，法国的战略核力量有无必要威慑苏联，制止它对法国发动侵略？这种侵略在过去和现在都是不可思议的。

现在我们已进入 1982 年，而不再是 1962 年了。我们应该追溯一下过去 20 年中发生的变化。

603　　在竞选总统时，J. F. 肯尼迪揭露了"导弹差距"，即苏联人实际上在导弹方面所拥有的优势。他在当选之后却发现，"这一缺口"无须填补，因为它根本不存在。苏联人远不能以最快的速度、最大的数量生产洲际导弹，但他们于 1962 年已部署了好几百枚中程导弹和少量的（也许是 100 枚或稍多些）洲际导弹：

　　　　苏联没有大批量生产战略轰炸机，不能击中在美国的目标，也没有生产美国专家在 1957~1958 年所担心的几百枚洲际导弹。可能是因为财政拮据，也可能是为了致力于研究下一代导弹。苏联人满足于利用某种反击能力（他们声称无论在什么情况下，都能确保这种报复能力），同时利用他们对西欧防务的优势，来抵消美国大量的武器优势。[1]

----

① 《大辩论》，第 163 页。

美国的灵活反应理论是以美国在高级洲际导弹方面的优势为基础的，更笼统地说，是以"控制升级"为基础的。如果美国的优势随着升级而更加突出，美国方面负责应付危机的战略家们便会自以为完全可以由他们来决定敌对行动应该在哪一级进行。

出于政治和技术这两大方面的原因，欧洲形势和世界形势发生了深刻的变化。根据美国的理论设想，侵略将来自苏联，而且苏联将理所当然地利用它的优势，即常规优势。同样是假设，美国人则拥有控制战争升级的能力。在苏联人的军事著作中，他们并不公开考虑美国人喜欢设想的那种场面。他们把美国的取舍和美国的战略分析，当作帝国主义的一种诡计来对待。他们提出的论点是，如果有朝一日爆发战争的话，那么战争将是全面的，使用的核武器将对敌对行为的结局产生决定性影响。

604

1981 年，苏联不仅仅保持了而且扩大了它在常规武器方面的优势；它的各个师都配备了化学武器和核武器特种营。在高级洲际导弹方面，它至少达到了与美国并驾齐驱的水准，或许甚至获得了"理论上"的优势。从这一意义上讲，苏联重型导弹的核弹头 SS18 导弹和 SS19 导弹，可以使美国的洲际弹道导弹失去作用。在 1960 年或 1961 年，"导弹差距"并不存在；在 1982 年，在这方面可能出现了有利于苏联的差距。

除了美苏力量对比发生变化，还出现了技术进步，甚至技术革命：导弹——甚至洲际导弹——的命中率越来越大。第一代导弹瞄准的是大范围的目标，因为它与目标的平均误差以千米计算。这一误差现在是以几百米计算。因此，连远程导弹在内的多种导弹重新成为战斗武器，不再只是威慑武器了。1961

年，我已对苏、美理论的不对称做了评论。如果把苏方的言论当真，那么苏联人似乎只考虑这样一种抉择：要么打总体战，要么根本不打仗。美国人则在各种危机和各种敌对行为之间做种种区别。

20 年之后，美、苏双方理论的不对称依然存在，但已变成了另一种情况。由美国空军翻译的苏联军事著作坚持克劳塞维茨的论点，即战争无非是政治通过另一种手段的继续，这一论点由于得到列宁的赞赏而被神圣化。尽管核战争对人类是滔天大祸，但仍然完全符合这一论点。核战争标志着两种社会制度之间殊死斗争的决定性的最后阶段，它将以社会主义阵营的胜利而告终。苏联人并不把威慑概念作为他们的中心思想，他们确认核战争是能够而且应该打赢的，而不仅仅是可以防止的。美国人方面则考虑了和写出了许多关于避免核战争的办法，而对如果突然爆发使用核武器的战争他们该如何处理，则相对来说考虑得较少。

605

当然，苏联的军事著作一贯把理论和宣传混在一起（至少根据我们的看法是这样的）。什么也不能表明政治局的成员或军事作家真心真意地认为核战争可以打赢，但是，一切都要看人们赋予"核战争"概念的含义。即使疏散城市人口和建设民间防务可以减少人员的伤亡，但两个大国仍然拥有相互摧毁的能力。这种能力越大，打核战争就越发说不通，也就是说核威胁的作用越发叫人难以置信。但是，导弹的命中率高到足以摧毁敌方的导弹，或在欧洲战区打击北大西洋公约组织生命攸关的防务中枢，但并不使西欧变成原子辐射的废墟。各人都可以想象战争的情景，其结局不是同归于尽，而是其中的一个阵营投降或在暴力的世界末日来临之前进行谈判。

应该重写《大辩论》这本书或者再给此书增加几章。今天，法国拥有了导弹核潜艇。20 年前，我就觉得它是一支真正的战略核力量的实质内容。但是，根据官方的声明，由于对纯属军事目标的选择缺少必要的准确度，导弹仍以重要的城市为目标。再者，法国的政治命运与西欧其他国家的政治命运是休戚相关的。以诉诸核武器相威胁，也许能使我们的国家免遭入侵，但是，怎能设想法国在一个苏联化的欧洲中仍然能保持自由呢？威慑力量至少给了我们喘息的时间来适应局势。

应英国实证主义协会的邀请，我为纪念奥古斯特·孔德做第二次演讲，我选择了"工业社会与战争"这一主题。这是一项令人生畏的工作，因为我所注重的论点显然是孔德论点中一个最无说服力的并为各个事件所驳倒的论点，即根本对立的两种类型的社会，一种是军事社会，另一种是工业社会。第二种类型本质上是致力于和平的：它通过科学性的劳动开发自然资源，从而无须用暴力获取战利品而发财。

我既有点偏不买账，又有点出于经验感受，试图挽救孔德论点中的某些东西。我一再议论列宁主义的论点，这种论点把我们时代的各种战争说成是资本主义的产物。我很愿意在一个致力于劳动的社会中，寻找国与国和平相处的希望。在伦敦政治经济学院地下室的礼堂里做报告之前，我起草了一份长达80 页左右的手稿。在做完报告后，我对这份手稿进行了修改和补充。这次报告给我留下了有趣的回忆。阶梯教室里坐满了听众。尽管我的报告一反常态，讲了 75 分钟，超过了规定的时间，但听众们都坚持听完了。《工业社会与战争》这篇文章

606

多次被转载到论文集里，或以单行本多次再版。

这本小册子的前几部分根据 20 世纪的战争史解释孔德的思想，对 20 世纪的两个 50 年进行分析，追忆 T. 凡勃伦（T. Veblen）和 J. 熊彼特的理论。读者如有兴趣，不妨自己去看。我现在只来谈谈此书的结论，或者说第四部分。在这一章里，我列举了在工业文明的影响下，保证国与国和平相处的必不可少的三个重要条件：缩小占少数的特权阶层与仍未摆脱贫困的大众之间的差别；在国际社会中建立起情愿彼此相容的国家；结束两个大国之间和两种占统治地位的意识形态之间的对立。

第一个条件，我不认为基本上不能实现，尽管在几十年内前景不容乐观。第二个条件，等于排除强权政治，我觉得难以用规章制度来落实。持久的和平既不建立在力量平衡的基础之上，不建立在人人畏惧的基础之上，也不建立在帝国发号施令的基础之上。应该设想，共同繁荣是个人繁荣的必要前提，而集体应该接受经济方面的超国家性。至于第三个条件，则为苏联世界与西方世界之间减少冲突。我认为这从理论上说是可能的，但从历史上讲至少是遥远的。

根据苏联人的看法，理论应该指导人们重新组织社会，这不是实证主义，实证主义主张阶级合作。但是，马克思主义宣称无产阶级和资产阶级之间的斗争是不可避免的，只有无产阶级彻底胜利，才是实现和平的唯一希望。这种理论使人类分裂了，它鼓励那些信奉这种理论的政权毫不留情地谴责其他政权，总之，它保持了奥古斯特·孔德所称的原则战争。

在进行这样的分析时，我考察了 19 世纪的作家曾以这种或那种方式进行辩护的各种和平理论：自由党人向往贸易共和国，社会党人向往胜利的无产阶级国际，经济学家则寄希望于消除军人阶级。这些乐观主义的或乌托邦式的看法，我一概不能同意。假设工业文明能使战争成为违反理智的东西，那么发生争执的原因仍有待消除。殖民统治虽然往往不再能带来经济上的好处，但是，占有蕴藏石油的沙漠却能得到大量报酬。20世纪理想的殖民地是藏有石油的沙漠。但是，除了这些次要问题，真正的问题是：由奥古斯特·孔德所确定的那种工业的社会性，包括思想方法、社会组织、政府体制，这一整套与战争思想是不相容的。而实际上却完全是另一码事：工业的社会性带来的是对立的意识形态、世代的偏见、国与国的明争暗斗。专制主义被错误地认为是过去的世纪的残余。工业社会并不排除任何暴政，也不包含任何特定的政治制度。最后，尽管这篇文章比其他任何一篇文章都更多地从社会学角度来解释现代战争，我仍要顺便提一下社会学解释的局限性：

> 人在集体力量中有了自己的一份就会感到满足，把经济上的盘算一扫而光，甘心自我牺牲，认为大有意义。掌权的野心，胜人一筹的傲气，其深切的程度并不亚于对人间财富的追求。而这种追求势力的意愿可以在集体中，或通过集体，得到满足。如果权势就是目的，而不是手段，那么工业能使关心统治胜于关心生活的人们彼此和睦相处吗？ 608

文章是以乐观的调子还是以悲观的调子结束的呢？重读这篇文章后，我觉得说成乐观有点勉强，悲观则从分析本身流露出来。

只有在一个问题上，乐观主义占了上风，就是对那些拥有核武器的大国来说，不打仗对大家有利。相比之下，那些引起对立的局部利益，便显得微不足道。两个大国既然不能共同统治，那么合乎情理地，只有冒有限的风险，选择武装的和平，这总比冒热战的不测之险为妙。根据奥古斯特·孔德的说法，过渡阶段引起各国之间、各种意识形态之间和各种宗教之间的无数冲突，但并不扼杀避免无限战争的希望。

过渡阶段很可能持续几个世纪，过了这个阶段，将是什么景象呢？在这个过渡阶段中，工业社会性的扩展会遇到古老传统的抵制，会打乱过去稳定的秩序，会使得广大群众的贫困蔓延，会增加冲突的因素。假设在过渡阶段之后还有一个阶段，"我觉得什么都不能证明，'智人'（l'homo sapiens）必将在一场发疯的灾难中与大地同归于尽……奥古斯特·孔德错误地认为各种战争不会再发生，因为战争已毫无用处。而我们是否有理由走向另一个极端，再也不去看看明智与疯狂的差别、理智与荒谬的差别？"最后一句话，我事先没有准备，在即席演讲时突然闪现在我的脑际："我们失去了预言的兴趣，但我们不应该忘记希望的义务。"《泰晤士报》发表一篇社论，评论伦敦政治经济学院出版的小册子。撰写这篇社论的记者以带点儿讥讽的口吻，对"希望的义务"这句话做了很有见地的评论。希望是不可控制的。战争属于人类社会的一种生活方式。记者的这个看法缺乏新的见解，但不乏常识。不管怎样，他的评论没能使我们满意。诚然，发动战争的是人，而不是机器。无论如何，当机器是氢弹时，难道这些机器不会对人的精神产生影响吗？

第十八章　"他没有理解我们"
或 1968 年 5 月

1968 年 5 月事件正如法国的历次革命，从不会事过境迁。609依着人们不同的情绪，那些事件有的显得壮丽激烈，有的显得滑稽有趣，但都激动人心，尤其扣动社会学家的心弦。社会学家给造反的学生发言讲演，提供那么多的思想和词汇，自己的同行也就不能不觉得身在其中，越发痛感撕裂之苦。短短几天，天摇地动，几乎把戴高乐派 10 年来经营缔造的宏图巨制一举推翻。这到底意味着什么呢？时至今日，连外国人都还在争论。有一份英国杂志介绍了好几本研究法国"五月风暴"的书，它们还在讨论我那本小册子的功与过。[①] 到底是最好的文章，还是最坏的文章呢？1979 年颁发歌德奖的时候，R. 达伦多夫谈到我对事变的态度，遣词用句，小心翼翼，如履薄冰，足以让人猜想出他自己的态度。他大概认为，我在感情冲动下，文才见拙，甚至一反常态，背叛了自己。他绵里藏针，恳请人们宽恕，不要计较我那些情有可原的东西。

至少在表面上，我并没有奉命捍卫古老的巴黎大学和学官大人。我一向在报章杂志上批评法国高等教育的组织方式，批评中等教育毕业考试太难，而大学入学考试则失之太宽，批评 610教师考试不足以保证教学质量，不利于培养研究人才，批评教授唯我独尊，师长席上一坐，除了上帝便是他最权威，对于同

---

① *La Revolution introuvable*，Fayard.

寅的工作往往一无所知。

　　然而，在"选拔"问题上，我大概该算是"右派"。"选拔"一词从1968年起竟包藏了那么些不满以及盲目的冲动。教学制度，从小学到教师会考，直到名牌学府，始终实行优胜劣汰的选拔制。男生、女生同年入学（至多相差一两岁），而离校时有些人是16岁（甚至不足14岁），另一些人是19岁，还有25岁的。"选拔"这个词，只有出中学上大学时，才真正用得上。我主张上大学要经过选拔。而作为补偿，中学毕业只消一次考试就行了。到了今天，我这个主张仍然可行。商业学校、职业学校，都不是什么中学毕业生都收，只有大学文学院却来者不拒，连前途难卜的学生也可待下去，挤在这种托儿所里。大学毕业文凭不值钱，专科学院越发吃香。进大学后过了一年，才看得出选拔起作用。正因如此，所以大笔大笔的经费，花在几万、几十万升不上二年级的学生身上。有人连一年级的年终考试也不去考。

　　1967～1968学年的第一学期，同人们推我担任社会学系系主任，因而我有机会跟学生聊天，比较清楚一点儿地了解到新章程实施后立即引起的各种后果。旧章程马上就不适用于在校学生。有人可能白白浪费一年，或者说得确切一些，有人会要多花一年才能取得学士或硕士学位，或者与旧章程所规定的相等的学位。

　　这一场危机震撼了整个巴黎大学，巴黎高等研究实践学院第六部也没能幸免，而我却已经在1月1日脱离了巴黎大学，所以全然没有理由插手其间。指导老师可以在自己的办公室里，太太平平，远远地瞧着。5月的第一个星期，维持秩序的武装力量开进巴黎大学。4号星期六，我看到暴力在升级，虽

611

然不出意外，但仍不免叫人心急。学生示威，与警察发生冲突。我在卢森堡电台讲了一次话，讲的是乱事的原因而不是反对或赞成那些学生。星期六上午，拦街筑起的壁垒已经过了一夜，原来埋头研究、不管政治和大学乱事的人，心里也不得安宁了。我和好多人参加了一次会，其中有 C. 列维－斯特劳斯、夏尔·莫拉兹、J.－P. 韦尔南（Jean Pierre Vernant）等。会议通过一项动议，据记忆所及，动议主要在于谴责使用暴力。我虽然署了名，劲头却并不大。

就在星期六这一天，广播电视台的官员们来试探我。大概是伊夫·穆鲁西当了他们的代表，不然就是他出的主意。我觉得他们想要我说一些近情的话，缓和缓和气氛。据说总统府秘书长特利戈先生讲了话，这话由别人传进我的耳朵。他说："谁也没法硬叫雷蒙·阿隆守规矩、受拘束。"我考虑了几个小时，终于拒绝了这个送上门来的讲坛。鉴于 11 号星期六这一天的人心状态，我实在不知道讲什么才好。是不是还有一些不愉快的情节，促使我决然拒绝呢？对于我，戴高乐将军感到不太痛快，至少谣传如此。戴高乐派人物和电视台对我都避而远之，仿佛要躲开一名危险的不法之徒。为了这点事而不肯讲话，未免不太漂亮。不管是不是戴高乐派，反正应该出力救火，但是，我到电视台去讲讲话，又能起什么作用呢？

下一个星期二，我订了从巴黎去美国的机票。一共有三个约会：首先，到一家纽约州立大学去讲人权。然后到波多黎各去做各家银行举办的年度讲座，讨论货币问题。我是外行，只能算业余爱好者，居然要面对世界上最出色的专家们班门弄斧。最后，到美国犹太委员会去讲越南问题。我确实在星期二动身了，那是法国总罢工、群众大示威的次日，是巴黎大学重

612 新开门的次日。我在异国他乡，远远望着，心里发急。罢工越发频繁，示威游行接连不断，暴动此起彼伏。5 月 20 日，我实在待不住了，决定回国，并向犹太协会表示歉意，说爽约实出无奈。飞机在布鲁塞尔降落，法国机场全都关闭了。幸而一家大公司的领导跟我同路，他邀我搭他的车一道返回巴黎。

我去拉丁区溜达，有一两次溜达到黎世留大厅，听听一个接一个的演说家在讲些什么，气氛倒像什么革命的节庆庙会。我又到圣威廉街跟一些出身名门的大学生谈论。这帮年轻人仿佛都大彻大悟了，人人都觉得戴高乐将军 5 月 24 日在电台讲的话有点"隔靴搔痒"。我也有同感。将军老了，还想装点似是而非的哲学派头，像当年那样鼓舞起几十万法国人的心。印刷厂开始检查《费加罗报》的文章。我写了一篇打趣的文章，把托克维尔的几句话拼凑在一起。

在格勒纳勒街进行的谈判促使协议得以达成：逐步停止罢工，解决社会危机。大学生的问题也许还不能同时解决。比扬古工厂区的工人起哄，指责共产党和总工会的代表。27 日星期一，一切都重新成了问题，连政权本身都似乎摇摇欲坠。29日和30日两天，我自己也担心这股子不平之气会不会滑向革命。我在家里跟几个好友一道听将军讲话。我好像叫了一声："戴高乐万岁！"我们大家都觉得，这一次他搔到了痒处。他赢了。我跟巴贝雅努去到香榭丽舍大街，人群越聚越多。到了报馆，听说法共在国民议会领导议会党团的巴朗热先生发表了声明，宣布"我们将参加选举"。6 月 1 日星期六，卢森堡广播电台"号外新闻"栏目约我讲话。我用"心理游戏"这个说法，惹恼了在场的工会干部。

下一个星期，我连写几篇文章谈大学危机。有些读者——

为数不多——责怪我凑热闹,为凯旋之师增援,多此一举。这
种指责是不公正的。国民议会还没有解散,政治危机还没有结
束,我的文章一定会被印刷工人退回来,反正不会引起舆论注
意。而法国必须重新工作,必须重建一个政府来从事建设,特
别要建设大学教育。这些都必须提上日程。再者,虽然选举已
经被宣布了,但愤愤不平的年轻人仍未宁息,还把选举叫作
"叛卖"。偏激狂热的青年还没有冷静下来,占据巴黎大学的
人还没有通通离去。教授不教书,学生不学习,甚至院长和掌
权官员也不都在尽其职守,借口自己赤手空拳已经做不了主。

　　我以向来不开口的老百姓的名义,呼吁各级教师出力改变
气氛。教育部秘书长皮埃尔·罗朗对我说,没有我在《费加
罗报》上发起的运动,他就没法搞中学毕业考试。可是这里
面有多大成分是客套呢?我在《费加罗报》和《社会学欧洲
中心》发出的呼吁,弄得皮埃尔·布尔迪厄跟我绝交。他的
信徒们涌进巴黎大学,发传单宣扬布尔迪厄－帕斯隆(Jean
Claude Passeron)的福音书,并且发出"教学三级会议"这一
口号。学生们则引用而且过分引用《继承人》一书中的一些
想法。有些社会学家马上出来解释当时发生的事变,有的自己
积极参与其中。传说 C. 勒福尔在卡昂当了"狂热分子"。好
些教师改变了本来面目,仿佛一下子跳进了化妆狂欢节,扔掉
了自己原来的社会身份、自己的习惯打扮,暂时摆脱身上的义
务、规矩和职业,让深埋在心坎里的梦想奔放出来。在社会学
系全体会议上,我瞧着这些突然暂时改变信仰的人,觉得又可
爱,又可笑。

　　我写的一些文章,甚至在《难觅的革命》出版以前发表
的文章,已经把我从旁观者变成了当事人,从观众变成了演

员。当年我发表小册子讨论了阿尔及利亚问题以后，我的变化还不如这一次大。《新观察家》周刊刊登了我的一张照片，下面写着"被理智引入迷途"的"一个凡尔赛派"①。让 - 保罗·萨特也发表了一篇文章，一并痛斥戴高乐将军和我，口气之暴烈，简直令人没法相信。

614 　　我跟这个月里的官方主角们仅仅有过一次接触，那便是在沙勒蒂开会时，同孟戴斯·弗朗斯在马塞尔·布路斯坦家里谈过一次话。我想说服他，学生运动不过是导火线，本身并没有什么力量。我对他说：两个阵营以共和国、政府、议会及未来的选举为一方，以共产党为另一方，而后者却至今不像急于渡河决战。知识分子、弄笔杆子的革命家，指责共产党不肯追随柯恩·邦迪、热斯玛尔和巴尔若内②那些人。假如共和制的合法性被一群乌合之众扔了几块石头就垮了台，那么能出来填空的也将非共产党莫属，尽管共产党还有点扭扭捏捏。我记得孟戴斯·弗朗斯当时同意我的看法。过了两个小时，当天下午，他便大受学生欢呼。他对我提供的道理——用来说明他为什么采取这种态度——概括起来只有一句话：别让拉丁区绝望。今天的大学生便是明天的国家栋梁，大学生们不该在这一次乱事中丧失希望，产生厌世之心，从此不由自主地牢骚满腹，逆来顺受。

　　我在《费加罗报》上发表的许多文章以及那本《难觅的革命》引起了笔战，但在叙述这些事情以前，我想先稍微谈

---

① 巴黎公社成立政府，梯也尔率领旧政府，在普鲁士军队的卵翼下，在凡尔赛策划反攻倒算，这些人便被叫作"凡尔赛派"。——译者注

② 三人均为1968年5月运动中的学生领袖。——译者注

谈事件本身,区分一下危机里面哪些属于历史,哪些属于社会学范畴,解释各色各样对于事件的评价。这些评价直到现在还在进行,因为事件总的命名叫作"五月风暴",而其内容却五花八门,无奇不有。

我们先讲讲历史或经过。事件可分为四个阶段。第一阶段从警察开进巴黎大学到 5 月 13 日爆发总罢工,巴黎大学重新开门。第二阶段罢工扩大,先是野蛮罢工,后来才由共产党发起并指导。结果劳资双方在政府监督下,达成格勒纳勒协议。第三阶段只不过短短几天,包括比扬古工厂区罢工工人表面上拒绝执行协议,总统、总理遭到质疑。弗朗索瓦·密特朗宣布,倘若将军引退,他将竞选总统。共和国总统失踪几小时,使这一切发生了戏剧性变化。总统于 30 日星期四发表演说,事件达到高潮,随后引起香榭丽舍大街的群众大示威。最后一个阶段历时几个星期,秩序逐渐恢复,巴黎大学和奥德翁剧场一带的混乱巢穴被一一肃清,立法选举得以举行——多数党大获全胜,倒不是在议会席数上胜利辉煌,而是全国人民的呼声扣人心弦。

615

历史学家对于每一个阶段都要提出两类问题:一类是史实上的,另一类是社会学的。比方说,头一个星期,总统还在亚洲进行访问,而国内做出一些决定,点燃了火药。4 日星期六警察出动,警车拉走几十个大学生,判了几个大学生的罪。特别是 11 日星期六,蓬皮杜总理回国,街垒战刚刚过去,政府政策一下子倒了个个儿。若克斯(L. Joxe)和佩雷菲特(Alain Peyrefitte)同学生和工会代表谈判达成的协议,蓬皮杜不予实施,自称上个星期不在巴黎,而且总统处于一切派别之上,当即答应了"大学生"的全部要求。(给大学生加引号是必要的。大学生并没有都参加事变，为首的不过是一些革命小组织。）

这些决定都产生了重大的后果，其中尤以 5 月 11 日乔治·蓬皮杜做出的决定之后果为甚，直到今天仍然没法盖棺论定。学生搞的化妆狂欢节发生于 5 月 13 日，工人则依样画葫芦，而戴高乐的政治格言"国家不能后退"，由于政府优柔寡断、举棋不定、出尔反尔而大出洋相。蓬皮杜几星期后写给我的信，在我看来成了历史文献。这位总理在信中不仅谈了事件的经过，而且阐明了他的思想。信上说：

我亲爱的朋友：

　　奉读阁下就"五月风暴"与大学问题发表的文章，不胜钦佩。然而，文中就富尔的演说词所下断语，使我不得不做书面更正。这绝非为阁下的读者着想，而是纯粹为阁下着想。您曾写道：蓬皮杜赌绥和，已经赌输。请容敝人奉告阁下，尊见并不尽然。我并没有打赌。在我看来，我于 5 月 11 日做出的决定，欲挽狂澜于既倒，可能性百不能一。您也许会问，那便怎样？那我就像将军稳不住阵脚，退守可守之地。我使撤退显得出于主动，一为顾全面子，二为顾全舆论。我再补充说明一下：我从阿富汗回国，局势似乎已临绝境。巴黎舆论完全支持学生。5 月 13 日宣布举行示威。我当时认为，而且今天越发可以肯定，如不让出巴黎大学，示威运动不仅将推翻政府，甚至将拖垮整个政体，何况夺取巴黎大学乃势所必至。阁下不妨想一想，50 万人的队伍由共和国广场直奔丹费尔区（而且这条路线是由我做出决定后才获得示威领导人同意的），一路上会不会向前直奔，竟然不到巴黎大学去绕个弯？而共和国保安队还占据着巴黎大学。从古以来，谁能不让这样庞大的人群，闯进像巴黎大学这样的地方呢？派正规军来也吃不消，何况由谁下命令，叫士兵向这样的人群开枪呢？

果真弄到这步田地，学生不顾政府的决定，重新占据巴黎大学，那便真的走入绝境，不投降便打仗。舆论可不会同意打这样的仗。

因为阁下知之甚深，这种性质的事情，全在舆情之向背。归还了巴黎大学，示威者便失去战略目标，再不能掀起暴动，而只得以示威始，仍以示威终。尤其是顺应舆情，责任便别有所归。从此理亏在"学生"，本来受政府与警察迫害的无辜学子，忽由自卫变为挑衅，从而成了挑衅者。我只消争取时间，控制住病患，等舆论厌倦，就可以采取无痛的攻势。这便是我始终如一奉行的行动路线。

碰到这样的事情，出路只有两条。要么从一开始便实行最暴烈、最坚决的镇压。我既没有这种嗜好，也不掌握这种手段。就算我既有这种嗜好，又掌握这种手段，舆论愤愤不平，也将逼我后退，等于叫我滚蛋。一个民主国家得不到舆论支持，绝不能使用武力，而当时我们并未得到舆论支持。

617

要么就让步，虽然焦头烂额，但仍可庆幸毕竟未至尽成灰烬。只消争取到时间，学生会渐觉厌倦而折中言和。也有可能执迷不悟，一如日前。但这样的人越来越少，越来越不得人心。这也是已经见到的事实。时间一到，我便着手无痛攻势。

望阁下不至误认为 5 月 11 日晚上做出的决定效果不良。恰恰相反，有赖这项决定，我已在政治上赢了一局。假如共产党决计搞暴力革命，那就另需一决输赢。事到其间，问题便与对付大学生完全相反。政府使用武力，非但军队绝对忠实可靠，舆论也将左袒政府。反正在这一险招面前，倒是共产党望而却步。

言之草草，奉恳自供参考，不足为外人道。鄙意无非为阁下阐明上述策略之用心所在耳。

假毕开学，盼得一晤，畅谈大学情形。E. 富尔所言，时萦下怀，觉得问题不少，至于碍难公开采取立场，亦不待言。

专泐并表怀念友朋之情

这封信写在 1968 年 7 月底，不仅说明了 5 月 11 日做出的决定，而且解释了"处理"事变的经过。而蓬皮杜为此所负责任，胜过将军。5 月 29 日，将军秘密出走，有其前因后果。总统与总理两人不睦，于 5 月 11 日采取决策时发生冲突。总统出走，总理担任作战指挥，从而策划方略并取得胜利。这是总理自己的胜利。

史学家阅读乔治·蓬皮杜手书，不禁发问：5 月 11 日，倘若政府不屈膝而坚持，又会发生什么后果？谁也没法做有把握的答复。然而谁也不会对下面的说法有争议：乔治·蓬皮杜的决定拖长了乱事，但取得了最后胜利。

618　　　　对于其他事件也可以提出类似问题。万一几个年轻人开枪打死保安队，公众会做出什么反应？将军出走几个小时后，于 5 月 30 日在广播电台发表简短的申明，是否为不动武而解决危机创造了有利的气氛呢？事实上，1968 年 5 月事件期间的几个星期，确有少数几个"关键事件"会让人们提出这样的问题：事情会搞成什么模样，如果……

社会学家则比较关心事变的前因，关心总的条件。居然把本来不大的乱子弄得影响很大，到底是哪些原因弄出了爆炸性的局面？对这些问题的回答因人而异，要看注意的是物质条件，还是把造反者说的话字字当真。

咱们不妨看看学生们老嘀咕不完的一个题目：大学民主化还是不民主化。布尔迪厄和帕斯隆写的《继承人》，可以说在 5 月变成了大学生的枕边宝书。可是从这一事实中又能推论出什么呢？是不是学生自己是继承人，向往着 8 月 4 日那个夜晚，自愿放弃自己的一切特权呢？或者学生不是继承人，其中有些人自觉冤枉地受到排斥，只好去搞二流学科，前程有限，不符合自己的雄心壮志呢？或者学生确是继承人，但没有能力去搞一登龙门则身价十倍的学科，从而对制度愤愤不平，怪它排斥自己的没出息？这些假设都有个人的实例作为根据。小资产阶级的子弟，大众阶级的子弟，破例上了大学，自觉手足无措。世家子弟反对国家行政学院或巴黎综合理工学院那种纯讲精英主义的学府。世家子弟不得已而求其次，勉强搞搞心理学或社会学，把自己的一股怨气变成意识形态。情况各不相同，大多数又是哪一种呢？而这些意识形态又有什么意义呢？

比较严肃的社会学调查揭示出一种时代性的现象。出身于不熟悉高等教育家庭的子弟，上了大学，茫茫然不知所措，到底选什么学科，毫无把握，只怕抢到了一张文凭，仍然解决不了就业问题。他们心里着急，形单影孤，前途渺茫。于是，他们跟着家庭比较优裕的同学一道呼喊：打倒消费社会！

619

痛骂小考大考，是这次革命不可分割的一部分。痛骂倒不一定是爆发革命的原因，但说明了这种"大放假"的形式。政治倾向各不相同的学生小组织，拟订出改革大学的方案。老师跟学生平日难得交谈，这时候居然尔汝相称。甚至倒转地位，学生要求从此参加考试评审委员会，竟然还要求任免教师。这种化妆狂欢节并非法国独家经营，别国也有类似情况，只是法国有法国的派头罢了。

教授与学生之间的距离，在法国比在英美大学大。巴黎大学的一个教授往往施加威力于整门学科。其他国家的情况无与伦比，因为别国没有这样的集中制。医学界大师的诞生并不是为了哗众取宠或者为了鸣不平。革命的爆发由环境造成，有时候是正当的，因为反对的是滥用权力、不合情理的森严等级。

倘若从大学生说到工人，只消分析分析，也可以瞧出起因与旨向、思想与意识。最初发动罢工的种种原因，内中包括这么一条，即事变前一年，米歇尔·德勃雷曾推行过相当严厉的紧缩政策。最低工资的增长落后于平均工资。各种报酬都有所增长，而国家保证的最低工资却没有调整。格勒纳勒协议引起1969 年的法郎贬值，至今还有不少人（如雷蒙·巴尔）还会倡言，法国的经济有能力消化工资增长的 20%～25%，而不用让法郎贬值。这至少暗示出，在前一阶段，工资压缩得太厉害了。然而，不管原来的工资水平该归谁负责，反正爆发了没遮拦的野蛮罢工，成百万劳动者失了业，人们的议论便远远超出了通常的工运要求，而波及企业的结构、指挥的作风、工人自主、消费社会、反对污染、和睦相处等问题，从而展开了大辩论。几十万法国人撇下工作，也正是马克思说的"必然王国"，投进大辩论。

日常的沉闷生活突然得到了发泄消遣的机会。半真半假的革命，与其说是真干，还不如说是演戏，可是很能引人同情，甚至能激起人们的热情。街巷斗殴变成了暴动，示威群众与警察发生冲突，而警察总是理亏，总是他们先动手，群众见了，莫不拍手称快。群众永远爱看木偶戏，最爱看木偶宪兵到处倒霉出洋相。快活的年轻人，宵宵结伴，出去游行示威，成年人看了心里也高兴，只要自己的汽车没有被搞得没法再用就行。大学里半圆形的大讲堂里，过道走廊里，红男绿女，一场接一场开会。即席演说家不知不觉模仿着伟大先辈的手势和腔调，吸引了很多猎奇的人前来取乐。大学教授，甚至中学教师，彼此都有矛盾，尽管激烈的程度不一样。有的跟着怒冲冲的学生们走，有的奔着迎上去，有的拦河筑坝，遏制哗众取宠的洪流。空想如烟云，梦幻如雾霭，氤氲泛滥，不可究诘，而人们却沉迷于错觉，自以为亲历了伟大的历史时刻。

5月15～30日，国家生活可说是已归瘫痪。大部分工厂停工，工人占领车间，细心维修停转的机器。罢工竟然蔓延到公用事业，这儿那儿成立了一些类似公社的组织，由工人和工会干部领导。直到皆大自在的最后一天，开心一直胜过动武。而这样的社会性爆炸，一般都免不了动武。反正，什么都没法完全当真。大家玩玩，不能太"认真"。到了月底，对于"出色青年"的同情心变了，变成对于"丑剧"的深恶痛绝。害怕真的革命，弄得看戏也兴致索然。

这时候出现了一个新问题。到底是怎么回事？从27日星期一到31日星期五，政权发生动摇，或者说，好像发生动摇。说这是大学生化妆搞狂欢，也许是的。但是国民议会里的那一场会，谁又能忘记呢？那次会上，E. 比萨尼本该以多数派议

621

员的身份为政府发言，而结果，他发表了一篇反对派的演说。乔治·蓬皮杜听了又气恼又诧异。吉斯卡尔·德斯坦在记者招待会上，提出请总理卸任。5 月 27 日，F. 密特朗也在记者招待会上宣称，戴高乐将军应于 6 月 16 日引退（据说公民表决拟于这一天举行），也许到不了 6 月 16 日就得引退。所以他的总理、他的政府当然都应一锅端。他说："如果真是这样的话，我建议马上成立临时政府，暂行处理国家事务的职责……"接着又提出谁当总统的问题。他说："谁当共和国总统呢？由普选决定。但是，现在我就宣布，因为预备期只有 18 天，前后都属同一战斗，所以宣布由我当候选人。"这话暗含着对宪法的违背。宪法规定，共和国总统辞职，总理留任，由参议院议长代行共和国总统职权，直至选出继任人为止。F. 密特朗说戴高乐将军辞职，总理也得辞职，这是他经过考虑后提出的一种违背宪法的解决办法，如果有人要说是革命的解决办法，那也可以。

密特朗提议临时政府由皮埃尔·孟戴斯·弗朗斯出来主持，而孟戴斯居然受他的引诱，答应出来冒险。29 日星期三，21 点，将军到达科隆贝村，准备返回巴黎。而孟戴斯·弗朗斯"并不拒绝承担左派可能交给我的责任，整个左派团结一致交给我的责任"。"至于过渡政府，绝非一个中立的政府，而是行动的政府，倾向于更加公平、更加社会主义的社会，并将立即采取一些决定。我们今天下午已经谈过这些决定，今后几天还得继续讨论，方能达成完全一致的协议。"那些一本正经的共和派已经在打算组建一个出身于暴动的政府。反正总统和总理都已引退，或者说都已经成了被逐客。可是，他已经落后于形势。将军已在策划反攻，其部下亲信着手组织 30 日的游行，而孟戴斯还以为革命有了成果。就在这时候，阿尔弗雷

622

德·法布尔－鲁斯在《世界报》上发表了一篇文章，叫作《孟戴斯进爱丽舍宫》。

所以，除了罢工，除了大学生空口说白话，真的政治危机确也存在，而且我也观察到了好些征兆。中央各部的官员逃之夭夭。多数派政党的国会议员，有的埋怨总统，有的埋怨总理，不是要求这个人辞职，便是要求那个人辞职。政界人士担心局势大乱。可是，一篇几分钟的讲话居然平息了当权派的焦虑惶恐。那些想像 1830 年和 1848 年那样把街上闹事所推翻的政权据为己有的人，只得眼睁睁瞧着自己的希望破灭。

5 月 29 日，A. 科耶夫打电话给我，谈了半小时。他比我还要来得有把握，认为根本没有革命，只不过是模仿革命而已。他对我说，根本没有革命，因为没有人杀人，也没有人想杀人。骚动只引起他深切的鄙视（这是白俄意识）。我告诉他说，我在美国一会儿也待不住了，一心只想赶回来看看，或者做点什么。他回答我说："你就那么急于就近看看这场'屁事'，这出卑鄙龌龊的丑剧？"过了 24 小时，我再也没什么怀疑了：全部事件只算一场猴子学样，重演了历史上大革命的把戏。值不值得歌颂？值不值得咒骂？时至今日，还值不值得爱之欲其生，恶之欲其死呢？

为什么到了今天，"五月风暴"还能激动人心，赞成的赞成，反对的反对呢？要回答这个问题，今天看起来似乎相当简单。历史学家或者社会学家把"五月风暴"树立成对象，而这个对象是那么五花八门，以至于你看这枝花，他看那扇门，各看各的，问题也好，答案也好，莫不因人而异。

一切解释都倾向于集中在事件的一个现象上，或者集中在学生造反上，或者集中在罢工泛滥上，或者集中在比较法国与别国的有关特点，或者集中在大学生或工薪阶层的意识形态争论上。

1960 年代，学生造反运动遍及全世界，从日本到巴黎，中间还有伯克利大学和哈佛大学，总不能光说是流行感染，依样画葫芦。要解释便需到各国的特殊处境中去找原因。法国没有越南战争的问题。美国没有巴黎高度集中的问题，没有几十万大学生挤在古老陈旧的校舍里。至于工业国家共有的原因却不难指出，为什么青年人蓦地惊醒，一跃而起。也不难指出，运动中最积极的分子各有什么样的社会出身。比方说在美国，民主学生会（SDS）的领导人是什么出身。如果从殷实富有和开明（美国含义）家庭的子女在民主学生会里占相当大的比重这一点来得出结论，那么造反派大部分就是来自有钱人家，而不是穷困家庭。同样，各方面的社会学调查表明，美国民主学生会、德国和法国类似学生运动的会员在不同学科所占比重各不相同。特别在我国，社会学家出了名地不买账。也许因为社会学从本质上讲批判，弄得学这种东西的学生都倾向造反，也许是脑后有反骨的学生才去学社会学。

当然，大学里闹乱子，在非共产主义世界中到处蔓延泛滥，很能揭示并说明一些问题，虽然从达喀尔大学到伯克利大学，从哈佛大学到巴黎大学，各家的情况大不一样。这至少揭示出成年人的威权在减弱，教师和制度本身的威权也在变弱。天主教会的威权受到抵制。军队指挥的威权也受到抵制，心情如出一辙。背景则为 1960 年代登峰造极的文化革命。这都是造反作乱的舞台布景。反正，安东尼大学城男生女生要求昼夜自由交往不过是征兆。

1968 年的意识形态来自自由派思潮，在学生群体中引起

623

强烈共鸣。勒内·雷蒙说,《继承人》一书可以算是事变的标志之作,应该对事变负部分责任。《辩证原理批判》一书则引了安齐欧的《认识论》中"白热的集体"这一概念,以此比喻当年向巴士底狱冲锋陷阵的人群。1968年,知识界造反,拿"我们"来反对结构,拿萨特来反对列维-斯特劳斯(法国的政治仍然顽固地保持文学性),拿"效益"来反对制度,拿极左来反对共产党。美国的学生运动也受自由主义的启发。任何造反行动,凡是只想动摇政权而不想取而代之的,都出于自由主义心情。然而,绝大多数大学都有自己的明确目标,而且大都是做得到的。

624

5月里的思想性议论,不论是学生发的议论或是工人发的议论,都跟党派政纲截然不同。引用的通俗化的题目,都早已杂见于文化批判的书籍之中。"文化批判"这个词是德国人惯用的。马尔库塞写的《单向度的人》一书,包括了绝大部分人所共愤的主题:重商社会,生产机构必不可少的强迫消费,污染,社会镇压,有些人赤贫有些人却在挥霍浪费等。在这些方面,革命者又结识了许多朋友,因为他们普及了一种意识形态,同党派标榜的意识形态泾渭分明,不相同流:以质对量,和睦生活比生活水平还要紧。一味崇拜经济增长率,已为大众所不齿而惨遭灭顶。

紧跟大学生在巴黎闹事,法国工人大举罢工,而在别国,根本没有工人支持学生,别说行动上,连精神上也不支持。特别在美国,蓝领工人、工会,都没有起来反对越南战争。连法国在内,学生拼命动员工人采取一致行动,总的来说并没有成功。共产党人居然防止了工人运动受自由主义的感染,虽然格勒纳勒协议使基层群众大失所望,原因正在于协议指望结束罢工，结束工人的要求，想用"一般的"手段来解决"不一般的"问题。

如果仔细看看这些罢工给人留下的深刻印象，倒不是什么世间受苦人忍无可忍，像波兰工人那样，在城里缺过了肉缺蔬菜，缺过了蔬菜缺水果，弄得忍无可忍。那么到底为了什么呢？为了工人的不满。可是，工作条件和生活条件都在一代人内好多了，而且工会领导也通过自由选举产生了。于是就来了一个经典解释，名叫"托克维尔规律"，就是说，弊病减少了，抱怨却增加了，爆炸也发生了。换个说法，基本需求得到了更好的满足，对质量的要求便越来越高。再换句话说，在法国社会，僵硬的等级制和越来越叫人难以忍受的发号施令作风长命百岁。这些解释虽然都有事实和言辞为根据，但没有一种能够自称是全面的和独一无二的解释，但各种解释可以互为补充，相辅相成。

法国的"五月风暴"也体现了民族特色。可观察得出这一点的事例可不止一件。在别国闹的乱子，分而不合，而法国的乱子都集中在几个星期。各大学一哄而起，不是轮流闹的。议论纷纷，多于明确的要求。通俗的解释有：法国只有一个大学；巴黎定调；知识分子加入狂欢以及大学生们从思想大师的著作中得到启发。

学生和工人在同一时候，逃学的逃学，旷工的旷工，好似野马脱缰。示威的人跟警察顶撞，过了一天又一天，双方就是都不肯开火。天天都闹事，可是整整几个星期只出了两条人命。一条是由于警官手枪走火，但他其实根本没想杀人。另一条人命是一个小伙子给警察追得紧，自己掉进河里淹死了。只消一不吵架，气氛往往是快活的，仿佛在过什么节。标语和招贴画的气氛，跟柏林极左派学生那种郑重其事的派头很不一样，那是"五月风暴"的几年前，我在德国亲眼见到的。有一句口号自相矛盾得有趣，叫作"禁止禁止"，显示了 1968 年的意识形态既荒唐又滑稽。

从深处着眼，这种思想状况跟美国和德国的民主学生会没有什么两样，都可能走向两个极端。一个极端是三 M（马克思、毛泽东、马尔库塞），这三个 M 有可能把资产阶级子弟拖去加入巴德尔－梅因霍夫恐怖分子集团，打城市游击战。另一极端则是搞生态，回乡土，当嬉皮士。有些"三 M"的信徒很想动武。安德烈·格鲁克斯曼在他谈革命战略的小册子里，梦想从里斯本到莫斯科，把整个欧洲付之一炬。5 月过后，托洛茨基派和小组织继续活动，而在 1968 年宣扬极左、亲历极左的绝大部分知识分子都悬崖勒马，意识到了动不得杀机。直接行动，大会恫吓，城市游击，这是实现民主，还是提倡法西斯？首先是苏联的持不同政见者索尔仁尼琴，不久便打动了"白热集体"的左派。5 月的几个星期里，极左分子指责共产党，说他们屈从叛卖选举使群众的革命冲劲瘫痪了。几年以后，共产党人在他们心目中不仅成了在僵死的组织里做窠的官僚，而且是古拉格劳改营里的牢头禁子、自由人的解差狱卒：极左变成了保卫人权。

怎样下结论呢？社会学家就 1968 年 5 月事件做出的解释很不一致。卡尔·马克思没有，托克维尔也没有对 1848 年革命做出任何解释。对于革命的后果他们也没有做出解释。他们二位都叙述了这一段历史，写得很有启发性，并且通过进行阶级分析，写得很深刻。至于要从社会学的角度叙述 1968 年事件，我觉得比叙述 19 世纪的事情更容易，也更难。为什么更

626

容易呢？因为学生运动和工人运动不曾合流，没有成为革命。为什么又更难呢？因为大学生、带头闹事的人并不属于一个阶级。尽管口头上自称属于工人阶级，工人阶级却并不承认他们是自己人。至于工人呢？他们的举动部分听命于共产党的策略，部分出于自己的感情。比扬古工厂区的工人起哄，反对总工会的发言人，反对共产党，他们是听自己的，还是听某些共产党员的（共产党员想渡过卢比孔河）？

在法国的社会学家里面，只有一人想来个飞跃，不再搞那些土法调查而做出全面的解释。他出了两本书，一本叫《"五月风暴"或空想共产主义》，出版于 1968 年，另一本叫《后工业社会》，于次年出版。下面的引文概括了阿兰·图莱纳的想法。他在南代尔大学扮演了主角，5 月 11 日参加街垒战，不久又搞历史哲学，但不能算是研究史实的社会学家。他写道：

> 尽管态度相反，其实分析是一样的。欣赏各种力量和各种需要突然解放，一下子从技术文明和资本主义社会的压抑下解放出来，或者火冒三丈，瞧着不讲道理的人、不负责任的人胡作非为，鄙弃经济的需要和精神生活；不管这两种态度是如何南辕北辙，背道而驰，但都说明危机是来自社会与社会所压抑的东西，彼此发生冲突，而有人对此觉得可敬可爱，另外一些人则认为愚蠢可憎。由于这一运动——特别是学生运动——在集会时宣布决意决裂，还把话写在大学的墙上，而它既无纲领，也没有组织，所以旁人也越发觉得，它只消体味体味魅力或者发发火就行了。①

①　*Le Mouvement de Mai ou le Cmmunisme utopique*, Paris, 1968, p. 9.

阿兰·图莱纳既反对着魔，也反对光火："五月风暴"不否定工业社会，也不否定工业社会的文化，而仅仅揭示出矛盾，揭示出工业社会当中新的社会矛盾。也可以说，"五月风暴"既反对法国社会中的旧思想、旧作风，也反对正在崭露头角的后工业社会的技术官僚。有两种矛盾在琢磨我们这个社会：一种是把技术官僚与现今社会的劳作者－消费者对立起来；另一种是把现今社会中的科技和文化现实与从过去继承而来的组织形式和体制对立起来。

人人都可以举出一些例子来说明这些矛盾。一方面是大学的组织仍是19世纪末的样子，在人满为患和大学生造反的压力下一下子解体了。大学生被抛到社会边缘，陷入没有出路、没有就业希望的盲目学习。另一方面，工人或普通选民抗议专家治国，因为专家们一言为定，决计营建核电站。图莱纳自以为大有道理，根据"事件"，起来反对占统治地位的乌托邦。"这是统治社会的主子们的乌托邦。他们公开宣布，社会问题不过是要现代化，要适应，要学会融入，所以五月运动在形成了一股打击统治阶级的战斗力的同时，也产生了另一个乌托邦，这个反乌托邦反对专权，讲究公而无私，讲究听其自然。"

我看不出有什么严肃的理由来反对这种解释，说大学生"孕育出"自由主义的另一乌托邦。但是，让咱们再把图莱纳的书念下去。他说："'五月风暴'在13日以后，说话多于打斗……乌托邦蜕化为白日梦，尽搞现代化计划……由于他们的出身和大学经历，大学生跟他们想要的那种社会还很脱节。他们正是为了追求这种典型的社会，才以行动提出了种种问题……大学生发现了未来的斗争，但并非有意识的，还把未来的斗争同过去的阶级斗争混为一谈。"就这样，"五月风暴"

628

自以为处在社会变革的危机的中心，重新找到了陈旧的阶级斗争！这一历史诊断好像很难批驳，也很难证实，因为这关系到理论问题，也就是工业社会向后工业社会过渡的理论问题。照图莱纳的说法，行为人中最重要的行为人，即大学生们生活在一个远离专业化社会和程序化社会的世界里，需要这位社会学家或历史哲学家来破译他们的言辞，使他们的乌托邦带有未卜先知的含义。从这个高度来看，5月11日的决定、将军的演说、法共的策略，都淹没在了朦胧之中。细节看不见了，只剩下这位阐释者对行为人的指点迷津，而这些人并没有意识到，在他们的行动的一片混乱背后，是这位事后诸葛亮的、介入的前旁观者在操纵。

在写下面的章节之前，我重新翻阅了1968年5月15日至7月初右派在大选中获胜的前夕，我在《费加罗报》上发表的文章。事过境迁，头脑冷静下来，我们也看不出这些应时的文章有什么火药味。文章提醒人们要警惕那些颠覆手段，指出学生参与管理学校该有限度，还不管不顾地为我曾经严厉批评过的开明办学进行辩护。因此，我的种种立场成为众矢之的，对此，我并不放在心上。① 我记得《世界报》转载了一个学生的声明，禁止我继续在巴黎大学讲课，或者干脆向我宣布，我今后在巴黎大学再也没有发言权了。

我始终不能忘却的，是一篇用过激语言对我进行人身攻击的文章。我指的当然是萨特刊登在《新观察家》周刊上的那篇文章。文章的刊登日期是1968年6月19日，题目为《雷

---

① 我不大记仇，然而……

蒙·阿隆的巴士底狱》，明为批我，实际是在抨击政府。我认为有必要引用其主要段落，并对其加以探讨。

> 然而，最高当局推行的是懦夫政策。但与此同时，他却在下面号召人们进行屠杀。戴高乐号召建立国民行动委员会，用的正是这种伎俩。这等于告诉人们：在你们所在的地区团结起来，狠狠打击那些你们认为发表过破坏性言论或有危及政府的行为的人。

指责共和国总统"号召人们进行屠杀"，就连一个拙劣的蛊惑者也不会对戴高乐将军，对曾经容忍示威的政府，对日复一日容忍半暴动的政府，使用如此恶毒的语言。

再看看文章是怎么谈论大学生和我的：

> 学生人数如此之多，他们已经不可能像我们那个时候那样同教师有直接的联系了——这在当时就已经很困难。有很多学生甚至见不到老师的面，他们只是通过扩音器，听见一个毫无人情味、没法接近的声音向他们讲课，而学生们根本就不理解这样的课对他们有什么意义。大学教授几乎总是这样一个先生，他写过一篇论文，然后终身拿来背诵给学生听……我上学时就是如此。当风烛残年的阿隆喋喋不休地向学生们重复他在二战前所写的论文的观点时，听课的人都不能对他提出任何批评。他行使了真正的权力，但是，这种权力绝非建立在名副其实的知识的基础上。

教师与学生之间交流困难，确实如此。但是说多数教师终身背诵他们的论文却并非真事。就拿莱昂·布伦什维格来说，情况绝不是这样，我们几乎不知道他的论文。说我本人在巴黎大学喋喋不休地背诵我的论文，这纯属捏造。无论是《工业社会》《社会学主要思潮》，还是《和平与战争》，都与我的论文毫无关系。更有甚者，说什么"这意味着，人们不再像阿隆那样，认为只有独自一个人坐在办公桌后面，30 年来思考着同一件事才是智力活动"，这句话本身就带有侮辱性质。它也表明，萨特无视真相，起码在他发火的时候是这样。

630　　　在这篇文章中，他还探讨了我在文章中提到的由"受教育者"选择"教育者"，或者说，受教育者参加考试委员会的问题。从理论上说，在和我们所处的社会不同的社会中，可以设想学生在任命教师时拥有发言权。在现实社会中，在 1968 年，造反的学生只会以政治见解，而不会根据科研和教学水平来选择教师。那些最活跃的积极分子想的是驱逐被扣上反动分子或法西斯分子的帽子的教师。同样，在不同条件下，也可以考虑让学生参加评判委员会。但是在"五月风暴"时期，如果评判委员会塞满了学生代表，即学生会代表，那么学术生活将"政治化"，大学文凭也将失去本身的价值。从这一点上看，萨特是在哗众取宠，他不是为了讨好青年人，就是对现实全然无知。

　　　最后，我们来看看那几句众人皆知的话："我敢保证，阿隆从未否定过自己。我认为，就是由于这点，他不配当一名教师……"萨特的文章是以下面几句话结尾的：

　　　　　这就更加需要，每个教员都肯接受被教育者的判断和否定，并且自己应该说："我是赤身裸体地暴露在他们面前。"教员会觉得很不自在，但是，如果他想重新配得上当教师，就必须经受这样的考验。现在，戴高乐应该赤裸裸地站在整个法国面前，雷蒙·阿隆也应该那样站在学生们面前。只有当他接受了否定，学生们才可以把衣服还给他。

我觉得萨特的这番话既粗俗又无礼。他有什么权利来评论一个人有没有资格教书呢？

萨特在 70 岁生日时，在同孔达（Contat）的一次谈话中是这样为他在 1968 年发表的那些文章辩护的："当我看到雷蒙·阿隆对自己教过的学生持有的看法，看到他反对整个大学教育体制，我就意识到他一点儿也不理解自己的学生。这种同自己的学生为敌的教师正是我所反对的……"萨特为自己做的辩护词并不比他的恶语中伤强多少。他对教师有多少了解？为什么他要用谎话来攻击、侮辱教师？

我们还是来看看实质性的问题，即自己否定自己的必要性。凡是在学校里教过书的人，无论是在中学还是在大学，都知道他会受到学生们的"评判"和"质疑"。一个演说家或者一个演员，要由自己的听众和观众来做出判断，也就是这个道理。对于一个教师来说，没有比学生的敌对情绪更严峻的考验了。1968 年有许多教师向那些造反派屈服，其主要原因就是担心自己将会被学生，至少是其中的激进分子驱逐。从这个意义上说，任何教师都不能拒绝被质疑，因为这不取决于教师本人。至于自我质疑，这是另一码事。僵化威胁着每一个人，我们都可能闭关自守，拒绝接受他人的批评，以便保证一种精神上的安逸。我并不认为自己已经处于强者的地位，可以无视认识的发展，可以无视我们那点儿可怜的思想必然会很快被超过的事实。

1968 年令我感到震惊，并且今天仍令我感到震惊的是萨特本人的行为。虽然他声称自己依据的是辩证法，但他却是靠内心的独白而生活的人。萨特自己用论战者的技巧和阴险的手段，亲自回答了阿尔贝·加缪。我不应该比别人受到来自让·普莱的更多的激烈抨击。列维－斯特劳斯的不同见解被这样一句荒谬、愚蠢的话拒之门外：人种学家错误地自认为是哲学家。而萨特本人，他在政治上发表的观点或者判断并不总是一致的，但是他从不做自我批评。可以说，萨特关于自由的学说（随时花样翻新的自由）使他完全摆脱了对自己的过去的责任。1968 年，他在谈到工人暑期学校和学生下工厂实习时说："这种方法已经在许多国家开始实行，在中国和古巴，人们已经开始明白什么是真正的社会主义。"然而 1968 年，中国"文化大革命"的废墟仍然余火未熄。萨特无论何时都从未质疑过自己的过去。（在同贝尼·莱维谈话之前。）

有个读者责备我说："为什么 1968 年你没有回答《新观察家》上的文章？你是否想等他去世再和他算账？"我什么账也不算，撇开他的天才不谈，我只是想探索一下让－保罗·萨特这个人。当时，我一点儿也不生气，就连我这爱激动的脾气也没受到影响。要说自我辩护，上面已经说过，我不过是要更正这一点，即我从没重复过《历史哲学导论》中的内容，更谈不上"背诵"了。萨特是故意撒谎。一个"不配教课"的教师编写的教材怎么能被六七个国家翻译出版，供成千上万的大学生使用呢？我怎么能在随便什么物质条件下同听众对话，我的研究生讨论课怎么能向所有造反派开放？我可不想充当被告的角色①，仿佛我

① 这是作者对萨特的嘲讽，因为后者曾为当时的《人民事业报》题名曰《我控诉……》。——译者注

承认萨特有权审判我；我更不想像萨特那样堕落至这般卑微和粗鲁的地步。如果当时我的朋友们认为有必要为我辩护，让他们去为我辩护吧。如果萨特的朋友们要维护他的尊严，应该由他们提醒他注意自己的偏激情绪。

如今，无论是在巴黎还是在全世界，萨特都是以一个作家和一个伟人的形象活在我们心中。我认为我们有权利不受任何约束地评论他和描写他。为什么萨特终生追求伦理道德，却诬陷戴高乐将军，说他号召人们进行屠杀呢？为什么他咒骂我是令人厌恶的学院派象征，而他本人对学院并不了解？要让大家承认他有当天才的特权，当然可以。可他自己并没有要求过这样的特权，他在自己的最后一部小说《词语》中写道："一个人产生于所有人，他等于所有人，任何一个人也等于他。"为什么他能够这样看待所有人，却拒绝这样看待戴高乐将军和雷蒙·阿隆呢？（恕我把这两个人相提并论，但萨特也是这么做的。）

为了弄清这个问题，有必要提一下亚瑟·库斯勒援引过的波伏娃和萨特的一句话。他们俩说过："宁要共产党人，不要（戴高乐）将军。"既然如此，就只好用最不令人满意的解释方式了：无知将导致十足的愚蠢。倡导自由的哲学家从来没有认清或者不愿意看清共产主义的实质。苏联的极权主义是 20 世纪的毒瘤，而萨特从来不这样认为，也从不对这样的共产主义进行谴责。他使用最恶毒的语言辱骂不同意他的错误观点的人。他在《涅克拉索夫》[1]中嘲弄的，是与苏联政权持不同政见的人，而不是那些屈从于斯大林或赫鲁晓夫的文化官员。

萨特为什么生我的气？在萨特的一生中，他始终是个　633

---

[1]　萨特在 1951 年写的一部剧作。——译者注

"该死的小家伙"。在高等师范学院的时候，他对同学们或"伙伴们"说话的生硬态度不止一次使我吃惊。他谈起自己的祖父有时也冷漠无情。有一次他用挖苦的语气说："老家伙的身体又好起来了。"真不知道他是盼望"老家伙"快死，还是奇怪他又活下来了。《恶心》出版之后，他在《新法兰西评论》上发表了一系列有关前辈作家——如吉罗杜、莫里亚克等——的文学评论。这些评论闪烁着天才的光辉，但也咄咄逼人。萨特明确表示要取代他们。记得他是这样评论莫里亚克的："上帝不是一个艺术家，弗朗索瓦·莫里亚克同样也不是。"他根据自己的小说理论，断定《爱的荒漠》的作者违背了创作原则。然而，他对远在美洲的多斯·帕索斯尽其吹捧之能事，而对自己的平辈和对手却不赞一词。

就算采用下文的解释（我却不太喜欢这么做），我又有什么可使他忌妒的呢？① 在 1940 年代末期，赛尔旺 - 施莱贝尔打算把他的一篇文章的题目定为《让 - 保罗·萨特与雷蒙·阿隆》。拉扎雷夫向他指出，这两个人不能相提并论——在这一点上，他并没说错。到了 1968 年，把这两个老同学进行比较已经不像过去那么离奇了，但是我没有想过把自己的著作同萨特的进行比较。1960 年，我们曾有一次偶然相遇。在这之前，我已经表明了对阿尔及利亚战争的立场。萨特走过来对我说："你好，我的小同学。"往事一下子都浮现在我的脑海里，我信口说道："我们过去净胡说八道。"（或者诸如此类的话。）萨特答道："我们应该一起吃午饭。"这就结束了我们的对话。

---

① 一些朋友对我说："正因为他知道你是对的。"坦率地说，我不相信这种解释，但是一些波兰人也对我说过同样的话。

饭没有吃成。在 1960 年代，我们没有"和解"，但也不是处于论战之中。为什么到了 1968 年，冷酷的愤恨或者灼热的狂怒又再次爆发了呢？

萨特只是在写文章时才变得粗暴起来。他不喜欢面对面地交锋，他从来不肯在电台或电视台与我公开对话（同别人也是如此）。这个靠内心独白的辩证家甚至不屑对梅洛－庞蒂的《辩证法的历险》一书亲自做出回答，是西蒙娜·德·波伏娃受命完成了这项任务。《雷蒙·阿隆的巴士底狱》这篇文章的口气，使我们想起战前出版的《格兰瓜尔》和《我无所不在》这些极右翼的刊物。阿尔贝·加缪和莫里斯·梅洛－庞蒂只是在他们死后，才受到萨特只对他的挚友才会表示的真正宽恕。

我写作《难觅的革命》有点出于偶然。如果我没记错的话，阿尔弗雷德·马克斯在 7 月初要我为《现实》月刊写篇文章。我对他说，写文章是不行了，请人来帮我记下来，也许我还可以应付。但出于某些具体原因（距下一期杂志出版日期太近），这个计划未能实现。这篇未写成的文章使我产生了写本小册子的念头。在这之前，夏尔·奥伦戈把拙作《阿尔及利亚的悲剧》收入"绝对自由"丛书集出版了。当阿兰·杜阿梅尔来看我时，我向他谈了自己计划写的四个章节的主要内容（这四章的标题是："内心独白或者一种文明的结束""革命中的革命""戴高乐主义的死亡与复活""戴高乐主义者与渴望革命的知识分子"）。我用一个上午口述所有这四章，然后又很快写出了前言与结束语（题为"对谬误的简要说明"），并将这部口述而成的著作迅速做了修改。两个多星期后，《难觅的革命》这本书的清样便送到印刷厂并于 8 月初付

634

印。奥伦戈为了在《快报》周刊的新书预告上占据"有利位置"，有意拖延了杂志的发行日期。

这里暂且不谈这本书在读者中引起的成功反响。鉴于1968年夏季的局势，该书的成功已在预料之中。人们对一时成为热门话题的这本小册子会有些什么想法呢？都引起了哪些典型的反响呢？在这里，我先引用持反对观点的一封来信中的某些段落，这封信出自一个年轻的女性资产阶级之手。她攻击社会，但并不反对自己的家庭。

  ……您的观点使我感到气愤，也感到苦恼。当我想到您写了那么多有意义、有思想、公正而又客观的著作时，读起这本《难觅的革命》使我不禁想放声痛哭一场。您诽谤这场革命，把它看作一场闹剧，一段令人悲伤的插曲，一场无关紧要和毫无意义的运动。成千上万个伤员、囚犯和遭杀害的人［原文如此］不可能充当一场闹剧中的演员。您写这本书虽然也许仅仅是一段悲伤的插曲，这场革命却不可能仅仅是一场悲剧。您对冒着生命危险参加运动的那些出身资产阶级家庭的学生（我是其中的一分子），以及那些积极而又热情地支持我们建立一个名副其实的现代化大学的教师表示蔑视，这说明，或者是您惯用的思维方法和对历史的评价使您丧失了理智，或者是您在使自己成为一场反革命运动的著名先锋，而这场运动的反革命气焰要比戴高乐将军的反革命运动更加嚣张。

这个女学生在整整两页纸上，为那些被看作变革缘由的不切实际的幻想辩护。她揭露我使用权术，指责我蔑视民众阶级和犯下"反对人的罪行"。她还提到在街垒战斗中,与社会做斗争的这些人的痛苦,因为他们所热爱的亲生父母却代表着这个社会。"如果对您来说,革命是难觅的,这是因为您没有到它所在之处去寻找。"她的信是以"顺致敬意"作为结尾的。我从内心深处同情这个姑娘,她派给我一些想法,却又为之而苦恼。失掉诗意的现实使她伤心。她的心灵受到了创伤。

然而,我也听到不少赞美之音。欣赏《难觅的革命》一书的人,并不仅仅局限于和我同辈的政界人士或学院同僚,他们都处在各自事业的顶峰时期,其中大部分人在政府中身居要职。安德烈·马尔罗寄给我一封短信,上面写道:"《难觅的革命》一书十分精彩(尽管您在书中莫名其妙地提到了我)。要知道,支持您的人数之多,远远超过了报纸的估计数。"弗朗西斯·蓬日并不是一个学者,但是他在给我的信中这样写道:"我必须向您说明,在知识分子中间,您并不像自己所想象的那样孤独(至少我这个可以自诩为'次于您'的人,是百分之百地赞成您对去年 5 月至 6 月发生的革命闹剧所做的分析的)。"让·吉东的过分赞扬令我感到惊讶:"奥伦戈先生将您的书寄给了我。这是一部杰作,一件传世之宝,而且写的时机非常好。再次向您表示友谊。"

最令我感兴趣的,是那些对我的被认为过于极端的观点并未做出极端反应的来信。下面我将引用阿尔弗雷德·法布尔 – 鲁斯来信中的几段话:

> ……您同样知道,我欣赏您的才华。当我拜读《难 636
> 觅的革命》这本书时,我非常高兴看到您仍然精力充
> 沛……《难觅的革命》这本书有许多正确的观点和精辟

的分析，并合乎情理地对一些令人惋惜的简单化做法做出了回答。但是我觉得您这本书似乎有暧昧不清的地方。您毫不费力地证明，五月革命不可能引起社会大翻身。又有谁会怀疑这一点呢？有必要以您的全部才华来撞破敞开着的大门吗？正如您在书中正确地指出的，一旦戴高乐将军丧失了斗志，或者全民投票失败了，那么这场革命只会导致孟戴斯·弗朗斯再次上台，而他是不会脱离资本主义轨道的，他将依靠一个以国民议会为中心的联合政府……此外，我们之间的误会恰恰就表现在：五月革命在您眼里是一种回答（或是一种回答的尝试），然而它对于我来说只是提出了一个问题。应该由我们对此做出回答，但要做到这一点，我们就必须认真倾听问题。您一开始争论就怀着偏见，尽管您还是用了一些谨慎的措辞。您说这个布满阴霾的春天不会带来任何好的结果。在我看来，这个结论是站不住脚的。我相信，您那超人的智慧不久将使您放弃这一立场。下面我仅举医学界的一件事为例，因为这件事已得到正式认可。我认为，取消见习医生和结束名医的统治，实在是可喜的好消息……当然，这些改革最好以其他方式予以实现，但是我们十分清楚，如果"以其他方式"，那就根本不会有这些改革。有些时候，最好以某种幽默来适应不合情理的事情，并从中取得可能的最佳效果。我要补充说明的是，依我之见，不应对"马尔库塞主义"仅仅持蔑视态度……1968年春天令我感到遗憾，因为我听到一些学生说：雷蒙·阿隆不理解我们。讲这种话的人完全不是狂热分子，而是那些赞赏您的学生。这个误会不应加深了。本来没有任何理由发生这种误会。

我没有保留一份写给他的回信的副本。如果放到今天写这封回信,我的回答将是:1958 年的政变是合法的,而 10 年之后的今天要取消共和国的合法性,这在我看来却是可悲的。我当然不是个绝对的戴高乐主义者,但是科恩 – 本迪打败戴高乐将军,却使我的感情受到极大的伤害。我认为,这是国家的一个耻辱,我实在无法接受。法布尔 – 鲁斯发表在《世界报》上的文章《孟戴斯·弗朗斯在爱丽舍宫》,真叫我痛得像手指甲被翻了过来。

我从未否认,"五月的冲击"也带来了某些符合人们希望的变革,而且我对这种指责也做了解答。但是法布尔 – 鲁斯却只从中看到了"谨慎的措辞"。我在上一章中已经写了我曾提到过的一个情节:"在戴高乐将军主持的一次讨论会上,我说:'法国接二连三地搞革命,从不进行改革。'而戴高乐将军在评论我的发言时,恰到好处地纠正我说:'法国从来只在革命的足迹上进行改革。'当然,从目前的危机中,有可能产生某些有益的而且必要的变革⋯⋯"

我承认,人们当时常常按照法布尔 – 鲁斯的方式来读我在《费加罗报》上发表的文章和《难觅的革命》一书,并因此产生了误解。那时到处都洋溢着激情,我的文章和那本书自然也不例外。如果现在我重新阅读这些文章,如果 1968 年的那些"老"青年重新和我一起阅读这些文章,我们就会思考这样一个问题:为什么他们这些青年人,时而受人恭维,时而遭到诽谤,竟会引起公愤呢?等到激情消失后,恐怕就只剩下最基本的感情,即一部分人对运动表示同情,甚至热情,而另一部分人却表示反感和厌恶。显然,我属于第二种人。旧的巴黎大学应该消亡,但它不应该像 1968 年 5 月那样被人置于死地。总之,我们每个人都亲身经历了那几个星期,但是这些身临其境者之间几乎没有进行过真正的对话。

好吧，我们以爱德加·莫兰的来信为例。他这样对我写道：

> 对我来说，托洛茨基分子或无政府主义者的帽子虽然并没有什么不体面之处，却套不到我的头上。人们并不能因为共产党的理论家们时不时把这顶帽子强加于我就信以为真。在运动当中，我曾试图从社会遗传学的角度对这场运动进行分析。当时前途未卜，我就指出事件的性质近于"公社"，有如一场"亲历的乌托邦"，我实在看不出来，怎么能用"乌托邦式的"来形容这段时间（5月中旬）。我把"五月风暴"定名为"面目不清的革命"，实在也看不出有什么像"神话传说"。所谓"面目不清的革命"，不过是指情况还大大地摸不透罢了。此外，我的文章往往表明，我并没有从这种公社，从这场面目不清的革命中看到能够解决所有问题的金丹仙方。我只看到了一张证明我们这个社会极端无能的诊断书和未来社会发展的先兆。它表明社会将"从20世纪向21世纪转变"，并且准备"超越资产阶级文明"，如果人类到那时候还有点文明气息的话。我的这种提法向您证实了我对历史也同样持谨慎的态度。

我从克洛德·列维－斯特劳斯在 1968 年 10 月给我的来信中摘录了下面这段话：

> 而我现在的处境却一反往常。四年来，在我的实验室工作的三十多个人之间没有等级和职务上的差别。这种情

638

况一直都很顺利。我认为，只有在很小的集体组织中才可以实现真正的民主（卢梭和孔德早就明确谈过这一点）；在极小的集体范围内，人们的思想分歧受到人与人之间真诚关系的约束。为了增加共同管理实验的成功机会，首先必须进行挑选，以保证学生的质量。这就要求全体学生都珍惜自己的机会，而无权自甘堕落。其次就是要在基层，即在从事教学与研究工作的有限人员中实行共同管理。教育界如果不采取这些措施，那么大批学生的幼稚病就必然会同助教们的布热德主义（poujadisme）① 结成联盟。

虽然我还可以列举更多关于"运动的反应"和"亲身的感受"等言论，但在这里就不去论述了。我想回到阿尔弗雷德·法布尔－鲁斯提出的质问上来。他这样写道："您没有扮演您应该担任的角色。不是要您去赞扬这些'可爱的年轻人'，也不是要您加入革命者的行列，而是要您为了给这些人出主意而去理解他们，为了让舆论界能够理解这些人而去理解他们。可惜您所持的立场却是您曾经严厉批评过的那种学官大人和保守派的立场。"我在（1968 年 6 月 14 日的）《费加罗报》上发表了一篇文章，这样谈到这个问题："那些对我的大部分观点持赞同意见的朋友，对我的这一行动可能造成的后果进行了指责。他们对我说：'几年来您一直在批判许多同辈的保守思想，现在您却要为那些保守分子所利用、所回收。您本应该加入革命者的行列去指导他们，而不应该——列举那些令

639

---

① 布热德代表法国小店主的保守主义，曾为右派作鹰犬，但在服务行业中有一定的群众基础。法国最近新出现的极右派与之不无类似之处。——译者注

人痛心，但并非实质性的过火行为。'"今天，我对自己当时写给朋友们带有自我批评口吻的回答是不甚满意的。我的回信主旨是"错误属于谁？"。我说："谁会为'复辟'张目？谁会阻挠改革？有些人仍然赞成一些已经被否定的机构，最终使部门的负责人、部长和政府相信，教育界人士没有能力得到自由，也不配得到自由，除了这些人，还有谁呢？"

时至今日，我仍得不出痛痛快快的判断。我在1968年5月采取的行动（如果可以称之为行动的话）得到了我哥哥阿德里安的支持（以前他从来不给我写信），他在给我的信中这样写道："让这个辉煌的成就激励你更经常地从那个追求公正客观的奥林匹克神山上走下来，并在大学界的斗争中发挥你的才华。老教授已经发怒了，这太好了，什么时候能轮到年轻的公民发怒呢？"持保皇派立场的《法兰西民族》周刊编辑部的秘书"对（我的）公民勇气和我对他产生的精神作用再次表示钦佩"。我对《费加罗报》一读者的来信也同样深有感触，信中写道：

　　我并不了解造反派的主张，因此我实在无法对他们的行动的原因做出正确的判断。我可能同他们在许多观点上存在分歧，但是我认为，问题的关键并不在这里。我们的时代最明显的事实是年轻一代极为关心公众事务，关心社会问题，他们渴望从那种机械的、精神上缺乏寄托的生活中解脱出来，然而现实情况却是，无论在东方还是在西方，我们都在无可奈何地忍受这种生活。人们指责这一代青年只对无谓琐事和近于病态的荒谬行为感兴趣，然而在两次世界大战期间，这代青年却代表了最具有反抗精神的力量。即便您不同意他们的观点，但是仅仅因为这一点，

您难道不应该给予他们另外一种评价吗？您是无法做到这
一点的，正像我自己也做不到一样，对此鄙人并不讳言。
因为我们已经过了他们的岁数，我们缺乏他们的那种朝
气，所以也就不会产生他们那种幻想。任何一次革命都离
不开知识分子，离不开名门子弟，永远不能跟多数派在一
起搞。多数派只能被富有活力的少数派牵着鼻子走。人们
有权不要革命，也可以反对这样的运动，但是，把这些具 640
有献身精神的人看作宗派分子，看作丧失理智的狂人，或
者看作其他，都是极不公平的。我坚信，这些"无足轻重
的人民"，无论其政治色彩如何，总会在历史发展的关键时
刻表现出是伟大的人民，他们不会陷入被奴役的麻木状态。

给我写这封信的人希望我给他回信，而我大概没有满足他
的要求。他讲的某些话是正确的，但是在这部分正确的话中却
掺杂了许多"幻想"。

《纽约时报》发表了一篇对《难觅的革命》一书的评论。
文章的作者认为，在某些时刻，有些人激动异常，而另一些人
却神态自若，雷蒙·阿隆就属于这后一种叫人吃不消的人。①
我给克洛德·鲁瓦写过一封信，谈到他评论拙作《难觅的革
命》的文章。这篇文章令人感到不快，但它并没有破口大骂。
一年之后，他在给我的回信中写道：

我认为在我那篇虽然口气不够尊敬却是友好的文章中，

---

① 《Raymend Aron is that ultimate inconvenience：the man who stays sober at your
saturnalia and who will afterward give everybody else an intellectual hang‐
over.》John Leonard in *New York Times*，11 – 12 – 69.

已经相当明确地表达了我们对您的感激之情。大作《进步梦幻的破灭》并未因此而改变我们对您的看法，请您相信这一点。同您一样，我也常常因"消解自身的愤怒"而产生那种古老的喜悦之情。但是，如果我恰恰时常抱怨自己爱发火，那恰好也是在"五月风暴"以后，您的愤怒使我发火。在这种心情下我禁不住要说，如果青年"造反派"的火气是白皙的，那么您的愤怒却是非常黝黑的。您和摩尼教几乎没有什么瓜葛，您的愤怒和他们的愤怒之间所产生的敌对情绪，却带有摩尼教善恶分明的味道。

法国是否充分地利用了它的革命或者它的所谓的革命？如果我试图在此对运动的后果做一个分析，我就可能要走题了。毋庸置疑，法国经济在过去这段时间里已经经受了冲击，并迅速恢复起来。对文化中腐朽堕落现象的批判题材已经广泛普及；整个社会都意识到了低工资的问题，意识到了各行业最低保证工资（现在改为各行业最低增长工资）会引起公愤的原因了。专家治国论者开始接受人类各种美好的愿望，并且突然对从未被怀疑过的经济增长提出了质疑（哪怕是走向另一个极端，付出揭露消费社会的代价）。那些企业的负责人大概从长达几天甚至几个星期的争吵中吸取了某些教训。这些企业同其他部门一样已经恢复了秩序，而且这种恢复后的秩序可能比从前的秩序更为优越。

大学界的危机却仍然存在。埃德加·富尔的方向性法案重新挑起了辩论。在国民议会审理法案那天，《费加罗报》在头版发表了我的题为《魔术师》的文章。部长在一封私人来信中指责了我的文章，信中写道："您在法国最大日报的头版，用几行粗体字标题把我形容为魔术师，而且时间选在一场决定性的辩论前夕，这说明您对我缺乏友情，就算您没有义务对我抱有友情，那么至少也是缺乏正义感（因为不管人们内心深处怎样想，我的努力是不应受到这种侮辱的）和分寸，这一点对诸神却是宝贵的。"

《新观察家》时而把那些令人不愉快的话归咎于部长，时而又归咎于我，从而使"王公贵胄之间的辩论"更加激化了。巴黎大学开学时，一些学生砸碎了路易·里亚尔大讲堂的玻璃。我当时正在那里参加一场论文答辩会。学生们在校园里大喊大叫，嘲骂我是"法西斯分子"。埃德加·富尔给我打了电话，向我表示他反对那些令人无法容忍的过火行为。光阴荏苒，我们之间真挚的友谊经受住了方向性法案风波的考验。

我不大赞成这个法案，但是它在国民议会上几乎获得全体一致的通过。在大学实行自治倒符合我的意愿，但是法案中的自治无疑是非常有限的，因为教育部掌握着大学的经费。同这种自治制度同时并举的选举制度，在我看来也是不合理的。学生参加竞选的比例并不大，从而组织性最强、活动最积极的学生会，也就是亲共产党的学生会，在这一比例中便占据了绝对优势。此外，在教育界里存在人与人、辈与辈，以及不同科技学校之间的矛盾，除此之外，又增添了纯政治性的冲突。教学及研究单位和各个大学都按照不同的政治倾向而形成不同的体系。我认为连教育界自己都已承认的那种被强化了的政治化是"五月风暴"的流毒之一，这一点是毫无疑义的，也是最令人痛心的。而巴黎大学的"反动"势头发展到其倒退程度超过 4 月 642
以前的情况，因为那些主张自由主义的"反动派"不时表现出派性，同受到他们正确批判的全国高等教育工会成员不相上下。

起码在文学院，原来大学的那些优良传统并未得到恢复。

而另一方面，肢解原来的综合大学同 1968 年以前的情况相比却是一个进步。由于教学及研究单位的成立，教师拥有了某些行动的自由。在外界看来，高等教育，至少是大学里的高等教育，在这次摧毁了腐朽建筑物的地震中有得也有失。教学及研究单位取代了原来的文学院，成百上千的男女青年在进入这些教学及研究单位时并没有什么明确的目标，他们中间的大多数人在毕业时没有得到任何文凭。

此外，"五月风暴"的后遗症对大学的影响并不像招生问题对大学的影响那样严重。大学几乎再也没有容纳一代新秀的地方。直到 1972 年以前，学生和教师人数一直水涨船高。公众权力受到削弱，助长了大锅饭，学生无论好坏，都可以发迹有道。如今，最优秀的师范生在获得教师学衔后，却找不到助教的工作。人文科学正走向死亡，几乎所有高才生都选择 C 类专业。高等师范学院的文学系已经变得很一般了。它无法为自己的学生寻找出路，从而使人对它的职能和存在的理由提出了质疑。1968 年事件后的最初几年，高师的学生还颇有影响力。他们中的某些人曾邀请我去学校办一次讲座，但我后来放弃了这一计划，因为一群极左的学生扬言要阻止我开讲座（这并不是一件难事）。在一次不知是什么的示威之后，图书馆的书就被人从窗户里扔了出来。虽然校园逐渐恢复了平静，但是生活并未回到原来的轨道上。同我青年时代的高师相比，如今的教学楼、实验室和生活条件都反映了经济的发展。但是，注重文科的高师从此不复存在了。

第十九章 "自信与统治者"

1967 年春天，近东发生的一系列事件深深地打动了我这个"犹太血统的法国人"。先是以色列国家受到威胁，接着是"六日战争"，然后是以色列获胜，激起大多数犹太人和许多法国人莫大的兴奋，最后是戴高乐将军在记者招待会上称赞犹太人民是"自信的、爱好统治的优秀人民"。

我在 1968 年年初发表的一本小书①中，加入了在战前、战争期间及战后为《费加罗报》撰写的一系列文章。那些外交分析在我看来是经得起重读的。5 月 21 日，我认为从逻辑上说任何一个当事国都不愿意打仗。纳赛尔的埃及，因其一部分军队深陷南也门的泥潭之中而处境艰难。单枪匹马的叙利亚则缺乏向以色列挑战的必要手段。但是，我在结论中修正了这种乐观主义的看法："因此，尽管看起来谁也不想在当前这种局势下挑起一场重大危机，但鉴于两个重要的理由，对此，谁都不敢说有把握确保危机不会爆发：各阿拉伯国家的政府不能完全控制恐怖分子的活动；大国角逐，虽然打不乱地区力量对比的逻辑，但地区势力彼此恫吓的辩证发展却似乎比较容易预测。"

在封锁亚喀巴湾 4 天之后，《费加罗报》发表了一篇文章，调子变得阴沉起来：

---

① 《戴高乐、以色列和犹太人》，普隆出版社。

5月21日清晨，这一局扑克牌仍然是外交上的赌局。以色列不会同意封锁亚喀巴湾。美国和英国在这一点上毫无保留地支持耶路撒冷政府……然而，只有顽强的乐观派才会相信，大使级或部长级的谈判竟能找到一条出路。纳赛尔总统得不到相应的补偿，是不会停止在亚喀巴湾布雷的。莫斯科没有任何理由对他施加压力，除非有人给莫斯科什么好处。总之，出路似乎只有两条：要么以色列和阿拉伯国家之间发生军事冲突，要么苏联和美国之间发生战略和外交上的对抗。第一个假设已成为现实，被动员起来的军队已经虎虎对峙，第二个假设尚未超越舌战阶段。

5月28日，疑问消除了：

纳赛尔封锁亚喀巴湾，促使联合国维和部队撤出该地区，这既是向美国挑战，因为美国曾庄严保证，不能容忍封锁埃拉特，也是向以色列挑战，因为以色列曾宣称，对埃拉特的封锁构成开战的理由。一旦开战，他将把责任推给敌人（以色列及其保护者）……虽然侵略者应该是首先开炮的人，但是，埃及的军事行动得到了显然缺乏经验的联合国秘书长的支持，以色列仍然会被宣判为侵略者……自1948年以来，各届政府都从未做出过带有这样严重后果和充满这样多汗水、鲜血和泪水的决定。他们无法使动员起来的军队旷日持久地处于战备状态（军队占全国人口的10%）。然而，苏联、埃及和法国所要的是以色列在外交上屈服。

我给这篇文章取题为《真相大白的时刻》。文章的最后几行使人预感到战争的来临：

> 就是这么几个人，要对创建以色列国的 250 万犹太人负责，要对他们的命运和良心负责。他们是孤立的。通过纳赛尔之口，消灭以色列的威胁声重新在人们耳边回荡。现在的问题不再是亚喀巴湾，而是以色列国的存亡。该国被所有阿拉伯国家视为迟早应被消灭的外来团体。

接着，我权衡了赞成和反对战争的理由："即使打了胜仗也解决不了任何问题，胜仗只能带来像近 11 年来那样的暂时休战。反之，投降则是为不久的将来的另一个、也许是更为不利情况下的对抗做准备。"但是，我几乎已经澄清了读者的疑问，我说："凡是了解以色列当局的人，都能预感到这样的思考会得出什么样的结论。"

这些外交分析几乎与对其他危机所做的分析没有什么差别。在我看来，激动的情绪有时流露在解释中，但还不至于搞乱解释推理。6 月 4 日，在发生敌对行动的前夕，我在我的布拉纳古老的农庄里，为《费加罗文学报》写了一篇不同于我平时文笔的文章。有一段话从此被别人反反复复地引用：

> 但愿纳赛尔总统公开表示要摧毁联合国的一个成员国，不至于触动尼赫鲁夫人敏感的心。消灭一个国家当然不是消灭一个种族。然而，法籍犹太人曾把自己的灵魂献给所有黑色、棕色和黄色皮肤的革命者。现在，他们的朋友在向死亡嚎叫，他们自己则呼号得心碎肠断。不管他们

645

说了些什么或干了些什么，我像他们一样感到痛苦，并且分担他们的痛苦，这不是因为我们成了犹太复国主义者或以色列人，而是因为一场无法抗拒的运动。这场运动来自何方是无关紧要的。如果大国出于对自己利益的冷静考虑，任凭他人摧毁这个不是我的国家的小国，这个罪行从数量上说是微不足道的，但将夺走我生活的勇气。我相信，千百万人将为人类感到羞耻。

对这篇文章，我最不满意的并不是上面摘录的那一段。此外，在这一段的前面还有一段，像是一个非犹太教的热爱法国的法籍犹太人的忏悔。我最不满意的是忘记了或忽略了力量对比。以色列依然是最强大的；如果它首先发起进攻，毫无疑问，它能够克敌制胜。对此我应该是清楚的，但我的这种清楚在某种意义上不过是无意识的。因为我在前一篇文章里暗示过，根据纳赛尔对埃及本身的见解，进行一场新的战争是没有道理的。1956~1968年，以色列的敌人没有足够充分的发展，所以没能用大量资金来改善武器装备。皮埃尔·哈斯内尔不喜欢《费加罗文学报》上这篇慷慨激昂的文章，也许他是对的。即使在这种时候，我也应该保持头脑的冷静。我生来就易感情冲动，我有时不能让理智来控制我的讲话。

646　　暂且把我的法国思想感情中突然涌现的这一股犹太意识搁置一边（我下面还要谈这个问题），先来谈谈过去。

我早就说过，我没有接受过任何宗教教育。凡尔赛的犹太教教士给我们上过课。那时候，我们弟兄三人还都是学生。这是阿德里安提议的，但上课并不能代替宗教教育。无论如何，我在上中学时偶然遇到过反犹活动，但没有给我留下任何印

象。我阅读有关德雷福斯事件的文章入了迷。但回过头来看
看，我认为这一事件是有教育意义的：真理占了上风，法国人
为了一个人，为了一项原则，竟会闹得四分五裂。在高师，反
犹太主义几乎不存在，总而言之，是隐蔽的，几乎是秘密的。
希特勒的冲击重新唤起了我的犹太意识，我觉得自己也属于所
谓犹太人的集团（或犹太民族，或犹太国际）。

自从 1930 年代初，德国历史主义的影响，即 K. 曼海姆
的影响打消了我对抽象的世界主义的幻想。我已经感到自己跟
上一代人十分疏远，同我的父亲和莱昂·布伦什维格那一代人
十分疏远。他们不肯昧没自己的犹太身份。我则尚未认真思考
犹太教或我的犹太身份。更有甚者，1948 年以色列国的诞生
没有引起我任何激动的情绪。我理解某些犹太人一心想建立一
个国家，在这个国家里，他们不再是风雨飘摇中的少数民族，
但是，尽管我不是特别了解近东，我已预感到不可避免的后
果：后来成为以色列人的犹太人与伊斯兰教徒之间的战争将会
延续下去。我第一次在以色列逗留期间，在一个军事办公室里
看到以色列王国的一整套地图。这些地图从古戴维王一直画到
1956 年，我看了却没有动心，恰恰相反，我倒回想起 1930 年代
墨索里尼在罗马广场建造意大利帝国的地图浮雕。从戴维王到
本·古里安、从图拉真大帝到墨索里尼的历史，只使我想起一
个平淡无奇的题材：神话在历史中的威力。在信徒的想象中，
以色列是亚伯拉罕的后裔。这些信徒真是古怪，他们并不都相信
上帝，倒相信《旧约》，或相信犹太人，或相信以色列的使命。

我曾读过萨特写的《犹太问题》，并就此同他谈论过。在
两个根本问题上，我提出了反对意见。第一个反对意见针对他
的分析的本源：犹太人不能仅仅是别人心目中的犹太人。这种

647

有些简单化的方式，可以适用于随便哪一种人与人的关系。譬如，我只有在别人看来是傲慢的。问题是要知道，我的一举一动是否真的配戴这顶帽子。如果人们把我这样的人——既不信教，也不遵守教规，受过法国教育，从未受过犹太教育——把我这样不信奉犹太教的犹太人当作典型，那么确实可以说，犹太人对别人来说是犹太人，就被别人看作犹太人而不是自为的犹太人。但是，卷了头发、在墙前边摇晃边祈祷的犹太人则属于一个历史集团，人们恰当地称之为犹太人，他们才是自在、自为的犹太人。

我提出的第二条反对意见是萨特对于反犹太主义者形象的描绘。萨特拆散并消解了犹太人的人格，来迁就非犹太人的幻想。他又加强了反犹分子的人格，竟然派给了他们一种实质。当然，按照他的哲学，存在先于本质。反犹分子根本没有什么本质，只有从头到脚的反犹太主义。这种敌对情绪是与他们的抉择、他们的地主地位紧密相连的。在我看来，有很多情况能使人成为反犹分子。G. 贝尔纳诺斯有他自己的情况。他和他的老师爱德华·德律蒙就与萨特所描绘的形象不一样，贝尔纳诺斯从来就没有产业。

我在 1968 年发表的小册子中收集了在各种情况下撰写的文章，这本小册子不反映什么一贯的思想，可以由别人做出各种不同的解释，甚至互相矛盾的解释。姑且不谈我断断续续的心境、我的犹太意识的更迭，以及我对以色列国的感情。但是，我认为，把我写的所有关于犹太人的文章汇集在一起，把其中一些想法——我一直坚持不放的一些想法汇集在一起，不仅是可能的，而且是有用的。

没有任何人类或上帝的法律，要求一个受法国教育的、祖

辈几代是法国公民的犹太人来认定自己是犹太人。在 1967 年
那次著名的记者招待会的第二天,我同罗歇·斯蒂芬闹翻了,
一连好几年,他拒绝对以色列人或犹太人表示任何声援。凭什
么谴责这样一个犹太人呢?一个失去信仰的天主教徒离开教 **648**
堂,谁都不会感到惊讶。更不必说,为什么一个从未进过教
堂、既不信奉犹太教也不遵守犹太教教规的犹太人就应被当成
叛徒或逃兵?只有曾参加过或曾想参加某一个团体的人,才能
谈得上背叛或开小差。

　　同样,我拒绝加入这样一些人的行列,这样的人相当多,
他们对犹太知识分子肆意辱骂和鄙视,如同罗丁逊先生那样在
以阿冲突中反对以色列。关于以色列人对巴勒斯坦的权利问
题,只有正统的以色列人才会毫不妥协地确认这种权利。这种
基于圣书的权利,只能使具有同一宗教信仰的人敬服。耶路撒
冷古城属于圣书中的三个宗教。在忠实的基督教徒或伊斯兰教
徒眼里,时间上的先后不能决定犹太人的权利。先是英国
人——贝尔福勋爵用笔代表他们——接着又是美国人,认为阿
拉伯人把他们的一块土地给了巴勒斯坦的犹太人,作为他们民
族的家园。不少以色列爱国者都承认阿拉伯人眼里的以色列国
的"原罪"。我的朋友哈尔卡比将军写了一篇文章,登载在
《现代》杂志特刊号上,讨论以阿冲突问题。文章说,不幸的
是,只有牺牲定居在巴勒斯坦的居民,或说得好听点,只有损
害这部分居民的利益,以色列人方能实现他们的民族愿望。关
于罪责的争论,有些人说,巴勒斯坦人是被赶走的;有些人
说,他们是在首领的唆使下,怀着以主人的身份卷土重来的希
望逃离的。这些都无关紧要。所有论点都含有部分真理。事实
上,以色列人重新取得了犹太人一直在那里生活的那块土地,

可是，在第一次世界大战后，在那块土地上生活的阿拉伯人多于犹太人。一个自称不带偏见的旁观者，无论他是不是犹太人，都会为阿拉伯人的案子辩护。

犹太人生来是犹太人，因为他们的父辈就是犹太人。但犹太人可以自由抉择是否继续当犹太人。这种自由是否从本质上有别于法国天主教徒或基督教徒的自由呢？对这个问题很难做出回答。至少在我们世俗化的社会里，国家号称同所有的教会没有关系。一个脱下道袍还俗的人便成为与其他公民一样的公民，但他有时要受原先的教友们的歧视。关于国籍，法国人只要移居到一个比较容易给他公民身份的国家就可以改换国籍。一位不信犹太教的犹太人，虽然与其他犹太人断绝了关系，但他不否认他本人的任何一个方面，既不抛弃他的语言和伦理，也不抛弃他的生活方式，因为他这一切都来自所谓的他的社会环境，来自他所生活的那个地方，来自他所听从的那个国家。在别人看来，他仍然是犹太人。

由此提出了一个抽象而又带根本性的问题："犹太人民"究竟意味着什么？犹太人民是否存在？人们是否能像谈论法兰西人民那样来谈论犹太人民？或像谈论巴斯克人民一样来谈论犹太人民？在我看来唯一站得住脚的回答是：如果人们谈到"犹太人民"，人们只在适用于这一种情况的意义上使用"人民"的概念。

人们所称的"犹太人"，从生物学来讲，大都不是闪米特人部族的后裔。《旧约》记载了他们的宗教信仰，并叙述和美化了历史。在公元前夕，或在公元 1 世纪，犹太人的集体已经存在，他们散居在地中海盆地，并改信犹太教，但不一定是由巴勒斯坦移民组成的。罗马化的高卢犹太人也不都是从巴勒斯坦来的。在基督教徒获胜、君士坦丁大帝改信基督教之前，犹太人和基督教徒彼此间差别不大。自 11 世纪第一次十字军东征起，莱茵地区开始发生迫害犹太人的事情。是不是历史把许多犹太支族——人们习惯这样称呼——变成了一个民族，一个唯一的民族呢？

我们搞历史，引用概念，避开了一般的下定义的方式。搞社会学也往往如此。在 19 世纪和 20 世纪，生活在东欧和西欧的犹太人，生活在伊斯兰教国家和基督教国家的犹太人，经历的不是同一种命运。在各个时期，各个不同的犹太支族通常担心受到迫害，所以彼此交往，免得忘记他们独特的信仰。然而，这些支族并没有一般的构成民族的任何特征：既无土地，也无共同的语言，更没有政治组织。他们的统一是建立在他们的圣书、信仰和某些实践基础之上的。"明年到耶路撒冷去"这句话表达了一种至福一千年的希望，而不是一种政治意志。以色列国产生于现代犹太复国主义。这与同化及世俗反犹太主义是同时代的产物。现代犹太复国主义更接近于现代欧洲的民族主义，而不是从耶路撒冷流亡出去的犹太人的百年信仰。

650

目前，"世界犹太人委员会"是由各国的委员会组成的。在美国委员会的推动下，散居在各国的所有犹太人团体彼此间保持着多少算是密切的联系。美国委员会是所有的委员会中最强大和最富有的。世界委员会的代表谈论犹太人，说犹太人与信仰其他宗教的人通婚是危险的，被其他民族同化也是危险的。从而产生了第一个矛盾：犹太人确认他们构成了一国人民，并要维护他们的统一，但同时又要求获得接待国的其他公民所享有的一切权利，而且还要求获得非所在国人民的特殊权利和义务。为此，竟有不少犹太人担心反犹主义完全消失，因为反犹主义的消失将促使犹太人被同化，从而促使犹太人民自身的消亡。针对这种担心，德国人以讥讽的口吻回答说：我倒很希望有你这种担心。然而，犹太男女青年结识其他公民，不管是不是犹太人，都摆脱了与其信仰无法分离的宗教活动。他们与持其他宗教信仰的人通婚这类事情一般来说确会有所增加。

　　事实上，社会学家今天观察到，犹太意识有所更新，至少在法国，被同化了的犹太人对他们的起源、他们祖先的文化表现出好奇心，这些也许会平息上面讲的那些离奇的不安心情。在任何一国的犹太人都不会忘记昨天的悲剧和明天的脆弱。我更感兴趣的是，反对犹太人同信奉其他宗教的人通婚，一心保持犹太民族的本来面目，是否应该说是宗教、文化和人种的本来面目呢？有些人认为自己是自在的犹太人，也想当自为的犹太人，这是我可以理解的。尽管我不否认我自己身上继承了犹太人的东西（我不知道它是由什么组成的，但我感到外人是能感觉出来的），但由于缺乏成为犹太人的决心和不承认有必要拯救犹太人的特性，我没有任何理由谴责犹太人同信仰其他宗教的人通婚。

651　　当前，对差异的崇拜（或酷爱）抑制了雅各宾主义。科西嘉或布列塔尼的微型民族主义的积极分子正在玩弄炸弹。阿兰·德·伯努瓦和他的伙伴们为某些右派搞平反，这些右派敌视中央国家或现代化工业，硬搞一刀切。他们颂扬凯尔特人或日耳曼人的古老神话。他们沿着这条路线，至少从口头上接受其他差异，譬如，犹太人的差异，尽管犹太人的一神论被基督教接了过去，并从历史的角度看似乎最应该对盲目的信仰负有责任。既然文化的多样化本身是好东西，是全人类的财富，那么为什么不从这样的人类财富中得出合理的、有利于犹太教的成果呢？因为各种犹太支族无不自认为是犹太民族不可分割的一部分。

　　法国爱好差异成了风气，甚至崇拜差异，有可能犹太人现在正从中获得益处。为什么犹太人的差异不能像起来反抗雅各宾主义枷锁的巴斯克人、凯尔特人或奥克人等其他人种的差异那样得到容忍，甚至得到确认呢？但是真正的犹太人不会把自己与微型民族主义等同起来，或把自己与法国文化没能消除他们特点的人种集团等同起来。他们只相信一个上帝，这个上帝一方面给犹太人规定了特殊的义务，而另一方面却统治着普天之下的生灵。许多不相信上帝的犹太人保留了犹太支族的生活方式，并有意无意地使他们的犹太教同要求保持其所谓文化本性的任何一个集团接近，无论是科西嘉集团，还是布列塔尼集团。这种本性难道能够成为一国人民的基础吗？

　　事实上，这种基础是脆弱的。就算散居在各国的犹太支族不管怎样仍旧保留着他们的某些共同特性，但这些特性多少受到各自在当地社会里所处地位的影响。在大部分时间里，散居在各国的犹太人都同意，或更确切地说都愿意当地居民的日子，在自己选择的国家里过公民生活。甚至大多数犹太教徒都不希望移居以色列，也不想当一个犹太国的公民。俄国、英国、德国和法国的犹太人即使做同一种祷告，但讲的不是同一种语言，彼此难以理解，他们大半受了各自国家的文化的影响，而并没有怎样受到祖传神话——这些祖传神话并没有真正的历史价值——的影响。

　　我要重复说，"民族"这一概念并没有确切的含义，它可以有多种多样的用法。我毫不犹豫地支持这种看法：就算真有那么一种犹太民族，那么与犹太民族同一类型的其他民族肯定不会存在。我这种说法可能会激起强烈的抗议，但我愿意冒这个风险。圣书中提到的其他两种宗教，分别被当地的文明所同化。

652

犹太教仅占少数，却在那些地区存活下来了。据此，耶和华和戒律的信徒们即使不都是《圣经》中支族的后代，但他们声称他们有共同的起源，他们忠于主要的信条和教规。因为他们在各国的遭遇是相同的，也许他们具有某些精神或社会特征。只要去以色列访问一下，人们就可以消除文学作品中普遍宣传的犹太人的形象，而这种形象仍萦绕在某些人的脑际。至于像西劳克这种厌恶军事道德的商业金融界的典型人物，以色列士兵已把这种形象清除干净；以色列士兵倒被人称为近东的普鲁士人。①

从客观上讲，根据一般用于鉴定一个民族的标准，散居在各国的犹太人不构成一个民族；他们是信仰同一种宗教——这一宗教激怒了所有教会的基督徒——的少数群体，他们继续互表声援，他们当中的大多数都眷恋以色列国，以色列国象征着他们有能力建立一个国家，他们不愿在当地社会充当外国佬。在1930年代，法国犹太人把来自德国的、跟他们有相同信仰的人当成"德国佬"。美国犹太人在我看来还是美国人。诚然，使人记忆犹新的种族大屠杀一时改变了已进入法国或英国资产阶级阶层的犹太人的心理。他们恢复了他们的犹太信仰或犹太意识。假设他们同意自己属于犹太人民——但这种归属对他们几乎不附有任何强制的东西——"犹太人民"对他们来说仍然是极为抽象的，因为他们不打算分享以色列的国土、语言和命运，甚至宗教。在青年一代中，许多拥护犹太教或以色列的积极分子是不信教的。

今天，我回过头去看我走过的历程，觉得可以分成几个阶

---

① 这种比较无论如何都是荒谬的：普鲁士的纪律、普鲁士军队和国家的严格的等级，与以色列军队和以色列的民主并不相同。以色列军队是国民军。

段。第一个阶段直至我的第一次德国之行，那时我的犹太意识是薄弱的，也许是压抑着的；在德雷福斯事件期间，我对饶勒斯和左拉的文章产生了强烈的兴趣，但并没有受赫茨尔的诱惑。

接着是战争年代的到来：神圣的联盟笼罩着每一个人的心，没有少数民族保留意见的余地。在我上高一时，使我难以忘怀的是齐格勒老师。平时学生们都要对他起哄；有一年，他班上的学生既安静又用功，他十分高兴。一天，他终于谈起了"宽容"这个词。我感觉他仿佛转过身来跟我说话，他阐释了他的想法，认为"宽容"这一词没有表达出对"不同的人"的恰当感情，"尊重"一词比"宽容"一词更好，因为宽容意味着上对下的关系。

从 1933 年起，为了不因怯弱而隐瞒我的犹太人身份，我尽可能不加炫耀地予以确认。在 1930 年代，大学没有受到毒化。布格勒、哈莱维、里沃（他曾在维希政府当了几个星期的国民教育部部长，很可能是因为他在战前曾写过一本关于国家社会主义的书）似乎都不担心来自莱茵河彼岸反犹主义的扩散。但我感觉到了这种气氛，每逢莱昂·勃鲁姆在银幕上出现，我就听到电影院里响起一片"犹太人，犹太人"的喊声。G. 芒代尔、J. 吉恩，他们两人都是在占领时期被杀害的，他们曾在内阁任职。他们遭到了右派和极右派周刊的攻击，被指控为支持犹太人而不关心法国利益的好战分子。

在战争期间以及战后，人们难以把我采取的立场归咎于我的犹太身份。我没有参与任何肃清法国通敌者的工作，我写的文章（也许除了有关某些作家①的文章）没有把法国写成摩尼

---

① 亨利·德·蒙太朗、阿尔弗雷德·法布尔-鲁斯、雅克·夏尔多。

教人式的非善即恶的形象。在第三帝国投降后的第二天，我就
654 主张同德国和解。由于希特勒的罪行，反犹主义从政治舞台上
消失后也许将永远躲在暗处或潜伏在地下。巴尔戴希记载纽伦
堡诉讼案的书也许是件丑闻，但几乎没有引起反响。

我注意到1948年以色列国的诞生，但没有感到胜利的喜
悦。我没有意识到这是具有世界意义的历史事件，"世界意义
的"（weltgeschichtlich）一词来自德国人。我没有把自己与这
些开垦了土地并建立了国家的先锋等同起来。战争伴随了以色
列国的诞生，更确切地说，战争使以色列国的诞生成为可能。
战争才刚刚开始。以色列人战胜了由叙利亚人、约旦人和埃及
人结成联盟的阿拉伯邻国，这种时机产生于一些难以遇到的意
外情况，以色列国将以军事立国。

我首次访问以色列是在1956年。给我印象最深的是在20
世纪出现了一个几乎被遗忘的政治实体，一个亦民亦兵的共和
国。旁观者们远远看到，两三百万以色列人淹没在几千万阿拉
伯人的海洋之中。旁观者们（我也一样）有可能会忘记，以色
列的作战部队在数量和质量上都超过阿拉伯联军。而1948年也
许应该除外。更确切地说，从1956年起，而不是从1948年
起①，我必须按照我的职业伦理学来分析和评论近东的政策，尽
可能客观地参照法国的利益和不管是多么含糊的政治道德准则。

理论上的法以联盟使我得到了精神上的安慰，但非常有
限：1956年，法、英远征苏伊士，法国人和以色列的一些部
长串通一气，这种马基雅维利主义的手段搭上了匈牙利革命，

---

① 为什么不是1948年呢？那时我还没有担任《费加罗报》的外交评论员，
阿以冲突还没有同东西方的争夺连在一起。1948年，那仍然是英国撤走
的插曲。

很叫我心神不宁。P. 布里松对我的评论提出了责问："这一次真是机会难逢，我们想有点儿作为，而你却只顾评头论足。更有甚者，你这个犹太人，竟批评法国与犹太人结盟……"就在最后通牒被寄给纳赛尔的那天，米歇尔·德勃雷和他的夫人及安德烈·弗罗萨尔夫妇都在我家共进晚餐。米歇尔·德勃雷怀疑"这样一个政权"能够成功。我们也都表示怀疑，感到困惑并抱有敌对情绪。难道法、英想推翻纳赛尔，用另一个军人取而代之吗？在远征的头一天，英国电台提到了纳吉布。这个人曾被阴谋策划反对法鲁克国王的军官们推举为头领或旗手，但在君主政体垮台后几个月，他被挤出统治阶层。

像居伊·摩勒、克里斯蒂安·皮诺这样的法国人可能很少想到开放苏伊士运河：撇开以色列不说，埃及人为何放弃自己从过往的货船和油船中获得收入呢？法国人希望狠狠打击真正得到纳赛尔支持的阿尔及利亚叛乱分子；即使纳赛尔辞职，一个不太反西方的班子上台也不会中断阿拉伯对阿尔及利亚民族解放阵线的支持。

在1954年至1960年的这些年里，我没有掩盖这一联盟的脆弱性和危险性。法国和以色列这两个国家碰巧都在同阿拉伯国家开战，法国是因为阿尔及利亚，以色列是因为巴勒斯坦人以及因为阿拉伯人拒绝谈判。但阿尔及利亚战争比以色列同阿拉伯国家的战争结束得早；这两个国家，不管好坏，都不介入对方的争端。1956年，在我访问以色列期间，我有幸见到本·古里安，那时他不在政坛，过着乡居生活。他住的白色房子，室内没有任何装饰，几乎像修士的小房间；在经过靠墙壁的书架时，我认出了莫里托翻译的马克思著作，斯宾诺莎和康德等哲学家的著作，还有一本我不认同的犹太文学作品。我们

655

进行了交谈。当谈到阿尔及利亚时，他以一种严肃的调子对我说："我看过报纸了。昨天死了23人，前天死了34人，今天死了18人。但是，你也不得不走了。"我没有反驳他的话。

656　　　这次谈话是在1956年5月，苏伊士运河还没有国有化，西奈战役①还没有开始。这个满脸皱纹、白发萧萧的老政治家以哲学家的口吻说着话，有时还流露出他那战士的气质。他如实地揭示，总有一天，法、以之间的矛盾会爆发。以色列向法国购买武器，并向法国派去了原子方面的工程师。作为交换，以色联在联合国尽力帮助我们，不对第四共和国以及第五共和国的阿尔及利亚政策提出批评。许多以色列人，其中包括个人或政界人物，都不相信什么法国的阿尔及利亚，也不相信什么以战取和。有朝一日法国找到了解决办法——很可能是阿尔及利亚独立——法国便将重新奉行亲阿拉伯的政策，这种政策在1948年为承认以色列国而多日犹豫不决时已经看得出来。甚至在石油供应还没有成为生死存亡的问题时，为了本国的利益——用平常的话来说——法国也应该在以色列和阿拉伯人之间奉行一条中间路线，一种中立政策。

　　的确，当1960年本·古里安到法国进行正式访问时，戴高乐将军把他当作"朋友和盟友"来接待。在会谈中，将军再三问以色列总统究竟怀有何种开疆拓土的计划。他不相信本·古里安的否认。当时，他没有声明反对（也许他真的不反对）希伯来小国为了国家的安全而去征服一些地方。正是在这第三阶段，也就是在我看来是暂时的和脆弱的以、法联盟阶段，我在《费加罗文学报》上发表了一篇关于犹太人和以色列人的文章。

————————

　　① 即第二次中东战争。——编者注

我不是为《费加罗文学报》或其他一些周刊写这篇文章的，而是应美国一批人的要求而写的，这些人准备为以色列国的第一任总统哈伊姆·魏茨曼出一本合集。该总统从贝尔福勋爵那里争得了为犹太人建立民族之家的宣言，并同侯赛因王朝的费萨尔国王进行谈判，费萨尔国王是阿拉伯君主中唯一没有对犹太人定居巴勒斯坦采取不妥协的直接反对立场的人。最近，本·古里安发表讲话，支持散居在各国的犹太人重返以色列。他说，只有在巴勒斯坦，犹太人才能完全像犹太人那样生活。这一声明使我生气，也许是为了进行反驳，我才写了这篇文章，此文发表在1962年2月24日的《费加罗文学报》上。它表达了我在犹太问题上一种过激的思想。作为纪念魏茨曼的文章，它则不免具有挑衅的性质。

657

这篇文章使得《费加罗文学报》在巴黎的销售量倍增，使我收到了大量引人入胜、充满各式各样赞成和谴责的来信（可惜已丢失）。关于我对法、以前景的预测，有人谴责我的悲观主义，有人责备我不合时宜地宣布了前途将留给我们的东西。勒内·梅耶以不客气的口气对我说，这篇文章发表得真不是时候。我永远不会明白为什么不合时宜。要是以色列人仔细阅读了我的文章，他们就会在1967年避免几件令人不快的意想不到的事情。

至于其他，也就是主要的方面，我要辩护的是两个论点：在这个世界上，我们每一个人都只属于一个民族；一个犹太人，如果他服膺教法，并在他的思想和生活中继承了以色列的最佳精神遗产，那么即使他不遵守教规，也绝不算背叛他的犹太教。对这两个论点，我一个也不否认，但我要以比较温和的方式予以阐述。再者，当我把这篇文章汇编在一本题为《戴高乐、以色列和犹太人》的文集中时，我用注解指出，我现在的观点与 5 年前写这篇文章时已经有所不同。

几年之后，我应社会研究新学校的邀请，参加讨论一个人能否兼有多种公民身份。从实际法来讲，有一个不可否认的事实：许多人都拥有双重国籍。譬如，在服兵役时，在英国出生的法国青年必须做出抉择：如果他们不服兵役，就丧失法国公民的资格。许多获得以色列公民资格的法国人却没有失去他们原来的国籍。但是，这种情况相对来讲不多，不能解决政治和伦理问题。

我回想起在巴黎某一地方举行讨论会——但记不清是因为什么近东危机——参加讨论的有 12 个犹太人。在讨论中，其中一人向自己并向别的对话者提问道：若以色列和法国之间的争吵加剧，怎么办？与会者中有一个退役将军，有人问他："如果政府命令您同以色列作战的话，您是否遵命？"将军的理智的回答使在座的某些人感到惊讶，他说："我是一个法国将军，我执行的是我的上级，总之是我的政府交给我的使命。"尽管犹太人要求享有平等的权利，但他们不可能同时为两个君主服务。这种极端的情况好像尚不可能，但在 1967 年之后，在以色列和法国事实上的联盟破裂之后，一些军官痛苦地感到他们的法国军官的义务与他们犹太人的感情是相矛盾的。如果一个犹太法国人首先想成为以色列人，其次才想当法国的一名官员，那么确实会产生一仆二主的问题。

再者，在一个民主的政体中，效忠国家不具有也不应该具有极权的性质。许多法国人哪怕是忠于法国的，也不掩饰自己对这个或那个国家的特殊爱好。在 20 世纪，一些天主教徒支持教皇的外交，而在那时，教皇自己也承认是罗马的俗权君主。绝大多数共产党人，至少是最积极的分子和"经常在支部工作"的人，都多次用实际行动表示他们首先爱的是他们意识形态的祖国。当然,犹太人不希望把自己跟共产党人相比拟,因为共产党人是无条件地为外国服务的人。

在美国,院外压力集团属于政治生活中的正常政治手段。卡特总统的兄弟报名并受雇当利比亚政府的代表。美国犹太人委员会经常影响美国的舆论和政府,以利于以色列和以色列的外交。直至现在,虽然美国犹太人在委员会内部对梅纳赫姆·贝京的主张和行动不全都赞成,但是犹太人组织仍旧保持了一条共同阵线和表面的一致。人们到处都这样说:法国没有类似的院外压力集团和类似犹太人、爱尔兰人或希腊人的选民团。美国人民是由移民组成的,尽管各个人种已有一部分被美国社会塑造为美国型,但令人奇怪的是,美国人民依然是混杂的。他们由居民成为公民,然后正式取得美国国籍。但是,各个人种原有的不同特征并未因而消失。在法国,移民更多是从语言和文化上而不是从国籍上和法国社会融为一体。自大革命以来,也许自宗教改革以来,法国人不断分裂,这仿佛是正常的和不可避免的。双重国籍,双重公民身份,毕竟是可疑的。犹太"复国"运动是与官方组织相对立的,它要求成立"犹太人选举团",四面八方都有人起来反对。

关于我个人的情况是,我尽我最大的努力,遵守法国政治评论家的政治道德准则。我的评论始终是分析多于有价值的判断,但从未做到完全客观。这些评论往往启发人们做出决定,而这些决定在我看来是对法国以及对和平最为有利或最符合道义的。我有关近东的评论,主张以色列有生存的权利,但不否认这个国家的建立伤害了巴勒斯坦人民和整个阿拉伯世界的感情。

我采取这些基本立场以后,便对每个危机本身做出论断,尽可能公正地指出每个角色的责任、错误和失误。我在1956

659

年对法国人和英国人的谴责远比对以色列人严厉，因为英法是主谋，而以色列人仅仅是抓住机会，同纳赛尔的埃及算老账并想使边境地区太平几年。

1967 年，我说埃及不对，因为纳赛尔是有意识地采取行动，挑起以色列的进攻（这是他预料到的）。封锁蒂朗海峡，建立一个约旦－埃及指挥部，埃及军队在西奈半岛集中，这三条开战理由，以色列当局早就说得明明白白。用通俗的话说，这叫求仁得仁！

无论 1956 年还是 1967 年，我都没有无保留地像法国犹太人，甚至像全世界的犹太人那样欣喜若狂。1956 年，入侵西奈半岛的第二天，我在沃日广场上由拉比费尔韦尔克组织的研究小组会上讲了话。在进行讨论时，我阐述了我的疑虑和反对意见。一个年轻人（现在仍犹如在眼前，他 25 岁光景，完全不像犹太人，穿一条笔挺的裤子和一件浅色的上衣，脸蛋很讨人喜欢）在一场混乱的讨论结束之际叫喊道："这一切说明，强权讲理，越讲越有理。"这一次，我一反常态，冲动地、气愤地教训了他一顿。这句话在许多情况下是千真万确的，称得上是法国的马基雅维利主义者的言论，但一个犹太人说出这样的话，应该感到羞耻。犹太人有多少回掌握过强权呢？他们还能把强权保持多久呢？

以色列人在 1967～1973 年奉行的政策，理将导致一场新的战役。我每次出访时，都对我的以色列朋友这样说：无论埃及还是其他阿拉伯国家，都不能容忍强大的以色列。我批评在苏伊士运河上部署以色列军队，这既有军事方面的原因，也有政治方面的原因。苏伊士运河构不成一道牢固的防线，反而迫使以色列人远离基地，前往作战。从政治上讲，占领西奈半岛、加沙地带和约旦河西岸，把以色列国变成该地区的帝国，一个接一个的战争升级将不可避免。

我认为，1973年叙利亚和埃及发起进攻是正常的。1967年以色列发起进攻，也是正常的（说它正常是根据实际，根据习惯或强权政治的"道义"）。在实现停火之后，尽管以色列在战役的最后阶段获胜，但我对埃及人在战役头几天取得的胜利感到高兴，因为这些胜利有可能平复萨达特总统的自尊心和自豪感所受的创伤，从而使他选择和平的道路。

我赞成戴维营的做法，但不抱过多的幻想。我指责大以色列论，反对在约旦河西岸建立定居点，总的来说，我反对贝京的全部政策。我也批评法国的外交，因为它不是用另一种可行的做法，而是用一些声明来代替戴维营的实际做法。在理论上，这些声明无懈可击，但实际上却无法付诸实施。当然，如果我是一个外交官而不是一个自由评论家的话，我就要服从我不赞成的政策。许多非犹太人外交官都处于不惬意的境地来执行他们不满意的外交，并要为这种外交进行辩解。

总之，我按照我的职业道德办事，但我经常收到表示愤慨甚至对我进行辱骂的信件，这些信件有时来自犹太人，有时来自非犹太人；犹太人给我来信是因为我对以色列的政策持保留态度，而其他人的来信则是出于相反的理由。反犹分子的来信，我毫不介意，就像一种盲目的刻骨的仇恨向我袭来时那样；犹太人的来信比较动人，但丝毫没能使我动摇。我是法国作家；作为犹太人，如果先把自己当作以色列人去思考问题和行动，就会生活在自相矛盾之中。为什么不定居在自己的祖国呢？

戴高乐将军为6月事件举行了记者招待会，他在会上讲的一段话中有一句所谓的小句子。这句话引人注目并受到评论："自信的、爱好统治的优秀人民。"有一些我尊重和崇拜的人，例如里凯神父，他们不肯怀疑将军的话中除了对优秀人民的赞赏外还有别的意思，即使这国人民在这一次事件中已在滥用他们对统治的爱好。至于我，我不怀疑（我仍相信我是对的）将军想在教训一下法国犹太人的同时也教训一下以色列人。因此，他用"人民"一词，既包括以色列人，又包括散居各国的犹太人，他打的不只是以色列的犹太人。很有可能，使他生气的正是法国犹太人，生气他们对"六日战争"的胜利所采取的态度：群众示威游行，一些新闻机构公开亲以，甚至到了制造假消息的地步。法国群众惑于宣传，怀着暧昧的激情，同情以色列（小戴维受到巨人哥利亚的威胁）。此外，法国人认为放弃北非是全国人民的失败，所以有意无意地希望对阿拉伯人进行报复。

当时，我常常思忖，是否应该参与这场辩论，同时也常常问自己，是否应该发表我对阿尔及利亚问题的意见。戴高乐将军从来就不是反犹太主义者，至少从 1940 年他进入政界以来一向如此。那么何苦把这样一句反正是夸奖的话看得那么重呢？在将军的思想中，"爱好统治"和"自信"都是恭维话。但是这种解释实在靠不住，因为"爱好统治"这一词常常被法国反犹分子所引用，例如札维埃·瓦拉——他曾在第二次世界大战期间担任负责犹太事务的高级专员。沙皇警察局伪造著名的《犹太人贤士议定书》是出于同样的考虑，并提出了同样的指责：犹太人的统治欲。

我亲爱的朋友加斯东·费萨尔就《戴高乐、以色列和犹太人》一书给我写信，他以友好的态度说我反应过火。他说：

> 首先谈一谈戴高乐将军在记者招待会上说的话。我认为，您做出反应并将您的反应公布于众，这种做法很好。

首先，这是因为您有权利这样做，而且您的反应和往常一样是非常明确的。从我个人来讲，虽然在6月冲突问题上，我几乎是完全亲以色列的，并对以色列的胜利感到高兴，但对"自信的、爱好统治的人民"这句话的理解，我不如您那样严格。我认为这"几个字"，无论引起多大反响，也不足以正式恢复反犹主义的名誉，甚至不可能揭开新的"怀疑时代"的序幕。但是，您完全有理由说出您的感受。我希望您写的东西有助于（即使这是不大可能的）您写的书中最后一页所考虑的、所呼吁的更正。

《戴高乐、以色列和犹太人》这本小书包括三个部分：第一部分的标题为"怀疑时代"，探讨了将军的记者招待会；第二部分转载了在"六日战争"以前、"六日战争"期间和"六日战争"以后发表的文章；第三部分收集了两篇文章，一篇发表在1960年9月的《现实》杂志上，另一篇我已提到过，发表在1962年2月24日的《费加罗文学报》上。

对第二部分，我只想说几句话。我在本章开头提及的现场分析是经得起重读的，尽管今天的读者掌握的情况比我当时掌握的更多。联合国秘书长吴丹应负的责任很可能比我当时想象的要少。纳赛尔曾一个接一个地提出了各种各样的挑战；深陷越南战争泥潭的美国总统，无法履行对以色列许下的关于蒂朗海峡自由通航的诺言。

663

杜勒斯曾于1957年向以色列做过正式保证。这些保证与联合国无关。整整48小时，命运游移不定。一个美国总统在10年前做出的诺言应由约翰逊总统来兑现了，或更确切地说，他本来应该庄严声明，应该发表具有说服力的公开或秘密讲话，不让开罗和莫斯科怀疑他的决心。然而，被远东一场没完没了的战争压垮了的美国总统，理所当然地怀疑在埃及的挑战背后藏着苏联的影响。于是，他吞吞吐吐、结结巴巴地答应向以色列提供外交援助，结果引起了双方的连锁反应，一直弄到非爆炸不可。①

8月，我在以色列待了一个星期，回国后写了3篇文章，以后发生的事件与这些文章的主要论点不谋而合。在第一篇文章里，我报道了我同列维·艾希科尔总理的对话，他对我说："我们的资源多得难以选择，耶路撒冷，加沙地带，西奈半岛，还是约旦河西岸呢？这次，我们手里有最好的王牌。让别人去考虑应采取什么行动吧。"我打断了总理的话，问他说："您是强调难以选择，还是强调资源呢？就谈判的王牌而言，你们是不缺的。如果你们要保留战利品，那么这些战利品还能不能算资源？"我觉得以色列人在手段和目的的问题上有分歧，他们仅仅在战略上而不是在政策上一致。眼下，他们保留了所有征服的地盘，并让阿拉伯人做出选择，要么维持现状，要么进行谈判，这就等于留在原地等待。每一个以色列人最担心的是什么？怕武力兼并败坏国民精神吗？怕撤出占领区造成军事上的不安全吗？怕少数阿拉伯族膨胀，使犹太人失去民族特征吗？如果我没有必要金人缄口，我就可以说出每一个对话者怎样有意无意地对各种危险性划分等级。但无论是政治家还

664

---

① 这篇文章写于6月6日，于7月发表。在书里的注解中，我责备自己对美国总统过于严厉了。

是军事家，他们总离不了一个无懈可击的外交套话：只要阿拉伯人同意和平解决，那么一切都不成问题。1973 年还得再打一仗，让埃及打个胜仗；开罗出个政治家，一个所谓的阿拉伯国家才有可能和以色列直接对话。

第三部分的两篇文章没有什么实质性的差别，主要是调子、文笔和气氛上的差别。第一篇文章——发表于《现实》杂志上的那篇文章的结尾，引用了让－保罗·萨特论文中引用的黑人作家里查德·赖特的一段话："在美国不存在黑人问题，只存在白人问题。"让－保罗·萨特补充说："我们可以用同样的方式说，反犹主义不是一个犹太问题，而是我们的问题。"我当然不赞成这样的警句，它至少是过于简单化了。犹太人今天不能回避他们的问题：自己确定自己是以色列人还是法国人；既是犹太人，又是法国人，是可以的；既是以色列人，又是法国人，是不行的。这并不禁止他们对以色列有特殊的爱。这很难为西蒙娜·韦伊辩解，正像我在这篇文章中所做的那样，说不该责备她反对犹太人。她尽管附有条件，提议禁止与犹太人通婚，以清除犹太主义，可是这不等于要搞种族灭绝吗？不管怎样，在这篇文章中，我找到了我的信仰的两根支柱："我认为，犹太血统的法国人要求保持他们的信仰和传统文化是合乎情理的。为什么一个犹太人非得要被当地人同化，非得丢掉父辈的宗教信仰和教规，才能成为一个好的法国人或一个好的英国人呢？只有公然承认此观点的羞羞答答的极权主义理论家，才要求把这种异化作为获取公民身份的代价。"另一根支柱，我借自斯宾诺莎："我重读了《神学政治论》，认为'国与国是有区别的，也就是说，各国有各国的社会制度和法律'，但'无论是权贵还是犹太人，都受法律的制约，我说的法律是有关真正道德的法律，而不是对各国制定的法律'。我比以往任何时候都更加深信，'在理智和真正的道德方面，没有一个民族生来就是有别于另一个民族的，因此在这方面，没有任何民族得到上帝的偏爱。

665　　因此，今天犹太人绝没有任何东西可据为己有，并把自己置于所有民族之上'。"我要补充一句，除了不幸，什么也没有。同时也没有任何东西应把他们置于其他民族之下。

　　另一篇文章——我已提到过——从某种程度上回答了本·古里安的话："犹太人只有在以色列才能完全成为犹太人。"在重读这句话时，我觉得有必要修改那些太绝对和太简单的说法。我在注解中写了这些修改的话。我曾写道，欧洲的犹太复国主义不是受宗教的影响，而是受政治的影响；我还在注解中写道："这种提法不妥当，至少应该在深浅程度上有所区别。"这些修改固然重要，但只属于历史方面。我于 1967 年批评过的那些话是属于同一类型的："对信教者来说，甚至对正统派来说，成为好的犹太人最佳的、唯一的办法，不就是根据字义和神灵服从戒律吗？"注解说："把一个复杂的问题简单化了。""以色列国是世俗国家。"注解说："这种提法不完全确切。以色列国家和教会之间的关系需要进行长期的研究。""对真正信教的以色列人来说，以色列国家不是主要的。"注解说："这种提法太简单化了。""以色列的事业在 20 世纪的世界中是没有普遍意义的。"注解说："今天我不再写这种句子了。"

　　但愿读者重新看看这一连串的句子和我的修改。这些修改几乎都涉及以色列国家的性质，涉及希伯来国家的影响和其结构中政治和宗教所占的地位。我曾犯了过于简单化的错误；第一批犹太复国主义者，特别是这一组织的发起人，即被同化的奥地利记者，对犹太人进入社会而引起的反犹主义做出了反应，其实，他们从自己身上是找不到父辈的信仰的。但是，由欧洲民族主义引起的反民族主义成为犹太复国主义，并且渐渐地被宗教感情充实了，而这种感情是由上千年来对耶稣教堂和耶路撒冷的怀念所唤起的。

读者可以相信，我的内疚和愧悔并不触及我的犹太意识的核心。我有法国国籍，受的是法国教育，关心的是不脱离自己的根子，我尊重教友们的信仰，而自己又不抱有这种信仰。这就是小书的第一部分，命题为"怀疑时代"。这是同戴高乐将军的记者招待会进行的一场论战，也是这本小书的中心及其存在的理由。

在这篇文章中我想说什么呢？它在我写的所有文章中是独一无二的一篇。首先，我想通过这篇文章，表明戴高乐将军的下面这句话远不是对犹太人民的赞扬，而是与反犹主义的传统产生共鸣。戴高乐将军曾经说过："有些人甚至担心，现在一直散居在各国的、始终保持了原样的、自信的、爱统治的优秀犹太人民，一旦集中在一起，将把 19 个世纪以来他们所怀有的极为动人的愿望变成强烈的征服欲望。这个愿望就是：明年到耶路撒冷去。"要说散居在各国的犹太人仍然是自信的、爱统治的人民，我听到这种论断只觉得如此反常，如此骇人听闻，简直不敢相信我的耳朵。犹太人在几个世纪内都被圈禁在犹太人区，被排斥于大部分职业之外，并随时会受到迫害（用将军的话来说，这是他们自己"造成"的，或更确切地说，是他们自己"挑起"的），这难道就是他们的自信吗？札维埃·瓦拉——战时曾任犹太事务专员——评论我的书，并表示欢迎我重新采用了他一贯主张并予以贯彻的思想。我不怪将军反犹太，而怪他给反犹主义的尊称，就算不是尊贵的称号，起码也算给了一种

666

正当的名义。我不责备他拆散法国同以色列的联盟，"无论哪届法国政府，在阿尔及利亚独立之后，完成了非殖民化，都将极力同中东各阿拉伯国家建立所谓的传统联系"；我责备他单方面谴责以色列，而带有挑衅性的外交主动行动却是由纳赛尔采取的（封锁蒂朗海峡，在联合国维和部队撤走之后占领沙姆沙伊赫，在西奈半岛集结部队）。诚然，戴高乐将军曾事先声明，他将谴责首先动用武力的人并将援助岌岌可危的以色列。"戈尔斯先生对我说，戴高乐将军的诺言是算数的。"可是，除了开个记者招待会，他又向以色列提供过什么援助呢？

将军抱怨以色列国没有听从他的建议。也许他更不乐意法国犹太人对以色列表示"声援"，并为以色列的胜利欢欣鼓舞。[①] 一个知己对我说：

> 在 6 月份表现出来的亲以色列的狂热，不含有某些隐晦的东西吗？不含有某种情况下令人不快的东西吗？《世界报》的"自由谈"专栏中有一个作者说："这些表现不成体统。"可是谁也想不出，《世界报》会判断谁成体统，谁不成体统。我承认自己既不喜欢跑到香榭丽舍大街高呼"以色列必胜"的青年人，也不喜欢在以色列大使馆前游行的犹太人。我既不喜欢当年积极拥护阿尔及利亚永远属于法兰西的人，也不喜欢那些怀念远征苏伊士的人。他们借以色列之手，继续同阿拉伯人打仗……这些人的申斥，还是接受了罢。他们在 6 月份每时每刻都保持了冷静，从来没有对以色列居民的生命表示出一丁点儿担忧……在一

---

① 下面转引了"怀疑时代"中的文字。

个基督教养育成长的文明中，任何一个人不管信不信教，都对耶稣基督所凝聚的乡愁亲思怀有孩提时的回忆和复杂的心情。谁能对这个民族的命运无动于衷呢？是啊！一个善良的反对者回答我说。20 年来，信奉基督教的欧洲总是想忘掉而不是想理解，反正眼不见为净。我可以理解他们，只要事先揭露了种族大屠杀，自己便可以说问心无愧，高枕无忧。其实，他们以为以色列人将会遭到种族大屠杀，可是他们搞错了，这些威胁并未成为事实。但像你一样的法国犹太人对我们说，他们是，也愿意是"像其他人一样的"法国公民。那些从北非回国的人，他们喜欢法国甚于以色列，难道他们不应该少出头露面，少说话，少指手画脚，免得别人耻笑他们是一仆二主吗？在这些发疯般的日子里所发生的一切事情，不可避免地会颠倒黑白。与其说戴高乐将军带了头，倒不如说他不过当了别人的喉舌。当然，同病相怜的兄弟，你替别人讲起话来，正像所有的人一样，显得多么乖巧。最好还是……犹太人不应该……这一切是理所当然的。老实说，度过了 6 月艳阳天，我等待的是 11 月的寒风霜冻……人们忘记了一个重要的事实，只有它能够解释法国犹太人几乎完全一致的态度：因为法国大多数人的同情心都是向着以色列的，犹太人喜出望外，犹太人的身份终于与法国公民的身份水乳交融了。犹太人过得很惬意，表示自己对以色列的热爱非但不会同法国人疏远，反而更加同法国人打成一片了。可惜好景不长：他们也相信了圣诞老人会白白给他们送礼。

668

我提醒说，法国的犹太人不全都属于同一社会阶层，不会只有一种见解：有的是右派，有的是左派，他们当中有许多人是亲巴勒斯坦的，反帝的，因而敌视"殖民主义的产物"以色列。话是这么说，但法国犹太人仍然是第一次给人这种印象：他们居然也自成一种团体。我，不是犹太复国主义者，首先因为我不觉得自己是犹太人，"我比以往更清楚地知道，以色列国有可能被摧毁，一部分居民有可能被残害，想到这种可能性就会刺伤我（直至我的内心深处）"。许多左派知识分子也和我有相同的感受。他们时而忘记了"帝国主义"和"殖民主义的产物"，回忆起自己的身世，重新感到自己是犹太人，这使他们自己都感到惊讶。犹太血统的左派知识分子没有为以色列的民族主义而放弃世界主义，尽管 J.-M. 多梅纳克写这话的时候并不十分出于恻隐之心。他们做了和加缪相同的尝试。在某些情况下，知识分子经过反复思考，权衡利弊，查遍了各种材料，一一比较对证，参考了各种抽象的是非准则，最终徒劳无功，依然不能够采取一定的立场。他要么默不作声，要么听从他的魔鬼。左派知识分子，无论是犹太人还是非犹太人，在 6 月份都是这样做的，不惜次日重新恢复平时的习惯。也许有一句话能够更好地概括我的立场："作为法国公民，我要求跟全体公民一样，享有效忠国家的权利，享有信仰的自由，享有同情什么的自由。对信教的犹太人来说，以色列有完全另外一种含义，这种含义与对我来说的含义是不同的。虽然他们比我更加需要这种自由，但是，如果我竟让他们单独来捍卫这种自由，我将瞧不起自己。"

关于戴高乐将军本人，我只想提一些问题，不做回答：

他为什么这样做呢？是以引起公愤为乐吗？是为了惩

罚不服从他的以色列人和偶然反对戴高乐主义的犹太人吗？是为了郑重其事地杜绝脚踏两只船的企图吗？是为了多卖几架幻影战斗机给阿拉伯国家吗？是指桑骂槐地冲着美国打犹太人吗？他是否想再次考验，在夏尔·戴高乐时期委曲求全的某些忠实信徒是否仍然无条件地服从？是否学路易十四，不肯容忍新教徒？是否学雅各宾党人，自己热爱自由，爱得不许公民怀有其他感情？这一切的一切，我都说不好。我只知道任何过火的民族主义最终将迫使某些犹太人（我不是这样的犹太人，但我不愿脱离这些犹太人）做出抉择：要么拒绝，要么否定自己。

669

次年，"五月风暴"发生了，1969年，将军隐退，1970年，将军逝世，记者招待会的风波得以平息。回首以往，我承认论战是无用的；无论如何，"以色列和犹太人"问题迟早有一天会被提出来。两封高质量的信各自非常清楚地阐明了两种对立的态度。有一个同我联系不频繁但保持着真诚关系的作家写信给我说：

> 我的妻子不能忍受人们在信仰基督教的法国人和信仰犹太教的法国人之间分出最细微的差别，但她对法国绝大多数犹太人的行为十分反感。可以说，一条鸿沟在她的脚下出现了。就这样，这些人居然把以色列放到了法国的前面。有一些好像已经解决的问题，如反犹主义问题，又很快被提出来了。您——雷蒙·阿隆，您曾写文章说，您是那样坚决地确认您的犹太特性，所以您的话会不会让反犹分子拿去做论据，您满不在乎。可是您错了。

在触及主要问题的这几句话以外，来信的人还说，以色列在入夏之前，就决定要打断阿拉伯国家的脊梁骨。

> 6月份，人民群众的反应使您感到兴奋[1]，却使我感到沮丧和悲痛。我从中看到了法国人没完没了地寻仇报复的浑蛋劲儿。

斯特拉斯堡的一个犹太人，他是信教和遵守教规的，而且是个犹太复国主义者，他写的信是典型的。他在信中承认经常阅读我的文章，但很少赞成我的观点。他把写给 P. 维昂松 - 蓬特的信复印了一份寄给我：

> 您把"犹太人民"放在引号里面。我的意见是，您可以去掉引号，因为这是个历史事实。有许多和我的信仰相同的人，都否认这个事实，因为他们难以接受。这是他们的事，改变不了社会和历史事实。米歇莱给灵魂下的定义是："灵魂是精神元素。"这既可以用于犹太人民，也可用于其他一切人民。因此，远远不能责备将军使用"犹太人民"这个词。但他加了"优秀"这个词，姑且不说后面还用了不友好的形容词。然而，我根本不相信有什么优秀人民，也不相信那些自封为天之骄子的人。犹太人自称是"上帝的选民"，人们可以对此提出异议。从形而上学来讲，确实是这样。但是，我们乡村里最小的拉比也会向您解释说，当选仅仅是一

670

---

[1] 这话不确切，我也觉察到这些游行示威过激过火，而在亲以色列的感情里面，含有暧昧不明的东西。

种义务，一个沉重的负担……法国是我的祖国，我的祖先和我自己都曾为它而战斗。我们讲的是它的语言，它的文化就是我们的文化……只有在这里，我才生活得自由自在。然而，这个祖国难道有权随意指挥我的全部思想和我的全部感情吗？它能够合法地去掉我的犹太人特性吗？（或巴斯克人或布列塔尼人的特性……）犹太血统的法国人虽然举止应和所有法国人一样，但我绝不认为，为了达到精神上的同化，他应该抛弃犹太人的特性，使自己变得贫乏无聊。如果他沐猴而冠，机灵地模仿他认为是法国人发自内心的行为和思想，他又算为他的国家做出了什么贡献呢？既然作为"选民"首先是一种负担，一种神秘的义务，既然他不因为自己生来就是犹太人而觉得了不起，那么他就不必为此感到羞耻，也不必讳莫如深……唯独极权国家，才强迫它的犹太人做出这种不正常的和不人道的选择。真正的民主制始终是多元的，并且是承认相异性的。在我看来这甚至是民主制的主要标准之一，民主制也从中得到补偿。每一个国家都有称职的犹太人。因为任何社会集团的人道贡献都是积极的，只要这种贡献是真诚的和真正的……因而，从大革命以来，我们就成为十足的法国人。但是，就像纽约的爱尔兰人对所有爱尔兰人的命运感到不安一样，我们也对全世界的犹太人的命运十分敏感。再者，我们都是教会的后代，而且我们在祷告中，一向怀念耶路撒冷，所以，以色列国对我们具有一种特别的吸引力，既是历史性的又是宗教性的吸引力。我们几乎所有人都思念以色列人，就像思念我们的同胞手足一样。对我们当中的许多人来说，这从狭义上讲也是事实，因为我们在那里确有亲戚。对我来讲，我在那里有儿有孙：他们在理想主义的推动下到 671

基布兹去了，就像你们那儿有人进修道院一样。那么，为什么我对以色列人的感情与我对我法国祖辈的感情就不能相容呢？

1967年6月，关于法国犹太人的态度问题，我收到克洛德·列维－斯特劳斯的一封来信，像往常一样，他的态度是友好而宽容的，但在一个关键问题上他却持批评态度。我把那些恭维话搁一边，先谈谈主要问题：

您所说的一切都是正确的。但我觉得您忽视了一个重要问题。确实，从一开始，我们就看到一出蓄意操纵本国舆论的把戏。您可以回想一下，《法兰西晚报》整版的标题是《埃及人已经发起进攻》，这种情况一直持续到"六日战争"结束多日之后。

许多法国人，无论是犹太人还是非犹太人，对事件持有与政府不同的看法，并且公开维护自己的看法。没有比这更为正当的事了。但他们从事新闻工作，就得特别要求自己写文章有分寸，严格尊重事实。如果凭仗新闻界的实力地位来扩散假象，试图改变形势，这就有点玩阴谋的味道了，我几乎可以说这是背叛。作为犹太人，我为此感到羞耻，也为那些犹太知名人士感到无地自容，因为这些人竟敢在光天化日之下，厚颜无耻地代表众人发言。

在出现了这样严重的偏差之后，提出警告无疑是不可避免的。令我遗憾的是采取这种形式，但我又承认，至少这一次不得不承认，将军所采用的形容词是符合实际的：因为有些法国犹太人利用他们在报界和广播电台的权力和已获得的地位，窃取了代表其他所有人讲话的权力。正是这些人表现出"自信与爱好统治"。但人们可以把这一切告诉他们，而不必以牙还牙。眉毛胡子一把抓本来是他们这些人搞的，而且已经搞得十分严重。（1968年4月9日的信件）

我没有保存我的复信，但克洛德·列维－斯特劳斯以同样的坦率和同样高尚的思想境界，给我回了第二封信。凭信中的段落，可以猜测我写给他的信中所提到的事实和论据： 672

您说得千真万确：个人或集体对形势和事件各有各的看法，除此之外，就不存在什么客观的历史事实。对我来说，鉴于我们所要处理的问题，这就更加千真万确了。因为我对以色列情况的看法，仍受另外一种情况的影响，而且我对这个情况至今仍然十分敏感。这个情况在几百年前发生在地球的另一边。那时候，另外一批受迫害和受压迫者，来到由更加弱小的人民栖息了几千年的土地上定居，并急于把后者排挤出去。我显然不能在对红种人受到的摧残感同身受的同时，对巴勒斯坦阿拉伯人做出相反的反应。即使这是事实，我与阿拉伯人的接触虽短，却对他们产生了无法根除的反感……因此，我自觉自愿地承认，鉴于职业上的特殊原因和我本人的原因，我的认识从根子上就歪了，再加上作为犹太人，凡是在制造舆论的地方掌握着大权的犹太人，都应该比通常更加注意尊重事实。这样才对得住他们自己，才对得住我们这些人。然而，从一开始，我们就听了一肚子假话。就算照您的说法，我心目中的那些人只不过当了一帮居心不良、怀有成见的人的跟屁虫，那么他们对我们所有人还是犯了极其严重的错误。至于我，我担心（但我当然一点儿证据也提不出来）甚至连戴高乐派的报纸和戴高乐派的人物也别有盘算。在政府还来不及做出反应之前，他们便把舆论倾向扩大到无法逆转的地步。可是在这一点上，他们完全搞错了……

实际上，正如您所看到的那样，我们的分歧只在于一个细微的差别。您认为，法国犹太人满怀激情地抓住了可以声明自己既是法国人又是犹太人的机会，这是感人肺腑的和可以谅解的。我的看法恰恰相反，他们不应该这样，更不应该在暗中挑起这种狂热情绪。(1968 年 4 月 19 日的回信)

673   我认为，今天大部分法国犹太青年倒是同情那个在斯特拉斯堡和我通信的人，而不是与这位伟大的人类学家抱有同感。前面那一个属于戴高乐派，第二次世界大战时期在法国抵抗德国的游击队里担任军官。他不仅仅代表犹太复国主义者和信教者，甚至连不守任何教规的犹太青年也采纳了他的意见，决心肯定自己的犹太身份，赞成多元化，也就是说赞成差异，并从此再也不在乎别人指责他们为反犹主义提供了论据。

从这种意义上讲，我与斯特拉斯堡的犹太复国主义者差不多（尽管是从完全另一种哲学出发的）。他做结论说：

总统完全改变态度的最后一个方面是：反犹主义是一种传染病。如果杆菌携带者知道或认为他们在混乱的局面中有支持者，他们就立即变得咄咄逼人，而在他们应有的位子上时，他们就会变得极其卑躬屈膝。然而，戴高乐和布热德的政治联盟，亲阿拉伯政策的那个记者招待会，可

以给所有这些可怜虫以启示：发泄的时刻重新来临，就像
1940～1945 年他们有人保护的时候一样。

我要重新提一提这封信的最后一句话：

> 我认为以诚相见者，彼此进行对话是有益的。这种看
> 法有点天真，像我这样属于"爱好统治的人民"的一员
> 不应该持有这种看法。

与往常一样，亨利·古伊埃写信感谢我送书给他。这封信与
作家们通常收到的空洞客套的信大不一样。信中充满了言之有理
的思想，令人钦佩的诚意、公道和精确三者交相辉映："如果我反
省一下的话，我发现，在第一阶段，当我从收音机里听到这句话
时，我惊呆了。这句话听起来带有贬义，那是毫无疑问的。第二
阶段，我提出了抗议，我把此话同国家社会主义做了比较……没
有顾到当时的背景和反应：'不要夸张'。第三阶段，喘一口气，
恢复时代背景，排除与国家社会主义做可笑的比较，并提醒说，
上流社会的反犹分子从来没有建议使用杀人的瓦斯房。"除了这些
个人的分析，H. 古伊埃在我的书中抓住了我对"犹太人民"这
一概念本身提出的疑问。可是，他的说法与斯特拉斯堡的通信人
恰恰相反，尽管后者也是赞成我的观点的。"您使人领悟到，'犹
太人民'这几个字实际上比其他所有称号都更为重要。这是真正
的问题。正是这一提法使您的处境变得十分困难：您凭什么、为
什么、以什么名义，可以属于另一国人民而不是法国人民呢？这
实际上是创立一种'犹太主义'，它只是作为一种身份，那些像
您这样的法国人在这种身份下，徒劳地寻求他们可以寄托的东

674

西。"他准确地解释了我的思想。与斯特拉斯堡的通信人所不同的是，我不认为人们可以像确认法国人民的客观存在那样来确认"犹太人民"的客观存在。犹太人民的存在是根据那些想让他们存在的人的意愿而存在的，那些人有的出于元史学原因，有的是出于政治原因。

我出乎意料地、欣喜地收到了《现代》杂志的一封来信。素不相识的克洛德·朗兹曼给我寄来信，我引用几行，也许很不谦虚：

> 我刚拜读完《戴高乐、以色列和犹太人》一书，我谨向您表示感谢。您写道："伟人的声音"沉默了。真是太好了。谁也没有以这样严格和关注的态度来谈论事实真相，这使得我有可能在几乎所有的问题上紧跟您并永远完全尊重您。我要补充一句，这可能是前者的结果：一共45页的"怀疑时代"，文字非常优美。

我想对费萨尔神父的遗著《雷蒙·阿隆的历史哲学》提几点看法，作为本章的结束语。这部著作在我朋友的全部著作中是独一无二的杰作，它深深地打动了我的心：它试图解释我内心的、几乎是秘密的想法，这些想法是在这儿或那儿，在一句拐弯抹角的话中或在激动的时刻泄露出来的。

如同我对拙著的判断一样，神父没有弄错主要的方面：战后，我的教学和记者职业并不意味着我同战前进行的哲学探讨决裂了。从表面看，在《导论》中，过于密集精炼的文字与《费加罗报》上一贯易懂的或清晰的、不考虑文学效果的文字，二者之间不再存在什么共同点。除了文笔上的差异，对事件的评论似乎属于另一种类型，另一种天赋，不是解释价值哲学的中性或神道之间的斗争（用散文式的话讲，价值之间互不相容）。这些一目了然的意见与我思想路线的连续性是一致的。我的那些书有关于国际关系的，有关于意识形态分析和社会学分析的，书中的思考不一定都来源于《导论》一书，但它们构成了可能的续篇之一；它们阐明了莱昂·布伦什维克的话："您的论文包含了您一生的工作的萌芽。"（我想不起原话，只是援引了大意。）

675

《导论》是在进行政治反思时创作的，它除了包括认识论方面的研究，还包括历史学中的行动理论和对意义的研究。然而，不言而喻，我尽力将这种行动理论付诸实践。费萨尔神父将这一行动理论比作耶稣会创始人伊纳爵·罗耀拉的《神操》。1945年后，我选择了1938年提议的那种立场，它不是根据情绪而提出的，而是根据对我们所要选择的各种类型的社会做出尽可能科学的研究后提出的。1945年，大分裂把我们置于两者择一的境地：选择革命，就是选择苏联模式和苏联帝国；拒绝革命，就是选择自由民主制，它既不是美国模式，也不是美国帝国，而是多种民主制模式中的一种。多种民主制包括所谓资本主义民主制、社会民主主义民主制、自由民主制的民主制，它们在战争结束后都得到美国的保护。

我在《导论》中阐述的这种选择包含意识形态方面和哲学方面的含义。根据常常被引用的说法，争取世界统治权的斗争是以哲学的名义进行的。斯大林援引黑格尔和马克思，尽管他们的辩证唯物论已经变质。美国仍然忠实于启蒙运动，忠实于尊重人和尊重人的自由权利的无限进步，忠实于繁荣和谋求幸福。这种政治哲学选择不单独支配我的各种决定。每一个决定要求除了原来的选择，还要权衡风险与成功、希望与可能、利与弊。而我们当中的每一个人正是通过自己做出的决定来塑造自己的人格和生活的。

费萨尔神父和我都非常赞成抛弃马克思主义。我们针对亚历山大·科耶夫的真实思想进行了交流。在他眼里，苏联预示着清一色的世界帝国吗？无论他还是我，我们都不把 J. – P. 萨特的话当真：马克思主义是我们时代"不可超越的"哲学。坚决主张自由倾向，马克思的独断主义与萨特思想的奇怪混合是我俩都不能接受的。对于行动家来说，前途依然是敞开的；除非采用唯物主义的马克思主义（萨特本人曾多次批判唯物主义的马克思主义），否则我们就会进入"一个不协调的世界，在这个世界除了一种支离破碎的科学和一种浮浅的思索，没有其他保障"①。既然如此，有什么权利把反共者称为"狗"呢？

费萨尔神父重提了莱昂·布伦什维克对我的博士论文答辩提出的批评：我把历史看成"一个不协调的悲剧"。他既想为我受到的指责进行辩解，也想根据我的实际行动，甚至我的理论，更好地理解连我自己都不理解的我，还想拿我跟他做比较，而又不对我本人做任何不真实的解释。在《导论》一书中，我把自然史和人类史区分开来；我不断排除超自然史或圣史；我保留了这方面的可能性，也可以说是保留了这方面的空白。费萨尔神父出于对基督的信仰填补了这个空白。

既是自然史又是人类史的历史，确实是一种不协调的悲剧。历史成为人类史，是因为人为自己寻找一种天赋，也是因为人把自己的使命和命运对立起来。但与此同时，他并不忽略自己心爱的人民的特性，也不忽略他自己应当为之效命的目标

① 这是我《历史哲学导论》中的最后的话。

（页码 676）

和价值是靠不住的。在历史的目的方面，他按康德的见解来设想理性的概念，并泛泛地拟出了它的内容。这是理想还是幻想呢？我不知道。在历史主义方面，我概述了定命的绝对性和理性的世界性所限制不住的东西。然而，费萨尔神父则在超自然方面寻找悲剧的一致性。在基督教徒眼里，犹太人民的命运属于超自然史。在基督诞生之前，犹太人民通过结盟，在救世主的救世学说中占据着独一无二的地位；在基督诞生之后，犹太人民变成了不信教的犹太人，即不承认救世主的人。崇拜偶像的异教徒改信基督教，一直有可能抵挡不住迷信的压力。不信教的犹太人和改变宗教信仰的异教徒并不在物质上形成这样或那样的团体，而是形成了世界史里的一些类别，世界史在基督身上每时每刻都能找到自己的目的和一致性。

677

在《导论》中，在个性与普遍性之间找不出"平分秋色的偏爱"的痕迹。当然，城邦和帝国的交替，人民和国家的盛衰，全部都被写进了各个世纪的编年史中。在每个时代，人们为那些由同样的创造者轮流建立或摧毁的不牢固的建筑而流血牺牲。尽管这些建筑在当时的人看来几乎全部是永垂不朽的，能够经得住时间的考验，但是，它们没有一个被列入圣史。我无保留、无条件地觉得我是法国人。1967 年 6 月，我表示了对以色列的声援。这种表示"声援的情感"，意味着我的实践比我的理论先走了一步吗？

我愿意同费萨尔神父继续进行对话，但并不认为莱昂·布伦什维克是对的。诚然，我多次使用"反常"这个形容词来形容犹太人的命运。我反复思考在 20 世纪建立一个希伯来国家，而这个国家所怀抱的与其说是"明年到耶路撒冷去"这一长达千年的祷告，还不如说是 19 世纪的欧洲民族主义。半世俗半信神的以色列，同散居各国的"犹太人民"一样反常。在社会学家看来，以色列集团聚集了一批先驱者（这批优秀分子的人数日益减少，而来自近东和北非的犹太人则子孙满堂），他们受从欧洲和被称为发达国家的地方移居来的移民的领导。

在以色列国家的形成和犹太人在各国永久散居这些问题上，没有任何东西与一般的历史性的解释方式相对立。在公元头几个世纪，犹太人与基督教徒差不多。渐渐地，犹太人被驱逐到犹太人区，沦为从第一次十字军东征前夕开始的灭犹运动的牺牲品。渐渐扩大到全欧洲的法国大革命"解救"了他们。在几个世纪中，弑神的、被蔑视的犹太人民，在布痕瓦尔德集中营的万人坑里，在奥斯维辛杀人的瓦斯房里，丢掉了他们的幻想：至少在可以预见的将来，他们可以成为与他们所属的并在那里生活的国家中的其他所有公民一样的公民。正是为了驳斥现代反犹主义（不再是驳斥原本是宗教上的反犹主义，而是驳斥带有隐晦的情感，披着假科学观念外衣的反犹主义），一部分犹太人——大部分是东欧的犹太人——对"民族同化"感到失望，并向往建立一个将是他们自己的国家。亚瑟·库斯勒在一本题为《圣迹的剖析》的书中叙述以色列的诞生，但没有提示唯有上帝和上帝的意志才能使这一事件为人理解。他寻找并找到了各个偶然事件之间不太可靠的联系，使从区区60万人里动员来的以色列军队竟然战胜了由所有阿拉伯国家结成的反犹太联盟。

大多数犹太人都觉得同以色列有"亲族关系"，即使他们抛弃了犹太复国主义，并且无条件、无保留地想当另一国的公民，这一事实无论如何不意味着全世界犹太人的"神秘"一致。我于1967年5月至6月6日战争前夕写的东西仍然是纸上的东西。每个人都可以按他的方式来解释在风平浪静的时期被抑制的感情的爆发。我不禁止费萨尔神父从中得到证据，或至少，从中看到我的"闪米特人特性"的症状。

我认为他弄错了。我只是坚持认为：

> 亲族关系的感情超越不了世俗史和人类史。数千年的历史在犹太人的心灵深处留下了难以磨灭的痕迹：这些痕迹当中，人们的直觉是，尽管所有犹太人散居在各国，但经历的是同一种命运；当其中一个犹太人团体被迫害时，所有的犹太人团体都感到受牵连，受威胁。当这个团体叫作以色列时，这种在我们眼里不可抑制的、不可阻挡的、可以说是神秘的和不言而喻的"亲族关系"怎能不爆发呢？

在一个非次要的问题上，我向我亲爱的神父投降。当我写犹太人和我的犹太身份时，我有玩弄简化的两者择一的倾向，即要么是圣律的世界性或以色列使命的世界性，要么是在联盟中暗含的民族主义，不管以色列的使命有什么样的精神意义，是多么微妙和多么真实。在世界性的人类目的性与人类团体的"迷信"之间存在各种人民，各种人民都深信其为人类的共同财富提供并贡献了一份无法替代的珍宝。

犹太人也持有他们的珍宝，但这份珍宝在《圣经》和他们的信仰之外，他们不具有同一种文化。再说一遍，如果他们想作为一种人民，那么这种人民不同于其他任何人民。

作为结论，我重新回到我一直没有解决的矛盾：一方面是 679
存在的价值和方式的历史性的多样化，另一方面是我有时赋予人类的天职。我不放弃人类使命的一元论，我也不放弃各人都认为不可替代的文化多元（理所当然地是对那些靠这个生活的人来说的）。我喜爱法语和法国文学并没有什么道理可讲，这是明摆着的事实。我就是这样生活的。因为它们和我的人格已融为一体了。至于我对以色列的"声援"，究竟应该更多地把它说成是精神上的还是生理上的呢？也许两者都有。不管怎样，这种"声援"提不到圣史的高度和超自然史的高度，我把这个高度的位置留给那些信教者，我则不攀登这个高度。

第四部

※

当官的年代

(1969～1977)

第二十章　从皮埃尔·布里松到罗贝尔·埃尔桑

1969 年，在法国的政治生活中和《费加罗报》的动荡历史上都出现了一个裂痕。戴高乐将军在公民投票中被否决后自行隐退。他在 1968 年就曾想搞这种公民投票，由于乔治·蓬皮杜的劝阻才一度放弃。《费加罗报》由于编辑部的罢工也曾停发两周——这次罢工本身是由报社的股东之一让·普鲁沃斯特与皮埃尔·布里松的道义继承人之间的龃龉引起的。皮埃尔·布里松逝世时发生的第一次危机就曾动摇了《费加罗报》。1949 年报馆的股东科特娜蕾阿尼夫人、让·普鲁沃斯特、费迪南与布里松的编辑们达成的协议，到 1969 年已期满。这份报纸随后是开始按普通法律行事，还是让编辑部保留 1949 年的协议赋予它的全部或部分自由呢？

我个人当时认为，普鲁沃斯特必然会希望自己不被排挤出《费加罗报》编辑部，况且，这种要求也是自然的。我曾多次对布里松谈过我的看法，但他每次都回答说："你弄错了，他对《费加罗报》不感兴趣，他一定会同意修订目前这个协议。"1965 年年底，布里松心脏病发作，没有几天就一命呜呼了。他根本没有想到让谁来接他的班。他任命路易·加布里埃尔-罗比内担任副社长时，曾明确告诉普鲁沃斯特，说这个人不能再提升了。然而，除非从外面另请高明，否则，自然只有加布里埃尔-罗比内能补社长一职的缺。

如今我才知道，原来布里松心里有另一个接班人。不过，

684　他对我从来只字未提，我本人对这种际遇也没有认真想过。对我来说，教书、写书与报纸同样重要。60 岁的人了，还要另起炉灶，我难免感到惶恐。主编一份月刊《自由法兰西》，与领导一份日报不能同日而语。

　　有个人——可能是让·多麦颂——对我说，布里松认为，我最有资格接替他领导这份报纸。为了弄个水落石出，我写信给让的叔叔弗拉季米尔·多麦颂，下面是他回信的主要内容：

　　　　……完全准确，我确实同布里松谈起过，在凯旋门广场上他的办公室里，大概是 1963 年，或者 1964 年春季。我可以从我 50 年来一直保存的日报上查到确切日期，可惜它现在不在手边。如果你一定要知道，我可以去寻找。在这次谈话中，布里松对我说起他的前途和《费加罗报》的前途。他说的大致是："当承租公司的契约到期时，我也就到年纪了。理智地讲，到那时候我就应该退休了，因为有时候我真感到筋疲力尽了。当然，我也可能继续干几年，领导《费加罗报》。总而言之，到我罢手时，我认为雷蒙·阿隆最有资格接替我。"他没有对我提起其他任何人的名字……（1971 年 4 月 1 日）

　　米歇尔·德鲁瓦在他的一本回忆录中记叙了我同布里松的几个朋友共同发起的讨论会，他们也都是承租公司的股东。他写道："这家报纸所依靠的所有人，诸如学院院士、承租公司委员会委员、社论撰稿人或知名学者、主编，都应邀出席……我们共 13 人围坐在桌旁。"在这 13 个人中，我回忆起来的有弗朗索瓦·莫里亚克、让·施伦贝格、乔治·杜阿梅尔、雅克·德拉克雷泰尔、路易·加布里埃尔－罗比内、蒂埃里·莫勒尼、让－弗朗索瓦·布里松、米歇尔·德鲁瓦和我本人。剩下的 4 个人，可能是亨利·马松－福雷斯蒂埃、勒内·科拉尔、马塞尔·加比利、莫里斯·诺埃尔。

　　每个人都发了言，雷蒙·阿隆做了总结，把其他人所表达的意思和每个人的讲话都概括了进去。要从所有有资格接替布里松的人当中找一个思想最权威的人，他的名字明摆在那里。但是，他的性格能使他在这个岗位上干得很出色吗？这一点还不能肯定。不管怎么样，这还不是眼前的问题。这次会议的结果是：通过了也是由雷蒙·阿隆起草的动议，到会的人都签了名，按照原则，可能还要由部门负责人、企业委员会成员、人事代表等会签。动议讲了些什么呢？要点是，如果把报社的资本和领导混为一谈，皮埃尔·布里松的事业就会毁于一旦。态度十分坚决，但语气毫不盛气凌人。

685

　　我对这次会议的印象稍有不同。我是带着动议草案去参加这次会议的。我觉得，当时的核心人物犹豫不决。加布里埃尔似乎被布里松给让·普鲁沃斯特的信搞得左右为难。

　　到会的人是不是都发表了自己的意见呢？根据我个人回忆，我对此表示怀疑。乔治·杜阿梅尔和让·施伦贝格一向深居简出。莫里亚克过去曾脱离《费加罗报》，现在只算回来了一半，对报纸的命运并不十分关心。我倒确实急于维护这个最有力的论点：1949 年的协议应该执行到 1969 年。布里松曾委托好友普鲁沃斯特肩负起维护《费加罗报》独立的重任，就是他过去设想的那种独立。"在我和您之后，要挽救《费加罗报》，就必须维持享有其全部权利的承包公司，既不听资本家的，又该同资本家取得协调。"我们不能不尊重他的遗言：普鲁沃斯特在《费加罗报》代表资方，尽管他当记者也很有才华。事先拟好的动议，稍加修改（莫里亚克同意删掉多余的副词"庄严地"）后由核心人物通过，还要经编辑大会通过。

米歇尔·德鲁瓦对我的性格持保留意见，这可能导致他在背后对我有些议论。我没有资格评断自己的性格。实际上，在《费加罗报》工作期间，我也没有什么机会表现出来。有几次我记忆犹新，一次是就一篇有关奥本海默事件的稿件同马丁·朔菲耶争吵起来，这篇稿子是珍妮·埃尔什拿来的；另一次是因为"排版错误"同罗歇·马西普闹翻了。这两次我都很粗暴（说话上）。我一般都能控制自己，可能有时比较勉强，但不时也大为光火。但是，与我经常打交道的一般是经济部的编辑们。据我所知，他们对我的为人并无怨言。

对我当候选人一事的反对，既来自周围的人，也来自我自己。我似乎在前面写过，我同《费加罗报》的某些记者关系融洽，甚至友好，但我还是有点儿不合群。莫里亚克、让·施伦贝格、德拉克雷泰尔、杜阿梅尔留在报社，但不属于报社。这些大名鼎鼎或头顶桂冠的作家不时拿来他们的"大作"帮助闯闯牌子。他们无须同专业编辑竞争。当时，弗朗索瓦－蓬塞与专业编辑较为接近，但又避免同他们竞争。我那时的处境，显然也是如此。

1965 年，反对者是否来自编辑部呢？肯定有几个人对我完全是个人意气用事。据说，加比利把有关他的文章和我的文

章的评论或引文——记录在案；让·格里奥由于加布里埃尔 -
罗比内的晋升而成了新星，宣称他似乎同我无话可说，而我从
来不去讨好加布里埃尔 - 罗比内。加布里埃尔 - 罗比内对我的
态度始终是"亲热和赏识"。如果他在有机可乘时仍不动心，
他就是超凡脱俗了。实际上，他的荣升我也助了一臂之力，他
对我无可指摘。我对此感到高兴，觉得并不怎么意外。有两三
年，他对我毫不掩饰他的感激之情。

读者对这种漫长纠葛的细节毫无兴趣，而且我本人也早忘
光了。听说那些大人物在动议书上签上"大名"以后，由
让·普鲁沃斯特与布里松的编辑班子继续谈判，这个编辑班子
经常是由乔治·伊扎尔出面。布里松的编辑班子掌握着一份法
律文件，我认为是站得住脚的。这就是那个为期 20 年的协议，
布里松虽然去世了，但 1969 年以前的协议仍然有效。

经过谈判而最后达成的妥协，没有赋予加布里埃尔 - 罗比
内以布里松过去享有的全部权力和好处。承包公司董事长由德
拉克雷泰尔担任。如果我的脑子还管用的话，我记得布里松可
得到公司利润的 5% （其余 95% 归股东）。这 5% 的利润被分
掉了，德拉克雷泰尔得到一份，加布里埃尔 - 罗比内毫无所 687
得。后者向我提起让·普鲁沃斯特讲过的一句话：应该论功行
赏（德拉克雷泰尔什么也没干）。

在布里松逝世后，我就开始对自己的所作所为扪心自问。
我反对让·普鲁沃斯特进入报社，这做得对吗？有好几年，我
竭力维持《费加罗报》的独特地位，即让报社的股东承担财
政责任，但又禁止他们对编辑有任何干涉。从理论上讲，我赞
同这样一种安排，但这样做必须具备两个条件，一个在所有国
家都是必需的，另一个是法国独有的。

　　一旦报纸经营亏损怎么办呢？近几年来，《泰晤士报》就遇到了这种不幸。这份著名的伦敦日报不仅是英国的或伦敦的报纸，而且是世界性的报纸，可它最后还不是到辽阔的英美世界去找到一个澳大利亚人答应帮助弥补亏空吗？《费加罗报》设在巴黎，刚刚成为全国性报纸，却不仅不能向股东伸手，还要给他们赚钱。另一个困难虽不是物质上的，但更为深刻，我认为这是法国特有的。在英国，主编就是报纸编辑部的负责人，一般来讲，对股东有自由行事的权利。而在法国，社长或主编往往没有这种权利。在我国，报社老板虽然不会每天过问管理和编务，但是他希望甚至要求报纸的见解与他的好恶大致相同。老板同编辑部负责人的会谈本身就很尴尬，三句话不离本行，离不开报纸的两重性，既是商业性企业，又是新闻工具或舆论工具。

　　与让·普鲁沃斯特谈话，性质略有不同。这个老板不把自己看作资本家，而是社长或报社主编。他创办、支持、领导过几个刊物的编辑部，他做这些比管理一个行政机构或管理企业的财务更加在行。作为记者或编辑部主任，他不愿意只担任资本家的角色。如今，当我回过头来浏览一番《费加罗报》从1965年到1982年江河日下的景象时，我开始怀疑当初我是不是做错了。不管怎么说，结局不会更坏，如果1965年普鲁沃斯特就进了报社，结果可能会好一些。

　　布里松逝世的翌日，我为何如此坚决地反对普鲁沃斯特的要求呢？他并不认识我，我也不认识他。我只知道他是一个真诚的、忠心耿耿的"老板"。对他的"新闻检查"，我没有什么好怕的，我的声望足以摆脱这一类危险。我之所以采取这种态度，是因为我还记得布里松的话。当普鲁沃斯特在布里松断气48小时以后提出愿意效力主持报纸时，我立即做出反应，并再三说："不行！不行！"布里松一生中所拒绝、所反对的事，哪能由他完全信任的人旦夕之间便一口答应下来呢？

我从来没想过要坐布里松的位子。我认为，除了加布里埃尔－罗比内，别无其他人能接替，除非从外面另请高明。提到过的几个人选，我连他们的名字都记不起来了。无论是蒂埃里·莫勒尼还是我本人——当时报界认为我们"有可能"出山——我们都不反对那个"可能性最大"，或不如说"没办法只能是他"的人，也就是过去布里松认为无力由副社长升任正社长的人。布里松早就预言，当二把手，可以，当一把手，不行。不幸被他言中了。

我表态支持加布里埃尔－罗比内，也不是没有一点儿犹豫和担心。他的人品比他的名声或文章还要好。私人交往中，他不乏幽默，尽管有些过分爱好文字游戏。他的文化素质并不表现在他"写的东西"上，那些东西多数是随大流的，反映了本民族的机敏，不过这种机敏有真有假就是了。记者们对他并不崇敬，有时，他的朋友不得不劝阻他发表某篇过于简单、过于幼稚的反共社论。这类社论对《费加罗报》和他的个人威望都没有好处。最后，如果他担任了他本人可能根本没有想到的最高职务，他的健康状况也不允许他像他的前任那样正常来上班。从1965年到1969年，报纸的发行量继续上升，但布里松逝世后把这份报纸的精神和灵魂也带走了。编辑部分裂成几个集团、地盘或小圈子。在最高领导层，缺乏一种能够启示人的思想，甚至没有一条政治路线。诚然，《费加罗报》始终是中右势力和传统多于现代的资产阶级的喉舌。

在加布里埃尔－罗比内之下，从理论上讲还有同级的两个主编——让·格里奥和让-弗朗索瓦·布里松。前者渐渐压倒后者；加布里埃尔-罗比内经常不来，本来应该由他们两个共同负责的，让·格里奥却一个人承担起领导的职责。我认为，这就表明每个部门，甚至每个编辑都可以自行其是。在有关对外政策或经济政策方面，我并不认为报纸的领导人下过什么指示。因此，一篇文章与另一篇文章明显冲突的情况层出不穷。录用新编辑也有点随心所欲，新鲜血液并没有使衰老的《费加罗报》增加青春活力。它非但没有更年轻，反而更不协调。

1964～1965 年的危机在 1969 年重演：编辑部拒绝了普鲁沃斯特要求取消承包公司的决定。接着，在选举董事长的前夕，为期两周的罢工爆发了。我可以说是没有介入这次冲突。这几年的个人经验告诉我，对于这份报纸继续遵循罗比内体制的可能性不要抱太大幻想。我同进行这场斗争的"勇士们"保持了距离。

1965 年，布里松的编辑班子与普鲁沃斯特达成暂时协议后，编辑部选举我担任编辑公司主席。从当时的情况看，这种选举结果是明智的，顺理成章的，因为在"署名文章的大人物"中，我有资格（也许值得怀疑）充当"反对派"的头领。由于受到一种"论资排辈"的观点的支持或大力鼓动，这次当选实际上是出于一种误会；我采取反对普鲁沃斯特的立场，是由于坚持布里松的事业的一种本能反应。普鲁沃斯特天真地以为，这样就可以维持报纸编辑部的稳定性，至于报纸的独立性，他本人可以担保。我认为"编辑公司"是必要的、正常的，但我并不像它的创始人，特别是像德尼·佩里埃-达维尔那样，把它看得多么重要。这些人设想有两个目标，即维护《费加罗报》的地位，同时不仅让本报编辑承认"编辑公司"

690

的合法地位，而且让所有报纸都承认。

虽然我与编辑公司董事会的成员关系融洽，谈得来，但从一开始，我就感到在精神状态、最终目标和个人好恶上存在差距。实际上，即使不担任任何有权的职务，在管理委员会的同行眼里，我也更接近上层而不是普通编辑。我已意识到这种误解，但不想自动退出，我在等待提出辞职的时机。1967 年，这个机会很快就来了。

我已经说过，编辑公司作为一个实体，希望在法律上和事实上得到承认。它试图得到某些承认的标记。于是出现了一个问题：能不能把我的名字列入"公熊"一栏（报上每天刊登主要出版负责人的一栏）。普鲁沃斯特同意把我的名字补充列入承包公司董事成员之中，但不标出编辑公司董事长的头衔；我不能以这种身份而只能以个人身份参加。我说开这种先例将会形成司法判例。雷蒙·阿隆参加了承包公司董事会，但同时又有了董事长的身份。我无法说服董事会的多数成员。我可以辞职，既不引以为憾，又无苦衷可言：这些编辑自己也希望由他们当中的一个来代表他们。

在为期两周的罢工期间，我不时来报社，有时见见编辑公司的领导人，有时找加布里埃尔-罗比内和他的参谋班子。有一次我漏掉了去拜访其中一方，罗比内便怀疑我串通编辑公司搞针对他的阴谋。有一种流言说股东们将和布里松的编辑部达成协议，让我出面担任领导，我对此毫不介意。《费加罗报》的领导核心和编辑公司确实曾建议贝甘和普鲁沃斯特任命我当社长。实际上，他们也毫不怀疑后者的答复一定是否定的。他们提出建议便可以充当好人了，谁也摸不准我会不会接受这个使命。编辑公司董事会的两个成员曾来会见我，对我说明了他

691

们的意图。我急忙表示我要再三斟酌才能回答，但我接着说普鲁沃斯特可能会拒绝。如果加布里埃尔－罗比内预料到我的回答是肯定的，他会帮忙出把力吗？加比利和格里奥的态度如何呢？最后，我个人还是给普鲁沃斯特写了一封信，信中明确指出，只有在一种条件下我才有可能接受领导职务：我必须同时得到他本人和编辑部的支持。我认为，如果名义上的股东们和掌握经营权的人之间不能恢复真正的协调，在目前这种紧张气氛下，报纸是不可能重新振作起来的。

在这件事上，我也不愿意赘述冲突的细节来让读者厌烦了。格里奥变成了普鲁沃斯特的宠儿。一旦有机会，他就会另找"靠山"。阿姆兰当时正主持股份有限公司的董事会，有一段时间几乎就要登上这座圆形建筑物的金交椅了。他是普鲁沃斯特的人，他向"老板"信誓旦旦，作为管理委员会主席，他可以当报纸的领导人，他能够使记者放心。[①] 在 5 月 22 日至 23 日夜间，由于普鲁沃斯特的苛求，经过各方煞费苦心达成的妥协被搁浅了。普鲁沃斯特要阿姆兰做出"补充保证"：

> 股东会主席让·普鲁沃斯特与管理委员会主席让·阿姆兰，在前者认为与报纸生命攸关的三个决定上必须互相协商并取得一致：有关报社各部门的费用预算的决定；有关人员录用或解雇的决定；各种薪俸的确定。如果你在这三点上拒绝我的决定，就等于不仅同意剥夺我的所有权，而且不许我本人作为记者留在《费加罗报》。

---

① 他当时领导广告部。

让·普鲁沃斯特的信发表在 5 月 24 日星期二的报纸上，这段摘录再次表明了冲突所在：让·普鲁沃斯特感到自己不仅作为资本家，而且作为记者被排挤出报社；贝甘是个地道的资本家，他既不情愿，但也无反感地接受了多数记者的要求，即答应 3 个记者代表在管理委员会内有阻止权。委员会由 6 个股东代表、2 个报纸行政机构代表和 3 个记者组成，凡属重大决定（例如，选举管理委员会主席），必须由 11 名委员中的 9 名多数通过，这就等于任命总经理也要经过记者代表同意才行。围绕管理委员会内部出现不同意见该如何仲裁这一问题，他们进行了旷日持久的谈判。但最后的失败应归咎于普鲁沃斯特的苛求；贝甘也撤销了对他的支持。《巴黎竞赛报》创办人对纸张和糖业大王说这是报业资本主义，过去他们曾长期合作，此次却当面指责其是资本主义的报纸。过去，贝甘曾让《费加罗报》刊登过一篇关于制糖工业的文章。

两个东家的不和使罢工延长了，弄得贝甘不得不聘请一个临时法律管理人从名义上来领导报纸，直至达成最后协议。在此期间，布里松的班子对股份有限公司提起诉讼，并获得胜诉：布里松的章程在他死后仍然有效，因为这个班子留下来的几个老人合法地要求执行 1947 年 2 月 28 日法令。

两年之后，普鲁沃斯特终于容忍报纸拥有与他在 1969 年拒绝同意的近似地位。股份有限公司与管理委员会继续保持区别。管理委员会包括一个监事会和一个领导机构，领导机构的负责人由监事会选举产生，行使领导职能。在监事会上，编辑部代表对领导机构负责人的人选有否决权。

1974 年 2 月，加布里埃尔－罗比内谢世，让·多麦颂走上舞台。普鲁沃斯特提名让·多麦颂担任领导机构负责人。开始

时，我对这种挑选感到奇怪（因为让缺乏记者经验和政治修
养），当他来拜访我时，我盛情接待了他。他也问我想不想当领
导。我再一次答复他，我没有这种奢望。况且，我还要在法兰
西学院教课，此外，这几年我目睹昔日享有盛名的报纸正在衰
落。但是，我答应在这件事上支持他，在记者大会上维护他的
事业。他会不会指望我提出与上述不同的理由呢？我劝编辑部
对这个未来的领导人大可放心，因为谁也不认为他在政治方面
或经济方面有什么固定的或独特的见解。他是法兰西学院院士，
既属保守派又算自由派，这个形象同《费加罗报》很相称。

在我同他几乎天天合作的几年中，我不记得有过任何争
吵，尽管有几个记者竭力想挑起事端。他们曾宣称这是注定会
发生的："由于阿隆的'性格'，你没法同他共事。"让在巴黎
有成百上千的朋友，我不知道他有什么真正的仇敌。他是个身
心舒坦、情绪外露的乐天派。他知道自己出身名门，但遇到那
些可能对他的大家族派头不太乐意的人，又善于忘掉自己的出
身。他对生活和已拥有的东西都很满意。他由于取得一连串轰
动一时的成就（出版《帝国的光荣》，进入法兰西学院和《费
加罗报》）而心满意足，他用罗比内的风格而不是布里松的风
格领导《费加罗报》。他不看这份报纸，因为它同其他报纸一
样，由于版面过多，纸张同新闻的数量（当时是质量）不成
比例，变成了一个庞然大物。他不时写几篇政治社论，在我
看来，这些社论议论过多，但也显示出他出色的文笔。他表
面上十分谦逊，对我除了表示对老校友的尊重以外，还十分
赞佩。然而，世代隔阂把我们分开了，估计他觉得我有时十
分傲慢，但他从未流露出不满。或许，他对此一笑了之。他
同我比起来，在历史和自然方面占优势，但作为哲学家和政

693

论家，我比他又略胜一筹，他对此没有什么不快。还应说明，他对我抱有真诚的友谊，当然，在他的众多宾朋中也不算与众不同，但友谊是真诚的。

有一次或两次，我生了气，或不如说，有点不耐烦。从某 694 种意义上来说，问题是有点典型的。那次是要介绍米歇尔·莱格里的一本讨论和反对《世界报》的书，任务当然落在我头上。要我去做冒犯意大利人街①的批判，有朝一日，我要是出一本书，后果可想而知。这篇文章发表之前或之后不久，让·多麦颂写了一篇长文赞颂维昂松-蓬特的一本书。也许他确实喜欢这本书和它的作者。他不赞成两家报纸互相争吵。他主持《费加罗报》，但不愿与《世界报》唇枪舌剑。我没有领导《费加罗报》，就该由我来进行论战或战斗。再者，说得公平一些，谁在政治上没有敌手，谁就会贬低自己的身价。

在我看来，某些记者散布流言蜚语，千方百计在我们之间挑拨是非幼稚可笑的，也是枉费心机的。如果我写一篇有关索尔仁尼琴和萨哈罗夫的长文，而恰好让·多麦颂已经提到过或者评论过这两个持不同政见者，我就怀了司马昭之心，"我是拖过被子自个儿一个人盖，抢了他的好题目，甚至有意驳他的面子"。报刊编辑部胜过英国大学的教师公寓，都是毒蛇麇集之所。记者们对自己的地位不太有把握，像所有文人一样自尊心太强，随时注意别人的评论，同其他人比较，更受不得一点儿刺伤。应该承认，报社的气氛渐渐变坏了。1969年罢工期间表现出来的那种团结掩盖了派别之争，特别是社长同编辑公司的活跃分子之间的深刻分歧。

---

① 《世界报》报社所在地。——译者注

这些活跃分子追求的那种意识形态，已经超出《费加罗报》的具体范围。诚然，他们想维护这份报纸在战后特殊条件下取得的地位，但他们对编辑公司的作用也同样重视。在一个杰出的律师的支持下，他们竭力争取在布里松的编辑班子对股东们的指控中作为一分子而取得诉讼的权利。加布里埃尔－罗比内根本不关心编辑公司；他过河拆桥，不止一次把它当作包袱。而这个编辑公司对他们的领导人也无好感，在这些毕业于新闻学校的青年看来，他是老滑头、反动分子。

695

同《世界报》比较，记者们也不高兴。1950年代末和1960年代初，《费加罗报》的发行量还超过这份晚报，但在知识界和教育界中已经竞争不过它了，甚至在政界和社会名流中也一样。当时被当作思想大师的人（以萨特为首）可以说想把不属于左派的人一概逐出知识界，尤其是《费加罗报》的编辑们——由于这种身份，他们被指责，遭白眼。

1975年，让·普鲁沃斯特在银行的压力下，只好卖掉《费加罗报》。当时他已经买下了贝甘的一半股份，就成了唯一的股东。据说由于纸张价格猛涨，《费加罗报》在1973年和1974年蚀了本。办报实际上就是做生意，今天我才相信这一点；而在1975年我还不懂得。《费加罗报》在巴黎每年减少几千名读者，1977年以来，发行量持续下降。我脱离报社时，巴黎地区发售量仍在9万至10万份。后来，变动幅度维持在1万份左右。

有三个买主相继出现，他们先后来拜访我。先是安德烈·贝当古，再是让－雅克·赛尔旺－施莱贝尔，最后是罗贝尔·埃尔桑。第一个是在当政人物的推动下来的，他给我的印象是，他害怕并且反对别人强加于他的这项任务。他不懂新闻，也不相信自己能领导一个编辑部，更谈不上如何应付解雇记者和改变他们自己定的报酬了。我们谈得很投机，我可以肯定他不会把自己的命运和行动放在他认为冒险的事业上。

接着我又见赛尔旺－施莱贝尔。在以后几年中，我同他的关系有时友好，有时紧张。他年轻时在《世界报》写过几篇精彩的文章，当时是他自己找上门来的。我对这个思想活跃、充满自信、要干就干出名堂的人颇有好感。他创办《快报》周刊时向我谈了他的打算，并提出有可能的话就合作。《快报》周刊有时对我友好，有时对我冷漠，这要看在什么事情上和这个社长的心情好坏了。1975 年，他竭力取悦于我。他对我说："20 年前在报刊上只有两个人的分析文章有分量，即莫里斯·迪韦尔热和您；如今，只剩您一个人了。"（当时迪韦尔热很少在《世界报》上写文章。）我盛情款待了他，并向他保证我绝不会反对他来报社当股东和社长。我向他保证，我至少可以保持中立，也可能给予积极支持，但我对他能否成功抱有怀疑，我说话直截了当。尽管我们之间的关系也有过风波，但赛尔旺－施莱贝尔在我眼里仍是难得的报人之一。他有能力使萎靡的《费加罗报》振作精神，也能够由于好挑逗，使我们的读者觉得不成体统，而一下子丢掉几千名订户。让·普鲁沃斯特没有忘却，也不愿原谅同他打过的一次不成功的交道，断然拒绝了《快报》周刊社长的建议。

罗贝尔·埃尔桑也来看我，谈了近一小时，给我留下一种说不清的感觉。我对他的印象同这个报业巨头在公众中众所周知的形象相反。他手里有两件法宝，一件是别人无法否认的，另一件是谁都不承认的：一是他的机智，二是他的魅力。罗贝尔·埃尔桑善于运用魅力，首先得力于嗓音好听（至少是在

696

他能控制自己，避免以势压人的时候）。他圆脸蛋，像婴儿一样白里透红的健康肤色，金发碧眼，一下子就使人感到可以信赖：这是一个好伙伴，宜于一起工作，更宜于觥筹交错。然而并非如此，不要抱幻想：偶然碰到一句话或一点儿小事，他一下子就暴露出自己的好色、易怒，这是他个性中两个最鲜明的特点。

自然，对他在战争期间的所作所为，以及与法律和国民议会的纠葛（他有一次被取消候选资格，后来又在瓦兹省选民的支持下重新当选），他含糊其辞。他的意思是，在这些问题上他有好多话要说，有朝一日将讲给我听（但并没有讲）。但初次会面，他给我留下的印象中，他的优点还是超过了缺点。几年以来，《费加罗报》没有人领导。加布里埃尔－罗比内衰病龙钟，已领导不了编辑部。依我看，管理部门比编辑部也好不了多少。埃尔桑曾创建了一个报业王国，他的成就绝非出于偶然或碰运气。也许他能制止这份报纸的衰落；报纸就只剩下招牌了。

我在做出决定之前，曾去求见共和国总统和内政部部长。瓦莱里·吉斯卡尔·德斯坦在我保证严守秘密的条件下，把埃尔桑的资金来源告诉了我（我不认为他的消息是完全的）。这次谈话再一次使我看清，政治家们的公开讲话与即时反应是有差别的。总统暗示我，《费加罗报》不配享有目前这种自主地位。他显然关心有时矛头针对自己的批评，但给我的印象是，他对报刊的反政权职能完全漠然视之，他还不止一次巧妙地著文论述过这种职能。《费加罗报》的精神权威和声望，比某一篇文章是否循规蹈矩或不太恭顺重要得多，但甚至于德斯坦在私人谈话时，似乎也不理解这一点。罗贝尔·埃尔桑获得

《费加罗报》的经营权，就打击了报纸的非物质资本，这正是这份报纸的象征，而他却不予理睬。

米歇尔·波尼亚托夫斯基允许我看一份内政部有关埃尔桑的简要材料。战争年代的材料对我用处不大。况且，宣战时埃尔桑只有20岁，他年轻时犯的"错误"不能给他定终身。所犯轻罪既然已被赦免，就不再影响犯罪者的名誉。

最后，我赞成让·多麦颂的立场，并且引用了他在1975年6月3日所发表的文章的一段话：

> 在这种比较复杂的、仅仅加以概括说明的背景下，我愿意支持这种看法，即罗贝尔·埃尔桑虽有许多不足，但他至少有两张王牌。首先，与那匹哲学家的千里马——它虽然十全十美，但并不存在——不同，我宁愿相信罗贝尔·埃尔桑先生虽有很多毛病，但他至少确实存在。目前，只有他能够把《费加罗报》的行政管理担当起来。同不存在和有落空的危险相比，有人在就是一种优势。其次，还必须看到，《费加罗报》大名鼎鼎的章程，也就是它的《圣经》，承认编辑享有许多权利，尤其是他们可以反对任命某人当社长。但是，这种章程的意义本身，就是保证资本家与编辑部要分开。允许编辑部有审查股东的权利，同时不就是授权未来的股东来审查编辑部吗？……罗贝尔·埃尔桑先生就是这样一个人。我已经讲清楚了；我没有去调查他的言行。我已经被揭露他的各种小册子淹没了。在这类书面的或口头的论调中，很难分清哪些是真实的，哪些是宣传或诽谤……由于得到大赦，罗贝尔·埃尔桑成了人民选出的议员。我们难道应该比共和国法律和人

698

民的意志更苛刻吗？

如果让·普鲁沃斯特不放弃把《费加罗报》的股份卖给罗贝尔·埃尔桑的意图，那在295人中有118人投票宣布将罢工，虽然还是少数，但有一定实力；如果让·多麦颂和我本人加入可能的罢工者行列，就可能变成多数。爱丽舍宫和马提翁宫①暗中施加压力支持这个报业大王。他是靠《日记报》发迹的。随后，他又把十几份地方小报弄到手，创办了几份专门刊物（《帆》等）。最后要是得到《费加罗报》，他就可以功成名就、登堂入室了。不久前他买下《巴黎－诺曼底报》，成了他征服巴黎的最后一级阶梯。

我个人的决定将带动让·多麦颂的决定（除非是他带动了我），同时也将影响整个编辑部的决定。我不能肯定这一点，但我不愿逃避自己的责任：说心里话，我对于把自己算进118名赞成罢工的人之中，还是算进177名反对罢工的人之中，也是思绪紊乱，难以定夺。我若投反对票，就会动摇让·多麦颂投赞成票；而事实上我们做出了相同的决定，而且是一起做出的。同其他场合一样，想到我上次做出的决定，我受了很大影响。1965年，我做了布里松的朋友们的带头人，他们支持加布里埃尔－罗比内，迫使在稍作修订的条件下延长1949年的协议，也就是说，维持承包公司到预定期限。在1969年的纠纷和罢工中，我支持了编辑部，但也没有什么劲头，没有起积极作用。我没有想过我会担任报纸的领导，就算让·普鲁沃斯特居然接受了《费加罗报》的一致建议。1975

699

① 法国总统府和总理府所在地。——译者注

年，至少从表面上看，问题已经全然改变了，因为罗贝尔·埃尔桑已保证尊重《费加罗报》的章程。记者们僭取了监督股东决策的权利。然而，他们在纸面上拥有的权利，不过是冻结管理委员会的监事会的某些决定的权利，特别是在任命领导机构主席，其实就是报纸的负责人方面。让·多麦颂明确指出他们弄错了，但无论他和我，都不会天真到相信罗贝尔·埃尔桑的口头许诺。他答应尊重1971年妥协决议的条文和精神。一个"办报的实业家"，外加是一个议员，有可能长期不对编辑部和报社的行政管理施加影响吗？

为什么在1975年我认为不能再来一次1965年的那种斗争了呢？10年前是否占了理，我已经没有把握。当时，光是为了忠于布里松，我就振振有词地起来反对普鲁沃斯特。编辑部已经慢慢地解体了，从物质到精神上都是如此。编辑公司董事长佩里埃-达维尔所领导的活跃分子，主张继承布里松的学说而不要他的遗产：出售一家新闻企业，不能像出售一家商业企业一样。罗贝尔·埃尔桑作为一个人，不能收买《费加罗报》，这是一笔精神产业，不能像一家钢铁厂或电子厂那样买进卖出。这个学说很可爱，但不容易变成现实。除非记者们自己拥有资本，否则就必须有股东。如果所有权属于一个工会或政党，自由的余地就更加会被缩小。勉强的解决办法也有，那就是英美国家的办法：由东家挑选一个主编，让他根据惯例、舆论和体统，享有广泛的自主权。

1975年，还有别的理由促成我支持埃尔桑这个"候选人"。尽管直到最后还有不少谣言，但没有出现任何其他补缺的人。即使发生一部分记者罢工，也不一定能阻止出售这份报纸。罢工只能表现这样一种真实状况，即布里松的原班人马

700

中，只剩下几个人多少还有资格保留着他的传统。编辑部的团结一致已成为过去或一种神话。争权夺利，文人相轻，唇枪舌剑，造成报纸内部不团结的各种原因，彼此火上浇油，加剧了多种恶果。《世界报》蒸蒸日上而《费加罗报》每况愈下，记者们深感羞愧。关于今后走什么道路（中右？右翼？还是中左？），意见发生分裂，于是一部分人反对某一个人，另一部分人则反对一种做法，象征了精神破产和财政破产。我应该同哪些人站在一起呢？同德尼·佩里埃-达维尔及编辑公司的战士们站在一起？还是同主张《费加罗报》持中左立场的那些人站在一起？抑或同布里松留下的几个老报人站在一起？后者既计较养廉干薪，又依恋一个不复存在的报社的老框框。《费加罗报》在国家生活中将继续占有一席之地，可能作用有限，但必不可少。左思右想，多麦颂和我决定冒险让埃尔桑试一试，这样做并没有错。

领导机构——此后我也是其成员——每周聚会一次。因此，我经常见到罗贝尔·埃尔桑。老实说，我确实对他的天赋感到惊奇。不管涉及什么题目，我从来没听他讲过蠢话。整个领导机构承担起吃力不讨好的事：解雇职员（其实，解雇的必要性并不像以前想象的那么大）。领导机构讨论时往往像时断时续的聊天（就是桌上只有几瓶矿泉水，缺几瓶酒，否则真仿佛坐在咖啡馆里了）。埃尔桑并不太重视这些例行会议，尽管有些重要决定（在报纸事务的范围内）是在这种会上做出的，例如，谁去华盛顿，谁去罗马，谁去波恩。

在这段时间里，埃尔桑丝毫没有干预编辑部的工作，尽管他立即把他的"亲信"，或不如说把他的"笔杆子"（除非他必须在自己写的文章上署名）查理·勒布瓦安插进了编辑部。《费加罗报》搞民意测验时，他插进几个问题，并按照自己的方式——这种方法至少是值得商榷的——阐释了民意测验中提供的几种答案。这是一种客串编辑的幼稚，还是肆无忌惮的操纵呢？围绕埃尔桑本人撰写的一篇关于全球政策的文章引发了第一次冲突。他阐发了一种观点，即苏联由于受到中华人民共和国的威胁，今后要保障其西部的安全，因此要加强对欧洲国家的控制，特别是通过社会党和共产党联合执政，来控制法国。这篇文章同其他许多文章大同小异，不好也不坏，属于那种茶楼酒肆之作。1974 年，苏联对吉斯卡尔确实表示出某些好感，对密特朗则不然。文章的质量如何，无关宏旨，问题在于他打破了禁忌，东家干了记者的事。

701

　　这时候，我还是主张忍让。我们曾抱着希望担保，埃尔桑会照规矩办事。我们能够拒绝一篇只要东家不署名就可以发表的文章吗？至少在我看来，他不可能常常拿撰写社论来练笔（我要补充一句，他收到了近 50 封读者来信，多数是赞同的）。乱了几天以后，让 - 弗朗索瓦·布里松离开了报社。他堪称刚正不阿的楷模，为维护和发扬其父的传统尽了全力。他为反对普鲁沃斯特的擅权行为作过斗争。在报社的领导层中，他是唯一希望我重新担任领导的人。他是不是听他父亲讲过弗拉季米尔·多麦颂讲过的话呢？我并不认为如此，如果他确实听到过这些话，他会说出来的。我曾试图挽留他，但没有用。我错怪他了，因为正好两年之后，我也步了他的后尘。

　　1976 年，罗贝尔·埃尔桑要求主持管理委员会，也就是领导报纸，这又引出新的冲突。尽管经过监事会投票通过，他愿意尊重 1971 年协议的条件，但他确实侵犯了这个协议的精神实质。这个决议甚至要求领导机构的主席必须是一名记者。（1981 年社会党人获胜以后，在记者工会的催促下，法院命令埃尔桑拿出记者身份的证明，并判决他在未提出这个证据前每天罚款 2000 法郎，但法院尚未提起上诉。）

702 　　如果让·多麦颂和我本人召集编辑公司开会并展开辩论，那么，经过净化、重新改组的不协调的编辑部，不管怎么样，也许会追随我们。监事会中的编辑部代表同意任命埃尔桑担任领导机构的主席，实际上就等于赋予老板以大权，而这种大权是股份有限公司与管理委员会分治而禁止给他的权力。因此，至少从理论上讲，这是必须起来抵制资本家掌握一切权力的时刻了，甚至是最后时刻了。让·多麦颂倾向于抵制，但只能在一定范围内，也就是说，如果他失去领导机构主席的位子，他就丢掉了名义上握有的领导权力。这一次，我仍然可以使天平倒向这边或那边。在我看来，《费加罗报》内部重新开战是过时的东西，归根到底，没有意义。

　　为了什么，为了谁，进行一场反对老板（或资方）对报纸的内容施加一些影响的斗争呢？为了维护布里松编辑班子的精神权利？这个班子的成员已经所剩无几，都退休了，还能代表什么？德拉克雷泰尔、阿姆兰、加比利、肖韦已经不为报社做任何工作了，他们代表不了布里松要求的价值观，许久以来，他们早就不能为报社承担精神保证的作用了。至于多麦颂，他只勉勉强强领导编辑部，对管理工作，过问更少。如果我们拒绝埃尔桑担任领导机构的主席，他不会甘认失败；这种紧张局面将延长并损害报纸的最后一线希望。从我个人来讲，我拒绝介入一场新的冲突，这场冲突的唯一目的就是维护布里松班子中上述四个人的权力和让·多麦颂名义上的权力。

　　说老实话，如果局面变得无法容忍，我宁可自动撤退，也不愿为了保留我们的地位而步步为营地战斗。从这种立场出发，我认为埃尔桑不可能答应如同普鲁沃斯特那样近乎被排斥在外的处境。既然他已经一步一步把《巴黎－诺曼底报》弄到手，他还会尽力采取同样简单的策略来征服《费加罗报》。他将依靠自己的盟友站稳脚跟，收买某些人与他合作，拉拢一批，供养一批，让所有人都知道，不是他们的顶头上司，而是他，只有他一人能够决定他们的命运。

703

　　让·多麦颂在他的一本书中叙述了我如何脱离《费加罗报》和在该报的最后几个月是怎么过来的，但奇怪的是，他在书中避而不谈这场结局的开头和我反对埃尔桑的第一幕。我们三个人在内伊大街上让·多麦颂家中一起吃饭，我们心平气和地讨论 1978 年立法选举的前景。埃尔桑提出，如果左派获胜，他准备采取什么措施，以便维持他掌握的各种刊物。接着，我们又谈到选举前几个月该怎么办，我向他建议——语气中丝毫没有挑战或要求的味道——让我切实履行政治领导的职能。从 9 月休假结束到次年 3 月的选举，还有 9 个月，我对他说，我愿意在此期间名副其实地干起来，每天来报社，切实掌握《费加罗报》的方向。让·多麦颂可能对我的要求感到不快，因为这种要求似乎会侵犯总领导人的权力。但我不认为他会采取这种态度，因为他承认我年高德劭，还可能承认我是善于写政论文章的"行家"。他本人则自诩为"职业"作家或小说家。当然，《费加罗报》也给他带来乐趣，社长一职使他的自尊心得到了某种满足。如果我参与日常编务工作，他将乐于与我合作，如果出现某些分歧，他会出面解决。

这个建议居然被埃尔桑驳回，真是完全出乎我的意料。他说："我要自己负责政治领导，我将定期写社论。"我的回答也很强硬（我想不起我具体讲了什么话），过一会儿我就离开了，因为在巴黎的另一头，我在人文科学之家大楼还有一个约会。这一下我发火了，因为他对我失去了信任，特别是他自己打算当《费加罗报》的社论撰写人。这一回，什么政治理由和效率理由都不必提了。摆在我面前的唯一出路是，自动退出。

704 　　在随后几个星期内，我要求晋见共和国总统。我见了雅克·希拉克，走访了几个知名人士。我对他们每个人说了同样的或类似的话：罗贝尔·埃尔桑对我表示过，今后他要自己写社论。如果他不让步，我就离开《费加罗报》，而且让·多麦颂会跟我一起走。他一直向我保证，如果我走，他也不会留下来。然而，《费加罗报》虽然衰败，在政治斗争中仍是一个无法取代的论坛。当这份报纸被拉入埃尔桑的王国时，它已失去一部分威信。如果它变成瓦兹省议员的喉舌，它就会更加空洞无物。因为我走了，让·多麦颂走了，其他人再仿照我们，那么香榭丽舍圆形广场上的这家报社剩不下什么来了。

　　我要再次指出，这段插曲——吃饭的时候，埃尔桑申明他要自己撰写社论——没有写入多麦颂的叙述之中。至今我还奇怪，他为什么会忘记这一点或故意避而不提？反之，他却杜撰出一出三个人的巴黎悲剧——三个人当中没有一个人的神经是完全正常的。他写道：

　　　　雷蒙·阿隆和罗贝尔·埃尔桑只有一个共同点，即他们都以为只要别人多听听他们的意见，事情肯定就会越来越好办。他们两个人的特征是——应该说表面看来也有一定的道理——都有点好大症和妄想症。而我呢，不如说是精神分裂症患者或至少是癔病患者。我怎么也摆脱不了这样一种看法，即罗贝尔·埃尔桑一心想当共和国总统。雷蒙·阿隆倒不那么痴心妄想，但也不甘心自己不当法国的基辛格。让我马上说了吧，如果我是戴高乐、蓬皮杜或吉斯卡尔，我就选阿隆当君主顾问。假如我是法国人，我也不能完全肯定我会选举埃尔桑担任国家首脑。

这段引文饶有兴味，但同事实相去太远。谁也不肯承认自己害了"好大症和妄想症"。而且让·多麦颂既没有患精神分裂症，也没有害癔症。听他这么一说，他的唯一奢望就是想叫罗贝尔·埃尔桑和雷蒙·阿隆一道工作。但问题却发生在内伊大街家中的谈话之后，这次谈话奇怪地从他记忆中消失了。我只要求给我几个月，让我从政治上影响《费加罗报》，根本没有想到要一直干下去。正如他写的那样，我从来没有提出要当领导机构的主席。我已经72岁了，何苦再当这个主席。如果我要求得到或者认为我能够得到这个职位，恐怕我便真的患了妄想症。我所要求的，是罗贝尔·埃尔桑至少应该答应，他不会同让和我一起轮流撰写政治社论。

这种反应完全是个人的，不知是否表示得太晚或太早了？听让的口气，或者像他的兄弟——他的高参对他讲的，我们本来应该挺身而出，反对埃尔桑出任领导机构主席。既然我们已经让他坐上了皮埃尔·布里松和加布里埃尔－罗比内原来的位子，我们凭什么同他争夺这个职务带来的特权呢？这一条在法律上站得住脚。当然，如果埃尔桑允许让和我分别顶着总领导

705

人和政治领导人的头衔，就等于放弃了他的前任们拥有的某些特权。埃尔桑虽然拥有议员资格（他从来不出席国民议会会议），但别人首先是把他看作报商、资本主义的报业大王，并不知道他是一个社论撰写人。让·普鲁沃斯特从来不写社论。因而，埃尔桑的这个念头或计划，对报纸或我本人，不啻是当头一棒；从合法权利上讲，没有任命他当领导机构主席那么沉重，从精神上讲则有过之而无不及。

我曾把我的担忧告诉过一些大人物，他们对《费加罗报》再次出现的危机兴趣不大（只有雅克·希拉克除外）。瓦莱里·吉斯卡尔·德斯坦知道罗贝尔·埃尔桑的竞选计划：放弃瓦兹区，到阿希勒·佩雷蒂放弃的选区去碰碰运气，因为佩雷蒂已经由埃德加·法佛尔任命为宪法委员会委员。共和国总统曾劝阻我——如果我的记忆力还不错的话——不要离开《费加罗报》，但我觉得他对问题的实质并不关心，即几个象征性人物一走，会给这份报纸造成多大的智慧方面和精神方面的损失。只有雅克·希拉克承认这项论据的分量，他威胁埃尔桑说，如果他把《费加罗报》的"文人"逼走，保卫共和国联盟就不支持他。实际上，埃尔桑已经获得保卫共和国联盟的正式提名。玛丽-法朗士·加罗夫人在电话里曾对我大发雷霆，当时我告诉她，我支持佩雷蒂的替补候选人达尔古尔夫人。后者拒绝执行保卫共和国联盟总部的命令，轻而易举地击败了本党原来指定的那个候选人。埃尔桑老板在别处的拿手好戏——让"老头子卷铺盖"——在一个如此富裕的选区中没有吃得开。

尽管我有点妄自尊大，但对于我的离开将给《费加罗报》的未来造成什么后果，我却从来不抱任何幻想。如果我还需要学学乖的话，弗朗索瓦·莫里亚克就是我的前车之鉴。报馆中不管哪个德高望重的同人要走，都不会带走一批读者。我一走就削弱了《费加罗报》的政治资本，但是从 1977 年开始，这种资本就不断慢慢地经常地自动贬值。与我一起走的大约有 12 名记者。[①] 让·多麦颂陪我离开了几个星期，随后被当时经常给雅克·希拉克出谋献策的几个人（如皮埃尔·朱利叶和玛丽－法朗士·加罗）召了去，说了他一顿。他又回到《费加罗报》担任社论撰稿人。

在内伊寓所同埃尔桑一起用餐以后，我和他只在我的位于圣米歇尔大街的家中晤谈过一次。当这个客人得知除非他放弃自己的打算，否则我就离开《费加罗报》时，他对我说："如果能够同您轮流写社论，我将很荣幸，但您不愿意和我轮着写。"这个细节我至今记得一清二楚。我耐住性子回答说，我并不反对他这种完全准确的说法——我尽力使自己的态度不带一点儿火药味——我之所以不能同意，不是不肯与罗贝尔·埃尔桑轮流写，而是不肯与报社老板、竞选议员的人轮流写。后来，我就再也没见过罗贝尔·埃尔桑。在 1978 年的竞选运动中，他没有写过一篇社论。当我表示"愿意在几个月内切实参加报纸的领导"时，为什么要如此粗暴地叫我"守些本分"呢？

至今，我还弄不清他出于何种动机。他本人也总是说，特别是对我的好友贝尔纳·博尼洛里说，他不明白为什么我要退出《费加罗报》。他对我已经有了一定看法。在一次领导机构会议上，他流露出了这种意思。在他看来，我和他属于同一类人，即如果我已经做出决定，就寸步不让，不会妥协，总之很

---

① 他们引用了良心条款。上诉法院承认他们有理。

难对付。让·多麦颂既不使他难堪，又不令人担忧。从第一天
开始，埃尔桑就了解这一点：让放不下《费加罗报》。因为他
喜欢为这家报纸写东西，他同广大读者声气相投，他在任何地
方再也找不出这样一个能够始终发挥其才能的论坛了。尽管
让·多麦颂不止一次在编辑部同人面前重申他将和我一起离
开，但埃尔桑毫不怀疑这个浪子一定会回头。

对我本人，埃尔桑搞错了，倒不是看不起我，而是对我
估计过高。我自己也怀疑，为了启发或指导记者，我能不能每
周到《费加罗报》待上 6 天。跟他写社论一样，也许几个星
期以后，我的政治领导也就流产了。埃尔桑熬过了一种辱没了
他的含糊局面。他作为业主，却只能以成员的身份，以五名成
员之一的身份，参与领导，他个人不能就解雇或招聘做出决
定。他肯定以为，我提出要求是出于争权夺利，一旦我得到这
个位子就会限制他的主宰权。我了解他，他却不了解我。我厌
恶权势，但思想方面的权威除外，因为这种权威来自论争或理
智。也许他是不愿意放弃撰写社论的权利，尽管他并不打算行
使这个权利。我并不认为他会经常写社论，但我不愿意冒同他
分享社论撰写权的风险（我却情愿同让分享这个权利，他的
署名是众所周知的一个大写字母"F"，这标志着他是领导机
构的发言人）。

我与埃尔桑谈了话，又同当政的大人物们谈了话，摆在我
面前的，只有辞职，别无他途。4 月份的某个星期一，我原定
第二天动身去儒加斯找我的孩子们，清晨却接待了来访的约瑟
夫·丰塔内，这个前国民教育部长创办了一份日报《我报
道》。此时此刻，我不能拒绝同这个诚挚而宽厚、笃实可信又
不带一点儿教权主义或教条主义的天主教徒合作。下午，准确

的时间是 3 点差 20 分钟，我突然瘫痪了：右臂贴着身子耷拉下来，我的嗓子也坏了，再也发不出声音。

几周以后，我恢复了知觉，立即给埃尔桑写了辞呈，并最后为《费加罗报》准备了几篇文章。下面就是我从未发表过的辞职信：

　　当你要求获得并且确实得到了领导机构主席一职时，无论让·多麦颂还是我本人，我们都未反对你的要求。当然，股份有限公司的东家与管理委员会董事长混在一起是不符合报纸章程的精神和条文的，正如法庭已经确认过的那样。但是，布里松那套班子的四个代表几年来在报纸中已经不起什么实际作用了；然而，只有这四个代表或编辑公司有权向法庭起诉，这种行动，不管怎么样，却有可能把报社彻底搞垮。我们已经决定不在资本家和编辑之间挑起新的争端。

　　如果赋予让·多麦颂社长的头衔，给我本人以政治社长的头衔，就等于你默认，《费加罗报》要保持其在知识界和政界中的威望，就应该由一个记者或作家担任经常性的领导，而不能由一个报业集团的老板或一个议员来领导。

　　过去无论什么时候，我都无法履行政治领导人的职责。你事先不向我们打个招呼就自行招聘工作人员；你不听听别人的意见就选派某个部门的负责人。你通过你信任的一个记者下达指示，而不考虑编辑部现存的领导等级。你这样做，就是剥夺了理应行使这种权力的所有人的权利。编辑部等着被遥控，却不能听从本应领导编辑部的人的意见。针对别人对现状的批评和我要求履行我的领导职责，你对我的答复是，从9月份开始你有意由你本人承担这个职责，包括编写社论。把老板、报业集团的经纪人、编辑部主任、社论委员会主任和议员候选人，都集中在一个人身上，我认为现今的舆论对此是难以接受的，对报纸的发展和精神威望也是极坏的。我从我们在2月和3月的谈话中得出什么结论，你也不会感到奇怪了。我不认为，用也许是荣誉很高但肯定是虚设的头衔来当保人和当掩护是得体的。我将离开我供职三十余年的这份报纸，心情十分沉重。

709

其他报纸对此事的评论既不激动，也为数不多，这正是我期待的。在《世界报》上，J. 索瓦热奥认为，征服《费加罗报》已接近尾声了。我错误地认为或幻想能够维护《费加罗报》的某种独立性。面对像埃尔桑这样的人，幻想与错误搅在一起。这个老板在《费加罗报》的行为同在《巴黎－诺曼底报》一样，似乎要采取所有"头头脑脑"行之有效的分而治之的方法干到底。

至于外国评论，我只知道《经济学家》（1977年6月1日）的一篇，标题是《被剥光了的〈费加罗报〉》（用的是过去时态）。这家伦敦周刊的驻巴黎记者是从《费加罗报》第一版上的两篇文章得知这一事件的，第一篇是让·多麦颂的，第二篇是埃尔桑的，还有我对《焦点》周刊的谈话。因此，这个记者把让·多麦颂去职看作一件大事；我去职则是步他的后尘。而事实上，让·多麦颂与我同时离开，目的是履行他对我的诺言。但是，他在他的文章中写道："再见了，但不是永别。"这就为今后作为社论撰稿人重返报社留下了后路或可能。

　　这个英国记者把我称作"法国最受尊敬的政论专栏作家、法国政治新闻知识界泰斗"，他概述了我在《焦点》周刊上对埃尔桑要求身兼数职所做的分析，并得出结论："这是阿隆先生所无法忍受的，他毕竟是在《费加罗报》干了30年的作家，他的精辟而出色的分析使《费加罗报》锦上添花，并造就了一代思想温和而有抱负的政治家。"当然，任何一家法国报纸都不会用这种调子评论我的辞职。《费加罗报》的同人中，没有一个人给我写过一句同情的话。他们当中有12个人跟着让·多麦颂和我一道辞职了；但他们都不知道有一个人去职，仅仅是为了暂时履行诺言。

　　对于我曾尝试同罗贝尔·埃尔桑合作，以及我辞职前后与让·多麦颂的关系，我还要再谈几句。有些人说："报业大王一来，他就应该离开《费加罗报》。"然而，直到今天我也没这样想过。如果政府当局当时鼓励另一个主顾买进这家报纸就好了，但这不取决于我。如果我拒绝——或者威胁说若罗贝尔·埃尔桑来我就走——很可能其他不少人也跟着拒绝，从而导致政府选择的或容忍的解决方案告吹，这倒确实可能如此。我曾努力帮助《费加罗报》维持下去，对此我并不后悔。报纸需要一个报业资本家来当领导。埃尔桑符合这个要求，也符合此种用意。我们以为他具有这种人物的所有品质，但我们弄错了。

　　我乐于承认，如果问题依然如故，也就是说报社的地位不变，我本来可以或应该反对选举埃尔桑当领导机构主席。然而，布里松的原班人马留下多少东西呢？一个是权迷心窍，碰到阻力就七窍生烟的人，另一个是漫不经心、爱发脾气又讨人

710

喜欢的学院院士，两个没什么可比性。为了防止股东僭取编辑部领导人的权利，需要随时保持警觉，需要一种强有力的意志，这正是让和我都缺乏的本领。那么，1977年2月至4月我做了些什么呢？只是发出警告！提醒多数派的领袖们并且说服他们，他们可以而且应该阻止一个负债累累的老板促使几个热爱《费加罗报》的大手笔辞职以掩饰其贫弱。我未能达到目的，而且根本不相信能够做到这一点，只不过谈过几次时断时续的话而已。至于让·多麦颂，他还主持着报纸分给他的栏目。我理解他的处境，并且保持了对他的友情。

　　我也曾梦想过，如果我像让那样离开《费加罗报》几个星期以后再回去，遭到的嘲讽和打击不是那么太无理取闹。《世界报》，这个除了对本报以外对一切人和事都是铁面无情的法官，居然宽恕了学院院士。我有幸——并不是"妄自尊大"——逃过了我的朋友让的那种好运气。他居然险境余生。

　　这几个星期我干了不少蠢事，首先是我心荡神摇——说得又太重了——迷迷糊糊地想同约瑟夫·丰塔内合作，或者从《费加罗报》拉出几个人。于是，就在我突然得了脑血栓的那天上午，我与约瑟夫·丰塔内进行了一次长时间的谈话。发病时，我正准备动身去拜访詹姆斯·戈德史密斯爵士。丰塔内公忠体国，信仰基督，身体力行，令人不能不肃然起敬。他死得悲惨而荒唐，扭曲了他这个人及其一生。遗憾的是，我同他的谈话未能给我带来太大的希望，因为他既不掌握足够的钱，也没有相当有力的班子保证取得成功。他希望领导出版，同时还想利用写社论来规定报纸的"路线"。这就没有我的位置了。我也没法带人进来。我一出院就做出了决定，他还给我写过一封恳请的信。

　　让·多麦颂于 1977 年 6 月 6 日在《费加罗报》上发表了一篇题为《致读者》的文章，宣称他对我表示完全支持："雷蒙·阿隆在《费加罗报》中起的作用是有目共睹的，本周他在一份周刊上总结了他在这次危机中汲取的教训：他脱离了《费加罗报》。30 年来，他是这家报纸的象征和荣誉。显而易见，他的脱离深深地震撼了这份报纸，他同这份报纸是血肉相连的。"他向埃尔桑的开明作风表示敬意，并说埃尔桑从来不对《费加罗报》记者的写作自由施加任何压力。接着他列举了编辑部和管理部门中重要人员的任命，这些任命都"不受他支配"。从某种意义上说，他这是暗指一个对我来说很关键的问题："利用写社论或写文章的形式，报社东家实际参与报纸的编辑工作，对于头脑简单或从政治角度考虑问题的人来说，问题的可恼和尴尬是难以想象的。"此外，他强调了他要离开的主要理由——无法充分行使他的领导职责——这就留下了他可能回来继续斗争的余地。"我设想，如果给我提供机会，不管在什么地方，即使在这里也行，只要给我提供手段，只要我的言论自由得到充分保证。当然，这只是指一种明天就可能开始的未来。"

　　罗贝尔·埃尔桑写了一篇文章来答复让·多麦颂。说句公道话，这篇文章对《费加罗报》倒无伤大雅。他首先描述了他购进这家报纸时它的财政状况是多么糟糕，说它几乎是陷入绝境了。直至今天，我还希望能对 1975 年和 1976 年的危机做出正确的分析。既然发行量没有增加，他是靠什么方法弥补亏损的呢？他取消了下午版，还想出来一个办法，即建立一个电

712 传网，把夜间在巴黎打好的"纸型"传给 8 个印刷分厂，与首都同时印出最后消息。我倒是乐于相信这种"空前的技术和工业成就能够每个月从地皮里搞出一座工厂"，但是，如果报纸的销售量不增加，要这样的出奇制胜又有什么用呢？况且，假如不向银行要求新的贷款，又用什么资金来维持这些工厂呢？

我应该补充说，他对 1945～1975 年报纸管理方面的批评是正确的。当时，《费加罗报》确实赚了不少钱，但没有把房产买下来，也没有更新技术设备，反而从每年发 13 个月的工资，增加到发 14 个月、15 个月、16 个月的工资。所有权与管理权分家是造成这种反常现象的主要原因。我成为领导机构成员后立即发现，工资级差之大使我无法不感到惊讶。

《焦点》周刊上发表的我同友人乔治·絮费尔的谈话，解释了我要离开的理由，并保留了一些悔过的意思。我当初反对让·普鲁沃斯特进入《费加罗报》有没有道理呢？那一天，我责怪自己："他的到来可能导致某些人流泪和咬牙切齿。但是，很快，大家的情绪就会稳定下来，报纸很可能恢复元气。"我完全没有把握我这种自责是否正确。1965 年的《费加罗报》似乎吃不消普鲁沃斯特，而后者由于年事已高，也不可能使报纸恢复青春。

我提出要离开的理由同前面的叙述相吻合。我曾讲到同埃尔桑的一次对话，他对我说过："为什么你过去同意这种章程，而今天却又拒绝了呢？"我简单地答复他："在一般情况下，我不愿发生新的冲突。我再次打赌，您是一个聪明人，相信您不至于跨过一条一旦越过我只好离开的界线。然而，这条线已经被逾越了。"乔治·絮费尔向我指出，无论到什么地方，我都可能重新遇到这种微妙的局面。我回答他说："只要我在《费加罗报》上写东西，这份报纸就多少同我有关。我走了以后，我将只对我本人负责。"最后，絮费尔使出一个撒手锏：为什么现在离开？我引用了贝格松的一句话回答他说："由于有人把我当成一部智能机器，最后可能大家都会忘记我也是个普通人。这就是说，有朝一日一些事情会忍无可忍。贝格松说得好：'我们希望知道出于什么理由我们做出了决定，然而我们发现我们做出了决定却没有理由，甚至违背了所有理由。然而，在某些情况下，这恰恰是最好的理由。因为已经完成的行动，符合我们的全部心情，符合我们的思想和追求……总之，符合我们对幸福和荣誉的个人看法。'"我的朋友们，如阿妮·克里热尔，都劝我不要放弃其他任何报刊都不可能给予我的这块地盘。1977年4月，在我住医院以前或以后一周，我不再犹豫：我再也不能容忍埃尔桑的《费加罗报》。

在《焦点》周刊社，我同奥利维埃·谢弗里荣和乔治·絮费尔谈了头一次话，他们向我建议一项合作办法，每月提供两篇文章。此外，戈德史密斯也知道我想离开《费加罗报》，希望我同《快报》周刊合作（他把这些话传给了我）。我不了解菲利普·格伦巴赫，同让－弗朗索瓦·勒韦尔和奥利维尔·托德（Olivier Todd）也是萍水相逢。我担心这个左派的编辑部对进来一个被视为右派的作家到底会做出什么反应。不管怎么说，如果奥利维埃·谢弗里荣得知《快报》周刊对我的许诺后不再与我接触，并且提出一项同他第一天向我提出的建议全然不同的条件，我也就不必在这两家互相竞争的周刊之间进行选择了。这一次是每周写一篇文章，并且担任一种倡导者或启示者的角色。这后一个建议是在我向戈德史密斯提出后他经过几天的思考才同意的（照规矩来说，从经济上讲，《巴黎竞赛报》提供的条件最优厚了）。

我做出这种选择的主要理由是《焦点》周刊的朋友们的态度。当初他们之所以没有立即给我提供一席之地，这倒不是他们缺乏热情或对我不尊敬；根本原因是，在这样一家总的来说不愿有倾向性的周刊中，不可能有我的位子。在 1978 年大选前的竞选运动中，由于絮费尔在一次公众集会上讲话，记者们投票通过给予他申斥处分。我不想仅仅充当一种分析家或单纯的旁观者的角色。我认为，我在《快报》周刊将享有更大的自由，在那里可能发挥影响，而且这家周刊的老板一般比较重视"大手笔"，可以使我免遭来自编辑们的任何敌视。1947年，我没有选择《世界报》而是到了《费加罗报》，可能就犯了错误（尽管我根本不相信这一点）；但我依然认为我不去《焦点》周刊而选择了《快报》周刊是有道理的，尽管经过了几次失望。至于让－弗朗索瓦·勒韦尔和奥利维尔·托德离开《焦点》社而造成危机以后的情况，即 1981 年 6 月以后的情况，留待另一章去叙述。

第二十一章　后戴高乐主义

1969 年 4 月，我对戴高乐将军搞的公民投票、分权化和参议院改革一概不以置评。在全国对这些改革予以否定性回答以后，我才评论这一事件，笔法可能有点过于例行公事。"5月30日演说和香榭丽舍大街示威之后 11 个月，戴高乐将军遭到普选的否决，作为一个'孤独的强者'，离开爱丽舍宫，回到科隆贝村旧居。"我先分析了这一事件的根源，又谈了他在乔治·蓬皮杜的恳求下放弃了公民投票，而他又十分重视这样向国民提出信任案的做法。我追述了将军作为法兰西人民联盟主席长期以来反复思虑的问题。我说："他把区域化改革看作支持公民参与公共事务的一种手段，区域化改革同时也是扭转近百年来行政权力集中趋势的第一次尝试。"戴高乐将军很可能把信任问题看得比改革的内容更重要。在 6 月份的选举中，究竟是谁取得了胜利呢？是总统，还是总理？"公民投票，即信任问题，应该扫除一切怀疑，应该赋予将军无可争辩的权力，没有这种权力，他宁愿走出金銮宝殿，回到故乡……他像安泰神那样，需要接触祖国的泥土和人民的意志来恢复神力。"总统变成温和的多数派（也可以说是右派，如果你愿意）的领袖以后有一种不可避免的趋势——尽管不一定出自他的本意。我就是用这一点来解释戴高乐将军的失败，这一点至少可以部分地解释他的失败。

不管怎么说，出于对历史的讽刺，戴高乐将军这次成了他所信奉的公民投票哲学的牺牲品。他当选连任7年，在国民议会拥有紧密团结的多数，这个多数派可能有些保留，但都甘心顺从，除了上帝或不可避免的社会冲突，他毫无所惧。其他任何人都会对此感到满意，而他却要一举雪耻，要么取得个人胜利，要么来个一败涂地，无论表面看来这是多么荒谬和不公平。也正因为这样，所以这才是一次对英雄豪杰至高无上的考验。如果他在1968年5月灰溜溜地返回科隆贝故乡，那将会辱没法兰西，因此，1969年4月，他重新披上一种凄凉的伟大，这一点可能与戴高乐主义的世界观是神秘地吻合的。

在题为《捉摸不定的法国》的第二篇文章中，我详细分析了1968年5月事件与戴高乐最终隐退的关系：

这些"事件"如果不是决定了，也称得上加速了两个人的分离。戴高乐将军的引退还间接地表明，这是几百名大学生在巴黎十大点燃烈火的后果，或者说是余波。自1968年5月11日以后，对于戴高乐将军来说，法兰西是难以把握的了。他的种种决定，尽管从他信奉的哲学和他的个性来说都是可以理解的，却奇怪地对他本人不利。他本人对命运和人们的忘恩负义不会感到惊奇。像所有古老文化培养出来的敢作敢为的人一样，他也考虑过祸福问题，而英雄只有泰然处之，才能正确对待祸福无常。

我望洋兴叹，不敢做什么总结，或者比较谦虚一点儿，只对戴高乐将军的历史作用做几点说明。当他的事业受到挫败的时候（法兰西人民联盟时期），我追随过他。即使我在实质问题上同他一致时，我也不真正赞成他的行动方式。作为法兰西人民联盟的成员，我继续按照我的人生哲学写文章，并不是照搬他的思想。在他执政的最后几年中，我被看作这个君主最不能容忍的非戴高乐主义分子之一。

他对我的几本书大表赞许，这是毫无意义或几乎没有意义的。他身边不乏作家，有小作家也有大作家，这些人的抽屉里有的是歌功颂德的信函。

我从他那里收到的第一封亲笔信谈到了《连锁战争》一书，这封信与其说是能说明他对本书及其作者（我当时是法兰西人民联盟全国委员会的委员）的态度，倒不如说更能说明将军自己的世界观。信中说：

> 承蒙惠赐大作《连锁战争》，书中见解、事实和论点十分丰富，深为叹服。您如此精辟地指出的前景，既令人满意，也叫人担心。然而，这可能是精神对聚合物质尚能取得的唯一胜利，这使人正视动荡的时局及其后果，而不至于自暴自弃，自暴自弃是毫无用处的。当然，也可能出现相反的情况，斗争、努力、意志最终成为主宰。可是，必须看清局势。您对此做出了杰出的贡献……

"聚合物质""控制混乱的努力"，这些词句启示了将军的柏格森主义和尼采主义。评判一个行动果断的人，要看他力图治理的乱世到底乱得怎样。

《对本世纪的希望与忧虑》出版于1957年，《工业社会与战争》则于他重新执政以后得以问世。这些书也同样受到赞赏，甚至是最高级的赞扬。第一本谈了我对阿尔及利亚的非殖民化和独立的论点，他对此肯定没有任何不满。

我接着又出了一本书叫《不变的与可变的》，分析第四共和国向第五共和国过渡的情况。这本书比较直接地触及他。这次，他不无讽刺地奉承说：

> 在您的大作中，我再次发现和领略了您敏捷而丰富的才思、您分析历史和人物的伟大天才、您的确非同凡响的风格。我对您表示折服，并羡慕您能够立即对我们亲身经历的事件和对我们卷入其中的激流（torrent）做一番评断。至于我，我仍然保留我的哲学观点。……这不会使您惊讶。……

毋庸置疑，用"我对您表示折服，并羡慕您"这些字眼，对我这个评论家来说，是一个并无恶意的教训。我认为，"我们卷入其中的激流"这种说法，反映了将军的一种通常的想法，或者更确切一些说，是他世界观中的柏格森倾向。而且，可能直到1959年5月19日，他还不知道他本人的政策将导致什么结局。

当我祝贺他的《战争与和平》一书问世时，他用巧妙的方式影射我的立场：

> ……我简直不能相信您所写的，我知道，许久以来，您很少对我做的事表示赞同。然而，请相信，我赞赏您的思想方式，即尽力纵览浩瀚的潮流（flux），把我们大家冲向一种表面上无限的，至少是史无前例的命运。

客套的方式同前一封信一样。前一封信暗指伦敦（"一直"），用的是同样的比喻，只是用"潮流"代替"激流"而已。

关于《历史意识的纬度》一书的回信倒没有任何发火的迹象。他写道："您对历史的哲学观点给黑暗的深渊带来了光明，特别是用在分析当代问题时。各国人民的生活就是一个深渊，难道不是吗？"发信的日期是 1961 年 4 月 4 日。对我写的有关"论证"的一些文章——其中有几篇已经发表，至少是过早地批评了将军的阿尔及利亚政策——他似乎不怎么觉得难受。

我收到的倒数第二封信依然客客气气，回答了《大辩论》一文。信中带有讽刺意味，口吻有点近于轻蔑：

> 我拜读了《大辩论》一文，正如我经常拜读您就同一问题到处写的东西一样。我觉得，您之所以不停地写这个问题，而且用词如此激烈，可能是您对自己所采取的态度不完全满意。实际上，"欧洲""大西洋共同体""北大西洋公约组织"，所有这些都可以归结到唯一的争论：法兰西应不应该成为法兰西？抵抗运动时代就存在这个问题。您知道我的立场，我本人也知道理论家们的嘴是停不住的。（在答复《论自由》一文的最后来信中，他称呼我为"亲爱的大师"。）

在他写给我的所有的信中，1963 年 12 月的来信在我看来是最富于戴高乐风格的。这倒不是因为这封信免去了恭维客套，而是他单刀直入指责文章的主题，即战略威慑力量问题。正如我在前一章提到的，我从来不反对法国努力争取核军备，这是有文章为证的。在将军看来，我的不可原谅的错误在于，没有努力把依靠国家核武器的防务同欧洲防务或大西洋防务区

别开来。最后，我承认我探索的解决办法是不可能的。对将军
719 来说，尤其从他的核武器哲学来看，国家与国防是一码事。核
武器比其他任何武器，更不能置于同盟国家的指挥之下。阿尔
弗雷德·法布里－吕克在《世界报》（1966 年 9 月 1 日）著文
指责我在既成事实面前低头了。他的文章得出如下结论：

> 目前，核打击力量还从未经过议会通过，也没有通过人
> 民投票明确批准，它已成为并且应该成为全国讨论的议题。
> 我们不能让核打击力量未经充分讨论便享受什么时效权。

尽管如此，我同将军还是保持着文字往来，而我同乔治·
蓬皮杜则从未建立起这种关系。诚然，我同他在索尔费里诺大
街谈话后没有几年，便于 1959 年寄给他一本《知识分子的鸦
片》。他给我回了一封热情洋溢的信表示感谢，这封信我后来
找不到了。对于其他的书，他均回信表示感谢，并答应要认真
阅读。我曾给他写过一封私人信件，内容涉及一篇有关法国和
美国总统在亚速尔群岛的会晤和达成协议的文章。信中有个事
实弄错了，我向他表示歉意。他友好地回了我一封信。

乔治·蓬皮杜代替了戴高乐将军，给我同当局的关系带来
了一些变化。政界和新闻界人士不会不知道我的"反戴高乐
主义"，他们也说将军对我特别仇视，这样说不免夸张。电视
台的负责人想要找我发表谈话时也感到犹豫不决，即使谈话是
有关我的著作的。这种害怕只是表现在戴高乐时期的最后两三
年。1960 年代初期，德斯格鲁珀多次请我到"人人可读"节
目中谈话。第四共和国时期，我也有机会在拙作《对本世纪
的希望与忧虑》出版时阐明我对非殖民化的观点。还有一段

插曲：德·凡尔内儒尔教授曾邀请我在一次关于医生社会职责的大会上致开幕词。我接受了邀请，但告诉他戴高乐将军可能不愿意在主席台上碰见我。几周以后，他要求同我会面。我看出他十分尴尬，不等他开口就立即对他说："如果我发表演说，将军肯定就不来了。你不必介意：我并不感到奇怪；明摆着，他的出席比我的出席更重要。"后来，让·居伊东代替我发了言。这真是历史的讽刺，他当过战俘，投靠过贝当将军。他刚进入巴黎大学时，有几个星期之久，大学生不让他讲话。我则是属于那些无保留地为他，进而为自由和宽容而斗争的人。

720

我被看作一个"不可接触的贱民"，以致当一个共同的朋友想邀一个部长——1940年7月与我在同一个装甲兵连服役——与我共进午餐时竟遭到那个部长的拒绝。10年以后，在吉斯卡尔·德斯坦当政时期，他回想起这件事，同我友好地交谈起来。我也不会忘记另一次相当难堪的场面。我应邀在一次军事工程师毕业典礼上讲话（那是在1968年），国防部部长梅斯梅尔在场，国防部的代表布朗卡尔也在。谁也不敢冒险请我讲话。经过短暂且难熬的犹豫，是不惜引起轰动离开会场，还是走上讲台若无其事地发表我的演说，我理智地选择了第二种态度。几天以后，我收到了经过让-克洛德·卡萨诺瓦提醒由布朗卡尔写来的一封道歉信。

1969年的总统选举，是我第一次参加竞选运动。在第四共和国时期，我远离党派之争和内阁危机。1947年以后，共产党已经脱离政治实体或议会实体（1954年孟戴斯·弗朗斯事先就宣布，他将不把共产党选票计算在他的绝对多数票之内）。从1958年开始，戴高乐将军在全国不可否认的多数支持下执掌了最高权力。将军辞职以后，法国人第一次被迫面对一次事关重大的抉择：一方是阿兰·波埃，参议院议长，一个真诚、温和、热情的人，但缺乏总统的才智；另一方是乔治·蓬皮杜，1962～1968年的总理。我毫不犹豫地支持了后者，因为我不认为，将军尸骨未寒就削弱总统的职能是符合民族利益的。

721 　　竞选运动开始时，《费加罗报》由于编辑们宣布罢工而停止出版。我收到蓬皮杜1969年5月25日的来信，信中说：

> 我从星期二的《费加罗报》上得知，您将支持我作为总统候选人。您的支持是宝贵的，也使我深受感动，对我是个鼓励。我尽力劝说让·普鲁沃斯特，但无结果。他已经到了脾气执拗的年纪。不管怎么样，我对贵报的重新出版感到高兴，因为必须让巴黎人感到，我们已经受到"微型法国"的威胁，这大概是《纽约先驱论坛报》对我们的称呼。应该发展，而不要重蹈覆辙，您对此很清楚。感谢您的支持。您的支持使我的讲话有了意义，而其他人则对此做了各种各样的曲解。致以最诚挚的友谊。

　　在法兰西人民联盟时期，我同他保持着表面上友好的关系。我记得，他曾邀请我参加他在他位于查理曼大街的寓所举行的鸡尾酒会。他进入马提翁总理府以后，我很可能对他的某些决策提出过批评。有一次，我认为他的讲话中有一段是针对我的，这次讲话批评了主张某种大西洋主义观点的人，指责他们同华盛顿妥协。我用一种论战的语气回答他，并影射他与洛希尔银行的关系。蓬皮杜给我的信和我所采取的支持他的立场，本来应该可以恢复共和国总统与我之间互相信任的关系。事实上，在领导阶层中，我已经不再被看作当局的反对派了，但也没有取得戴高乐－蓬皮杜派的好感——当然，我也不追求这种好感。

　　说实在的，直到1973年我才第一次介入左派与右派的斗争，介入原来由戴高乐派组成、后来渐渐扩大到中间派的多数派与社会党和共产党联盟之间的斗争。1965年，弗朗索瓦·密特朗在勒卡尼埃的支持下提出竞选共和国总统，弄得戴高乐将军在第一轮投票中失利，但第二轮投票的结果是不成问题的。我没有任何理由表态，因为至少当时的老社会党——居伊·摩勒的工人国际法国支部已日暮途穷。到1969年的总统选举，加斯东·德费尔只获得5%的选票。

　　一个新社会党于1971年在埃皮奈诞生，密特朗当选为该党第一书记。由于社会主义教育和研究中心、加斯东·德费尔以及皮埃尔·莫洛亚都支持弗朗索瓦·密特朗，原领导人居伊·摩勒、阿兰·萨瓦里变成了少数派，而密特朗只带了几个思考问题的俱乐部，如"共和体制协议会"。

722

　　1973年的立法选举恰值斋月战争①和第一次石油冲击前夕。但是，美国（水门事件）和东南亚出现的混乱动摇了共和国与世界均势。如果社会党和共产党联盟在法国取得胜利，很可能削弱我国在暴风雨前夕的地位。出于偶然，也可能是阿兰·维尔内和让·格里奥向我建议，我写了一篇批评共同纲领的文章；在1974年和1978年我继续这样做——这场战役于1981年在反常的情况下以失败告终，因为1974年和1978年那种人和思想均被动员起来的感人景象已不复存在。

　　1973年我发表了三篇文章。第一篇文章震动了舆论，在竞选运动中产生了影响。《快报》周刊全文转载了这一篇文

━━━━━━

　　①　即第四次中东战争。——编者注

章，文章题目是《化圆形为正方形》。我竭力指出，左派共同
纲领所规定的目标和打算使用的手段二者之间有矛盾。我一一
列举了社会党宣布的主要改革，如对银行和保险公司实行国有
化（同样的命运还威胁着私营企业）。"国有化的进展将与经
济发展和群众要求联结在一起，关键是群众将承担最大的责
任。当企业的劳动者表示有这种愿望，而企业的结构又表明有
这种可能的时候，劳动者就可以采取新的形式参与企业的管理
和领导。"此外，我还指出了共同纲领的杂乱无章，诸如，缩
短劳动时间、大量增加社会转移费用的支出、把宝押在加快经
济增长速度上（而当时年增长率已在 5% 至 6% 之间），这一
切都是在集中计划和投资银行代替现有机制的情况下进行的。
我做出如下结论：

723
　　　　　　在国家财政投资与资本市场之间，在计划与竞争之间，
　　　　在对外开放经济的增长与封闭限制经济的通货膨胀之间，
　　　　必须进行选择。20 世纪的法国经济，首次接近其最先进的
　　　　对手。正是这个时候，老掉牙的社会主义者胆大包天，患
　　　　了精神分裂症，竟试图进行一次已经到处碰壁的试验。

　　第一篇文章《化圆形为正方形》受到广泛评论，第二篇
《处境不妙的多数派——被迫摊牌》却受到忽视，为人遗忘。
我首先回顾了法国经济在数量上取得的可观成就：1960～1970
年，法国国民生产总值年平均增长率（按不变价格计算）达
5.8%，联邦德国为 4.8%，英国为 2.8%。同时，按人口计算
的年平均增长率，法国达 4.7%，联邦德国为 3.7%，英国为
2.2%。1971 年和 1972 年，法国又有了增长。但是，我也看

到了选举前夕社会舆论的不安和多数派的担忧。

我追述了"五月风暴"暴露出来的不足之处，随后我又列举了其中的各种错误，我强调指出这种成功的局限性，并且指出要害所在：占统治地位的政党的作风和各种制度的精神。

在公众眼里，戴高乐派有时采取傲慢的甚至是独断专行的方式，毁坏了一项非常崇高的事业……真是一个莫名其妙的民主国家，在这个国家中，议员借口多数制的规矩，不先去监督执政机构，而以"支持"共和国总统为豪。自1968年以来，这种荒唐现象达到了名副其实的"无比"的程度。埃德加·富尔先生强迫高校实行类似国民议会的制度，而国民议会却已堕落为皮影戏。

接着我又指出，现在已经到了1973年，戴高乐派及其政权的前途依然捉摸不定。我写道：

多数派代表人物发表的《对反对派的透视》一书中，有许多问题涉及第五共和国体制以及多数制原则的精神实质。中间团体的落后分子，或者说孟德斯鸠的信徒们，理所当然地受到诛伐。但愿这些先生首肯思考一回。工业社会的中间团体机构并未消失……目前的共产党像过去一样强大，由于戴高乐将军和蓬皮杜执行的那种外交政策，这个党甚至比过去更强了……10年以来，共产党人认为第五共和国的外交是"现实主义的"，在他们的语汇中，这就意味着方向正确。第三势力政党曾在20年前主张北大西洋联盟和建设欧洲，戴高乐派和共产党人却在客观

724

上联合起来，一道加以反对……多数派不仅远远未能消灭这些中间团体——多数派认为中间团体是第四共和国的残余，应该被抛到九霄云外——反而把共产党看作同其他政党一样，将其纳入了国家机体。多数派还创造了一些条件，使一种近乎奇迹的东西有可能实现：重建了一个社会（根据当时的民意测验，它的选票和议席将超过共产党）。

我再次说明一下，这几行引文写于1973年2月。

我还探讨了"逼牌"的技巧问题。共和国总统一旦被选出，总统多数派的候选人就会向选民提出，选民做出选择是何等重要：要么选出议会内与总统一致的多数派，要么闹出一场宪法危机。最后，我提到了共和国总统的作用。我写道：

> 我相信，现行制度久而久之终究行不通。一有机会它就得向法国人民重复说："要我们还是要动乱。"最后人们必将得到这样的回答："看一看到底怎样动乱吧。"除非有特殊的历史背景，否则任何一个人都没有魄力足以连续7年担当如今法国总统应负的责任，况且，法国总统甚至认为没有必要为自己配置一个类似美国总统挑选的那种参谋班子……后者（社会党人）依靠他们的纲领，明天或后天可能赢得选举的胜利，但到了他们获胜之日，法国也就失去了所有外国观察家（包括莫斯科和华盛顿的）所承认的它的机会。

我断定迟早必然要发生的事情，果然在1981年5月发生了。

在社会党执政两年以后，我预言的后果有一半已经出现了。 　　725

　　众所周知，乔治·蓬皮杜的健康情况支持不到 7 年任满，沙邦·戴尔马该当总统候选人。法国报刊对总统的健康表现出十分谨慎的态度；这同美国报刊大不相同，美国报刊要遵循本国报纸的习惯和它们对于职责所怀的观念。总统面部的浮肿暴露出他服用过什么药物（可的松），可以让人猜想出他得了不治之症。我回忆起《新闻周刊》上的一篇冷酷无情的文章，文章说，把相隔几年的两张总统面部的照片对比一下，就可以看出他的病症（多发性骨髓瘤）和他还能活多久（最多 18 个月）。这篇文章发表于 1973 年尼克松与蓬皮杜在雷克雅未克会见的时候。外国记者第一次被总统的恶化的情况震惊了。

　　蓬皮杜逝世的时候，让·多麦颂刚刚接任报社的领导职务，无法逃脱各种“权贵”施加的压力。他同意我的意见，第一轮选举之前，在沙邦·戴尔马和吉斯卡尔·德斯坦之间保持相对中立的态度。他把这两个多数派代表之间的竞选看作类似美国的初选。起初，他打算劝阻吉斯卡尔·德斯坦不要分裂多数派，因为沙邦已经先宣布要当候选人。他的仓促宣布已经使政界，特别是使舆论界有点不安。在竞选运动开始的几个星期，《费加罗报》每天刊登一篇支持多数派的文章和一篇支持密特朗的文章。编辑部中有一部分人倾向于密特朗，希望报纸倒向中左派。社会党人撰写的文章，我记得只有一篇未刊登，就是皮埃尔·若克斯的文章。据让·多麦颂说，这篇文章辱骂了我（我从来没有见过此文）。我终于说服了让：在最后一个星期，《费加罗报》不再充当自由论坛，我们必须表明态度，无保留地支持吉斯卡尔·德斯坦。

　　在新闻部工作期间，我与沙邦·戴尔马友好地共事了两个

726 月，他任新闻部秘书长，我当安德烈·马尔罗的办公室主任。这已经是遥远的过去了，后来，我们不时见面。在前面的有一章里，我提到有一次在布路斯坦－布朗歇家中共进午餐时，我们就阿尔及利亚的独立问题发生过一次激烈的争论。但一般来讲，我们在这种会见中重温了青年时期的友谊。我不相信他在第一轮选举中会战胜德斯坦。我在一篇文章中列举了民意测验揭示出来的投票意向，我强调指出，弗朗索瓦·密特朗对沙邦·戴尔马和吉斯卡尔·德斯坦采取了不同的行动方式。我写道："对第一个，他舞弄花剑；对财政部部长，他则高举接舷战用的短刀。是想顾全孟戴斯·弗朗斯的旧部呢？还是要努力摧毁一个全法国人都看重的知名人士呢？"1974 年 4 月 30 日，我又补充了一句，7 年以后，似乎更有理由重提这句话了："一个自 1969 年起就管理财政的人，仍有机会当选为共和国总统。不管怎么样，这是一个难得的人才。"

到了 1974 年，我显然要比 1969 年更频繁地介入党派之争。诚然，不管怎么说，我的活动方式仍然是写分析文章多于从事斗争。我从不对沙邦·戴尔马或弗朗索瓦·密特朗进行人身攻击。我认为，即使沙邦没有遇到雅克·希拉克的"背叛"，他也不可能赢得第一轮投票。我不愿指出沙邦的主要弱点，即他不愿强加于人，不愿上"电视"。我只想谈谈一些主角的手法，他们的战略和演说。

> 沙邦·戴尔马是唯一自称拥护戴高乐主义的候选人，而在戴高乐将军住在爱丽舍宫时，他从未当过部长。……为了迫使共和民主联盟合作，他仓促宣布当候选人。而共和民主联盟中最接近蓬皮杜的一派拒绝明确表态支持他。他本人，

作为总理，采取了一些自由开明的措施——尤其是对法国广播电视局的措施——使自己落到传统戴高乐派分子的一边，成了元老的核心，而这些元老却不愿意冒险为他战斗。总理梅斯梅尔用必须服从党的纪律来说明他的合作，似乎更多地是想调解多数派，使他们在第二轮选举时团结一致，对付密特朗，而不是要影响民众，不是要民众在选民成分大部分相同的两个候选人之间进行选择。……（1974 年 5 月 2 日）

727

在第一轮选举的前夕，在有关沙邦－吉斯卡尔角逐的文章中，我拒绝引用他们在辩论中互相攻击的论点。这两个人之中，谁敢自称更能干呢？做任何比较都会得罪两个中的一个。怎么可能知道这两个人当中谁在爱丽舍宫更能取得成功呢？"谁处在第二位时光彩照人，到第一位时就相形见绌。"同样，我也没有讲这两个人在第二轮选举中获胜的相对机会。随着事态的发展，当初我认为很重要的一场辩论今天看来已经不足挂齿：这两个人中谁将结束每 5 年或每 7 年一次的对法国体制的重新考虑？"一个候选人的支持者向我们保证说，新社会的设想，一种人民戴高乐主义的社会思想，将避免一场冲突，如果让综合理工学院、国家行政学院出身的大资产阶级分子进入爱丽舍宫，就不可能使民众同他们的总统保持一致。另一个候选人的支持者反唇相讥道：竞选运动业已表明，一个认真的、明智的部长可以同不同阶层的成千上万的但都承认了他的选民接触。"我最后选中了"新多数派"这种称号，它是第一个联合体，其他组织随后也可参加，但是其他组织并未参加。我怀疑沙邦·戴尔马能否做得更出色。障碍依然如故：两轮多数投票制神圣不可侵犯，这是戴高乐主义遗产的一部分。

我在两轮投票之间发表了 5 篇文章（5 月 7 日、9 日、10

日、15日、17日），概括了吉斯卡尔·德斯坦的支持者可以
使用的各种论据，他们不必进行人身攻击，也不至于沦落至公
共集会上那种辩论的水平。我重复一下第一篇文章中的一段
话，这段话可以部分地说明为什么密特朗在1974年败北而在
1981年却取得成功：

> 密特朗在第二轮投票时未能当选，倒不是因为共产党选
> 民使人担心，甚至不是因为有几个共产党人会参加政府，而
> 是因为密特朗同意在共同纲领的基础上与共产党结成有机的
> 联盟。由于这种联盟，他使自己陷入了一种抉择：他要么背
> 叛共产党盟友，要么背弃自己在最近三周的讲话中多次向法
> 国人许下的诺言，即当一个致力于社会和平的总统。

在题为《奇怪的联盟》的第二篇文章中，我强调密特朗
的竞选运动与共产党的竞选运动之间有差别："共产党人曾多
次参政，但确实只有一个国家有过一个共同纲领，那就是
1945年的捷克斯洛伐克。"

这个顺手拈来的论据使人想到一个前所未有的危险。在西
方，这个共同纲领带来的灾难，在一个虽然未被苏军占领但自
1945年以来就被纳入苏联势力范围的国家是不一样的。但是，
由两党签署的共同纲领却在密特朗总统和社会党的头上悬挂着
一种经常性的威胁：密特朗要么向其伙伴提出的要求让步，要
么只好与帮他取得政权的这个联盟中断合作。①

我追述了上一年我提出过的论点，即共同纲领包含的并非

---

① 任何人都不会在1974年想象，社会党能独自掌握国民议会内的绝对多数。

改变政策的萌芽，而是改变社会的萌芽。我提醒那些"洞察力强"、不相信弗朗索瓦·密特朗的诺言的诚意的人："有些人在报刊上或沙龙里把5月19日的选举说成是在中右派或中左派之间选择，这是自欺欺人，掩盖真相。这确实是一次根本性的选择。也许密特朗当选以后，不能完成共同纲领提出的和他的盟友要求的彻底变革，但是，只有左派激进派才会相信密特朗先生将在其盟友背叛他以前背弃他们。"

在做了一番我自认为相当客观和公平的比较之后，在斟酌了双方的恐惧与希望之后，我认为吉斯卡尔·德斯坦面临以下任务："在维持带来1/4世纪的进步的国际共同体的同时，引导法国在困难年代中前进；结束由一个多数派集团单纯执掌政权的局面；改变一些政治规则或政治实践，因为这些政治规则或政治实践迫使法国每7年一次，用俄国式的轮盘赌来决定自己的未来。"他在这三项任务之中完成了第一项，但没有完成第二项，更不要说第三项了。戴高乐式的国家消失了，但把它的某些弊病传给了吉斯卡尔式的国家，法国的未来再一次由俄国式的轮盘赌来决定。这一次实在是多余的。

在1974年选举以前，我见过吉斯卡尔·德斯坦不止一次，但我同他没有保持定期联系。我可以肯定，许多记者比我更了解他，他们至少以一般报人与政界人物接触的方式比我同他交谈得多。

我还记得我们的会见，譬如，有一次是就我的《大分裂》同他在电台上辩论，我想这次辩论大概是在1948年或1949年。他手里拿着书①，书页切得仓促，有些地方还没有切开②。

---

① 也可能是《连锁战争》一书，如果是这本书，那就是在1951年或1952年。
② 法国新出版的书，印厂不切，由读者边读边切；这到1980年代已不时兴。——译者注

1940年代末或1950年代初，他偶尔来参加一两次《费加罗报》的经济问题讨论会，内容是有关某个稳定计划，或有关反通货膨胀斗争。当时，他表示支持采取解决某一问题的措施而不是一揽子措施（控制信贷或减少财政赤字）。

几年以后，1955年，我去拜访埃德加·富尔总理，路过他的办公室，当时正值摩洛哥危机的高峰。我们聊了几分钟。出乎我的意料，他强调法国的行政管理机构在保护国制度方面存在不足之处，却没有强调民族主义运动。当他成为副国务秘书，又升任财政部部长以后，我有不少机会同他见面或听他讲话，因为当时我在国家审计委员会。有一次在国家审计委员会开会的前几天，我批评他的政策不过是一套头痛医头、脚痛医脚的办法。他火冒三丈地答复这篇文章（当然我也竭尽全力反驳了他的攻击）。几年以后，当时任这个委员会秘书的米歇尔·罗卡尔告诉我，他几乎无法整理这次对话的纪要，很难修饰或缓和这次对话的激烈语气。

我还记得一件事：1968年在欧洲一电视台，我们就当时的各种事件或关于《难觅的革命》一书展开辩论。他当时还处于官运不太亨通的时期。我们一起抱怨法国的制度很脆弱，无须一场真正的风暴，只要一股强风，就能把它吹得摇摆、震动，摇摇欲坠。他强调戴高乐将军威力无边，说得更明确一些，强调将军一经摆脱危机，就越发左右逢源。

到了1973年立法选举时，我们的关系才带有某种私交性质。他给我打电话，对我那篇关于共同纲领的文章《化圆形为正方形》表示赞赏；他在晚间辩论节目中同弗朗索瓦·密特朗对话时使用了我的许多论点，特意向我表示歉意。他对我说：我别无他法，因为你阐明了所有论据或最好的论据。这一天，我使他喜出望外，因为我向他保证，在预定于 1976 年举行的下次总统选举中，我将支持他。在这次 7 年任期届满时，实际上是乔治·蓬皮杜逝世时，他成了多数派最好的候选人。再过 7 年，尽管密特朗于 1981 年取得胜利，我仍未改初衷。

1974 年，在第二轮投票前夕，他邀请我参加两个候选人的最后一轮辩论，还是在原来那间播音室。他的竞选运动负责人一本正经地向我重申，他从《费加罗报》的文章中获益不少。尽管如此，我并没有成为总统的顾问，也没有成为他的知己，而且我根本也不想这样做。

在他当选几周之后，他组织了一次有关核战略问题的工作午餐会。出席这次工作午餐的有 3 个涉猎这个问题的作者，即 P. 加洛瓦将军、A. 博弗尔将军和我，两个军事问题的专业记者，即《世界报》的 J. 伊斯纳尔和《费加罗报》的 J. - P. 米特阿，还有梅里将军（梅里将军当时是他的军事办公室主任，后来成了三军参谋长），此外还有两个将军，我已记不清他们的名字。总统一开始就宣布，他只想听不想说，因为他过去根本没有研究过，现在也未研究防务问题，他说今后自己也要研究。这些话使我感到有些吃惊；作为财政部部长，他想必参加了一些有关防务的内阁会议，在这些会议上，必然会提到防务理论的某些方面，与会人员即使没有进行严密的分析，也会进行一些讨论。

在工作午餐上，弄笔杆子的将军 P. 加洛瓦和 A. 博弗尔讲话最多。P. 加洛瓦到会最早，他在大厅里等着。我来出席会议使他感到不痛快，因为我们过去有过争论；由于不痛快，他叙述自己的论点时比平时更加偏激，这就使了解他的那些人觉得他把自己关于原子均衡力和国土神圣化的观点推到了极端。我没有做任何事情使他缓和下来，而是相反。在谈话结束

731

时，我感到总统肯定不会挑选加洛瓦将军做顾问，因为总统对于经常依靠威胁来维护安全的理论，依靠制造滔天大祸以大规模报复维护安全的理论，本能地持怀疑态度。有时，总统以嘲讽的口气问我们 3 个人对战术核武器的重要性有何看法。加洛瓦将军回答说，毫无作用；总统微微一笑转向博弗尔将军："您来说说主要的。"我只能采取折中立场。总统告诉我们还要再次会晤，但从未实现。工作午餐结束时，他讲了一句话，这句话深深印在我的脑海里。他说：我无法设想在什么样的情况下，我应该按电钮。伊斯纳尔和米特阿离开爱丽舍宫时，对加洛瓦将军讲话有失分寸颇表惊讶。

另有一个场合，大约是 1974 年年底或 1975 年年初，我同总统谈了 1 个小时。当时在首都流传着有关吉斯卡尔·德斯坦的私生活的流言蜚语；总统的汽车在早晨 5 点钟同一辆送奶车相撞，这成了巴黎人晚饭桌上的热门话题。《世界报》上的一篇文章提到这次即使不是恶意中伤也是无中生有的诽谤运动。有一天，《费加罗报》记者伊夫·古奥告诉我，总统在一次同记者共进午餐时，指责以色列人（或犹太人，这一点我拿不准）导演了这场反对他的运动。我立即拿起笔来，给他写了一封短信。我批评他不应指责以色列人或犹太人阴谋反对他。我写道：这种指责出自您口，很可能造成使您第一个感到难堪的后果。这封信交给了在爱丽舍宫新闻处工作的一个女秘书，由她送去，她是我的一个朋友的弟弟的未婚妻。

总统立即给我打来电话，邀请我就这个问题谈一次话。我强调指出他的那些指责的严重性，他回答我说，这些话不是根据假设或捕风捉影，而是有事实为依据的。据我后来知道，这些事实不过是一个以色列记者给《鸭鸣报》打过一次电话。

以色列大使向我保证，他的手下不愿意同这个以色列籍的可疑记者有任何联系。总统接着询问了我法国的犹太人的情况、他们的人数、他们对以色列的态度。他刚刚读过巴尔夫尔关于"犹太人之家"的著名宣言，这是以色列国家的创造性文件之一。他认为，局势将朝着对希伯来国家不利的方向恶化；耶路撒冷的执政者不接受别人提出的在外约旦成立巴勒斯坦国的方案，这是错误的。有朝一日，连 1967 年划定的边界以内的领土对他们而言都会成为有争议的。

在这次语调友好的谈话中，最使我感到震动的是，吉斯卡尔·德斯坦完全没有亲以色列或反以色列、亲犹太人或反犹太人的想法。在战争期间和战后，他对德雷福斯事件时期法国的四分五裂与群情激奋似乎一直无动于衷。最近，他才了解建立以色列国家的缘由。可以说，他缺乏一种感情，有了这种感情，尽管他不赞成以色列的行动，也会同情法国的犹太人。他在任 7 年的后期，总统府秘书长就是一个犹太人，这位秘书长的父亲死在纳粹集中营里。如果他在去近东访问的前夕或在哥白尼大街暗杀的翌日征求过这个秘书长的意见，就不会采取那些使一部分犹太人反感的行动了。在这次谈话的结尾，他又提到核战略问题，他送我到办公室门口时讲道：我还不能完全掌握辩论，将来我们还应该就这个问题再进行一次讨论。但这种讨论从未实现。我曾多次应邀出席宴请施密特总理或桑格尔总统的正式午宴或晚宴，我只有为了《费加罗报》的事才求他接见，但他从未因此会见我。可有时候，他会给我打电话。

当然，选举以后，我对总统的决策完全可以自由地评论。直到最后时刻，他的胜利是多么短促和没把握呀！"乔治·蓬皮杜的财政部部长自从 1969 年就任这个职位，这位部长终于在通

733

货膨胀加剧的时期赢得了胜利。但除了许下一大堆愿和利用各方面的助手延续了他的管理，他没有拿出任何东西，这确实使我目瞪口呆、惊叹不已。这是由于候选人机敏过人，还是法国人民明智，抑或是对手具有一些隐蔽的弱点呢？每个人都可以从这几种解释中做出自己的选择。"过了几行，我提醒他不要对这次选举的教训忘乎所以："在吉斯卡尔·德斯坦这方面也应扪心自问，光靠他进入爱丽舍宫时的能言善辩、行为举止，以及把过人的机智同无固定内容的谈吐结合起来，就能够团结和治理法国人吗？"（1974 年 5 月 22 日）我的建议藏在字里行间。一个人晋升到总统府，而且多数派占主导地位的党中有一部分人对他抱有特殊敌意，那这种晋升就可能带来另一种政治实践。"不能再独断行使权力，乔治·蓬皮杜的顾问们自吹自擂曾经'赶走'总理，从而弄得各个部长胆战心惊的时代结束了。"（1974 年 5 月 22 日）我希望有一个稳固的内阁班子，其生死存亡都不仰赖总统的选择。"这个班子里强有力的人物越少，总统就越可能随时处在第一线，也就越容易遭到攻击（上帝知道他将遭到多少攻击）。从这个意义上讲，靠总统多于靠议会多数派的班子突然上台执政，就意味着重新回到一种假总统制。"众所周知，事后看来，挑选雅克·希拉克任总理是一个错误；当时我认为这个内阁颇为"软弱"。"从这个内阁中找不出任何一个部长，他本人的权威可以补充共和国总统的权威。"在取得这种近乎奇迹的胜利之后，我最担心的是多数派内部发生分裂。"首都人士认为，吉斯卡尔派似乎同奥尔良派①的传统联在一起，

734

---

① 奥尔良是七月王朝路易·菲利普的家族称号，时当自由资本主义上升时期。——译者注

戴高乐派则同波拿巴派传统相关，一个比较自由，另一个更有社会性。"在总统任期 7 年内，我尽最大可能避免在多数派中的两派之间表态。"只要投票方式今后仍无改变——而且没有任何迹象表明其将会改变——共和民主人士联盟就只能参政而不能理政。共和国总统可以统治但不能得罪共和民主人士联盟。"（1974 年 6 月 19 日）在争夺巴黎市市长的拼搏中，我给人的印象是选中希拉克来对付吉斯卡尔，这个问题我下面再谈。

对于总统的外交政策我很快就表示有保留。1974 年年底在一篇题为《吉斯卡尔·德斯坦先生的国际职权》的文章中，我就流露出某些担心："从理论上讲，您是欠了勃列日涅夫的情，因为在两轮投票之间他不是曾派他的大使拜访过您吗？但不幸的是，您在各种不同场合，表现出法兰西国王没有忘记奥尔良公爵①的抱怨；我认为您可能轻而易举地忘记了这个贵客给您的支持，但共和国总统却只能承认共和国的利益。"我再一次强调苏联在军备方面的努力——美国总统则在几年以后，特别是苏军入侵阿富汗之后，才承认这种努力。"苏联在缓和年代，完成了从未有过的大规模常规武器和核军备方面的努力。"（1974 年 12 月 6 日）最后，我还直接向总统陈述了有关可能签署的《赫尔辛基协议》问题。我说："总统先生，西方能否体面地取得实质性的让步和兑现未来的诺言，或者假装取得事关荣誉必须取得的东西而甘愿冒丢脸的风险，这要由您来判断。"（1974 年 12 月 26 日）

6 个月之后（1975 年 6 月 6 日），我在一篇题为《自愿的

---

① 引用法国王朝嫡支波旁与旁支奥尔良之间百年不止的嫡庶之争。——译者注

芬兰化》的文章中采取了更为激烈的语气。我援引了总统在记者招待会上的两句话："在目前的形势下，讨论任何欧洲安全问题都是无用的。"他认为："组织欧洲防务的计划会引起苏联的担忧，这是可以解释的。"我同意第一句话，即只要我们的同盟国留在北约组织的统一司令部里而法国不参加进去，讨论欧洲防务问题从一开始就会碰到不可逾越的困难。反之，害怕苏联人对欧洲防务计划做出反应，我认为是站不住脚的，不能接受的：

> 鉴于目前的力量对比状况，共和国总统怎么能够那么认真地以为，苏联至少会在一定时期内，从欧洲防务组织计划中看出针对它的某种威胁或某种欧洲军事压力呢？我遗憾地写道：无论戴高乐将军，还是乔治·蓬皮杜，都不会承认苏联领导人的这种恐惧，因为苏联人只尊重抵抗他们的人。既然同意赋予莫斯科过问欧洲防务组织的权利，总统就在所谓"芬兰化"的道路上迈出了第一步。即使不讲核威慑，民族独立也应是全方位的。

也许，《没有猛兽的丛林》（1975 年 1 月 10 日）这篇文章虽无意挑起论战，却最好地反映了我对吉斯卡尔·德斯坦的人品和态度的看法。他初出茅庐，第一次进入国际外交的丛林。他向勃列日涅夫做出了他的前任们不肯做的口头让步。他宣布准备近期内在最高级会议上决定是否召开赫尔辛基会议，而乔治·蓬皮杜一直拒绝做出这种承诺。他对哈罗德·威尔逊也做出过某些让步，支持他在英国的公民投票中取得成功。与美国总统在马提尼克的会谈是在双方都心平气和的气氛中举行的，没有受到对抗。

　　一个德高望重、肩负历史重任的人，在灵霄宝殿举行记者招待会，对上千名全神贯注的记者描绘一幅祸患深重、阴云密布的世界图景。而法国在这个世界中游离于集团之外，保留着一个孤芳自赏的地位，因为它没有超级大国积聚起来的实力和手段。然而，它拒绝任何附庸地位，只接受明智的建议，不接受其他建议。这样的时代，到底到哪里去了？

　　在这篇文章里，我借用了密特朗在他的一本书中引用过的话，后来这句话被到处引用，但多少有些走样了。

736

　　吉斯卡尔·德斯坦先生……与1914年以前的历史文化教养出来的戴高乐将军不同，他似乎体会不出国家与国家之间的关系的真正悲剧。当安德烈·丰塔内先生向他提到威尔逊先生的顾问——豪斯上校说过的"外交是君主疲劳时的一种消遣"时，他很高兴听到这种把外交看得十分轻松的说法……吉斯卡尔·德斯坦不是像马基雅维利那样对待外部事务，而是从经济学家的角度，或者是故作天真。这个第五共和国的几乎是常任的财政部部长，以他那习以为常的无拘无束的派头，学步于国与国之间的丛林之中，幸亏他没有碰到冷酷的猛兽。我们衷心为他并为我们自己祝愿，希望他永远不要撞上凶煞。

　　总统于1975年10月访问莫斯科时，第一次撞上凶煞。在此之前，我在《法苏合作的限度》一文中，曾误以为会晤没有问题，至少不会出大问题。当时，法国围绕西班牙和葡萄牙问题的争论正值高潮，甚至一部分温和派报纸也指责总统（我倒认为他有道理）没有大张旗鼓地反对处决案犯——处决令是佛朗哥将军下的，是对暗杀佛朗哥指定的继承人卡雷罗·布兰科的一种报复行为。我写道：按照外交传统，法国总统和苏联的头号人物，理应把国家之间的对话同意识形态冲突区别开来。在葡萄牙问题上，法国和苏联分属对立的阵营，既然苏联人认为法国显然属于"帝国主义"阵营，情况又怎能不是如此呢？我国既没有参加限制战略核武器的会谈，也没有参加限制欧洲常规武器的谈判。用一句外交术语，还有什么值得"在双边范围内"进行讨论的呢？苏联人曾经向蓬皮杜建议在法苏特殊关系方面再向前迈一步，即签订一项友好条约。蓬皮杜婉言拒绝了这份殷勤，我本来以为吉斯卡尔·德斯坦尽管在朗布依埃动过一番感情，表过一阵热忱，或许也会敬谢不敏。

737 更何况，自从勃兰特与苏联签订了那些准和平条约以后，在巴黎和莫斯科之间已没有什么"优先的关系"可言了。

　　法国总统的访问使旁观者们感到困惑不解。访问一天之后，勃列日涅夫宣称他生病了，最高级会谈只好中止；吉斯卡尔·德斯坦按照原定计划到外地去访问，但是在苏联的花名册中，陪同他的官方人士的阶层甚至够不上二流水平。很明显，苏联人给他冷遇，对他表示不满。我不知道到底为什么。我对于吉斯卡尔·德斯坦在第一次晚宴结束时的讲话还比较重视。法国总统讲到在意识形态竞争中要缓和。这个题目他在法国讲过多次，但在莫斯科，是第一次讲，也是最后一次。这次讲话、第一天的会谈，以及关于最后公报的谈判，惹恼了苏联人，苏联人想让他知道这一点。

　　全世界的报刊评论了这种不顾外交礼节的行为和勃列日涅

夫的外交病。总统默不作声，认为这些插曲不过是记者们杜撰出来的或不怀好意设想出来的，根本没这回事。而我却早已著文评论这次"错误的会见"。有一天晚上，总统亲自为此给我打来电话。我们在电话里谈了近半个小时。我没有记下任何东西，只有个笼统的回忆。记者们杜撰了一个事件；勃列日涅夫确实身体不适；到外地访问符合访问计划。没有必要小题大做。也可以设想，这些小毛病不过是翻译们搞出来的。

总统未能说服我，只使我感到难办。如果在这次谈话的第二天我发表一篇评论批驳总统说的话，那我就会弄僵我们之间的关系。当然，我的文章能对他有一点儿影响，我对此从来不抱任何幻想。由于我经常批评他，任何人都不能说我对政府有一丁点儿奴颜婢膝。于是，我把已经写好的评论扔进纸篓，重新写了一篇，拐弯抹角地处理事实真相，毋宁说是罗列了一些几乎是互相矛盾的论点。

文章首先列举了出现危机的迹象："修改访问日程，缩减两个头号人物会晤的时间，宣布取消预定的两国外交部部长的会晤，所有这些事件，在别国本来不会引起注意，然而在这里却有理由引起一些疑问。"据说，在苏联没有任何事件是偶然发生的。我还指出，《真理报》发表了法国共产党的声明，我还做了一点儿让步，指出也许这个决定不是最高层做出的。同样，我接受了勃列日涅夫身体不适的说法，"确实是良性感冒，要不然怎么两天之后又恢复同法国总统的会谈呢"。尽管采取小心谨慎的做法，我还是指出了在最后公报中，在近东问题上，在当时由莫斯科提出的裁军会议问题上，对苏联的用词做了几处让步。除了这些只有专家才能看出的细节，还有实质性的东西。苏联人从来不接受意识形态竞争方面的缓和，因为

738

按照他们的世界观，和平共处只是对国家关系而言，不能用于意识形态或社会制度。从法国这方面讲，无论是吉斯卡尔·德斯坦的法国，还是戴高乐将军或乔治·蓬皮杜的法国，都不能把法国在大西洋联盟中的特殊立场，强调到与法国外交的另一面不能相容的地步。法国外交的另一方面，就是欧洲共同体，就是法国努力使自己同欧洲共同体成员国的对外政策趋于一致，即使不能一致，也要彼此接近。

几天以后，我完全按照自己的想法，又写了一篇有关法苏关系问题的文章，因为在我看来，总统在莫斯科遭到冷遇，事实已无可否认。能否就说总统因此受到挫折呢？"优先关系"一词只有法国人用，苏联人并没怎样用过。然而，不管怎么样，法国到底能从中得到什么好处呢？至多，苏联外贸负责人对法国提供的产品能够有些优待。如果说戴高乐将军曾主动同莫斯科建立联系，那么尼克松－基辛格政府和勃兰特政府都以不同的方式照他的样子去做了。现在苏联人已经无须法国人的外交斡旋，就可以在所有西方国家登堂入室了。已不存在什么法苏特殊联系，因为所有西方人都在尝试同莫斯科建立或正在建立类似的联系。

　　这种全方位的缓和——共和国总统的典型气质——带来了一种麻烦的怪现象。因为当法国的政策倾向于同联邦德国发展密切合作时，莱茵河彼岸的报纸便情不自禁地庆幸法国正在失去其莫斯科特殊对话者的地位，而老戴高乐主义者则担心法国丢掉的地位被联邦德国抢去。

从总统 7 年任期开始，我就批评他，这是因为他不了解——至少在表面上——跟他打交道的那些人的本质。为什么要向列宁墓献花圈呢？他是一种信仰的先知，宣传这种信仰就会使地球上的所有吉斯卡尔·德斯坦一命呜呼。"真有道理，有些人只从永世斗争的角度来看待政治和历史，而他居然主张同这些人握手言欢。"

1969～1974年，我当时还被当作戴高乐政府或后戴高乐政府的反对者；而实际上，笼统地讲，我成了吉斯卡尔或吉斯卡尔主义的支持者。当我翻阅这个时期的文章时，我很惊异，我居然用同样的方式、同样的风格，支持或批评乔治·蓬皮杜和瓦莱里·吉斯卡尔·德斯坦！当然，这两个人的外交政策也没有什么实质差别。蓬皮杜比他的继任人更不相信苏联人。至少从言辞上看，他比吉斯卡尔·德斯坦坚决。直到逝世，他一直未同意签署《赫尔辛基协议》。

把1969年以后的文章同1962～1969年的文章做比较却比较困难；法国外交政策的原则，是在阿尔及利亚战争结束和戴高乐将军辞职之间形成的，这些原则变成了神圣的信条：建立战略核打击力量，退出北约组织的联合司令部，与莫斯科维持优先关系，口头上的反美主义或反大西洋主义。讨论的不是一些真正不可逆转的外交举措，而是这些举措的长期后果。1969年以后，戴高乐主义外交就成了法国的外交；甚至至今依然如此，社会党取得胜利，即弗朗索瓦·密特朗取得胜利以后，至少也曾一度如此。1958～1969年，密特朗曾经是戴高乐将军最经常的，也是最不宽恕的对手。后戴高乐主义，无论是乔治·蓬皮杜的还是吉斯卡尔的后戴高乐主义，都尊重戴高乐遗产，即便轮到密特朗，从他赞同战略核力量之日起，他也发誓尊重这份遗产。在法国与莫斯科和华盛顿的关系上，总统在近东和欧洲共同体问题上的自主余地或创造余地肯定仍然是很小

740

的。我对吉斯卡尔·德斯坦 1975 年访问苏联大发一通议论，是因为总统向列宁墓献花暴露了他的某些心理活动。今天，还有谁关心那次访问的最后公报以及双方做了哪些口头让步？有关吉斯卡尔·德斯坦外交活动的这几页文字，如果还有一点儿意思的话，那也不过是因为它表明了我对一个友好政权的态度，也可以多少说明吉斯卡尔·德斯坦的人品。

共和国总统与他的前总理在巴黎市市政府问题上的争吵，促使那些估摸两党破裂后果的人，以及试图防止"多数派自杀"（借用 1977 年 2 月 21 日我的一篇文章的标题）的人加紧活动。

最初，我表态支持雅克·希拉克，至少表面上如此。保卫共和联盟（原共和民主人士联盟）在巴黎市议会中占多数，并占有市议会议长一席。根据共和国总统的意愿进行改革以后，市议会议长变成了巴黎市市长——自 1871 年以来，这个显要的头衔一直乏人继承。多数派两党本来在市长的共同候选人问题上已经接近达成协议。出于我至今仍不了解的一些原因，联合候选人皮埃尔·泰亭哲退出竞选，总统未事先征求雅克·希拉克的同意，就挑选了多维尔市市长多尔纳诺先生来代替。雅克·希拉克立即下战书，毛遂自荐，担任"光明之城"的市长。

741   1976 年 1 月 2 日，我在国家元首和他的前任总理的对立公开以前，就对其内涵做了分析。对于两个人分道扬镳的原因，我也不见得比市井小民知道得多。我对于吉斯卡尔·德斯坦的弱点并非视而不见，但是，当我把国家元首比附跟他打交道的欧洲或美国的政府首脑们时，我的火气马上就消了。我对雅克·希拉克不太熟悉，我更是从来不觉得他有什么法西斯派头（尽管有这种流言蜚语）。从他奉承农民的做法来看，他倒有点像激进社会党人；他办事干练，喜欢到处握手，随时提出竞选口号，他的竞选口号不消几天便又被捐弃如秋扇，这样看来，他又像大城市的鼓动家。他是一种我们大可期待又非常担心的自然力量和政治力量。这两个人当中，我认为只有吉斯卡尔·德斯坦才具备一个国家元首的才智、经验和权威，但他绝对不能犯把雅克·希拉克变成不可调和的政敌这种错误。可能从1977年开始，这一对恩爱冤家，兄弟阋墙，弄得两败俱伤。在大声疾呼反对"多数派自杀"这件事上，我白费了力气，只得求告总统，因为我同另一个没有联系。

在《疾病大全》一文的结尾，我强调了法兰西民主联盟与保卫共和联盟的冲突的荒谬绝伦，然后建议了一种总统显然不会采纳的做法。我说：

> 雅克·希拉克也许有办法挑起一次内阁危机，迫使共和国总统解散议会，但我不认为他会任性地干下去，或听他的军师们的话冒险把宝押在这上面。如果提前选举——他将为此负责——这是拿自己的前途开玩笑，正如共和国总统拿他的任期押宝一样。在国家元首方面，至少应该暂时适应爱丽舍宫与波旁宫之间力量对比的变化。为什么不让政党去挑选巴黎市市长的候选人呢？戴高乐将军本人也曾设想把第五共和国议会第一任议长的席位留给保罗·雷诺，他并未因沙邦·戴尔马当选而气出病来。共和国总统只能在生命攸关的问题上，在涉及国家命运和经济行动时，采取断然态度。

742

1977年，我发现总统试图同反对派建立对话关系的一线希望破灭了。

他把自己的一部分选民弄得不知所措，但又未能吸引对方的人。他可以稍微改变一下自己的举止，适应法国人喜欢的总统派头。他不能变成一名"打手"。吉斯卡尔·德斯坦与雅克·希拉克是对手，但不管怎么说，他们仍然是盟友。谁能为他人作嫁衣呢？有人说，"什么情况都可能发生"。当然，保卫共和联盟主席最终帮了国家元首的忙，或者倒过来，后者给前者帮了忙。

1978 年，联盟主席确实给国家元首帮了大忙；1981 年，他却闹了个同归于尽。

后来的 1 个月，我几乎没有为希拉克辩护，而是主要致力于反对总统掀起的不让希拉克当巴黎市市长的运动。实际上，我是建议他不要在巴黎挑起反对他的前任总理的圣战，因为他很可能吃败仗；接着我又提出了联盟主席的道德权利——如果可以这样说的话。戴高乐派先丢了爱丽舍宫，随后又丢了马提翁宫。同样一部宪法过去帮助过戴高乐的国家，也帮助了吉斯卡尔的国家，而现在情况越发严重，因为总统的党在议会多数派里面继续处于少数。保卫共和联盟竭力维护它在巴黎的地位，为什么不去理解它呢？为什么硬给它扣上欺君的罪名呢？如果说希拉克当候选人冒犯了总统的威信，后者为什么不来一个避实就虚呢？假若对手挑选了他稳操胜算的这块战场，常识告诉这个总统－战略家，他如果不能避免这场角逐①，就应该置身事外。

总统感情用事地投入战斗，结果输了。爱丽舍宫对电视台

---

① 后来有人告诉我，在米歇尔·波尼亚托夫斯基的鼓动下，是总统本人决定在这个地方决一雌雄的。

施加的压力从未像选举巴黎市市长时那么大。保卫共和联盟的市议员固守金城汤池，城池的有些地方是坚不可摧的。弗朗索 743 瓦兹·吉鲁受命进攻其中一座堡垒，而尽管她得到《快报》周刊的支持，但仍没能攻下来，因为一件糟糕的勋章事件把她搞得一败涂地。我的一个表亲阿隆－布伦蒂埃在抵抗运动中是她的领导，也出面替她作证。总统要求她在一个选区的候选人名单上领头，答应给她一个部长职位——不管选民做出什么决定。可是勋章的"丑闻"免除了总统对她许下的诺言。

总统对我的建议很不满意。我的两篇文章却给科雷兹省的议员①帮了忙，事情很简单，因为这些文章承认他的候选人资格有合法性。是否帮助很大？我不得而知。有几个希拉克派人士为了奉承我曾多次对我说，如果没有我的文章，他们就不会成功（这同时也助长了我的"狂妄自大"）。爱丽舍宫大发雷霆，似乎也满足了我的虚荣心，如果我真希望自己能起这种影响的话。《费加罗报》在巴黎的豪华区过去占有、现在仍然占有一席之地。我觉得，发表文章对政治阶层有影响，但影响不了选民。

在爱丽舍宫，人们考虑为什么我对总统来了一个"暗算"。在他的亲信当中，有些人认为我采取这种态度是由于阿卜·达奥德事件，他是慕尼黑暗杀以色列运动员事件的组织者之一。我曾经激烈地批评——也许激烈过了头②——政府在司法部的支持下，过于仓促地摆脱了这个讨厌的巴勒斯坦人。我感到很意外，更感到奇怪，这些职业政治家竟不肯想一个办法，既不出于卑劣的动机，又不搞阴谋诡计。何况，我在阿

---

① 指雅克·希拉克。——译者注
② 不少读者给我来了信，我才做出这样的判断。

卜·达奥德事件之前就写过，总统不应亲自卷入巴黎市市政府的争吵，他在那里很可能会丢面子。

写了这几篇遭到反对的文章以后，我同雅克·希拉克、玛丽-法朗士·加罗、皮埃尔·朱利叶见过一两次面。我发现雅克·希拉克很讨人喜欢，或者不如说我发现他"有意思"，就像青年人的口头语那样；我同他来往很随便，比同吉斯卡尔·德斯坦随便。总而言之，我同后者没有进行过任何完全非政治性的谈话。在我看来，这是一个始终无法捉摸的人。

市镇选举以后几个星期，我就销声匿迹了。在心脏病发作以前，我曾就1978年春天的"不可避免的冲突"写过几篇文章，提到了"需要一年才能说服"的期限；关于内政的最后一篇文章发表于3月28日。四篇文章标志着30年的合作终结了，它们分别发表于4月23日和27日。

我写这四篇文章是为了向《费加罗报》的读者告别，是为了试一试我的手是否还能勉强涂抹几个字。这些文章将编入本书最后一部分，最后那部分专门叙述我多活的那几年。在医生的帮助下，大自然让我又多活了几年，我对此不时感到苦中有甜。

第二十二章 论意识形态批判

　　《知识分子的鸦片》一书总结了我的一段生活。在这 15 年间，除了在大学教书，我还当记者，而且是个活跃分子。这本书于 1955 年春天问世，比我候选任教于巴黎大学早几个月。它对左派知识界是一种挑衅，而左派知识界在大学教员中虽不是多数，但有影响。这本书在赫鲁晓夫苏联共产党二十大报告前一年出版，尽管引起了公愤，却是应时之作：巴黎的知识界由此开始对马克思列宁主义和苏联产生怀疑。

　　对各种意识形态的批判，即我心目中的那种批判，并未随着《知识分子的鸦片》一书的出版而中止。首先，我同各种各样的对手争论，尽力阐明我的立场，反驳许多读者对我提出的悲观主义或虚无主义的诘难。接着，《意识形态时代的终结》一文中的结论，在大西洋两岸引起了一场相当激烈的论战。1960 年代初期出版的三本论工业社会的小册子，促使我把经济社会发展的各个阶段同意识形态联系起来。

　　回顾过去，我有时也问自己，何必花那么多时间去评论意识形态呢？有关意识形态的评论，我写了不少文章，其中有《三论工业时代》和另外两本书（《从一个神圣家族到另一个神圣家族》《暴力的历史和辩证法》）。

　　人家说我生性好辩，我倒觉得情有可原。并非我对论战的效果抱有很大幻想。人们信奉主义，不仅赖以表达自己的感

746 情，而且赖以整理自己的感情，这种感情能够长期不买账，不买敌对言论的账。不管怎么样，有思想的人总是竭力为他们的信仰进行论证或辩解。其中有不少人，从来也没有信服那种斯大林式的马克思主义。因此，我也就从不与辩证唯物主义的信徒们争论。

我列入意识形态批判范畴的文章和著作都是我在青年时代自己给自己安排的使命，即把观念和观念所反映、扭曲或改变了的现实进行对比，同时追踪事态和观念的进程。《知识分子的鸦片》一书的前三章就是论述"左派""无产阶级"和"革命"这三头不可侵犯的"圣牛"，以便根据当时的历史背景来分析这些暧昧的概念及其不同含义。

这种批判既受到马克思主义的启示，又受到康德思想的启示。可以说这是马克思主义批判，因为马克思一向越过空谈和幻觉去探究真正的实践。马克思会怎样评断一个自称属于无产阶级而又不给无产阶级任何自由的政权，比方说选择工会代表的自由？也可以说这是康德式的批判，因为它指责历史的哲学，这种哲学的奢望超出了认识和合理预测的界限。

这30年间，巴黎意识形态的新风尚总是随着对马克思主义的不断重新解释而变化。我列入意识形态评论范畴的那些文章，如果从实质上看而不从表面上看，文体都很不一样。《知识分子的鸦片》在我看来——我现在还是这样认为——是供知识界阅读的论著。《从一个神圣家族到另一个神圣家族》近似哲学著作，更别说《暴力的历史和辩证法》。《辩证理性批判》一书中有几页用了好些术语行话，我并未剔除它们。

结构与人群

　　战后法国发生的论战使我回想起 1923～1933 年德国的论战。我又一次处于马克思主义和存在主义共有的领域，即同时对个人和人类的历史命运提出质疑。阿尔都塞属于另外一代人，他从另一个角度探讨马克思主义。我对他研究了好久，完全是出于一种好奇。新的一代使用的是社会科学中的一些时髦概念，他们能够从那些旧作中提炼出一个闻所未闻的马克思，一个真正的马克思吗？如果不能的话，那能不能提炼出这样一个马克思，在他那里，一个世纪以来所有马克思的阐释者遇到的难以逾越的困难，有朝一日都奇迹似的消失了？

　　我的有关阿尔都塞马克思主义的小册子《从一个神圣家族到另一个神圣家族》，于 1967 年出版后石沉大海，没有引起反响。无论是阿尔都塞本人，还是他的信徒们，都不认为我的著作值得讨论。《年鉴》杂志拒绝刊登阿兰·贝桑松的一篇评价，可能是因为这篇文章有溢美之词。与此相反，列维－斯特劳斯感谢我寄给他这本书，他来信说，这本书使他相信，确实没有必要读《保卫马克思》和《阅读〈资本论〉》（这是阿尔都塞的两部主要著作）。

　　阿尔都塞的做法，从某些方面来看同萨特的做法相似，从另一些角度看又大相径庭。两个人都是哲学家或哲学教员出身，他们竭力要对马克思的思想进行再探索，或者说采取更为准确的方法，在马克思主义的总纲目中创立一种初步的或不十分明确的哲学。这种哲学有两点长处：既保留了马克思和列宁的历史观点或政治论点的实质部分，又避免了辩证唯物主义的简单化。战后初期，萨特摒弃了唯物主义；后来，在《辩证理性批判》一书中他又不全盘否定自然辩证法，但他赋予辩证法的含义本身与自然辩证法不太相符，他退了一步，认为马克思列宁主义的正统学派有掌握自然辩证法的可能性。另外，他们两人在经济知识方面都是门外汉①，他们接受了《资本论》的真理，萨特居然用几行，阿尔都塞用几十页或几百页，用其他文章和另一种理论知识重新阐释了《资本论》。

748   然而，他们两个人的做法是走了两个极端。萨特援引马克思青年时期的著作，把实践、行动，即阶级和阶级斗争视为马克思主义的中心内容。其次，异化（或矛盾）的终结使人类历史的冒险圆满成功。最后，他主张的是人道主义的和史实性的马克思主义。阿尔都塞则抛弃了马克思青年时期的著作和从"认识论上决裂"以前的马克思。他把《资本论》当作马克思主义的核心，他发明了一种大写的历史科学，或者说一种历史永恒的科学，一种清除了全部人道主义、全部史实主义的斯宾诺莎主义科学。作为共产党员，阿尔都塞不能像萨特那样在马克思列宁主义正统面前保持相对的自由。他经常保留那些神圣的字眼儿，却不妨碍他赋予它们完全不同的含义。举个例子，他也用"辩证唯物主义"这个提法，但是这种唯物主义已经与自然辩证法毫无共同之处，他认为历史唯物论是"理论的理论"或哲学的一部分。历史唯物论是历史科学的理论；这些分支理论的总体构成辩证唯物论，后者是所有门类的知识的确定有效的原则。

        阿尔都塞把《〈政治经济学批判〉序言》作为主要文章，

_____

①   阿尔都塞曾问他的同窗好友皮埃尔·穆萨，读哪些书才能了解现代经济状况，穆萨建议他读《工业社会十八讲》。

这篇文章久负盛名，因为考茨基曾引用它当作《政治经济学批判》一书的前言。这篇文章初步提出了一种认识论，阿尔都塞则阐释了它的内涵。学者分析和了解一种具体经济，无须从实地观察的事实、居民数量、工人的分布、生产量等开始，而应该从各种抽象、价值、交换、生产、分配入手。具体不在起点，而在终点。精神必须求助于抽象才能占有具体。黑格尔思想方法的特点毋庸置疑，《政治经济学批判》就反映了这个特点。

在同一篇文章中，马克思探讨了观念的逻辑体系与观念的历史连续性二者之间的关系。他斩钉截铁地断言（就像他在《哲学的贫困》一书中做过的那样），逻辑次序不与历史次序相耦合。每个观念都依其自身规律发展，这样一种观念在很不发达的经济中却已充分形成。但是，只能根据资本主义经济揭示以前各种经济的全部含义，有如用人的体质来说明猿猴的体质。

最后，这篇文章中出现的"结构整体"一词为阿尔都塞提供了他的根本论点。一个世纪以来，马克思主义者曾经对经济基础与上层建筑、生产力与生产关系、生产关系与知识结构之间的关系的模式提出过疑问。他们一直在探究《政治经济学批判》一书的导言之谜。① 阿尔都塞也探讨这个谜，并且在《〈政治经济学批判〉序言》中找到了这个秘密。根据"一切都是有结构的"这一观点，可以从另一个角度提出问题。

首先，再也谈不上满足于"决定性""对应性"等模棱两

① 对马克思主义有兴趣的英国分析家，像第二国际的社会民主党人一样也求助于这篇序言。

可的概念了，因为每一种生产方式都是一个有结构的整体，科学的成果首先从中释放出各种经济的、政治的和意识形态的要求。这些要求中的任何一种都不能吸收或者单一地决定其他要求。正是各种要求的关系，标明了每个整体的结构。经济要求，说到底是起决定作用的；在任何一种生产方式中（或在各种社会形态中），正是经济要求决定了统治机构。在农奴制生产方式中，决定性的要求是政治，因为攫取剩余价值的基础是依靠武士的军事统治，武士则既保护农奴又剥削农奴。到了资本主义社会，经济占了统治地位，而且起着决定作用，因为劳动与资本的自由交换掩盖了剥削。政治只保留了保障经济安全的任务，经济已经可以自行其是。

750　　由阿尔都塞奠定基础的历史科学，研究的是由观念、生产方式或社会形态构成的对象。这种历史科学既不是叙述，也不是贯时性分析，而是类似一种基本上是共时性的、对各种不同生产方式的研究，最后可能成为一种没有叙述、不留一点儿进化论或人道主义痕迹的人类历史研究。在每一种生产方式中，一种情况都会对其他情况产生结构性因果作用。从一种生产方式过渡到另一种生产方式的科学，它本身也是为了探索每种生产方式的内部结构性原因，这些原因可能导致生产方式解体，同时也促进另一种生产方式诞生。

　　历史科学其实就是对不同生产方式的共时性分析。在我看来，这种设想与马克思的马克思主义的一种倾向并不是水火不相容的。我们从《〈政治经济学批判〉序言》中已经发现这种倾向的萌芽，而在《政治经济学批判》一书中则更加明显。用德文来说，就是"论一种历史科学基础的序言"。历史现象繁复多样，能够用少数几种生产方式来划分吗？生

产方式形式不一，到底该用主导情况来解释，还是用决定性
的情况来解释呢？能否引用五种要素（劳动者，使用生产资
料，改变一个客体，生产过程要求真正占有成果与生产资料，
合法占有成果和手段等生产要素）来重新构成生产方式和社
会形态？结构性因素之间的关系如何发挥作用呢？总而言之，
用什么巧妙的方法使这种历史的科学同马克思列宁主义协调
起来呢？

答复最后这个问题并不困难，也只有答复这个问题才不困
难。阿尔都塞用一种没有实践、没有史实（或者极言之，没
有历史）的马克思主义，把巴黎市民弄得目瞪口呆。但是，
他接受了对《资本论》的传统解释。他把经济学家马克思的
天才寓于剩余价值论，这没有任何创见；恩格斯、考茨基和第
二国际的所有经济学家，他们的思想也别无二致。劳动价值
说、劳动交换工资论（只对劳动日的一部分给予报酬）推演
出剩余价值论，而剩余价值是资本主义的特征，是利润、利息
和收入的唯一来源。说到底，《阅读〈资本论〉》一书不敢动   751
马克思列宁主义的传统解释一根毫毛，至少对所有马克思主义
者认为是批判资产阶级政治经济的核心组成部分是如此。

阿尔都塞的与众不同之处，首先是关于"认识论决裂"
的看法。1845 年，马克思似乎与黑格尔的影响、费尔巴哈的
设想（主体的人创造事业，并为其事业所囚禁与异化）彻底
决裂了。马克思成为唯物主义者（更通俗的说法是现实主义
者）以后，才能提出无机物或有机物的物质是第一性的；思
想来自大脑，人靠思想——从实际上讲靠技术，从智力上讲靠
科学——来征服自然。人道主义的历史观——主体的人坠入异
化，阶级斗争是为了达到解放——将从此消失。同时，耶稣教

士、加尔维兹教士（Calvez）或费萨尔教士（Fessard）将并不存心歪曲那成熟了的真正的马克思主义，即《资本论》的和历史科学的马克思主义。

就马克思主义学来说，路易·阿尔都塞的论著经不住推敲。1857~1858 年的《政治经济学批判》渗透着黑格尔主义。马克思在撰写《资本论》之前重读了黑格尔的《逻辑学》。"认识论决裂"的概念作为历史论证是站不住脚的。这只能让人们注意到马克思本人的哲学的歧义和暧昧之处，随着时期和心境的不同，这本著作的观点有时更近似于黑格尔的说法或阿尔都塞自己的说法。马克思主义的威力，至少部分地来源于这种歧义和暧昧。剩余价值论是剥削论（商品经济内在的不公平）的基础，是异化论（物介乎于人之间）的基础。马克思主义经济学既是道德的批判，又是存在的批判。

阿尔都塞对《资本论》的第二卷、第三卷兴趣较小，不大关心对资本主义的历时性分析和整体之间的因果关系①。阿尔都塞既是党员又是哲学家，他知道历史的进程同信徒们从马克思的著作中得出的预见并不一致，奇怪的是，他却成功地给人留下了一致的印象，至少使人消除了预言与事件发展相矛盾的看法。

按照马克思的分析，资本主义的自我毁灭是由于资产者逻辑行为的两个"副作用"：平均利润率的下降趋势和群众的贫困化。资本的积累同以追逐利润为目的的制度息息相关，可变资本（劳动的价值）在资本的有机构成中所占的比重必然会逐渐减少，从而造成利润率的趋势性下降，因为利润仅仅来源

---

① 从一个整体过渡到另一个整体的决定性因素。

于可变资本。由于一种内在的正义，资产者最后都将同归于尽，因为他们当中的任何人在争夺利润时并不了解剩余价值的来源，都用死资本来代替活资本，用机器来代替工人。阿尔都塞没有把1917年革命同这种规律联系起来，更没有同工人的绝对贫困化或相对贫困化联系起来。他使用了一个后马克思主义概念——"超决定论"来说明革命。革命不会仅受一种形势的作用而爆发，只有各种不同情况交织在一起——政治的正统性被腐蚀，同时发生了经济危机——才能引起革命。各种情况的整体造成的形势，才可能是革命的形势。

我得承认，在阿尔都塞的思想中，我没有看出任何独到之处，他根本不配被称作"大哲学家"。几个听过他教课的朋友对我说，他们入党时，阿尔都塞在高等师范学院确实吹起了一股自由之风。他帮助他们摆脱马克思列宁主义正统派的枷锁，指导他们阅读或重温《资本论》，对马克思的马克思主义进行再探索。我赞同这一点。但是，要找到哲学的康庄大道，仅仅同博比尼大街的那个学校中的本本主义保持距离是不够的。

诚然，他同昔日的巴黎风气决裂了。他创立了一种包括各种不同的生产方式（或社会形态）的社会学（他称之为"历史科学"），并在他的结构性整体中对每个生产方式本身做了分析。马克思本人也曾设想过这样一种社会学，但他只留下了只言片语。阿尔都塞没有超出《〈政治经济学批判〉序言》的内容；他提出了反经验的认识论，即观念先于事实和质量化，这是一种滑向空谈和神学的认识论。他为了解决理论与实践统一这个老命题，把理论称作"理论实践"。实际上，马克思在《〈政治经济学批判〉序言》中已经提出过从抽象到具体、从概念到事实的方法。他建议用经济学概念来分析"有机整

753

体"，只有经济学概念才有助于找出其结构。找出结构并不依靠这些概念本身，而在于每个概念所具有的形式和它们在每个整体中的关系。然而，要确定一个特定制度和特定时期的生产力的状况，或生产和消费的相互关系，光靠玩弄文字游戏是不够的，必须着眼于现实，或所谓的经验主义现实。阿尔都塞的认识论是在自然科学和人文科学以外发展起来的。与存在主义马克思主义相反，阿尔都塞把他的学生引向《资本论》、生产方式、要求；在这一点上，他帮了他们的忙。同时，他也把他们引向一种烦琐哲学，实际上是在伪博学和假结构主义认识论的掩盖下的一种马克思列宁主义经院哲学。

当1960年代的风暴来临时，阿尔都塞的门徒们立即作鸟兽散，有的变成毛主义派，有的仍忠于党，还有一些人转向社会学。1968年以后，阿尔都塞模式似乎已成为过去，至少在巴黎是如此。大学生们的骚乱出色地扮演了《辩证理性批判》中正在经历熔炼的人群。萨特的"实践"观点重现生机，但只不过昙花一现。到了1970年代，主观主义－存在主义和客观主义－结构主义，这两种马克思主义同时凋落。少数几个毛主义派分子或极左分子试图搞恐怖主义，另一些人躲避到生态运动和保护自然运动中，还有一些人成了人权卫士。当然，这主要是分析巴黎，而不是分析法国。"高级知识分子"脱离了马克思主义，法国共产党在1968年拒绝了一次革命的机会。特别是俄国的持不同政见者，以索尔仁尼琴为首，把知识分子搞得莫知所从。但是，一种同1914年以前社会民主党的马克思主义差不多的马克思主义，在教育界、大学毕业生754 或助教中继续起着绝对性的影响。评论社会党压倒共产党和右翼多数派的胜利所用的语言，几乎全未依靠哲学教授们。

对于弗朗索瓦·密特朗的党员们来说，略微粗浅的马克思主义就足够了。

　　《暴力的历史和辩证法》几乎与《像帝国一样的共和国》同时出版。这两本书都获得了评论奖。朋友们不止一次地问我："你为什么写这些书？"我对自己也提出过同样的问题。很显然，我是逐渐产生写这些书的念头的。萨特的《辩证理性批判》一书出版后，我读了不无超然之感。在学院的讨论课上，我还有一两次提到过这本书。当"我的小同学"获得诺贝尔奖并拒绝接受时，皮埃尔·布里松曾来向我要稿子。我没办法，便写了一篇有关《辩证理性批判》的文章。他失望地对我说："那就寄给我一份你在巴黎大学的讲稿吧。"我把讲稿压缩了1/3后寄给他，这份东西可能使《费加罗文学报》的读者感到困惑不解——读者们也许并不像社长想的那样困惑——但赢得了莫里斯·纳多①的赞许。他指出，目前对让-保罗·萨特的评论寥寥无几。他接着说："只有《费加罗文学报》是例外。还能相信谁呢？"大概就是从这个时候起，我下决心拿起笔来，认真地研究这部可以说是身裹重重铁甲的巨著。1966～1967年，我在巴黎大学专为这本书开了一门课，许多高师备考生也前来听我讲解。

　　打印的讲稿在我的朋友圈子中传开了，而我却对是否使用这部手稿尚犹豫不决。我认为它不可能像《工业社会十八讲》一书那样公开出版，因为严谨的分析与即席演讲不同。修改打字稿不仅要花很多时间，而且效果也不一定令人满意。此后，

---

① 我的《知识分子的鸦片》一书最严厉的批评者之一。

在 1967～1973 年这几年中，我不时想到这部手稿，并编写了几部分。我打算就暴力问题写一本小册子，由两个部分组成：一部分是关于萨特或者暴力的浪漫主义，另一部分是关于克劳塞维茨或暴力的合理性。1972 年，我放弃了这个过于勉强的写作计划，把本是两部分的内容分别写成两本书：一本是755 《暴力的历史和辩证法》，比较薄；另一本题为《克劳塞维茨，思考战争》，是一本大部头的书。

前一本书是否符合"不要漏掉一点儿东西"这种多少有点庸俗的想法？我欣赏《辩证理性批判》一书，但对这本书的评价不像萨特本人的评价那样高。我认为，萨特把这本书排在《存在与虚无》之上，该书的排名比在大多数非萨特派的排序方式中高出许多，尽管这些人因《存在与虚无》的术语晦涩难懂和语气过激而讨厌这本书。我当时的看法是介于两者之间的。今天依然如此。《辩证理性批判》一书使我对两个方面感兴趣，一个是它与"萨特思想"的关系，即"自我"（或者"实践"）同整体的辩证关系；另一个是它与"暴力"的关系。我在《历史哲学导论》中就开始同萨特交锋，随着对《辩证理性批判》一书的评论，涉及的内容日益广泛。实际上，萨特在《辩证理性批判》这本书中，最清楚不过地展现了他从自由意识，向自行约束（承担义务）和向屈从于整体和事物的过渡这一过程。

我忽略了《辩证理性批判》一书中表现的对马克思主义的忠诚：

> 如果哲学应该同时综合知识，能作为方法，能作为起调节作用的思想，能作为进攻的武器，还能具有语言的同一性，如果这种世界观也同样是一种社会的工具，如果一

个人或一个集团所具有的独特观念成了文化，甚至成为整个阶级的性质，那么很显然，哲学的创新时期是不多见的。从 17 世纪到 20 世纪，我认为有几个以哲学大师的名字为标志的创新时期，即笛卡儿和洛克时期、康德和黑格尔时期，最后是马克思时期，这三种哲学轮番成为孕育特殊思想的沃土，为人类文化开阔了视野。只要这些哲学思想所代表的历史时期没有过去，它们就是不可超越的。(《辩证理性批判》，第 17 页)

我认为，这段经常被引用的话纯属蠢话（可供福楼拜玩味的大蠢话），它重拾了或者说是歪曲了黑格尔的一个观念：一种伟大的哲学思想，可以说能使一个时代的精神具备外形，但是哲学不能囊括全部知识（黑格尔对数学和物理学的理解并非正确，而它们是反映"时期"的一个基本特征），也不一定就是方法和能起调节作用的思想等。把马克思主义视为我们的文化不可超越的前景，这用我们年轻时候的话来说是"胡说八道"。马克思主义当然没有综合我们时代的全部知识，也远远没有精炼归纳了我们这个时代的哲学思想。按照哈佛大学或者牛津大学的观点，今天的哲学是分析哲学，而不是马克思主义哲学。

我对《辩证理性批判》一书中的观点并不是很重视，现在的兴趣就更不如当初我写书评时那么大了。在分析理性与"辩证理性"之间，不存在实质性的区别。在萨特的思想深处，存在一种辩证法。它与大多数哲学家的辩证法不同，不能直接或间接地用对话形式来确定它的含义。萨特式的思辨，缩小为对社会的整体化认识和把意识引申到未来。意识的确能够包括它所面临的社会形势；从这个意义上可以说，意识把它所

756

面临的各种分散的事物整体化了。但是，这种对现实的整体化视角与被说成是哲学的使命的"知识的综合"毫无相同之处。"整体化视角"，并不是全部的认识。

由此看来，意识的辩证法（或者作为人类行为的辩证法）要求一种与应用于大自然的感知方式不同的感知方式。这种感知方式与德国人的"理解"，与许多作家继续用来作为"解释"的反义词或至少有所区别的"理解"没有什么不同。在《暴力的历史和辩证法》中，我没有雄辩地论证，而只是指出，"倒退-进步"模式只是狄尔泰的一种理解模式。况且，萨特自己也只是以他常用的傲慢口气提提"老狄尔泰"①。他们两个人都把重新确定意识的过程和掌握这种过程的可悟性作为认识历史现实的目的（狄尔泰——不是萨特——可能会在这里补充道：还有情感的作用和对人们的好感）。

757　　萨特是想证明（《辩证理性批判》一书的明确目的），整个历史是辩证的历史。但是，他的论证在两种截然不同的观点之间举棋不定，或者，他想像所有个人主义方法论的理论家们那样②，其立论是用个人行为说明一切，或者解释一切，只有个人行为才是思辨的或可悟的；或者，他想利用"自我"向"普遍历史"的过渡来制造错觉，说明"自我"对感知环境的整体化，与知识的整体化或人类未来的整体化没有本质的区别（萨特准备在《辩证理性批判》第二卷中分析的整体化，还留有某些片断可寻）。

我看不出有任何理由把理性称为"意识的辩证法"，既然

---

① 萨特除了从我的第二篇论文中了解到有关狄尔泰的情况外，对其他有关此人的情况大概是一无所知。

② 按照这种理论，社会科学中的一切解释都要参照个人行为。

意识是自由的，那怎么能先验地断定意识必然会选择理性呢？在笛卡儿看来，上帝既然是绝对自由的，似乎也应该选择其他的真理或者另外一种逻辑。萨特的个人意识如同笛卡儿的上帝，每时每刻都在重新创造世界。为什么个人意识一定是理性的意识呢？为什么说理性是对意识、思辨行为的理解呢？为什么要说康德式的评论和萨特式的行为之间有一种渊源呢？我的同事于勒·维尔曼说得对，我不该提及《纯粹理性批判》这种超然存在的演绎法。可以这样说，萨特通过他独特的、不能异化的自由向半屈从的转化，再现了个人实践的史诗；在第二阶段，自由的反抗逐渐陷入囹圄，甚至走向斯大林主义和个人崇拜。总之，我曾经感兴趣的，而且现在仍然感兴趣的是个人实践同整体的融合，是这些整体所具有的多种多样的模式。

萨特对"系列"与"组群"的对照，显然是没有彻底研究人类群体的无限多样性。在汽车站排队候车的"系列"旅游者和一个攻克巴士底狱的"组群"，象征或代表了两种截然不同的形式。那些思想有问题的人还可以回忆起苏联革命初期，汇集在一起的人群攻打冬宫的情景，以及在食品店前排队领取社会主义分配日常消费品的人们。

除了系列与群组的对照，萨特以大量细致的、启发性的分析说明个人与个人之间的各种关系。有时在消极愿望的支配下，人们团结在一起；有时人们虽然在共同行动，但内心是孤独的。萨特为人们提供了创造一个有对象、有制度的世界所需要的机制，而人们在这个世界里却只感到自己是局外人。无论其行为的目的性如何，个人行为都会与其成就的反目的性相互抵触。这种历史观与我在《历史哲学导论》中总结的历史观并不矛盾，但在一些哲学和政治的基本观点上，我们是相互对立的。

萨特认为，既然我们领会了历史不同阶段中可认识的某些片断，就该得出这样的结论：全部的历史都应该是可悟的。①然而，掌握了部分整体性并不意味着我们就能一下子掌握一种历史的整体性。另外，如何证明这种历史的整体性将能最终结束人剥削人和人压迫人呢？果然，萨特的理论出现了漏洞，人们对所有的异化现象能否同资本主义异化一道消失产生了疑问。

> ……一个社会主义社会将采取什么措施来消除"形形色色的"分散化呢？采取什么措施才能使作为当代社会之异化标志的集合客体融合在一个真正反映相互主观愿望的共同体当中呢？在这个共同体中，只看人与人之间的真正关系。……资本主义异化形式的消失是否就等于所有异化形式的消失呢？（第 349 页，脚注）

在本体论方面，萨特想把自我的绝对性与历史的整体化结合起来。他承认意识客观化的必然性和这一客观化所产生的异化因素：

759

> 我们每个人在一生中都要在事物中刻上自己的丑恶形象，如果他通过这种形象来认识自己，就会使他感到迷惘和不知所措，尽管这不过是导致意识客观化的总体运动。（第 285 页）

---

① 我在让·华尔哲学院举办过一次关于整体性的讲座。我听说萨特也用这个题目举办了一次讲座。其间，他提到了我的片断可悟性观点，并且批评了这一观点。他认为：如果存在可悟性，它就必须是整体的。这次讲座的时间大约在 1966～1967 年。

　　萨特的出发点是自我，或个人实践，或稍纵即逝的、自由的、自身透彻的意识。意识通过它的行为和经它加工的客体而扩展到外部世界；这种意识同其他意识汇合，但不是通过人与人之间的接触，而是通过服从共同的制约，或服从无限的层级。这样，意识就充满了社会存在，具有了适应这样或那样一些整体的特点。意识由此变得对自己而言是陌生的了。无产者、犹太人、有产者、工程师和银行家，作为个人则代表着他所依附的整体，同时始终保留了与之脱离关系的自由。在被动实践中，自由趋向客观化，但是这种自由绝不会完全丧失。换句话说，萨特把意识的社会化描绘得如同坠入地狱一般，说成是社会存在的庸俗化和匿名关系的非人性。

　　当然，这种从本质上用异化来说明社会化的做法，是符合本体论观点的。儿童在没有超越自我的非正题的意识之前，在能够自我反省之前，就已经社会化了。而这种本体论的理论涉及一个被人们诅咒的全人类共存的观点。在任何社会中，人与人之间的日常关系都停留在人的表面关系上，这些关系要听任习俗和礼仪的支配。但是，每个人由于自己的出身、宗教信仰和社会地位不同，作为无数电视观众中的一员，作为千百万工人或有产者中的一分子，他在自己的社会存在中，有时由于他的特殊作用，有时由于他的前社会存在或超社会存在，而显得独具个性。

　　在萨特的眼里，既然得体的微笑变成了装腔作势，那么混沌初开就是反抗：攻占巴士底狱的人群体现了组群、共同体的诞生。在肤浅的读者看来，描写聚集在一起的人群，便是谱写一曲英雄的乐章；事实上，这个人群代表了萨特对自己提出的问题的解答。就像莱布尼兹提出的单子是由于社会所具有的本质而被判定为相互孤立的一样，意识同样也是与外界相隔绝的。

760　意识（或个人行为）只有在临时采取的、毫无组织的行动中，才能不受自身的约束，这种行动使每个人在其他人之间发挥媒介的作用。汇集在一起的人群，不再是美好社会的形象（不能每天都攻占巴士底狱），而是这样一个象征的姿态：本质上是自由的意识发现自己是孤独的、被奴役的；这种意识与其他大量的不同的意识相联系，通过对现实的否定而自己解放自己。

　　把自由定义为反抗、透视未来和否定，这与黑格尔的传统学说比起来，没有任何独到之处。然而萨特的创新之处是，用群众作为反抗的典范，作为反抗的说明。就一个建立在个人自由基础上的，或者更形象地说，就一个以意识的自由或自由意识为起、止点的哲学思想来说，这是一个悖论。然而，这种悖论是可以理解的，因为在汇集的人群当中，没有人想要别人去死，没有人在其他人的注视下丧失主体性。大家是在共同行动，每个人都轮番指挥别人和被别人指挥。但是，这个悖论也是致命的：所有的意识组成一种团体，而这个团体却是用来反对一个"敌人"，由此造成了以反抗者之间的和解来发动反对其他人的战争。那些被视为仇恨的对象的人在同样的情绪的支配下也起来反对另一个团体——巴士底狱，即建立的政权。由此产生了一种暴力哲学（或是暴力革命），这种哲学即使没被肯定，也至少是被提出来了。个人行为的象征在抽象思维中不再是对现实的否定，但在具体过程中，在以集体暴动形式汇集在一起的群众行动中，并且由于这种集体的行动，意识超越了相异性。在正常时期，这种相异性使每个意识都独立于其他意识。

　　萨特本体论的另一个特点是瞬间的彻底分离，如果说这不是加深了对暴力的推崇，那么也是强调了对它的偏爱。意识对过去和现在而言都是自由的，从而产生了"誓言"的作用。发誓是带有神秘色彩的做法，用于禁止拥有今天做出决定而明天就背信弃义的自由。为了不受鱼妖的诱惑，于利斯（Ulysse）把自己捆在船桅上。一个战士发誓为他从事的事业服务，并服从这项事业，一旦他违背了自己的誓言，就将受到其他战友的处罚，或者更形象地说，他就命令其他战友处罚他。战友之间私下的友谊，同所有人向一个人施加恐吓或者一个人向所有人施加恐吓是分不开的。

　　那么能否从理论上说明抵抗运动呢？当然可以，按照萨特的解释就更是如此。他把革命者（或地下工作者）的实践，说成是自由指导的实践，实践的内容不断创新，自己随时敢于承担全部责任。"萨特拒绝承认同自己的过去有任何同一性。"[①] 为了说明我们之间的哲学和政治分歧的深刻根源，引用我原书中的一段话，可能要比我现在再来说明更为清楚。这段话是这样写的：

　　　　我们看过《辩证理性批判》这本书后，认为这本书顽固地坚持把本体论、个人实践、认识论或者思辨构成（即个人意识思辨）置于首要地位。作为社会人，要服从某些制约，他承认一些"价值"观念，并同某些"利益"联结在一起，他属于某一个阶级，或者被这个阶级所渗透，他是一个系列中的原子，或者一个群体中的行动者，按本体论的观点，这些都是出自个人实践，因此，任何集体、系列或群体，都不能消除个人实践本身。而个人实践

761

————————

　　① 　语自西蒙娜·德·波伏娃。

在物质中的必然表现，别人对我们的行为动机的错误理解，物质与系列的辩证关系，总之，也就是自由的绝对性与消极实践之间存在的明显矛盾，怎样才能得到解决呢？或者，这种辩证关系是同"自为"、"他为"，以及"自为主体"即别人眼中的客体之间的辩证关系一样的常见现象；或者，个人实践要不就是完全自由的，要不就是完全被束缚的。在我前面列举的例子中，有些文章赞同第一种观点。最后，萨特出于一时的激动，选择了第二种观点；即使有些与物质化和系列化密切相关的异化结构并不随着阶级、资本主义和压迫现象的消亡而消失，萨特仍然坚持他的观点，即要么完全自由，要么完全被束缚。他认为，在这个不同寻常的世界里，当代历史的动力和意义就是阶级斗争，阶级斗争与暴力辩证法是一致的。因此，萨特不去审时度势，只是从原则上反对自由主义（按他对这一词的理解）和改革。他对暴力和革命的选择既是哲学上的选择，又是政治上的选择。我长期以来指责他热衷于谈论革命，指责他纵容以良好动机为名的犯罪行为。总之，我认为，萨特是把一些政治观点提到哲学的高度，他从理性上为"双重标准"的立场辩护。我既有不对的一面，也有正确的一面。我指责他从我的哲学思想出发，来阐述他的哲学含义。要弄清楚的是，一个"系统"地选择了暴力或者革命的哲学是否还配称作人类的辩证法，尽管它与其他的暴力哲学不同，它指出人类的前景不是指包括地球上所有居民的一个整体，而是指他们相互间的无限统一：这个无限统一就其愿望和价值观来说是具有普遍意义的，是同法西斯主义针锋相对的。（第221～222页）

　　我的《历史哲学导论》同样代表了一种自由的哲学。我不否认，人，尤其是西方人，在本质上是"创造了诸神的人，是有限的人，他对自己的限度不满，但是没有绝对的终点和希望，他就无法生活"（第313页）。然而，任何人要考虑自己的生活和行动，都必须首先选择或者拒绝在系统内工作。理智的选择则要求他将现存制度与革命者将要实行或预见的制度加以比较。正是这个比较，使我采取了目前的立场，而萨特始终否认这一点。他的第一个行动，就是否定现实，即否定资本主义的民主社会。尽管有时他也含蓄地承认，形式上的自由比"无产阶级专政"给予了人们更多的权利和保障，但是他仍然肯定革命的特权或革命的设想。在我的理智选择和萨特的无条件介入这两种立场之间，如果不是出于偶然，则不可能有任何相同之处。但只有一点例外：对一种政治的选择并不非要以加入一个政党来体现。（《历史哲学导论》，第328页）萨特和我在实践中都遵循了这个准则。

　　我从来没觉得自己的过去是自由的。在《历史哲学导论》中，我就同萨特讨论过这个观点："从来就没有完全的自由，一个人的过去限定了他的创造性能够发挥作用的范围。"对于我们存在的连续性，我用两个词或两种象征加以说明："悔恨"和"忠实"。第一个词意味着改宗，第二个词表示必须承担义务。绝对的自由，在瞬息间增加新色彩的自由，始终令我感到不可思议，这与其他人和我的经历是矛盾的。我从来就认为，自由应该是一种逐步的解放："解脱来自摆脱了幼稚幻想的意识，它承认的是现实中的世界，而不是儿童们所幻想的或父母们所描绘的世界。"（第348页）

　　无论是对社会还是对个人，我都使用了"义务"（engagement）、

763

"忠实"（fidélité）、"改宗"（conversion）这些具有宗教色彩的名词。在历史上，任何革命都像改宗一样，既要改变环境也要改变人。这是一种双重解脱，一种从作为历史延续的现状中的解脱和从历史自身中的解脱。这里所说的历史已不同以往，因为它通向另一个未来，展现出一种新的视野。因此，有必要对"忠实于历史"这一概念的含义和价值加以研究。然而，无论是革命者，还是保守派人士，他们直到取得胜利的那天都对此全然不知。革命者夺取胜利后，便继承了原来的衣钵，保守派人士则把忠实于历史同循规蹈矩混为一谈。抽象地表达出忠实的含义，这对国家和个人来说都不是一件容易的事。但是，当各国人民在内心深处已被各自的历史、被谋求唯一命运的天性打上深深的烙印而始终保持本色时，"忠实于历史"的含义对国家来说便更是至关重要的了。

我们对于决策、自由和时代之含义的理解，始终不甚相同。由此产生的哲学观点上的分歧并未影响我们之间的对话；哲学上的分歧一旦转变为政治上的分歧，这种对话事实上就不可能了。在这一点上，思想差距显示出我们之间的误解。我做了百般努力，但依然难以懂得，这样一个思想家，竟会这样地胡思乱想；针对我的思想批判，他竟然来一个道义批判：我这个有产者，心甘情愿接受的名号就是工人阶级的敌人。

《暴力的历史和辩证法》一书的发行量很小，但也只能如此。此书虽然我尽量写得简单明了，但仍不免有难懂之处，因此不可能使广大的读者都接受得了。这本书被翻译成英文后，有关评论褒贬不一。英美哲学界中一些拥护萨特的哲学家对我进行了批评，但没有暴跳如雷；另一些非萨特派的哲学家，如E. 戈尔纳（Ernest Gellner），对我居然有兴趣进行这些毫无意

义而又引起了众多反响和激烈评论的思辨感到奇怪。还有一些 764
人，如狄尔泰，则非常正确地指出：书中的不足之处是对某些
问题的分析过于简略，例如，萨特的辩证法和理解的关系，对
社会科学中不可理解的部分的论述，萨特的本体论同个人主义
方法论之间的关系。

许多朋友（如列维－斯特劳斯）饶有兴味地阅读了这部
著作，书中虽然有许多令人无法接受的思想，却不乏精彩的分
析。朋友们寄给我一些热情洋溢的信，时至今日，这本书仍有
许多忠实的读者，比方说珍妮·赫希劳特。

莫里斯·克拉维尔为此写了几句话，刊登在《新观察家》
周刊上。这就越发值得重视。艾蒂安·伯尔尼在一篇题为
《两个同学》的文章中，首次设想促成我和萨特的对话。这要
是在 15 年前，会被认为是异想天开的事。文章说：

> 走中间道路的人——或者更明确地说，走正确道路的
> 人比极端主义者的高明之处，在于他不仅了解自己，而且
> 比极端主义者本人更了解他们。极端主义者是绝对主义偏
> 执狂，他们不懂得这一点，而且也不了解自己。阿隆的
> 《暴力的历史和辩证法》一书恰好精彩而又准确地证明了
> 这一点……阿隆甚至宽厚地承认，他的粗暴的对手确实具
> 有一种天才的创作力，这种天才的创作力体现为，毫不掩
> 饰其含有愚蠢和错误见解的足智多谋……关于等待和预言
> 的方式，在《辩证理性批判》第 755 页上是这样写的：
> "如果只有一个真理，那么'历史的深刻含义'总有一天
> 会在哲学家面前被揭示出来。"而阿隆的结论是："萨特
> 的激进的个人主义本体论使他永远不能领悟人类历史的整

体化真理。"虽然萨特从年轻时候起就自认为担负着继承
尼采的光荣使命，他在自由和真理之间展开了一场生死斗
争，并且还宣布了真理的异化观点，但是，他的这个希望
显得更加渺茫了。

艾蒂安·伯尔尼在文章结尾处希望萨特"能够在为人正直
的阿隆的感召下，从革命的教条主义中清醒过来，从对过去的
耿耿于怀过渡到两人的对话上来"。当然，对话没能实现。萨特
看过这本书，米歇尔·孔达告诉我萨特对他说："阿隆至少是读
了我的书的。"而萨特在《新观察家》周刊上刊登的对他的采访
765 记中，指责我歪曲他的思想的唯一目的是想更加有力地驳倒
他。这大概是任何一个批评家都没有对我进行过的指责。

为第三方进行的辩论

战后的大辩论终于平息下来了；由于巴黎人需要争论，我
们便把外国发生的事件当作辩论的借口和题目。知识分子们对
第三者——如古巴、智利、葡萄牙和苏联持不同政见者——进
行辩论。

我对于非洲或其他地区发生的大多数政变不予评论，因为
这种政变过于频繁，也就见怪不怪了。只有上校们的政变是个
例外，我对《费加罗报》刊登了题为《希腊的悲剧》一文当
然也不后悔。重读智利将军发动政变翌日，即 1973 年 10 月 4
日的文章，不管怎么样，我也不感到内疚。

在反对上校们的这篇文章中，我写得淋漓尽致："上星期
五，当我得知希腊政变时，我产生了一种幼稚的愿望，想重新
变成大学生，以便有权大声喊出我的愤慨。……不管这些新主

子吹嘘会干什么好事（'雅典实行管制'），这个事变对于一个爱好自由、生性慈善的国家来说，很可能成为悲剧，这个国家象征着文化的高峰之一，象征着理性的祖国。"我追述了君士坦丁国王与议会多数派领袖帕潘德里欧之间的长期不和睦——国王拒绝对后者给予信任，右翼和中间派无法就组织临时政府和主持新的选举达成协议。策划政变并未通过国王同意，看来国王只能在屈服或被废黜之间选择。"如果答应下来，就算是被迫答应的，国王就将把君主制度搞乱，最后并无任何出路……如果拒绝同帕潘德里欧合作，君士坦丁国王就会把事情弄得越发不可收拾。他想利用宪法，而上校和将军们却违背了宪法。但愿上校们也害怕明天会出现对他们来说不可收拾的局面。"事件的发展未出乎我的判断和预料：国王和上校们都从舞台上消失了。我在《费加罗报》收到的信主要是表示反对的，有几封措辞激烈。例如，我有什么权利去评论另一个国家的政治？那个国家自己正在寻找救国的道路，根本不理睬那些自命不凡和不负责任的知识分子。

1967年，蒂埃里·莫勒尼从希腊带回一系列支持军人政权的文章；如果我需要保护，那么我的希腊朋友——科斯塔斯·帕波欧阿努和杰出的卡拉曼利斯自会这么做的。

我曾多次见到康斯坦丁·卡拉曼利斯。应《费加罗报》的要求，我想对他做一次专访，他拒绝了，因为对他来说，公开发表谈话的时机尚未到来。他自己也知道，解决希腊问题还得靠他，等希腊人倾听他的声音时，他当然要发言。他对我说过多次："你所写的文章，我都愿意在上面署名。"当他返回希腊的时候，《新闻周报》说他曾在巴黎大学听过我的课，从而神话传开了。如果我真的教过他，我当然会为此感到骄傲，但我并没有这样做过。① 我能教他什么他所不知道的呢？

我对智利政变的态度——这次政变使总统丢了政权也丢了性命——却遭到左派的指摘。老实说，我记得最牢的是《新观察家》周刊副主编波斯德的一封辱骂信；1933～1934 年，他在勒阿弗尔中学当过我的学生。

我的文章一定会引起一个左派人士的愤慨吗？到今天，我仍不这样认为。这篇文章开头就向阿连德表示哀悼：

> 阿连德总统的生与死都同样令人敬佩。他恪守对宪法的效忠誓言直到最后，既没有放弃他的社会主义草案，也没有取消公众的自由。最终是军队，而不是左派联合阵线，宣布实行戒严，中止了民主制度，而这种民主制度早已成为拉丁美洲国家的榜样。如果灵魂的质量能代替思想的质量②，如果一个国家元首只需对自己的用心负责，那么智利的历史就黑白分明了。武装的妖魔打败了当局的仁政。

767　　我不能肯定，对阿连德总统的开明作风表示敬意，是否超出了这个人的功德。他把自己的命运同共产党人和极左分子的命运连在一起，他在执政的最后几周，在尊重个人自由方面，也没有像我歌颂他的那样一丝不苟。

对于这个手执步枪死在官邸里的总统表示敬意之后，我提出了一个论点。不管这种论点是对还是错，当时不只是我，而且现在也不是只有我一个人支持它，这种论点就是：双方都预

---

① 我永远不会忘记，1977 年我在医院收到他送的一束美丽的鲜花。

② 这话是莱昂·布伦什维克说的。

料到这样一种结局，双方都准备进行实力较量。公众舆论也预感到这一点，并且十分担忧。通货膨胀有如脱缰之马，日用必需品十分匮乏，配给制、黑市、此起彼伏的各种罢工，这似乎就是对智利式社会主义的总结。到此为止，从主要内容来讲，我的分析与左派经济学家后来对智利左派的试验的破产的分析并没有什么区别。

工资——特别是最低工资大大提高了，这最初带来了经济活动和消费的明显增长。但到了第二阶段，物价飞涨，国际收支逆差膨胀。改革中受到损害的阶级，为国有化的威胁担惊受怕的社会阶层，起来反抗了。混乱、暴力事件、供应困难，为两个极端派进行一场决斗创造了气氛。

然而，对军人们的行为过于宽恕，这是我犯的错误，正如我介绍阿连德政府的行动那样。智利军队在"遵守宪法"方面是如此有名，以致当时我错误地认为，军人是为了避免内战而不大可能是为了干预社会主义的进展而出面干涉。搞政变的将军们仍然控制着圣地亚哥。他们当中的主要人物不仅提出要把合法政府赶下台，消灭马克思主义的政党和极左的政党，而且要建立另外一个他们认为十分稳定的政权。我对皮诺切特将军一无所知；全世界的大多数评论家对他的了解也并不比我多。这次政变在几年之后，仍想把民主制度引向正轨；军队 768 或者不如说军官集团的一部分，不过是想把他们的国家从马克思主义的灾祸中"拯救"出来，然后"革新"。

在阿连德试验的第一个阶段，法国的社会党人弗朗索瓦·密特朗和加斯东·德费尔到圣地亚哥去朝圣，热情洋溢地评价智利式的社会主义。因此，我提醒读者反对这种无法容忍的混淆视听。我写道："智利不是法国，智利人民联盟与共社两党的联盟有深刻差别。法国军队不会派它的首脑到左派政府中去加强这个政府。① 1961 年，法国士兵已经表明，他们懂得怎样从半导体收音机②中得到好处。"

澄清这种混淆以后，我又谈到从智利的例子中可能汲取的教训："弗朗索瓦·密特朗过早地为一场最后演变为悲剧的试验而欢呼，这倒无关宏旨。他与共产党人结盟，在我看来也没有什么决定性意义，因为左派革命运动的极左分子比共产党人对阿连德的阻碍更大。关键是实施共同纲领，能否不至于引起经济危机，弄得左派政府不得不辞职或采取专制手段。"③ 我与左派和右翼不同，我不愿利用智利的悲剧做例子在法国进行辩论。

这次政变发生在度假期间，我不愿对这个我从未研究过、也未访问过的遥远国家的政变进行评断。④ 路易·加布利尔－罗比内的高级参谋之一催促我写文章。编辑中至少有好些人公开表示反对社长写的一篇文章，这篇肤浅的文章由于想揭露对肇事者进行打击的人，给人的印象是支持骚乱肇事者。而我的"文章"——我还记得——却相当受报社内左派人士的欢迎。三个星期以后，我又对其加以补充、修改，这样就成了一篇短769 文，登在头版左边一个竖条栏目中，我们通常称之为"报柱子"。我说希望经过一次短暂的军事干涉之后，士兵回到军营

---

① 阿连德让布拉特将军进政府当内政部部长。
② 为防止军官发动政变，戴高乐事先向驻阿尔及利亚的法军分发半导体收音机。后来，戴高乐通过广播号召法国士兵跟他走，不要参与兵变。——译者注
③ 科尔姆专门为此写了一本小册子《向社会主义过渡》，以葡萄牙和智利的情况之对比为例。
④ 我对事变之后的智利稍有研究。

中去，选民重新回到选票箱旁边。然而，"掌了权的军人集团野心勃勃。我们所掌握的消息——不管这些消息多么不完整，可能还是片面的——令人不幸地感到，对于他们行动方式之粗暴，思想之贫乏，确实不会再有丝毫怀疑了"。文章结尾，我对"那些关心智利式社会主义试验的人"，对"今天表明态度以便拯救那些受到镇压的威胁的人"发出呼吁，"以便在恐怖中保留选择第三条道路的可能"。我甚至向基辛格提出："应该让军人集团懂得，逐步恢复一种合法政权而不是镇压，才能保证得到华盛顿的支持。"我承认这个结论使人感到好笑。

更有甚者，葡萄牙也成了争论的对象，几乎成了法国辩论的核心问题。涉及《费加罗报》和我本人立场的档案材料，在我看来既简单又光明磊落。我过去同葡萄牙没有多少关系，只结识过几个反对萨拉查的大学生，他们在我的朋友、当时任法国驻里斯本的大使弗朗索瓦·德罗兹的官邸小住过一周。我曾写信为罗伯特·卡尔曼－列维的侄子说情，因为他在一个地下革命组织的案件中受到了牵连。法国当局曾多方营救这个乌尔曼族的青年，他父亲在葡萄牙已旅居几年，在那里经营一家企业。葡萄牙驻巴黎大使向我建议，我写一封信可能会对萨拉查的决定产生一定的影响；只有萨拉查本人才能对阿兰·乌尔曼不予起诉，否则阿兰·乌尔曼难免会被判几年的刑。我收到了萨拉查的一封亲笔信，原文如下：

　　雷蒙·阿隆先生，我国驻巴黎大使向我转递了您于3月1日写的有关一个法国侨民的信，这个阿兰·乌尔曼先生被控告同一个共产党组织有某些积极的合作行动。政府尽管掌握了证据，但还是决定只把他驱逐出国，这已于本月 16 日执行。我们知道并且高度评价乌尔曼家庭和它在葡萄牙多年以来的景况。我为采取这一决定感到高兴，并希望您把这一决定看作宽宏大量的证明，同时也是对我们的法国朋友的谅解。阿隆先生，请接受我最诚挚的敬意。

770

是否正如乌尔曼家族的人和葡萄牙大使向我肯定过的，我的信比法国大使的交涉更有效呢？

我回顾这段插曲——当然它的意义也有限——是想在为这个统治葡萄牙达半个世纪之久的人立传时做个补充。萨拉查反对民主制度，他的政权和他本人都动用秘密警察。说他是法西斯分子，把他同希特勒、斯大林甚至佛朗哥相提并论，这是哗众取宠或玩弄字眼。作为一个被军队扶上台以结束混乱局面的政治经济学教授，他不属于我们的同代人。希特勒和墨索里尼曾自诩是真正的革命者；佛朗哥本人则注重历史多于未来，但是，为了上台执政，他不惜在希特勒德国和法西斯意大利的支持下进行一场残酷无情的内战。萨拉查从军人手里接过政权，始终不渝地维护一个基督教的葡萄牙，一个卢西塔尼亚帝国，而对于已经成为口号的现代化、经济增长、工业化、社会转移等无动于衷。他患了脑溢血，始终未曾痊愈，但卢西塔尼亚帝国还在，全体葡萄牙青年都要服 3 年军役。我在里斯本逗留时见过卡埃塔诺教授，这个法学教授不像萨拉查那样墨守过时的思想意识，但他来不及，也没有力量同萨拉查主义决裂。他被革命甩到了后边。

我本满怀喜悦地祝贺"康乃馨革命"，但革命一旦即将展开，我便指出"从黑到红"和重新回到"剑与圣器"的危险。①我过高地估计了共产党人与武装部队运动联合夺得政权的危险。我与许多知识分子的做法相反，没有去里斯本朝圣。当马里奥·苏亚雷斯旅居和流亡法国时，我同他见过面。阿兰·乌尔曼把他引荐给我，并要求我支持他谋一个大学的职务。我在 1974～1976 年写的有关葡萄牙的文章中，一直为社会党辩护，并多次提醒它不要出偏差。

771

1974 年 10 月 12 日，我请巴黎大学的一个同人讲话。他指责我欢呼萨拉查政权的垮台，并提到了一些往事：

> 1921 年 10 月的一个不祥之日，安东尼奥·格兰若总理和他的一个阁员被骚动的水兵枪杀在兵营里。当天，我就在里斯本。但今天有谁会想到这件事，有谁知道这一切呢？由于人们对沉溺于幻想已习以为常，一代又一代的人不了解这个插曲，认为葡萄牙向来就是一个宁静而繁荣的国家，只是来了个萨拉查主义，才无缘无故恶毒地捣毁了幸福。

同时，我这个同寅还给我寄来一些葡萄牙教授的信件摘录，揭露大学里的乱抓滥捕事件。任何革命都未能在不制造另外一些不公正现象的同时，纠正这些不公正现象。对于这名同事的指摘，我并没有退让："虽然可以说萨拉查不是法西斯分子，但这并不能减轻他的罪过，因为他已经不属于他生活的时代，因为他本人曾扼杀了自由权利。"作为经济学家，他把货币稳定置于一切之上，不惜牺牲经济的发展。在他看来，国家

---

① 这是两篇文章的标题，后一篇文章暗指军队（剑）与革命意识形态（圣器）的勾结。

的贫困是自然造成的，对此只能听天由命，而且这有助于发扬基督精神。他本人倒是公正的，他维护了政权和少数人的财富；而少数人的成就也不足以为他辩解，因为总理宁要秩序而不愿冒变革的风险。萨拉查只看到了非殖民化的消极方面（如果用马克思主义的语汇来说）。他指责欧洲国家政府软弱或卑怯，美国政府轻率。他对"世界舆论"充耳不闻，相信自己是在诚心实意为了拯救一个多民族共同体的卢西塔尼亚神话而奋斗到底。在现实促使他的政权和他的幻想加速毁灭以前，他就离开了人世。

围绕葡萄牙，法国进行了比对智利问题持续时间更长的辩论。在法国，没有任何人——当然指左派，但也包括多数派的权威性发言人——赞成智利的政变。共和国总统本人也一反外交惯例，当智利大使向他递交国书时，他影射这个国家的国内制度。与此相反，法国人——除了极少数人——对"康乃馨革命"欢呼以后，立即发生分裂。左派方面，法共支持阿尔瓦罗·库尼亚尔，社会党支持马里奥·苏亚雷斯。革命时期的一次偶然事件引起了关于新闻自由的一场论战，反对共产党人而接近社会党人的《共和国报》停止出版，企业工人对记者进行新闻审查。既然此时共产党人已经控制了各个工会，还至少控制了部分电台和电视台，就很可能轮到被收归国有的报纸丧失其独立性了。《共和国报》事件带有象征性意义，尽管工人们的行动不一定是受共产党的指挥。我评论过《共和国报》事件，《世界报》在头版左边专谈外国事务的栏目中也发表了一篇文章评论这个事件。这篇文章结尾的一句话是："如果葡萄牙社会党人在法律上有可能拥有一份日报，那当然是公平的，然而，我们也应该看到，法国社会党人没有经济条件来掌管一份日报。"

我认为这种比附是虚伪的、骗人的，因为保卫共和联盟也没有广泛发行的日报。至于社会党，它对《世界报》的利用程度超过以往任何时候，即使再出一份《人民报》，也不可能被利用到如此程度。

不管怎么说，法国不是葡萄牙，智利更不是法国。社会党人可以毫无障碍地在电台、电视台、报刊上发表意见，这就很好。他们在巴黎没有一家大报，因为别的党——包括共和民主人士联盟、独立共和党人——也没有这样的日报。

对于我在 1975 年 6 月 23 日发表的文章，雅克·福韦（Jacques Fauvet）于 7 月 1 日反驳说："这有什么可笑的！"他同时也反驳了曾激烈地为报刊自由鸣不平的埃德加·莫兰。米歇尔·莱格里（Michel Legris）在一本有关《世界报》的著作中，对雅克·福韦在这场辩论中的雄辩术做过长篇大论的分析。我不愿使读者感到乏味，不再全文或部分引述这篇长文；该文章冗赘，貌似谦恭，实则并非如此，由于谨小慎微而语焉不详，带有属于福韦本人而不是《世界报》编辑的不足之处。我过去经常提出疑问，为什么于贝尔·伯夫 - 梅里指定他当接班人呢？一个创业者，一个社长，往往要靠传位的人而免于被人遗忘。确实，伯夫 - 梅里和福韦两个人属于同一个大家庭，即滑向社会党人左派、从情感上讲反美多于反苏的基督教民主人士家庭。截至 1981 年 5 月 10 日，《世界报》一直是一身二任，既是半官方报纸（或全国性论坛），又是反对派报纸。

773

为了反驳雅克·福韦，我只要简单提出一点就够了：

　　　如果福韦先生和《世界报》满足于说明，一次革命在它的初期阶段不能阔气到讲究自由，我可以承认，过去确实往往如此，如今这是值得商榷的。使我感到荒唐的是，他们企图用全然不同的法国情况来为葡萄牙的一段插曲辩解。与其事后为这种革命捏造合法性，为什么福韦先生没有提出这样一个实实在在的问题，即武装力量运动的革命到底是带来了新闻自由，也就是说反映了各派思想的报纸，还是带来了苏联式的报纸？

武装力量运动企图玩两面派手法：既抓住最高权力不放，又组织自由选举。当选的议员负责起草宪法，他们渐渐要求军人不大愿意给他们的实际权力。情报部门策划的一次夺取革命政权的尝试或半尝试悲惨地流产了，这标志着革命阶段的结束。早已明日黄花的美妙幻想经不住军人与文官、阿尔瓦罗·库尼亚尔与马里奥·苏亚雷斯彼此之间的角逐，何况还加上通货膨胀与罢工、非殖民化与从安哥拉和莫桑比克回国的几十万军人。葡萄牙依仗其帝国，还能受其伟大历史的一点儿荫泽；等到只剩下本国的版图，那就宏图也罢，幻想也罢，一概烟消云散。欧洲共同体给它提供了一条退路，而不是新的开端。

按照马里奥·苏亚雷斯的说法，葡萄牙先是社会主义的，774 后来变得温和了，不再是欧洲报纸的头版新闻。如果菲德尔·卡斯特罗建立的是一个代议制的、多元的和亲西方的民主制度，任何人也不会关心古巴。

索尔仁尼琴对巴黎知识界的冲击发生在同一时期。如果我在《费加罗报》上写的一篇关于"新书简介"专题节目的评

论没有惹得让·达尼埃尔大光其火的话，我也就不会卷入左派
知识分子围绕《古拉格群岛》一书作者的争吵了。"索尔"的
人格的确打动了我的心：他来自另一个世界，是个不同凡响的
人，生活在地球上的 40 亿人之中，有他这种个性的人还不多
见。他的话是向我们大家，向我们当中的每一个人说的。无论
是皮埃尔·戴克斯，还是让·多麦颂，都没有在对话中强出
头，他们也不想这样做。让·达尼埃尔惹我生气，但同时，我
也在某种程度上同他一样，感到自己的耻辱，竭力把他反对法
帝国主义或美帝国主义的斗争同索尔仁尼琴反对克里姆林宫的
斗争相提并论。正如一个心理分析学家向我解释过的，我患了
一种外来的犯罪感。连犹太丑角，如马克斯兄弟班子中的小丑，
都不能引我发笑：反而，我觉得自己变成了受人耻笑的小丑。

　　我在两天之后（1975 年 4 月 18 日）写的社论中尽力说明
了我这种迷迷糊糊的感觉。直到如今，我仍不认为这篇社论超
出了辩论的界限。如果让·达尼埃尔一定要指责我的意见过
激，那么他对萨特在 1968 年 5 月发表的针对我的文章又做何
感想呢？我请读者看看他指责的内容："对于从《死人之家》
回来的陀思妥耶夫斯基，谁忍心把一个官僚或这种官僚制度的
忠实信徒推荐给他来对话呢？"另一天，在电视台，让·达尼
埃尔表示遗憾，因为一个共产党员都没有到，所以他自己不得
不扮演吃力不讨好的角色。索尔仁尼琴不是一个政治人物，尽
管他的言谈、作品和生活构成了具有其全部痛苦和天才的政治
现实。他的信念超越了政治，因为这些信念激励着一种非同凡
响的个性，因为归根结底，这些信念是一种精神实质，即相信
自由并无条件地崇拜真理。《新观察家》杂志社社长要求《癌
症患者的病房》的作者就日常新闻发表意见，就等于把对话　775

降低到巴黎人的市井议论的水平。在西方，谁在像索尔仁尼琴一样战斗呢？回答很简单——没有人，因为问题提得太唐突。左派没有人，右翼也没有人。要进行同他一样的战斗，就必须面对同样的敌人，冒险在集中营里度过漫长的岁月，在同样的较量中汲取抵抗地狱般机器的无穷力量。关于阿尔及利亚独立的文章或著作，我们写了不少，我们没有什么可抱憾的。当然，我们碰到《伊凡·杰尼索维奇的一天》的作者时，也没有权利为此而骄傲。至于索尔仁尼琴对越南、葡萄牙或智利的评价——当然，他们称之为"讨论"——可能是流亡者自己弄糊涂了。萨拉查政权留下文盲占50%以上的人口；智利的将军们滥施镇压和严刑拷打；葡萄牙的尉官和校官们比昔日的主子开办了更多的工厂和学校。北越的共产党人至少结束了战争。索尔仁尼琴使人难堪，惹人发火，正是因为他击中了西方知识分子们的敏感点，击中了谎言。他对他们说，如果你们接受大古拉格集中营，对这些小古拉格又何必表示那种道貌岸然的厌恶呢？集中营就是集中营，管它是棕色的还是红色的。

五十多年来，西方知识分子拒绝倾听别人提出的问题。他们果然提出，集中营有"好"有坏，有的集中营由于动机善良而光彩熠熠，另外一些还是集中营。在西方，大多数知识分子都在不同程度上犯了这种错误，总想找出理由来曲意谅解或革出教门。自称左派的知识分子在这个问题上更是大错特错，正如他们拼命拖着不承认有什么古拉格，让它把号称最仁慈的政权作为自己的隐身符。一方面是萦绕心头的左派团结与如何和共产党同志合作，另一方面是"集中营里的犯人"，两者当然不是势均力敌的。但据我所知，几乎没有法国人不为索尔仁尼琴的伟大而折服。不管怎么样，我相信几百万电视观众欢迎他的祝愿，仁慈的、诚挚的和充满希望的祝愿，这种祝愿照亮了一个人的面孔和目光。

几年之后，让·达尼埃尔在他的《决裂的年代》一书中 776
仍然觉得我的话是一种人身攻击，这种攻击在我是失了身份，对他也是不公正的：

> 我对这件事不能无动于衷：雷蒙·阿隆居然完全失去冷静而大发雷霆，态度之粗暴在他身上是少见的，因为我没有在他这样一个人杰面前乖乖地退避三舍。他根本不愿意听清，也不愿了解我的问题。他似乎认为，他所崇拜的偶像的回答没有任何意义，他指责这是我挑起的。然而，从某种意义来讲，他自己也不知道他的观察是否并无错误。崇拜是我最恨的东西。我可以爱，可以钦佩，但绝不会折腰。我相信，在我平生最佩服的那些人当中的任何一个人面前，我都没有哈过腰。我对任何人都是如此。

在我的文章中，我没有发现丝毫失去冷静的痕迹，更没有要求他退避三舍。我只是看到他因为没有一个共产党人参加讨论而感到遗憾，自己承担了一个"吃力不讨好的角色"。我和他一样，并不准备赞成索尔仁尼琴对世界局势的所有评断。但是，当时的让·达尼埃尔还没有做过是否过敏的皮试，开口就是他的"共产党同志"。他在自己的著作中，对他个人结交的共产党人还大加赞誉，不许别人把共产主义比作法西斯主义。

我没有指责他谈其他专制制度或比较专制的制度。他也反对这些制度。然而，面对索尔仁尼琴，法国知识分子为了挽救"左派的团结"，进行了错误的立论：苏联的古拉格与萨拉查的葡萄牙之间存在本质的差别。我丝毫不想攻击让·达尼埃尔，因为我说过，这个对话者的伟大足以压倒任何人。我只是批评他没敢承认知识分子左派犯的根本性错误。在越南，让·达尼埃尔只知道唯一的敌人——美帝国主义，而这个帝国主义自己定下的最终目的，就是撤退。索尔仁尼琴认为越南也有一个共产主义和另外一个古拉格群岛，他是对的。让·达尼埃尔倒是老实地引述了索尔仁尼琴关于越南的谈话：

签订《巴黎协议》时我还在苏联，我的所有朋友都感到惊异，他们不了解这些协议将被认真对待。看看今天的情况吧！假设越南南方攻击了北方，必将出现一场雷鸣、一场风暴和大喊大叫。人们将指责南方的反革命分子违背了《巴黎协议》，即使这些反革命分子过去是反对美国的抵抗战士。如果是越南北方侵入南方，大家都会额手称庆，或者宁愿自己不去过问这个问题，而是建议外国人尽可能快地离开西贡，离开金边，因为他们的安全已经无法得到保障。你们知道外国人离境对我意味着什么吗？这就是见证人走了，就是所有可能目睹胜利之师进城后将发生的事、能回忆或讲述这些情况的人都离境了。结果，对我在别处目睹的情况的记述将会推迟几年。

《新观察家》周刊即使在"给越南一条船"的运动出奇地引起人们联想时也没有反躬自省，至少据我所知是如此。如果北方反对南方，按照左派的想法，这种立场是理所当然的。当然，越南在美国巨无霸面前显然十分矮小，自然会引起世界舆论的同情，即使共产党的宣传机器没有全盘开动。但是，西方忘记了这些矮小的人带来的是什么制度，什么样的古拉格。

难道还需要我自己说我是无辜的吗？我从不掩饰我对南方的同情，但也没有定见，因为理查德·尼克松当选伊始就甘愿从越南脱身。作为世界政治的评论家，我既要考虑依实力做出的决定，也要考虑美国人民要结束这场无止境的和成问题的战争的意志。

几周之后，我在1975年6月12日的《费加罗报》上回答《世界报》"自由谈"栏目转载的索尔仁尼琴的一篇文章。照他的说法，对西方而言，第三次世界大战已经不战而败。南方已经输掉这场战争，因为人们总是倾向于"靠某些幻想来维持永久繁荣"，那么这就不再是第三次世界大战的问题了，而是要制止第四次世界大战："或者制止它，或者屈膝投降。"

我列举三条理由予以反驳。1945年以来的共产主义扩张有以下重要事实为依据：东欧国家的苏维埃化，这些国家由俄国军队"解放"，随后执行苏维埃制度；共产党和共产党军队在中国的胜利；欧洲帝国的消失在某些情况下，特别是在越南，为当地的共产党提供了夺取政权和建立共产党政权的机会。 778

西方在上次大战的翌日，似乎本来可以阻止东欧苏维埃化。当时美国握有不可相抗的实力。出于多种原因，包括政治的和道义的，华盛顿在外交上，无力在几周之内更换自己的敌人，在由于打败第三帝国而声誉日隆的苏联盟友的逼迫下，不得不撤出东欧。美国不介入中国内战没有错，它的错误可能是在加速非殖民化方面，但从主要方面来讲它是对的。所有这些事件，从整体来讲，当然等于一种撤退，或者说是西方的衰落。但是，西方给予它曾经殖民和剥削的民族以独立，却并未背离西方的本意。

索尔仁尼琴把美国反对对越战争，说成是拒绝"承受在越南的遥远战争的苦难和悲痛"。我驳斥说："……在这种拒绝中，掺杂着一部分'神圣的自私'，但也包括一部分理想主义、负疚和心虚。一个民族、一个民主国家，只有在它感到从道义上讲与自己有关，相信是在捍卫一种切身利益和原则，或至少是在捍卫一桩善良的事业时，才肯打仗。西方知识分子拒绝正视北方政权是一种斯巴达式的、无情的、绝对邪恶的政权……"

借这个机会，我再次提出，外交政策不可避免地会带有一些不道德的东西。一个民主国家对与它打交道的那些国家的国内制度不能够也不应该视而不见。但是，一个民主国家同样不能、也不应该用十字军远征的办法来推广自己的制度，因为"随时随地攻打自己认为不好的制度，如果采取攻势，那就是进行圣战，如果采取守势，就是打必败的仗"。我对西方执政者提出了一些具体问题，但尚没有得到果断的、明确的答案。例如，是否应该与苏联进行贸易？支持还是不支持中国反对苏联？针对 1975 年以来越来越多的人倾向于把东西方的对立放于次要地位，把南北对立摆到前台，我重新提出我坚信的一个论点："不管各方面的人说什么，尽管西方和第三世界之间有利害冲突，苏联与自由西方的对立仍然是 20 世纪的关键。"

1977 年，为了我的朋友爱德华·希尔斯的一本书，我写了一篇文章，题为《论善于运用意识形态》，文章把自我辩护和自我批评搅在一起，但后者超过前者。

当然，我重申了一个我多次支持的论点，即至少暂时来说，马克思主义仍然是西方最后的思想意识体系，是最后的完整阐述体系。马克思主义指出了恶的根源（生产资料私人占有），指出了值得诅咒的人或集团（资本家或资本主义，后者是历史主体），指出了历史受命起"赎罪"或"救世主"作用的人或集团。与其分析意识形态时代的终结，不如解剖马克思主义在西方的衰落。我要自责引咎，尽管我没有直接而只是间接引起了混乱。这是在世俗信仰与意识形态、世俗信仰与宿命论之间的混乱。作为世俗信仰的马克思列宁主义衰弱了，这有助于对问题进行合理的切磋，同时也造成了派别丛生，互相冷眼相待，总之，引起了各种争论。

我曾给"意识形态"一词下过一个狭义而明确的定义，它接近"世俗信仰"，而"世俗信仰"这个定义弊多利少。无论对世界有无完整的阐释系统，宿命论和太平盛世说照样层出不穷。旁观者对紧张与缓和、信仰与怀疑的此去彼来一览无余。他赞叹，同样的希望尽管多次上当，却总是一次又一次地激励人们去攻打同类的巴士底狱或粉刷一新的旧巴士底狱。1930 年代初，卡尔·曼海姆担心高举遐观的意志会被苟安现实的意志所取代。卡尔·波普尔爵士和其他许多人希望，人们按照科学的方法，对始终不会完善的社会秩序的可能改革进行理智的探讨。卡尔·曼海姆的担心平息了，那个社会工程师的希望也落空了。

即使是在过去的几百年中，人们从上层到底层都讲传承原则，讲教义真理，但只要意识形态中包含神学，包含教会信条，这些政治讨论都可以称作意识形态的争论。到了当代，在那些已经不再自称代表一种真理、一种来自上苍意志的制度下，政治已完全成为意识形态，或者换一种说法，意识形态的争论构成了政治的实质内容。

780

　　"旧制度"并不是按照文人墨客争论的结果建立起来的。君主的正统很难同教会的教义分开，贵族的正统来源久远。一旦教会和传统遭到怀疑或被抛弃，大声宣告的人民主权、所有政党和社会集团都会被牵扯进一场无休止的辩论：什么制度最适于占统治地位的思想（自由与平等），最有利于集体发财和个人福利。这些宣传机构的形式视不同政党和不同时期而异。一个极端派主张，理想的整体应该是对现状和价值观念的比较严格的整合；另一个极端派则认为，理想的整体应该是自行组成一些体系，而这些体系自愿互相包容，审视现状，预测未来。我过去用"意识形态"一词来称呼后一种类型的整体，但今天还能不能这样说，我就有点举棋不定了。

　　当然，把斯大林式的宣传与根据多种参数（个人自由、生产效率、收入分配、生活质量等）对不同经济制度所做的比较分析相提并论，我认为这有些不妥。一方面，人类的整个历史——即使不是宇宙的整个历史——一直在走向没有阶级（或者非对抗阶级）的社会主义；另一方面，我们向所有现代经济提出一些共同性的问题，既参照理论，又注意实践，探索不同的解决方式，以便准确说明每种解决方式可能带来的后果。一方是未卜先知，认为现实与价值观是一致的；另一方认为存在与应该存在具有两重性，从而执着地探讨二者孰优。两者的对立如此突出，以致我不敢用同样的词语来称呼这两种态度。

　　1977年我写道：促使我今日改变用词的，首先是合乎这两种理想之间的理想越来越多；其次是从马克思列宁主义的敌对学说中派生出一些教条，这些教条也是同样粗浅和蛮横的；最后，宣传和社会科学所用的概念大同小异，现代社会本身从党派对立中吸取的认识和它们理应从各个科学学科中得到的认识之间不断互相渗透。在称作"社会主义"的制度中，这种互相渗透导致了一种同一化：意识形态至上的制度实际上把从马克思主义中抽象出来的，或以马克思主义为依据的某种世界观树立为国家的真理。在西方，我们的社会既没有对有关西方社会认识的一种总结，也没有对其前途的统一的看法，更没有对其理想的形象概括。

马克思列宁主义者断言，或者直接颁布一种普遍真理，拒绝区别自己的所知和所欲；自由派或有批判精神的思想家都意识到头脑发热会造成陷阱，意识到现实本身也有莫名之处，从而经常不断地对自己的设想和判断提出质疑。这是怀疑主义吗？绝对不是。自由派不懈地追求真理，对他的最终信念，即他所信奉的伦理和理智箴言从不动摇。我同那些真正的信徒、世俗信仰的虔诚信徒持对立的立场，这并没有错。但我把一方称为"意识形态"，另一方称为"非意识形态"，那就不妥了。不如稍加修改后借用帕斯卡尔的一本书的书名：意识形态的正确用法。

第二十三章　亨利·基辛格与美国霸权的终结

　　1947～1958 年，我在《费加罗报》上发表的评论文章多数是涉及经济事务和世界外交进程的。我对第四共和国的党派之争兴趣索然，因为各届政府、各种联盟实行的政策本质上没有区别。1955 年议会解散以后，共和阵线理论上取得胜利，促成居伊·摩勒当上内阁总理；内阁负责向阿尔及利亚派遣军队。应皮埃尔·布里松之约，我就《第四共和国要活下去就必须改革》一题写了几篇文章。我设想在原有制度范围内才可能进行改革，而这样，改革就毫无意义了。实际上，需要一次冲击，一次全国性危机，来使议员掌握的共和国认输，这样才能不打破法制而制定一种像第五共和国宪法那样的宪法。

　　在戴高乐将军当政时期，我被当作"反对派"。我对"废旧政权"丝毫没有留恋之情。对于将军的外交政策，在某些点上我不赞同，但就 1968 年 5 月事件而言该站在哪一边，我却毫未犹豫。我的评论文章有时难免过激或多有冒犯，这是由于一方面，我对社论撰稿人的义务有自己的看法，另一方面，我宁愿同统治我们的君主保持距离，首先是我不同意将军的外交政策。

　　在后戴高乐主义的 12 年中，我在法兰西学院讲课并著书
立说，这些比后来参与《费加罗报》和《快报》周刊的工作占据了我更多的时间和注意力。然而，1970 年代，战后建立起来的一切体系——布雷顿森林会议制定的货币体系，靠美国

的实力和意志、两个大国的勾结和斗争、美利坚共和国的核优势来维持的国际体系——都被突发性的打击动摇了。其实，这些突发的危机从 1960 年代起就已经在酝酿并逐渐成熟了。

1969~1975 年，有一个人经常出现在公众视野，这就是亨利·基辛格。我对他的了解超过我对任何一个美国国务卿、任何一个法国外交部部长的了解，可能只有莫里斯·舒曼除外。我甚至可以直截了当地说，他是我的朋友，当然不要忘记，"朋友"一词的含义是伴随年龄和环境的改变而变化的。对于我青年时代的友谊，如与拉加什、萨特、吉尔、尼赞、康吉莱姆，我曾有切身感受，而且我经常重温这种友情，总之是我难以忘怀的。我们之间不分彼此，慷慨解囊，而对表面上的竞争毫不在乎。这是青年人的单纯或幻想？我不知道。即使政治未能把这种友谊割断，可是友谊也难免衰老，也可能更加深沉、更加牢固了；每个人都被职业、家务缠身，没有时间进行没完没了的交谈了。

成年人之间建立的友谊就大不相同了。我是 1937 年碰到马奈·斯佩尔伯的，那是在位于巴克街的安德烈·马尔罗的狭小寓所里。我们的友谊在战前的艰苦年代里经受了考验。这种友谊一直维持至今，从未间断，也未见削弱。我们从事同样的战斗，反对共同的敌人，即使意见相左时，心也是连在一起的。

在 1940 年代末，亨利·基辛格刚从哈佛大学毕业，就来拜访我。他当时主持一份刊物，叫《文汇》（*Confluence*），他同时给哈佛大学的外国留学生暑期班讲几节课。1950 年代，我在巴黎或美国不时见到他。我远远地关注着他的生涯和他著书立说的成就，特别是他的成名之作《核武器与外交政策》。

我欣赏这本书，但在我看来，它不值得喝彩。他只是由于注意强调政治相对于技术的优先地位，而同其他国际关系学教授相比在某些方面较为突出。

我在哈佛大学任客座教授的那个学期，经常到剑桥去看他。他邀我主持他的一次讨论会。[①] 毫无疑问，他对我很重视，或者换个说法，他虽然自认为智力超人，据说想压倒一切凡夫俗子，但不包括我。由于年龄上的差异，他总是以一种晚辈或学生的态度敬重我。他从来没有做过我的学生，但从《国家间的和平与战争》一书中获益匪浅。同我一样，他对历史比对科学模式更感兴趣。对这本书的质量他诚恳地表示赞许。我相信他的话是真诚的。[②]

我知道他在事业上有一番抱负。在 1960 年代初期的美国，这就意味着要在华盛顿谋取一个要职。他也不放弃纯学术上的成功，希冀在国际关系和战略问题专家中执牛耳。然而，他也许说过，现在这种形式下的政治科学，单靠自己不能够解决问题。所以，行动比理论更有价值。爱因斯坦比一个核能源工程师高超 10 倍，但一个国务卿要比一个最好的国际关系学教授强得多。从某种程度上讲，我承认这种价值的等级划分。

我是不是预见到"基辛格博士"在华盛顿弱肉强食的世界中会获得如此意外的成就呢？肯定没有。我也没有预见到他的失败。我只是有些怀疑，他能够让总统听他的意见吗？能用奉承话把记者笼络住吗？能迫使参议员尊重他吗？我也许可以打赌说"能"，但绝不会拿我的脑袋押宝。

---

① 48 小时以后，我接到一所军事学校的邀请，请我讲同一课题：实力与外交的关系。美国信息交流之快，可见一斑。

② 参见《纽约时报》上的评论。

1969～1975年，我在巴黎和华盛顿多次见到他。根据回忆，我第一次到白宫见他是在1970年，正值柬埔寨危机。第二次是在1972年春天，当时北越的进攻已使南越军队陷入危险境地。他记得我的上次拜访，因为他一开头就向我提到："您带来了风暴！"他途经巴黎时，经常同我共进早餐。有一次，法新社在一篇电讯稿中提到，基辛格路过巴黎时，曾会见吉斯卡尔·德斯坦总统和雷蒙·阿隆。我极少提到我与当今世界大人物的谈话，因为这种谈话确实比较少，而且我从中毫无受益或受益甚微。1953年，尼赫鲁在新德里曾接见我半个小时，我对这个人记忆犹新，但他没有对我讲过任何新东西或秘密。韩国的李承晚总统会见我整整一个小时，我对这次会见比较感兴趣，特别是他通情达理地讲了朝鲜的分治问题，并且提起朝鲜有好几个世纪曾分裂成几个王国。

　　基辛格在1969～1975年与我的谈话中，没有向我透露过报刊上或到处流传的小道消息中无法得到的东西。尽管如此，同一个正在与苏联人、越南人、以色列人、阿拉伯人谈判的人接触，有助于我说明事态的发展。从某种意义上讲，我对基辛格的思想方式深有同感，这是从"同感"一词的本意来说的，如果我处在他的位置上，也会与他有同样的感受。至少，他在这些谈话中乐于向我解释，出于什么理由他才采取这种或那种态度。而且，大家都听到他主张体面的和平，并指出投降的代价。即使在同我谈话时，他也从来不就一个主题使用同样的语言，例如，关于战略核武器力量对比的重要性或微不足道等。1969年，他已经注意到维利·勃兰特奉行东方政策的苗头。对此，他并无好感。他是否经常阅读我的文章，我不能肯定。我估计，他的助手们很可能不时把我的文章拿给他看，主要是明显地批评他的或赞扬他的文章。只有一次，他写信回答我有关塞浦路斯的一篇文章。我批评他，说他没有立即谴责希腊政变，而且明显地容忍这种会招致土耳其军事干涉的行为。随后，我们互相还通过几次信。不管怎么样，我们之间的关系在他当政以前和以后一直保持了同样的性质。在他解除公职后，我同意成为他创建的非正式智囊团的成员。

786　　　我对1969～1975年美国外交政策的态度，有没有由于我同这种政策的制定者之一有个人关系而较为宽容呢？

　　根据我就某一问题所写文章的数量可以看出，在所有的现实问题中，黄金与美元的关系引起我很大的兴趣。为什么我的兴趣会走两个极端，我找到了两个都说得通的理由。第一个理由是个人方面的和政治上的：美国的收入逆差引起法美争论，我出于职业上的义务对此有意表明态度。第二个理由更多是学术上的：货币体系与核武器体系，至少在表面上有两个共同点。在这两种情况下，从背景或从根源上讲，一个魔鬼或一个图腾在暗中起作用。炸弹是利用其散布的恐怖，只要炸弹不出地下仓库，就可以压压激情；黄金是利用其掀起的拜金主义，储存在诺克斯堡的黄金，构成信贷金字塔的基础。一旦美元不能兑换黄金，就向抽象化跨出了最后一步，因为当一种货币不再成为一种实际财产或代表一种实际财产时，它就成了一种购货凭证，不太看得出信贷的性质。

　　我认为，无须进行具体的分析，外行也容易理解这场争论——就算不能理解这些机制的微妙之处。美元起着跨国货币的作用，在全世界流通，可以兑换其他任何货币。美元是由经济实力最强大的权力机构发行的。即使在社会主义世界市场中，美元也往往被当作记账货币。1945年以来，美元在理论上是可以兑换黄金的。财政部部长曾写信通知国际货币基金组织，同意美元兑换黄金。当时，美国拥有世界黄金储备的80%左右，按1盎司35美元计，其储备相当于270亿美元。基于这个事实，美元成了黄金的对等物，保证美国享有用它本国货币在国外和国内购买物品和劳务的独一无二的特权。从1950年代初以来，美国的国际支付每年（1957年除外）都出现逆差，但数目不大，总在10亿上下，华盛顿领导人所希望的黄金再分配开始了。

对这种逆差感到不安的，首先是肯尼迪总统。他要求专家们，例如萨缪尔森教授，提交研究报告。萨缪尔森认为，美元与主要工业国家的货币的比价太高了。1940年代末，汇率升高，欧洲经济恢复以后，这种汇率已不再适应购买力平价。他的分析没有被公布，而经济学家们也认为不可能进行如愿以偿的贬值。欧洲人还没有忘记他们战后的虚弱状况，对于有利于美国出口的美元贬值不会等闲视之。

1960年代，我不时评论雅克·吕埃夫与大西洋彼岸的经济学家之间的技术争论，也对戴高乐将军与美国执政之间的政治争论做一些评述。雅克·吕埃夫重新提出他在两次大战之间的主张，强调金汇兑本位制的弊端，或者说，强调使用本国货币作为黄金的等价物和储备货币。美国的国际收支逆差要求有剩余美元供其他国家使用，而其他国家则把这些美元作为国库券存放在美国。国际收支逆差对美国的信贷体系不会起任何紧缩通货的影响，因为这些信贷仿佛又加了油。同样一批资金用了两次，第一次是从国外购买物品和劳务，第二次是这些资金回到美国以后，用来增加货币量，同时供给通货增加发行量。

787

由于当时美国企业乐于购进欧洲企业或在国外设立子公司，对这种现象必须加以指责的想法在法国国家元首的头脑里油然而生，因为布雷顿森林会议体系或金汇兑本位制注定要使美国享有特权：美国可以用本国货币偿还债务，或更甚之，用本国货币购进外国企业。而且据说，国内通货膨胀造成的美国国际收支逆差将其恶果扩大到了整个世界。

1960 年代初，雅克·吕埃夫不相信这种基础不牢的货币体系能够维持下去。我还记得我从哈佛大学讲学回来后，在保罗·雷诺家中同他交谈过一次；我打赌在肯尼迪任期届满以前，什么事情都不会发生。应勒内·鲁瓦的要求，我就这个问题在他主持的一次计量经济学讨论会上发过言，我不揣冒昧地预言，今后几年之内，美国将奉行相同的政策，几乎不做修改，而且它还会掌握这种政策的手段。一旦美国的黄金储备降到一定数量——我"粗略"估计到 100 亿美元（官方价格）以下——美国就会中止用美元兑换黄金。我的估计没有大错。讨论会的一个与会者给我写了一封热情洋溢的信，他是一个科班出身的数学家，信中提及对高师和社会文献中心的怀念。既然政府人士的决策至少在短期内对货币的影响大于国外需求对美国出口的弹性需求的影响，他就开始怀疑自己从事的计量经济学研究是没有意义的。

从个人角度，我拒绝明确表态，我同雅克·吕埃夫和鲍姆加特纳（Baumgartner）都保持友谊，而他们两人却一直互相怀有很大的反感。我从来不知道这种年轻时候的争吵究竟出于什么原因，也就不在他们之间传话。当他们把矛头指向贴心的冤家时，我认为两个人都不对。他们用词之激烈始终使我感到惊异，因为这两个人一般来说对他们的同行都是宽宏大度的。

雅克·吕埃夫指责鲍姆加特纳只讲事物的表面，而从不抓住其根源和机制；鲍姆加特纳反唇相讥，说吕埃夫把自己禁锢在一个概念圈子里或抽象的设想中，以致失去与现实的接触。

确实，雅克·吕埃夫1945年从同他的能力本来相称的职位上被排挤下来以后，反而扩大了自己的探索领域，设想一种体系或次序自然哲学，研究从阿米巴或细胞到国民经济，甚至到世界经济。他从来没有放弃他的研究，也没有放弃他的行动。他的警告在很大程度上被1970年代的混乱证实了。我个人不相信有可能重新建立金本位，这也是美国经济学家米尔顿·吉尔伯特主张的。他是国际结算银行的顾问，是吕埃夫孤军奋战中的唯一盟友。这种不可能是不是由于美国领导人从政治上拒绝考虑呢？关于这一点，迄今为止的事态发展证明我是有道理的。这种不可能是否同世界经济的性质也有关呢？辩论仍在继续。而且，区别政治上的不可能与技术上的不可能，是否经得起分析呢？

我并不相信金汇兑本位是世界经济和资本主义民主社会之通货膨胀趋势的唯一原因或主要原因，但我强调指出两个明显的事实：美国享有使用本国货币结算外债的一种特权，从长远来讲，这种特权对它自己也是危险的；美国对国际支付逆差习以为常，把这种逆差看作正常现象，这样一来，美国就不肯采取一些限制措施，而经济形势和国际货币基金组织却迫使其他有逆差的国家采取限制措施。这两件事让真正的问题被束之高阁了。

美元升值有利于美国对外投资，同时也有利于欧洲出口。在这场赌博中谁是赢家，谁是输家？事实上，在像法国这样的国家，美国大公司的子公司有助于我国经济的增长；即使是美国买进一家要破产的企业，国家不是也可以从"瘸鸭子"企业的扭亏为盈中得到好处吗？这些美国子公司的对外销售都要计入法国对外账户的存款账上。换句话说，在战后年代，随着美元升值，美国享有的特权对我们国家的利益并没有什么损害。

而且，我怀疑没有任何体系能够代替布雷顿森林会议体系。美国人明白无误地表明了他们的意图：他们不会恢复金本位制，他们将停止黄金流通。诚然，我多次强调，美国人不会向市场大量抛售他们的黄金储备，以致造成黄金市价暴跌。但是，他们可以使用一定数量的黄色金属来改变货币的定义。从而，一项史无前例的试验开始了。

在各国内部，货币的价值不再取决于中央银行库存黄金的数量，而是取决于物价水平，取决于货币作为购物凭证所能买到的物资和劳务的数量，取决于对外贸易。在本国经济中，货币中断了与实物的联系，而几千年来，这些实物曾充当过货币。黄金由于能够兑换美元，因而在账面上仍然是国际货币基金体系的基石。一旦美元不能兑换黄金，国际货币体系也同样将成为一纸空文。美元仍然是国际货币体系的核心和象征；美元虽然声誉日衰，但仍居统治地位。因此，我多次建议法国人和美国人共同参加"谁输了谁就赢了"的游戏。如果用中止兑换黄金来造成美元猛跌，法国人可能使他们揭露的恶果变得更加严重。1971 年 8 月危机之后不到两年，美国人便把自己的学说贯彻到底，干脆来个完全放任自由。他们单方面违背了布雷顿森林会议原则，不再固定货币汇率，无论是货币还是黄金，都实行浮动汇率以代替固定汇率。

后戴高乐主义的领导人就算不能说遵循将军的实践，但仍恪守其理论。他们继续批评美国对货币的管理，始终赞成固定汇率，反对美国悍然以用之不竭的美元来支付它的外债。与此相反，乔治·蓬皮杜当选总统和吉斯卡尔·德斯坦重返里沃利大街①以后，法郎就实行贬值。当时，我赞同这一决策，它开启了到1974年为止的高速增长阶段。事后我思忖，1968年11月劝阻戴高乐将军不要使法郎贬值的人，如让纳内和雷蒙·巴尔，他们是不是有道理呢？1969年的贬值造成通货膨胀，使企业主们习惯于按法郎与马克，以及与同马克有联系的其他货币的过低比价来结算。法郎贬值搞出了个"补偿额"制度②；共同体农业政策的实施越来越不对头，因为这个政策实际上是以汇率稳定为前提的。

791

　　1974年的危机是1960年代事态发展的必然结果。两个民主党总统肯尼迪和约翰逊都未采纳某些经济学家的理论，说什么美国的国际收支逆差符合事物的本质，应该满不在乎地容许逆差，甚至鼓励这种逆差。美国作为世界的银行巨头，进行长期投资，吸收短期贷款。实际上，这两个总统曾经采取局部措施压缩美国在海外的支出（如美国驻外军队的经费），阻止资金外流，限制外国借款人涉足美国市场，等等。这些局部措施中的任何一种都未能对美国的国际收支总平衡产生影响。此外，1965年以后，约翰逊拒绝用税收收入为越南战争提供军费，这进一步加剧了美国的通货膨胀。1971年8月，尼克松被迫中止美元兑换黄金，致使美元与工业大国的货币的比价降低。现在回过头来看，1971年的争论只足一哂。

---

①　法国财政部所在地。——译者注
②　在共同体所有国家中，价格原则上是一样的，将本国货币贬值的国家应根据货币贬值的百分比对本国出口征税。其他国家的机制则朝相反的方向运转，对本国出口实行补贴。

欧洲人对美国国际收支逆差的批评相当激烈，同时他们又反对美元贬值，因为这种贬值对国际收支逆差只是个头痛医头、脚痛医脚的办法。法国人坚持美元必须对黄金贬值，或者说，黄金价格要提高，使黄金确实成为国际货币体系的基础，一切货币的价格都按黄金比价来确定。尽管尼克松在亚速尔群岛会议上同意 1 盎司黄金的价格从 35 美元提高到 42 美元，但 1971 年达成的妥协并未被维持下来。总统的顾问、大多数经济学家和企业家反对货币体系强加给他们的限制。美元贬值表面上看让美元声誉下降了，实际反映了一种解脱，也就是一种胜利。

事后我自己也感到奇怪，我居然围绕黄金、美元、跨大西洋关系和国际货币体系等问题写了这么多文章。如果我可以这样说的话，我是从国际货币体系的基础（实际财产）的消失中看到了一种历史哲学的意义。同时，对我这个喜欢穷原究委的人来说，这些半技术、半意识形态的辩论也提供了材料。从这一点考虑，我对任何一方都不表示完全的赞同或反对。1971年 9 月 3 日一篇题为《各人有各人的道理》的文章，可能最能代表我的态度，这种态度使某些读者有点恼火，而对有些人来说则令人开心或富有教益。

在这篇文章中，我阐释了约翰·康纳利（J. Connally）和总统的决策：停止美元兑换黄金，美元与主要竞争国货币的比价平均下降 10%，在改变汇率之前，对进口商品征收 10% 的关税。这一事件引起三种类型的反应，用三句话来表示倒比一篇长文还清楚，即"我早就告诉过你"，"厚颜无耻与心安理得"，最后一句是："好了，曙光已在天边。"

第一种说法在法国最时兴。美国已经把本国货币变成跨国货币，对本国账目上的收支逆差无动于衷，却强迫主要国家的中央银行储存实际上无法兑现的大量美元。总有一天，这些中央银行不得不拒绝按照荒谬的金汇兑本位规则去赌弹子，换句话说，拒绝把从美国收支逆差中得到的债权送回美国去投资。借用雅克·吕埃夫的一句话，就是"当至必至"，或者说，"原形毕露"。

第二句话"厚颜无耻与心安理得"，是强调美国外交政策的粗暴无礼。这种政策割断了美元与黄金的联系，同意美元在外汇市场贬值，但又不采取正式的贬值办法，也就是说，不改变美元与黄金的比价。尼克松总统试图迫使德国人和日本人答应按美元对他们的货币进行估价。从这里，一派人认为美元已经垮台，货币霸权已寿终正寝，另一派人则认为美国的统治改了形式。根据美元对一种货币进行估价，不是体现为战略退却，就是体现为屈膝投降。

最后一句话"好了，曙光已在天边"，大体上表达了伦敦《经济学家》周刊为什么那么兴高采烈。《经济学家》周刊从美国采取的这些措施中看准了固定汇率即将完结。工党政府的尝试不惜中断经济增长，顶风逆潮，也要维护一种不现实的汇率，这就至少部分地说明了这家英国周刊为何如此热衷于灵活汇率，而这种汇率是符合市场经济的精神的。《经济学家》周刊趁机揭露法国政府的荒谬观念和盲目的固执己见。同时，它对共同体农业政策由此而遭受困难，对德国人与法国人之间必然由此而发生争吵幸灾乐祸。它强调要从根本上改革货币体制，反对固定的比价，时不时调整一下大百分比。各国货币不能按照官僚们的命令，而是通过市场调节确定与其他货币的比价。

我对这三种说法不置可否。第一种说的是实话，因为美国国际收支逆差造成外国中央银行存积美元的情况不会长此下去。[1] 我认为，汇率浮动既不是灵丹妙药，也不是大难临头，实践将会证明国际贸易能否适应浮动的货币。第二种说法也有部分真理，美国不愿意放弃美元在世界市场上的特权，恰好相反，它要的是取消固定汇率，保留特权，并消除影响其自由行事的最后障碍。

赎罪日战争[2]和液体燃料价格上涨 4 倍以后，1971～1973 年的争论就失去了意义。通货膨胀的压力大小不一，因国而异，这就使固定汇率体系变得更加脆弱了。继 1972～1973 年的通货大膨胀之后，石油危机很可能至少是暂时地迫使各国实行浮动汇率。1960～1973 年的争论已经时过境迁。

今天有时还在争论的一个问题是：为什么那些中央银行同意维持美元牌价，还同意美国储存超过它需要的美元呢？伊夫·洛朗（Yues Laulan）在一本书中说，由于德国人和日本人把他们的安全寄托于美国，自己不必支付本国的防务费用，所以采取这种态度。他们支持美元，为美国的国际收支逆差付出财政代价，就等于他们偿还了自己的债务，其总额大致与他们本应支付的本国防务经费相等。对于这种解释，我还想说明一点——是补充，而不是相左的意见：美元升值有利于美元对外投资，但同时也有利于欧洲的出口。欧洲出口的增长是"欧洲奇迹"的经常性的必要条件。因此，我认为法美斗争、巴黎和华盛顿政府围绕货币体系的论战可笑之至，我的这种观点并没有错，因为它们双方是在玩"谁输了谁就赢了"的游

---

① 只要外国银行不购买美元、不囤积美元，就能使美元汇率下降，而美元汇率下降就等于马克或日元升值。

② 指第四次中东战争。——编者注

戏。加速美元跌价，就是保证失去宝座的美元继续统治。结束金汇兑本位，不等于恢复金本位，而是停止黄金流通，至少是缩小黄金在国际货币体系中的作用，用浮动汇率来代替固定汇率。如果戴高乐将军不发表讲话或法国执行另外一种外交政策，同样的事态很可能也会出现。总之，即使雅克·吕埃夫在理论上有道理，直至 1965 年以前，金汇兑本位还是为欧洲国家的经济发展提供了最有利的条件。考虑到美国领导人的思维方式，采取其他任何体系都只能更糟。从 1973 年到 1982 年 8 月，甚至在我动笔写这段文字之时，即尼克松大发雷霆 10 年以后，美元的汇价一直徘徊在不到 4 法郎至 7 法郎多之间。实行浮动汇率尽管受到货币当局或多或少的控制，至少在短期内肯定不能保证汇率同购买力的比价相一致。根据利率、资本运动和经营者的先期透支，各种货币会轮流升值或贬值。

795

　　当前的做法是滑向什么体系呢？我不知晓。回过头来看一看，我发现我选择了一种不太适当的立场。我赞同雅克·吕埃夫的相当一部分论点，这引起了大多数美国经济学家对我的蔑视。我对法国政府的官方观点也进行了足够的批评，从而引起戴高乐派的卫道士们对我的猜疑。从 1974 年开始，另外一些人又指责我在事实的威力或美国的意志面前屈服。这种指责至少是言过其实了，因为我不止一次想提出一种战略使法国政府有机会达到目的。事实上，政府人士在管理国内经济时从来不与他们的国际货币理论相一致。乔治·蓬皮杜采纳了魏尔纳计划，这项关于欧洲共同体的经济和货币联盟的计划事先就注定行不通。他容忍经常性的通货膨胀，但由于缺乏实力，这种通货膨胀不能使主张固定汇率的代言人拥有精神权威。

翻阅一下我在《费加罗报》上发表过的文章汇编，我吃惊地发现，我没有对美国干涉越南的初期阶段进行评论，这让我有一种负罪感（基辛格在他的《回忆录》的开始部分承认，这场无休止的战争开始时，他也没有予以多大的注意）。1953年我途经西贡时，才第一次从法国行政当局的秘书长的口里听到吴庭艳。这个高级官员对我说，吴庭艳是美国人的人，是改信天主教的安南官僚。他还说，吴是最后一条路、最后一张牌。这次谈话的时间是1953年10月，是在奠边府战役和日内瓦会议之前。

796

《日内瓦协议》签订后的最初几年，评论和争论都是关于法美摩擦的。我们的盟国负责承担吴庭艳的非共产党政权——实际上是个疯狂反共的政权——同时也把法国的影响，甚至法国的存在消除了。一所美国大学取代了全国的行政学校，其任务是培养新的国家官员。至少报刊是这样叙述法国人是如何被一扫而光的。他们先是在奠边府蒙受越盟的奇耻大辱，后来又被美国人挤出去。

《日内瓦协议》规定的"自由"选举未能举行。我对此既不奇怪，也不感到荒唐，因为在朝鲜和东德，共产党政权也不容许自由选举。难道胡志明能够容忍吴庭艳在河内组织一次公众集会吗？吴庭艳政权经受得住胡志明和他的军官们在西贡或其他城市举行的公共集会的冲击吗？对下述事实我考虑得也不够，即在印度支那战争期间，我在巴黎争论中多次提醒注意，越南革命者从未放弃他们开始活动时宣布的目标，即三国的统一。在他们看来，交趾支那、安南和东京属于统一的同一整体。

1954年，越盟曾经把南方的一部分忠实支持者转移到北方。吴庭艳立即搜捕共产党人以便把他们消灭，或至少使他们无法为害。1950年代末期，北越共产党决定恢复对美帝国主

义的"傀儡"或"帮凶"的战争。艾森豪威尔离开白宫时，
在南越服役的军人已不足 1000 人。肯尼迪对三军参谋长联席
会议的要求做出部分让步，"顾问"的数目一下子增至一万五
千多。他为什么让美国在南越承担一个非共产党国家的防务
呢？他果真相信多米诺骨牌理论吗？是否像戴高乐将军在他的
《回忆录》中谈到的，肯尼迪想在东南亚修筑一道反共防浪堤
呢？直到如今，我也不知道肯尼迪到底出于何种动机。我个人 797
觉得还是做点儿基本说明为好。

美国对吴庭艳政府的援助可以自圆其说，即实践筑坝堵截
的理论。既然还有一半的越南人处于共产主义的统治之外，那
么西方人都要关心这一半还享有"自由"的人。

欧洲人支持大西洋联盟，曾经赞同美国在朝鲜采取行动。
对越南的行动是否属于同一类型呢？回答这个问题要参照许多
不同情况，而我们对此知之甚少。我们知道，而且凡是访问过
韩国的人都知道，在三八线以南，确实存在一个政治实体、一
个国家、一个民族，它随时准备自卫，反对北方的进攻。那里
存在一种热爱朝鲜和反共不可分割的爱国主义，要求谴责 1950
年 6 月 25 日的入侵，完全支持哈里·杜鲁门和迪安·艾奇逊。
而在 1954 年和 1960 年，难道也有一种南越的爱国主义吗？把两
个越南的情况同两个朝鲜或两个德国的情况相提并论，站得住
脚吗？任何人也不怀疑，如果东部的德国人能够自由表达自己
的意愿，他们肯定会选择像"被资本主义剥削的"骨肉同胞那
样的生活条件。然而，如果西部的德国人试图用军事力量把旧
德意志帝国的两部分统一起来，他们就会在西方被所有人（包
括右翼和左派人士）看作战争贩子。因此，把美国参与维持南
越共和国的生存说成帝国主义行为，我不认为这是正确的。

对另一方面的考虑也会影响我们的态度。南方政权值得挽救吗？有必要偏爱这个政权超过北越人建立的政权吗？西方报刊，尤其是美国报刊，无情地揭露了南方政权对民主原则的侵犯。这些报刊报道了集中营中的暴行——因为那里也有集中营。这样就提出了问题：美国在为南越而战的同时，是不是也在为一种战略地位，为西方观念，为美国的威望，或照基辛格的说法，为美国的信誉而战呢？

798　　如果我的记忆力还不错的话，我当时倾向于下述立场：对南越和美国来说，南方共和国最好能维持下去。但是，美国有能力坚持到底吗？这场战争的费用似乎超出了这场赌博本身的价值。换句话说，美国有可能不仅是犯一个错误，而是会铸成大错。对这些不同的或者互相矛盾的想法和分析，我也有些举棋不定，于是我溜之大吉，只是充当人类的疯狂和互相攻讦的旁观者的角色。

越南战争同过去的所谓民族解放战争或朝鲜战争相比，有其特殊之处：北越军队没有像朝鲜军队那样跨过明确的分界线。在南方进行"小规模战争"的"游击队员"得到了北方的后勤支援，同时也不断补充在北方招募和训练的士兵。为了反击北越的进犯，约翰逊制定了一种逐步升级的战略，并且用空军来付诸实施。美国人在北方既不找军队打，也不想占领工业，而只对一个国家的领土狂轰滥炸，可是他们同这个国家并未处于战争状态，只是因为后者向南方的战士提供援助和后勤供应。

这些狂轰滥炸有什么战略意义呢？轰炸胡志明小道的目的在于，即使不能阻止北越士兵到南方去，至少可以减少其数量。我回想起大约1966年在五角大楼同麦克纳马拉的一次谈话。他按照自己的习惯，用几个图来说明他的想法。他划了三条横线：上面一条线代表未进行轰炸时从北方到南方的士兵的数量；中间一条线是尽管轰炸但还能过去的人数；最下面一条线表示要使人数减少到多少才能彻底扭转战局。不仅要轰炸胡志明小道，而且要轰炸整个越南北方，其作用是"惩罚敌人"，破坏敌国领土，起用几个世纪以来历史上使用过的方法。在 19 世纪，法国人在征服阿尔及利亚的过程中，就毫不犹豫地使用过这类方法，例如，向水井里投毒，断绝商队的水源。华盛顿的领导人约翰逊和他的班子转告河内，如不停止对南方的渗透和对越共的后勤供应，他们就要轰炸北方。他们执行了一些教授就核战略制定的理论：主张使用暴力升级，以便说服河内的共产党人放弃他们的计谋。

799

我分析了这种反颠覆战争的特殊形式和逐渐密集的轰炸，对这一战略的有效性持怀疑态度。轰炸造成物毁人亡，但没有破坏城市（当一些为北越的事业辩护的美国人在《巴黎协议》签字后访问河内时，他们惊奇地发现，这个城市的主要部分依然屹立在那里，远远不是像他们想象的那样变成了一片废墟）。

至于轰炸的心理效果，则同上次战争中对德国人的轰炸一样无效。居民"顶住了"。逐步升级的恐吓未能动摇北越政府的决心。北越政府并未认真对待加拿大人转达给他们的警告，反而坚信美国人会自我节制。

美国人要想让别人相信美元停止兑换黄金，他们自己首先应该相信。① 要恐吓北越人，美国人就应该认真看待他

---

① 从一定意义上讲，他们停止兑换黄金了，但握有黄金的人没有理由去指责负责停止兑换的人。

们自己升到极点的威胁。在这两种情况下，发出信息的人自己都不相信，收信人当然也不会相信。(1968年3月6日)

几个月以前，我的朋友布瓦依埃尔夫妇还曾问我是否"赞同"过美国用凝固汽油弹轰炸。有人曾对他们说我是持赞同态度的，目的是让他们放弃对我的友谊。这个问题同沃尔顿和米西卡曾经向我提过的下述问题没有实质差别：您是否谴责过阿尔及利亚的酷刑？我对这些预审法官的口气有点恼火了，我不是一个"大善人"。1945年，我衷心希望法国同意印度支那三国统一。1965年或1968年，存在过一个南越共和国，在我看来，它比北方的极权主义更可取。美国用一场"前途未卜的战争"来拯救这个共和国，与其说是出于一种帝国主义意志，倒不如说是因为有一种认为自己万能的幻想。至于凝固汽油弹，应该像憎恶酷刑一样憎恶它。军人能不能或应不应该避免使用这些手段？这很容易回答：理所当然不应该使用。

由于华盛顿的领导人自己尚且不明白他们为什么要打仗，战争就更无把握。从1954年到1960年对西贡的支持，起初属于一种建筑防浪堤的自动反应。1961～1962年，肯尼迪由于猪湾事件的失败和在维也纳与赫鲁晓夫的会谈中感到受辱，于是竭力表示"强硬"，以消除赫鲁晓夫可能抱有的幻想，后者对肯尼迪上任初期的挫折产生了误解。约翰逊作为副总统访问西贡时，千方百计地阐述了关于多米诺骨牌倒塌的问题。随着美国在死胡同中越陷越深，总统和他的顾问们就更不理解他们花费那么多人力和美元，牺牲那么多生命和财产，究竟为了反对谁和出于什么目的。

　　继邦迪之后和在基辛格之前，任白宫总统国际事务顾问的罗斯托对我阐述过他津津乐道的一种具有世界史规模的理论。他说，胡志明和越南的扩张是革命浪漫主义的最后一种表现形式。如果美国能够战胜这个胸怀主义的征服者，一个时代行将结束。华盛顿的另外一些顾问认为，在胡志明的背后就是林彪及其农村包围城市战略；还有些顾问认为在胡志明的背后是克里姆林宫的帝国主义。后来的事实证明，最后这种看法是有道理的。

　　春季攻势实际上是越共的一次失败。居民根本没有追随"解放战士"。这些战士犯下了不可饶恕的暴行。这些人让那些被俘人员自己去挖掘坟墓，然后把皇城顺化市成百上千的官员和社会名流赶进去。1954 年南越共和国驻巴黎大使范维谦——我的朋友兼高师毕业生——曾写过一本动人的小说，描述青年时代的爱情。1968 年 4 月 13 日，他通过法新社发表了一条消息，谴责越共在他们暂时控制的地区所犯的罪行。他说："这些知识分子没有仔细看一看，许许多多普通职员、无辜的办事员及其家属、休假的军人、法国牧师、德国教员及其妻子在毫发无损的情况下被活活埋葬（迄今已达 300 人左右），或经各种严刑拷打致残后被杀害（约 700 人），有时是几个人被铁蒺藜捆在一起……"但这条消息犹如泥牛入海，被人忘却。革命事业美化了北方的罪行，加重了南方的罪行。

　　1969 年尼克松和基辛格上台执政，我此后更加坚持这种看法。共和党人对于美国介入越南战争不负任何责任。尼克松本来可以接受北方的要求，只需几个月就可以赢得舆论界所呼吁的和平，至少可以成为最能倾听社会舆论的发言人。北方的要求是什么呢？可以概括为一个词——"联合政府"。很显然，这个政府将排除"傀儡集团"，包括阮高其和他手下的人，换句话说，就是那些治理着南越共和国、象征着抵抗势力的人。共产党建立的"南方临时政府"——所谓第三种势力，其中包括若干在首都咖啡馆里高谈阔论并反对阮高其的人——并不能在西贡人士与河内人士之间充当中介人或调停人。他们有意无意地成为越共的同盟者或同谋，与越共没有什么区别，或更恰当地说，他们根本不能与越共和北越共产党有所区别。"临时政府"意味着取缔南越政权，也就是意味着美国认输。美国将不得不迫使阮高其和他的同僚让位走路，换句话说就是背弃他们，出卖他们，承认他们只是靠了一支外国军队的恩典或实力才活得下去。

802　　　尼克松和基辛格不是不知道选民们期待他们结束越南战争，然而，无论是选民还是国会议员，都理解不了北越实际上是要求美国投降。"联合政府"一说旨在掩盖投降的实质，但也不怎么掩盖得住。基辛格本人在他的《回忆录》中追述道，他曾打算用不到一年的时间同越南达成一项协议。尼克松更有远见，他对此深表怀疑。基辛格被任命为外交特别顾问之前在《外交季刊》上发表过一篇文章，设想进行两种谈判，一种是美国与北越谈判，另一种是两个越南政府之间谈判。北越拒绝第二种谈判，因为它不"承认"阮氏政权。按照共产党人的世界观，这个政权是子虚乌有的，只能扮演帝国主义"傀儡"这一无足轻重的角色。因此，1969 年共和党领导集团的战略公之于众后，我立即准确地预言战争将持续下去。

　　例如，1969 年 7 月 2 日，我首先强调在河内与华盛顿之间不可能达成一项政治协议。我写道："……如果尼克松总统愿意从越南脱身又不想让敌人（指西贡的越共政府）轻而易举地取得政治胜利，他可以想尽办法在南方找出一个替代政权。然而，北越人始终坚定不移地拒绝与'西贡傀儡'对话。"接着我又写道："一切迹象表明，似乎北越人和越共把最终取得政治胜利的希望寄托在美国人民厌战的心情上面。由于在战场上胜败难分，战争演变为意志的较量。谁能坚持到最后一刻钟，谁就能取得胜利。如果战争不能在未来 18 个月内结束，面对日益增多的激烈反对者，尼克松能对付得了么？"文章的结论是："无论今天还是过去，尼克松当政也好，约翰逊当政也罢，美国人除了在政治失败和继续战争之间进行选择，岂有他哉？也可能有第三条道路，只要有朝一日北越人认为他们的敌人与他们一样有耐心。除非太阳从西边出来，否则他们怎么可能这样认为呢？"换句话说，我正确地提出了两种抉择：要么失败，要么把仗打下去。

1972 年，在北越军队跨过非军事区发动攻势受挫后，我 803 希望北越的外交政策会有所改变，同意签订一项不取消阮氏政权的美越协议，也就是说，停火而不做政治解决，但这是当时北越人一直拒绝的。1972 年 10 月，北越人确实做出重大让步，从而使谈判终于取得一个成果，只有颁发诺贝尔和平奖的挪威评审委员们才会把这种解决方案同和平混为一谈。南方政府保留下来了，但北方军队进驻南方，并留在当地，而黎德寿仍否认南方政权的存在。当时，人们把《巴黎协议》后南越的情况描写为一张"花豹皮"。

1973 年达成的这些协定后来变得怎么样，这已经众所周知。两年以后，北越军队大举跨过非军事区。阮高其下令撤退，以便收缩和加强防御地区。撤退变成了溃败，共产党仅仅用了几个星期，就达到了 1946 年 12 月发动对法战争时设想的目标，使印度支那三国统一在苏联式政权之下。

　　基辛格把巴黎协定说成是一个几乎出人意料的成功。尼克松和他的顾问们一直坚持拒绝投降，即拒绝推翻美国人几年来予以支持并为之打仗的阮高其政府。由他们自己把他赶下台，实在太不光彩了。与北越打交道，同时又让阮高其有机会维持下去，这是一种体面的和平。

　　　尼克松总统和他的顾问并不是不惜一切代价地拒绝"输掉战争"，如果越共取得政权标志着最后的失败的话。他们希望还有可能不要输掉战争，但最重要的是，不要背弃已经许下的诺言。强迫西贡接受一个联合政府，就意味着背信弃义。如果美国背叛或似乎要背叛其盟友，失败就会变成一场大祸。完全可以假设，他们丢掉的远远不只是一场有限战争，丢掉越南和面子，更重要的是，他们将丢掉盟友的信任和敌人的看重。

　　这是我在 1969 年 10 月 30 日的《费加罗报》上发表过的804 几句话。我无意掠人之美，只是重复了基辛格的辩护词，像许多人一样，我是听他亲口讲过的。在同一篇文章中，我还援引了罗伯特·肯尼迪的一本小册子中的几句话，他也认为美国无条件地立即撤兵是不可能的，是一种灾难。他写道："单方面突然撤兵会在亚洲以外引起对'美国信誉'的怀疑。"

　　有人可能会问我，既然你从 1957 年就鼓吹阿尔及利亚独立，或至少主张阿尔及利亚人有权享有独立，而当时"叛军"或抵抗运动刚刚建立军队，那么你为什么不也向美国建议一种"根本解决办法"呢？

　　在阿尔及利亚，法国人企图维持全盘或部分殖民地局面，

而我认为，采取所谓开明的过渡办法也会导致独立。我要求
承认阿尔及利亚人独立的权利，也就是要求实行法国主张维
护和倡导的各国人民有自决权的一致原则。这同美国在越南
的情况毫无共同之处；美国人不想留在那里，而是想离开，
他们要保护一个至少在表面上是独立的政府。这个政府是否
受到人民的支持？答案不太明显。南方人民是否愿意被北方
同胞"解放"？他们显然没有参与自身的解放。这是一次军
事进攻，把阮高其政权打入了历史的冷宫。如果对这场战争
进行政治评断，确实也取决于美国有无能力把这场较量坚持
到底，因为对于一个国家元首来说，一步走错、战略不慎都
会被看作失策。

　　不计其数的人赞扬北越的抵抗运动，赞扬北越激昂慷慨地
攻击美国"帝国主义"。如果我声援他们，我就会成为笑柄。
在我看来，美国将其军队和信誉押在越南的稻田里犯了（或
已经犯了）一个错误。但是，到了1969年，美国能够在道德
上认输，在政治上投降吗？美国能够自己建立一个服从河内、
稍加掩饰的共产党政权吗？基辛格事后也可能承认，美国与其
拖到1973年，不如在1969年就消除这场倒霉的祸患。延宕4
年加剧了美国内部的混乱和争吵。如果能早4年，结果也许不
至于这样坏，但我不敢肯定。不管怎么样，基辛格可以回答
说，1973年签订《巴黎协议》两年以后，如果没有水门丑闻，
北越便不会发动总攻。《巴黎协议》虽然没有最终挽救南越共
和国，但协定规定，允许南越共和国存在，从这一点上讲，北
越第一次承认了南越共和国的存在。

　　当然，1973年1月26日，没有任何人张灯结彩。我曾写
了一篇题为《停火就会带来和平吗？》的文章，我写道：

805

是这场战争的结束还是一次战争的结束？谁也说不清楚。未来取决于这方或另一方人士的意图如何，或明智与否。而且，阮高其总统和临时革命政府如果想这样干的话，他们可以随时找到机会，互相指控对方违背了一项似乎无法执行和肯定无法监督的协定。但是，我们还是暂时不管分析是否严密，也不要去扮演普世良知的代言人，而这正是我们某些同行喜欢做的，他们自封为道德判官。既然我们大家都感到松了一口气，我们就不要放弃希望。可能越南人自己将凭直觉共同找出一条通往和平的秘密道路，而这条道路光靠理智是难以发现的。

哎！还是理智再一次告诉了我们真理何在。

几个月以后，亨利·基辛格负责处理斋月战争引起的危机，因而声誉日增。这个杰出的谋士令举世瞩目，而头号人物却为之黯然失色。斋月战争分裂了法国人，但没有引起"六日战争"爆发前后那样的群情激动。

1967 年我还认为，尽管以色列首先发动进攻，纳赛尔仍应对战争负主要责任。到了 1973 年，在我看来，责任已经颠倒过来了。萨达特本来想准备行动，确定日期，打以色列人一个措手不及，但以色列的外交弄得他别无出路。以色列的政治领导阶层分为鹰派和鸽派，有的支持大以色列国，有的反对大以色列国，无法向它的对手提出一种解决方案，只好采取最容易被接受的做法。它决定让以色列军队留在原地，邀请阿拉伯国家与希伯来人国家直接谈判。这种没有先决条件的谈判可以讨论冲突的各个方面，当然，以色列人也不是不知道阿拉伯人必定会拒绝邀请，因为阿拉伯人认为，在1967年的惨败之后举行对话无异于屈膝投降。

我回想起1971年在耶路撒冷同一个半官方委员会谈的话，这个委员会负责研究这个地区未来10年的军事和政治前景。我对他们说，萨达特不能无限期地推迟报复的时间，不然，埃及内部会发生破裂。或者对外发动攻击，取得一项成功，因为没有这种成功，萨达特本人就无法走上通往和平的道路。你们能不能送给他一次"微小的胜利"呢？到了1973年，这种微小的胜利几乎变成了一场大胜仗。

在前面一章，我提到我对这个时期的剖析：埃及人没有遇到抵抗就跨过苏伊士运河，向以色列人发起袭击，并且挡住了以色列一个装甲旅。以色列为了消灭埃军桥头堡而过早发动反攻。在战争爆发以后最初几天，我在电视台与卡恩、絮费尔、萨布利埃进行辩论。我对以色列人在停火之前能否把埃及人赶到运河的对岸表示怀疑。

回过头来看一看，我对危机期间萨达特的战略和基辛格的做法深表赞赏。埃及总统进退两难，他同以色列人谈判就要丢脸，可又不相信自己拥有决胜的必要手段。因此，他准备进行一场有限目标的战争。他使尽种种计谋，竟然麻痹了以色列人的警惕性，成功地取得了出其不意的效果，就像以色列人在1967年所做的那样。以色列军队没有处于戒备状态。在叙利亚和埃及军队发动攻击的当天早晨，动员令才发布。在戈兰高地前线，面对叙利亚几百辆坦克的攻击，以色列靠几十辆坦克的英勇奋战和对其的运用有方才挽回败局。如果不是萨达特不顾军事指挥官的意见而采取极为谨慎的态度，埃及军队渡过运河之后就很可能直捣山区。也可能是政治上的考虑造成了军事

807

上的失败。萨达特需要取得一次军事胜利来洗刷 1967 年的耻辱，但他不打算进行一次规模类似 1967 年惨败的报复行动。等到以色列军队全部被动员，把坦克主力转移到西奈半岛前线，一场坦克大战就此展开。沙龙将军率部勇敢地从中线突破，使以色列人得以包围埃及第二军。基辛格在被围部队遭到歼灭之前，终于迫使双方接受停火。他没有任何理由让以色列取得轰动人心的胜利，故意推迟给以色列援助，只是在它因军火供应不上而即将面临真正的致命危险时，基辛格才决定提供援助。

谁是赢家呢？以色列给埃及造成的损失超过自己的损失，从这个意义上讲，以色列打赢了。如果再打几天，它就能消灭跨过运河的埃及部队。但是，埃及人也可以吹嘘他们开战时取得的胜利。既然胜败未卜，就算不能一揽子解决以色列同所有阿拉伯国家之间的冲突，起码也能为埃以冲突的和平解决创造必要的条件。

我在 1973 年 11 月 6 日发表的《胜利者的失败》一文招来了一些犹太人骂我的信。1967 年以来我对以色列政策的批评，可概括如下：

> 耶路撒冷政府把它的军队部署在苏伊士运河上，就等于向苏联发出挑战，也是在一定程度上向西欧发出挑战。它剥夺了埃及在西奈半岛的石油和埃及在苏伊士运河的收入。它这样做就加强了埃及和波斯湾富国之间的团结，等于敦请苏联进一步插手，同时使任何埃及政府不可能永远忍受这种局面。

在军事方面，我重申 1967 年以来我同以色列将军们谈

话中提出的反对论点，即反对以运河为前线。它表面上是
一条天然防线，实际上却不是。1973 年，以色列人破天荒   808
第一次需要美国对战争本身提供物质援助。他们虽然在最
后一刹那才得到了这种援助，可是对美国的依赖也就更加
触目了。

    在进行较量的这些日子里，对以色列人打击最厉害的是，
所有欧洲人都拒绝提供他们的机场给美国充当空中桥梁。在所
有欧洲人之中，只有"康乃馨革命"前的葡萄牙例外，它允
许美国空军的飞机使用亚速尔群岛的基地。对于以色列人来
说，物资供应即使不是每时每刻的问题，也是每天要解决的问
题。任何一个欧洲大国都不愿意由于参加援救行动——即使是
有限的——而冒险惹翻生产石油的阿拉伯人。亨利·基辛格并
不掩饰他对欧洲人的怯弱所感到的"轻蔑"和"恶心"。欧洲
人则感到被人辱没，因为大国之间背着他们进行对话，而这种
对话近似于勾结或合谋。

    基辛格好像是一个杰出的魔术师。当苏联人大肆威胁要用
空降部队对出事地点进行干预时，他深夜去说服总统，命令美
国在全世界的军事设施采取警备状态。同时，他登上飞机去莫
斯科，与勃列日涅夫达成停火协议，从而剥夺了以色列的部分
胜利——这是国务卿一直希望但又从来没有说出口的。随后，
他在耶路撒冷与开罗之间不知疲劳地穿梭往还，为埃以冲突的
解决奠定了初步的基础。在当时，这是一个曾经轮番同周恩
来、毛泽东、勃列日涅夫、黎德寿谈判过的人，经过几个小
时、几天、几个月或几年，他总能达成一项协议。加上新闻界
的帮忙，他就成了神奇的人物。两个处于冲突之中的非洲国家
政府曾设想求助于这个外交家的斡旋。然而，塔庇阴深渊

(la roche Tarpéienne)离朱庇特神庙也就不远了。①

809 　　石油价格翻了两番，石油生产国决定对美国实行暂时封锁，使能源危机成了第一位的问题。美国军队撤出以后，越南一下子成了马克思列宁主义运动历史性扩张的次要插曲。基辛格试图重振大西洋联盟，但只带来了一些无足轻重的协议。建立"能源局"只是为巴黎与华盛顿、米歇尔·若贝尔与亨利·基辛格之间的无谓争吵提供了机会。报刊尽报道这两个外交部部长轮番使用的过火语言。法国拒绝参加能源局。参加与否，在我看来都无关紧要。另一个学究式的争论，是围绕欧洲人对美国采取什么共同外交方式这一问题。欧洲9国在采取一种共同立场之前，是否必须征求美国的意见呢？美国不愿意在《北大西洋公约》伙伴国听到它的声音以前面对一个欧洲集团。大概是在1974年，我应国务院官员的邀请在国务院俱乐部发表谈话。俱乐部秘书问我讲什么题目。我经过一番思考并征求了"负责人"的意见，提出了这样一个题目：为什么国务卿忘记了基辛格教授的想法。事实上，亨利·基辛格在一本译成法语的题为《大西洋彼岸的误解》的书中毫不含糊地写道：美国不能指望一个统一的欧洲会表示赞同和自动通融。当了国务卿以后，他就很难容忍他在做教授时预见到的，并且认为是免不了的和健康的独立意愿了。一个正直而难对付的盟友，要比一个骨子里不买账的卫星国强。

　　俱乐部负责人事先对我说有几十个听众，而实际上有一二百名官员在等待我，有的坐在座位上，有的站着。可能其中有

---

　　① 塔庇阴和朱庇特神庙是古罗马的两个地方，寓意"胜利之后失败就快来了"，已成为一种固定比喻。——译者注

些人感到有兴趣，是因为我对他们的首长表示出一种满不在乎的态度，或我对他们的首长使用了一种揶揄的口气。也可能像我遇到过的所有美国听众那样，在这种场合，参与者一般都对报告人表示善意和倾向于相信他的论点，而对意见相左的报告人，也不惜采取同样的热情态度。我对这次报告会——包括我的讲话和听众提的问题——怀有美好的回忆。

这些外交风暴本身对我的影响并不大。欧洲人拒绝为美国空军向以色列空运物资提供基地，我把这种态度看作对于美国不同欧洲人协商，却集中精力同莫斯科、北京对话的外交政策采取的一种报复。国务卿的轻蔑态度不管有无道理，都与梅特涅或俾斯麦的信条不相干。更何况，他还指责他们，发表共同声明虽是过问与自己有关的事，但是他们不管愿不愿意，反正只能充当旁观者。我现在认为，过去对欧洲人过分宽容是不对的，但也不赞成基辛格的目中无人。

他处理斋月战争危机的本领固然值得佩服，但是对于缓和的意义，我却仍觉担心。诚然，尼克松政府没有开始与莫斯科的对话，也没有主动率先讨论缓和问题。尽管如此，从 1969 年到 1973 年，舆论仍然把责任归于尼克松政府。美国外交恢复了与北京的关系，改善了同莫斯科的关系，签订了第一个限制战略武器协定和一项文件，表面上确定了莫斯科与华盛顿的对外活动的精神。有两个条款概括了这项君子协定的实质，其一是约束，意即要有节制或自制；其二是两个大国中的任何一国都不得为自己谋求单方面的利益。从字面上讲，这项条文意味着美国和苏联将结束它们全球性的明争暗斗。1972 年，没有任何人（至少是那些专业评论家）相信，尼克松访问了莫斯科，苏联就会停止支持或操纵所谓“民族解放”运动。

810

斋月战争至少对那些抱有幻想的人揭示了"缓和"二字含义不明。1973 年 11 月，我们还不知道列昂·勃列日涅夫是否曾鼓励埃及总统出兵越过苏伊士运河。

> 据我们所知，列昂·勃列日涅夫在提供物资、坦克、大炮、萨姆 3 式和萨姆 6 式导弹、反坦克手雷的时候，全未讨价还价……战争一打响，列昂·勃列日涅夫就促使阿拉伯人采取行动（如果致布迈丁总统的信件确有其事的话）。冲突爆发几天以后，他就为盟国提供物资，建立了一个空中桥梁，而当时美国尚拒绝向以色列提供给养。从这一点上不是可以看出，苏联人缺乏缓和精神，他们违背节制原则，企图靠损害对方而得到"单方面的利益"吗？当然是这样。本来就只有大傻瓜才相信这种字面上的保证。（参见 1979 年 11 月 5 日《费加罗报》上的文章）

811

前一年在莫斯科签订的君子协定，又有什么意义呢？欧洲人（特别是米歇尔·若贝尔）揭露说，这是狼狈为奸。借用法国外交部部长的一句话，就是两个超级大国在空中大桥上握手言欢。

与此同时，欧洲舆论界，可能包括美国舆论界，慢慢意识到了力量对比正朝着有利于苏联方面变化。在第一阶段削弱战略武器会谈中，美国曾同意苏联在发射工具的数额上占有 40% 的优势，以抵消美国核弹头的优势（因为苏联人还未掌握多弹头分导技术）。3 年之后，海参崴会谈勾勒出一项协定的大致轮廓时，苏联人拥有的多弹头分导导弹，从运载量与核弹头的爆炸力方面来看，都已据优势。《第二阶段削弱战略武器条约》于卡特总统任期内达成，被当即提交国会，而反对派则对于双方待遇是否平等提出疑问。尼克松和福特都曾接受战略武器对等的原则。然而，美国在爆裂范围方面保持最大的优势，这不仅对美国领土的安全来说，而且对西欧来说，也是美国威慑的一个必要成分吗？

正是在基辛格被看作超凡圣人的几年中，苏联第一次变成了超级大国，变成了一个能够向全世界任何地方抛出军事力量的全球性强国。福特在竞选中败北以后，基辛格引退，撰写他的《回忆录》。但在美国，特别是在国会，他仍然享有盛誉。但是，为什么不问一问他是否利用他的天才，掩饰或美化了美国外交的退却以及共和制帝国的衰败呢？

1977年1月初，我在《费加罗报》上写了一篇自认为对其成败和遗产秉持公允态度的分析文章。我首先指出了他在新闻媒介方面取得的成功：

> 任何一个国务卿都从来没有给职业新闻工作者和猎奇记者提供如此多的题材，别人也不会为他们牺牲那么多的时间。这是一个十分重视维护自己形象的人。他对资料了如指掌，使人赞叹不已。他体格健壮，给人留下深刻印象。他有满腹心计的即席讲话，耸人听闻的言辞，往往把人弄得目瞪口呆。他的态度时而殷勤时而粗暴，他经常用耐性磨败对手。以色列人和埃及人受不了他的魅力，更受不了他的磨功。他即使度过一个不眠之夜，体力依然充沛，照样能临机应变。……然而，这个艺术家——从这个词的一语双关含义来讲——准备了两手。他一张弓上安两根弦，一盆火上放两块烙铁。如果运气不符合他的希望，他便用历史的名义谴责运气。当西贡陷落、四年的努力付

812

之东流时，他又去重读青年时代看过的书，探索西方的衰落问题。他的挚友雷斯顿报道了这个"野蛮的哲学家"的忧郁的思虑。这在理查德·尼克松政府和杰拉尔德·福特政府的人士中是不合适的，这是一颗靠不住的明星。然而，他征服了华盛顿。……

其次，我承认基辛格功勋卓著，善于处理危机："不管别人对他的全局观点有什么看法，他确实是一个处理危机的能手。总而言之，他的马基雅维利式（从双重性来理解这个形容词）杰作——还是那场斋月战争——使以色列人措手不及。埃及人和叙利亚人取得了精神上的胜利，但他们的敌人实际上没有失败。"处理斋月战争的危机，为埃及总统发动和平攻势奠定了基础。他的耶路撒冷之行震动了世界舆论。

最后我才点出实质：

归根结底，对他来说最重要的，并决定历史评价的，就是整体观念。人们认为正是这种整体观念启发了他，于是他表现为既要缓和，又拒绝与意大利共产党人接触。亨利·基辛格考虑莫斯科与华盛顿直接相关的利益，同意俄国人统治东欧。为了维持两个超级大国各自区域的平衡，他不惜支持智利总统阿连德的政敌，或宣告意大利的历史性妥协是无法接受的。一个波兰人挖苦这种政策是：哪里的共产党人已经信誉扫地就予以支持，哪里的共产党人还得人心就将其打倒。基辛格大概会这样回答：如何把已经被搞臭的共产党人赶下台。

813

基辛格的政策除了与北京接近，还继承了美国 1947 年以来，尤其是 1953 年以来的政策。同莫斯科达成部分协议，抵制苏联的区域性进攻，两者结合起来可以说明基辛格的手段，但不如用 30 年来不成文的美国外交规律来加以说明。我不会漠视"缓和"中的新情况，或美苏军事力量对比的变化。在这种背景下，怎么能不对这种平衡策略的最终想法产生怀疑呢？

我看不出在基辛格教授的著作与缓和思想之间有什么必然联系，尽管国务卿的自尊心有助于我了解他如何成功地把他自己心目中的实用主义举措美化为长远的谋略。教授警告说，不要幻想可以通过谈判把一个思想上很革命的大国变成一个保守的大国。……尽管亨利·基辛格善于处理危机，尽管他否定意大利共产党，或者正是由于他否定意大利共产党，过分靠拢苏联，他才可能从精神上瓦解西方。

当里根同共和党中的极端反共派再次执政时，基辛格在他们心目中是主张缓和与限制战略核武器会谈的人，他在其实际负责的事务中，举止更像鸽派而不是鹰派。

对他的指责（某些人认为是赞扬）站得住脚吗？答案没那么简单。基辛格给人的印象是，他与总统周围的人，与美国政界大不相同。他个人的优点是脉络分明的表达能力，即美国人所说的分析才能，还有美国记者（和所有美国听众）十分偏爱的幽默俏皮。简而言之，可以说他在智力上的优势本身就令人折服。

我在 1982 年对他的评价与 1977 年的相比有什么实质的不同吗？半个世纪以来，我不敢随便评论别人，我扪心自问：如

814　果我处在他的位置上，又能干什么呢？尼克松能够答应西贡的"联合政府"吗？如果他不能答应，战争拖下去就势不可免。这样，西哈努克亲王几乎必然要垮台，军事行动也必然会扩大到柬埔寨。我读基辛格《回忆录》时，这个已经成为回忆的作家所提出的论据并不能始终使我信服，反而加强了我"旁观者清"的感觉。总统和他的顾问受到国内外对手的夹击，竭力争取通过谈判实现和平。为了平息国内舆论，他们逐步撤回远征军；为了挽救南越共和国，他们支持它的军队；为了迫使北越领导人妥协，他们动用了空军。巴黎协定挽回了面子；尼克松的下台缩短了保留面子的时间。

　　走访北京和莫斯科不单纯是为越南找出路。无论如何，有朝一日，美国将恢复同北京的外交关系。既然 1963 年以来两党公开了两个马克思列宁主义首都之间的争吵，从而为美国外交提供了明显的活动余地，那么恢复这种关系就更加顺理成章和大有好处了。莫斯科和北京双方都支持北越，但并未因此互相让步。美国同北京的对话，可以影响莫斯科对美国和越南的立场。

　　回过头来看一看，这种外交政策尽管十分机智，但似乎并未改变越南局势的发展。1972 年，北方的共产党人政权既不缺乏对付轰炸机的炮兵或导弹，也不缺乏发动春季攻势所需的装甲车和物资。《第一阶段削弱战略武器条约》保证了美国与苏联之间的平衡；纸面上写的要求采取良好行动，并不能禁止莫斯科对"民族解放"运动提供"兄弟般的援助"。缓和只是稍微改变了两个超级大国之间的争斗的方式，并未改变其争斗的实质。如果尼克松和基辛格两人没有亲自领导美国外交，他们就会指斥缓和不过是个幻想。因此，1981 年尼克松出版了

815　《第三次战争》一书，他阐释的国际关系哲学同他对北京和莫

斯科搞缓和的劲头并不相符。

基辛格本人相信缓和吗？他相信他那一套协议能够先约束、后驯服那革命的魔王吗？也许。但他补充说，这项政策要求有一个强大的、保持警惕的、准备回击莫斯科的任何侵略和颠覆企图的美国。自从人们感到美国已经分裂，已经让帝国的包袱压得喘不过气来，这种政策就注定要失败了。但是，从1973年到1976年，在水门事件中或以后，参议院密切监督着国外的一切活动。参议院拒绝了基辛格要求的拨款，没让他用来阻止那个与莫斯科有联系的、得到古巴军队支持的政党在安哥拉取得胜利。

尼克松辞职以后，他为了表示坚定不移，继续保持缓和的方向。他曾建议福特总统不要接见索尔仁尼琴。当我批评他害怕触动克里姆林宫权贵的敏感点时，他首先回答我说："如果他们接见我国持不同政见的人，我们会怎么想呢？"我回答他说，我们没有他们那样的持不同政见者，他也就不再坚持了。实际上，当政时期的基辛格在他认为能够互相妥协或希望能够互相协调的两种立场之间摇摆不定：要么继续执行最坚定的遏制政策，预防共产党人在智利、意大利、安哥拉上台执政；要么签订限制战略武器协定，以及美苏贸易、技术合作协定。苏联作为一个革命大国，必须被遏制。苏联是两大军事强国之一，要求在世界上占有与其实力相应的地位。最好是满足它的要求，何况美国也没有办法拒绝它的要求。一方面是抵制这个意识形态——军事帝国主义；另一方面是把美国的这个"新交"纳入世界大合唱中。这些指导思想无可指摘。不幸的是，这两个思想未能说出同样的话。在一个民主社会中，这可能是一种束手无策的先天弱点；同时，由于环境不利——越南、水门事件、国内争吵——基辛格的两项计划都没能贯彻下去。

第二十四章　论历史评论

　　《像帝国一样的共和国：世界中的美国，1945～1972年》和《克劳塞维茨论战争》这两本书没有多少共同点，尽管这两本书都是依据我在法兰西学院的讲义改写而成的。前者讲授时间是1970～1971年；后者是在1971～1972年。从讲课的角度讲，二者也不同。我开设关于美国对外活动的课程，是因为我已经同一家美国出版社签订了合同。倒是开设了有关克劳塞维茨的课程，才引起我做一番尝试的念头，这个念头就是想评介一部名著——《论战争》，想评论一下一个战略家及其继承者。

　　头一本书是记述历史，另一本是说明一种思想；前者是讲20世纪第三个25年期间的美国，后者是探索一个普鲁士人，他历经祖国的兴衰，恨透他的死敌拿破仑，可是又不能不为之倾倒。乍一看，我似乎用偶然的个人巧合把两本书关联在一起。我提出它们之间有一种含义深远的联系。

　　我曾经设想将本章命题为"回顾往昔"。美国从第二次世界大战结束到1973年与北越签订和平协定这一时期的对外政策，我那时一直在随时评论。所以，我在书中对自己也有批评，或者更准确地说，我把当时对各种具体事件的判断，同我今天由于经过一段时间的思考和部分档案公开以后得出的总看法进行了一番比较。

　　我研究克劳塞维茨是为了探索现代战略的起源（或起源

之一）。20 世纪的战争和原子弹至少从表面上看打乱了传统观念，外交艺术和战争艺术都出现了问题。从拿破仑开始，不论哪一方的军事领袖，他们一心追求的就是取得毁灭对方的胜利，摧毁敌人的军队，由胜利者独断规定和平的方式。这种拿破仑式的辩证法，曾经把欧洲和世界从萨拉热窝引向广岛，从恐怖分子针对一个人的炸弹引到杀伤成万无辜平民的原子弹。1951 年我就针对朝鲜战争写过一篇《论没有胜者的和平》的文章，稍后，我又在《原子科学学报》上发表了《半个世纪的有限战争》一文。

因此，尽管一本书谈帝国共和国的外交家，另一本书则谈一个战争理论家，尽管两本书有各种差别，毕竟存在一种内在联系，不是在思路上面，而是在想不到的关系上面。这个普鲁士战略家比任何人都了解，战争会走向极端。随着年龄的增长，他逐渐承认，战争很少按照自己单纯的概念发展。在 1/4 世纪中，美国尽管与苏联势不两立，但不管赌注多大，它却一直避免使战争升级到极点。核武器的无比威力，难道不能使总体战阶段宣告终结吗？克劳塞维茨不是曾经帮助人们怎样思考战争吗？战争的概念是统一的，而其史实则是千姿百态的。

《像帝国一样的共和国》

对我来说，《像帝国一样的共和国》这本书是我第一次尝试写一本历史类的书，甚至可以说是一本叙事的书。怎么才能叙述美国在 1/4 世纪中的对外活动呢？第一个困难是如何断代。这个时期能够同上两个世纪分开吗？我解决这个问题的办法是写了一篇长达 15 页的序言，题目是《世界岛》。《泰晤士报文学副刊》的法文版曾以短文加以赞誉。

818　　　　"世界岛"这个概念来自一个著名的英国地缘政治学家H. J. 麦金德，他对德国的 K. 豪斯霍弗尔学派起过影响；他在著作中，特别是那本《民主的理想与现实》中，论述了陆地与海洋、大陆强国与海洋强国之间的斗争。海上强国只有在拥有足以提供足够资源的经济基础时才能维持其统治。罗马能够战胜迦太基，就是因为它掌握了制海权。英国是在统治全岛之后，才取得了控制海洋的大权。也就是说，苏格兰在并入联合王国之后，才免除了一个潜在的敌对邻国。

反对英王朝的 13 个美洲殖民地分阶段逐步变成了世界岛。但是，我把这些阶段统统归入 1783 年《巴黎和约》到 1898 年反对西班牙战争这一时期。在这个世纪当中，殖民者大功告成，他们占领了北美，进行移民和开发，目的是使北美地区免于像欧洲那样连绵不绝的明争暗斗。13 个殖民地没有进行大规模战争，就达到了它们的目标。黑格尔在 1831 年就看出美国享有岛国的好处，他写道："北美洲的自由邦不像欧洲国家那样互相猜忌，必须维持一支常备军来对付它。加拿大和墨西哥是不必担心的……"

我认为 1898 年是一个承上启下的年份，下一个时期到 1941 年 12 月珍珠港事件美国参战为止。这是一个奇异的、多变的、矛盾的时期。美国战胜了西班牙，曾经有点犹豫不定是不是要模仿欧洲式的帝国主义。1917 年参加欧战、参议院拒绝批准《凡尔赛条约》，以及实行中立法，都没有形成任何体系，也没有提出任何计划。美国完成了自己的"天然使命"，在美洲创立了一个讲英语的大帝国，它将朝何方施展宏图呢？它开始实行一种欧洲式的殖民化（如波多黎各、菲律宾），后来又不肯这样做。1917～1918 年，美国举足轻重，决定了世界大战

的结局和英法的胜利，随后又自动撤退。1930年代，国会通
过一系列法令，预防共和国参加战争，因为美国已经料到要发
生战争。在这种形势下，美国人也是倒退着走向未来的。

　　这两个时期之间有重大差别，它们在我要再次论述的那个
时期之前。从18世纪末到19世纪末，思想和事态的变化产生
了一种美国开国元勋所设想和追求的世界秩序，就是一个占据
了北美最大地盘的主权共和国，从地缘政治学来讲，又是一个
岛国。可是，到了第二时期末，旁观者既看不出剧情的发展逻
辑，也看不清演员的意图。1947～1972年这个全球优势时期，
同第一时期相仿，胜似第二时期。美国像20世纪对待其"天
然使命"一样，坚决承担了帝国的重担，但使命已全然不同
了。

　　美国随着事态的发展卷入了世界政治，但它已经不是同印
第安人部落，不是同没落的西班牙帝国，也不是同温文尔雅或
逆来顺受的大英帝国打交道，而是同一些同样坚决地维护其权
利或利益的国家打交道了。美国曾揭露欧洲制度的邪恶性，参
与建立一种同大陆不相上下的全球体系。美国人并不认为，他
们在19世纪的领土扩张主义同欧洲帝国主义有什么血缘联系。
他们看不出扩大贸易和自由交换与帝国主义有什么共同之处。
他们参与世界政治——这对他们来说几乎是全然陌生的领
域——并给世界政治打上他们过去的实践和偏见的烙印：一方
面是世界主义、合法主义，另一方面是对加勒比海和中美洲小
国进行的粗暴的统治。

　　英国曾经是欧洲平衡的保证人，或者换个说法，是敌视一
切能够扩张自己的势力，积聚财富，直至向这个海上霸主的岛
国挑战的欧洲国家。随着陆地强国由于兵戎相见而互相削弱，

820 美国便像昔日的英国一样崛起了。但是，世界岛应该建立并维持什么样的平衡呢？在欧洲，借用麦金德的说法，世界岛可以维护它在世界大岛中的桥头堡地位，可以扼制陆地强国向边缘地区、沿海地区推进的势头。但是，欧洲不过是世界舞台的一角，它的地缘政治不能说明世界舞台的各个方面。

第二个困难是，从遍布全球的大量事件中，能够找出什么历史的一致性呢？有没有一种情节，情节有没有一致性？我采取一种方便但可能有争议的断代方法。在战后年代里，与苏联的对立显然支配了华盛顿领导人的行动。借用我在拙著中使用过的概念体系，我一方面考察国家之间的体系，或者还包括美国的外交战略行动，另一方面考察世界市场上的商业交流和金融流动。美国极其想保持一个稳定的地区，让自由制度从中繁荣发展。本书的前半部分是叙述，也可以说是抽象的概括，因为这一部分仅仅用135页就追述了充满危机和战争的25年动乱。我想写一个在意识形态上保持中立的叙事，我要揭示出角色们可能抱有的动机。对于1950年代末美国围绕杜鲁门的政策和所谓冷战开始的辩论，我也表明了自己的立场。

在题为"追究罪犯还是冷战的根源"的第一章中，我不得不从历史学家的角度，对我自己作为当事人，或至少作为评论家亲身经历过的一个时期表明自己的看法。过了20年，这些事情会不会改头换面后再出现呢？所谓"修正主义者"——赐给那些把冷战的主要责任推给美国的历史学家的美名——属于美国传统。在美国，对墨西哥的战争、对西班牙的战争和参与1917年世界大战之后，每一次都曾出现一个修正主义派别。头两次战争，在当时就未能使舆论达成一致，甚至参加1917年战争也是如此。事后的批评，无论从道德上或政治上，又使用了当时反对总统或执政党的论据。由于真相逐渐暴露，官方的说法受到怀疑，批评又增加了其他论据。从大同盟演变为冷战，只激起一股分散的、软弱的反对势力。最初，反对苏联扩张运动伴随着反共狂热，从而产生麦卡锡主义。它采取了"追捕妖婆"的可恶方式，虽然不能同苏联的清洗运动相提并论，但这种迫害手段同一个民主国家是极不相称的，但其疯狂性怀疑多于疯狂性迫害。

821

大体上讲，这本书没有脱离我当时对这些事件的评论。我竭力驳斥了这样一种观点，即认为杜鲁门应该对冷战负主要责任，但同时，我也排斥了这个问题本身。如果冷战时期只从1947年（高谈有关德国问题的莫斯科会议失败和建立双管区）算到1953年3月（斯大林逝世）这6个年头，那么只有斯大林才是冷战的罪魁祸首。反之，如果把冷战扩大到整个战后时期，或至少扩大到1962年秋天的古巴导弹危机，那就没有必要去追究"罪魁祸首"了。苏联人与英美共同进行了反对第三帝国的斗争，他们又互相怀疑对方背叛自己（单独苟和），并且不确定共同的目标。美国人和苏联人之间的冲突，不是由细节上的决定——如轰炸广岛和长崎，或美国突然对盟国停止（租借法案的）援助等——引起的，而是在"被解放"国家中逐步却锲而不舍地实行苏联的作风，安插苏联的人，传播苏联意识形态所带来的必然结果。

同盟国的破裂是不可避免的，具体事件则不一定如此。历史学家应该在两件事上纠正当时的评论家，即朝鲜战争和中国出兵问题。如今我们才知道，对韩国发起攻击的是金日成而不是斯大林，后者只不过是开了绿灯。金日成在征求毛泽东的意见时，后者回答说他不相信美国会介入；11月，毛泽东曾两次警告美国人（我在上一章已经写过这件事），反对他们的军队逼近鸭绿江。美国人，包括执政者和公众舆论，由于误解和无知，对中华人民共和国感情用事。

822　　一旦"遏制"口号占据了美利坚共和国领导人的头脑，华盛顿在这 1/4 世纪中的外交政策就不难理解了，事态的一贯性跃然在目。美国在 1945～1948 年进行了一场维护荣誉的、明知不可为而为之的战争以后，采取了一种防御战略，除了在公共集会和政党纲领中，历史学家找不出任何"解放"战略的迹象。

　　这种解释——近乎没有解释——又提出了一些历史文献问题。① 如果综观多年来美国大兵在越南的稻田中的打仗和牺牲（4 万人以上），想要找出同事件规模相应的原因、赌注、彩头和理由，那么该到哪儿去找这些东西呢？经济利害？显然是微不足道的。战略要害，多米诺骨牌一倒一连串？河内取得胜利以后，确实要把它的统治扩大到老挝和柬埔寨，为了自己的利益，重新统一印度支那。但是，美国是否想遏制这种共产主义，抑或苏联的帝国主义、越南的帝国主义呢？随着时间的推移，敌人变得越来越难以确认了。对于这一切——美国对越南的担保——公众舆论越来越难以理解了。让人理解，就需要说明当事人的意图，或出于什么原因做出决定。我这本书设想的，首先是遏制的意图，后来执政者又无法找到体面的出路。最初，肯尼迪可以自由选择（至少有相当大的选择余地）；后来，约翰逊和他的顾问们试图把战争合理化，但他们既不知道

――――――――

　　① 在 1974 年第 4 期的《社会学欧洲文献》中，我发表过一篇文章，详细地谈到了这些问题。

如何结束战争，也不知怎样打胜仗。

　　该书的第二部分题为"世界市场中的美国"，讲到了想要说清楚碰到的另外一些困难，总的来看，困难更大些。美国的存在和行为对世界市场的其他经济体有很大影响。美国并不追求它的活动所带来的一切后果。从某个方面来讲，该书只对一个特定的领域做了分析。美国利用马歇尔计划促成了欧洲经济的复兴，美国也帮助日本重建了它的城市。后来，日本人重新掌握了他们自己的事务。他们受益于较少的军事预算，快马加鞭，打破了经济增长的任何纪录。美元涌向欧洲15年之后，美国国际收支逆差代替了美元的"结构性"短缺现象。战后初期美国的对外活动——如马歇尔计划，创建国际机构——事后已不再引起争论；这些活动是既慷慨又明智的，或者说，是一种"开明的利己主义"。

823

　　至于占统治地位的经济对世界其他地区的影响问题，美国外交政策是受制于某些集团的利益，还是受制于整个社会的经济利益问题，答案就不太明显了。我认为，要用经济原因详细地、逐字逐句地解释外交决策是不可能的，几乎是荒谬的。当然，华盛顿的一些大人物（特别是他们在参议院委员会辩护时）强调，越南蕴藏着财富，在越南打败仗就会带来损失。这种论点公然只想到单纯的合理性问题，没有什么意思。但是，如果用强权欲和美国社会的本质来说明遏制政策，就不荒唐了。同样，我们可以探讨，美国的资本扩张是否符合国内经济的需要，其他国家能否容忍美国的资本扩张，以及如果美国失去了军事优势，其他国家会不会如此长期地支持美元。

　　有一派历史学家和国际关系问题专家，他们不愿把国家之间的体系同世界市场分开，不考虑是否根据征服领土或进行殖民活动，来确定帝国主义的含义。美国之所以成为帝国主义国家，是因为它在世界市场中成了核心经济体，是因为美国经济可以操纵世界市场而不受后者的左右或限制。美国经济可以影响其他国家的经济而受其他国家的经济的影响不大，从这个具体意义上讲，美国经济就是占统治地位的经济。美国经济可以决定世界市场的规则，美国可以在国外投资，在当地再投资，或者把利息、利润汇回本国，这消费了发展中国家的大量资源。只要拾起马克思主义的牙慧，就不难建立一种帝国主义理论，它借鉴列宁的帝国主义论，但又有很大不同。这种帝国主义不抢主权，也不建立殖民地（从欧洲的通用的含义讲），只是一种经济货币制度，该给它扣上帝国主义的帽子，因为它吸吮了周边国家的劳动剩余价值和原料。富人靠损害穷人来增加他们的财富。

我的分析却得出了略有不同的结论，即如何抓住人们的动机，尤其是像美国这样的集体行动者的动机。被莫斯科的马克思列宁主义争取过去的国家，至少部分地摆脱了世界市场；历史学家总是可以用另外一种说法——"为了自由贸易的自由世界"来解释威尔逊写的"为了民主的自由世界"。在某种程度上，自由世界同自由贸易世界是融为一体的。只有精神反常或不通情理的教条主义者，才会硬说美国保护西欧或在朝鲜打仗的唯一目的是扩大自由贸易的地区。美国是否采取了一种帝国式的行动？我用下面这段话来加以说明："这种行动并不单纯考虑维持狭义的民族利益；占统治地位的国家尽力保持整个体系的平衡与秩序，仿佛它曾经有意识地承担起这种责任。"美国正是为了对世界经济政治体系负责，才在柏林和首尔驻军，最终不得不在亚洲大陆进行两次军事干涉。

至于美国的资本扩张，这自然来自经济上占统治地位的企业和银行。如果没有这些销路，占统治地位的经济是否一定会停滞不前呢？提这些问题不够恰当。一般来讲，在外国投资的收益会高于在母公司所在国的资本投资。在资本主义制度下，资本当然向收益最高的地方流动。之所以有部分资本向欧洲流动，原因是美元比价过高；1970年代，当美国货币一度贬值时，资本又朝相反方向流动。

　　归根到底，用经济原因或经济模式来解释美国的对外活动，在我看来不如从整体上同时抓住国家之间的体系和世界市场来得有意义，这两个方面加起来构成了"美帝国主义"或以美国为核心的"帝国主义秩序"。在上文，我概述了从列宁到当代作者们的词义的演变情况。在这本书中，我探究了被对手称为"帝国主义的"体系在多大程度上促进或阻碍了穷国，即发展中国家的"起飞"。19世纪以英国为核心的"帝国主义体系"并未阻止日本起飞，同样这个体系变成以美国为核心以后，也没有阻止日本升入一流的行列。不少国家和地区，如韩国、中国台湾和新加坡也是在世界经济的背景下，采取自由方式，成为高速发展的榜样。

　　菲律宾对"美帝国主义"的反对一般集中在拉丁美洲问题上，这有两点原因。从军事含义上讲，"美国佬的帝国主义"在这个地区待的时间最长。美国海军陆战队直到1934年罗斯福宣布实行"睦邻政策"时才从尼加拉瓜撤出。约翰逊向加勒比海、多米尼加共和国派出海军陆战队，去封锁他担心会滑向卡斯特罗主义的一场革命。杜勒斯向危地马拉派出远征军，去推翻转向左倾的阿本斯总统。这不是把遏制政策用到西半球了吗？我倒认为不如说这是美利坚共和国继续推行20世纪甚至21世纪对某些讲西班牙语的国家无耻地实行的炮舰政

825

策。正是在这个地区，指控经济政治帝国主义，才有最充分的根据。

拉丁美洲的知识分子喜欢把他们的一切不幸都归咎于美国。但在 1945 年以前，北美的这个共和国对它的南方邻国并不怎么感兴趣。阿根廷在 19 世纪是从伦敦而不是从纽约弄到资本的。法国知识界对巴西的影响超过美国。反之，古巴（富兰克林当总统时就想把它兼并）、中美的小共和国尽管形式上是主权国家，是独立的，却无法摆脱经常性的经济压力和政治压力，有时包括军事压力。我认为，断言南美的不发达是北美高度发达的条件或代价，这是不对的。阿根廷也好，巴西也好，都不曾为美国经济提供原料或必不可少的市场。南美洲国家的政局不稳，既不是美国佬造成的，也不是他们维持下来的；它们在军人独裁和脆弱的寡头政治民主之间来回摇摆，其根源在于这些国家的社会结构。1945 年以后，美国曾替这些国家中的多数国家训练军队，不管这些国家是否由军阀执政。故而，美国实际上帮助了它本来讨厌的政权，以使它们维持下来。特别是在不少中美洲国家，事态的发展导致了进退维谷甚至可悲的境地：不让一些小暴君继续在位，就得眼睁睁地看着成立卡斯特罗式的政权。

无论在该书的第一部分还是第二部分，我都未提出简单的评断，我也尽可能不提出价值判断。有关外交战略的活动，我按当时的进展情况叙述，同时尽力根据当事人的意图和事态发展的逻辑，稍稍涉及美国的政治制度和公众舆论，使这种活动容易让人理解。在第二部分，我尽力采取同样的方式，分析发生过的情况，分析美国领导人对世界市场做过的决策，以及美国经济——根据当时的状况——对外国经济造成的后果。我希冀的是了解而不是判断。历史学家重温记忆犹新的事件，有的叫人失望，有的叫人厌恶，当时的主角和旁观者至今仍在激动不已。记述这样的史实居然采取我这种态度，倒是相当罕见的。

在法国，报刊和公众对这本书的态度差不多是中立的，大体上，不如说是有保留的支持，只有克洛德·朱利安的挖苦文章（这是预料之中的）除外。米歇尔·塔图的评介使我大为恼火，不是因为他信手列举了几个时间上的错误（我写这本书时没有卡片，而是靠记忆）。这倒是打的规矩仗。但是，这篇评论的标题——《他们是坏蛋，还是可亲的人？》却向我展示出《世界报》最拿手的无赖作风。他们为什么要拿出恰恰是我不愿提出的问题来谈论呢？

我从我保存的资料中找出两篇评论（可能是因为这两篇都是赞同我的）。路易·艾伦在《泰晤士报》上首先概括了该书的内容，或至少描述了该书的大体轮廓。

1973年，美国人从越南撤出了军队，但南越的命运仍然是不确定的。今天，尽管他们的失败是惨重的和显而易见的，阿隆精严有力的结论却是谁也驳不倒的……遏制政策在欧洲是成功的，因为美国人正确地回答了多数欧洲人的要求，而且美国人在欧洲也注意谨慎行事。譬如，杜鲁门宁愿依靠技术优势从空中向200万柏林人提供物资，也不用军队运输强行冲破封锁……朝鲜改变了这一切以及其他许多事情……冷战扩大到全球范围，冷战已经制度化了，以致美国实行大规模重整军备的政策，西欧和美国都是如此……阿隆显然是在家里工作的，但他以令美国同代人脸红的严谨性和想象力，翻阅了所有的公开文件，查清了所有疑点，探隐索微，使我对法国人的博学和逻辑性恢复了信赖（当然过去就相信，但已被打破而有了缺口）。

不言而喻，《泰晤士报》的这个评论家——我并不认识他——对我过奖了，我不认为我做的是那样的。

大卫·瓦特在《观察家》上的评论则表现出更多的保留和分寸，他也提出了一个核心问题，即标题《一阵麻醉风》所暗示的：

828

> 这是一本非常好的书，但又奇怪地令人捉摸不透。两年前当这本书以法文出版时，有个评论家曾指出书中有一点儿麻醉剂的味道；英文译本中可以感受到一阵风……对于这样一部由最杰出的法国评论家之一写的大战以来的美国外交史，人们自然期望作者文笔明快而幽默，功力不凡。可是阿隆先生从容不迫地写出了一部复杂的著作，语调冷静而超脱。诚然，这些人曾经丧失理智，毕竟谁不会时不时失去理智呢？而他们却要应付许多历史、许多现实的压力。总而言之，事情不算太坏，难道不是这样吗？读过了包括冷战的根源、朝鲜事件、越南（还有其他许多事情）的三百多页以后，人们不免感觉到，结论未免下得有点温和……阿隆本人也以典型的傲气为自己辩护，反对这种苛求，并宣称自己是写这个时期的真正历史的第一人。

我从来没有自称自己是写这个时期的历史的第一人。在前言中，我开宗明义地讲过：

尽我所能给予评论，但我既不为美国辩解，也不指责美国……国家之间的关系就是这样，在一个庞杂的体系内部，斯大林蓄意随着军队前进到什么地方，就把自己的制度扩大到什么地方，这是同一切习惯做法相一致的。毫无必要为了替斯大林辩解，就把这个责任推卸给美国。斯大林从未想当天使，他嘲弄这种单纯幼稚……当然，那些习惯于用摩尼教徒的方式来思考当代世界的人（人民被帝国主义、资本主义、修正主义魔鬼压榨成奴隶了），必将大肆攻击这本书，因为书中既无叛徒又无英雄，该书没有激起任何义愤。在我们这个时代，激起义愤的机会是不会少的——这路货色已经供过于求了——因此，请读者原谅我不轻易激起义愤。

大卫·瓦特赐给我的，超出我的奢望。

阿隆这本书几乎可以肯定是对战后美国外交最公允的一部评论……时髦的说法是杜鲁门挑起冷战，苏联人后来的所作所为不过是对美国的侵略的一种反应。针对这种说法，这本书写得尤其好……朝鲜和越南是症结所在，尽管我相信阿隆说得也有道理，他认为艾奇逊和肯尼迪在不同情况下的所作所为，总的讲是出于防御动机，这是解决不了什么问题的……在这一点上，本书很缺乏道义深度。对历史学家来说，避免一种过分的伦理主义是对的，但是，如果修昔底德叙述远征西西里岛时使用阿隆描述美国远征西贡时的语气，我们就绝不会把它的历史书看作一部"不朽之作"了。

829

　　瓦特借助修昔底德的权威来压我也是有道理的，但是他弄错了。这个希腊人叙述远征西西里岛的语气与我叙述美国远征西贡的语气有所不同。可是在语气的不同这一问题上，瓦特搞错了。瓦特抱怨我的那本书中缺少"道义深度"，可是修昔底德比我更不在乎那种"道义深度"。我没有借花献佛，未曾把驻雅典的使臣们恭维米洛斯的法官和绅士们的话奉献给肯尼迪总统——使臣们说，强权统治、最强大者能使每个人就范，这是合乎天理人情的。这个雅典人非同凡响的伟大之处，恰恰在于他目光深邃，能透过表面现象和虚假花招，完全洞察人类的真相。如果我在非道德方面同修昔底德争个高低，就会惹恼瓦特；我所缺乏的——当然指除文才以外——不是道义深度，而是悲剧深度。对尼希亚之死的唯一评语"这个人比谁都不该遭受这样可耻的结局"，使读者哽住喉咙。4 万名美国青年倒在越南战场上，每年在美国公路上因车祸死亡的青年也不比这少。几十万，可能几百万越南人在自相残杀中丧生。但是，1975 年西贡陷落后，两个越南终于联合在一起，总人口超过 1946 年 12 月战火点燃之日的人口。武元甲虽然取得胜利，但还不足以熄灭这场战火。

　　有一次我在蓬索夫人家吃午饭，听到亨利·德·蒙太朗谈起他至今仍不为苏美争夺世界所动，却继续为雅典与斯巴达、罗马与迦太基之间的争斗而激动不已。人民之间的战争，数以千万甚至上亿，已经超过人类范畴。统计数字代替了活人。群众角斗，彼此抗击，甚至肯尼迪在达拉斯遭暗杀，在我看来也不如尼西亚之死那样悲惨。因为尼西亚是在一次远征结束之后被胜者处死的，而他曾劝阻不要进行这次远征。肯尼迪则死于一个名叫奥斯瓦尔德的人的枪弹之下，这是个无名小卒。如果我的这本书不谈一些抽象的主角，如美国或苏联，或者不谈差不多一样抽象的主角，如尼克松或基辛格，而是谈人民，谈战士，也可能就有悲剧色彩了。美国的对外活动主要表明了一种狂热，而不是人类的悲惨命运。

对于"麻醉剂"的批评，我倒乐于接受；历史充满了喧嚣和愤怒，我净化历史，勾勒历史，抓住历史的主线，剔除历史中的嘈杂、丑闻和无谓争吵。我撇开大学生及其愤怒不谈。最后，并非出于我的本意，该书给人的印象是美国似乎一心想成为有理性的主角，但它时不时犯些错误。我本来应该至少影射一下白宫的内幕，就像记者们描述的那样，或者像一些国家元首在回忆录中写的那样。

我还有可能以履行历史学家的义务为名，滥用旁观者严守中立的权利。在拙作的第二部分"世界市场中的美国"中，我分析了几个问题，但没有澄清几个对立的论点。安德烈·马尔罗说过："任何政治都是摩尼教式的，但是，不应该过火。"而我却反对摩尼主义，也许还过了头。

克劳塞维茨

由于要讲13节课，我趁机重读了《战争论》一书，并且熟悉了一下有关这个普鲁士战略家的文献。有几个法国军官和外国军官来听我讲课，他们希望得到讲义原稿，可是原稿已经没有了。我再三犹豫用不用我的笔记和讲课后的打字稿。我决定不再像前次出版《工业社会十八节讲》那样请人修改我的打印稿。我对这种形式的书表示怀疑：一本论文或大部头著作，敢说能够全面介绍克劳塞维茨吗？我选择了第二种办法。自从《和平与战争》问世以后，我只发表过一些论文。我再

831

受一次真正考验的时刻到来了。这个决定相当古怪：我年近七十，再来研究"马克思"，再来研究历史的哲学，可能更符合我的生命逻辑和我的专业。

为了给自己找个理由，我在《形而上学与道德杂志》上的一篇文章中引用了 B. 克罗齐的一句话："只有像一些哲学家那样思想狭隘和知识贫乏，学术上孤陋寡闻，土头土脑——是怎样就怎样说吧——才能解释他们对克劳塞维茨那样的书为何那么无动于衷，那么拒之门外。"一部最负盛名而也许人们最乏研究的战略论著到底有何特征，这当然会引起一个哲学家的兴趣。

我给自己提出了四个主要目标。首先介绍一下他的生平和历史命运，这有助于了解其人和他成长过程中的社会和道德背景。其次，阐明克劳塞维茨的哲学方法论。再次，专攻一个最难解释又最重要的问题。克劳塞维茨在 1827 年的序言中宣布，他要就下述两个课题修改原著：首先要区别两种战争，一种战争的目标是打垮敌人，另一种则仅仅是在边界占领一些土地。其次是关于战争不过是推行国策所用的另一种手段的观点。那么，他说这些话的真意何在？最后，分析进攻与防御的关系，这使我注意到武装人民和人民战争问题。在课程的结尾部分，我对这个钦佩拿破仑的敌手的后代，包括忠实信徒和背叛师门的人，进行了评论；我还指出，核武器的产生即使不给克劳塞维茨的分析性理论，至少也会给其实际运用带来某些变化。随后几年我开了"政治行动的理论"和"政治的角逐与赌注"两门课，继续进行了同一性质的研究工作。拙作也借用了这两门课的内容。

在第一章，我简要叙述了这名战略家的一生，命运拒绝给

他提供取得辉煌胜利或历史性创举的机遇。但是，他先后作为
沙恩霍斯特和格奈森瑙的知交，被卷入了革命和王朝时代的重
大事变。他像大多数同代人一样，目睹了作为 18 世纪特征的　　832
有限冲突与阴谋诡计，也目睹了王朝垮台与群众崛起所带来的
几乎无限的战争，以及二者形成的鲜明对照。他对此感触很
深。历史的曲折多变使他看到了这样一个事实，即军事与政治
的联系应是他思考的起点和核心，这种联系具有双重意义：首
先从社会学角度讲，政治（政权、统治者与被统治者的关系、
正统的原则等）与军队的组织模式或战斗方式等，具有对应
关系；其次是一个相当明确的规则，即军事行动服务于政治目
的。战争有一种特殊的法规，但没有特殊的逻辑。在克劳塞维
茨看来，军事工具服从政治意志，这一点十分重要，以致他在
修改原稿时又进一步强调了这个思想。

　　在概括这一课程时，为了能够从中看出他的方法，我是这
样介绍《战争论》的第一章的：

　　　　开始，最简单的模式就是决斗的模式，它意味着战争
　　的最初定义，即使用肉体暴力进行意志较量。分析这种模
　　式可以得出上升到极端和绝对战争的理论，这符合他的观
　　点。到了第二个阶段，克劳塞维茨又引入了这种模式所忽
　　略的一些重要因素，例如空间（一个国家不是一个决斗
　　者，它拥有领土和人民）、时间（一场战争、一次战役、
　　一个国家的命运不是一蹴而就的），进攻与防御不相对
　　称，这就要分析为什么暂时停战。最后是政治。一个国家
　　根据整个形势、敌人可能的意图以及现有手段，来确定战
　　争本身的目的，决定战争的计划和该出的气力。

第一章是对全书哲学思想的概括，引出了战争现象的第二个定义，或对其内部结构的陈述，"战争现象是（人民的）激情、（战争首领的）心灵的自由驰骋和（政治，即国家智慧的化身）理解力这样离奇古怪的三部曲"。

1972～1975 年，我满怀愉悦和激情地钻研这部著作。我经常去国家图书馆阅读德国学者和法国学者对这部专著的评论；我高兴地发现德尔布鲁克对战争的两种战略或两种类型的解释曾引起过争论。我不敢说自己彻底结束了这场论战，却敢说，通过对他的"宏伟乐章"的不断阐释，我重新绘出了克劳塞维茨的思想的发展过程。我又信心十足——可能带着幻想——继续对克劳塞维茨探幽索隐，发现他修改第三卷早在撰写第一章以前，而第一章却最完整地表达了这个战略家的思想。我很清楚，我绝对无意去完成一项政治使命，从来没有想过把克劳塞维茨拉入自由世界的思想家行列。这部著作成了德意志联邦共和国（少数人士之间）带有倾向性的学术争论的目标。

对于克劳塞维茨的思想，可以有两种不同而又不相互矛盾的解释。其一是认为他的思想核心是，毁灭性战争，藐视不忍喋血的将军，关于绝对战争（或理想的战争、符合其观念的战争）的概念，势不可免地要上升到极端，军队永远不会嫌兵多，等等。其二是把注意力放在他的思想的另一方面：战争是政治（通过用另一些手段或汇合其他手段）的延续，因此，国家元首高于军事首脑。他再三断言，绝对战争，或理想的战争，在历史上是极为罕见的，同绝对战争比起来，大多数战争只能算半截战争。

对克劳塞维茨感兴趣的大多数德国军人倾向于第一种说法。1870～1871 年的胜利，说明了毁灭性战争的理论。莱茵河两岸的某些阐释者反对克劳塞维茨的说法；按照他的说法，防御是最强大的战斗方式。20 世纪初名噪一时的法国军官吉尔贝尔（F. Gilbert）认为，关于防御高于进攻的说法是和这本书的其余部分相矛盾的。[①] 我认为，既推崇防御，又称颂直接的、猛烈的大规模进攻，二者相矛盾的看法是不难驳倒的。看看他的著作就可以知道他的思想是如何发展的：青年时代，他主张不惜一切代价的防御论，后来他从拿破仑所致力的战争中，特别是在俄国的战争中发现了防御战的妙用。他越来越强调战争的历史性、不同时期战争的多样性，因而也就需要战略的多样性。有两种战争，一种是要在解除敌人的武装以后全权决定和平的条件，另一种则倾向于按照军事结局取得有益的和平。这两种战争反映了两种理想，其中任何一种理想都是受政治目的支配的，并且都会对军事行为产生影响。

834

　　如果采纳克劳塞维茨思想的第二方面，就会摒弃利德尔·哈特，因为他把克劳塞维茨称作"群氓和自相残杀的马赫迪"[②]，他还提到所谓"普鲁士人的《马赛曲》"；还会脱离普鲁士或德国参谋总部推崇的观点，这种观点要求军事首脑在战争期间，在宣战与停火中间，可以完全做主。在这个问题上，《战争论》的原文已被篡改，并把原意倒了个儿。此外，我并不觉得忽略了拿破仑的仰慕者，他那种审美性的欣赏让歼灭战或一种符合他观点的战争，在这位普鲁士将军的心灵中掀起

---

①　让·饶勒斯反对法国参谋总部的理论，借用了克劳塞维茨关于防御是最有力的战略模式的说法。

②　马赫迪系伊斯兰教某些支派崇拜的复临真主。1881 年苏丹的穆罕默德·艾哈迈德以马赫迪的名义领导反抗英国殖民统治的起义，史称"马赫迪运动"。——译者注

的激情。出于职业习惯，他赞赏真正的战争，有时似乎蔑视那些半截子战争，喜爱重剑胜过花剑。作为战略家，他不忘强调，防御对较弱的一方有好处。作为导师，他既不建议进行绝对战争，也不劝打半截子战争。他向国家元首们建议，不要弄错战争的性质，他对那些不懂得敌人要把冲突升级的人才明确提出这种建议。但是，他也写过，绝对战争完全不是国家元首或战略家应该抱有或遵循的一种理想。一方面，战争的性质和激烈程度，首先是由冲突的政治背景决定的；

835 另一方面，国家元首虽然不能左右这种决定，克劳塞维茨却暗暗肯定，战争的命定论很难同对人的意志和英雄意志的赞扬相容。

第二卷中，我试图追述一下对克劳塞维茨的各种"解读"，同时根据他的观点阐明 20 世纪的几次战争。第一章题为"从毁灭到消耗"，说明双方参谋部都希望第一次世界大战以取得毁灭对方的胜利而告终，结果，资源最富有的协约国利用中欧帝国的民穷财尽取得了胜利。第二章采取同样的方法，分析了 1939～1945 年的第二次世界大战。列宁在瑞士时研读过《战争论》一书，从中汲取了一些教益。多亏列宁，克劳塞维茨才在苏联变成并且现在仍然是一个神圣的作家，所有军事问题专家都引述和讨论他。第三章为论述人民武装开了个头（见第六卷第二十六章标题），我追溯了不穿军装的战士所从事的战争、所经历的各个阶段。

在第二卷的第二部分中，我运用克劳塞维茨的某些论点，分析了当前的形势。"威慑的期票"是说克劳塞维茨告诉我们，战斗可以最终解决预支的战事、预支的外交和策略问题。有了核武器，不用战斗来解决，不用把威胁变成行动，就能使核威慑生效吗？"战争是变色龙"，因为我们这个时代确实存在现代各种各样的战斗模式，从恐怖分子的个人行动到分区轰炸，战争从来没有如此多样化。从这一点来讲，战争从来不像这样无所不在。与20世纪相比，大革命和拿破仑时代简直像是面对广大观众进行的一次无精打采的惨剧彩排。

我的朋友儒弗内尔是一个战略著作的细心读者，他的表扬有时是客套的，有时又是真心实意的。（"我非常喜欢人物介绍，它更加叫我相信，遗憾的是您很难让人洞察到您的真实感情。"）他对第二卷极有分寸地表示有所保留：

> 我要向您承认，我没有"收到"像第一卷那样"铿锵作响和闪闪发光"的第二卷。您的克劳塞维茨受的是18世纪的教育。他是在文化单一的世界中打仗的，因为他确实发现，资产阶级制造出来的"长裤汉主义"并未成活。1914年的愚蠢战争，只有两样出轨的东西：一是放射鱼雷，二是没有通过谈判取得和平。至于第二次世界大战，乃是一个死亡集中营！大家有目共睹，我认为这次战争中表露出来的仇恨同克劳塞维茨说的战争风马牛不相及。而蔑视人类的说法同威尔斯利大厅（有些人追溯到弗雷德里克二世）的谈话是两码事，他曾对一支拒绝再次冲锋的部队说："这帮子杂种，就想永远活下去……"克劳塞维茨强调意志，这确实有道理，但是，这种意志要服从自己的规律……

从第一卷到第二卷，有些读者认为是成功的，另外一些读者认为流于太勉强或穿凿，值得争论。但是我认为，说拿破仑战争中没有仇恨也言过其实了。克劳塞维茨本人就说过，战斗在战士的心灵中激起仇恨。确实，格奈森瑙憎恨法国人，却没有想到要处死俘虏、妇女和儿童，但他要求把拿破仑带上法庭。法国占领欧洲不能同希特勒在第二次世界大战时的占领相提并论。克劳塞维茨对武装民众宣传得也不少，尽管他预料到双方都会很残酷。我在本书中多次提到，同 20 世纪的战争相反，拿破仑战争在我们看来还相当文明。

我心目中想的读者是德国读者，不是大众读者。这不是拙著的对象。拙著的对象不过是同行中人、历史学家、国际关系问题专家、政治学家，有时也包括哲学家。这本书在法国评价很高，我的朋友们表示热烈祝贺，但这没有多大意义。在莱茵河这一边，对这个问题有真正研究的人为数很少。P. 纳维尔是例外，因为他为《战争论》写过序言。据我所知，他并不喜欢我的书，但他也没有进行攻击。在德国的际遇就差一些了。在法国，我的年纪开始能够替我当挡箭牌了。某些读者不管该书说得对不对，认为这部令人头痛的大部头文笔倒还不错，可是，翻译过去就不行了。

有三封信鼓起了我的信心。第一封是卡尔·施密特的信。1953 年我作为客座教授在图宾根访问时会见了他一面。朱利安·弗伦德在他的论文前言中对自己的两个导师——卡尔·施密特与我表示敬意，他成了我们的中间人。我们偶尔有书信往来。我有时把我写的书寄给他，他总给我写回信。卡尔·施密特在魏玛共和国时期是公认的才华出众的法学家。他属于德国的大学者之一，这些学者超越自己的专业，涉足一切社会问题和政治问题，就像马克斯·韦伯那样，权且把他们称作哲学家吧。

卡尔·施密特从未加入过国社党。他是一个知识博大精深的人，不可能成为一个希特勒分子，也从来不是希特勒分子。但他是一个右翼学者、国家主义者，对魏玛共和国充满轻蔑，他无情地分析了魏玛共和国的矛盾与没落，并以法学家的身份，阐明了希特勒为什么能上台并组织纳粹专政政权。他着重阐述了 1934 年 6 月 30 日事件，即"长刀之夜"。在当时，这种阐述就被看作表示赞同。甚至在战争爆发以前，当局已经不把他当作受欢迎的人。1945 年以后，他承认自己铸成大错，隐居到威斯特伐利亚的一个乡村，至今还活着。

下面是他的感谢信的开头部分：

上周，2 月 13 日，伽利玛出版社把您的新作《克劳塞维茨论战争》惠寄寒舍。此后，我就爱不释手，我"放"不下书，也被书抓住不"放"。这是一部使人全神贯注的书，书分成两部分，两部分均圆满完成，这是一项完美无缺的成就。这是一部前所未闻的成功之作，从头到尾都很吸引人，甚至"注释"都给人留下深刻印象。

不必从字面上去看这些溢美之词——这是一封私人信函——我感到对于右翼，我大可放心了；本书是保守派或反动派能够接受的。

威尔纳·哈尔维克教授——他主持出版了《战争论》的最后一版，我是在明斯特举行的一次军事历史讨论会上认识他的，他曾向我通报过一些情况——来过一封友好的信表示感谢："对您在发挥自己的思想和在解读克劳塞维茨方面的深度和新意，我深为感动。您对克劳塞维茨的解读，使人清楚地看出了他的思想结构和内容，过去是看不到这些的……"这些话也没有超出研究项目相同的教授之间的一种恭维。

1933年我和我的朋友戈洛·玛恩曾在柏林一起目睹了焚书的场面。他在圣克鲁高等师范学院执教时，我又在巴黎碰到他。他使我相信，我下的决心没有错，我对一个普鲁士战略家下的几年工夫也没有白费。他说：

> 毫无疑问，这是您写得最好的一本书。我们知道，您以前的著作质量都很好，而且越来越好。这本书又增添了一些独到之处：只同一个人的思想有关，有一种传记成分。传记写得很出色；对德国北部的事物了如指掌，在识趣、理解方面（我不喜欢 Einfuhlen① 这个词）也是如此……第一卷与第二卷的衔接，从分析克劳塞维茨直到当下，这个大胆的做法，我认为一切都很成功……

因此，一个素不相识的社会学家用长达四十多页的篇幅②，对我进行粗暴攻击，攻击我的书，攻击我本人，这不能不使我感到惊讶。这篇评论文章不乏学究气，里面的人身攻击绝不少于学术争论。文章暗示我没有战争经验（事实也是如此，但关于战略问题的探讨，却不怎么能说服人。过去有人对德尔布鲁克也提出过同样指责），影射我有犹太精神，不许我客观地分析希特勒，如此等等。对于学术评论，我一一作答，对于人身攻击，我不屑一顾。在这样一本书中，找不出学术上值得争

---

① Einfuhlen，德文，意为感情同化。
② 该文刊登在《政治杂志》上。由于我是该刊编委会成员，刊物负责人问我是否反对发表这篇文章。我当然不会表达任何反对意见。

论的地方，但我也不认为，如果争论不超出学术范围，倒也不
见得不可能或不必要从争论中找出主要症结。

　　克劳塞维茨的辩证法是否吸收了黑格尔的辩证法呢？我认
为没有。R. 海玻（R. Hepp）没有提出任何可以改变我的看法
的论据。"有限观"的定义，仗打到顶点才算战争的说法，在
我看来与黑格尔的战争概念毫无共同之处。我认为，我本人的
解释仍然是最接近原著的，至少是接近第一章的意思，而克劳
塞维茨自己认为这是他真正完成的唯一一章。战争的最初定义
是决斗——用暴力迫使对方服从他的意志，包括精神和物质双
重力量的较量。决斗被抽象化了，它要升到极端是合乎逻辑
的。但是，克劳塞维茨在第二个阶段，已从把战争简单地比作
决斗，过渡到国家之间与民族之间的对抗，这种对抗视不同利
害关系和情绪激烈程度，有的上升到极端，有的则不一定。理
想的、理论的、抽象的战争，既不是韦伯所讲的一种理想类
型，也不符黑格尔的战争概念，它反映了冲突本身的实质，
抽去了决定战争的条件和敌人赋予战争的目的。

　　同大多数解读者相比，我使用了较多的我称为"三位一
体"的定义，我也可以称之为，而且应该称之为"三部曲"。
现实战争或具体战争，包含着（人民的）激愤、（军事首脑
的）灵感天马行空和（体现国家化身的政治和智慧的）磋商。
凡是克劳塞维茨谈到下述问题的文章，我一点儿也没有忽略：
他多次说过，战争一旦摆脱习惯的束缚，就不可能轻易恢复
20 世纪的狭隘形式。未来的战争很可能变成民族战争，也就
是说有愤激的民众参加，有发展到极端的趋势。我的文章也有
有懈可击的地方，即过分强调了思虑的作用，这是对军事首脑
要服从国家元首方面的后果看得太多了。当时，国家元首就是

839

君主。但是，如果细心地读一读克劳塞维茨的原著，任何人都几乎不会怀疑，他确实越来越重视两种想法的意义，一是政治优先，二是战争的类型具有两重性，这可能使那些把克劳塞维茨简单化了的信徒们感到恼火。

840　　　另一个评论家 H. J. 阿恩特（H. J. Arndt）用一种委婉的方式指责我没有考虑到那些不作为政治手段的战争，这些战争是由于单纯的冲突引起的，可能成为你死我活的战争。他引述了克劳塞维茨的几句话（第八卷第六章 B），但我认为与我的解释并不矛盾。整句话如下：

> 当战争开始时，政治观点可能要消失，大概只有由冲突引起的战争是你死我活的战争，这类战争才有这种可能。一般的战争只能是一般政治的一种表现形式。

从这一句孤立的话中也许可以得出这样的论点，即单纯冲突酿成的你死我活的战争，与政治已经毫无关系。如果注意到这句话的上下文，情况就不同了。克劳塞维茨的意图恰好相反。他希望证明，指挥战争的权力属于君主，而不属于军事首脑。他在第一章明确指出，文明民族之间的战争只能由政治动机引起。在同一章（第二十五、二十六段），他解释说，随着冲突的动因不断扩大，战争的尚武因素便越来越多而政治因素则越来越少。战争赌注越大，便越会把战争引向暴力的顶端；战争的目的有可能与政治目的混淆在一起。然而，你死我活的战争，其政治性并不亚于有限战争。在这两种情况下，决定战争模式的是各种动因和政治背景。我不认为我低估了战争可能升到极端的危险性和战争一直打到底的可能性，因为战争有它自己的能动性，可能摆脱老谋深算，摆脱君主的思虑。在核时代，危险性更是增加了。

要说我的想法值得争论，我倒十分同意，但这种想法在什么地方，出于什么理由要贬低克劳塞维茨呢？我的想法是否像 R. 海玻写的那样，把克劳塞维茨贬低成一个无害的、无辜的思想家呢？恰恰相反，他和修昔底德、马基雅维利一样，是个危险的作者，我曾把他同后面两人做过比较。诚然，作为杰出的战争理论家，他对军事、战役、战术的论述大大超过对政治的论述。同样，他也曾指出政治在战争中的地位，但没有分析政治本身。他能够保持自己的独特性，不让自己沦为约米尼（Jomini）之辈，是因为他花了一生的心血去钻研兵法和政治逻辑，同时也由于他既不忽略战斗的阴森恐怖，也不忽略老谋深算。我没有把他说成经学家，而看作理论家，说他是一位研究战争的学者但不是常胜将军，他在抽象概括方面达到最高水平，却不让人去阅读报纸或战士的自述，显然，这并不是贬低他。可能有些人，包括 R. 海玻和另外一些人，希望他更粗暴一些，在他们的想象中，他不会为自己思想上的不同倾向而忧心如焚。面部表情只有画家的目光才能抓住。一个无私的人永远不可能变成一个只顾自己的人。

我认为，本书的第二卷——或第二部分——比第一卷薄弱多了，而且经不起追问。R. 海玻的一些看法（关于鲁登道夫，关于希特勒与克劳塞维茨的关系）是正确的。但是，他对我讲的有关第二次世界大战的几句话进行了最恶毒的攻击。例如，他指出以下几句话："希特勒和斯大林这两个恶魔，一个以他的罪恶行径背叛了他的思想，另一个贯彻了他的思想。武器支持了魔鬼，而魔鬼并不努力让一种魔鬼理论取得胜利——

841

可这就是正义。"R. 海玻指责我犯了一个流行的错误，即用双重标准来衡量，左派犯的罪行就不如右翼的重，等等。我该不该说"可这就是正义"？我自己也曾多次扪心自问，可是一直没有把握。

在这类生死搏斗中，"正义"一词的含义是什么呢？双方谁负最初的责任呢？如果是这样，希特勒负的责任就比斯大林大一些，尽管由于 1939 年的条约，后者也负一部分责任。斯大林的思想就比希特勒的思想好一些吗？当然，他的思想是马克思原来的思想。难道这种思想的危险性就小一些？这还有待商榷。希特勒如果获胜，其后果就一定要比斯大林获胜更坏吗？一个犹太人的回答是不会含糊的。一个德国人，例如恩斯特·荣格，就可能回答说，希特勒不会维持多久，德意志人民将会看清纳粹狂，可能一下子把欧洲也解放了。每个人都可以对后来可能发生的事自由设想。反正，尽管"正义"一词在这个背景下有些词义不清，但我仍未感到这句话有什么令人脸红之处。

在该书的结尾，我对汉森·维特曼·鲍德温（Hansen W. Baldwin）有关美国战争行动的评论加了批注。这个记者指责美国历届政府的"实用主义，无条件投降和总体胜利的学说"，指责他们对城市不加区别地狂轰滥炸。R. 海玻抱怨我没有更加有力地揭露西方人的"罪行"。他愤愤不平地引用了下面这句话："1945 年 8 月，毁灭了广岛和长崎的两颗原子弹，就像扩大推行了毁灭全体居民而不仅是敌人军事力量的原则。"当然，这不是表面上的问题，而是现实问题；且不去管这个句子写得如何，但其中的"就像"这一词语意味着使用不加区别的暴力。读到下面这句话就没有什么疑问

了：“原子弹是英美空军摧毁德国城市的延续。”① 在这一章
里，我分析了单纯的冲突如何发展到极端，我辩明了克劳塞维
茨没有任何责任，因为毁灭的原则针对的是有生力量，而不是
丧失了战斗力的力量，虽然他在第二章中也顺便提到，摧毁这
个国家也是制服敌人的一种手段。海玻指责我把克劳塞维茨弄
得枯燥无味，然后又抱怨我这几段分析中缺乏好恶感。

　　我们权且不谈这些细节，还是看一看 1930 年代 “保守派
革命” 的理论家阿明·莫勒（Armin Mohler）的那篇短文吧。
他认为，在西方世界，包括联邦共和国，大家几乎一致认为这
本书是介绍克劳塞维茨的唯一一本有价值的书。他接着说，不
一致的只有两个大学教授 H. J. 阿恩特和 R. 海玻。这两个评
论家企图指出，我之所以把克劳塞维茨变得枯燥无味，目的是
使之适应西方自由主义的需要，反对苏联世界利用克劳塞维
茨。莫勒拒绝表态——这需要占相当篇幅——他只写了一篇短
文，但他似乎乐于让共产党人与自由派迎面相撞，在他看来，
他们是互相敌对的兄弟。

　　我个人并不认为 R. 海玻是以共产党人的观点来批评我
的；他是借助于一种国家主义，而我对这种国家主义的来源和
目标一无所知。他年少气盛，把攻击一位老权威当作乐事，更
何况这位老者居然奢谈战略问题，不自量力地怀着民族的光荣、
普鲁士军队的光荣。我给他写了一封很长的复信，这对他来讲
无疑是一个收获。一年以后，一个名叫马斯克（G. Maschke）
的记者在《法兰克福日报》的报道中引用了 R. 海玻的论点。

843

---

①　这些轰炸无疑已构成战争罪行，但是这种轰炸与（杀害囚犯的）煤气室
　　不同，其出发点不是消灭人。

我在第一部分对克劳塞维茨的评介既合乎苏联人的观点又合乎西方人的观点，如今双方都推崇政治优先于军事的观点。我没有无保留地赞同列宁主义者对克劳塞维茨的解释，有一个明显的理由就是，这个普鲁士人认为国王是国家团结的化身，而列宁否认这种团结，认为在社会主义之前，阶级斗争撕破了这种团结。谁也不能阻止列宁用阶级来代替国家，利用《战争论》为其自身目的服务。他不会一下子又变成沙恩霍斯特（Scharnhorst）门人的得意门生。

我乐于承认埃里克·德·丹皮埃尔和儒弗内尔给我指出的第二卷中的毛病，虽然卡尔·施密特和戈罗·马恩曾认为我成功地冒险引用拿破仑战争于当代。我个人对第二章的结尾部分尤其没有把握，我尝试用《战争论》中的概念来说明当前的形势。我还想维护题为"威慑的期票"这一章。在这一章里，我着手解释我所遇到的最困难的问题之一，即自从冯·彪罗（H. von Bülow）的评论文章问世以来，原来反复发表的一种看法还剩下些什么呢？这种想法认为，战役之于演习，有如现款交易之于期货交易。美国人要求并希望能够避免支付现金，因为在他们的思想里，威慑是使用核武器的一种威胁方式，可能无限期地拖延下去，这种威胁可能永远不兑现。苏联人是否也这样想呢？专家们对此有争论。苏联人希望在不使用核武器的情况下，取得历史性战局的胜利。

然而，我并不认为我引用《战争论》分析当前形势时的一些简单失误或枝节性错误，会把 R. 海玻和马斯克惹得大动肝火。在我看来，至少前者的激烈态度，如果是出于理论分歧，起因却与某些貌似科学的思想有些政治瓜葛。我不顾当时的主导思想，坚持认为冷战并不是克劳塞维茨所讲的一种战争，认为苏联并未同美国或西方世界处于交战状态。我不否认，自上次世界大战结束以来，大国之间的关系一直是紧张的，互相之间采取的行动如果换一个时代就可以认为是好战行动。我也并不怀疑当代的和平与战争的界限模糊不清。但是，在下面一些概念上，我同意苏联人的观点，即与阶级斗争相比，与国家之间的对立相比——这种斗争与对立是经常性的——战争的特点在于主要使用肉体的暴力。不管对此同意与否，事实是：克劳塞维茨确实曾用暴力来说明战争的特征，并且认为战争是国与国之间政治的继续或补充手段。在这一点上，我认为苏联人有道理，他们把阶级斗争与内战区别开来，把武装的和平与国家间的战争区别开来。苏联人不断重复，而我也坚持的是，作为克劳塞维茨的忠实信徒，应该说，"武装斗争是战争的主要手段和特殊因素"。这种概念上的区分，并不意味着在和平时期国家就不采取对付潜在敌人、当前敌人或经常性敌人的活动。

　　我竭力戳破我称为"颠倒过来的惯用语"中暗含的论点，例如，能不能说和平是战争的其他手段的继续呢？在这个问题上，我也不否认，与内务人民委员部有联系的恐怖主义网竭力把欧洲民主国家搞乱。他们采取的敌对活动远远超过古往今来的间谍活动（霍布斯在描述国家关系时也提到间谍，并认为这是一种自然的方式）。克劳塞维茨尽管怀念伏尔泰或孟德斯鸠描绘过的欧洲共和国，但已经预感到民族战争或人民战争将意味着什么。因此，今天，一个理论家完全可以拒绝承认战争的特征是暴力或优先使用暴力。总之，苏联人坚持以使用（优先使用）暴力与否来区别和平与战争，是符合克劳塞维茨本人的指导思想的。

845

我拒绝把惯用表达式颠倒过来，这显然激怒了反对我的人。表面看来，我反对把它倒过来使用的理由很简单，因为在战火平息的时候，这种表达并不排除各个国家可以在战场之外或用其他方式进行争斗；但是，从克劳塞维茨的观念来讲，说和平是战争的另一种手段的继续却毫无意义，因为战争的特点就是使用武器。如果在当代，各个国家可以用不同于昔日欧洲国家之间的敌对方式互相对抗，我当然同意这一点。放到今天，克劳塞维茨会怎么想、怎么写，谁也不知道。我本人对当前形势的判断属于我自己的观点；我承认，根据克劳塞维茨的另外一些观点，别人可以得出不同的结论。

让我们从彩头的大小和感情的力量这两个观点谈起吧。当然，苏维埃政权与西方民主国家之间的明争暗斗，造成了一种政治环境，很可能发生第一种类型的战争，可能上升为极端的战争。接着可以看到，冲突扩大到全球，到处暴力肆虐，随后开始打仗。难道不应该从此得出结论，就苏联和美国而言，本来属于第二种类型的一些"小型战争"——但从地区来看，也属于第一种类型的战争（南越已经被消灭）——会不会有朝一日把交战国推向极端呢？再者，一个对决战念念不忘的克劳塞维茨的信徒补充说，一场争夺控制整个欧洲的根本性冲突，怎能不随着赌注与激情而发生爆炸呢？

我认为还可以有另一种估计，这是我的看法，不是克劳塞维茨的看法。我根据这个战略家的说法，强调老谋深算，强调政治是理智的化身，强调国策与政治的无上威力。东德人也是这样的，但是他们把克劳塞维茨马克思主义化了。他们断言，在资本主义世界和社会主义世界之间，根本性决战是不可避免的。然而，他们希望或者幻想，东西方冲突最终可能由于双方在非核战中打得筋疲力尽而告终。东方的理论家们并不排除可能做出一项不使用核武器的决定，但我曾错误地认为，这些武器单纯用于威慑，不会用于决战。最近35年来，这些武器的作用确实如此，但用于威慑并不是这些武器应有的用处。如果用来对付没有这种武器的敌人，这些武器便能起决定性作用。在超级大国之间，这些武器便可能造成一种共同自杀。但有人设想了这样一些场面：由于运载导弹攻击准确，使用核武器可能不会对战胜者或战败者造成世界末日般的杀害。

因而，我承认一个醉心于歼灭论的克劳塞维茨门徒会深信生死的搏斗，要求分个死活，可能采取与我全然不同的方法，解开这个世界之谜。我生活在这个世界之中并准备在这个世界中谢世。我所反对的，是指责我贬低了克劳塞维茨，说我把他看作一个没有进攻精神、不了解历史悲剧的思想家。而这种悲剧，我窥见到了，我感觉到了，从头到尾，我都尽力使大家认识到这种悲剧的存在。以色列是在暴力中诞生的，只能在暴力中维持下去，将来很可能在暴力中消失。超级大国也许不滥用核暴力来解决它们之间的纠纷，但这只是一种期望，或者说是把宝押在理智上。克劳塞维茨既没有给我们提供任何保证，也没有判定我们必须逆来顺受，听天由命。不是克劳塞维茨便是自由派软骨头吗？当然并非如此。克劳塞维茨了解历史悲剧，他有勇气把一部分主动权交给人民和英雄，因此在我看来他要比"主宰群盲和屠杀的马赫迪真主"更高大，比藐视古罗马执政官"拖延者"费边（Fabius Cunctator）的青年军官更高大，甚至比小毛奇、施里芬（Schlieffen）或福煦（Foch）的老师更高大。

有两篇文章可供我作为结束语，一篇批评十分诚恳，另一篇则热情过分。尽管威尔弗里德·孔茨曼（Wilfried

Kunstmann）错误地以为我主要是想把这个战争理论家从马克思主义阐释的束缚中解脱出来，但他把第一卷和第二卷加以明

847 确区分："如果我们把这本书看作一个整体，首先是因为第一卷系统地重建了关于战争的理论，而阿隆的著作，对研究克劳塞维茨是必不可少的。"评论文章接着却说："随着阿隆越来越接近现时，这本书便解体了：离题、转弯抹角、重叠反复和往往是画蛇添足的注释。"

威尔弗里德·冯·布雷多夫（Wilfried von Bredow）的文章中有一段正是我天真地梦寐以求的，我不惜贻笑大方照录如下：

> 德文译文仍然光彩照人（尽管经过翻译，文字平淡了），作者令人倾倒的博学多才，以及他善于把科学和经验巧妙地结合起来的能力，使这本书成为法国文化与德国文化交流史上的一个顶点，对这本书再怎样评价也不过分。

接着，评论家与作者保持了距离。他指责我在前几本书中有一种消极接受既成事实——不管这些事实多么可憎——的倾向，说我不去改变这些现实：

> 在这本书中，我却找不到任何这种倾向；同他以前写的几本书相比，这本论克劳塞维茨的书作为晚年之作，无可指摘。

我略去他对本书两卷本的评论，直接谈一谈他对本书引起争论的一段结论。有为数不多的人讨论过这本书，对此，他写道：

　　有几个我不愿点出大名的人，没有读过这本书就写评论。还有几个——这对我也是一个危险的警告——出于一种新国家主义的怨恨，不承认阿隆的真知灼见。阿隆的理性保守主义——他的理性保守主义在这个国家本应占有更重要的地位——似乎已不被德国政治学的门徒们所接受，这就够令人担忧的了；而现在的发展趋势则使我担心将出现更糟糕的事。

　　我希望这种担忧是言过其实。但我对于当下面临的一种德国新国家主义，也同样十分惊讶。

第二十五章　西方的衰落

848　　　回想 1970 年代——直到 1977 年 4 月——我只记得我活动频繁而心情却很平静，没有发生过任何类似 1968 年 5 月事件或"六日战争"引起的那种争论。法兰西学院占据了我的大部分工作和时间。从赫鲁晓夫在苏联共产党第二十次全国代表大会上做的报告开始，马克思列宁主义在上层知识界日渐衰落。时过境迁，随着几个星期中昙花一现的风云人物们的销声匿迹，人们原谅了我在 1968 年 5 月的态度。一代新的知识分子登上舞台，声誉大振；他们也得益于巴黎时尚，而巴黎时尚本身受到苏联持不同政见者，尤其是索尔仁尼琴的冲击。

　　1955 年我当选去巴黎大学任教，讲授有关工业社会、国际关系以及历史社会学主要理论的课，并将相关内容撰写成书。我后来又获得法兰西学院的教席，自觉重现青春，平添新的干劲；如果不是想不要愧对这座学府中的一席之地，我可能就没有勇气继续进行对克劳塞维茨的深入研究。

　　我把我在法兰西学院的讲课看作"试投"（用球场用语来讲），我将它们不断修改、成书。其中两节"从德国历史主义到分析哲学（1972~1973）"和"历史世界的建设（1973~
849　1974）"，就是我在《暴力的历史和辩证法》一书的前言中提到的设想。1970~1971 年和 1971~1972 年，我讲授的课程之一的题目叫作"社会学思想评论"。我至少希望撰写《社会学主要思潮》第三卷的初稿（《社会学主要思潮》在法国只出版了一卷）。这一课程我未讲成，但它帮助我了解到应该如何进行这种"评论"。

这些"试投"中的任何一篇（关于"像帝国一样的共和国"和"克劳塞维茨"的除外）都不值得改写成书。准备工作无休止。如果不是由于我讲完我的课程后不久便患了脑血栓，我很可能会写一本《马克思的马克思主义（1976～1977）》。1977～1978年的课程是《论自由》一书的继续，题目是"自由与平等"，但在本书中，这个问题并没有在我过去的探索中占有的那种地位。

1973～1974年，我的课程命题为"论后工业社会"。我为什么取了个这样的题目呢？或许是当时"后工业社会"这个概念比较流行，但主要是出于这样或那样的原因，不许我使用其他更符合我本意的题目。我最喜爱大仲马，特别是他那本《二十年后》。确实，我曾设想参照事态的发展，重新审读我对东西方社会进行比较研究的3本小册子。

1974～1975年，即《工业社会十八讲》发表19年以后，第一次石油冲击伴随着罗马俱乐部的伪科学预测，搅乱了刚刚摆脱1968年狂热的人们的思想。这是我20年之后重新注意到原来的问题，而不是什么自我批评。

"工业"一词可以追溯到17世纪，当时的含义是灵巧、能干。《小罗贝尔词典》引用了费内隆（Fénelon）的一个提法："智慧之神的威力和匠心（工业）"。《利特雷词典》引用莫里哀的一句话："轻一点，讲话是我的拿手好戏（工业）。"拉辛在《伊菲革涅亚》（Iphigénie）一剧中写道："但是，不久他记起他那狠心的行当（工业），把我当作荣誉和祖国。"18

850
世纪广泛流行的含义均来自技能，包括所有财富生产活动和金属加工活动。《利特雷词典》援引了伏尔泰的一句话，奇怪的是，这句话与20世纪末的"时代精神"相吻合："工业弥补了自然和疏忽给我们的气候造成的缺陷。"

"工业"一词的历史含义，或其意识形态内涵，似乎是圣西门的门徒们赋予的。圣西门本人创造了"工业家"（l'industriel）这一名词，用以区别工人（l'ouvrier）和壮工（le manoeuvrier）。他还把工业家同企业主（le propriétaire）区别开来：后者并非管理者，不参加劳动。反之，圣西门的门徒们绝不把工业同农业、商业、银行对立起来。在《圣西门学说释义》一书中，我发现了"银行产业"的说法。"工业主义""银行体制"等概念带有历史的哲学含义，它们指的是一种社会组织，即同"军事体制"相对而言的另一种组织。人剥削人，变成了共同开发自然。

在《进步梦幻的破灭》① 一书中，我曾提到奥古斯特·孔德把军事秩序同工业秩序做过的比较。我们知道，目前，圣西门的门徒和奥古斯特·孔德都弄错了。人类部分地控制自然以后，他们得到更多的武器来互相残杀，并没有获得更多的道理来和睦相处。但是，一旦撇开迷人的选择，工业家怎么样，军人怎么样，那么，正如安凡丹和巴札尔在《圣西门学说释义》一书中指出的，圣西门谈工业制度在不少方面早于马克思思想。这两个预言家谴责行将被工业制度消灭的人剥削人的现象。他们称颂组织的长处而不是市场的长处。我们似乎可以称

---

① 我在另一篇论文《纪念奥古斯特·孔德的讲话》中也谈到了这一点，参见《战争与工业社会》。

之为组织社会主义，因为他们谴责遗产，强调劳动为大多数人的福利服务。

圣西门的信徒们虽然也看到了社会矛盾，但他们从来未能得出马克思主义的主要论点，即无产阶级的救世主作用和资本主义与社会主义的彻底决裂。他们仍然是精英论者，为群众做好事，而不是由群众做好事。尤其是他们未能拟定出批判资本主义和传统经济的相应理论。马克思利用李嘉图的学说，建立了剥削的科学理论和两种制度的根本对立（其中一种制度必将让位于另一种制度）的理论。

851

1974 年，我已经不再对持怀疑态度或抱有敌意的人讲课，听众都是事先就赞同的人。用巴黎流行的风尚来判断，情况已全然不同，至少表面上是如此。1955 年，法国人对他们的经济发展还没有信心，他们正在非殖民化的最后搏斗中挣扎着。1957～1958 年的第三讲与戴高乐将军重新执政不期而遇。1958 年 5 月我正在讲授最后一讲，而第四共和国已濒临末日。到了 1974 年，战后初期的怀疑态度已成为过去；欧洲国家接连出现或同时出现的"奇迹"所带来的过分的乐观主义也已消失。资本主义世界经济患了罕见的"滞胀"病。根据传统的见解，通货膨胀和生产停滞是两种相克的病症。添加一剂通货膨胀药，不可能启动经济增长中卡住了的机制。通常的治疗方法已不起作用。人们在寻求另一个凯恩斯。原油价格四五倍或十倍地上涨，事实证明，西方人在前一阶段取得的利益是不合理的。石油价格的昂贵（不是指价格本身，而是同不久前的价格相比）使罗马俱乐部的论点站住了脚。这里又出现了另外一个问题。

我简要地陈述了一下我为什么不愿意采用"后工业社会"

这个概念。诚然，发展中的工业部门今后比传统工业部门更加直接地依赖科学，尽管 19 世纪末化学工业已经提供了榜样，并作为例子说明了后工业社会时代的特征——直接靠科学哺育工业。此后，"工业"不再是指所谓的第二产业，而是指系统利用知识以提高生产力，所谓后工业社会仍然属于工业型社会，尽管与前几个阶段相比，现阶段具有某些独特之处。

852　　法国人到 1955 年才勉强意识到，他们正在复兴，而且"奇迹"正在发生，我果断地把增长问题列为经济分析的核心。当然，传统经济学家并非不了解增长问题，或换个说法，类似增长的问题。但是，在我们看来，他们对增长问题的研究只占很小一部分，与这一现象本身的重要地位极不相称。① 李嘉图的论著只有一章论及依靠劳动者的技巧、机器或组织来增加财富的问题。科林·克拉克的《经济发展》（*The Economic Progress*）一书奠定了西方经济增长的理论；尽管后来他的统计数字受到指摘、否定、匡正，但这毕竟还是一本基础性的著作。

这种理论提出必须以国民生产的统计数字为前提，这种统计可追溯到第一次世界大战前几年，但实际上，在第二次世界大战以后，（至少在法国）人们并未经常使用这种统计。凯恩斯在通论中提出的宏观经济也引出经济增长的理论，从而把各种国民经济从各自的制度中抽象出来并加以比较。苏联的五年计划促使西方人去探讨与整个计划相关的数字。1955 年，我强调指出增长论的科学价值和增长这一现象本身带来的物质、政治和精神后果，即可供分配的蛋糕有规律地增大。

---

① 这一点对亚当·斯密可能不适用。

　　1974～1975 年，我的使命恰恰相反，我尽力强调总量——例如国民生产总值——的准确含义，强调总数的准确性是有一定限度的。众所周知，各国国民生产的计算方法是受各国的统计惯例决定的，这样得出的数字是不真实的、不准确的。统计人员掌握市场经济情况，而国内劳务基本上不属于商品领域。为了在统计数字中反映出国民生产中非实际财富的增长部分，只有把非商品活动变成商品活动。

　　1968 年以后，经济增长本身的价值受到怀疑，更甚于增长论摆弄数量的可靠性。在 1974 年讲授这一课程以前，1965 年我曾撰写《进步梦幻的破灭》一书。该书发表于 1969 年，我在这本书中尽力准确地指出，人们从财富和劳务增长中可能得到些什么，不可能得到些什么。"重新评价"并不是"痛苦的纠正"。战后经济增长是得人心的，今天依然如此，尽管客观形势要求人们不能再用简单的态度来考虑这个问题，不能指望依靠增长来解决社会冲突，至少不能仅仅依靠它来解决。目前的经济衰退过去以后，经济增长还是可以指望的；绝不能设想一种不顾科学和技术进步而瓦解经济的激进变革。还是回忆一下吧，集体富裕并不足以消除舆论认为的太过分的不平等现象。但是，害红眼病的人——他们被描绘得淋漓尽致——说别人的收入增加得比他的快，尽管他自己的收入也增加了，可是他的满意度却反而降低了。若用这种现象来代替人类追求最大限度满足的理想模式，那就越发叫人齿冷了。

　　我不仅谈到 1970 年代的危机——正常但太过突然的石油价格上涨，慢性通货膨胀，国际货币体系瓦解——还谈到了罗马俱乐部的论点。在我看来，俱乐部的第一个报告是伪科学的杰作，是用数字粉饰灾难性太平盛世的典型。1974～1975 年

853

对 2000 年的大恐惧，反衬了 1960 年代的大希望。我尽力就环境污染、自然资源枯竭、人口等突然提出的问题，为西方人提供了一些合理的、适当的答案。

有关人口总数和人口在各个大陆和国家分布的情况所引起的争论还是次要的。而人口数量和食品问题的前景却使人不安。如果把人类看作一个整体，那么，发达的、富裕的西方社会就成了吃人的社会，欧洲和美国公民消费的卡路里相当高，而这些卡路里正是东南亚的人们所缺少的。我即使被人骂作无耻之徒，也不同意这种指责。

854

在世界上的一些地区，几百万儿童仍死于饥饿。在这些地区，由于缺乏卫生设备和生活条件，几百万儿童和青年在 10 岁或 20 岁之前就早逝了。用行话来说，这种人口状况就是欧洲过去几个世纪的人口状况。我祖父费迪南有两个孩子不满 5 周岁就夭折了。美国的农场主和欧洲的农民，不会响应基督徒或慈善家的号召而改变他们的经营方式，去为第三世界生产更多的卡路里。在我看来，这样改变西方农业是不合理的，甚至是没有必要的，因为到目前为止，保证最贫困者最低限度的口粮从数量上讲已经够了。但这些粮食要付钱、要运输；从人类整体来讲，当地生活条件对居民的影响远远超过食品的绝对短缺。总之，如果要指出罪魁祸首，那么为什么忘记苏联式政权由于渎职旷职或教条主义而使其农民劳而无获呢？如果这些农民享有西方农民那样的自由，他们也会保证俄国人、波兰人和东德人有一切必要的食品，甚至更多。

我所要揭露的，是人们笼统地谈问题，谈人口或粮食问题。营养学家们对我们说，西方人吃得太多了，方式不好；阿尔及利亚沿海或孟加拉的忍饥挨饿的儿童则奄奄一息；临近

2000 年，将有 70 多亿张嘴要吃饭。因此，必须降低出生率。在上帝眼里，人人平等。从体魄或智慧的潜力来讲，人与人是不平等的。降低西方的出生率，对反对人口过多的斗争无济于事，相反，会加剧危机。欧洲和美国的人口下降，不会增加非洲或南亚饥饿人口的食品，反而可能减少高效率生产者的数目，很可能使富裕的人民停滞不前，而他们又是科学和技术的创新者和开路先锋。目前只有这些精英——也许事出偶然——才能带动全人类发展并减少贫困群众的疾苦。

我曾希望从中得到有关方法和思考方式。在什么情况下，855　有必要包括整个人类？在什么情况下，应该分别研究各国或国家集团？涉及人口问题，那是不言自明的。借口要养活那些行将饿死的人，就期望减少吃得太多（或方式不好）的人的数量，这只能表明一切良知都不会原谅的愚昧无知。涉及不发达或第三世界的研究时，是否也是如此呢？如果不加区别地把历史上最古老的文明、中华帝国和非洲部落的人口都算进去，怎么能够理智地谈论第三世界呢？怎么可能设想一种适用于各种各样的国家的发展理论呢？对外援助怎样才能有效呢？在初期发展阶段必须实行计划化，这种传统思想经过实践验证了吗？工业化国家在多大程度上能够帮助第三世界发展呢？

最近的经验教训使人得出一种历史观念。思维的社会学方式倾向于区别不同的发展程度和社会类型。要认识当前的形势，就必须把这种形势放到一定的时段内去考察，必须认清欧洲发展和退缩这种双重运动暂时的结局。中国本身借鉴的正是欧洲文明，至少从它的意识形态上讲是如此。因此，即使在目前，历史的主要症结仍然是在自由的工业社会与专制的工业社会二者之间如何选择的问题。正如大家所说，南北对立不会代替东西方的对立。至于我们文明的精华，摊牌还将在欧洲。欧洲的两个部分，最终是一方说服另一方，还是一方统治另一方？

由于存在这些疑问，我写了《为衰落的欧洲辩护》一书。

《大分裂》与《为衰落的欧洲辩护》两本书相隔30年。前者是为了说明我感到的一种需要，即从我看到的大体情况来分析世界形势，为的是描画出我在《费加罗报》发表的文章都是在什么背景之下写的。《辩护》一书则出于偏爱或偶然。我同罗贝尔·拉封出版社签订了写一本普及读物的合同，该书旨在指出一些显而易见的事实，即自由经济相对于中央集权官僚制的计划经济的优越性，西欧相对于东欧的优越性。我一心幻想可以与我的朋友们合作写这本书。而实际上，几乎只靠我一个人来写；让－克洛德·加桑诺瓦确实曾帮我做了些校订工作，用一些统计数字为有关苏联经济的章节加了一些图解。

半个世纪以前我改学社会学，一开始我就是研究马克思主义。我甚至设想过要用一种马克思主义方法研究马克思在知识和政治方面的传世事业。我本来想以社会经济为背景说明第二国际的马克思主义，首先说明社会民主主义，同时指出，恩格斯和考茨基对马克思的思想的阐释对社会民主党人的行为产生了什么影响。但是，读了有关马克思的著作，特别是1914年以前的著作后，我大失所望，很快打消了这个念头。勒兹莱克·科拉科夫斯基（Lezlek Kolakowski）在某种程度上可以说是完成了这个计划，但他采取了一种非马克思主义方法，即写思想史的方法。

1977年使我感到惊异并且在《辩护》一书的第一部分占据主导地位的，是苏联持不同政见者与西方多少带点儿马克思主义色彩的左派间的对话。萨特在他同共产党断绝来往以后还一再说，马克思主义依然是当代不可逾越的哲学。亚历山大·索尔仁尼琴揶揄他为西方的思想大师，并且回答他说："马克思主义业已声誉扫地，只成为人们嘲弄的对象；在我国，没有一个认真的人，没有一个小学生在谈到马克思主义时不觉得好笑。"这正是本书第一部分要回答的问题：谁说得对呢？是流亡的俄国人，还是西方的，法国或意大利的知识分子？为什么双方会做出截然相反的判断，而且都那么自信呢？这种理论或这一整套思想到底是怎么回事？为什么刽子手和死囚，或轮番或同声援引这种理论呢？为什么在被判死刑的法庭上的布哈林（Boukharine），狡诈地躲在阴影里的斯大林，宣传自由的哲学家萨特，以及马克思列宁主义正统的卫道士苏斯洛夫（Souslou），都轮番或同时援引这种理论呢？持不同政见者针对西方知识分子提出了一个"以子之矛攻子之盾"的论据：他们说，我们，我们了如指掌，因为我们亲眼见到马克思主义是怎么实践的，见到马克思主义是如何受到检验的。你们在西方，你们只能就马克思的思想、他的言辞和梦想进行思辨，而经验已经向我们昭示了你们老不肯相信的东西。 857

　　西方人能够据理反对的是什么呢？是马克思主义在东方和西方起着截然不同的作用。在那边，马克思主义可以为当局辩护，在这里，可用来批评当局。一部分人抨击这个理论，因为它给人用作借口来压迫他们；另一部分人又采用同一理论的某些成分，因为这个理论对他们来说，是对资本主义制度本身最好的揭露。同样一个理论，既可为彻头彻尾的专制主义张目，同时又是攻击最有效益的经济和最自由的社会的武器。马克思的马克思主义对其后世的命运至少应负一部分责任吧？

当时的青年哲学家们，从斯大林追溯到列宁，从列宁追溯到马克思，从马克思列宁主义追溯到马克思主义，有时是为了清算，有时却是为了谴责社会主义的"思想大师"。我不想深入讨论遗教被拐骗的问题，而只想提出一些值得思考的因素。我说，马克思的责任在于，他把两个方面糅合在一起：一方面是他对资本主义的分析和谴责；另一方面是他对社会主义的预见与乌托邦的想象。他的分析手段——剩余价值、剥削——如今可以不加区别地运用于已知的各种制度，不管是私人所有制还是集体所有制，任何企业、个人收入或官僚阶层，都剥削剩余价值。

他的预言业已被资本主义的发展和所谓社会主义政权的实践所否定，同当初一样空洞无物，也就是说，无产阶级怎样变成领导阶级？为什么集体所有制会突然表现出具有空前无比的效率呢？有什么高招儿能使专断的、集权的计划转化为宽恕个人自由的、民主的制度呢？除了官僚主义的计划化，有什么机制能代替商品形式或市场呢？当马克思宣称他的预言是科学预言时，神话就开始了。

让我们用比较抽象的概念来说明这些看法吧。正如《资本论》的副题所标明的那样，马克思主义对资本主义的批判是同对政治经济学本身的批判叠合在一起的。《资本论》的小标题已经暗示出了这一点。马克思批判资本主义，谴责利润，因为利润不是钱的正当报酬，或者说不是短期用钱的正当报酬，而是剩余价值的一部分。马克思把我们说的市场叫作"商品形式"，因此主张取消市场。共产主义以前的社会主义按劳取酬，是不是由市场来估计每一个人在总的生产中所做出的贡献呢？如果不由市场来尽这一职能，那么由谁呢？除非由社会集体自己来担任这个职责，但其专横独断将远胜市场，你说是不是？

该书的第二部分比较了欧洲两个部分的经济，分析了苏联制度下经济增长的模式，分析它的低下效率。我讨论社会主义的意识形态，老漂浮在苏联模式与各式各样的社会民主主义之间，又分析西方帝国主义作为帝国主义所提供的理论和词汇，因为这是核心，是世界经济的策源地，是它向第三世界购买一部分原料予以加工制造。不这样，它就会一下子瘫痪。

在国际政治经济体系里面，国与国互相依存，很有偏颇。强者、富者，总占便宜。然而，如果把这样一种事实叫作"帝国主义"，把输出原料的国家所依靠的工业国家叫作"帝国主义"，那就势必用同一个词混同两码事：一是不可避免的依赖关系，二是苏联坦克开进布拉格（如果诸君喜欢的话，也可以说，美国海军陆战队出征法属圣多明戈）。宣传家故意利用这种模糊不清的观念，说苏联帝国不搞帝国主义，而欧洲国家连瑞士在内仍然是帝国主义，哪怕大家都搞了非殖民化。在这种动乱之中，人们竟然忘记了第三世界的命运仍然与大西洋体系而不是跟苏联集团结下了不解之缘。不发达国家的原料卖给欧洲、日本、北美洲，然后买那里的产品，并且从资本主义工业国那里获得它们大喊大叫要求给予的援助，几乎是全部的援助。可是从苏联那里，它们又得到些什么呢？无非是帝国主义的观念，对它们仰仗的人进行控诉，对什么也不给他们的人歌功颂德。除此之外，还有什么呢？

859

　　该书的第三部分，其中有一章分析世界经济的"新发牌"，不过讲得有点过于乐观。另外一章检阅了西欧三个国家——英、意、法各自特有的经济恐慌。第三章则触及最根本的东西，即那个统领、指导、照亮了全书的问题：富饶、辉煌、富有创造力的西欧，是否就在这时候不可抗拒地走下坡路呢？在内部发生了一次解体，外部遭到一个扩张到德意志旧帝国版图中心的军事帝国的连续打击下，西欧是否要衰亡呢？

　　书名《为衰落的欧洲辩护》让出版家罗伯特·拉封大为惊讶，这书名没有满足他的口味，只是在浸透了马克思主义的时代，或广而言之，浸透了进步主义的时代，才引发了一种奇怪的动静。这位典型的左派人士自 19 世纪以来从未背弃伟大的祖先，可以说出于本能地拒绝假设在历史的进程与善良人的向往之间存在矛盾。

　　从 20 世纪初，社会学家和经济学家就在发问：生产资料公有制和计划经济，到底应该采取什么样的制度？马克斯·韦伯没有提出计划经济的种种问题，但是熊彼得却屡次提出，并且企图设想一种合理的计划，该计划既顾到物价，也顾到自由市场和消费品。任何计划经济的模式，都不包括收入平等或者公民的自由，不将二者作为"必然的结果"。换言之，在意识形态中，非资本主义经济已经与人道社会主义的各项价值脱离了关系。

　　我在一篇题为《试论没落，法国一个世纪以来的自我批评》①的文章中对两个方面做了比较：一方面是 1870 年法国战败前后的意识状态；另一方面则是 1957 年的全国性讨论，

---

　　① 参见《对本世纪的希望与忧虑》（1957）。

讨论非殖民化的最后几年。普雷沃斯－帕拉多尔（Prévost－Poradol）写的《新法兰西》，勒南研究近代史的著作，都在提醒我们，那些想要摆脱偏见的人往往在思想上犯了局部失明症。

萨多瓦战役①刚刚结束，普雷沃斯－帕拉多尔便预感到要打仗，而且要打败仗。他观察到法国的人口增长率比德、俄、英等国都低。而在文化发展程度相等的国家之间，必然以数量决胜负。他不相信日耳曼人会长期优胜，他们哪怕在欧洲成了霸主，仍然会撞上俄国人和英美人结成的联盟，这就使他们没法左右世界政治。他对于德国日后的悲剧，确有远见。因为德国占据欧洲的首位来得太晚，它的梦想过了一个世纪便变成了一场噩梦。法国把阿尔及利亚搞成殖民地，取得了空间和人口数量。后来缺了这些，法国便沦为平庸而无足轻重的国家。"原住民"虽然被撵走了，但没有被灭种，只是把地盘让给了殖民者。

欧内斯特·勒南天真地为殖民化辩护，今天看来他的辩护会显得有点无赖。他说：

> 大体上，殖民化是头等重要的政治需要。一个国家不搞殖民化，就非搞社会主义不可。那就是富人跟穷人打仗，高级种族征服低级种族，然后住下来治理他们，这都毫无让人看不过去的地方。英国在印度搞这样的殖民化，对印度大有好处，对整个人类有好处，对本国也有好处……同种之间的征战该受谴责，而高级种族改造劣种和

---

①　萨多瓦战役发生在 1860 年代，其时普鲁士战胜了奥地利。——译者注

861　　杂种则是合乎天理人情的。在我国，百姓几乎都是降尊的
贵族，下手特重，使刀剑比使卑劣工具合适得多。与其做
工，不如打仗，也就是说，回到早期状态。我们的天赋就
是"开辟帝国"……天造地设的工人，乃是巧手如神的
中国人种，他们几乎没有一点儿气节。公公平平地统治他
们，替他们那样的一个政府重重地抽他们税，让征服者从
中获利，中国人肯定满意。种地的种族是黑人。对他们施
仁政，一切都会井井有条。只有欧洲种族才是战士和当主
子的种族。强迫这样的种族，像黑人和中国人那样到土地
上去劳苦，这个种族就会造反……

《对本世纪的希望与忧虑》上的文章发表了 20 年以后，
1975～1976 年，我又在法兰西学院开了整整一门课讲西方的
衰落。这一讲不值得出版，加过工也不值得出版，但是我在
《辩护》中不时引用这篇讲义。在讲义里，我尽力想明确在具
备哪些必要条件的情况下才能客观地使用"衰落"这个概念。
雅克·夏尔多从《巴尔贝齐厄村民的幸福》一书中看出了人
生的妙处。这部书是传世杰作。在他的心目中，我们的时代也
许出现了永远堕落的兆头。汗牛充栋的书籍，经由潦草轻率、
不学无术的出版商得以匆忙出版，以飨不解阳春白雪的读者，
这些书坐视我们的社会日见愚昧粗俗，不管国民收入怎样蒸蒸
日上。

　　史学家根据另外一些价值观，认为古罗马帝国不如古罗
马共和国，不如古罗马共和国时代那样讲究气节，这是一种
没落。斯宾格勒把"文明"本身看作没落，城市膨胀，重商
主义，功利主义哲学，信仰衰竭，等等，这些都是衰落的表

现，都意味着一种文化的末日。文明像一切有生命的东西一样，注定要趋向成熟和老化。我不想讨论斯宾格勒的论点，因为这些论点没法讨论，它们事前就拒绝了讨论。我只举些例子：神光四射的直感，扣人心弦的比喻，不是叫人受到教益，就是叫人生气。不管怎样去评价斯宾格勒，反正他的主要作品基本上都是在 1914 年以前写的。这里面已经预告大战将临，庞大的帝国将要出现，同时滋生批判思想、实证思想、唯物思想，还有神秘主义的反应，但它们都还在边缘阶段。

862

　　汤因比①既没有斯宾格勒的天才，也没有他那种傲气和悍气，可以说他是受了伯罗奔尼撒战争与 1914 年大战渊源相同之观念的启发。这一观念如母亲十月怀胎孕育出 11 卷本的《历史研究》，《历史研究》大谈特谈古罗马帝国的衰亡。其独到之处在于扩大传统的思考，潜心思索一切文明的命运。汤因比也想窥测未来，各种文明的未来，同时留给各种文明一些掌握命运的自由。他创造并传播了好些概念，这些概念现在都通俗化了，例如，崩溃与断裂，乱世，好战国家，内部或外部的无产阶级，世界帝国，世界宗教等。如果大家同意这种类同性，那么公元前 431 年开始的伯罗奔尼撒战争和 1914 年开始的欧洲瓦解都将说明，两次大战都闹得天下大乱。

　　尽管我不肯忘记这些广阔的远景，但在授课时，特别是在《辩护》一书中，我仅仅探究了地位下降与没落之间到底有什么关系。地位下降意味着一个国家或一个民族的实力减弱，或

---

① 汤因比所说的“文明”，就是斯宾格勒所说的“文化”。后者把一切“文化”远景到来前的一个阶段叫作“文明”。

者说，一个集体对人类的伟大事业的贡献减少，不得不严格限制自己的能量。法国在 19 世纪国力下降，那是由于它与别国比起来出生率相对下降。英国在 1860 年也是这样。作为帝国中心、世界金融中心、世界工业中心，这种独一无二的地位是没法保持的，因为这种地位自身就会堕落，倒不是说帝国都会逐渐腐败，而是其称霸的秘诀让人学了去。再如美国在 1945 年享有的经济、金融和军事优势，也是没法保持的。那时候，世界市场上的逐鹿者还没有从战火余烬中走出来；在国与国的体系中，敌手还没有把自己的力量派出欧洲旧大陆。就上述两个事例来说，到底是下降，还是没落？没落是什么意思？马基雅维利会回答说：活力凋零，或者历史性的生气衰竭。这种概念当然不易说清，但可以让社会学家去明确、去丰富。

我在讲义里做了尝试，仅就 1870 年的战败批评了对有关法国没落的曲解。我引用了一些精彩绝句，譬如，"法国遭到了大革命的报应"（勒南语）。不错，从 1789 年以后，法国便没有一个君主、一套制度，来保障国运并被人民群众确认为正统。君主也罢，制度也罢，没有一个能经得住出事故，更经不住打一场败仗。然而，法国人走在其他欧洲人前面是由于节育，与国民内讧并不相干。直到 1914 年，法国才差一点儿被德国人的数量优势压垮，而并非在 1870 年。1870 年，帝国军队在几个星期内被摧毁了，因为士兵比德国的少一些[①]，炮队较弱，高级指挥部也不高明。那么，为什么法国的军事机器会败落至此呢？今天的史学家至少为答案提供了一些材料：军队中的军官招募，"知识分子"被歧视，这些都存在问题；念念

---

① 原因在于体制结构，并不是因为普鲁士和法兰西人口上的差距。

不忘拿破仑打过的胜仗滋生了虚骄之气；还有征兵制和建立国民军都脱离了革命的或帝国的实际情况。1870 年跟 1940 年一样，法国在战场上吃败仗，首先是由于军事上的错误和弱点。像 E. 勒南那样怪罪法国人民武德衰退，乃是信口雌黄。他在别处看得比较清楚，点得比较中肯：到了我们的时代，战争已经成了科学上的事情。征服阿尔及利亚的将领们，如麦克马洪元帅，他们是意想不到这一点的。

　　一次失败的军事原因本身并不足以说明问题，这些原因要求观察家把眼界放得更宽一些。为什么军事思想在 18 世纪的后 1/3 世纪有所发展，19 世纪有所衰落，而到了 1870 年以后又有所复兴呢？为什么法国的科学到 19 世纪的前 1/3 世纪以后会衰退呢？为什么在整个 19 世纪没有建立名副其实的大学呢？那些名牌大学、法学院或医学院拥有很高的教学质量，但过分注重实践。对这些疑问进行社会学分析可以提供某些答案；把这些答案综合起来会使人得到半文学语言的说法，或者让人概括出这样一句话：一个集体显得无力应战，或没有能力去改造已不适应 20 世纪新情况的制度。人数减少造成实力下降，但并不注定会带来 1870 年的灾难；在我看来，国家的科学和军事衰落也不能归咎于人口减少。

　　1918 年以后，尽管法国取得了战争的胜利，对衰落的焦虑仍然不断地折磨着法国人的心灵，至少其中有远见的人是这样的。战后，表面上还冠冕堂皇，到了 1930 年代，门面已剥落、裂缝也渐渐塌落成尘。这是因为经济未能摆脱危机。法国人互相掣肘，不少活跃分子照搬莫斯科、柏林或罗马等外国模式。从 1933 年或 1934 年开始，总部设在日内瓦的国际联盟已毫无意义。1930 年代的衰落是我们亲身经历的，我们看到了

864

它的明显特点是，由于缺乏内部团结，集体无力对付外来威胁。领导阶级既不了解世界危机，也不能控制这个危机。领导阶级消极地容忍希特勒扶摇直上，进行侵略和战争。法国人缺乏马基雅维利式的活力，这种活力是伟大帝国的基石，没有它，国家就会衰亡。

在 1981 年 10 月法国电视二台的三套节目的第一套节目中，我讲述了 1930 年代的"衰落"。我收到费尔米热（A. Fermigier）一封妙不可言的信。他也提到 1930 年代，但他对这个年代保留着光华耀眼的回忆。他写道：

在另一点上，我听到您的讲话时有点惊奇：当您讲到战前那些年，国事衰落的念头始终萦绕在您脑际。也可能是因为我年幼无知，我对这个年代保留着美好的回忆。我经常念叨，如果不了解 1940 年以前的法国，就不懂得什么叫生活的乐趣！那时，人们以礼相待，生活费用便宜（我可不是主教的儿子），遍地生辉，文明成风。当然，悲剧正在于此，人们对此没有多大办法，但也存在对幸福的企望，存在现实的幸福，显然正因如此，法国人才不愿意打仗（当时德国人则没有多少东西怕丢失）。我还没有谈战前巴黎经常举办的文化节给我留下的印象，例如勒努瓦（Rehoir）、儒韦（Jouvet）、《新法兰西评论》、雅克·鲁歇（Jacques Rouché）的歌剧、法国电影（呵！今非昔比！）、雷里斯、纪德、蒙太朗（是的！），还有后来叫我感到恼火的人，现在我们能举出类似的群英会吗？就拿 1937 年的博览会来说，尽管有人冷嘲热讽，却是有许多美妙的建筑设计超过了 1930 年来在法国（以及在欧洲）

已完成的建筑物。在国家图书馆参观马丁·杜加尔的作品
展览时，我联想到，他晚年的那个时期就是您的年代。再
说一遍，我看到了当时的悲剧，但不知道衰落何在？

　　费尔米热提醒我说，衰落的概念含混不清。他这话说得有
道理。他提到"幸福的现实"时，忘记了1933～1936年工人
的境遇是多么艰难。1936年的一时欢快之后他们又跌进苦海。
罢工、社会局势紧张，哪有幸福可言？文化又有什么两样？战
后"青春焕发"的法国似乎无法同1930年代"衰落的"法国
相比拟。是的，我们知道，小说、绘画、思想和艺术作品不会
由于被军事胜利的阳光一照就大放异彩，当然也不会由于失败
的阴影而变得惨淡苍白。19世纪的法国绘画经历了各种制度，
可能是受各种丰功伟绩或痛苦磨难的影响，始终富于创造精神
和夺目的光华。那些衰落论者往往倾向于把国家的命运和文化
的命运混为一谈。今天，唯一称得上帝王民族的只有大俄罗斯
民族，但它确实没经历过伯里克利时代。也许儒韦时代的巴黎
比帕特里斯·夏侯（Patrice Chéreau）时代的巴黎更绚丽（这
一点我仍然不敢肯定）。非形象艺术派绘画也可能要凋落了，
没有人为今天的建筑艺术辩护。然而，1930年代的法国不了
解外部世界。有多少书能告诉法国它在世界中所处的地位，它
的经济已经衰落，甚至它的大学和科学（除了几个名人）也
落后了？1930年代的报刊，无论是政治的还是经济的，都极
端贫乏。

　　1945年以后，法国人尽管发生了殖民战争，尽管失去了　866
法兰西帝国，但表现出了一种与战前年代全然不同的活力。付
出太大的代价换来了胜利，举国陶醉而好景不长，苦难却是更

好的启蒙老师。诚然，我国也加入了欧洲繁荣的"奇迹"行列，但没有在"光辉的30年"中名列前茅。30年前一个瑞士历史学家出版了《与教堂钟声合拍》一书，内容涉及一个消失了的法国。出版这本书就带有讽刺意味。好歹我们跟上了我们的时代，有了各种工业，城市四通八达，农民行将消失，信息工业得以出现。数学压缩人文科学。1980年代的法国人，包括青年人和高级官员，曾在美国大学里交往。记者对世界也不再陌生。"法国钟表走法不同。"①

在1975～1976年的课程中，我试图分析英国的下降，尽力把三个有关的弊端都考虑进去。这三个弊端虽然笼统，但很明显：对成就居功自傲、躺在遗产上睡大觉和裹足不前。当然，这些弊端无法严格区分，但是，其中任何一种弊端造成的后果都是显而易见的。要取消一个曾经有过光辉时刻的工业部门（如造船）是痛苦的。功成名就的企业家就喜欢贵族的生活方式，而不再像他们的前辈那样去顽强地争夺市场。曾经把本国推向顶峰的统治阶级，没有及时发现衰落的早期征兆。

在《辩护》中，我只考察了英国地位下降的最后阶段。在19世纪后25年，德国在高速发展的工业部门——化学、电力方面占领先地位。英国在两次大战之间，其1919～1931年的经济管理，其1933～1939年面对希特勒灾祸的外交，都显示出英国的盲目与软弱。1945年以后，英国人进行的非殖民化活动，从英伦海峡的对岸为我们树立了榜样。但是，经济增长率比欧洲大陆的主要国家低一半，于是英国的地位同它的传

867

---

① 瑞士历史学家 H. 鲁蒂（H. Lüthy）写的一本书，法文书名为《法国与自己的教堂钟声合拍》，德文原名为 *Frankreichs Uhren gehen anders*，意思是法国钟表走法不同。

统伙伴和敌手相比下降了。

下降或（和）衰落？增长率不足以衡量一个集体的长处。生活质量、人与人的关系，不受经济发展相对缓慢的影响，而是恰恰相反。这样说，并不等于留恋盛产美酒的巴尔贝齐厄村或楼荫下的乡村，便可以诅咒我们这个钢铁和电脑时代。在当代，经济成就如何，已经成为衡量一个民族"潜力"及其共同行动能力的最可靠的指标之一。如果明天英国按人口来算的产值低于西班牙，那么我们一脚踏上英伦三岛就感受到的灿烂文明的魅力，今后还能经受住阶级争吵和不幸的人移民国外吗？

书名起得古怪，这本书为衰落辩护，其实是把两个欧洲做一番对比。如果用苏联世界的效率同西方的自由对比，情况就类似世界通史的民间图画：自由欧洲代表雅典，马克思主义的欧洲则代表斯巴达（或者前者代表希腊，后者代表罗马）。但是，劳动生产率却站在自由的一边。另一边自称追求极丰富的意识形态，可是人民却仅能糊口。苏维埃欧洲只是在军火方面略胜一筹；或许应该说得更明确一些，它在军火储备方面，在防务开支占国民总收入的比重极高方面，确实无与伦比。因此，书名和书的内容难以捉摸，便同欧洲的命运、西方的命运之难以捉摸不谋而合了。

尽管西欧不同国家继续以不同的方式生活着，但我认为把这些国家看作一个整体、作为一个分析对象是合理的。马塞尔·莫斯认为这种近亲渊源决定了一种文明，六国或十国共同体的各国毫无疑问都自行维持这种文化上的渊源关系。各国之间，种族上的差别、家庭形式上的差别依然存在，但社会机制（工会）、经济机制（企业和国家的作用）、政治机制（政党和代议制）大同小异，当然每个国家都有其特殊的传统。

868 　　欧洲这个整体——今天已被苏联帝国分割了——曾经是西方文化的发源地，是向世界传播西方文化的原动力。西班牙人、葡萄牙人、荷兰人、英国人先后建立的海上帝国已成为过去。落潮比涨潮快得多。在东部，罗曼诺夫帝国变成了苏联，这在已经失去地盘的昔日征服者头上投下了阴影。在西部，欧洲人在南北美洲留下了类似古希腊城邦在地中海的殖民国家。美国得益于土地连成一片，南北两边都没有敌对的邻国，从而在这些殖民地中崛起并成了它们的杰出代表。夹在一个表面上西方化的军事帝国与一个已经成为宗主国和整个欧洲的继承者的殖民地之间，一些昔日的伟大民族至今对它们各自的特点比对它们的共同命运更为关心。这些民族组成的整体经过"光辉的30年"之后正处于一个艰难阶段，由于能源和原料均依靠海上运输，而如今制海权已不再属于它们，因此没有能力自卫。

　　欧洲这个整体在世界市场上又重新找到了它的地位，但在国际关系方面则不行。尽管签订了《罗马条约》，尽管在经济合作或外交磋商方面有所发展，但欧洲国家并没有试图共同扩大一个国家的首要使命——国防。民族的欧洲取得成功，也许就是依靠国家的多样性，它急转直下地衰落，肯定是由于两次世界大战；欧洲可能再也无力恢复其在历史上的全盛地位了。当我在讲课或撰写《辩护》时想到衰落问题，我对欧洲的历史抉择是这样看的：要么并入由美国控制的帝国范畴，要么即使不被吞并也要受苏联军事帝国的奴役。

　　从1945年到1975年，由于一些不可阻挡的力量，美国的地位下降了。经济优势、核垄断难以为继。欧洲经济复兴，这是华盛顿的领导人所期望或支持的。日本崛起也是如此。美国的外交是希望日本在国际分工中占有一席之地。美国的外交政

策原先旨在阻止莫斯科的政治寡头们聚积军火并操纵其支持者 869
或恐怖分子网。从 1975 年起我就看到美帝国面临解体的威胁，
汤因比可能把这种帝国视作世界帝国。

　　对美国也好，对欧洲国家也好，衰落问题都是同"集体行
动的能力"，也就是同经济的、政治的结构与实践有关的。我没
有下什么断言，只指出现在大家所说的英国病的一些症候，但
西方民主国家或多或少也染上了这种病症：院外集团、压力集
团和工会的势力过大；能够把集体凝聚在一起的思想或见解被
削弱了，被视为美国成功之秘诀的劳动道德观被削弱了；逐步
变成繁文缛节的法制过多；大学和学者偏爱基础研究，对于可
以转化为贸易王牌的发明则兴趣较小。总而言之，美利坚共和
国的奠基人并不关心如何使共和国拥有搞世界外交的手段；随
着对苏联的军事优势日益缩小，对竞争性伙伴的经济优势也日
益缩小，美国再也不能保证帝国成员的安全了。曾经领导过战
后政治的东海岸领导阶级，由于越南战争而分裂并自我毁灭。
美国的中心正在向西部转移，离旧大陆越来越远。

　　在课程结尾时，我对人类历史的两个全景式观点做了比
较——这两种观点对局势做出了两种不同的判断。一种观点认
为，两个世纪以前，在英国已经发生了新石器革命以来人类社
会最根本的变革，现在我们进入了工业时代的第三个世纪。人
类的其余部分——可能快慢不一，可能苦乐不一——先后进入
这个世纪。美国还处于领先地位，但它很可能像一个世纪以前
的英国那样失去先锋作用。仗——人们在两个世纪以来做的
事——仍然要打下去。再过一两个世纪，人们可能停止走这条
路，而去探索生活的另一种意义。

　　另一种观点认为，西方的欧洲处在一个军事意识掌权的帝 870

国阴影的笼罩之下，过着一种不稳定的生活，既没有意志，也没有战略。西方的美国同它的欧洲老根越离越远，失去了能够使不同种族的居民团结起来的一些信念。最近的将来，不是什么大西洋文明，而是欧洲将在一个帝国权力的控制下重新统一，这种统一将破坏欧洲的文化和向往。

老实说，这两种观点并不是直接对立的，一个是从人类历史的前景来纵观各个大陆和许多世纪，另一个则只着眼于人类的一部分和几十年的光景。赫尔曼·卡恩式的乐观主义不能避免若干民族的被消灭或专制主义的散布。对西方文明的未来抱悲观态度，也不能阻止科学－技术的继续发展。我使用"下降"这个概念，完全是从相对意义来讲的。即使目前用于英国的这个"衰落"概念，也是指一个民族没有能力振作起来或无力改变其机构或习惯。但是，今天，中等水平的英国人生活得比帝国全盛时期还要好。美国帝国的解体，只不过稍微有点像罗马帝国的崩溃。西方的美国脱离了欧洲，绝不会堕入野蛮时代。而西欧脱离美国，则将陷入马克思列宁主义的俄国圈圈。还需多长时间呢？采取什么形式呢？工业社会或科学社会，是否会滑向或注定沦为苏维埃主义呢？在这些社会中，美好的信仰，甚至礼让的传统，都会丧失殆尽吗？

由于草率地签了写书合同，《辩护》是一本应时之作，没有更深地探讨我已经研究过的课题。因此，我爽快地甚至由衷地接受大致如下的批评："这一切我们已经知道了"或"这一切他已经解释过了"①。

---

① 我要补充说明，在法国或其他国家，这本书整体上是受欢迎的。《相遇》（Encounter）杂志刊登了本书的内容简介，这则简介给亨利·基辛格留下了深刻印象。

一个素不相识的挪威青年教授里查·森丁①细心地阅读了有关本书的报刊资料，做了如下摘录：

871

那么多欧洲人陷入盲目……求助于马克思主义是怎么来的呢？……是否有那么强烈的需要，要相信未来，相信现实以外的未来，渴望未卜先知呢？（马克斯·加罗登在《快报》周刊上的简介）这部《辩护》忘记了向读者评审会提供相信欧洲文明前景的理由。（阿兰·若阿内斯：《洛林共和国报》）归根结底，无能就是缺乏信心……自由本身不是目的，只有与伟大的目标相联系才有意义，但这个目标，我们还没有发现或已经把它忘却了。（埃蒂安·博尔纳：《萨瓦省共和国报》）至于第三部分，这里可悲地缺乏形而上学的广度，甚至应该说，缺乏信仰的广度。（马塞尔·克莱蒙：《新人报》）在"苏联社会主义的弊病"与我们的"小小困难"之间进行比较，能找出真正的生活准则吗？在这一点上，雷蒙·阿隆几乎没有进行什么辩论，仿佛他身上的经济学家一点一点啃掉了哲学家。（吉尔贝·孔德：《世界报》）还有一点使人困惑不解，就是在"优等"制度内部也没有希望。人的眼里难道只有增长、繁荣和钱吗？总之，只会看到"生活水平"吗？（尽管极不平等）（伊夫·弗罗勒内：《外交世界月刊》）这本书仍然是一个"经济人"的作品。（让－马丽·博努瓦：《文学新人》）

---

① Richard Sinding, *Qu'est-ce-qu'une crise?*, PUF, 1981. 作者自己不愿承担对西方进行指责的责任。完全相反，他认为西方哲学本质上是批判的、创造性的。

这些报刊资料不仅使那个挪威哲学家吃惊，也使我感到诧异。这些评论有的带有敌意，有的是友好的，它们是怪罪这本书，怪罪作者，还是怪罪我要弄清楚的现实呢？弄清现实也不过是想预测未来。

多数评论指责我作为"经济人"来写书，指责资本主义社会唯利是图。这真是一个富有讽刺意味的批评。25年以前，同样一些人曾指责西方没有能力同"苏联社会主义"和计划化的经济竞争。如今，就经济增长率的竞赛结果而言，西方人占了上风，他们又认为这种竞赛无足轻重，把它撇在一边。那个伟大的卫道士让-保罗·萨特，始终坚贞不屈，他是如何大声疾呼，揭露法国老板们的马尔萨斯主义呀！吉尔贝·孔德于1977年在《世界报》上把《知识分子的鸦片》一书形容为"无法忘却的"，莫里斯·迪韦尔热则于1955年在同一份报纸上对它大肆诋毁。让·普荣在《现代》杂志上反驳这本书说，工人依靠经济进步和工会自由获得"真正的解放"在法国是不可能的，因为财富拥有者考虑到他们的实力地位和声望，将拒绝经济发展。我昔日的乐观主义，当时曾被人嘲笑，现在又理所当然地被看作老生常谈，这是人所共知的，并且有数字为证。伊夫·弗罗勒内问我：以后怎么样呢？算了吧！谁也没看见增长率。然而，工人——知识分子自称是他们的代言人——并不轻视任何微小的增长，这些增长也会对他们有好处。

另外一些深熟世事的作家走得更远，甚至从原则上谴责西方现代社会、重商主义、抽象理性主义。什么都要算一算，一切都要付钱。他们故意把西方社会的这些特点都算在美国头上；他们闭口不谈经济，这有时会使他们成为"文学白痴"。

博努瓦不惜称颂协和式飞机的伟大，把它比作"圣吉米那诺的贵族修筑的城堡，这些城堡一座比一座高"。爱欣赏贵族们可以大肆挥霍（他们的钱是从哪里来的？）。而不爱看到负责管理的人不得不精打细算，他们的计算能力不太行，把技术成果同交易成功混在一起。协和式飞机靠纳税人的税款才能飞行，否则就飞不起来。没有什么值得吹嘘的。

即使这些评论家口头上同意我讲的"西欧在经济上比苏联强"，他们也要贬低这种成就，情不自禁地强调西欧的局限性。吉尔贝·孔德怀疑对两个欧洲进行比较能够找出"一条生活准则"。但是，指望从一次历史分析中就得出一条生活准则，不是愚蠢到极点了吗？在所有这些评论中，读者都是采取这种或那种方式，指责西方对自己的前途失去了信心，指责本书作者没有给西方带来信心或伟大的目标。

《为衰落的欧洲辩护》这本书的书名，恰好就点出了这些评论家似乎不可一世地发现的事实：欧洲尽管工业效率高、富裕、自由，但自我怀疑，这种怀疑有一半是受了它的敌手苏联人的迷惑和吸引。这些对话者是否希望我也来提一提上帝是如何殉难的呢？继汤因比之后，让我再来传布基督精神或天主教义的复活吗？让他们去找我的朋友安德烈·弗罗萨尔吧，他已经见到了上帝。也许，除了这些社会经济现象，西方文明也深深为众人（或自己）的宗教信仰的衰落而痛心。假设情况是这样，那么哪一个分析家敢自诩能够平息同代人的极度渴望，或者更谦虚一点，自认为有权扮演预言家呢？

埃蒂安·博尔纳在一篇还算友好的文章中申明："自由本身不是目的，只有联系伟大的目标才有意义，但这个目标，我

们还没有发现或我们已经忘却了。"托克维尔也曾写过："谁
要从自由之中寻求自由以外的东西，谁就只配侍候人。"自由
社会有时完成了一些伟大的目标，但它事先并没有想到这些目
标。允许人们有权选择自己的官员，让他们享有个人自主权，
同时也就有助于政治的和精神的多元化。自由社会本身就是一
张王牌，我竭尽全力帮助自由社会打赢这个赌。我不认为形而
上学比政治思考对自由社会的帮助更大。

　　读者对这本过长或过短的《辩护》的结尾部分可能感到
不满足，我乐于承认这一点。从某一方面来讲，我的本意就是
要读者不满足。有两种历史哲学（或历史观点）同时启迪了
我的思考，尽管这两种哲学是互相矛盾的。一方面，对民主和
自由的信念，相信民主自由制度加上混合经济，可以成为当代
最好的出路，或者换个说法，是最不坏的出路。另一方面，意
识到这些制度同样可以引起一种连续不断的类似的内战，公民
变成单纯的消费者，各种压力集团泛滥成灾，使国家瘫痪。无
须接受斯宾格勒式的解释（按照这种说法，民主的有益的城
市文化本身就标志着文化衰落的一个阶段），然而也应该问一
问——帕累托和其他许多人过去也探讨过——自由的发展、信
874　仰的多元化、个人享乐至上，会不会损害社会的协调和行动能
力呢？

　　由于受到这两种哲学的双重启发，有时我很肯定，有时我
又产生怀疑。至于怎样才能增加一些死里逃生的办法，我既不
含糊其辞，也不会默不作声，尽管一个评论家显然无法掌握什
么秘诀，使正在解体的社会凝聚在一起。对于欧洲的未来，我
不做结论，也不自诩有先见之明，我只是提出问题。

第五部

※

死缓阶段

(1977 ～ 1982)

第二十六章　心肌梗死

1977 年 5 月，我离开了《费加罗报》。如果不是在这之前的一个月我突患心肌梗死，而这次患病永远地改变了我的生活，我是不会把这个事情看成"死缓阶段"的开端的。在我结束了法兰西学院"马克思的马克思主义"这一课程的次日，也就是准备离开《费加罗报》的前一天，我由于即将奔赴新的工作岗位而过度兴奋，忘记了自己已入垂暮之年，突然间我觉得自己蹑到了死亡线上。从那时起，死亡不再是抽象的概念，而成为每天都出现在眼前的东西。

我突然患病，立即被送到了科香医院急救中心。我虽然丧失了说话和写字的能力，可头脑却依然清醒（我希望是完全清醒的，可是我能有把握吗?），但我不能与人交谈。我用手示意要一张纸和一支笔，用左手十分困难地写下了 3 个单词：死亡（mourir）－不（pas）－可怕（peur）。值班实习医生是前巴黎政治学院院长 J. 夏普撒尔的儿子，他微笑着对我说："您的病情没有那么严重。"我是在演戏吗? 我想不是。我在片刻之间变成了一个旁观者，一个无法支配自己身体和说话能力的旁观者。我的"我"、我的"自为"、我的"灵魂"在反抗着一切，似乎没有受到损伤（当然，这只是幻觉）。急救中心主任蒙萨利埃医生是让－克洛德·卡萨诺瓦的朋友，他当天晚上从乡间赶来，向我保证说我可以恢复说话能力，至少可以大体上恢复。那天晚上，我听见三四名医生互相询问：我的面孔是否变形了？因为他们无法确诊我的脸究竟是向右歪还是向左歪；他们之间的谈话使我觉得很有趣，也使我不再担心了。那天晚上，我说出了几个字。蒙萨利埃医生后来告诉我说，我在半睡眠状态中说出的是几个德文单词。次日清晨，我在短暂的时间里再次恢复了说话能力，似乎什么事情也没发生过。但好景不长。恢复说话和写字的能力需要好几个星期，而恢复后的效果并不令我十分满意。

根据医生们的诊断，由于我的心跳过缓（每分钟 50～55下）和心律不齐，在心房一侧形成了一个血栓。这次发病的起因不是脑动脉破裂，我虽然年事已高，血管却没有老化。为了调整心律不齐和防止形成新的血栓，我必须注意饮食起居。而说话的能力只能等它慢慢恢复，后遗症将是轻微的。

入院最初几天的情景使我终生难忘。科香医院的神经科大夫测验了我的说话能力。他把两样东西指给我看，一个是矿泉水瓶的盖子，另一个是瓶子的颈部。这是我终生都不会忘记的两个单词，但当时却一个也说不出来。接着大夫又让我念"治外法权"（extraterriorialite）这个单词，我觉得这大概是法语中最难读的词了。尽管这次试验全部失败了，但是那个大夫还是乐观地对我说，我在来年就可以重返法兰西学院的讲台了。

每当我回想起患有失语症的那短暂的一天，以及后来丧失部分说话能力的漫长时光，我总要扪心自问，为什么这种病并不像自己过去想象的那样令人难以忍受？当我向朋友们叙述这一段经历时，他们的反应基本上是一致的："这简直太可怕了。"然而，坦率地讲，我的感受却并非如此。是出于俏皮？是出于麻木不仁？是出于自尊？还是因为有毅力？这几条恐怕都站不住脚。我的"我"突然离开了我的肉体，它对此并不能泰然处之，而是好奇地问自己：它所支配的躯壳到底还能派上些什么用场？这里还要补充说明一下，从入院的第二天起，我便恢复了一半的说话能力，因此可以与他人进行最低限度的交流。

从某种意义上讲，我感到永远丧失部分说话功能比承受第一次打击还要痛苦。1977年，开学以后，我强迫自己接受考验，到电视台做即席演讲。但在我患病以前，我是绝对不会同意参加"人物讨论"这一电视节目的。如果我没记错的话，这个节目的时间总共为一个小时，偶尔也可能超过几分钟。节目的前20分钟为自我介绍，然后开始进行辩论。一般情况下还有两个检察官和两个律师参加。有时，检察官和律师也互相担任对方的角色。安娜·辛克莱尔认为我有足够的能力进行自我辩护，就把莫里斯·迪韦尔热、尼科斯·普兰查斯、菲利普·德·圣－罗伯特和阿兰·德·伯努瓦全部放在我的对立面。自我介绍部分是在法兰西学院的教师办公室录制的，它被压缩成了一种自我独白。节目的录制工作一个下午就完成了。贝尔纳·博尼洛里和安娜·辛克莱尔坐在我的旁边，他们本来应该向我提几个问题，但是因为时间不够，只好作罢。那天，我只关心我的形象，而不在乎谈话的内容，在这长达35分钟的独白过程中，我只在一个字上结巴了三四次。

同4个对话者进行的论战并没有给我留下一个良好的印象。普兰查斯抓住一切机会表现他的反阿隆立场。这是一个左派人士在这种场合下必然要采取的立场，大概是为了得到同志们对他参加这次电视节目的谅解。菲利普·德·圣－罗伯特在几年前曾模仿莱昂·都德的文笔写过一篇骂我的文章，但是他的文笔还不够泼辣，缺乏都德的才气。把他的人格和作品相

879

比，我更厌恶前者，因为我从他的身上看到了我所厌恶的法兰西行动派的影子。他还使我再次感到，这些民族主义者或反动派属于另一个我根本无法生存的世界。阿兰·德·伯努瓦扮演了他的角色，并没有过于咄咄逼人。莫里斯·迪韦尔热颇有礼貌的批评，并没有给我留下什么印象。

在即席辩论中，我只有两次因为出"故障"而停了下来。由于"滑稽的"这个形容词怎么也说不出来，我只好让步，改用"这是一种滑稽"的说法。① 在我的亲密朋友当中，有些人是关心我的医生。他们很快就发现我在讲话时常常把音节颠倒，或者把甲词当成乙词用，一些较难的词也常常念错。这些都是最典型的后遗症。这次考验使我感到宽慰：在大庭广众之下，讲话对我已不是禁区了。当然，在我通过教师资格考试之后，考试委员会的主席就曾提醒我注意控制讲话的速度，不要过快，免得有些学生听不懂。随着时间的流逝，我讲话的速度自然而然地放慢了。语言表达方面的才能从某些方面来看居然经受住了年龄与岁月的考验。总之，《工业社会十八讲》《社会学主要思潮》，甚至连《难觅的革命》一书都是我口授写成的。可是从今以后，这个曾经使我在百忙之中无须拟稿而只需在面前放些笔记或借助一个简短的提纲，就能不停地用法文、英文或德文讲课的才能，还剩下多少呢？

在 1977~1978 年这一学年中，我吃力地完成了在法兰西学院的教学任务。整个学年有 26 个学时，其中我用了一半的时间组织学生在课堂上讨论"社会正义"问题，用另一半的

880

---

① 这句话中，"滑稽的"法文是 caricatural，"这是一种滑稽"的法文是 C'est une caricature。此处，阿隆想不起这个词的形容词形式，而用名词形式代替。——编者注

时间讨论了"自由与平等"问题。这样的教学安排是我的第一次尝试。我坚持执行我的教学计划，但并非没有注意到在授课过程中，自己常常在某些单词上打磕巴。然而，这些单词并不一定是那些发音较难而令我在课前感到担心的词——这是畏难心理所带来的一种后果——有时一个十分普通的单词也会突然把我堵住。

我同意到伦敦政治经济学院去讲课，更确切地说，是给负责出版一本国际关系杂志的学生们开讲座。讲座主题是"工业社会与战争"，我用了我为纪念奥古斯特·孔德而做的演讲的题目。这个题目，早在 20 年前我就曾在同一个地下剧场里讲过。这一次我没敢冒险进行即席讲座。讲座由拉尔夫·达伦多夫主持，与会人数和 20 年前差不多，或许还略多一些。然而我这个讲演者已今非昔比，讲座的内容也增加了一个重新估价的部分，但仍比不上先前的讲稿。在英美听众面前，我没有脱离讲稿，更没有开什么即兴的玩笑。由于过分拘泥于讲稿，我等于用英文宣读了事先写好的论文了。更为不幸的是，讲座刚进行了几分钟，我的嗓子就开始嘶哑起来，结果给听众留下的印象是我为了避免失音而在拼命地控制自己。在患心肌梗死之前，我在法兰西学院就曾受过嗓子嘶哑的折磨。这次嗓子着了凉，我又大受其害。同年，即 1978 年秋季，我开设了解读阿拉斯泰尔·巴肯（Alastair Buchan）的讲座。这个讲座是为纪念战略研究所的创始人阿拉斯泰尔·巴肯而开设的。他曾是牛津大学国际关系专业的教授。就在这个战略研究所里，我用嘶哑的声音宣读了事先用法文拟好的讲稿。这是一次艰苦的考验，听众固然听得苦，而讲的人更苦。我在几个星期中为准备这两次讲座所花费的心血与我所得到的成果是根本不成比例的。

881　　5 年过去了，那次暂时的失语症至今还对我有些什么影响呢？基于很明显的原因，我无法做出客观公正的判断，因为我经常会夸大失语或口误的严重性。然而我有时又走向另一个极端，总相信自己在青年时代使亲朋好友们吃惊的口才，并没有因为我年龄的增长和身上到处都是血栓而下降。以下就是我做出的结论。

　　我需要得到公众的鼓励。我在家里出的差错要比在大庭广众下多。而内心的独白要比对话更容易对付。1977 年以后又过了好几个月，由于栓塞的后遗症未能完全消失，我就去请教一个正音科医生。这是一名年轻、漂亮、有风度的女性，她让我读一篇难度较大、生僻字也比较多的课文［大概是波斯科（Bosco）或者吉奥诺的文章］。连我自己都非常吃惊，我连续读了好几页，竟然没有出现任何"故障"。这次谈话持续了半个小时，其间我只出了两个微不足道的小"事故"。那个正音科医生劝我不必再去接受什么再教育。她对我说："那些接受再教育训练的人甚至不指望能够达到你现在的水平。"也许我的这次成功表现使她产生了错觉，事实上是测验本身调动了我的功能。

　　我逐渐恢复了运用英文的能力，但是熟练程度显然是非常有限的。1981 年，我在牛津大学开了一次讲座，题目是"麦卡勒姆"（Mac Callum）。当时我即席演讲，没有看一眼笔记。在前一年，我还以同样的方式在爱尔兰皇家科学院就苏联外交问题举行过一次即席讲演。我可以自豪地说，讲演过程中没有发生任何问题。然而，我也羞愧地回想起在谈到我在网球比赛中的名次时，我竟然未能精确地说出"4/6"和"2/6"。我当时说的是"4%"。安娜·辛克莱尔没有注意到这一点①，因为

———————

　　①　在"人们不总是 20 岁"节目中。

她不懂记分的方式。

对我来说，损失最严重的要算是德语了。我很少有机会讲德语。由于缺乏练习，我在 1977 年以前就不大能够用这种语言做即席发言了。现在每当我回想起 1965 年我在图宾根用德语开设讲座时的情景就深感快慰。那次讲座是为纪念马克斯·韦伯诞辰 100 周年而开设的。西德的社会学协会为了避免其成员之间可能出现的纠纷，把三个大规模的讲座委托给了三个外国人：塔尔科特·帕森斯、赫伯特·马尔库塞和我。塔尔科特·帕森斯曾在图宾根上过大学，因此懂德文。他说德语是一个字一个字地往外蹦，发音却很正确。但是由于他没掌握句子的语调和重音，结果，无论是外国人还是德国人，都听不懂他的发言。在一份会议记录中，《月报》将我的德文水平与塔尔科特·帕森斯的加以对比。帕森斯用德文演讲是出于对主人的尊重。同样，听众为了表示敬意，虽然根本听不懂，也没有流露出不耐烦的情绪，他们在帕森斯的将近一个半小时的发言过程中始终保持了安静。

我认为放弃德文对我无关紧要，然而我又多次对这一损失感到懊悔。1974 年，我被选为"科学与艺术勋章协会"的会员，当时我本应该用德语来答谢西德总理的欢迎辞。在该协会于 1977 年召开的年会上，我又应邀对其中的一名成员致辞，但到最后一刻，我不得不表示歉意。此后，我又接到过发言的邀请。1979 年，我应邀做了发言，费了九牛二虎之力才宣读完发言稿，总算没有使自己当众出丑。发言过程中，我只是在几个既难发音、拼写又长的单词上打了磕巴。1979 年，我在法兰克福领"歌德奖"时的发言却使我感到面上无光。回想起来，我仍然觉得自己的发言稿平淡无味。此外，发言的效果

882

比我事先所担心的还要糟糕。我在学习英语之前就掌握了德语，而且对这门语言的理解要比对英语深刻些。但是我为什么没能再次征服这门语言呢？是不是因为再教育训练要求多讲，而我却缺乏练习？是不是大脑受损伤部位与储存德语单词的能力之间存在某种联系？我不清楚，甚至也不知道第二个设想是否值得认真考虑。

我使用学生时代学到的词汇时"语无伦次"，这是否使我感到羞愧万分呢？我是否早就应该告老还乡呢？有很多"亲爱的同事"在私下议论：如果这些文章不是署名雷蒙·阿隆的话，读者们又会怎样评价它们呢？当然，我也曾想模仿罗曼·加里的做法——署一个无人知晓的笔名，以便了解公众如何评价自己的文章——但对于一个记者来说，我认为这种尝试毫无意义。一个社论撰稿人或专栏作家不可能像一个作家那样，只需写出一本小说就可能赢得批评家们的崇敬和公众的好感，他们不能靠一两篇文章来树立自己的威望。尽管我在《战斗报》工作时，有幸因成功地撰写了一系列有关党派的文章而迅速确立了自己社论撰稿人的地位，但就记者来讲，一般总要经过长期的努力才能晋级，才能拥有自己的读者群，才能受到国家领导层的注意。在我与《快报》周刊合作期间，相比于我写的每周社论，我认为我对自己写的几篇文章——如关于"新右派"，关于《世界报》以及哥白尼街的凶杀案——更满意。

我的写作常常出现"故障"，如笔误、混淆词汇，甚至还出现了拼写错误。幸亏书写错误可以在读者还不知道的时候就得到纠正。笔误引起了我的好奇心。这些错误到底是纯属偶然，还是应和了弗洛伊德的某种理论？我在写信时最常犯的错误是写错主有形容词，把"你们的"写成"我们的"，把"你的"写成"我的"。我几乎分辨不出"一种受压抑的欲望"，"一种自己都不肯承认的愿望"和"明知故犯"在含义上的差别。我想在这种情况下，精神分析学家自己大概也会借助某些生理现象来进行解释的。

出院以后，对于无法治愈的智力衰退我曾经苦恼过吗？有些担心倒是不假，但是还谈不上苦恼。我能够把这一点归功于我的意志力，归功于某种以我为中心的倾向，或者说一种幼稚的虚荣心吗？在我看来，对我发病几个星期之后的行为所能做出的解释是，我的意识和我的"我"保持了完整的连续性。受损伤的只是我的大脑部分，并非我本人。控制语言的中枢出了毛病，并不意味着思维也出现混乱。我的右手是变得不听使唤了，但是工具的残缺不影响手艺人的功夫。更确切地说，我的担心是有道理的。我的文笔对一般人来说是比较抽象晦涩的，即使在同类型的文体中也超过一般的抽象和晦涩之程度。抽象的文笔往往导致词汇的贫乏单调，所以我担心自己的文笔日益干涩，这并非杞人忧天。

时至今日，我还背不出我曾熟记心中的那些诗句。我未能保持对之前的事情的记忆，一些我说过的话及一些我曾亲身经历过的事件我回想不起来了。然而，我认为自己在1977年之前积40年之经验形成的观点，以及通过亲身经历所形成的牢固思想体系，却基本上抵抗住了血栓的侵蚀。有一天，我冥思苦想，试图背诵出《年轻的命运女神》中的某些诗句："万能的局外人，必然的天体／愿将其光芒四射……"① 我不得不核

884

---

① 法国大诗人瓦莱里的诗句。——译者注

对原文（实际上这是西蒙娜·韦伊送给我夫人的一首手抄诗）。我总是记不住一些现成的短语。

尽管如此，我还是强迫自己像往日一样生活。事实上，我已经发生了深刻的变化。

1976年和1977年给我留下了深刻的印象。我在法兰西学院开的"马克思的马克思主义"课程尽管有明显的不足之处，但是，由于我在多年的教学中把这样一种虽然含混却又含有丰富内容的思想看作这种思想的核心和精髓，因此觉得有必要把它写成一篇有分量的论文。4月里的一天上午，我把这个想法告诉了约瑟夫·丰塔内，就好像我这个72岁的老人还想植一棵树，还能参加一项冒险行动。我深信自己无论如何不会一头扎进这种丧失理智的尝试中去。然而，我居然会考虑得那么认真，这倒颇足以说明我当时的精神状态。那时，我没有完全放弃在《暴力的历史和辩证法》之后再写两卷书和最后一卷关于马克思本人的书。我当时认为我还有足够的时间和精力。1977年4月之后，我开始问自己到底还能活多久，以及可恶的心肌梗死还能给我留下多少精力。

我的身体出现了微妙的变化。虽然我在《法兰西学院的开题演讲》一文中写道，对我来说"大局已定"，但是我现在怀疑，我当时这样说，并非毫无保留。我这样讲，并不是故作姿态，或者想炫耀自己。人到了65岁，当然大局已定，或者"基本上"已定。就理性而言，这个"基本上"不必深究。但是也许可以说，我的感性意识却一味地对这个"基本上"耿耿于怀。当然，我无意再次推究历史理论，但是《历史哲学导论》和《人类的历史命运》这两本书却可以算为山九仞，功亏一篑了。这两本书既不打算对马克思的思想做简要阐述，也不准备与巴黎的马克思主义者们进行论战，目的只在综合分析一下马克思思想的各种倾向，而并非探讨这种思想本身。一切以马克思主义自居的历史运动无不发源于这种思想。

1978～1979 年是我除了撰写某些已经承诺下来或奉命而作的文章以外没有任何教学任务的头一年。我开始再次考虑完成《暴力的历史和辩证法》的续集部分。我当时还没有确定自己的写作计划。直到 1979 年夏天，我才着手写作自己萦怀已久的三本书的第一章。这三本书的书名分别为《马克思主义》《历史的哲学》《回忆录》。要完成这三本著作，我必须付出极大的努力。这个写作计划似乎超越了我的能力范围，因此我应该选择写第三本书。我渴望不受拘束地回忆自己的往事，这并非出于自觉的动机，而是出于一种本能的意愿。

在全盘写作计划中，我最终选择了从研究角度来讲要求最不苛刻的一本书。我并不想知道，我对谈论自己的反感，是否真正变成了坦白自我的渴望。朋友们怀疑我没法用对我来说完全陌生的语言风格进行写作。我开始回忆遥远的过去，但对自己是否能够坚持到底并没有把握。我让人把自己写好的第一部分读给贝尔纳·德·法鲁瓦（Bernard de Fallois）听，他肯定地对我说，这种对历史事件夹叙夹议的回顾会吸引一批读者，甚至使一些年轻人感兴趣。因为这些年轻人只是通过带有倾向性的历史书，或者战胜者们所散布的种种传奇性说法来了解近半个世纪的历史。承蒙他的鼓励，我终于实现了目标。①

885

---

① 我当时还没有考虑用对话体裁来写作《介入的旁观者》这本书。

第二十七章 在《快报》周刊

　　当我暂时置身局外时，我与《费加罗报》分手的消息已经在巴黎不胫而走。我原定在 4 月份同詹姆斯·戈德史密斯爵士进行谈话，但我们的谈话却被拖延至我出院三个星期之后才履行。我又比较自如地讲起话来，这造成了假象。那次谈话给我留下的印象是，我怎么也说不出"好大喜功"（mégalomanie）这个词和形容词"好大喜功的"（mégalomane）。被所有《快报》周刊的同人称作"吉米"的詹姆斯爵士给人留下的最初印象是智力超群。我不同意阿兰经常引用的这样一种观点——"总之，每个人都经历了他所向往的生活"。我更赞赏"成功总是应得的"这样一种表达婉转而又意义明确的论点，尽管其所使用的词汇听起来有些不合情理。换一种说法，成就并不完全靠运气。① 詹姆斯爵士之所以能够成为一个大资本家，是因为他的目标是赚取大量钱财，而且他拥有出色的工具，那就是他的智慧。我在《快报》周刊工作的最初几个月中，他几乎每周召集一次会议，讨论上一期杂志中的问题。也可能是因为他对新闻专业缺乏经验，他同别人一样也常常出错，但是一般来讲，他的批评和建议还是正确的，因此受到别人的重视。

　　有了在《费加罗报》工作的经历，我对那些无休止的会

---

　　①　关于 R. 埃尔桑我也是这么说的。

议、窃窃私语、派性、垄断势力以及内部纠纷尤其感到害怕。我应该在离开《费加罗报》和4月份患病之后，中止我已经干了三十多年的新闻工作，并从此改换门庭，著书立说。我从未改变固有的生活方式——中等职员的生活方式。我通过作家版权组织在地方报纸上刊登文章，收入已足够维持我的生活。如果退出公众生活，我能够有时间和勇气写出我曾提到过的一两本书吗？对此，我无法给予肯定的回答。更确切地说，这种隐退只能更清楚地表明，死亡的临近使我产生了一种淡漠感。我知道这种淡漠感可以被形容为泰然处世或者明智。我当时认为，而且现在仍然这样认为，这种淡漠感具体到我的情况，所能表现出来的形式就是自暴自弃。

887

　我庆幸自己选择了《快报》周刊的工作。如果换成《焦点》周刊，我的生活是否能够更加舒适和丰富多彩，那就不得而知了。我只想说明，当我在报社里的职责被确定和被严格地限制在一定范围内之后，一切都进行得很顺利。詹姆斯爵士亲自对我说，我可以不必出席所有的编辑部会议，因为这种会议只涉及出报过程中各部门之间的问题。从此逐渐形成了一种默契，每星期一的编委会很少讨论最近一期或下一期刊物的内容和方向问题。身为周刊的社论撰稿人，又是编委会的主席，我还承担了一部分主编的责任。然而，除了某些小问题，这部分责任并没有引起我的良心问题。

　1978年的竞选前夕，詹姆斯爵士委托我做一项吃力不讨好的工作：重新阅读所有的文章，如果发现这些文章可能不符合既定方针，就要提出来加以讨论。但是他忘了告诉我，奥利维尔·托德曾以书面形式要求，并且如愿以偿地获准在撰写社论时带有社会主义倾向。当天夜里发生了一场激烈的争吵，吉米当时正在加勒比地区，他不断打电话到会场，甚至声称要禁止周刊出版。《鸭鸣报》以其传统方式评论了这次事件：这篇评论的矛头指向了我。

在我进入《快报》周刊几个月后，弗朗索瓦兹·吉鲁表示愿意回到报社工作。我们对她的申请进行了长时间的讨论，在最后的否决中，我负有一定的责任。

弗朗索瓦兹·吉鲁聪明灵巧，有一种魅力，甚至连她的声音也相当迷人，令人信服。我们曾多次见面，她甚至还邀请我参加过说不清是为纪念《快报》周刊的什么节日而举行的一次朋友式的聚会。弗朗索瓦·密特朗和加斯东·德费尔也出席了那次招待。与会的巴黎荷兰银行的一位老总走过他们面前时，对社会党进行了揶揄："它嘛，谁都知道，已经不在了。"加斯东·德费尔当面骂了他。令人不愉快的文章不时出现，都是攻击我的某篇文章或我的某些政治判断，对此我倒没有怪罪弗朗索瓦兹·吉鲁，更多以为是 J. 施莱贝尔干的好事。在巴黎竞选事件中，我显然对弗朗索瓦兹·吉鲁寄予了同情，但是仍要强调一点：她为什么要同那些人混在一起呢？此后，由于她申请回《快报》周刊的要求遭到拒绝，她始终不肯原谅我（更确切地说，她是怪我代人受过）。

弗朗索瓦兹·吉鲁要求回报社工作的申请在 1978 年年初提请编委会审批。当时领导报社工作的还是菲利普·格伦巴赫。戈德史密斯不希望弗朗索瓦兹·吉鲁返回报社。让－弗朗索瓦·拉威尔（J.-F. Revel）是报社的老人了。他与弗朗索瓦兹·吉鲁一起工作了多年，出于对她的真诚友谊，他不能对过去的领导采取敌视的态度。我们大家出于政治上或感情上的种种明显原因，对这个问题感到左右为难。F. 吉鲁在创建《快报》周刊的工作中，有过或几乎有过堪与 J. 施莱贝尔比肩的功绩。拒绝她回《快报》周刊工作，在我们大家看来简直可以说是不公平的和残酷的。

然而，我们不能不考虑到一些具体困难，进一步说，就是她重新回到报社几乎是不可能的。一部分原来班底的人在离开《快报》周刊时得到了一笔优厚的补偿津贴，这是法律对记者离职所规定的。其中有些已经快到退休年龄的人便乘此机会离开了《快报》周刊，他们中的某些人由于还能够在其他地方找到工作，更是何乐而不为。为了使新的《快报》周刊与原来由 J. 赛尔旺－施莱贝尔的《快报》周刊彻底决裂，戈德史密斯便把在《新观察家》工作的奥利维尔·拉德和在《费加罗报》工作的我一同聘请了来。我曾多次问他，赛尔旺－施莱贝尔和弗朗索瓦兹·吉鲁是否永远离开了报社。他对这个问题的回答使我再也没有任何疑虑。我并不记恨他们当中的任何人，我只是希望履行新的计划，彻底改变《快报》周刊前一阶段的状况，不再出现用《O 的故事》①的相关内容做封面的情况。更为严重的是，吉鲁在其参加竞选的巴黎选区赠阅了几千份《快报》周刊。《快报》周刊不能再沦为虽合法但为个人的雄心服务的工具了。

889

在编委会的讨论会上，反对吉鲁返回报社的并非只有我一个人。就我所知，她自己并不想重新掌握报社的领导权。编委会其他成员试图采取一种折中的解决方式，允许她写些有关社会问题的社论，但不能涉及政治。我指出，同意聘用一个曾任部长职务的人回来工作，但又规定她不许涉及政治，这是荒唐

---

① 色情小说。——译者注

的。我建议由戈德史密斯向她转达否决的回答，甚至可以把它说成是我个人的意见……我承担了这个责任。当时周刊已经决定，《快报》周刊在 1978 年的选举中，支持在今天看来是反对派的立场。她这位前部长对总统的敌意将会使编委会的内部矛盾更加复杂化。戈德史密斯对我支持了他的决定表示感谢。他对我说，能够友好地解决在杂志的新业主与前女老板之间可能存在的行政诉讼事件，他感到庆幸。

值得庆幸的是，在 P. 格伦巴赫离开几个星期后，詹姆斯爵士被说服同意任命 J.－F. 拉威尔为社长。在我看来，格伦巴赫的离职是不可避免的。他属于《快报》周刊老班子里的人，由于高高在上、喜欢发号施令且口气生硬，记者们越来越反感他的领导。拉威尔享有或几乎享有全体记者的信任和友谊，他虽然也是杂志社的老人，但是他并没有在最后阶段——当社长或弗朗索瓦兹·吉鲁使周刊服从于他们的政治倾向时——与赛尔旺－施莱贝尔同流合污。我不知道我那些措辞强烈的建议在多大程度上影响了吉米的决定。总之，我自己对这次任命深感满意。1981 年 6 月的危机也没能改变我的这一看法。

我来《快报》周刊时，刚刚结识 J.－F. 拉威尔。我曾读过并且欣赏他的两本畅销书：《既非马克思，也不是耶稣》和《极权的诱惑》。我翻阅过他抨击哲学家的小册子（其中也涉及我），对《伪君子们的阴谋》一书，我既不十分赞成，也不强烈反对。我吃惊地发现，他身为作家，除了有无可非议的丰富学识，还有一种使读者都能领会的论战艺术。他的书简洁而又不落一般论战的俗套，并且充满了一种他自称是发自内心的反共色彩，从而在大西洋两岸拥有众多读者。这一事实说明他处理棘手的体裁仍能履险如夷，举重若轻。同时，我对他执拗地宣称自己是社会主义者，对他在起来反抗他认为是万恶之源的国家主权时，一跃落进乌托邦而感到惊异（当我们相熟之后，我把这些想法告诉了他）。

依我之见，我们两人之间在任何时候都不存在自尊心的竞争。我们说好每星期一上午讨论各自社论的内容。可能某些时候他认为我的选题更为恰当，但我却不这样认为，每两次中至少有一次都是他向我建议应采取什么题目。因此，我开始为这个团队尽职，并且不回避承担整个报社的责任。在编委会的辩论中，我很留恋《费加罗报》的自由：自由地选择时间、内容和篇幅。经过几个星期的练习，我已经充分适应了12个版面和我的3栏社论。由于我坚持按照自己的风格写作，所以不得不在没有充分进行论证的情况下，比平时更进一步地表达某些论点或看法。让－弗朗索瓦的社论和我的社论互不矛盾，而是相得益彰，前者用事实说明和证实问题，从事论证性文章的写作，我则为了表明某种立场或进行某种评论而专门写分析文章。

我要补充的是让－弗朗索瓦对我十分体谅，也很有分寸。由于这种关系在新闻界人士中并不常见（在教育界中也是如此），所以我对此感触很深。我已经习惯人们称我为"老先生"和把我看作"长者"这种状况了，但不能说我对此一点儿情绪都没有。从1977年4月起，我已经开始老了，而且自己也很清楚这一点，但是我还是更希望别人不要让我感觉到自己老了，即便是出于礼貌的考虑。同样，奥利维尔·托德和我的关系也密切起来。他让我看了他写的关于萨特的书的初稿，我向他提出一些修改意见。我们俩，还有安娜－玛丽和苏珊，四人一起吃过一次午饭。危机是在5月11日或12日爆发的。

891

5月10日晚上，我带着孙子孙女洛尔、阿兰和波利娜来到报社，我想在那里让他们把我预先写好的评论弗朗索瓦·密特朗获胜的社论听写下来。吉米正在同让－弗朗索瓦和其他一些记者讨论事情。我没有感觉到暴风雨即将来临。吉斯卡尔·德斯坦关于《预谋背叛》的公告，以希拉克为首召集的原多数派的会议，都不许我发表已经写好的文章。原定12日（星期二）我要进科香医院动个不大的手术（切除一个憩室，它已经使我难受了几个月，也可能是使我难受了几年，我越来越感到不舒服）。就在11日的下午，我碰见奥利维尔，他异常激动，突然告诉我说，吉米把他赶出了报社。我不了解老板和由他挑选的领导班子之间发生冲突的深刻背景和偶发原因。一到医院，我就给《快报》打电话，问我的社论是不是没有被发表——这与报社的危机没有任何关系。我让我的朋友蒙萨利埃相信，所有的化验都要等星期三才能做，所以我没必要在星期二这天住进医院。我回到《快报》，同让－弗朗索瓦和吉米进行了两个半小时的谈话。我尽了最大的努力来缓和紧张的气氛。

吉米比较容易地接受了这样的观点，即《快报》不能够也不应该办成一份右派的《新观察家》那样的刊物。这是由两个同样重要的原因决定的：要么像信仰宗教一样加入左派；要么在当前除了被政治阶级革出教门的"新右派"，能够与左派相匹敌的右翼已不复存在。另外，许多编辑都来自左派，他们不会把周刊办成一个反对社会党政府的刊物。在这次谈话中，吉米打算把奥利维尔继续留在《快报》，但是不再让他担任总编，因为报社的总编同社长最接近，他不仅要在工作中与社长密切合作，而且肯定会影响社长。

　　就我个人来说，我对竞选运动期间出的最后几期周刊并不满意。让－弗朗索瓦以他惯有的文风撰文反对共产党，但并不太反对密特朗。最使我感到气愤的是《快报》于第一轮竞选前夕刊登的4篇文章。每篇文章占两个版面，安排在相等的位置上。其中的两篇是支持密特朗的，另外两篇是支持德斯坦的，而让－弗朗索瓦写的文章名义上是支持吉斯卡尔·德斯坦的，实际上其内容却是让－弗朗索瓦反对马歇但也不支持吉斯卡尔。当他要求我把已经写好的《选举的说明》一文由三个版面改为两个版面时，我同他进行了一场近似争吵的讨论。在这之前的一次编委会上，我非常吃惊地听到他竟然说出这样的话：他对我和马克斯·加罗采取的立场都表示遗憾。因为马克斯·加罗参加了支持密特朗的委员会，我加入了拥护吉斯卡尔的委员会。他还说，报社根本没有必要卷入总统竞选的斗争中去，因为几年来我们撰写的文章对读者的抉择所产生的影响要比最后时刻刊登的文章的影响大得多。

　　刊登上述4篇文章的那期周刊使我深感不安，要比让－弗朗索瓦当时意识到的要严重得多。一份自诩客观的刊物并不意味着必须保持中立或不介入，如果它表示自己不能够采取任何立场，那么这不仅说明刊物水平低下，而且还会让该刊物丧失威信。大选过后，我就想辞去编委会主席的职务。在社长与编委会主席之间无人能够进行仲裁。但是，当让－弗朗索瓦和我对贝尔纳－亨利·莱维的一本书出现分歧时，我们找到了一种折中的方案：设法发表两篇评论文章。伊夫·居欧后来打电话告诉我说：从简单的专业角度出发，他反对把支持密特朗的两篇文章和支持德斯坦的两篇文章并列发表。在电话中，我让步了，因为有马克斯·加罗在场，我虽然并不赞成把写书评的人

892

一下子晋升为政治社论撰稿人，但当时不便多加解释。我们当时还不知道——他也没对我们讲——他正觊觎着波旁宫的一个席位（也可能他自己不了解这个情况）。

尽管我在最后几个月中对《快报》发展的方向抱有疑虑，但对让－弗朗索瓦还是信任的。不过这并没有打消我辞去徒有其名的编委会主席的念头。5月12日，我仅仅想防止吉米同让－弗朗索瓦和奥利维尔的分道扬镳。

星期二晚上，我们分别时没有就具体方法达成协议，大家要在夜里想出办法来。我认为，要奥利维尔·托德接受降职，在《快报》当一名社论撰稿人，并负责"封面报道"①，这是不太可能的。而我毫不怀疑让－弗朗索瓦将跟奥利维尔一道引退。星期三上午出了什么事？我从医院打电话到《快报》，接电话的是让－弗朗索瓦，他明显是不知所措，对我说"我辞职了"，接着挂断了电话。

关于5月13日（星期三）发生的事情，我听到了两种说法。吉米对我说："我是10点半到报社的，因为9点钟我在外面有一个约会。一到报社，我就发现社里乱七八糟，让－弗朗索瓦辞职了，托德被撵出了报社，记者们自己开起了会，处处人心浮动。看到这种情况，我没有其他选择，只好发出两封信，一封是解雇的信，另一封是接受辞职的信。"而照其他人的说法，那天上午他们二人收到了这两封信后，报社就乱了套。虽然我们三个人在谈话结束时并没有做出结论，但很可能关于他们两人一个被解职，另一个主动辞职的消息已经传开了。吉米

893

---

① "封面报道"（cover story）指的是每周发表一篇文章，就一个专题进行深度分析，以期增加本期杂志的吸引力。

到达报社时看到木已成舟，只好顺从不可避免的后果。

在 5 月 13 日至 15 日这 3 天里，让－弗朗索瓦·拉威尔和奥利维尔·托德不断发表声明，但是我并不了解声明的内容。他们的声明遭到了伊夫·居欧和扬·德·雷克泰的反驳。作家攻击记者，离开的同事指责留在报社的人。在那些天里，我因动了手术，既不能介入论战，也无法打听消息。还是吉米通过我夫人使我了解到了报社的一些情况。让－弗朗索瓦和奥利维尔都没有来医院，他们既没有打听我的情况，也没有表示有探望我的愿望。这在我看来是难以理解的。也许，他们认为我在精神上是支持他们的，然而若真是如此，他们为什么又不同我接触呢？也许，他们把我看作这次争端的局外人，我可以有自己的选择。但如果真是这样，为什么奥利维尔·托德要在《晨报》上发表文章来猛烈抨击我返回报社后所写的第一篇社论呢？

由于杂志的一幅封面不符合吉米的口味，他勃然大怒，并在一气之下赶走了主编，社长也因而离开了报社。如果只就这些事实本身而论，显然是吉米理亏。在错误——如果存在错误的话——与制裁手段之间，轻重悬殊是显而易见的。尽管如此，木已成舟，两个受害者又能怎样？想让吉米认错吗？他们了解吉米，知道他们无法搞垮他，吉米宁可停办报社也不会向别人屈服。他们虽然无法战胜吉米，但还可以使大多数编委，尤其是那些享有名望的编委辞职，从而使吉米陷入困境。在这种情况下，我的决定就成为事态发展的关键：如果 4 个编委全部辞职，将要接替他们工作的人难道还敢来冒险吗？在几天之内，报纸和电台一直等待"住院的雷蒙·阿隆"表态。我请伊夫·居欧到科香医院与我见面，让他把我的决定告诉大家。

894

　　在总统竞选第二轮投票前夕出版的周刊的封面上，德斯坦老态龙钟，密特朗英姿焕发、沉着稳健，这至少会让人产生一种误会。《鸭鸣报》的短文就是最好的证明：《快报》的老板已经准备靠拢新的执政者。也许正是《鸭鸣报》的评论惹恼了詹姆斯爵士。吉米给我看了负责封面报道的编辑们写给他的信，信中说，他们是遵照收到的指示行事的。

　　我认为吉米并没有记恨奥利维尔，虽然前者出于极端的保守主义观点，讨厌甚至可以说是蔑视后者那种软弱的社会民主思想。其中的奥妙在我看来并不难理解。吉米和其他实业家一样，怀着一种简单的热情，满怀信心地投身于报业。他的动机不是发财，而是捍卫和宣传自己的观点。

　　《快报》曾经是左派的刊物。它反对过印度支那战争，反对过阿尔及利亚战争，反对过戴高乐主义以及共和国民主人士联盟的统治。在 1974 年大选的最后时刻，J. 施莱贝尔宣布支持吉斯卡尔·德斯坦，弗朗索瓦兹·吉鲁不得不在《普罗旺斯报》上对自己投弗朗索瓦·密特朗的票做出解释。报社的指导方针虽然多次变更，但编辑部的立场依然倾向左派。多少年过去了，但是老板同一些记者的关系始终处于紧张状态。他希望周刊果断地成为"自由"（从欧洲的意义上）的刊物，而记者们（一些社论撰稿人除外）则摇摆于两个阵营之间。

　　说实在的，吉米对密特朗获胜并不感到意外，但他对此怒不可遏。大选前吉米同执政者已经就埃尔桑集团的前景进行过谈判，在他看来，该集团的财政需要采取严厉措施加以整顿。他希望借此机会控制《费加罗报》，同时解决《快报》中的某些人事和经济问题。

　　5 月 10 日以后，原打算从大大超编的《快报》编辑部抽

895

调一部分人到《费加罗报》去的计划破产了。此外，吉米过于悲观地预计，广告收入将减少25%。从逻辑上分析，奥利维尔·托德的离职与可能出现的财政困难之间没有任何关系。但在吉米的思想中，企业可能蒙受的损失与刊物的政治内容之间是有紧密联系的。在宁可承受财政损失也要保住刊物这一问题上，他至少是同我，而不是同我所反对的那些观点站在一起的。那幅封面使吉米大受其辱，好像他是一个叛徒，随时准备与社会党人携手合作，然而事实的真相却是吉米只想跟他们白刀子进，红刀子出。吉米的所有这些不痛快的情绪，包括5月10日事件的打击和多年积压的怨恨，一下子被奥利维尔·托德的封面事件引发了。而他这个点燃导火线的人也就自然而然地成了牺牲品。最后还需要说明一点，吉米早就想提拔伊夫·居欧和扬·德·雷克泰（后者是同我一起离开《费加罗报》的）。

我有一个想法，但是这个想法却无益于我在报界同人中的名望。就我个人来讲，我极不赞成一个刊物的编辑部享有自主权。我目睹了《费加罗报》不可挽回的衰落局面，"老板"的职位落在一个其背后派系林立的傀儡手里，某些在业务上不是骨干的编辑就会在报社内部制造政治纠纷。于贝尔·伯夫－梅里在谈到编辑协会和当时协会的主席让·施沃贝尔（Jean Schwoebel）时总是唉声叹气（当他心情好的时候）。《世界报》从于贝尔·伯夫－梅里的手里换到了雅克·福韦的手里，又差一点儿落到克洛德·朱利安的手中。罗贝尔·埃尔桑未能重振《费加罗报》，但是他起码知道哪些署名作家特别重要。吉米也是如此。如果实行民主办报，将来由谁来掌握报社的领导权和决定权呢？我更希望布里松这样的人当领导，其次就是吉米这种类型的人。

896

读者会默默念叨，这是个右派人物。我的平等意识还不至于使我否认下述两种人的区别：其中一些人鹤立鸡群，而另一些人尽管可以受人尊敬，但总觉得自己大材小用，心中多少有些愤愤不平。何必在任何人都不相信的平等问题上做戏？是右派反对左派吗？我请读者们读一下让·达尼埃尔的《决裂的时刻》这本书。《新观察家》周刊的社长支持学生反对教师和工人反对雇主的斗争。但他反对出于同样动机的另一场斗争，这场斗争的矛头并不是针对他本人的，而是指向周刊的等级制度。让·达尼埃尔爪牙并用，拼命维护在他看来完全合法的权利。请允许我在这里引用几段让·达尼埃尔在他与自己的编辑部以及与萨特辩论时记录下来的文字：

> 我请《现代》杂志社的社长注意，我同意他的杂志所实行的推选原则，并且不介意他的个人行径。在艺术和政治上，人们只能选择那些志同道合的人做朋友。萨特对此没有任何表示，我接着说：难道可以把有关政治或文学内容的文章交给负责行政、销售和订阅工作的同事来审阅吗？难道应该征求那些我明知会同编辑方针唱反调的人的意见吗？难道萨特自己会同意把《现代》杂志在某个月制定的路线一一交代给他的秘书，甚至出版商和印刷厂主吗？总之，能把舆论和创作与分配劳务和财产同样对待吗？

让·达尼埃尔在另一篇文章中坦率地承认，他对"五月风暴"抱有极大的同情。这种同情心同他维护领导者的权威，以及为决定的统一性进行辩论的立场是自相矛盾的。读到他的这些文章，我感到奇怪的是，为什么他丝毫也不同情那些像他一样为维护他们搞好业务所必需的权利而斗争的教师？为什么他不觉得让行政人员参加选举学院董事会是件荒唐的事？

　　难道大学与一份杂志或报纸不是属于同一类型吗？当然不是。但是，教师的工作却与记者的工作十分相似。无论怎么说，这也是一种脑力劳动，只能由内行来评价。学生对教师的评价同读者对记者和作家的评价一样重要，但这是用户的评价——如果能这样比喻的话——本身并不能成为无可争议的判决。教师、作家不明不白地就靠边站了。在 1968 年和 1969 年，受少数人教唆的学生起劲反对的是那些与当时盛行的观点唱反调的教师，而不是那些水平低下的教师。让·达尼埃尔还写道："一个朋友向我指出，我在同一期刊物上叙述自己在杂志社内部同'五月风暴'的造反派进行斗争的同时又歌颂'五月风暴'的成果，这是自相矛盾的。如果不去寻找另外一种矛盾的统一，我承认这个矛盾是存在的……我曾花费了不少时间去评论各种'呐喊'、各种有待破译的耸人听闻和任意夸张的文告。"让·达尼埃尔在结论中指出：要同法国人民言归于好，而他们最终会怀念爆发街头巷战的那一天。"1968 年 5 月，这个民族的年轻一辈所迸发出来的生命力让我热爱这个民族，不只是从书本上，也不是迫不得已。当我要求自己去说服社里的造反派，改变一些造反派的立场时，我情不自禁地对他们中间的某些人感到由衷的敬佩。对造反派的这种感情又叫我怎么能反对他们呢？"这种"对造反派的反抗"又有何神秘之处呢？为了避免陷入简单的俗套，我认为，在奋激的时刻，每个人都参加了反对一般当权派的斗争，但当个人非常合法的权利受到威胁时，这种斗争却很少有人参加。对我来说，我没有任何需要维护的权利。

第二十八章 社会主义插曲[*]

　　在 1977 年 4 月的震动过去之后，我于同年 7 月开始撰写一本关于 1978 年 3 月选举①的小册子。这么做是出于政治激情吗？正相反，我是为了让自己不像一个受到死亡判决的人那样变得对任何事都漠不关心。同年 8 月，当我思考社会党人与共产党人之间的论战时，一个明显的想法一下子出现在我脑海中：共产党人已经决定与社会党人在《共同纲领》问题上决裂；左派将在来年的 3 月露出分化之相。1977 年 9 月，我在《快报》周刊发表了第一篇文章，在这篇被我命名为《大幻象》的文章中，我预告了社会党人和共产党人之间的协商将遭遇失败。一些时日之后，激进左派运动的施瓦森伯格在欧洲 1 台回应伊万·勒韦时说我完全是在异想天开。

　　对左派决裂的预见首先让我萌生了放弃撰写这本小册子的想法，虽然某些"要人"曾恳求我去写。他们是这样对我说的：只有您才拥有足够的道德权威和能力去向我们的同胞阐明《共同纲领》的危害，向他们阐明目前多数党的失败将会导致的政治危机。我为是否结束这项写作犹豫良久②；这本小册子

---

* 　Revue *Commentaire*, n°41, Printemps 1988, pp. 157 – 165.

① 　*Les Elections de mars et la Ve République*, Julliard, 1978.

② 　或许是贝尔纳·德·法鲁瓦让我做出了最后的决定。

最终于 1978 年 1 月的最后几天付梓问世，就传播和接受评论而言，这次发表的时间已是太迟。左派的雅克·阿塔利用最能伤害我的方式攻击了我。他说这是"一本多余的书"，换句话说：该是您闭嘴的时候了。我们在数年前有过真诚交往。他曾就《化圆形为正方形》一文对我写道，他虽不同意这篇文章的观点，却依然认为它是对《共同纲领》的最好批判。我曾邀请他参加于道德与政治科学院举办的学术报告会。他曾邀请我去参与一个他既是嘉宾又是制作人的电视节目。如果我记得没错的话，他在加拿大广播中的一次对话中采用的是近乎友好的非议语气。他甚至在一次访谈中说，他年轻时候曾遐想自己变成了——这属于他的众多梦想之一——左派的雷蒙·阿隆。他的怨气从何而来？

　　我在这本小册子中提到了有一次他与老板争论时用的某些言辞。比如，我引用了下面这句话："今天，通货膨胀泛滥的真正根本性原因在于，人与人之间存在的买和卖的社会关系变成了商品。"这是从马克思那里抄袭的句子，尽管它显示了哲学上的自负，却没什么深层含义。我的评论是否有可能被看成侮辱和人身攻击？"您的友谊、爱情、工作、抱负，所有这些，经过社会关系中的买和卖都变成了商品吗？其他人都是商品世界的囚徒，难道您就不是吗？"我也在章节的末尾加了个注释以便缓和这场论战："我在重读那些反对雅克·阿塔利的论战文字时不无尴尬，比起我的那些简单批判来，他的思想应该有更多值得注意的东西。不过，我曾经而且至今依然对他满怀期待：也许可以用我对他的失望来解释这次挑衅的发生。"实际上，当时的我先是被他的超群智慧迷住了，后又对他那些只有媒体才会感兴趣的典型巴黎式书籍感到失望，比如《声音》这本以一项既散漫又肤浅的研究为基础而写成的音乐社会学的书。

读者或许会反驳说，我的这本小册子并不比雅克·阿塔利的反唇相讥有更多的价值。实际上，这本册子也的确没什么独创性：我赞成说我的某些评论也有可争议之处。即便如此，在我看来，这些对左派短期规划的批评同对它长期规划的批评一样，它们到今天也还站得住脚：通过提高购买力，尤其通过提高处于底层阶级的雇员的购买力来让经济复苏的做法在 1978 年或 1981 年的局势下能有什么意义呢？如果真的实现了预计的所有改革，得到的又将是怎样一个社会呢？1982 年发生的各种事情印证了我的大部分警告。

今天当我再次阅读这本册子的时候，最令我惊讶的是我在其中居然拒绝设想最坏的政治情况。在最后一章中，我正确描述了如果密特朗成了吉斯卡尔·德斯坦政府的总理，他面对的将是怎样一种极难处理的局面——除非社会党可以靠一己之力保证其在国民议会中成为绝对多数。（我虽在一个注释中提到了这种可能的情况，却没有在此过多停留：到了 1978 年，正如选举结果表明的一样，社会党没有可能获得绝对多数。）密特朗会试图在宪法划定的框架内实施他的计划。由于他将受到共产党的掣肘，吉斯卡尔·德斯坦便会对他有所戒备，并窥伺一个有利时机去解散议会或为了制造一场总统选举而提交辞呈。一位真正的权术家会与我持有完全不同的推理思路。

总有一天，左派会成功赢得选举：以右派或自由主义者的观点来看，最为危险的左派获胜的结果乃是选举出了一位社会党总统；最不可怕的则是左派仅以微弱优势获得了议会多数。① 总统自 1958 年来在法国权力中占据的地位是如此重要，以至于一位社会党人入主爱丽舍宫就会让选民一下子转向左派。弗朗索瓦·密特朗预见到了这点，而且他是对的。如果共产党人、社会党人和左派激进党人士于 1978 年在国民议会获得了议会多数，即便是大大超过了半数的多数，即有 50 个到 100 个议席，社会党政府应该还是会对共产党人手中的选票有所依赖。共产党当时已经在指责社会党滑向了右派。共产党在选举后还会重施故技吗？无论是在 1974 年还是在 1978 年，弗朗索瓦·密特朗的战略都没有真正取得成功；即便他在当时获得了权力，他在行使权力的时候也会困难重重。

　　我当时认为——今天的我则想知道自己在当时为什么会这 901 么认为——1978 年标志着一个决定性考验，吉斯卡尔一旦渡过难关，他的重新当选就可以说是顺理成章了。左派人士阿兰·图莱纳就发生的事总结说，旧式社会主义和对旧思想的重提（国有化生产资料）已经没人愿意再听，呼唤国家来解决社会问题的做法已经过时。米歇尔·罗卡尔，他则是踏入了政治竞技场中，就像弗朗索瓦·密特朗真的是在坐等机会流失而不会进行第三次尝试一样。事后看来，米歇尔·罗卡尔是所有我们这些人中最不理性的：他在党内开展反对密特朗的活动的同时，又宣称说如果社会党第一书记期望成为总统候选人，他就会放弃争夺候选人之位，这种情形下，他的反密特朗活动又怎么能够开展呢？就算密特朗 1979 年还在犹豫，这些针对他的老旧意识形态的暗示也会激发他的抱负以及他对这位年轻对

---

①　对现有反对派也是一样：如果右派在 1986 年赢了，它又能利用这次成功做些什么事呢？

手的敌意。罗卡尔被剔除后，初期民意测验显示吉斯卡很容易就能获胜。当时的欧洲选举未曾表明存在一场倾向于社会主义的运动。而且大部分观察者也都没有对 1980 年的局部选举给予足够的重视，这些选举全都是在对社会党有利的市政选举结束后不久举行的。在 1980 年的最后几个月中，总统支持率和总理支持率一起下降。第二次石油危机继续产生着各种后果。通货膨胀突破了 10% 的大关，与此同时，失业率也在继续攀升。

　　1981 年的竞选活动比 1978 年的更奇怪。三年前，共产党不知疲倦地不断攻击社会党，说它是"滑向右派"的罪魁祸首，而且双方都在考虑是不是还要继续把让左派获得多数作为自己的目标。共产党政治局因为决定在第二轮投票中遵从"共和纪律"——也就是说让共产党候选人退选，以支持占据最佳位置的其他左派候选人——而上了电视，毫无疑问，这肯定对让游移不定的选民加入在野反对党阵营没起什么鼓励作用。① 1981 年，共产党将两面派手法推进到了极致，并且最终玩火自焚。乔治·马歇对吉斯卡尔·德斯坦进行了猛烈攻击，其程度比其他任何人的攻击都更猛烈，与此同时，他又暗示说，出于支持率不够的原因，共产党无法对弗朗索瓦·密特朗和社会党施加足够的压力以让他们重新选择左派政策。他是不会无条件地让共产党人退选以支持社会党候选人的。而社会党候选人早在事前就已指望共产党的无条件退选，而且他估计得也的确没错。

---

　　①　乔治·马歇被其他政治局成员簇拥的形象让人不禁想到苏维埃政治局的真实写照。

　　吉斯卡尔·德斯坦很迟才宣布参选，他只有数周的准备时间，而且他面对了来自其他九位候选人的各方面的攻击。这九位候选人中有三人自称奉行戴高乐主义；玛丽－弗朗士·加罗发出了反苏信息——戴高乐派在 1958～1974 年当权期间也从未发出过的这样的信息。米歇尔·德勃雷指责说上一个七年总统任期内实施的国家管理纯属放纵主义；雅克·希拉克则在两个主题间举棋不定，不知是以曾经被罗纳德·里根运用自如的自由主义作为主题，还是以通过国家行为和支出来重启经济这种"专断主义"作为主题更好。他将攻击集中在吉斯卡尔·德斯坦身上，而且通过拒绝号召他的支持者在第二轮时投票给吉斯卡尔·德斯坦而对德斯坦发起了致命一击。

　　弗朗索瓦·密特朗曾经提出 110 条建议，这些建议在一定程度上有别于《社会主义草案》和《社会主义宣言》[1]。竞选运动期间，他在旧多数派的各种失败上大做文章，他不仅一味强调通货膨胀和失业率的糟糕情况，还就吉斯卡尔·德斯坦出访华沙、维也纳会议以及《安全和自由法》大发议论。在专家的建议下，他尤其注重自己的形象：那种"沉静的力量"。

　　吉斯卡尔·德斯坦指望的是法国人的正统主义。尽管他自称是已经出局的候选人，却依然很少光顾位于弗朗索瓦一世街上的政党办公室，而是继续行使他的总统职能。他相信选民会把他同其他候选人，把他这个总统同一般的政治人物区别对待。他几乎没有为自己在七年任期的所作所为做任何辩护，也没有就执政最初几年里实施的改革（在他领导的多数派中

---

　　①　《社会主义草案》这一从马克思主义中汲取了最多思想的文件，阐述的是社会党的哲学和学说。《社会主义宣言》在梅斯大会后拟定，明确了在社会党获胜的情况下社会主义政府的施政纲领。

有部分人是憎恶这些改革的）以及对以不得人心著称的雷蒙·巴尔的国家管理做任何辩白。他就如何应对失业稍微做了个计划，并在其中提出了自己的看法。他真正满富激情维护的是他的对外和平政策、他与其他国家的对话以及他对制度的维持。"如果你们想要的是一个虚弱的总统，那就不要投票给我。"

在吉斯卡尔·德斯坦自己都没有为自己而战的情况下，别人又怎么去为他而战呢？不要忘记，以通货膨胀或失业率来说，法国处于欧洲国家的中等水平，而法国人口的总体消费在最近七年间至少上升了 25%，这些都由《快报》周刊提请人们注意了。我确实不能做的是从总体上赞同已经遭到我多次批判的吉斯卡尔的外交政策。我知道而且也以间接方式试图让其他人明白，他对苏联的过度武装与联邦德国的和平主义或中立主义运动忧心忡忡，他赞同对欧洲导弹系统进行现代化；他在部长委员会中对部长们侃侃而谈，却没有把这些告诉法国人民。弗朗索瓦·密特朗利用了这种沉默，不但趁机提出说即便他与共产党有着联合关系，他密特朗也会是一个更少纵容苏联的人，而且还表明自己对大西洋联盟忠心耿耿。

事后，我想弄清楚自己当时的超然态度，或者更确切地说，我想弄清楚那些在 1978 年担心左派获胜又在 1981 年事先就对选举听天由命的个人或集体力量代表为何会表现出超然态度。拿我自己来说，我不认为自己的超然源自脑血栓，我在 1978 年行动了起来，但这些行动是在有些勉强自己的情况下进行的，这也是事实。比起我在《快报》周刊上发表的社论，当局——无论他们这么做对错与否——对我在《费加罗报》

工作时写的那些文章更加关心。实际上，或许在我脱离日报①的同时，我也随之部分或全部地失去了那种多数党人士——无论他们是处于吉斯卡尔阵营还是希拉克阵营——认为我拥有的公众影响力。除了让-弗朗索瓦·拉威尔的和我的社论，周刊文章会因为作者不同而要么倾向于社会党人，要么倾向于多数党，不过更多时候还是倾向于前者。有鉴于此，我当时觉得自己是置身于战斗之外的。

由于无法为吉斯卡尔·德斯坦辩护，我只能把《社会主义草案》《社会主义宣言》《提议》作为反对目标。大多数法国人都不仇视国有化；虽然他们总是不失时机地对国家低声埋怨，却又总会重新信赖国家；他们不怎么喜欢价格自由或市场自由。弗朗索瓦·密特朗在他的提议中删除了1972年纲领中荒谬、过分的部分。他提供给法国人的是一种更少压制的司法，更多中央分权的行政，对银行和一些工业集团的国有化，以及通过提高大众购买力来复苏经济的办法。我并不相信他在经济方面的短期纲领（居高不下的通货膨胀是无法减少失业率的），我也对国有化不怀任何期待——尽管国有化并不一定会引起灾难；我对他选择的分权模式也深表怀疑，不过我对分权原则本身却没有敌意。说社会党-共产党政府的上台会在长时间内带来个人自由的扩大，在我看来，这几乎不可能：不过怎么才能证明呢？

弗朗索瓦·密特朗的很多"提议"都引起了担忧：教育或卫生领域的"国家服务"将以怎样的形式开展？这位候选

904

---

① 这里是指《费加罗报》。——译者注

人在竞选运动中对此几乎完全没有提及。吉斯卡尔读提议读得太晚了，以至于他在最后时期发表的论战言论没有对选民的决定产生什么影响。

第一轮结果进一步削弱了对社会党第一书记的反对。共产党被部分支持者背弃后走投无路，只能做出让步。弗朗索瓦·密特朗在第二轮投票时需要共产党的支持，但他在什么都没有允诺的情况下就得到了这种支持；乔治·马歇如果拒绝，就会进一步加剧自己党派的失败。这位左派总统一旦入主爱丽舍宫，便期望左派能在议会获得多数：选民也给了他一个社会主义多数。

这件事情对于处在"死缓阶段"的第四个年头的我而言意味着什么呢？就我个人而言，我感觉没有被政权更迭或"变化"所波及。戴高乐执政的最后时期，我在将军的忠诚拥戴者眼中——他们总是倾向于"夸大"自己主人的情绪——变成了"不可接触的贱民"。乔治·蓬皮杜曾在他竞选运动开展的初期给我写过一封友好信件，那之后他就再也没有和我有过私人联系，或许我那些"得罪人"的文章中的某一篇冒犯了他。在吉斯卡尔·德斯坦的七年任期中，我觉得自己比惯常情况下更接近总统。① 1977 年后，我曾几度与总统电话交谈，也数次被邀请参加官方宴会，而我也出席过两三次；总统曾就一期《快报》周刊向我们间接表达了他的"难过"，在那期周

---

① 为了不有所隐瞒，我必须提及下面这件事：总统授予了我国家功绩骑士勋位中的高等骑士勋位勋章。当时由于我的身份，他无法把国家荣誉军团勋位中的一个更高勋位授予我。我拥有军官勋位的时间还不够长，还不足以让我在国家荣誉军团勋位中升级。

刊中，让－弗朗索瓦·拉威尔和我批评了他的华沙之旅。我有个老习惯，我总会激起我为之投票且从原则上支持的那个当局对我的憎恶。我好奇地等待着新的体验：我从原则上反对的那个当局对我的憎恶。

至于现在这位总统，我对他不存丝毫反感。我也曾多次与他见面，我和他还在电视节目中有过一次交谈，那是一次勉强称得上是学术谈话的交谈，我们首先谈论了社会主义的一些问题，然后讲到了时事，特别是智利的政变。我徒劳无功地尝试说服他相信，他想实施国有化的那些大工业集团并没有构成垄断，而且也将无法提供任何公共服务。他为阿连德总统的失败发动反击；我则对皮诺切特将军夺权感到遗憾，不过，对于一支以忠诚闻名的军队发动的"政变"，我更多是用左派政府和它那拖后腿的极左派盟友所犯的错误加以解释，并未理会假想中的美国干涉。在电视论战中，细致入微的论述通常起不到好效果：弗朗索瓦·密特朗没有拒绝采用黑白分明的阐述以获得好处；一边是卑鄙的军人，他们谋害了本国元首和民主制度，另一边是骁勇的英雄，他们希望给一个分裂了的社会带来更多的公正。

我是想说，就国际背景而言，我不认为他是一位适合于法国的总统。他和社会党议员多数派一道，把我们重新引向昔日的共和制、一个法国本土派政党、一种书生政治以及一种对世界的懵懂无知。弗朗索瓦·密特朗对行政管理的厌恶即便在他的亲友圈中也是公认的。他在操纵经济词汇上很成功，并把从一两个幕僚那里吸收的某个论点加以发展。然而在一场讨论中，当他的对话者对这个论点提出批评时，他却无法找到论据

906

为自己的论点辩护。我还记得 1974 年他与吉斯卡尔的一场对话，当时的他提出要让法郎对马克进行价值重估——这一提议就当时而言一点儿也不荒谬——然而，当他的对话者转去嘲讽这个提议时，他却做不到反唇相讥。他就像第三共和国与第四共和国的"大人物"一样，具备文学才华，醉心于华美的辞藻。我不认为国家行政学院的毕业生就一定会是最好的执政者或最有天分的"政治家"。人文修养并不排斥对当下现实的理解力。乔治·蓬皮杜编过一本法国诗选，但这并不妨碍他进银行获取经济知识和金融能力。弗朗索瓦·密特朗让我感到不舒服的地方在于他对社会主义的迟到的皈依，不幸的是我觉得他的这种皈依又的确真诚而且出自自身意识形态。

出身中等资产阶级家庭的他在很年轻时，就对会让他想起"重商主义"① 的丑恶的夏朗德的大资产阶级心生厌恶。他支持国有化学说的论据，永远不会超越平庸或变得卓尔不群。国有化包含在社会主义《圣经》中，它是与共产党结盟的必要条件。一旦把国有化写进了纲领，它就会一直保持不变，因为无论这两个左派政党之间的关系如何演变，它都在社会党的计划中。

自上次大战结束以来，第四共和国时期如同第五共和国时期一样，对始自 1939 年的衰退做出反应的法国人及其领导阶层，为自己定下的目标是把"与教堂钟声合拍的法国"转变成一个现代的工业科技共同体。经济复兴开始于第四共和国；戴高乐将军和他的幕僚批准通过的是一部保留了个人自由、挫损了议会机

---

① 这个词反映的不是 17 世纪的重商主义，它大致相当于一种被突出贬义色彩的商业概念。

构却没有排除它们在有利条件下有着重新振作的可能性的宪法。我分享了激励着几代人的那些情感、憧憬、期望，正是这些人成就了 1981 年的法国——这个国家的前进冲力已被世界危机所限制，但依然对昔日的决心忠贞不渝，那就是在自由民主制度中（尽管存在总统权力过大的问题）实现现代化和工业化。

我并没有忽视那些支持执政党的变化了的论据。十四年的总统任期，确实是太长了。谁能在如此长的时间中忍受住总统任期带来的孤独，抵制住包围着自己的奉承者？被排除在权力之外的左派，似乎在言语上变得越来越激进，也越来越缺乏治理国家的能力。至于右派一方，则在慢慢失去革新的能力，它不断地被那个不负责任的、对自己会在短时期内被赋予治理重任不抱希望的反对派骚扰。

无论这些理由本身如何铿锵有力，它们也无法胜过相反的论据；我心甘情愿、毫不犹豫地接受作为支持吉斯卡尔·德斯坦为候选人的竞选支持委员会要人名单中的一员。自那以后发生的事也没有让我对自己的这个选择感到后悔。1981 年 5 月，让如此多法国人衷心感动的"变化"——左派终于当选了！——几乎不可能获得什么新成果，所有观察家，甚至连社会党人，都在一年的执政结束时意识到了这一点。生产没有上升：需求膨胀导致的是对外国商品的购买。1982 年，贸易赤字已经接近 1000 亿法郎，正如瓦莱里·吉斯卡尔·德斯坦在最后一次与还是候选人的密特朗对话中预告的一样。当时的密特朗愤慨反击说，右派永远不会理解左派引领的"新逻辑"：经济增长将减弱由通货膨胀和失业反常相结合带来的痛楚。我毫不怀疑地认为国际收支赤字让 18 个月的新逻辑实验走向了终结。我犯了过于乐观的错误。从春天开始，财政部通过冻结

908

价格而重新实行了价格控制，与此同时，预算部门也减慢了对预算资金的使用。

一位读者反驳我说，右派政府（比如1975年）也同样犯过错估行情的错误，这并不足以构成对变革的谴责。左派政府不得不用滔滔雄辩、先贤祠国家纪念仪式和提高对大众的收入的再分配来庆祝胜利。而后，它便会回到平淡无奇的现实中，处于世界市场的限制之下，而法国在这种限制下是无法在不贫困化的情况下全身而退的。

左派政府在执政初期所犯的那些错误，我本是可以原谅的：学习成本；因为左派神话的存在而无可避免地让步。它不得不以慷慨赠予来开始自己的统治，即便这意味着它随后必须采取必要措施去充实已经半空的国库。然而，社会党的远期规划也不比近期规划好到哪里去。我在两种规划中看见的都是错误思想的集锦。

为了对抗失业，作为候选人的弗朗索瓦·密特朗承诺新设20万个以上的公务员职位，换句话说，增加被保护的法国人数量，与此同时处于生产和出口这些前线部门的法国人的数量则维持不变。在不减少日工资的条件下缩短工作时间；实行提前退休；所有这些提议都倾向于平分工作，而不是创造新工作岗位。雅克·阿塔利在就我那本关于1978年选举的小册子写成的书评中指责我，说我听任失业，说我在世界危机的糟糕后果面前示弱。而左派却在承认无能中走得更远：增设公务员职位和实行提前退休恰恰表现的是一个公务员政党在才智和精神上的平庸。

比起这些措施的实际的不良后果，它们在象征意义上的灾害性更甚。在这个法国为了保护自身工业而投入一场艰苦战斗的时刻，左派要出于怎样的荒唐认知才会自认为有必要去让法国人相信，救赎将会奇迹般地随着那些满足了他们私愿的变化一起到来：工作得更少却挣钱更多？与此同时，在出生率低于代际更替水平的情况下，社会党部长力主推行中止妊娠，实施业已通过并宣布的（将改变家庭收支商数的）税收措施。即使不提对"鼓励生育"政策的某种敌意，这一切也显示出一种冷漠无情。就历史而言，实际上是右派而非左派在关心孩子的数量和法国人的数量问题。 909

比慷慨赠予更进一步的是，这个多数党还期望用 1936 年莱昂·布鲁姆式的国有化来证明自己的社会主义性质。为什么要对整个银行系统都实施国有化呢？除了具体行动与社会主义和生产资料国有化（实际上是国家化）之间存在一贯混同外，谁也不知道政府的动机。为什么选择这个工业群体，而不是其他工业领域？没有人能对此做出合理回答，因为这一选择是任意做出的，或者更确切地说，是一种偶然为之，是 10 年前社会党和共产党进行协商的结果。事实上，国有化，尤其是以这种方式实施的国有化，反映了那种米歇尔·罗卡尔毫不犹豫加以反对的（这对他造成了不利，这也是真的）的陈旧做法。

国有化并不一定会导致灾难性后果；不管怎么说，领导私有集团或公有集团的都是同一些人或同一群人。然而，国有化一旦达到了某种规模，国有化后的行业就会对开放经济的运行形成一种无法承受的负担。

不论涉及的是教育还是卫生，社会主义规划都表达了同一个意思：国家化和工会权力。所有现代社会都已向这个方向倾斜，法国社会在所有工业化国家中也算得上是在这条被托克维尔称为"监护性专制主义"且有可能会导致在人民民主制的道路上走得最远的国家之一。为了让法国人在第五共和国也能体验执政党更迭的滋味，需要付出的代价——当时在我看来太高，而且现在我也依然如此觉得——太高了；雅克·希拉克为了除掉瓦莱里·吉斯卡尔·德斯坦，愉快地接受了这个代价。

910   我已多次指出，在苏维埃主义和社会民主主义（或混合经济）之间并不存在有特色的可行的社会主义。今天，我依然坚持这一断言。密特朗的法国，就其经济制度而言，与吉斯卡尔·德斯坦的法国并无不同。国境的开放及对欧洲货币体系的参与迫使政府——无论它是左派的还是右派的——受限于同样的约束；或者，如果我们愿意的话也可以说，对欧洲共同体和世界市场的参与，让密特朗的法国和吉斯卡尔·德斯坦的法国同其他所有致力于逃脱这种约束的国家一样受到了制裁。

社会党人国有化了银行，而这一切又是在他们不知道自己是希望保留银行的自主性还是将其用于达成自己的目标的情况下进行的。他们在没有设想任何产业政策的情况下就对某些工业集团实施了国有化。部门经济方式取代了插槽经济方式，这是一种不但含糊而且危险的方式，无论在怎样的情况下，都会受到世界市场和技术发展的不确定性的影响，不能作为一项政策来实施。

人民阵线政府和1981年政府之间的相似性，对那些头脑清晰地经历过1930年代的人而言很明显。在弗朗索瓦·密特朗的施政纲领与莱昂·布鲁姆的施政纲领之间确实有着某些相似。他们都承诺提高大众购买力、减少工作时长及实施社会法案（带薪假期、集体谈判）。尽管人民阵线遭遇了经济挫折，尽管1936年选举出来的国民议会投票让贝当元帅在1940年获得了全部权力，莱昂·布鲁姆政府在左派的记忆中，在国家神话中，依然具有特殊地位。让·拉库蒂尔（Jean Lacouture）曾为这位两次世界大战之间的工人国际法国支部主席立传，在这部美化程度有时堪比圣徒传记的传记中，他对他的伟人犯下的错误只是略微提及。带薪假期在莱昂·布鲁姆的颂扬者心中比 40 小时工作制更有分量。

为什么弗朗索瓦·密特朗在重犯莱昂·布鲁姆某些错误的情况下，却没有获得可以与莱昂·布鲁姆媲美的道德成功或神话式成功呢？39 小时工作制不但没有得到工会的支持，就连共产党的党内支持也没有取得。舆论则趁此机会揭露，大量的工薪者、雇员和公务员的工作时间实际上已经小于 40 小时，他们却还去要求减少工作时间，而且他们也实现了这种诉求。右派政府在 1958 年到 1981 年与西欧其他国家的社会民主党政府在本质上并无不同。社会立法，尤其是社会保障体系，完全可以与其他国家的法律媲美。1974～1981 年，国民生产总值中的国家开支部分（公共开支和社会转移）大约上升了 7 个百分点（大约从 36 增加至 43）。社会党候选人在自己的竞选运动中表明会让国家开支所占比不超出 43 这个百分点，但实际上已经超出了。1936 年，莱昂·布鲁姆有条件同时实现改革社会立法、提高大众生活水平和复兴经济；弗朗索瓦·密特朗却无法这么做，因为他接手的是一个陷入世界性危机的经济体，何况以前的国家管理也与社会党宣传的正好相反，其缺点不在于过分严厉而在于放纵主义。

从某种意义上说，执政党更迭能在平静中进行，这显示了法国民主制的成熟。尽管面对的是政权更迭及与资本主义决裂的连篇絮叨，法国人还是继续既无担忧亦无热情地生活在这一新时期中，好像这次法国的多数党派易手对他们而言并不比英国和美国的多数派更迭更有意义。我们应该把这看成人民的麻木还是睿智呢？这届政府本可以向外界证明社会党－共产党的联盟有能力成为相对于右派和自由主义者组成的那个多数存在的另一种常规选择，然而，这个政府在一年之内就犯了如此多的错误，发表了如此多的蛊惑言论，这让它无法再证明这点。

我对横生出来的这个密特朗七年任期并不特别感兴趣。我思考的是法国正在经历的这个社会党政府执政期所包含的历史意义。法国会抛弃自己的抱负吗？法国在不久的将来会因为与当局不断对抗的工会权力而动弹不得吗？国家将在什么时候，又将如何从社会主义实验中走出来？这个实验注定是会让英国模式衰落，还是会让法国从那种并非始于1981年却从1981年5月重新加强的国家行政约束中摆脱出来？

回顾往昔，我想起自己写的第一篇政治－经济分析文章，那篇文章讨论的就是人民阵线以及它失败的原因。1946～1947年，我反对的是第一次宪法草案，就是那部最后被选民否决的宪法。对于第二次宪法草案，也就是第四共和国宪法，我由反对转为支持。我从未参与第四共和国的政党争夺，即便是在法兰西人民联盟存在的那个时期也不例外；我在《费加罗报》上发表的那些文章，讨论的都是经济问题——通货膨胀和经济增长等。《不变的与可变的》① 一书是根据我1957年在哈佛大学开的讲座写成的，我在其中对第四共和国做了总结，在我看

---

① Calmann-Lévy, 1959.

来，这些总结即便放在今天来看也依然公允。我心怀好感地跟随了第五共和国的初期发展步伐。随着时间的推移，我开始对只由单独一个党派执掌共和国以及因此导致的左右派决斗感到担忧。我在 1973 年发表的三篇文章中，只有第一篇，也就是《化圆形为正方形》被重印、传播和使用。其他两篇文章都对"逼牌"问题提了醒：一旦右派总统当选，他就会要求国家给他一个他能够与之合作的议会，然后，人们会要求总统与议会多数派取得一致，还会有无穷无尽的种种后续要求。总有一天，选民会拒绝这种逼牌而去尝试变化。只要这种变化依旧体现为《共同纲领》和社会党－共产党联盟，它就隐藏了对国家本身的损害。

　　我就阿尔及利亚问题写成的那两本小册子不能说有什么学术价值；它们的目的在于影响公共舆论，它们属于政治行为。《难觅的革命》[①] 一书无法被归入任何一类——它既不属于学术分析又不属于政治行为：它是本即兴之作，时至今日，读者依然能在其中看到至今有效的分析（我认为如此）、在我身上已不复存在的激情以及我在当时的过度担忧。也许我对法国"政治科学"的最大贡献要数分别发表于《政治科学法国月刊》和《政治学研究》[②] 上的那两篇文章。在这些文章中，我通过对民意测验结果和选举结果的同时运用，讨论了选举社会学的齐格弗里德传统；我为社会学分析方法辩护，驳斥了地理分析方法（有些人在今天重新采用了地理分析方法，轮到他们利用各个省份或地区的过去——甚至是很遥远的过去以及这

913

---

① *La Révolution introuvable. Réflexions sur les événements de Mai*, Fayard, 1968.

② Gaillimard, 1972.

些地方的家庭传统——来解释不同省份或地区的政治倾向了）。

这种对国家生活①的参与——有时还是很积极的参与——给我带来的既非自负，也非不满。我当时对法国复兴很有信心，特别是对国家现代化和经济增长充满了信心。与其他很多观察家不同，我没有特别强调两次世界大战之间破产倒闭的情况，而是浓墨重彩地描绘了1919～1929年的重建与1930年代的危机加深之间形成的反差。危机的加深是由于连续几届政府（1938年达拉第－保罗·雷诺的政府是例外）的错误所致，这些政府都没能真正明白处于世界大局中的法国的情势：它们在1931～1936年错误地维持了汇率水平不变，实行了让人痛苦的过度通货紧缩，而后的人民阵线又犯了与此相反的另一种错误。所有这些都没有证明马尔萨斯主义就是植根于资产阶级或法兰西民族的（即便国民生产总值在以每年5%的速度增长，让－保罗·萨特依然继续大肆攻击这种马尔萨斯主义）。在正常条件下，法国经济会同其他国家的经济一样地发展，而我的这种乐观看法也为发生的事件所证实。

我之所以笔耕不辍，既非出于学术好奇心，也非出于党派激情。虽然下面的陈述看起来好像已经过时，极端说来还好像是荒谬的，但我还是要说，我从1930年代初开始就是作为公民和爱国者在书写法国，我觉得法国处于将死的危难之中。由于政权的无能以及各党派在山雨欲来时仍然猛烈地互相论战，这种危难愈加严峻。我一直都不认为——甚至在1940年那种

---

① 我也就教学问题写过很多文章。

情况下也不认为——爱国主义是可以由一群法国人垄断的。历
史学家罗伯特·帕克斯顿（Robert Paxton）曾既惊异又带些许 914
愤慨地指出，国家行政主体几乎毫发未损地挺过了分裂岁月，
但在法国解放头几个月及解放后第一年中进行的大清洗却从各
个方面打击了法国，而且国家尚未结痂的旧伤口也被重新撩开
了。服从过维希政府却在 1944 年之后可以保留公职的军官和
公务员比比皆是。如果在伦敦我没有做到从脱下军服那刻起就
像一个戴高乐派那样行事的话，那很可能是因为我对派别性的
反感——即便它是最令人尊重的派别。

　　我在阿尔及利亚问题上采取了黑白分明的立场，不过，与
其他人不同，我所写下的文字没有任何一篇是针对黑脚①的，
我既没有批评他们的排犹主义，也没有攻击他们的轻率盲目。
他们注定会从 1955 年或 1956 年起成为那些超出了他们掌控的
一系列事件的牺牲者。他们对这些事件负有部分责任，这是肯
定的；如果他们当时就能揣测出事情的结局，他们应该不会那
样地加以阻挠。因为他们原本就会失去他们的祖国——那片他
们自以为属于自己同时却有一千万穆斯林生活于其上的土地。

　　当我在 1973～1981 年用文章支持多数党时，我反对的并
非左派本身。就共产党来说，我一直是它的顽强敌人，这不但
是因为它是一个外国的民族主义政党（我在此引用的是莱
昂·布鲁姆的话），还因为它托身的政体让我恐惧。至于社会
党，我在不对个人进行人身攻击的情况下用文字同这个政党战
斗，因为它拒绝汲取 20 世纪给出的教训而重拾了老思想，并
且对一些显而易见的国家利益视而不见。

————————————

　　①　在法属阿尔及利亚定居的法国人。——译者注

就这样，社会党被迫做出了导致自己分裂且连它自己都憎恶的决策。我不希望社会党人输掉，也不希望因为他们放下了烦人的经济限制且把意识形态置于优先地位而让我与他们一同失掉法国。人类的前途并不依赖于法国的未来。但是，真正让我担心的还是法国的将来。每当我脑海中的担忧胜过期望之时，我就会想起《旧制度与大革命》中最后那段话："……（法国）总是比人们预料的更好或更糟……它善于设想宏伟蓝图，而不适合去尽善尽美地实现伟业。"

915　　法国的复兴似乎对我们而言，对我们这些老人而言，是一个奇迹，因为我们还对 1940 年的沦陷、1945 年的废墟和 1958 年第四共和国的垮台记忆犹新。虽然我无法知道社会主义实验的历史后果，但我还是无法说服自己相信这段插曲会长时间地让我们的国家失去机会。

第二十九章　受到考验的人权：
卡特总统和中东冲突[*]

　　卡特胜选既没有让我惊奇，也没有让我失望。我认为换人
符合美国的国家利益，符合大西洋联盟的利益——不管美国这
个"像帝国一样的共和国"愿不愿意，它都是承担了这个联
盟的领导责任的。亨利·基辛格在尼克松和福特身边先后待了
8 年后，是否还有足够的威信来有效完成国务卿的职责？接手
局面的福特总统曾被理查德·尼克松任命为副总统，而尼克松
又是为了免遭弹劾和进监狱的耻辱而最终被迫辞职的；1976
年只有卡特与越战和水门事件没有干系。诚然，历史地说，民
主党人同共和党人一样都要对越南的悲剧——它对越南人和美
国人来说都是悲剧——负部分责任。但来自佐治亚州的詹姆
斯·卡特不属于东岸自由主义权势集团，正是这一权势集团先
把美国的军队和威望投入对抗北越的战争中，而后又出于对尼
克松的憎恶和为自己辩解的原因，不断残忍地攻击那些绝望地
寻求在不投降的条件下撤军的人。

　　甚至 1976 年美国对人权的坚决主张，在我看来也预示将
要发生令人高兴的转向。在宣传战中，苏联的异见人士反驳了
阿连德遗孀的言论；杰拉尔德·福特曾听从亨利·基辛格的建
议，将亚历山大·索尔仁尼琴拒之门外；詹姆斯·卡特则毫不

---

　　* 发表于一本名为《评论》的文集中，*Les dernières Années du siècle*, *Commentaire* -
　　　Julliard，1984。

917　犹豫地接纳了布科夫斯基（Boukovsky）。或许，同样的个性原
因还让卡特成功获得国会对他的对外政策的支持。这位实实在
在的基督徒会洗清凝固汽油弹的轰炸和中情局的秘密行动给美
国带来的污点。这些论据在我看来并不愚蠢，即便事后看来也
是如此。在美国，总统选举相当于把宝押在一个人身上而不管
那个人身边环绕的是哪些人。猪湾事件刚失败时，我们曾一度
相信自己输掉了这场赌博。而今天，我们不知道自己是赢还是
输：肯尼迪还没来得及面对他的越南行动的后果就去世了。至
于卡特，我们已经知道我们输了：杰拉尔德·福特和基辛格应
该会比卡特干得更好。

　　就人权外交的得失而言，它似乎并非只有过失。在拉美，
右派专制者没有自动转变成民主人士；但他们至少已经感到，
仅仅满足公开反共这个条件是无法保证自己能够继续获得美国
的支持的。华盛顿对异见人士的命运和囚犯的待遇表现出的兴
趣很可能可以拯救生命，减轻痛苦。人权，在大赦国际和其他
这类中介组织的活动下，受到了全世界舆论的关注。卡特的外
交政策不但支持反对权力滥用，而且致力于说服与美国有友好
或联盟关系的政府实施人权方面的改革。

　　人权外交与美国现实主义政治（"各国的国家利益"）之
间可能出现的矛盾在伊朗问题上显露了出来。沙阿（巴列维
国王）决定解散萨瓦克①——至少是从理论上解散——并对政
权实施自由化。我们已经清楚此事的后续发展：正当这个政权
试图将权力建立在人民共识的基础上，并赞同给政权反对者一
定的言论和游行自由的时候，它却遭到了清除。它慢慢在所有

————————

　　①　Savak，沙阿的秘密政治警察。

阶层那里都失掉了人心：农民几乎没有享受到农业改革的好
处，百货商店受到现代商业形式的威胁，神职人员因农业改革
变得贫穷且对现代道德风气满腔怒气，在经济发展中诞生的资　918
产阶级瞧不起帝国王室卖弄古风且受到了西方自由的启发。沙
阿在石油带来的数量庞大的美元面前自我陶醉，他被建立丰功
伟绩的妄想冲昏了头脑，他订购了最为昂贵的装备去武装用征
兵制征召来的军队和那支应该有力量在波斯湾地区实现伊朗和
平的海军。美国国务卿赛勒斯·万斯，这位越南综合征的思想
囚徒，接受了认为伊朗会发生一场难以阻挡的人民运动的观
点。今天的我们已经清楚，卡特总统的所作所为具有不协调的
地方，在最后几个月中，他被扯进在根本问题上各执己见的幕
僚之间，而就他个人而言，他是一个没有能力在极端情况下做
出决策的人。

　　没有人会否认人权外交存在风险：美国援引人权法案更多
是造成自己的盟国而非敌对国家政局不稳。当然，言论也会穿
越国境线进入苏联，詹姆斯·卡特鼓励异见人士，他在美利坚
共和国与受压迫的人民之间初步创立了一种联盟。然而，这些
部分成功终究无法改变本质上的失败。

　　知识分子以及与大赦国际①类似的那些组织，如果能够不
计行为发生地、政权性质和政权之间的联盟关系而对所有违背
人权的行为都一并揭露，他们也许是能够达成他们的目标任务
的（至少可以达成他们的众多目标任务之一）。如果真是如
此，他们的行动就脱离了从本质上包含着朋友和敌人的二元性

---

① 这一组织真的是在诚实正直地达成自身的目标任务吗？我们有太多理由
　对此表示怀疑。

政治。道德主义者是不会把友邦国家的警察实施的酷刑折磨与将异见分子囚禁于疯人院的做法区别对待的，他会一视同仁地批判和揭露这两种行为。美利坚共和国的总统是无法这么做的。他可以按自己的期望去对盟国施加影响，却不能把道德主义逻辑进行到底。他被迫表现得伪善。他不可避免地要根据外交走向而对有罪国家所犯的罪行区别对待，这让他无法做到对自己的道德原则一直忠诚。

919　　这种区别对待对美国外交的限制比对那些站在西方一边且相对开放的独裁国家——当这些国家出现游击队或爆发内战时，就会有记者，会有成百上千的记者去报道——更甚。这些政权，尤其是除了古巴以外的拉美政权都一直与苏维埃的意识形态统治保持着距离。那里的独裁者通常以大产权阶级为支撑，他们在颠覆－镇压这一永无休止的循环中，以及在被世界新闻一丝不苟地予以报道的各种屠杀中泥足深陷。前些年的阿根廷内战和1982年的萨尔瓦多内战，看起来似乎比古巴的卡斯特罗政权还要残酷得多。比起萨尔瓦多的现有政权来，我们完全可以从道德和政治上更加偏向于桑地诺在尼加拉瓜建立起的政权、索摩查政权或萨尔瓦多游击队建立的政权。但美国外交则并不一定必须比起桑地诺来更偏向于索摩查，比起萨尔瓦多的军事委员会或右派当选者来更偏向于法拉本多·马蒂民族解放阵线。我想说的是，外交家的选择不能仅仅被道德考虑所支配，或者更确切地说，它不能仅仅由盟国、敌国或中立国国内政权的功德过错来支配。

　　在某些历史时期，外交因无法知晓各国境内形势而变得棘手。其他时候，这种在手段和目标上都受到限制的纯粹外交会让位于一种国际性内战。欧洲不但经历了宗教战争，还经历过意识形态之战。在世界的其他地区，国家则并非植根于自身的历史和人民的共识之中；对外的干涉越是增加，在外交上对干涉加以否认的例子也随之同步增加。美国与苏联不同，它无法对自己的"干涉"加以乔装，因为它不能隐瞒任何事情。

而事实上，道德主义者谴责的不是对其他国家的内政实施的"干涉"本身。他抵制的更多是国家具有的那种可以不把国家行为置于国际审查之下的权利。作为个人的保护者，道德主义者会心甘情愿地删掉《国际联盟盟约》中对成员国内政和"国际公法"管辖事务之间做了严格区分的那项条款。然而，道德主义者的行为会再一次与权力的不对称性相撞——一些权力是开放的，另一些权力则是封闭的，而封闭性的权力不仅对公民权利而言总是负面的，而且对个人权利而言也通常是负面的。

在我一生的岁月中，权利与国家利益、道德与政治之间出现矛盾的情况一旦摆在面前，我便无法对别人指责我的观点不道德或非道德依然泰然自若。盟军在 1939～1945 年曾与德国作战，当时却把德国同第三帝国混为一谈。人权阵营毫无疑问在西方，但它即便不情愿也不得不与那些手染鲜血的政权建立联系。当时，没有人或者说几乎没有人去揭露这个暂时的妥协性联盟。英美在他们首脑的带领下犯下过战争罪行，实施过"地毯式轰炸"，毁灭过德累斯顿、广岛和长崎。他们还向苏维埃当局交出过因为意识到将会发生什么而拒绝被遣返回国的战犯或流放人员。

1962 年，正值导弹危机，肯尼迪总统宣布对古巴实施部分封锁，对苏联向其输送过核武器的、卡斯特罗治下的岛屿实施隔离。美国没有依仗任何被国际社会以清楚或暗含的方式公认的国际法，是美国先在土耳其安置了泰坦火箭，这一行为在一定程度上为苏联在古巴部署导弹提供了理由——相对土耳其泰坦火箭同莫斯科的距离而言，古巴的导弹更接近华盛顿。古巴－土耳其的局面并行存在，这被赫鲁晓夫援引为理由，而在危机过去后不久发生的泰坦火箭被撤走，也很可能是肯尼迪和赫鲁晓夫之间达成的秘密协议。当这件事情正在发生的时候，法学家没有对隔离古巴共和国提出任何异议。他们惧怕的是双方针锋相对的后果，而不是反正是被伪装过了的违反国际法的后果。

三场关于外交道德的争论都是围绕美国对越战争进行的。战争的起源：美国是否越俎代庖地替南越共和国发动了一场不公正的战争，或者如果我们愿意的话也可以说，是不是美国干预了那个囊括三圻①却又分裂成两部分的越南内战？鉴于美国记者在南越当地观察到了违反人权的行为，南越共和国是否真921 的值得美国去帮助？最后，美国是否由于在这场战争中使用的武器而自身也犯下了战争罪？

从这些对人权、道德，以及外交的不道德或非道德的零散评论中应该得出怎样的结论呢？当一个国家不但是本国国家利益的负责人，同时也是整个国家间体系的负责人时，它是不能拒绝妥协式盟友的。如果它对这些盟友施加的压力过大，就有动摇它们的政权的危险，还有可能在德黑兰或萨尔瓦多让完全不关心西方民主的价值的政党获得权力，它们从此以后将不再是盟友而是敌人。这个国家需要综合考虑其他国家的不同制度，但对这些制度的判断仅构成了它的众多考量之一。它不可

---

① 三圻（Trois Ky）指北圻（Tonkin，也称东京）、安南（Annam）和南圻（Cochinchine）。——译者注

能对那些同时处于苏联影响和西方或美国影响下的国家的内政袖手旁观。是否插手别国事务，是否支持别国的半壁江山去对抗另一半，是否支持别国的现政权去对抗革命运动，这些都属于机遇问题，也就是谨慎问题，而不属于原则问题。在现政权和革命政权的道德功绩上做比较，这并不对决定起最终支配作用；这种比较带来的是对理智磋商而言不可或缺的其他要素。当西方人极力抵制某些违反国际公法的行为时——比如诉诸武力、大刀阔斧地用武力创建一个国家或扩展疆域——他们既没有搞错自己的利益所在，也没有侵犯公平正义。但是，当尼赫鲁治下的印度占领了处于葡萄牙控制下的果阿领土时，西方人却没有援引这些原则。甚至当以色列兼并戈兰高地且似乎还要继续兼并阿拉伯人居住的犹大山地和撒马利亚时，他们也没有援引国际法。当阿根廷占领马尔维纳斯群岛时，他们却想起了国际法。

　　人权政策作为美国的一个历史时期、一种越战的反作用和一种对共和国理想主义的恢复，即便在詹姆斯·卡特获得了连任的情况下也不会长久存在。没有任何"冷血巨兽"会一直遵守国际公法或道德戒律。虽然冷血巨兽们通常拥有彼此相近的手段——强迫、说服、威慑、动摇、引诱、收买、稳定——它们各自的目标却同它们的政体一样互不相同。苏联和美国在各自势力范围内做出反应的方式也不相同，即便它们都会更加偏向于其他与自己有相似政体的政权。苏联人将他们的专制主义强加于自己的势力范围，美国人则间或会在自己的势力范围内重建自由。不幸的是，两者之间并非总有明显反差。

　　近东危机，即以色列 – 阿拉伯冲突，近几年出现了新趋

922

向：一个自称阿拉伯的国家与以色列达成了和平协定。穆罕默德·安瓦尔·萨达特从飞机上下来，将脚踏上希伯来人的土地的那一刻，我同千千万万电视机前的观众一样，感受到了这一事件的伟大性。我听了在以色列国会举行的演讲，我为埃及总统的演讲所折服，对贝京的演讲却大感失望。前者表现得情真意切、激动万分，这种效果或许仅仅因为他那充满魅力的言辞，贝京的演讲则没有达到这一历史性会面应具的高度，这或许是因为翻译不准确。

欧洲人因为这种部分的和平而面露失望之色，他们不断强烈要求制定一个整体解决方案，而在目前看来这似乎还没有可能实现。是出于相信整体解决方案的原因？还是因为他们期望博得除了苏丹和阿曼苏丹国以外其他所有阿拉伯国家的好感？在 1982 年，我们可以说萨达特对耶路撒冷的访问让他自己付出了生命的代价，他也是第一个敢于这么做的人；这次访问实现了以色列从西奈沙漠撤军以及一个中规中矩的和平。① 以色列人严格遵守了条约，至少在涉及同埃及有争执的事务上是这样。有鉴于此，他们证明了自己言而有信——这就等于对其他阿拉伯国家也发出了邀请。

法国和欧洲共同体采取的立场应该被批评。以色列与埃及实现和平动摇了阿拉伯的抗拒态度，这肯定对整体和平有益无害。欧洲人提出的解决方案——在约旦河西岸地区（犹大山地和撒马利亚）建立一个阿拉伯国家——是无法解决争端的：人们是在假设问题能就此得到解决。一个由巴勒斯坦解放组织管理的约旦河西岸国家，即便巴勒斯坦解放组织承认以色列作

---

① 这 30 年来又成功起草以及签订过多少这样的和平条约呢？

为实在国家而拥有的权利，它也不会带来和平，而只会带来战争。存在于约旦河西岸地区的那个政治实体与以色列只可能是共生关系，至少这个政治实体会把自己想成是在重新征服巴勒斯坦全境上迈出的第一步。亚西尔·阿拉法特的声明不会在一夜之间把一个不管怎么说凝聚力都不强的组织——巴勒斯坦解放组织的统一性是靠斗争且是在斗争中维持的——转化成一个致力于与敌人和平共处的政府，何况这个敌人在十几年中一直都被指认为大众憎恨的对象。

923

《戴维营协议》一旦签署——其磋商之旷日持久，让人已经对其最终能否达成无法乐观——我希望知道的便是以后的以色列外交将会采用怎样的路线。从黎巴嫩领土出发与以色列做斗争的巴勒斯坦人建立一个由他们统治的独立国家，如果以色列外交拒绝接受这一点，这是再正常不过的。不过，从贝京的意图和他的行动来看，他拒绝考虑将约旦河西岸地区——他口中的犹大山地和撒马利亚——置于希伯来国家的国境之外。对古代以色列土地的殖民化并不意味着要对现在阿拉伯人居住的省份实施兼并，这种殖民事先划定了《戴维营协议》中规定的自治限度。当然，这些协议文本没有把自治视为最终状态。5 年之后，约旦河西岸地区的最终命运将由人民和条约签署人一起决定。

围绕自治进行的谈判之所以暂时受阻，原因众多；我不认为谈判受阻的责任都在贝京身上。不过，我还记得"六日战争"刚刚结束时我与耶路撒冷或特拉维夫众多政界人士的谈话。我尤其记得总理列维·艾希科尔的话："财富困境"。对哪些征服来的土地予以保留？拿哪些征服来的土地进行协商？以色列应该保持 1967 年已经得到改善的国境状况，还是憧憬一个囊括了犹大山地和撒马利亚的大以色列？由于没有做出选择，以色列一直保持现状，直到萨达特跨出第一步；不过，在这期间又发生过两次战役，一次是1970年，另一次是险些让以色列陷入大灾的1973年的赎罪日战争。今天的以色列即便在言语上未表示，在行动上也已经选择了大以色列。

梅纳赫姆·贝京没有否认写在《戴维营协议》中的自治承诺，不过，他期望的是能与"温和派"显贵进行商议，并拒绝与巴勒斯坦解放组织对话。在他眼中，巴勒斯坦解放组织不过是一帮恐怖主义者和暗杀者。以色列治下的阿拉伯人似乎没有倒向温和派的倾向。他们的民族主义随着占领时间的变长——不论这种占领是处于公民政权还是军事政权的治下——而越来越强烈。那些倾向于合作的名流每天都是在拿生命冒险。民族解放运动只能靠清除怀疑派、温和派以及妥协派才能得到它自称是其代表的巴勒斯坦人民的承认。在包括了大部分西方国家的国家间共同体给予了巴勒斯坦解放组织半承认地位的情况下，巴勒斯坦解放组织就更没有协商妥协的动机了。

在乐观主义者眼中，发生在黎巴嫩的事件开启了北方的第二次和平前景，它与穆罕默德·安瓦尔·萨达特创造且为之牺牲了性命的、由埃及－以色列条约开启的第一次和平相似。或许，以色列人最终还是会通过武力驱逐巴勒斯坦人和进步民兵组织或让他们沉寂无声。或许，黎巴嫩政府能够让这个10年来被内战和外国干涉撕扯得四分五裂的小国重新获得统一。或许，梅纳赫姆·贝京明天会因为他那由武力唱主角的"现实主义"外交而沾沾自喜。他低估了贝鲁特轰击——发生在萨布拉和夏蒂拉的大屠杀——的道德成本，高估了以色列在近东强加以色列式和平的能力。

不说当下，最让人担忧的问题还是以色列的未来。以色列既民主又军事化，战时它由拿起武器的人民拱卫，它的政治视界中没有显而易见的和平前景（可以说从目前直到20世纪末都是如此），就像犹太人曾是"被排斥"的民族一样，以色列是一个"被排斥"的国家，它强迫自己将强权政治进行到底。它与其他被排斥的国家和地区，诸如南非、中国台湾，结成了友好关系。犹太复国主义梦想下的公正之国与强国之间存在反差，这是个根本问题。以色列人会说，这是梦想和现实之间的差异。诚然如此，然而，如果以色列是一个只由希伯来人组成的国家——即便它是个小国，即便就其国家规模而言它属于过度武装——一切也可以是另一番模样。大以色列疆界内的阿拉伯人的数量到20世纪末会与犹太人一样多。以色列的危险会来自内部还是外部？会源自侨居的巴勒斯坦人（或其他国家的阿拉伯人）发起的侵略，还是源自居住在以色列土地上的巴勒斯坦人——这些巴勒斯坦人即便从以色列的技术及与占领政权兼容了的尊重个人权利的行政管理中得到了好处，却依然是二等公民——发起的暴动呢？

以20年或30年为期来看，以色列很可能继续享有侨居在外的犹太人的支持，尤其是美国犹太人共同体的支持。我们暂且可以认为，美国在今后会同今日一样有保全以色列的决心，并且在必要时候还会为以色列的存续而战斗。而今日的阿拉伯世界已经被互相对立的各种运动搞得四分五裂，其局势即便在中期内也难以预见。光说以色列－阿拉伯战争会继续下去是不够的，这场战争会随着持续时间的延长而势头日减吗？从某个角度来说，它越发严重了。当然，穆罕默德·安瓦尔·萨达特和埃及的先例让前景看起来并非如此黯淡。以色列希望成为耶路撒冷这座被三种宗教奉为圣城的城市的唯一拥有者。它期望用武力和占领领土来保证自己的安全，与此同时，全世界远程武器的数量已大大增加。它期望将几千年前以色列的摇篮之地也囊括进版图。有鉴于此，他并没有仅限于巩固希伯来人的国家，而是集中了两个民族的人口，这两部分人口从来就没有被统一过。不过，待到和平在整个地区内得以建立之日，他们也将在一起和平地工作。恶性循环：阿拉伯人不接受大以色列，而大以色列又只能在阿拉伯人已在政治上，再在精神上（或以相反次序进行）让步和解的情况下才可能存在。

听说本·古里安曾禁止人们做预见性研究。事实上，如果这个新国家的匠师们当时没有选择采取行动而只是对他们的成功概率进行了计算，以色列也就不会存在了。当今的以色列人还有没有理由去遵循本·古里安的禁令呢？

第三十章　走向苏联霸权主义？*

我的一些朋友在 1978 年创建了《评论》季刊，它让我想
起《自由法兰西》和《论证》。周围环境促使我沿用了我在前
面两份月刊中写文章的形式：6000 字到 1 万字的研究性文章，
适当超越当下时事以便让文章在《评论》刊出几个月，甚至
一年后还能在外国刊物上翻译发表。这些研究文章中的其中两
篇是以整个国家间体系为主题的：《从美国帝国主义到苏联霸
权主义》和《苏联霸权的第一年》。其他两篇是对美国朋友的
回应，一篇回应了乔治·凯南，另一篇回应了诺曼·波德霍雷
茨，后者是由美国犹太人委员会出资维持的美国月刊《评论》
的总编。①

先让我们回忆一下那些显而易见的变化。苏联和中华人民共
和国之间的冲突破坏了社会主义阵营的团结，即便这两个马克思
列宁主义大国表面上和解了，它们之间的破裂也不可能得到修复。

＊　发表于一本名为《评论》的文集中，*Les dernières Années du siècle*,
Commentaire-Julliard，1984。
①　以下是雷蒙·阿隆提到的参考文献：
　— 《Mr. X … règle ses comptes avec son passé. L'isolationnisme de George
Kennan》（*Commentaire*, 2, été 1978）。
　— 《De l'impérialisme américain à l'hégémonisme soviétique》（*Commentaire*,
5, printemps 1979）。
　— 《L'hégémonisme soviétique : an I》（*Commentaire*, 11, automne 1980）。
　— 《Réponse à un ami américain》［Norman Podhoretz］（Commentaire, 17,
printemps 1982）。——法文版编者注

927　　那些不属于两个阵营中任意一方的国家的数目有所增加，其势力也有所壮大，比如印度。经济方面，欧洲国家和日本从今以后开始同美国对抗。美国相对于苏联而言不再拥有军事优势，相对于它的盟国而言不再拥有无可争议的经济优势。两极体系、大西洋联盟以及两个超级大国之间那种夹杂了默契的对抗，这些情势中还剩下了哪些呢？我曾整体研究过的战后两极世界是否已经成为昨天，对当今世界是否需要做另一番解释呢？

在与这些变化相反的一面，我们观察到了某些不变因素。两个超级大国没有丧失它们的军事霸权。与苏联或美国相比，地球上的其他任何国家看起来都像矮子。理论上讲，以欧洲共同体的国民生产规模和劳动生产力水平而言，欧洲共同体毋庸置疑可以成为一个超级组织。而心理和政治上的众多原因却向我们表明，在可预见的前景中，这种潜力无法转换成实际势力。在我看来，从现在到 20 世纪末，美国和苏联会一直实际作为两极或两个超级大国存在（如果撇开一场把两极都卷进去的大战这种假设的话），这是肯定的——即便我也同样肯定不存在任何关于未来的确定主张。然而，它们能用它们的军事机器干些什么，它们能在相互对立及各自支持自己的保护国的局势中干些什么呢？

双方都拥有同归于尽的手段。犹如两个有能力互相用剑刺穿对方的决斗者，这两个各自拥有成千上万核弹头的国家能在一场暴力盛宴中互相摧毁对方的大部分城市。这种同归于尽的图景出现在了理查德·尼克松所谓的"共同确保毁灭"（Mutual Assured Destruction）这类美国官方学说中。显而易见，这种威胁没有大的威慑力——不过它也不是完全没有力量，因为战略家不应该排除敌人出于绝望而孤注一掷地做出非理性的勇敢行为的情况。即便如此，这一设想下的威慑还是更接近虚张声势。而且当虚张声势者不是为自己而是为某个朋友实施吓唬的时候，这种虚张声势有可能会更加缺乏效果。

如果我们唯一能够设想的情况就只有这一简单模式，那么舆论的担心也会得到缓解。实际上，这一模式撇开了两个要素：飞机或导弹不一定要以敌人的城市为目标，它们首要瞄准的是对方的核武器运载工具；核炸药可以装填在大炮炮弹、轰炸机炸弹或导弹弹头中。换句话说，核武器不一定会导致同归于尽或暴力盛宴。核武器出于两个技术原因而趋于平凡：导弹的精确度提高到了如此程度（数千公里外发射误差只有几百米），炮弹或核弹头的爆炸威力又被降低到了如此低的水平，以至于我们可以设想，这将导致武器投放，尽管这些武器不会导致交战国被完全毁灭。

就目前而言，让人恐惧的场景乃是苏联对美国的陆上导弹——1000 个"民兵导弹"——实施第一次打击。事实上，苏联拥有 360 枚 SS - 18 洲际弹道导弹——每个导弹含有 8 个爆炸威力为 200 百万吨级的核弹头，每个导弹都可以让多个美国陆基导弹丧失战斗力。美国为实施反击也准备了成千上万的核弹头，它们是装备于潜艇上的北极星导弹和海神导弹，不过潜艇导弹没有安置在发射井中的民兵导弹精确。这种反击将招来苏联的第二次攻击，而这一次就接近"共同确保毁灭"的情况了。

这一场景促成了"机会窗口"（window of opportunity）这一概念的形成。就我个人而言，我没有很严肃地对待这个概念。似乎里根政府也同我一样，因为这个概念没有包含任何紧

928

急措施来让窗口进一步缩小；具体而言，就是它没有让导弹免受第一轮攻击的措施。

这一场景并非"共同确保毁灭"框架下的唯一设想。一些法国专家想象了 SS 20 导弹——每个导弹带有三个核弹头——袭击北约防御系统之致命处的情景。在此，人们依然是以外科手术的情形在想象打击，即在既不毁坏城市又不杀死巨大数目的居民的情况下解除敌人的武装。我不认为这种场景在现如今还有真正出现的可能；今天的科幻在明天或许就成了现实。对于接下来的数年而言，我继续相信核武器对两个超级大国而言会是最高诉求手段，美国和苏联将尽可能避免投入那些有可能向极端升级的武装冲突。

这一判断的正确性则因为存在一个重大假设而无法知晓：尽管苏联军事领导人的重要性日渐增长，继勃列日涅夫后的苏联领导人依然忠诚地按照原来的行为方式行事。比起观念上的获胜，他们对扩张和势力的渴望总是更甚，他们也不会舍弃自己的谨慎原则。入侵阿富汗并没有违背这些原则；相反，对西欧直接发动军事打击，虽不一定就会引发世界末日，但这一侵略的后果是没有人能预见的。

在我看来，克里姆林宫领导人越是有其他办法达成目标，这种直接打击发生的可能性就越小：即便实现不了对西欧的军事支配，也可以追求实现对西欧的政治支配。伊朗革命除去了美国在中东投入武装力量的主要踏板。一旦沙特阿拉伯或海湾的酋长国受到了来自内部或外部的威胁，美国还拥有怎样的干预手段呢？而如果苏联的影响借革命之势的同时又受到霍梅尼（Khomeyni）伊斯兰或巴勒斯坦起义的启发，并在世界的这一地区占了上风，那么西欧出于石油供应的原因就会依赖那些敌视西方或本身就属于苏维埃的政府。

我们常常提出这样一个问题：苏联和美国积攒武器有什么用处。假设这两者在战略核武器水平上保持了均衡，苏联人还是一直维持了一支较美国军队而言有着无可比拟的优势的军队。一方的1万辆坦克自然无法同另一方的4.5万辆坦克相提并论。我们很难再想象第二次世界大战——其中发生了持续数年之久的坦克战——再次重演。但这并不妨碍这样一种看法在欧洲——很可能也在全世界——流行着，即认为苏联才是世界上最强大的军事力量，美国不过位居第二。这种想法影响着各国决策者的思想和决策——包括盟国的国家决策者。美国在1970年代的灾祸发生前，曾同时为西欧的军事安全和原材料供应提供保障。如今的美国已经部分丧失了完成这些任务的能力，欧洲的舆论，尤其是德国的公众舆论对这位保护者已经不再像以前那般信任。欧洲人开始向东欧寻求平衡力量的保证，在让自己对苏联有用的同时也想从苏联那里找到能源的替代来源。

中国人所说的"苏联霸权主义"是否确切定义了目前的形势？我更偏向于回答：不是。在世界经济中——如果用共产党人的词汇，就是在资本主义市场里——苏联经济只发挥了很一般的作用，完全不是一个大势力应该发挥的作用。在社会主义的世界经济中，情况则完全不同：由于苏联的举足轻重，它比起自己的伙伴国——东欧国家和越南——毫无疑问地处于支配地位。它为其伙伴国提供了大部分原材料，其中还包括这些国家需要的能源。然而，这个社会主义市场虽同资本主义市场展开了竞争，却无法超过资本主义市场。前者不仅要向后者购买制造品，而且还要以用美元表示的世界市场价格为参考，以便定出社会主义伙伴国之间的商品交换价格。简而言之，苏联因矿产资源丰富、石油生产充足、国土广袤、人口众多而确实是一个大经济势力，但它属于一种特殊的经济类型：生活水平低下，对外贸易与发展中国家模式相仿（相对于成品，它出口的是初级产品），管理水平更多处于相较先进国家的优良水平而言的低水平。从这个角度上说，无论将何种形式的霸权赋予它，都会出现某种自相矛盾。

霸权只涉及国家间体系。在中欧，苏联在战术核武器和常规武器上都具优势；它在非洲之角（南也门、埃塞俄比亚）、非洲南部（莫桑比克、安哥拉）和中东也占据了地缘政治要地。苏联向波斯湾或南非丰富矿藏地实施扩张的可能性增加了。但一切又都未成定局。1917年革命为布尔什维克建立世界性帝国奠定了基础，如今的布尔什维克继续在世界性帝国的道路上前进。而且，一个十年又一个十年，布尔什维克扩展了空间，积累了武器。20年来，苏联人建成了一支海军，依理论而言，这支海军仅仅因为美国海军拥有大型航空母舰而稍逊一筹。从数量上讲，苏联军队比以前任何时候都更保持了世界第一的地位。

当我在1982年春天写下这些文字的时候，我是否不得不总结说，西方在实施纯粹防御性政治－军事策略的同时便已经不可挽回地输了？我不这么认为。美国在欧洲和近东拥有的实力让（苏联的）任何军事冒险都充满了危险。只要美国和西欧继续保持它们之间的联系，真正的布尔什维克人便会把对旧大陆直接发起攻击谴责为冒进主义行为。如今的苏联被老人政权所主导，如此情形下，我们只能凑合着把希望寄托在莫斯科寡头政治家的谨慎上。

亚欧大陆的边缘地带①与美利坚共和国之间的联系有时接近断裂的边缘。联邦德国期望不计一切代价保住与东边欧洲，尤其是与东德之间的联系。当处于里根治下的美国人寻求与苏联人在言语上较量的时候，他们又因向苏联放出的贷款的数额和利率而懊悔不已。不过，既然连美国自己都向莫斯科出售了数百万吨的谷物，他们也就没有足够的威信来教训欧洲人了。在未来的岁月中，一面是苏联的扩张主义，另一面是大西洋联盟的防御战略，我在1947年命名为"和平不可能，战争不大可能"的局面也会因此而长时间持续下去。

我并没有对近35年来发生的变化视而不见。二战刚结束时，这种好战的和平局限于欧洲。苏联在世界其他地方有的仅仅是政治和心理手段、它在各处的代理人以及与它的信仰相同的那些政党。1982年，苏联人却已可以随心所欲地把他们的军事力量投放到世界的所有地方。不过就帝国这一角色而言，他们还没有替代美国人。事实上，即便在美国霸权盛行的那25年中（1945～1970），美国也并非总能强加自己的意愿于他国，或总能做到根据自己的好恶来解决发生在世界各地的武装冲突或非武装冲突。美国没有引领非殖民化的历史运动，它成功限制了这一运动的影响。在近东，它与苏联达成了半默契，制止了以色列－阿拉伯战争。1982年，美国还在对两年前就已爆发的伊朗－伊拉克战争作壁上观；作为调停者，美国也没能成功阻止英国和阿根廷之间那场荒唐战争的爆发。西撒哈拉战争已经持续了多年：法国先是在吉斯卡尔·德斯坦当政时支

932

① 边缘地带（Rimland）是尼古拉斯·斯皮克曼的地缘政治学中相对于心脏地带提出的概念。此处主要指西欧。——译者注

持摩洛哥，后又变成中立，最后于弗朗索瓦·密特朗当政时偏
向于阿尔及利亚一方。军事上的双头垄断局面依然存在，却从
未像如今这样在两大势力范围内隐而不显。南北对立没有替代
东西对立。对西方人而言，除西欧在原材料供应上承受了变
数，他们的主要威胁来自苏联的意识形态统治政权，它不把本
国工业主要用于人民的福祉，而是用在扩充军备上。说到意识
形态威胁，是因为苏联人又火中取栗，成功地利用了第三世界
对不求进步的寡头政治的反抗；说到军事威胁，是因为苏联即
便没有发起它完全有手段实施的攻击，却也玩弄了恫吓手段。

　　两个超级大国继续互相对抗，它们时而几近串通，时而争
斗不息。两种情形如此这般交替进行的情景，至少部分地说，
只是观察家尤其是欧洲人的想象。对苏联方面而言，串通是一
种战术；对西方而言，它则是一种幻觉。在1970年代，也就
是正当尼克松和基辛格为了脱身越战、缓和局势，从而签署限
制战略武器谈判的第一轮协议及发表良好行为声明的时候，苏
联势力比其他任何时期都获得了更大增长。它给北越提供用以
侵略并摧毁南越共和国的武器时，没有显示丝毫的吝啬。东西
方冲突常常发生在南方内部，换句话说，发生在发展中国家内
部，这些国家被急躁不安的穷人和自私自利的富人搞得四分五
裂。比起在全世界四处传播、导致西方工业国家同苏维埃国家
相互对立的势力冲突和意识形态冲突来，那些被我们称为第三
世界国家的群众的命运，长远看来可能会对人类未来有更大的
影响。在我们的时代，自由制度的存续才是世界性历史的利害
所在。

　　另一种威胁的影响——核武器的威胁——也同样重大，西
方人一方面实施这种威胁，另一方面又在力图消除这种威胁。

争论依旧不断，但它们也因技术革新和力量对比的改变有了些许翻新。导弹能够精准命中几百米远的目标，强型辐射武器可以避免摧毁建筑且把破坏局限于有限空间。核武器的爆炸威力高可达千万吨级，低则可以控制到比最有威力的化学炸弹更低的水平。两个超级大国都无法完全解除对方的武装，不过，所有最精确的陆基导弹却是有可能变得易被摧毁。一方面，一些专家强硬坚持这样的论点：对核界限的逾越无论如何都会导致向极端情况升级。而另一些专家则试图驾驭巨兽，并设想如何能无灾害地运用核武器。两方专家有着同样的目标：避免出现世界末日。但他们的方法却相反：他们要么预告说第一颗核弹的使用必将开启无可避免的大灾难，要么教导国家决策者事先就对在向极端升级的过程中于何处喊停加以思考，哪怕在向上升级的过程已经启动的情况下也要思考。

迄今为止，所有这些精妙构思都脱离了事件本身：没有任何场景被证明是与现实相符的。法国人说服自己相信让核威胁变得可靠的最好办法就是事先宣布拒绝战争。处于武器阴影下的这种和平——这些武器只能作为一种负面存在而起作用——能否无限期地延续下去呢？从对大势力之间的通过战争所寻求的和平以及对无核国家之间小型战争的首批分析和研究算起，35 年过去了。今天的我们并不比昨天更清楚这种半和平还能持续多长时间。

1970 年代，美国的两次轰动性大失败——北越征服南越和伊朗帝国政权陷落——动摇了整个国家间体系。美利坚共和国放弃了那些与它命运有所牵连的政权；美国国会在 1975 年武元甲部队出发进攻西贡时禁止了美国总统对此进行干涉；而且，当在被癌症侵蚀的沙阿（巴列维国王）开始丧失决策能 934

力之时，詹姆斯·卡特也无力替代他或向他推荐一种本可能救这位统治者于水火的战略。

这两次失败，尤其是第二次，影响了美利坚共和国的信誉，还影响了力量的区域平衡。美国因为被剥夺了在伊朗的基地而丧失了在波斯湾地区捍卫自身利益的全部或部分能力。更糟的是，美国似乎出于本身政体的原因以及基于人们众望所归推选出的那个领导人无法胜任的原因，从此以后不再有能力完成二战加诸于它、后来在 1/4 个世纪中也有力地承担了的任务。

尽管发生了这些偶然事件，而且它们大多是对苏联有利的，这种对峙的自相矛盾之处依然存在。克里姆林宫的人继续努力将全世界所有种族和所有肤色的人与国家团结到自己旗下。即便马克思主义在巴黎知识分子圈中不再时髦，它也依然对知识分子以及拉丁美洲和非洲的各国人民充满了吸引力。另一方面，即便苏联对支持它的那些国家进行了武装，却没有为它们提供供给。在安哥拉和莫桑比克，那些自称实践马克思主义的政党在国家刚解放时就获取了权力，但国家还是因为意识形态和部族之间的争端而依旧四分五裂。除了武器，这些国家没有或几乎没有从苏联那里得到其他任何东西。胜负尚未分出。我们已经知道光靠国民生产总值的统计数据是无法赢得战争的。但是，我们也还不至于认为，那个对自己的坦克军团洋洋得意而其人民却在贫困和奴役中倍受煎熬的国家会注定取胜。

第三十一章　一代人的结束

　　1950 年代，人们围绕共产主义和苏联社会的性质问题辩
论不休；1960 年代，人们出于对工业社会的疑惑而展开论战；
然而到了 1977 年，这些辩论都已经成为历史，参战的积极分
子没有了，辩论无声无息了。但是这并不意味着信任马克思列
宁主义的知识分子从此销声匿迹，他们在中学，甚至在大学里
仍然有不小的力量。在巴黎的"上层知识界"，这种人却是寥
寥无几。近年来的明显趋势是，那些年轻的评论家又回归到早
期或更早时期盛行的反共立场上。人们没有放弃对技术开发、
环境污染、水泥堆砌起来的城市以及兴建核电站进行谴责和拒
斥。这一斗争仍在进行着，与现代文明对立的人确实是在揭露
我们社会中的弊病和现实的灾难。但是，与这些反抗者持有相
同观点的"大知识分子们"并不把"生态主义"与哲学相提
并论。1960 年代的左倾思潮依然活着，但是左派分子却选择
了不同的道路：一部分人加入了共产党，一部分人加入了社会
党，还有一部分人一改过去的坚定立场，转而加入了捍卫人权
的斗争，此外，另有极少数人似乎热衷于直接的行动。

　　巴黎知识界并不因此对思想论战产生忧虑，尽管这些论战
直接或间接地产生着影响，但毕竟只局限于在期刊和杂志上进
行讨论。我首先想到了"新右派"。它的首领、发起人和最杰
出的代表无疑是阿兰·德·伯努瓦（他曾以不同的笔名写过

许多文章）。他由于《右派眼中的世界》一书荣获了法兰西学
936 院大奖，从而引起了人们对他主办的两本杂志《新流派》和
《要素》的关注。

　　阿兰·德·伯努瓦的工作班子并不掩饰他们的动机是再次
从左派手中夺回思想领域中的领导权，即便是在被称作右派分
子之人掌权的情况下，也要坚持夺回仍旧掌握在左派手中的思
想领导权。就这一点来说，我同意他们的观点。除了法兰西行
动派的残余分子和几乎不露面的法西斯分子或国家社会主义
者，差不多所有党派都自称信奉左派思想，即自由和民主思
想。社会主义者指责右派政府没有减少不平等的差别（主要
是收入的不平等），而右派代言人却没有反驳，或者没有理直
气壮地反驳他们。政治和经济上的等级差别对于公共利益来说
既是不可避免的，也是很有必要的。"新右派"坚决反对传统
的民主－自由派，而我则问心无愧地承认自己曾是这一派别的
理论家之一。当然，我不否认在阿兰·德·伯努瓦喜欢评论的
作家中，有些人（如马基雅维利和帕累托）是应该加以评论
的。我拒绝使用那些真正信仰民主的人喜欢使用的文笔来介绍
西方社会。我不作诗，不自我陶醉，撕破了遮掩着党派之间的
对立的面纱，道出了国家之间的斗争的真谛。阿兰·德·伯努
瓦喜欢某些哲学家的观点，比如卡尔·波普尔爵士，我觉得自
己同这个爵士有很多相似之处。但总的说来，阿兰·德·伯努
瓦在政治上的见解使人不由地联想到法西斯分子和国家社会主
义者（我无意指责他是他们之中的一员，我是说他的思维方
式常常同他们不谋而合）。

　　以阿兰·德·伯努瓦最近写的一篇关于美国和苏联问题的
文章为例，他的文章清楚地表明：宁要苏联的警察，也不要布

鲁克林区的汉堡包。这样一种选择除了表示美国化是万恶之源，还能说明什么呢？要使这种主张具有某种意义，就必须接受这个观点：美国主义销蚀、排除、压迫和取消习俗和信仰的特性，而苏联的统治只是使国家丧失其独立性。前者将剥夺人民的文化，后者还有可能将其保留下来。

在阿兰·德·伯努瓦使用化名写的一篇论文中，他揭露在美国出现的反对权力的抗争。这种抗争产生出美国的非文化的典型特征：助长了金钱至上风气的原则上的平均主义；对高级准则的不重视；形式和风格的丧失。"新右派"厌恶的是"重商主义"，其概念与16世纪和17世纪以同一名称标立的思想流派没有多少联系。在所有的现代社会里，生产和由它带来的消费是君主和公民（或臣民）最关心的内容之一。历史上的君主们为了享乐和炫耀他们的光荣，大肆挥霍国家的剩余产品，其程度是今天的民主社会中那些"精英"望尘莫及的。然而，有时君主宁可贬辱其亲王之脸，也要炫耀自己的财富，同时根据传统、出身、裁决宝剑，当然还有上帝等并非平淡无奇的原则来建立他的合法性。当然，贵族社会在口头上表示蔑视与贸易、生产、交换有关的一切价值，但是它在行动上并不摈弃物质财富和奢华。它既不创造财富，也不与其他人平分财富，而是独自占有财富。在我们这个世纪，一个崇尚武功而轻视店主利益和诅咒科学的非重商主义社会，将会发展成一个什么样的社会呢？

企图以极权方式进行统治的政权为我们提供了一幅颇有教育意义的社会图景，在这种社会里，统治者是一个为实现某种"宏伟计划"而工作的"精英"。然而，他对人间福禄是无动于衷的吗？在法西斯的意大利，在希特勒的德国，在斯大林或

937

勃列日涅夫的苏联，腐化堕落现象已司空见惯，盛行成风，其程度远远超过了"财阀统治"。那些企图垄断思想领域的党内骨干分子有时也做出自称为雄武英勇的表率，但是反对派和抵抗组织的中坚分子并未在勇气上比他们逊色，贵族社会只有在贵族战争舍君莫属时才说得通。一旦全体人民都参加了战斗，参战者有时相隔数十公里、数百公里或数千公里，他们便向空中发射追寻目标的武器，在这种情况下，会出现懦夫和勇士，938 但是不会出现理应掌握政权的精英人物。然而，在我们这个世纪，少数暴力集团的威胁依然存在。这些由盗贼和流氓组成的暴力集团，嘴里叫喊着伟大和高尚，一些思想流派便辱骂痛斥民主与贸易，充当他们的开路先锋。

"新右派"的非重商主义理论家们也揭露平均主义。在这个问题上，他们重新捡起了达尔文的论点，或者更为常见的表现是鼓吹生物学的论点，而这些论点在19个世纪末是信誉卓著的。根据目前的科学研究情况来看，任何人也无法严格地判断出遗传和环境的因素在一个人的性格和事业中究竟占多大的比例。这些狂热的平均主义者主张取消遗传因素，主张把人完全看成社会的产物，他们纯粹是在胡说八道。无论是身体上的、艺术上的，还是智力上的特殊才能，都贮存在遗传基因中——虽然基因只有在环境适宜的条件下才能充分发展和显示出来——我对此是坚信不疑的。在一定的人口中，个人的遗传系统决定了人与人之间的差别。这些差别又导致了不平等。通过测验测出的智力不平等是否就是其中的一个方面呢？为了避免争吵，我们姑且把通过测试反映出来的能力上的差异，至少部分地归结于遗传因素。

如果我们从人口内部的个人差别过渡到假定的社会阶级和

种族的差别，那么就会出现更多疑问。整体的比较会引出两种不同论点，造成两方面的混乱。在测试一个阶级的平均智商（或画出它的智商曲线）时，测验不可能反映出不受任何环境影响的纯智力水平。此外，这些测验所反映的能力无法确定人们的全部性格，测验也无法区分各种各样的思想类型。

"新右派"出于无法掩饰的思想意识方面的用心，常常运用生物学的论据。民主主义者们则倾向于把权利平等与先天才能上的平等混为一谈，从而为一种科学的驳斥提供了口实。而下列事实就足以说明问题：人与人之间的社会不平等与测试所反映的智力差别并不相符，智商最高的人不一定是身居要职或享有最优厚报酬的人。以社会学的方法来划分，精英人物（或身居要职的少数人）并没有提出遗传学上可以划分出等级的理论根据。

939

第三种观点，即人种学与文化的多样性，同前面的两种观点是吻合的。阿兰·德·伯努瓦似乎并不把人种学及其民俗学的多样性——主要是历史的多样性，无论其起源如何，这种多样性引导人们去信奉多神教——建立在遗传学的基础上。

难道是对平均主义的厌恶才引起阿兰·德·伯努瓦对犹太教徒和基督徒信奉一神教的反感吗？基督徒的罪过是承认在上帝面前人人平等（尽管基督教徒长期容忍了奴隶制，而且时至今日，南非的基督教徒仍然对反对种族平等的种族隔离政策表示忍让）。在过去的两个世纪里，被基督教摧毁的多神教时隐时现，并且还有人怀念。有些人怀念多神教是因为他们失去了真主，有些人向往罗马帝国是因为它接纳了被征服的人民所崇拜的偶像，然而在耶稣诞生后的近两千年的时间里，又有谁是自愿做异教徒的呢？历史学家们一直在研究罗马人信奉本家神祇的感情和他们的信仰的性质。是什么魔力使包在兖龙绣蟒的裹尸布中的神又回到了现实生活中？

阿兰·德·伯努瓦引用多神教来攻击那些拯救灵魂的宗教，因为这些宗教既取消各种文化的独特性，又激起了十字军的愤怒。教徒以他们唯一上帝的名义，怀着握有唯一真理的血腥信心，用他们的蔑视和仇恨谴责异端分子。犹太教徒在几个世纪中因弑神罪而受到迫害。他们固执地信奉他们唯一的上帝，甘愿做其俘虏，拒绝加入罗马帝国的基督信仰合一运动。这一错误使他们又遭受罗马人的虐待。从这个侧面，阿兰·德·伯努瓦又表现出一种似乎同他理想的其他方面相脱离的宽容。

直到今天，"新右派"禁止自己做纯政治观点的宣传，不允许自己对民主政权妄下判断。反对平均主义的立场使它走向右倾，但是这种右倾与乔治·蓬皮杜的右倾毫无共同之处，与吉斯卡尔·德斯坦的右倾更是相去甚远。在阿兰·德·伯努瓦看来，主张民主自由的右派只不过是平均主义的社会主义和美国的重商主义包上糖衣后的表达方式。在这个意义上，"新右派"的立场同法西斯分子和国家社会主义者的立场十分相似，"新右派"既讨厌民主自由派，也厌恶平均主义的社会主义。我再次强调，"新右派"最终宁愿要莫斯科也不要华盛顿。

是否可以做出这样的结论，即从逻辑上分析，"新右派"的理论一旦取得主导地位，必将导致一种多少有些专制但绝非民主的体制？对此，我很想做出肯定的回答，但不免仍有犹豫。我拒绝自作主张地给一种形而上学理论的蕴涵下结论。从形而上学向政治转变，很少受硬性逻辑的约束。阿兰·德·伯努瓦会这样说，他的异教徒式的宽容与那些极权党派所向往的思想垄断势不两立。即便如此，对民俗学的兴趣，对平均主义的憎恨，对美国的指责，在民主社会中对英雄主义的崇拜，以及运用生物学的题材留恋虚构的、借助历史的画面等，凡此种种方法是不会有任何结果的，最多只会形成一种宗派，至于为不为害，则要视局势而定。

有些犹太人和犹太人团体的官方机构常常攻击阿兰·德·伯努瓦的"新右派"，指责它有国家社会主义的倾向。与此同时，他们还建议政府封闭它的喉舌，借口是它触犯了禁止以口头或书面形式煽动种族仇恨的法令。主张对"新右派"进行审查的犹太人搞错了。阿兰·德·伯努瓦是否出自内心地仇视犹太人呢？我不得而知，这对我也无关紧要。在他最近几年发表的文章中，我找不出证据，他自己也否认这一点。为了使文化具有丰富的多样性，他是主张维护残存下来的地区文化的，其中为什么不包括维护犹太教的独特性呢？总而言之，以阿兰·德·伯努瓦的聪明，他总不至于不懂得纳粹分子由于使用了毒气而遗臭万年。他的某些观点越是接近 1920 年代、1930 年代德国的右派革命者或国家社会主义者的观点，他就越远离排犹主义的立场。[①]

发生哥白尼街凶杀案的第二天，电视台二频道的一个记者就这个事件的起因和责任对我进行了采访。他试图让我把话题转到"新右派"的知识分子身上。我粗暴地回答说，我不会容忍这种东拉西扯的说法。反对阿兰·德·伯努瓦思想的人应该以思想来战胜他，而不是用大棒和硫酸。我还说，思想有其

941

---

① 关于"新右派"的问题，我写了一篇两页的文章，刊登在《快报》1977 年 6 月 21～27 日刊上。

危害性，但是自由主义的美妙和虚弱之处正是它不禁止畅所欲言，即便对危险的思想也是如此。

我对"新右派"的立场使我接触到另外一个良心问题，即在谢世之前，除了对我自己毫不隐晦的犹太信仰，我对犹太组织、一代新犹太人和犹太复活运动诸问题采取的是什么立场？在前面谈到"六日战争"和戴高乐将军举行记者招待会那一章中，我已经非常坦率地表明了自己的立场。然而1967年以后，历史并没有停止发展。自从阿尔及利亚战争以来，犹太人团体由于大量定居北非的西班牙和葡萄牙犹太人的大批涌入而不断扩大，并且发生了变化。"法籍以色列人"的子孙对他们的父辈或祖父辈们的慎重——被前者称作胆怯或者谨慎——嗤之以鼻。多米尼克·施纳佩尔对今天的法籍犹太人进行过一次调查，他根据他们对以色列的态度，对接纳国的看法（按以色列犹太人的说法），以及对政治运动的主张对他们进行了分类。

我只有一次机会谈论了自己对贝尔纳－亨利·莱维的《法兰西意识形态》这本书的看法，这是一种特殊情况。"新哲学家"没有触及我个人。他们在研究哲学的方法上没有什么独到之处，与现象学家、存在主义者或分析学家都不能相提并论。他们写的论文不同于学院的标准形式。"新哲学家"的成功靠的是新闻机构的宣传，得力于在今天的巴黎缺少一个公正的、令人信服的评判。他们人人都通过了哲学教师职衔的考试，但谁也没有追随过萨特或梅洛－庞蒂。有些人曾信奉过阿尔都塞，尽管后来又背离了他，但从来也没有否定他。"新哲学家"首先引起轰动的，是他们彻底反对苏维埃主义，甚至反对马克思主义的立场。

我没有任何理由同他们论战。如果对自认为是代表新生事物，或让人们相信他们是代表新生事物的青年人或年轻人进行攻击，并以此来结束自己的晚年，未免有些荒唐。况且，这些青年人并没有错。他们对时代的不幸，即像我这样年纪的人在过去经历过的不幸和今天我们共同经历着的不幸，有着独特的感受和反响。但是，J.－M. 伯努瓦、A. 格鲁克斯曼和B.－H. 莱维突然介入围绕苏维埃主义展开的政治辩论，这使我"目瞪口呆"。无论是《马克思死了》《炉灶与食人者》，还是《人面兽行》，都没能加深我对马克思、马克思列宁主义或苏联的任何了解。我虽然尊重 A. 格鲁克斯曼，并对其极有好感，但是我不大喜欢他的《思想大师们》——作者在书中抨击了曾使他受益匪浅的德国哲学小册子。

我没有对《人面兽行》这本书进行过多的讨论（除了在《评论》杂志上引用了书中的一段话，并说了几句俏皮话加以评论）。另一本书是《上帝的遗嘱》。书名和全部内容都过分自负，作者假装渊博，他对耶路撒冷和雅典下的不容分说的断语，使我难以欣赏这种华丽辞藻的魅力。这种浮夸的修辞方法受了马尔罗的影响，既吸取了他的某些特长，也继承了一些不足之处。

当时的情况要求我对《法兰西意识形态》一书加以评论。我通过电话告诉让－弗朗索瓦·拉威尔，依我之见，这是三本书中最出色的一本。同时，我建议他不要把这本书列为《快报》周刊的每月一书。在三本书中，《法兰西意识形态》是最出色的吗？也许我错了。也许《上帝的遗嘱》无论怎样也应得到更高的评价。我应该说的是，这本书触到了法兰西意识的敏感点。与前面的两本书不同，《法兰西意识形态》涉及一个与当前有关却又是一个令人争论不休的历史问题，即维希政府的来龙去脉。

在第二次世界大战中，维希政府使法国处于一种特殊地位。在所有被占领国中，唯独维希政府始终要求德国承认其合法性。它爪牙并用，与占领当局违约越权的行为做斗争，以至于主动要求对它自己所做的有损其形象的行为（如流放犹太人）承担责任。维希政府的领导人将1940年和1942年的外交选择置之度外，公开宣布了一种独立于占领国意志的纯法兰西理论。维希政府的思想体系从何而来呢？它代表的又是哪些人的利益呢？同意大利法西斯主义、国家社会主义、佛朗哥主义和萨拉查主义相比，我们又该怎样评价它呢？

此刻还不是回答这些问题的时候。在朋友们的恳求下，我写了一篇评论《法兰西意识形态》的文章。我的朋友多数是犹太人，他们由于书中的观点过激而对这本书表示十分反感，同时他们又担心会发生误会。他们不希望人们把莱维——他曾揭露过莫里斯·多列士和贝当元帅所共同持有的法兰西思想——看作犹太人团体的代言人。有多少法国人没有受到文学咖啡馆里富基埃－坦维尔的控诉呢？

B.－H. 莱维在对我的文章进行反驳时提出了一个严肃的问题。如果犹太人对某些官员持保留态度，难道就是懦夫行为吗？我已经讲述过，在1937年或1938年由法国掀起的如何对待希特勒德国的辩论中，一个没有任何排犹思想的朋友是怎样劝告我要"节制"行事的。以色列国家的存在虽然不同于希特勒前期的德国，却同样提出了双重国籍的问题。

没有经历过1933～1945年的犹太人常常以高傲的态度对

待他们的父辈和祖父辈，因为后者心有余悸，害怕"引起排犹主义"。在他们看来，这种担心是多余的，甚至是可鄙的。正如朱利安·班达所写的那样，排犹主义是出于仇恨的需要，它来自一种欺侮人的欲念，与犹太人本身的行为无关。不分青红皂白地认为自己必须保持谨慎，就等于承认犹太人同其他人之间存在差别。如果一个人自认是法国人，如果他同自己的同胞一样都是法国人，为什么就任何事件发表意见时还要犹豫不决呢？

这一推理将能证实今天的犹太人是否愿意统一，他们的犹太信仰是否仅仅停留在精神范畴内。因此，当犹太人的意识把犹太人同以色列联系在一起时，尽管以色列有其种种特点，但它依然是一个独立的国家。非犹太血统的法国人就有权利要求他们表态，他们究竟属于哪一个政治集团？只要人类还分属于一个个独立的"强权国家"，流散在异国他乡的犹太人就有权决定自己的命运，并且必须在以色列和已经成为他们第二祖国的"接纳国"之间做出抉择。身为法兰西共和国公民的犹太人有理由在精神上和思想上保持与以色列人的联系，但是，如果同以色列的这些联系发展成为政治上的，并且超出了法国公民资格的范围，那么他们就应该理智地选择以色列公民的身份。

B.－H. 莱维激烈而又不太合情理地揭露了所有那些以各种方式表现出自己在思想上接近维希政府、反对革命、反对犹太主义、鼓吹社团和行会主义等倾向的思想家和作家。法国的土地和法国历史上的著名人物，使法国成为一个有血有肉的和历史悠久的国家。而莱维却指责一切这样赞扬法国的人。他只接受一种法国，那就是 1789 年的法国，由联盟及各个行省自愿一起向统一的、不可分割的共和国进行宣誓的法国。人人在权利和义务上都是平等的。B.－H. 莱维唯一热爱的法国是它

944

的子弟们自愿建立的法国，这样的法国同 B.－H. 莱维对它的热爱是同样抽象的。的确，法国作为人权的故乡和大革命的发源地，在整个 19 世纪遭到了许多法国人——也许是他们中的大多数人——的否定，排犹主义在我们国家同在德国一样到处泛滥。泰奥多尔·赫茨尔本已同当地人打成一片，对犹太问题不再关心，倒是德雷福斯事件唤醒了他的犹太人意识，激发了他的犹太复国主义。此外，还有机构体制，甚至民主自由派的思想基础，也遭到 1930 年代盛行的随笔作者们的严厉批评和唾弃，并且被他们打得粉碎。罗伯特·阿隆、阿尔诺·当迪厄和埃玛纽埃尔·穆尼埃对财阀统治的民主派的憎恨方式，有些近似法西斯分子。维希主义在其初期不仅受法兰西行动派的影响，也受这些小团体和"思想集团"的影响，而这些组织对精神生活的影响是不容低估的。但是，这些组织在战前不过是些边缘组织，它们当时尚未开始从事纯政治性的活动。

　　法国的独到之处，不仅在于国内盛行与意大利法西斯主义和国家社会主义相似的各种思潮，而且也在于这些思潮从没煽起过一种真正的法西斯主义或者国家社会主义，甚至也没导致过右派专权的严峻危险。只有占领时期是个例外。在法兰西学院，排犹主义悄悄地涂上了受人尊敬的色彩。法兰西行动派和莫拉斯成为海军军官、外省的乡绅和巴黎大部分资产阶级社会的思想宗师：无论是来自"火十字团"的拉·罗克上校的党①，还是雅克·多里奥的党，都达不到危险的程度。德雷

———————————————

① 尽管表象于他不利，德拉罗克上校却从来不是法西斯分子。他从德国流放回来便坐牢。戴高乐将军写信给他的家属，对这位公民、这位爱国人士表示了敬意。

福斯事件证实了法国这个实体既抵制得住排犹主义和"虚假的爱国主义",也抵制得住邪恶的毒害。我认为,我们的国家在1930年代对右派的革命是很反感的,从于勒·费里(Jules Ferry)时期开始直到第二次世界大战,我们的教师也都站得很稳。他们的爱国主义在20世纪初就深深地扎根于革命,扎根于人权论和理性主义之中了。法国不乏法西斯或准法西斯主义的思潮,所缺少的是准备接受这种思潮并愿为之奋斗的群众。

无论是埃玛纽埃尔·穆尼埃,还是于贝尔·伯夫-梅里,在1940年都未接受戴高乐主义的立场。这种立场就是简单地认为:战争在继续,法国的战败并没有决定斗争的结局;现在必须进行战斗,改革法国的时机还没有到来;在占领者的鼻子底下搞改革,不等开始就会丧失人心。1930年代的这伙"新哲学家"同大多数法国人一样,并没有立即用回顾的眼光来看待我们曾认为是比较好的态度。一个负责审判嫌疑分子(这些人没有马上唾弃贝当元帅,只是在1943年才参加游击队)的年轻而又擅长辞令的宗教裁判官,至少应该理解人们对腐朽的第三共和国的愤愤不平,理解人们所向往的是一个不被老态龙钟和大腹便便的激进派们所充斥的共和国。

B.-H. 莱维的书不配引起所有这些论战,但此书在某些社会阶层中产生的影响却发人深思。随随便便引用书中的语句倒也没什么。令我吃惊的是,欣赏这本小册子的犹太人对他们的"接纳国"所表现出来的情绪,以及对法国和法国文化的广泛指控。此地和其他地方的一代年轻犹太人难道终于开始憎恨他们所选择的国家了吗?

我们不谈这本书了,它已经占用了我太多的时间。我联想起组织成别动队的那些年轻犹太人,他们把一个新纳粹集团的

946

头领弗莱德里克森（Frederiksen）痛打了一顿，并用硫酸攻击了一个老实无辜的公民。这个公民同排犹主义毫无关系，只因与弗莱德里克森同名就白送了性命。这一错案败坏了别动队的名声。他们的手段引起了人们广泛的非议。舆论认为，那些积极分子尽管毁了犯罪分子的脸，他们依然是不可饶恕的。人们会指责我的思想是个大杂烩：一方面否定法国文化的整体性，另一方面却主张使用暴力反对排犹主义。不能把这两种精神和物质的行为混为一谈，但是它们可能出自同一个根源，这就是虽然出现了德雷福斯事件，但法国是第一个给犹太人自由的国家。到了1940年，法国却又成为西欧民主国家中唯一一个在没有占领当局的压力下主动制定管制犹太人的法规的国家，而这个法规是根据国家社会主义者们曾颁布的法规制定的。

在全世界，大多数受到种族灭绝创伤的犹太人已经恢复了那些他们被同化时所丢弃的犹太意识。在法国的犹太人也受到了维希政府的伤害，尽管他们在法兰西共同体的处境相对说来好一些。其中部分原因①应归于非占领区的存在。然而，让犹太人更感到伤心的不是管制犹太人的法规本身，而是社会上的司法法庭和道德法庭的表现。更明确地说，是法国人对制定这项法规根本无动于衷。行政法院在解释和执行这个法规时，也把它与其他法规同等对待，似乎法学家们对违背共和国原则的法律可以与随便一项政府决定等同视之。

---

① 在法国，受到种族灭绝迫害的犹太人的比例比荷兰和比利时等其他西方国家都低，但是我不愿意就这一事实而介入一场争论。也许是因为存在一个非占领区，也许是因为有了维希政府而因祸得福，或者尽管有维希政府也不过如此？我认为，区分这个问题的两个因素并不是做不到的难事：一方面，非占领区的存在对犹太人有利；另一方面，这一点也并不能全部归于维希政府的行动。

我遇到一些年迈的和年轻的犹太人，可以这样说，他们因为法国曾制定了犹太法规，以及法国警察根据维希政府或占领当局的命令在冬季赛车场进行大搜捕这两件事而记恨法国和法国人。既然他们不肯原谅法国，那么法国也就不再是他们的祖国，而是他们能够舒适地生息之地。对于那些无法开始新生活的上了年纪的犹太人来说，这种态度是很正常的。但是，那些根本就不关心他们的"接纳国"、他们第二故乡的命运的青年人，为什么不去当以色列公民呢？我常听到这样的回答：爱之愈深，责之愈切。同那些从不扪心自问的法国人相比，对法国态度苛刻的犹太人难道不是对这个国家的热爱更加深切吗？这是可能的，但是，这些感情由于长期的压抑，最终便会消失。

1970年代后半期，控制宣传媒介的"大知识分子们"或知识官僚们，终于公开放弃了半亲苏立场。他们有时仍然支持左派的联合，但是他们不再崇拜革命了。他们更经常地把赌注押在社会党上，认为只有它才能够用左派多数派来取代右派多数派。在这种气氛下，我最后一次见了让－保罗·萨特。

布瓦依埃尔夫妇发出了"越南难民之船"的倡议。我要对这对从前信仰毛主义的夫妇说句，我内心尊重他们，并把他们视为朋友。他们合写的《第二次从中国归来》以其真挚的笔调打动了我，我给他们写信说了我的看法。他们的第二本书《石头的信仰》更使我吃惊。在这本书里，他们以个人见解揭示了众人称为信仰的秘密。"相信某物"意味着什么呢？斯大林主义者、毛主义者又相信什么呢？如果他明天改变了自己的信仰，那么他对一些事物又该做出何种解释呢？布瓦依埃尔夫妇在回顾以往时，揭露了被控制的意识、沉默的策略和信徒伤残自己身体的真实情况。我和苏珊同他们两位见了面。苏珊和克劳蒂娜·布瓦依埃尔夫人一见如故。奥利维尔·托德和安德烈·格鲁克斯曼也马上表示声援，支持人道主义行动，营救逃脱越南政权的难民，我毫不犹豫地参加了这个行动。在绝望的海洋里，一条营救船和几个令人钦佩的"无国界医生"干得了什么？这种想法只能叫我们大家束手无策。这个"行动"本身是否有一种政治意义？当然。一个所谓的社会主义政权迫使成千上万名男人、妇女和儿童冒着生命危险，乘着小船在海盗横行的大海上漂泊。这些人的出逃是为了寻找自由。

营救难民首先是一个人道主义的行动，可以说属于国际红十字会的活动范围。有人告诉我说，格鲁克斯曼已经说服了让－保罗·萨特。当我来到营救难民行动记者招待会的几分钟后，萨特在格鲁克斯曼的搀扶下也来到会场。我当时坐在座位上，向他转过身去，格鲁克斯曼对萨特说了我的名字，我们互相握手，我脱口而出说了一句我们之间很熟的话："你好，我的小同学。"他当时不是回答了一句"你好"，就是什么也没说。这张我们握手的照片后来被100多个国家买去转载。

克洛德·莫里亚克对这次会面做了如下描绘：

　　　格鲁克斯曼在萨特耳边说了几句话，这时雷蒙·阿隆向萨特伸过手去，萨特面无表情地握了他的手，既无敌意，也看不到热情。阿隆显得有些紧张尴尬，既不安，又高兴。我侧耳倾听，听到雷蒙·阿隆说了三四句欢迎的话，但是只听清了其中的一个词，"同学"，也可能是"老同学"，这个词使我感到吃惊。在他们分道扬镳如此之久后，这个称呼显得流于俗套，不够味，别扭，然而仍然令人感动。

我是在这篇文章被收入《孩子们看到了父辈的微笑》一书之前看到了这段话，我给他写了下面这封信，他未加任何评论地收录在书中。信中说：

> 亲爱的克洛德·莫里亚克，我拜读了你的日记，其中谈到了在"越南难民之船"的记者招待会上我和萨特会面时的情况。
>
> 请允许我指出如下几点：当我握住让－保罗·萨特的手时，我向他说的是"你好，我的小同学"，而不是"老同学"。这是要抹去30年的分歧，重新回到50年前的一种姿态，因为在高师，我们这个小圈子里都互相称呼为"小同学"。如果萨特听到这个称呼——但我不能肯定他听到了——他就会认为我向他说出了我能说的和我应该说的话，这个称呼既没有什么不够味的，也没有什么令人感动的。 949
>
> 至于我的感情，要比你印象中的简单得多，既然我们并排坐到一起，无论是他还是我，都不会感到局促不安，或彼此生气。事实上，当我看到他双目失明、近乎瘫痪时，我只是感到一片同情和无限怜悯。我已多年没见到他，感到他正向死亡走去。顺致敬意。

我为什么说他正向死亡走去？萨特不到一年以后，于1980年4月去世了。而在此一年前，他还能保持着智慧和意志的力量吗？没有了这种力量，萨特就不再是原来的萨特了。

我的这一说法针对的是萨特逝世前《新观察家》周刊刊登的他与贝尼·列维的谈话。

几个星期之后，声援"越南难民之船"的代表团在爱丽舍宫受到吉斯卡尔·德斯坦的接见。代表团中的两个成员安德烈·格鲁克斯曼和克劳蒂娜·布瓦依埃尔谈得最多。他们要求法国增加接纳难民的人数，还要求法国采取某些紧急措施。总统在直接向让-保罗·萨特提问时称他为"我亲爱的大师"，萨特对总统的提问只回答了很少的几句话。萨特表示完全同意格鲁克斯曼的观点。我记不起我讲过什么值得一提的话。代表团成员后来在转达同总统的会面情况时，对总统的一句话倍加讥讽。总统当时问"他们为什么出逃？"或"他们为什么想出逃？"，提出这个问题的本身不就反映了他对苏联政权一无所知？我自己并不肯定这个提问只是表现出一种幼稚无知，因为难民出逃并不是出于同样的动机。在同总统会谈后，我们在法兰西学院即刻召开了记者招待会，让-保罗·萨特讲了几分钟的话：他的声音没有变化，语调也没有改变；声音仍然洪亮、清晰，几乎同年轻时候一样；他说话没有任何夸张，也不拖泥带水；他既不像演说家在演讲，也不像教授在上课，我又找到了原来的萨特。

当然，萨特和我一样，并不认为握一下手就能消除30年的隔阂。这种静悄悄的但又引人注目的会面具有一种什么意义呢？至少两个"吵翻了的"朋友在双方的心中都未消失。萨特真诚地写过颂扬加缪和梅洛-庞蒂的文章，但这是些悼念文章，与传统的悼文不同。他为加缪写的悼词涉及他的本质：

> 他在20世纪反历史地代表了道德家们源远流长的当代传承者，他的著作也许在法国文学中最具特色。他那执

拗的、既狭隘又纯粹、既严肃又富于情感的人道主义，同这个时代的大量未定型的事件展开了一场令人怀疑的斗争。然而，反过来，由于他顽强地坚持本人的拒斥立场，他的看法与马基雅维利主义者和现实主义的拜金主义者的看法相反，他再次肯定了在我们这个时代存在道德现象。

萨特说，他同加缪的争吵只是共事的一种方式；我认为，他同梅洛－庞蒂的关系也同样如此。他们之间的争吵是在后者的《辩证法的历险》发表之后，论战涉及政治，也涉及哲学，但与他和加缪的争论不同，没有那么多的个人义气。梅洛－庞蒂指责萨特犯有他所说的极端布尔什维克主义，换句话说，就是以党的意志代替无产阶级的意志。在政治方面，他们辩论的焦点是阶级与党的关系；在哲学方面，梅洛－庞蒂认为，在阶级与党之间、具体情况与决策之间缺少协调。把绝对的和无条件的自由，把笛卡儿式的上帝的自由，转换成自我，变成了党的自由，同时也就拥有了马克思赋予工人阶级的那种历史使命。西蒙娜·德·波伏娃反驳说，庞蒂的批评忽略了本体论与实体论之间的区别：绝对自由的本体论在一定历史命运下不排除自我和党的联系，没有这些历史命运，意志就不是来自类似笛卡儿式上帝的决定的单纯命令，而是通过自我或阶级为摆脱自身异化进行的长期斗争。

"执拗的""既狭隘又纯粹"的人道主义者加缪，主张在具体情况与行动之间建立协调关系的非共产党人梅洛－庞蒂，都在这个哲学家的格雷万蜡像馆中找到了一席之地。他们活着的时候，萨特既没有饶恕过这个人道主义者，也没有宽待过这个非共产党人。在他们死后，萨特倒是给予了他们颇有诚意的颂

扬，不过也只是没有越出悼词所能容忍的虚情假意而已。我想，即便在我死后，萨特也不可能在他的蜡像馆中的当代陈列室里

951 给我保留一席之地。奥利维尔·托德说，在那次轰动一时的重逢之后，萨特在同他进行最后一次谈话时，反复说我是个资产阶级分子，是工人阶级的敌人。如果就我的出身和生活方式来说我是资产阶级分子，那是毫无疑义的，但是说我是工人阶级的敌人，我却觉得没什么意思。萨特这种近似愚蠢的见解明白地表达了他对我的感情，起码在政治上是这样。然而，我也能举例说明他对我的另一种态度。安德烈·马尔罗要求加斯东·伽利玛脱离《现代》杂志，因为上面登了一篇梅洛－庞蒂的文章，文章冒犯了马尔罗。马尔罗对我说："他把我当成懦夫，而他却只在自己的办公室里打过仗。"我托人转告萨特，这件事与我毫无关系。他回答我说，在这件事上他从来没有怀疑过我。

我们之间的握手对于历史学家是否有什么象征性的意义？我不太清楚；西蒙娜·德·波伏娃却斩钉截铁地回答："没有。"[1] 本质上是伦理学家的萨特竟然主张为美好的事业采取极端的暴力形式。他在很长一段时间内把革命与共产主义，也就是与苏联等同起来。从1968年起，青年人追随着萨特的另一种思想，即人群的融合、个人或集体实践的自发性。他自己也脱离了已经成为官僚主义和个人崇拜化身的革命。他重新找到了自己的真正归宿——无政府主义，但不是有些自称无政府主义政党的那种东西，而是个人揭竿而起，进行反抗的无政府主义。同时，他不再允许为了崇高的目的而犯罪，他不再嘲讽自由派的"柔嫩灵魂"，转而同情受专制政权，甚至是受一个

---

[1] 参见西蒙娜·德·波伏娃的《永别的仪式》一书。

马克思列宁主义的专制政权迫害的人。正是由于这一点，我们才在布瓦依埃尔夫妇和无国界医生的倡议下又重新走到了一起，而谁也没有叛离各自的初衷。

萨特去世时，我尽可能地少说话，少写文章。除了在《快报》周刊上发表了一篇文章，我只参加了电视台的一次新书评介节目"省略号"。在这种座谈会式的场合，我不能不马上做出反应，这将使我十分为难。我要说的太多了，所以还是少说为佳。

952

下面是 1980 年 4 月 25 日我在《快报》周刊上发表的文章：

　　当让－保罗·萨特获得了诺贝尔文学奖后，皮埃尔·布里松催我为《费加罗文学报》写篇文章，谈谈我对青年时代的回忆，谈谈我们在高等师范学院的几年交往。我拒绝了，因为萨特对经院式的颂扬一向很反感，政治又使我们分道扬镳，在他得诺贝尔奖的时候，我既不便清算旧账，也不能对我们的分歧避而不谈。因此我给皮埃尔·布里松提供了一篇关于《辩证理性批判》的长文。《费加罗文学报》的总编失望至极，他对我说："这是一份巴黎大学的讲义。"事实上，阅读和讨论一个哲学家的著作不正是纪念一个思想家的适当方式吗？人们敬仰他的精神力量，但无须赞同他的观点、立场。

　　五十多年前，我们在开玩笑时互相许下了诺言：谁后走一步，就要为先去世的人在高等师范学院的同学录上撰写一篇生平传略。如今，诺言已经不复存在了，因为从学生时代的亲密无间到"越南难民之船"记者招待会上的握手，流过的时光太长了，但是有些东西却依然保留下来了。庆贺萨特的业绩是吃力不讨好的，但又必不可少，我宁可把这项任务留给别人去做，尽管这项业绩的内容之丰富、形式之多样、范围之广泛，会使当代人感到无所适从。由别人对他做出公正的评论吧。即使萨特不止一次地投入未必是正当的战斗，但是，从来没有人怀疑过他的慷慨与无私。

我想起了我们在圣日耳曼大街靠近巴克街和陆军大楼的一次谈话，那时，萨特对自己的天赋已毫不怀疑。他对我说了大致这些话（原话记不清了）：要和黑格尔并驾齐驱，对他来说并不太困难。我告诉他我对自己的疑虑，还说我对未来不是很有把握。在这次谈话中，我们还谈到了别的问题，谈到了革命。我向他提出了一些毫无创见的异议。我认为，被压迫者，或者更确切地说是代表被压迫者的那些人，会乐于充当被他们赶下台的那批人的角色。如果引用马克思在《德意志意识形态》中的一句话，就是陈腐的烂泥将重新开始泛滥。萨特大概回答我说，革命以后必定会出现同样的不公正，或者类似的不公正。革命一旦发生，我愿意像幼儿园里的老师那样不辞辛苦地为它效劳。

那次谈话是在我们学业结束之后，那时我们都快25岁了。我不止一次地回想起这件事。直到慕尼黑事件之前，萨特对政治还不太感兴趣。西蒙娜·德·波伏娃回忆说：他们那时谁也不指望什么改革，什么渐进的改良，因为只有突然的、全面的革命，才可能改变事物的发展，改变生活。因为萨特实际是一个伦理学家，而且终生不渝，尽管出于革命的绝对逻辑，他写了不少关于暴力的文章，例如为法农①的著作写的序言。萨特的这类文章可以列入具有法西斯色彩的文选之中。

作为哲学家，萨特的思想主要来自他本人。1933～1934 年，他在柏林攻读胡塞尔和海德格尔的哲学思想。有一次在一个露天咖啡馆里，他首次听我谈到了现象学。通过西蒙娜·德·波伏娃的回忆录，我们了解到，萨特对于这种适合其需要和想法的现象学方法崇拜得五体投地。然而，无论从现象学还是从《存在与时间》中，他得到的只是一种词汇，至多也只是一种方法。他自己创造了一种理解（Weltanschauung）。这是一种以"自在"和"自为"为结构的世界观：一方面，事物具有消极的物质性和非意义性；另一方面，意识对"自我"不断探索，却永远不能与"自我"相吻合，然而能够设想并创造出意义。没有意识，则任何事物都没有意义，而意识本身却是虚无的。

"自我"是一种强透视性的意识，是一种以上帝的形象表现出来的自由意志。萨特不是在书本中，而是在自己的身上发现了它。像笛卡儿一样，萨特也不相信精神分析法会有助于他对自己的了解，至少他在年轻的时候是这样认识的。萨特要求这一高傲的"自我"不仅对自己，同时也要对所有人毫无保留地负起责任来。身陷孤独的囹圄之中，出于对存在的徒劳无功的探索的厌倦，"自我"希望通过一种真诚的关系，走出社会喜剧，即无论是自己还

---

① 弗朗茨·法农（Frantz Fanon），在非洲颇有影响的思想家，萨特曾为他的《全世界受苦的人》一书作序。——译者注

是其他人都不能代表另一方，都不能剥夺另一方的自由，而重新返回其他人中间。

954 今天，我个人仍然认为，《存在与虚无》这本书远远超过了萨特的其他著作，最忠实地反映了他的世界观，反映了人类环境中的各种矛盾，并富有适于各种文学形式的存在题材。《辩证理性批判》只是在表面上否定了《存在与虚无》，但是萨特把"自我"放到了社会现实中，把"自我"称为"个人实践"，从而使它"马克思主义化"。他以社会化造成的存在和行为方式来填补缺少"自我"的自由，同时又竭力以一种更加微妙而又不大具有说服力的辩证法来维护一种强透视性的"自我"，这种形式的"自我"就是《存在与虚无》中的自由。

为什么萨特认为有必要宣布马克思主义是一个不可超越的真理（大概他并没有深入研究过马克思主义），是人类思想中的一个历史时期呢？我想这样讲一定有很多心理的和社会的因素，姑且不去讲它。如果一场革命为人类提供了新的开端，我的读者肯定会想到，没有任何幻想的萨特正准备献身于教育人民的事业。由于发表了《恶心》《墙》《苍蝇》《禁闭》等作品，萨特得以成名。而战后初期，萨特面临的却是被分裂的法国和世界，这不仅是因为强国互相争夺所致，而且像尼采所预言的那样，也是由于哲学上的冲突造成的。萨特对资产阶级深恶痛绝，不可能选择西方阵营、美国阵营和资本主义阵营。他时而对另一个阵营寄予希望，时而幻想出现一个第三种阵营。为了寻找献身革命和自由的党和国家，他访问了莫斯科和哈瓦那，走上了荒唐的朝圣道路，尽管他始终未得其门而入。

在斯大林主义最猖獗的几年里，他以同路人自居。在写作《辩证理性批判》时，也就是 1960 年代初，萨特还在苏联模式的马克思列宁主义与左倾主义之间举棋不定。

我认为，最近《新观察家》周刊上连载的让－保罗·萨特的文章不是出自他本人的手笔，但是其中属于他个人的一些看法却与我的记忆之所及相符。他根本不满意自己所看到的社会生活，认为这种社会生活与他对人类最终目的的概念不相适应。萨特的观点是乌托邦还是千禧年梦？我看更像是对人与人之间建立另一种关系的向往和追求。我们俩都读过康德的《纯然理性界限内的宗教》这本书，并且潜心思考了每一个人对自己做出的决定性选择，但是人永远有改变观点的自由。萨特从未放弃过人们能够全体一致地改变立场的希望，但是他从未想到把介乎个人与人类之间的制度纳入他的体系之中。对于一个卷入政治斗争的道德家来说，这真是一场悲剧。

在我前面提到的那次谈话中，萨特问我：既然你不相信革命，既然你明知道这个社会卑鄙，你为什么还对政治感兴趣呢？卑鄙这个词可能比他原来用的词还温和一些，当然，用哪个词关系不大。我当时似乎是用阿兰经常引用的那句话回答他的：文明就像一层薄膜，一触即破，裂口处便会冒出野蛮行为。革命同战争一样，可能会撞破经过多少世纪慢慢形成的文明薄膜。[1]

电视台的"省略号"（新书评价）节目虽然有一定影响，

---

[1]　1980 年 4 月 25 日《快报》。

955

但是我并不认为这个节目很成功。在 70 分钟的时间里，四个人坐在一起谈萨特，又能有什么效果？有些情节我至今记忆犹新：对于普瓦罗·德尔什不时的奚落，我置之不理。他大概是要表明自己与右派观点的人界线分明，然而他这种过分的积极实在是多余的。许多持左派观点的人感谢我反对贝尼·莱维的立场，感谢我断然提出《新观察家》周刊上刊登的萨特的最后谈话不是出自我的小同学的手笔。我同格鲁克斯曼展开过讨论，他坚持把萨特同索尔仁尼琴相提并论。对萨特的友谊驱使他得出这样一种荒谬的论点：索尔仁尼琴痛恨西方世界的"思想宗师"所起的作用，讨厌他一贯容忍的那些声称铸造新人的党派和运动。我当时很激动，直率地说出了自己的看法。为此，萨特的两个朋友克洛德·朗兹曼和让·普莱分别打电话和写明信片对我表示感谢，安娜·菲利普和罗曼·加里在他们的一本著作中为我写了献词。

　　加里寄给我《风筝》一书，上面写满了对我的溢美之词。几天之后，我向他表示感谢。我当时正在整理过去的材料，便提出把他在 1945 年写给我的一封信寄还给他。在这封信中，

956

他向我表达了他面对纷至沓来的赞扬信和赞美文章所产生的惊喜之情。我当年在伦敦读到他的《欧洲的教育》的书稿时就已预见到他会获得成功，现在这一预言已经变为现实了。加里回答我说，他希望得到这封写了那么久远的信件。不久，他在收到这封我自己并没有保留复印件的信之后，又给我寄来一张明信片，这次我没忘记影印一份。明信片是这样写的：

　　　　亲爱的雷蒙·阿隆，谢谢您的这封信，它使我回想起我保持信仰的旧日时光。我当时还相信文学是光辉的，相

信名声，等等。然而时至今日，这一切都已成为"等等、等等"了。我一直怀着钦佩的心情聆听您那卓越的思想课。您对这些黑暗时代所做的分析是如此深刻，以致我在读您的书时，有时竟然相信有可能得到解脱，相信还存在另一条道路。兼有出众的才华和浩然之气，真乃稀世之珍。我要用我所喜爱的一句俗语祝愿您：再接再厉。您忠实的朋友。

明信片上签署的日期是 1980 年 11 月 29 日，而他在 1980 年 12 月 2 日便与世长辞了。

最近我重读了《新观察家》周刊上刊载的萨特与贝尼·莱维的谈话，我在新书评价节目中排除这是萨特的作品的可能性。我断言这不是萨特写的，口气非常生硬，这可能是出于对贝尼·莱维的反感。我重读了这些谈话，进行了慎重的思考，是否应该撤回这种最后通牒式的说法呢？这些谈话的口气的确不像是我的小同学的口气。5 年前，他在回答米歇尔·孔达提问时所云同这些谈话截然相反。此外，西蒙娜·德·波伏娃和萨特的其他好友都否认萨特身体衰弱到这般地步，以致可以对自己的言行不承担责任了。1975 年，他同孔达谈话时说自己的机智没受到影响，说他的机智同过去一样敏捷有力，唯一衰老的症状是，有时谈话找不到适当的词。

据西蒙娜·德·波伏娃的追述，萨特的身体状况在 1975～1980 年明显恶化了。由于血液循环不正常，他的双腿逐渐瘫痪。我想，心血管系统的损伤大概对他的大脑也有一定的影响。即使他的眼睛不失明，这些病痛也会妨碍他继续从事自己的事业，妨碍他完成《辩证理性批判》和《福楼拜传》① 的最后写作工作。当然，我们也不能从此得出结论，认为他说的话都是他的对话者强加于他的，是完全违背了他自己的思想的。

1975 年的谈话和 1980 年的谈话在有些问题上自相矛盾到了这等田地，竟让人联想到他的观点改变了。在同孔达的谈话中，萨特指出：思维在本质上是孤独的，只有独自一个人时才能思考，思想只能属于一个人。在谈到音乐时，他毫不犹豫地承认，他不喜欢音乐会，他只有在独自一人时才欣赏音乐。而 5 年后，他却这样说：

> 我没有能力再从事写作了，所以我不得不同别人交谈，我希望你能成为我的对话者，然而我马上又意识到，你不可能是一个秘书。我必须在思考时有你参加，换句话说，我们必须一起思考。这就完全改变了我的研究方式，因为时至今日，我从来都是一个人工作，一个人独坐在桌前，在我面前，只有一支笔和一张纸。而现在，我们要一起来构思一些想法。有时，我们也存在分歧。但这是一种只有当我衰老时才可能想到的交流方式。

我读完这几句话以后，很想马上就说这不是萨特的话。他这是首次接受一个"复数"的思想，即几个人而不是一个人的思想。这种个人的思想，至少萨特自认为是面对所有人的。他第一次承认，个人思想具有普遍的意义，人在衰老时就不得不共同思考。他不仅用这一观点来说服自己，并且还努力说服

① 指《家庭的白痴》。——编者注

他的读者。看来，这真是不幸中的大幸，因为有了其他人的帮助，他就可以评断自己的过去，阐明他在《存在与虚无》和《辩证理性批判》中都未能阐明的伦理学谱系。萨特对待进步的观点，对待因历来部分的失败而接近人类最终目的的观点，也同样起了变化。西蒙娜和让－保罗年轻的时候只相信一种整体的动荡；70岁时，萨特承认他犯了某些错误是因不够激进，而不是因过分激进；75岁时，他说：“我认为，行动的发展过程就是一系列的失败过程。失败中会产生某种意想不到的积极事物，失败本身就孕育了积极的因素，然而希望成功的人却不予重视。正是这些部分的、局部的、不易被人们辨明的成功促进了事物的发展，这些成功从一次又一次的失败中，实现了进步。我始终是这样来理解人类历史的。”萨特对历史可能是这样“理解”的，但是他肯定没有一贯如此地来“解释”历史。　958

　　另外，我觉得把他后期的言论同他的人格和思想倾向联系在一起没有什么不合适。他说自己从未绝望过，从他最后几年中的表现来看，他说的倒是实话。萨特是个幸运儿，他实现了自己的大部分愿望。1975年，他表示对自己的一生感到满意，并敢于承认这一点。他有什么可以不满意的呢？作为哲学家的萨特对现实中的萨特的回答是：人是一种无谓的激情。前一个萨特本身并没有绝望，但作为形而上学者的他，是毫无希望的。大约在五十年以前，或五十多年以前，他对我吐露说，他不愿意要孩子，因为在他看来，人的生存条件是没有出路的。

　　对存在的绝望，对大多数人的蔑视和讥讽，在战后已被另一个萨特所遗弃。这时，他已经不大在个人的道德中，而是更多地在集体行动中寻找一条走出密室的道路。在《辩证理性批判》中，他把绝望与革命者必须有的希望结合起来。他仍然把自由视作最终目的，但是作为"人类的开端"的反抗，自由似乎注定要带来许多后遗症。（萨特是否会在这本书的第二卷中，指出这种后遗症不是注定不可避免的呢？）

我认为从这些谈话中还是能够辨认出萨特的一些论点，这些论点同过去相比已经失去了棱角，变得平淡无奇了。总而言之，从这些谈话中看不到坚定的口气、独特的思想或者独特的表达方式，即使当他重复自己所说的话或者当他自己搞错时也同样如此。30年前，当他回忆起自己青年时代的冷酷性格时，萨特乐于承认："我变成'蜜翁翁''老好人'了。"他只有在最后一次谈话时才变成这样。在此之前，他从来不是这样的人。

当年事已高的萨特摈弃绝望的折磨，拒绝再体验任何形式的忐忑不安时，他大概会讲出自己的部分的真实情况。但是，即使如此，表达这种真相的文章又是何等贫乏，何等平淡无奇而又令人感到费解！

请注意，从那时起，人们在我的著作中几乎再也看不到自暴自弃的绝望情绪了，这仅仅持续了很短的时间。我注意到许多哲学家在探讨绝望情绪和其他任何一种哲学思想时曾遇到过同样的情况，即他们在从事哲学研究的最初时期只是根据道听途说得来的东西便发表自己的见解，他们非常重视这个题材。但是后来，他们渐渐地不再谈论这个话题了，因为他们意识到他们对此并没有亲身体会，而只能依赖别人的感受。我从不感到忐忑不安。1930~1940年，这是哲学的关键概念之一。这一概念来自海德格尔，并且一直为人们所使用，但对我来说却体现不出任何东西……

在读这些谈话时，令人感到压抑和无法忍受的是，贝尼·莱维有意或无意地对一个老人采取了咄咄逼人的态度。萨特因年老体弱，丧失反驳能力比智力衰退更加严重，他声称自己不懂得犯罪感的含意。他的年轻弟子使他回想起在 1952～1956 年这个被索尔仁尼琴称为"西方世界的思想宗师"竟成为斯大林主义的同路人。这个残忍的贝尼·莱维对萨特说："你的那个同路人已经死了。我希望可以对他盖棺论定。死者是何许人也？是个阴险的恶棍、大傻瓜、蠢人，还是骨子里善良的人？"萨特回答他说："我认为他是个不坏的人……"萨特是这样为自己辩护的："他当同路人的时间不长，这对他来说是次要的事情。是党使他陷入了困境，当他向党进行抗争时，他并不是那么差劲。"

他现在说自己的作品失败了，他像一个普普通通的人道主义者那样声称要相信进步，在没有恐怖的友爱之中探求左倾的原则和伦理的标准。"一个伦理学家必须传播友爱思想，直到这种思想成为所有人之间唯一显而易见的关系。……"他否定了自己为法农的书所写的序言，否定了他对暴力的崇拜。他重新撰写关于犹太人的文章："那时所缺少的正是犹太人的真实情况。请注意，这种玄奥的犹太人的真实情况犹如基督教徒的真实情况一样，在我的哲学中只占微乎其微的地位。我把自我意识同那些来自其内部继而又可以从其外表寻找到的所有的特征中分离出来。这样一来，犹太人就被剥去了那些玄奥的和存在于人们主观想象中的特征，从而不能以他原有的方式存在于我的哲学之中。而现在，我是以不同的方式看待人们的。"

的确，在写《犹太人问题》这本书时，萨特还不了解犹

960 太人，不知道他们的命运是不是玄奥的。在这些谈话中，我之所以无法相信这就是原来的萨特，是因为在比他年轻、比他果断的对话者面前，萨特简直像个受害者。那个年轻人迫使他在自己过去犯过错误的问题上低头，但是萨特正是在这些失误中显示了他的才华，尽管其方法有些令人不可思议。

史学家们将来可以就这些谈话大做文章，但谈话的结尾部分也并非毫无高超之处，尽管这些谈话既不像第一个萨特，也不同于第二个萨特。"革命者要实现的是一个令人们满意的人道的社会，但是他们却忘记了，这种类型的社会不是一个事实上的社会，而是一个理应存在的社会，也就是说，在这个社会里，人与人之间的关系是道德的关系。这就是关于革命的最终目的的伦理学观念，然而，人们只能从救世主降临说的角度来真正地思考这个观点。"在社会制度方面，萨特是一个无政府主义者；在对待世人方面，他是一个伦理学家。尽管他走过的政治道路崎岖曲折，但是他在自己的一生中始终是个伦理学家。他在逝世前夕虽然受到贝尼·莱维的纠缠，然而他依然承认了自己的一个真实思想，即在人类历史上的对救世主的期望。

1975 年，《新观察家》周刊刊载了以《70 岁的自画像》为标题的采访萨特的谈话记录。一年之后，让·达尼埃尔（或许是贝尔纳-亨利·莱维）也要求和我进行一次谈话，我欣然接受了这个请求。同莱维的这次谈话持续了几个小时，我对他充满信任，谈起话来无拘无束。谈话的内容当然与我和萨特有关，这篇采访文章刊登在 1976 年 3 月 15 日的《新观察家》周刊上。记者的问题是："归根结底，萨特与阿隆两人之中究竟谁更能标志出那个时代的历史呢?"我的回答是:"毫无疑问,萨特的影响现在已经比我大得多了。这首先是因为他留下了众多的著作,数量上已远远超过了我。他的写作范围涉及小说、戏剧、哲学和政治。其次,在我的著作中,有一部分内容注定会很快被人遗忘,正如有一次莫里亚克在谈到我的一本书时所说的:'如果阿隆同意脱离现实的话,他就会成为我们这个时代的孟德斯鸠。'"这种说法的前半句倒是真的,我确实没有完全脱离现实。

　　而且,我的身份是个分析家或者说是个评论家。这种作家对他们同代人可能会产生不可忽视的影响,但是他们的著作往往受时局变化的限制,因此同创作家的著作相比,就更容易成为明日黄花。那些创作家并不怕失败,他们敢于运用自己的想象力去建造一座座概念的教堂。说到这里,B.–H. 莱维打断我的话问道:"如果他们失败了呢?"我对此回答道:"在知识界看来,我之所以应该受到谴责,正是因为在真理尚未被揭示出来时,我就做出了正确的判断。他们谴责我的另一个依据是,我没有指出通向良好社会的道路,未能传授进入这种良好社会的方法,对此,他们并不准备原谅我。"我的对话人马上反问:"而您自己对这些问题又是怎样想的呢? 在这种情况下,在萨特和阿隆之间选择哪一方呢? 是选择站在谬误立场上的战胜者萨特,还是选择站在真理立场上的战败者阿隆呢?"我起初拒绝回答这个问题。我说:"讨论这个问题没有多大意思。"B.–H. 莱维仍坚持问道:"那就换一种方式提出这个问题。站在错误立场上的萨特起了什么作用? 站在正确立场上的阿隆又起了什么作用?"对此,我不无反感地回答道:"我认为萨特的灾难在于他总有一天要受到世人的谴责,因为他把自

961

己能言善辩的口才和丰富的情感都用来为不合理的事物辩护，他滥用自己宝贵的才智，试图向人们证明斯大林是不能反对的①，人们至少应该向他靠拢。但是，今后也许有一天，人们对他和我仍然有兴趣，他们会说，我从来没有为了辩证法的需要为不合理的事物辩护。我从来没有为皮诺切特辩护过，也从来没有为斯大林和希特勒辩护过。"

一些左派人士往往从我的上述谈话中得出一种奇谈怪论，认为与其同阿隆站在真理的一边，不如同萨特站在谬误的一边。我从来没有这样的想法，也没有做过这样的解释。只有在迫不得已的情况下，我才解释为什么好些人不肯否定这种毫无道理的偏爱。甚至在事后，我也认为那些追随萨特误入迷途的人不见得有什么了不起。他们对萨特的崇拜在某种程度上只是表现为一种近似于盲目的忠诚。这个追求自由的哲学家所发表的奇谈怪论同我没有任何关系。拒绝充当同路人这一角色的人并不等于就是阿隆分子，甚至不一定赞成我。只要这个人不拘时间地点，时不时碰巧说了些中肯的话，这个人便会被视作阿隆派。"不如同萨特站在谬误的一边"，这种具有讽刺味道的说法不仅荒谬无稽，而且令人感到厌恶，它似乎认为同阿隆站在一边就是可耻的。我还需补充说明我的功绩是微不足道的吗？在我之前，已有很多人讲述了苏联的真实情况。伯特兰·罗素在1920年代初曾去苏联旅行，回来时也有了清醒的认识；鲍里斯·苏瓦林从1930年代起就开始论述斯大林主义的实质。成问题的是，许多大思想家和慷慨高尚的人仍然坚持他们的幻想和错误。我不必恭维那些同萨特一起误入迷途的人；他们如

---

① 在这里我应该说不能反对共产主义。

果不愿意会见我，可以从其他同路人中挑选，不过这有点尴尬。

萨特去世两年后，一部以《萨特的遗嘱》为题发表的言论集几乎再次掀起了辩论的高潮。该书作者米歇尔－安东尼·比尔尼埃应邀参加了电视台的"新书评介"节目，但是他那次没讲什么，其他几个客人也都避免评论这本出色的小书，因为无论是这个思想大师的敌人还是其朋友都对这本书感到棘手。人们重读书中摘引的反映他立场多变的言论时，肯定会说：这真是一个奇怪的思想大师。这本书一开始就引用了萨特发表在 1950 年 1 月的《现代》杂志上的文章："……如果关押在集中营里的人数达到 1000 万……那么就会出现量变到质变的转化，这种转化将使整个制度发生变化，改变前进的方向……人们不能纵容共产主义，然而，在任何情况下，人们也不能向它的敌人妥协……"接着，书中引用了他在《共产党人与和平》一书中的话："如果有一天苏联对避免战争失去信心，那么它自己就会首先挑起战争，有谁又会因此而指责它呢？"他在给阿尔贝·加缪的《致〈现代〉杂志社社长》的回信中写道："两个阵营的存在可能使我们既感到气愤，又感到毛骨悚然，也可能使我们从此不得安宁，然而我们为什么要对这种现状感到为难呢？"在谈论罗森堡事件的文章里，萨特指出："……请注意，美国已经被疯狗咬疯了。我们必须割断与它的一切联系，否则也会被疯狗咬了发起疯来。"1954 年，他从苏联回来后写道："我在那边碰到了一些有新思想的人，他们对我们西方人来说有时叫人难以理解，但是除了友谊，我们同他们之间不可能再有其他的关系了。无论法国选择什么样的道路，它都不可能走与苏联截然不同的道路……苏联在言论自

由方面是无懈可击的。"关于匈牙利的暴乱和苏联的镇压行

963 动，萨特认为："最大的失误恐怕要算赫鲁晓夫的报告了。因为依我之见，在人民的生活水平得到极大提高之前，是不能这样开诚布公的。对一个长久以来已成为该政权化身而神圣不可侵犯的人（斯大林）进行郑重其事的政治揭露，并且详细公布其罪行，简直是一种疯狂的行为。"萨特对菲德尔·卡斯特罗的态度也是友好的："卡斯特罗同时象征着整个古巴岛，它的人民、牲畜、庄稼和土地……我们应该明白，巴蒂斯塔手下的那些大庄园主攻击卡斯特罗将古巴据为己有，攻击中说的这一情况根本就不存在，因为他就是整个古巴岛的化身。他既不屑占有它，也不屑为自己保留一块土地……古巴人应该赢得胜利，否则我们就会失去一切，甚至失去希望。"（十多年后，由于一名古巴诗人遭到监禁，萨特与卡斯特罗分道扬镳了。）他在为法农所著的《全世界受苦的人》一书作序时写道："在反抗的最初阶段，人们必须开枪，打倒一个欧洲人，这等于一箭双雕，既消灭了一个压迫者，同时又消灭了一个被压迫者。一个人死了，另一个人却自由了……"1962年，他为了参加一次世界和平运动大会而重返莫斯科时写道："苏联的作家和他们的读者之间经常交换意见，一本书的好坏完全取决于读者对它的反应。"诸如此类，还有关于1968年写的"人道面孔的社会主义""五月风暴"，对苏联共产主义和极左主义的谴责。

《新观察家》周刊对比尔尼埃的著作保持沉默，《快报》周刊亦是如此。这两家周刊并未以此为荣。但是它们是能够为自己的沉默进行辩护的。然而，一个昔日的萨特分子利用萨特进行自我批评，把萨特说成是万念俱灰，意识到自己在意识形

态问题上游移不定的人，从而同他心目中已经死去的英雄算总账，这实在令我气愤不已。这种蠢话对我没有任何用处，我早就熟悉萨特的那些文章，熟悉他那些坎坷不平的政治经历，他在辩证法思想上的反复徘徊，以及他在人道主义和信仰（或崇尚）暴力之间的游移不定。即使是在论战文章中，我也很少引用萨特所下的那些总是言过其实，有时甚至是荒谬的，并且往往是自相矛盾的论断。我对这种以己之矛攻己之盾的言论集毫无兴趣，而且萨特本人在世时，也总是拒绝做任何自我批评，从不理睬别人对他的过去的奚落讪笑。但是，我是否应该把我的证词补充进去？无论是今天的萨特分子还是明天的历史学家，都无法回避这些问题：为什么这个大思想家会这么胡言乱语？为什么他肯对一些人物和事件自封为政治和伦理的审判官？为什么他使那么多青年人向往莫斯科和哈瓦那，而事后从不感到内疚？

964

一个 3 集的电视节目（1981 年 10 月录制的），可以说是根据我和萨特两个小同学之间历时 30 年的对话拍摄而成的。该片的"剧本"后来也以《介入的旁观者》为名成册出版了。然而电视片的编导不明白我为什么会选择走一条与那些和我同时代的名人所走的截然不同的道路。为了搞清楚这个问题，他们要我做出解释。

就这样，我在 1980 年同两个年轻的知识分子建立了友谊。他们属于参加 1968 年运动的那代人，其中一个当时参加了托派党，另一个虽然没有加入任何党派组织，却也心系这一次轰轰烈烈的革命。在一次接受《世界报》（星期日增刊）采访的时候，我结识了他们之中的多米尼克·沃尔顿，采访是在人文科学之家的我的办公室里进行的。采访结束之前，这个年轻人和布鲁诺·弗拉帕特一起问我，愿不愿意屈尊帮助他们拍一个关于我的生活和思想的3集节目？我当时不假思索就一口答应了。我说："我很喜欢电视，何乐而不为呢？"

多米尼克和他的朋友让·路易·米西卡一起来看我，主要是为了就拍摄计划和有关讨论内容达成协议。他们一再向我介绍片子的整个构思，以及每集的中心思想。我漫不经心地听着，对所有问题都用同一方式回答：同意，这是你们的事情。我把我的材料拿给他们看，其中主要是我的著作发表后收到的信。我们无所不谈，却很少讨论电视节目的内容。我对此并不热心，因为我不喜欢在谈话之前做准备，在电台或电视台上发表谈话更是如此。我允许他们向我提出他们希望我能解答的所有问题，但是我不想事前准备好答案。我不是演员，当别人强迫我重复一个片段时，第二次的效果往往还不如第一次理想。

为什么多米尼克和让－路易能把我和苏珊都说服了呢？也许这是个愚蠢而又毫无意义的问题。有谁能够说得清为什么有时心有灵犀一点通，有时不通呢？尽管如此，我们还是争取搞清楚这一点，而不必涉及那种既不能接触又见不得亮光的非物质性问题。让－路易告诉我说，他们来找我是出于思想上的好奇。在第二次世界大战以后的三十多年里，我没有向巴黎盛行的任何思潮做过妥协。我所采取的立场的逻辑性是什么？是什么样的政治哲学促使我采取拒绝或接受的立场呢？

我是不是被他们的好奇心感动了？我确实被他们说话的语气和方式所感动。在《快报》周刊，甚至在让－弗朗索瓦·拉威尔离开报社之前，由于我已年过花甲，以及由于大多数记者对我表现出敬意和尊重——起码在表面上是这样——我一直感到孤独。多米尼克和让－路易同我交谈时毫无拘束之意，好像是在同他们年龄相仿的同学或朋友交谈，同时他们又尽量避免与我过分亲热，以免使我们三个人都感到窘迫不安。他们两人性格相异，却又有不少相似之处。他们既喜欢互相交谈，又喜欢同其他人交谈。多米尼克比让－路易更健谈，但他并不剥夺让－路易的发言机会。他给人们留下的一个错误印象是，对各种类型的人和环境都能够应付自如。让－路易总带有一种犹太人的忧虑情绪，我对此深表同情。我们常常在门前或台阶上又没完没了地继续谈起来。我们是以近 50 年来早已被人们所忘却的一种方式结为朋友的。这种亲密无间的同志情谊在时而漫谈、时而推诚相见的交谈中不断吸取养料，不断加强。多米尼克和让－路易完全出乎意外地使我重新得到了这种情谊。

他们要求我给他们两个星期，用 10 天的时间进行录音。但在第一个星期的星期五，我却无法拒绝阿兰·佩雷菲特的邀请，为获得托克维尔奖的大卫·里斯曼（David Riesman）去瓦洛涅发表贺词。为了不耽误整个下午的录音工作，我坐直升机赶了回来。其实不要太认真可能更好。由于不小心，我患了重感冒，在整个第二个星期里，我的嗓子都是嘶哑的，有时别人根本听不清我在说什么。由于这个节外生枝，关于我对我的犹太信念持什么看法的那节重要讲话未能被录制下来。

多米尼克和让－路易负责录音的剪辑工作，这项工作持续 966
了好几个星期，在这方面，我对他们寄予充分的信任，全部录音长达 20 多个小时，而在 3 集节目中的讲话部分最多不能超过一个半钟头，每集大约只有 45 分钟（其中至少还要有 15 分钟的图片说明）。剧本打印出来后，他们俩又建议我把它写成一本书。起初我拒绝了这一建议。我正在写回忆录，何必再出版这些访谈呢？为什么要永远保存这些由让－路易和多米尼克现场安排，而非我自己准备的即兴谈话呢？换一个角度来说，我不想剥夺这两个年轻人出版一本书的机会，我几乎认为这本书应该成为他们的作品，从而使他们的才华明显地表现出来。（他们不仅读过我的主要著作，而且也看过我写的大量文章。）出版社社长贝尔纳·德·法鲁瓦做了我们的裁判，他赞成我朋友们的意见。1933～1934年，我在勒阿弗尔中学任教，当时阿尔贝·帕尔是我教的哲学班的学生，我一直同他保持联系。他承担了我部分谈话记录的定稿工作，并使其保持了对话录的风格。他的任务完成得非常出色。《介入的旁观者》一书受到评论家、我的朋友们以及读者的好评，而且还被翻译成德文、西班牙文、意大利文、葡萄牙文以及英文，虽然英国人和美国人一般来说不大喜欢访谈体裁的著作。

除了共产党的宣传机构，整个新闻界都对我持赞赏的态度（当然还没有达到毫无保留的程度），这还是第一次。请看发表在《世界报》上署名为米歇尔·孔达的文章，他是萨特的朋友，负责其小说在七星文库的出版工作。文章的基调还是友好的，只是结尾部分有点咄咄逼人。他对我和萨特历时30年的对话做出如下结论：

　　……长期以来，左派知识界把阿隆用来以丑衬美，以非衬是，把他看作可以耻笑的敌手，今天却发现自己是，或差不多是拥护他的……应该读读阿隆的这本书，因为它的成功为访谈式的作品恢复了名誉。人们过去认为写有特殊身份的人物之间的交谈是拍马屁，从而贬低了这种体

裁……（萨特与阿隆之间的）对话从来没有停止过。这
不是说他们通过写作你问我答……而且这两种对立的思想
虽然源出同一种文化（现象学和马克思主义），却成为两
种截然不同的观点。在这两极之间，进行了一场 20 世纪
思想界百折不挠的交锋……在我们的头脑中……存在两种
兄弟般的敌对观点：一种观点是从主观上的希望和愿望出
发，提出了一个不明确的计划；另一种观点是用理智的可
能性和顽强的现实来提出警告……左派是他的老家，从某
种意义上说，左派始终是他的老家。阿隆提出论据反对左
派，是为了让其睁开眼睛面对现实……阿隆是个冷静的有
立场的分析家，他对事物采取客观的态度，不当感情冲动
的党派活动家……

在文章结尾部分他以咄咄逼人的口吻写道：

　　这种决定取舍的地缘政治观点，难道能够开脱阿隆视
而不见的现象——尽管他在印度支那和阿尔及利亚问题上
曾坚持了反对殖民主义的立场？但在饿殍遍野的南北关系
上他又视而不见，这难道也是地缘政治所能为他辩解的
吗？

　　那些无国界的医生比我、孔达和萨特本人都要强得多。如
果我也像孔达的老师那样，把罪责归咎于美国的繁荣富有，我
是否就算为孟加拉国和撒哈拉地区的饥民出了力气呢？
　　对于"自由派的悲观主义"，我就不说了，因为这个说
法，"显然属于他的先师本杰明·贡斯当和托克维尔的传统，

带有某种令人失望和痛苦的色彩"。接下去的这句话如果不是
荒谬无稽的，起码也令人感到不愉快：

> ……人们只能认为阿隆（在现实原则问题上）是言
> 之有理的，就像人们承认他对一切问题的看法是正确的，
> 但在本质问题上却是错误的。本质问题是，当受压迫者起
> 来反抗时，他们所拥有的唯一权利是伸张正义。无论是
> 谁，只要他不承认自己是压迫者，那他就不能否定这一权
> 利，尽管这样做对所有人来说都要承担一定的风险。

孔达在此处改变了腔调，又回到那些自视清高的才子用来
指责我的老生常谈上。我并不是在所有问题上都正确（我自
己不知曾犯过多少次错误），但在"受压迫者的反抗"中，有
什么最根本的东西是我未能发现的呢？是否存在一个"受压
迫者"的反抗，一种在任何条件下任何国家都有的反抗呢？
那些反抗者有权伸张的正义又由谁来确定呢？至于"承认自
己是压迫者"，我倒是乐于承认，正如承认我们大家，其中也
包括孔达本人，都是享有特权的人。1982 年 6 月，当我碰到
孔达时，我在对他的文章表示了谢意后，补充说道："你为什
么认为有必要写上最后那一句荒谬的话？它给我加上了一个莫
须有的罪名。"他回答说："齐奥朗（Cioran）也为这句话指责
了我。"接着，他针对我的那些指责（我把有关饥饿和反抗的
两句话弄混了）为自己辩白。不过他还是颇为友好地承认：
"离开自己的老家可不是一件容易的事。"我当时应该回答他
说："对此中的苦衷，我也略知一二。"
一个天生的或者受过专门培训的保皇派记者——热拉尔·

勒克莱尔在《日报》上发表了一篇文章。他在文章中指责我的倒不是我的"自由派"或"痛苦的色彩"，而是我对生产性社会的实用主义抱有"绝对信任"。他在文章中写道："环境之所以能使神经得到片刻休息，正是因为在知识界中没有多少类似的绿洲。"看来我的错误不是使读者丧失信心，而是错误地坚定了他们的信心。文章还说："不幸的是，这个光明磊落而又正直的人同时也在无条件地为一种陷于矛盾之中的文明辩护。"

我在《历史哲学导论》中指出，选择自己认为的最有利于人类的社会或政权乃是最初的和最原始的选择。根据卡尔·波普尔爵士对这种概念所下的定义，这种选择类似于一种科学的假设，足以在现今的历史命运下，为"社会工程师"倾向改良主义而不爱革命的态度进行辩解。在这一点上，萨特和我是否背道而驰了呢？我从伦敦回来后，他送了我一本书，书名是《存在与虚无》，上面的题词是："这本《历史哲学导论》中本体论的导论谨赠我的小同学。"从本体论来讲，介入行为表现为奔向未来，向形势应战。介入行为并不是对赞成或反对进行理智思考的后果。它否认现实，但是对自己要创造的未来又一无所知。

根据本体论的某种含义，萨特所分析的介入行为反映了人的生存条件和行动上的不自由。人始终不了解自己的行为后果。但是，如果他从对人类命运的分析过渡到对政治的思考，那么他就不会不假思考地采取介入行为了。认真思考的第一个阶段，首先要求我们认识或者设想自己生存的这个世界和其他可能存在的世界。现代人的历史性起码包含了经济和政治制度的多元化意识，以及对不同社会的了解。这种制度的多元化在我们这个世纪是可能实现的。人们在不同的社会里找到了他们的归宿，探索到了他们生存的意义。

969 米歇尔·孔达指责我视而不见"饿殍遍野"。热拉尔·勒克莱尔认为："在一个虚无主义的世界里，放任的自由是毫无理智的。"他这样写道："一个如此深思熟虑的人却没有意识到自由世界的局限性，实在令人感到遗憾。"按照他的说法，应该"在托克维尔和马克斯·韦伯之外，引用尼采和海德格尔的观点"，并且应该承认，这个社会更是一个愿望的社会，而不是一个理智的社会。而我大概过于理智，因而不能同意这种观点。对《为衰落的欧洲辩护》持批判态度的那些人也同样指责我，说我在书中有些地方本来应该用形而上学来谈问题，而我却以"经济学家"的身份来谈问题。

坦率地说，我很少求助于哲学家或形而上学者的观点，尤其不向那些被认为是法国的哲学家或形而上学者求援。正如对一切文明，他们对我们的"自由"和"有局限性的文明"的命运又阐明了些什么呢？那个年轻的论者不仅在纸上写出了"虚无主义"这个词，而且把尼采的名字也同它扯到了一起。我们似乎生活在一个虚无主义的时代。上帝不复存在了，我们的世界观和我们的信念掩盖了对强权的欲望。每个人都是根据自己的幻想和奢望来选择信仰的。真理已不复存在，即使有的话，又怎样分辨它呢？

西方社会，尤其是西欧国家，的确承受着人们所称的虚无主义的折磨。思想家们对严格建立信仰并付诸实践一事感到爱莫能助。他们中的许多人都承认，无法根据感情、心境和习惯以外的因素来选择信仰。这些表明理智丧失威信的种种思辨，在魏玛共和国的后期成为知识界的主流。自从超然存在的宗教和后来盛行的世俗宗教衰落以来，一种对宗教教义的怀疑情绪侵蚀着欧洲人的信仰。在那些自认为是或者愿意成为天主教徒的人当中，大多数人都是按照自己的方式来理解教会的基本教义，绝大多数欧洲人已经放弃了基督教的信仰。

经济和社会的进步产生了大批的小资产阶级，他们关心自己的社会地位，把自己关闭或者局限在家庭和几个朋友的狭窄圈子里。尼采事先就表示他痛恨托克维尔的"监护式的专制制度"。也许托克维尔应该把"专制制度"这个词换成"福利国家"，以此在一党制的国家中区分温和的社会民主专制制度和残暴而又凶狠的专制制度。

这种有些一般化的分析受到了一种本身并无意识的欧洲中间派的影响。虚无主义并没有使整个人类的思想发生混乱。从欧洲桎梏下解放出来的第三世界国家的人民，正处于反对贫困和争取信仰的痛苦磨难之中，根本无暇顾及虚无主义。这些国家的知识分子亦是如此。他们往往只关心自己的特性，关心反对西方文化的斗争，或者关心他们为了生存而应该吸收的那部分西方文化。欧洲的虚无主义一方面来自上帝的消亡，另一方面，或更主要的方面，则来自欧洲人的历史观念，来自欧洲在当今世界的地位。

自由文明的局限性是显而易见的。在联合国，欧洲心目中的民主国家只占极少数。印度是继中国之后世界上人口最多的国家，它正维护着旧日的主人留给它的政治遗产。自由主义并没有像机器和种族主义那样征服了全世界。按照今天的说法，马克思预言了世界的"技术化"，尤其是他预言了资本主义将席卷整个世界，并在其征途中，把一切旧的传统习惯、一切神圣的财产，以及人与人之间最宝贵和最真挚的情谊碾得粉碎。我认为，马克思并不否认他自己赞成这场席卷全球的、残酷而又必要的资本主义运动。诞生于英国的资本主义摧毁了亚细亚生

970

产方式，而那些受帝国政府剥削的村落，或多或少还能基本上自给自足。海德格尔认为，马克思体系中的重点是技术化。"技术化确实"包括在马克思的体系中，但是在马克思的作品中，有90%或95%的文章都与生产方式、经济体制和经济矛盾有关。从某种程度上说，欧洲人已经完成了历史哲学家赋予他们的使命，他们掌握了把科学应用到技术上的技能。也许应该说，他们发现了一种本身就是一门科学的形而上学，它能够用技术改造大自然。今天，包括美国在内的西方国家仍然继续推动知识与技能的发展。正因为欧洲人的历史使命似乎业已完成，所以他们对自己的命运产生了疑问，并想知道到底应该归罪于什么。

971　　　科学的真实性越是被工程师们的实践所证实，认识论者和学者们就越是对真理的特殊性产生疑虑。这些真理在自然界和在征服大自然的过程中大获全胜，然而这些真理却只是暂时的。生产和毁灭的方式越是多样化，供人类使用的通信手段、计算设备和思维工具就越发由假想变为现实，人们也越是担心请神容易送神难。预言家们从四面八方把我们紧紧包围了，其中有罗马俱乐部的成员，有对核武器感到忧心忡忡的军事家，有被环境污染吓得目瞪口呆的生态学者，也有为在20世纪末世界将人满为患而整日惶恐不安的人口学家。所有这些人都向我们预告世界末日即将来临，传播灾难的预言家们实在为数不少。我既不需要尼采也不需要海德格尔的指点就可以得出结论：人类的前途并不受理智的控制。

　　所有这些恐慌情绪都不是杞人忧天。欧洲人受到一个又一个威胁，昨天还主张经济增长率为零的人，今天就变成了低速增长的反对派。他们已经丧失了制订共同计划的意识。大多数西欧人生活在满足与要求满足的争执之中，生活在要求福利国家保障他们相对殷实富裕的生活中。这个正在衰老的旧大陆因无法更新换代，便雇用了大量的外籍工人从事最脏而且报酬最低的工作。欧洲是已经接受了意识形态的统治，还是要显示出自己已经是一个做到了部分自我协调的社会呢？

明智的欧洲人能够起来反对战争，并且与武器诀别吗？欧洲人经历过各种各样的探奇，如十字军远征、征服殖民地、对科学无止境的探索等，他们出于传统习惯，热爱自己的自由，但已经不能团结一致来保卫自己，或有所创新了吗？从现在起到20世纪末，可能是欧洲经济处于停滞和衰退的年代。面临这种形势，欧洲人能够放弃互相攻击和互相抛弃而携手并进吗？我对这些问题的看法随着时间和心情的不同而发生着变化。

海德格尔认为，尼采是西方最后一个形而上学家。海德格尔本人根据哲学史来探索我们这个时代的意义，并为我们诊断历史扩大了范围。然而，他们是否由此而帮助我们更多地了解了我们的未来呢？西欧的未来更多取决于宗教的失势还是人口的下降呢？我想对这些问题进行充分的哲学思辨，以免做出绝对的回答。

相反，对可能出现的世界末日和人类面临的各种威胁，我倒知道应该到何处去寻找信念和希望。但是，在解决工业社会带来的不利因素时，在对待核武器、环境污染、饥饿和人口过剩等问题上，我却没有什么灵丹妙药。不过我知道，对于千禧时代的信仰以及不切实际的空谈都无济于事。所以我主张尝试、了解和谦逊。

如果说充满奢望和不靠谱的各种文明终将在遥远的未来实现预言家的梦想，那么除了理智，还有什么共同的使命能够把它们联系在一起呢？

结束语

973　　在我的青年时代，我有幸同三个无法否认比我强的人结为朋友，这三个朋友就是让－保罗·萨特、埃里克·韦尔和亚历山大·科耶夫。有几年，我对萨特的看法产生过动摇；马尔罗对《关于真理的传说》（ *la Légende de la vérité* ）① 一书的看法使我对萨特感到担心，他从 1930 年代初就崭露头角的丰富想象力和旺盛的创作力没有体现在一部卓越的著作中，而是断送在哲学与文学的混合体里。我们之间的对话并没有因此而费劲，让－保罗·萨特责怪我对"胡说八道"过于战战兢兢，他这样说当然有其道理。即使在所谓的精确的科学研究中，错误也是不可避免的，而且错误也有其有利的一面。然而，萨特在政治上却常常滥用可以犯错的权利。

埃里克·韦尔的名字大概只有数千人听说过。他拥有非同寻常的、几乎可以说是无可挑剔的渊博学问。我曾多次同他争吵，起因只限于时事，与哲学上的分歧无关。但一旦我们的谈话涉及哲学，我几乎由衷地感到他的智力超过我，他看得远，钻得深，自成一派。在当时，他对著名哲学家的了解比我更为深刻。

我对亚历山大·科耶夫总有这样一种感觉，如果我提出一

---

① 这本书的手稿曾被伽利玛出版社退回，不久后这本书连同萨特其他未发表的文章一并出版了。

种大胆的设想，那么他在我之前就已经完成了对该设想的构思。即使他没有产生这种想法，他依然具有这种能力。他对哲学知识的了解之广泛、基本功之扎实，也同样给我留下了深刻印象。他的遗著可以作证。1938 年，他也同样误解了"正在形成的历史"，因为在入侵波兰事件发生的前几个月，他还不相信战争已经迫在眉睫。我在本书的某一章中曾提出过下面这个问题：他在 1939 年宣称自己严格奉行斯大林的立场有什么道理呢？

我同三个杰出人物结下了亲密无间的友谊，我们之间的友谊使我避免了对自己产生不切实际的想法。三个人中，只有一人成为神圣不可侵犯的怪物，另外两人几乎一辈子默默无闻。我从未幻想把自己同历史上的伟人相比，相反，我只喜欢援引这些历史人物的话来阐述自己的看法，并且加以发挥。我羡慕萨特，他在 25 岁时就认为自己能够达到黑格尔的水平。这个圈子里的另外一个人则认为，自己如果从事的是社会经济学研究，肯定能超过马克斯·韦伯，我对此却表示怀疑。我也羡慕埃里克·韦尔。有一次他郑重其事地对我说，哲学的发展将由他来完结，我对此只能报以微笑。至于科耶夫，他认为自己的著作标志着思想和人类史发展周期的结束。直到今天我读他的著作时，仍然怀有 50 年前那种感觉，也许只是更加恍然吧。

当然，我对这几个杰出人物的看法介于赞赏和怀疑之间。但是这种赞赏的心情使我对自己并不抱太高的要求，同时也使我不至于对自己的雄心和著作之间存在差距而感到痛苦。每当我用几个星期或几个月完成一本书之后，我就把它抛在脑后了。从作者的角度来讲，我对《历史哲学导论》《知识分子的

鸦片》《国家间的和平与战争》《克劳塞维茨论战争》这几本
书比较满意，这种感觉持续的时间大概较为长些。

我对自己的任何著作都感到不十分满意，但是因为木已成舟，
无法挽回，所以尽管它们同自己所希望达到的水平相距甚远，我
对书中的不足也能泰然处之。《历史哲学导论》这本书本应多花
一年的时间好好润色一下，写作方法也应该更自然些，少一些省
略，更放得开些。同样，尽管我花了十多年的时间构思，《国家间
的和平与战争》这本书仍然写得过于仓促，对每个部分思考的成
熟程度也不一样。当我的一本文章汇编①出版后，来自英国和美
国舆论界的反应，无论是最宽容的，还是最严厉的，都没有影
响我对自己的看法。贝尔纳·克里克教授没有把我看作托克维
尔的门徒弟子，而是把我看作托克维尔的同辈，对于克里克教授
的话我并不相信。面对我敬重的历史学家费利克斯·吉尔伯特
（Félix Gilbert）颇为严厉的评论，我也并不感到抬不起头来。

如果说我不在乎别人对我和我的著作的评价，那并非我的
心里话。那个讨厌的血栓还没有使我的脸皮厚到如盔甲一般。
然而，我在 20 岁时具有的那种过分敏感已经降到正常值以下
了。如果我失去某些人的友谊和尊重，无论他们是上年纪的人
还是年轻人，我都会感到痛苦，因为他们已经成为我生活的一
部分了。至于其他人，他们完全有权把我埋葬。在我同辈的少
数幸存者中，乔治·康居朗应该享受他应得的安宁。他的隐居
生活、谦虚品德以及他仅供少数读者阅读的著作的罕见质量，
使他不必卷入那种为了在巴黎建立威望或权威而互相攻讦的搏
斗之中。而我出于偶然或反常的原因，则固执地不肯保持沉

---

① *History and Politics*，New York，1978，Free Press.

默。我受到别人攻击是理所当然的，因为我有时也攻击别人，但我总是尽可能地避免主动出击。对于我来说，论战的年代已经结束了。但是不知出于何故，我有时仍然感到自己必须揭穿骗局，必须继续进行我已经感到力不从心的战斗。我将心甘情愿地把点燃的火炬交给其他人。

《是什么东西让雷蒙·阿隆四处奔忙呢？》，这是维昂松－蓬特在《世界报》上对拙著《社会学主要思潮》发表的一篇评论文章的题目。过去让我奔忙不止的是我那不幸的父亲遗留下来的未竟事业。但是这项事业并没有要求我去追求荣誉。我父亲的确希望获得荣誉勋章，它在某种程度上可以说是对我父亲为之奋斗而又未达到真正目标的一种补偿。我既不向往那些"荣誉"，也不企望在社会上获得成功。还是皮埃尔·布尔丹催我填了一份申请表格，从此我成为法国荣誉军团勋章获得者，我享有该荣誉长达 28 年之久，这也算是一项纪录。其他的头衔都是自己送上门来的。人们用来形容温斯顿·丘吉尔的那个惯用语对我也非常适用：对各种勋章，从不申请，也不拒绝，从不佩戴。我没有任何理由拒绝接受授予我的 12 个名誉博士头衔，因为拒绝会显示出一种不得体的傲慢。萨特拒绝接受诺贝尔奖的革命性的动机，在我看来是毫无意义的。我对法兰克福市授予我的歌德奖深感荣幸。在我获奖 3 年之后是 G. 卢卡奇获得此奖，而 3 年之前则是 E. 荣格。

新闻工作虽然没有为我在大学的同事们面前增添光彩，但或许正是这个引起了国外学术团体对我的注意。如果没有我的文章，国内的教授们可能会更欣赏我的著作，而国外的大学就不会那样经常地想到我。不过这些都无关紧要，我已经实现了父母对我寄予的希望，正心情舒畅地等待我的最后时光，而不必更多地陷入对父母晚年的痛苦回忆。

我是否尽了自己最大的努力？由于有机会接近高水平的哲学家，我明白自己永远不会成为他们当中的一分子。如果我在1945年重返大学教书，如果我在1947年被送入巴黎大学的校务委员会，如果我放弃了新闻工作，我一定会写出另外一些书来。最能说明问题的例子就是，我将会写出一部洋洋洒洒的巨著，而不只是列入"思想"丛书中的三本书。这本巨著可能不会吸引太多读者，但会具有我一直向往的严谨性。我对未写出这本可能会与《历史哲学导论》或《克劳塞维茨论战争》齐名的巨著感到遗憾。但是，我为传播自由而写的分析和鼓动文章弥补了我的这些损失。

我因未能写成而引为憾事的著作是什么呢？有些读者可能会回答说：一本关于马克思的书。我只能不无踌躇地赞成这种普遍的看法。任何一个严肃的人、一个学者，都不会对已经变成马克思列宁主义的马克思主义感兴趣。用我的朋友乔恩·埃尔斯特的话说，在什么样的条件下，一个人才能既是马克思列宁主义者，又拥有才智和为人正直呢？一个人也许既是马克思列宁主义者，又拥有才智，但是他（在思想上）不会是正直的。真挚的马克思列宁主义者为数并不少，但是他们都缺乏才智。埃尔斯特正在写一本以"赋予马克思含义"（Make Sens of Marx）① 为目的的书，这不是一本人物思想传记，而是根据马克思的一些著作来阐述马克思主义的书，也可以说，是对有价值的马克思主义，或者说在今天仍然适用的马克思主义的一

977

---

① 翻译成法文不太容易，意思是记取马克思合情合理的话，从文章中摘录我们能给予的含义。

个总结。

我现在的计划以及我几年前的计划，完全不同于早年的，即把青年马克思的哲学思辨的实质提炼出来，把握住他在《政治经济学批判》《〈政治经济学批判〉序言》《资本论》中阐述的经济学观点的主要脉络，并从上述两个方面总结出可能存在于马克思身上的多样性以及这个革命预言家的特性。1967～1977年，我在法兰西学院任课时编写的教材已经描绘出了写作的基本轮廓，但是我怀疑自己没有时间完成这篇论文。在我的全部著作中，这本书将留下一个空白。但是，这个损失在我看来没有什么了不起，同样，它对我本人来说也并不算回事儿。

就在我从事写作的时候，一场关于马克思学的新论战再次兴起。这场论战是由那些突然对马克思主义的历史哲学产生兴趣的英国分析学家挑起的。他们重新拿起了《〈政治经济学批判〉序言》这篇著名的文章。马克思自己认为，这篇文章包含了他的历史观的实质。第二国际的马克思主义者们没完没了地评论这一观点，而卢卡奇和在他之后的存在主义者们都嗤之以鼻。此外，马克思在《〈政治经济学批判〉序言》和《资本论》之间撰写的某些经济论著至今尚未发表，因此要全面地认识马克思的经济学思想，则必须等待今后几年的马克思学研究的发展。专家们所知道的一个叫马克思的经济学家，要比仅仅是《资本论》的作者的那个人更丰富、更微妙，也更加令人感兴趣。但是这个实用的马克思——如果我可以这样讲的话——有可能改变了世界历史，但他是一个散布错误观念的人，比如他提出的剩余价值率就使人联想到生产资料国有化可以为劳动者从生产资料所有者手中夺回巨大的价值。而社会主义，或至少是共产主义可以消除其中"经济的"和"肮脏科学的"败类。在马克思生活的时代，他作为经济学家，也许他的思想最为丰富，并且最叫人迷恋。但是作为预言家兼经济学家，作为马克思列宁主义公认的鼻祖，他却是个令人诅咒的诡辩家。他应该对20世纪出现的种种情况承担他应负的责任。

978　　我对自己在《历史哲学导论》和《暴力的历史和辩证法》中所宣布的社会发展趋势也同样感到遗憾。分析家们对这两本书的争论已不再使我感到过于激动。但有两场争论令人颇费笔墨，其中一场争论被人们称为"亨佩尔－德雷之争"（the Hempel-Dray），另一场争论则是围绕"社会行为"的本质（或现实性）而展开的。在我看来，可以说争论已到强弩之末。我对第一场争论多次做过暗示，它属于对"解释"和"理解"持不同见解的问题。解释历史同解释科学的最理想方式是相同的，它首先要求有一种或多种普遍性的设想，从中可以推断出其特殊的连续性。这种模式往往是暗含在社会史学家的著作之中的。但是当涉及一种决定和一个处在独特情况下的人物时，史学家便根据主要角色的特点，用当时情况的逻辑分析来解释这一决定。通过了解希特勒的野心和性格来理解他在1941年6月做出攻打苏联的决定，在我看来并不是一件难事，但是这样说也并无太大的把握。我认为，像解释一个血栓、一场暴风雨或一场地震那样来解释希特勒的决定，无论从逻辑上还是从其存在的意义上讲，都是错误的。

　　我对第二场争论的内容倒是颇有兴趣。它涉及社会事实，涉及"社会行为"的本质，而这种本质是不应该与社会现象混为一谈的。一种邮政制度，一种铁路制度，一个教会，难道能够同一个实体等同起来，或者能够更简单地与一个能够做出决策的、可以用形容一个人的方式来形容的主体相提并论吗？

这场既微妙又复杂的争论大概会永无休止地延续下去。一种邮政制度，或者一个古老社会里的赠予或非赠予制度并不是指某个有血肉之躯、富有感情的皮埃尔先生或者保罗先生。一种"社会行为"必须包括一些人，一些稳定的、受礼仪约束的或者有组织的关系，也包括保证制度长期存在的行动。这种制度难道能够像人一样行动和发号施令吗？对此，我试图像一个目光敏锐的分析家那样回答既是又不是，或者回答说是或不是，这就随您的便了。无论是一个狭小的古老社会，还是一个广阔的现代化社会，都是由各种各样的整体和部分组成的，这些社会组成部分始终存在，它们并不是在社会学家的观察过程中被创造出来的，但是这些社会组成部分的存在方式并不是从生物学角度说的一个生命有限而又具有独特性格的个人的存在方式。在这些"社会行为"之中，大量的个人当然可以互相替换。受仪人走后，接替的人照样发挥同样的作用。

尽管对这些问题的分析令我相当失望，我还是被它们迷住了。这些分析不仅关系到就方法论的个人主义①开展的辩论，也关系到有关整体主义②的辩论。我很想阐明自己对社会组成部分的零乱看法。按照狄尔泰的说法，就是对内在联系（Zusammenhänge）的看法，我们所有的人都是社会组织的细胞。

这场老调重弹的争论分别被冠以不同的名称，又成为涂尔干和塔尔德之间谈话的主题。卡尔·波普尔爵士所说的整体主

① 方法论的个人主义及其观点表现为，肯定所有的社会现象归根结底是由个人行为决定的，在社会科学范围内的全部解释都必须归结到个人行为上去。

② 也有人把它称作全体论或整体论。

义者与坚持方法论的个人主义者（例如哈耶克）之间的对话，也是以此为中心的。社会学家认为社会是自我运转的一部机器，个人不过是其中的一个齿轮，绝对逃不脱无情的宿命论。照这样说起来，这场辩论便具有了另外一种形式。我在法兰西学院讲授的课程就是为了在阐述社会整体本质的同时，也阐明个人主义或者整体主义的某些解释模式。

我本应同时进一步发挥我在《历史哲学导论》和《暴力的历史和辩证法》中阐述过的观点。当社会学家研究一个社会（或者其中某个部门）的"运行机制"时，可以说他是根据某一个特定的时间来确定其研究对象的定义的，但是他并没有排除其中异变的可能性。出于方法上的原因，他的注意力越是集中在固定的整体部分上，他就越感觉不到对他来说是难以察觉的变化，然而有时这些变化却又突然使他大吃一惊。我本希望把制度与历史结合在一起研究。我在《像帝国一样的共和国》一书中曾指出，国际市场中的国家之间活动的相对独立性，要比两个国家之间的关系更为重要。现在在中学或大学里从事教学工作的人并不是自愿选择了这个职业，而主要是顺从其所处的社会环境的需要。但是任何经历过希特勒和斯大林时代的人如果否认"英雄"的作用，并且仅仅看到一种全面的、无法改变的、可以预料到的宿命论在发挥作用，那么他就一定是在盲目地看待历史。而同时代的人在这种宿命论的发展过程中却能听得到声音，看得到愤怒，从而去探索其含义。

在我们这个经济发展与战争交织的时代，我本应该——也许我将会——在20世纪末期写出一本类似《关键的年代》（斯宾格勒）的书，或者更确切地说是勾画出怀疑人类历史的哲学的轮廓。在20世纪发生的两次世界大战本来会导致第三次世界大战的爆发，因为第一次世界大战是第二次世界大战的准备。这种看起来符合逻辑的连续性由于技术更新和核武器的出现而被中断。这些新的手段大概永远不会被超级大国用来对付对方，因为它们可能造成的破坏将远远超过一次胜利所能带来的利益。

暂且不谈这些令人后悔不已的事情。假定有哪个人愿意在明天读一读我下面的笔录，那么他就会从中找到历史遗留在一个人的脑子里的全部分析、愿望和疑虑：我是法国公民，但是由于半自由的法国政府根据种族标准制定了一项法令，我又是被其摈弃于外的犹太人。我是欧洲共同体成员国之一的法国公民，而法国又是世界四大科学和经济中心之一，但是因为缺乏保护自己的能力，法国正在美国的保护和苏联提出的以自由换取和平的建议之间举棋不定。一个比任何时代都更加开放的、更加自由的欧洲正在因反对工业社会的各种限制而倍受煎熬。也许欧洲正在衰亡，因为任何文明都在自由中发扬光大，一旦丧失信仰，便枯萎凋零。从现在起至 20 世纪末，欧洲将处在这样一个世界里，这个世界将面临经济增长缓慢的局面，但其科学和生产仍然注定要蓬勃发展。

令我不满的除了这些，我还常常后悔没能够把我在《历史哲学导论》中提出的问题深究下去，并且也未对一些问题做出回答。怎样解释历史主义呢？对于我们从小就接受的并且用来指导我们分辨善恶的那种信仰体系，难道我们只能成为它的俘虏吗？传播到世界各地的西方文明难道真比那些受其扼杀、践踏并且多次濒临死亡的文化优越吗？在某些方面，我依然是一个启蒙时期的人。我当然不会用"迷信"这个字眼来扼杀宗教的教义。我往往能够同那些虔诚的天主教徒和睦相处。

只要不涉及宗教，他们的思想就是绝对自由的。由于对世俗宗教怀有恐惧心理，我对超然存在的宗教倒是产生了某些好感。

世俗宗教与一般所说的社会信仰有本质上的区别吗？我们的社会始终在教导我们如何去判断人，去判断他们的行为和著作；而世俗宗教则企图占据绝对价值的垄断地位。但是在我看来，它们与等级、思想和制度的分化相比，标志着一种倒退。西方世界应该把它的强盛与富饶归功于或者起码部分地归功于政教分离。在苏联，一些伪教徒信奉着一种被人们称为"社会真理"的宗教，这种被称为社会真理的宗教集中了或者统帅着所有的附属真理。对于我们欧洲人和西方人来说，把马克思列宁主义指定为国家真理，这不仅意味着一种倒退，而且等于自暴自弃。西方世界只能在多元制度下生活并且生存下去。

从词的广义上讲，马克思列宁主义应该被形容为一种迷信。拯救灵魂的宗教教义之所以能够免遭批驳，是因为它所承认的现实——或者真理——实际上是不能用理性认识的规律进行检验的。相反，企图成为最终真理的教条主义是科学研究范畴中的一个内容，属于被评论的对象。

某些人说我一贯反对共产主义，我可以问心无愧地坚持这一立场。我认为，共产主义的可憎程度不亚于纳粹主义。为了区分阶级救世与种族救世，我多次使用过的论据已经几乎不会再触动我了。阶级救世论的那种表面的普遍性最终变成了一种装饰门面的东西。一旦掌握了政权，它就同国家救世论或帝国救世论混杂在一起了。号称具有世界性的阶级救世论不仅没有超越国界去捍卫那种建立在共同信仰基础上的脆弱关系，反而把国家之间的争端或者战争神圣化了。

思想上或精神上的多元论并不追求一种可以同数学或者物理学的真理并驾齐驱的真理，它也不会重新下降到一种普通观点的水平。多元论已在我们的文化传统中深深地扎下了根，它利用那些竭力否定它的种种信仰所表现的虚假谬误来证明自己的正确性，并且在某种程度上也对自己进行检验。既然什叶派教士也企图像苏联共产党那样统治世俗社会，那么伊朗的什叶派同马克思列宁主义者们就可以说是一丘之貉了。西方人比列宁或者霍梅尼的信徒略胜一筹，因为西方人知道在科学真理和宗教信仰之间存在区别，尽管科学真理也不过是暂时的。他们还知道，西方文化的某些方面也是其他文化的一部分，因此他们对自己同样提出疑问。拒绝怀疑的立场可能有助于增强战士的斗志，却排除了和解的可能。霍梅尼们和那些马克思列宁主义者使我们联想到，"信仰的感召力"在我们这个时代还能引起十字军东征。今天的西方人不仅了解多元论在精神权力上的合法性，而且也认识到我们文化中的特殊性，因此只有他们为具有意义的人类历史开辟了道路。

从逻辑上讲，使政治脱离教会的影响也会导致一种多元制。但这并不等于说可以把党派之争同精神上的多元制相提并论。在我看来，由于传统的信念已经日薄西山，我们今后则需要探讨社会秩序问题，或者说，探讨政治制度问题。认为一个永远处于争执之中的社会比一个大家都由相同的信念连接起来的社会更为优越（要看优越性对谁而言?），这并不是一种理智的观点。我认为，政治上的争执是宗教争执的必然结果。然而，对于政治上的争执，人们可以采取暴力或狡猾的手段进行打击、镇压、扼杀，或者根据政体而持容忍的态度或进行协调。

但我们并不能因此而得出这样一种结论：我称为"立宪多元

制"的政体将永远是最好的和唯一正确的政体，因此应该在全世界加以推广。多元制的政体符合那种被奥古斯特·孔德称作"人类先驱者"之人的思想境界。要使所有人都有权参加有关共同命运的政治讨论，其前提是放弃绝对真理。但是，有些社会是不可能交出这个权利的，然而这个权利也不至于土崩瓦解。

983　　在古典哲学中，民主制必须有公民，有贤良的公民，有遵纪守法的公民。在工业社会中，民主使生产者与消费者、利益集团与政党彼此对立。一种政权产生于这些不可避免的明争暗斗中，必然受它们限制，随时都可能堕落，可能无法很好地认识集体安全的必要条件。

　　人们可以从容不迫地诉说道，由于民主代表了历史，由于臣民们在几个世纪的岁月中形成了对君主的感情，因此，无论是在过去还是将来，人们都希望一国之主应该与民众有所不同。如果以冷静的态度对所有理论上可行的政体进行正反两方面的比较，我自己也拿不准到底是应该把欧洲的还是美洲的民主政体排在首位。但是在西方，还有哪种政体会享有合法性呢？一党制政体只能依靠无法掩盖的暴力和民众沉闷的屈从来维持。东欧国家的实践已向我们证明了这一点。

　　即便在政治方面，对历史主义的争论也带有抽象的和几乎是人为的特点。如果有人提出这样一个问题：我们对人类社会没有停留在新石器时代或希腊城邦时代是否感到惋惜呢？我认为这个问题无法回答，而且问题本身也毫无意义。猿人的智力发展决定于他们的基因遗传因素。在发展的不同阶段，公共生活是以多种方式组成的。这种多样性本身并没有什么问题。对"历史主义者"来说，问题在于没有辨别好与坏的标准。在比利牛斯山的这边是真理，翻过比利牛斯山可能会成为谬误。

　　社会学家赞赏语言和风俗的多样性，赞美人类表达方式的丰富性。用什么样的尺度和标准，我们才能在这些"社会"中进行选择，在等级制度中为其中的每个社会排名次，并且在这些"社会"中挑出一个最佳社会或者评个典范呢？马克斯·韦伯曾以同样的兴致提出过后面这个问题，即把德国文化和法国文化相比，哪一个更为优秀呢？我的回答是：为什么要提出这个问题，是为了在它们中间进行选择，还是想把其中之一置于对方之上呢？

　　如果好与坏在不同的社会里会颠倒过来，那么多样性的确 984 会把我们引向怀疑主义。我认为根本不是那么一回事。真诚、坦率、慷慨、温良和友谊并没有因时代变迁、大陆相异或者超越了国界就改变其形象。当然，同样的行为在一个集团中可能被视为挑衅行为，而在另一个集团中则可能被看作一种健康的体育运动。人们并不是用同样的标准来评价各种活动和成就的，在同一个社会中，并非仅仅存在一种模范人物类型。骑士、教士和学者追求的最高目标并不相同，不能用统一的标准来判断所有人类学所规定的文化范畴的内容。如果有人提出统一的标准，这个人必定是某一特定文化的成员。在一场混战之中，并不存在超然的旁观者。

　　文化的多样性在某种程度上同艺术的多样性是相通的，我们对文化的繁荣应该感到欣慰，而不应该为它的无政府状态而抱憾。我们这些西方人已经没有其他选择了。我们比其他人更了解这种多样性的意义，更渴望追求真理，或者更渴望追求世界性的普遍准则。目前存在的分歧在折磨和撕裂着我们的历史意识。然而，我们并没有丧失自我克制的能力，或者起码可以说，我们是能够容忍不同意见的。

　　高卢征服了罗马，并由此产生了法兰西民族。我们应该诅咒这个历史事件，还是应该赞美它？每个人都将根据自己的心情和知识做出回答。我们还是把这种对历史的评价留给那些有兴趣的博学者、论战者，甚至像费希特这样的极度热衷于宣传和鼓动的哲学家去做吧。只有这些历史评价变成了政治评价时，才会给我们带来麻烦。

　　在我们这个时代，成千上万的人生活在痛苦之中。他们的内心正经历着两种文化的交接运动，其中一种文化濒临死亡，而另一种文化则既使他们感到厌恶，又具有吸引力，因为它指出了一条通向富强和昌盛的道路。大约半个世纪以前，我就这样写过：西方世界再也无法断定自己到底喜欢什么，是喜欢自己缔造的社会，还是喜欢自己破坏的社会？由于丧失了殖民帝国，欧洲人不再承担原有的责任了。他们可能仍在搞着灭绝种族文化的勾当，但是他们并不是故意的，而是因为他们的存在本身就会起这种作用。人类历史留下了大量文化消亡的印迹，有些文化甚至已从现在还活着的人们的记忆中消失了。

　　对于印第安人、印卡人和阿兹特克人来说，历史是悲惨的。有谁会怀疑这一点呢？历史不仅贬低了文化遗产的价值，而且也同样败坏了古人的名誉。历史将走向何处？明天的世界能否为中途倒下去的人所遭受的苦难进行辩护呢？任何人都不能回答这个问题。到了20世纪的今天，我们从昔日文化的乡土气中，从幼稚的进步主义和简单的相对论中解放了出来。奠定我们的信仰之基础的，是科学的真理和承认无论贵贱高低，任何人都拥有自己的尊严。发生在20世纪的种种事件打破了我们的幻想：科学的发展不能保证人类的进步，也不能保证社会的发展。与一般流行的观点相反，希特勒和斯大林政权的暴行使我们摆脱了进步主义的粗犷形式。我们知道，任何情况——包括最坏的情况——都可能发生，但是最坏的情况在道义上是可以同情理区别开来的。

我应该由此而写出比"思想和行动中的历史意识"① 更好的一种理论。一个人怎样才能在思想上既承认所有文化都有生存的权利，同时又坚决维护他自己的文化呢？这对矛盾怎样才能在实践中得到调和呢？我是这个国家的公民，从属于这个国家，却又忠实于我的犹太祖先。一旦某些城市遭遇了核武器，或者说，成千上万的无辜百姓惨遭杀戮，我们又将如何接受这一不测事件呢？我是否有必要再次引用我在《历史哲学导论》中写的最后一句话呢？那句话就是：

> 人的存在是辩证的，也就是说，是富有戏剧性的，因为人类生存和活动在一个充满矛盾的世界里，不管需要多少时间，人类总在探索一个难以捕捉的真理。除了一种不完整的科学和一种形式思维，没有任何其他东西能够保证求得真理吗？

我将把社会准则与道德操行更好地区别开来，我将使学术真理和人类大同的基础更加坚实。在行动上，我将更具体地描绘我们的历史命运，但我不会使用截然不同的语言。在和平时期，生活在现代民主社会中的公民几乎没有机会体验孤注一掷、铤而走险以前那种狐疑不决的苦境。当集体的安全受到威胁时，当我们在权衡核威慑与核武器的利弊时，当我们对接受美国的

986

---

① 这是我在阿伯丁大学的吉福德讲座中的两场演讲的题目。

保护还是甘愿接受苏联的保护而拿不定主意时，我们便置身于一个充满矛盾的世界。我们将在两种不健全的社会制度中做出抉择，以其中的一种去反对另外一种。我们还会勉强接受可能出现的惨局，而这种惨局也许正是我们应该坚决抵制的。

　　大约在半个世纪以前，我曾用"戏剧性的"这个词形容过我们的历史状况，到底应该称它是"戏剧性的"还是"悲剧性的"呢？在某些方面，"悲剧性的"的确比"戏剧性的"这个词更恰当。在核轰炸的威胁之下，迫不得已建立安全体系是个悲剧，在扩充常规军备与核威胁之间进行抉择也是一个悲剧，以工业文明摧毁古老文化也是一个悲剧。但是，如果经历了所有悲剧之后仍然无法设想出一种幸福的结局，那么只有这时才能得出悲剧的结论。我坚持认为幸福的结局是可以想象的，这是远远超越政治视野的"理性观念"①。

　　我是否像让·多麦颂那样一些人所说的，后悔没有成为基辛格式的显赫人物呢？对他们这些人，我会友善地说：你们误会了。罗杰·马丁·杜加尔在他尚未出版的《回忆录》中，曾过分恭维地描绘了我的形象，并且按照他自己的方式解释了为什么我不会"治国"。②

---

①　康德意义上的。

②　"当我拜读雷蒙·阿隆的著作时，我会不由自主地赞成他的观点。这种感觉非常强烈，从而使我认为人们应该赋予他一种绝对权力，应该委托他来治理国家。这是一位自梭伦（Solon）谢世以来人们等待着的'理想统治者'。但是当我想象他居其位时，我又觉得他过于聪明而不适于执政！这是因为他的智慧不仅使他在对手面前解除武装，而且还会使他太谅解对方，以至于没法对他们进行排斥和打击……"这篇文章的落笔日期是"1957年夏季"。罗歇大概是针对我在阿尔及利亚问题上所持的态度而发此议论的。

就我个人来说，我只是简单地认为自己从来没有治国之才，甚至连当顾问的资格都没有。我对文字的处理一向谨慎，但对自己的言谈话语却比较随便。我经常即兴或者任性地说一些过头话，然而这些话不仅不反映我的真实思想，而且还可能使人们对我失去信任。政治家对自己的舌头要像对待手中的笔一样小心谨慎。我并不是不会见什么人讲什么话，但是我无法忍受那些外交辞令。我不喜欢讲话时字斟句酌，至于当面撒谎，即使是一句最通常的假话，也会使我感到难堪，就连拒绝一顿晚餐或一场讲座之类的小事，我都编不出借口来。

987

再者，我从来不认为自己具有经济学方面的才能。当然，大多数财政部部长也同样缺乏那些从事教育和管理经济的人员所具有的专业才能。当一个部长打算在政府部门之外聘请一名顾问时，他怎么会挑选像我这样一个既缺乏专业知识，又在思想上一贯我行我素，而且易动感情，不具备顾问修养的人呢？

我同亨利·基辛格一直保持来往。他对我是怀有好感的，而且不论我是否在场，他都不掩饰这种感情。正是基于这些原因，一些评论家在谈到我时，总是情不自禁地联想到基辛格。我的子孙后代会永远引以为荣地珍藏一本基辛格的《回忆录》，书的扉页有作者亲笔题词"献给我的老师"（除非有朝一日，历史学家把基辛格从铜像座台上推下来，而且我也和他一样受到命运的捉弄）。在华盛顿主持国家安全委员会的工作，每天早晨向总统汇报世界局势，作为总统的代表在北京或者莫斯科进行谈判，假如我是个美国公民的话，国务卿这个职务肯定会对我具有极大的诱惑力。更何况哈佛大学的麦克乔治·邦迪、罗斯托、基辛格和 Z. 布热津斯基都是和我派头一样的教授，他们既没有参加过竞选活动，也没有去拥戴总统，却都登上了国务卿的宝座。当然，如果我是个美国公民，肯定也会希望体验一下作为当权者的滋味。但是，（我希望）我仍会及时地意识到自己并不具备基辛格那样的才干。

担任国务卿，光是具有智慧和判断能力、能够掌握情报是不够的，还必须有一种我力不能及的左右逢源的能力。例如，他必须能够在华盛顿这个人与人、部门与部门之间弱肉强食的世界中立住阵脚；必须能够笼络住新闻界，或者起码要避免与之为敌；必须能够制定出把年轻人送上战场、充当炮灰之类的必要决策，或对制定这类决策施加影响。我并不是在理论和实践上都拒绝诉诸武力，但是，抽象地允许诉诸武力是一回事，当场说服总统并且立即使用武力却是另外一回事。顾虑重重和憎恨暴力的习性只会使我难以胜任像基辛格这样一位出类拔萃的知识分子所担任过的职务。

不谈这些不现实的心里话了，权当我假想在法国也设立了一个类似的外交和国防事务顾问的职位。但是第五共和国的任何一届总统都不会需要，也不会接受这样一个顾问，顾问这个职位也不会产生多大的吸引力。戴高乐将军的大多数外交活动都不过是演几场戏。对于他的拉丁美洲、罗马尼亚和波兰之行，将军除了记得自己受到了热烈欢呼，还留下了什么其他的回忆呢？人们对他做出的某些决定至今记忆犹新：法国退出了北约军事一体化组织；为了使法德两国摆脱"美国霸权"的控制，力图缔结法德联盟（但是以失败告终了）；同莫斯科重新建立了关系（继缓和之后，两国之间既没有达成谅解，也没有发展合作关系）。从那时起，法国的外交便集中在两个方面：与欧洲共同体的伙伴们进行无休止的谈判，在世界其他地区展开活动。

在非洲，法国努力保持它的势力范围，并且维护它与法语国家之间的关系。在乍得、中非和金沙萨（扎伊尔），危机时起时伏。所有这些决策，无论成功与否，既不需要非凡的远见卓识，也不需要非同寻常的勇气。在中东，法国缺乏直接影响局势的必要手段，因此除了发表一些声明，法国外交几乎别无活动的余地。法国出现在世界各个角落。尽管第五共和国的历届总统都以美国总统为楷模，想独揽外交大权，但是这种想法只能是一种幻想。自戴高乐将军去世以来，除了同意英国加入欧洲共同体，法国外交并没有脱离原来的轨道。法国在今天的世界之所以有现在的地位，并不能归功于法国的外交政策，而应归功于全体法国人民，归功于他们杰出的工作和文化素养。

我既没有幻想过当部长，也没有幻想过当大使，更没想过在某个著名的委员会中占据一席之地（至于是否接受"九贤人"中的一个职位，当时完全取决于我个人的态度）。我常常对自己提出这些问题：青年人从我的教导中得到了哪些启示？我的文章对我的国家、我的读者，以及法国报界在国际上的影响是否有利？在过去的 30 年中，无论如何，我每周至少要写出一篇文章。我在过去 30 年中的辛勤劳动是否发挥了一些有益的作用？我过去一直在探索这些问题，它们既给我带来了苦恼，又让我充满了希望。

在巴黎大学工作的 12 年中，我对我所产生的影响几乎从不感到担忧。我向我的那些马克思主义者或非马克思主义者的学生传授有关工业社会的理论、斯宾诺莎的政治哲学、孟德斯鸠的社会学观点以及我对国际关系的研究。这样的教学内容大概在某些方面同一个负责汇编考题的专家为某些专攻社会学的学生上课时所讲的内容有所不同。然而，从我的青年时代到1968年爆发学潮，巴黎大学处于一个过渡期，面对此时期入学的学生，一个以单调乏味而又严谨的方式来逐段分析和解释社会学的老派教授，不会比我教得更好。也许有些人认为我的教学方式更好一些，但是大多数人认为我不如别人。社会学家们之所以强调专业培训社会学研究人员的重要性，是因为他们了解这种培训的局限性，而且归根结底，他们知道这是一件不费气力的事情。

我曾反复向自己提出的问题是，如何从广义上解释我的教学思想或政治内容？我曾谈到自己和圣克鲁高等师范学院的学生们有过一段交往。1982年，在我这本书的写作即将杀青的几个月前，该校一个毕业生将他写的一本书中的一些片断寄给了我。他并不打算出版这本叙述自己一生的回忆录。在这本不厚的书中，他是这样谈论我的：

> 我们完全是遵照奥里亚克的建议（他的建议对我们来说就是命令），来到巴黎大学一间配有护墙板并且光线十分昏暗的大厅，参加由一个神态威严、名叫莱昂·布伦什维格的人所主持的法国哲学协会的讨论会。莱昂·布伦什维格有着宽阔的前额，犹如希腊神话中的天神，他那深邃的目光似乎可以向一切表面现象发出挑战。雷蒙·阿隆刚刚发完言，他好像要散架了，一张线条夸张的面孔看上去像是一副面罩：扇风耳，鹰钩鼻，还有一个既带有讽刺

意味又充满辛酸的嘴。他以一种超脱式的冷静，阐述了自
己对历史的相对论、民主政体的脆弱性以及人类未来的变 990
化无常等问题的看法。他的观点激起了身材魁伟的维克
多·巴希的愤怒。浑身不停地颤抖的维克多·巴希以希腊
平民演说家的声调，声若洪钟地维护自己的观点。他认
为，自由诞生于希腊，并且在前进的道路上不断启迪人
类，它是一盏永不熄灭的明灯。自由是所向无敌的。他的
对话者，其表情冷酷淡漠，彬彬有礼地①回答说：什么事
情都不是命中注定的，也不是一成不变的。我们充其量可
以这样想，人们由于厌倦，可能在经过一段很长的时间
后，仅仅在口头上承认理智与道德比激情和暴力更为有效
和更为可靠。理智与道德彼此协调一致，才可能让双方都
立于不败之地……显然，雷蒙·阿隆是正确的。②

---

① 确实如此！
② 我抄下了这段有关我的面孔的描绘，并拿给另一个在圣克鲁高等师范学
院听过我讲课的学生看。这个"高等师范生"当时已在大学任教，他既
没有参加过学生们的论文答辩，也没有出席过法国哲学协会的讨论会，
但是他还记得他的老师。他在给我的来信中这样写道："在圣克鲁高等师
范学院，您的表情和神态在课前、课上和课后与那段关于面孔的描绘是
吻合的，但是它还缺少一样东西，应该添上'笑容、亲切和好脾气'。
的确，您参加哲学协会的讨论会并不是为了表现出亲切，而是为了捍卫
您自己的观点。就算我承认您的嘴带有'讽刺'，我绝不承认它带有辛
酸。我不知道应该用什么词来替换那个字眼，但是我从未感觉到您有辛
酸，就连那天晚上，当巴黎大学刚刚表示它不支持您而支持古尔维奇后，
我偶然去看您，也没从您那带有讽刺意味（并不总是如此）的嘴上感觉
到辛酸。对不起，我当时的确从您的嘴角上察觉到某种愁绪，请您原谅，
这是事实。"第二个听我讲过课的人在战前的年代里成了我的朋友。那些
仅站在远处听我讲过课的人，以及那些曾到我在布朗湾的小房子里来看
我们并同我一起讨论我在这所房子里完成的论文《灵魂的自由》的人，
两类人对我的看法是不大一样的。

圣克鲁高等师范学院的那个学生在上面提到的法国哲学协
会的讨论会是在 1939 年 6 月举行的，我自己在前面的一章中，
也以复杂的心情谈到过这次会议的情况。当然，在对未来毫无
把握上，在战争的威胁和民主政体的脆弱性等问题上，我是正
确的。虽然暴风雨已从地平线升起，但是维克多·巴希却仍然
泰然自若地生活在他个人的信仰之中。他后来遇害了，原因是
他是犹太人，他所信仰的东西全是纳粹分子和他们的法国帮凶
一心要毁灭的东西。

那个"师范生"在回忆他的哲学老师时说：

991 　　我们在学校同时听两个哲学教师的课，他们俩虽然都
是犹太人，却截然不同。德雷福斯·勒福瓦是个责任心很
强的教师，他从不缺课，课总是讲得完整而又详尽。他从
不向我们提问，也没有什么令人吃惊的观点，我们对他的
课无动于衷。而雷蒙·阿隆却是个思想敏锐的人，他给我
们上课时，根本不考虑课程的安排。他向我们谈他自己对
历史哲学的看法，从马基雅维利到索雷尔，从霍布斯到帕
累托，无所不谈。他的课富有挑衅性，给人留下深刻的印
象。雷蒙·阿隆用人们肯讲的和不肯讲的各种政治实践来
反衬理想的乐观主义。这种政治实践就是俾斯麦曾经实
行，后来又给予希特勒启示的现实政治。雷蒙·阿隆那时
刚从德国学习归来，他在留学的几年中，目睹了国家社会
主义的兴起。他显然对这种思潮感到深恶痛绝，但同时也
被它所吸引。他曾经信仰过社会主义，并且对马克思的思
想有着深刻的了解。他赞赏马克思对经济学的严厉批判，
但对后来那种摩尼教式的预言主义，对后来那种不准申诉

的判官态度却嗤之以鼻。他以清醒的意识和现实主义猛烈抨击各种幻想。我并不想放弃我自己的信仰，但是我承认他的观点对我是有影响的。当我们渴望继续生活在 19 世纪时，雷蒙·阿隆却像光明驱散乌云一样，以他那缜密的思想剥去了 19 世纪的神秘色彩。此时，我们这些手无寸铁、赤身裸体的人突然发现自己已经站在了悬崖边。然而，我们几乎对他产生了一些怨恨，因为似乎是他把我们引到了那里。其实，当雷蒙·阿隆揭露孕育着战争的纳粹的危险性时，他令人毛骨悚然，尽管他对革命信条不再寄予任何希望，扮演了反动员的角色……

1935～1939 年，令人毛骨悚然的不是我，而是当时使我也感到恐惧的那个世界，我们大家今天都清楚这一点。我从来就不是个冷酷的人，但是我常给人留下这样的印象。为什么呢？是因为腼腆？是因为拒绝混淆黑白？还是为了遵从斯宾诺莎的劝告——"对人类的行为不要嘲笑，不要遗憾，也不要抱怨，而要去理解"？大概与每个方面都有一些关系，也许还有更神秘的原因。我在 1930 年代——我的青年时期——讲过一些话，那些话可能表露了一种精神上的欢乐，我自以为驱散了乌云，接近真理。我对各种信仰一面口诛笔伐，一面不无留恋。如果在批判之中透露怀念之情，那么也许我的声音就不会由于一味分析而显得那样冷酷了。我那股子不平之气反而会显得热情奔放，虽然以意识来反对现实是徒劳的。

992

当我撰写《阿尔及利亚的悲剧》一书时，弗朗索瓦·莫里亚克也马上想到了那个在圣克鲁高等师范学院听过我讲课的学生所使用过的形容词。这是为什么呢？因为必须在战争与和

平之间，在维护法兰西的主权与让阿尔及利亚获得独立的权力
之间进行选择，所以必须"无情地"打破这种僵局。分析问
题没有什么冷淡与热烈之分，只有正确与错误之分。我们应该
持公正的立场。还有一次，为了感谢我为几百个天主教学生开
了一场讲座，弗朗索瓦·莫里亚克写了一封热情洋溢的信向我
道谢。他还在电视中看到了我与平日迥然不同的形象。他为了
压倒 V. 纳巴科夫，让我和后者在电视中辩论。

　　人们对我还有更为严厉的指责，说我反动员。难道我终生
都在"反动员"吗？我不应该是这种人，因为我并没有献身
于这种排他的和严峻的使命。1935～1939 年，对我在圣克鲁
高等师范学院的学生们来说，我可能起过反动员的作用。[1] 但
是，怎样才能有幸做得更好一些呢？福科内为我提供了这样
的选择："心灰意懒或者穷凶极恶"。那个"师范生"和他的
同学们认为我很可怕，因为我动摇了他们的信念，使他们看
到了近在咫尺的生命危险。我为之辩护的那种民主制度，即
便是处在衰落阶段，仍然比那些极权制度要优越。有一次在
莱昂·布伦什维格的家里，让·卡瓦耶斯说："我们为《法
兰西晚报》反对《大众旁观者》而战。"这个最坚决的抵抗
运动英雄说出这样的话，并非出于失望，而是有意进行嘲讽。
我并没有为我的听众指出一条革命救亡的道路。如果革命救
亡只能指望斯大林，我这样做难道是错误的吗？

　　战后以来，难道我始终在搞"反动员"吗？对斯大林、
赫鲁晓夫和勃列日涅夫的崇拜者、拥护者和同路人来说，以反
动员来涣散他们的斗志是非常必要的。我在这件有益于身心健

---

　　[1]　但并非所有的人都这样看我，尤其是那些信天主教的学生。

康的工作上花费了不少精力。今天，并不是我的那些论据，而是现实和风气使共产主义所体现的革命希望丧失了信誉。然而，那个"师范生"在1930年代可以问我到底"向什么东西发出挑战"，到了1982年，米歇尔·孔达却无权这样写了。战后以来，西方民主国家实现了蔑视民主的人认为它们不可能实现的进步。这些国家实现了经济增长，获得了个人解放，改善了社会关系。究竟是谁在推行一种"苦行僧式的"教育呢？是那些相继到莫斯科、贝尔格莱德、北京或者哈瓦那去朝圣的人，还是那些挣脱了愚昧信仰的桎梏，并致力于自由体制的繁荣和改革的人呢？在我们的文化中，这些自由体制并不太坏，大概在历史上也不是最坏的。

993

对世俗宗教的批判本身就包含了某些明确的观点，它表明了一种总的立场，而有些人却给它加上因循守旧的罪名。我承认现有自由民主体制的那些特点是不错的。在我偏爱的《论自由》一书中，我竭力想阐明，自由的两种形式必然要结合在一起：国家要给个人留下一定的自主权利，给赤贫者留下一定的谋生手段，以便让他们也能够行使那些得到公认的权利。现代民主体制懂得选择的自由，也清楚自由的能量。但是前者要受到国家的限制，而后者则由社会法律加以保证。我认为，西方社会在其发展的鼎盛时期，树立了这两种自由形式互相妥协让步的典范。

如今，那些思想大师大概不会再把我称作"穷凶极恶或者心灰意懒"的人了。他们有可能会指责我是个保守分子，对人与人之间和国与国之间的不平等现象无动于衷，对那些只要不是瞎子、任何人都能一目了然的不完善的甚至存有许多弊端的政体听之任之。富人与穷人、强者与弱者总是相对存在的。所有社会正义论（sociodicée）对我们的种种社会制度所做的辩护还不如神善论（théodicée）对造物主所做的辩护更加令人信服，然而就是那些神正论也始终未能充分证实造物主是"至善""全能"的。那些无限推崇平等，把它置于自由之上的人，对我在论文和著作中只用适当的篇幅谈论不平等的"丑闻"横加指责。

我在巴黎大学任课时，经常论述不平等的问题。有一年，我每周用两个学时来论述这个主题。我对自己的研究成果不甚满意，也就没有专门就这个题材发表过任何东西。

平均主义者，根据这个词的含义，我完全是这样的人。我讨厌那些过于繁杂的社会关系，在这种社会关系中，社会等级观念会扼杀手足情义。这是拯救灵魂的宗教和上帝面前人人平994 等的观念传授给我的吗？我的许多同事，而且往往是那些左派人士，在自己的学生面前表现得傲慢无礼或者独断专行，他们的这种态度令我感到惊愕。而我承认，我不知道在这些感情之外，社会公正还包含哪些内容，也不知道怎样分配收入、财富、威望或权力才符合公正的条件。美国研究权利学说的哲学家们几年来一直在讨论这个问题，他们趋向于认为，最大的平等与维护自由是可以并行不悖的。这些思辨虽然精彩，却不能掩盖对某些具体情况做出判断的事实，也无法消除综观全局时的疑虑。

由于没有一个社会能够在各个方面都体现平均主义，所以除了在一个绝对专制的政府统治之下，社会财富的分配不可能遵循任何简单的原则。做出否定的判断往往比做出肯定的判断要容易得多。某些团体、某些专业或者某些个人持有货币，或者享受非货币方面的利益本身，并不能说明什么问题；把他们与其他团体、行业或者个人所得的利益做比较，也找不出答案。揭发不公正是比较容易的，而要指出整个社会怎样才算是公正的却并不容易。如果我们抽象地看待任何职业，就应该考虑到培训的成本、劳动的繁重程度、对共同福利的贡献、效率或者收益，以及个人精神方面的贡献（对此我就不谈了）。从这些考虑出发，任何人，甚至包括最精确的计算机，也无法对上述问题做出明确的回答。每个人在职业选择上有很大的偶然性，对于失败者来说，他可以将此归咎于命运，以此推卸个人的责任。

　　从某种意义上讲，所有为寻求真理而从事政治写作的人都是揭露骗局的人。在自由与平等的理论占统治地位的时期，社会学家们往往更加心怀疑忌。他们不相信那些在社会舞台上表演的人所开出的空头支票。那些最有胆略的或者最为悲观的社会学家因为再也看不到完善社会的前景而对完善社会失去了希望，他们便会极为苛刻地判断他们自己的社会。同是这个标榜机会均等的社会，其社会结构、阶层、治人者与治于人者仍然一代一代地传下去。各阶层的人员会随着时间的迁移而发生变动，但是整个体制仍在传宗接代。继承人借助某些文凭，为自己增添了理所当然的头衔。

　　从同一事实出发，社会学家们却对我们的自由社会产生了不同的看法。家庭条件优越的人的子女比工人或农民的子女有更多成功的机会，这不足为奇。教育体制越是要求把孩子们集中在同样的学校里，使他们享有表面上的平等条件，机会均等似乎就越望而不可即。实行统一式学校的幻想已经破灭。然而，人们是否有必要对机会不均等感到气愤，或者就算无法惠及所有的人，起码也对大多数人能够得到均等机会而感到高兴呢？

同所有的社会一样，自由社会也使青年人"社会化"了，并且向他们灌输了某些价值观念和一种善恶观。从这个意义上讲，掌握政权、占据社会首要地位的那些人也会迫使人们接受他们的信条。法令或者国家所具有的道义权威使领导阶级更加合法化，并且进一步巩固了它们的统治地位，这难道是一件可耻的事？也许我们还是应该赞赏，一个没有宗教信仰、可能已经堕落的西方社会赋予了每个人充分的选择余地？如今，属于全人类的科学文化在塑造培育青年人方面已经占有首要地位，教育体制所传播的价值观促使人们不再遵从现行秩序，而是对其持批判态度。

从今以后，马克思主义再也不能以无阶级社会的乌托邦思想或以苏联的现实例子来镇压民主自由制度了。马克思主义可以用来孕育一种虚无主义。只要一味强调在不太专制的集体中存在价值观的专断和人际关系的不平等，人们最终便不得不承认这些显而易见的事实：如果现代社会能够自行再生产——如果它不能自行再生产，就不成其为社会——它的变化速度就会超过以往任何社会。而自由制度与我们所能看到的苏联式的专制制度依然存在本质上的区别。如果有人认为莫斯科的国家意识和巴黎的"象征性暴力"仅仅在程度上有所区别，那么他就会让社会学至上主义弄瞎了眼睛，看不到我们这个世纪的关键所在。

996 追随汤因比的历史哲学家们认为，欧洲只能依靠信仰，依靠基督教特别是天主教，才能重新振兴起来。我对此表示无能为力。如果我是犹太教或者基督教的信徒，我会尽力去宣传我的信仰或者我的真理。既然我没有任何宗教信仰，空下的位置便留给超然的信仰。而我个人坚持哲学家的信仰，对事物持怀疑态度，而不是否定态度。为了协调基督教的教条和现实的科学而进行的种种努力引起了我的兴趣，但是都未能说服我。旧福音书上的宇宙论与今天的各种宇宙论，由于没有机会交锋，反而可以协调地并存。科学从来不可能产生任何类似犹太人民同盟或耶稣启示的东西。

宗教社会学从方法上撇开了超自然的方面。它能否回答如下问题：21世纪会是个信仰宗教的世纪吗？天主教会再次复兴吗？如果有这种可能，那么它将以什么样的形式出现呢？它将朝完整主义者们所主张的方向发展，还是朝思想解放的神学家们所主张的方向发展呢？我觉得自己无权对此做出任何肯定的回答。在一个主张拯救每个灵魂的天主教和一个充当革命运动精神助手的教会之间，我更相信前者（尽管在我看来，后者在拉丁美洲各地几乎是不可避免的）。

让我先撇开传统的教会不谈，集中精力来探讨一下世俗宗教。在这个问题上，我是否也本末倒置了呢？我是否因时运不济而误入歧途，或者错误地将经济和战争作为我思考的主要题材，作为我们时代的主要课题呢？我让自己在错误与时运不济之间进行选择。说实在的，我还能够做出其他选择吗？当我开始接触到历史意识时，"大萧条"已经激发了德国的民族主义，并为希特勒上台铺平了道路，从而把欧洲推向了灾难。马克思主义在莫斯科占了统治地位，在柏林爆发了反对无产阶级的革命，正是这些事件决定了我的研究方向。我当时希望成为研究这些革命和战争问题的当代历史学家。

是我的时运不济吗？难道是我从卡尔·马克思和马克斯·韦伯的德国历史主义中得到的启示使我偏离了正确的航道，偏

997 离了涂尔干和塔尔德的道路吗？受到日耳曼思想的"污染"、被让－保罗·萨特举世无双的文笔改头换面的我们这一代人，是否已经显得有些过时了呢？这是可能的，我对此毫不介意。然而，目前最杰出的社会学家们正同时运用着已不带政治色彩的马克思和韦伯的观点，而恰恰是这些政治色彩掩盖了两人之间互补的科学性。

我个人认为，虽然我曾受到德国文化的熏陶，后来又受益格鲁－美国人重视分析的影响，但是这些因素并没有使我背离法国。在1939年以前，德国与我们的命运攸关。直到1945年第三帝国灭亡时，起源于德国的各种思潮已经对世界历史产生了影响。德国并不应该比其他欧洲国家对种族主义承担更多的责任，但是黑格尔和马克思的追随者、尼采以及尼采对意识形态的批判，却预示了那些争霸世界的重大冲突，并且对这些冲突做了说明和解释。

日耳曼的诸神成为明日黄花后，由黑格尔－马克思主义体系变异而来的一种学说就成了美国式民主体制的唯一对手。这种民主制讲究实用，抛弃了形而上学，并且追求严谨的语义哲学。全世界的技术化向前突飞猛进。在现实面前，马克思主义的种种空想最终几乎自行消失了。甚至自1973年以来（可能还要早几年），经济形势发生的变化也改变不了人类未来的前景。

当我展望未来时，我没有发现什么值得乐观的理由。欧洲人因为出生率下降正在自己毁灭自己。他们拒绝生育，人口已经出现了老龄化。与此同时，他们无法摆脱一种在"20世纪末"让位于他人的思想的困扰。他们可以重演战后"光辉的30年"之故技，让外国人来填补空缺，但是这样做，就可能加剧外籍人士和受到失业威胁的国内劳工之间的紧张关系。大概从现在起至 20 世纪末，民主－自由的综合体和混合经济都要受制于经济低速增长、通货膨胀、货币危机以及国民收入与社会开支的比例问题等诸多因素。法国曾经出人意料地复兴了一个阶段，但是，由于无法适应残酷的竞争，再加上内部无休止的争吵和一味落后于时代的思想体系，法国再次陷入半瘫痪状态，并因此而逐渐丧失了原有的世界地位。

998

美国已经丧失了军事优势。苏联增加军备首先是用于威慑，然而一旦时机成熟，它也同样会进行武装干涉。以东海岸为大本营，影响并领导了共和国外交长达 25 年之久的美国政治阶层已经自取灭亡。美国政治阶层本是发动越南战争的罪魁祸首，却在理查德·尼克松尚未来得及结束战争之时，便把罪责嫁祸于总统的头上了。J. 卡特和 R. 里根总统则从一个极端走向另一个极端。外交政策上的人心一致已不复存在。美国没有足够的财力同时进行社会立法和重整军备这两项工作。美国在科学上依然保持着绝对领先的优势，它的生产设备在世界上也是独一无二的。然而，无论是美国的敌人还是盟友，却都已觉得它前途未卜，难以预测。

在欧洲，德意志联邦共和国作为大西洋联盟的一根关键支柱，其地位比以往任何时候都更为重要，而现在似乎已经开始摇摇欲坠。西德位于前沿阵地，直接与苏维埃帝国接壤。它一方面设法在自己的领土上保留一支美国军队，另一方面又尽量不冒犯克里姆林宫的主人们。几百万西德人的和平主义思潮限制了政府的决策能力：它到底是表达了人们对核武器的一种合乎情理的忧虑心理，还是表达了西德人民不愿意民族继续分裂？西德人对祖国被一分为二的隔绝状况已经越来越难以忍受。法国人与德国人之间的和解是可靠而真实的。然而，在1950年代的论战中提到的日子——这就是，无论是社会党人还是保守党人担任波恩的总理，他都将面临来自东方的威胁和来自西方的保护的局面——是否已经来临了？他最终将何去何从呢？

如果我放任情绪低落下去，即使在人们回首往事，承认我在大多数斗争中都采取了正确立场的时刻，我也可能会说，我为之奋斗的全部思想和事业都似乎已经岌岌可危了。但是我不想向悲观失望的情绪做出任何让步。在某些人看来，我为之辩护的那些政权仅仅是经过修饰伪装的政权，它们在本质上依然属于专断和暴力的政权，这些政权本身是虚弱而又动荡的。但是，只要它们还是自由的政权，就仍然保存着人们想象不到的巨大能量。我们将在核武器毁灭世界的阴影笼罩下，在可怕武器所带来的恐慌和科学奇迹所带来的希望这种矛盾心理的折磨下继续长久地生活下去。

我并不想用自己对正在发生的历史的看法作为这部过于冗长的回忆录的结束语。从定义上说，历史是不断发展的。对我个人来说的终点，对历史本身和其他人都没有任何意义。我所从事的职业活动，无论是撰文、写书还是教书，都没有填满我的生活。自1977年以来，我能够安详地而不是痛苦地度过我的"死缓阶段"，这全都要归功于我的妻子、子女、孙子孙女们和朋友们。多亏有了他们，我接受了死亡的降临——这并不是一件难事。但是在死亡之前，我经受了脑血栓后遗症和衰老的折磨——这更令人感到痛苦。此时此刻，我想起了自己在20岁的时候常常对同学们和自己说的一句警言："拯救自己这个凡夫俗子的灵魂吧。"不管上帝是否存在，任何人在生命行将结束时，都无法判断自己将升入天堂还是堕入地狱。多亏有了他们这些人——我过去很少谈到他们，他们给予过我相当多的帮助——我重温那句警言时，既不感到胆怯，也没有任何担忧。

作者书目提要

这份书目提要既不完整，也不科学，它的作用是便于那些对本回忆录感兴趣的读者按照我划分的五个时期查找到相关著作。

一 1928~1940 年

《当代德国社会学》（*La Sociologie allemande contemporaine*），Paris, Alcan, 1935, 176 p. Rééditions：1950, 1957, 1981。

《历史哲学导论：论历史客观性的局限》（*Introduction à la Philosophie de l'Histoire, Essais sur les limites de l'objectivité historique*），Paris, Gallimarrd, 1938, 335p., 1981 年再版时被收入"诸如此类"（Tel）丛书，并附有与书中内容相关的几篇文章，如《史学家如何撰写认识论》（《*Comment l'historien écrit l'épistémologie*》），*Annales*, nov. – déc. 1974 和《叙事，分析，阐述，解疑：对若干历史常识问题的评论》（《*Récit, analyse, interprétation, explication：critique de quelque problèmes de la connaissance historique*》）。

《历史批判哲学：论当代德国史中的一种理论》（*Essai sur une théorie de l'histoire dans l'Allemagne contemporaine：la philosophie critique de l'histoire*），Paris, Vrin, 1938, 351p., 1950 年和 1970 年再版，列入瑟伊出版社的"问题"丛书，书

名改为《历史批判哲学》（*la Philosophie critique de l'Histoire*）。

1928～1933 年，我为《自由论坛》（*Libres Propos*）和《欧洲》杂志（*Europe*）撰稿。这个时期，我写的文章几乎都涉及法德关系、国家社会主义的崛起、希特勒的革命等问题。

1934～1939 年，我为《社会学年鉴》（*les Annales sociologique*）、《社会研究杂志》（*Zeitscrift für sozial Forscchung*）和《哲学研究》（*les Recherches philosophiques*）撰稿。除个别文章外，这个时期的大部分文章都是书评。《帕累托的社会学》（《la sociologie de Pareto》），in *Zeitscrift für sozial Forschung*，1937；《意识形态》（《L'idéologie》）in *Recherches philosophiques*，VI，Dans la *Revue de Métaphysique et de Morale*，XLIV，1937，《对法国经济问题的思考》（《Réfléxions sur les problèmes économiques français》）和 1939 年《埃利·哈莱维论专制时代》（《L'ère des tyrannies de Elie Halèvy》）。

1936 年，巴黎阿尔康出版社出版的《论文集》第一卷（*Inventaires* I，Paris，Alcan）收录了我的论文《社会危机与国家意识形态》，分编在"反对无产阶级的革命：国家社会主义的意识形态与现实"的栏目下。

1939 年 6 月 17 日我在法国哲学学会上的发言《民主国家与专制国家》（《Etats démocratiques et Etats totalitaires》），刊登在该学会 1946 年的会刊上。

二 1940～1955 年

1940～1945 年

战争期间，我只同斯塔尼斯拉斯·斯蒙季克合作写过一本小书，书名为《关键的一年，1940 年 6 月～1941 年 6 月》

（*L'Année cruciale*：*juin 1940 – juin 1941*），Londres，Hamish Hamilton，1944。

我在《自由法兰西》杂志（*La France libre*）发表的大部分文章（截止到 1944 年年底）汇编成了 3 本书。

《反对暴君的人》（*L'Homme contre les tyrans*），New York，édition de la Maison française，1944，400p.；rééd. en 1945，par Gallimard。

《从停战到国民起义》（*De l'armistice à l'insurrection nationale*），Paris，Gallimard，1945. 373 p.。

《帝国时代与法国的未来》（*L'Age des empires et l'avenir de la France*），Paris，tribune de la France，1945，373 p.。

1945 ~ 1955 年

《大分裂》（*Le Grand Schisme*），Paris，Gallimard，1948，338 p.。

《连锁战争》（*Les Guerres en chaîne*），Paris，1951，497 p.。

《知识分子的鸦片》（*L'Opium des Intellectuels*），Paris，Calmann-Lévy，1955，334 p.。

除了 1945 年与《观点》（*Point de Vue*）、1946 ~ 1947 年与《战斗报》（*Combat*）和从 1947 年春天开始与《费加罗报》（*Figaro*）合作外，我同时为其他刊物撰写文章。

我在《精神自由》杂志（*Liberté de l'Esprit*）上发表了《评〈北大西洋公约〉》（1949 年 4 月刊）、《中立的骗局》（1950 年 9 月号）、《关于可能的战争的思考》（1951 年 12 月 ~ 1952 年 1 月刊）、《探究一种战略：分割世界；错误的抉择》（1953 年 3 ~ 4 月刊）。该杂志也发表过我的某些思想评论文章, 如《救世主与明智》(1950 年 12 月刊) 和《极权制度诱惑》(1952 年 5 ~ 6 月刊) 等, 我把这些汇编成册, 题为《论战集》(*Polémiques*), Paris, Gallimard, 1955。

从 1952 年开始, 我经常与《论证》季刊 (*Preuves*) 合作, 在这本杂志上发表的文章有:《对德国大学生的一次讲话》(载于 1952 年 18 ~ 19 期), 是 1952 年 2 月在法兰克福大学所做报告,《后斯大林时代的俄国》(第 32 期), 以及几篇我从亚洲访问归来的文章, 其中有两篇是围绕《知识分子的鸦片》辩论的驳斥文章, 即《辩证法的幸运与不幸》(第 59 期) 和《狂热、谨慎与信仰》(第 63 期)。

三 1955 ~ 1969 年

《工业社会十八讲》(*Dix-huit leçons sur la société industrielle*), Paris, Gallimard, Collection Idées, 1962, 378 p.。

《阶级斗争》(*La Lutte de classes*), Paris, Gallimard, Collection Idées, 1964, 378p.。

《民主制与极权主义》(*Démocratie et totalitarisme*), Paris, Gallimard, Collection Idées, 1966, 384p.。

这三本书是根据 1955 ~ 1956 年、1956 ~ 1957 年和 1957 ~ 1958 年我在巴黎大学任教时的讲义编写的。社会资料中心在公开发行这些复印讲义时曾用过不同的书名 (如《工业社会的发展与社会分层化》《工业社会社会学: 一种政治制度理论的初探》等)。

《对本世纪的希望与忧虑: 没有偏见的探讨》(*Espoir et Peur du siècle, Essais non partisans*), Paris, Calmann-Lévy, 1957, 343p.。这本书包括三篇论文, 其中一篇谈右派, 另一

篇谈衰落，还有一篇谈战争。

《阿尔及利亚的悲剧》（*La Tragédie algérienne*），Paris，Plon，Tribune libre，1957，76p.。

《阿尔及利亚与共和国》（*L'Alegérie et la République*），Paris，Plon，Tribune libre，1958，146p.。

《工业社会与战争》（*La Société industrielle et la guerre*），附有《1958年世界外交图解》，Paris，Calmann-Lévy，1958，182p.。

《不变的与可变的：从第四共和国到第五共和国》（*Immuable et changeante, de la IVe à La Ve République*），Paris，Calmann-Lévy，1959，265p.。

《历史意识的纬度》（*Dimension de la conscience historique*），Paris，Calmann-Lévy，1960，335p.。在这本论文集中，除了第一篇论文《历史的含义》是1946年为"百科全书编委会"撰写的以外，这一时段的其他文章还有《显形与推理》（我在哈佛大学一次英语讲座的法语译文）；《论历史的客体》，1959年我提供给《法国百科全书》第20卷；《国家与帝国》载入《法国百科全书》第11卷；《世界性历史之黎明》，1960年第三届"萨缪尔勋爵论坛"刊载的我的一篇讲稿《哲学家的社会职责》的法语译文，讲稿曾在1957年华沙举行的国际哲学研究院大会上被宣读。

《国家间的和平与战争》（*Paix et Guerre entre les nations*），Paris，Calmann-Lévy，1962，793p.。

《大辩论：核战略的启蒙》（*Le Grand Débat, initiation à la stratégie atomique*），Paris，Calmann-Lévy，1963，274p.。

《论自由》（*Essai sur les libertés*），Paris，Calmann-Lévy，1965，285p. RééD. Dans LA Coll. Pluriel. 1977.。

《社会学思想流派概述》（*Les Etapes de la pensée sociologique*），Paris，Gallimard，1967，659p.。本书是根据我在巴黎大学任教时的讲义编写而成的。社会资料中心在公开发行这些复印讲义时使用过另外一个书名：《历史社会学的重要理论》。讲义为两卷本。1960 年发行的第一卷内容有孟德斯鸠、奥古斯特·孔德、卡尔·马克思、阿历克西·德·托克维尔。1962 年发行的第二卷内容有 E. 涂尔干、U. 帕累托、马克斯·韦伯。本书最初以英文本发行，书名为《社会学主要思潮——基础读物》。

《三论工业时代》（*Trois Essais sur l'âge industriel*），Paris，Plon，1966，242p.。

《难觅的革命》（*La Révolution introuvable*），Paris，Fayard，1968，187p.。

《戴高乐、以色列和犹太人》（*De Gaulle，Israël et les Juifs*），Paris，Plon，Tribune libre 1968，187p.。

《进步梦幻的破灭》（*Les Désillusions du progrès*），Paris，Calmann-Lévy，1969，375p.。

在此期间，我写的关于第五共和国初期与评论戴高乐将军对阿尔及利亚的外交政策的文章都刊登 1958～1962 年《论证》季刊上。

我的大部分社会学研究论文刊登在《欧洲社会学档案》上，其中大部分或至少我认为有再版价值的论文都可以在《政治研究文集》（伽利玛出版社）中找到。

四　1969～1977 年

《从一个神圣家族到另一个神圣家族：论各种幻想的马克思

主义》（*D'une Sainte Famille à l'autre*，*Essais sur les marxismes imaginaires*），Paris，Gallimard，Coll. Essais，1960，308p. 。

《论社会学的历史状况》（*De la condition historique du sociologue*），我在法兰西学院首开的课程，Paris，Gallimard，1970. 。

《政治研究》（*Etudes politiques*）Paris，Calmann-Lévy，1972，562p. 。这本论文集主要包括：《马基雅维利与马克思》《阿兰与政治学》《马克斯·韦伯和迈克尔·波兰尼》，以及其他一些有关国际关系的分析文章。

《像帝国一样的共和国：世界中的美国，1945～1972 年》（*République impériale*，*les Etats-Unis dans le monde*，1945 – 1972），Paris，Calmann-Lévy，1972，338p. 。

《暴力的历史和辩证法》 （*Histoire et dialectique de la violence*），Paris，Gallimard，Coll. Essais，1972，271p. 。

《克劳塞维茨论战争》（*Penser la guerre*，*Clausewitz*），第一卷《欧洲时代》，第二卷《全球时代》，Paris，Gallimard，1976，427p. et 365p. 。

《为衰落的欧洲辩护》（*Plaidoyer pour l'Europe décadante*），Paris，Laffont，1977. 511p. 。

五　死缓阶段

《三月的选举与第五共和国》（*les Elections de mars et la Ve République*），Paris，Julliard，1978，511p. 。

《介入的旁观者》（*Le Spéctateur engagé*），Entretiens avec Jean-Lous Missika et Dominique Wolton，Paris，Julliard，1981，339p. 。

从 1977 年 4 月起，我脱离了《费加罗报》。

从同年 9 月起，我每周为《快报》周刊撰写一篇社论。

我在《评论》杂志（Commentaire）发表的时评文章有：
《X 先生与自己的过去决裂：乔治·凯南的孤立主义》，
Commentaire，1978（Ⅰ.2）。

《为了进步：偶像垮掉之后》，Commentaire，1978，（Ⅰ.3）。

《从美国帝国主义到苏联霸权主义》，Commentaire，1978，
1979（Ⅱ.5）。

《是否存在一种纳粹神话?》，Commentaire，1979（Ⅱ.8）。

《苏联霸权的第一年》，Commentaire，1980（Ⅲ.11）。

一个名叫罗伯特·弗朗西斯·柯乐洪的英国教授写过一篇
博士论文，题为《雷蒙·阿隆：一位知识分子的肖像》，这是
现存唯一一篇对我的生平进行学术研究的论述。这篇论文没有
公开发表，但可以找到。

索 引

A

ABBAS, Ferhat : 484
ABETZ, O. : 312
ABOU DAOUD : 743
ACHESON, Dean : 324, 358-359, 361, 375, 797, 828
ADENAUER, K. : 125, 340, 358, 360, 368, 375, 560-561, 580-581
ADJOUBEI, Alexis : 332
ADORNO, T. W. : 124-127
AILLERET, Charles (général) : 583
AILLET, Georges : 43
AKZIN (Pr) : 329
ALAIN : 37, 52, 66, 69-74, 80, 88-90, 101, 121, 135, 144, 163, 176, 185, 190, 204, 206, 211, 422, 444, 886, 955
ALBARRAN, Pierre : 30
ALBERT, François : 76
ALEXANDRE, Jeanne : 86, 490
ALEXANDRE, Michel : 86
ALLAIS, Maurice : 412
ALLENDE, Salvador : 766-768, 812, 905, 916
ALLIBERT, Raphaël : 243, 245
ALLISSON, G. A. : 594
ALPHAND, Hervé : 370
ALQUIÉ, Ferdinand : 441
ALSOP, Joseph : 324, 371
ALTHUSSER, Louis : 155, 747-753, 941
ALTMAN, Georges : 280, 309, 788
AMAURY, Émilien : 282
AMROUCHE, Jean : 489, 498
ANDREVSKI, Slatislav : 152
ANDROPOV, Youri : 213

ANSELME (saint) : 57
ANZIEU, Didier : 623
ARAFAT, Yasser : 923
ARAGO, Emmanuel : 91
ARBENZ, Jacobo : 825
ARENDT, Hannah : 241, 386
ARISTOTE : 44, 64-65, 139, 383
ARMINIUS : 366
ARNAUD, Jean : 110
ARNDT, H. J. : 839, 842
ARON (famille) : 312
ARON, Adrien : 29-30, 32-33, 41, 47-50, 79, 91, 639, 646
ARON, Dominique voir SCHNAPPER
ARON, Émile : 181
ARON, Emmanuelle : 260, 354, 439
ARON, Ferdinand : 33, 854
ARON, Max : 33
ARON, Paul : 33
ARON, Robert : 146, 944
ARON, Robert (frère de l'auteur) : 32, 36, 47-50, 84, 104
ARON, Suzanne : 115-117, 129-131, 135, 214, 217, 260, 331, 489, 890, 947, 965
ARON-BRUNETIÈRE, Robert : 280, 743
ASTRUC, Alexandre : 281
ATTALI, Jacques : 241, 898-899, 908
ATTLEE, Lord : 546
AUBOYNEAU, Philippe (amiral) : 249
AUCLÈRES, Dominique : 109
AUPHAN, Paul (amiral) : 242
AURIAC, Oscar : 989, 128
AVELINE, Claude : 383
AVNI, Dan : 38

增订本译后絮语

  法国迄今出版了三个版本的《雷蒙·阿隆回忆录》。第一个版本由 Julliard 出版社于 1983 年出版，第二个版本由 Robert Laffont 出版社于 2003 年出版。中译本分别由三联书店、新星出版社于 1992 年、2006 年出版。2010 年，Editions Robert Laffont 又出版了《雷蒙·阿隆回忆录》第三版的"增订本"。社会科学文献出版社的新锐董风云同志发现了这一版本，认真审阅后建议以此为蓝本，补充翻译和修订前两个译本，出版一部《雷蒙·阿隆回忆录》（增订本）。本书就是在他和出版社领导的大力推动和支持下完成的。

  本书的特色或与前两版的不同之处在于，一是把先前的出版者因嫌书稿过于"臃肿"而删去的"社会主义插曲""受到考验的人权：卡特总统和中东冲突""走向苏联霸权主义？"这三章又收录进去，故称"增订本"；二是增添了一篇由法国当代史学家尼古拉·巴弗雷写的序言，即卷首的《雷蒙·阿隆与世界性历史的时代》。此外，在文字编排和润色上，新版也有少许改动，并取消了前两版的副书名"五十年的政治反思"。

  新版补回这三章内容很有必要，也很重要。因为关于"社会主义""苏联霸权主义"和"人权"等问题的看法，尽管在前面的几个章节中已零星地提到，但没有集中地概括论述，略去实在可惜。雷蒙·阿隆自称早年曾是"朦胧的社会主义者"，晚年患心肌梗死以后，稍有恢复，便想在有生之年完成三部专著，社会主义便是选题之一，另两个是马克思主义和回忆录。可惜上天没有垂怜于他，他只完成了《雷蒙·阿隆回忆录》。

新添序言的作者尼古拉·巴弗雷是《历史的明证——雷蒙·阿隆传》的作者，1980 年毕业于巴黎高等师范学院，是与雷蒙·阿隆相差了半个世纪的校友。这篇序言联系全球化背景下的法国和世界实际，特别是世界经济问题，对雷蒙·阿隆的一生做出新的评价，反映了新一代精英对前辈的认识和理解，对中国读者特别是青年读者可能有所助益。

还应说明，已有的两个中译本是在国内学术界和出版界前辈和朋友的宝贵支持和帮助下，经过两代学人的刻苦努力和辛勤劳动而得来的果实。法语界和外交界前辈孟鞠如教授参与了第一版的翻译并通校全书，做出了重要贡献。孟先生于 1926 年赴法留学，1933 年获法国国家法学博士学位，有多年外交和教育工作经验，近乎是阿隆的同代人。他的翻译老道、传神，颇能体现阿隆的文采和口气。刚从大学毕业的几位青年认真负责，一丝不苟，也尽了最大的努力。《回忆录》出版后，受到广大读者和同行的欢迎或好评，为当时的西学东渐尽了绵薄之力。但与此同时，由于受到 80 年代初期改革开放起步阶段的主客观条件限制，特别是由于时间紧迫，我们采取了流水作业式的集体翻译方式，第一个译本中存在风格不统一，译名混乱，甚至闹出张冠李戴的笑话，还有一些技术性错误和个别硬伤。第二个译本在保持了第一个译本的基本风格的基础上做了一些修改，采取了一些弥补措施，但不彻底。

社科文献出版社的这部《雷蒙·阿隆回忆录》（增订本），

是以 2010 年 Robert Laffont 版的"增订本"为蓝本，出版方延请从巴黎政治学院留学归来的王女士补译了上述三章和尼古拉·巴弗雷的序言。我们对前两个中译本进行了逐字逐句的检查和修改，对于当时出于各种原因漏译或译文走样的地方，我们也按法文新版做了补译，因此本版本也可以被称为"全译本"。我们期望本版增订本有助于读者更准确更完整地了解雷蒙·阿隆和那个时期法国的真实情况，也相信读者和专家们能够对作者和书中提到的各种理论观点做出正确的分析和判断，从中汲取养分。

最后，利用这次增订本出版的机会，我向多年来曾经关心、支持和提供过宝贵帮助的我国和法国各位前辈与朋友再次表示感谢。

杨祖功谨识

2015 年元月　北京

译后记（1992 年版）

　　一本 70 万字的译作付梓之际，有些情况似乎应该向读者说明。

　　中国读者特别是青年读者或许对雷蒙·阿隆还不太熟悉，他在战后法国、国际学术界、新闻界却是一个素负盛名的重要人物。一方面，他在哲学、社会学、政治学、历史学等许多学科都有所建树，出版了一系列学术著作；同时，他又从事新闻评论长达 40 年，对战时和战后的重大政治、经济、军事、国际关系等问题做出了独到的分析，产生了一定的影响。为此，他曾获得法国荣誉军团勋章，入选法兰西学院院士，并被世界上十几个著名研究机构和大学授予荣誉院士、荣誉博士称号。

　　他亲身经历或目睹了希特勒的崛起、法国人民阵线、慕尼黑事件、维希伪政权和抗德斗争、冷战时期、欧洲联合、美苏争霸、核战略、非殖民地化、戴高乐主义、"五月风暴"、越南战争、左翼联盟、法国社会党重新执政等，从学者的角度对这些事件做出了分析或评论，并就其中一些问题同以萨特为代表的左翼知识界进行了几十年的论争。作为半个世纪以来法国、欧洲和世界风云变幻的见证人，阿隆的"政治思考"对于我们了解这一重要历史时期无疑是很有参考价值的。

　　按照法国的习惯划分，阿隆属于右翼，他被公认为自由派知识界的代言人。其实，他的学术思想和政治立场有一定代表性，很难用简单的政治概念来界定，其形成与发展是很复杂的。他出身于洛林地区一个殷实的犹太人家庭，少年时期受到当时盛行的和平主义思想的影响。他在高师攻读哲学时自认为是个"朦胧的社会主义者"，与萨特是同窗好友。当他立志要成为"介入的旁观者"并要在历史进程中扮演一个"角色"时，他曾研读过马克思主义，特别是《资本论》。他到晚年仍宣称"至今对马克思的马克思主义仍饶有兴味"①。1930 年代中期，他赴德国继续攻读哲学和社会学，对胡塞尔和韦伯尤为推崇；在此期间，他也目睹了纳粹主义的猖獗，亲自听过希特勒的演说，这使他的政治思想和历史哲学观发生了重大变化。二战期间，他追随戴高乐在伦敦主持《自由法兰西》笔政。战后初期，由于对苏联的看法和对马克思主义的理解不同于左翼知识界，阿隆同左翼知识界决裂，转向右翼。在国内，他有保留地支持政府，特别是传统右派政府；在国际问题上，他积极主张与美国结盟、同德国修好并加强合作，激烈反对苏联，成为一个坚定的北大西洋主义者。

　　阿隆的历史哲学观和政治哲学观在他的博士论文中②已初步形成。首先，他认为历史是自由的，历史的发展从整体上讲是不可预测的。历史是一系列制约，人只能在这些制约中发挥作用。他用这种"历史相对论"反对历史唯物主义，反对马克思主义通过分析历史指出人类社会发展的社会主义前景。其次，他在论述如何在社会生活中进行政治思考（即他的政治哲学）时，强调首先要做出根本选择：接受还是拒绝本人所

---

① 雷蒙·阿隆：《介入的旁观者》，朱利亚出版社，1983，第 53 页。
② 雷蒙·阿隆：《历史哲学导论》，伽利玛出版社，1938。

处的社会制度，在这个前提下才能根据具体情况采取政治行动。他反对采取暴力或革命形式。这些基本信念决定了他对历史和政治的态度。因此，他观察和分析一切事物的出发点都是维护他所赞成"西方自由民主社会"；出于同样的目的，他对西方国家有时也提出批评或谴责，对苏联则抱有政治偏见，为此不惜同萨特、加缪等老友反目。

阿隆继承了自由派思想家孟德斯鸠、托克维尔、韦伯等人的思想，强调理性是解释世界、改变世界的唯一手段，人类要维持生存，只能寄希望于理性和科学。他承认阶级斗争的存在，但反对无产阶级代表了社会党的未来这一观点。他认为西方民主制度是工业社会的最好制度，但也指出这种社会制度的"脆弱性"和"自我毁灭"倾向。他批评萨特是个"伦理主义者"，主张从政治上思考问题，对国际关系，特别是对美苏关系、欧美关系和法德关系曾提出过一些远见卓识。他曾告诫过美国："不能根据尊重人权的观念来制定一项外交政策"，否则会丢掉"西欧以外的一切盟友"。[①] 作为一个有理性的政治学家，他提出，公民意识是维护民主的条件，即在民主法制下，公民应遵守纪律。

尼采曾预言，20 世纪将是以哲学名义进行大战的世纪，阿隆以他的大量著述参加了这场大战。他的论著涉及现代社会的各个方面，在这些论著中不乏学者的睿智和政治家的敏锐，他思想缜密，知识渊博，是一个难得的政论家。当然，我们也同样看重他的直言不讳，作为一个传统自由派的代言人，他讲出了西方政治家想讲而不敢讲出来的看法。

---

① 雷蒙·阿隆：《介入的旁观者》，朱利亚出版社，第297页。

为了保持完整和准确，我们全文照译。书中包含着明显的政治偏见和错误观点，特别反映在对待苏联和马克思主义的看法上。我们相信读者在阅读时是能够鉴别的。

承译本书各章的译者为：刘燕清（第一、二、四章）、孟鞠如（第三、五、六、八、九、十、十一、十五章）、沈雁南（第七、十二章）、马燕（第十三、十四章）、孙国琴（第十六、十七、十九章）、杨祖功（第二十、二十一、二十二、二十三、二十四、二十五章）、赵健（第十八、二十六、二十七、二十八章①，结束语，作者书目提要）。由孟鞠如教授通校。

在本书翻译过程中，三联书店的戴文葆同志、中国社会科学院西欧研究所的张契尼同志曾给予热情支持和协助。在此，仅表谢意。

1985 年 10 月　北京

---

① 此处的第二十八章为本版的第三十一章。——编者注

图书在版编目（CIP）数据

雷蒙·阿隆回忆录：全 2 册／（法）雷蒙·阿隆
（Raymond Aron）著；杨祖功，王甦译．--增订本．--
北京：社会科学文献出版社，2017.7（2024.3 重印）
　　书名原文：Mémoires：édition intégrale iné
dite
　　ISBN 978-7-5097-9589-7

　　Ⅰ．①雷…　Ⅱ．①雷…　②杨…　③王…　Ⅲ．①雷蒙·
阿隆（Raymond Aron，1905—1983）- 回忆录　Ⅳ．
①K835.655.1

中国版本图书馆 CIP 数据核字（2016）第 196654 号

雷蒙·阿隆回忆录（增订本）（上、下）

著　　者／〔法〕雷蒙·阿隆（Raymond Aron）
译　　者／杨祖功　王　甦

出 版 人／冀祥德
项目统筹／董风云　段其刚
责任编辑／段其刚　甘欢欢
责任印制／王京美

出　　版／社会科学文献出版社·甲骨文工作室（分社）（010）59366527
　　　　　地址：北京市北三环中路甲 29 号院华龙大厦　邮编：100029
　　　　　网址：www.ssap.com.cn
发　　行／社会科学文献出版社（010）59367028
印　　装／三河市东方印刷有限公司

规　　格／开本：889mm × 1194mm　1/32
　　　　　印张：38　字数：882 千字
版　　次／2017 年 7 月第 1 版　2024 年 3 月第 3 次印刷
书　　号／ISBN 978-7-5097-9589-7
著作权合同
登 记 号／图字 01-2012-8029 号
定　　价／168.00 元（上、下）

读者服务电话：4008918866